Examen d'entrée dans un CRFPA

LE GRAND ORAL

Protection des libertés et des droits fondamentaux

Sous la direction de Serge Guinchard

Gazette du Palais

lextenso éditions

Dans la même collection

- **Les filières**

Serge Guinchard, *Comment devenir avocat,* 2010.
Philippe Astruc, *Devenir magistrat aujourd'hui,* 2010.

- **Les épreuves**

Caroline Watine-Drouin, *La note de synthèse,* 2010.
Serge Guinchard (sous la dir.), *Le grand oral,* 2010.

33, rue du Mail, 75081 Paris Cedex 02
ISBN : 978-2-35971-005-2

Liste des auteurs

Daniel AMSON
Professeur émérite de l'Université Paris XII
Avocat à la Cour d'appel de Paris

Philippe BLACHÈR
Professeur de droit public
Doyen de la Faculté de droit, d'économie et de gestion d'Avignon

Dominique BREILLAT
Professeur émérite de l'Université de Poitiers

Jean-Marie DENQUIN
Professeur à l'Université Paris Ouest-Nanterre La Défense

Mélina DOUCHY-OUDOT
Professeur à l'Université du Sud Toulon-Var
Membre du centre de droit et de politique comparés Jean-Claude Escarras

Jean DUFFAR
Professeur des Facultés de droit

Serge GUINCHARD
Professeur émérite de l'Université Panthéon-Assas (Paris II)
Recteur honoraire des Académies de la Guadeloupe et de Rennes
Directeur honoraire de l'Institut d'études judiciaires « Pierre Raynaud »
Doyen honoraire de la Faculté de droit de Lyon
Ancien Directeur de l'École de Formation du Barreau de Paris
Ancien membre de la Commission-formation du Conseil national des Barreaux

Michèle HARICHAUX
Maître de conférences honoraire à l'Université Panthéon-Assas (Paris II),
Ancien Directeur des études de l'Institut d'études judiciaires « Pierre Raynaud »

Jean-Marc MAILLOT
Maître de conférences à l'Université de Montpellier I
Directeur des études de l'IPAG de Montpellier
Avocat à la Cour

Dominique ROUSSEAU
Professeur à l'Université de Montpellier I
Membre de l'Institut universitaire de France

PRÉSENTATION DE LA COLLECTION

Créée en 1994, la collection « *Préparation à l'examen d'entrée dans un CRFPA* » s'intègre désormais dans un ensemble plus vaste consacré aux professions judiciaires, la Collection « Carrières judiciaires » publiée par Lextenso éditions — Gazette du Palais. Elle répond au besoin de préparer les étudiants à l'entrée dans la belle et noble profession d'avocat, en commençant par leur donner les outils pédagogiques et méthodologiques nécessaires pour réussir l'examen dit des IEJ, qui les autorise à entrer dans un Centre régional de formation professionnelle d'avocats. Le lecteur trouvera l'exposé complet de l'examen d'entrée dans l'ouvrage ***« Comment devenir avocat »,*** rédigé par Serge Guinchard (février 2010).

Pour préparer les épreuves écrites (note de synthèse et épreuves juridiques pratiques), à partir de conseils, d'une méthode et d'exercices corrigés, tirés principalement des annales de l'IEJ Pierre Raynaud de l'Université Panthéon-Assas (Paris II), les étudiants consulteront avec profit, d'une part, ***« La note de synthèse »*** de Madame Caroline Watine-Drouin (février 2010) et, d'autre part, ***« L'épreuve écrite juridique »,*** ouvrage collectif qui recense les Annales d'une dizaine d'IEJ, dont celui de l'université Paris II.

Enfin, pour aborder dans d'excellentes conditions l'épreuve du grand oral qui porte sur « *la protection des libertés et droits fondamentaux* », un livre a été rédigé par des universitaires, spécialistes reconnus de la matière (Daniel Amson, Philippe Blachèr, Dominique Breillat, Jean-Marie Denquin, Mélina Douchy-Oudot, Jean Duffar, Serge Guinchard, Michèle Harichaux, Jean-Marc Maillot, Dominique Rousseau), sous l'intitulé ***« Le Grand oral : protection des libertés et des droits fondamentaux ».*** C'est l'ouvrage que vous avez entre les mains.

L'outil ainsi mis à la disposition des étudiants souhaitant devenir avocats s'élargit vers l'horizon des libertés fondamentales, symbole d'une profession qui reste, quoi qu'on en dise et malgré les critiques injustes dont elle est parfois l'objet, le rempart de nos libertés, la digue qu'il faut défendre contre les vents mauvais qui pourraient venir des trois pouvoirs et contre les marées populistes, si la vigilance des Ordres ne s'exerçait pas.

Serge GUINCHARD
Professeur émérite de l'université Panthéon-Assas (Paris II)
Recteur honoraire (académies de la Guadeloupe et de Rennes)
Directeur honoraire de l'IEJ « Pierre Raynaud » de Paris II (1990-2000)
Ancien Directeur du Centre de formation professionnelle d'avocats de Paris (1991-1993)
Ancien membre de la Commission-formation du Conseil national des Barreaux (1992-2000)

SOMMAIRE

» CONSEILS PRATIQUES POUR LA PRÉPARATION DU GRAND ORAL

Serge Guinchard
Professeur émérite de l'Université Panthéon-Assas (Paris II)
Recteur honoraire (Académies de la Guadeloupe et de Rennes)
Directeur honoraire de l'Institut d'études judiciaires « Pierre Raynaud »
Doyen honoraire de la Faculté de droit de Lyon
Ancien Directeur de l'École de formation du Barreau de Paris
Ancien membre de la Commission-formation du Conseil national des Barreaux (1992-2000)

Souvent redoutée des candidats, l'épreuve d'exposé-discussion, dite encore « grand oral des IEJ », est l'épreuve centrale, pour ne pas dire reine, de l'examen d'entrée dans un Centre régional de formation professionnelle d'avocats. Prévue à l'article 8, al. 2, 1°) de l'arrêté du 11 septembre 2003 fixant le programme et les modalités de cet examen (*JO* du 17 septembre, page 15 944), elle consiste, aux termes de ce texte, en *« un exposé de quinze minutes après une préparation d'une heure, suivie d'une discussion de quinze minutes avec le jury, sur un sujet relatif à la protection des libertés et des droits fondamentaux, permettant d'apprécier l'aptitude à l'argumentation et à l'expression orale du candidat ; la note est affectée du coefficient 3 ».*

À vrai dire, l'épreuve n'est pas nouvelle, car l'arrêté précité du 11 septembre 2003, qui se substitue aux arrêtés du 7 janvier 1993 et 29 janvier 1998, ne modifie pas substantiellement la nature de cette épreuve et son programme (qui figure en annexe à ce chapitre), sauf à remarquer que l'exposé est d'une durée (impérative ?) de quinze minutes et non plus « *d'environ* » quinze minutes. Le nouveau programme est appliqué depuis la session d'examen qui s'est déroulée à compter du 1er septembre 2005.

L'importance de l'épreuve

Le rôle primordial de cette épreuve dans l'économie de l'examen tient à deux facteurs :

– *d'abord*, nul ne peut en être dispensé ;

– *ensuite*, son coefficient est de trois et, en pratique, c'est la seule à être passée devant un jury de 3 ou 7 membres, ce qui, souvent, impressionne davantage les candidats qu'une épreuve subie devant un seul examinateur.

Le fondement de l'épreuve

Voulue, dès la mise en place de la réforme de la profession d'avocat en 1990-1991, par de nombreux directeurs d'instituts d'études judiciaires et par la Commission-formation du Conseil national des barreaux[1], elle est le symbole de la profession d'avocat et plus particulièrement de la *nouvelle* profession qui se devait de marquer son territoire traditionnel de défense des libertés individuelles, à une époque où l'intégration des anciens conseils juridiques risquait de conduire à la prédominance, au sein de la profession en devenir, du droit des affaires et des entreprises sur celui des personnes. La protection des libertés individuelles qui est au cœur de la profession d'avocat, qui en constitue aux yeux des tiers le symbole le plus fort, même s'il agace certains, ne pouvait pas faire l'objet d'une épreuve passée « à la sauvette ». D'où sa durée, tant dans la préparation que dans le déroulement de l'oral lui-même (au total une heure trente), mais aussi son coefficient.

La finalité de l'épreuve

Il faut le dire et le répéter, à l'usage des candidats, mais aussi des examinateurs, ce n'est pas une épreuve de *contrôle* des connaissances, même si un programme (que l'on trouvera au pied de ce chapitre introductif) en fixe les limites et que toute argumentation doit reposer sur un socle de connaissances solides. Le texte énonce clairement qu'elle doit permettre *« d'apprécier l'aptitude à l'argumentation et à l'expression orale du candidat »*, qualités essentielles pour un avocat, consubstantielles à la profession. Cette formulation de la finalité de l'épreuve n'est pas le fruit du hasard.

Les autorités qui ont élaboré ce type d'épreuve[2] et celles qui ont été consultées lors de l'élaboration du texte et du programme, ont toutes insisté sur l'idée qu'il ne fallait pas tomber dans les travers du grand oral de l'examen antérieur à la réforme ou de concours administratifs réputés ; la fausse culture générale qui consiste à tester les réactions du candidat par ses réponses à des questions le promenant de l'art aztèque au poids d'une vache, en passant par l'énumération des provinces qui composent le Canada, au gré des dernières lectures d'un membre du jury, est ainsi volontairement éliminée. La culture générale du samedi soir donnée par certaines émissions de télévision, faite de connaissances superficielles et de réponses stéréotypées, n'est pas au programme de l'examen car elle ne correspond ni à l'esprit de l'épreuve, ni à la dignité de la profession d'avocat.

Le programme de l'épreuve

On trouvera *infra*, au pied de ce chapitre, le contenu officiel de ce programme. Sous l'empire des anciens arrêtés du 7 janvier 1993 et du 29 janvier 1998, aucun programme n'était annexé, parce que la Commission-formation du Conseil national des barreaux, consultée pour avis, n'avait pas souhaité communiquer un programme précis, au motif de l'un de ses membres que *« c'était faire injure aux droits de l'homme que de les définir »*.

---

1. Quatre universitaires se sont retrouvés sur le chemin des libertés lors de la première Commission-formation du CNB entre 1992 et 1996 : Madame le Professeur Mireille Delmas-Marty, Jean-Marc Mousseron, Monsieur le Professeur Antoine Lyon-Caen et le signataire de ces lignes. C'est à eux que l'on doit cet ancrage de l'examen aux libertés fondamentales.
2. *Ibid.*

Les directeurs d'IEJ, dès le lendemain de la réforme de 1990-1991, avaient élaboré, sous l'égide de l'IEJ de Paris II, un programme qui fut soumis à d'éminents professeurs de droit, de tous horizons (pénalistes, publicistes, privatistes, processualistes, de Paris et de province, en activité ou en retraite), pour recueillir leurs observations et qui fut repris par une lettre du 14 mai 1993 signée du directeur des enseignements supérieurs (DESUP 2/HK/N, n° 93-392). L'idée avait été de préciser la notion de libertés et droits fondamentaux (énumération, régime juridique, etc.) et d'insister sur leur protection, notamment juridictionnelle, ce qui correspondait au souhait des rédacteurs de l'arrêté et permettait, par ce biais, de réintroduire, pour tous les candidats, les principes fondamentaux des trois grands contentieux (civil, pénal et administratif), les garanties fondamentales d'une bonne justice, bref tout ce nouveau droit processuel/droit commun du procès, souvent d'origine constitutionnelle et européenne, voire internationale. Cet état d'esprit demeure avec l'arrêté du 11 septembre 2003, même si l'arrêté prend soin de fixer un programme qui, pour l'essentiel, ne s'éloigne pas de l'esprit d'origine.

Le programme initial avait été consacré en quelque sorte par la juridiction administrative ; en effet, le 27 novembre 1997, le tribunal administratif de Limoges a considéré que le sujet proposé au grand oral sur *« la détermination de la peine par le juge selon le nouveau Code pénal »* entrait bien dans le programme de l'épreuve d'exposé-discussion. Le tribunal se réfère en outre au programme élaboré par les IEJ et repris dans la lettre précitée du ministère de l'Enseignement supérieur. Coup de chapeau au travail accompli par les directeurs d'IEJ.

Conseils pratiques

1 - La préparation de l'épreuve

a) Avant le jour de l'épreuve

En raison de la nature de l'épreuve et du contenu du programme, les candidats seront particulièrement avisés :

– de suivre les enseignements classiques de libertés publiques, aujourd'hui appelés protection des libertés et droits fondamentaux, généralement donnés en licence. Les chapitres qui suivent et qui sont consacrés à l'exposé des principales libertés les aideront à mettre en perspective ces enseignements de base, ces enseignements dont nul ne devrait être dispensé pendant ces années d'apprentissage des données fondamentales du droit. Ils n'ont pas vocation à remplacer les excellents manuels ou traités qui couvrent le programme des libertés en licence ou en master 1. En revanche, par leur présentation synthétique, par leur souci d'aller à l'essentiel dans l'approche transversale du programme, par les exercices pratiques qui illustrent la matière et orientent les candidats vers une préparation concrète de l'épreuve, ces chapitres, rédigés par des spécialistes avertis des libertés fondamentales, complètent les outils de base que ces candidats auront déjà rencontré au cours de leurs études ;

– de compléter leurs connaissances par une approche exhaustive des principes qui régissent les trois grands contentieux, par une étude approfondie des garanties fondamentales d'une bonne justice, garanties généralement envisagées dans certains cours de droit constitutionnel de première année et dans les cours de droit processuel revus et corrigés sous l'angle de son attraction à la garantie des droits fondamentaux. L'éclairage international, européen notamment, constitutionnel aussi, de ces garanties procédurales sera privilégié pour mieux comprendre ce que peut représenter, dans la mise en œuvre de l'effectivité des garanties et des libertés, la notion de procès équitable, véritable modèle universel de procès. Le droit commun du procès fait partie du programme ; il en constitue même la trame de la cohérence au-delà de l'étude de chaque liberté. C'est pourquoi cet ouvrage de préparation au grand oral comprend un chapitre consacré aux règles du procès équitable, tant civil que pénal.

La préparation des IEJ ne peut se substituer aux enseignements traditionnels qui sont supposés acquis. Seuls certains thèmes de ce programme des libertés et droits fondamentaux sont traités en année de préparation. Cet ouvrage vient donc conforter ces acquis par une approche renouvelée de la matière, par une vision moins académique mais qui se veut plus productive de valeur ajoutée pour l'étudiant.

b) Le jour de l'épreuve

Le candidat sera avisé de ne pas perdre trop de temps à consulter les documents autorisés par la réglementation en vigueur (codes annotés notamment), car une heure de préparation c'est court ; tous ceux qui ont déjà préparé et passé ce type d'épreuve vous le diront : ce n'est pas en une heure que l'on trouve les éléments substantiels de la matière au programme, dans la consultation fébrile des documents apportés ou fournis ; ceux-ci peuvent servir à vérifier un texte, une jurisprudence, jamais ils ne permettront de combler des lacunes de révision préalable à l'examen. Si l'épreuve est une épreuve d'intelligence (aptitude à argumenter et à s'exprimer oralement), elle repose nécessairement, comme toute épreuve universitaire, sur un socle de connaissances d'autant plus solide qu'il aura été acquis antérieurement à la venue du candidat le jour de l'épreuve ; elle s'accompagne donc d'une phase préalable de mémorisation, n'ayons pas peur du mot ; ne pas le dire aux candidats, c'est tomber dans la démagogie et ne pas les aider à passer avec succès cette épreuve. On n'argumente pas sur rien.

2 - L'exposé

a) Puisqu'il s'agit de tester leur aptitude à argumenter, les candidats veilleront tout particulièrement à exposer clairement le sujet en le situant dans son contexte avant de développer deux ou trois idées principales qui serviront de plan.

Le plan, comme pour toute épreuve juridique, est essentiel, non pas par souci d'académisme, mais parce qu'il permet à ceux qui écoutent l'exposé de le comprendre plus aisément, d'en discerner très rapidement les grands axes, ce qui les met en état de juger de la compréhension du sujet par le candidat ; utile à celui-ci pour lui-même (le plan traduit concrètement la compréhension du sujet et lui permet de valider ses idées), le plan est aussi utile pour le candidat – on ne le répétera jamais assez – en ce qu'il lui permet de communiquer aisément avec un jury (exposer clairement ce qu'il conçoit bien) ; le plan rend le jury réceptif aux idées du candidat. Rien ne sert d'avoir de bonnes idées si elles sont perdues au milieu de propos inaudibles parce que confus.

Il faut savoir être percutant, incisif dans son exposé ; rien ne vaut à cet égard une bonne annonce de plan laissant clairement apparaître les deux (voire trois) parties (jamais plus, car au-delà de trois le candidat montre qu'il manque d'esprit de synthèse). Le plan doit guider ceux qui écoutent ; il doit les mettre sur des rails pour lesquels ils auront l'impression qu'il n'était pas possible d'en trouver d'autres. En termes imagés, le plan, c'est la vague déferlante de l'océan, en Australie du sud (et notamment à Torquay dans l'État de Victoria), au Pays Basque ou à Hawaï et sur laquelle vous allez surfer et le jury avec vous. Il doit avoir un effet d'entraînement. On pardonne plus aisément une annonce scolaire du plan mais bien articulée, qu'un exposé confus parce que l'on n'a pas compris où le candidat voulait aller et même, parfois, d'où il venait.

N'oubliez pas non plus d'équilibrer vos parties. Une introduction de cinq minutes suffit, afin d'avoir le temps de consacrer environ huit minutes à la première partie et sept à la seconde ; surtout, au-delà de ce chiffrage qui ne se veut qu'approximatif et indicatif, il faut retenir du minutage que vous devez vous imposer que rien, aucune idée ne doit être négligée ; il faut vous donner le temps d'exposer complètement votre seconde ou troisième partie ; le plan et le minutage sont au service des idées, pas l'inverse. Un bel exposé, c'est d'abord un exposé d'idées soutenu par un plan clair ; mais un plan clairsemé d'idées ne fera jamais un bon exposé quel que soit le brio de la forme.

Quant à la forme du plan, il faut savoir être primaire pour mieux être pertinent au fond. Les plans les plus simples sont souvent les meilleurs, surtout pour une préparation en une heure. On ne demande pas aux candidats de travailler leurs intitulés comme on l'exige des candidats à l'agrégation de droit qui ont huit ou vingt-quatre heures pour préparer leur leçon. Ne vous trompez pas d'épreuve : vous voulez être avocat, pas professeur des universités ; les qualités de forme exigées ne sont pas les mêmes. Et le règlement de l'examen en tient compte.

b) Argumenter en effet, ce n'est pas ânonner des banalités. Pour insister sur cet aspect argumentatif, la Commission-formation du Conseil national des Barreaux (pour la période 1996-2000) avait préconisé, au moment de la réforme qui devait conduire au texte de 1998, que le sujet donné porte sur deux documents au moins qui seraient soumis à la discussion du candidat, par exemple deux opinions doctrinales divergentes sur le rattachement du Parquet au ministre de la Justice ou deux jugements en opposition sur le port du foulard islamique ; si la formulation actuelle du texte ne reprend pas cette idée, rien en revanche, dans la rédaction de l'arrêté du 11 septembre 2003, n'interdit aux jurys des IEJ d'adopter ce système. Certains le font déjà, ce qui, il faut le remarquer, aide plutôt les candidats à présenter leur argumentation, après avoir lu et compris les textes soumis à leur sagacité ; il est parfois plus aisé de partir de l'opinion d'autrui pour construire la sienne, surtout lorsque le temps de préparation est finalement très court. Encore faut-il savoir lire le sujet, le décortiquer, phrase par phrase, qu'il s'agisse d'une décision de justice, d'un texte législatif ou réglementaire, ou d'un extrait doctrinal ; et le lire rapidement. Cela s'apprend en s'exerçant. Mais comment un jury pourrait-il pardonner à un candidat à l'avocature de ne pas savoir, en une heure, lire un sujet, en extraire l'essentiel et l'exposer à sa façon avec ses idées propres, alors qu'il devra, tous les jours, dans l'exercice quotidien de sa profession, prendre connaissance d'une affaire, parcourir un dossier dans l'urgence, au civil comme au pénal ?

c) Faut-il rédiger complètement son exposé ou venir avec des notes brèves ? La question est souvent posée par les candidats. Il n'y a pas de réponse type (chacun a ses manies, ses craintes, ses forces et ses faiblesses), sauf que l'expérience prouve que les textes entièrement rédigés (à supposer que cela soit possible en une heure de préparation) nuisent à la qualité de l'exposé ; il n'y a rien de pire qu'un exposé lu de la première à la dernière ligne, sans reprendre son souffle ou presque, sans laisser le jury reprendre le sien, avec cette impression détestable que l'on donne de ne pas croire à ce que l'on dit. À l'inverse, le candidat peu sûr de lui (ou trop sûr de lui...) ne doit pas prendre le risque de venir exposer son sujet avec des notes tellement brèves qu'il n'est plus capable d'en restituer la trame, la cohérence et l'intelligence. La vérité est donc au milieu : un texte préparé, mais pas trop, des intitulés clairs, courts et pertinents par rapport au sujet, afin que le jury retienne au moins le « squelette » de la leçon. Et le plan ne se limite pas aux deux parties principales de l'exposé ; il faut aussi que chacune des deux ou trois parties soit structurée, moins formellement peut-être que pour l'annonce des deux axes principaux de l'exposé, mais avec suffisamment de finesse et de clarté pour que le jury, là encore, vous suive aisément.

L'exposé oral, c'est aussi, d'une certaine manière, montrer que l'on sait parler en public ; argumenter au fond passe par savoir articuler. Si vous n'êtes pas à l'aise dans l'expression orale, exercez-vous, prenez des cours de théâtre, apprenez à « poser » votre voix, non pas que l'avocat soit un homme de théâtre, mais parce que respirer correctement au cours d'un exposé oral (comme plus tard au milieu d'une plaidoirie) aide à mieux se faire comprendre. À quoi cela servirait-il de présenter un exposé particulièrement pertinent au fond, si c'est pour le noyer dans une diction qui vous rend inaudible, en la forme cette fois ?

3 - La discussion

La discussion doit porter sur le programme de l'épreuve, déjà bien assez vaste et ne pas s'égarer vers les errements qui viennent d'être indiqués. Elle ne dépend pas de vous dans les questions posées (encore que la pratique de l'examen prouve qu'un bon exposé suscite toujours des questions au cœur du sujet, ce qui ne déroute pas le candidat), mais les réponses vous appartiennent ! Ne répondez pas immédiatement si vous hésitez dans la compréhension de la question ; n'hésitez pas à la faire préciser, à condition que cela ne devienne pas systématique et que cela ne soit pas interprété comme une tactique de votre part à jouer la montre ! Regardez celui qui vous a posé la question en face, avec le regard franc et direct qui fera que l'on dira de vous que vous avez l'étoffe d'un avocat sérieux, franc et loyal (la loyauté est une exigence et une qualité déontologiques). Si vous ignorez totalement la réponse, ne biaisez pas, dites-le franchement plutôt que de risquer de paraître idiot. Laissez vos interlocuteurs terminer leurs phrases, par politesse d'abord, pour mieux comprendre la question ensuite. Montrez un esprit d'ouverture, le Barreau c'est d'abord une profession ouverte à toutes les écoles de pensée. Le sectarisme est antinomique avec la profession que vous souhaitez embrasser. Il faut que les membres du jury le sentent, le perçoivent à travers vos réponses, comme déjà à travers votre exposé. Cela n'interdit pas d'avoir des convictions et de les exprimer sans état d'âme. On ne vous demande pas d'être « politiquement correct » et dans la ligne de la pensée unique ; si l'impertinence est exclue et le respect de vos interlocuteurs d'un quart d'heure de débat la règle, sachez montrer la force de vos convictions et de votre caractère. Soyez déjà un avocat aux yeux des examinateurs !

Bon courage et bonne chance !

Programme de l'épreuve d'exposé-discussion : Protection des libertés et des droits fondamentaux

(annexe à l'arrêté du 11 septembre 2003, JO du 17 septembre, p. 15944)

Rappel : L'épreuve doit permettre d'apprécier l'aptitude des candidats à l'argumentation et à l'expression orale (art. 8 de l'arrêté du 11 septembre 2003).

L'expression « Droits et Libertés fondamentaux » est aujourd'hui couramment utilisée en France et à l'étranger.

Elle est plus compréhensible que celle de « libertés publiques », car elle inclut non seulement les droits des individus, mais aussi ceux des personnes morales. En outre, alors que les « libertés publiques » sont essentiellement, sinon exclusivement, invocables dans les relations entre les individus et la puissance publique, les droits fondamentaux peuvent produire un effet dans les relations entre personnes privées. Enfin, cette expression traduit mieux la triple dimension du droit des libertés fondamentales : administrative et judiciaire, constitutionnelle, internationale et européenne.

1. Origine et sources des libertés et droits fondamentaux :

- histoire des libertés : évolution générale depuis l'Antiquité jusqu'à la période contemporaine en France et dans le monde ; les générations de droits de l'homme ;
- sources juridiques, internes, européennes et internationales ;
- libertés publiques, droits de l'homme et libertés fondamentales.

2. Régime juridique des libertés et droits fondamentaux :

- l'autorité compétente pour définir les règles en matière de libertés et la hiérarchie des normes. L'aménagement du statut des libertés fondamentales :
- régime répressif ;
- régime préventif ;
- régime de la déclaration préalable ;
- régime restitutif et droit à réparation ;
- la protection des libertés fondamentales ;
- les protections juridictionnelles (internes, européennes et internationales) ;
- les protections non juridictionnelles (par les autorités administratives indépendantes, par l'effet du système constitutionnel, politique, économique et social) ;
- les limites de la protection des libertés fondamentales dans les sociétés démocratiques et dans les différents systèmes politiques ;
- les régimes exceptionnels d'atténuation de la protection des libertés et droits fondamentaux.

3. Les principales libertés et droits fondamentaux :

Les principes fondateurs et leurs composantes :

- dignité de la personne humaine (droit à la vie et à l'intégrité physique de la personne, bioéthique) ;
- liberté (liberté d'aller et venir, droit à la sûreté personnelle) ;
- égalité (devant la justice, en matière de fonction publique, devant les charges publiques, entre les hommes et les femmes, entre Français et étrangers) ;
- fraternité ;
- les droits et libertés de la personne et de l'esprit (liberté d'opinion, liberté de croyance, liberté d'enseignement, liberté de communication) ;
- les droits et libertés collectifs (association, réunion, liberté syndicale, droit de grève) ;
- les droits économiques et sociaux (droit de propriété, liberté du commerce et de l'industrie, droit à la protection de la santé, droit aux prestations sociales, droit à l'emploi) ;

les droits du citoyen (droit de vote, liberté des partis politiques, droit dans les relations avec l'administration) ;

- la laïcité.

PREMIÈRE PARTIE

LES SOURCES DE PROTECTION DES LIBERTÉS ET DES DROITS FONDAMENTAUX

Seules seront vues ici les sources en provenance des données du droit fondamental, à savoir les sources internationales et européennes (chapitre 1) et les sources constitutionnelles (chapitre 2).

CHAPITRE I

Les sources internationales des libertés et droits fondamentaux

JEAN-MARC MAILLOT
Maître de conférences – HDR à l'Université Montpellier I
Directeur des études de l'IPAG de Montpellier
Avocat à la Cour

1.1 > La construction d'un véritable système international de garantie des droits et libertés fondamentaux est relativement récente. Si l'idée est déjà en germe dans la philosophie des Lumières, la notion de droits fondamentaux ne prend forme qu'au XXe siècle. Elle relève du souci de l'homme, entendu comme individu unique auquel est reconnu un ensemble cohérent de droits subjectifs, indépendamment du contexte géographique ou temporel. L'expression de « droits fondamentaux », souvent assimilée à celle de « droits de l'homme », désigne donc, au sens le plus strict, un noyau de droits essentiels et inaliénables de la personne humaine, valables en toutes circonstances, sans possibilité de dérogation.

La structure de la société internationale classique, tout entière tournée vers les seuls intérêts des États, rendait impossible la proclamation de droits et libertés au profit de l'ensemble des individus. Le droit international procédait alors uniquement de la volonté étatique, dans sa définition comme dans sa mise en œuvre. Ainsi, les nombreuses interventions armées pratiquées par les puissances européennes au XIXe siècle à l'égard de l'Empire ottoman se justifiaient avant tout par la défense d'intérêts politiques et commerciaux, malgré leur caractère officiellement humanitaire. Au total, « toute l'ossature du droit international est conçue en dehors de la perspective des droits de l'homme »[1].

1.2 > Le droit international humanitaire, qui vise à protéger les victimes des conflits armés, constitue une première exception en ce qu'il n'a pas attendu les atrocités du XXe siècle pour connaître ses premières manifestations. Son origine est en effet plus profondément enfouie dans l'Histoire des civilisations. Les premières expressions internationales de la protection des droits fondamentaux, appliquée à la guerre, peuvent ainsi être décelées dès le Code d'Hammourabi, rédigé il y a 4 000 ans « afin que le fort n'opprime le faible », dans les textes de l'Inde ancienne (Mahâbhârata et loi de Manou), dans la Bible, le Coran, ou encore dans le Viqâyet, texte écrit à l'apogée du règne sarrasin en

1. F. SUDRE, *Droit européen et international des droits de l'homme*, PUF, 9e éd., 2008, n° 11.

Espagne. Ces manuscrits sont les précurseurs des conventions humanitaires contemporaines, au premier rang desquelles se situent les quatre Conventions de Genève de 1949, sur la protection des victimes de guerre.

Le régime de protection accordé aux minorités et aux travailleurs par les différents traités ayant façonné l'Europe au sortir de la Première Guerre mondiale participe de la même novation. Les minorités protégées, tout d'abord, se sont vues reconnaître un certain nombre de droits essentiels censés garantir le maintien de leurs particularismes et protéger leur identité : libre usage de leur langue dans la sphère privée, liberté de créer des écoles dispensant un enseignement de cette langue et bénéficiant de fonds publics, liberté de la religion et de la presse, garantie de représentation des minorités au sein des assemblées politiques comme dans l'administration[2]... Pour la première fois, des conventions internationales imposaient aux États des obligations à l'égard de leurs propres ressortissants, préfigurant ainsi les textes contemporains prohibant toute discrimination. De surcroît, un système complet de garanties du respect de ces droits était mis en place, sous le contrôle de la Société des Nations (SDN). Outre les États, les membres des minorités pouvaient adresser des « pétitions » au Conseil de la SDN, dénonçant les illégalités dont ils s'estimaient victimes. Des comités spécialisés tentaient alors de faire pression sur l'État concerné pour faire cesser la violation, avant de transmettre la plainte au Conseil, ce dernier pouvant éventuellement saisir la Cour permanente de justice internationale. Même s'il n'eut guère de succès du fait de la volonté du Conseil de ne pas heurter les susceptibilités nationales, ce mécanisme apparaissait révolutionnaire en ce qu'il mettait en œuvre un processus de garantie juridictionnel des droits de l'homme.

La même avancée fut reconnue au profit des travailleurs par la partie XIII du Traité de Versailles du 28 juin 1919, qui confia à une organisation du travail (annonciatrice de la future Organisation Internationale du Travail) le soin de promouvoir « un régime de travail réellement humain », seul à même de garantir une « paix universelle » qui ne peut être « fondée que sur la paix sociale ». Structurée autour d'une Conférence générale proposant des recommandations pour améliorer les conditions de travail, cette organisation présentait la particularité d'avoir instauré un système de réclamations et de plaintes, permettant aux États, aux organisations professionnelles nationales ou à un membre de la Conférence de mettre en cause un État partie. La plainte pouvait éventuellement aboutir à la constitution d'une commission d'enquête qui émettait un rapport susceptible de contenir des sanctions économiques à l'égard de l'État fautif.

1.3 › En dehors de ces avancées sectorielles, il faudra attendre le lendemain de la Seconde Guerre mondiale pour voir apparaître des textes internationaux à portée générale qui, s'affranchissant des limites du droit international classique, perçoivent la protection des droits et libertés fondamentaux de l'homme comme une garantie de la paix

---

2. Ces droits ont été conférés notamment aux minorités vivant en Pologne (Traité de Versailles du 28 juin 1919) ou en Tchécoslovaquie, ainsi que dans le cadre des traités de paix signés tant avec les États vaincus (comme le Traité de Saint-Germain-en-Laye du 10 septembre 1919, concernant l'Autriche, ou le Traité de Trianon du 4 juin 1920, réglant le cas de la Hongrie), qu'avec les États dont le territoire s'est accru du fait du résultat du conflit (comme le Traité de Paris du 9 décembre 1919, s'agissant de la Roumanie, ou le Traité de Sèvres du 10 août 1920, qui concernait la Grèce).

internationale. Cette approche innovante, apparue en réaction contre la barbarie du second conflit mondial, a ainsi entraîné la reconnaissance de droits humains civils et politiques rassemblés au sein de la déclaration universelle des droits de l'homme, adoptée sous la forme d'une résolution de l'Assemblée générale des Nations unies le 10 décembre 1948. Cette importante déclaration sera complétée ultérieurement par divers autres textes, notamment le Pacte relatif aux droits civils et politiques et le Pacte relatif aux droits économiques et sociaux. Depuis lors, les instruments internationaux de protection des droits et libertés fondamentaux ont pris une place grandissante dans la création et la défense des droits et libertés.

De l'adoption de la Convention européenne des droits de l'homme à l'adoption de la Charte des droits fondamentaux de l'Union européenne, en passant par l'instauration de la Cour pénale internationale par le Traité de Rome du 17 juillet 1978, les mécanismes de garanties des droits n'ont eu de cesse de se développer et de se préciser, parfois dans la confusion, recherchant une toujours plus intense effectivité. C'est à l'étude des modalités de cette protection internationale des droits et libertés fondamentaux qu'il conviendra d'abord de s'atteler (section I).

Au-delà des droits proclamés et quelle que soit la légitimité des objectifs défendus, la pleine efficacité de ces instruments internationaux dépend nécessairement de la portée juridique et de l'influence pratique que leur reconnaît le droit interne. Dès lors, l'examen de la réception par le juge national de ces textes protecteurs comme des jurisprudences des cours internationales apparaît fondamental pour évaluer leur impact sur l'ordre juridique français (section II).

Section I
LES MODALITÉS DE LA PROTECTION INTERNATIONALE

La problématique des sources internationales des droits et libertés fondamentaux exige de présenter les deux fondements de ces règles protectrices. Le premier est bien entendu textuel, l'inscription solennelle des droits et libertés au sein de conventions internationales spécifiques marquant l'attachement de la société internationale à leur respect (§ 1).

Il est également et peut être surtout jurisprudentiel, tant le dynamisme prétorien, qu'il provienne de Cours nationales comme internationales, conditionne le bon fonctionnement du mécanisme de contrôle du respect de ces droits par les autorités étatiques (§ 2).

§ 1 - LA PROCLAMATION FORMELLE DES DROITS ET LIBERTÉS FONDAMENTAUX

Pour des motifs de clarté, mais aussi en raison des spécificités du système en vigueur à l'échelon communautaire, nous examinerons d'abord la protection conférée par les instruments internationaux et européens (I), avant d'aborder la question de l'insertion des droits fondamentaux dans les textes communautaires (II).

I – À L'ÉCHELON INTERNATIONAL ET EUROPÉEN

Au sein des instruments internationaux de protection, qu'ils s'inscrivent dans un cadre universel ou régional (A), une place particulière sera réservée à la Convention européenne des droits de l'homme, eu égard tant à sa spécificité qu'à son influence sur le droit interne des États parties (B).

A - LES INSTRUMENTS INTERNATIONAUX DE PROTECTION DES DROITS ET LIBERTÉS FONDAMENTAUX

1.4 > La France a ratifié de nombreux traités relatifs aux droits et libertés. À vocation mondiale ou régionale, ces conventions peuvent avoir une portée générale ou s'appliquer à un domaine particulier (le génocide, l'esclavage, les disparitions forcées...) ou à des catégories particulières de personnes à protéger (les étrangers, réfugiés ou apatrides, les handicapés, les femmes, les enfants...).

1 - Les conventions à vocation générale

a) Inventaire

Dan s la lignée du préambule de la Charte des Nations unies du 26 juin 1945, qui affirme sa foi « dans les droits fondamentaux de l'homme, dans la dignité et la valeur de la personne humaine, dans l'égalité des droits des hommes et des femmes, ainsi que des nations, grandes et petites », l'Assemblée générale des Nations unies a adopté à Paris le 10 décembre 1948 la Déclaration universelle des droits de l'homme.

Sur un plan politique, ce texte est une réussite dans la mesure où il est parvenu à définir une « conception commune » à la grande majorité des États membres[3], en faveur du « respect universel et effectif des droits de l'homme et des libertés fondamentales ». Sur un plan juridique, cette déclaration n'est qu'une simple résolution, dépourvue de caractère obligatoire, et non un traité international. Elle constitue cependant une remarquable avancée pour les droits et libertés fondamentaux en ce qu'elle pose les bases des futurs instruments internationaux de protection des droits de l'homme.

Son contenu ne pouvait que demeurer superficiel en raison du juste équilibre qu'elle cherchait à établir entre, d'une part, les aspirations des États occidentaux à reconnaître aux individus des droits civils et politiques, et, d'autre part, celles des États socialistes et en voie de développement à promouvoir des droits collectifs à contenu économique et social.

3. 8 États se sont abstenus, dont l'URSS, l'Afrique du Sud, pour des raisons liées aux discriminations alors en vigueur, et l'Arabie Saoudite pour des raisons religieuses.

1.5 > Ce jeu d'équilibriste visant à concilier en un même instrument conception libérale et conception marxiste des droits fondamentaux ne dépassa pas le cap de la Déclaration universelle. La preuve en est que les textes censés compléter la Déclaration de 1948 et mis à la ratification ou à l'adhésion en 1966 distinguent les deux types de droits : il s'agit du Pacte relatif aux droits civils et politiques et du Pacte relatif aux droits économiques et sociaux. Mieux encore, ces deux pactes procèdent à un véritable renversement de perspective par rapport à la Déclaration universelle, qui s'explique par le fait que les données et la structure politiques de la société internationale ont été profondément bouleversées entre 1948 et 1966.

Plus précisément, ce n'est plus l'individu mais les États qui sont les destinataires des droits proclamés. Le droit des peuples à disposer d'eux-mêmes, inscrit à l'aube des deux pactes et qui comporte le droit de déterminer librement leur statut politique, d'assurer librement leur développement économique, social et culturel et de disposer librement de leurs richesses et de leurs ressources naturelles, apparaît ainsi comme un préalable indispensable à la jouissance des autres droits. De même, des droits aussi essentiels dans une société démocratique que le droit d'asile ou le droit de propriété, proclamés en 1948, disparaissent du texte de 1966.

Malgré cela, le progrès est substantiel. Désormais, deux traités imposent aux États signataires le respect de droits fondamentaux, via un mécanisme de contrôle par voie de rapports périodiques, certes encore incomplet mais néanmoins notable, pouvant aller jusqu'à la mise en cause de l'État devant le Comité des droits de l'homme ou le Comité des droits économiques, sociaux et culturels, institués spécialement pour veiller au respect des droits proclamés. La France a adhéré en 1981 à ces deux pactes[4].

Le 10 décembre 2008, à l'occasion du 60e anniversaire de la Déclaration universelle des droits de l'homme, les Nations unies ont adopté le Protocole facultatif au Pacte international relatif aux droits économiques, sociaux et culturels. Le déséquilibre existant dans la protection des différents droits de l'homme, et qui marginalise les droits économiques, sociaux et culturels, est corrigé par le fait qu'un droit à un recours efficace est reconnu[5].

1.6 > Les plus récentes déclarations internationales viennent parfaire le mécanisme de protection des droits et libertés fondamentaux. Adoptées à l'initiative des Nations unies, la Déclaration de Vienne de juin 1993, relative aux droits de l'homme, et celle de Copenhague de mars 1995, relative au développement social, renferment des avancées majeures. La première met un terme à la traditionnelle distinction entre les diverses « générations » de droits et libertés, utilisées pour attribuer une valeur juridique différente aux droits civils et politiques d'un côté, aux droits économiques et sociaux de l'autre. Désormais, les États s'engagent à reconnaître la même efficience juridique à l'ensemble de ces

4. Elle a également adhéré le 17 février 1984 à un protocole facultatif, se rapportant au Pacte international relatif aux droits civils et politiques. Elle reconnaît la compétence du Comité des droits de l'homme à recevoir des requêtes individuelles la mettant en cause. Le Comité procède par voie de « constatations » de violations.

5. Pour plus d'informations, cf. *Sentinelle*, Journal de la SFDI, article de Dorothée Lobry : n° 171, 21 décembre 2008, et observations du Prof. Ph. Weckel. Cf. www.sfdi.org

droits et libertés, sans distinction aucune. La seconde reconnaît l'importance du développement social, qui se situe « au cœur des besoins et des aspirations des individus » et constitue pour les gouvernants « une responsabilité cruciale ». Il convient cependant de demeurer mesuré quant à l'efficacité de ces instruments, intégrant le plus souvent des dispositions au contenu trop incertain et qui demeurent en dehors du champ juridique.

1.7 > En dehors des Nations unies, d'autres organisations, d'influence régionale, ont participé à la proclamation de droits et libertés fondamentaux et à la défense de ceux-ci par la mise en place d'un mécanisme institutionnel original.

Il en est ainsi, en particulier, de l'Organisation des États américains (OEA), dont la Charte constitutive, adoptée à Bogota le 30 avril 1948, stipule que « les États américains proclament les droits fondamentaux de la personne humaine sans aucune distinction de race, de nationalité, de religion ou de sexe ». Adoptée deux jours plus tard sous la forme d'une simple recommandation dépourvue de caractère contraignant, la Déclaration américaine des droits et devoirs de l'homme a pénétré l'univers juridique du fait de l'action vigoureuse menée par l'organe chargé de contrôler le respect des droits définis dans la Déclaration, la Commission interaméricaine des droits de l'homme. Le système s'est perfectionné avec la signature de la Convention américaine relative aux droits de l'homme, le 22 novembre 1969. Cette convention, qui met surtout l'accent sur les droits civils et politiques, aménage un mécanisme de garantie structuré autour de deux organes : la Commission interaméricaine, qui voit ses pouvoirs renforcés et ses possibilités de saisine étendues (pétitions individuelles ou étatiques), et la Cour interaméricaine des droits de l'homme, juridiction inspirée de son homologue européen mais à la jurisprudence moins abondante.

En dehors du continent américain, l'action de l'Organisation de l'Unité africaine (OUA) et celle de la Ligue des États arabes méritent également d'être signalées, même si elles sont d'une tout autre ampleur. La première a abouti à l'adoption de la Charte africaine des droits de l'homme et des peuples, signée le 27 juin 1981 à Nairobi. Si les principales libertés individuelles sont proclamées, au demeurant tout à fait formellement, cette Charte vaut avant tout pour la conception particulière, liée aux traditions africaines, qu'elle manifeste à l'égard des droits et libertés. N'existant que par rapport au groupe – familial, tribal ou ethnique –, l'individu voit souligner ses devoirs envers l'État, la société et la Communauté internationale.

Le mécanisme de contrôle, confié à la Commission africaine des droits de l'homme et des peuples, organise de manière très restrictive les possibilités de requêtes individuelles et l'efficacité du système repose en réalité pour une très large part sur le bon vouloir des États, réunis au sein de la Conférence des chefs d'État et de gouvernement. La création récente d'une Cour africaine des droits de l'homme et des peuples, en 1998, vise à remédier à ces blocages et à donner une véritable efficience au dispositif de protection. À ce titre, il importe de noter que cette Cour vient de rendre sa première décision, dans l'affaire Hissein Habré (req. n° 001/2008).

Quant à la Ligue des États arabes, elle a adopté au Caire le 15 septembre 1994 la Charte arabe des droits de l'homme, dont la mise en œuvre est actuellement réduite à néant par l'absence de toute ratification. Le panel des droits proclamés est pourtant généreux, mais l'absence de droit de recours individuel ou étatique et la référence faite aux « principes éternels définis par le droit musulman » (lui-même fondé sur la Sharia, qui prône un certain nombre de peines corporelles et discrimine entre musulmans et non-musulmans) font douter du degré réel de protection des droits de l'homme procuré par cette Charte, du moins au sens occidental desdits droits.

b) Appréciation critique

1.8 > Le paradoxe réside dans le fait que les États à l'origine de ces textes internationaux ont souvent manifesté une très grande réticence à l'égard des instruments internationaux relatifs aux droits de l'homme. L'attitude des États-Unis d'Amérique est à cet égard topique, n'ayant toujours pas ratifié ni la Convention de Genève relative au statut des réfugiés (1951), ni le Pacte des Nations unies relatif aux droits économiques et sociaux de 1966. La France n'est pas en reste, ayant attendu près de 24 ans avant de ratifier la Convention européenne des droits de l'homme du 4 novembre 1950[6].

Ce faisant, l'affirmation incantatoire de l'universalisme des droits de l'homme, que les États occidentaux répugnent à s'appliquer à eux-mêmes, perd de sa force. De même, la proclamation réitérée du « droit d'ingérence » revendiqué par les grandes puissances se heurte aux réalités politiques et aux différences conceptuelles fondamentales avec les pays du Sud. Ces derniers, plus orientés vers le droit au développement que vers les libertés individuelles civiles et politiques, ont consacré des droits qui n'envisagent l'individu qu'en rapport avec le peuple. Ainsi, aussi bien la Charte africaine des droits de l'homme et des peuples, adoptée le 27 juin 1981 à Nairobi, que la Déclaration islamique universelle, proclamée le 19 septembre 1981 à Paris, privilégient-elles des droits économiques, sociaux et culturels, envisagés comme garantissant la jouissance des droits civils et politiques.

2 - Les conventions à vocation particulière

1.9 > À côté des textes précédemment mentionnés, de nombreuses conventions à portée plus spécifique ont vu le jour, notamment sous l'égide des Nations unies, sur lesquelles il est inutile de s'attarder longuement.

Tout juste doit-on citer la Convention pour la prévention et la répression du crime de génocide, signée le 9 décembre 1948 et annonciatrice des futurs tribunaux pénaux internationaux[7], la Convention de Genève du 28 juillet 1951 relative au statut des réfugiés, la Convention concernant la lutte contre la discrimination dans le domaine de l'enseignement, adoptée sous l'égide de l'UNESCO le 14 décembre 1960, la Convention internationale sur l'élimination de toutes les formes de discrimination raciale du 21 décembre 1965, la Convention contre la torture et autres peines ou traitements cruels, inhumains

---

6. Cf. *infra*.
7. Cf. *infra* § II, C.

ou dégradants, adoptée au niveau universel le 10 décembre 1984[8], ou encore la Convention internationale sur les droits de l'enfant du 20 novembre 1989.

Cette dernière est sans doute la plus originale en raison des droits spécifiques qu'elle reconnaît à l'enfant : droit à des loisirs suffisants, droit de ne pas être séparé contre son gré de ses parents sauf si son intérêt supérieur l'exige, vocation à s'établir dans l'État où demeurent ses parents, droit à une protection spéciale en cas de handicap physique ou mental... La récente adoption par l'Assemblée générale d'une résolution sur les droits de l'enfant (A/C.3/64/L. 20/Rev. 1, le 24 novembre 2009) a mis en lumière, une nouvelle fois, la position des États-Unis sur cette Convention. En effet, malgré le soutien aux buts du traité, le Département d'État américain a estimé que la ratification ne peut résulter que d'une « révision interinstitutionnelle » de tous les traités sur les droits de l'homme auxquels les États-Unis ne sont pas partie. Ainsi, mise à part la Somalie (en voie de ratifier la convention), les États-Unis restent le seul État n'ayant pas ratifié la Convention internationale sur les droits de l'enfant du 20 novembre 1989.

À titre d'information sur les conventions les plus récentes, on se doit de mentionner la Convention relative aux droits des personnes handicapées, adoptée le 13 décembre 2006, lors de la soixante et unième session de l'Assemblée générale des Nations unies. Conformément à l'article 42, la Convention et son Protocole facultatif sont ouverts à la signature de tous les États et des organisations d'intégration régionale depuis le 30 mars 2007. En France, un projet de loi autorisant la ratification de cette convention a été présenté le 24 juin 2009 par le ministre français des Affaires étrangères et européennes, Bernard Kouchner. Ce projet de loi rappelle que le handicap constitue en France le deuxième motif de discrimination après l'origine.

L'objectif de cette convention est de promouvoir et protéger l'ensemble des droits humains des personnes handicapées et de faire en sorte qu'elles en jouissent de façon pleine et équitable. La convention couvre un certain nombre de domaines clés comme l'accessibilité, la liberté de mouvement, la santé, l'éducation, l'emploi, l'adaptation et la réadaptation, la participation à la vie politique, ainsi que l'égalité et la non-discrimination. Elle marque un tournant dans la façon dont le handicap est pensé, non plus comme un problème de bien-être social mais comme une question de droits humains, en reconnaissant que les barrières sociétales et les préjugés sont eux-mêmes des facteurs handicapants.

Par ailleurs, l'Union Africaine a adopté lors de sa Session extraordinaire du 22 et 23 octobre 2009 tenue à Entebbe en Ouganda une Convention sur la protection et l'assistance des personnes déplacées appelée également Convention de Kampala. On estime aujourd'hui à 26 millions le nombre de personnes déplacées dans le monde. Ce phénomène constitue un enjeu majeur du droit international humanitaire. Si les réfugiés bénéficient de la protection de la convention de 1951 et du protocole de 1967 relatif au statut des

8. Cette Convention a chargé une instance spécialisée, le Comité contre la torture (dont la France a reconnu la compétence le 18 février 1986), d'enquêter sur les États suspects et de rédiger des rapports destinés cependant à rester confidentiels.

réfugiés, la question des déplacés internes ne bénéficiait jusque-là d'aucun texte contraignant.

Parmi les dispositions fondamentales de la convention, on peut citer l'article premier donnant la définition des personnes déplacées comme étant « les personnes ou groupes de personnes ayant été forcées ou obligées de fuir ou de quitter leurs habitations ou lieux habituels de résidence, en particulier après, ou afin d'éviter les effets des confits armés, des situations de violence généralisée, des violations des droits de l'homme et/ou des catastrophes naturelles ou provoquées par l'homme, et qui n'ont pas traversé une frontière d'État internationalement reconnue ». En outre, l'article 3.1, engage les États membres à « a. S'abstenir de pratiquer, interdire, prévenir le déplacement arbitraire des populations » et « b. Prévenir l'exclusion et la marginalisation politiques, sociales, culturelles, susceptibles de causer le déplacement de populations ou de personnes en vertu de leur identité, leur religion ou leur opinion politique ». L'une des dispositions les plus audacieuses de la convention réside dans l'article 3.2a, par lequel, les États « incorporent les obligations de la présente Convention dans leur droit interne, par la promulgation ou l'amendement de la législation pertinente relative à la protection et à l'assistance aux personnes déplacées, en conformité avec leurs obligations en vertu du droit international ». Enfin, l'article 8.1. se distingue par le « droit d'ingérence humanitaire » qu'il accorde à l'Union Africaine. Ainsi, en vertu de cet article, « L'Union africaine a le droit d'intervenir dans un État partie, conformément à l'Article 4(h) de l'Acte constitutif, dans des circonstances graves, notamment les crimes de guerre, le génocide et les crimes contre l'humanité »[9].

1.10 > L'inconvénient principal de cette démarche réside dans la sectorisation des droits et libertés qu'elle engendre, et par là même le risque de confusions, voire de contradictions entre les différents instruments. La multiplication des conventions n'est en effet pas toujours gage d'efficacité, mais parfois source d'incohérences. Il en est ainsi de la Convention de l'Organisation internationale du travail (OIT) prohibant le travail de nuit des femmes, remise en cause par une Directive communautaire qui vise à interdire toute discrimination entre hommes et femmes dans le travail. Pareillement, l'adhésion des pays d'Europe centrale et orientale à la Convention européenne des droits de l'homme entraîne certaines confusions, dans la mesure où ces États ont également pris des engagements en matière de droits de l'homme dans le cadre de l'Organisation sur la sécurité et la coopération en Europe (OSCE). Or, l'OSCE privilégie les moyens diplomatiques alors que la Convention instaure un mécanisme juridictionnel. Dans le même ordre d'idées, si la Convention de Genève de 1951 organise la reconnaissance du droit d'asile, notamment pour les exilés espagnols, un protocole du Traité d'Amsterdam le déclare inopérant entre les États de l'Union européenne.

D'ailleurs, au lendemain de la Seconde Guerre mondiale, certains auteurs s'étaient interrogés sur l'opportunité d'un texte régional de protection des droits de l'homme (la future

---

9. Pour plus d'informations, cf. *Sentinelle*, Journal de la SFDI, article de Abdoulaye Moussa : n° 205, 22 novembre 2009. Cf. www.sfdi.org

Convention européenne des droits de l'homme), en raison notamment de l'existence de textes internationaux et de la priorité qui devait être accordée à la construction préalable d'une autorité politique européenne[10].

B - LA CONVENTION EUROPÉENNE DES DROITS DE L'HOMME ET LES TEXTES COMPLÉMENTAIRES

La protection des droits et libertés fondamentaux en Europe a donné lieu à la mise en place de systèmes particulièrement évolués, notamment celui organisé par ce texte essentiel qu'est la Convention européenne des droits de l'homme. D'autres initiatives doivent également être mentionnées, en particulier l'adoption de la Charte sociale européenne.

1 - La Convention européenne des droits de l'homme

1.11 > Élaborée au sein du Conseil de l'Europe et signée à Rome le 4 novembre 1950[11] par les représentants de 11 gouvernements européens, la Convention européenne de sauvegarde des droits de l'homme et des libertés fondamentales est directement inspirée par la Déclaration universelle des droits de l'homme de 1948[12].

Elle ne se contente pas de proclamer des droits civils et politiques, mais organise également un système juridictionnel de protection et de contrôle du respect de ces droits, qui sera exposé *infra*[13]. Elle constitue ainsi pour le Doyen Cohen-Jonathan « le modèle le plus ancien et le plus accompli de protection des droits fondamentaux »[14]. Il s'agit bien entendu d'un texte de compromis ménageant les impératifs nationaux, mais les parties contractantes ont compensé cet inconvénient par l'adoption d'un texte évolutif, permettant un renforcement progressif des garanties offertes aux individus (engagements nouveaux, mécanisme des réserves...).

a) Les réserves

1.12 > Au 15 janvier 2010, la Convention était ratifiée par 47 États, les derniers signataires étant Monaco (le 30 novembre 2005), et, quelques années auparavant, l'Azerbaïdjan (le 15 avril 2002), la Bosnie-Herzégovine (le 12 juillet 2002) et la Serbie-Monténégro (le 3 mars 2004). Seul parmi les États candidats potentiels ou réels, le Belarus (ou Biélorussie) n'est pas membre du Conseil de l'Europe. Il importe cependant de préciser que ces ratifications font l'objet, de la part de la plupart des États, de réserves portant sur certains

10. La controverse opposa notamment P.-H. Teitgen et R. Cassin (retracée dans P.-H. Teitgen, « Faites entrer le témoin suivant », *Ouest-France* 1988, p. 489). Cf. également O. Philip. *Le problème de l'Union européenne*, La Baconnière, 1950, p. 221. Cités par J.-F. Renucci, *Droit européen des droits de l'homme*, LGDJ, 2007, p. 13.

11. Entrée en vigueur le 3 septembre 1953.

12. Les États signataires affirment en effet dans le préambule qu'ils sont « résolus, en tant que gouvernements d'États européens animés d'un même esprit et possédant un patrimoine commun d'idéal et de traditions politiques, de respect de la liberté et de prééminence du droit, à prendre les premières mesures propres à assurer la garantie collective de certains droits énoncés dans la Déclaration universelle des droits de l'homme ».

13. Cf. § II, B, 1°.

14. G. Cohen-Jonathan, *Aspects européens des droits fondamentaux*, Montchrestien, 3e éd., 2002, p. 2.

droits ou certaines obligations. Cette technique permet de favoriser la diffusion la plus large de la Convention, en autorisant l'État à moduler son engagement.

S'agissant de la France, le gouvernement a notamment émis une réserve concernant les articles 5 et 6 de la Convention, « en ce sens que ces articles ne sauraient faire obstacle à l'application des dispositions de l'article 27 de la loi du 13 juillet 1972 portant statut général des militaires, relatives au régime disciplinaire dans les armées, ainsi qu'à celles de l'article 375 du Code de justice militaire ». De même, la France a expressément indiqué que l'article 15 de la Convention ne pouvait interférer avec les dispositions nationales relatives à l'état de siège et à l'état d'urgence, ni limiter les pouvoirs du président de la République en période de circonstances exceptionnelles.

Les réserves à caractère général sont toutefois prohibées. La Cour européenne des droits de l'homme veille à ce principe et a eu l'occasion de déclarer non valide une simple déclaration interprétative émise par la Suisse, assimilable en réalité à une réserve de portée générale, dans l'arrêt « *Belilos c/ Suisse* » du 29 avril 1988 (A/132).

b) Les personnes protégées

1.13 > Les personnes protégées par la Convention sont définies, de la manière la plus large possible, à l'article 1 de la Convention : « toute personne » relevant de la juridiction d'un État partie. La Convention ne prévoyant aucune discrimination, la protection s'étend non seulement aux nationaux, mais également aux ressortissants étrangers, qu'ils aient ou non la nationalité d'un État contractant, ou encore aux apatrides. S'agissant des nationaux, aucune restriction n'est admise, quel que soit le statut des requérants en droit interne. Un mineur incapable ou un détenu peuvent saisir directement la Cour sans représentant, de même qu'une mère déchue de l'autorité parentale peut actionner le mécanisme conventionnel au nom et dans les intérêts de ses enfants.

En outre, et contrairement au système mis en place par le Pacte international relatif aux droits civils et politiques, les personnes morales sont également admises au bénéfice des stipulations conventionnelles, par le biais de la notion d'« organisation non gouvernementale ». Au sens des instances européennes, cette expression englobe toute personne autre que les personnes publiques pourvues de prérogatives de puissances publiques (qui disposent quant à elles de la protection conférée par l'article 33 de la Convention). Il en va ainsi aussi bien des sociétés commerciales[15] que des associations caritatives[16] ou des organisations religieuses[17].

1.14 > L'examen des personnes protégées donne l'occasion d'une dernière remarque. Parmi les multiples instruments internationaux de protection des droits et libertés fondamentaux, rares sont ceux qui instaurent un système de contrôle accessible aux individus. La Convention européenne des droits de l'homme octroie ce privilège important, au

15. « Ni le statut juridique de société anonyme, ni le caractère commercial de ses activités, ni la nature même de la liberté d'expression ne sauraient priver Autronic AG du bénéfice de l'article 10. Ce dernier vaut pour toute personne physique ou morale », CEDH, 22 mai 1990, *Autronic*, A/178.

16. CEDH, 21 juin 1988, *Plateforme Médecins pour la vie*, A/139.

17. Comm. EDH, 5 mai 1979, *Église de scientologie c/ Suède, Déc. Comm. EDH* n° 16, p. 76.

même titre que le Pacte international relatif aux droits civils et politiques, la Convention internationale sur l'élimination de toutes les formes de discrimination raciale et la convention des Nations unies contre la torture et autres peines ou traitements cruels, inhumains ou dégradants. Pourtant, ce droit individuel d'actionner le juge international constitue une garantie essentielle de l'efficacité de l'instrument protecteur.

c) *Les types de droits garantis*

1.15 > Sans aborder ici la liste précise des droits énumérés, tout juste doit-on mentionner que les droits protégés peuvent être classés en deux catégories : les droits premiers et les droits susceptibles d'être limités.

En effet, si, de prime abord, tous les droits de l'homme paraissent égaux et mériter une semblable attention de la part des États, la réalité des faits amène à constater que certains d'entre eux ont une place prééminente et bénéficient d'une protection juridictionnelle particulière. Ces droits premiers, appelés également en doctrine droits intangibles, constituent le noyau dur des droits de l'homme, le socle irréductible auquel les États ne sauraient porter atteinte. Ces droits-là ne peuvent, en théorie, faire l'objet d'aucune limitation. L'article 15 de la Convention, qui autorise les États à déroger à leurs obligations en cas d'urgence, donne une liste de ces droits premiers, pour lesquels aucune dérogation n'est admise. Il en va ainsi du droit à la vie, du droit de ne pas subir de torture ni de traitements inhumains ou dégradants, de ne pas être mis en esclavage ou en situation de travail forcé, et enfin du droit au bénéfice de la règle de la légalité des délits et des peines.

Les autres droits font l'objet d'une protection amoindrie, qui permet aux États d'y apporter quelques limitations, voire restrictions, non seulement en cas de circonstances exceptionnelles (guerre et autre « danger public menaçant la vie de la Nation »), mais aussi en période normale, dans des conditions strictement définies et contrôlées. Certains droits ne peuvent d'abord faire l'objet que de simples dérogations, et uniquement lorsque l'État est confronté à des circonstances exceptionnelles. Il en va ainsi du droit à l'instruction, du droit à un procès équitable, du droit à des élections libres, ou encore du droit de disposer d'un recours effectif. D'autres droits peuvent ensuite faire l'objet de véritables limitations, y compris en période normale. Ceux-ci ont été pensés dès l'origine en prenant en compte cette nécessaire limitation potentielle de leurs effets. Il s'agit du droit au respect de la vie privée et familiale, de la liberté d'expression, ou encore de la liberté de réunion ou d'association. L'ingérence de l'autorité publique est ici justifiée par son caractère « nécessaire, dans une société démocratique », pour défendre des objectifs aussi divers que la protection de l'ordre et de la sécurité publique, la préservation de la santé ou de la morale publiques ou tout simplement la sauvegarde des droits et libertés d'autrui.

1.16 > Enfin, il est utile de préciser que ces droits sont garantis à l'égard de l'État contractant, entendu au sens large comme englobant toutes les autorités de l'État. Ainsi, une violation peut avoir été commise par une autorité constituante, parlementaire, gouvernementale, juridictionnelle ou administrative, qu'elle intervienne dans une sphère d'action nationale ou locale et dans un domaine d'application général ou spécialisé. Les actes des agents publics relèvent bien évidemment de la responsabilité de l'État partie, de même que ceux des personnes privées investies de prérogatives de puissance publique ou agissant sur les instructions ou pour le compte dudit État.

Depuis son adoption en 1950, la Convention a été modifiée et complétée à plusieurs reprises : par le biais de protocoles d'amendement ou additionnels, les Hautes Parties contractantes ont adapté cet instrument à l'évolution des besoins et aux développements de la société européenne. Ceux-ci complètent la liste des droits garantis figurant dans la Convention. Ils sont facultatifs et leur entrée en vigueur est subordonnée à un nombre déterminé de ratifications par les États contractants. Le Protocole n° 1 a trait au droit de propriété, au droit à l'instruction et aux élections libres ; le Protocole n° 4 concerne la liberté de circulation et l'interdiction de procéder à des expulsions de nationaux et à des expulsions collectives d'étrangers ; le Protocole n° 6 institue l'abolition de la peine de mort en temps de paix ; le Protocole n° 7 stipule des garanties procédurales en cas d'expulsion, un droit à l'appel en cas de condamnation et à l'indemnisation en cas d'erreur judiciaire, ainsi que l'égalité des époux devant le mariage. Le Protocole n° 12, qui porte interdiction générale de la discrimination, est entré en vigueur le 1er avril 2005 pour les onze États l'ayant ratifié à ce jour. Le Protocole n° 13, relatif à l'abolition de la peine de mort en toutes circonstances, est entré en vigueur le 1er juillet 2003.

Enfin, un Protocole n° 14 a été ouvert à la signature le 13 mai 2004. Il vise à ajuster le mécanisme de contrôle et, en particulier, à garantir à long terme l'efficacité de la Cour européenne des droits de l'homme, afin de lui permettre de poursuivre son rôle prééminent dans la protection des droits de l'homme en Europe. Dans cette perspective, le Protocole apporte principalement les changements ci-après à la Convention :

- pour les affaires manifestement irrecevables, les décisions d'irrecevabilité, prises actuellement par un comité de trois juges, le seront par un juge unique, assisté de rapporteurs non membres des organes judiciaires. L'idée est d'augmenter la capacité de filtrage de la Cour, en d'autres termes son aptitude à éliminer les affaires « désespérées » ;

- s'agissant des affaires répétitives, quand l'affaire fait partie d'une série résultant de la même déficience structurelle au niveau national, il est proposé qu'elle soit déclarée recevable et tranchée par un comité de trois juges (au lieu d'une chambre de sept juges), dans le cadre d'une procédure simplifiée ;

- enfin, en vue de donner à la Cour davantage de souplesse, une nouvelle condition de recevabilité est prévue (outre les conditions existantes telles que l'épuisement des voies de recours internes, le délai de six mois). Selon cette condition, la Cour pourra déclarer irrecevables les affaires dans lesquelles le requérant n'a pas subi de préjudice important, à condition que le « respect des droits de l'homme » n'oblige pas la Cour à examiner l'affaire au fond et ne rejeter aucune affaire qui n'a pas été dûment examinée par un tribunal interne.

Aux termes du Protocole, le Comité des ministres sera habilité, s'il en décide ainsi à une majorité des deux tiers, à introduire une procédure devant la Cour dès lors qu'un État refuse de se conformer à un arrêt. Le Comité des ministres aura également le pouvoir nouveau de demander à la Cour l'interprétation d'un arrêt, ce qui l'aidera dans sa tâche consistant à superviser l'exécution des arrêts et permettra notamment de déterminer les mesures nécessaires pour se conformer à un arrêt.

Parmi les autres dispositions du Protocole, on peut citer une modification du mandat des juges, qui ne sera plus d'une durée de six ans renouvelable, mais de neuf ans non renouvelable, et une clause prévoyant l'adhésion de l'Union européenne à la Convention.

La Russie a ratifié le 18 février 2010 à Interlaken le Protocole n° 14, permettant ainsi son entrée en vigueur. La Russie étant le 47e et dernier État partie à la Convention à le ratifier, le Protocole n° 14 va pouvoir entrer en vigueur le 1er juin 2010. De même, en vertu de l'article 17 dudit Protocole, cette entrée en vigueur entraîne l'adhésion de l'Union européenne à la CEDH (suivant des modalités pratiques à préciser et en cours de négociations). Cette adhésion complète les fondations d'un espace juridique européen des droits fondamentaux.

Entre-temps, pour contourner l'absence de ratification du Protocole n° 14, le Comité des ministres du Conseil de l'Europe a adopté à Madrid le 12 mai 2009 un Protocole n° 14 *bis* visant à faire face à l'engorgement de la Cour européenne des droits de l'homme. Ce Protocole modifie les articles 25, 27 et 28 de la Convention européenne des droits de l'homme afin de mettre en œuvre des dispositions du Protocole n° 14 considérées comme rapidement efficaces pour permettre à la Cour de faire face à l'afflux de demandes, en attendant l'entrée en vigueur du Protocole n° 14.

Il prévoit, d'une part, la mise en place d'une nouvelle formation de jugement, à juge unique, qui pourra rejeter les requêtes clairement irrecevables, ce qui permettra d'accroître la capacité de filtrage des affaires en multipliant les formations de filtrage travaillant simultanément. Le Protocole crée également la fonction de rapporteur chargé d'assister le juge unique ainsi déchargé de cette fonction lorsqu'il siège seul.

D'autre part, le Protocole étend les compétences du comité des trois juges, qui, jusqu'alors, ne pouvait que déclarer à l'unanimité une requête irrecevable. Le comité des trois juges pourra désormais également déclarer la requête recevable et se prononcer sur tous les aspects de l'affaire (recevabilité, fond et satisfaction équitable) dans un arrêt unique rendu à l'unanimité, lorsque l'affaire concerne une jurisprudence bien établie. Le rapport explicatif indique que cette notion de jurisprudence bien établie concerne soit une jurisprudence constante, soit, par exception, un arrêt de principe, particulièrement lorsqu'il a été rendu par la Grande Chambre. Lorsque le comité des trois juges estime être face à une affaire renvoyant à une jurisprudence bien établie, il le notifie à l'État défendeur. Si celui-ci admet le caractère bien établi de la jurisprudence, le comité peut rendre son jugement rapidement. L'État défendeur ne peut opposer son veto à l'utilisation de cette procédure, mais peut la contester, en invoquant soit l'absence d'épuisement des voies de recours internes, soit le fait que la requête ne concerne pas une jurisprudence bien établie, ce qui permet de conserver le caractère contradictoire de la procédure. S'il prouve l'absence d'épuisement des voies de recours internes, le Comité peut déclarer la requête irrecevable. Si l'État défendeur convainc le comité qu'il ne s'agit pas d'une jurisprudence bien établie ou si le comité ne parvient pas à se prononcer à l'unanimité sur la recevabilité, le fond ou la satisfaction équitable, l'affaire est renvoyée devant une Chambre de la Cour.

Le Protocole n° 14 *bis*, entré en vigueur le 1er octobre 2009, ne s'applique qu'aux requêtes introduites contre des États pour qui il est entré en vigueur. Toutefois, un État ne l'ayant pas ratifié peut déclarer qu'il s'applique provisoirement aux procédures introduites contre lui. Les États qui ont à ce jour procédé aux ratifications, au nombre de 9, sont le Danemark (27 mai 2009), la Géorgie (1er septembre 2009), l'Islande (7 juillet 2009), l'Irlande (17 juin 2009), Monaco (1er juillet 2009), la Norvège (27 mai 2009), Saint-Marin (2 décembre 2009), la Suède (23 décembre 2009) et la Slovénie (7 juillet 2009). La France devrait prochainement rejoindre ce groupe de tête, puisque, lors du Conseil des ministres du 4 novembre 2009, a été présenté un projet de loi autorisant l'approbation de ce Protocole n° 14 *bis*[18].

Le Protocole n° 14 *bis* cessera d'être en vigueur ou d'être appliqué à titre provisoire le 1er juin 2010, date d'entrée en vigueur du Protocole n° 14 à la Convention. Grâce à l'entrée en vigueur du Protocole n° 14, les nouvelles procédures déjà appliquées à l'égard de nombreux États grâce au Protocole n° 14 *bis* vont donc être généralisées, ce qui devrait permettre à la Cour d'augmenter son efficacité, de l'ordre de 20 à 25 %.

1.17 > Les États membres gardent la possibilité de dénoncer la Convention, en application de l'article 58, sans pour autant que cette dénonciation ne les délie pour les actes accomplis antérieurement. Celle-ci ne peut avoir lieu qu'après l'expiration d'un délai de cinq ans à partir de la date d'entrée en vigueur de la Convention à son égard et moyennant un préavis de six mois, donné par une notification adressée au Secrétaire général du Conseil de l'Europe, qui en informe les autres parties contractantes.

2 - Les textes complémentaires

1.18 > En dehors de la Convention européenne des droits de l'homme, il convient de mentionner un certain nombre de textes importants, au premier rang desquels se situe la Charte sociale européenne, adoptée à Turin le 18 octobre 1961 et révisée une dernière fois à Strasbourg le 3 mai 1996 afin de prendre en compte de nouveaux droits. Elle vise à compléter la Convention de Rome en matière de droits économiques et sociaux, qu'il s'agisse du droit au travail, du droit syndical, du droit de négociation collective incluant le droit de grève, ou, en ce qui concerne les nouveaux droits proclamés, du droit à une protection contre la pauvreté et l'exclusion sociale, du droit des travailleurs à l'information et à la consultation au sein de l'entreprise, du droit au logement ou du droit à l'égalité des chances et de traitement en matière d'emploi et de profession, sans discrimination fondée sur le sexe.

La procédure de contrôle initiale se limitait à imposer la rédaction de rapports périodiques sur le respect des stipulations de la Charte, ultérieurement transmis au Comité des ministres qui pouvait adresser des recommandations aux États signataires. Un protocole additionnel à cette Charte, signé le 22 juin 1995, met en place un système de réclamations collectives autorisant les organisations professionnelles à former une réclamation d'ordre général contre un État partie, devant un Comité d'experts indépendants à présent intitulé Comité européen des droits sociaux. Ce dernier pourra éventuellement saisir le Comité des ministres du Conseil de l'Europe en cas de violation constatée des objectifs de la Charte sociale. Les premières décisions prises par le Comité d'experts précité se sont

18. Pour plus d'informations, cf. *Sentinelle*, Journal de la SFDI, article de Anne Rainaud : n° 204, 15 novembre 2009 – et article de Aude Vasseur-Rivollet : n° 190, 31 mai 2009. Cf. www.sfdi.org.

cependant heurtées à l'immobilisme du Comité des ministres, qui s'est contenté d'un rappel à l'ordre de l'État fautif.

Devant cette inefficacité relative, plusieurs propositions ont été formulées, notamment celle visant à la création d'une Cour européenne des droits sociaux (ou au minimum d'une Chambre sociale au sein de la Cour européenne des droits de l'homme), faisant de la Charte sociale le pendant de la Convention européenne des droits de l'homme en matière de droits économiques et sociaux.

Il est intéressant de noter la prise en compte de plus en plus grande de la Charte sociale européenne par la Cour européenne des droits de l'homme[19], cette dernière n'hésitant plus, ainsi, à prendre en compte de manière explicite la pratique du Comité européen des droits sociaux[20].

1.19 ➢ D'autres textes, qui viennent compléter, voire développer, la protection assurée par la Convention européenne des droits de l'homme méritent d'être cités. Il s'agit notamment de la Convention contre la torture et autres peines ou traitements cruels, inhumains ou dégradants, adoptée au niveau européen le 26 novembre 1987 et qui fait écho à la même convention adoptée cette fois au niveau universel le 10 décembre 1984[21], de la Convention européenne sur l'exercice des droits de l'enfant, adoptée le 25 janvier 1986, de la Convention-cadre sur la protection des minorités nationales du 10 novembre 1994, de la Convention sur la cybercriminalité faite à Budapest le 23 novembre 2001, et de la Convention européenne pour la protection des droits de l'homme et de la dignité de l'être humain à l'égard des applications de la biologie et de la médecine, signée à Oviedo le 4 mai 1997, qui traite en particulier des questions d'actualité que sont les développements de la thérapie génique, des procréations médicalement assistées et des prélèvements d'organes et de tissus sur des donneurs vivants à des fins de transplantation[22].

Récemment, le 1er février 2008, est entrée en vigueur la Convention du Conseil de l'Europe sur la lutte contre la traite des êtres humains. Traité global axé essentiellement sur la protection des victimes de la traite et la sauvegarde de leurs droits, cette convention vise également la prévention de la traite ainsi que la poursuite des trafiquants. Elle s'applique à toutes les formes de traite, qu'elles soient nationale ou transnationale, liée ou non au crime organisé. Elle s'applique quelles que soient les victimes : femmes, hommes

---

19. Sur ce point, *cf.* J.-F. Flauss, « Les interactions normatives entre les instruments européens relatifs à la protection des droits sociaux », in J.-F. Flauss (dir.), *Droits sociaux et droit européen*, Bruylant, coll. Droit et Justice, 2002, vol. 39, pp. 93-94.
20. CEDH, Gde. Ch., 11 janvier 2006, *Soerensen c/ Danemark* et *Rasmussen c/ Danemark*, req. nos 52562/99 et 52620, § 72 et § 75).
21. Le système européen est cependant d'une efficacité pratique plus grande que son homologue des Nations unies. Le Comité européen pour la prévention de la torture et des peines ou traitements inhumains ou dégradants peut organiser des visites de tout lieu dans lequel des personnes sont détenues par les autorités publiques. Au terme de ces visites, lors desquelles il dispose d'un large pouvoir d'investigation et d'enquêtes, le Comité rédige un rapport accompagné de recommandations et adressé à l'État en cause. À défaut de réaction de sa part, le rapport peut être rendu public. La France a fait l'amère expérience de cette publicité en 1991 et en 1996. La France a enfin ratifié au mois de juillet 2008 le protocole facultatif se rapportant à la convention contre la torture et autres peines ou traitements inhumains ou dégradants.
22. Cette Convention a été révisée le 12 janvier 1998 pour interdire notamment le clonage d'êtres humains. L'annonce de la naissance des premiers bébés clonés souligne l'intérêt de cet instrument européen.

ou enfants et quelles que soient les formes d'exploitation : exploitation sexuelle, travail ou services forcés, etc.

II – À L'ÉCHELON COMMUNAUTAIRE

1.20 > Les autorités communautaires n'ont envisagé que tardivement la question des droits fondamentaux et de leur protection alors que l'Europe communautaire était apte, dès les prémices de sa formation, à énoncer, à formuler des droits fondamentaux. Cette apathie, certes dépassée aujourd'hui, étonne dans la mesure où les États précurseurs de la construction communautaire auraient pu en faire un thème fédérateur.

La montée en puissance des droits et libertés fondamentaux dans les textes communautaires s'est faite progressivement, d'abord au sein des Traités (A), qui sont venus consacrer la protection initiée par la Cour de justice en la matière, puis par l'adoption de la Charte des droits fondamentaux de l'Union européenne, sur laquelle il conviendra de s'arrêter plus particulièrement (B).

A - LES TRAITÉS CONSTITUTIFS

1.21 > Le Traité de Rome du 25 mars 1957 ne contient aucune disposition formelle relative aux droits et libertés fondamentaux, mis à part les principes destinés à garantir les objectifs économiques, à savoir la libre circulation des travailleurs ou l'égalité de rémunération entre travailleurs masculins et féminins. Plusieurs fois cependant, les institutions communautaires ont affirmé leur attachement au respect des droits fondamentaux, invitant implicitement les États membres, en leur qualité de constituants, à relayer ces velléités. Ainsi, le 5 avril 1977, dans une déclaration commune, la Commission, le Conseil et le Parlement (alors dénommé Assemblée) ont souligné « l'importance primordiale qu'ils attachent au respect des droits fondamentaux tels qu'ils résultent des Constitutions des États membres ainsi que de la Convention européenne des droits de l'homme » en s'engageant à respecter ces droits dans l'exercice de leurs pouvoirs. Le Parlement européen entreprit également d'élaborer un texte, mué en Déclaration des droits et libertés fondamentales adoptée le 12 avril 1989, mais qui resta finalement lettre morte. Si la protection des droits fondamentaux apparaissait donc au départ quelque peu en marge de la construction communautaire, les traités successifs ont petit à petit comblé cette lacune.

1 - Les fondements de l'incorporation des droits fondamentaux dans les traités

1.22 > Parce qu'elle avait vocation à s'épanouir économiquement, l'Europe communautaire de 1957 ne s'est pas intéressée à la question des droits fondamentaux, l'ambition libérale ne le justifiant pas. Si, relativement rapidement, la question est devenue incontournable, c'est d'abord parce que les autorités communautaires ne pouvaient voir leurs compétences s'accroître sans reconnaître, en retour, des pouvoirs aux sujets du droit communautaire. Le transfert de droits de souveraineté des États membres à la Communauté ne pouvait en effet se réaliser sans la garantie d'une protection des droits fondamentaux au moins égale aux exigences du niveau national. Comme le souligne

M. Manfred A. Dauses, il s'agit là d'un « postulat littéralement axiomatique de la notion d'État de droit »[23].

C'est, en second lieu, en raison de l'incitation pressante en provenance des juridictions nationales. Dans sa décision « *Solange I* » de 1974, la Cour constitutionnelle allemande affirma que le droit communautaire n'aurait pas primauté sur le droit national allemand tant que la Communauté européenne n'aurait pas développé un système de protection des droits fondamentaux équivalent à celui instauré par la Loi fondamentale allemande. Si le tribunal de Karlsruhe est, depuis, revenu sur cette position par un arrêt « *Solange II* » en 1986, la Cour constitutionnelle italienne se réserve toujours le droit de vérifier si les institutions communautaires respectent les principes fondamentaux de l'ordre constitutionnel italien. Les autorités communautaires se devaient, dès lors, de veiller à la protection des droits fondamentaux. Il en allait de l'autorité du droit communautaire, donc de son efficacité.

2 - Les méthodes d'incorporation des droits fondamentaux dans les traités

1.23 › Les autorités communautaires, à défaut de promouvoir un corpus de règles fondamentales, avaient la possibilité d'adhérer directement à la Convention européenne des droits de l'homme, déjà adoptée par la majorité des États membres des Communautés européennes. Cette éventualité avait même été inscrite dans l'article 3 du projet de traité établi en 1953, avant d'être retirée.

Cette adhésion n'allait pas, il est vrai, sans de multiples difficultés. La procédure d'intégration de la Convention à l'ordre juridique communautaire, que la Commission souhaita initier une première fois en 1979 avant de relancer l'idée en 1990, supposait déjà une modification de la Convention qui n'admet de ratification que de la part d'États. En outre et surtout, la Cour de justice des Communautés européennes a affirmé, dans son avis n° 2/94 rendu le 28 mars 1996, la veille d'une conférence intergouvernementale, l'impossibilité de mettre en concurrence deux systèmes juridictionnels (les cours de Strasbourg et de Luxembourg) dans le cadre communautaire : « l'adhésion à la Convention entraînerait un changement substantiel du régime communautaire actuel de la protection des droits de l'homme, en ce qu'elle comporterait l'insertion de la Communauté dans un système international distinct ainsi que l'intégration de l'ensemble des dispositions dans l'ordre juridique communautaire ». L'adhésion supposait donc une réforme institutionnelle que les États réunis en conférence intergouvernementale n'ont pas souhaitée immédiatement.

Cette question est désormais résolue puisque le Protocole n° 14, dont l'entrée en vigueur est le 1er juin 2010, prévoit en son article 17 l'adhésion de l'Union européenne à la CEDH.

En toutes hypothèses, la Convention a toujours été relayée, de fait, par la Cour de justice, en tant que source d'inspiration privilégiée. Cette référence constante s'est trouvée facilitée par l'attitude encourageante des instances européennes, qui ont toujours pris soin d'éviter toute opposition avec la Cour de justice des Communautés européennes en déclarant irrecevable toute requête relative à l'action des institutions communautaires,

---

23. M.-A. Dauses, « La protection des droits fondamentaux dans l'ordre juridique des Communautés européennes », *Rev. Aff. Euro.* 1992, n° 4, p. 9.

au motif que la Commission n'était pas partie à la Convention européenne des droits de l'homme.

1.24 > La voie restait donc ouverte pour une promotion « interne » des droits fondamentaux au sein des instruments conventionnels communautaires. Constitutionnalisant la jurisprudence constructive de la Cour de justice des Communautés européennes[24], les traités sur l'Union européenne de Maastricht du 7 février 1992 et d'Amsterdam du 2 octobre 1997 ont progressivement incorporé la notion de droit fondamental dans le corpus juridique communautaire, par référence à la Convention européenne des droits de l'homme.

L'article F du titre I du Traité de Maastricht énonce ainsi que l'Union « respecte (...) les droits fondamentaux tels qu'ils sont garantis par la Convention européenne de sauvegarde des droits de l'homme et des libertés fondamentales et tels qu'ils résultent des traditions constitutionnelles communes aux États membres, en tant que principes généraux du droit communautaire ». Cette clause sera consolidée par le Traité d'Amsterdam, en son article 6 qui confirme l'article F et proclame que « l'Union est fondée sur les principes de la liberté, de la démocratie, du respect des droits de l'homme et des libertés fondamentales ainsi que de l'État de droit, principes qui sont communs aux États membres »[25]. Surtout, alors que l'article F du Traité de Maastricht excluait la compétence de la Cour pour mettre en œuvre la protection de ces droits, le Traité d'Amsterdam vient expressément reconnaître cette compétence. Le statut des droits fondamentaux communautaires s'apparente ainsi de plus en plus à celui qui est le leur dans les différents droits nationaux. Avec ces formulations, c'est l'ensemble des piliers de l'Union qui est concerné par la protection des droits fondamentaux. Elle dépasse le cadre des Communautés pour investir les autres piliers, notamment la coopération en matière de justice et d'affaires internationales.

1.25 > Cette importance prise par les droits fondamentaux dans les textes communautaires se traduit notamment par le fait que leur méconnaissance grave peut conduire à la suspension des droits de l'État fautif[26] et que leur respect constitue désormais une condition d'accès à l'Union[27]. L'exemple grec est à ce titre probant : en 1961, un accord d'association est signé entre les Communautés et la Grèce, en vue d'une adhésion proche. La révolution des Colonels en 1967 a gelé toutes les relations entre les deux parties jusqu'au retour d'un régime démocratique, et l'acte officiel de candidature à l'adhésion que la Grèce formula en juin 1975 ne fut entendu qu'en 1981, dès lors que cet État pouvait satisfaire à certaines conditions implicites de respect des droits fondamentaux. Les actes de candidature de l'Espagne et du Portugal, établis dès 1977, ne furent considérés sérieusement qu'en 1985, pour les mêmes raisons.

24. Cf. *infra*.

25. Reprenant les conceptions extensives de la Cour de justice, les traités ont plus particulièrement consacré le principe de la libre circulation des personnes ou le principe d'une lutte quotidienne contre « toute discrimination fondée sur le sexe, la race ou l'origine ethnique, la religion ou les convictions, un handicap, l'âge ou l'orientation sexuelle » (article 13 du Traité instituant la Communauté européenne).

26. Comme en attestent les différentes prises de position des organes communautaires lors de la mise en place en Autriche d'un gouvernement auquel participait l'extrême droite.

27. Comme le montrent les difficultés autour de l'éventuelle adhésion de la Turquie.

Au sein de cette évolution textuelle, la Charte européenne des droits fondamentaux occupe une place centrale en ce qu'elle vient renforcer sensiblement le mécanisme de protection des droits et libertés fondamentaux en vigueur dans l'Union.

B - LA CHARTE DES DROITS FONDAMENTAUX DE L'UNION EUROPÉENNE

1.26 > Signée le 7 décembre 2000 au Conseil européen de Nice, la Charte des droits fondamentaux de l'Union européenne apparaît comme une synthèse des différents textes européens déjà en vigueur, qu'il s'agisse de la Convention européenne des droits de l'homme, de la Charte sociale européenne ou de la Charte communautaire des droits sociaux fondamentaux des travailleurs.

Elle s'efforce, pour la première fois au niveau communautaire, d'établir une codification susceptible de revêtir un caractère obligatoire dans le cadre d'une future (et bien éventuelle désormais) Constitution pour l'Europe.

Après avoir succinctement présenté les droits proclamés par la Charte européenne, il conviendra de s'interroger sur ses potentialités pratiques et son ambition véritable.

1 - Origine et contenu de la Charte des droits fondamentaux de l'Union européenne

1.27 > Afin de faire progresser la construction européenne, l'Union européenne s'est dotée en 1999 d'une « Convention » chargée d'élaborer une charte des droits fondamentaux. Issue des Conseils européens de Cologne (3 et 4 juin 1999) et de Tampere (15 et 16 octobre 1999), cette formation originale était composée de représentants des exécutifs des États membres, d'un représentant de la Commission, de membres du Parlement européen et de délégués des Parlements nationaux. La « Convention » était organisée de telle manière qu'elle soit « le lieu d'expression de toutes les sensibilités européennes en matière de droits fondamentaux »[28]. C'est à l'occasion du Conseil européen de Nice des 7 et 8 décembre 2000[29] qu'a été solennellement proclamée la Charte des droits fondamentaux de l'Union européenne.

1.28 > La volonté de réunir dans un seul texte l'ensemble des droits fondamentaux en vigueur dans l'Union a été manifestée dès le Conseil de Cologne. Les droits à codifier étaient principalement ceux reconnus par la Convention européenne des droits de l'homme, la Charte sociale européenne et la Charte communautaire des droits sociaux fondamentaux des travailleurs, mais aussi ceux – souvent les mêmes – que la jurisprudence de la Cour de Luxembourg a consacrés au titre des principes généraux du droit communautaire. L'ensemble de la Charte repose sur un principe de non-régressivité

---

28. L'expression est de A. Victorino, « La Charte des droits fondamentaux de l'Union européenne », *RDUE* 2000, p. 499.
29. Malgré l'importance du sujet, les difficultés liées à l'élargissement de l'Union (modalités de vote, domaines de la codécision...) ont quelque peu relégué la Charte à l'arrière-plan. M. Henri de Brisson a ainsi parlé d'une « proclamation à la sauvette », *Le Monde*, 12 décembre 2000.

posé à l'article 53[30]. Ainsi, les différents textes protecteurs, au premier rang desquels se trouve la Convention européenne des droits de l'homme, sont appréhendés comme des références minimales, une clause de *stand-still* garantissant, par une sorte de verrou, une protection au moins équivalente. Pour éviter toute divergence d'interprétation des droits proclamés avec ceux protégés par ladite Convention de Rome et la Cour de Strasbourg, l'article 52 § 3 indique que « dans la mesure où la présente Charte contient des droits correspondant à des droits garantis par la Convention européenne des droits de l'homme, leur sens et leur portée sont les mêmes que ceux que leur confère ladite Convention ». Mais l'article 52 *in fine* affirme que rien ne fait obstacle à ce que « le droit de l'Union accorde une protection plus étendue » que celle offerte par la Convention. De fait, un certain nombre de droits, « qui manquaient dans la Convention européenne des droits de l'homme » aux dires même du conseiller d'État Guy Braibant[31], ont été proclamés.

1.29 > Son contenu, qui renferme un certain nombre d'innovations, donne à voir un ensemble de droits et libertés se répartissant initialement en trois « corbeilles » de droits fondamentaux.

La première contient les droits de liberté et d'égalité ainsi que les droits de procédure tels que garantis par la Convention européenne des droits de l'homme, complétés par quelques droits nouveaux. Ainsi, le droit au respect de l'intégrité de la personne humaine a permis d'introduire de nouveaux droits en liaison avec les progrès de la médecine et de la biologie moderne. L'article 3 énonce ainsi que « ... dans le cadre de la médecine et de la biologie, doivent notamment être respectés : le consentement libre et éclairé de la personne concernée (...) ; l'interdiction des pratiques eugéniques (...) ; l'interdiction de faire du corps humain (...) une source de profit ; l'interdiction du clonage reproductif des êtres humains ».

Si la parenté avec la Convention de Rome est évidente, on notera cependant une volonté de « modernisation » intéressante. Ainsi, l'article 47 relatif au droit à un recours effectif et à accéder à un tribunal impartial correspond à l'article 6 § 1 de la Convention de Rome, mais la limitation tenant aux notions de « contestations sur des droits et obligations de caractère civil » ou sur des « accusations en matière pénale », source de difficultés d'interprétation, n'a pas été reproduite. De même, le droit de se marier et le droit de fonder une famille (article 9 de la Charte) constituent, notamment par leur scission en deux énoncés séparés, une version modernisée de l'article 12 de la CEDH, en accord avec les législations nationales reconnaissant d'autres voies que le mariage pour fonder une famille[32].

1.30 > La deuxième « corbeille », qui comprend des droits fondamentaux réservés aux citoyens de l'Union, est sans doute la moins fournie. La définition de tels droits, qui a pu

30. Article 53 de la Charte : « Aucune disposition de la présente Charte ne doit être interprétée comme limitant ou portant atteinte aux droits de l'homme et aux libertés fondamentales reconnus, dans leur champ d'application respectif, par le droit de l'Union, le droit international et les conventions internationales auxquelles sont parties l'Union, la Communauté ou tous les États membres, et notamment la CEDH, ainsi que par les constitutions des États membres ».

31. G. Braibant, « La Charte de l'an 2000 », *AJDA* 2001, n° 2, p. 115.

32. Cette rédaction permet également, potentiellement, l'octroi du statut du mariage à des unions entre personnes du même sexe.

paraître paradoxale dans un texte à vocation universelle, a toutefois permis de développer le concept de citoyenneté de l'Union. Les droits concernés sont le droit de vote et d'éligibilité aux élections européennes et municipales, le droit d'accès aux documents administratifs et au médiateur, ou encore le droit de pétition. Là encore, quelques nouveautés sont à signaler, telles le droit à la protection diplomatique et le droit à une bonne administration.

1.31 › Enfin, la troisième « corbeille » regroupe les droits économiques et sociaux fondamentaux, inspirés de la Charte sociale européenne. C'est à propos de cette dernière catégorie de droits que les difficultés ont été les plus fortes. Le Professeur Armel Pecheul indique ainsi que « les conceptions divergeaient fondamentalement entre ceux qui estimaient qu'il ne pouvait pas y avoir de droits sociaux dans la Charte puisqu'ils ne sont pas justiciables – notamment la Grande-Bretagne –, et ceux qui estimaient que la Charte devait aller jusqu'à proclamer les droits culturels, ou le droit au logement »[33].

En définitive, si la Charte énumère un certain nombre de droits sociaux, leur formulation reste très discrète ou très vague. C'est le cas du droit de grève, intégré dans le droit de négociation et d'actions collectives, ou du droit syndical, qui a été fondu avec la liberté de réunion et d'association. Se trouvent cependant consacrés le droit à l'accès aux services d'intérêt économique général, la protection de l'environnement et des consommateurs, ou le droit à la sécurité sociale et à l'aide sociale.

2 - Ambition et portée de la Charte des droits fondamentaux de l'Union européenne

1.32 › L'objectif recherché par l'Union était de doter la construction européenne d'une légitimité politique et morale et d'une dimension humaine incontestable, qui viendraient compléter les quelques aspects politiques et sociaux existants et s'ajouteraient à sa vocation pacificatrice et économique initiale. Pour ce faire, les membres de la Convention se sont implicitement entendus pour ne pas rechercher à tout prix la codification à droit constant, mais tenter plutôt « de dégager les valeurs communes aux Quinze, rendre visible ce qui existe déjà mais n'est pas forcément clairement perçu par le citoyen européen »[34].

On le perçoit immédiatement, l'objectif initial était avant tout hautement politique. Le processus de construction européenne avait besoin d'un acte fort, signifiant son attachement aux droits de l'homme. Cela explique qu'ait été choisie la voie symbolique d'un nouveau texte reprenant très largement la Convention européenne des droits de l'homme plutôt que celle de l'adhésion de l'Union à cette même Convention. L'adhésion aurait entraîné potentiellement le risque d'un contrôle de la Cour de Strasbourg sur celle de Luxembourg, que cette dernière ne semblait pas encore prête à accepter. Mais, d'un autre côté, la nécessité de l'Union de se doter d'un instrument regroupant l'ensemble des droits fondamentaux devenait impérieuse, alors que les juges strasbourgeois s'étaient récemment estimés compétents à deux reprises pour contrôler la compatibilité de

33. A. Pecheul, « La Charte des droits fondamentaux de l'Union européenne », *RFDA* 2001, n° 3, p. 688-700, spéc. p. 693.
34. J. Dutheil de La Rochère, « L'Europe a-t-elle besoin d'une Charte des droits fondamentaux ? », *op. cit.*, spéc. p. 964.

mesures nationales d'application du droit communautaire avec les dispositions conventionnelles[35].

1.33 > Beaucoup espéraient voir la Charte insérée dans le Traité sur l'Union, lui reconnaissant ainsi une pleine valeur juridique. Deux solutions étaient envisageables : soit inscrire directement la Charte dans le traité, soit y faire mention à l'article 6 du même traité. Cependant, face à l'hostilité de certains États comme la Grande-Bretagne et le Danemark, ni l'incorporation totale, ni la simple référence ne furent possibles au départ. Juridiquement parlant, la déception fut grande, la Présidente du Parlement européen Nicole Fontaine estimant que « sur le fond, la Charte n'aura son plein effet que si elle trouve une forme d'intégration dans le Traité »[36]. C'est pourquoi les membres de la Convention avaient décidé de l'intégrer dans la deuxième partie du projet de traité instituant une Constitution pour l'Europe. L'abandon du processus de ratification du nouveau texte du fait des rejets français et néerlandais avait repoussé à plus tard cette ambition. Le rejet du traité, dans lequel la Charte occupait une place éminente, a naturellement porté un coup certain au rayonnement de la Charte et à sa prise en compte directe par les juges tant nationaux que communautaires.

Toutefois, cette question de la portée juridique de la Charte vient de connaître récemment un nouvel épisode d'importance. Les chefs d'État et de gouvernement se sont en effet finalement mis d'accord en juin 2007, à Bruxelles, pour donner à la Charte un caractère contraignant dans le mandat de la conférence intergouvernementale.

Ainsi, les présidents des trois institutions communautaires (MM. Hans-Gert Pöttering pour le Parlement, José Socrates pour le Conseil, José Manuel Barroso pour la Commission) ont pour la deuxième fois (après 2000 à Nice) solennellement signé et proclamé la Charte des droits fondamentaux de l'Union européenne, le 12 décembre 2007 au Parlement européen. La Charte est devenue contraignante dès l'entrée en vigueur du Traité de Lisbonne, le 1er décembre 2009 (sous de fortes restrictions pour deux pays : la Pologne et le Royaume-Uni, auquel se joint le 29 octobre 2009, la République tchèque qui obtient également une clause de *opt-out*). Si le nouveau traité est ratifié par tous les États membres, la Charte aura finalement le même statut juridique que les traités.

Le Traité de Lisbonne, signé le lendemain, jeudi 13 décembre 2007 dans la capitale portugaise, contient seulement une référence au texte de la Charte qui sera toutefois publié intégralement au Journal officiel. Pendant la Conférence intergouvernementale, le Royaume-Uni et la Pologne ont obtenu une dérogation importante car le protocole n° 7 annexé au traité restreint la faculté de la Cour de justice et des tribunaux britanniques et polonais d'estimer que des lois ou pratiques du Royaume-Uni et de la Pologne sont incompatibles avec la Charte. Le protocole prévoit aussi que les dispositions de la Charte ne s'appliquent aux citoyens britanniques et polonais que si elles sont déjà reconnues dans le droit ou les pratiques des deux pays.

---

35. En dernier lieu : CEDH, 18 février 1999, *Matthews c/ Royaume-Uni*, *JCP* 1999.I.203, chron. Sudre ; *RTDE* 1999, p. 637, obs. Cohen-Jontahan et Flauss.

36. Discours prononcé à Biarritz le 13 octobre 2000, à l'issue du Conseil européen.

Bien évidemment, avant même cette future reconnaissance juridique officielle, rien n'empêchait un juge, quel que soit l'ordre juridictionnel auquel il appartient, de décider de se référer à tel ou tel article de la Charte et de lui conférer ainsi valeur normative. De la même façon, les États membres pouvaient également se référer à la Charte dans le cadre de leur mise en œuvre du droit communautaire, ce qui contribuait, là encore, dans la pratique, à renforcer la valeur de la Charte. Les citoyens eux-mêmes pouvaient être amenés à se placer sur ce terrain. La Commission des Communautés européennes avait parfaitement intégré cette potentialité, estimant que « la Charte déploiera des effets, y compris sur le plan juridique, et ce quelle que soit la nature qui lui sera attribuée »[37].

1.34 > Le Tribunal de première instance des Communautés européennes s'est rapidement montré favorable à l'application de la Charte, en dépit de son absence de force contraignante. Ainsi, dans un arrêt *Jégo-Quéré c/ Commission* du 3 mai 2002[38], le TPICE a examiné les procédures prévues aux articles 234, 235 et 288 du Traité CE « à la lumière des articles 6 et 13 de la CEDH et de l'article 47 de la Charte des droits fondamentaux, comme garantissant aux justiciables un droit de recours effectif leur permettant de contester la légalité de dispositions communautaires de portée générale qui affectent directement leur situation juridique ». Mieux encore, dans l'affaire *Max. mobil Telekommunikation Service GmbH* du 30 janvier 2002 (Aff. T-54/99), le tribunal a confirmé la productivité juridique de la Charte en s'appuyant explicitement sur l'article 47 de la Charte, relatif au droit à un recours effectif et à un tribunal impartial, plutôt que sur les références traditionnelles aux articles 6 et 13 de la Convention européenne des droits de l'homme. Cette position fait écho à la stratégie de contournement mise en avant par l'avocat général Philippe Léger dans ses conclusions sur l'arrêt *Heidi Hautala* du 6 décembre 2001 (Aff. C-353/99 P). Après avoir rappelé qu'il importe « de ne pas ignorer la volonté clairement exprimée des auteurs de la Charte de ne pas la doter de force juridique obligatoire », ce dernier tempère immédiatement son propos en remarquant que « les sources de ces droits, énumérés dans le Préambule de la Charte, sont pour la plupart dotées d'une force contraignante au sein des États membres et de l'Union européenne ». Il en conclut qu'il « serait inexplicable de ne pas y puiser les éléments qui permettent de distinguer les droits fondamentaux des autres droits », la Charte constituant selon lui « un instrument privilégié servant à l'identification des droits fondamentaux ».

La Cour de justice s'est montrée pendant longtemps beaucoup plus prudente vis-à-vis de la Charte[39], préférant la traduction médiate de ses articles sous forme de principes généraux du droit[40]. Au mieux, la Cour suivait l'argumentation de l'avocat général et faisait application des droits reconnus par la Charte, mais en s'abstenant de toute référence

37. Commission des Communautés européennes, Communication du 11 octobre 2000 sur la nature de la Charte des droits fondamentaux de l'Union européenne, COM (2000) 644 final, pt 10.
38. Aff. T-177/01.
39. La fréquence d'utilisation de la Charte dans les jugements du tribunal de première instance contraste en effet, quelque peu, avec l'attitude de la Cour de justice qui semble l'ignorer, malgré les références fréquentes de ses avocats généraux.
40. CJCE, 22 juin 2004, *Karl Meyer c/ Commission*, Aff. C-151/03.

expresse ou appliquant les droits reconnus par la Charte mais sans s'y référer expressément[41]. Finalement, la montée en puissance « politique » de la Charte a fini par payer. Dans un arrêt de Grande chambre en date du 27 juin 2006[42], la Cour de justice des Communautés européennes s'est fondée sur la mention explicite de la Charte dans les considérants d'une directive pour l'intégrer parmi les normes de droit au regard desquelles la légalité des actes communautaires peut être contrôlée. Cet arrêt confirme « l'ancrage de l'Union dans l'espace européen des droits fondamentaux »[43].

Le Conseil d'État français, de son côté, n'a guère manifesté d'enthousiasme pour la Charte, fidèle à sa jurisprudence traditionnelle qui privilégie elle aussi le recours aux principes généraux du droit. Après toute une série de décisions dans lesquelles le juge du Palais Royal a fait mention de la Charte des droits fondamentaux, sans en tirer de conséquences contraignantes particulières, les formulations se sont faites plus claires, dans le sens d'une non-application de la charte. La Haute Juridiction a ainsi, dans une décision du 5 janvier 2005, *Mlle Deprez*, jugé que « contrairement à ce que soutient la requête, la Charte des droits fondamentaux de l'Union européenne, proclamée par le Conseil européen le 7 décembre 2000 et reprise dans un acte inter-institutionnel publié le 18 décembre 2000 est dépourvue, en l'état actuel du droit, de la force juridique qui s'attache à un traité une fois introduit dans l'ordre juridique interne et ne figure pas au nombre des actes du droit communautaire dérivé susceptibles d'être invoqués devant les juridictions nationales »[44]. Puis, dans deux arrêts ultérieurs, le Conseil d'État a sèchement écarté toute violation du texte en indiquant que « cette charte n'a pas été introduite dans l'ordre juridique interne et que, dès lors, le moyen tiré de la méconnaissance de son article 30 est inopérant » ou que « la charte des droits fondamentaux de l'Union européenne est dépourvue de valeur contraignante »[45].

La Cour européenne des droits de l'homme n'a pas eu la même retenue, puisque, influencée elle-même par la Charte, elle s'en est par exemple emparée pour préciser les droits des transsexuels en matière de mariage[46]. Ce faisant, la Charte des droits fondamentaux de l'Union européenne, bien que fortement handicapée par l'échec de la ratification du traité « constitutionnel », constitue cependant un nouveau texte de référence qui renouvelle le dialogue entre les cours européennes et participe de l'enrichissement permanent des systèmes juridiques.

---

41. En ce sens, cf. CJCE, 27 novembre 2001, *Z. c/ Parlement européen*, Aff. C-270/99 P, *Rec. CJCE*, p. I-9197 ; CJCE, 7 octobre 2004, *Mag Instrument Inc.* et *Office d'harmonisation dans le marché intérieur*, Aff. C-136/02 P. Sur ce point, cf. *infra* n° 1.56.

42. CJCE, 27 juin 2006, *Parlement européen c/ Conseil de l'Union européenne*, Aff. C-540/03.

43. L. BURGORGUE-LARSEN, *AJDA*, 4 décembre 2006, pp. 2285-2288.

44. Req. n° 257341 ; *AJDA* 18 avril 2005, p. 845, note Burgorgue-Larsen. Pour une reprise à l'identique de ce considérant dans une décision plus récente, *cf.* CE, 21 mars 2007, *Association française des médecins esthéticiens*, req. n° 284950.

45. CE, 19 octobre 2005, *CGT*, req. n° 283471 ; CE 8 juillet 2005, *Mme Mathilde X veuve Y*, req. n° 253728.

46. Dans deux arrêts du 11 juillet 2002 *(Goodwin c/ Royaume-Uni* et *I. c/ Royaume-Uni)*, la Cour reconnaît le droit au mariage des transsexuels en se fondant sur l'article 9 de la Charte, qui exclut la référence à l'homme et à la femme : « l'incapacité pour un couple de concevoir ou d'élever un enfant ne saurait en soi passer pour le priver du droit » au mariage, lequel bénéficie alors aux transsexuels. La Cour « utilise » ainsi la Charte, qui apparaît comme l'instrument prenant acte des plus récentes évolutions sociales (sur ce point, cf. V. MICHEL, « Convention européenne des droits de l'homme et Charte des droits fondamentaux de l'Union européenne : entre mythe ancien et conte moderne », *LPA*, 24 juin 2003, n° 125, p. 8-20).

§ 2 - LA PROMOTION PRÉTORIENNE DES DROITS ET LIBERTÉS FONDAMENTAUX

Parallèlement à la promotion formelle des droits et libertés fondamentaux, chaque Cour a élaboré son propre système de protection, sa propre jurisprudence protectrice de ces règles, non d'ailleurs sans influences réciproques (II).

L'énoncé préalable des particularités de ces normes internationales relatives aux droits de l'homme permettra de mieux comprendre leur traitement par les instances juridictionnelles (I).

I – LA SPÉCIFICITÉ DES RÈGLES INTERNATIONALES DE PROTECTION DES DROITS ET LIBERTÉS FONDAMENTAUX

1.35 > La norme internationale protectrice des droits et libertés fondamentaux présente une spécificité à la fois juridique et politique, marquée par trois grands principes : son universalisme (A), l'absence d'exigence de réciprocité (B) et l'applicabilité directe (C).

A - L'UNIVERSALISME DES DROITS ET LIBERTÉS FONDAMENTAUX

Le principe de l'universalisme des droits de l'homme est un autre grand principe du droit international des droits de l'homme ; un principe qui semble même couler de source eu égard à la multiplicité des instruments de protection déjà étudiés. La Conférence mondiale des Nations unies sur les droits de l'homme, qui s'est tenue à Vienne en juin 1993, a confirmé solennellement cette perspective en soulignant que « tous les droits de l'homme sont universels, indissociables, interdépendants et intimement liés ». Pour le professeur Sudre, « l'universalité tient à ce que partout est perçue cette exigence fondamentale que quelque chose est dû à l'être humain parce qu'il est un être humain »[47].

Pourtant, l'affirmation incantatoire de l'universalité des droits de l'homme tranche avec la non-universalité évidente du respect de ces mêmes droits. Les violations semblent chaque jour plus nombreuses, même si l'impact médiatique ne fait que mettre au jour une situation depuis longtemps installée et qui ne s'est pas particulièrement aggravée.

1.36 > En outre, comme il a été dit précédemment, le risque est important qu'une partie des pays au premier plan concernés par le respect et la promotion des droits et libertés fondamentaux ne s'élève contre ce qu'ils considèrent comme « l'expression de l'individualisme occidental »[48], c'est-à-dire la promotion d'un individualisme forcené et éloigné de leurs préoccupations, doublée d'une laïcité qu'ils récusent. La Conférence de Vienne de juin 1993, précitée, aborde cet écueil en affirmant que, « s'il convient de ne pas perdre de vue l'importance des particularismes nationaux et régionaux et la diversité historique, culturelle et religieuse, il est du devoir des États, quel qu'en soit le système politique,

---

47. F. Sudre, *Droit européen et international des droits de l'homme*, PUF, 9e éd., 2008.
48. Cf. P. Wachsmann, *Les droits de l'homme*, Dalloz, 4e éd., 2002, p. 40.

économique, culturel, de promouvoir et de protéger tous les droits de l'homme et toutes les libertés fondamentales ».

Il importe sans doute, pour limiter ce décalage, que les États développés mettent davantage l'accent sur les droits économiques et sociaux, perçus comme un prolongement indispensable, une garantie nécessaire à l'épanouissement de l'individu. Toutefois, dans ce rééquilibrage, il est tout aussi essentiel de garder à l'esprit la primauté incontestable des libertés individuelles, seule à même d'éviter que les droits fondamentaux de l'homme soient bafoués... au nom d'une prétendue défense de leur développement économique et social. De même, une posture intransigeante à l'égard de tout risque de confusion des registres politique et religieux est souhaitable. Cette position ne vise pas à exclure le sentiment religieux qui a joué dans certains pays un rôle moteur dans la promotion des droits et libertés fondamentaux (par exemple dans la lutte contre le totalitarisme communiste). Elle ambitionne simplement de limiter l'impact du religieux à la seule sphère privée de l'individu.

Quoi qu'il en soit, ces difficultés ne doivent pas faire oublier l'avancée extraordinaire que constitue la reconnaissance à tout être humain d'un minimum de droits fondamentaux qui sont à l'essence même de toute civilisation.

B - LE CARACTÈRE OBJECTIF DES DROITS ET LIBERTÉS FONDAMENTAUX

1.37 > La disposition internationale protectrice des droits de l'homme déborde le cadre de la simple réciprocité entre États, condition traditionnellement exigée pour rendre obligatoire le respect de l'engagement conventionnel. L'article 55 de la Constitution française conditionne ainsi la primauté de l'engagement international à « son application par l'autre partie ». De par son caractère objectif, la norme internationale protectrice des droits et libertés s'affranchit de cette limite. C'est ce que traduisent à la fois la Commission et la Cour des droits de l'homme en affirmant que ce type de normes « crée des obligations objectives qui bénéficient d'une garantie collective »[49] et « vise à protéger les droits fondamentaux des particuliers contre les empiétements des États contractants plutôt qu'à créer des droits subjectifs et réciproques entre ces derniers »[50].

Les droits de l'homme sont donc attachés par principe à la personne humaine et l'attitude des autres États parties à ces instruments internationaux de protection est totalement indifférente. La Convention de Vienne du 23 mai 1969, sur le droit des traités, confirme cette particularité en énonçant dans son article 60 § 5 que la violation par un État « de dispositions relatives à la protection de la personne humaine contenues dans les traités de caractère humanitaire » n'autorise pas les autres parties contractantes à suspendre l'application du traité.

49. CEDH, 18 janvier 1978, *Irlande c/ Royaume-Uni*, A/25.
50. Comm. EDH, 11 janvier 1961, *Autriche c/ Italie, Ann. de la CEDH*, vol. IV, p. 139.

1.38 > Les juges internes et internationaux ont tiré toutes les conséquences de ce principe. La Cour internationale de justice a ainsi reconnu, dans son avis consultatif du 21 juin 1971 relatif aux conséquences juridiques pour les États de la présence continue de l'Afrique du Sud en Namibie, que si les États ont l'obligation de laisser inappliqués les traités conclus par l'Afrique du Sud au nom de la Namibie, cette obligation « ne peut s'appliquer à certaines conventions générales, comme les conventions de caractère humanitaire dont l'inexécution pourrait porter préjudice au peuple namibien »[51]. Le Conseil constitutionnel français, quant à lui, a expressément écarté la clause de réciprocité de l'article 55, dans sa décision relative au Traité portant statut de la Cour pénale internationale, en jugeant que les engagements souscrits en vue de favoriser la paix et la sécurité du monde « peuvent prévoir la création d'une juridiction internationale permanente destinée à protéger les droits fondamentaux appartenant à toute personne humaine, en sanctionnant les atteintes les plus graves qui leur seraient portées, et compétente pour juger les responsables de crimes d'une gravité telle qu'ils touchent l'ensemble de la communauté internationale ; qu'eu égard à cet objet, les obligations nées de tels engagements s'imposent à chacun des États parties indépendamment des conditions de leur exécution par les autres États parties ; qu'ainsi, la réserve de réciprocité mentionnée à l'article 55 de la Constitution n'a pas lieu de s'appliquer »[52].

C - L'APPLICABILITÉ DIRECTE POTENTIELLE DES DROITS ET LIBERTÉS FONDAMENTAUX

1.39 > Trois éléments conditionnent l'applicabilité directe d'une norme conventionnelle, c'est-à-dire la possibilité reconnue aux individus d'invoquer directement cette norme devant un juge interne : le premier est relatif à la réception de la norme dans l'ordre interne, le deuxième à l'intention des parties contractantes, le troisième à la qualité de la norme elle-même.

La première condition est automatiquement réalisée en France de par l'article 55 de la Constitution, dès la publication du traité[53]. La norme d'origine conventionnelle est intégrée en droit français sans qu'il soit nécessaire d'adopter des mesures nationales de transposition pour la rendre opératoire.

La deuxième condition relève de la volonté tacite ou explicite des parties au traité d'adopter des règles créant des droits et des obligations au profit des individus susceptibles d'être directement invoquées devant les tribunaux nationaux. Cette exigence est généralement remplie par les instruments internationaux de protection des droits et libertés fondamentaux dans la mesure où ces conventions viennent justement « reconnaître » lesdits droits aux individus. Il en va cependant autrement lorsque les États se contentent de « s'engager à respecter » ces droits. Dans ce cas, l'intention des parties n'est pas clairement établie. Cette interprétation a été validée par les juges nationaux et européens. La Cour européenne des droits de l'homme a ainsi tiré toutes les conséquences

---

51. *Rec. CIJ* 1971, p. 55, § 122.
52. Décision n° 98-408 DC, Recueil, p. 29 ; *JORF* 24 janvier 1999, p. 1317.
53. Sur la place de ce traité dans la hiérarchie des normes, cf. *infra* Section II, § I, A.

du fait que les rédacteurs de la Convention ont remplacé l'expression « s'engagent à reconnaître » par le mot « reconnaissent » dans le libellé de l'article I de la Convention de Rome, pour déclarer les droits du Titre I (visés par l'article I) d'applicabilité directe. Le Conseil d'État a adopté la même position en déniant à un requérant le droit d'invoquer directement l'article 4 de la Charte sociale européenne, par lequel les États « s'engagent à reconnaître » toute une série de droits aux travailleurs[54].

1.40 ▸ La dernière condition est la suivante : la norme internationale ne peut être directement applicable que si son objet et sa forme sont suffisamment précis. Elle ne nécessite pas de mesures complémentaires pour connaître son plein effet. Le caractère trop général et imprécis de nombreuses dispositions conventionnelles, déjà déploré, interdit souvent à ces dispositions d'être directement invoquées en droit interne. Le Conseil d'État a ainsi considéré, s'agissant du Pacte international relatif aux droits économiques, sociaux et culturels, qu'« eu égard à son contenu (...), (il) ne produit pas d'effet direct dans l'ordre juridique interne »[55]. Il a jugé, de même, « que les stipulations de l'article 9 de la Convention relative aux droits de l'enfant signée à New York le 26 janvier 1990 créent seulement des obligations entre États sans ouvrir de droits aux intéressés ; que les époux Abdelmoula ne peuvent donc utilement se prévaloir de cet engagement international pour demander l'annulation des arrêtés ordonnant leur reconduite à la frontière »[56]. Cependant, la Haute juridiction administrative adopte une approche sélective et précise à l'égard de cette convention, étudiant l'applicabilité directe éventuelle de chacune de ses clauses. Elle a ainsi reconnu à l'article 3-1 de la même Convention internationale des droits de l'enfant, selon lequel, « dans l'exercice de son pouvoir d'appréciation, l'autorité administrative doit accorder une attention primordiale à l'intérêt supérieur des enfants dans toutes les décisions les concernant », le caractère de « stipulations qui peuvent être utilement invoquées à l'appui d'un recours pour excès de pouvoir »[57]. La Cour de cassation n'a pas la même perception, refusant tout effet direct à l'ensemble de la Convention[58].

II – LE TRAITEMENT JURISPRUDENTIEL DE LA NORME INTERNATIONALE PROTECTRICE DES DROITS ET LIBERTÉS FONDAMENTAUX

Seront successivement examinés les traitements opérés par la Cour européenne des droits de l'homme (A), par la Cour de justice des Communautés européennes (B) et enfin par les juridictions internationales (C).

54. CE, 20 avril 1984, *Mlle Valton et Mlle Crépeaux*, *Lebon*, p. 148.
55. CE, 5 mars 1999, *Rouquette et Lipietz*, *RFDA* 1999, p. 357, concl. Maugüe ; CE, 26 janvier 2000, *M. Annad*, req. n° 170579.
56. CE, 29 juillet 1994, *Préfet de la Seine-Maritime c/ Abdelmoula*, *RFDA* 1994, p. 1219, note Ruzié.
57. CE, 22 septembre 1997, *Mlle Cinar*, *JCP* 1998.II.10051, note Gouttenoire-Cornut.
58. Cass. civ., 10 mars 1993, *Le Jeune*, *D.* 1993, p. 361, note Massip : la Convention des Nations unies sur les droits de l'enfant, « qui ne crée des obligations qu'à la charge des États parties, [n'est] pas directement applicable en droit interne ».

A - COUR EUROPÉENNE DES DROITS DE L'HOMME ET GARANTIES DES DROITS

1.41 > Installée en 1959, la Cour européenne des droits de l'homme est une juridiction internationale indépendante composée d'un nombre de juges égal à celui des États parties à la Convention de Rome, élus pour six ans par l'Assemblée générale du Conseil de l'Europe. Outre les traditionnelles (quoique renforcées en l'espèce) règles visant à garantir leur indépendance, il est intéressant de noter qu'une limite d'âge (70 ans) a été expressément prévue. Il s'agit là d'une première innovation du système mis en place, parmi quelques autres.

Avant d'examiner l'autorité des arrêts de la Cour et leur portée dans les droits internes (2.), il importe de présenter rapidement les caractéristiques essentielles et les modalités principales de fonctionnement du système juridictionnel de contrôle instauré par la Convention européenne des droits de l'homme (1.).

1 - Le mécanisme de contrôle organisé

1.42 > L'organisation d'un système de contrôle juridictionnel des actes étatiques, de surcroît sur initiative de particuliers, apparaît proprement « révolutionnaire par rapport aux conceptions classiques du droit international »[59]. L'originalité de ce mécanisme a vu au départ son efficacité limitée par la complexité de la saisine de la Cour européenne.

Le protocole n° 11 additionnel à la Convention, entré en vigueur le 11 novembre 1998, opère une refonte totale du système de contrôle de la Convention en intégrant et remplaçant les dispositions des protocoles 2, 3, 5 et 8. Un Protocole n° 14 a été ouvert à la signature le 13 mai 2004. Sans transformer radicalement le système de contrôle, il vise à l'améliorer en conférant à la Cour les moyens procéduraux et la flexibilité nécessaires pour traiter l'ensemble des requêtes dans des délais acceptables, tout en lui permettant de se concentrer sur les affaires les plus importantes qui nécessitent un examen approfondi.

a) L'ANCIEN MÉCANISME DE CONTRÔLE

1.43 > À l'origine, trois organes se partageaient la responsabilité du système de contrôle : la Commission européenne des droits de l'homme, mise en place en 1954, la Cour du même nom, instituée en 1959, et le Comité des ministres du Conseil de l'Europe, composé des ministres des Affaires étrangères des États membres.

La Convention a initialement créé deux organes dont la mission exclusive était d'assurer le respect des obligations qui s'imposent aux États : la Commission européenne des droits de l'homme, organe indépendant composé d'autant de membres qu'il y a des États parties à la Convention, et la Cour européenne des droits de l'homme, composée de juges en nombre égal à celui des États membres du Conseil de l'Europe. Toutes deux sont établies à Strasbourg, siège du Conseil de l'Europe.

---

59. G. Cohen-Jonathan, *La Convention européenne des droits de l'homme*, Economica-PUAM, 1989.

1.44 > La procédure prévoyait la saisine préalable obligatoire de la Commission, soit par un État partie à la Convention, soit par un particulier, un groupe de particuliers ou une organisation non gouvernementale si l'État défendeur a reconnu la possibilité d'un tel recours individuel en vertu de l'article 25 de la Convention (ce fut le cas de la France à partir de 1981).

Si la requête était déclarée recevable (de 1955 à 1988, seulement 5 % des requêtes enregistrées au greffe ont été déclarées recevables), la Commission établissait les faits, puis cherchait à obtenir un règlement à l'amiable. En cas d'échec, la Commission rédigeait un rapport détaillé rappelant les faits et formulant un avis au fond. L'affaire était alors transmise au Comité des ministres des Affaires étrangères du Conseil de l'Europe, doté d'un pouvoir de décision. Celui-ci n'avait cependant pas lieu de s'exercer si, dans les trois mois qui suivaient la transmission de ce rapport, l'affaire était déférée devant la Cour par la Commission ou un État partie.

Ce faisant, les États parties reconnaissent pour la première fois aux particuliers la faculté de saisir une instance internationale d'un litige les opposant à l'un d'eux, avec la potentialité de voir ce litige tranché par une véritable juridiction internationale. C'est là toute l'originalité et l'innovation du système mis en place.

Initialement, les particuliers n'étaient pas admis à saisir directement la Cour. Si une affaire n'était pas déférée à la Cour, le Comité des ministres décidait, lorsqu'il constatait une violation de la Convention, d'accorder à la victime une « satisfaction équitable ». Le Protocole n° 9 a ouvert aux requérants individuels les portes de la Cour, sous réserve de sa ratification par l'État en cause et de l'acceptation de la saisine par un comité de filtrage. Une fois saisie, la Cour examine le rapport de la Commission puis statue à la majorité. L'arrêt rendu par la Cour est définitif et obligatoire.

1.45 > Ce système présentait plusieurs inconvénients : sa complexité d'abord, dès lors qu'il faisait intervenir trois organes ; son caractère non entièrement juridictionnel ensuite, puisqu'un important pouvoir de décision était reconnu au Comité des ministres, organe politique ; la très longue durée de la procédure enfin, de presque six années en moyenne.

b) Le mécanisme actuel de contrôle

1.46 > Le Protocole n° 11, portant « restructuration du mécanisme de contrôle établi par la Convention », a été ouvert à la signature le 11 mai 1994. Entré en vigueur le 1er novembre 1998, il substitue aux trois organes précédents une institution unique à caractère juridictionnel et permanent, la Cour européenne des droits de l'homme, la Commission étant supprimée et l'intervention du Conseil des ministres limitée à la surveillance de l'exécution des arrêts de la Cour.

Ce protocole a également supprimé le caractère facultatif du droit de recours individuel et permis aux requérants individuels de saisir directement la Cour, sans avoir à franchir le difficile cap de la recevabilité des requêtes auprès de la Commission. C'est désormais un Comité de trois juges qui aura à apprécier la recevabilité du recours. La procédure devient ainsi entièrement judiciaire, du fait de l'abolition des attributions juridictionnelles du Comité des ministres.

L'un des principaux objectifs de cette réforme a été de clarifier la procédure et d'en raccourcir les délais. Le nombre des affaires s'est en effet multiplié de manière considérable à partir du début des années 1980 et s'est accentué dans les années 1990, en raison de l'adhésion de la plupart des pays d'Europe centrale et orientale. Parallèlement, le Protocole n° 11 a intégré le Protocole n° 2 dans la Convention et a abrogé le Protocole n° 9, qui n'avait plus lieu d'être.

1.47 > La Cour connaît trois types de formations qui examinent les affaires portées devant elle : les comités, composés de trois juges qui se prononcent sur la recevabilité des requêtes individuelles ; les chambres, composées de 7 juges qui sont chargés de se prononcer sur la recevabilité et sur le fond de toutes les requêtes ; et la Grande chambre, composée de 17 juges, qui se prononce sur les requêtes étatiques ou sur les requêtes individuelles qui lui sont déférées en vertu de l'article 30 lorsqu'une chambre est dessaisie, ou en vertu de l'article 43, lorsque l'une des parties demande le renvoi de l'affaire. Le Protocole n° 11 donne donc la possibilité exceptionnelle de soumettre une même affaire à deux examens successifs, en cas de difficultés particulières d'interprétation de la Convention.

La procédure devant la Cour est désormais publique, sauf exception tenant à la nécessaire protection de la sécurité nationale, de l'ordre ou de la moralité publics. Elle est également contradictoire et principalement écrite, les parties pouvant cependant être amenées à présenter leurs observations lors de l'audience sur le fond. Une notice explicative des modalités et des conditions de saisine de la Cour, ainsi qu'un formulaire type de requête sont disponibles sur le site Internet de la Cour[60].

1.48 > Les conditions de recevabilité des requêtes sont inscrites à l'article 35 de la Convention. La première est relative à l'épuisement des voies de recours internes, règle de nature coutumière parfaitement classique en droit international. Cette condition, de nature à protéger les États contre les procédures abusives ou prématurées, manifeste pleinement le caractère subsidiaire du système européen de défense des droits fondamentaux, par rapport aux systèmes nationaux. L'intervention des organes de contrôle supranationaux est entendue comme visant à compléter et à remédier aux insuffisances des mécanismes de protection en vigueur dans l'ordre interne. Le requérant doit donc avoir soumis aux juridictions nationales le grief issu de la violation de la Convention, et ce jusqu'au dernier recours possible. Il importe cependant de noter que cette règle est interprétée de manière souple par le juge de Strasbourg, qui utilise la notion de recours « utile ». Cette notion introduit l'idée d'efficacité et présuppose la limitation de la règle aux recours véritablement essentiels, le requérant n'étant pas tenu d'avoir épuisé les voies de droit n'ayant aucune chance d'aboutir, par exemple en raison d'une jurisprudence constante. La seconde condition est relative au délai de saisine de la Cour : celle-ci doit intervenir dans un délai de six mois à partir de la date de la connaissance effective par le requérant de la décision interne définitive jugée contraire à la Convention.

60. http://www.echr.coe.int/echr, rubrique « Requérants ».

Les deux dernières conditions ne concernent que les requêtes individuelles. La Cour est tenue de rejeter, d'une part, les requêtes « mal fondées ou abusives » et, d'autre part, les requêtes « déjà soumises à une autre instance internationale d'enquête ou de règlement, si elle ne contient pas de faits nouveaux ». En pratique, cette dernière condition vise à éviter la saisine cumulative de la Cour européenne des droits de l'homme et du Comité des droits de l'homme institué par le Pacte international relatif aux droits civils et politiques. Les individus peuvent en effet être tentés de bénéficier des deux systèmes de protection en déposant deux requêtes identiques. L'article 35 § 3 prohibe donc cette pratique en imposant à la Cour de Strasbourg de déclarer le recours irrecevable en pareilles circonstances.

1.49 > Le Protocole n° 11 instaure donc un système entièrement juridictionnel, mais ne règle pas tous les problèmes de fond. Plusieurs critiques peuvent encore être portées. Tout d'abord, le nombre de saisines étant exponentiel, il faut toujours attendre un délai excessif avant d'espérer voir sa requête examinée, la Cour se trouvant à son tour en position de non-respect du droit à un délai raisonnable de traitement. À ce titre, il est intéressant de se pencher sur les dernières statistiques fournies. Le nombre des affaires de la Cour continue à croître, sans montrer le moindre signe de ralentissement, bien au contraire... Au cours des cinq années qui ont suivi sa création (1999-2003), la nouvelle Cour a rendu 3 308 arrêts, contre 389 pour les cinq années précédentes. Malgré cette augmentation de productivité, l'arriéré continue d'augmenter. En 2008, 49 850 nouvelles requêtes ont été enregistrées (contre 41 650 en 2007), ce qui représente une augmentation de plus de 900 % depuis 1998. Aujourd'hui, les mesures de rationalisation ont permis à la Cour de terminer l'examen d'environ 1 500 requêtes par mois, le plus souvent sous forme de décision d'irrecevabilité. Cela reste néanmoins largement insuffisant puisque près de 2 500 requêtes sont déposées mensuellement. Cette augmentation résulte non seulement du fait de l'adhésion de nouveaux États parties (entre 1994 et 2005, 13 nouveaux États ont ratifié la Convention, représentant plus de 240 millions d'individus supplémentaires protégés par la Convention. Trois des nouveaux États membres sont à l'origine de près de la moitié des requêtes : Fédération de Russie, Roumanie, Ukraine) mais aussi d'un accroissement général du nombre de requêtes (un nombre important de ces requêtes sont irrecevables, ou alors il s'agit d'affaires répétitives qui pourraient être résolues au niveau national si les juridictions concernées appliquaient la jurisprudence établie par la Cour). Parallèlement, la Cour n'a pas bénéficié d'augmentations équivalentes en termes financiers et surtout en personnel. Les demandes d'application de mesures provisoires ont connu une forte hausse : sur 3 200 demandes présentées, 750 ont été accordées.

Le nombre d'affaires pendantes devant la Cour a augmenté de 15 %, passant de 90 000 en 2006 à 103 000 en 2007. Ce nombre pourrait s'élever, selon les projections, à 250 000 en 2010. En 2008, la Cour a rendu 1 543 (1 503 en 2007) arrêts au total, un nombre en régression par rapport aux 1 560 arrêts rendus en 2006 ; cette baisse tient à la décision de la Cour de se concentrer sur les affaires plus complexes et graves, dont le traitement prend plus de temps.

Cet énorme volume de recours oblige à revoir le système pour qu'il conserve son efficacité. En raison de l'afflux massif de requêtes individuelles, l'efficacité du système et, partant, la crédibilité et l'autorité de la Cour se trouvent gravement menacées. L'exercice du droit de recours individuel n'est pas non plus à l'abri des critiques, laissant sur le bord de la route qui mène au prétoire les exclus dépourvus de conseils spécialisés. L'amélioration de l'accès au juge constitue ainsi un défi pour la Cour qui ne connaît pour l'instant que « le sommet de l'iceberg des violations perpétrées en Europe »[61].

C'est pourquoi, comme il a déjà été dit, un nouveau Protocole, le 14e, a été ouvert à la signature le 13 mai 2004, dans le but de réformer les structures et les procédures de la Cour. Des amendements sont apportés par ce Protocole n° 14, visant notamment au traitement des affaires répétitives et au renforcement de la capacité de filtrage de la Cour au regard du grand volume de requêtes dénuées de tout fondement[62]. La capacité de filtrage est augmentée par l'octroi à un juge unique de la compétence de déclarer une requête individuelle irrecevable ou de la rayer du rôle. Ce nouveau mécanisme préserve donc le caractère juridictionnel de la prise de décision sur la recevabilité. Toutefois, l'absence de ratification par la Russie bloque à ce jour l'entrée en vigueur de ce nouveau Protocole.

À l'occasion d'une conférence de presse qui s'est tenue le 23 janvier 2008, la Cour a également publié son tableau annuel des violations par pays en 2007. Il en ressort que la Turquie est le pays ayant donné lieu au plus grand nombre d'arrêts constatant au moins une violation de la Convention (319) ; viennent ensuite la Russie (175), l'Ukraine (108), la Pologne (101) et la Roumanie (88).

La question de l'application des décisions rendues à Strasbourg constitue un autre écueil. En effet, plus les États parties prendront rapidement des mesures générales pour exécuter les arrêts révélant un problème structurel, moins sera important le nombre de requêtes répétitives. Le Protocole n° 14 instaure ainsi un nouveau recours en carence pour faire face aux cas de non-exécution caractérisée des arrêts de la Cour. Avec la Résolution et les trois Recommandations qui ont été adoptées le même jour, il essaie de restaurer l'équilibre entre la responsabilité de la Cour et celle des États parties pour le bon fonctionnement du système. Il rappelle utilement cette réalité concernant le système de la Convention : ce sont trois partenaires qui doivent coopérer pour que ça marche : la Cour, le Comité des ministres et les États parties.

Dans la même perspective, Lord Woolf, ancien Lord Chief Justice d'Angleterre et du Pays de Galles, a proposé dans un rapport de décembre 2005 différentes mesures complémentaires susceptibles d'aider la Cour européenne des droits de l'homme à faire face à sa charge de travail. Il recommande notamment d'implanter des bureaux satellites du greffe dans des pays « gros fournisseurs d'affaires » et d'encourager le recours aux médiateurs nationaux et aux autres modes alternatifs de règlement des litiges. Il préconise également de rendre davantage d'arrêts pilotes, puis d'examiner les affaires répétitives selon une procédure simplifiée[63].

---

61. L.-E. Pettiti, « Réflexions sur les principes et les mécanismes de la Convention. De l'idéal de 1950 à l'humble réalité d'aujourd'hui », in *La Convention européenne des droits de l'homme. Commentaire article par article*, Economica, 1995, p. 28.
62. Sur ce Protocole n° 14, cf. J.-F. Flauss, « Actualité de la Convention européenne des droits de l'homme », *AJDA* 2004, chron. p. 1809.
63. Ce rapport est consultable sur Internet : http://www.echr.coe.int/fr/Press/2005/dec/RapportdeLord Woolf surlesméthodesdetravail.pdf.

2 - *La portée du contrôle opéré*

1.50 > La Cour n'annule pas un acte contraire à la Convention. Elle conclut à la violation et peut, si les dispositions nationales ne permettent de remédier qu'imparfaitement aux violations constatées, décider d'allouer une indemnité sous le nom de « satisfaction équitable », en application de l'article 41 de la Convention : « si la Cour déclare qu'il y a eu violation de la Convention ou de ses protocoles, et si le droit interne de la Haute partie contractante ne permet d'effacer qu'imparfaitement les conséquences de cette violation, la Cour accorde à la partie lésée, s'il y a lieu, une satisfaction équitable ».

Les États s'engagent, aux termes de l'article 46 de la Convention, à se conformer aux arrêts de la Cour en adoptant les dispositions adéquates pour stopper la violation. La Cour européenne des droits de l'homme a contribué au renforcement de cette obligation de résultat en réduisant sensiblement la marge de manœuvre des États. Ceux-ci doivent non seulement faire preuve de promptitude dans l'exécution de l'arrêt[64], ils doivent également supprimer de leur droit interne ou laisser inappliquée toute disposition jugée contraire à la Convention, que le constat de violation les ait touchés directement ou qu'il ait été prononcé à l'encontre d'un autre État partie[65].

1.51 > Par ailleurs, la Cour européenne des droits de l'homme se montre soucieuse d'interpréter la Convention à la lumière des conceptions qui prévalent de nos jours dans les sociétés démocratiques. Au fil des années, les décisions de la Commission et de la Cour ont permis de dégager une jurisprudence dont la portée est large, notamment pour ce qui est des questions relatives à l'intégrité physique et au droit à la liberté et à la sûreté.

Ainsi, par la technique de la « protection par ricochet », la Cour étend la protection de certains droits garantis par la Convention à des droits que ladite Convention n'a pas expressément entendu protéger. L'exemple le plus caractéristique est sans doute l'extension réalisée par la Cour à propos du droit d'asile et du droit de ne pas être expulsé ou extradé. Ces droits, qui ne sont pas inscrits dans la Convention, pourront, par ricochet, bénéficier de la protection conventionnelle si la décision d'éloignement de l'étranger porte atteinte à un droit effectivement protégé comme le droit au respect de la vie familiale.

Les références croissantes de la Cour aux sources internationales extérieures à la Convention européenne des droits de l'homme s'inscrivent dans la même perspective. Au-delà de « l'attention croissante portée à la jurisprudence constitutionnelle des États tiers »[66], la Cour européenne confirme « la banalisation d'une option méthodologique, le droit international des droits de l'homme, qu'elle tend à pratiquer de manière de plus en plus intense »[67].

---

64. CEDH, 29 novembre 1991, *Vermeire*, A/214 C.
65. CEDH, 22 avril 1993, *Modinos c/ Chypre*, A/259.
66. Cf. J.-F. Flauss, « La présence de la jurisprudence de la Cour suprême des États-Unis dans le contentieux européen des droits de l'homme », *RTDH* 2005, n° 62, pp. 312-323.
67. J.-F. Flauss, « Actualité de la Convention européenne des droits de l'homme », *AJDA* 2005, chron. p. 541.

En effet, la Cour n'hésite pas à prendre en compte des normes de la *soft law* adoptées par les organes du Conseil de l'Europe ainsi que des traités conclus au sein du Conseil de l'Europe. Elle se réfère ainsi aux normes d'orientation arrêtées par la Commission de Venise (Commission européenne pour la démocratie du droit)[68] ou aux résolutions et recommandations du Conseil des ministres du Conseil de l'Europe relatives à l'élimination de toute discrimination fondée sur le sexe dans le choix du nom de famille[69]. De même, l'appel à la pratique du Comité des droits de l'homme des Nations unies est une autre tendance lourde. Ainsi, dans l'affaire *Sejdovic c/ Italie*[70], pour conclure à l'inconventionnalité du régime de la contumace en Italie et à l'existence d'une défaillance structurelle de l'ordre juridique italien, la Cour de Strasbourg rappelle « que le Comité des droits de l'homme des Nations unies a exprimé l'avis que l'Italie avait violé l'article 14 de la Convention internationale relative aux droits civils et politiques par rapport à une condamnation par contumace survenue sans que l'accusé fût officiellement et personnellement informé des poursuites à son encontre ».

B - COUR DE JUSTICE DES COMMUNAUTÉS EUROPÉENNES ET GARANTIES DES DROITS

1.52 › Comme nous l'avons vu, les traités constitutifs des Communautés européennes ne comportent pas de catalogue de droits et libertés fondamentaux. L'adoption en décembre 1989 de la Charte des droits sociaux fondamentaux et surtout celle de la Charte des droits fondamentaux de l'Union européenne, déjà étudiée, visent à combler cette lacune.

La Cour de justice des Communautés européennes a cependant toujours veillé à la protection de ces droits, déclarant que « le respect des droits fondamentaux fait partie intégrante des principes généraux du droit dont la Cour assure le respect »[71]. La Cour de Luxembourg se devait de répondre à cette nécessité impérieuse de garantir au niveau communautaire une protection des droits fondamentaux au moins égale aux exigences du niveau national, ce qu'elle fit explicitement à partir de la fin des années 1960 dans ses arrêts « *Stauder* » et « *Internationale Handelsgesellschaft* »[72], même si la question s'était posée à elle dès 1960[73]. À cette occasion, l'avocat général Lagrange avait proposé au juge de Luxembourg, à défaut d'appliquer directement les règles de droit interne constitutionnelles communes aux États membres, de « s'en inspirer éventuellement pour y voir l'expression d'un principe général de droit susceptible d'être pris en considération pour l'application du Traité ».

---

68. CEDH, 19 octobre 2004, *Melnychenko c/ Ukraine*, req. n° 17707/02, § 94.
69. À propos l'obligation pour la femme mariée de porter, en cas de désaccord des époux sur le choix du nom de famille, le nom patronymique de son mari : CEDH, 16 novembre 2004, *Unal Tekeli c/ Turquie*, req. n° 29865/96.
70. CEDH, *Sejdovic c/ Italie*, 10 novembre 2004, req. n° 56581/00.
71. CJCE, 17 décembre 1970, *Internationale Handelsgesellschaft*, Aff. 11/70, *Rec. CJCE*, p. 1125.
72. CJCE, 12 novembre 1969, *Stauder*, Aff. 29/69, *Rec. CJCE*, p. 419 ; CJCE, 17 décembre 1970, *Internationale Handelsgesellschaft, op. cit.*
73. CJCE, 15 juillet 1960, *Comptoirs de Vente des charbons de la Ruhr*, Aff. 36/59, *Rec. CJCE*, p. 857.

Les traditions constitutionnelles communes aux États membres ont donc constitué une source d'inspiration première pour la Cour. Dans l'arrêt *Nold*, les juges luxembourgeois ont ainsi affirmé ne pas pouvoir « admettre de mesures incompatibles avec les droits fondamentaux reconnus et garantis par les constitutions » des États membres[74].

1.53 > Les principes généraux du droit communautaire protecteurs des droits fondamentaux ont ensuite vu leur source d'inspiration s'élargir avec la référence aux instruments internationaux de protection des droits de l'homme auxquels les États membres ont coopéré et adhéré, tels que le Pacte international relatif aux droits civils et politiques[75], la convention n° 111 de l'OIT de 1958[76], relative à la discrimination en matière d'emploi, et surtout la Convention européenne des droits de l'homme sur laquelle il convient de s'arrêter un instant. La Cour de Luxembourg a d'abord déduit de cette dernière des « indications »[77] avant d'affirmer lui attacher une « signification particulière »[78]. Elle apparaît aujourd'hui comme une source privilégiée.

Certes, les juges luxembourgeois adoptent une interprétation autonome des dispositions conventionnelles, ce qui est de nature à provoquer quelques divergences d'appréciation[79]. Celles-ci restent cependant marginales. En effet, non seulement la Cour ou le tribunal de première instance n'hésitent pas à se référer à la Convention « telle qu'interprétée par la Cour européenne des droits de l'homme »[80], mais de surcroît ont recours aux mêmes techniques juridictionnelles[81]. Quoi qu'il en soit, la logique juridique mise en œuvre de concert par la Cour de justice des Communautés européennes et par la Cour européenne des droits de l'homme aboutit à la construction d'un véritable ordre public européen[82].

1.54 > Manifestée pour la première fois dans la décision *Rutili* du 28 octobre 1975 à propos du droit de séjour dans un pays membre d'un étranger ressortissant de la Communauté, l'inspiration de la Convention européenne s'est ensuite révélée fructueuse.

---

74. CJCE, 14 mai 1975, *Nold*, Aff. 4/73, *Rec. CJCE*, p. 491.
75. CJCE, 18 octobre 1990, *Dzodzi*, Aff. C-297/88 et C-197/89.
76. CJCE, 15 juin 1978, *Gabrielle Defrenne c/ Sabena*, Aff. 149/77.
77. CJCE, 28 octobre 1975, *Rutili c/ Ministre de l'Intérieur*, Aff. 36/75, *Rec. CJCE*, p. 1219 ; CJCE, 5 mars 1980, *Pecastaing c/ Belgique*, Aff. 98/79, *Rec. CJCE* p. 712.
78. CJCE, 10 juillet 1984, *Régina c/ Kent Kirk*, Aff. 63/83, *Rec. CJCE*, p. 2689. Formule reprise récemment : CJCE, 14 octobre 2004, *Omega Spielhallen und Automatenaufstellungs GmbH c/ Oberbürgermeisterin der Bundesstadt Bonn*, Aff. C-306/02.
79. Le Professeur Sudre cite à ce propos l'arrêt *Hoechst* (Aff. 48/87, *Rec. CJCE*, p. 2859), dans lequel la Cour de justice considère que le droit au respect du domicile ne joue pas s'agissant de locaux commerciaux. Cette position s'oppose de front à l'arrêt *Chapell* de la Cour de Strasbourg (30 mars 1989, A/152) : cf. F. Sudre, *Droit européen et international des droits de l'homme*, PUF, 9e éd., 2008.
80. Cf. pour des hypothèses récentes : TPI, 2 octobre 2001, *J.-C. Martinez, Ch. de Gaulle c/ Parlement européen*, Aff. T-222/99, pt 232 (le TPI se fonde sur l'interprétation que la Cour de Strasbourg donne de la liberté d'association dans son arrêt *Le Compte, Van Leuven et De Meyere* du 23 juin 1981) ; CJCE, 6 mars 2001, *Bernard Connolly c/ Commission*, Aff. C-274/99 P, pt 51 (même référence à propos de la liberté d'expression).
81. CJCE, 17 décembre 1998, *Baustahlgewebe GmbH*, Aff. C-185/95 P, *Rec. CJCE*, p. I-8417 ; *RTDH* 1999, p. 486, note Sudre. La CJCE a encore récemment franchi un nouveau pas en faisant une application directe de la CEDH comme source formelle de la légalité communautaire : cf. F. Sudre, note sous CJCE, 8 juillet 1999, *Montecatini c/ Commission*, Aff. C-235/92 P, *RTDH* 2000, p. 503.
82. Sur la question, cf. notamment : C. Picheral, *L'ordre public européen*, La Documentation française, 2001, 426 p.

Grâce à cet élargissement, ont ainsi été reconnus le droit de propriété[83] et le droit de libre exercice de l'activité économique[84], le droit au respect de la vie privée et familiale, du domicile et de la correspondance[85], ou encore le droit à la protection du secret médical[86], la liberté d'association[87] et l'interdiction de discrimination fondée sur la nationalité, le sexe ou la religion[88]. Il en est de même du droit à un recours juridictionnel effectif. Les juges de Luxembourg avaient été saisis par une auxiliaire de police britannique qui, souhaitant se voir reconnaître l'autorisation de port d'arme accordée à ses collègues masculins, s'était vu opposer une attestation ministérielle de légalité de la discrimination sexuelle contestée, attestation qui avait valeur de preuve irréfragable et insusceptible de recours en vertu de l'article 53 du *Sex Discrimination Order*. Un tel dispositif avait donc pour effet d'exclure toute possibilité pour le juge de se prononcer sur les motifs de l'acte attaqué. Se fondant sur les dispositions d'une directive de 1976 ainsi que sur « les principes dont s'inspirent » les articles 6 et 13 de la Convention européenne des droits de l'homme, la Cour de justice a consacré le droit à un contrôle juridictionnel effectif en tant que « principe général de droit qui se trouve à la base des traditions constitutionnelles communes aux États membres », et a déclaré en conséquence l'article 53 contraire à ce principe[89].

Le juge communautaire est même allé, récemment, jusqu'à admettre des restrictions à l'une des libertés fondamentales consacrées par le traité, la libre circulation des marchandises, en raison de la nécessité de respecter les droits fondamentaux, en l'occurrence les libertés d'expression et de réunion, « garantis tant par la Convention européenne des droits de l'homme que par la Constitution de l'État membre concerné »[90].

1.55 > La Cour de justice a néanmoins enfermé cette applicabilité de la Convention dans des limites tenant au champ d'application du droit communautaire. Cette position s'est affirmée par touches successives. Dans un premier temps, l'arrêt précité *Rutili* de 1975 semblait indiquer que la Cour se reconnaissait la mission de vérifier si les organes nationaux se conformaient aux droits fondamentaux qu'elle avait elle-même reconnus. La décision *Cinéthèque* du 11 juillet 1985 est venue cependant imposer une limite : la Cour n'est pas compétente pour apprécier la compatibilité d'une loi nationale avec les droits

83. CJCE, 14 mai 1975, *Nold, op. cit.* ; CJCE, 13 décembre 1979, *Liselotte Hauer*. Aff. 44/79, *Rec. CJCE*, p. 3727 : le droit de propriété « est garanti dans l'ordre juridique communautaire conformément aux conceptions communes aux Constitutions des États membres, reflétées également par le premier Protocole joint à la Convention européenne de sauvegarde des droits de l'homme ».

84. CJCE, 10 janvier 1992, *Kühn*, Aff. C-177/90, *Rec. CJCE*, p. I-58.

85. CJCE, 26 juin 1980, *National Panasonic c/ Commission*, Aff. 136/79, *Rec. CJCE*, p. 2033.

86. CJCE, 8 avril 1992, *Commission c/ RFA*, Aff. C-62/90, *Rec. CJCE*, p. I-2575.

87. CJCE, 15 décembre 1995, *Bosman*, Aff. C-415/93, *Rec. CJCE*, p. I-4921.

88. Nationalité : CJCE, 12 juillet 1984, *Prodest c/ CPAM de Paris*, Aff. 237/83, *Rec. CJCE*, p. 3153. Sexe : CJCE, 15 juin 1978, *Defrenne c/ Sabena*, Aff. 149/77, *Rec. CJCE*, p. 1365. Religion : CJCE, 27 octobre 1976, *Paris c/ Conseil*, Aff. 130/75, *Rec. CJCE*, p. 1589.

89. CJCE, 15 mai 1986, *Marguerite Johnston c/ Chief Constable of the Royal Ulster Constabulary*, Aff. 222/84, *Rec. CJCE*, p. 1663.

90. CJCE, 12 juin 2003, *Eugen Schmidberger, Internationale Transporte und Planzüge et Republik Österreich*, Aff. C-112/00, cf. Th. Georgopoulos, « Libertés fondamentales communautaires et droits fondamentaux européens : le conflit n'aura pas lieu », *LPA*, 8 janvier 2004, n° 6, p. 8-14.

fondamentaux si cette loi se situe dans « un domaine qui relève de l'appréciation du législateur national »[91]. L'affaire *Demirel* permettait à la Cour de justice de confirmer les limites de son contrôle en soulignant qu'elle « ne peut vérifier la compatibilité avec la Convention européenne des droits de l'homme d'une réglementation nationale qui ne se situe pas dans le cadre du droit communautaire »[92].

Sa position sera ultérieurement précisée dans les arrêts *Wachauf* du 13 juillet 1989 et *ERT* du 18 juin 1991. Le premier énonce que les mesures nationales de transposition d'une règle communautaire doivent être en conformité avec les droits et libertés fondamentaux[93]. Le second concerne le contrôle opéré par la Cour sur les dispositions nationales entravant l'exercice d'une liberté protégée par le Traité. Bien que cette limitation soit prévue par l'article 46 du Traité consolidé, elle « doit être interprétée à la lumière des principes généraux du droit et notamment des droits fondamentaux »[94].

1.56 > L'adoption de la Charte européenne des droits fondamentaux ne devrait pas brider ce dynamisme prétorien, en particulier tant qu'elle n'aura pas reçu une valeur contraignante officielle, ce qui devrait être le cas au 1er janvier 2009. Et même si cela devait être le cas un jour, il y a tout lieu de penser, comme le souligne le Professeur Jean-François Flauss, que la « Cour de justice des Communautés européennes transformera la Charte en source d'inspiration privilégiée, pour définir les principes généraux du droit communautaire relatifs aux droits fondamentaux »[95]. La Commission des Communautés européennes fait la même analyse dans une communication du 11 octobre 2000 relative à la nature de la Charte. On peut y lire au point 10 qu'« il est vraisemblable (que) la Cour de justice s'en inspirera, comme elle le fait déjà avec d'autres textes concernant les droits fondamentaux », la Charte devenant ainsi « contraignante par le biais de son interprétation par la Cour de justice en tant que principes généraux du droit communautaire »[96]. L'intérêt pour la Cour de justice est en effet de maîtriser l'incorporation des droits proclamés par la Charte dans le système juridique communautaire, procédant ainsi de la même manière que pour la Convention européenne des droits de l'homme. Bien sûr, elle pourra, à l'occasion (ce qu'elle répugne pour le moment à faire), se référer directement à un article de la Charte, mais l'essentiel de sa jurisprudence en la matière devrait consister en une application médiate, sous forme de principes généraux. Elle s'octroiera ainsi un libre choix des principes à dégager et une large marge d'appréciation de leur contenu.

Cette stratégie jurisprudentielle est confirmée par les premiers arrêts faisant une application implicite ou médiate de la Charte. Ainsi, dans sa décision *Pays-Bas c/ Parlement européen et Conseil de l'Union européenne* du 9 octobre 2001 (aff. C-377/78), la Cour de

91. CJCE, 11 juillet 1985, *Société Cinéthèque et a. c/ Fédération nationale des cinémas français*, Aff. Jtes. 60/84 et 61/84, *Rec. CJCE*, p. 2605.
92. CJCE, 30 septembre 1987, *Demirel*, Aff. 12/86, *Rec. CJCE*, p. 3719.
93. CJCE, 13 juillet 1989, *Wachauf*, Aff. 5/88, *Rec. CJCE*, p. 2609.
94. CJCE, 18 juin 1991, *ERT*, Aff. C-260/89, *Rec. CJCE*, p. 2925.
95. J.-F. Flauss, « Les droits de l'homme dans l'Union européenne : chronique d'actualité 1999-2000 (1re partie) », *LPA*, 6 août 2001, n° 155, p. 4-16.
96. Commission des Communautés européennes, Communication du 11 octobre 2000 sur la nature de la Charte des droits fondamentaux de l'Union européenne, COM (2000) 644 final.

justice se fonde non sur l'article 1er de la Charte mais sur les principes généraux du droit communautaire pour marquer son attachement au « respect du droit fondamental à la dignité humaine et à l'intégrité de la personne ».

C - JURIDICTIONS INTERNATIONALES ET GARANTIES DES DROITS

1.57 > La tentative d'instaurer une juridiction pénale internationale, à même de punir les auteurs de génocide, de crimes contre l'humanité et crimes de guerre ne s'est véritablement imposée que depuis peu. On se souvient qu'au lendemain de la Première Guerre mondiale, le Traité de Versailles avait prévu la constitution d'un tribunal spécial pour juger Guillaume II, comme auteur de crimes de guerre, pour « offense suprême contre la morale internationale ». Si quelques officiers allemands furent effectivement jugés, ce fut par un tribunal allemand, qui d'ailleurs les acquitta. Guillaume II, quant à lui, trouva refuge aux Pays-Bas et ne fut jamais jugé.

Les premières manifestations concluantes d'une telle instance internationale spéciale furent la création, au lendemain de la Seconde Guerre mondiale, des tribunaux militaires de Nuremberg et de Tokyo, qui n'avaient cependant qu'une compétence limitée au récent conflit. Par la suite, des résolutions du Conseil de sécurité des Nations unies créèrent deux tribunaux pénaux internationaux. Le premier, siégeant à La Haye, reçut pour mission de punir les violations graves du droit international humanitaire commises en ex-Yougoslavie (1993). Le second, siégeant à Arusha, en Tanzanie, fut chargé de juger les actes commis sur le territoire du Rwanda (1994).

1.58 > L'événement le plus marquant en la matière est relativement récent. Il s'agit de la création, par une conférence internationale réunie en Convention à Rome le 17 juillet 1998, de la Cour pénale internationale. C'est la première Cour pénale internationale permanente instaurée par un traité qui ait été créée pour promouvoir la primauté du droit et pour assurer que les crimes internationaux les plus graves ne demeurent pas impunis. Le statut énonce la compétence de la Cour, sa structure ainsi que ses fonctions et dispose qu'il entrera en vigueur 60 jours après que 60 États l'ont ratifié ou y ont adhéré. Le 60e instrument de ratification fut déposé auprès du Secrétaire général le 11 avril 2002, à l'occasion de la ratification simultanée de 10 pays. Le statut est entré en vigueur le 1er juillet 2002, date à compter de laquelle ceux qui se rendent coupables de l'un des crimes énoncés dans le statut seront passibles de poursuites devant la Cour. De nombreux États n'ont pas encore ratifié le traité ; les États-Unis, la Chine, l'Inde, le Pakistan, la Russie, le Japon, Israël, ou encore les États arabes (sauf la Jordanie) en font partie.

Un État qui devient partie au statut accepte par là même la compétence de la Cour à l'égard des crimes énoncés dans le statut. La Cour est compétente de plein droit pour les crimes de génocide et les crimes contre l'humanité. Cependant, les États peuvent refuser la compétence de la Cour pour les crimes de guerre, pendant un délai de sept ans à compter de la date d'entrée en vigueur du traité. Cette possibilité est due à une initiative de la France.

Il ne s'agit que d'un mécanisme subsidiaire par rapport à la protection mise en place par les juridictions nationales. Plutôt que de remplacer les juges internes, la Cour sera complémentaire des juridictions pénales nationales. Elle se limitera à enquêter et à engager des poursuites lorsqu'un État n'aura pas la volonté ou sera dans l'incapacité de mener véritablement à bien l'enquête ou les poursuites.

1.59 > La Cour est compétente à l'égard des personnes physiques ayant atteint l'âge de 18 ans. La qualité officielle de chef d'État ou de gouvernement, de membre d'un gouvernement ou d'un parlement, de représentant élu ou d'agent d'un État, n'exonère en aucun cas de la responsabilité pénale au regard du statut. C'est notamment cette disposition (ainsi que la possibilité de saisir la Cour à raison de faits couverts, selon la loi française, par l'amnistie ou la prescription, ou encore le pouvoir du Procureur de la Cour de réaliser des actes d'enquête sur le territoire national, hors la présence des autorités judiciaires françaises compétentes) qui a entraîné la révision de la Constitution française. Le Conseil constitutionnel a en effet estimé dans sa décision du 22 janvier 1999 que ces dispositions du Traité étaient contraires à la Constitution de 1958.

Depuis 2004, la Cour a ouvert quatre enquêtes relatives aux crimes commis en Ouganda, en République Démocratique du Congo, au Darfour et en République Centrafricaine. De même, la Cour a émis son premier mandat d'arrêt contre un chef d'État, le 4 mars 2009 : il s'agit du Président soudanais Omar El-Béchir pour son action au Darfour.

1.60 > Ces multiples instruments internationaux, éclairés par les jurisprudences internationales souvent audacieuses et constructives, instaurent donc toute une panoplie de mécanismes de protection des droits et libertés fondamentaux. Cependant, la pleine efficacité de ces mécanismes exige une coopération attentive et efficace de la part des instances nationales et en particulier des juridictions internes. Il s'agit dès lors, dans un deuxième temps, d'étudier la réception par le juge national des textes et jurisprudences protecteurs des droits fondamentaux.

Section II

LES EFFETS DE LA PROTECTION INTERNATIONALE

1.61 > La ratification des conventions internationales produit des effets majeurs en droit interne. Nous examinerons ici plus particulièrement les conséquences de ces ratifications sur les instances juridictionnelles internes ; tout juste peut-on mentionner quelques exemples des effets des proclamations internationales sur le législateur français. Ces modifications législatives sont d'ailleurs explicitement prescrites par les traités, qui imposent aux États signataires d'adapter leur législation en vue d'assurer le respect des droits reconnus par la Convention[97].

97. L'article 26 du Pacte international sur les droits civils et politiques de 1966 stipule ainsi que « la loi doit interdire toute discrimination et garantir à toutes les personnes une protection égale et efficace contre toute discrimination, notamment de race, de couleur, de sexe, de langue, de religion, d'opinion politique et de toute autre opinion, d'origine nationale ou sociale, de fortune, de naissance ou de toute autre situation ».

Parmi de nombreuses illustrations, il importe de citer la loi n° 91-646 du 10 juillet 1991 relative au secret des correspondances émises par la voie des télécommunications, adoptée par le Parlement afin de se mettre en conformité avec les jurisprudences *Huvig* et *Kruslin* de la Cour européenne des droits de l'homme, stigmatisant la pratique française des écoutes téléphoniques[98]. De même, les dispositifs encadrant l'adoption ont été modifiés pour assurer la mise en œuvre de la Convention internationale sur les droits de l'enfant adoptée par l'Assemblée générale des Nations unies le 20 novembre 1989.

1.62 > Plus récemment, la loi n° 2000-516 du 15 juin 2000 renforçant la protection de la présomption d'innocence et les droits des victimes, est venue intégrer au Code de procédure pénale les articles 626-1 à 626-7 relatifs au réexamen d'une décision pénale consécutif au prononcé d'un arrêt de la Cour européenne des droits de l'homme. En cas de condamnation prononcée en violation de la Convention, la décision pénale définitive peut faire l'objet d'un nouvel examen, effectué par une Commission composée de sept magistrats de la Cour de cassation, désignés par l'assemblée générale de cette juridiction. Si elle estime la demande justifiée, la Commission renvoie l'affaire devant la Cour de cassation ou devant une juridiction de même ordre et de même degré que celle qui a rendu la décision litigieuse.

Pareillement, la loi n° 2002-214 du 19 février 2002 a expressément autorisé la publication de sondages d'opinion jusqu'à l'avant-veille de chaque tour de scrutin, à la suite de l'arrêt de la Cour de cassation du 4 septembre 2001, jugeant l'interdiction de ces sondages contraire à la liberté d'expression garantie par l'article 10 de la Convention européenne des droits de l'homme.

Nous nous attacherons plus particulièrement à l'impact des normes internationales sur les jurisprudences nationales, qu'il s'agisse directement des stipulations des engagements internationaux de la France (§ 1) ou qu'il s'agisse des principes de droit international ou communautaire dégagés par les juges supranationaux et réceptionnés par les juges internes (§ 2).

§ 1 - JUGES INTERNES ET NORMES D'ORIGINE CONVENTIONNELLE

Après l'étude de la place accordée aux traités dans les jurisprudences internes (I), la Convention européenne des droits de l'homme fera l'objet d'un traitement particulier, de par l'importance de son utilisation par les juges internes (II).

98. CEDH, 24 avril 1990, *Huvig et Kruslin*, A/176.

I – LA PLACE DES CONVENTIONS INTERNATIONALES DANS LES JURISPRUDENCES NATIONALES

1.63 > Les juges français veillent aujourd'hui au respect des Conventions internationales, mais juridictions judiciaires et juridictions administratives n'ont, pendant longtemps, pas eu la même position quant à la reconnaissance de la valeur juridique des traités internationaux dans l'ordre interne. Si la Cour de cassation a très vite considéré que les conventions internationales étaient applicables en droit interne, à la seule condition d'avoir été publiées, le Conseil d'État n'admettra qu'en 1952 l'invocabilité de ladite Convention à l'appui d'un recours pour excès de pouvoir, dans l'arrêt *Dame Kirwood*[99].

Les divergences de vues entre les deux cours suprêmes ne se sont pas arrêtées là, le juge administratif manifestant une réticence évidente à reconnaître une trop large portée juridique aux conventions internationales. C'est plus particulièrement à propos de la primauté du traité sur la loi nationale postérieure que la différence d'appréciation entre Conseil d'État et Cour de cassation s'est faite la plus prégnante (A). Aujourd'hui, les deux cours font montre d'une plus grande ouverture à l'égard des traités internationaux en vigueur dans l'ordre juridique français (B).

A - LA RÉTICENCE DU JUGE ADMINISTRATIF À DONNER LEUR PLEIN EFFET AUX ENGAGEMENTS INTERNATIONAUX DE LA FRANCE

1.64 > Après que le Conseil constitutionnel eut refusé[100], pour des raisons diverses[101], de se prononcer sur la validité internationale d'une loi, les juges ordinaires se voyaient, de fait, investis de cette mission de contrôle.

La Cour de cassation n'a pas tardé à répondre à l'invite du juge du palais Montpensier et a immédiatement mis fin à sa jurisprudence passée, fondée sur l'idéologie du juge « serviteur de la loi ». La Cour de cassation écarta ainsi, dans une décision *Administration des douanes c/ Société des Cafés Jacques Vabre*[102], l'application d'une disposition législative du Code des douanes jugée contraire au Traité de Rome, bien que plus récente. La position initiale de la Cour était notamment illustrée par les conclusions du Procureur général Matter, qui, s'adressant à la Cour, affirma : « Vous ne connaissez ou ne pouvez connaître d'autre volonté que celle de la loi. C'est le principe même sur lequel reposent nos institutions judiciaires »[103].

Le Conseil d'État tardera à s'engager dans cette voie, s'agissant d'écarter une loi française adoptée postérieurement au traité et contrevenant à ses stipulations. Ne se considérant pas à même de permettre aux autorités administratives de s'affranchir de la première de leurs obligations, l'application de la loi, la Haute juridiction administrative se

99. CE, Ass., 30 mai 1952, *Dame Kirkwood, RDP* 1952, p. 781, concl. Letourneur.

100. Cons. const., décision n° 74-54 DC du 15 janvier 1975, *Interruption volontaire de grossesse, Rec.* Cons. const., p. 12 ; *Grandes décisions du Conseil constitutionnel,* n° 23.

101. L'ensemble de ces raisons sera exposé *infra*, Chapitre II.

102. Cass., 24 mai 1975, *JCP* 1975, II, 18180 *bis*, concl. Touffait.

103. Cass. civ., 22 décembre 1931, *S.* 1932, p. 257.

heurta de front[104], jusqu'en 1989, à la position de la Cour de justice des Communautés européennes selon laquelle le juge national est tenu de « laisser inappliquée » toute disposition législative, « même postérieure », contraire à une règle du droit communautaire[105].

1.65 > Cet affrontement ne pouvait durer bien longtemps. Le Président Bruno Genevois percevait déjà en 1979 l'inanité d'une telle position de repli lorsqu'il écrivait qu'une « attitude de grande indépendance, si elle se confirmait, présenterait plus d'inconvénients que d'avantages et irait même à l'encontre du but qu'elle poursuit. La place du droit administratif et son influence sur le droit communautaire risqueraient fatalement d'en souffrir. Le repli sur soi ne servirait guère l'autorité et l'audience des décisions du Conseil d'État à l'échelon de la Communauté européenne »[106]. Il finissait par ces mots : « qui ne voit enfin, que le refus du dialogue, loin d'être un signe de force, ne serait en fait qu'un aveu de faiblesse »[107]. Très vite, un climat beaucoup plus dépassionné a pu s'instaurer.

Le pas fut franchi en octobre 1989, dans le célèbre arrêt d'Assemblée « *Nicolo* », rendu sur les conclusions de Patrick Frydman[108]. Faut-il s'étonner d'un tel retard ? Sans doute pas, si l'on se réfère à l'histoire de la Haute juridiction administrative, marquée de l'empreinte nationale et du modèle jacobin. Ce « symbole de l'État national »[109] pouvait-il d'ailleurs réagir autrement face à un système juridique d'inspiration transnationale, à vocation intégrative ? Les controverses étaient inévitables, les confrontations, voire les affrontements également, tant les concepts mêmes comme les modes d'organisation du droit administratif semblaient atteints[110].

Cette décision *Nicolo*, destinée à rompre l'isolement dans lequel s'était placé le juge administratif, fit l'objet de commentaires abondants, y compris dans la presse quotidienne, « importante évolution jurisprudentielle » pour *Libération*, « revirement spectaculaire » pour *Le Monde*, ou encore « virage à 180 degrés de la jurisprudence » pour *l'Humanité*[111]. Le Conseil d'État étendit par la suite cette solution aux règlements communautaires[112], puis aux directives[113]. En outre, comme elle vaut pour l'ensemble des traités internationaux, le juge administratif en fit bénéficier par exemple la Convention européenne des droits de l'homme dans ses arrêts de 1990 *Chardonneau*[114], relatif à

---

104. À partir de sa jurisprudence dite « des semoules » : CE, Sect., 1er mars 1968, *Syndicat général des fabricants de semoules de France, Lebon*, p. 149 ; *AJDA* 1968, p. 235, concl. Questiaux.
105. Cf. notamment CJCE, 9 mars 1978, *Administration des finances de l'État c/ SA Simmenthal*, Aff. 106/77, *Rec. CJCE*, p. 629, concl. Reischl ; *AJDA* 1978, p. 323, note Boulouis.
106. B. Genevois, *Le Conseil d'État et l'ordre juridique communautaire, op. cit.*, p. 93.
107. *Ibid.*
108. CE, Ass., 20 octobre 1989, *Nicolo, Lebon*, p. 190, concl. Frydman.
109. B. Stirn, « Le Conseil d'État et l'Europe », in *Mélanges Braibant, L'État de droit*, Dalloz, 1996, p. 653.
110. Cette profonde divergence conceptuelle a trouvé par exemple sa traduction dans le Rapport public du Conseil d'État pour l'année 1992, particulièrement critique à l'égard du droit communautaire, qualifié de « droit naturellement foisonnant », opaque, difficilement compréhensible, « si naturellement touffu que, parfois, il se perd lui-même de vue » : *Conseil d'État, Rapport public 1992. Sur le droit communautaire.* La Documentation française, spéc. p. 16 et s. et p. 30.
111. Respectivement, *Libération* des 21-22 octobre 1989, *Le Monde* du 21 octobre 1989 et *l'Humanité* du 26 octobre 1989.
112. CE, 24 septembre 1990, *Boisdet, Lebon*, p. 250.
113. CE, Ass., 28 février 1992, *SA Rothmans International France et SA Philip Morris, Lebon*, p. 81 ; et *Société Arizona Tobacco et SA Philip Morris France, Lebon*, p. 78.
114. CE, 8 juin 1990, *Chardonneau, Lebon*, p. 146, concl. Pochard.

la législation française sur l'objection de conscience, ou « Confédération nationale des associations familiales catholiques »[115], portant sur les lois relatives à l'interruption volontaire de grossesse.

1.66 > Cependant, le Conseil d'État, comme la Cour de cassation, ont refusé de considérer que l'article 55 de la Constitution ou toutes autres dispositions nationales ou internationales emportaient la supériorité du Traité sur la Constitution elle-même. Cette primauté du texte constitutionnel a été posée par le Conseil d'État dans une décision d'Assemblée *Sarran* du 30 octobre 1998, rendue à propos des modalités d'exercice du droit de vote en Nouvelle-Calédonie. La Cour de cassation lui a emboîté le pas dans sa décision *Mlle Fraisse* du 2 juin 2000.

Il s'agit d'un point de désaccord essentiel avec les juridictions internationales. Avec la Cour de justice des Communautés européennes d'abord, qui considère de longue date qu'un État ne peut invoquer des dispositions de droit interne pour se soustraire à l'application des traités communautaires[116]. Avec la Cour européenne des droits de l'homme ensuite, qui a jugé contraire à l'article 6 § 1 de la Convention une loi que le Conseil constitutionnel avait pourtant estimée conforme à la Constitution[117]. De même, la Cour de Strasbourg a vérifié la conformité à la Convention d'une disposition constitutionnelle grecque empêchant les titulaires de certaines fonctions publiques de se présenter aux élections législatives[118].

1.67 > En dehors de la question de la supériorité des traités internationaux sur les normes internes, plusieurs autres domaines ont donné lieu à désaccords, s'agissant notamment du respect des stipulations des traités communautaires.

Le premier concerne bien sûr le mécanisme du renvoi préjudiciel de l'ancien article 177 du Traité de Rome (nouvellement article 234 dans la version consolidée du Traité instituant la Communauté européenne), qui impose aux juridictions nationales dont les décisions sont insusceptibles de recours en droit interne de renvoyer à la Cour de justice les difficultés qu'elles rencontrent dans l'application du droit communautaire. Vécu, dans un premier temps, comme une véritable subordination du Conseil à la Cour, ce système de renvoi fut l'occasion de fortes réticences, symbolisées par l'utilisation quasi systématique de la théorie dite de « l'acte clair »[119] à partir de l'arrêt *Société des pétroles Shell-Berre* du 14 janvier 1964. La reconnaissance par les juges de Luxembourg de l'effet direct des directives communautaires inconditionnelles et suffisamment précises[120], impliquant une application immédiate sans mesure nationale de transposition, entraîna un

---

115. CE, Ass., 21 décembre 1990, *Confédération nationale des associations familiales catholiques, Lebon*, p. 368, concl. Stirn.
116. CJCE, 15 juillet 1964, *Costa c/ Enel* ; 17 décembre 1970, *Internationale Handelsgesellschaft, op. cit.*
117. CEDH, 28 octobre 1999, *Zielinski, Pradal et Gonzalez c/ France, JCP* 2000.I.203, chron. Sudre.
118. CEDH, 1er juillet 1997, *Gitonas et a. c/ Grèce, RFDA* 1998, p. 1007.
119. Sur cette utilisation extensive de la théorie de l'acte clair, cf. L. Potvin-Solis, *L'effet des jurisprudences européennes sur la jurisprudence du Conseil d'État français*, LGDJ, 1999, Tome 187, n° 582 et s. Et, explicitant la position du Conseil d'État à la fin des années 1970, relativement à cette théorie, B. Genevois, « Le Conseil d'État et l'ordre juridique communautaire », *EDCE* 1979-1980, n° 31, p. 73-93, spéc. p. 75 et s.
120. Dans la célèbre décision CJCE, 4 décembre 1974, *Van Duyn c/ Home Office*, Aff. 41/74, *Rec. CJCE*, p. 1337.

nouveau conflit entre les deux cours. Le Conseil d'État y répondit par son arrêt *Cohn-Bendit*[121], en rappelant que la légalité d'une décision administrative individuelle ne pouvait s'apprécier au regard d'une directive non transposée en droit interne.

B - L'IMPACT GRANDISSANT DES TRAITÉS INTERNATIONAUX DANS LES JURISPRUDENCES NATIONALES

1.68 > Si la jurisprudence *Nicolo* a incontestablement changé la donne, il convient de dépasser cette évolution symbolique pour tenter d'apprécier plus largement les modifications opérées et les rapprochements réalisés. Ces derniers s'inscrivent dans une stratégie jurisprudentielle globale.

Le domaine de la concurrence constitue un exemple particulièrement topique de l'impact des traités communautaires en droit français. En effet, depuis les décisions *Fédération française des sociétés d'assurance*[122] et *Société Million et Marais*[123], le Conseil d'État a manifesté le souci de contrôler la légalité des actes administratifs non seulement au regard des articles 7 et 8 de l'ordonnance de 1986, mais aussi par rapport aux dispositions des articles 81 et 82 du Traité instituant la Communauté européenne. Le développement d'un droit administratif interne de la concurrence est allé ainsi de pair avec l'examen du respect du droit communautaire de la concurrence, assuré par la Haute juridiction administrative.

La position adoptée à l'égard du mécanisme du renvoi préjudiciel de l'ancien article 177 du Traité illustre également d'une manière évidente le chemin parcouru par le juge administratif, à tel point que l'on peut désormais lire « qu'il n'y a plus aujourd'hui de querelle entre le Conseil d'État et la Cour de justice sur l'interprétation de l'article 177 »[124]. À titre d'exemple et concernant les droits fondamentaux, la Haute juridiction administrative a récemment saisi la Cour de Luxembourg de la compatibilité de mesures de police nationales interdisant à un ressortissant communautaire le séjour sur une partie du territoire français avec les textes et les principes généraux du droit communautaire[125].

1.69 > Les suites que la Haute juridiction administrative a souhaité donner à sa jurisprudence *Cohn-Bendit*, hautement symbolique de la volonté du Conseil d'État de conserver son identité, sont une nouvelle démonstration de l'apaisement des tensions entre les

121. CE, Ass., 22 décembre 1978, *Cohn-Bendit*, *Lebon*, p. 524 ; *AJDA* 1979, n° 3, p. 27, chron. Dutheillet de Lamothe et Robineau.

122. CE, Sect., 8 novembre 1996, *Fédération française des sociétés d'assurance*, *Lebon*, p. 441. Dans cet arrêt, le Conseil d'État annule les dispositions d'un décret relatif à un régime facultatif d'assurance-vieillesse, « incompatibles avec les dispositions combinées des articles 86 et 90 du Traité ».

123. CE, Sect., 3 novembre 1997, *Société Million et Marais*, *Lebon*, p. 406, concl. Stahl.

124. D. Chauvaux et Th.-X. Girardot (note sous CE, Sect., 8 novembre 1996. *Fédération française des sociétés d'assurance*, *AJDA* 1997, p. 142), reprenant la formule du conseiller d'État Bernard Stirn, selon laquelle « la querelle de l'article 177 est bien close » (« Le Conseil d'État et l'Europe », in *Mélanges Braibant*, *L'État de droit*, Dalloz, 1996, p. 653-671, spéc. p. 655).

125. CE, 29 décembre 2000, *Ministre de l'Intérieur c/ M. Oteiza Olazabal*, req. n° 206913.

deux acteurs. Sans l'abandonner formellement, les juges du Palais Royal ont progressivement privé cette jurisprudence de l'essentiel de sa portée, en multipliant les possibilités de contournement[126].

1.70 > Au total, l'impact grandissant des traités internationaux sur les jurisprudences nationales est évident. Dans leur chronique, Mattias Guyomar et Pierre Collin ont ainsi eu l'occasion d'affirmer que « c'est dans la catégorie plus vaste et en continuelle expansion des droits et libertés garantis par la Constitution ou par des conventions internationales qu'il faut rechercher le champ d'application du référé-liberté »[127]. Si les juridictions internes se réfèrent de plus en plus aux conventions internationales, cela s'explique avant tout par le dynamisme et l'inventivité des requérants et de leurs conseils, cherchant toujours à faire prévaloir une clause qui peut leur être bénéfique. L'invocation est cependant limitée par la reconnaissance par le juge de l'effet direct de l'instrument international, dont les paramètres ont déjà été présentés. À ce titre, la Déclaration universelle des droits de l'homme, simple recommandation, n'a pas davantage de portée juridique que les autres résolutions de l'Assemblée générale des Nations unies. Le Conseil d'État dénie ainsi à cette Déclaration toute force juridique obligatoire au terme d'une jurisprudence constante inaugurée par sa décision *Élections de Nolay* du 18 avril 1951[128].

II – LA PÉNÉTRATION DE LA CONVENTION EUROPÉENNE DES DROITS DE L'HOMME DANS LES JURISPRUDENCES NATIONALES

1.71 > Depuis l'acceptation par la France du droit de recours individuel, par décret en date du 9 octobre 1981, le système judiciaire français se trouve placé sous la surveillance étroite des juges européens. Les condamnations répétées de notre pays, notamment du fait de la lenteur des procédures juridictionnelles nationales, ne sont pas restées sans effet.

Si la Cour de cassation s'est ouvertement et rapidement appuyée sur les potentialités jurisprudentielles que lui offrait le droit européen (B), les signes de bonne volonté à l'égard des exigences de la Convention et de la Cour européenne des droits de l'homme, en provenance cette fois du Conseil d'État, se multiplient depuis quelques années (A).

A - LA RÉCEPTION DE LA CONVENTION EUROPÉENNE DES DROITS DE L'HOMME PAR LE JUGE ADMINISTRATIF

1.72 > La pénétration effective des droits et libertés consacrés par la Convention a d'abord pâti des vives tensions initiales entre les cours, qui empoisonnèrent pendant

126. La norme nationale, incompatible avec les objectifs de la directive, sera considérée comme insusceptible de servir de base légale à la mesure individuelle contestée qui sera alors vouée à l'annulation : en ce sens, CE, Ass., 30 octobre 1996, *SA Cabinet Revert et Badelon*, *Lebon*, p. 397 ; *AJDA* 1996, p. 980, chron. Chauvaux et Girardot ; et CE, Ass., 6 février 1998, *Tête et Association de sauvegarde de l'Ouest lyonnais*, *Lebon*, p. 30, concl. Savoie ; *AJDA* 1998, p. 403, chron. Raynaud et Fombeur.

127. M. Guyomar et P. Collin, « Chronique générale de jurisprudence administrative française », *AJDA* 2001, p. 155.

128. *Lebon*, p. 189.

longtemps les relations interjuridictionnelles, en particulier entre le Conseil d'État et la Cour européenne des droits de l'homme. Cette période de conflit larvé connut son apogée lorsque la Cour de Strasbourg remit en cause la dualité fonctionnelle du Conseil d'État luxembourgeois, s'attaquant ainsi indirectement à la structure traditionnelle de son homologue français. Cette contestation de l'impartialité du juge administratif s'opéra dans la décision *Procola c/ Luxembourg* du 28 septembre 1995[129], prohibant le cumul des fonctions consultatives et des fonctions juridictionnelles.

1.73 > Les temps ont changé. Désormais, le mouvement de réception est à l'évidence facilité par le fait que « rien de ce qui est retenu dans la jurisprudence européenne n'est étranger ni ne répugne ni n'est contradictoire, dans ses soubassements, à celle du Conseil d'État »[130]. Qu'il s'agisse de l'applicabilité de l'article 6 § 1 aux juridictions administratives spéciales ou de l'article 8 relatif au droit au respect de la vie familiale, les ouvertures et indices d'apaisement sont nombreux.

1 - Le cas de l'article 8 de la Convention

1.74 > Après avoir consacré le droit au respect de la vie familiale tantôt par l'intermédiaire d'un principe général du droit, tantôt par référence à l'alinéa 10 du Préambule de 1946, la Haute juridiction administrative se fonda directement sur l'article 8 de la Convention européenne des droits de l'homme, dans une suite de décisions de 1991[131]. Suivra toute une série de décisions prononçant l'annulation d'arrêtés de reconduite à la frontière, de refus d'abrogation d'un arrêté d'expulsion, de refus d'octroi d'un titre de séjour et de refus de délivrance d'un visa. Ce bouleversement apparaît comme l'une des premières inflexions notables de l'attitude du juge administratif français à l'égard du droit de la Convention européenne des droits de l'homme.

1.75 > Les explications de ce brusque revirement sont multiples. La pression internationale et en particulier européenne devenait difficilement supportable, qu'elle soit traduite dans les textes ou relayée par les juridictions supranationales. En outre, face aux modifications législatives engendrées par les changements politiques et eu égard au caractère éminemment sensible du droit des étrangers, le Conseil d'État a pu vouloir se garantir préventivement contre toute critique de type « gouvernement des juges ». Le Professeur Henri Labayle souligne ainsi que « la source internationale du principe le met à l'abri tout à la fois des atteintes administratives quotidiennes ou réglementaires, mais aussi et surtout des tentations du législateur que l'on sait permanentes à ce propos »[132].

Cette courte analyse jurisprudentielle permet de mesurer le chemin parcouru par la Haute juridiction administrative dans le sens de la reconnaissance de la force opératoire

---

129. Sur la question, cf. J.-L. Autin et F. Sudre, « La dualité fonctionnelle du Conseil d'État en question devant la Cour européenne des droits de l'homme », *RFDA* 1996, p. 777-794.
130. B. Pacteau, « Le juge administratif français et l'interprétation européenne », in F. Sudre (dir.), *L'interprétation de la Convention européenne des droits de l'homme*, Colloque 13-14 mars 1998, Montpellier, Bruylant, 1998, p. 251-287, spéc. p. 279.
131. CE, 18 janvier 1991, *Beldjoudi, Lebon*, p. 19 ; CE, Ass., 19 avril 1991, *Belgacem, Lebon*, p. 152 et *Mme Babas, Lebon*, p. 162, concl. Abraham.
132. H. Labayle, « Le droit de l'étranger à mener une vie familiale normale, lecture nationale et exigences européennes », *RFDA* 1993, p. 511-540, spéc. p. 523.

de l'article 8 de la Convention. Par là même, elle a fortement harmonisé sa jurisprudence avec celle de la Cour européenne des droits de l'homme, acceptant le recul du principe général qu'elle avait forgé et mettant ainsi fin à un domaine de résistance important. Le cas de l'article 6 de la Convention apparaît-il sous un angle différent ?

2 - Le cas de l'article 6 de la Convention

1.76 > L'article 6 de la Convention européenne des droits de l'homme affirme explicitement le « droit » de toute personne « à ce que sa cause soit entendue (...) publiquement », quand il s'agit pour la juridiction de juger de « contestations sur ses droits et obligations de caractère civil » ou « du bien-fondé de toute accusation en matière pénale ».

Au sens européen du terme, « la publicité de la procédure juridictionnelle garantit les justiciables contre une justice secrète et contribue à préserver la confiance dans la justice »[133]. Pendant de longues années, saisie de la question du caractère public ou non des audiences de juridictions ordinales, la Haute juridiction administrative a toujours refusé de reconnaître l'applicabilité de l'article 6 § 1 de la Convention européenne des droits de l'homme[134]. C'est au milieu des années 1990 qu'elle adoptera une attitude tout à fait différente.

C'est à l'occasion de la décision *Département de l'Indre* du 29 juillet 1994 que le Conseil d'État revint pour la première fois sur sa position initiale, pressé qu'il était par les nombreuses condamnations dont la France faisait l'objet devant la Commission ou la Cour européenne des droits de l'homme[135].

1.77 > Ce revirement, pour significatif qu'il soit, se rapportait au cas particulier des juridictions de l'aide sociale. Il convenait donc d'attendre de plus amples développements jurisprudentiels pour connaître la portée que la Haute juridiction administrative entendait accorder à l'article 6 § 1. Ce fut chose faite avec le désormais célèbre arrêt d'Assemblée *Maubleu* en date du 14 février 1996[136], qui avait vocation à s'appliquer à l'ensemble des juridictions disciplinaires ordinales, et même au-delà. De fait, la solution dégagée à cette occasion se répandit telle une traînée de poudre, le Haut Conseil s'inspirant de l'interprétation extensive que la Cour européenne des droits de l'homme fait de l'article 6. Il constatera donc la violation de l'article 6 § 1 non seulement par des juridictions assurant la discipline d'une profession libérale, considérées comme statuant en matière civile du fait de leur pouvoir de prononcer des interdictions d'exercice de la profession[137], mais aussi plus largement par nombre d'organismes considérés comme statuant en matière pénale

---

133. F. Sudre, *Droit européen et international des droits de l'homme*, PUF, 9e éd., 2008.

134. En ce sens : CE, Sect., 27 octobre 1978, *Debout, Lebon*, p. 395, concl. Labetoulle.

135. CE, Sect., 29 juillet 1994, *Département de l'Indre, Lebon*, p. 363 ; *RFDA* 1995, p. 161, concl. Bonichot ; *AJDA* 1994, p. 691, chron. Touvet et Stahl.

136. CE, Ass., 14 février 1996, *Maubleu, Lebon*, p. 34, concl. Sanson ; *AJDA* 1996, p. 358, chron. Stahl et Chauvaux ; *JCP* 1996, n° 22669, notes Lascombe et Vion ; *RFDA* 1996, p. 1186, concl. Sanson.

137. À propos des instances disciplinaires de l'Ordre des chirurgiens-dentistes (CE, 26 juillet 1996, *Pandit, Lebon*, p. 303 ; *RFDA* 1996, p. 1043), de l'Ordre des médecins (CE, 26 juillet 1996, *Ezelin, Lebon*, p. 305), ou encore de l'Ordre des architectes (CE, 21 avril 2000, *Roux*, req. n° 198917).

du fait de leur pouvoir de prononcer des amendes et autres sanctions[138]. Poussant au maximum ce raisonnement, la Haute juridiction administrative a annulé une décision de la formation disciplinaire du Conseil national de l'enseignement supérieur et de la recherche fondée sur l'article 14 du décret du 14 novembre 1990 qui prévoit que les séances ne sont pas publiques. Les juges ont considéré que ledit Conseil étant susceptible d'adopter des sanctions de nature à priver un étudiant de la liberté d'accéder aux professions soumises à une condition de diplôme, l'article 6 § 1 trouvait application[139].

1.78 > Dans la même logique, le Conseil d'État a posé le principe de l'applicabilité du droit européen des droits de l'homme à certaines procédures disciplinaires de la fonction publique, dans une décision remarquée en ce que le juge a adopté un critère fonctionnel d'appréciation du caractère civil d'un droit, fondé sur la nature des fonctions et des responsabilités exercées par l'agent[140]. Ce faisant, les juges du Palais Royal décidaient de s'aligner sur la nouvelle jurisprudence de la Cour européenne des droits de l'homme en la matière et sur la conception communautaire de la fonction publique[141].

Si ce revirement apparaît incontestablement comme une nouvelle reconnaissance des potentialités de la Convention, et, partant, de l'impact de la jurisprudence de la Cour européenne des droits de l'homme en droit français, il est important de noter que le Conseil d'État « estime qu'il peut et même qu'il doit interpréter ces stipulations (de la Convention) lui-même » et qu'il « applique la Convention européenne et ses protocoles souverainement »[142]. Cette approche laisse donc la porte ouverte à une potentielle divergence d'interprétation des dispositions conventionnelles avec son interprète officiel, la Cour de Strasbourg. Cette appréciation doit cependant être relativisée et il est possible aujourd'hui d'affirmer avec le Professeur Louis Dubouis que « les divergences » entre les juges du Palais Royal et ceux de Strasbourg sont « à peu près totalement dissipées »[143].

3 - Les autres illustrations

1.79 > L'évolution jurisprudentielle du Conseil d'État dans le domaine des validations législatives constitue un nouvel exemple de la réception du droit européen par le juge

138. Il s'agit par exemple de la Cour de discipline budgétaire et financière, lorsqu'elle prononce des amendes en cas de mauvaise gestion financière : CE, Sect., 30 octobre 1998, *Lorenzi, Lebon*, p. 374 ; *RDP* 1999, n° 2, p. 633-649, note Eckert ; *RFDA* 1999, p. 1022, note Surrel.

139. CE, 3 novembre 1999, *Zurmely, Lebon*, p. 341 ; *RFDA* 2000, pp. 1079-1083, concl. Roul.

140. CE, 23 février 2000, *L'Hermitte, AJFP* 2000, n° 3, p. 1, note Boutelet et p. 51 ; *La Gazette des communes*, 27 mars 2000, p. 60, concl. Schwartz ; *JCP* 2000.II.10371, note Moniolle.

141. Cette nouvelle jurisprudence de la Cour européenne des droits de l'homme abandonne le critère patrimonial au profit d'un critère fonctionnel et peut se résumer ainsi : l'applicabilité de la Convention européenne au contentieux de la fonction publique n'est plus liée à la nature patrimoniale des litiges mais à la nature des fonctions et des responsabilités exercées par l'agent, qui détermine le caractère civil du droit d'exercer les fonctions (CEDH, 8 décembre 1999, *M. Pellegrin c/ France, AJFP* 2000, n° 3, p. 1, note Boutelet et p. 52).

142. J.-P. Costa, « L'application par le Conseil d'État français de la Convention européenne des droits de l'homme », *RTDH* 1997, n° 31, p. 395 et s., spéc. p. 397.

143. L. Dubouis, *Encyclopédie Dalloz – Droit international*, Rubrique « Droit international et juridiction administrative », 1998, n° 59.

administratif français. Après s'être dans un premier temps refusé à conclure à – l'incompatibilité des lois de validation avec les exigences du procès équitable[144], la Haute juridiction administrative a franchi le pas par sa décision du 28 juillet 2000, *Tête et Association du collectif pour la gratuité et contre le racket*. En l'espèce, la mesure de validation ne visant qu'à préserver l'intérêt financier de la personne publique, elle n'était pas justifiée par des motifs d'intérêt général suffisants[145].

1.80 > Le revirement de jurisprudence, par lequel le Conseil d'État a jugé que les sanctions disciplinaires adoptées dans le cadre pénitentiaire ou militaire étaient désormais susceptibles de recours pour excès de pouvoir, peut également être considéré comme le résultat de l'influence européenne[146], influence au demeurant réciproque eu égard aux nombreux domaines dans lesquels la jurisprudence administrative a précédé et anticipé la démarche européenne, soulignant encore leur rapprochement. Est ainsi significatif l'arrêt *Fidan* à l'occasion duquel le Conseil d'État a, dès 1987, condamné une extradition vers un État où l'intéressé risquait la peine de mort, devançant la Cour européenne des droits de l'homme et sa décision *Soering*[147]. Dans le même esprit, le tribunal administratif de Versailles a tenu compte de l'impossibilité d'un étranger reconduit à la frontière de bénéficier de soins médicaux adéquats dans son pays, avant que la Cour n'en fasse de même dans sa décision *D. c/ Royaume-Uni*[148]. Si le Conseil d'État se présente désormais plus ouvert aux influences étrangères, il convient de noter son rôle souvent précurseur.

B - LA RÉCEPTION DE LA CONVENTION EUROPÉENNE DES DROITS DE L'HOMME PAR LE JUGE JUDICIAIRE

1.81 > Les indices de la réception du droit européen par la Cour suprême de l'ordre judiciaire sont multiples. Il peut s'agir tout d'abord de recourir à la Convention pour combler une lacune du droit interne. Le droit des sociétés étrangères d'ester devant les juridictions françaises a ainsi été reconnu, en l'absence de dispositions nationales, sur le fondement des articles 6 § 1 et 14 de la Convention de Rome et des articles 1 et 5 du premier Protocole additionnel[149].

---

144. CE, Ass., 5 décembre 1997, *Mme Lambert, Lebon*, p. 460.
145. CE, 28 juillet 2000, *Tête et Association du collectif pour la gratuité et contre le racket, AJDA* 2000, p. 854, chron. Guyomar et Collin.
146. La Cour européenne des droits de l'homme a très vite reconnu l'applicabilité de la protection issue de l'article 6 § 1 aux membres des forces armées faisant l'objet de poursuites disciplinaires, avant de l'étendre aux sanctions disciplinaires pénitentiaires (cf. CEDH, 28 juin 1984,*Campbell et Fell*, A/80). Cette position ne peut être , étrangère à l'évolution de la Haute juridiction administrative française en la matière, dans ses célèbres décisions d'Assemblée « *Pascal Marie* » et « *Philippe Hardouin* », du 17 février 1995 (*RFDA* 1995, p. 353, concl. Frydman ; *RDP* 1995, p. 1338, note Gohin).
147. CE, Sect., 27 février 1987, *Fidan, Lebon*, p. 84 ; *D.* 1987, p. 305, concl. Bonichot.
148. TA Versailles, 26 septembre 1996, *M. Bamba Bamba. AJDA* 1997, p. 100, note Krulic : à propos d'un Zaïrois malade du sida, faisant l'objet d'une reconduite vers son pays. L'arrêt, du préfet de l'Essonne est, par ces motifs, entaché, d'une « erreur manifeste dans l'appréciation des conséquences que pouvait avoir la décision attaquée sur la situation personnelle de l'intéressé ». L'arrêt *D. c/ Royaume-Uni*, du 2 mai 1997 (*Rec. CEDH* 1997, p. 777) concernait l'expulsion d'un étranger en phase terminale du sida. La Cour nota qu'aucun traitement médical approprié, ne pourrait lui être administré, dans son pays, où il se trouvait, de surcroît, dans une situation de solitude et de misère, et décida que ladite expulsion contrevenait l'article 3 de la Convention. Le tribunal administratif de Lyon avait déjà précédé la Cour européenne dans une affaire similaire où il avait annulé un arrêt, de reconduite à la frontière d'une Guinéenne et de ses deux fillettes menacées d'excision en cas de retour dans leur pays : TA Lyon, 12 juin 1996, Condé, *RTDH* 1996, p. 695-720, note Levinet ; *LPA*, 18 octobre 1996, n° 126, note Fourteau.
149. Cass. crim., 12 novembre 1990, *M. Maurice Goutille et la société Extraco Anstalt, Bull. civ.*, n° 377, p. 956.

1.82 > Il peut s'agir également d'interpréter plus strictement ou de modifier les dispositions de droit interne, pour les rendre compatibles avec les prescriptions de la Convention. La Cour de cassation s'est ainsi mise au diapason du droit européen en opérant plusieurs renversements de jurisprudences importants. Elle a reconnu dès 1984 que les stipulations de l'article 6 § 1, « tel qu'interprété par un arrêt de la Cour européenne des droits de l'homme, donnent à un avocat poursuivi le droit de voir sa cause entendue publiquement et l'arrêt sur cette cause rendu en audience publique »[150]. La Cour de cassation s'est ainsi fait l'écho de la jurisprudence de la Cour européenne des droits de l'homme relative aux conditions d'applicabilité de l'article 6, structurées autour des notions de « droits et obligations de caractère civil » et « d'accusation en matière pénale ». Afin d'investir le maximum de domaines, la Cour de Strasbourg a considéré ces notions comme des « concepts autonomes », bénéficiant ainsi d'une définition européenne uniformisante et les appliquant à des matières aussi diverses que la délivrance d'autorisations de construire, la mise en cause de la responsabilité civile de l'État devant les juridictions administratives, ou encore l'attribution de prestations d'aide sociale. La Cour de cassation a emboîté le pas à la Cour en jugeant l'article 6 applicable aux sanctions fiscales ou aux sanctions des infractions boursières prononcées par la Commission des opérations de bourse[151]. Elle a également accordé aux transsexuels le droit de modifier leur état civil[152], après que la Cour européenne des droits de l'homme a condamné sa jurisprudence antérieure pour violation de l'article 8 de la Convention dans un arrêt du 15 mars 1992.

De même, c'est à la suite de l'arrêt *Khalfaoui* du 14 décembre 1999[153] que la Cour de cassation a mis fin à l'exigence antérieurement posée, selon laquelle une personne condamnée à plus d'un an de prison devait se constituer prisonnière la veille de l'examen de son pourvoi, à peine d'irrecevabilité dudit pourvoi.

1.83 > La Cour s'est, en outre, rangée à la distinction opérée par le Conseil d'État pour admettre, sous conditions, la participation au délibéré du rapporteur en charge de l'instruction de l'affaire. Le juge administratif, au terme des trois décisions précitées du 3 décembre 1999, a en effet clairement posé les conditions de la légalité de la présence du rapporteur. Pour ne pas encourir le reproche de partialité, celui-ci ne doit pas exercer de fonction d'accusation lui conférant des pouvoirs propres quant aux griefs qui seront examinés par la juridiction de jugement. C'est sur cette vision que semble s'être calquée la Cour de cassation dans un arrêt du 23 mai 2000, *M. P...*[154]. De même, s'agissant du principe de non-discrimination, la Cour s'est fondée sur les articles 14 de la Convention

150. Cass. civ. 1re, 10 janvier 1984, *Rennemann*, *Bull. civ.* I, n° 8, p. 6 ; *JCP* 1984.II.20210, concl. Gulphe.
151. Respectivement Cass. com., 29 avril 1997, *Ferreira c/ Directeur général des impôts*, *JCP* 1997.II.22935, note Sudre ; Cass. Ass. plén., 5 février 1999, *COB c/ Oury*, *JCP* 1999.II.10060, note M. Matsopoulou.
152. Cass. civ., Ass. plén., 11 décembre 1992, *Bull.* 1992, AP n° 13, p. 27.
153. CEDH, 14 décembre 1999, *Khalfaoui*, *JCP* 2000.I.203, chron. Sudre ; *RDP* 2000, p. 723, obs. Hugon.
154. Cass. civ. 1re 23 mai 2000, M. P., *AJDA* 2000, pp. 762-764, note Sargos. À propos d'un avocat ayant reçu une sanction disciplinaire et qui contestait le fait que le bâtonnier, en application de la réglementation en vigueur, ait pu à la fois recevoir les plaintes, procéder à l'enquête et rapporter l'affaire lors de l'audience disciplinaire... qu'il présida de surcroît. Pour accueillir ce moyen, la Cour de cassation se fonde sur cette « attribution particulière » du bâtonnier de pouvoir cumuler les fonctions d'organe de poursuite et de jugement.

et 1er du Protocole n° 1 pour annuler la décision d'une cour d'appel rejetant le recours d'un requérant à qui avait été refusé le bénéfice d'une allocation du Fonds national de solidarité en raison de sa nationalité turque[155].

1.84 ➤ Pareillement, la Cour a relaxé un prévenu, poursuivi pour avoir publié un sondage électoral dans la semaine qui précède un scrutin, en contravention avec la loi du 19 juillet 1977, en jugeant « qu'en interdisant la publication, la diffusion et le commentaire, par quelque moyen que ce soit, de tout sondage d'opinion en relation avec l'une des consultations visées par l'article 1er de la loi du 19 juillet 1977, les textes fondant la poursuite instaurent une restriction à la liberté de recevoir et de communiquer des informations qui n'est pas nécessaire à la protection des intérêts légitimes énumérés par l'article 10 § 2 de la Convention susvisée ; qu'étant incompatibles avec ces dispositions conventionnelles, ils ne sauraient servir de fondement à une condamnation pénale »[156].

1.85 ➤ Dernier exemple, la Cour de cassation n'a pas hésité à faire application de la Convention non seulement aux relations entre un individu et un État, mais également dans le cadre de relations interindividuelles. C'est ce que l'on appelle communément l'effet direct horizontal de la Convention. Encouragée par une doctrine particulièrement active[157], la Cour s'est notamment référée à l'article 1er du Protocole n° 1 ou à l'article 8 en matière de droit au bail, développant une jurisprudence entraînant une quasi-reconnaissance du droit au logement[158]. Pareillement, la Cour s'est expressément appuyée sur l'article 8 pour annuler un arrêt ayant validé le licenciement d'un salarié qui avait refusé de transférer son domicile familial dans sa nouvelle région d'activité, en estimant que « toute personne a droit au respect de son domicile ; que le libre choix du domicile personnel et familial est l'un des attributs de ce droit ; qu'une restriction à cette liberté par l'employeur n'est valable qu'à la condition d'être indispensable à la protection des intérêts légitimes de l'entreprise et proportionnée, compte tenu de l'emploi occupé et du travail demandé, au but recherché »[159].

§ 2 - JUGES INTERNES ET NORMES D'ORIGINE PRÉTORIENNE

1.86 ➤ Pour illustrer la question de l'intégration des normes protectrices des droits fondamentaux d'origine prétorienne en droit interne, le cas de l'application des principes généraux du droit communautaire par le juge administratif français sera privilégié. La raison en est simple : d'une part, les principes généraux du droit communautaire renferment, on l'a vu, de très nombreux droits et libertés fondamentaux ; ensuite, l'attitude traditionnellement réservée de la Haute juridiction administrative française à l'endroit des normes internationales, quelles qu'elles soient, permet d'avoir une approche nuancée de l'impact de la règle internationale en droit français.

---

155. Cass. soc., 14 janvier 1999, *Bozkurt, Bull. civ.* 1999, V, n° 24, p. 17.
156. Cass. crim., 4 septembre 2001, *Philippe Amaury, Bull. crim.* 2001, n° 170, p. 562.
157. Cf. par exemple D. Spielmann, *L'effet potentiel de la Convention européenne des droits de l'homme entre personnes privées*, Bruylant, 1995.
158. Cass. civ. 3e, 6 mars 1996, *OPAC de la Ville de Paris, Bull. civ. III*, n° 60 ; *D.* 1997, Jur., p. 167, note B. de Lamy.
159. Cass. soc., 12 janvier 1999, *Spileers, Bull. civ.* 1999, V, n° 7, p. 4 ; *D.* 1999, jur., p. 645, note Marguénaud et Mouly.

1.87 > L'existence d'un ordre juridique structuré et hiérarchisé consécutif au haut degré d'intégration des Communautés, ainsi que l'étendue de la mission dévolue au juge communautaire font que les principes généraux se trouvent incorporés au bloc de légalité, au même rang que les traités et « subordonnant au même titre que ceux-ci l'ensemble du droit dérivé »[160]. Cependant, la question de l'utilisation directe de principes généraux du droit communautaire qui s'imposeraient en cette qualité sur le territoire des États membres « comme toute manifestation du droit dérivé »[161] reste, pour le Conseil d'État, encore en suspens.

Malgré les nombreuses affinités unissant les principes généraux du droit communautaire et le système juridique français, d'importants écueils s'opposent à la pleine applicabilité desdits principes (I). En pratique, le rôle tenu par les principes généraux du droit communautaire au sein de la jurisprudence administrative française dépend non seulement de la valeur de ces principes, mais aussi de la nature du litige dans lequel ils sont amenés à être invoqués (II).

I – UNE APPLICABILITÉ LIMITÉE PAR LA NATURE DES PRINCIPES

1.88 > En théorie, les rapports entre principes généraux du droit communautaire et juge administratif français ne devraient en aucune manière se traduire en termes de conflit ou d'opposition, et ce, principalement en raison de la démarche comparatiste adoptée par la Cour de justice. À défaut de disposer de bases idéologiques et philosophiques propres, le droit communautaire a en effet été contraint de puiser abondamment dans les traditions juridiques des États membres, en particulier françaises et germaniques.

Pourtant, le juge administratif français marque une réticence certaine envers les principes généraux du droit communautaire (A), réticence qu'il n'est d'ailleurs pas le seul à manifester, ce qui relativise indéniablement l'influence des normes prétoriennes de protection des droits fondamentaux (B).

A - LA RÉTICENCE DU JUGE ADMINISTRATIF FRANÇAIS ENVERS LES PRINCIPES GÉNÉRAUX DU DROIT COMMUNAUTAIRE

1.89 > La construction communautaire, telle qu'envisagée par la Cour de justice, implique d'imposer aux ordres juridiques nationaux une culture juridique qui leur est partiellement étrangère. Or, comme il y va de tout phénomène de transplantation d'un élément extérieur au sein d'un corps, la greffe peut s'avérer malaisée.

Plusieurs raisons peuvent être avancées pour tenter d'éclairer la défiance traditionnelle du Conseil d'État à l'égard des principes généraux maniés par la Cour de Luxembourg.

---

160. J. Boulouis, « Les principes généraux du droit (Aspects de droit international public) », in *Journées de la Société de législation comparée, RIDC* 1980, p. 263-270, spéc. p. 270.
161. F. Moderne, « Actualité des principes généraux du droit », *RFDA* 1998, p. 495-518, publié également in P. Avril et M. Verpeaux (dir.), *Les règles et principes non écrits en droit public*, Colloque précité, p. 73.

1.90 > a) La première réside dans le caractère partiellement ou entièrement étranger à l'ordre juridique hexagonal, de certains principes généraux applicables dans le système communautaire. Le peu d'entrain du juge administratif à en faire application se comprend alors aisément par le fait « qu'il est évidemment très désagréable pour un juge de devoir appliquer des principes généraux qu'il n'a pas dégagés lui-même »[162] et avec lesquels il est peu familiarisé. De tels principes peuvent être en effet soit totalement inconnus en droit français (comme le principe de primauté du droit communautaire sur les normes législatives postérieures ou le principe de coopération loyale, familier du juge allemand), soit présents en son sein, mais uniquement de manière indirecte (tels que le principe communautaire de confiance légitime). S'ils ne sont pas expressément (jusqu'à très récemment) usités par les juridictions françaises, ils ne sont bien évidemment pas ignorés, se traduisant sous de multiples formes. La jurisprudence relative à la responsabilité pour promesses non tenues ou renseignements erronés, ainsi que le principe de non-rétroactivité des actes administratifs, en constituent de bonnes illustrations.

1.91 > b) La deuxième explication qui peut être avancée réside, comme le note le Commissaire du gouvernement Henri Toutée, dans le fait qu'« il n'y a aucun besoin des principes généraux du droit communautaire pour vérifier que les textes français respectent bien le principe d'égalité »[163]. Point de nécessité dès lors pour la Haute juridiction administrative de puiser à Luxembourg ce dont elle dispose déjà à demeure, d'autant plus qu'un principe comme le principe d'égalité est entendu de manière plus stricte en droit français qu'en droit communautaire. Les droits fondamentaux étant aussi bien défendus par les normes françaises, il n'est pas nécessaire de recourir aux normes d'importation.

1.92 > c) La troisième source de cette défiance est peut-être à chercher dans les conséquences de l'obligation d'uniformité d'application des principes généraux du droit communautaire, qui s'imposerait aux juges nationaux et les conduirait par exemple à réévaluer la façon dont ils envisagent, interprètent et appliquent certains droits et libertés fondamentaux en droit interne. Loin de se contenter d'une « influence » sur le droit national, le droit communautaire s'y substitue par l'effet combiné de son applicabilité directe et de sa primauté.

Dès lors, la conception d'ensemble de la construction communautaire dépasse largement une simple communauté de droit, mais tend à une véritable union de droit. Elle postule « une logique d'appartenance et de cohésion » qui, à terme, « aboutit à prescrire une unité de valeurs propres à l'ordre communautaire, par harmonisation des normes ». Dans cette recherche de l'unité, les principes généraux du droit communautaire ont, pour la Cour de justice, un rôle éminent en ce qu'ils vont assurer une conception uniforme des grands principes fondateurs sur l'ensemble du territoire de l'Union et, par voie de conséquence, vis-à-vis de l'ensemble des juridictions nationales. De ce fait, les principes généraux du droit communautaire ont pour vocation, voire pour ambition, de se substituer aux principes équivalents en vigueur dans l'ordre interne. Or, même s'ils ont le

---

162. La formule est de Henri Toutée, concl. sur CE, Ass., 17 février 1995, *Commission nationale des comptes de campagne et des financements politiques c/ MM. Aillaud, Cotten, Schwartzenberg et Touati*, AJDA 1995, p. 223-230, spéc. p. 225.
163. H. Toutée, *ibid.*

même intitulé, ils peuvent avoir un contenu différent, même s'agissant de droits de l'homme.

1.93 > d) On aboutit alors à la quatrième raison de la réticence du Palais Royal à leur endroit : si la perception qu'ont la Cour de justice et le Conseil d'État d'un même principe demeure principalement convergente, elle se révèle parfois divergente. Ainsi en est-il par exemple du principe d'égalité, au nom duquel le droit français admet des discriminations positives en faveur des femmes, que le juge communautaire prohibe[164].

Cet ensemble d'éléments constitue un faisceau de motifs conduisant la Haute juridiction administrative à adopter une attitude pour le moins circonspecte mais susceptible d'évolutions.

En effet, dans une décision d'Assemblée remarquée en date du 24 mars 2006, le Conseil d'État a solennellement consacré le principe de sécurité juridique, au nom duquel il impose de prévoir des dispositions transitoires dans le décret portant code de déontologie des commissaires aux comptes[165].

Dans cette affaire, la Haute juridiction a considéré « qu'il incombe à l'autorité investie du pouvoir réglementaire d'édicter, pour des motifs de sécurité juridique, les mesures transitoires qu'implique, s'il y a lieu, une réglementation nouvelle ; qu'il en va ainsi en particulier lorsque les règles nouvelles sont susceptibles de porter une atteinte excessive à des situations contractuelles en cours qui ont été légalement nouées ». En l'espèce, le Conseil d'État fait une application positive de ce nouveau principe en considérant qu'« à défaut de toute disposition transitoire dans le décret attaqué, les exigences et interdictions qui résultent du Code apporteraient, dans les relations contractuelles légalement instituées avant son intervention, des perturbations qui, du fait de leur caractère excessif au regard de l'objectif poursuivi, sont contraires au principe de sécurité juridique ; qu'il y a lieu, par suite, d'annuler le décret attaqué en tant qu'il ne comporte pas de mesures transitoires relatives aux mandats de commissaires aux comptes en cours à la date de son entrée en vigueur intervenue, conformément aux règles de droit commun, le lendemain de sa publication au *Journal officiel de la République française* du 17 novembre 2005 ».

Même s'il ne s'agit pas d'une utilisation directe d'un principe général du droit communautaire, le Conseil d'État, en « découvrant » un nouveau « principe de sécurité juridique », franchit une nouvelle étape décisive dans le sens de la pleine application des principes d'origine communautaire. L'absence de mention dans l'arrêt de l'ascendance communautaire de la norme ainsi créée ne doit pas surprendre en ce qu'elle s'inscrit dans la stratégie jurisprudentielle habituelle du Conseil d'État qui préfère la médiation des principes généraux du droit français à l'application directe de normes d'origine externe[166].

---

164. Cf. M.-F. Christophe Tchakaloff, « Le principe d'égalité », *AJDA* juin 1996, n° spécial sur *Le droit administratif et le droit communautaire*, p. 168 et s. ; « Les discriminations positives en droit européen », *Pouvoirs*, septembre 1997, n° spécial.
165. CE, Ass., 24 mars 2006, *Société, KPMG et autres*, req. n° 288460 ; *JCP* A 2006, 1120, note Belorgey.
166. Les juges du Palais-Royal ont ainsi « découvert » un principe d'impartialité, indépendamment de la Convention européenne des droits de l'homme : CE, 3 décembre 1999, *Didier, JCP* II.10267, note F. Sudre ; CE, 6 novembre 2002, *M. Wargniez, LPA* 28 février 2003, n° 43, p. 15, note G. Gonzalez.

Le recours à un principe de droit interne permet alors au juge administratif de ne pas dépendre de l'interprétation et des conditions d'application du principe par le juge communautaire[167].

B - UNE RÉTICENCE PARTAGÉE

1.94 > Si la Haute juridiction administrative française manifeste donc une certaine retenue à l'égard des principes généraux dégagés ou repris par le juge communautaire, il convient d'observer, avec le Professeur Flauss, qu'elle n'apparaît pas isolée dans cette attitude. Les autres juridictions non constitutionnelles des États membres « sont loin d'avoir opté pour une politique d'alignement systématique et inconditionnelle sur la jurisprudence de la Cour de justice »[168]. S'agissant déjà de la France, le refus de la Chambre sociale de la Cour de cassation de prendre acte de la solution de la Cour de justice concernant le principe de l'interdiction des discriminations indirectes[169] mérite à cet égard d'être noté.

Le parallèle peut également être fait avec le Conseil constitutionnel français qui marque de profondes réserves à l'idée de trouver dans les principes généraux en vigueur dans le système communautaire une source d'inspiration. La délégation française à la IXe conférence des cours constitutionnelles européennes observe bien, dans son rapport, que « rien ne s'oppose *a priori* à ce que le juge constitutionnel français (s'inspire) des principes généraux de l'ordre juridique communautaire ». Mais elle ajoute immédiatement que, « concrètement, aucune décision rendue par le Conseil ne puise formellement son inspiration dans un principe général du droit dégagé par la Cour de Luxembourg »[170]. La remarque vaut toujours aujourd'hui, en particulier pour les droits de l'homme. Le Professeur Favoreu affirmait ainsi qu'« il n'y a pratiquement pas de prise en considération par le Conseil constitutionnel des principes généraux du droit communautaire en matière de droits fondamentaux »[171]. Si, dans sa décision du 9 avril 1992 relative à l'autorisation de ratifier le Traité sur l'Union européenne, le Conseil accorde une effectivité certaine à l'alinéa 14 du Préambule de la Constitution de 1946, il ne paraît nullement faire des principes généraux du droit communautaire une des normes de référence de son contrôle, mais plutôt y voir une catégorie juridique utilisée par la Cour de Luxembourg pour assurer le respect des droits fondamentaux[172].

---

167. Cf. J.-M. Maillot, *La théorie administrative des principes généraux du droit – Continuité et modernité*, Dalloz, 2003, 766 p.
168. J.-F. Flauss, « Principes généraux du droit communautaire dans la jurisprudence des juridictions constitutionnelles des états membres », in *Droits nationaux, droit communautaire : influences croisées*. Actes du colloque d'Aix-en-Provence des 18-19 juin 1999, *op. cit.*, p. 49-60, spéc. p. 49.
169. Cass. soc., 30 avril 1994, *CNAVTS c/ Duchemin*, DS 1994, p. 561.
170. IXe conférence des Cours constitutionnelles européennes, Rapport présenté par la délégation française – Protection constitutionnelle et protection internationale des droits de l'homme : concurrence ou complémentarité ?, Paris, 10-13 mai 1993, *RFDA* 1993, p. 849-869, spéc. p. 862.
171. L. Favoreu, « La Constitution française et le droit communautaire », in *Droits nationaux, droit communautaire : influences croisées*, Actes du colloque d'Aix-en-Provence des 18-19 juin 1999, La Documentation française, 2000, p. 77-80.
172. Cons. const., décision n° 92-308 DC du 9 avril 1992, *Rec.*, p. 55, cons. 17 et 18.

1.95 > Comme son homologue du Palais Royal, le Conseil constitutionnel semble soucieux d'éviter un alignement trop manifeste sur la position du juge communautaire, d'autant plus que sa jurisprudence peut être parfois en opposition avec celle de Luxembourg. L'enjeu est alors d'éviter un risque de divergence publique entre un principe législatif et une norme communautaire. Ce fut notamment le cas lorsque le Conseil eut à traiter de l'interdiction du travail de nuit des femmes, rappelée par la Convention internationale du travail n° 89. Appelés à se prononcer sur la conformité à cette Convention d'une loi portant diverses mesures d'ordre social, adoptée à la fin de l'année 1986, et qui prévoyait en son article 39 d'étendre les possibilités de dérogation à cette interdiction, les juges du Palais Montpensier ont préféré éluder la question et conclure à un non-lieu à statuer en raison d'une procédure d'adoption irrégulière[173]. Ils évitaient ainsi de se trouver en porte-à-faux avec le droit communautaire[174], qui prohibe une telle discrimination.

Au total, si l'impact des principes généraux du droit communautaire sur la juridiction constitutionnelle nationale est particulièrement faible, il convient de se garder d'en exagérer les conséquences, dans la mesure notamment où le droit constitutionnel français offre à lui seul une protection équivalente. Si la norme externe n'apporte pas de garantie supplémentaire, son intérêt s'amoindrit. Au reste, la position du Conseil constitutionnel français se trouve partagée par nombre de cours constitutionnelles européennes qui, mis à part peut-être l'Espagne et l'Allemagne, refusent une prise en compte explicite de ces principes[175].

II – UNE APPLICABILITÉ DÉTERMINÉE PAR LA NATURE DU LITIGE

1.96 > Les rapports entre droit international, au sens large, et droit interne répondent à une logique spécifique. Comme le souligne le Professeur Jean-François Flauss, « l'articulation entre normes internationales et normes internes ne se fait pas systématiquement sur un mode hiérarchique, mais bien souvent au contraire, par la recherche des champs d'application respectifs »[176]. L'utilisation des principes généraux du droit communautaire par le juge administratif français s'inscrit dans cette perspective, ceux-ci jouant de manière exclusive lorsque le litige qui oppose l'administration au requérant revêt un caractère d'extranéité.

Si l'attitude du Conseil d'État commence lentement à se fixer, les premières orientations jurisprudentielles en provenance du Palais Royal semblent indiquer un positionnement

173. Cons. const., décision n° 86-225 DC du 23 janvier 1987, *Rec.*, p. 13 ; *RDP* 1989, n° 2, p. 399, note Favoreu.

174. Tel qu'il ressort des termes de la directive n° 76-207 CEE du Conseil en date du 9 février 1976. Cf. aussi, jugeant que l'interdiction du travail de nuit des femmes, même si elle comporte des dérogations, est incompatible avec le droit communautaire, dès lors que le travail de nuit n'est pas interdit pour les hommes : CJCE, 25 juillet 1991, *Stœckel, Aff.* C-345/89, *Rec. CJCE*, 1991, p. I-4047.

175. Cf. O. Dord, *Cours constitutionnelles nationales et normes européennes*, Thèse Paris X, 1996 ; L. Burgorgue-Larsen, « Chronique de jurisprudence européenne comparée », *RDP* 2000, spéc. p. 1104-1114.

176. J.-F. Flauss, « Le rang du droit international dans la hiérarchie des normes en droit français », *LPA* 10 juillet 1992 (1re partie), n° 83, p. 16.

proche de celui de la Cour de justice des Communautés européennes, qu'il convient de rappeler rapidement.

1.97 > L'obligation à la charge des États membres de respecter les principes généraux dégagés par la Cour de justice au fil de sa jurisprudence trouve sa source à la fois dans les traités originaires et dans la logique propre au système juridique communautaire. Elle n'apparaît cependant pas sans limite, y compris pour la Cour de justice elle-même. Ces limites tiennent au domaine dans lequel se situe le litige.

L'article 10 de la version consolidée du Traité instituant la Communauté européenne (anciennement article 5 du Traité CEE) énonce les éléments fondamentaux à l'origine du concept d'intégration européenne : « Les États membres prennent toutes mesures générales ou particulières propres à assurer l'exécution des obligations découlant du présent traité ou résultant des actes des institutions de la Communauté. Ils facilitent à celle-ci l'accomplissement de sa mission. Ils s'abstiennent de toutes mesures susceptibles de mettre en péril la réalisation des buts du présent traité ». Sur la base de ce texte, une double relation s'établit entre les deux ordres juridiques, national et communautaire, dans la mesure où, d'une part, les États ont un rôle essentiel dans l'exécution de la norme communautaire et, d'autre part, ils s'engagent à mettre en conformité leurs règles internes afin de donner leur plein effet aux dispositions communautaires.

1.98 > Ce schéma s'étend-il au respect des droits fondamentaux traduits sous forme de principes généraux du droit communautaire tels qu'énoncés par les juges de Luxembourg ? Une réponse positive doit à l'évidence s'imposer, tant il paraîtrait incongru d'écarter des principes qui contraignent les institutions communautaires elles-mêmes et ont donc une valeur supérieure au droit communautaire dérivé. Ils se situent, de l'avis général, à un rang identique aux traités dans la hiérarchie des normes communautaires. Le Professeur Guy Isaac parle à leur propos d'une « superlégalité communautaire »[177]. Certains ont même acquis, depuis le Traité d'Amsterdam, une valeur considérée parfois comme « supraconstitutionnelle »[178], et participent du patrimoine commun de la société européenne[179]. On voit mal, dès lors, comment les États membres pourraient s'en affranchir sans que soit remis en cause l'ensemble de la logique du système communautaire. Les membres du Conseil d'État le reconnaissent sans difficulté, Bruno Genevois considérant ainsi que « sur le fond, aussi bien la Communauté elle-même lorsqu'elle intervient (...) que les États membres sont tenus de respecter les stipulations du Traité de Rome ainsi que les principes généraux du droit communautaire »[180].

---

177. G. Isaac et M. Blanquet, *Droit communautaire général*, A. Colin, 8e éd., 2001, p. 176.
178. Défendant cette position, cf. H. Gaudin, « Amsterdam : l'échec de la hiérarchie des normes ? », *RTDE* 1999, n° 1, p. 1 et s. L'auteur considère que l'article 6, alinéas 1 et 2 du Trait, consacre express,ment un certain nombre de principes considérés comme fondements de l'Union et qui s'imposent non seulement à la Communauté et à l'Union, mais aussi aux États membres et aux États candidats à l'adhésion. Ils seraient donc, à ce titre, « doublement supraconstitutionnels ».
179. Cf. F. Sudre, « La Communauté européenne et les droits fondamentaux après le Trait, d'Amsterdam : vers un nouveau système européen de protection des droits de l'homme », *JCP* 1998.I.100, p. 9.
180. B. Genevois, concl. sur CE, 19 juin 1981, *Comité de vigilance et d'action viticole de la Gironde*, *Lebon*, p. 271.

1.99 > Toutefois, cette obligation de respect à la charge des États n'est pas sans borne. La Cour de justice a, de jurisprudence constante, reconnu la pleine applicabilité des principes généraux du droit communautaire en droit interne, mais uniquement lorsque ces derniers interviennent dans le champ communautaire. Le devoir qu'ont les États membres de respecter les principes généraux du droit communautaire est limité par le champ d'application du litige. Ces principes ne peuvent en effet être invoqués contre l'État que si le requérant qui s'en prévaut parvient à démontrer que la situation qui est en cause dans l'espèce présentée au juge est régie par la règle communautaire.

1.100 > Au total, le principe général, pas plus qu'aucune autre norme communautaire, n'a vocation à s'appliquer « en l'absence de tout rattachement à l'une quelconque des situations envisagées par le droit communautaire », comme le précise la Cour de Luxembourg dans l'affaire *La Reine c/ Saunders*[181]. Cette position est parfaitement logique dans la mesure où l'on se situe dans le cadre d'un litige purement interne à un État membre et donc régi par son seul droit national. La Cour n'a ainsi jamais exigé le respect par les États membres de ces principes lorsqu'ils agissent dans le cadre de leurs compétences propres.

En revanche, dès lors que la réglementation nationale en cause se situe dans le cadre du droit communautaire, les règles non écrites en vigueur dans le système communautaire s'imposent aux États membres, non seulement dans l'exercice de compétences d'application du droit de la Communauté européenne, mais aussi dans l'exercice de compétences résiduelles.

1.101 > Quelle est, face à cette jurisprudence constante et cohérente, la réponse du juge administratif français ?

Les espèces traitant directement du problème et acceptant un contrôle de la norme législative nationale par une application directe du principe d'origine externe ne sont pas légions et surtout n'ont, pendant longtemps, pas été le fait de la Haute juridiction administrative (A). Cette dernière ne s'est d'abord prononcée que pour affirmer la légalité d'une norme communautaire[182] ou d'un décret pris en application d'un règlement communautaire au regard du principe communautaire de confiance légitime[183]. S'agissant du contrôle éventuel de la loi interne, ce n'est qu'en décembre 2001 que le juge administratif

---

181. CJCE, 29 mars 1979, *La Reine c/ Saunders*, Aff. 175/78, *Rec. CJCE*, p. 1129.

182. CE, 19 juin 1992, *Fédération d,partementale des syndicats d'exploitants agricoles des Côtes-du-Nord, Centre national des Jeunes agriculteurs et a.*, *Lebon*, p. 695 ; et CE, 2 octobre 1992, *Fédération départementale des syndicats d'exploitants agricoles des Côtes-du-Nord*, *Lebon*, p. 734 : à propos de la conformité au principe de confiance légitime de l'article 5 quater ajouté au règlement n° 804/68 du Conseil des Communautés européennes par le règlement n° 856/84 du 31 mars 1984, qui institue un prélèvement supplémentaire à la charge des acheteurs et des producteurs de lait.

183. Les requérants invoquaient la méconnaissance des principes communautaires de confiance légitime et de non-rétroactivité par le décret n° 2000-280 du 24 mars 2000 relatif à la modulation des paiements accordés aux agriculteurs au titre des régimes de soutien direct dans le cadre de la politique agricole commune. Ce décret était pris en application du règlement n° 1259/1999 du Conseil des Communautés européennes en date du 17 mai 1999. Ce n'est qu'après avoir noté les précautions prises par le gouvernement français pour prévenir et consulter les agriculteurs que le Conseil d'État écarta le moyen, « les producteurs prudents et avisés (ayant) été mis en mesure dès avant le début de l'année 2000 de prévoir l'adoption de la mesure litigieuse » : CE, 11 juillet 2001, *Fédération nationale des syndicats d'exploitants agricoles et a.*, Req. n° 219494.

a accepté de statuer dans le sens de l'invocabilité des principes généraux du droit communautaire (B).

A - UNE RECONNAISSANCE LIMITÉE

1.102 > Avant la mise au point récente du Conseil d'État, seuls deux jugements des tribunaux administratifs de Caen et de Strasbourg pouvaient être mentionnés, rendus curieusement à une journée d'intervalle. Ils consacraient pour la première fois, sans retenue ni circonvolution, le primat des règles communautaires de droit non écrit sur les lois ordinaires françaises.

Dans la première espèce, « *SA Périmédical* » du 8 avril 1997, le tribunal administratif de Caen avait à se pencher sur la violation éventuelle du principe de proportionnalité[184]. La société requérante avait fait l'objet d'une série de neuf amendes de 5 000 francs en raison de défauts de déclarations d'échanges de biens entre les États membres de la Communauté, en violation des dispositions du Code des douanes. À l'appui de ses conclusions demandant à ce que soit déclarée nulle, car excessive, l'amende de 45 000 francs, la société anonyme invoquait l'incompatibilité du Code des douanes avec le principe général de proportionnalité de la peine, tel que reconnu par la Cour de justice. Le tribunal avait le choix d'écarter ou de déclarer applicable le principe de proportionnalité à l'encontre de l'amende en litige. Il préféra la seconde solution tout en considérant que « nonobstant son caractère forfaitaire, l'amende déterminée par l'article 467-4 du Code des douanes n'est pas, au regard du but poursuivi par le législateur, incompatible avec ledit principe ». Le juge de première instance a donc accepté d'apprécier le montant de l'amende forfaitaire par rapport à l'objectif poursuivi par le législateur et l'a déclaré compatible avec le principe communautaire de proportionnalité, reconnaissant ainsi sans ambages la primauté du principe sur la loi française.

1.103 > Dans la seconde affaire[185], le tribunal administratif de Strasbourg devait déterminer si l'article 7-1 de la loi n° 91-716 du 26 juillet 1991, touchant à la détermination de l'assiette de la taxe sur les salaires pour les opérations de change manuel menées par des organismes bancaires, modifiait rétroactivement l'état du droit, en violation des principes de sécurité juridique et de confiance légitime. Estimant que ce litige s'inscrivait dans le champ d'application de la 6e directive TVA, le tribunal a accepté de procéder à un examen approfondi du droit national à l'aune desdits principes. Or, il ressort très clairement des conclusions du Commissaire du gouvernement Miet que c'est directement en tant que principes appartenant à l'ordre juridique communautaire et non comme nouveaux principes de droit interne que sécurité juridique et confiance légitime sont envisagées par le juge alsacien[186].

184. TA Caen, 8 avril 1997, *SA Périmédical, RFDA* 1997, p. 389-394, note Favret ; *Europe* juillet 1997, n° 225, comm. Simon.

185. TA Strasbourg, 9 avril 1997, *Caisse régionale de Crédit agricole mutuel d'Alsace, Europe* février 1998, n° 45, comm. Simon ; *DF* 1997, n° 50, comm. 1303, p. 1466-1468, concl. Miet.

186. « L'applicabilité au présent litige de ces principes généraux du droit communautaire ne nous paraît présenter aucune difficulté. En effet, dès lors qu'est en cause une norme communautaire, il appartient au juge national, comme juge communautaire, de faire application de tels principes. D'ailleurs, tant la Cour de justice des Communautés européennes que le Conseil constitutionnel posent l'obligation pour les autorités nationales, et donc pour les juridictions, de respecter ces principes généraux

1.104 > Ces deux espèces apparaissaient cependant bien isolées, d'autant plus que la juridiction d'appel n'avait pas manqué de revenir sur l'excès d'audace auquel s'étaient livrés les premiers juges. Ainsi, s'agissant de la première affaire, la Cour administrative d'appel de Nantes s'est contentée de constater que la disposition litigieuse n'était pas « disproportionnée au but recherché », considérant « par suite et en tout état de cause » que la société requérante ne saurait utilement se prévaloir d'un moyen tiré de la méconnaissance « d'un principe de proportionnalité »[187].

Au total, les hypothèses d'admission du caractère « opérant » du moyen tiré de l'incompatibilité de la loi française avec le principe général du droit communautaire étaient donc, jusqu'à récemment, particulièrement limitées.

B - UNE RECONNAISSANCE RÉCENTE

1.105 > Dans une décision *Syndicat national de l'industrie pharmaceutique et autres*, le Conseil d'État a reconnu pour la première fois la valeur supralégislative des principes généraux du droit communautaire, se déclarant en outre compétent pour faire respecter cette prévalence[188]. Dans cet arrêt, le Haut Conseil a raisonné en plusieurs temps. Il a considéré que la contribution instaurée par la loi de financement de la Sécurité sociale pour 2000 ne constituait pas une validation législative car elle « ne concerne pas les mêmes assujettis, retient une assiette différente (...) et ne prévoit pas les mêmes exonérations que la précédente » ; par suite, il n'y avait pas d'atteinte à l'autorité de la chose jugée par la Cour de Luxembourg ou par lui-même ; dans ces conditions, « l'argumentation des requêtes qui s'efforce de rattacher la prétendue atteinte à la chose jugée (...) à la violation des traités régulièrement introduits dans l'ordre juridique interne ne peut qu'être écartée ; qu'ainsi les requérants ne peuvent utilement se prévaloir d'une incompatibilité de cette loi servant de support au décret attaqué (...) avec des principes généraux de l'ordre juridique communautaire déduits du Traité instituant la Communauté européenne et ayant la même valeur juridique que ce dernier, qu'il s'agisse du principe de la confiance légitime et du principe de sécurité juridique applicables aux situations régies par le droit communautaire, du principe de loyauté (...) ou encore du principe de primauté, lequel au demeurant ne saurait conduire, dans l'ordre interne, à remettre en cause la suprématie de la Constitution ».

Longtemps restée en suspens, la question du rang hiérarchique des principes généraux du droit communautaire en droit interne a donc désormais trouvé sa solution. Une telle acceptation ne relève d'ailleurs que de la stricte application du traité originaire et de la logique même du système communautaire. Comme il ressort en effet des conclusions prononcées par Henri Toutée sur la décision d'Assemblée du 17 février 1995 relative à

---

du droit communautaire, lorsque sont en cause des textes qui entrent dans le champ d'application de ce système juridique » : J. Miet, concl. sur TA Strasbourg, 9 avril 1997, *Caisse régionale de Crédit agricole mutuel-d'Alsace, op. cit.*

187. CAA Nantes, 29 décembre 2000, *SA Périmédical, AJDA* 2001, pp. 270-274, note Millet.

188. CE, 3 décembre 2001, *Syndicat national de l'industrie pharmaceutique et autres, RFDA* 2002, p. 1219, note Valembois.

l'élection des représentants français au Parlement européen du 12 juin 1994[189], « il s'agit de l'application d'un traité et dès lors que le traité confie son interprétation à la Cour de justice, il nous paraît difficile de refuser cette interprétation ». Il ajoute que « cette interprétation est que l'adhésion au traité comprend l'adhésion à un certain nombre de principes généraux du droit dégagés par la Cour », qui s'imposent à ce titre aux États membres.

Avant cette décision, seul un raisonnement par extension permettait de déduire de la jurisprudence du Conseil d'État qu'il admettait implicitement la solution selon laquelle, dans le champ du droit communautaire, la violation des principes généraux du droit communautaire pourrait le conduire à écarter l'application de la loi française.

1.106 > Cette décision très riche permet un alignement de la position des différentes juridictions. Elle maintient cependant l'exigence du domaine d'application du litige, que la Cour de justice des Communautés européennes elle-même reconnaît, comme il a déjà été dit. En effet, soit le Conseil d'État retient que l'acte attaqué « n'est pas au nombre des actes pris par le gouvernement français pour la mise en œuvre du droit communautaire », soit il considère que la matière est « uniquement régie par le droit interne ».

La première branche de l'alternative se rencontre par exemple dans sa décision d'Assemblée du 5 mars 1999, *M. Rouquette, Mme Lipietz et autres*[190], dans laquelle les requérants invoquaient la contrariété de l'article L. 521-1 du Code de la sécurité sociale[191], qui instituait une mise sous condition de ressources des allocations familiales, avec le principe communautaire de confiance légitime. Cette disposition interne n'étant pas au nombre des actes pris par les autorités nationales pour mettre en œuvre le droit communautaire, la Haute Assemblée a déclaré le moyen inopérant. Cette position est adoptée de manière constante par le juge administratif, et ce, que le requérant invoque le principe de confiance légitime ou le principe de sécurité juridique.

1.107 > Le second type de réponse a été posé dans un arrêt « *SCI Résidence Dauphine* » du 30 novembre 1994, par lequel le Conseil d'État a jeté les bases de sa jurisprudence en la matière, constamment reproduite depuis lors[192]. Ainsi, dans une récente décision du 8 juillet 2005, la Haute Juridiction a jugé « que le principe de confiance légitime, qui fait partie des principes généraux du droit communautaire, ne trouve à s'appliquer dans l'ordre juridique national que dans le cas où la situation juridique dont a à connaître le juge administratif français est régie par le droit communautaire ; que tel n'est pas le cas en l'espèce ; que, par suite, le moyen tiré de la méconnaissance du principe de confiance légitime est inopérant »[193].

---

189. H. Toutée, concl. sur CE, Ass., 17 février 1995, *Commission nationale des comptes de campagne et des financements politiques c/ MM. Aillaud, Cotten, Schwartzenberg et Touati, AJDA* 1995, p. 223-230.

190. CE, Ass., 5 mars 1999, M. Rouquette, *Mme Lipietz et autres, RFDA* 1999, p. 357-371, concl. Maugüé, *AJDA* 1999, p. 420, chron. Raynaud et Fombeur.

191. Dans sa rédaction issue de la loi du 19 décembre 1997 relative au financement de la Sécurité sociale, spécialement dans son article 23.

192. CE, 30 novembre 1994, *SCI Résidence Dauphine, Lebon*, p. 516 ; *Europe* mars 1995, n° 95, note Simon ; *DF* 1985, n° 8, comm. 319 ; *RJF* 1/1995, n° 132, p. 9-12, concl. Bachelier.

193. CE, 8 juillet 2005, *Fédération des syndicats généraux de l'Éducation nationale et de la recherche publique SGEN CFDT*, req. n° 266900. Cf. aussi CE, Ass., 24 mars 2006, *Société KPMG et autres*, req. n° 288460.

Un raisonnement similaire sous-tend toute une série de décisions rendues depuis cette date[194].

1.108 > Désormais, il peut être intéressant de se demander dans quels domaines les évolutions futures ont le plus de chances de se manifester.

Si le litige à trancher entre dans le champ d'application du droit communautaire, les principes généraux dégagés à Luxembourg sont utilisables et priment. Dans le cas contraire, le moyen tiré de la violation de ces principes ne peut être accueilli. Tout dépend ainsi de la nature du litige. Si une évolution doit se dessiner, elle concernera donc, *a priori*, cette notion de « litige communautaire ».

Or, une jurisprudence récente de la Cour de cassation pourrait apporter un éclairage nouveau à cette question, la Cour suprême de l'ordre judiciaire semblant adopter une vision extensive du domaine d'action du principe communautaire. Le Directeur général des douanes demandait la cassation d'un jugement rendu le 4 juin 1996 par le tribunal de grande instance de La Rochelle, ordonnant une expertise en vue d'établir si les droits d'accises applicables au Pineau des Charentes étaient compatibles avec le principe de non-discrimination et d'égalité en tant que « principes fondamentaux du droit communautaire ». Si la direction des douanes ne contestait pas que de tels principes s'imposent aux États membres lorsqu'ils mettent en œuvre une réglementation communautaire, elle estimait que le principe d'égalité ne pouvait trouver application que dans « les relations intracommunautaires pour éviter que des discriminations injustifiées soient établies entre producteurs relevant d'États membres différents », à l'exclusion des situations purement internes. La Cour de cassation a rejeté cette analyse, considérant le principe applicable aux taxes litigieuses alors même que l'affaire se situe au sein d'un seul État membre et ne concernait pas les autres. Pour ce faire, elle a jugé que l'article 402 *bis* du Code général des impôts, instituant des droits de consommation quatre fois plus élevés sur le Pineau des Charentes que sur les vins doux naturels, avait été édicté en application de plusieurs directives communautaires[195]. Cette circonstance constituait selon la Cour un rattachement suffisant, permettant l'invocation du principe communautaire.

Cette jurisprudence ouvre la voie à une acception large de la notion de « litige entrant dans le champ d'application du droit communautaire ». C'est là une première source d'évolution.

1.109 > Mais au-delà, un second motif d'extension de l'application de ces principes réside dans une hypothèse simple : l'invocabilité des principes généraux du droit communautaire dans le cadre de litiges purement internes. En effet, rien ne l'interdit strictement. Dans les situations autres que les actes pris par les autorités nationales pour mettre en œuvre le droit communautaire, rien ne s'oppose à ce que les principes généraux

194. Cf. par exemple : CE, 7 juillet 2006, *Société Poweo*, req. n° 289012 ; CAA Versailles, 14 avril 2005, *M. et Mme Donald X.*, req. n° 02VE02310 ; CAA Nancy, 21 mars 2005, *Ministre de l'Aménagement du territoire et de l'Environnement*, req. n° 00NC00449.

195. Cass. com., 23 février 1999, *Coopérative des vignerons de l'Île-de-France et autres*, arrêt n° 485 D, pourvoi n° X 96-18.528, *Europe* mai 1999, n° 167.

initiés à Luxembourg reçoivent application, mais cela n'a pas de caractère contraignant. Or, si le Conseil d'État a adopté une attitude de prudence, il ne s'agit pas d'une attitude de refus. On ne voit pas bien, en effet, ce qui pourrait empêcher un juge, chargé de dire le droit, de le faire au regard d'un principe incontestablement et hautement reconnu dans un système de droit communautaire qui, par ailleurs, s'impose à lui.

Au-delà, le juge administratif pourra-t-il limiter longtemps un principe tel que le principe de confiance légitime aux seules matières régies par le droit communautaire ? Comme le souligne le Professeur Jean-Bernard Auby, « lorsqu'une règle ou un principe protecteur des droits des citoyens nous vient du droit communautaire, il est bien difficile de la cantonner durablement au champ de la mise en œuvre de ce droit »[196]. La « pente naturelle » d'évolution et de diffusion du principe le conduit à déborder sur toutes situations dans lesquelles le droit protégé est bafoué, droit communautaire en cause ou pas. L'exemple anglais est, à ce titre, caractéristique. À la suite de l'arrêt de la Cour de Luxembourg *Factortame*[197], les autorités anglaises ont été contraintes de mettre en place une procédure de sursis à exécution des actes gouvernementaux qui n'a pu être cantonnée aux seuls actes de mise en œuvre du droit communautaire. Elle a rapidement été généralisée.

Certaines juridictions françaises semblent avoir déjà admis une telle hypothèse. La Cour d'appel d'Orléans a ainsi fait application du principe communautaire de confiance légitime hors du champ d'application du droit communautaire[198].

1.110 > Une telle problématique a commencé à être posée au détour de quelques conclusions de Commissaires du gouvernement, sensibilisés par l'insatisfaction de la solution présente. M. Jean-Christophe Duchon-Doris n'hésitait pas ainsi à s'interroger sur l'applicabilité des principes communautaires de sécurité juridique et des droits de la défense au cas d'espèce, après avoir pourtant constaté que le litige se situait en dehors de la mise en œuvre du droit communautaire[199]. Le débat était ainsi lancé. Il a trouvé sa première illustration dans la décision d'Assemblée précitée *Société KPMG et autres* en date du 24 mars 2006, dans laquelle le Conseil d'État a solennellement consacré le principe de sécurité juridique[200]. Gageons qu'il devrait, dans les prochaines années, faire l'objet de nouveaux développements.

Il s'agirait alors là d'une possibilité nouvelle pour certains droits et libertés fondamentaux mieux protégés au niveau communautaire qu'au niveau national, d'être invocables par le requérant individuel.

---

196. J.-B. Auby, « Confiance légitime », *DA* juin 2001, *Repères*, p. 3.

197. CJCE, 19 juin 1990, *Factortame* I, Aff. C-213/89, *Rec. CJCE*, p. I-2433 : le juge national a le pouvoir de suspendre provisoirement l'application d'une norme nationale en cas de doute sur sa compatibilité avec le droit communautaire même si une telle faculté n'est pas prévue par le droit national.

198. CA Orléans, 9 août 1994, *SA Slibail c/ Jousset, Jurisclasseur Europe*, Fasc. 411, janvier 1995, n° 8.

199. J.-C. Duchon-Doris, concl. sur CAA Marseille, 1er juillet 1999, *M. Colombeau, RFDA* 2001, p. 488-500, spéc. p. 494. Il conclut cependant au rejet du moyen tiré de la violation desdits principes.

200. CE, Ass., 24 mars 2006, *Société KPMG et autres, op. cit.*

BIBLIOGRAPHIE

BERGER V., *Jurisprudence de la Cour européenne des droits de l'homme*, S., 11e éd., 2009, 789 p.

BLACHÈR Ph., *Droit des relations internationales*, Litec, 3e éd., 2008.

COHEN-JONATHAN G. et FLAUSS J. F., *Le rayonnement international de la jurisprudence de la cour européenne des droits de l'homme*, Bruylant, 2005, 276 p.

CROUZATIER-DURAND F., *Fiches de Libertés publiques et droits fondamentaux*, Ellipses, 2009, 304 p.

DE SCHUTTER O., TULKENS F. ET VAN DROOGHENBROECK S., *Code de droit international des droits de l'homme*, Bruylant, 3e éd., 2005, 851 p.

GRABARCZYK K., *Les principes généraux dans la jurisprudence de la Cour européenne des droits de l'homme*, PUAM, 2008, 558 p.

GREWE C., « Les conflits de normes entre droit communautaire et droits nationaux en matière de droits fondamentaux », in S. LECLERC *et al., L'Union européenne et les droits fondamentaux*, Bruylant, 1999, p. 63 et s.

MARGUENAUD J.-P., *La Cour européenne des droits de l'homme*, Dalloz, 4e éd., 2008, 165 p.

MARGUENAUD J.-P. (dir.), *CEDH et droit privé : l'influence de la jurisprudence de la CourEDH sur le droit privé français*, La Documentation française, 2001, 253 p.

MODERNE F., *La Convention européenne des droits de l'homme*, Dalloz, 2006, 81 p.

OBERDORFF H., *Droits de l'homme et libertés fondamentales*, LGDJ, 2e éd., 2010, 540 p.

POMPEY S., *L'avocat et la Convention européenne des droits de l'homme*, Thèse Nice, 2007, 469 p.

POTVIN-SOLIS L., *L'effet des jurisprudences européennes sur la jurisprudence du Conseil d'État français*, LGDJ, 1999, Tome 187.

SALERNO F. (dir.), *La nouvelle procédure devant la Cour européenne des droits de l'homme après le Protocole n° 14*, actes du colloque tenu à Ferrara les 29 et 30 avril 2005, Bruylant, 2007, 174 p.

SAURON J. L., *Le système de la Convention européenne des droits de l'homme : modalités des recours devant la Cour européenne des droits de l'homme, droits garantis par la Convention, jurisprudence des juridictions françaises (Conseil d'État, Cour de cassation)*, Gualino, 2008, 232 p.

SUDRE F., « La Communauté européenne et les droits fondamentaux après le Traité d'Amsterdam : vers un nouveau système de protection des droits de l'homme ? », *JCP* 1998, I, 100.

SUDRE F. *et al., Les grands arrêts de la cour européenne des droits de l'homme*, PUF, 5e éd., 2009, 816 p.

TAVERNIER P. (dir.), *La France et la Cour européenne des droits de l'homme. 1998-2008 : une décennie d'application du protocole XI – La jurisprudence en 2007*, Bruylant, 2009, 404 p.

Le texte des principaux instruments internationaux a été notamment rassemblé par : CHARRIER J.-L., *Code de la Convention européenne des droits de l'homme*, Litec., éd. du Juris-Classeur, 3e éd., 2005, 429 p.

CONSEIL DE L'EUROPE. COMITÉ DIRECTEUR POUR LES DROITS DE L'HOMME, La réforme *de la Convention européenne des droits de l'homme : un travail continu : une compilation des publications et documents pertinents pour la réforme actuelle de la CEDH*, Strasbourg, Éditions du Conseil de l'Europe, 2009, 764 p.

WECKEL Ph. (dir.), *Sentinelle*, Journal de la SOCIÉTÉ FRANÇAISE DE DROIT INTERNATIONAL, sur www.sfdi.org.

SUJETS DE RÉFLEXION

Y a-t-il une place pour la Charte des droits fondamentaux de l'Union européenne au sein du dispositif international de protection des droits de l'homme et des libertés fondamentales ?

Le clonage humain et la Convention européenne des droits de l'homme.

L'apport de l'adoption d'une Constitution européenne à la protection des droits et libertés fondamentaux.

Le système de protection des droits de l'homme mis en place au sein du Conseil de l'Europe résistera-t-il à son élargissement constant à de nouveaux États ?

Exercice de préparation au grand oral

Sujet nº 1

La Charte des droits fondamentaux de l'Union européenne va-t-elle améliorer la protection des droits et libertés fondamentaux en droit communautaire ?

Éléments de corrigé

– La Charte des droits fondamentaux de l'Union européenne apparaît comme la dernière manifestation de la place croissante qu'occupe la protection des droits de l'homme dans les préoccupations des différents acteurs de la construction européenne. Elle constitue une nouvelle illustration d'une évolution générale entamée à partir de la fin de la Seconde Guerre mondiale, qui a fait des droits fondamentaux un thème majeur des relations internationales.

– Date de signature et méthode de rédaction utilisée (création d'une « Convention » chargée d'élaborer la charte, composée de représentants des exécutifs des États membres, d'un représentant de la Commission, de membres du Parlement européen et de délégués des parlements nationaux).

– Rappel de la protection formelle des libertés fondamentales en droit communautaire avant la Charte :

- L'absence de référence explicite dans les traités originaires ;
- La montée en puissance progressive, traduite dans les Traités de Maastricht et d'Amsterdam ;
- Mise en place d'un contrôle politique (article 309 du traité consolidé) exercé par la Commission, le Conseil et le Parlement, visant à suspendre l'application de certains droits tirés des traités, à l'encontre d'un État membre auteur de violations graves et répétées des principes mentionnés à l'article 6 § 1, qui stipule que « l'Union est fondée sur les principes de la liberté, de la démocratie, du respect des droits de l'homme et des libertés fondamentales ainsi que de l'État de droit, principes qui sont communs aux États membres ».
- Droit de pétition (article 194 du traité consolidé) et instauration du Médiateur (article 195 du traité consolidé).

– Rappel de la protection jurisprudentielle des libertés fondamentales par le juge communautaire :

- Le rôle moteur joué par la Cour de justice des Communautés européennes qui a bâti une œuvre jurisprudentielle essentielle permettant de compenser l'absence d'un catalogue communautaire de protection des droits de l'homme ;
- Aperçu rapide des principes généraux du droit communautaire relatifs aux droits fondamentaux : droit au respect de la vie privée et familiale, du domicile et de la correspondance, droit de propriété, non-discrimination fondée sur la nationalité, le sexe ou la religion, protection du secret médical, liberté d'association.

– L'adoption de la Charte constitue indéniablement un progrès. Elle s'inscrit ainsi dans une démarche progressiste (I). Cependant, son véritable impact est encore indéterminé et dépendra notamment de la manière dont elle sera reçue par les juges comme de son intégration éventuelle dans les Traités (II).

I. Une démarche progressiste

a) Une approche codificatrice nouvelle

– Une démarche attendue : sans juridiction spécialisée, sans Déclaration de droits spécifique, face au refus de la Cour d'admettre une adhésion de l'Union à la Convention européenne des droits de l'homme, l'Union européenne se trouvait devant un problème juridique et moral majeur, qui ne pouvait demeurer en l'état.

– Devant la difficulté de classer certains droits et libertés dans une corbeille plutôt que dans une autre, le choix s'est fait d'une énumération continue, forte de 54 articles. Le souci de lisibilité a simplement amené la « Convention » à regrouper le tout autour de six thèmes qui représentent autant de valeurs fondamentales que l'Union proclame solennellement : « Dignité », « Libertés », « Égalité », « Solidarité », « Citoyenneté » et « Justice ».

– Un ensemble complet et parfois innovant de droits et libertés : séparation des droits de se marier et de fonder une famille ; droit à la protection diplomatique ; l'interdiction du clonage reproductif des êtres humains...

– « Dépoussiérage » des droits proclamés par la Convention européenne des droits de l'homme, malgré les difficultés, traditionnelles, à rassembler les États autour d'un catalogue complet de droits économiques et sociaux.

b) Une ambition humaniste prometteuse

– Offrir une protection équivalente, voire meilleure (et en tout cas plus moderne), que celle apportée par la Convention européenne des droits de l'homme.

– Prolongement logique de l'arrêt de la Cour européenne des droits de l'homme « *Matthews c/ Royaume-Uni* » du 18 février 1999 qui a donné naissance à la célèbre doctrine Matthews. La Cour de Strasbourg, organe de sauvegarde de la Convention européenne de droits de l'homme, après avoir relevé l'impossibilité d'attaquer « en tant que tels » les actes de la Communauté européenne, celle-ci n'étant pas partie à la Convention, relève que « la Convention n'exclut pas le transfert de compétences à des organisations internationales, pourvu que les droits garantis par la Convention continuent d'être reconnus. Pareil transfert ne fait donc pas disparaître la responsabilité des États membres ». La Cour ne renonce donc à son pouvoir de contrôle que si et dans la mesure où « une protection équivalente » est assurée à ces droits au sein de l'ordre juridique communautaire.

– Donner aux citoyens de l'Union une autre image de la construction européenne, à côté de sa dimension économique et financière.

II. Un progrès incertain

a) La Charte pourra-t-elle s'intégrer dans le dispositif de protection existant ?

– Superposition d'un quadruple catalogue formel de protection des droits de l'homme : national, européen, international, et maintenant communautaire.

– Depuis l'arrêt « *Van Gend and Loos* », la Cour de justice des Communautés européennes a inscrit le droit communautaire dans un ordre juridique propre. Dès lors, rien ne s'oppose, en toute logique, à ce que cet ordre juridique communautaire se dote d'une dimension formelle liée aux droits fondamentaux. Ce ne serait là que la suite logique de l'abondante et ancienne jurisprudence de la Cour relative aux principes généraux du droit communautaire. Dans ce cas-là, il est normal que la Cour de Luxembourg adopte sa propre vision de cet instrument international et des droits et libertés qu'il renferme, potentiellement en décalage avec la Cour européenne des droits de l'homme. C'est là poser la question de l'articulation de la Charte avec la Convention de Rome et les autres instruments universels de protection.

– S'agissant des rapports avec la Convention EDH, toute divergence ne saurait être exclue comme le montrent les jurisprudences des deux cours relatives au mariage. Cependant, l'article 52 § 3 de la Charte tente de prévenir ces tiraillements en posant un principe de correspondance d'interprétation entre la Charte et la Convention EDH, tout en indiquant que cela « ne fait pas obstacle à ce que le droit de l'Union accorde une protection plus étendue ».

– Insister sur la complexité du système aujourd'hui en vigueur et sur les difficultés de coordination des multiples instruments de protection des droits et libertés fondamentaux.

– La Charte apporte un surcroît de protection indéniable, notamment en matière de droits sociaux et liés au progrès médical, répondant ainsi à un besoin imparfaitement satisfait. En outre, elle va permettre un contrôle des actes de droit communautaire dérivé au regard des droits et libertés fondamentaux.

– Par ailleurs, il importe de noter que la Charte devrait pouvoir s'intégrer harmonieusement dans les différents droits internes, dans la mesure où elle va permettre au juge national d'élargir ses compétences et de renforcer ainsi son office.

– Au total, les risques de divergences d'interprétation de droits similaires par les différents interprètes sont limités eu égard au dialogue permanent existant entre les juridictions et aux influences réciproques qui en résultent.

– La solution réside peut-être dans l'adhésion de l'Union européenne à la Convention européenne des droits de l'homme, qui éviterait les contradictions entre les Cours.

Cette adhésion est effective depuis l'entrée en vigueur du Protocole n° 14, le 1er juin 2010.

b) La Charte parviendra-t-elle à s'insérer au cœur du dispositif normatif communautaire ?

– La question de la valeur juridique de la Charte se pose toujours du fait de l'abandon du processus de ratification du nouveau texte après les rejets français et néerlandais. Pendant longtemps, les références à la Charte, reconnue comme ayant une portée juridique effective, n'apparaissaient que dans les conclusions d'avocats généraux et au travers de quelques jurisprudences disparates. Mais le texte n'était souvent utilisé que de manière incidente. La Cour de justice des Communautés européennes ne reprenait ainsi le plus souvent que la substance de la Charte sans la citer.

– Finalement, dans un arrêt de Grande chambre en date du 27 juin 2006 (*Parlement européen c/ Conseil de l'Union européenne*), la Cour de justice des communautés européennes s'est fondée sur la mention explicite de la Charte dans les considérants d'une directive pour l'intégrer parmi les normes de droit au regard desquelles la légalité des actes communautaires peut être contrôlée.

– Le Conseil d'État français, quant à lui, s'est récemment manifesté clairement dans le sens d'une non-application de la charte. La Haute Juridiction a ainsi, dans une décision du 5 janvier 2005, « *Mlle Deprez* », jugé que « contrairement à ce que soutient la requête, la Charte des droits fondamentaux de l'Union européenne, proclamée par le Conseil européen le 7 décembre 2000 et reprise dans un acte inter-institutionnel publié le 18 décembre 2000 est dépourvue, en l'état actuel du droit, de la force juridique qui s'attache à un traité une fois introduit dans l'ordre juridique interne et ne figure pas au nombre des actes du droit communautaire dérivé susceptibles d'être invoqués devant les juridictions nationales ».

– La Charte des droits fondamentaux de l'Union européenne, bien que fortement handicapée par l'échec de la ratification du Traité « constitutionnel », constitue cependant un nouveau texte de référence qui renouvelle le dialogue entre les Cours européennes et participe de l'enrichissement permanent des systèmes juridiques.

Conclusion

Depuis l'abandon du Traité instituant une Constitution pour l'Europe, l'avenir de la Charte s'était assombri. Toutefois, les chefs d'État et de gouvernement ont relancé le processus en juin 2007, à Bruxelles, en donnant à la Charte un caractère contraignant dès l'entrée en vigueur du Traité de Lisbonne, probablement le 1er janvier 2009. Si le nouveau traité est ratifié par tous les États membres, la Charte aura finalement le même statut juridique que les traités. Cette nouvelle donnée, ajoutée à l'attrait grandissant de la Cour de justice des communautés européennes pour ce texte, devrait lui permettre d'accéder rapidement à une notoriété et à une effectivité bien plus importantes.

Sujet n° 2

Protection internationale et protection européenne des droits de l'homme

Éléments de corrigé

I. Une ambition commune de protection des droits fondamentaux

a) L'approche universaliste des textes internationaux

b) La dimension régionale du texte européen

II. Une efficacité diverse dans la protection des droits fondamentaux

a) L'efficience du modèle européen de protection

b) Les carences du mécanisme international de protection

CHAPITRE II

Les sources constitutionnelles des libertés et droits fondamentaux

Philippe Blachèr
Professeur de droit public
Doyen de la Faculté de droit, d'économie et de gestion d'Avignon

2.1 ▸ À bien des égards, la « protection constitutionnelle des droits fondamentaux » a toujours existé, si l'on entend par là la garantie des droits et libertés par la Constitution. En effet, depuis les révolutions du XVIIIe siècle, la norme constitutionnelle énonce des droits de l'homme et du citoyen et garantit les libertés les plus fondamentales. L'article 16 de la Déclaration des droits de l'homme et du citoyen de 1789 proclame en ce sens : « Toute société dans laquelle la garantie des droits n'est pas assurée, ni la séparation des pouvoirs déterminée, n'a point de constitution ». Les constituants de 1789 considèrent sur ce point que la Constitution est le texte par lequel la nation s'organise en corps politique et à partir duquel la protection des droits existe. À ce titre, la Constitution, expression du pouvoir constituant, doit être respectée par l'ensemble des pouvoirs constitués, y compris par le roi qui, selon la Constitution de 1791, ne règne que par elle.

2.2 ▸ La « protection constitutionnelle des droits fondamentaux » désigne pourtant un processus apparu récemment : il s'agit moins de s'en tenir aux droits fondamentaux énoncés dans le texte constitutionnel que d'insister sur les procédures juridictionnelles utilisées pour garantir les droits constitutionnels intéressant les personnes. Sous la Ve République, une procédure de type juridictionnel s'est imposée en la matière : il s'agit du contrôle préventif de constitutionnalité exercée par le Conseil constitutionnel. La Loi constitutionnelle n° 2008-724 du 23 juillet 2008 ajoute le contrôle de constitutionnalité de la loi promulguée en aménageant le principe de la « question prioritaire de constitutionnalité » (voir également la loi organique n° 1523 du 10 décembre 2009 publiée au *JORF* n° 0287 du 11 décembre 2009). Une formule résume à elle seule l'évolution de la place de la règle de droit constitutionnel en droit positif français : « La loi votée n'exprime la volonté générale que dans le respect de la Constitution »[1]. Autrement dit, la Constitution se présente comme la règle suprême dans l'ordre juridique et le Conseil constitutionnel sanctionne cette suprématie au moment de la procédure de fabrication de la loi et, avec la question prioritaire de constitutionnalité, au moment de l'application de la norme législative.

1. Décision du Conseil constitutionnel, 8 août 1985, *Rec.* p. 70.

2.3 › Il est vrai que le Conseil constitutionnel n'est pas la première instance juridictionnelle – ni la seule, comme il sera démontré par la suite – à souligner l'obligation pour les pouvoirs publics (ou pour les particuliers) de respecter les droits énoncés dans la Constitution. Sous la IVe République, le Conseil d'État s'assurait déjà de la conformité des actes administratifs avec les droits de l'homme, comme le prouve l'arrêt *Dehaene*[2] à propos de la réglementation du droit de grève. Mais le Conseil constitutionnel reste la première autorité de type juridictionnel à contrôler et censurer une loi méconnaissant les libertés constitutionnelles : la décision « Liberté d'association » du 16 juillet 1971 apparaît ici véritablement fondatrice. Cette décision, qui reconnaît pour la première fois l'existence d'un principe fondamental reconnu par les lois de la République (la liberté d'association) opposable au législateur et qui s'appuie sur le Préambule de la Constitution pour dégager la valeur constitutionnelle de ce principe, amorce une jurisprudence abondante qui permet aujourd'hui de dégager un corpus de sources constitutionnelles des droits et libertés.

2.4 › L'objet de ce chapitre consiste à étudier les procédures juridictionnelles assurant la protection des droits fondamentaux dégagés de la Constitution. Une précision terminologique s'impose immédiatement concernant l'expression « droits fondamentaux ». On désignera par là les droits ou libertés de valeur constitutionnelle dont l'importance est considérée comme fondamentale par les autorités juridictionnelles. Cette définition stipulative est sans doute incomplète[3]. Elle mérite également deux précisions. En premier lieu, tous les droits fondamentaux ne figurent pas nécessairement dans le texte constitutionnel. Rien n'interdit à une juridiction de qualifier de « fondamental » un droit ne figurant pas dans la Constitution : le juge administratif, en matière de référé-liberté, peut ainsi être conduit à qualifier de « liberté fondamentale » une liberté non mentionnée dans le corpus constitutionnel ou non consacrée par la jurisprudence du Conseil constitutionnel. Cependant, le constituant est venu préciser dans le nouvel article 61.1 que la question prioritaire de constitutionnalité ne concerne que les seuls « droits et libertés garantit par la Constitution » (voir également LO 1523 du 10 décembre 2009, précitée, article 23-1). L'adjectif « prioritaire » souligne qu'en cas de doute sur l'inconventionnalité et l'inconstitutionnalité d'une disposition législative, le juge est tenu de donner priorité à la question de constitutionnalité. Dès lors, un droit fondamental se présente avant tout comme un droit ou une liberté bénéficiant d'une protection de niveau constitutionnel. Néanmoins – et en second lieu –, tous les droits constitutionnels ne sont pas qualifiables de droits fondamentaux. Par exemple le droit au repos et au loisir, énoncé par l'alinéa 11 du Préambule de 1946, est un droit constitutionnel dont la qualité de droit fondamental n'a toujours pas été proclamée par un juge.

2.5 › L'émergence de la catégorie des droits fondamentaux doit ainsi être essentiellement comprise comme le résultat de la jurisprudence constitutionnelle qui accorde un

2. CE, 7 juillet 1950, *Lebon* p. 426.

3. Pour un approfondissement, voir M.-L. Pavia, « Éléments de réflexion sur la notion de droit fondamental », *LPA*, n° 54, 6 mai 1994, p. 6-13 ; E. Picard, « L'émergence des droits fondamentaux en France », *AJDA* 1998, juillet-août, p. 6-42. X. Bioy, *Le concept de personne humaine en droit public, Recherche sur le sujet des droits fondamentaux*, Dalloz, coll. Nouvelle Bibliothèque de thèse, n° 22, 2003.

renforcement procédural de la protection de certains droits constitutionnels. Présenter les questions soulevées par cette protection (section I) et ses modalités devant le Conseil constitutionnel (section II) permettra de le démontrer.

Section I
LES QUESTIONS SOULEVÉES PAR LA PROTECTION CONSTITUTIONNELLE DES DROITS FONDAMENTAUX

2.6 ➤ En France, la protection constitutionnelle des droits fondamentaux reste un domaine en gestation. Bien que la doctrine élabore, depuis quelques années, une « théorie générale des droits fondamentaux » empruntée au modèle allemand, trois questions principales ne trouvent pas de réponse définitivement tranchée en la matière. Quel juge doit assurer cette protection ? (§ 1) Quelles normes juridiques de référence utiliser pour énoncer les droits fondamentaux ? (§ 2) Quelles normes juridiques sont concernées par la protection constitutionnelle des droits fondamentaux ? (§ 3).

§ 1 - QUEL JUGE POUR ASSURER LA PROTECTION CONSTITUTIONNELLE DES DROITS FONDAMENTAUX ?

2.7 ➤ L'exigence du respect des droits fondamentaux garantis par la Constitution peut se traduire selon plusieurs modalités. Car il ne va pas de soi que le contrôle de constitutionnalité implique nécessairement l'intervention d'une juridiction chargée de vérifier la conformité des normes juridiques au texte suprême (une célèbre querelle opposa Hans Kelsen à Carl Schmitt sur cette question au début du XXe siècle)[4].

2.8 ➤ Ainsi , des organes politiques peuvent formellement effectuer un tel contrôle. Tel était le cas dans la Constitution française du 13 décembre 1799 qui confiait au Sénat le soin de vérifier la constitutionnalité des lois. De nos jours, le président de la République « veille au respect de la Constitution » en vertu de l'article 5 de la Constitution de 1958. Le Parlement exerce également un autocontrôle des projets et propositions de lois en cours de discussion parlementaire par l'intermédiaire de la procédure de l'exception d'irrecevabilité prévue par les articles 91 (alinéa 4) du règlement de l'Assemblée nationale et 44 (alinéa 2) du règlement du Sénat. Toutefois, que ce soit le président de la République ou les membres du Parlement, les organes politiques évaluent la constitutionnalité d'un texte en empruntant un raisonnement et des procédures inévitablement éloignés des exigences de la justice. Lorsque l'organe de contrôle de la constitutionnalité des lois est

---

4. O. Beaud et P. Pasquino, *La controverse sur le « gardien de la constitution » et la justice constitutionnelle : Kelsen contre Schmitt*, Panthéon-Assas Paris II, coll. Colloques droit public, 2007.

une instance politique, il ne *juge* pas la conformité constitutionnelle du texte examiné mais il *apprécie* l'utilité politique de ce dernier[5].

2.9 > Aussi, comme l'observait le Doyen Vedel : « Si l'on veut que le contrôle de la constitutionnalité des lois se fasse comme il doit se faire d'un point de vue juridique, il faut le confier à un organe juridictionnel[6]. » Car seul un juge se trouve placé dans la position du « tiers impartial et désintéressé »[7] pour garantir le respect de la Constitution. Cette logique « constitutionnaliste » se comprend finalement mieux si l'on raisonne par la négative : sans contrôle juridictionnel de constitutionnalité, le législateur n'est pas véritablement soumis au respect juridique des droits fondamentaux de la Constitution. Ce plaidoyer *a priori* favorable à la montée en puissance des juges dans la démocratie représentative ne va pas sans soulever d'importantes questions liées à la légitimité du pouvoir juridictionnel[8].

2.10 > Sous la Cinquième République, l'instance juridictionnelle chargée par la Constitution du 4 octobre 1958 d'assurer le contrôle de constitutionnalité est le Conseil constitutionnel. Il se prononce en droit pour résoudre un litige de conformité à la Constitution des lois votées (art. 61), de certaines lois promulguées (art. 61.1) et des engagements internationaux (art. 54). Ses décisions s'imposent avec l'autorité de la chose jugée (art. 62). Les juridictions ordinaires ne sont pas officiellement investies d'une mission de justice constitutionnelle. Pourtant le juge accepte de contrôler les actes juridiques *infra législatifs* (décrets ; actes de droit privé) par rapport à la Constitution. Et par le biais du contrôle de conventionnalité des lois, les tribunaux veillent au respect des prescriptions de l'article 55 de la Constitution qui énonce le principe de la supériorité normative des engagements internationaux à l'égard des lois. De ce point de vue, il existe un contentieux constitutionnel devant les juridictions de l'ordre judiciaire et administratif.

2.11 > Le droit comparé révèle que deux modèles de juridictions constitutionnelles semblent s'opposer (I). L'examen du système original adopté en France en matière de justice constitutionnelle relativise quelque peu la portée des deux modèles étrangers (II).

I – LA RÉPONSE DU DROIT COMPARÉ

2.12 > Le contentieux constitutionnel s'est développé dans le monde à travers deux modèles de justice dont la systématisation doit beaucoup au Doyen Louis Favoreu : l'un

---

5. Sur ce point, le théoricien du droit Ronald Dworkin distingue « l'argument de politique » et « l'argument de principe ». « Les arguments de politique justifient une décision en montrant que celle-ci fait progresser vers un but collectif que s'est assigné la société dans son ensemble ou qu'elle assure la défense de celui-ci. (...) Les arguments de principe justifient une décision politique en montrant que cette décision assure le respect ou la garantie d'un droit détenu par un individu ou un groupe » (*Prendre les droits aux sérieux*, 1977, trad. française 1996, PUF, coll. Léviathan, p. 155).

6. G. Vedel, *Manuel élémentaire de droit constitutionnel*, Librairie du Recueil S., 1949, p. 125.

7. A. Kojeve, *Esquisse d'une phénoménologie du droit*, Gallimard, 1981.

8. Sur cette importante question voir D. Rousseau, *Droit du contentieux constitutionnel*, 7e éd., 2006 (quatrième partie) ; S. Brondel, N. Foulquier, L. Heuschling (sous la dir.), *Gouvernement des juges et démocratie*, Publication de la Sorbonne, 2001 ; G. Drago, B. François, N. Molfessis (sous la dir.), *La légitimité de la jurisprudence du Conseil constitutionnel*, Economica, 1999 ; Ph. Blachèr, *Contrôle de constitutionnalité et volonté générale*, PUF, 2001.

diffus dans son organisation (tous les juges sont juges de la constitutionnalité des lois) : c'est le modèle américain ; l'autre concentré (un juge spécial est chargé du contrôle de constitutionnalité) : c'est le modèle européen.

A - LE CONTRÔLE DIFFUS : LE MODÈLE AMÉRICAIN DE JUSTICE CONSTITUTIONNELLE

1 - Les origines du contrôle de constitutionnalité américain

2.13 > Le modèle américain de justice constitutionnelle est le plus ancien puisqu'il date de 1803[9]. Initialement, la Constitution de 1787 n'avait pas prévu le contrôle juridictionnel de la constitutionnalité. Elle avait créé une Cour suprême afin de trancher des litiges entre les États fédérés et le Gouvernement fédéral. Bref, la Cour suprême était, à l'origine, un organe chargé principalement de veiller à la répartition des compétences entre les organes des différents territoires américains.

2.14 > 1803 marque la naissance du contrôle juridictionnel des lois. Dans l'arrêt de la Cour suprême *Marbury versus Madison*, le *Chief Justice* Marshall (Président de la Cour) impose à toutes les juridictions américaines le raisonnement suivant : le principe de tout gouvernement doit être qu'une loi du Parlement contraire à la Constitution est nulle ; par conséquent, le pouvoir judiciaire en présence d'une telle loi ne doit pas l'appliquer.

2 - Les caractères du contrôle de constitutionnalité américain

2.15 > Depuis cette jurisprudence, les tribunaux américains s'estiment compétents pour écarter les lois inconstitutionnelles. Le contentieux constitutionnel est donc diffus : il n'est pas réservé à la seule Cour suprême ; il est partagé entre toutes les juridictions. Simplement, pour des raisons d'harmonisation de la jurisprudence, la Cour suprême se trouve chargée d'unifier le contrôle juridictionnel de constitutionnalité. Placée au sommet de la hiérarchie juridictionnelle, la Cour détient par l'appel le pouvoir de dernier mot en matière de constitutionnalité. Mais il faut à cela une condition : que l'affaire remonte jusqu'à elle, ce qui est rare en pratique.

2.16 > Quant à la manière de procéder au contrôle de constitutionnalité, les juges américains n'isolent pas celui-ci des autres types de contentieux (civil ; pénal ; administratif). Tout contentieux peut avoir une dimension constitutionnelle. Par conséquent, il n'existe pas de distinction entre les litiges publics ou privés, entre les questions où des organes de l'État demandent au juge de trancher une question d'inconstitutionnalité et une question où des particuliers invoquent l'inconstitutionnalité d'un texte à titre subsidiaire. La seule exigence pour que se déclenche le contentieux constitutionnel est la survenance d'une demande de la part du requérant. Car le juge ne peut se saisir d'office des questions constitutionnelles.

2.17 > Pour résumer, les caractères du modèle américain de justice constitutionnelle sont les suivants : un contrôle décentralisé ; concret (ce sont des cas précis et c'est au

9. E. Zoller, *Grands arrêts de la Cour suprême des États-Unis*, PUF, coll. Droit fondamental, 2000.

cours d'un procès particulier que le contrôle de constitutionnalité s'exerce) ; un contrôle *a posteriori* (il intervient une fois la loi entrée en vigueur) ; un contrôle qui s'exerce par voie d'exception (la question de constitutionnalité se pose au cours du procès ; elle doit être tranchée car elle en affecte l'issue ; le juge va donc d'abord examiner la constitutionnalité du texte concerné avant de donner une solution à la question principale qui lui est soumise).

2.18 › Dernière précision concernant les effets de la décision d'inconstitutionnalité : théoriquement, le juge n'a pas le pouvoir d'annuler la loi inconstitutionnelle. Il se contente de l'écarter pour les parties au litige (effet *inter partes*). Toutefois, la force des précédents judiciaires incitera néanmoins un juge à respecter ce qu'un autre juge aura dit avant lui sur le même texte, dans une affaire semblable. En pratique, « tout se passe donc comme si la loi était annulée »[10].

B - LE CONTRÔLE CENTRALISÉ : LE MODÈLE EUROPÉEN DE JUSTICE CONSTITUTIONNELLE

1 - Les origines du modèle européen

2.19 › Le juriste autrichien Hans Kelsen est à l'origine du modèle européen, appelé aussi modèle « kelsénien » ou encore modèle autrichien. En 1919, au moment de la rédaction de la Constitution autrichienne, il imagine un juge spécial – la Cour constitutionnelle[11], composé d'une dizaine de membres – spécialisé dans le contrôle de constitutionnalité des lois. Selon lui, le modèle américain n'assure pas efficacement l'unité dans l'interprétation de la Constitution : si chaque juridiction de l'État est juge constitutionnel, la Constitution subit différentes interprétations pouvant être parfois contradictoires ; bref, la Constitution a plus de risques de s'appliquer différemment sur le territoire de l'État. Pour assurer une cohérence dans l'application de la Constitution, il faut unifier le contrôle de constitutionnalité : Kelsen plaide pour la centralisation du juge constitutionnel.

2.20 › Ainsi, Kelsen estime que le juge constitutionnel doit se placer en dehors de la hiérarchie des juridictions ordinaires. Et il considère que pour être indépendant, les juges constitutionnels doivent être protégés. Leur statut relève de la Constitution : leur mandat est prévu par la Constitution, et une fois nommés, ils demeurent inamovibles ; ils ne reçoivent pas d'ordre ; les juges constitutionnels sont périodiquement renouvelés ; des compétences sont exigées pour devenir membre de la Cour. Quant au mode de nomination, Kelsen milite pour que les juges constitutionnels soient nommés par le pouvoir politique. Certes, ce mode de désignation comporte le risque d'une politisation de la juridiction constitutionnelle. Mais Kelsen pense que cette politisation s'efface naturellement

10. Hamon, Troper, *Droit constitutionnel*, LGDJ, coll. Manuel, 31ᵉ éd., 2009, p. 280, n° 292.

11. La Cour constitutionnelle se définit comme la juridiction spécialisée dans le contrôle de la constitutionnalité des normes juridiques et placée en dehors de la hiérarchie de l'ordre judiciaire. La Cour suprême est la juridiction supérieure chargée d'assurer l'unité jurisprudentielle dans l'interprétation de la Constitution.

une fois que les membres se trouvent au sein de l'institution. Il faut noter qu'à la différence des autres juridictions (et des juges constitutionnels américains), les membres de la Cour ne sont pas des magistrats professionnels.

2.21 ➤ Le modèle imaginé par Kelsen va s'appliquer dès 1920 dans la Constitution autrichienne. Puis il se propage dans la plupart des États européens à partir de 1945 : Allemagne, Italie, Espagne, Portugal.

2 - Les caractères du contrôle de constitutionnalité en Europe

2.22 ➤ Le contrôle exercé en Europe peut, à la différence de l'Amérique, n'être qu'un contrôle abstrait : la Cour se prononce alors uniquement sur la question de savoir si un texte est ou non constitutionnel, indépendamment de considérations pratiques. Ce contrôle *in abstracto* peut se combiner avec un contrôle *in concreto*, la Cour constitutionnelle intervenant alors dans le cadre d'un litige.

2.23 ➤ Le contrôle peut se déclencher soit avant l'existence de la loi *(a priori)*, soit une fois la loi entrée en vigueur *(a posteriori)*. Dans le premier cas, le contrôle est préventif et le juge doit imaginer les vices d'inconstitutionnalité de la future loi. Généralement, seules les autorités politiques ou des personnes publiques peuvent saisir la Cour constitutionnelle dans le cadre du contrôle *a priori*. Dans le second cas, le contrôle est répressif et le juge examine si la norme législative est contraire à une ou plusieurs normes constitutionnelles. Dans cette hypothèse, les requérants peuvent être des particuliers, des personnes morales ou des autorités politiques qui contestent la constitutionnalité d'une loi.

2.24 ➤ Enfin, l'autorité des décisions de la Cour constitutionnelle est absolue : la déclaration d'inconstitutionnalité équivaut à une annulation de la loi contrôlée. On dit que les effets de la décision s'imposent *erga omnes* (à tous). Kelsen avait d'ailleurs défini le pouvoir du juge constitutionnel d'Autriche comme celui d'un « législateur négatif ». « Annuler une loi, c'est poser une norme générale ; car l'annulation d'une loi a le même caractère de généralité que sa confection avec un signe négatif »[12].

II – LES ORIGINALITÉS DU SYSTÈME FRANÇAIS DE JUSTICE CONSTITUTIONNELLE

2.25 ➤ La Constitution du 4 octobre 1958 confie au Conseil constitutionnel la compétence pour examiner préventivement la constitutionnalité des lois votées (A). Depuis la Loi constitutionnelle n° 2008-724 du 23 juillet 2008, le Conseil constitutionnel est également chargé de contrôler qu'une loi en vigueur ne porte pas atteinte aux droits et libertés que la Constitution garantit. Ce contrôle de constitutionnalité de la loi en vigueur s'ajoute aux hypothèses de contrôle des lois promulguées déjà assurés soit par le juge constitutionnel soit par les juridictions de l'ordre judiciaire et administrative (B).

12. Hans Kelsen, « La garantie juridictionnelle de la Constitution », *RDP* 1928, p. 224.

A - LE MONOPOLE DU CONSEIL CONSTITUTIONNEL EN MATIÈRE DE CONTRÔLE PRÉVENTIF DE LA LOI

2.26 > En France, le contrôle de constitutionnalité de la loi votée est exclusivement confié au Conseil constitutionnel. Cet organe constitutionnel au statut particulier (1.) se distingue des autres juridictions constitutionnelles européennes par sa participation à la procédure législative (2.).

1 - *Le statut particulier du Conseil constitutionnel*

2.27 > Le Conseil constitutionnel est le seul juge constitutionnel officiellement reconnu par la Constitution du 4 octobre 1958 (art. 58 à 63). La juridiction constitutionnelle française présente certaines spécificités par rapport au modèle « européen » des cours constitutionnelles.

2.28 > Concernant sa composition, l'institution comprend des membres nommés et des membres de droit. Aux termes de l'article 56 de la Constitution : « Le Conseil constitutionnel comprend neuf membres, dont le mandat dure neuf ans et n'est pas renouvelable ». Cet effectif, qui correspond aux membres nommés, est légèrement inférieur aux cours constitutionnelles européennes qui comprennent, en moyenne, 12 (Allemagne) à 15 membres (ce qui est le cas de la Cour constitutionnelle italienne). Toutefois, l'article 56 prévoit, dans son deuxième alinéa, qu'« en sus des neuf membres prévus ci-dessus, font de droit partie à vie du Conseil constitutionnel les anciens présidents de la République ». Aux membres nommés pour neuf ans viennent s'ajouter des membres de droit que sont les anciens présidents de la République. L'article 56 de la Constitution dispose sur ce point que « font de droit partie à vie du Conseil constitutionnel les anciens présidents de la République ». Dans la pratique, l'institution des membres de droit était tombée en désuétude depuis les années 1960. Sous la Ve République, seuls les Présidents Vincent Auriol et René Coty ont utilisé leurs prérogatives de membre de droit du Conseil constitutionnel de 1958 à 1962. L'attitude des anciens présidents de la Ve République qui auraient pu siéger au Conseil (le général De Gaulle, F. Mitterrand) a toujours été de refuser de siéger au Conseil constitutionnel. L'ancien président de la République, Valéry Giscard d'Estaing, a décidé d'exercer ce droit à partir d'avril 2004. Jacques Chirac siège au Conseil depuis le 15 novembre 2007. Ce choix, qui n'a guère soulevé de polémique dans la doctrine constitutionnaliste, trouble l'image de la juridiction constitutionnelle et risque d'attiser les critiques liées à la politisation de la justice constitutionnelle. Un seul exemple illustre le « malaise » provoqué par la participation d'anciens présidents de la République à l'office du juge constitutionnel : l'examen du Traité établissant une Constitution pour l'Europe signé à Rome le 29 octobre 2004. Rédigé par une « Convention sur l'avenir de l'Europe » de 105 membres présidée par Valéry Giscard d'Estaing, ce traité communautaire a ensuite été soumis au contrôle de constitutionnalité dans le cadre de la procédure de l'article 54 de la Constitution française (décision du 19 novembre 2004 où Valéry Giscard d'Estaing ne siégeait pas en raison de sa participation à la rédaction du traité contrôlé). Une institution juridictionnelle peut-elle sereinement évaluer la constitutionnalité d'un texte écrit et soutenu par l'un de ses membres ? L'existence des membres de droit est une anomalie constitutionnelle portant atteinte à l'autorité juridictionnelle de l'institution. En ce sens, constatant que cette prérogative constitutionnelle présente peu d'utilité, le Comité pour la révision de la Constitution, présidé par le Doyen Vedel en 1993, a proposé de supprimer cette catégorie des membres de droit et de nommer les anciens Présidents de la République sénateur à vie. Il en est de même du Comité de réflexion et de proposition sur la modernisation et le rééquilibrage des institutions de la Ve République présidé par Edouard Balladur[13]. Plaidant en faveur de l'introduction d'une procédure d'exception d'inconstitutionnalité en droit français, le Comité estime que « ce renforcement du caractère juridictionnel de la mission assignée au Conseil constitutionnel » invite à « l'abrogation pour l'avenir » de la catégorie des membres de droit. « Les intéressés tiennent généralement à continuer à prendre part à la vie publique et cette volonté entre parfois en contradiction avec les obligations de discrétion et de réserve qui s'imposent aux membres du Conseil ». Dès lors, le Comité Balladur propose d'assurer aux anciens présidents de la République « une retraite leur assurant des conditions de vie dignes des fonctions qu'ils ont exercées, sans qu'ils aient à remplir un rôle juridictionnel ». Le constituant n'a pas suivi ces recommandations lors de la révision du 23 juillet 2008.

2.29 > Les neuf membres nommés par les trois plus hautes autorités politiques de l'État (le président de la République, le président du Sénat et le président de l'Assemblée nationale) le sont pour une durée de neuf ans. L'article 56 précise sur ce point que : « (...) Le Conseil se renouvelle par tiers tous les trois ans. Trois des membres sont nommés par le président de la République, trois par le président de l'Assemblée nationale, trois par le président du Sénat ». Ce mode politique de désignation des membres du Conseil se distingue doublement des règles de sélection habituelle des juges constitutionnels dans les autres démocraties constitutionnelles européennes. Avant tout, les membres du Conseil ne sont pas élus par les parlementaires mais nommés par des autorités politiques. De plus, aucune condition d'âge ou de compétence particulière n'est exigée pour être nommé au Conseil. Ainsi, les autorités de nomination peuvent librement privilégier les préférences personnelles et partisanes lors du choix des membres. Ce pouvoir discrétionnaire dont bénéficient les autorités de nomination peut constituer un obstacle à la représentation des divers courants d'opinions politiques au sein du Conseil. Mais l'élection par le Parlement des conseillers constitutionnels comporte le même défaut. Il reste, en tout état de cause, souhaitable que d'anciens parlementaires siègent au Conseil constitutionnel. La connaissance de la procédure législative apparaît indispensable pour exercer l'office de juge constitutionnel.

2.30 > Même si le système français de sélection des juges constitutionnels est discutable, les nominations des membres du Conseil ne sont pas plus contestées qu'à l'étranger. Dans les faits, les autorités politiques prennent l'habitude de nommer des personnalités qui bénéficient d'une forte expérience dans les milieux parlementaires et juridiques. Parmi les anciens membres du Conseil, figure les grands noms de la doctrine juridique française : le Doyen Georges Vedel, juge constitutionnel de 1980 à 1989 ; le président Robert Badinter, membre de 1986 à 1995. Une fois nommés, les membres du Conseil

---

13. Rapport de la commission Balladur, « Une Ve République plus démocratique » (voir la proposition n° 75), Fayard, La Documentation française, 2008.

s'estiment bien souvent liés par un « devoir d'ingratitude » (selon l'expression du Président Robert Badinter) à l'égard de ceux qui les ont nommés. Soucieux de rapprocher leur statut de celui des juges, les conseillers constitutionnels adoptent une attitude d'indépendance par rapport aux majorités politiques. Il faut bien constater qu'en 1982, composé de membres nommés par des autorités politiques gaullistes et centristes, le Conseil constitutionnel n'a pas effectué de censure politique concernant les lois de nationalisation votées par le premier gouvernement socialiste de la Ve République. Plus récemment, le Conseil constitutionnel composé par une majorité de membres nommés par la droite a censuré le gouvernement de François Fillon : la décision n° 573 D.C du 8 janvier 2009 a jugé que le maintien d'un minimum de deux députés pour chaque département n'est plus justifié par un impératif d'intérêt général, alors même que le Premier ministre et le chef de l'État avaient exprimé leur attachement à cette tradition républicaine.

2.31 > Cette indépendance des membres du Conseil constitutionnel par rapport aux autorités politiques est, du reste, garantie par l'article 57 de la Constitution, aux termes duquel « les fonctions de membres du Conseil constitutionnel sont incompatibles avec celles de ministre ou de membre du Parlement. Les autres incompatibilités sont fixées par une loi organique ». Assez laconique dans son énonciation, l'article 57 est complété par l'ordonnance du 7 novembre 1958 portant loi organique relative au Conseil constitutionnel et par la loi organique du 19 janvier 1995. Ces deux textes étendent le régime d'incompatibilité de la fonction de membre du Conseil constitutionnel avec « l'exercice de tout mandat électoral » (art. 4, ordonnance du 7 novembre 1958 modifié par la loi organique du 19 janvier 1995), national ou local, de toute fonction ministérielle, de membre du Conseil économique et social. De plus, le régime des incompatibilités professionnelles des membres du Conseil constitutionnel est le même que celui qui s'applique aux parlementaires. Si certaines activités professionnelles restent compatibles avec la fonction de conseiller constitutionnel, comme la profession d'avocat ou le professorat, d'autres sont en revanche interdites aux membres de l'institution. Par exemple, « pendant la durée de leurs fonctions, les membres du Conseil constitutionnel ne peuvent être nommés à aucun emploi public, ni, s'ils sont fonctionnaires publics, recevoir une promotion au choix » (art. 5, ordonnance du 7 novembre 1958). L'indépendance des membres du Conseil constitutionnel est également assurée par les règles concernant la durée du mandat de conseiller. Fixé à neuf ans, le mandat des membres du Conseil n'est ni renouvelable, ni révocable. Toutefois, lorsqu'un conseiller est nommé pour terminer le mandat de son prédécesseur et que ce remplacement n'excède pas trois ans, il peut être renouvelé dans son mandat pour une durée de neuf ans. Ainsi, Louis Joxe, nommé en octobre 1977 pour remplacer Roger Frey décédé, a été renommé pour neuf ans en 1980 au Conseil constitutionnel. Il a donc siégé douze ans au Conseil.

2.32 > En outre, l'impartialité de l'institution et la dignité de la fonction supposent un minimum d'obligations que les membres du Conseil doivent respecter. Ce devoir de réserve tend à rapprocher le statut des conseillers de celui des magistrats. Dans le serment que chaque membre nommé prête devant le président de la République, le futur conseiller s'engage à « garder le secret du délibéré et des votes, ne prendre aucune position publique et à ne donner aucune consultation sur les questions relevant de la compétence du Conseil, à ne pas laisser mentionner leur qualité de membre du Conseil dans tout document susceptible d'être publié ». La pratique révèle que parfois les conseillers constitutionnels prennent quelques distances avec la règle. Ainsi, le 22 avril 2005, Madame Simone Veil, membre du Conseil, a demandé sa « mise en congé » temporaire de l'institution afin de prendre publiquement position en faveur du Traité établissant une Constitution pour l'Europe lors de la campagne référendaire du printemps 2005.

2.33 > Le mode de nomination « à la française » est sans doute compatible avec la qualité juridictionnelle à laquelle prétend l'institution de la rue Montpensier. Après tout, la jurisprudence constitutionnelle n'est pas frappée d'un excès de politisation. Et, plus généralement, la doctrine estime que la désignation des conseillers constitutionnels par les autorités politiques est tout autant légitime que les processus de nomination appliqués dans les autres États de l'Union européenne. La suppression des membres de droit, jusqu'alors refusée par le constituant, renforcerait cependant l'image juridictionnelle du Conseil constitutionnel.

2 - La participation du Conseil constitutionnel à la procédure législative

2.34 > Le Conseil constitutionnel exerce une compétence d'attribution en matière d'interprétation de la Constitution : il n'est compétent que dans les matières pour lesquelles la Constitution permet de le saisir. Il n'a pas une compétence générale pour connaître tous les litiges relatifs à l'interprétation constitutionnelle. En particulier, ni la Constitution ni les textes le concernant ne prévoient la possibilité de recourir au juge constitutionnel pour trancher les conflits d'interprétation de la Constitution opposant le président de la République et le Premier ministre.

2.35 > Ceci dit, l'examen des compétences juridictionnelles du Conseil constitutionnel montre que l'institution fait figure de véritable « gardien de la Constitution ». Le Conseil constitutionnel est un juge du contentieux électoral (juge de l'élection présidentielle et des élections parlementaires), un juge chargé de veiller à la régularité des opérations référendaires (article 60), un organe obligatoirement consulté dans certains cas prévus par la Constitution (par exemple, il rend des avis lors de l'utilisation des pouvoirs présidentiels prévus par l'article 16) et le juge de la compatibilité des engagements internationaux avec la Constitution (art. 54). Par ailleurs, le Conseil peut être saisi pour sanctionner les empiétements du législateur dans le domaine réglementaire (art. 37 et 41). Dans l'exercice de ces fonctions juridictionnelles, « les décisions du Conseil constitutionnel ne sont susceptibles d'aucun recours. Elles s'imposent aux pouvoirs publics et à toutes les autorités administratives et juridictionnelles » (art. 62). Seule la compétence de juge de la constitutionnalité des lois votées (art. 61) sera ici évoquée. C'est effectivement à partir de cette mission que le Conseil est progressivement devenu un juge protecteur des droits fondamentaux.

2.36 > Dans le cadre de la procédure de l'article 61 de la Constitution, le Conseil constitutionnel se distingue des autres cours constitutionnelles européennes. À la différence de celles-ci, qui contrôlent de manière répressive les lois en application, l'article 61 instaure un contrôle préventif de constitutionnalité qui porte sur un texte législatif ne produisant pas encore d'effets dans l'ordonnancement juridique. Le système français de contrôle de constitutionnalité s'exerce avant l'entrée en vigueur de la norme législative : c'est un « contrôle barrage » destiné à prévenir les risques d'inconstitutionnalité de la loi.

2.37 > Le contrôle préventif de constitutionnalité concerne donc un acte juridique en formation. D'ailleurs, comment soutenir que la loi votée est juridiquement parfaite au moment où elle est déférée au Conseil constitutionnel puisque l'intervention du contrôle de constitutionnalité ne se justifie que parce qu'un doute subsiste sur la qualité juridique du texte voté par le Parlement ? À quoi servirait le contrôle préventif du Conseil si celui-ci s'exerçait sur une norme achevée ? La jurisprudence constitutionnelle a d'ailleurs confirmé le caractère inachevé de la loi votée soumise au contrôle de constitutionnalité. Dans plusieurs décisions, le Conseil constitutionnel rappelle que la procédure législative est une procédure complexe comprenant plusieurs étapes : la phase préliminaire, la discussion parlementaire, le vote, le contrôle de constitutionnalité, la promulgation. En affirmant que « les règles selon lesquelles la loi est proposée, votée et promulguée sont déterminées par la Constitution et les lois organiques »[14], le Conseil constitutionnel invite clairement à distinguer les notions de loi proposée, de loi votée et de loi promulguée. Dans la décision du 23 août 1985[15], la Haute instance considère que « la procédure législative est close par la promulgation ». Cette formule sous-entend que le contrôle de constitutionnalité, qui se situe entre le vote et la promulgation, intervient à un moment de la confection de la loi. Et dans la décision du 30 décembre 1996[16], le Conseil explique que l'effet de la saisine constitutionnelle « est de mettre en œuvre, avant la clôture de la procédure législative, la vérification par le Conseil constitutionnel de toutes les dispositions de la loi déférée ». Ce considérant démontre parfaitement que l'intervention du Conseil constitutionnel fait partie intégrante de la procédure législative et que l'objet du contrôle n'est pas la loi définitive mais la loi votée, c'est-à-dire un texte législatif adopté par la majorité parlementaire et susceptible d'être examiné par le Conseil constitutionnel.

2.38 > La jurisprudence constitutionnelle rappelle enfin que le contrôle institué par l'article 61 de la Constitution de 1958 porte sur « le texte » d'une loi « avant sa promulgation ». Plus précisément, l'objet du contrôle est constitué par l'ensemble des « dispositions » d'une loi votée, c'est-à-dire par des « mots ». Le Conseil n'emploie jamais l'expression de « norme » pour qualifier l'objet du contentieux de constitutionnalité, alors qu'il parle des « normes de constitutionnalité applicables au contrôle des lois déférées » pour désigner les règles constitutionnelles qu'il utilise dans son raisonnement juridictionnel. Cette précision terminologique est importante car elle confirme que le contrôle préventif de constitutionnalité concerne des énoncés *pré normatif* qui ne sont pas encore des lois achevées.

2.39 > Le problème réside alors dans le caractère *facultatif* du contrôle de constitutionnalité des lois votées. Dans la mesure où certaines lois échappent à la procédure du contrôle préventif, il faut admettre que sous la Cinquième République deux régimes d'expression de la volonté générale cohabitent : un régime *constitutionnaliste* qui fait intervenir le Conseil constitutionnel et dans lequel « la loi votée n'exprime la volonté générale que

14. Décision 27 juillet 1982, *Rec.* p. 52.
15. *Rec.* p. 72.
16. *Rec.* p. 154.

dans le respect de la Constitution » ; un régime *légicentriste* dans lequel « la loi est l'expression de la volonté générale » dès son adoption par le Parlement ou par le peuple (hypothèse du référendum législatif).

B - LE CONTRÔLE DE CONSTITUTIONNALITÉ DES LOIS EN VIGUEUR

2.40 > Si les tribunaux de l'ordre judiciaire et administratif ont développé une forme de contrôle indirect de constitutionnalité (1.), la révision constitutionnelle du 23 juillet 2008 donne au Conseil constitutionnel la compétence pour répondre à une question préjudicielle de constitutionnalité officiellement baptisée « question prioritaire de constitutionnalité » par la Loi Organique n° 1523 du 10 décembre 2009 (2.).

1 - Le juge ordinaire et le contrôle indirect de constitutionnalité des lois

2.41 > En principe, le juge ordinaire n'est pas un juge constitutionnel de la loi[17]. La Constitution ne reconnaît pas aux juridictions de l'ordre judiciaire et administratif une compétence particulière en la matière. Et régulièrement, les tribunaux judiciaires et administratifs invoquent la théorie de la loi-écran à l'appui de leur incompétence. Cette théorie peut se résumer ainsi : en présence d'un acte administratif ou d'un acte judiciaire qui applique une loi inconstitutionnelle, le juge se déclare incompétent pour prononcer l'inconstitutionnalité de l'acte administratif ou de l'acte judiciaire ; car la loi fait « écran » entre la Constitution et l'acte administratif ou judiciaire, protégeant ainsi ce dernier du contrôle du juge ordinaire. Le juge administratif se déclare ainsi régulièrement incompétent pour exercer le contrôle de constitutionnalité répressif des lois[18]. Sa position de principe remonte à deux arrêts du Conseil d'État en date de 1936 : les arrêts *Arrighi* et *Dame Coudert*[19]. Dans ces deux affaires, le Commissaire du gouvernement Latournerie admettait pourtant « en logique pure » le contrôle de la constitutionnalité des lois par le juge ordinaire. Cependant, il invitait dans ses conclusions le Conseil d'État de la IIIe République à ne pas s'engager dans cette voie pour deux motifs : « la souveraineté de la loi » et l'absence de « contenu substantiel à l'égard des droits individuels » dans les lois constitutionnelles de 1875.

2.42 > Cette incompétence des tribunaux ordinaires à examiner la constitutionnalité des lois n'empêche pas de considérer que ces juridictions assurent le respect de la Constitution. D'ailleurs, sur le plan juridique, il n'y a pas de raison de principe qui s'y oppose. Dès le début du siècle, Hauriou estime que « c'est la mission naturelle du juge ordinaire d'interpréter les lois et de régler leurs conflits, même constitutionnels »[20]. Le juge administratif utilise d'ailleurs souvent les éléments du « bloc de constitutionnalité » pour apprécier la légalité (entendue dans le sens général de « conformité au droit ») des actes

17. Sur cette question voir B. Genevois, « Le Conseil d'État n'est pas le censeur de la loi au regard de la Constitution », *RFDA* 2000, p. 722 ; J. Bonnet, *Le juge ordinaire et la constitutionnalité des lois*, Thèse dactyl. Montpellier I, 2007.
18. Voir par exemple CE, 8 décembre 2000, *Parti nationaliste basque* : la Haute juridiction administrative refuse d'examiner la loi du 11 mars 1988 relative au financement des partis politiques par rapport à la Constitution.
19. CE, 6 novembre 1936, conclusions Latournerie, *S.*, 1937-3, p. 33.
20. M. Hauriou, *Précis de droit constitutionnel, S.*, 1929, p. 268.

administratifs. Il en est de même du juge judiciaire concernant les actes de droit privé. Et de manière générale, la jurisprudence montre que les juridictions ordinaires acceptent de plus en plus de remplir la fonction de protecteur de la hiérarchie des normes en ne manifestant plus aucune réticence à appliquer directement la Constitution au cours d'un procès. De notables évolutions ont eu lieu en ce sens, peut-être sous l'influence persuasive du Conseil constitutionnel. « Ainsi de nos jours, observe Dominique Turpin, le juge judiciaire se réfère relativement volontiers au préambule ou à la Déclaration de 1789 lorsqu'elle est invoquée devant lui »[21]. Une certaine doctrine constitutionnaliste n'hésite même plus aujourd'hui à qualifier les tribunaux ordinaires de « juge constitutionnel »[22].

2.43 ➤ L'examen par le juge ordinaire de la conformité d'une loi par rapport à un engagement international correspond à la mise en œuvre de l'exigence constitutionnelle énoncée par l'article 55 de la Constitution aux termes duquel « les traités ou accords régulièrement ratifiés ou approuvés ont, dès leur publication, une autorité supérieure à celle des lois, sous réserve, pour chaque accord ou traité, de son application par l'autre partie ». Ce contrôle de la « conventionnalité » des normes législatives conduit le juge ordinaire à appliquer l'article 55 de la Constitution. Progressivement, les juridictions administratives et civiles ont reconnu la possibilité d'écarter une loi incompatible avec un traité international et entrée en vigueur postérieurement à celui-ci, rendant ainsi effective la prescription de l'article 55 de la Constitution. Ainsi, dans l'arrêt *Jacques Vabre* du 24 mai 1975, la Cour de cassation confirme la position d'une cour d'appel qui a décidé que l'article 95 du Traité de Rome devait être appliqué « à l'exclusion de l'article 265 du Code des douanes, bien que ce dernier texte fût postérieur »[23]. De la même manière, par l'arrêt *Nicolo* du 20 novembre 1989[24], le Conseil d'État accepte d'écarter, au nom de la supériorité hiérarchique du traité sur la loi, une loi postérieure mais contraire à un traité. Généralement, la doctrine refuse de voir dans le contrôle de conventionnalité de la loi une hypothèse de contrôle de constitutionnalité[25]. Elle fonde sa position sur la décision du Conseil constitutionnel du 15 janvier 1975[26] qui distingue expressément le contrôle de constitutionnalité, réservé exclusivement au Conseil constitutionnel par l'article 61 de la Constitution, du contrôle de conventionnalité effectué par les juridictions ordinaires sur le fondement de l'article 55 de la Constitution. Comme le précise la décision du 15 janvier 1975, « le contrôle du respect du principe énoncé à l'article 55 de la Constitution ne saurait s'exercer dans le cadre de l'examen prévu à l'article 61, en raison de la différence de nature entre ces deux contrôles ». Si pour le Conseil constitutionnel la supériorité de la loi à la Constitution revêt « un caractère absolu et définitif », la validité de la loi par rapport au traité « présente un caractère à la fois relatif et contingent, tenant, d'une part, à ce qu'elle est limitée au champ d'application du traité et, d'autre part, à ce qu'elle est subordonnée à une condition de réciprocité dont la réalisation peut varier selon le comportement du ou des États signataires du Traité et le moment où doit s'apprécier le respect de cette

---

21. D. Turpin, *Contentieux constitutionnel*, PUF, 1994, p. 273, n° 178.
22. B. Mathieu et M. Verpeaux, *Contentieux constitutionnel des droits fondamentaux*, LGDJ, 2002, p. 117.
23. Cass. ch. mixte, 24 mai 1975, concl. Touffait, Dalloz, 1975, p. 497.
24. CE Ass., 20 octobre 1989, concl. Patrick Frydman, *RFDA*, 1989, p. 821.
25. Voir par exemple L. Favoreu, « L'interprétation de l'article 55 de la Constitution », *RFDA* 1989, p. 993-999.
26. *Rec.* p. 19.

condition ». Dès lors, contrôler la conventionnalité d'une loi ne signifie pas contrôler sa constitutionnalité puisque la norme contrôlée est confrontée à un traité qui n'est pas forcément d'applicabilité directe, l'exécution du traité restant suspendue à une condition de réciprocité. C'est pourquoi le Conseil constitutionnel considère « qu'une loi contraire à un traité ne serait pas pour autant contraire à la Constitution ». Pourtant, il est sans doute plus exact de nuancer la thèse de la séparation radicale entre le contentieux de constitutionnalité et le contentieux de conventionnalité. En acceptant le contrôle de conventionnalité d'une loi, les tribunaux ordinaires opèrent, du même coup et bien qu'ils s'en défendent, un contrôle indirect et *a posteriori* de constitutionnalité. Si l'on s'en tient à la juridiction administrative, c'est bien au motif que la sanction d'une loi postérieure mais contraire à un traité peut apparaître comme une déclaration indirecte d'inconstitutionnalité de la norme législative que le Conseil d'État refuse, dans l'arrêt dit des « semoules » du 1er mars 1968[27], de contrôler la conventionnalité de la loi. Un simple raisonnement *a contrario* de cette solution jurisprudentielle confirme qu'en acceptant par l'arrêt *Nicolo* d'écarter une loi postérieure et incompatible avec le Traité de Rome, le Conseil d'État renonce en l'espèce à la théorie de la loi-écran et effectue un contrôle indirect de constitutionnalité. Mais surtout, en assurant, en tout état de cause, la primauté du traité sur la loi, le juge ordinaire ne fait qu'appliquer et rendre effectif l'article 55 de la Constitution. Un arrêt du 5 janvier 2005 du Conseil d'État confirme cette analyse. Après avoir rappelé que l'article 61 de la Constitution confère au Conseil constitutionnel le soin d'apprécier la conformité constitutionnelle d'une loi avant la promulgation de celle-ci, la Haute juridiction administrative précise : « ... il ressort des débats tant du comité consultatif constitutionnel que du Conseil d'État lors de l'élaboration de la Constitution que les modalités ainsi adoptées excluent un contrôle de constitutionnalité de la loi au stade de son application ; considérant cependant, que pour la mise en œuvre du principe de supériorité des traités sur la loi énoncé à l'article 55 de la Constitution, il incombe au juge, pour la détermination du texte dont il doit faire application, de se conformer à la règle de conflit de normes édictée par cet article ».

2.44 > Le juge administratif assure, par ailleurs, un contrôle indirect de constitutionnalité d'une loi dans le cadre de l'abrogation d'une loi antérieure et incompatible avec la Constitution du 4 octobre 1958[28]. Par exemple, dans l'arrêt du Conseil d'État *Société Ecky* en date du 12 février 1960[29], la Haute juridiction administrative écarte l'application de l'article 4 du Code pénal, prévu par une loi de 1810, dans la mesure où cette disposition « est incompatible avec les dispositions des articles 34 et 37 de la Constitution du 4 octobre 1958 ». Dans cette affaire, la loi ancienne, aux termes de laquelle « nulle contravention ne peut être punie de peines qui n'aient été prononcées par la loi », se révèle manifestement incompatible avec les articles 34 et 37 de la Constitution de 1958 qui réserve au pouvoir réglementaire pleine compétence en matière de peine de contravention. Le Conseil d'État considère que l'article 4 du Code pénal doit « être regardé comme abrogé sur ce point ». La déclaration juridictionnelle de la caducité de la loi ancienne suppose, ainsi que

---

27. *Lebon* p. 149.
28. Voir J. Trémeau, « La caducité des lois incompatibles avec la Constitution », *AIJC*, vol. VI, 1990, p. 219-316.
29. *Lebon* p. 101.

le prouve l'exemple de l'arrêt *Société Ecky*, que le juge ordinaire contrôle au préalable la constitutionnalité des dispositions de la loi contestée. Pour constater l'abrogation de la loi de 1810 par les articles 34 et 37 de la Constitution, il faut nécessairement interpréter et mettre en rapport la norme législative et la norme constitutionnelle. En ce sens, Jérôme Trémeau a raison d'affirmer que « s'il est un cas dans lequel le juge administratif contrôle la validité d'une loi par rapport à la Constitution, c'est bien celui des lois antérieures à la Constitution »[30]. Même si la caducité est généralement analysée comme un simple conflit de lois dans le temps lorsque ce sont deux normes de même niveau hiérarchique qui sont confrontées, il n'en va pas de même pour ce qui concerne les rapports loi/Constitution.

2.45 > On pouvait enfin considérer, jusqu'à la révision du 23 juillet 2009, qu'en matière de protection des droits fondamentaux, les juridictions administratives et judiciaires sont des « juges constitutionnels » de la loi. La Constitution du 4 octobre 1958 ne réserve pas au seul Conseil constitutionnel la mission d'assurer la primauté de la Constitution sur les normes législatives. L'article 61 conférait seulement au Conseil constitutionnel le monopole du contrôle *préventif* de constitutionnalité, comme le rappelle l'arrêt du Conseil d'État du 5 janvier 2005 cité précédemment. L'application directe de la Constitution par les juridictions ordinaires aurait pu naturellement conduire les juges du fond à accepter de contrôler la constitutionnalité de l'application d'une loi. Le texte même de la Constitution ne contient-il pas une habilitation constitutionnelle permettant au juge ordinaire d'étendre son contrôle juridictionnel des normes législatives ? À cet égard, le Conseil d'État pouvait, en raisonnant par analogie, interpréter l'article 61 de la Constitution comme il a interprété l'article 55 de la Constitution dans la célèbre affaire *Nicolo*[31]. Pour mémoire, le juge administratif accepte, dans cet arrêt, d'opérer le contrôle d'une loi par rapport à un traité international antérieur en se fondant sur l'habilitation implicite que l'article 55 de la Constitution lui confère pour exercer un tel contrôle (dit « contrôle de conventionnalité »). À partir de la décision *Nicolo*, il était ainsi possible de bâtir une véritable théorie de l'habilitation constitutionnelle du juge ordinaire justifiant l'extension de ses compétences juridictionnelles au contrôle de constitutionnalité répressif de certaines lois. L'acceptation du Conseil d'État de contrôler la « conventionnalité » d'une loi postérieure à un traité se fondait essentiellement sur deux motifs. Tout d'abord, un tel contrôle résultait implicitement de l'article 55 de la Constitution qui, comme le remarque Patrick Frydmann, « a surtout pour objet de définir une hiérarchie des normes à l'intention des juges ». Pour le Commissaire du gouvernement, « l'article 55 comporte nécessairement, par lui-même, une habilitation donnée implicitement aux juges à l'effet de contrôler la conformité des lois aux traités. Il faut bien en effet prêter aux constituants l'intention d'avoir entendu prévoir une mise en œuvre effective de la suprématie des traités qu'ils ont instituée par ce texte »[32]. En second lieu, l'intervention du Conseil d'État résulte de l'invitation du Conseil constitutionnel qui, dans ses décisions du 15 janvier 1975[33] et du

30. J. Trémeau, *La réserve de loi*, Economica, PUAM, 1997, p. 410.

31. CE, 20 octobre 1989, *Lebon*, p. 190 : le Conseil d'État accepte de faire prévaloir le Traité international sur la loi postérieure contraire.

32. Conclusions Patrick Frydmann sous CE, 20 octobre 1989, *Nicolo*, *RFDA* 1990, p. 60-61.

33. *Rec.* p. 19.

3 septembre 1986[34], se déclare incompétent pour contrôler la « conventionnalité » des lois tout en rappelant la nécessité « pour les divers organes de l'État de veiller à l'application (des) conventions internationales dans le cadre de leurs compétences respectives ». Sur ces deux fondements, la Haute juridiction administrative s'est déclarée compétente pour écarter une loi postérieure contraire à un traité. Il était donc possible de transposer ce raisonnement de l'arrêt *Nicolo* au contrôle de constitutionnalité de la loi. L'article 61 de la Constitution définit bien, comme l'article 55, une hiérarchie des normes à l'intention des juges : la loi est inférieure à la Constitution puisqu'une loi déclarée inconstitutionnelle ne saurait être promulguée. De plus, le Conseil constitutionnel limite son contrôle de constitutionnalité à certaines lois votées tout en exigeant un rapport de conformité à la Constitution de la loi, « qui n'exprime la volonté générale que dans le respect de la Constitution »[35]. Il résulte de cette interprétation de l'article 61 de la Constitution qu'il appartient au Conseil d'État de faire prévaloir la norme constitutionnelle sur une loi en application.

2.46 ➤ En tout état de cause, les juridictions ordinaires peuvent très bien, sans contrôler expressément la constitutionnalité d'une loi, se contenter d'interpréter la loi dans un sens conforme à la Constitution. Cette attitude jurisprudentielle, qui est pratiquée par la Cour de cassation[36], revient à opérer selon les mots de Michel Jeol un « contrôle implicite de constitutionnalité » : en interprétant une loi de telle manière qu'elle soit conforme à la Constitution, le juge neutralise les effets liés à l'inconstitutionnalité de la norme législative sans pour autant s'arroger un pouvoir d'annulation de la loi votée.

2.47 ➤ Pour autant, l'hypothèse d'un contrôle de constitutionnalité des lois par le juge ordinaire ne se pose plus dans les mêmes termes depuis la réforme de la question préjudicielle adoptée le 23 juillet 2008 qui donne au Conseil constitutionnel la compétence pour contrôler les dispositions législatives qui portent atteinte aux droits et libertés que la Constitution garantit.

2 - Le Conseil constitutionnel et le contrôle de la loi promulguée (la « question prioritaire de constitutionnalité »)

2.48 ➤ Le Conseil constitutionnel s'est déclaré compétent, par un célèbre revirement de jurisprudence, pour contrôler la constitutionnalité d'une loi promulguée. En acceptant, par sa décision du 25 janvier 1985 dite *État d'urgence en Nouvelle-Calédonie*[37], de vérifier « la régularité au regard de la Constitution des termes d'une loi promulguée à l'occasion de l'examen de dispositions législatives qui la modifient, la complètent ou affectent son domaine », le Conseil constitutionnel met positivement en œuvre le contrôle répressif de constitutionnalité sur certaines normes législatives.

34. *Rec.* p. 135.
35. Décision du 23 août 1985, *Rec.* p. 72.
36. Par exemple, Cass. crim., 25 avril 1985, *Bogdan* (1re aff.), *Vuckovic* (2e aff.), *Bull. crim.* n° 123.
37. *Rec.* p. 43.

2.49 > Depuis 1985, le Conseil constitutionnel a accepté, dans une dizaine de cas, de contrôler spécifiquement la constitutionnalité de dispositions déjà promulguées. À chaque fois, le juge vérifie bien que l'examen de la loi promulguée constitue un préalable nécessaire au contrôle de la constitutionnalité de la loi votée, en instance de promulgation et déférée sur le fondement de l'article 61. Il convient toutefois de constater que les potentialités ouvertes par la jurisprudence du 25 janvier 1985 restent, pour le moment, limitées aux hypothèses où le contrôle de la constitutionnalité de la loi promulguée est utile à « l'examen des dispositions législatives qui la modifient, la complètent ou affectent son domaine ». L'éventuelle annulation d'une loi promulguée inconstitutionnelle reste ainsi liée au vote d'une loi nouvelle qui la modifie, la complète ou affecte son domaine. Ce qui signifie qu'en dehors de ces hypothèses, la loi promulguée ne peut pas être soumise au contrôle de constitutionnalité.

2.50 > Il reste que les conséquences de cette jurisprudence *État d'urgence en Nouvelle-Calédonie* sont, pour l'heure, bien incertaines et tendent à fragiliser l'autorité des déclarations d'inconstitutionnalité comme le démontre la décision *Loi organique relative à la Nouvelle-Calédonie* du 15 mars 1999, première application intégrale de la jurisprudence *État d'urgence*. À l'occasion de l'examen d'un texte complétant la loi du 25 janvier 1985 relative au redressement et à la liquidation judiciaire des entreprises, le Conseil déclare non conformes à la Constitution certaines dispositions de la loi promulguée. Outre que cette censure constitutionnelle concerne une loi déjà examinée en 1985 par le Conseil (ce qui soulève la question de la fiabilité du contrôle préventif), les suites de la déclaration d'inconstitutionnalité apparaissent juridiquement limitées. Ainsi, aucune norme constitutionnelle n'oblige le législateur à corriger le dispositif censuré ni n'invite le juge ordinaire à écarter l'application de la loi de 1985 aux procédures de redressement judiciaire en cours. L'article 62 de la Constitution – seule disposition invocable à l'appui de l'autorité des décisions du Conseil constitutionnel – mérite ici d'être mentionné car cette disposition n'impose le respect par les pouvoirs publics et les autorités administratives et judiciaires que des seules déclarations d'inconstitutionnalité d'une disposition non encore promulguée : « Art. 62 : Une disposition déclarée inconstitutionnelle ne peut être promulguée ni mise en application ». Par conséquent, la déclaration d'inconstitutionnalité d'une disposition promulguée reste sans effet immédiat sur l'abrogation de cette disposition et la continuité de son application. Comme le précisent les services du Conseil constitutionnel sur le site internet de l'institution de la rue Montpensier : « Dès lors que le Conseil n'a pas, le 15 mars 1999, tiré lui-même les conséquences de sa décision, seuls ses destinataires désignés par l'article 62, alinéa 2 de la Constitution, sont susceptibles de lui donner une effectivité »[38].

2.51 > En vue d'instituer dans l'ordre juridique français un contrôle répressif des normes législatives, le Président François Mitterrand a proposé, le 14 juillet 1989, de réviser l'article 61 de la Constitution afin de permettre aux citoyens de contester, par voie d'exception[39], la constitutionnalité des lois promulguées portant atteinte à leurs droits

38. Voir *www.conseil-constitutionnel.fr/decision/1999/99410/note1.htm*

39. Si le projet s'intitule « exception d'inconstitutionnalité », il s'agit bien, en réalité, d'introduire une question préjudicielle devant le Conseil constitutionnel (voir T. Renoux, « L'exception, telle est la question », *RFDC*, n° 4, p. 651).

fondamentaux[40]. Le projet de loi constitutionnelle du 29 mars 1990, qui sera repris sans succès par le projet de loi n° 231 du 10 mars 1993[41] à la suite du rapport du Comité consultatif pour la révision de la Constitution[42], ajoutait à l'article 61 de la Constitution un alinéa énonçant que « les dispositions de loi qui concernent les droits fondamentaux reconnus à toute personne par la Constitution peuvent être soumises au Conseil constitutionnel par voie d'exception à l'occasion d'une instance en cours devant une juridiction ». L'adoption de cette réforme constitutionnelle aurait ainsi introduit un mécanisme de contrôle répressif, certes limité aux seules lois portant atteinte aux droits fondamentaux, mais dont l'économie générale se rapproche du modèle constitutionnel européen. Ainsi, dans le projet de 1990, seules les juridictions ordinaires (les citoyens en sont exclus) commandaient le déclenchement de la procédure d'exception d'inconstitutionnalité. La réforme de l'exception d'inconstitutionnalité prévoyait également un double filtrage juridictionnel destiné à limiter les renvois préjudiciels devant le Conseil constitutionnel.

Les tribunaux ordinaires appréciaient dans un premier temps l'utilité de l'exception d'inconstitutionnalité pour trancher le litige d'espèce. Ils vérifiaient, par ailleurs, que la disposition législative contestée n'avait pas été contrôlée préalablement par le Conseil constitutionnel et évaluaient si l'inconstitutionnalité de la loi votée n'était pas manifestement infondée. Dans un deuxième temps, les cours supérieures de l'ordre judiciaire et de l'ordre administratif disposent d'un délai de trois mois pour transmettre, si elles l'estiment nécessaire, la question préjudicielle devant le Conseil constitutionnel. Une fois la procédure déclenchée, la juridiction constitutionnelle se présentait bien comme l'unique juge du fond de la constitutionnalité des normes législatives. Les décisions du Conseil constitutionnel statuant sur une question préjudicielle auraient donc eu un effet *erga omnes*[43].

2.52 > La révision constitutionnelle du 23 juillet 2008 instaure officiellement le contrôle de la constitutionnalité de la loi promulguée. Elle ajoute aux compétences du Conseil constitutionnel la « question prioritaire de constitutionnalité » en insérant un nouvel article 61-1 C. : « Lorsque, à l'occasion d'une instance en cours devant une juridiction, il est

40. Sur ce projet voir L. Favoreu, « L'élargissement de la saisine du Conseil constitutionnel aux juridictions administratives et judiciaires », *RFDC*, n° 4, 1990, p. 581-617 (avec une importante bibliographie) ; F. Luchaire, « Le contrôle de la loi promulguée sur renvoi des juridictions : une réforme constitutionnelle différée », *RDP* 1990, p. 1625 ; G. Drago, *Contentieux constitutionnel français*, PUF, coll. Thémis Droit public, 1998, p. 439-482.

41. « Il est inséré dans la Constitution, après l'article 61, un article 61-1 ainsi rédigé :

« Art. 61-1. – Lorsque, à l'occasion d'une instance en cours devant une juridiction, il est soutenu qu'une disposition de loi porte atteinte aux droits fondamentaux reconnus à toute personne par la Constitution, cette question peut être renvoyée au Conseil constitutionnel par le Conseil d'État, la Cour de cassation ou toute juridiction ne relevant ni de l'un ni de l'autre ».

42. Le Comité « Vedel » propose de réviser l'article 61 de la Constitution en y ajoutant les dispositions suivantes :

« Art. 61-1. – Les dispositions de la loi qui portent atteinte aux droits fondamentaux reconnus à toute personne par la Constitution peuvent être soumises au Conseil constitutionnel à l'occasion d'une instance en cours devant une juridiction.

Le Conseil constitutionnel est saisi, à la demande d'un justiciable, sur renvoi du Conseil d'État, de la Cour de cassation ou de toute juridiction ne relevant ni de l'un ni de l'autre ».

43. En ce sens, le nouvel article 62 de la Constitution prévu par le projet de loi constitutionnelle du 29 mars 1990 dispose qu'« une disposition déclarée inconstitutionnelle sur le fondement du cinquième alinéa de l'article 61 cesse d'être applicable et ne peut plus être appliquée aux procédures en cours, y compris devant le juge de cassation ».

soutenu qu'une disposition législative porte atteinte aux droits et libertés que la Constitution garantit, le Conseil constitutionnel peut être saisi de cette question sur renvoi du Conseil d'État ou de la Cour de cassation qui se prononce dans un délai déterminé. ». La loi organique n° 2009-1523 du 10 décembre 2009 relative à l'application de l'article 61-1 de la Constitution (*JO* 11 décembre 2009) ajoute une hypothèse, non mentionnée par la Constitution : la contestation d'une disposition législative non conforme à un engagement international (art. 23-2).

On peut, en reprenant la position de Didier Maus (« Nouveau regard sur le contrôle de constitutionnalité par voir d'exception », *Mélanges Troper*, Economica, 2006, p. 670), affirmer que la procédure commence par une exception et se termine par une question préjudicielle. La loi organique du 10 décembre 2009 qualifie le mécanisme comme suit : « De la question prioritaire de constitutionnalité ». Les règles applicables en la matière reprennent, dans une large mesure, les dispositions des projets de 1990 et 1993.

2.53 › Dans le cadre du nouveau mécanisme, les relations entre le juge de renvoi et le juge constitutionnel sont des relations d'indépendance. Le déclenchement de la question prioritaire de constitutionnalité incombe au juge administratif ou judiciaire qui apprécie le bien-fondé et la nécessité de la question. La loi organique n° 1523 du 10 décembre 2009 dispose sur ce point : « art. 23-1 : Devant les juridictions relevant du Conseil d'État ou de la Cour de cassation, le moyen tiré de ce qu'une disposition législative porte atteinte aux droits et libertés garantis par la Constitution est, à peine d'irrecevabilité, présenté dans un écrit distinct et motivé. Un tel moyen peut être soulevé pour la première fois en cause d'appel. Il ne peut être relevé d'office ». L'article 23-2 précise que : « La juridiction statue sans délai par une décision motivée sur la transmission de la question prioritaire de constitutionnalité au Conseil d'État ou à la Cour de cassation. Il est procédé à cette transmission si les conditions suivantes sont remplies :

1° La disposition contestée est applicable au litige ou à la procédure, ou constitue le fondement des poursuites ;

2° Elle n'a pas déjà été déclarée conforme à la Constitution dans les motifs et le dispositif d'une décision du Conseil constitutionnel, sauf changement des circonstances.

3° La question n'est pas dépourvue de caractère sérieux.

En tout état de cause, la juridiction doit, lorsqu'elle est saisie de moyens contestant la conformité d'une disposition législative, d'une part, aux droits et libertés garantis par la Constitution et, d'autre part, aux engagements internationaux de la France, se prononcer par priorité sur la transmission de la question de constitutionnalité au Conseil d'État ou à la Cour de cassation.

La décision de transmettre la question est adressée au Conseil d'État ou à la Cour de cassation dans les huit jours de son prononcé avec les mémoires ou les conclusions des parties. Elle n'est susceptible d'aucun recours. Le refus de transmettre la question ne peut être contesté qu'à l'occasion d'un recours contre la décision réglant tout ou partie du litige ».

Lorsque la question est transmise au Conseil d'État ou la Cour de cassation, la juridiction doit en principe surseoir à statuer. Toutefois, l'article 23-3 de la loi organique du

10 décembre 2009 indique qu'« il n'est sursis à statuer ni lorsqu'une personne est privée de liberté à raison de l'instance ni lorsque l'instance a pour objet de mettre fin à une mesure privative de liberté ». De plus, l'article 23-3 ajoute que : « La juridiction peut également statuer sans attendre la décision relative à la question prioritaire de constitutionnalité si la loi ou le règlement prévoit qu'elle statue dans un délai déterminé ou en urgence. Si la juridiction de première instance statue sans attendre et s'il est formé appel de sa décision, la juridiction d'appel sursoit à statuer. Elle peut toutefois ne pas surseoir si elle est elle-même tenue de se prononcer dans un délai déterminé ou en urgence. En outre, lorsque le sursis à statuer risquerait d'entraîner des conséquences irrémédiables ou manifestement excessives pour les droits d'une partie, la juridiction qui décide de transmettre la question peut statuer sur les points qui doivent être immédiatement tranchés.

Si un pourvoi en cassation a été introduit alors que les juges du fond se sont prononcés sans attendre la décision du Conseil d'État ou de la Cour de cassation ou, s'il a été saisi, celle du Conseil constitutionnel, il est sursis à toute décision sur le pourvoi tant qu'il n'a pas été statué sur la question prioritaire de constitutionnalité. Il en va autrement quand l'intéressé est privé de liberté à raison de l'instance et que la loi prévoit que la Cour de cassation statue dans un délai déterminé ».

Le Conseil d'État ou la Cour de cassation ont un délai de trois mois pour se prononcer sur la pertinence du renvoi de la « question prioritaire de constitutionnalité » au Conseil constitutionnel. L'article 23-4 de la loi organique dispose qu'« il est procédé à ce renvoi dès lors que les conditions prévues aux 1° et 2° de l'article 23-2 sont remplies et que la question est nouvelle ou présente un caractère sérieux ».

L'article 23-5 indique que : « Lorsque le Conseil constitutionnel a été saisi, le Conseil d'État ou la Cour de cassation sursoit à statuer jusqu'à ce qu'il se soit prononcé. Il en va autrement quand l'intéressé est privé de liberté à raison de l'instance et que la loi prévoit que la Cour de cassation statue dans un délai déterminé. Si le Conseil d'État ou la Cour de cassation est tenu de se prononcer en urgence, il peut n'être pas sursis à statuer ».

2.54 > Le Conseil constitutionnel, saisi en application des dispositions de l'article 61-1 C. et de la loi organique du 10 décembre 2009, avise immédiatement le Président de la République, le Premier ministre et les présidents de l'Assemblée nationale et du Sénat. La Haute Instance doit statuer dans un délai de trois mois. L'article 23-9 de la Loi organique du 10 décembre 2009 rappelle que : « Lorsque le Conseil constitutionnel a été saisi de la question prioritaire de constitutionnalité, l'extinction, pour quelque cause que ce soit, de l'instance à l'occasion de laquelle la question a été posée est sans conséquence sur l'examen de la question ».

La décision du Conseil constitutionnel est motivée. Elle est notifiée aux parties et communiquée soit au Conseil d'État, soit à la Cour de cassation ainsi que, le cas échéant, à la juridiction devant laquelle la question prioritaire de constitutionnalité a été soulevée. Le Conseil constitutionnel communique également sa décision au président de la République, au Premier ministre et aux présidents de l'Assemblée nationale et du Sénat ainsi que, dans le cas prévu au dernier alinéa de l'article 23-8, aux autorités qui y sont mentionnées.

La loi organique n° 1523 laisse le soin au Conseil constitutionnel et aux juridictions de l'ordre judiciaire et administrative de préciser le champ d'application de la question prioritaire de constitutionnalité. Que convient-il d'entendre par la notion de « droits et libertés garantis par la Constitution » ? Si l'expression englobe sans doute le catalogue jurisprudentiel des droits et libertés déduit notamment des dispositions du Préambule de la Constitution, faut-il inclure également les dispositions constitutionnelles relatives à la procédure législative ou à la répartition des compétences normatives entre le législateur et le gouvernement ? À titre d'exemple, la méconnaissance du droit d'amendement au cours de la procédure d'adoption d'une disposition législative est-elle susceptible de porter atteinte à un droit ou à une liberté ? Il n'est pas certain que l'ensemble des éléments du « bloc de constitutionnalité » soit mobilisé dans le cadre de la question prioritaire de constitutionnalité.

§ 2 - QUELS TEXTES DE RÉFÉRENCE POUR ASSURER LA PROTECTION CONSTITUTIONNELLE DES DROITS FONDAMENTAUX ?

2.55 > Si la Constitution reste la source première de la protection des droits fondamentaux devant le Conseil constitutionnel (I), certaines conventions internationales tiennent une place non négligeable en tant que sources de la protection constitutionnelle de certaines libertés (II). La question se pose de savoir si le juge constitutionnel utilise ces conventions internationales protectrices des droits de l'homme comme normes de référence de son contrôle.

I – LA CONSTITUTION, SOURCE PREMIÈRE DE LA PROTECTION DES DROITS FONDAMENTAUX

2.56 > Le Conseil constitutionnel a transformé la notion de Constitution. Au début de la Ve République, la Constitution se réduit aux énoncés constitutionnels figurant dans les 93 articles du texte du 4 octobre 1958. La Constitution se définit alors classiquement comme la norme juridique adoptée par le pouvoir constituant et destinée à organiser les pouvoirs publics. Depuis la décision *Liberté d'association* du 16 juillet 1971[44], le Conseil constitutionnel utilise le Préambule de la Constitution de 1958 et des principes de valeur constitutionnelle comme normes de référence de son contrôle de constitutionnalité. La Constitution n'est plus seulement une norme qui organise les pouvoirs publics, elle devient une norme qui protège des droits et libertés inscrits dans les déclarations auxquelles renvoie le Préambule de la Constitution. La Constitution, instrument politique, s'intéresse désormais à la protection des personnes. Voilà pourquoi la décision *Liberté d'association* est comparable, en droit français, à l'arrêt *Marbury versus Madison* de la Cour suprême des États-Unis. Elle représente le point de départ de la protection par le juge constitutionnel des droits et libertés en France.

44. *Rec.* p. 29.

2.57 > Dans les visas de la décision de 1971, le Conseil se réfère, pour la première fois, au Préambule de la Constitution de 1958 : « Vu la Constitution et notamment son préambule ». Par cette référence explicite, le juge constitutionnel confirme la nature juridique des textes composant le Préambule de 1958 : la Déclaration de 1789 et le Préambule de la Constitution de 1946 (qui énonce les droits économiques et sociaux et les principes particulièrement nécessaires à notre temps). Et il considère que ces textes, dont la normativité était fortement discutée en doctrine, ont une valeur constitutionnelle. La « révolution juridique » de la décision du 16 juillet 1971 tient dans l'affirmation de la valeur constitutionnelle du Préambule de la Constitution : en s'appuyant sur les énoncés contenus dans la Déclaration de 1789 et dans le préambule de 1946, le Conseil étend largement les potentialités de son contrôle. Ainsi, dans les motifs de la décision du 16 juillet 1971, le Conseil considère « qu'au nombre des principes fondamentaux reconnus par les lois de la République et solennellement réaffirmés par le préambule de la Constitution, il y a lieu de ranger le principe de la liberté d'association ». Pour la première fois, le Conseil se fonde sur le préambule de la Constitution pour découvrir un principe constitutionnel, qu'il qualifie de « principe fondamental reconnu par les lois de la République ». La deuxième « révolution juridique » de la décision de 1971 réside dans le fait que le juge constitutionnel oppose au législateur un principe ne figurant pas initialement dans le texte du 4 octobre 1958. À partir de ce précédent judiciaire, le Conseil considère que la Constitution contient, en plus du texte fondateur des institutions de la Ve République, des dispositions assurant les droits et libertés des individus.

2.58 > Cette extension des textes de référence du contrôle de constitutionnalité a permis au juge d'enrichir considérablement la liste des droits et libertés opposables au législateur. Les juristes français, dans le sillage tracé par le Doyen Favoreu, évoquent à cet égard l'idée d'un « bloc de constitutionnalité » qui se compose des normes que le Conseil constitutionnel utilise en tant que textes de référence de son contrôle et dont le respect s'impose au législateur. Sont intégrés progressivement au « bloc de constitutionnalité », outre les textes constitutionnels, des principes constitutionnels que le Conseil découvre au fil de sa jurisprudence.

2.59 > À ce jour, le bloc contient :

– le texte de la Constitution du 4 octobre 1958 ;

– la Déclaration de 1789 qui proclame les droits naturels de l'homme et du citoyen comme le droit de propriété, l'égalité, la liberté, la non-rétroactivité des lois pénales ;

– le Préambule de la Constitution de 1946 qui énonce des droits économiques et sociaux tels que le droit de grève, le principe de participation, le droit syndical ;

– la Charte de l'environnement de 2005 proclamant une liste de droits et devoirs de la troisième génération (le Conseil constitutionnel se réfère pour la première fois au droit au développement durable consacré par l'article 6 de la Charte dans la décision n° 2005-514 DC du 28 avril 2005) ;

– les principes fondamentaux reconnus par les lois de la République (PFRLR) qui constituent une catégorie de principes législatifs adoptés sous les législations républicaines antérieures à 1940 et à laquelle le Préambule de 1946 « réaffirme solennellement » son attachement. Ces principes sont découverts par le Conseil constitutionnel au moyen de critères précis énoncés dans la décision du 20 juillet 1988[45] : ils doivent trouver leur origine dans des textes législatifs républicains et leur application doit avoir été constante dans le droit républicain. D'ores et déjà, constituent des PFRLR la liberté d'association, la liberté de l'enseignement, la liberté individuelle, la compétence propre des juridictions administratives en matière de contentieux de l'excès de pouvoir, l'importance des pouvoirs de l'autorité judiciaire en matière de propriété immobilière, l'indépendance des professeurs d'université, l'indépendance des juridictions administratives, le respect des droits de la défense ;

– les « principes », « objectifs » ou « exigences » à valeur constitutionnelle que le Conseil constitutionnel énonce par sa jurisprudence sans forcément les rattacher à un texte. Par exemple, le juge qualifie de « principe constitutionnel » la continuité du service public[46] et le principe de la dignité de la personne humaine[47]. Il proclame que le pluralisme des quotidiens d'information est une « exigence » de valeur constitutionnelle[48].

2.60 > La conception extensive que se fait le Conseil constitutionnel du « bloc de constitutionnalité » conduit le juge, qu'on le veuille ou non, à se transformer en constituant secondaire. En effet, à partir de chaque énoncé contenu dans le bloc, le Conseil détient la faculté de déduire ou dégager de nouveaux principes constitutionnels. Par exemple, le Conseil considère que la liberté du mariage est « une composante de la liberté individuelle »[49]. Par ricochet, la liberté du mariage est élevée au rang de norme constitutionnelle alors même qu'elle n'est pas expressément inscrite dans la Constitution. En s'appuyant sur les énoncés constitutionnels, le Conseil élabore continuellement de nouveaux droits constitutionnels. Mais il faut immédiatement relativiser la portée de ce constat en soulignant d'une part que le Conseil constitutionnel n'exerce qu'un rôle limité (il ne contrôle que les lois avant leur promulgation, sur saisine des autorités politiques), d'autre part « qu'il fait de son pouvoir un usage modéré »[50] (le juge constitutionnel n'a notamment jamais « bloqué » les alternances politiques).

2.61 > Ces normes découvertes par la jurisprudence s'imposent au législateur avec la même intensité que les dispositions du texte originel de 1958. Ce qui suscite parfois des critiques de la part des hommes politiques. Ainsi, à la suite de la décision du Conseil constitutionnel du 13 août 1993[51] par laquelle la Haute instance a prononcé l'inconstitutionnalité de huit articles de la loi votée relative à la maîtrise de l'immigration, la majorité gouvernementale a surmonté la décision d'inconstitutionnalité du juge constitutionnel en faisant adopter par une révision constitutionnelle, le 27 novembre 1993, les dispositions censurées par le Conseil. Le Premier ministre de l'époque, Édouard Balladur, a déclaré, devant le Parlement réuni en Congrès à Versailles, que le Conseil exerçait son contrôle « au regard de principes généraux parfois plus philosophiques que juridiques ». Dans la

45. *Rec.* p. 119.
46. Décision du 25 juillet 1979, *Rec.* p. 31.
47. Décision du 27 juillet 1994, *Rec.* p. 100.
48. Décision du 18 septembre 1986, *Rec.* p. 141.
49. Décision du 13 août 1993, *Rec.* p. 224.
50. F. Hamon et M. Troper, *Droit constitutionnel, op. cit.*, 2009, p. 859.
51. *Rec.* p. 224.

réponse qu'il adresse par un article publié dans *Le Monde*[52] au Premier ministre, le Président du Conseil, Robert Badinter, rappelle que toutes les juridictions françaises s'appuient sur des principes généraux du droit et créent, par l'interprétation jurisprudentielle, le droit qu'elles appliquent : « la Cour de cassation, à partir du Code civil, a élaboré le droit moderne de la responsabilité civile ; le Conseil d'État, en formant les principes généraux du droit, a assuré aux citoyens les garanties nécessaires à leurs libertés ; la même inspiration préside depuis 1971 à la jurisprudence du Conseil constitutionnel ». La légitimité du Conseil constitutionnel tient, d'après l'ancien Président de l'institution, précisément dans sa fonction de protecteur des libertés fondamentales que le juge énonce au nom du peuple français et dont le respect s'impose au législateur. L'épisode de 1993 relatif à la réforme du droit d'asile révèle, en tout état de cause, que le Conseil constitutionnel ne dispose pas toujours du pouvoir de dernier mot[53].

II – LES CONVENTIONS INTERNATIONALES, SOURCES AUXILIAIRES DE LA PROTECTION CONSTITUTIONNELLE DES DROITS FONDAMENTAUX

2.62 › La Constitution n'est pas la seule norme juridique à garantir les droits fondamentaux. Les conventions internationales jouent également un rôle important en matière de protection des droits de l'homme[54], ainsi qu'en atteste la jurisprudence des tribunaux ordinaires s'agissant du contrôle de la « conventionnalité » des lois. La question particulière qui se pose ici est celle de savoir si le Conseil constitutionnel utilise les conventions internationales protectrices des droits et libertés[55] en tant que normes de référence de son contrôle préventif. Deux types d'engagements internationaux méritent d'être distingués : les traités classiques que le Conseil constitutionnel écarte par principe du « bloc de constitutionnalité » (A) et les traités communautaires et européens que le juge constitutionnel est (ou sera) conduit à utiliser en tant que normes de référence (B).

A - LE REFUS DE PRINCIPE D'UTILISER LES TRAITÉS INTERNATIONAUX

2.63 › La position du Conseil constitutionnel en la matière est bien connue depuis la décision dite *IVG* du 15 janvier 1975[56]. Dans cette affaire, le Conseil refuse de contrôler la

---

52. « Le pouvoir et le contre-pouvoir », 23 novembre 1993.

53. G. Vedel, « Schengen et Maastricht », *RFDA*, 1992, p. 173 ; « À celui qui se plaint que la loi votée par des représentants de la Nation ne soit pas souveraine, comme la Nation elle-même, on répond que la loi n'exprime la volonté générale que dans le respect de la Constitution. Cette formule justifie le contrôle de constitutionnalité, mais elle n'a cette vertu que parce qu'elle sous-entend que l'obstacle que la loi rencontre dans la Constitution peut être levé par le peuple souverain ou ses représentants s'ils recourent au mode d'expression suprême : la révision constitutionnelle. Si les juges ne gouvernent pas, c'est parce que, à tout moment, le souverain, à la condition de paraître en majesté comme Constituant, peut, dans une sorte de lit de justice, briser leurs arrêts ».

54. Voir chapitre suivant.

55. Sur ces traités, voir F. Sudre, *Droit international et européen des droits de l'homme*, PUF, coll. Droit fondamental, 8e éd., 2006.

56. *Rec.* p. 19.

loi relative à l'interruption volontaire de grossesse par rapport à l'article 2 de la Convention européenne des droits de l'homme au motif principal qu'« une loi contraire à un traité ne serait pas, pour autant, contraire à la Constitution ».

2.64 > Quelques considérations juridiques simples continuent de conforter la position de refus du Conseil constitutionnel. L'article 55 ne consacre pas expressément la compétence du Conseil constitutionnel pour examiner la conformité des lois par rapport aux engagements internationaux. Cette disposition semble même exclure une telle compétence si on l'interprète de la manière suivante : loin d'énoncer la primauté des engagements internationaux sur les lois (auquel cas, le contrôle du respect des engagements internationaux par les lois se justifierait peut-être), l'article 55 énumère les conditions constitutionnelles d'applicabilité des engagements internationaux en droit français (à savoir, la ratification ; la publication au *Journal officiel* ; la réciprocité). Si ces conditions sont effectivement remplies par l'engagement international (le juge ordinaire en assurant la vérification[57]), alors le traité s'applique avec une autorité supérieure à celle des lois, le juge ordinaire assurant, là encore, le respect de cette primauté *via* le contrôle de conventionnalité de la loi.

2.65 > Pour le reste, il n'est pas certain que la protection internationale des droits de l'homme apporte une plus-value à la protection nationale (ou constitutionnelle). Les droits énoncés dans la Déclaration de 1789 et dans le Préambule de 1946 ressemblent à ceux inscrits dans la plupart des textes internationaux.

Et le Conseil constitutionnel peut, par son travail d'énonciation des droits constitutionnels, reconnaître comme principe de valeur constitutionnelle des énoncés qui ne figuraient pas dans les textes nationaux protecteurs des droits fondamentaux. D'ailleurs, les spécialistes du droit international reconnaissent que peu de traités internationaux sont réellement concernés par la protection internationale des droits de l'homme. Comme l'écrit Jean Combacau : « En droit positif, on ne peut parler de façon utile de droit de l'homme que là où une règle reconnaît à un particulier un droit subjectif qu'il puisse opposer à l'État et éventuellement à d'autres particuliers, soit pour en demander à titre principal le respect..., soit à titre subsidiaire pour obtenir la réparation du tort qui lui a été causé du fait de sa violation[58] ». Si la Convention européenne des droits de l'homme ou le Pacte international relatif aux droits civils et politiques de 1966 sont sans doute concernés par la protection internationale des droits de l'homme, la plupart des traités internationaux échappent à la matière. Intégrer toutes les conventions internationales dans les normes de référence du Conseil constitutionnel apparaît ainsi inutile, illusoire et sans pertinence.

2.66 > De surcroît, si l'article 55 de la Constitution évoque la supériorité de certains traités internationaux sur la loi (seuls les traités remplissant les conditions de régularité de la ratification, de la publication et de la réciprocité peuvent prétendre avoir une autorité

---

57. Par ex. CE, 18 déc. 1998, *SARL du parc d'activités de Blotzheim* : le juge administratif accepte de vérifier la régularité de la ratification parlementaire d'un traité international.
58. J. Combacau et S. Sur, *Droit international public*, Montchrestien, coll. Domat, 8e éd., 2008, p. 388.

supérieure à la loi), on ne saurait en déduire une nécessaire conformité de la loi par rapport au traité. Pour le dire autrement, l'article 55 est, à la rigueur, le vecteur d'un rapport hiérarchique entre deux normes juridiques qui n'exclut nullement la possibilité d'un contenu différent entre une loi et un traité. Dans sa *Théorie pure du droit* (1962, rééd., LGDJ, 1999), Kelsen indique bien que « la contrariété à une norme ne signifie pas un conflit entre la norme inférieure et la norme supérieure, mais signifie simplement que la norme inférieure est annulable ou qu'un organe responsable de son édiction est punissable » (p. 320).

2.67 > Enfin, le contrôle de « conventionnalité » de la loi se présente bien comme un contrôle relatif et contingent : il est limité au seul champ d'application du traité concerné et il peut varier selon le comportement des États signataires.

2.68 > Cette jurisprudence *IVG* est malgré tout contestée, critiquée, dénoncée par les adeptes d'une intégration des traités internationaux au sein du « bloc de constitutionnalité ». Plusieurs arguments de droit incitent – il est vrai – à plaider en faveur d'un renversement jurisprudentiel de la décision de 1975.

2.69 > D'abord, une interprétation combinée des articles 61 et 55 de la Constitution rend possible la compétence du Conseil constitutionnel pour examiner les lois par rapport aux Conventions internationales. L'article 55 de la Constitution reconnaît la supériorité du traité international sur la loi. Par conséquent, une loi qui viole un traité est contraire à ce que prescrit l'article 55 de la Constitution. L'article 61 de la Constitution attribue au Conseil constitutionnel la compétence pour contrôler les lois par rapport à la Constitution. En examinant la conformité d'une loi à un traité, le Conseil constitutionnel respecte sa compétence énoncée par l'article 61 dans la mesure où il confronte la loi par rapport à ce que prescrit l'article 55 de la Constitution.

2.70 > De plus, certains traités internationaux (comme la Convention européenne de sauvegarde des droits de l'homme) ont un caractère humanitaire et sont d'applicabilité directe en droit interne sans condition de réciprocité, comme le stipule l'article 60.5 de la Convention de Vienne (1969) sur le droit des traités. Par conséquent, le Conseil constitutionnel ne saurait invoquer, comme il le fait dans sa décision, le caractère « à la fois relatif et contingent » de la supériorité du traité sur les lois, du moins concernant les traités humanitaires.

En outre, la Constitution renvoie directement, dans différents articles, à des traités internationaux. L'exemple le plus révélateur en ce sens concerne les incidences de la construction européenne sur le contenu du texte constitutionnel du 4 octobre 1958. On le sait, des révisions constitutionnelles préalables à la ratification des traités de Maastricht, d'Amsterdam et de Lisbonne sont venues, en 1992, 1999 et 2008, constitutionnaliser ces engagements internationaux. Désormais, la Constitution de la République contient une « Constitution Europe » (Patrick Gaïa) dont la présence signifie que le droit français s'adapte *volens nolens* aux exigences de la construction communautaire. Ce processus de « constitutionnalisation » du droit de l'Union européenne implique que désormais des textes d'origine internationale bénéficient d'une valeur constitutionnelle. Aussi, le Conseil constitutionnel peut considérer que ces normes internationales – désormais constitutionnalisées – sont invocables au sein des normes de référence de son contrôle préventif[59].

2.71 › Enfin, dans le cadre de la question prioritaire de constitutionnalité, le Conseil constitutionnel peut être amené à se prononcer sur une disposition législative non conforme « aux engagements internationaux de la France » (loi organique du 10 décembre 2009, art. 23-2). Dans cette perspective, la résolution de la question prioritaire de constitutionnalité équivaut à un contrôle de la conventionnalité des dispositions législatives réalisé par le Conseil constitutionnel à la demande de la juridiction de renvoi.

B - LE CAS PARTICULIER DU DROIT COMMUNAUTAIRE ET EUROPÉEN

2.72 › Le droit communautaire et le droit européen ne sont toujours pas intégrés dans « le bloc de constitutionnalité » au regard duquel s'exerce le contrôle préventif du Conseil constitutionnel[60]. La jurisprudence devrait donc normalement refuser de confronter une loi votée (dans le cadre de la procédure de l'article 61) ou un traité (dans le cadre de la procédure de l'article 54) aux traités issus de l'Europe communautaire ou à la Convention européenne des droits de l'homme. Il semble pourtant que cette position soit en train d'évoluer.

2.73 › Concernant le droit communautaire, quelques décisions indiquent clairement que le Conseil constitutionnel est parfois tenu d'utiliser le droit communautaire en tant que normes de référence de son contrôle. Ce fut, par exemple, le cas dans la décision *Maastricht II* du 2 septembre 1992[61] qui affirme que la loi organique relative au droit de vote et d'éligibilité aux élections municipales des citoyens de l'Union résidant en France « devra respecter les prescriptions édictées à l'échelon de la Communauté européenne pour la mise en œuvre du droit reconnu par l'article 8B § 1 ». La décision du 20 mai 1998 par laquelle la loi organique concernée est soumise à l'examen du contrôle de constitutionnalité intègre officiellement le droit communautaire dérivé dans les normes de référence du contentieux de constitutionnalité. Toutefois, la Haute juridiction distingue, dans cette décision, les « normes constitutionnelles de référence » et les « normes communautaires de référence »[62]. Si, sur un plan terminologique, cette distinction entre les deux composantes des normes de référence peut contribuer à « rassurer » ou « apaiser » les adversaires d'une « communautarisation » de la Constitution, il faut bien reconnaître que le juge constitutionnel pose les jalons d'une pénétration irréversible du droit communautaire dans le bloc de constitutionnalité. Pour preuve : la décision du 18 décembre 1997 (*Rec.* p. 320) fait référence à une directive communautaire non transposée pour effectuer le contrôle de la constitutionnalité d'une loi.

59. Pour une illustration voir la décision n° 2004-505 DC du 19 novembre 2004 (Traité établissant une Constitution pour l'Europe), *Rec.* p. 173.

60. Sur cette question, voir G. Drago, *Contentieux constitutionnel français*, PUF, 2e éd., 2006, p. 330 et s.

61. *Rec.* p. 76.

62. Décision du 20 mai 1998 (*Rec.* p. 251) : le Conseil considère que « l'ensemble du texte examiné n'est contraire à aucun principe ni à aucune norme constitutionnelle, non plus qu'à aucune des normes communautaires de référence applicables en l'espèce » (dernier considérant).

2.74 ➤ La décision rendue le 27 juillet 2006 (2006-540 DC) officialise la compétence du juge constitutionnel pour contrôler une loi de transposition par rapport à la directive communautaire. Dans un considérant de principe, le Conseil déclare que : « saisi dans les conditions prévues par l'article 61 de la Constitution d'une loi ayant pour objet de transposer en droit interne une directive communautaire, (il lui appartient) de veiller au respect de cette exigence ; que toutefois le contrôle qu'il exerce à cet effet est soumis à une double limite ». La transposition d'une directive ne saurait aller à l'encontre d'une règle ou d'un principe inhérent à l'identité constitutionnelle de la France, sauf à ce que le constituant y ait consenti. De plus, seule une disposition législative « manifestement incompatible » avec la Constitution est susceptible de faire l'objet d'une censure, le juge constitutionnel ne pouvant saisir à titre préjudiciel la Cour de justice des communautés européennes. Cette jurisprudence, confirmée par la décision n° 2006-543 DC du 30 novembre 2006 par laquelle le Conseil censure pour la première fois une loi ne respectant pas une directive qu'elle avait pour objet de transposer[63], conduit le Conseil constitutionnel à opérer une double évaluation : l'évaluation de la directive communautaire par rapport à la Constitution et l'évaluation d'une loi de transposition par rapport à une directive communautaire[64]. En somme, le droit communautaire dérivé est intégré aux normes de références du contrôle de constitutionnalité dans ce contrôle spécifique des lois de transposition des directives.

2.75 ➤ Concernant le droit européen, la jurisprudence de la Cour européenne des droits de l'homme *Zielinski – Pradal – Gonzalez* (28 octobre 1999) relance le débat sur l'opportunité d'un revirement de jurisprudence de la décision *IVG*. Dans cette affaire, le juge de Strasbourg déclare contraire à l'article 6.1 de la Convention (droit à un procès équitable) une loi française de validation déclarée pourtant conforme à la Constitution par le Conseil constitutionnel dans une décision du 13 janvier 1994[65]. Une grande partie de la doctrine analyse cet arrêt de la manière suivante : la Cour européenne se comporte comme un juge « en dernier ressort » des décisions du Conseil constitutionnel. En d'autres termes, la Cour serait devenue une Cour constitutionnelle d'appel des décisions constitutionnelles nationales. Afin d'éviter de courir le risque d'être à nouveau censuré par le juge de Strasbourg, le Conseil constitutionnel aurait « intérêt » à intégrer la Convention dans ses normes de référence. Une autre lecture de l'arrêt du 28 octobre 1999 reste néanmoins envisageable : dans la lignée de la jurisprudence *IVG* du Conseil constitutionnel, la Cour européenne des droits de l'homme affirme qu'une loi contraire à la Convention européenne des droits de l'homme n'est pas forcément contraire à la Constitution. La protection constitutionnelle des droits fondamentaux s'appuie sur des sources et des procédures différenciées du système européen de protection des droits de l'homme[66].

---

63. *Rec.* p. 120.
64. Voir Ph. Blachèr et G. Protière, « Le Conseil constitutionnel, gardien de la Constitution face aux directives communautaires », *RFD const.*, n° 63, 2007, p. 123 et s.
65. Voir B. Mathieu, « Les validations législatives devant le juge de Strasbourg », *RFDA* 2000, p. 289.
66. Pour une vue d'ensemble de cette question : David Szymczak, *La CEDH et le juge constitutionnel national*, Publications de l'institut international des droits de l'homme, Bruylant, 2007.

§ 3 - QUELLES NORMES JURIDIQUES SONT CONCERNÉES PAR LA PROTECTION CONSTITUTIONNELLE DES DROITS FONDAMENTAUX ?

2.76 › En droit positif français, les normes susceptibles d'être déférées devant le Conseil constitutionnel restent théoriquement limitées en ce qui concerne le contrôle préventif de constitutionnalité (I) et actuellement incertaine en ce qui concerne le contrôle assuré dans le cadre de la question préjudicielle d'inconstitutionnalité (II).

I – LA LIMITATION DES NORMES CONTRÔLÉES À TITRE PRÉVENTIF

2.77 › La Constitution du 4 octobre 1958 n'envisage que la protection par le Conseil constitutionnel des lois votées (A) et des traités internationaux avant leur ratification (B). La question de l'extension des normes contrôlées restent posée (C).

A - LE CONTENTIEUX PRÉVENTIF DE LA CONSTITUTIONNALITÉ DES LOIS VOTÉES

2.78 › L'article 61 de la Constitution précise que seules les lois « avant leur promulgation » sont susceptibles de faire l'objet d'un contrôle de constitutionnalité par le Conseil. En d'autres termes, et à la différence du modèle répressif de justice constitutionnelle, le système français de contrôle de constitutionnalité des lois s'exerce avant l'entrée en vigueur de la loi votée.

2.79 › Conformément aux dispositions de l'article 61 de la Constitution, il convient de distinguer la procédure obligatoire, en matière de lois organiques et de règlements des assemblées parlementaires, de la procédure du contrôle facultatif, en matière de lois ordinaires votées.

2.80 › Dans le premier cas, la saisine du Conseil s'effectue par une simple transmission du texte législatif de la part du Premier ministre. Cette saisine est obligatoire pour le Premier ministre et n'a pas à être motivée. Il appartient au Conseil constitutionnel de rechercher les moyens d'inconstitutionnalité d'une loi organique votée ou d'un règlement d'assemblée. Les raisons du caractère obligatoire de la saisine tiennent à l'importance de ces catégories d'actes juridiques aux yeux des rédacteurs de la Constitution de 1958. Les lois organiques fixent les modalités d'application de la Constitution. Les règlements des assemblées déterminent les modalités de fonctionnement des chambres parlementaires. Autrement dit, au moyen de ces deux types de dispositions, le Parlement dispose de la possibilité de modifier l'équilibre constitutionnel à son profit. Aussi, dans l'esprit des constituants (en particulier chez le général De Gaulle), le Conseil constitutionnel demeure chargé de surveiller que les assemblées parlementaires ne s'octroient pas des compétences constitutionnelles supplémentaires.

2.81 › Dans le cas des lois ordinaires, la saisine du Conseil constitutionnel suppose l'intervention d'une autorité politique. D'après l'article 61, alinéa 2 de la Constitution, les lois peuvent être déférées au Conseil constitutionnel par le président de la République, le Premier ministre, le Président de l'Assemblée nationale, le Président du Sénat, soixante députés ou soixante sénateurs. Initialement, le texte de la Constitution du 4 octobre 1958 ne prévoyait pas la possibilité d'une saisine par les parlementaires. Afin de limiter le rôle du Conseil, le constituant avait limité le droit de saisine aux quatre plus hautes autorités de l'État. Du fait des circonstances politiques des débuts de la Ve République, ces autorités, qui étaient les auteurs des lois, n'avaient aucun motif de contester leurs lois devant le Conseil. À la limite, seul le Président du Sénat, qui n'était pas gaulliste, pouvait manifester un intérêt politique à utiliser cette prérogative. Malgré tout, entre 1958 et 1974, le Conseil constitutionnel n'a rendu que 9 décisions en matière de contrôle de la constitutionnalité des lois ordinaires. La loi constitutionnelle du 29 octobre 1974 a élargi la saisine à 60 députés ou 60 sénateurs. Cette extension de la saisine a transformé la fonction du contrôle de constitutionnalité des lois : cette technique est devenue, pour la minorité politique, un moyen de contester juridiquement une loi votée par la majorité. À partir de 1974, les saisines sur le fondement de l'article 61.2 se sont multipliées. Entre 1974 et 2008, le Conseil a rendu plus de 500 décisions en la matière.

2.82 > La saisine se présente, le plus souvent, sous la forme d'une lettre collectant au moins 60 signatures de députés ou de sénateurs et développant des griefs d'inconstitutionnalité à l'encontre de la loi. Le recours doit être déposé après l'adoption définitive de la loi par le Parlement, mais avant sa promulgation. Les autorités de saisine disposent finalement d'un délai court pour introduire leur requête devant le Conseil : l'article 10 de la Constitution dispose que le président de la République dispose d'un délai de 15 jours pour promulguer les lois votées. Mais rien n'interdit au chef de l'État de raccourcir ce délai, ce qui présente le risque d'empêcher toute saisine du Conseil. Un précédent illustre cette hypothèse. Le 28 octobre 1997, le président de la République promulgue la loi portant réforme du service national. Le lendemain, 60 sénateurs déposent un recours contre cette loi devant le Conseil. Dans sa décision du 7 novembre 1997[67], le juge constitutionnel constate que la saisine est tardive et « qu'il ne lui appartient pas de connaître une demande » de contrôle de constitutionnalité après la promulgation d'une loi. Ainsi, malgré la juridictionnalisation de la procédure constitutionnelle, il est encore possible au chef de l'État de bloquer le contrôle juridictionnel de la loi votée.

2.83 > Quel que soit le contenu de la saisine, le Conseil s'estime saisi de la loi dans son entier. À cet égard, il convient de souligner l'indépendance dont fait preuve le Conseil à l'égard de la volonté des requérants. Cette indépendance se manifeste d'abord par rapport aux motivations contenues dans les saisines. Il a déjà été souligné que le Conseil constitutionnel se réserve la possibilité de soulever d'office des moyens et des conclusions ne figurant pas dans la saisine. Par ailleurs, une fois le recours transmis au Conseil, la volonté des requérants de se désister reste sans incidence sur la suite du contentieux constitutionnel. Dans sa décision du 30 décembre 1996[68], le Conseil énonce qu'« aucune disposition de la Constitution ne permet aux autorités ou aux parlementaires habilités à déférer une loi au Conseil constitutionnel de le dessaisir en faisant obstacle à la mise en œuvre du contrôle de constitutionnalité engagé ; que, dès lors, hormis les cas d'erreur

67. *Rec.* p. 235.
68. *Rec.* p. 154.

matérielle, de fraude ou de vice de consentement, le Conseil constitutionnel ne saurait prendre en compte des déclarations exprimées en ce sens ». Autrement dit, les requérants ne disposent pas, à l'instar de toute partie à un procès, de la possibilité de retirer leur demande d'examen d'une loi votée.

2.84 > Une fois l'examen de la constitutionnalité de la loi terminé, le Conseil peut rendre trois types de décision. Il peut déclarer la loi conforme à la Constitution. Il peut, ensuite, décider de censurer la norme si celle-ci ne respecte pas les droits fondamentaux. Dans ce cas, deux types de décision sont envisageables. Le Conseil constitutionnel a la possibilité de déclarer que la loi dont il est saisi contient une disposition contraire à la Constitution et inséparable de l'ensemble de cette loi. Par conséquent, « celle-ci ne peut être promulguée » (art. 22, ordonnance organique du 7 novembre 1958). Ainsi, le fait pour le Conseil de déclarer non conforme à la Constitution une disposition votée et inséparable d'un texte législatif est un refus de considérer que la loi dans son ensemble respecte la Constitution. La déclaration d'inconstitutionnalité empêche la promulgation de la loi votée inconstitutionnelle. En revanche (seconde possibilité) : « Dans le cas où le Conseil constitutionnel déclare que la loi dont il est saisi contient une disposition contraire à la Constitution sans constater en même temps qu'elle est inséparable de l'ensemble de cette loi, le président de la République peut soit promulguer la loi à l'exception de cette disposition, soit demander aux chambres une nouvelle lecture » (art. 23, ordonnance du 7 novembre 1958 relative au Conseil constitutionnel). Dans cette hypothèse, la déclaration d'inconstitutionnalité n'interdit que la promulgation des dispositions inconstitutionnelles puisque le chef de l'État a la possibilité de promulguer la loi votée amputée des dispositions censurées.

2.85 > En somme, toute déclaration d'inconstitutionnalité (totale ou partielle) d'une loi votée ne saurait être assimilée à l'annulation d'une loi avant que celle-ci n'entre en application (les dispositions de la loi votée déclarées totalement ou partiellement inconstitutionnelles sont censées n'avoir jamais existé). Le Doyen Vedel explique ainsi que « la loi votée n'est pas littéralement annulée ; le Conseil constate simplement que, ne respectant pas la Constitution, elle n'exprime pas la volonté générale, ce qui arrête la procédure sauf si la demande de seconde lecture permet la correction des dispositions déclarées inconstitutionnelles et n'affectant pas par leur indivisibilité l'ensemble de la loi »[69].

B - LE CONTENTIEUX PRÉVENTIF DE LA CONSTITUTIONNALITÉ DES ENGAGEMENTS INTERNATIONAUX

2.86 > Si le Conseil constitutionnel peut être saisi afin d'examiner la constitutionnalité des engagements internationaux classiques (1.), sa compétence s'étend au droit communautaire dérivé depuis la décision n° 540 DC du 27 juillet 2006 (2.).

69. G. Vedel, « Excès de pouvoir législatif et excès de pouvoir administratif », *Les cahiers du Conseil constitutionnel*, n° 1, p. 62.

1 - *Engagement international classique et Constitution*

2.87 > L'article 54 de la Constitution permet de déférer au Conseil constitutionnel un engagement international qui n'a pas encore été ratifié ou approuvé. Cette procédure, facultative et préventive, permet de vérifier si les clauses de l'engagement international respectent la Constitution et les droits fondamentaux de valeur constitutionnelle. Initialement marginal, ce contrôle tend à se développer eu égard au nombre de traités internationaux susceptibles de remettre en cause le principe de la souveraineté nationale. C'est ainsi que depuis 1992 le Conseil constitutionnel est régulièrement invité à se prononcer sur la constitutionnalité des traités communautaires (Traité sur l'Union européenne, décision du 9 avril 1992 – Traité d'Amsterdam, décision du 31 décembre 1997 – Traité de Lisbonne du 13 décembre 2007, décision du 20 décembre 2007) et des traités susceptibles de heurter des droits constitutionnels (Traité sur la Cour pénale internationale, décision du 25 janvier 1999 – Charte européenne des langues régionales ou minoritaires, décision du 15 juin 1999).

2.88 > La saisine du Conseil est ouverte aux mêmes autorités politiques que pour les lois ordinaires, soit le président de la République, le Premier ministre, le président de l'Assemblée nationale, le président du Sénat et (depuis la loi constitutionnelle du 25 juin 1992) 60 députés ou 60 sénateurs. En principe, ce sont le président de la République et le Premier ministre qui utilisent cette prérogative, car étant les deux têtes de l'exécutif, ils demeurent responsables de la négociation et de la conclusion des traités.

2.89 > La procédure de l'article 54 diffère sensiblement de celle de l'article 61. Avant tout, la saisine ne présente pas de conditions de délais aussi restrictives que pour les lois ordinaires. Une fois le traité signé, la saisine peut être portée au Conseil avant la ratification parlementaire. Or la ratification ne peut intervenir qu'à la condition que l'engagement international ait été déclaré conforme à la Constitution. Ce qui implique, deuxième spécificité de la procédure de l'article 54, que le Conseil examine systématiquement toutes les stipulations de l'engagement. En outre, eu égard à la nature particulière d'un engagement international, l'intervention du Conseil n'en fait pas un corédacteur de l'acte qu'il contrôle. Le contentieux constitutionnel des engagements internationaux se borne à constater la constitutionnalité ou l'inconstitutionnalité d'un engagement international. En vertu de l'article 54 C, si le Conseil constitutionnel déclare qu'un engagement comporte une clause contraire à la Constitution, l'autorisation de le ratifier ou de l'approuver ne pourra intervenir qu'après une révision de la Constitution. C'est ainsi que, saisi par le président de la République du Traité sur l'Union européenne, le Conseil a considéré que ce texte comportait des clauses contraires aux conditions essentielles d'exercice de la souveraineté nationale (décision du 9 avril 1992). En conséquence de quoi le pouvoir de révision de la Constitution a modifié la Constitution, le 25 juin 1992, afin de pouvoir intégrer le Traité de Maastricht en droit interne.

2.90 > Alternativement à la procédure de l'article 54, il est toujours possible de soumettre au Conseil la loi de ratification d'un engagement international. Dans ce cas, la procédure suivie est celle de l'article 61.2 de la Constitution. Toutefois, la loi de ratification, qui est une loi ordinaire, doit, pour être déférée au Conseil, être votée par le Parlement et non adoptée par référendum. Le Conseil a ainsi refusé de vérifier la loi de ratification du Traité sur l'Union européenne, adoptée le 20 septembre 1992, au motif que ce texte législatif avait été soumis au référendum[70].

2 - Droit communautaire et Constitution

2.91 > L'enjeu du contrôle de la constitutionnalité du droit communautaire ne relève pas simplement de la stratégie du Conseil constitutionnel visant à étendre son « pouvoir ». Il s'agit d'une question de principe concernant les rapports juridiques entre le droit constitutionnel de l'État et le droit communautaire, d'origine supranationale : le juge constitutionnel détient-il les moyens juridiques de résister au « constitutionnalisme transnational » ? Le droit comparé montre que certaines cours constitutionnelles, en Allemagne ou en Italie, n'hésitent pas à examiner la conformité du droit communautaire par rapport aux droits et libertés constitutionnelles nationales. Par exemple, la Cour constitutionnelle allemande, par sa jurisprudence *Solange* (aussi longtemps que...) du 29 mai 1974, se considère compétente pour contrôler la constitutionnalité d'un acte de droit communautaire « tant que le processus d'intégration de la communauté n'a pas atteint un stade suffisamment avancé pour que le droit communautaire comporte également un catalogue en vigueur de droits fondamentaux arrêtés par un Parlement et correspondant au catalogue de droits fondamentaux consacrés par la Loi fondamentale ». Cette jurisprudence s'est depuis infléchie puisque par la décision *Solange II* du 22 octobre 1986, la Cour constate que grâce à la jurisprudence de la Cour de justice des Communautés européennes, la Communauté dispose d'un système de protection des droits fondamentaux sensiblement équivalent à la protection constitutionnelle. Aussi, tant que la Communauté comportera une protection « substantiellement comparable à celle de la présente Loi fondamentale », la Cour se dispensera d'exercer le contrôle de la constitutionnalité des actes de droit communautaire.

2.92 > La transposition de cette jurisprudence *Solange* à la France soulève une question de principe. On peut considérer que le droit d'origine communautaire s'impose à l'État dans la mesure où ce dernier a accepté de transférer des compétences aux Communautés européennes. De la sorte, le droit communautaire ne s'impose pas véritablement à l'État mais il procède plutôt de sa volonté. Il n'y a donc rien de choquant à admettre la supériorité normative des normes de droit communautaire, y compris dérivé, sur toutes les normes juridiques internes. Cette supériorité peut d'ailleurs se traduire, comme on l'a précédemment démontré, par l'intégration du droit communautaire au sein des normes de référence dont le respect s'impose au législateur.

2.93 > La décision n° 2006-540 DC rendue le 27 juillet 2006 est venue clarifier les rapports entre le droit constitutionnel et le droit communautaire dérivé. Le juge constitutionnel officialise sa compétence pour contrôler, à titre incident, la conformité à la Constitution des directives communautaires. Ce contrôle reste cependant limité et circonscrit. Il intervient, par ricochet, à l'occasion de l'examen d'une loi de transposition qui reste l'objet central du contrôle de constitutionnalité dans le cadre de la procédure de l'article 61,

70. Décision du 23 septembre 1992, *Rec.* p. 94.

alinéa 2. De plus, le Conseil constitutionnel exige que la loi transpose de manière intégrale et précise la directive pour confronter cette dernière par rapport à la Constitution. L'esprit de la jurisprudence réside dans l'impossibilité matérielle de distinguer la norme législative de la norme communautaire. *A contrario*, la décision n° 2006-535 DC du 30 mars 2006 affirme « qu'il n'appartient pas au Conseil constitutionnel, lorsqu'il est saisi en application de l'article 61 de la Constitution, d'examiner la compatibilité d'une loi avec les dispositions d'une directive communautaire qu'elle n'a pas pour objet de transposer en droit interne ». Dans cette hypothèse, la directive ne constitue pas une norme de référence du contrôle de constitutionnalité. Cette position confirme que la décision n° 540 DC ne saurait être analysée comme un revirement de la jurisprudence *IVG* du 15 janvier 1975 (décision par laquelle le Conseil constitutionnel refuse d'intégrer les engagements internationaux dans les normes de référence de son contrôle)[71].

C - VERS UN CONTRÔLE PRÉVENTIF DES LOIS ADOPTÉES PAR RÉFÉRENDUM ?

2.94 > Parce que les lois référendaires sont susceptibles de porter atteinte aux droits fondamentaux, est-il envisageable d'étendre la compétence du Conseil constitutionnel à cette catégorie de lois ? Le Conseil constitutionnel, juge des opérations préalable au référendum (art. 60), assure déjà le contrôle de la régularité procédurale du référendum législatif. Sa compétence pourrait s'étendre au contrôle de la loi référendaire pour différents motifs.

2.95 > La suprématie de la norme constitutionnelle sur l'ensemble des règles de droit implique la soumission de toutes les normes de rang législatif à la Constitution. En l'espèce, les lois référendaires de nature ordinaire ou organique doivent respecter la Constitution pour pouvoir être réputées exprimer la volonté générale. C'est pourquoi il ne paraît pas illogique de défendre l'extension du contrôle de constitutionnalité à l'égard de ce type de loi. L'absence de contrôle de constitutionnalité sur les lois référendaires peut conduire à nier l'idée de Constitution dans la mesure où, épargné de toute contrainte de constitutionnalité, rien n'empêche le législateur référendaire de voter des lois contraires à la Constitution. L'exemple des décisions d'incompétence du Conseil constitutionnel de 1962 et de 1992 montre que la voie référendaire constitue pour le législateur un moyen de se soustraire aux règles et principes constitutionnels que la jurisprudence du même Conseil impose habituellement au législateur parlementaire. Un tel risque semble d'ailleurs renforcé depuis la révision constitutionnelle du 4 août 1995 qui étend le domaine du référendum législatif ordinaire aux « réformes relatives à la politique économique ou sociale de la nation et aux services publics qui y concourent ». Même si, pour l'heure, la portée juridique ou politique de cette réforme ne se manifeste guère, il n'en reste pas moins que le chef de l'État dispose, avec la nouvelle rédaction de l'article 11 de la Constitution, d'une arme constitutionnelle lui permettant de faire adopter les projets de loi relatifs à la « politique économique ou sociale » par la voie référendaire, donc sans contrôle juridictionnel de constitutionnalité.

71. Sur ce point voir Ph. Blachèr et G. Protière, « Le Conseil constitutionnel, gardien de la Constitution face aux directives communautaires », art. précité, p. 136.

2.96 > La solution jurisprudentielle d'incompétence de la décision du 6 novembre 1962 du Conseil constitutionnel établit une hiérarchie non fondée entre les deux modalités d'expression de la souveraineté nationale : la voie parlementaire et la voie référendaire. Au terme de l'article 3 de la Constitution du 4 octobre 1958, « la souveraineté nationale appartient au peuple qui l'exerce par ses représentants ou par l'intermédiaire du référendum ». Il résulte de cet énoncé constitutionnel que le constituant n'a pas entendu établir de hiérarchie entre l'expression directe du peuple et celle de ses représentants : les deux procédures mentionnées par la Constitution désignent deux modalités d'expression de la volonté générale. Dès lors, l'argumentation du Conseil constitutionnel selon laquelle une loi référendaire ne saurait être soumise au contrôle de constitutionnalité au motif qu'elle constitue « l'expression directe de la souveraineté nationale » est discutable : si la volonté générale ne s'exprime « que dans le respect de la Constitution », il faut que les deux modalités d'expression de la volonté générale (par les représentants du peuple ou par l'intermédiaire du référendum) prévues par l'article 3 soient soumises au contrôle juridictionnel de constitutionnalité.

2.97 > En outre, le refus du Conseil constitutionnel de contrôler la loi référendaire opère implicitement une hiérarchie normative paradoxale entre la loi votée par le Parlement et la loi adoptée par le peuple. Si le Conseil constitutionnel refuse d'examiner la loi référendaire, c'est en raison de l'auteur de la loi qui est présenté comme le « souverain » : seul le critère organique est déterminant, dans les décisions du 1962 et 1992, pour justifier l'absence de contrôle de constitutionnalité de cette catégorie de loi. Pourtant, lorsque le peuple adopte une loi référendaire, il n'exerce son pouvoir constituant que dans l'hypothèse où la loi qu'il adopte possède une nature constitutionnelle. En dehors de ce cas précis où le peuple agit au titre de son pouvoir constituant, toute loi référendaire ordinaire ou organique est adoptée par le peuple – « pouvoir constitué ». Le Conseil constitutionnel confond ainsi le « peuple souverain » et le « peuple gouvernant ». Burdeau a pourtant montré la nécessité de ne pas confondre ces deux peuples : « Si, en tant que souverain, il (le peuple) est absolument libre, comme gouvernant, son activité est, au même titre que celle des autres gouvernants, dominée par le statut que la Constitution impose aux agents d'exercice du pouvoir »[72]. Suivant cette analyse, il faut considérer que lorsque le peuple adopte par référendum la loi autorisant la ratification du Traité de Maastricht, ce n'est pas le « peuple souverain », ou constituant qui s'exprime mais le « peuple gouvernant », pouvoir constitué. La procédure référendaire ne représente ici qu'un mode alternatif d'adoption d'une loi ordinaire. Il paraît donc injustifié sur le plan du droit que le peuple – « législateur ordinaire » – soit exempté de la contrainte du respect de la Constitution, à l'inverse des représentants du peuple – « législateur ordinaire ». Et ce d'autant plus que la procédure référendaire se déclenche à la demande du président de la République. Ce qui revient à dire qu'à strictement parler, la loi adoptée par référendum ne constitue pas un acte de souveraineté populaire puisque l'initiative populaire n'existe toujours pas en droit constitutionnel français.

2.98 > Enfin, la jurisprudence constitutionnelle de 1962 demeure contradictoire avec le processus d'insertion des normes législatives dans l'ordre juridique. Comme les autres

72. G. Burdeau, *Droit constitutionnel et institutions politiques*, LGDJ, 1963, p. 111.

lois votées, la loi référendaire s'insère dans l'ordre juridique non pas en fonction de son origine, populaire ou parlementaire, mais en fonction de sa nature : le rang d'une loi référendaire dans la hiérarchie des normes se détermine en fonction du contenu de ses prescriptions. Ainsi, en 1962, le Conseil constitutionnel se déclare incompétent pour contrôler la constitutionnalité d'une loi constitutionnelle adoptée par référendum, tandis qu'en 1992, il refuse de vérifier la constitutionnalité d'une loi autorisant la ratification d'un traité, c'est-à-dire d'une simple loi ordinaire. Bien que ces deux textes juridiques soient adoptés par une votation populaire, leur place dans la hiérarchie des normes demeure différente : la loi de 1962 a un rang constitutionnel, tandis que la loi de 1992 prend place au niveau de la législation ordinaire. Aussi, puisque le Conseil constitutionnel demeure compétent pour contrôler, sur le fondement de l'article 61 de la Constitution, « la conformité à la Constitution des lois organiques et des lois ordinaires »[73], il serait logique qu'il accepte de contrôler une loi ordinaire émanant du peuple.

2.99 > L'extension du contrôle de constitutionnalité aux lois référendaires de nature ordinaire ou organique est souhaitée par une bonne partie de la doctrine constitutionnaliste. Par exemple, Jean Gicquel considère que « la loi référendaire doit se concilier avec l'État de droit, dont le Conseil constitutionnel assume la garde. Car, désormais, aux termes d'un fameux *obiter dictum*, la loi n'exprime la volonté générale que dans le respect de la Constitution »[74].

2.100 > Cette opinion doctrinale s'avère d'autant plus fondée que des indices tirés de la jurisprudence du Conseil constitutionnel rendent de plus en plus envisageable un contrôle de la constitutionnalité des lois référendaires en droit français. Tout d'abord par la décision du 9 janvier 1990[75], le Conseil constitutionnel considère que la modification ou l'abrogation d'une loi référendaire par une loi parlementaire est conforme à la Constitution. Le Conseil énonce que « le principe de la souveraineté nationale ne fait nullement obstacle à ce que le législateur, statuant dans le domaine de compétence qui lui est réservé par l'article 34 de la Constitution, modifie, complète ou abroge des dispositions législatives antérieures ; qu'il importe peu, à cet égard, que les dispositions modifiées, complétées ou abrogées résultent d'une loi votée par le Parlement ou d'une loi adoptée par voie de référendum ». Ce faisant, la juridiction constitutionnelle n'établit aucune hiérarchie entre deux lois de même nature (ordinaire ou organique), même si l'une des deux normes a pour origine la votation populaire. Pour quelles raisons cette solution jurisprudentielle, qui ne concerne pour l'instant que le régime des modifications ou de l'abrogation des lois, ne pourrait-elle pas s'étendre au régime d'adoption de la loi votée ?

2.101 > De plus, la jurisprudence du 9 janvier 1990 peut, en se combinant à la jurisprudence dite *État d'urgence en Nouvelle-Calédonie* du 25 janvier 1985[76], conduire le Conseil constitutionnel à contrôler la constitutionnalité d'une loi adoptée par le peuple. Si une loi parlementaire abrogeant, modifiant ou complétant une loi référendaire est déférée au

73. Décision 23 septembre 1992, *Rec.* p. 94.
74. J. Gicquel, « Démocratie continue et référendum », *La démocratie continue*, Bruylant – LGDJ, 1995, p. 155.
75. *Rec.* p. 12.
76. *Rec.* p. 43.

contrôle de constitutionnalité, le Conseil constitutionnel admet la possibilité de vérifier la constitutionnalité de la loi ancienne (décision de 1985), même si cette dernière est une loi référendaire (décision de 1990). Les éléments jurisprudentiels d'un contrôle *a posteriori* de la constitutionnalité d'une loi référendaire peuvent donc être, d'ores et déjà, mis en œuvre par le juge constitutionnel.

2.102 > Enfin, par la décision du 2 juin 1987[77], le Conseil constitutionnel affirme qu'en matière de référendum local d'autodétermination, « la question posée aux populations intéressées doit satisfaire à la double exigence de loyauté et de clarté de la consultation ; que s'il est loisible aux pouvoirs publics, dans le cadre de leurs compétences, d'indiquer aux populations intéressées les orientations envisagées, la question posée aux votants ne doit pas comporter d'équivoque, notamment en ce qui concerne la portée de ces indications ». Cette solution peut logiquement s'étendre au référendum national et constituer le fondement d'un contrôle *a priori* de la loi référendaire.

2.103 > Il n'y a donc pas lieu de réviser l'article 61 de la Constitution pour permettre un contrôle de la constitutionnalité des lois référendaires : le Conseil constitutionnel dispose dans sa jurisprudence des éléments techniques lui permettant d'effectuer un tel contrôle. Il faut enfin ajouter que la loi constitutionnelle du 23 juillet 2008 permet l'organisation d'un référendum législatif à l'initiative d'un cinquième des membres du Parlement soutenue par un dixième des électeurs inscrits sur les listes électorales. La conformité à la Constitution de la proposition d'initiative mixte est obligatoirement appréciée par le Conseil constitutionnel (art. 11 C.).

II – LES NORMES CONCERNÉES PAR LA QUESTION PRIORITAIRE DE CONSTITUTIONNALITÉ

2.104 > La procédure de la question prioritaire de constitutionnalité concerne « une disposition législative » qui porte atteinte « aux droits et libertés garantit par la Constitution » (art. 61-1 de la Constitution) ou qui s'avère « non conforme » aux engagements internationaux de la France (art. 23-2 de la Loi organique du 10 décembre 2009 relative à l'application de l'article 61-1 de la Constitution). Il reste à identifier les normes législatives éventuellement concernées par la procédure de l'article 61.1.

2.105 > Il est exclu de soulever la question prioritaire à propos d'une disposition législative déjà déclarée conforme à la Constitution par le Conseil constitutionnel. Bénéficiant de l'autorité de la chose jugée, une disposition expressément sanctionnée par le juge constitutionnel doit s'appliquer. En ce sens, la loi organique n° 1523 relative à l'application de l'article 61.1 précise que la transmission de la question prioritaire par le juge du fond n'est envisageable que si « elle n'a pas déjà été déclarée conforme à la Constitution dans les motifs et le dispositif d'une décision du Conseil constitutionnel, sauf changement des circonstances » (art. 23-2 L.O. du 10 décembre 2009). Le changement des circonstances rend possible le contrôle de dispositions législatives déclarées conforme à la

77. *Rec.* p. 34.

Constitution dans le cadre du contrôle préventif. L'hypothèse la plus simple à imaginer est celle d'une révision de la Constitution postérieure à la promulgation de la loi. Dans ce cas, il est possible que la norme législative devienne incompatible avec les nouvelles dispositions constitutionnelles. Dès lors, il paraît nécessaire de permettre à un juge constitutionnel de déclarer caduque la loi dérogeant aux nouvelles dispositions constitutionnelles. Cette possibilité est d'ailleurs évoquée implicitement par le Conseil constitutionnel dans la décision du 2 septembre 1992[78]. Invitée, dans le cadre de l'article 54 de la Constitution, par les requérants parlementaires à contrôler pour la seconde fois la constitutionnalité du Traité de Maastricht par rapport aux nouvelles dispositions constitutionnelles votées le 25 juin 1992, la Haute instance se reconnaît compétente dans deux hypothèses : « d'une part, s'il apparaît que la Constitution, une fois révisée, demeure contraire à une ou plusieurs stipulations du traité ; d'autre part, s'il est inséré dans la Constitution une disposition nouvelle qui a pour effet de créer une incompatibilité avec une ou des stipulations du traité dont il s'agit ».

2.106 > Seules les dispositions expressément contrôlées à titre préventif bénéficient d'une immunité juridictionnelle. Cette condition suppose, comme on le dit depuis longtemps (par ex. Ph Blachèr, « Le Conseil en fait-il trop ? », *Pouvoirs* n° 105, p. 27, 2003), d'interpréter le « considérant-balai » des décisions constitutionnelles de manière restrictive : « Considérant qu'en l'espèce, il n'y a lieu pour le Conseil constitutionnel de soulever (d'office) aucune question de conformité à la Constitution en ce qui concerne les autres dispositions de la loi dont il est saisi ». Il faut désormais comprendre cet énoncé comme suit : tout ce qui n'a pas été effectivement déclaré conforme à la Constitution dans les motifs et le dispositif d'une décision reste susceptible de faire l'objet d'un contrôle *a posteriori* (voir 2.141 et suiv.).

2.107 > Les lois organiques seront-elles exclues du champ d'application de la procédure de l'article 61.1 dans la mesure où elles font l'objet d'un contrôle préventif obligatoire ? Rien n'interdit de penser que des dispositions organiques non expressément examinée puissent être contestées à nouveau. Le « considérant balai » ne saurait, comme en matière de lois ordinaires, bloquer le mécanisme de la question prioritaire.

2.108 > Les lois autorisant la ratification d'un engagement international ne devraient pas être concernées par la procédure de l'article 61.1. Le contrôle *a posteriori* d'une disposition législative de ce type de loi pourrait conduire à la mise en cause de l'application de certaines stipulations internationales et donc porter atteinte à la règle *Pacta sunt servenda*. Jusqu'à présent, le Conseil constitutionnel s'est refusée à contrôler incidemment la constitutionnalité d'un engagement international à l'occasion du contrôle préventif, dans le cadre de la procédure de l'article 54 C., d'un traité modificatif (voir CC 85-193 D.C. du 24 juillet 1985). Au nom de la nature particulière des engagements internationaux et des impératifs de sécurité juridique, le principe « d'immunité juridictionnelle des traités » (Christine Mauguë) prévaut.

78. *Rec.* p. 76.

2.109 > Les lois référendaire soulèvent plus d'incertitudes. « Expression directe de la souveraineté nationale » (décision 62-20 DC du 6 novembre 1962), la loi référendaire échappe au contrôle préventif de constitutionnalité. Mais le Conseil constitutionnel vérifie la régularité des opérations préalables au référendum (art. 60 C.). Et le faible nombre de lois référendaires en application rend très hypothétique l'éventualité d'une contestation de ce type de dispositions via la question préjudicielle de constitutionnalité.

2.110 > La jurisprudence du 6 novembre 1962 n'empêche pas le Conseil constitutionnel de considérer que le législateur peut, par la voie parlementaire, modifier, compléter ou abroger une disposition législative antérieure même si cette dernière résulte d'une loi adoptée par référendum (décision 89-265 D.C. du 9 janvier 1990). Autrement dit, une disposition législative adoptée par référendum et promulguée ne bénéficie plus d'un traitement particulier. Dans ces conditions, la transposition de la jurisprudence du 6 novembre 1962 au contrôle de dispositions référendaires *promulguées* ne s'impose pas avec évidence.

2.111 > Enfin, la loi organique n° 1523 du 10 décembre 2009 aménage une procédure particulière à propos des lois du pays de la Nouvelle-Calédonie. Eu égard au régime législatif particulier de cette catégorie de lois, le Conseil constitutionnel est tenu d'aviser, en cas de question prioritaire, le président du gouvernement de la Nouvelle-Calédonie, le président du congrès et les présidents des assemblées de province, en sus des dispositions prévues par l'article 23-8 (voir n° 2-53). De plus, la décision du Conseil constitutionnel, publiée au *Journal Officiel de la République*, est également publiée au *Journal Officiel de la Nouvelle-Calédonie* (art. 23-11, L.O. du 10 décembre 2009).

Section II

LES MODALITÉS DE LA PROTECTION DEVANT LE CONSEIL CONSTITUTIONNEL DES DROITS FONDAMENTAUX

2.112 > Trois aspects essentiels de la protection devant le Conseil constitutionnel des droits fondamentaux seront examinés : les personnes pouvant déclencher cette protection (§ 1) ; les cas d'ouverture par le Conseil constitutionnel de la protection (§ 2) ; et, enfin, les modalités du contrôle du respect des droits fondamentaux (§ 3).

§ 1 - LES PERSONNES POUVANT DÉCLENCHER LA PROTECTION DEVANT LE CONSEIL CONSTITUTIONNEL

2.113 > Si la saisine exercée à titre préventif est réservée à des acteurs institutionnels (I), l'accès de la justice constitutionnelle aux justiciables est désormais prévu par l'article 61.1 C. concernant la protection des droits fondamentaux (II).

I – UNE SAISINE PRÉVENTIVE RÉSERVÉE À DES ACTEURS INSTITUTIONNELS

2.114 > La saisine *a priori* devant le Conseil constitutionnel est enfermée dans le temps : le temps de la confection de la loi. Située entre le vote et la promulgation, la saisine du Conseil constitutionnel déclenche une procédure, « singulière »[79], qui se déroule dans l'urgence. Le point de départ du délai de recevabilité de la saisine se situe au moment du vote définitif de la loi. Le terme de ce délai reste totalement maîtrisé par le président de la République. L'article 10 de la Constitution donne au chef de l'État un délai de 15 jours maximum pour promulguer une loi votée. Le président de la République peut anticiper cette période et promulguer un texte législatif dans les 7 jours, comme en atteste la promulgation de la loi relative au service national votée le 21 octobre 1997, promulguée le 28 octobre et déférée au Conseil constitutionnel le 29 octobre[80], soit un jour trop tard.

2.115 > Cette contrainte temporelle, qui pèse sur les requérants, lesquels ne disposent que d'un délai bref pour rédiger et motiver la saisine, explique en partie les raisons pour lesquelles la saisine n'est ouverte qu'aux « institutionnels ». Ces autorités politiques, désignées par la Constitution pour agir devant le Conseil, n'ont pas besoin de justifier d'un intérêt à agir. Leur saisine n'a même pas à être motivée. La saisine peut ainsi être définie, très sommairement, comme une action qui déclenche la compétence du Conseil constitutionnel. Bien que dans la pratique constitutionnelle les saisines parlementaires soient généralement motivées, le Conseil constitutionnel ne s'estime pas lié par l'argumentation des requérants. La saisine a pour objet « de mettre en œuvre, avant la clôture de la procédure législative, la vérification par le Conseil constitutionnel de toutes les dispositions de la loi déférée, y compris de celles qui n'ont fait l'objet d'aucune critique de la part des auteurs de la saisine »[81]. Le Conseil constitutionnel refuse donc d'être lié par les termes de la requête qui lui est adressée, comme le juge administratif pourrait l'être dans le cadre du recours pour excès de pouvoir. Rares sont les auteurs qui proposent d'inclure dans un texte « l'obligation pour les parlementaires de motiver davantage, voire de motiver tout court leur saisine, en ce qui concerne les lois ordinaires »[82]. Une telle proposition est, sans doute, vouée à l'échec, car il est illusoire de penser qu'une saisine motivée pourrait permettre un encadrement du raisonnement juridictionnel. L'obligation de motiver une saisine n'empêchera jamais le Conseil constitutionnel d'interpréter les argumentations des requérants et de les écarter en estimant, par exemple, que les moyens soulevés manquent en fait ou sont inopérants. Le juge constitutionnel, comme tout interprète « authentique » de la Constitution, détient le pouvoir de sélectionner les argumentations de son choix pour construire un raisonnement justificatif[83].

---

79. G. Vedel, « Réflexion sur les singularités de la procédure devant le Conseil constitutionnel », *Mélanges R. Perrot*, Dalloz, 1996, p. 537.
80. Décision du 7 novembre 1997, *Rec.* p. 235.
81. Décision du 30 décembre 1996, *Rec.* p. 154.
82. D. Turpin, Intervention à la table ronde « Faut-il réformer le Conseil constitutionnel ? », 27-28 octobre 1998, in *Le Conseil constitutionnel a 40 ans*, LGDJ – Conseil constitutionnel, 1999, p. 193.
83. Sur le pouvoir d'interprétation du Conseil constitutionnel, voir M. Troper, « Justice constitutionnelle et démocratie », in *Pour une théorie juridique de l'État*, PUF, coll. Léviathan, 1994, p. 329.

2.116 ▸ La saisine se limite ainsi à ouvrir le contentieux constitutionnel. Réservée à ce que l'on a appelé des « procureurs de la Constitution », la saisine déclenche, théoriquement, le contrôle de constitutionnalité dans un intérêt public, objectif : l'intérêt de la loi et de la Constitution. C'est pour assurer le respect de la Constitution sur les textes législatifs qui vont entrer en application que le contrôle préventif de constitutionnalité se justifie.

2.117 ▸ Les usages de l'article 61 de la Constitution révèlent cependant que les saisines parlementaires, les plus fréquentes en matière de contrôle de la constitutionnalité des lois ordinaires, sont rédigées moins pour défendre un intérêt public que pour soutenir un intérêt partisan. La saisine parlementaire est alors orientée dans un but politicien et/ou dilatoire. « La stratégie de ceux qui saisissent »[84] consiste à retarder au maximum la promulgation de la loi votée ou à continuer la contestation politique d'un texte par une argumentation juridique, parfois mal fondée ou déclarée inopérante par le Conseil[85]. L'extension de la saisine du Conseil constitutionnel à 60 députés ou 60 sénateurs a ainsi permis à la minorité parlementaire de pouvoir contester un texte de la majorité, faisant du Conseil constitutionnel un « tiers pouvoir » entre la majorité gouvernementale et l'opposition parlementaire[86]. Certains auteurs, tel le Doyen Roussillon[87], envisagent d'ailleurs de renforcer cette fonction tribunitienne de la saisine en proposant une baisse du nombre des signataires exigés par l'article 61 de la Constitution. Une telle révision constitutionnelle n'est pas encore d'actualité. Mais il n'est pas exclu que le Conseil constitutionnel prenne l'initiative d'élargir son prétoire à la minorité de l'opposition parlementaire. Il suffirait pour cela que la Haute juridiction revienne sur sa jurisprudence antérieure[88] refusant les recours complémentaires émanant de moins de 60 parlementaires à partir du moment où une requête préalable de 60 signataires a bien été déposée. En effet, de deux choses l'une : ou bien le Conseil n'est pas lié par le contenu d'une saisine, et on comprend mal pourquoi il refuse une requête complémentaire émanant d'un ou plusieurs députés[89] ; ou bien le Conseil est lié par le contenu d'une saisine – dans ce cas, il est normal que le juge refuse d'examiner une requête déposée tardivement qui soulève de nouveaux griefs d'inconstitutionnalité. Mais, à ce moment-là, le Conseil constitutionnel modifie, sans oser l'avouer, la portée de la saisine et s'engage à ne plus statuer *ultra petita* ; ce qu'il ne fait pas.

---

84. G. Carcassonne, « La stratégie de ceux qui saisissent », in *Vingt ans de saisine parlementaire du Conseil constitutionnel*, Economica, PUAM, 1994, p. 49.

85. C'est en particulier le cas dans la décision n° 99-419 DC du 9 novembre 1999 relative au pacte civil de solidarité (pour un commentaire, voir Ph. Blachèr et J.-B. Seube, « Le PACS à l'épreuve de la Constitution », *RDP* 2000, p. 203).

86. Voir P. Avril et J. Gicquel, *Le Conseil constitutionnel*, Montchrestien, coll. Clefs-politique, 4e éd., 1998, p. 111.

87. H. Roussillon, *Le Conseil constitutionnel*, Dalloz, coll. Connaissance du droit, 4e éd., 2001, p. 29.

88. Décision du 30 décembre 1977, *Rec.* p. 46.

89. Hypothèse rencontrée récemment dans la décision relative au PACS du 9 novembre 1999 (décision précitée, considérant n° 2 et 3) dans laquelle le Conseil déclare irrecevable le mémoire déposé par M. Goasguen, député signataire de la première saisine.

II – UNE SAISINE OUVERTE AUX JUSTICIABLES EN MATIÈRE DE PROTECTION DES DROITS FONDAMENTAUX

2.118 ▸ Contrairement à une idée reçue, la procédure de la question prioritaire de constitutionnalité, introduite par la loi constitutionnelle n° 2008-724 du 23 juillet 2008, n'accorde pas le droit de saisir le Conseil constitutionnel aux citoyens. Dans certains États, toute personne (physique ou morale) dispose sans intermédiaire du droit de saisir la Cour constitutionnelle. L'article 61.1 n'est en aucun cas assimilable à une forme de recours direct devant le Conseil constitutionnel. D'ailleurs, le nouvel article de la Constitution ne mentionne pas le titulaire du droit de soulever la question préjudicielle (« Lorsque, à l'occasion d'une instance en cours devant une juridiction, *il* est soutenu qu'une disposition législative porte atteinte aux droits et libertés que la Constitution garantit... », Souligné par nous).

2.119 ▸ Les justiciables, en tant que parties à un procès dirigé par une juridiction relevant de l'ordre judiciaire ou de l'ordre administratif, sont évidemment les premiers concernés par la procédure de l'article 61.1. La seule restriction mentionnée par la loi organique du 10 décembre 2009 concerne les parties à un procès devant la cour d'assise. Les justiciables conservent néanmoins la possibilité de soulever la question prioritaire de constitutionnalité dans la phase de l'instruction (dans ce cas, l'article 23-1 de la Loi organique du 10 décembre 2009 indique que la demande sera formulée devant la juridiction d'instruction du second degré) et, éventuellement, « en cas d'appel d'un arrêt rendu par la cour d'assises en premier ressort » (art. 23-1 précité). Techniquement, la saisine *a posteriori* introduit une dimension subjective dans le contentieux constitutionnel. Saisi dans le cadre d'un litige concret, le juge constitutionnel doit nécessairement adapter ses instruments du contrôle de la constitutionnalité des lois à la dimension subjective de la saisine[90]. Comme le précise Noëlle Lenoir, ancien membre du Conseil constitutionnel : « (...) dans le cadre du contrôle *a posteriori*, le juge est le plus souvent saisi en dernier ressort d'un litige concret, alors qu'un débat judiciaire a pu déjà avoir lieu en première instance, puis en appel. Il a donc la possibilité d'avoir du recul face aux problèmes juridiques posés, ce que ne permet pas toujours le contrôle *in abstracto*[91]. »

2.120 ▸ Ainsi, dans le cadre de la question prioritaire de constitutionnalité le Conseil constitutionnel est principalement conduit à protéger les droits constitutionnels subjectifs, non les droits constitutionnels organisant les pouvoirs publics. En d'autres termes, l'objectif du contrôle de la disposition contestée par les justiciables n'est pas de savoir si

---

90. Comme l'observe Michel Fromont : « À vrai dire, le contrôle de la constitutionnalité des lois sur renvoi du juge ordinaire n'est que partiellement un contentieux subjectif et concret. Cette procédure est principalement objective, dans la mesure où la Cour constitutionnelle est saisie par le juge, c'est-à-dire par un organe de l'État agissant dans l'intérêt général, mais elle est indirectement subjective dans la mesure où la question a souvent été soulevée devant le juge ordinaire par l'une des parties. De même, la réponse donnée est principalement concrète puisqu'elle a pour seul objet de permettre la solution d'un litige opposant un particulier à un autre particulier ou à une autorité publique, mais elle est aussi en partie abstraite dans la mesure où elle est formulée par un juge qui n'a pas à résoudre lui-même le litige concret. » (*La justice constitutionnelle dans le monde*, Dalloz, 1996, p. 59).

91. N. Lenoir, « Le métier de juge constitutionnel », *Le débat* 2001, p. 179.

la majorité parlementaire a rédigé une loi conforme à la Constitution mais de s'assurer que l'application de la loi est toujours conforme à la Constitution. La saisine *a posteriori* consacre « l'applicabilité directe de la norme constitutionnelle »[92]. Habituellement invoquée à propos du droit communautaire, l'applicabilité directe se définit, pour la Cour de justice des Communautés européennes, de la manière suivante : « il signifie que les règles du droit communautaire doivent déployer la plénitude de leurs effets ; qu'ainsi, ces dispositions sont une source immédiate de droits et d'obligations pour tous ceux qu'elles concernent, qu'il s'agisse des États membres ou des particuliers qui sont parties à des rapports juridiques relevant du droit communautaire ; que cet effet concerne également tout juge qui, saisi dans le cadre de sa compétence, a, en tant qu'organe de l'État, pour mission de protéger les droits conférés aux particuliers par le droit communautaire »[93]. Transposé au droit constitutionnel, le principe d'applicabilité directe se manifeste par le fait que la Constitution confère aux personnes des droits et libertés que le juge constitutionnel doit protéger. Ces droits sont opposables à l'encontre des actes des pouvoirs publics (effet vertical de l'applicabilité directe), mais aussi entre les particuliers (effet horizontal de l'applicabilité directe).

2.121 > Le contentieux constitutionnel se rapproche alors vraiment des autres contentieux : il est le contentieux du moment, du présent. Il suppose (au moins) deux parties, un débat contradictoire[94], une oralité du procès, la présence d'un avocat. Le projet de loi organique indique clairement que « la procédure devant le Conseil constitutionnel sera contradictoire ». De plus, « sauf cas exceptionnel, elle sera publique ».

2.122 > Les juridictions relevant du Conseil d'État ou de la Cour de cassation ne disposent de la possibilité de soulever d'office l'inconstitutionnalité d'une disposition législative au cours d'un procès. Traditionnellement, la jurisprudence de la Haute juridiction administrative interdit aux juges du fond de soulever d'office la question de la conformité d'un acte administratif avec des lois et des engagements internationaux. Logiquement, la loi organique du 10 décembre 2009 relative à l'application de l'article 61-1 de la Constitution indique que « le moyen tiré de ce qu'une disposition législative porte atteinte aux droits et libertés garantis par la Constitution... ne peut être relevé d'office » (art. 23-1).

§ 2 - LES CAS D'OUVERTURE DE LA PROTECTION DES DROITS FONDAMENTAUX DEVANT LE CONSEIL CONSTITUTIONNEL

2.123 > Empruntant au juge administratif français la distinction des cas d'ouverture du recours pour excès de pouvoir, le Conseil sanctionne deux types d'inconstitutionnalité de la loi : l'inconstitutionnalité « externe » (I) et l'inconstitutionnalité « interne » (II). La

92. J. Gicquel, « L'applicabilité directe de la norme constitutionnelle », in *Libertés et droits fondamentaux*, (sous la dir.) M. Delmas-Marty et C. Lussac de Peyssac, Le Seuil, coll. Points, 1996, p. 237.
93. CJCE, 9 mars 1978, *Administration des finances de l'État c. SA Simmenthal, Rec.* p. 629.
94. Dans la conclusion de son exposé sur « La procédure contradictoire et le juge constitutionnel », Michel Verpeaux souligne : « Un contrôle par la voie de question préjudicielle, sur le modèle de celui prévu par le projet de révision déposé en 1990, permettrait, à coup sûr, une amélioration de la procédure contradictoire. » (*RFDA*, n° 2, 2001, p. 352).

protection des droits fondamentaux se révèle ainsi à la fois formelle et matérielle. Il reste que seule la sanction de l'inconstitutionnalité interne semble concernée par la procédure de la question préjudicielle de l'article 61.1.

I – LA SANCTION DE L'INCONSTITUTIONNALITÉ « EXTERNE » DE LA LOI VOTÉE

2.124 ➤ Le Conseil constitutionnel examine que la loi soumise au contrôle respecte les exigences constitutionnelles tenant à la forme de l'acte législatif. Deux types de sanction peuvent être infligés au législateur sur ce point : la sanction de l'incompétence et celle du vice de forme dans l'élaboration de la loi.

2.125 ➤ Le Conseil sanctionne l'incompétence du législateur selon deux modalités. D'une part, il examine les cas d'incompétences « positives » entendus comme l'ensemble des hypothèses pour lesquelles le législateur est allé au-delà de ses compétences législatives. Par exemple, le législateur ordinaire n'est pas habilité par la Constitution à légiférer dans le domaine du législateur organique. Une procédure originale, prévue par l'article 46 de la Constitution, réglemente le vote des lois organiques. Elle prévoit notamment que le texte législatif ne peut être adopté, en dernière lecture à l'Assemblée nationale, qu'à la majorité absolue de ses membres tandis qu'une majorité simple suffit à l'adoption d'une loi ordinaire en dernière lecture. Le Conseil invalide donc pour vice de compétence les textes législatifs contenant des dispositions de nature organique. Dans le même ordre d'idées, il sanctionne les cas où le législateur empiète sur les compétences du pouvoir réglementaire. D'autre part, le Conseil sanctionne les incompétences « négatives », c'est-à-dire les cas pour lesquels le législateur est resté en deçà de sa compétence. Par exemple, par sa décision du 18 septembre 1986, le Conseil considère que la loi réformant le secteur audiovisuel est contraire à la Constitution « en raison de l'insuffisance des règles énoncées par les articles 39 et 41 de la loi pour limiter les concentrations susceptibles de porter atteinte au pluralisme ». L'exigence de précision du texte de loi votée en matière de communication écrite ou audiovisuelle a pour but d'éviter que cette matière, réservée au législateur par l'article 34 de la Constitution, ne soit délaissée au profit du pouvoir exécutif. Ainsi, la sanction de l'incompétence « positive » et « négative » oblige le législateur à légiférer dans son domaine en exerçant pleinement les compétences que lui réserve la Constitution.

2.126 ➤ Le Conseil sanctionne également le vice de forme dans la confection de la loi. Il s'agit, en l'espèce, du contrôle portant sur les étapes de la procédure législative. Le Conseil examine si « la loi a été adoptée dans le respect des règles de valeur constitutionnelle relative à la procédure »[95]. La jurisprudence du Conseil porte, par exemple, sur les cas où la Constitution exige qu'un organisme soit consulté avant la discussion parlementaire. Le Conseil contrôle que la consultation a bien eu lieu et sanctionne le défaut de consultation. Ainsi, l'absence de consultation de l'Assemblée territoriale d'un territoire

95. Décision du 23 juillet 1975, *Rec.* p. 24.

d'outre-mer avant la discussion d'une loi relative à l'organisation de ce territoire constitue un vice de procédure[96]. La jurisprudence constitutionnelle porte, également, sur la manière dont un texte est discuté devant les chambres. Par exemple, le Conseil vérifie que l'exercice du droit d'amendement se soit effectué dans le respect des règles constitutionnelles. En particulier, l'amendement ne doit pas être dépourvu de lien avec le texte en cours de discussion[97]. Enfin, la jurisprudence la plus récente est attentive à la qualité normative de la loi. S'appuyant sur une décision du 12 janvier 2002 (décision nº 2001-455 DC) qui consacre l'objectif constitutionnel de clarté de la loi, le Conseil vérifie l'intelligibilité des textes votés par le Parlement. À titre d'exemple, la décision du 29 décembre 2005 (décision nº 2005-590 DC) censure le dispositif du plafonnement de certains avantages fiscaux au motif que : « lorsque la loi atteint un niveau de complexité tel qu'elle devient inintelligible pour le citoyen, (elle) méconnaît l'article 14 de la Déclaration des droits de l'homme et du citoyen ». S'appuyant, dans une autre décision (décision nº 2005-512 DC du 21 avril 2005) sur l'article 6 de la Déclaration de 1789, le Conseil déduit que : « la loi a pour vocation d'énoncer des règles et doit par suite être revêtue d'une portée normative ». Examinant l'article 7 de la loi d'orientation et de programme pour l'avenir de l'école (« Art. 7 : L'objectif de l'école est la réussite de tous les élèves. »), le juge constitutionnel estime que les dispositions énoncées sont dépourvues de caractère normatif et sont donc déclarées contraires à la Constitution.

II – LA SANCTION DE L'INCONSTITUTIONNALITÉ « INTERNE » DE LA LOI VOTÉE

2.127 › L'étendue de la jurisprudence constitutionnelle concerne également le contenu du texte de loi. Le Conseil sanctionne les inconstitutionnalités résultant d'une « violation de la Constitution ».

Par ce terme, la doctrine entend « l'ensemble des inconstitutionnalités sanctionnées au regard des droits fondamentaux et libertés protégées par les normes constitutionnelles, c'est-à-dire par l'ensemble du bloc de constitutionnalité »[98]. Le nouvel article 61.1 désigne en ce sens « les droits et libertés garantis par la Constitution ». Il n'est pas question ici de présenter un résumé des politiques jurisprudentielles en matière de droits et libertés[99]. En revanche, il convient de constater que dans l'exercice de sa fonction de protection des droits et libertés, le Conseil constitutionnel renforce ses méthodes de contrôle à l'égard du législateur.

2.128 › La technique des réserves d'interprétation illustre parfaitement ce renforcement des méthodes jurisprudentielles destinées à assurer le principe de constitutionnalité. Au fil de sa jurisprudence, le Conseil constitutionnel a utilisé – abusivement[100] – trois

96. Décision du 22 juillet 1980, *Rec.* p. 49.
97. Décision du 13 décembre 1985, *Rec.* p. 78.
98. G. Drago, *op. cit.*, p. 308.
99. Voir les chapitres 3 à 8.
100. Voir Ph. Blachèr, « Le Conseil constitutionnel en fait-il trop ? », *Pouvoirs*, nº 105, p. 20.

types de réserves. Les réserves « neutralisantes », qui privent d'effet juridique une disposition législative ; les réserves « constructives », qui ajoutent un contenu à la disposition législative ; les réserves « directives », qui indiquent la manière dont les autorités d'application doivent comprendre une disposition législative afin de la mettre en œuvre. Ces trois modalités de l'interprétation juridictionnelle permettent au juge de diffuser le respect de la Constitution au-delà de la procédure de fabrication de la loi. Par exemple, l'interprétation directive consiste, pour le Conseil, à définir et préciser les modalités d'application d'un texte aux autorités administratives ou judiciaires chargées de le mettre en œuvre. Ce type d'interprétation a donc pour but, non de gêner de retarder la procédure législative – ni même de censurer la disposition contrôlée –, mais de diffuser les exigences constitutionnelles au niveau de l'application de la loi votée. Par exemple, lorsque le Conseil constitutionnel exige par une interprétation directive, dans sa décision du 9 mai 1991[101] que l'insertion dans le temps scolaire de l'enseignement de la langue et de la culture corses « n'est pas contraire au principe d'égalité dès lors qu'il ne revêt pas un caractère obligatoire », le juge concilie la signification de la disposition législative votée avec le refus de toute reconnaissance constitutionnelle des minorités sur le territoire de la République et avec le principe constitutionnel d'égalité. Il ne censure pas la loi votée, mais indique l'interprétation que celle-ci doit avoir pour respecter la Constitution. La Haute juridiction entend aider ainsi la majorité gouvernementale à rédiger un texte de loi voté afin que son contenu respecte au plus près les droits fondamentaux. Par ses interprétations directives, le juge constitutionnel écarte toute interprétation inconstitutionnelle d'une disposition législative votée, pour ne retenir que la signification constitutionnellement acceptable de cette dernière. Ainsi, dans la décision du 8 août 1985[102], le Conseil constitutionnel utilise l'erreur manifeste pour apprécier si les modalités du découpage électoral en Nouvelle-Calédonie permettent l'organisation d'élections représentatives du territoire d'outre-mer. En l'espèce, le juge considère que l'appréciation du législateur est entachée d'une erreur car le découpage électoral ne respecte pas le principe de l'égalité du suffrage. Le Conseil sanctionne sur ce moyen le législateur. De même, dans la décision du 16 juillet 1996[103], le Conseil estime que faire entrer dans la catégorie des actes de terrorisme les aides apportées par une personne à l'entrée, à la circulation et au séjour d'un étranger en situation irrégulière repose sur une erreur manifeste d'appréciation. Le Conseil constitutionnel dispose donc d'un instrument de contrôle efficace pour vérifier si le législateur opère des choix « raisonnables » dans les matières touchant les droits et libertés.

2.129 > Le vice d'inconstitutionnalité interne de la loi sanctionne aussi l'hypothèse du détournement de procédure du législateur. Par exemple, le Conseil se réserve le pouvoir de sanctionner le législateur qui utiliserait la procédure de l'article 38 de la Constitution pour faire adopter des dispositions législatives par ordonnance, ce qui ferait échapper ces dernières du contrôle de constitutionnalité. La portée du contrôle juridictionnel peut même s'étendre au détournement de pouvoir du législateur. Il s'agit ici du contrôle du but

101. *Rec.* p. 50.
102. *Rec.* p. 70.
103. *Lebon*, p. 87.

poursuivi par le législateur. Dans sa décision des 10 et 11 octobre 1984, le Conseil indique que le législateur ne peut remettre en cause des situations existantes en matière de libertés publiques si cette remise en cause n'est pas « réellement nécessaire pour assurer la réalisation de l'objectif constitutionnel poursuivi ».

§ 3 - LE CONTRÔLE DU RESPECT DES DROITS FONDAMENTAUX

2.130 > Le contrôle opéré par le Conseil constitutionnel en la matière peut se résumer en deux phases : l'évaluation (I) puis l'attestation (II) du respect des droits fondamentaux.

I – L'ÉVALUATION DU RESPECT DES DROITS FONDAMENTAUX

2.131 > L'évaluation du respect des droits fondamentaux par le Conseil constitutionnel s'effectue dans des délais très brefs. Saisi dans l'urgence, le Conseil constitutionnel est conduit à « statuer dans l'urgence »[104]. L'article 61, alinéa 3 de la Constitution lui impose de statuer dans le délai d'un mois. « Toutefois, précise la Constitution, s'il y a urgence, ce délai est ramené à huit jours ». Dans le cadre de la nouvelle procédure de la question préjudicielle, le Conseil constitutionnel se prononce dans un délai de trois mois après la saisine. Ces délais très courts éloignent la justice constitutionnelle du rapport traditionnel que la justice ordinaire entretient avec le temps. « Le temps du procès »[105], évoqué par les privatistes, renvoie à la maîtrise du temps par l'appareil judiciaire, maîtrise destinée à « régénérer l'ordre social »[106] en instaurant de la distance entre le conflit et le jugement. L'urgence dans laquelle se déclenche la saisine constitutionnelle et dans laquelle se déroule le contrôle de constitutionnalité ne facilite pas la pacification des conflits d'interprétation que doit trancher le Conseil constitutionnel. Celui-ci se prononce « à chaud » après les débats parlementaires, sous la pression des médias et dans des délais de quelques jours. Ainsi que le souligne Jean-Michel Blanquer, « le juge constitutionnel est certainement de ce point de vue le juge le plus rapide »[107].

2.132 > À l'urgence, s'ajoutent deux considérations qui rendent spécifique l'office du juge constitutionnel : l'évaluation qu'il effectue reste abstraite (A) ; elle résulte d'un travail d'interprétation (B) ; elle assure une protection renforcée des droits fondamentaux (C).

A - UNE ÉVALUATION ABSTRAITE

2.133 > Quatre cas de figures démontrent que le contrôle *préventif* de constitutionnalité ne constitue pas une garantie suffisante pour garantir qu'une norme, comme la loi votée, respecte bien les droits fondamentaux.

---

104. T. S. Renoux, « Techniques juridictionnelles et procédurales », *L'apport de la jurisprudence intervenue sur saisine parlementaire*, Table ronde du 29 octobre 1984, « Dix ans de saisine parlementaire », *AIJC* 1985, p. 151.
105. A. Garapon, *Bien juger. Essai sur le rituel judiciaire*, Éditions Odile Jacob, 1997, p. 51.
106. *Idem*, p. 63.
107. J. M. Blanquer, « La sélection de l'espèce : contribution à l'étude de la réinterprétation des saisines par le juge constitutionnel », in *Vingt ans de saisine parlementaire du Conseil constitutionnel, op. cit.*, p. 120.

2.134 ➤ Avant tout, le contrôle ne pourra pas concerner les lois votées ayant échappé, pour diverses raisons, à l'examen du juge constitutionnel, notamment les lois adoptées antérieurement à 1958. Ces lois se présenteront toujours comme des règles juridiques dont la constitutionnalité n'est que présumée.

2.135 ➤ De plus, lorsque le Conseil constitutionnel vérifie la constitutionnalité d'une loi votée, il est bien rare qu'il examine effectivement toutes les dispositions du texte devant lui déféré. Généralement, le juge vérifie les articles du texte de loi votée visés dans la saisine et contestés par les requérants. Il se contente, ensuite, de préciser par un « considérant balai » qu'il n'y a pas lieu de soulever d'office l'examen des autres dispositions de la loi contestée : « Considérant qu'en l'espèce, il n'y a lieu pour le Conseil constitutionnel de soulever (d'office) aucune question de conformité à la Constitution en ce qui concerne les autres dispositions de la loi dont il est saisi ». Cette formule traduit l'embarras du Conseil quant aux conséquences d'une déclaration de constitutionnalité qui concerne, souvent, des dispositions intégrées au texte devant lui déféré mais qu'il n'examine pas, faute de temps ou d'absence de contestation de la part des requérants. Ces dispositions non réellement contrôlées bénéficient-elles d'un brevet de constitutionnalité au même titre que les articles effectivement contrôlés ? Pour bon nombre d'auteurs, la réponse reste incertaine dans la mesure où subsiste le doute de savoir si la déclaration de conformité du juge constitutionnel concerne l'ensemble du texte qui lui est soumis ou seulement les dispositions effectivement contrôlées. Selon l'expression du Doyen Vedel, les textes qui n'ont pas été contrôlés par le Conseil, mais qui s'intègrent à la loi votée déclarée conforme à la Constitution, bénéficient de « l'autorité du silence » : le Conseil « ne peut pas écrire que ces dispositions sont contraires à la Constitution puisqu'il ne les censure pas mais il lui est difficile d'attacher une valeur irréfragable à ce défaut de censure qui a sa source dans l'absence de contestation »[108]. En d'autres termes, le Doyen Vedel admet que la déclaration de constitutionnalité d'une loi votée porte sur l'ensemble de ses dispositions tout en regrettant l'absence de procédure permettant de discuter une nouvelle fois la constitutionnalité d'un article de la loi votée non examiné par le Conseil. Finalement, le « considérant balai » signifierait simplement que le juge constitutionnel autorise la promulgation en l'état de la loi votée. Mais rien n'interdirait, dans l'avenir, de contester une disposition que le juge n'a pas effectivement contrôlée. Dans ce cas de figure, l'autorité de la chose jugée ne saurait, en tout état de cause, faire écran à un nouvel examen de la disposition contestée. Cette interprétation s'impose pour l'articulation du contrôle préventif de constitutionnalité avec la question préjudicielle de l'article 61.1.

2.136 ➤ La rédaction du dispositif des décisions constitutionnelles s'est d'ailleurs clarifiée, apportant une précision importante à cette question. Désormais, la lecture du dispositif indique, sans ambiguïté, si le « brevet de constitutionnalité » s'étend à l'ensemble des dispositions législatives ou reste limité à certaines dispositions de la loi soumise au contrôle du Conseil. En principe, lorsque le dispositif ne mentionne pas expressément que l'ensemble de la loi est déclaré conforme à la Constitution, il faut en déduire que les

108. G. Vedel, « Doctrine et jurisprudence constitutionnelle », *RDP* 1989, p. 16.

dispositions non contrôlées dans la décision ne bénéficient d'aucun « brevet de constitutionnalité ». Elles peuvent donc, dans l'avenir, faire l'objet d'un contrôle de constitutionnalité, notamment à l'occasion du contrôle de dispositions législatives les modifiant, les complétant ou les abrogeant[109].

2.137 > Par ailleurs, lorsque le Conseil constitutionnel vérifie préventivement la constitutionnalité d'un texte, il ne peut envisager l'ensemble des incohérences et défauts normatifs des dispositions de la loi votée. Puisque, selon le Conseil constitutionnel, « la conformité d'une loi à la Constitution ne saurait être appréciée au regard de déclarations relatives à l'application qui en serait faite »[110], le contrôle prévu par l'article 61 de la Constitution s'exerce *in abstracto* et ne tient compte que des inconstitutionnalités prévisibles du texte législatif (c'est, du reste, l'avantage de ce type de contrôle de constitutionnalité puisqu'il évite la promulgation de loi votée manifestement inconstitutionnelle). Comme le remarque un constitutionnaliste italien : « Même quand il peut être conduit avec beaucoup de soin, (le contrôle préventif) ne permettra jamais de tenir compte de toutes les applications futures possibles dont le texte sera susceptible de faire l'objet concrètement. C'est pourquoi d'ailleurs la décision adoptée ne pourra pas concerner toutes les normes possibles déductibles du texte contrôlé, mais seulement celles proposées par le requérant et celles qu'imagine d'office le juge constitutionnel »[111].

2.138 > L'instaurat ion du contrôle préventif de constitutionnalité ne suffit pas à garantir qu'une loi votée en instance de promulgation respectera toujours les droits et libertés énoncés par la Constitution. La question prioritaire de constitutionnalité améliore cette lacune du système juridique français.

B - UNE ÉVALUATION DÉDUITE D'UN TRAVAIL D'INTERPRÉTATION

1 - Une interprétation fondée sur un texte

2.139 > Le premier travail du juge opérant le contrôle de constitutionnalité consiste à sélectionner les textes de valeur constitutionnelle imputables au « peuple français » et susceptibles d'être utilisés pour vérifier le rapport de constitutionnalité d'une loi votée. La référence à un texte destiné à servir de fondement au raisonnement juridictionnel est généralement considérée comme une protection contre le « gouvernement des juges ». Comme l'écrit le Doyen Vedel, « la vraie pierre de touche du gouvernement des juges se trouve dans la liberté que le juge constitutionnel s'octroie non d'appliquer la Constitution ou de l'interpréter même de façon constructive, mais, sous quelques noms que ce soit, de la compléter, sinon de la corriger par des règles qui sont sa propre création, fussent-elles débordantes de bonnes intentions »[112]. La référence à un texte suffit en quelque sorte à ce que le juge ne transgresse pas sa fonction juridictionnelle.

---

109. Conformément à la jurisprudence dite *État d'urgence en Nouvelle-Calédonie* (décision 25 janvier 1985, R. p. 43).
110. Décision du 25 juillet 1984, *Rec.* p. 55.
111. A. Pizzorusso, « Un point de vue comparatiste sur la réforme de la justice constitutionnelle française », *RFDC*, n° 4, 1990, p. 664.
112. G. Vedel, « La place de la Déclaration de 1789 dans le bloc de constitutionnalité », *art. cit.*, p. 63.

2.140 > L'importance du texte se manifeste également lorsque le Conseil constitutionnel refuse de reconnaître un principe de valeur constitutionnelle dont la consécration est demandée par les auteurs d'une saisine constitutionnelle. Dans tous les cas, le juge se fonde sur l'absence de texte énonçant ledit principe. Par exemple, en constatant « qu'aucune norme constitutionnelle ne garantit un principe dit de confiance légitime »[113] ou bien « que ne résulte ni de l'article 4 de la Déclaration des droits de l'homme et du citoyen, ni d'aucune autre norme de valeur constitutionnelle un principe constitutionnel dit de l'autonomie de la volonté »[114], le Conseil constitutionnel affiche clairement son refus de dégager *ex nihilo* un principe constitutionnel. Le juge cherche en principe à raccrocher la majeure partie de son raisonnement à un texte. Ce rattachement du syllogisme juridictionnel au texte permet de justifier logiquement l'énonciation juridictionnelle.

2.141 > Pour autant, le rattachement à un texte ne signifie pas toujours que l'interprète n'exerce aucun pouvoir discrétionnaire. En disposant de plusieurs fondements textuels pour rendre sa décision, le juge constitutionnel détient la faculté de choisir les normes de référence de son contrôle et d'orienter à l'avance la solution du rapport de constitutionnalité. Ainsi, la solution de la décision constitutionnelle déclarant contraire à la Constitution le mécanisme des « quotas par sexes » aux élections municipales[115] aurait pu être différente si le juge s'était appuyé sur le troisième alinéa du Préambule de 1946 qui proclame que : « La loi garantit à la femme, dans tous les domaines, des droits égaux à ceux de l'homme ». Dans cette affaire, le Conseil constitutionnel soulève d'office l'examen de la disposition prévoyant que dans les communes de plus de 3 500 habitants « les listes de candidats aux élections municipales ne peuvent comporter plus de 75 % de personnes du même sexe ». Pour opérer le contrôle de la constitutionnalité de ce texte, la Haute instance fait référence à l'article 3 de la Constitution de 1958 ainsi qu'à l'article 6 de la Déclaration de 1789. Elle déduit « du rapprochement de ces textes que la qualité de citoyens ouvre le droit de vote et l'éligibilité dans des conditions identiques à tous ceux qui n'en sont pas exclus pour une raison d'âge, d'incapacité ou pour une raison tendant à préserver la liberté de l'électeur ou l'indépendance de l'élu » et déclare, en conséquence, contraire à la Constitution le mécanisme des « quotas par sexe ». Pourtant, la solution aurait sans doute été différente si le juge s'était appuyé sur le principe d'égalité entre les sexes : en constatant que l'homme et la femme ne sont pas dans les mêmes conditions sociales et culturelles en matière d'accès aux fonctions électives, le juge pouvait appliquer sa jurisprudence selon laquelle « le principe d'égalité ne fait pas obstacle à ce qu'une loi établisse des règles non identiques à l'égard de catégories de personnes se trouvant dans des situations différentes »[116].

2.142 > De manière générale, le rattachement de la volonté du souverain à un texte constitutionnel n'empêche pas le juge d'aller parfois très loin dans la portée qu'il confère au sens des mots contenus dans les énoncés constitutionnels. Si ce pouvoir ne consiste pas à créer *ex nihilo* la norme constitutionnelle puisque celle-ci doit être logiquement

113. Décision du 30 décembre 1996, *Rec.* p. 145.
114. Décision du 20 mars 1997, *Rec.* p. 31.
115. Décision du 18 novembre 1982, *Rec.* p. 66.
116. Décision du 12 juillet 1979, *Rec.* p. 31.

rattachée à un énoncé constitutionnel, il est parfois délicat de distinguer – comme le montre la décision du 27 juillet 1994[117] – la distinction entre « l'interprétation déduction » et « l'interprétation créatrice ». Dans sa motivation, le Conseil constitutionnel se réfère aux premiers mots contenus dans le Préambule de la Constitution de 1946[118]. « Il en ressort, dit le juge, que la sauvegarde de la dignité de la personne humaine contre toute forme d'asservissement et de dégradation est un principe à valeur constitutionnelle ». L'utilisation des mots « asservissement » et « dégradation » fait évidemment allusion au texte du Préambule de 1946. Le verbe « ressort » montre que le Conseil déduit le principe de sauvegarde de la dignité de la personne humaine de ce Préambule de 1946. Le raisonnement semble logique. Il n'en est pas moins fragile.

2.143 > Le rattachement de la volonté du constituant à un texte est sans doute le résultat d'une construction intellectuelle et artificielle de la part du juge constitutionnel. En ce sens, la doctrine souligne parfois que la détermination des normes de référence confère un indéniable pouvoir à l'interprète de la Constitution. La référence aux textes traduit-elle pour autant « l'intégrité »[119] du Conseil constitutionnel ? Emprunté à Ronald Dworkin, le concept de « droit intégrité » désigne l'attitude d'un juge qui dégage une interprétation judiciaire non seulement cohérente, mais surtout « fidèle à des principes vus comme plus fondamentaux »[120] de l'ordre juridique. Analysant la pensée du théoricien américain, Simone Goyard-Fabre explique que, chez cet auteur, « la normativité juridique implique le recours, d'une part, à un critère de cohérence avec les précédents que, sur le point soulevé par l'espèce litigieuse, peut offrir l'histoire du droit et, d'autre part, à un critère de convenance avec « la morale politique » du lieu et du moment : en d'autres termes, la normativité juridique implique, dans la société où s'établit le jugement, « un consensus intellectuel » que R. Dworkin appelle « l'intégrité » du droit[121]. La pratique du rattachement de la volonté du constituant à un texte rentre, sans doute, dans cette règle de convenance sociale qui veut que le juge construit la volonté du peuple français en cherchant si le souverain, à un moment de son histoire, a approuvé le fondement de la règle juridique invoquée en tant que norme de référence du contrôle de constitutionnalité.

2 - Une interprétation rattachée à la volonté du souverain

2.144 > Si le juge constitutionnel veut « échapper au reproche du gouvernement des juges »[122], l'interprétation de la Constitution qu'il effectue doit être fictivement attribuée à la volonté du souverain, le « peuple français ». Or l'expression de la volonté du souverain

117. *Rec.* p. 100.

118. « Au lendemain de la victoire remportée par les peuples libres sur les régimes qui ont tenté d'asservir et de dégrader la personne humaine, le peuple français proclame à nouveau que tout être humain, sans distinction de race, de religion, ni de croyance, possède des droits inaliénables et sacrés. »

119. Voir sur ce point E. Sales et S. Dyens, « Le Conseil constitutionnel est-il herculéen ? », *Revue administrative*, n° 291, p. 275 et n° 292, p. 380.

120. R. Dworkin, *L'empire du droit*, trad. E. Soubrenie, PUF, 1994, p. 241.

121. S. Goyard-Fabre, *Les fondements de l'ordre juridique*, PUF, coll. L'interrogation philosophique, 1992, p. 233.

122. G. Vedel, « Excès de pouvoir législatif et excès de pouvoir administratif », *art. cit.*, p. 91 ; M. Troper, « Le bon usage des spectres. Du gouvernement des juges au gouvernement par les juges », in *Mélanges Conac*, Economica, 2001, p. 320.

suppose une cohérence dans le contenu même de cette volonté. Le juge, pour reprendre une métaphore employée par Ronald Dworkin, se retrouve ainsi dans la position de l'écrivain qui, rédigeant le chapitre d'un « roman écrit à la chaîne »[123], se retrouve lié par le contenu des chapitres précédents. Dans sa construction d'un « ordre constitutionnel », le Conseil constitutionnel « est obligé d'être cohérent intellectuellement, au sens où il doit obéir au principe de non-contradiction »[124].

2.145 > L'utilisation de l'image du « roman à la chaîne » permet de souligner que les textes constitutionnels subissent bien une interprétation pour accéder à la normativité, mais que cette opération ne saurait méconnaître les choix retenus successivement par le souverain dans les textes constitutionnels depuis 1791. L'énonciation des principes constitutionnels est tributaire d'une certaine cohérence juridique qui limite les choix du juge constitutionnel. Le « bloc de constitutionnalité » se compose de plusieurs textes, écrits à différentes périodes de l'histoire constitutionnelle, et dont les dispositions apparaissent parfois contradictoires[125]. Mais ces disparités historiques et idéologiques n'empêchent pas qu'en droit positif la norme constitutionnelle se définit comme un texte homogène[126] qui est censé représenter la volonté du peuple souverain. L'interprétation constitutionnelle intègre nécessairement les exigences liées à la continuité historique de la volonté du « peuple français ».

2.146 > La difficulté pour le juge constitutionnel réside dans le fait que la volonté du souverain ne peut être recherchée dans l'intention des rédacteurs des textes constitutionnels. L'office du juge constitutionnel consiste précisément à rechercher les principes que le « peuple français » consacre au niveau le plus élevé de la hiérarchie des normes depuis 1789. À cet effet, l'interprète de la Constitution dispose de principes directeurs lui permettant de se rapprocher le plus fidèlement possible de ce qui doit être perçu comme la volonté du souverain.

2.147 > Ainsi, le juge constitutionnel détermine les normes de référence de son contrôle en se fondant sur des règles et principes qui demeurent régulièrement consacrés par des textes constitutionnels ou législatifs républicains. Par exemple, la décision du Conseil constitutionnel du 9 mai 1991 *Statut de la Corse*[127] censure la mention faite par le législateur du « peuple corse, composante du peuple français » en se fondant sur la répétition quasi systématique dans les constitutions et de nombreux textes républicains de la référence faite au « peuple français ». La Haute instance déduit de cette continuité

---

123. R. Dworkin, *L'empire du droit*, *op. cit.*, p. 250 et s.

124. J.-M. Blanquer, « La distance parcourue : de l'ordre institutionnel à l'ordre constitutionnel », in *Le Conseil constitutionnel a 40 ans*, Conseil constitutionnel-LGDJ, 1999, p. 33.

125. Par exemple, le droit de propriété garanti par la Déclaration de 1789 peut être opposé au droit de grève énoncé dans le préambule de 1946.

126. « Si, historiquement, la Déclaration de 1789 est évidemment antérieure au préambule de 1946, juridiquement leur édiction en règles faisant partie intrinsèque de la Constitution de 1958 s'est faite simultanément et son effet dans le temps ne joue pas plus au profit de l'une que de l'autre. » (Georges Vedel, « La place de la Déclaration de 1789 dans le bloc de constitutionnalité », *art. cit.*, p. 53).

127. *Rec.* p. 50.

historique que « le concept juridique de peuple français a valeur constitutionnelle » et déclare incidemment le caractère unitaire du « peuple français ».

2.148 › De la même manière, le juge constitutionnel s'appuie sur la continuité historique de la volonté du souverain pour proclamer, dans sa décision du 16 janvier 1982[128], que les principes du droit de propriété énoncés par la Déclaration de 1789 « ont pleine valeur constitutionnelle », tant en ce qui concerne le caractère fondamental de ce droit, « dont la conservation constitue l'un des buts de la société politique », qu'en ce qui concerne les garanties données à ses titulaires. La Haute instance rappelle que « le peuple français, par le référendum du 5 mai 1946, a rejeté un projet de Constitution qui faisait précéder les dispositions relatives aux institutions de la République d'une nouvelle Déclaration des droits de l'homme » ; « au contraire, par les référendums du 13 octobre 1946 et du 28 septembre 1958, le peuple français a approuvé des textes conférant valeur constitutionnelle aux principes et aux droits proclamés en 1789 ». Autrement dit, le Conseil constitutionnel n'oppose pas sa conception du droit de propriété au législateur mais bien celle du souverain qui a manifesté clairement son attachement à la définition libérale de ce droit proclamé à l'article 17 de la Déclaration de 1789.

2.149 › Enfin, selon une logique similaire de recherche de l'intention du souverain, le Conseil constitutionnel dégage les « principes fondamentaux reconnus par les lois de la République » en vérifiant l'existence d'une « tradition républicaine »[129] dans l'application du principe à reconnaître. Par exemple, dans la décision du 23 novembre 1977[130], le Conseil déduit de l'article 10 de la Déclaration de 1789, aux termes duquel « nul ne doit être inquiété pour ses opinions, même religieuses, pourvu que leur manifestation ne trouble pas l'ordre public établi par la loi », et du Préambule de la Constitution de 1946, qui rappelle que « nul ne peut être lésé dans son travail ou son emploi en raison de ses origines, de ses opinions et de ses croyances », que « la liberté de conscience doit donc être regardée comme l'un des principes fondamentaux reconnus par les lois de la République ».

C - UNE ÉVALUATION PRIVILÉGIANT LE RESPECT DES DROITS FONDAMENTAUX

2.150 › Si la Constitution exprime la volonté du souverain, et si ce dernier veut que les pouvoirs publics respectent la Constitution, le rôle du juge constitutionnel consiste à protéger les droits et libertés constitutionnels face aux organes de l'État, et en premier lieu face au législateur.

2.151 › Le Conseil constitutionnel s'est fixé, à cette fin, une ligne de conduite jurisprudentielle au terme de laquelle les droits et libertés constitutionnels bénéficient d'une protection renforcée face au législateur. Le Doyen Roussillon constate en ce sens que « la fonction essentielle du Conseil constitutionnel est la protection des droits fondamentaux contre le législateur (et non à la différence de certaines cours constitutionnelles

128. *Rec.* p. 18.
129. Décision du 20 juillet 1988, *Rec.* p. 119.
130. *Rec.* p. 42.

étrangères, contre l'administration et les tribunaux) »[131]. Par cette attitude jurisprudentielle, le Conseil constitutionnel ne fait que rendre effective les dispositions des préambules des textes constitutionnels qui proclament l'attachement du « peuple français » aux « droits de l'homme »[132], au « maintien de la Constitution et au bonheur de tous »[133] et surtout l'article 16 de la Déclaration de 1789[134] définissant la Constitution comme un texte qui, au minimum, organise la séparation des pouvoirs et garantit les droits.

2.152 > À titre d'exemple, par la jurisprudence des « garanties légales », la juridiction constitutionnelle limite le pouvoir d'abrogation du législateur en lui interdisant de revenir sur des « situations existantes en matière de libertés publiques »[135], sauf pour les rendre plus effectives. Il s'agit donc d'une technique jurisprudentielle par laquelle le Conseil impose au législateur le respect des principes législatifs accordant des garanties favorables aux individus dans le domaine des libertés publiques ou des droits économiques et sociaux. Le Conseil considère, au nom du « peuple français », que ces garanties légales doivent être considérées comme des droits constitutionnels acquis. Le juge constitutionnel français utilise pour la première fois cette technique dans la décision du 20 janvier 1984[136] par laquelle il oblige le législateur, dans le domaine des libertés universitaires, à ne pas porter atteinte aux garanties légales prévues par la loi antérieure, sinon pour les renforcer ou les rendre plus effectives. Ce mécanisme jurisprudentiel, initialement limité au régime d'abrogation des libertés universitaires, s'est progressivement étendu à la réglementation de la liberté de la presse : dans sa décision des 10 et 11 octobre 1984[137], le juge constitutionnel déclare que « s'agissant d'une liberté fondamentale, la loi ne peut en réglementer l'exercice qu'en vue de le rendre plus effectif ». Puis, par sa décision du 29 juillet 1986[138], le Conseil constitutionnel estime qu'en matière de liberté de la communication audiovisuelle, l'exercice du pouvoir législatif statuant dans le domaine de l'article 34 de la Constitution « ne saurait aboutir à priver de garanties légales des exigences de caractère constitutionnel ». Au-delà des libertés fondamentales, la Haute juridiction étend progressivement l'exigence des garanties légales aux droits économiques et sociaux, comme le prouve la décision du 16 janvier 1991 où le Conseil constitutionnel considère que la modification du régime des tarifs de sécurité sociale « n'a pas pour effet de priver de garanties légales des principes de valeur constitutionnelle ». Et dans certaines décisions, le Conseil constitutionnel n'hésite pas à utiliser les garanties légales comme moyen de censure du législateur.

2.153 > Ainsi, cette technique limite le pouvoir d'abrogation du législateur par des exigences qu'il a lui-même posées dans une loi antérieure et qui constituent, selon l'appréciation du Conseil constitutionnel, des « garanties légales » aux principes de valeur constitutionnelle.

---

131. H. Roussillon, *Le Conseil constitutionnel*, Dalloz, 4e éd., 2000, p. 51.
132. Préambule de la Déclaration de 1789, de la Constitution de 1946 et de la Constitution du 4 octobre 1958.
133. Préambule de la Déclaration des droits de l'homme et du citoyen.
134. Article 16 de la Déclaration de 1789 : « Toute société dans laquelle la garantie des droits n'est pas assurée, ni la séparation des pouvoirs déterminée n'a point de Constitution ».
135. Décision des 10 et 11 octobre 1984, *Rec.* p. 73.
136. *Rec.* p. 30.
137. *Rec.* p. 73.
138. *Rec.* p. 110.

2.154 > Dans le même sens, le juge n'hésite pas à s'appuyer sur les dispositions de la Déclaration de 1789, du Préambule de 1946 ou du texte constitutionnel du 4 octobre 1958 pour en déduire des droits constitutionnels n'y figurant pas expressément. Ce travail de découverte des droits fondamentaux et des libertés individuelles conduit parfois le juge constitutionnel à consacrer des principes nouveaux, tel le principe de la sauvegarde de la dignité de la personne humaine[139], l'inviolabilité du domicile[140], la liberté du mariage[141], le principe d'égalité entre les étrangers et les nationaux en matière de droits fondamentaux[142]. Et lorsque le Conseil considère que « la possibilité pour toute personne de disposer d'un logement décent est un objectif de valeur constitutionnelle »[143], son énonciation résulte d'un travail juridictionnel à partir des mots du 11e alinéa du Préambule de 1946 que le juge combine avec « le principe de la sauvegarde de la dignité humaine contre toute forme de dégradation ». À strictement parler, l'objectif constitutionnel reconnu par la décision du 19 janvier 1995 ne figure pas dans les textes de référence du contrôle de constitutionnalité. Mais l'interprétation retenue par la juridiction constitutionnelle peut s'expliquer par la prise en compte implicite d'une règle d'interprétation selon laquelle toute disposition constitutionnelle doit être interprétée dans le sens d'une protection extensive des droits et libertés. Du même coup, l'interprétation juridictionnelle de la Constitution devient acceptable car elle repose sur une défense des droits et libertés des gouvernés face aux gouvernants. Si l'on considère que la fonction moderne des cours constitutionnelles consiste à protéger les droits fondamentaux, il faut bien admettre que l'interprétation juridictionnelle de la Constitution peut légitimement « faire pencher » la signification des dispositions constitutionnelles dans le sens du renforcement des droits et libertés. Le Doyen Vedel rappelle, dans le même sens, que le Conseil interprète la Constitution selon « l'image que la protection constitutionnelle des droits et libertés engendre chez les citoyens et dans l'opinion publique »[144].

2.155 > Ce processus prétorien d'énonciation d'un catalogue des droits et libertés excède-t-il les pouvoirs d'un juge ? Certains auteurs contestent ce processus jurisprudentiel au motif qu'il surdéterminerait l'importance du juge dans la création des droits et libertés constitutionnels. Par exemple, Henry Roussillon explique que « le défaut évident, et inacceptable à nos yeux, est de survaloriser le rôle du juge par rapport aux sources écrites »[145]. Mais il est vrai que sans l'intervention du juge constitutionnel, les sources écrites de la Constitution ne seraient probablement pas considérées aujourd'hui comme des énoncés constitutionnels. Et les droits énoncés dans la Déclaration de 1789 ou dans le Préambule de 1946 ne s'imposeraient pas avec autant d'efficacité au législateur. C'est bien grâce à la décision *Liberté d'association* du 16 juillet 1971 que le Préambule de 1958 et ses composantes ont accédé au statut de normes constitutionnelles. Et sans la découverte prétorienne de nouveaux droits constitutionnels, le législateur ne devrait respecter

---

139. Décision du 27 juillet 1994, *Rec.* p. 100.
140. Décision du 29 décembre 1983, *Rec.* p. 67.
141. Décision du 13 août 1995, *Rec.* p. 224.
142. *Idem.*
143. Décision du 19 janvier 1995, *Rec.* p. 176.
144. G. Vedel, « Le Conseil constitutionnel, gardien du droit positif ou défenseur de la transcendance des droits de l'homme », *Pouvoirs*, n° 45, 1988, p. 212.
145. H. Roussillon, *Le Conseil constitutionnel*, Dalloz, 4e éd., 2000, p. 53.

aucune norme constitutionnelle lorsqu'il légifère en matière de bioéthique, de concubinage homosexuel, de nouvelles technologies... Car dans ces domaines, le Conseil constitutionnel énonce des droits constitutionnels auxquels les constituants n'avaient pas pu penser.

2.156 > En utilisant les droits constitutionnels comme étalon de mesure des lois votées, le contrôle de constitutionnalité apporte une rupture avec le mode de production légicentriste du droit. Avant l'existence du juge constitutionnel, les grandes orientations sociales se décidaient et se tranchaient dans l'enceinte parlementaire. Sous l'influence de la justice constitutionnelle, les choix de société font l'objet d'une contestation juridictionnelle. Car comme le soulignait dans sa thèse Charles Eisenmann : « Par la nature des choses, la justice constitutionnelle est comme un miroir où se reflète – fragmentaire sans doute, mais fidèle – l'image des luttes politiques suprême d'un pays, qu'elle a précisément pour effet de transformer en dernière analyse en litige de droit[146] ». Parce qu'il touche aux grandes questions qui concernent toutes les branches du droit public et privé, parce qu'il énonce des interprétations ayant des incidences sur la vie des citoyens[147], le moment du contrôle de constitutionnalité favorise la réflexion sur le contenu des règles de droit de la société. Chaque décision du Conseil constitutionnel crée une certaine distance entre le droit et les pratiques juridiques (ce qui est du reste la fonction de tout procès)[148], se nourrit et fait naître un débat sur les questions fondamentales comme l'avortement[149], l'unité du peuple français[150], l'Europe[151] ou le PACS[152].

2.157 > La légitimité démocratique du Conseil constitutionnel réside, peut-être, dans cette dimension réflexive du procès constitutionnel : en faisant de la Constitution le lieu à partir duquel, dans lequel et par lequel une société se donne les moyens juridiques de prendre collectivement ses décisions et d'orienter ses valeurs, le contrôle de constitutionnalité contribue à une nouvelle pratique du pouvoir. Dépassant le régime représentatif dans lequel la volonté générale n'est autre que celle du représentant majoritaire, le régime « constitutionnaliste » d'expression de la volonté générale fonctionne plutôt sur une logique d'après laquelle « la décision légitime n'est pas la volonté de tous, mais celle qui résulte de la délibération de tous ; c'est le processus de formation des volontés qui confère sa légitimité au résultat, non les volontés déjà formées[153]. » Et le « tiers pouvoir » juridictionnel occupe une place centrale dans cet aménagement des pouvoirs puisqu'il

146. C. Eisenmann, *La justice constitutionnelle et la Haute Cour constitutionnelle d'Autriche*, 1928, Préface de Hans Kelsen, rééd. 1986, Préface de Georges Vedel, Economica, PUAM, coll. Droit public positif, 1986, p. 137, n° 56.
147. Voir, par exemple, la décision du 19 décembre 2000 à propos de la loi de financement de la Sécurité sociale. Dans cette décision, le Conseil constitutionnel censure le dispositif d'allégement de la contribution sociale généralisée au nom du principe d'égalité devant l'impôt déduit de l'article 13 de la Déclaration de 1789.
148. Cf. M.-A. Frison-Roche, « 2 + 1 = la procédure », in *La justice. L'obligation impossible*, Autrement, n° 16, 1994, p. 193 ; D. Salas, *Du procès pénal. Éléments pour une théorie interdisciplinaire du procès*, PUF, coll. Les Voies du Droit, 1991.
149. Décision du 15 janvier 1975, *Rec.* p. 19.
150. Décision du 9 mai 1991, *Rec.* p. 50.
151. Décision du 20 décembre 2005, *Rec.* p. 20.
152. Décision du 9 novembre 1999.
153. B. Manin, « Volonté générale ou délibération ? Esquisse d'une théorie de la délibération politique », *Le débat*, n° 33, 1985, p. 86.

est, en quelque sorte, la « béquille » sur laquelle repose le principe de la délibération publique[154].

II – L'ATTESTATION DU RESPECT DES DROITS FONDAMENTAUX

A - UNE ATTESTATION JURIDICTIONNELLE

2.158 > Le Conseil constitutionnel ne sanctionne pas la loi en opportunité mais en droit. Il rappelle souvent à cet effet que le but du contrôle de constitutionnalité n'est pas de décider à la place du législateur, mais de vérifier que le législateur respecte la Constitution lorsqu'il vote un texte. Par exemple, la décision du 23 août 1985 souligne que « l'objet de ce contrôle est non de gêner ou de retarder l'exercice du pouvoir législatif, mais d'assurer sa conformité à la Constitution ».

2.159 > Les modalités du déclenchement du contrôle juridictionnel de constitutionnalité confirment que l'intervention du Conseil constitutionnel est juridictionnelle : celle-ci dépend de l'existence d'une saisine constitutionnelle (tant en matière de contrôle *a priori* que dans la nouvelle procédure de la question préjudicielle d'inconstitutionnalité). Si le contrôle préventif de constitutionnalité demeure obligatoire en ce qui concerne les lois organiques votées, il reste facultatif pour les lois ordinaires votées. L'intervention de la sanction constitutionnelle est donc soumise à la volonté des autorités politiques. L'exigence d'une saisine pour déclencher le contrôle de constitutionnalité montre que le Conseil constitutionnel ne délivre une attestation de constitutionnalité que pour les lois dont la constitutionnalité est contestée, incertaine ou formellement exigée par un texte (dans le cas des lois organiques). La décision constitutionnelle ne peut donc se présenter comme la manifestation d'une « convenance personnelle » du juge, puisque son intervention repose sur la volonté des requérants.

2.160 > Se prononçant sur saisine, le Conseil constitutionnel agit au titre de juridiction. Il remplit son office suivant les règles du procès constitutionnel. Contrairement à une autorité politique, la juridiction constitutionnelle doit motiver juridiquement sa sanction. Même si les considérations politiques ne sont jamais totalement absentes de cette motivation[155], cette obligation de justifier la sanction de la loi votée par un raisonnement syllogistique distingue l'acte *de jurisdictio* d'un acte émanant d'une autorité politique. L'article 20 de l'ordonnance organique du 7 novembre 1958 dispose : « La déclaration du Conseil constitutionnel est motivée ». Ce qui revient à dire que la sanction constitutionnelle découle nécessairement d'une motivation juridictionnelle. Celle-ci ressemble à celle pratiquée par les juridictions administratives. Elle se présente sous la forme « Vi-con-dis » des arrêts du Conseil d'État, « c'est-à-dire les visas, les considérants, distinguant la procédure et le fond, et le dispositif, divisé en articles »[156]. Guillaume Drago

---

154. Sur ce point voir Ph. BLACHÈR, *Contrôle de constitutionnalité et volonté générale*, PUF, 2001.
155. Voir M.-C. PONTHOREAU, *La reconnaissance des droits non-écrits par les cours constitutionnelles italienne et française. Essai sur le pouvoir créateur du juge constitutionnel*, Préface d'A. Pizzorusso, Economica, coll. Droit public positif, 1994, p. 183.
156. H. ROUSSILLON, *Le Conseil constitutionnel*, Dalloz, 4e éd., 2000, p. 42.

souligne en ce sens que « le raisonnement suivi par le Conseil est classique. Il examine la loi en reprenant l'ordre des griefs soulevés par les saisissants, qui peut suivre l'ordre des articles de la loi mais il n'y a sur ce point aucune règle impérative »[157].

2.161 ➤ Ce classicisme dans la présentation des décisions constitutionnelles rapproche le Conseil des autres juridictions. Comme ces dernières, le Conseil constitutionnel doit tenir compte, dans ses motifs, des arguments des requérants, de la réponse des rédacteurs de la loi, contenue dans les observations du gouvernement et parfois dans les travaux parlementaires, et surtout de sa propre jurisprudence antérieure. Chaque décision s'inscrit en effet dans une jurisprudence qui contraint le juge dans son office *de jurisdictio* en constituant une limite importante au pouvoir d'interprétation dont il dispose. Par sa structure, la motivation incite le juge à se référer à des arguments soulevés par les requérants, à des principes, à des raisonnements juridiques pouvant s'appliquer dans l'avenir à des cas semblables. Et la pratique montre que lorsqu'une question de droit a déjà été tranchée par une décision antérieure, le Conseil hésitera à opérer un revirement jurisprudentiel[158]. La contribution du juge constitutionnel à l'expression de la volonté générale est donc soumise à des contraintes différentes que ceux que peuvent connaître les organes politiques. Michel Troper estime ainsi que « le Parlement statue en opportunité et subit des contraintes politiques ; les juges constitutionnels ne statuent qu'occasionnellement en opportunité, mais le plus souvent au terme d'un raisonnement juridique et subissent les contraintes liées à ce raisonnement »[159].

B - UNE ATTESTATION AUX EFFETS RELATIFS

1 - *La question de l'étendue de l'autorité de la chose jugée par le Conseil*

2.162 ➤ En vertu de l'article 62 de la Constitution : « Les décisions du Conseil constitutionnel s'imposent aux pouvoirs publics et à toutes les autorités administratives et juridictionnelles. » Ce principe dit « autorité de la chose jugée » concerne « les décisions » constitutionnelles, c'est-à-dire le dispositif et les motifs qui en sont « le soutien nécessaire et en constituent le fondement même »[160]. Au sein de ces motifs qui bénéficient de l'autorité de la chose jugée, il convient de ranger notamment les réserves d'interprétation.

2.163 ➤ Si l'article 62 impose le respect des décisions constitutionnelles à l'ensemble des « pouvoirs publics » et à toutes les juridictions, l'étendue de l'autorité de la chose jugée n'en reste pas moins circonscrite à une identité de cause et d'objet : l'autorité d'une décision constitutionnelle concerne essentiellement l'objet de la loi soumise au contrôle de constitutionnalité. Le Conseil constitutionnel a cependant étendu sensiblement le champ d'application de l'autorité de ses décisions par sa jurisprudence du 8 juillet

157. G. Drago, *Contentieux constitutionnel, op. cit.*, p. 410.
158. Voir toutefois quelques cas d'infléchissement jurisprudentiel cités par T. Renoux et M. de Villiers, *Code constitutionnel*, Litec, 2e éd., 2001, p. 525.
159. M. Troper, « Justice constitutionnelle et démocratie », in *Pour une théorie juridique de l'État, op. cit.*, p. 345.
160. Décision du 16 janvier 1962, *Rec.* p. 31.

1989[161] : « si l'autorité attachée à une décision du Conseil constitutionnel déclarant inconstitutionnelles les dispositions d'une loi ne peut en principe être utilement invoquée à l'encontre d'une autre loi conçue en termes distincts, il n'en va pas ainsi lorsque les dispositions de cette loi, bien que rédigées sous une forme différente, ont, en substance, un objet analogue à celui de dispositions législatives déclarées contraires à la Constitution ». En somme, le juge ordinaire appliquant une loi déjà examinée par le Conseil ou qui ressemble en substance à cette dernière doit tenir compte de l'interprétation constitutionnelle. Par exemple, le Conseil d'État (20 décembre 2000) n'hésite pas à annuler un acte administratif qui ne respecte pas les réserves d'interprétation dégagées par la décision du Conseil relative au PACS.

2.164 > La doctrine estime, de plus, que certaines interprétations du Conseil constitutionnel distinctes des motifs revêtus de l'autorité de la chose jugée sont susceptibles d'influencer les tribunaux ordinaires. Dans cette hypothèse, on évoque « l'autorité de la chose interprétée » par le Conseil constitutionnel. Ainsi, l'interprétation d'un article de la Constitution par le Conseil constitutionnel sera généralement « suivie » par le juge ordinaire au nom de cette autorité appelée parfois « persuasive ». Mais cette règle n'empêche pas la survenance de divergences en matière d'interprétation de la Constitution entre les juridictions : la réglementation du droit de grève en est un exemple bien connu[162].

2.165 > La Cour européenne des droits de l'homme puis la Cour de cassation sont venues atténuer fortement la portée des décisions du Conseil constitutionnel. Le juge de Strasbourg, d'abord, a condamné l'État français qui appliquait une loi pourtant déclarée conforme à la Constitution par le Conseil constitutionnel[163]. La Cour de cassation, ensuite, a limité étroitement le champ de l'autorité des décisions constitutionnelles dans son arrêt relatif à la responsabilité pénale du président de la République. Pour la Haute juridiction de l'ordre judiciaire, les décisions du Conseil constitutionnel « ne s'imposent aux pouvoirs publics et aux autorités qu'en ce qui concerne le texte soumis à l'examen du Conseil »[164]. Cette position emporte donc deux conséquences. En premier lieu, le juge judiciaire ne s'estime nullement lié par l'interprétation d'une disposition de la Constitution énoncée dans une décision constitutionnelle (puisque cette interprétation, dégagée pour construire la norme de référence du contrôle de constitutionnalité, se distingue de l'interprétation de la norme contrôlée). En second lieu, la Cour de cassation semble remettre en cause la jurisprudence constitutionnelle du 8 janvier 1989 qui étendait l'autorité de la chose jugée à des textes qui, en substance, avaient un objet analogue à des dispositions déjà contrôlées.

---

161. *Rec.* p. 48.
162. Interprétant le préambule de 1946, le Conseil constitutionnel estime qu'une loi doit être nécessaire pour la réglementation du droit de grève (décision 22 juillet 1980) ; le Conseil d'État considère qu'un acte réglementaire suffit (CE, 4 février 1981, *Fédération CFTC*, *Rec.* p. 45).
163. Arrêt CEDH précité, *Zielinski et autres*, 28 octobre 1999.
164. Cass., 10 octobre 2001.

2 - Les effets incertains des décisions assorties de réserves d'interprétation

2.166 > Lorsqu'il déclare non conforme à la Constitution une disposition législative, le Conseil s'efforce « de fournir au législateur les éléments lui permettant dans l'avenir d'élaborer une loi répondant aux exigences constitutionnelles »[165]. Parmi les techniques utilisées par le juge à cet effet, l'usage intensif des « réserves d'interprétation » confirme que l'objectif du contrôle de constitutionnalité n'est pas de faire obstacle à l'entrée en vigueur de la loi votée. Alexandre Viala explique en ce sens que les réserves sont destinées à « sauver »[166] la constitutionnalité d'une disposition législative. La loi est ainsi déclarée conforme à la Constitution à la condition que son application respecte les réserves d'interprétation énoncées dans la décision. Dans ce cas, le dispositif de la décision rappelle l'importance des réserves au moyen d'une formule : « Sous les strictes réserves énoncées plus haut, les autres articles de la loi ne sont pas contraires à la Constitution » ; « sont déclarés conformes à la Constitution, sous les réserves et compte tenu des précisions ci-dessus énoncées, les articles de la loi ». Cette rédaction du dispositif montre que le dispositif d'une décision constitutionnelle ne se limite pas à la délivrance d'un simple consentement du juge à l'égard d'un texte de loi votée. Elle permet aussi d'indiquer les conditions constitutionnelles permettant à une loi votée de respecter la Constitution lors de son application.

2.167 > L'attitude des majorités gouvernementales, à la suite d'une déclaration d'inconstitutionnalité partielle, consiste, d'ailleurs, à suivre généralement au plus près possible les indications du Conseil constitutionnel dans la correction des dispositions censurées[167]. En ce sens, le législateur peut se définir comme « un des exécutants »[168] des décisions de non-conformité partielle du Conseil constitutionnel. Deux décisions illustrent ce constat. Il s'agit des décisions du 29 juillet 1986[169] et du 18 septembre 1986[170] par lesquelles le juge censure partiellement certaines dispositions concernant le régime juridique de la presse ainsi que de la liberté audiovisuelle. Dans les deux cas, le Conseil constitutionnel censure le législateur pour incompétence négative[171]. Dans sa décision du 29 juillet 1986, le juge estime que l'article 11 de la loi sur le statut de la communication écrite « loin d'aménager, comme pourrait le faire le législateur, les modalités de protection du pluralisme de la presse, et, plus généralement, des moyens de communication dont la presse est une composante, ne permettent pas de lui assurer un caractère effectif »[172]. Par sa décision du 18 septembre 1986, le Conseil considère que la loi réformant le

---

165. Rapport du Conseil constitutionnel français à la 7e Conférence des cours constitutionnelles européennes, *AIJC* 1987, p. 153.
166. A. Viala, *Les réserves d'interprétation dans la jurisprudence du Conseil constitutionnel*, LGDJ, coll. Bibl. droit public, t. 92, 1999, p. 45.
167. Sur ce point cf. G. Drago, *L'exécution des décisions du Conseil constitutionnel*, Economica-PUAM, coll. Droit public positif, 1991, p. 91-143 ; A. Pizzorusso, « Les effets des décisions du juge constitutionnel » *AIJC*, vol. X, 1994, p. 11-16.
168. G. Drago, *L'exécution des décisions du Conseil constitutionnel, op. cit.*, p. 143.
169. *Rec.* p. 110.
170. *Rec.* p. 141.
171. La doctrine qualifie, depuis un article du Professeur Jean Rivéro (*AJDA* 1976, p. 44), par cette expression la carence du législateur dans l'exercice de ses compétences constitutionnelles. Sur cette notion cf. F. Priet, « L'incompétence négative du législateur », *RFDC*, n° 17, 1994, p. 59 ; J. Tremeau, *La réserve de loi*, Economica – PUAM, 1997, p. 266.
172. Considérant n° 23 de la décision du 29 juillet 1986 précitée.

secteur audiovisuel est contraire à la Constitution « en raison de l'insuffisance des règles énoncées par les articles 39 et 41 de la loi pour limiter les concentrations susceptibles de porter atteinte au pluralisme »[173]. Ces deux décisions peuvent être reliées en ce qu'elles montrent que l'exigence de précision du texte de loi votée en matière de communication écrite ou audiovisuelle a pour but d'éviter que ces matières, réservées au législateur par l'article 34 de la Constitution, ne soient délaissées au profit du pouvoir exécutif. Consciente de l'inconstitutionnalité de ses textes de lois votés, la majorité gouvernementale de l'époque tire pleinement les conséquences des deux décisions du Conseil. En ce sens, le ministre de la Communication, François Léotard, indique clairement que le nouveau texte de loi « est la conséquence ligne à ligne de la décision du Conseil constitutionnel », ajoutant même que « le gouvernement ne prend pas de risques vis-à-vis du Conseil constitutionnel »[174].

2.168 > En échappant à l'alternative conformité/non-conformité, les décisions assorties de réserves d'interprétation emportent des conséquences non « codifiées » par les textes organisant le contrôle de constitutionnalité. Ce qui soulève, au-delà de la légitimité de leur usage, le problème de l'autorité juridique des interprétations « directives », « constructives » et « neutralisantes ». Qui est juge de l'application de la jurisprudence constitutionnelle assortie de réserves ? Quelles sanctions risquent les autorités administratives et les juridictions ordinaires qui s'écarteraient de l'interprétation « sous réserve » ? L'exemple de l'absence d'effet donné aux réserves de la décision relative au PACS indique bien que la prise en compte des réserves au moment de l'application de la loi repose entièrement sur la bonne volonté des autorités judiciaires et administratives. Ainsi, deux décrets du 21 décembre 1999 – l'un (décret n° 99-1089) pris pour application des articles 515-3 et 515-7 du Code civil, l'autre (décret n° 99-1090) pris pour le traitement automatisé des registres des PACS – ignorent totalement les réserves précises énoncées dans la décision du 9 novembre 1999 sur l'objet de ces deux textes.

2.169 > Même si la doctrine trouve de solides justifications à l'emploi de la technique des réserves et démontre l'existence d'une réception de la jurisprudence constitutionnelle par l'administration et les juridictions ordinaires[175], cette forme de rédaction des décisions constitutionnelles n'en est pas moins contraire à l'esprit du contrôle préventif de constitutionnalité. Émettre des « réserves », n'est-ce pas soulever un doute sur la qualité constitutionnelle d'un texte ? Autoriser la promulgation d'une disposition potentiellement contraire à la Constitution, n'est-ce pas laisser passer une loi pour des raisons extrajuridiques ?

2.170 > En assurant « le respect des libertés et droits fondamentaux de valeur constitutionnelle reconnus à tous ceux qui résident sur le territoire de la République »[176], le Conseil constitutionnel ambitionne de donner à toute personne la possibilité de faire prévaloir ses droits face à l'État. La réforme de la question prioritaire de constitutionnalité,

173. Considérant n° 35 de la décision du 18 septembre 1986 précitée.
174. *JOAN*, 9 octobre 1986, p. 4506.
175. G. Drago, *Contentieux constitutionnel français*, *op. cit.*, p. 483 et s.
176. Décision du 13 août 1993, *Rec.* p. 224.

instaurée par l'article 61-1 de la Constitution et aménagée par la loi organique n° 1523 du 10 décembre 2009, donne à l'institution de la rue Montpensier de nouveaux moyens pour enrichir la protection des droits fondamentaux, en collaboration les juridictions de l'ordre judiciaire et administrative. Plus que jamais, le dialogue des juges conditionne l'effectivité des sources constitutionnelles des droits et libertés en droit français.

POUR ALLER PLUS LOIN

Guislaine ALBERTON, « Peut-on encore dissocier exception d'inconstitutionnalité et exception d'inconventionnalité ? », *AJDA* 2008, p. 965.

Denys DE BÉCHILLON et Nicolas MOLFESSIS, « Sur les rapports entre le Conseil constitutionnel et les diverses branches du droit », *Les cahiers du Conseil constitutionnel*, n° 16, Dalloz, 2004.

Philippe BLACHÈR, *Droit constitutionnel*, Hachette, coll. Les fondamentaux, 2009.

Véronique CHAMPEIL-DESPLATS, « La notion de droit fondamental et le droit constitutionnel français », *Dalloz*, chron., 1995, p. 323-329.

Guillaume DRAGO, *Contentieux constitutionnel français*, PUF, 2e éd., 2006.

Louis FAVOREU et al., *Droit des libertés fondamentales*, Précis Dalloz, 4e éd., 2007.

Bertrand MATHIEU et Michel VERPEAUX, *Contentieux constitutionnel des droits fondamentaux*, LGDJ, 2002.

Étienne PICARD, « L'émergence des droits fondamentaux en France », *AJDA* 1998, juillet-août, p. 6-42.

Emmanuel PIWNICA, « Le rôle des avocats dans le traitement de la question préjudicielle de constitutionnalité », *Les Petites Affiches*, n° 126, 25 juin 2009, p. 32.

Dominique ROUSSEAU, *Droit du contentieux constitutionnel*, Montchrestien, 7e éd., 2006.

Pouvoirs (revue), n° 105, Le Seuil, 2004.

Sur la question prioritaire de constitutionnalité (commentaires de la loi du 10 décembre 2009) :

Guillaume DRAGO, *JCP* 11 janvier 2010, n° 2, *Libres propos*.

Pascal JAN, *Petites affiches*, n° 252, 18 déc. 2009, p. 6.

Bertrand MATHIEU, *JCP*, 21 déc. 2009, n° 602.

Exercices de préparation au grand oral

Sujet n° 1

« On peut dire d'abord que le contrôle de constitutionnalité (...) préserve le fonctionnement de la démocratie en permettant à la minorité parlementaire de s'exprimer et de contester devant le juge constitutionnel une décision de la majorité parlementaire (ce que M. Troper appelle une "justification instrumentale" lorsqu'il présente l'idée selon laquelle "la justice constitutionnelle exerce une fonction nécessaire au maintien du système démocratique"). Cette contestation potentielle est d'autant plus nécessaire que le régime constitutionnel conduit à des majorités stables et à un parlementarisme rationalisé, comme en France et en Allemagne, ayant pour conséquence un véritable "bloc gouvernement – majorité parlementaire" (L. Favoreu, « De la démocratie à l'État de droit », *Le débat*, n° 64, 1991). Dans un système de parlementarisme rationalisé, le juge constitutionnel en vient à être le défenseur de la minorité parlementaire quand celle-ci peut le saisir. (...) À cet égard la saisine de la juridiction constitutionnelle par les parlementaires (en France) est un mécanisme de reconnaissance et de légitimation de celle-ci.

Mais la juridiction constitutionnelle n'agit pas seulement au bénéfice de la minorité parlementaire. Elle exerce aussi une fonction qui peut être largement favorable à l'institution parlementaire sans considération alors de majorité ou de minorité. D'abord parce que dans un système de parlementarisme rationalisé, le contrôle de constitutionnalité devient beaucoup plus un contrôle de l'action gouvernementale, largement conductrice du processus législatif, que du Parlement en tant qu'institution autonome. Une décision du juge constitutionnel a plus d'effet politique à l'égard du gouvernement qu'à l'égard du Parlement.

Ensuite parce que le juge constitutionnel peut-être plus un défenseur des compétences législatives qu'un censeur, la jurisprudence française de l'incompétence négative le prouve aisément. (...) ».

(Extrait de Guillaume Drago, *Contentieux constitutionnel français*, PUF, coll. Droit fondamental, 2e éd., 2006).

Élément de corrigé

Dans cet extrait, le Professeur Drago rappelle les différents arguments justifiant l'existence du contrôle de constitutionnalité des lois. Il n'est, en effet, pas « naturel » dans une démocratie représentative, qu'un juge puisse s'opposer à l'expression de la volonté générale. Le mécanisme français institué par l'article 61, alinéa 2, de la Constitution donne compétence au Conseil constitutionnel, sur saisine, de vérifier la conformité des lois votées par rapport à la Constitution. Ce contrôle préventif s'exerce avant la promulgation et peut conduire le juge constitutionnel à censurer une loi votée, censure qui fait obstacle à la promulgation (art. 62, Const.). Comment expliquer qu'un juge détienne le pouvoir de censurer les décisions prises par les élus, représentants du peuple ? Cette interrogation fondamentale sur la légitimité du Conseil constitutionnel fait, ici, l'objet d'une double réponse. Le contrôle de constitutionnalité améliore la démocratie en donnant des droits à la minorité (I) et en imposant le respect de la Constitution et des droits fondamentaux aux gouvernants (II).

I. Le contrôle de constitutionnalité, technique au service de la minorité parlementaire

a) Une technique renforçant les droits de la minorité parlementaire

– la réforme de 1974 ouvre la saisine de l'article 61, alinéa 2, à 60 députés ou 60 sénateurs. Les parlementaires de l'opposition détiennent le droit de prolonger devant le juge la contestation d'une loi votée par la majorité gouvernementale ;

– le droit de saisine se présente comme un droit fondamental pour la minorité parlementaire. La menace d'une éventuelle censure de la loi incite la majorité à tenir compte des arguments de l'opposition liés à la constitutionnalité du texte législatif. Il convient alors de lier la technique du contrôle de constitutionnalité avec les autres droits de la minorité parlementaire comme le droit d'amendement.

b) Une technique légitimant le statut de l'opposition parlementaire

– le déclenchement du contentieux de constitutionnalité produit des conséquences décisives sur la loi votée. Trois types de décisions se distinguent : la déclaration de conformité, qui rend la loi incontestable et promulgable ; la censure partielle ou totale ; la décision assortie de réserves d'interprétation. Dans toutes ces hypothèses, l'initiative de la procédure est, la plupart du temps, à mettre au crédit de l'opposition parlementaire. Loin de se cantonner à jouer un rôle d'opposant stérile, l'opposition prend ses responsabilités : sa saisine produit nécessairement des effets sur le texte législatif ;

– le statut de l'opposition parlementaire est renforcé grâce à cette technique juridictionnelle. Le pouvoir (le couple gouvernement – majorité parlementaire) se voit contraint de légiférer sous le contrôle du Conseil constitutionnel. L'opposition apparaît comme un véritable contre-pouvoir puisqu'elle possède, juridiquement, la faculté de déclencher une procédure visant à empêcher une loi inconstitutionnelle d'entrer en vigueur.

II. Le contrôle de constitutionnalité, technique au service de l'intérêt général

a) Une technique ayant pour objet le respect de la Constitution

– le contrôle de constitutionnalité a pour objet d'assurer le respect de la Constitution. Il ne saurait toutefois être perçu exclusivement comme une arme au service de la minorité parlementaire dans la mesure où le respect de la norme fondamentale concerne l'intérêt général ;

– la procédure du contentieux constitutionnel fonctionne suivant des principes qui illustrent cet intérêt général lié au respect de la Constitution. Le Conseil constitutionnel ne s'estime pas lié par les arguments de la saisine parlementaire. Le juge se réserve la possibilité de soulever d'office des moyens et des conclusions non visés par les requérants. De plus, la décision du 30 décembre 1996 indique que les autorités habilitées à déclencher le contrôle de constitutionnalité n'ont pas le droit de « dessaisir » le Conseil constitutionnel « en faisant obstacle à la mise en œuvre du contrôle de constitutionnalité engagé ».

b) Une technique destinée à encadrer le pouvoir gouvernemental

– l'auteur de la loi votée n'est plus l'instance parlementaire mais le Gouvernement. Sous la Ve République, le Parlement « vote » la loi (art. 34, Const.) mais l'initiative des textes relève du Gouvernement. Ce dernier possède également la maîtrise de la procédure législative. Le Premier ministre peut accélérer la discussion parlementaire (procédures dites d'urgence) ou décider d'y couper court par l'utilisation du fameux article 49, alinéa 3. Dès lors, le contrôle de constitutionnalité se présente comme une technique visant à assurer que l'exécutif respecte bien la procédure législative prévue par la Constitution dans l'exercice de sa fonction législative ;

– en somme, le contrôle de constitutionnalité protège l'institution parlementaire (majorité et opposition) contre les éventuels abus de pouvoir du Gouvernement. Par exemple, la jurisprudence sur le droit d'amendement interdit à l'exécutif d'introduire par voie d'amendement un nouveau projet de loi (décision du 23 janvier 1987). La jurisprudence sur l'incompétence négative participe du même esprit. Initiée par la décision du 26 janvier 1967 (n° 67-31, DC), cette jurisprudence conduit à sanctionner le législateur pour violation de sa propre compétence constitutionnelle. Le couple Gouvernement-Parlement doit respecter la Constitution en exerçant la plénitude des compétences énoncées à l'article 34 de la Constitution. L'incompétence négative consiste à censurer un abandon de compétences du législateur dans des domaines fondamentaux, comme celui des droits et libertés.

› Sujet nº 2

« En disant que l'État est lié par le droit, on veut dire, d'abord, que l'État législateur est obligé par le droit de faire certaines lois et de ne pas faire certaines lois. On veut dire ensuite que l'État ayant fait une loi, tant que cette loi subsiste, il est lié par la loi qu'il a faite : il peut la modifier, l'abroger, mais tant qu'elle existe, il est obligé lui-même d'obéir à cette loi comme ses sujets ; ses administrateurs, ses juges et ses législateurs eux-mêmes doivent appliquer la loi et ne peuvent agir que dans les limites fixées par elle. C'est le régime de *légalité*.

L'État est obligé, disons-nous, par le droit de faire certaines lois et de ne pas faire certaines lois. Comment expliquer cette obligation ? Comment fonder la limitation juridique de l'État par l'existence d'un droit non écrit supérieur et antérieur à lui ?

Dans la doctrine des droits individuels naturels, cette limitation juridique de l'État se conçoit aisément. L'homme ayant, parce qu'il est homme, des droits individuels naturels, antérieurs à la société elle-même, à l'État, ces droits individuels s'imposent au respect de l'État ; et celui-ci ne peut faire aucune loi qui porte atteinte à ces droits. Le but même de l'État est la protection de ces droits (Décl. des droits de 1789, art. 2, et 1793, art. 1er). Faut-il aller plus loin et dire que l'État est obligé par le droit de faire des lois qui assurent la réalisation complète de ces droits ? En un mot la doctrine des droits individuels naturels fonde-t-elle non seulement, à la charge de l'État, des obligations négatives, mais encore des obligations positives ? C'est une question qui sera discutée plus loin.

Dans les pays qui pratiquent le système des constitutions *rigides, des déclarations et des garanties des droits*, comme la France, les États-Unis de l'Amérique du Nord, cette obligation juridique de ne pas faire certaines lois a été expressément reconnue. Mais ce ne sont point les Déclarations des droits ou les constitutions, quelque solennelles, quelque expresses qu'elles soient, qui ont créé cette obligation ; elles n'ont fait que la constater. Quoi qu'il en soit, il est vrai de dire que dans ces pays le législateur ordinaire ne peut faire aucunes lois contraires aux Déclarations des droits ou aux constitutions. C'est la formule du titre 1er, § 3, de la constitution de 1791 : "Le pouvoir législatif ne pourra faire aucunes lois qui portent atteinte et mettent obstacle à l'exercice des droits naturels et civils consignés dans le présent titre et garantis par la constitution". Mais ces Déclarations et ces constitutions n'existeraient pas, il resterait vrai, pour tous les pays, d'après la doctrine individualiste, que l'État ne peut jamais faire une loi portant atteinte aux droits individuels naturels, qu'il ne peut apporter par la loi de restrictions aux droits de chacun que dans la mesure où cela est nécessaire à la conservation des droits de tous. »

Léon DUGUIT
Manuel de droit constitutionnel, 1918 (extraits).

› Indications pour le corrigé

L'introduction doit comporter les renseignements suivants :

1) **Une présentation générale du texte à commenter** : Extrait du manuel de droit constitutionnel de l'un des grands maîtres du droit public, rédigé au début du XXe siècle, le texte à commenter expose, suivant une tonalité doctrinale, la définition du principe de la légalité. Le texte concerne l'État et plus précisément la définition du concept d'État légal.

2) **Un résumé du thème abordé par l'auteur et un exposé de la problématique qu'il présente** : Le principe de légalité signifie que l'État est soumis au droit. Auteur de la loi, l'État accepte de s'y soumettre. Duguit, prenant exemple sur le respect de la loi par les pouvoirs publics, cherche à expliquer les origines de cette acceptation. Pour cela, il décrit les doctrines qui se fondent sur l'existence d'un « droit non écrit supérieur et antérieur » à l'État.

La problématique du texte est la suivante : La soumission de l'État au droit (et en particulier à la loi qui est ici synonyme de droit) repose-t-elle sur une règle juridique (sur une autolimitation de l'État) ou sur un principe de droit naturel ?

La réponse à cette problématique suggérée par Duguit : Les origines du principe de la légalité se trouvent dans des principes non écrits qui s'imposent à l'État.

3) **L'intérêt du texte** : Cette analyse rompt avec l'approche contemporaine qui trouve les origines de la légalité dans le respect de la norme constitutionnelle et dans l'application mécanique du principe de la hiérarchie des normes juridiques (thèse dite « kelsénienne »). On est ainsi passé de l'État légal à l'État de droit. Mais les origines actuelles de l'autolimitation restent incertaines : est-ce l'État lui-même ou le souverain qui fixe la limite des pouvoirs à l'État ? Pourquoi obéir à la Constitution ?

Le commentaire doit être présenté sous la forme d'un plan qui risque (inévitablement) de suivre le plan de l'auteur (à savoir I. La doctrine des droits individuels II. La doctrine des Constitutions rigides).

Il est en revanche important que le candidat « commente » en ajoutant des informations / explications qui ne figurent pas dans le texte. Sur ce point, il faut que les éléments d'un cours de droit public soient utilisés pour démontrer le caractère discutable ou lacunaire de certains propos. Par exemple, l'auteur ne parle pas de la justice constitutionnelle pour fonder le caractère obligatoire des déclarations de droit. Un parallèle avec la jurisprudence française sur la Déclaration de 1789 est une excellente remarque qui mérite d'être valorisé. De même, Duguit nuance la distinction entre les doctrines du droit naturel et les doctrines des constitutions rigides au motif que ces dernières insistent sur le caractère déclaratif des droits naturels (en constatant les droits individuels, les déclarations de droit s'inspirent du droit naturel).

Plan possible :

I. Une recherche des origines de l'État légal (ou de la légalité)

A) La thèse présentée : Les origines jusnaturalistes de l'État légal (ou les origines externes au droit positif)

1. La présentation de deux explications *a priori* distinctes

2. Les points communs aux deux doctrines

B) Une thèse aujourd'hui dépassée : les origines juridiques de l'État légal

1. Le caractère obligatoire de la loi fondée dans la constitution

2. Le caractère obligatoire du droit sanctionné par les juridictions de l'État

II. Une explication des effets de l'État légal (ou de la légalité)

A) La légalité impose à l'État le respect des principes du droit constitutionnel (le candidat peut en donner différents exemples, l'auteur s'attardant exclusivement sur le respect de la loi)

1. Respect général de la constitution (le principe de constitutionnalité), entendu comme la procédure d'élaboration, de modification de la loi et comme le respect du contenu des déclarations de droits.

2. Respect du principe de la séparation des pouvoirs (les « administrateurs » les « juges » sont soumis à la loi).

B) La légalité garantie les droits des citoyens

1. La finalité de la loi reste la protection des droits des citoyens

2. Cette finalité justifie la légitimité du contrôle de constitutionnalité

Sujet n° 3

La question prioritaire de constitutionnalité améliore-t-elle la protection des droits fondamentaux ?

Éléments de corrigé

Ce sujet suppose une bonne maîtrise « technique » du mécanisme mis en place par le nouvel article 61.1 de la Constitution du 4 octobre 1958 ainsi qu'une appréciation sur la portée du nouveau dispositif aménagé par la loi organique n° 1523 du 10 décembre 2009.

Il est demandé au candidat de prendre position en élaborant une argumentation visant à démontrer l'apport ou les inconvénients de la question préjudicielle de constitutionnalité au regard du thème plus général de la protection des droits fondamentaux.

Selon l'orientation doctrinale choisie, le plan proposé conduira à insister sur les avantages ou le caractère marginal de « la question prioritaire de constitutionnalité ».

Proposition de plan

I. Un mécanisme renforçant la protection constitutionnelle à l'égard des lois en vigueur

A. La possibilité de soulever l'inconstitutionnalité d'une loi en vigueur

1. Une possibilité réservée aux justiciables

2. Une possibilité soumise à certaines conditions de procédure et de fond (art. 23-1 et 23-2 de la LO du 10 décembre 2009 précitée).

B. La possibilité d'écarter l'application d'une loi inconstitutionnelle

1. Les normes concernées

2. Les moyens retenus pour écarter une norme législative

II. Un mécanisme améliorant le dialogue entre les juridictions ordinaires et le Conseil constitutionnel

A. Le rôle du juge ordinaire dans le déclenchement de la question prioritaire de constitutionnalité

1. Le rôle du juge du fond

2. Le rôle des juridictions suprêmes (Conseil d'État et Cour de cassation)

B. L'influence de la jurisprudence du Conseil constitutionnel sur l'issue du litige

DEUXIÈME PARTIE

LES LIBERTÉS ET DROITS PROTÉGÉS

Nous avons retenu, en les regroupant et en les classant selon l'ordre alphabétique des auteurs des rubriques, les droits et libertés suivants :

Chapitre III : Les libertés économiques et sociales

Chapitre IV : Les libertés de l'esprit

Chapitre V : Les droits politiques

Chapitre VI : Les libertés collectives

Chapitre VII : Les libertés et droits corporels

Chapitre VIII : Les libertés individuelles et la dignité de la personne humaine

CHAPITRE III

Les libertés économiques et sociales

DANIEL AMSON
Avocat à la Cour et Professeur émérite de l'Université Paris XII

Ce chapitre a pour objet d'étudier les libertés économiques et sociales, davantage sous l'angle des **droits fondamentaux de la personne** que sous celui des règles spécifiques du droit du travail. S'inscrivant dans la ligne générale de l'ouvrage, il s'attache, tout particulièrement, à décrire les principaux **droits des citoyens** en matière **économique et sociale.**

Section I

LA LIBERTÉ DU TRAVAIL

§ 1 - LE PRINCIPE DE LA LIBERTÉ DU TRAVAIL

3.1 > Le principe de la liberté du travail, posé pour la première fois par le décret des 2-17 mars 1791 – connu sous le nom de décret d'Allarde[1] – permet à chacun de travailler sans entraves, soit pour son compte personnel, comme industriel ou commerçant, soit pour le compte d'autrui comme ouvrier ou employé. « *Il sera libre à toute personne* – précise le texte – *d'exercer telle profession, art ou métier qu'elle trouvera bon...* ».

De la même façon, chacun est libre de ne pas travailler, à condition de ne pas enfreindre les lois pénales et les règlements de police.

Il en résulte que les atteintes à la liberté du travail sont sanctionnées par le législateur. Par ses articles 431-1 et 431-2, le Code pénal apporte ainsi d'importantes modifications à l'ancien article 414, dont il élargit le champ d'application en créant de nouvelles infractions.

Nous examinerons, successivement, les deux infractions prévues par le Code.

1. Le baron d'Allarde (1752-1809) était député à l'Assemblée Constituante.

§ 2 - L'ENTRAVE CONCERTÉE RÉSULTANT DE MENACES (article 431-1, alinéa 1er du Code pénal)

3.2 › L'article 431-1 du Code pénal punit d'un an d'emprisonnement et de 15 000 € d'amende « le fait d'entraver, d'une manière concertée et à l'aide de menaces, l'exercice de la liberté d'expression, du travail, d'association, de réunion ou de manifestation ».

I – L'ÉLÉMENT MATÉRIEL DE L'INFRACTION : L'ENTRAVE CONCERTÉE

L'ancien article 414 incriminait le fait d'avoir « amené ou maintenu, tenté d'amener ou de maintenir une cessation concertée de travail... », alors que l'article 431-1 sanctionne « le fait d'entraver, d'une manière concertée..., l'exercice de la liberté du travail ».

La réalisation de l'infraction est, dès lors, subordonnée à l'existence d'une concertation préalable, ce qui exclut l'initiative **individuelle** du champ d'application de la loi. De même, il ne semble pas que le délit d'entrave puisse être réprimé en cas d'action spontanée d'un groupe, faute, précisément, d'une action « concertée », c'est-à-dire – pour reprendre la définition du Littré – « combinée (ou) arrangée[2] ». On pourrait ainsi concevoir que l'action de salariés qui, sans l'avoir résolu au préalable mais emportés par la chaleur d'une discussion, feraient obstacle à l'entrée de leurs collègues sur les lieux du travail, ne tomberait pas sous le coup du nouvel article 431-1. Une telle hypothèse est suffisamment plausible pour que l'on puisse voir, dans l'impunité qui lui serait réservée, une lacune de la loi pénale.

II – L'ÉLÉMENT MORAL DE L'INFRACTION : LA CONSCIENCE DE LA FAUTE

3.3 › L'infraction de l'article 431-1 suppose non seulement un élément matériel, mais encore un élément moral. Toutefois, l'exigence d'une « concertation » laisse penser que l'auteur de l'entrave aura agi avec la conscience de commettre le délit. Mais – au moins dans la rigueur des principes – il ne serait pas impossible d'admettre qu'il rapportât la preuve qu'au moment de la « cessation concertée de travail », il n'avait pas conscience de la faute qu'il commettait.

Il y a lieu de noter que les juges du fond disposent d'un pouvoir souverain pour apprécier les éléments constitutifs, tant matériel qu'intentionnel, de l'infraction d'entrave concertée à la liberté d'expression et de réunion, à l'aide de menaces, violences et voies de fait[3].

III – LES MENACES

3.4 › Les menaces visées par le nouvel article 431-1 sont de même nature que celles qu'incriminait l'ancien article 414 ; elles doivent, dès lors, être entendues comme signifiant des actes d'intimidation inspirant la crainte d'un mal. A pu, dès lors, être considéré

---

2. *Dictionnaire de la langue française*, tome II, 1991, Encyclopaedia Britannica, p. 1066.
3. Cass. crim., 22 juin 1999, *Bull. crim.* n° 141.

comme une menace le fait de dire à un ouvrier non gréviste : « C'est bien, nous t'aurons ! »[4] ou encore : « Puisque tu reprends ton travail, nous resterons en grève jusqu'à ce que tu sois révoqué »[5].

D'une manière générale, les menaces « doivent être de telle nature qu'un homme normalement énergique qui en est l'objet soit amené à agir contre sa propre volonté et à faire ce qu'il ne veut pas faire, parce qu'il aura de sérieuses raisons d'appréhender un attentat contre sa personne, sa famille ou ses biens »[6]. Les piquets de grève peuvent avoir ainsi un caractère suffisant d'intimidation pour constituer les menaces visées par l'article 431-1[7], dès lors, en particulier, qu'ils ont pour but d'empêcher toute entrée dans l'usine ou de s'opposer à l'exécution des mesures de sécurité[8].

IV – L'OBJET DES MENACES

3.5 > Conformément au texte de l'article 431-1, les menaces doivent avoir pour but de faire obstacle à « l'exercice de la liberté d'expression, du travail, d'association, de réunion ou de manifestation ».

S'agissant de l'atteinte à la liberté du travail, l'infraction est constituée non seulement lorsque, « d'une manière concertée et à l'aide de menaces », certains salariés de l'entreprise en ont empêché d'autres de travailler, mais également lorsqu'ils ont causé une gêne aux fournisseurs ou aux clients de l'entreprise, venus, par exemple, chercher des produits ou des matériaux nécessaires à leur propre activité[9].

V – LA RÉPRESSION DU DÉLIT

3.6 > Il a déjà été indiqué que l'article 431-1 du Code pénal punissait d'un an d'emprisonnement et de 15 000 € d'amende le fait d'entraver l'exercice de la liberté du travail, « d'une manière concertée et à l'aide de menaces ». L'entrave résultant de menaces est, dès lors, plus sévèrement punie qu'elle ne l'était sous l'empire de l'article 414 de l'ancien code pénal, qui prévoyait seulement un emprisonnement de six jours à trois ans et une amende de 500 F à 20 000 F « ou l'une de ces deux peines seulement ». Mais il faut observer que le nouveau code a supprimé l'indication du minimum des peines, ce qui – sauf en matière criminelle – permet aux juridictions de descendre, autant qu'elles le souhaitent, au-dessous du maximum légal, seul mentionné au texte, sans avoir à motiver leur décision par l'octroi de circonstances atténuantes.

---

4. Cass. crim., 24 juin 1911, *DP* 1912, 5, 7.
5. Cass. crim., 14 janvier 1921, *S.* 1922, 1, 235.
6. Cass. crim., 17 novembre 1926, *S.* 1927, 1, 241 ; 11 juin 1937, *DP 1938*, 1, 33.
7. Voir, sous le régime de l'ancien article 414 : Cass. crim., 10 mars 1939, *Bull. crim.* n° 54 ; 5 février 1957, *Bull. crim.* n° 166.
8. Cass. soc., 25 mai 1951, *Bull. civ.* IV, n° 408.
9. Voir Bernard Teyssié, *J.-Cl. Trav.*, Fasc. 70-15, n° 101.

3.7 > En outre, et comme le permet l'article 431-2, les personnes physiques coupables de l'une des infractions prévues par l'article 431-1 encourent les peines complémentaires suivantes :

- l'interdiction des droits civiques, civils et de famille, suivant les modalités prévues par l'article 131-26 (c'est-à-dire le droit de vote, l'éligibilité, le droit d'exercer une fonction juridictionnelle ou une fonction d'expert devant une juridiction, le droit de représenter ou d'assister une partie dans une instance judiciaire, « le droit de témoigner en justice autrement que pour y faire de simples déclarations » et, enfin, le droit d'être tuteur ou curateur) ;
- l'interdiction, suivant les modalités prévues par l'article 131-27 (c'est-à-dire sans que cette interdiction soit applicable à l'exercice d'un mandat électif ou de responsabilités syndicales), d'exercer une fonction publique ou d'exercer l'activité professionnelle ou sociale dans l'exercice ou à l'occasion de l'exercice de laquelle l'infraction a été commise ;
- l'interdiction de détenir ou de porter, pour une durée de cinq ans au plus, une arme soumise à autorisation.

Enfin, le droit d'exercer l'action civile devant les juridictions répressives n'appartient qu'à ceux qui ont personnellement et directement souffert du dommage causé par l'infraction. C'est ainsi que le préjudice résultant, pour une entreprise, d'une perte commerciale due à la fermeture momentanée d'un magasin causée par l'existence de barrages ayant empêché ses salariés non grévistes de se rendre à leur poste de travail **n'est que la conséquence indirecte de l'infraction prévue par l'article 431-1 du Code pénal, qui a pour seul objet la protection de la liberté du travail** (Cass. crim. 23 avril 2003, *Bull. crim.* n° 84).

Mais, à son 2e alinéa, l'article 431-1 du Code pénal punit également d'une peine principale de trois ans d'emprisonnement et de 45 000 € d'amende, « le fait d'entraver, d'une manière concertée et à l'aide de coups, violences, voies de fait, destructions ou dégradations au sens du présent Code, l'exercice des libertés visées à l'alinéa précédent ». C'est l'infraction que nous allons maintenant examiner.

§ 3 - L'ENTRAVE CONCERTÉE RÉSULTANT DE COUPS, VIOLENCES, VOIES DE FAIT, DESTRUCTIONS OU DÉGRADATIONS (article 431-1, alinéa 2 du Code pénal)

I – DÉFINITION DES « COUPS, DESTRUCTIONS OU DÉGRADATIONS »

3.8 > Le deuxième alinéa de l'article 431-1 du Code pénal sanctionne non seulement les « violences » et les « voies de fait » qui tombaient déjà sous le coup de l'ancien article 414, mais également les « coups, destructions ou dégradations » qui ne faisaient pas l'objet d'une sanction spécifique lorsqu'ils avaient pour but d'entraver l'exercice de la liberté du travail[10].

La référence aux « coups » permet de retenir l'infraction d'entrave à l'encontre des grévistes qui, ayant obstrué les entrées de l'entreprise avec des obstacles divers – chaises, véhicules, grillages maintenus par des câbles – s'efforcent de dissuader les non-grévistes de gagner leur poste de travail par des bousculades et des bourrades[11].

Quant aux « destructions » ou « dégradations » de biens, elles tombent également sous le coup du nouvel article 431-1, dès lors qu'elles concourent à porter atteinte, dans le cadre d'une action « concertée », à l'exercice de la liberté du travail. Tel peut être le cas lorsqu'elles affectent les fluides, produits, substances ou matériaux nécessaires à l'activité de l'entreprise[12].

II – LA RÉPRESSION DE L'INFRACTION

3.9 > L'infraction prévue par le 2e alinéa de l'article 431-1 est punie plus sévèrement que celle prévue par le 1er alinéa.

Le législateur a estimé, à très juste titre, que les « coups, violences, voies de fait, destructions ou dégradations » présentaient une gravité supérieure à celle des simples « menaces » et a prévu, dès lors, que leurs auteurs encourraient une peine « de trois ans d'emprisonnement et de 45 000 € d'amende », et non plus seulement – comme pour l'entrave à l'aide de menaces – d'une peine « d'un an d'emprisonnement et de 15 000 € d'amende ».

Il faut terminer cette étude par trois remarques. En premier lieu, les « manœuvres frauduleuses » ne figurent plus parmi les procédés susceptibles d'être employés pour commettre une entrave à l'exercice de la liberté du travail, et cette suppression ne semble pas justifiée, puisque l'entrave qui résulterait de la publication de fausses nouvelles par la voie de la presse échapperait, semble-t-il, à toute sanction.

En deuxième lieu, des divergences doctrinales subsistent sur la question de savoir si la « tentative » des délits prévus à l'article 431-1 est punissable. Monsieur Paul Berthiau, conseiller honoraire à la Cour de cassation, répond à cette question par la négative[13], alors que le professeur Teyssié considère que « la tentative est, en soi, punissable au même titre que l'infraction consommée »[14].

---

10. Ils étaient prévus et réprimés, en termes généraux, par les articles 257, 257-1, 257-2 et 257-3 (relatifs à la « dégradation de monuments et d'objets d'intérêt public ») ainsi que par les articles 434 à 439 (relatifs aux « destructions, dégradations et dommages ») de l'ancien Code pénal.

11. Cass. crim., 27 novembre 1979, *Bull. crim.* n° 339, qui avait, il est vrai, qualifié les agissements en cause de *voies de fait* et les avait sanctionnés sur le fondement de l'ancien article 414.

12. Voir B. Teyssié, *J.-Cl. Trav.*, Fasc. 70-15, n° 110.

13. Voir *J.-Cl. Pénal*, art. 431-1 et 431-2, n° 24.

14. Voir *J.-Cl. Trav.* Fasc. 70-15, n° 112.

Enfin, il est permis de s'interroger sur les raisons qui ont conduit le législateur à réunir, autour de l'entrave à la liberté du travail, des infractions de nature différente – entraves à la liberté d'expression, d'association, de réunion ou de manifestation – dont chacune présente ses particularités.

Section II

LA LIBERTÉ SYNDICALE

§ 1 - LE SYNDICAT EST UNE INSTITUTION LIBÉRALE

3.10 › C'est par la loi du 21 mars 1884, votée, après trois ans de délibérations, sous le deuxième ministère Jules Ferry[15], que la liberté syndicale a été juridiquement consacrée en France[16]. Proclamée dix-sept ans avant la liberté d'association, elle présente un caractère individuel très marqué, que confirme le préambule de la Constitution du 27 octobre 1946 – auquel se réfère la Constitution du 4 octobre 1958 – qui dispose, à son 6e alinéa, que « tout homme peut défendre ses droits et ses intérêts par l'action syndicale et adhérer au syndicat de son choix ».

Cette origine libérale va exercer une grande influence sur le droit syndical. Conçu comme un groupement privé, le syndicat est indépendant des pouvoirs publics, qui ne doivent ni entraver sa constitution, ni s'immiscer dans son fonctionnement interne, ni prononcer sa dissolution, laquelle ne saurait être que judiciaire. L'intervention de l'État est, dès lors, fort réduite. Tout au plus inspire-t-elle le respect de certaines formalités, dont le but est de permettre de vérifier la légalité du groupement, d'assurer sa personnalité civile et de maintenir les principes de l'ordre public. Mais – encore une fois – la liberté l'emporte largement sur les contraintes étatiques.

Le libéralisme apparaît aussi bien dans la constitution que dans le fonctionnement du syndicat.

§ 2 - LA CONSTITUTION DU SYNDICAT

3.11 › Sans doute, aux termes de l'article L. 2131-1 du Code du travail (ancien article L. 411-1), « les syndicats professionnels ont exclusivement pour objet l'étude et la défense des droits ainsi que des intérêts matériels et moraux, tant collectifs qu'individuels, des personnes visées par leurs statuts ». Mais l'article L. 2131-2 dispose, à son

15. La loi est dite, néanmoins, *loi Waldeck-Rousseau*, du nom du ministre de l'Intérieur, qui souhaitait également favoriser la participation des ouvriers aux bénéfices des entreprises.
16. Rappelons que le délit de *coalition* avait été supprimé par la loi du 25 mai 1864, ce qui aurait dû mettre un terme aux incriminations frappant l'activité syndicale. Mais la crainte suscitée par la création de la Première Internationale (le 28 septembre 1864, à Londres) ne le permit pas.

alinéa premier, que « les syndicats ou associations professionnels de personnes exerçant la même profession, des métiers similaires ou des métiers connexes concourant à l'établissement de produits déterminés ou la même profession libérale, peuvent se constituer librement ». Néanmoins, nous allons voir que, si seul un professionnel peut être membre d'un syndicat, tous les professionnels ne peuvent pas y adhérer.

I – SEUL UN PROFESSIONNEL PEUT ÊTRE MEMBRE D'UN SYNDICAT

3.12 ➤ Un syndicat ne peut être constitué qu'entre des personnes exerçant la même profession ou des professions comparables (« similaires ou connexes »).

A - LA NOTION DE PROFESSION OU DE MÉTIER

Il convient de déterminer ce qu'il faut entendre par « profession » ou par « métier ». À défaut de définition légale, la jurisprudence estime qu'un syndicat doit réunir des personnes qui exercent **une activité habituelle comparable**, leur procurant **des moyens de subsistance**. Un passe-temps – comme, par exemple, la chasse – ne saurait, dès lors, être assimilé à une activité professionnelle, justifiant la constitution d'un syndicat.

La question pourrait se poser aujourd'hui pour des sportifs professionnels (par exemple, les footballeurs évoluant en Ligues 1 et 2 ou en *National*). Il en résulte qu'il ne saurait être constitué de personnes qui exercent une activité occasionnelle ou désintéressée.

B - LE PROBLÈME DU BÉNÉVOLAT

3.13 ➤ Mais il arrive que certaines personnes exercent la même activité, les unes à titre professionnel, les autres à titre bénévole. La question s'est posée, notamment, à propos des pompiers, qui assurent une tâche pour laquelle il est souvent fait appel au bénévolat. Consulté à ce sujet, le Conseil d'État, par un avis du 3 mars 1993, a estimé que les pompiers bénévoles avaient la faculté de se syndiquer dans la mesure où ils ont des intérêts communs à défendre avec les professionnels, en ce qui concerne, notamment, les conditions d'emploi et la protection sociale dont ils bénéficient. Ils sont, dès lors, pour ce qui concerne l'adhésion syndicale, assimilés à des professionnels[17].

C - LES CATÉGORIES PARTICULIÈRES DE PROFESSIONNELS

1 - *Les employeurs de gens de maison*

3.14 ➤ Il faut rappeler qu'aux termes du 2e alinéa de l'article L. 2131-2, « par dérogation (aux dispositions du premier alinéa), les particuliers occupant des employés de maison peuvent se grouper en syndicat pour la défense des intérêts qu'elles ont en commun en tant qu'employeur de ces salariés ». Ce texte (anciennement l'article L. 411-2, alinéa 2), a permis la conclusion de conventions collectives entre les syndicats de gens de maison –

17. *RJS* 1993, n° 1008.

qui exercent une activité salariée – et les associations regroupant leurs employeurs, assimilés ainsi à des professionnels.

2 - Les ecclésiastiques

3.15 > Il est possible, au regard de la liberté d'adhésion à un syndicat, de rapprocher le cas des ecclésiastiques de celui des employeurs de gens de maison. La question peut se poser, en effet, de savoir si un religieux exerce une activité professionnelle.

La réponse à cette question pouvait aller de soi sous le régime du Concordat de 1801, puisque les ministres des cultes reconnus[18] étaient des fonctionnaires rémunérés par l'État[19] (ils le sont toujours en Alsace-Moselle). Elle se situe, aujourd'hui, dans un contexte très différent, puisqu'aux termes de l'article 2 de la loi du 9 décembre 1905, « la République ne reconnaît, ne salarie ni ne subventionne aucun culte »[20]. La nature éminemment spirituelle du lien qui unit les ministres du culte à leurs supérieurs hiérarchiques n'est-elle pas incompatible avec le caractère professionnel de leur activité ? À cet égard, il convient de rappeler que, par un arrêt du 20 novembre 1986, la Cour de cassation a estimé que les pasteurs de l'Église réformée de France « ne concluent pas, relativement à l'exercice de leur ministère, un contrat de travail avec les associations cultuelles légalement établies »[21].

3 - Les exploitants agricoles

3.16 > Enfin, il faut observer que les exploitants agricoles peuvent librement se syndiquer – qu'ils soient, ou non, propriétaires des terres qu'ils exploitent –, mais qu'un propriétaire ne peut devenir membre d'un syndicat s'il n'a pas la direction de l'exploitation. Il en résulte qu'en cas de fermage, seul le fermier peut adhérer au syndicat. Il en est de même en cas de métayage, à moins qu'il soit établi que le propriétaire conserve un pouvoir de participation à la marche de l'entreprise.

Néanmoins, si, pour faire partie d'un syndicat, il faut en principe exercer une profession, cela ne veut pas dire, pour autant, que tout professionnel puisse être membre d'un syndicat.

II – TOUS LES PROFESSIONNELS NE PEUVENT PAS ÊTRE MEMBRE D'UN SYNDICAT

Toute personne exerçant une activité professionnelle ne peut pas être membre d'un syndicat, au sens de l'article L. 2131-1 du Code du travail. Cela pose le problème de la fonction publique et de certaines professions réglementées.

18. Le culte catholique, les deux principales églises protestantes et le culte israélite.
19. Pour le culte israélite, cette fonctionnarisation n'intervint qu'en 1831, au début du règne de Louis-Philippe.
20. Rappelons que cette loi ne s'applique pas en Alsace-Lorraine, où le Concordat de 1801 est toujours en vigueur.
21. Cass. soc., 20 novembre 1986, *Bull. civ.* V, n° 549.

A - LA FONCTION PUBLIQUE (ÉTUDE GÉNÉRALE)

1 - L'historique

3.17 > La liberté syndicale n'a été reconnue aux fonctionnaires que par la loi du 19 octobre 1946. Cette liberté est aujourd'hui très clairement affirmée, et la loi n° 83-634 du 13 juillet 1983, portant droits et obligations des fonctionnaires, précise, à son article 8, que « le droit syndical est garanti aux fonctionnaires » et que « les intéressés peuvent librement créer des organisations syndicales, y adhérer et y exercer des mandats ».

Le même article dispose que « les organisations syndicales de fonctionnaires ont qualité pour conduire au niveau national avec le Gouvernement des négociations préalables à la détermination de l'évolution des rémunérations et pour débattre avec les autorités chargées de la gestion... des questions relatives aux conditions et à l'organisation du travail ». Cette loi a, d'ailleurs, été précédée par le décret n° 82-447 du 28 mai 1982, relatif à l'exercice du droit syndical dans la fonction publique, dont l'article 3 impose, notamment, à l'administration de « mettre à la disposition des organisations syndicales les plus représentatives dans l'établissement considéré, ayant une section syndicale, un local commun aux différentes organisations lorsque les effectifs du personnel d'un service ou d'un groupe de services implantés dans un bâtiment administratif commun sont égaux ou supérieurs à **cinquante agents** ». Cet article 3 énonce même que, s'il n'existe pas de place disponible pour abriter des locaux syndicaux dans le bâtiment, l'administration devra supporter les frais afférents à la location de locaux extérieurs, qui seront mis à la disposition des organisations syndicales.

De même, la loi n° 84-53 du 26 janvier 1984, portant dispositions statutaires relatives à la fonction publique territoriale, précise, à son article 100, que « les collectivités et établissements doivent permettre l'affichage des informations d'origine syndicale, autoriser la distribution des publications syndicales et, sous réserve des nécessités du service, accorder aux fonctionnaires des facilités pour assister aux réunions d'information syndicale ». Cette loi est précisée, notamment, par le décret n° 85-397 du 3 avril 1985, relatif à l'exercice du droit syndical dans la fonction publique territoriale, qui reprend les principes applicables à l'exercice du droit syndical dans la fonction publique de l'État.

Enfin, le décret n° 2000-1215 du 11 décembre 2000 prévoit que « *des subventions sont allouées aux organisations syndicales représentatives des fonctionnaires de l'État au niveau national* », « *dans la limite des crédits ouverts à cet effet au budget des services généraux du Premier ministre* ».

2 - L'application libérale des droits syndicaux par le Conseil d'État

3.18 > Le Conseil d'État veille à ce que l'exercice d'activités syndicales par un fonctionnaire ne nuise pas à sa carrière. C'est ainsi qu'il est de principe constant qu'un fonctionnaire ne peut être sanctionné en raison de ses activités syndicales normales[22].

---

22. CE 26 octobre 1960, *Rioux, Lebon*, p. 558.

De même, a été regardée comme entachée d'excès de pouvoir une décision de mutation d'un rédacteur principal, en vue de faire obstacle à ce que l'intéressé continue d'exercer la fonction de délégué syndical au sein du service dans lequel il avait contribué à créer une section syndicale[23].

De façon plus générale, le dossier d'un fonctionnaire ne doit contenir aucune mention relative à ses opinions syndicales[24].

Toutefois, l'exercice du droit syndical doit toujours se concilier avec le respect de la discipline. Commet, dès lors, un acte de désobéissance, justifiant une sanction disciplinaire, le responsable syndical qui organise une réunion d'information dans les locaux de service et pendant les heures de service, malgré l'interdiction de l'autorité hiérarchique[25].

Néanmoins – et cette exception rend parfois malaisée la tâche du juge –, il est admis que les fonctionnaires investis de responsabilités syndicales disposent d'une plus grande liberté d'expression dans l'exercice de leurs fonctions. En effet, l'action syndicale, dans la mesure où elle se traduit souvent par une opposition à l'autorité supérieure, ne saurait être menée avec une certaine efficacité que si ses promoteurs bénéficient d'une protection suffisante. Ainsi, par exemple, une lettre adressée au ministre dont il relevait, par le secrétaire général d'un syndicat de personnel du ministère, dans laquelle il protestait contre une mesure disciplinaire prise à l'encontre d'un fonctionnaire, n'a pas été jugée constitutive d'une faute[26].

Dans ce domaine – comme dans bien d'autres –, le juge s'efforce de tenir la balance égale entre le devoir de réserve qui s'impose à tous les fonctionnaires et la liberté nécessaire aux responsables syndicaux pour exercer efficacement la mission qui leur a été confiée.

La situation des magistrats, à l'égard du droit syndical, n'est guère différente de celle des autres fonctionnaires.

B - LA FONCTION PUBLIQUE (CAS PARTICULIERS)

1 - Les magistrats

3.19 > Les magistrats ne sont pas des fonctionnaires ni des agents de l'État au sens du statut général. Mais les principes généraux qui régissent le droit de la fonction publique leur sont applicables,.sauf disposition particulière de leur statut[27]. La grève leur est interdite, aux termes de l'article 10 de l'ordonnance du 22 décembre 1958[28], ce qui a pu faire douter de leur droit de constituer des syndicats.

---

23. CE 28 avril 1989, *Ville de Lyon c/ Mlle Bonichon*, req. n° 85664.
24. CE 28 septembre 1988, *Merlenghi, AJDA* 1989, 197.
25. CE 18 janvier 1963, *Perreur, Lebon*, p. 34.
26. CE 18 mai 1956, *Boddaert, Lebon*, p. 213.
27. Avis du CE du 9 décembre 1976, n° 318325, non publié.
28. Dans la mesure où elle serait « de nature à arrêter ou entraver le fonctionnement des juridictions » (voir *infra*, le chapitre relatif au droit de grève).

Or, non seulement ils en ont constitué sans difficulté, mais le Conseil d'État a jugé, dans le silence des textes, que les facilités, et notamment les décharges de service, accordées aux autres syndicats devaient leur bénéficier[29].

Il en va différemment pour le personnel du corps préfectoral et pour les militaires.

2 - *Le corps préfectoral*

3.20 ▸ Les membres du corps préfectoral ne bénéficient pas du droit syndical, en vertu de leurs statuts particuliers : décrets des 29 juillet 1964 (art. 15) et 14 mars 1964 (art. 18)[30]. Il s'agit d'une application de la distinction – autrefois classique – entre les fonctionnaires d'autorité et les fonctionnaires d'exécution.

En tout état de cause, il est juste d'observer que les préfets et les sous-préfets, par leur participation à l'action gouvernementale, ont une fonction qui ne saurait être entravée ni par la grève, ni par l'action revendicative.

3 - *Les militaires*

3.21 ▸ Les militaires demeurent privés du droit de se syndiquer. L'article 10 de la loi n° 72-662 du 13 juillet 1972, portant statut général des militaires jusqu'en 2005, disposait ainsi que « l'existence de groupements professionnels militaires à caractère syndical ainsi que l'adhésion des militaires en activité de service à des groupements professionnels sont incompatibles avec les règles de la discipline militaire[31] ». La création récente d'un certain nombre de sections syndicales de soldats du contingent était, dès lors, assurément illicite. De façon plus générale, l'article 9 de la loi de 1972 interdisait aux militaires d'adhérer à des « groupements ou associations à caractère politique ».

Les articles 5 et 6 de la loi n° 2005-270 du 24 mars 2005 portant réforme du statut général des militaires ont confirmé ces principes.

Néanmoins, les personnes effectuant leur service national peuvent demeurer affiliées à une organisation professionnelle et tous les militaires – qu'ils soient engagés ou appelés – ont le droit de constituer des groupements autres que syndicaux, comme, par exemple, des amicales.

---

29. CE 5 novembre 1976, *Lyon-Caen, Lebon*, p. 472. Comme celle des autres fonctionnaires, l'activité syndicale des magistrats est, néanmoins, soumise à des limites. Le Conseil d'État a estimé ainsi qu'en participant à la diffusion d'une protestation contre une décision du tribunal relative à la nomination du juge taxateur, un magistrat avait manqué au devoir de réserve, alors même qu'il aurait agi en tant que membre d'une section syndicale (CE 1er décembre 1972, *Demoiselle Obrégo, Rec.*, p. 751).
30. M.M. Braibant et Stirn observent qu'« il n'est pas sûr que (cette interdiction) soit légale, mais (qu'elle) n'a pas été contestée et est donc toujours en vigueur » (*Le droit administratif français*, 2002, Presses de la Fondation nationale des sciences politiques, p. 474). Ces deux auteurs ont récemment rappelé, à propos du *droit syndical* des fonctionnaires, que « le cas le plus important qui continue à se poser maintenant est celui des militaires, qui n'ont pas le droit syndical et pour lesquels, d'ailleurs, il n'est guère revendiqué jusqu'à présent » (*Le droit administratif français*, 2005, Presses Sciences Po et Dalloz, p. 480).
31. Le même texte dispose, à son article 11, que « l'exercice du droit de grève est incompatible avec l'état militaire ».

Mais, en dehors même de la fonction publique, il existe un certain nombre de professions réglementées, dont les membres, bien qu'ils soient des professionnels, ne peuvent pas exercer une activité syndicale.

C - LES PROFESSIONS RÉGLEMENTÉES

3.22 > Les textes réglementant certaines professions prévoient qu'elles seront représentées, non par des syndicats, mais par des organismes dotés d'une mission de collaboration avec les pouvoirs publics. C'est le cas, par exemple, des *officiers ministériels* (notaires, commissaires-priseurs, etc.), qui sont organisés en *compagnies*, mais ne peuvent pas se syndiquer. La portée de cette distinction est, toutefois, largement terminologique, puisqu'il a été jugé que le Conseil supérieur du notariat avait le droit de conclure une convention collective avec la Fédération des syndicats de clercs[32]. Il faut d'ailleurs observer que les salariés des officiers ministériels ont le droit de se syndiquer, puisqu'ils n'ont pas eux-mêmes la qualité d'officiers ministériels et que la constitution d'un syndicat est, pour eux, le seul moyen de signer une convention collective.

De leur côté, les établissements de crédit sont tenus, depuis la loi n° 96-597 du 10 juillet 1996, « d'adhérer à un organisme professionnel ou à un organe central affilié à l'association française des établissements de crédit et des entreprises d'investissement ». Ces divers organismes ont remplacé l'Association française des banques, qui avait été créée par une loi du 13 juin 1941.

Malgré ces quelques restrictions, les principes applicables à la constitution du syndicat demeurent dominés par le libéralisme. La liberté de constitution demeure la règle, et il n'y est porté atteinte que pour des motifs tirés de l'intérêt général.

Le même libéralisme apparaît dans les règles relatives au fonctionnement du syndicat.

§ 3 - LE FONCTIONNEMENT DU SYNDICAT

3.23 > Le libéralisme du fonctionnement de l'institution syndicale apparaît à un triple point de vue :

- la liberté d'adhésion qui a pour corollaires la liberté de non-adhésion et le droit de retrait,
- l'absence de discipline organisée,
- les règles relatives à la dissolution.

I – LA LIBERTÉ D'ADHÉSION AU SYNDICAT ET L'INTERDICTION DES MESURES DISCRIMINATOIRES

Aux termes de l'article L. 2141-1 du Code du travail, « tout salarié peut librement adhérer au syndicat professionnel de son choix ». Et, pour rendre effective cette liberté, le même

32. Cass. soc., 6 novembre 1959, *JCP* 1960, II, 11476.

article dispose que l'adhésion à un syndicat « *ne peut être écarté(e) pour l'un des motifs visés à l'article L. 1132-1* », c'est-à-dire « *en raison de son origine, de son sexe, de ses mœurs, de son orientation sexuelle, de son âge, de sa situation de famille ou de sa grossesse, de ses caractéristiques générales, de son appartenance ou de sa non-appartenance, vraie ou supposée, à une ethnie, une nation ou une race, de ses opinions politiques, de ses activités syndicales ou mutualistes, de ses convictions religieuses, de son apparence physique, de son nom de famille ou en raison de son état de santé ou de son handicap* ».

Et, pour renforcer cette liberté, l'article L. 2141-5 précise qu'« il est interdit à tout employeur de prendre en considération l'appartenance à un syndicat, ou l'exercice d'une activité syndicale pour arrêter ses décisions en matière notamment de recrutement… ».

3.24 > C'est là un principe général qui distingue la France de certains pays, comme la Grande-Bretagne, où sont pratiquées des « clauses d'entreprises fermées » – les *closed shop* – qui réservent l'embauche dans l'entreprise aux seuls salariés syndiqués[33].

Ainsi la jurisprudence censure-t-elle le refus discriminatoire d'embauchage, dès lors que des présomptions graves, précises et concordantes laissent penser que ce refus résulte de l'appartenance syndicale du candidat à l'embauche ou de son mari[34]. Elle sanctionne également l'envoi d'un questionnaire d'embauche où figurait une interrogation sur l'affiliation syndicale[35], le refus de renouveler un contrat de travail à durée déterminée pour motifs syndicaux[36], ou encore le licenciement pour participation à un stage syndical[37].

La question est, bien évidemment, plus délicate lorsqu'il s'agit d'examiner si l'attribution d'un avantage a été influencée par l'appartenance syndicale d'un salarié, même si, lorsqu'un avantage est attribué au mérite, l'employeur reste libre, dans l'exercice de son pouvoir d'appréciation, de décider, pour chaque salarié, des augmentations de rémunération, sauf discriminations injustifiées[38].

Il en résulte que le seul fait qu'un syndicaliste ou représentant du personnel n'ait pas perçu une prime ou une augmentation fondée sur le mérite, ne prouve pas l'existence d'une discrimination[39].

3.25 > Toutefois, si les éléments d'appréciation sont objectifs (ancienneté, par exemple), le fait de ne pas en tenir compte peut révéler un comportement discriminatoire[40]. L'employeur ne saurait ainsi refuser à un délégué syndical une prime accordée à tout salarié

33. Lors de l'embauche, non seulement l'employeur ne doit pas évincer un candidat en raison de ses préférences ou de ses activités syndicales, mais il doit s'abstenir de toute question ou de toute investigation à cet égard (voir, sur ce point, le célèbre arrêt *Roclaine*, rendu par la Chambre sociale de la Cour de cassation le 13 mai 1969, *D.* 1969, 528).
34. Cass. soc., 20 novembre 1959, *Bull. civ.* IV, n° 162.
35. Cass. soc., 13 mai 1969, *Bull. civ.* V, n° 314 ; voir également Cass. soc., 17 octobre 1973, *Bull. civ.* V, n° 484.
36. Cass. soc., 30 mai 1958, *Bull. civ.* IV, n° 665.
37. Cass. soc., 11 mars 1964, *Bull. civ.* IV, n° 29.
38. Cass. soc., 9 juillet 1985, *Bull. civ.* V, n° 419.
39. Cass. crim., 8 mars 1994, *Dr. soc.* 1994, p. 890.
40. Cass. soc., 28 juin 1994, *RJS* 1994, n° 1283, à propos d'un syndicaliste privé pendant dix-neuf ans de toute augmentation fondée sur le mérite.

remplissant certaines fonctions depuis deux ans, au motif que ce délégué est devenu un permanent syndical et n'exerce plus, de ce fait, son activité, dès lors que son salaire a été maintenu[41].

Mais le principe de *liberté d'adhésion aux syndicats*, posé par l'article L. 2141-1 du Code du travail, n'entraîne pas seulement l'interdiction des mesures discriminatoires ; il implique également la *liberté de non-adhésion et le droit de retrait*.

A - LA LIBERTÉ DE NON-ADHÉSION

3.26 ➤ Proclamer le principe de la liberté d'adhésion à un syndicat, c'est, bien évidemment, reconnaître le droit de ne pas y adhérer. Il en résulte que tout professionnel a la liberté de ne pas s'affilier à un syndicat, la jurisprudence condamnant fermement les atteintes portées à ce principe, tant par le syndicat que par l'employeur.

1 - Les atteintes à la liberté de non-adhésion, du fait du syndicat

La jurisprudence condamne, depuis longtemps, la mise à l'index, c'est-à-dire le fait d'utiliser des moyens de pression pour frapper d'interdit, soit un employeur afin de l'obliger à n'embaucher que des adhérents au syndicat ou à licencier un non-syndiqué, soit encore un salarié qui refuse d'adhérer au syndicat ou qui en a démissionné.

De tels agissements constituent, en effet, des manœuvres illicites portant atteinte à la liberté de non-adhésion[42]. Le tribunal de police de Paris a fait application de ce principe dans un jugement du 26 septembre 1963, en sanctionnant un employeur qui, « sous la contrainte occulte de la CGT », avait exercé une pression sur un salarié pour qu'il se rapproche de ce syndicat puis fini par le congédier, alors qu'« employé dans l'entreprise depuis sept ans, aucun reproche ne pouvait lui être fait sur la qualité de son travail »[43].

Mais le juge condamne également les atteintes à la liberté de non-adhésion, qui résultent d'un comportement spontané de l'employeur.

2 - Les atteintes à la liberté de non-adhésion, du fait de l'employeur

3.27 ➤ La loi s'oppose encore à toute discrimination susceptible d'inciter le salarié à adhérer à tel ou tel syndicat.

La Cour de cassation a ainsi estimé que justifiait légalement sa décision d'annuler les élections des membres du comité d'entreprise et des délégués du personnel, le tribunal d'instance qui relevait que, malgré le nombre assez élevé des adhérents d'un syndicat, l'employeur avait commis de graves irrégularités dans l'organisation de ces élections, n'avait pas respecté une stricte neutralité et fait preuve, au contraire, de partialité très

41. Cass. soc., 24 février 1993, *RJS* 1993, n° 418.
42. Cass. civ. II, 26 novembre 1953, *D.* 1956, p. 154.
43. TGI Paris 26 septembre 1963, *JCP* 1964 II, 13665 : cette décision a été prononcée dans la célèbre affaire *Roger*, du nom d'un ouvrier clicheur du journal *Le Monde*, licencié et mis à l'index à l'instigation du syndicat du Livre CGT.

marquée en favorisant, par tous les moyens, un syndicat nouvellement constitué au détriment d'un autre, en usant de menaces, de pression et de harcèlement pour obtenir le retrait de certaines candidatures[44].

De façon plus générale, l'employeur ne saurait exercer des pressions sur les salariés, dans le but de les inviter, à la veille d'élections professionnelles, à voter en faveur d'une liste syndicale déterminée[45].

B - LE DROIT DE RETRAIT

3.28 › Mais la liberté d'adhésion au syndicat a également pour corollaire le *droit de retrait*. L'article L. 2141-3 du Code du travail dispose ainsi que « tout membre d'un syndicat professionnel peut s'en retirer à tout instant, même en l'absence d'une clause contraire », sans préjudice du droit, pour le syndicat, de « réclamer la cotisation afférente aux six mois qui suivent le retrait d'adhésion ».

Il résulte de ce texte – anciennement l'article L. 411-8 – que la démission d'un syndicat professionnel constitue l'exercice d'un droit reconnu par la loi, ce qui exclut qu'elle puisse constituer l'inexécution d'une obligation relevant du domaine d'application de l'article 1226 du Code civil[46]. Le libre retrait d'un adhérent ne peut, dès lors, être limité par une clause conventionnelle[47]. Enfin, il faut observer que si le retrait du syndicat peut résulter d'une démission expresse, il peut également ressortir de l'intention de démissionner, manifestée par un refus de paiement des cotisations ; malgré son caractère implicite, cette démission ne saurait être subordonnée à un agrément du syndicat, sous peine de rendre sans effet l'exercice de la liberté prévue par l'article L. 2141-3.

3.29 › Il est clair, dès lors, que, même si leur application est parfois difficile, les principes du droit français font normalement obstacle à une pression des syndicats sur les employeurs ou les salariés. Malgré le faible taux de l'affiliation syndicale[48], la règle juridique continue de faire primer la liberté individuelle sur la liberté collective ; tout au plus convient-il de noter que la loi de finances prévoit, depuis 1991, que les cotisations versées aux syndicats représentatifs de salariés ouvrent droit à une réduction d'impôt (30 % de leur montant, dans la limite de 1 % du salaire imposable), dès lors que les salariés n'ont pas opté pour la déduction de leurs frais réels.

Mais – comme l'observe un auteur avec pertinence – « il n'est pas sûr que la potion fiscale soit un remède suffisant à l'asthénie syndicale »[49].

Le libéralisme du fonctionnement de l'institution syndicale apparaît également du fait de son absence de discipline organisée.

---

44. Cass. soc., 10 novembre 1971, *Bull. civ.* V, n° 661.
45. Cass. crim., 8 mars 1994, *RJS*, 1994, n° 877.
46. L'article 1226 énonce que « la clause pénale est celle par laquelle une personne, pour assurer l'exécution d'une convention, s'engage à quelque chose en cas d'inexécution ». Cass. civ. 1re, 23 mars 1983, *Bull. civ.* I, n° 112.
47. Cass. soc., 23 juin 1988, *Bull. civ.* V, n° 394 ; Cass. com., 9 novembre 1993, *Bull. civ.* IV, n° 399.
48. La France est le pays d'Europe où le taux de syndicalisation est le plus faible (voir JAVILLIER, *Droit du travail*, 1996, p. 397).
49. J.-C. JAVILLIER, *Droit du travail, op. cit.*, p. 391.

II – L'ABSENCE D'UNE DISCIPLINE SYNDICALE ORGANISÉE PAR LA LOI

3.30 > Le Code du travail ne traite pas de la discipline syndicale. Dans certains pays, compte tenu des avantages matériels importants liés à l'appartenance syndicale (protection sociale, retraite, logement, etc.), le droit syndical interne est très développé. Tel n'est pas le cas en France. Le Code du travail ne prévoit ni les sanctions applicables aux salariés qui ne payent pas leurs cotisations, ni les conditions dans lesquelles sont élus les organes dirigeants du syndicat. L'article L. 2324-2 du Code du travail prévoit seulement le droit, pour « chaque organisation syndicale de travailleurs représentative dans l'entreprise », de « désigner un représentant au comité (d'entreprise) », qui doit être « choisi parmi les membres du personnel de l'entreprise et remplir les conditions d'éligibilité au comité d'entreprise fixées à l'article L. 2324-15 », c'est-à-dire être âgé de « dix-huit ans accomplis et travailler dans l'entreprise depuis un an au moins »[50] (la condition de « s'exprimer en français » a été supprimée par la loi n° 82-915 du 28 octobre 1982).

3.31 > De même, le Code du travail contient peu de dispositions relatives à l'administration du syndicat. Le législateur a laissé toute liberté aux fondateurs pour prévoir ses modalités de fonctionnement dans les statuts. Les seules règles légales concernent la désignation des *administrateurs*, qui est prévue par les articles L. 2131-4 et L. 2131-5 du Code du travail[51].

En particulier, le législateur est resté silencieux sur *l'assemblée générale*, qui est l'expression de la démocratie syndicale. Dans le silence des textes, on ne peut qu'appliquer les principes qui gouvernent la tenue et les pouvoirs des assemblées générales des groupements de type associatif. L'assemblée est ainsi réunie selon les prévisions statutaires, sur convocation du conseil d'administration, qui en établit l'ordre du jour. Elle doit approuver les comptes d'exercice et renouveler les membres du conseil d'administration selon les modalités prévues par les statuts.

Le libéralisme de l'institution apparaît également si l'on examine les règles relatives à la dissolution du syndicat.

III – LES RÈGLES RELATIVES À LA DISSOLUTION DU SYNDICAT

3.32 > Aux termes de l'article L. 2131-6 du Code du travail, la dissolution d'un syndicat peut être volontaire, statutaire ou prononcée par justice. Nous examinerons brièvement chacune de ces trois hypothèses.

---

50. Les représentants syndicaux au comité d'entreprise ne doivent pas avoir été condamnés pour indignité nationale ou déchus de leurs fonctions syndicales. Ils ne doivent pas non plus être de proches parents du chef d'entreprise (conjoint, ascendants, descendants, frères, sœurs ou alliés au même degré).

51. Les administrateurs – français ou étrangers – « doivent jouir de leurs droits civiques ». Toutefois, aucune condition d'âge n'est exigée des personnes de nationalité française, alors que, pour accéder aux fonctions d'administration, les étrangers doivent être âgés de dix-huit ans accomplis. Mais, sous ces réserves, chaque syndicat est libre de s'organiser comme il l'entend.

A - LA DISSOLUTION VOLONTAIRE ET LA SCISSION

Il est possible que les membres décident, à l'unanimité, de prononcer la dissolution du syndicat ; mais il peut se faire également qu'à la suite d'un conflit interne, deux fractions du syndicat revendiquent le droit à la continuité et se présentent, chacune, comme la seule héritière du groupement.

Le syndicalisme français a connu cette situation une première fois, en 1947, au moment de la scission de la CGT[52] et, à nouveau, en 1964, lors de l'éclatement de la CFTC[53].

B - LA DISSOLUTION STATUTAIRE

3.33 > L'article L. 2131-6 du Code du travail prévoit l'hypothèse de la dissolution statutaire. On peut concevoir, en effet, que le syndicat disparaisse, soit parce que son objet est réalisé, soit parce que le terme fixé par les statuts se trouve atteint. Rien ne s'oppose à ce que l'assemblée générale prononce alors la dissolution du syndicat. L'hypothèse ne semble pas, néanmoins, s'être présentée.

C - LA DISSOLUTION JUDICIAIRE

3.34 > L'article L. 2131-6 du Code du travail, qui prévoit que la dissolution du syndicat peut être « prononcée par décision de justice », renvoie, en fait, à l'article L. 2136-1, créé par la loi n° 2008-789 du 20 août 2008 (article 10). Or, ce dernier texte énonce que « la dissolution du syndicat ou de l'union de syndicats peut, en outre, être prononcée, à la diligence du procureur de la République ». Il en résulte que la dissolution sera encourue si, par exemple, un syndicat s'est constitué sans répondre à l'objet défini par la loi (la défense des droits et des intérêts matériels et moraux de ses membres).

Une seule *dissolution judiciaire* a été prononcée au cours du XXe siècle : celle de la CGT par un jugement, resté célèbre, du tribunal de la Seine, en date du 13 janvier 1921[54]. « Attendu – déclarait le tribunal – en ce qui concerne le fait reproché aux inculpés d'avoir

52. Reconstituée pendant l'Occupation, la CGT semblait très forte à la Libération. Elle était, pourtant, divisée entre une tendance réformiste se situant dans la continuité de la CGT de l'entre-deux-guerres et une tendance influencée par les communistes. Au congrès d'avril 1946, il apparut que cette dernière était devenue majoritaire. Les événements de l'année 1947 – grèves de l'hiver, départ des ministres communistes du gouvernement Ramadier le 5 mai, début de la guerre froide et du plan Marshall – provoquèrent la rupture. Les minoritaires, ayant quitté l'organisation en décembre 1947, constituèrent, en avril 1948, la CGT-FO.

53. La CFTC (Confédération française des travailleurs chrétiens) avait beaucoup évolué depuis sa création, en novembre 1919. La clandestinité et la Résistance l'avaient rapprochée de la CGT, en même temps qu'elle prenait ses distances avec l'Église catholique. Dès 1947, elle avait modifié ses statuts pour remplacer la référence aux encycliques pontificales par une référence plus vague à la morale sociale chrétienne. Mais un courant du syndicat voulait prolonger cette évolution jusqu'à la suppression de la référence chrétienne elle-même. Ce courant ayant progressivement acquis la majorité, un congrès extraordinaire, réuni les 6 et 7 novembre 1964, adopta une nouvelle dénomination – Confédération française démocratique du travail (CFDT) – ainsi qu'un nouveau préambule aux statuts, dans lequel l'humanisme chrétien n'était plus cité que comme une source doctrinale parmi d'autres. Les minoritaires, attachés au syndicalisme chrétien, se réunirent alors pour maintenir la CFTC. Sur le contentieux né de la scission CFTC-CFDT, voir notamment Cass. soc., 9 mai 1968, *D.* 1968.601.

54. Fondée en 1895, la CGT, après s'être ralliée à l'Union Sacrée pendant la première guerre mondiale, adopta rapidement, ensuite, des positions violentes, qui conduisirent à sa dissolution par le jugement précité. *Gaz. Pal.* 1921, I, 87.

poursuivi d'autres buts que ceux assignés par les lois du 21 mars 1884 et du 12 mars 1920 aux groupements syndicaux, que la CGT, après être sortie des limites dans lesquelles la loi entendait qu'elle enfermât rigoureusement son action, n'a pas cessé d'accroître ses attributions extralégales et d'étendre ses interventions dans le domaine politique, affirmant hautement ses intentions combatives dans la prétention de grouper tous les travailleurs conscients de la lutte à mener pour la disparition du salariat et du patronat ; que point n'est besoin, pour l'établir, de remonter à plusieurs années en arrière : qu'il suffira de suivre pas à pas son action depuis 1919, (...) pour voir se dégager (de ses actes) un esprit de révolte et d'émancipation déréglée contre l'ordre légal, alors que la grande pensée qui inspira l'auteur de la loi de 1884 était au contraire de permettre aux travailleurs d'améliorer leurs conditions par l'usage judicieux et réfléchi d'une liberté nécessaire, qui leur était reconnue pour évoluer dans un milieu social plus éclairé et plus tolérant, mais non pour en briser les cadres »[55]. La dissolution prononcée ne fut, toutefois, jamais vraiment exécutée[56].

3.35 > Il faut observer que – comme le prévoit l'article L. 2135-1 – la dissolution judiciaire d'un syndicat ne peut être prononcée qu'« à la diligence du procureur de la République ». La Cour de cassation a clairement rappelé ce principe (sous l'empire de l'ancien article L. 481-1), dans un arrêt du 6 avril 1994[57].

Il en résulte que la seule sanction de la violation des règles de constitution du syndicat réside dans la dissolution, dont il appartient au ministère public de prendre l'initiative. En toute hypothèse – que la dissolution soit volontaire, statutaire ou prononcée par justice –, l'article L. 2131-6 prévoit que « les biens du syndicat sont dévolus conformément aux statuts ou, à défaut de dispositions statutaires, suivant les règles déterminées par l'assemblée générale ». « En aucun cas – précise le texte – ils ne peuvent être répartis entre les membres adhérents ».

Les tribunaux ont été, à plusieurs reprises, saisis de litiges relatifs aux conséquences des scissions de syndicats et, malgré la lettre de l'article L. 2131-6, ont admis – faute d'une meilleure solution – le partage des biens au prorata des adhérents[58].

---

55. T. corr. Paris, 13 janvier 1921, précité, *Ministère public contre Jouhaux, Dumoulin, Laurent, Lapierre et Calveyrac.*

56. On sait, en tout état de cause, qu'à la suite de la scission intervenue au Congrès de Tours (1920) entre le parti socialiste et le parti communiste, les syndicalistes révolutionnaires furent exclus de la CGT en 1922, au Congrès de Saint-Étienne et fondèrent la CGTU (Confédération générale du travail unitaire). Cette dernière adhéra, l'année suivante, à l'Internationale syndicale rouge, elle-même liée à l'Internationale communiste.

57. La Confédération nationale des syndicats dentaires avait assigné le Syndicat fédéral des prothésistes dentaires et futurs denturologistes, aux fins de voir constater sa nullité, pour illicéité d'objet. Elle faisait, notamment, valoir que ce groupement liait indivisiblement les activités reconnues de prothèse dentaire et les activités illicites de denturologie. La cour d'appel d'Aix-en-Provence déféra à cette demande par un arrêt du 20 février 1991, mais la Cour de cassation annula cette décision par l'arrêt du 6 avril 1994, en énonçant « que la seule sanction de la violation des règles de constitution des syndicats professionnels est la dissolution, qui ne peut être prononcée qu'à la diligence du procureur de la République » (Cass. soc., 6 avril 1994, *Bull. civ.* V, n° 137).

58. Voir, notamment, à propos de la scission CFTC-CFDT, Cass. soc., 9 mai 1968, *Bull. civ.* V, n° 234.

§ 4 - L'ÉTAT N'EXERCE QU'UN CONTRÔLE MINIMUM SUR LE SYNDICAT

3.36 > Reposant sur l'idée que toute personne a le droit d'être syndiquée et de choisir librement son syndicat, le droit syndical français est, dans son principe même, profondément libéral. Le rôle de l'État dans la vie syndicale apparaît, dès lors, nécessairement limité. Il est seulement de fixer les règles qui conditionnent la légalité du groupement, d'assurer sa personnalité civile et de maintenir les principes de l'ordre public républicain.

Nous examinerons, successivement, ces divers points.

I – L'ÉTAT VÉRIFIE LA LÉGALITÉ DU SYNDICAT

A - LE PRINCIPE

Les formalités auxquelles est soumise la constitution d'un syndicat sont très réduites. L'article L. 2131-3 du Code du travail dispose simplement que « les fondateurs de tout syndicat professionnel déposent les statuts et les noms de ceux qui, à un titre quelconque, sont chargés de l'administration ou de la direction », et le texte précise que « ce dépôt est renouvelé en cas de changement de la direction ou des statuts ».

3.37 > La Cour de cassation a rappelé ces principes à de nombreuses reprises, sur le fondement de l'ancien article L. 411-3 du Code du travail. C'est ainsi que la Chambre criminelle a précisé que, « pour jouir de tous les droits qui leur sont reconnus et notamment de celui d'ester en justice, les syndicats doivent avoir effectué le dépôt de leurs statuts » exigé par la loi[59].

De son côté, la Chambre sociale a énoncé que « le secrétaire général de l'union départementale d'un syndicat n'est pas habilité à agir en justice dès lors que ce syndicat ne justifie pas, comme la charge lui en incombe, de l'accomplissement de la formalité légale prévue par les articles L. 411-3, L. 411-22[60], L. 411-23[61] et R. 411-1[62] (aujourd'hui L. 2131-3, L. 2133-2, L. 2133-3 et R. 2131-1) du Code du travail, du dépôt en mairie du nom de ses dirigeants »[63].

Dans le même sens, la Chambre sociale a jugé qu'« encour(ait) la cassation le jugement déclarant valable la désignation de délégués syndicaux par un syndicat qui n'avait pas encore déposé ses statuts à la mairie et, dès lors, n'avait pas d'existence légale »[64].

---

59. Cass. crim., 10 juillet 1979, *Bull. crim.* n° 244.
60. L'ancien article L. 411-22 (aujourd'hui L. 2133-2) prévoit que les unions de syndicats doivent « faire connaître, dans les conditions prévues à l'article L. 411-3, le nom et le siège social des syndicats qui les composent ».
61. L'ancien article L. 411-23 (aujourd'hui L. 2133-3) dispose que les unions de syndicats, dès lors qu'elles sont légalement constituées, « jouissent de tous les droits conférés aux syndicats professionnels ».
62. L'ancien article R. 411-1 (aujourd'hui R. 2131-1) indique que « les statuts du syndicat sont déposés à la mairie de la localité où le syndicat est établi ». Il énonce que « le maire communique ces statuts au procureur de la République ».
63. Cass. soc., 13 mars 1980, *Bull. civ.* V, n° 263.
64. Cass. soc., 22 juillet 1980, *Bull. civ.* V, n° 675.

De façon plus nette encore, la Cour de cassation a rappelé, en 1987, qu'« un syndicat n'a d'existence légale que du jour du dépôt de ses statuts en mairie »[65].

B - LA SANCTION

3.38 > Quelle est la sanction de la violation des règles de constitution d'un syndicat ? Comme l'a rappelé, récemment encore, la chambre sociale, ce ne peut être que la dissolution du syndicat, qui doit être prononcée à la diligence du procureur de la République[66]. Mais le rôle de l'État est également d'assurer la personnalité civile du syndicat.

II – L'ÉTAT GARANTIT LA PERSONNALITÉ CIVILE DU SYNDICAT

A - LA DIFFÉRENCE ENTRE LE SYNDICAT ET L'ASSOCIATION

3.39 > Aux termes de l'article L. 2132-1 du Code du travail, « les syndicats professionnels jouissent de la personnalité civile ». L'article L. 2132-3 dispose qu'« ils ont le droit d'ester en justice (et) peuvent devant toutes les juridictions exercer tous les droits réservés à la partie civile relativement aux faits portant un préjudice direct ou indirect à l'intérêt collectif de la profession qu'ils représentent ».

Personne morale, le syndicat a, depuis la loi du 12 mars 1920, le pouvoir d'ester en justice pour assurer la sauvegarde des intérêts collectifs de la profession qu'il défend. Ce droit le différencie de la simple « association » qui, bien que personne morale, a une capacité réduite et ne peut pas toujours agir en justice pour protéger les intérêts généraux déterminés par ses statuts[67].

Dans les limites fixées par l'article L. 2131-1, le syndicat peut agir aussi bien devant les juridictions civiles que devant les juridictions pénales et administratives.

B - L'ACTION DU SYNDICAT DEVANT LES JURIDICTIONS CIVILES

1 - Un intérêt personnel et direct

3.40 > Le syndicat est recevable à agir en justice, dès lors qu'il justifie d'un *intérêt personnel et direct*. Il peut, notamment, agir en réparation du préjudice causé à l'intérêt collectif de la profession qu'il représente, par exemple, en invoquant le non-respect de la réglementation en matière d'élections professionnelles[68].

---

65. Cass. soc., 7 mai 1987, *Bull. civ.* V, n° 293.
66. Cass. soc., 6 avril 1994, *Bull. civ.* V, n° 137.
67. En principe, une association ne peut pas faire valoir un préjudice social distinct du préjudice subi par ses membres. Au contraire, le syndicat peut défendre l'intérêt de la profession qu'il représente, alors même qu'aucun de ses membres ne pourrait exercer d'action en dommages-intérêts sur ce même fondement (voir, notamment, Cass. crim., 11 janvier 1951, *JCP* 1951 IV, 33).
68. Cass. soc., 20 juillet 1978, *Bull. civ.* V, n° 628.

De façon générale, l'action en justice d'un syndicat est admise, dès lors qu'il a été porté atteinte à l'intérêt collectif de la profession qu'il représente[69].

Cet arrêt a été rendu dans l'espèce suivante :

Une société de vêtements employait des salariés le dimanche, méconnaissant ainsi la règle du repos dominical, édictée par l'article L. 221-5 (aujourd'hui l'article L. 3132-3) du Code du travail[70]. Invoquant le préjudice porté à l'intérêt collectif de la profession qu'il représentait, le Syndicat de la nouveauté saisit le juge des référés, afin qu'il soit fait défense à cette société d'ouvrir son magasin le dimanche. La Cour d'appel fit droit à sa demande et la Cour de cassation rejeta le pourvoi formé contre l'arrêt. Elle estima qu'en relevant que certains commerçants avaient « porté atteinte à l'intérêt collectif de la profession en rompant l'égalité au préjudice de ceux qui, exerçant la même activité, respect(aient) la règle légale, (la Cour d'appel) a(vait) justement reconnu à un Syndicat d'employeurs représentant cette profession, qualité à agir devant le juge des référés pour faire cesser le trouble illicite ainsi causé ».

2 - La défense d'intérêts professionnels

3.41 ➤ Mais le rôle du syndicat doit toujours être de *défendre des intérêts professionnels*. La Cour de Paris a, notamment, rappelé ce principe, dans un arrêt du 23 janvier 1974, après la publication par le journal *Le Meilleur* d'un article portant en titre, au-dessus de la photographie de la dame L. : « Cette femme vous dit : Ne tombez jamais entre les mains d'un psychiatre » et, en gros caractères, surmontant la photographie du docteur T., dont les nom et prénoms étaient mentionnés au-dessus de sa photographie : « Il l'a fait interner en banlieue ».

À la suite de cette parution, le Syndicat national des psychiatres français, agissant conjointement avec le praticien visé, demanda – et obtint – en référé, la saisie du journal. Tout en estimant que cette mesure était justifiée au fond, la Cour de Paris infirma l'ordonnance, en ce qu'elle avait admis la recevabilité de l'action du Syndicat national des psychiatres français. Les juges d'appel estimèrent, en effet, que « l'article incriminé n'a(vait) visé en rien le syndicat, pris en tant que tel ; que si une atteinte à l'intimité de la vie privée, à l'honneur ou à la réputation professionnelle d'un individu peut, dans certaines circonstances exceptionnelles, justifier, en référé, la saisie d'un livre ou d'un journal, l'action tendant à cette fin demeure, toutefois, essentiellement personnelle, en raison de la nature même du dommage ainsi causé... ; qu'une telle action ne saurait donc être étendue au syndicat chargé de représenter professionnellement l'individu ainsi lésé ; qu'il s'ensuit que le syndicat national des psychiatres français, aussi désobligeants que

69. Cass. soc., 26 novembre 1969, *Bull. civ.* V, n° 640 ; 27 novembre 1975, *Bull. civ.* V, n° 582 ; Ass. Plén. 7 mai 1993, *Bull. civ.* n° 10. Mais, seules, les organisations syndicales représentant la profession exercée par les sociétés qui n'ont pas respecté un arrêté préfectoral de fermeture sont recevables à agir pour obtenir le respect des dispositions de cet arrêté (Cass. soc., 2 février 1994, *Bull. civ.* V, n° 40).

70. Règle à laquelle les articles L. 3132-4 et L. 3132-16 et s. apportent des exceptions.

constituent pour la profession qu'il représente, considérée dans son ensemble, les termes utilisés par le rédacteur de l'article incriminé, **n'avait pas qualité pour solliciter la saisie litigieuse...** »[71].

Malgré la légitime restriction formulée par cet arrêt, il n'en demeure pas moins que les syndicats peuvent agir, devant le juge civil, pour défendre les intérêts collectifs liés à la profession qu'ils représentent. Il a ainsi été jugé qu'une association ayant pour but de défendre les intérêts juridiquement protégés des médecins-ostéopathes était fondée à demander la dissolution du Syndicat des ostéopathes diplômés d'État en kinésithérapie dont l'objet est illicite au regard des dispositions du Code du travail[72].

Mais les syndicats peuvent également agir devant le juge pénal.

C - L'ACTION DU SYNDICAT DEVANT LES JURIDICTIONS PÉNALES

3.42 > Un syndicat est recevable à demander, devant la juridiction répressive, **la réparation du préjudice causé à l'ensemble de la profession qu'il représente par les agissements de telle ou telle personne**. Ont ainsi été considérées comme justifiées par la défense de l'intérêt collectif d'une profession, les actions formées par un syndicat, devant le juge pénal, à la suite d'une infraction aux règles de sécurité[73], d'une atteinte à la libre désignation des délégués du personnel[74], d'une infraction aux règles du repos dominical[75], d'une entrave apportée au fonctionnement du comité d'entreprise[76] ou encore de la violation des règles du service médical du travail, puisque celui-ci est institué dans « l'intérêt collectif des salariés »[77].

Enfin, le syndicat peut agir devant les juridictions administratives.

D - L'ACTION DU SYNDICAT DEVANT LES JURIDICTIONS ADMINISTRATIVES

1 - Le recours contre les décisions réglementaires[78]

3.43 > Il est, d'abord, possible à un syndicat de demander l'annulation des décisions réglementaires qui portent atteinte aux intérêts matériels ou moraux de l'ensemble de ses membres ou d'une partie d'entre eux. C'est ainsi que la Chambre syndicale départementale des entreprises du bâtiment a été jugée recevable à demander l'annulation de l'arrêté d'un maire portant règlement général d'un nouveau cimetière, qui imposait aux

71. Paris, 14e ch., 23 janvier 1974, *JCP* 1974, II 17873.
72. Paris, 29 janvier 1997, *Gaz. Pal.*, 12-14 octobre 1997, somm. 25.
73. Cass. crim., 26 octobre 1967, *D.* 1968, 346.
74. Cass. crim., 5 janvier 1977, *Bull. crim.* n° 9.
75. Cass. crim., 23 juillet 1980, *Bull. crim.* n° 232 : un syndicat peut également agir, de ce chef, par la voie civile (voir Cass. Ass. plén., 7 mai 1993, précité).
76. Cass. crim., 3 décembre 1996, *Bull. crim.* n° 441.
77. Cass. crim., 9 mai 1978, *Bull. crim.* n° 145.
78. On sait que les décisions réglementaires sont celles qui posent des *règles générales*, applicables indistinctement à toutes les personnes se trouvant dans une même situation juridique, alors que les actes individuels s'appliquent seulement à des *personnes déterminées*.

entrepreneurs des sujétions concernant les véhicules et les dimensions des monuments et ornements funéraires susceptibles d'être autorisés[79].

De même, un syndicat de cadres, ingénieurs et agents de maîtrise d'Air France est recevable à déférer à la juridiction administrative une décision ministérielle qui, ayant pour objet de modifier la répartition du trafic aérien en Afrique, est susceptible d'entraîner une réduction du personnel de l'entreprise[80].

2 - Le recours contre les décisions individuelles

3.44 > Un syndicat peut également contester, devant le juge administratif, une mesure individuelle de nomination, d'intégration ou d'avancement qui lèse collectivement tous ceux de ses membres qui avaient vocation à en bénéficier[81].

Un syndicat de chercheurs est ainsi recevable à attaquer la désignation du directeur d'un organisme scientifique, qui devait être choisi parmi les personnalités du monde scientifique[82].

De façon générale, un syndicat de fonctionnaires est recevable à attaquer une mesure individuelle de nomination, d'intégration, d'affectation ou d'avancement[83]. Mais il est irrecevable à déférer un refus de nomination, une sanction disciplinaire ou une retenue sur traitement pour faits de grève[84].

Cette jurisprudence s'explique par le fait que, dans le cas d'un acte positif – par exemple, une mesure de nomination ou de promotion – un collègue lésé hésitera à se créer des animosités en soutenant, dans un recours, que la mesure est illicite. Le syndicat prendra alors l'initiative d'une action qui aura pour seul but le respect de la légalité. À l'inverse, dans le cas d'une décision négative – par exemple, une sanction disciplinaire – la victime, première intéressée, n'aura aucun motif de ne pas intenter un recours contre la décision qui lui fera grief. Le syndicat ne sera pas contraint, par suite, d'agir à sa place.

79. CE 18 février 1972, *Lebon*, p. 153.

80. CE Ass., 2 juillet 1965, *Lebon*, p. 398 : le Conseil d'État a relevé que, « par la diminution d'activité qu'elle impose à la compagnie Air France dans certaines régions d'Afrique, la décision était susceptible d'entraîner une réduction des effectifs du personnel que cette compagnie utilisait, antérieurement à l'intervention de ladite décision, pour assurer le fonctionnement des lignes aériennes qu'elle exploitait dans les mêmes régions ». Il en a déduit que « le syndicat requérant, qui a notamment pour objet la défense des intérêts professionnels de ce personnel, justifie d'un intérêt suffisant pour lui donner qualité en vue de demander l'annulation de la décision dont s'agit ».

81. CE, 12 juin 1959, *Lebon*, p. 360.

82. CE, 11 décembre 1987, *Syndicat des travailleurs de la recherche extra-métropolitaine, Lebon*, p. 416 : le décret du 5 juin 1984 disposait que le directeur général de l'Institut français de recherche scientifique pour le développement et la coopération (ORSTOM) devait être « choisi parmi les personnalités du monde scientifique ». Le syndicat requérant déféra au tribunal administratif la décision par laquelle Monsieur T... avait été nommé directeur général, au motif qu'il n'était pas une personnalité du monde scientifique. Le Conseil d'État rejeta le recours en observant « que, eu égard à la formation de Monsieur T..., aux diplômes qu'il a obtenus, à l'expérience professionnelle qu'il a acquise et aux responsabilités qu'il a exercées dans certaines de ses fonctions antérieures, le gouvernement, en (le) nommant directeur général de l'ORSTOM, n'a pas méconnu la condition (exigée) ».

83. Voir, par exemple, CE, 13 décembre 1991, *Syndicat CGT des employés communaux de la mairie de Nîmes, Lebon*, p. 443.

84. Voir, par exemple, CE, 13 janvier 1950, *Union générale des fédérations de fonctionnaires, Lebon*, p. 26.

Enfin, il revient à l'État de préciser aux syndicats les limites de leur action. Ces limites résultent, pour l'essentiel, des exigences de l'ordre public.

III – L'ÉTAT FIXE LES LIMITES DE L'ACTION SYNDICALE

A - LES ACTIVITÉS LICITES DU SYNDICAT

3.45 › L'article L. 2131-1 du Code du travail précise que « les syndicats professionnels ont exclusivement pour objet l'étude et la défense des droits ainsi que des intérêts matériels et moraux, tant collectifs qu'individuels, des personnes mentionnées par leurs statuts ». Il en résulte que l'article L. 2135-1 sanctionne d'une amende de 3 750 € – qui n'exclut pas la dissolution du syndicat, prononcée à la diligence du procureur de la République – « les directeurs ou administrateurs de syndicats ou d'unions de syndicats qui auront commis des infractions aux dispositions de l'article L. 2131-1 ».

Mais en quoi consistent de telles infractions ?

B - LES ACTIVITÉS INTERDITES AU SYNDICAT

1 - Les activités commerciales

3.46 › Le syndicat est un groupement professionnel désintéressé. Les actes de commerce lui sont, dès lors, interdits[85]. Le syndicat peut, par exemple, acheter, pour les louer, les prêter ou les répartir entre ses membres, tous les objets nécessaires à l'exercice de la profession qu'il représente : matières premières, outils, instruments, machines, etc. Mais ces opérations ne doivent pas le conduire à distribuer des bénéfices, même sous la forme de ristournes. Il a ainsi été jugé qu'un syndicat de commissionnaires en douanes, constitué en pool de transitaires et qui rémunère ses adhérents sur les bénéfices réalisés, n'a pas une existence juridiquement régulière[86].

Il en résulte que le syndicat qui aurait un objet commercial ou qui effectuerait occasionnellement des actes de commerce, serait soumis aux obligations du droit commercial ; en particulier, le tribunal de commerce serait compétent pour prononcer sa mise en liquidation[87].

Mais, si le principe de spécialité ne permet pas au syndicat d'exercer une activité génératrice de bénéfice et l'oblige à n'entreprendre que des actions désintéressées, encore faut-il que ses actions présentent un caractère professionnel. Certaines activités désintéressées lui sont, dès lors, interdites.

C'est le cas, par exemple, des activités religieuses.

---

85. Cass. civ., 4 avril 1933, *S.* 1933, 1, 226.
86. Rouen, 4 novembre 1948, *DH* 1949, J, 242.
87. Voir, sous le régime de l'ancienne législation relative aux règlements collectifs du passif, T. com. Nice, 16 juin 1954, *Gaz. Pal.* 1954, 2, p. 369.

2 - *Les activités religieuses*

3.47 ➤ Le but du syndicat ne peut être de faire du prosélytisme. Il ne lui est pas possible – même occasionnellement – d'exercer une activité tendant à propager la foi ou à en recruter les adeptes. Sans doute – on l'a vu – il a été jugé que des ecclésiastiques pouvaient se grouper en syndicat[88]. Mais si les syndicats de prêtres peuvent légalement avoir pour objet la défense de leurs intérêts, ils ne sauraient exercer une activité de propagande religieuse. C'est ainsi qu'un syndicat, qui était en réalité un *cercle confessionnel* procurant à ses membres l'occasion d'assister à des conférences sur des sujets religieux, a été considéré comme illicite[89].

En revanche, les ministres d'un culte sont en droit de constituer des *syndicats professionnels*, en particulier en matière de diffamation et à l'occasion de leur constitution de partie civile[90].

Reste la délicate question des activités politiques du syndicat.

C - LE CAS PARTICULIER DES ACTIVITÉS POLITIQUES DU SYNDICAT

1 - *Le principe de l'apolitisme du syndicat*

3.48 ➤ Le mouvement syndical a longtemps été apolitique. Les statuts de la CGT affirmaient, en 1902, que cette organisation groupait, « en dehors de toute école politique, tous les travailleurs conscients de la lutte à mener pour la disparition du salariat et du patronat ».

De même, la Charte d'Amiens, adoptée en 1906 par le Congrès confédéral de la CGT, reprenait cette formule, et ajoutait : « Tous les travailleurs, quelles que soient leurs opinions ou leurs tendances politiques ou philosophiques, (ont le) devoir d'appartenir au groupement essentiel qu'est le syndicat... Le Congrès affirme l'entière liberté, pour le syndiqué, de participer, en dehors du groupement corporatif, à telle forme de lutte correspondant à sa conception philosophique ou politique, se bornant à lui demander, en réciprocité, de ne pas introduire dans le syndicat les opinions qu'il professe au-dehors ».

Toujours dans cet esprit, les statuts de la CFTC indiquaient, en 1920, que ce syndicat jugeait « contraire à l'ordre public que les organismes professionnels prétendent s'arroger des droits et assumer des responsabilités d'ordre politique ».

2 - *La difficile mise en œuvre du principe de l'apolitisme*

3.49 ➤ Il est aujourd'hui impossible de nier ou de prohiber tout aspect politique dans l'activité des syndicats. Maurice Schumann, ministre des Affaires sociales, lors du débat sur le texte qui allait devenir la loi du 27 décembre 1968 relative à l'exercice du droit

88. T. corr. Privas, 21 juillet 1933, précité.
89. Cass. crim., 18 février 1893, *DP* 1894, 1, 26.
90. Rennes, 15 janvier 1946, cité par *J.-Cl. adm.*, Fasc. 215, *Régime des cultes*, n° 107.

syndical dans l'entreprise, déclarait, devant l'Assemblée nationale : « Dire qu'une communication, une publication ou un tract ne pourra pas revêtir un caractère politique, serait proprement inapplicable, car il n'est au pouvoir de personne de déterminer par des critères précis, à partir de quand un texte revêt un caractère politique »[91].

Il reste que, si les syndicats sont naturellement conduits à défendre des objectifs politiques, ils ne sauraient proclamer légalement, dans leurs statuts, une volonté d'exercer une action directe sur les institutions. La Cour de cassation l'a récemment rappelé à propos du Front national de la Police. Après avoir relevé que cet organisme n'était que l'instrument d'un parti politique, qui était à l'origine de sa création et dont il servait exclusivement les intérêts, en prônant des distinctions fondées sur la race, la couleur, l'ascendance, l'origine nationale ou ethnique, elle a décidé qu'il ne pouvait se prévaloir de la qualité de syndicat[92].

La question de l'apolitisme des syndicats s'est posée récemment à propos des *chômeurs*. Ces derniers, dont le nombre est environ le triple de celui des agriculteurs – lesquels interviennent, parfois avec rigueur, dans le débat politique – n'ont aucun mode spécifique de représentation sociale. Faut-il, dès lors, leur permettre de créer des structures de représentation *autonomes*, comme certains militants politiques le réclament depuis quelques années ? Doit-on admettre que leurs délégués siègent dans les instances où sont prises des décisions qui les concernent (Conseil économique et social, UNEDIC, ANPE et AFPA en particulier) ? « Après tout, leur nombre total est largement supérieur au total des adhérents des grandes confédérations, et s'ils décidaient d'adhérer massivement à celles-ci, ils en deviendraient rapidement les maîtres... Pour tous les ministres de l'Intérieur, responsables de l'ordre public » se pose le même problème : « que faire face à un syndicat fort d'un million de membres, souvent disponibles, si leurs dirigeants se prenaient à préconiser l'action directe ? »[93].

Il faut noter que, saisi d'une action tendant à interdire à un groupement de se prévaloir de la qualité de syndicat, au motif qu'il commettait une fraude à la loi dès lors qu'il n'avait pas un objet conforme à l'article L. 411-1 du Code du travail (devenu art. L. 2131-1), puisqu'il était indistinct d'un parti politique en sorte que le principe de spécialité n'était pas respecté, le juge civil a estimé qu'il ne pouvait que déclarer cette demande irrecevable, le ministère public étant seul titulaire d'une telle action sur le fondement de l'article L. 481-1 (devenu art. L. 2135-1), dans le cadre d'une procédure pénale[94].

§ 5 - LE PROBLÈME DU FINANCEMENT DES SYNDICATS

3.50 > Dans un rapport remis au Premier ministre, en mai 2006, Monsieur Raphaël Hadas-Lebel, président de section au Conseil d'État, a souligné les « *quatre grandes spécificités* » du financement des organisations syndicales en France :

91. *JOAN*, 2e séance, 4 décembre 1968, p. 5085.

92. Voir Cass. Ch. mixte, 10 avril 1998, 3e arrêt, *Bull. ch. mixte* n° 2 ; *Bull. inf. cass.* 1er juill. 1998, concl. de Caigny et notes Ancel et Merlin ; *D.* 1998.IR.126 et 389, note Jeammaud ; *RJS* 1998.481 n° 754 et *Dr. soc.* 1998.565 ; un arrêt identique a été rendu, le même jour, à propos des ostéopathes.

93. Voir J.-E. Ray, *Droit du travail*, Éditions Liaisons, 2002, p. 340.

94. Montpellier, 9 juillet 1997, *D.* 1997.469 et *JCP* 1997.II.22967 ; en sens contraire, Paris, 17 juin 1997, *Dr. Soc.* 1997.986.

– la première réside dans la **faiblesse des cotisations**, lorsqu'on les rapporte à l'ensemble des ressources syndicales. Ce trait caractéristique traduit la **faiblesse du taux de syndicalisation** et « a pour conséquence une indépendance financière limitée (des organisations) et une faible dynamique des ressources syndicales » ;

– la deuxième spécificité résulte de l'**insécurité juridique** pesant sur les ressources des organisations syndicales, qui entraînent, parfois, des pratiques susceptibles d'être contestées par le juge (par exemple, la mise à disposition de salariés du secteur privé auprès des centrales syndicales) ;

– la troisième tient au fait que « les financements publics et parapublics (État, organismes de protection sociale) accordés en contrepartie de l'accomplissement de missions d'intérêt général **ne prennent que faiblement en compte les critères de l'audience et présentent, par suite, un caractère largement forfaitaire** » ;

– enfin – observait Monsieur Hadas-Lebel – une dernière spécificité « est la **grande prudence des organisations syndicales en matière de communication et de transparence financières** » : il soulignait que les données disponibles permettaient seulement d'estimer que les cotisations représentaient, selon les organisations, entre 15 et 60 % du total de leurs ressources, ce qui créait une situation dont « la légalité, et par suite la sécurité juridique, (étaient) pour le moins discutables »[95].

3.51 > Le récent « scandale de l'UIMM »[96] – qui a conduit à l'ouverture d'une action judiciaire visant, notamment, les retraits d'argent liquide effectués par, ou pour, ses responsables – a mis en lumière les lacunes du système français de financement des syndicats et conduit le ministre du Travail, des Relations sociales et de la Solidarité de l'époque – Monsieur Xavier Bertrand – à déclarer qu'il était nécessaire de remettre « tout à plat sur la démocratie sociale », afin de « changer les choses », notamment par une loi fixant de nouvelles règles en matière de financement des organisations syndicales et patronales[97]. Il est permis de penser qu'un projet de loi sera déposé, sur cette question, au cours de l'année 2008[98].

Section III

LA DURÉE DU TRAVAIL

§ 1 - L'ANCIEN RÉGIME

3.52 > Sous l'Ancien Régime, le travail était réglementé par les corporations et les ordonnances royales. La journée de travail était longue. Sa durée variait suivant les

95. *Pour un dialogue social efficace et légitime : Représentativité et financement des organisations professionnelles et syndicales* (rapport au Premier ministre, présenté par Raphaël Hadas-Lebel, mai 2006, p. 110 à 121 et 124).
Sur le budget et les « cotisations insuffisantes (et) incontrôlables » des syndicats reconnus comme représentatifs par la loi – CFDT, CGT, FO, CFE-CGC et CFTC – voir *Le Monde* du 31 octobre 2007, p. 20.
96. Union des industries et métiers de la métallurgie.
97. Site internet : *www.lefigaro.fr* (actualité en direct).
98. « Je veux qu'on aboutisse, pas en 2009, ni en 2010, mais en 2008 forcément » a précisé le ministre *(id.)*.

régions et les professions, mais était toujours comprise entre le lever et le coucher du soleil. Les « congés » n'existaient pas, au moins au sens moderne de « congés payés ». En revanche, et en plus du repos hebdomadaire, de nombreux jours fériés – une quarantaine par an environ – coupaient l'année de travail. « C'était donc, en fait, un régime plus favorable sur ce point que durant la période libérale »[99].

§ 2 - LA RÉVOLUTION

La Révolution de 1789 rendit, certes, l'individu libre, mais le laissa seul et désarmé devant les groupements d'intérêts. Dès lors, la durée de la journée du travail « va s'amplifier dans des proportions anormales » et la condition ouvrière, « se dégrader sans cesse jusqu'à la Monarchie de Juillet » *(idem)*.

§ 3 - LA MONARCHIE DE JUILLET

3.53 ➤ Ce fut l'enquête de Villermé[100], réalisée au cours du règne de Louis-Philippe, qui permit de prendre conscience de la gravité du problème. Ses résultats, présentés, en 1840, à l'Académie des Sciences morales et politiques, soulevèrent un vif émoi dans l'opinion. « Il n'est pas rare, notait l'auteur, de voir des enfants de six ans employés comme rattacheurs de fils et même des enfants de quatre à cinq ans, employés comme dévideurs de trame ou comme porteurs de bobines. Ils restent seize à dix-sept heures debout, chaque jour, dont treize au moins dans une pièce fermée sans presque changer de place ni d'attitude. Ce n'est pas un travail, une tâche, c'est une torture ; et on l'inflige à des enfants de six à huit ans, mal nourris, mal vêtus, obligés de parcourir, dès 5 heures du matin, la longue distance qui les sépare de leurs ateliers et qu'achève d'épuiser, le soir, leur retour de ces mêmes ateliers ».

Quelques mois après le dépôt du rapport de Villermé, intervint la loi du 22 mars 1841, première législation relative à la durée du travail. Timide, elle se bornait à interdire l'emploi des enfants avant l'âge de huit ans et limitait la durée de leur activité à huit heures par jour en dessous de douze ans, et à douze heures jusqu'à seize ans. Toutefois, la loi ne visait pas les adultes, et il fallut attendre la Seconde République pour qu'un texte applicable à tous les salariés fût, enfin, adopté : le décret du 2 mars 1848, qui fixait la journée de travail à dix heures à Paris et onze heures en province.

Mais cette limitation devait être de brève durée, puisque, le 9 septembre 1848, une nouvelle loi vint marquer un retour en arrière, en portant à douze heures la durée maximum

99. Sur le problème de la durée du travail, voir, notamment, Pélissier, Supiot et Jeammaud, *Droit du travail*, Dalloz, 20e éd., 2000, p. 916 et s.

100. Chirurgien de la Grande Armée jusqu'en 1814, puis médecin civil jusqu'en 1830, Villermé se consacra ensuite à des études économiques et sociales. Les résultats de son enquête, menée principalement dans les régions de Lille et de Rouen, furent publiés dans un ouvrage intitulé *Tableau de l'état physique et moral des ouvriers dans les fabriques de coton, de laine et de soie*.

du travail des adultes dans les établissements, déjà fort nombreux, qui utilisaient des moteurs mécaniques.

§ 4 - LA IIIe RÉPUBLIQUE

3.54 > Les choses en restèrent là pendant un quart de siècle, jusqu'à l'intervention de la loi du 19 mai 1874, votée dans la première année de la présidence du maréchal de Mac-Mahon, qui porta à douze ans l'âge d'admission des enfants dans les manufactures, interdit le travail de nuit aux garçons jusqu'à seize ans et aux filles jusqu'à vingt et un ans – avec, au surplus, pour celles-ci, interdiction du travail souterrain – et limita à douze heures la durée de la journée du travail pour les mineurs de seize ans.

Ce texte ne devait pas être remis en cause. Bien au contraire, poursuivant l'évolution qu'il amorçait, la loi du 2 novembre 1892 limita la durée du travail des enfants et des adolescents dans l'industrie à onze heures par jour et soixante heures par semaine, la première de ces deux règles devant également s'appliquer aux femmes adultes.

§ 5 - LA LOI DE 1919, PREMIER TEXTE DE PORTÉE GÉNÉRALE

3.55 > Il manquait encore une règle de portée générale, s'appliquant à tous les travailleurs, sans distinction. Elle fut posée par la loi du 30 mars 1900, qui stipula que les établissements industriels utilisant à la fois des enfants, des femmes et des adultes, ne devaient pas travailler plus de onze heures par jour. Cette durée serait ramenée à dix heures et demie en 1902, puis à dix heures en 1904. Toutefois, les établissements industriels occupant, soit des adultes, soit des femmes, soit des mineurs de dix-huit ans – et non pas, à la fois, « des enfants, des femmes et des adultes » – restaient soumis aux règles antérieures.

La première loi véritablement générale fut celle du 23 avril 1919, qui institua, pour toutes les catégories de salariés, *la journée de huit heures*. L'adoption de ce texte – que les deux Chambres votèrent à l'unanimité, après seulement quelques jours de discussion – s'expliquait, notamment, par l'agitation sociale qui suivit la fin de la Grande Guerre et le succès du mouvement ouvrier en Russie, à la suite de la Révolution.

Jusqu'à la grande récession de 1930, la réduction de la durée du travail ne souleva plus guère de problèmes sérieux. Ce ne fut que l'ampleur sans précédent du chômage, consécutif à la crise, qui laissa penser qu'une telle réduction permettrait d'assurer une meilleure distribution de l'activité. La Conférence internationale du travail vota, dès lors, en 1935, une convention favorable au principe de la réduction de la durée du travail à quarante heures par semaine.

§ 6 - LA LOI DE 1936

3.56 > L'avènement du Front populaire, à la suite des élections législatives des 26 avril et 3 mai 1936, entraîna, dès le 21 juin, l'adoption de la *loi des quarante heures*, applicable à tous les salariés. Le législateur créait ainsi un *plafond de travail*, mais laissait le soin au pouvoir exécutif d'établir, par décret, les modalités de son application. De fait, pour répondre aux nécessités de la période de réarmement, divers textes vinrent assouplir le principe posé par la Chambre du Front populaire. En particulier, un décret-loi du 12 novembre 1938 supprima la répartition sur cinq jours des heures de travail (connue sous le nom de « semaine des deux dimanches ») qui avait initialement été adoptée, et décida que la semaine de six jours ouvrables constituerait la base du nouveau système pour une durée de trois ans. Le décret du 1er septembre 1939, adopté à la veille de la déclaration de guerre[101], lui substitua un régime qui permettait à la durée du travail d'atteindre soixante heures par semaine, mais sans dépasser, toutefois, douze heures par jour.

§ 7 - LE RÉGIME DE VICHY

3.57 > L'armistice de 1940 et la désorganisation de l'économie française entraînèrent, à nouveau, une montée du chômage. La loi du 13 août 1940 donna, dès lors, aux préfets, la possibilité de réduire la durée du travail dans tous les établissements industriels et commerciaux. Mais, bientôt, la conjoncture se modifia et la loi du 25 mars 1941 permit au ministre du Travail de suspendre, par arrêté, les dispositions prises par les préfets et de porter la durée du travail à quarante-huit heures par semaine.

§ 8 - LA IVe RÉPUBLIQUE

3.58 > À la Libération, les organisations ouvrières obtinrent le retour au régime des *quarante heures*, qui fut proclamé par la loi du 25 février 1946, mais la nation sinistrée exigeait qu'on s'employât à la reconstruire et le législateur encouragea, dès lors, un système qui permit de porter la durée du travail jusqu'à soixante heures par semaine.

Certes, le recours aux *heures supplémentaires* devait être autorisé par l'inspecteur du travail, après consultation des organisations syndicales ouvrières. Certes, la loi du 25 février 1946 prévoyait que ces heures seraient rémunérées avec un *taux de majoration* qui ne pourrait être inférieur à 25 % du salaire horaire jusqu'à quarante-huit heures inclusivement, et à 50 % au-delà de cette durée. Mais l'autorisation était aisément accordée et la vertu dissuasive de la majoration ne joua guère son rôle.

Il s'établit ainsi un écart considérable entre le *maximum légal* des quarante heures par semaine et la *durée moyenne effective du travail*, qui atteignit 46,7 heures en 1967. Alors qu'avec la loi de 1946, le droit français était en avance sur le droit international du travail, la France apparaissait, dans les années 1960, comme le pays d'Europe où la durée hebdomadaire moyenne du travail était la plus longue[102].

---

101. La Grande-Bretagne, puis la France, déclarèrent la guerre à l'Allemagne le 3 septembre 1939.
102. Voir BRUN et GALLAND, *Droit du travail*, tome 1 : Les rapports individuels de travail, 1978, Sirey p. 572.

Cela explique que, lors des négociations de Grenelle, en mai 1968, le *retour aux quarante heures* ait été placé au premier rang des revendications syndicales. Il fallut, en quelque sorte, « reconnaître » un droit que le législateur avait consacré dès 1936 ! De fait, si aucun accord général ne fut signé sur ce point, de nombreux accords collectifs, intervenus dans les mois suivants – notamment l'« accord cadre » conclu dans la métallurgie, le 13 décembre 1968 – disposèrent que la durée effective du travail devait être abaissée.

§ 9 - LES TEXTES VOTÉS SOUS LA Ve RÉPUBLIQUE

I – LE DÉCALAGE ENTRE LA THÉORIE ET LA PRATIQUE

3.59 > Les exigences d'une société en plein essor industriel ne permettaient cependant pas l'adoption d'une réduction générale de la durée du travail. La loi n° 71-1049 du 24 décembre 1971 – votée sous la présidence de Georges Pompidou – se borna, dès lors, à prévoir que « la durée moyenne hebdomadaire du travail, calculée sur une période quelconque de 12 semaines consécutives, ne (pouvait) dépasser 50 heures », précisant qu'« au cours d'une même semaine, la durée du travail ne (devait pas) dépasser 57 heures ». Mais, après avoir posé ces principes – encore forts éloignés, pourtant, des revendications syndicales – le législateur stipulait aussitôt qu'« à titre exceptionnel, dans certains secteurs, dans certaines régions ou entreprises, des dérogations applicables à des périodes déterminées (pourraient) être apportées à la limite moyenne hebdomadaire de 50 heures » et qu'« en cas de circonstances exceptionnelles, certaines entreprises (pourraient) être autorisées à dépasser, pendant une période limitée, le plafond de 57 heures... ». Le décalage entre le maximum légal des quarante heures et la pratique autorisée par les textes demeurait considérable et, en 1974, la durée moyenne effective du travail s'élevait encore à 43 heures.

La loi n° 75-1253 du 27 décembre 1975 relative à la réduction de la durée maximale du travail – adoptée sous la présidence de Valéry Giscard d'Estaing – modifia quelque peu les choses. Elle abaissait de 50 à 48 heures le maximum de « la durée moyenne hebdomadaire de travail calculée sur une période quelconque de 12 semaines consécutives », et de 57 à 52 heures la durée maximale du travail au cours d'une même semaine.

Cet effort fut poursuivi par la loi n° 76-657 du 16 juillet 1976 (également votée sous le septennat giscardien). Elle prévoyait l'institution d'un repos compensateur obligatoire, dont la durée devait être égale à « 20 % du temps de travail accompli en heures supplémentaires au-delà de 44 heures, dans les entreprises de plus de 10 salariés ». Ce repos, qui ne pouvait être pris que par journée entière, « chacune étant réputée correspondre à 8 heures de repos compensateur », était « assimilé à une période de travail effective pour le calcul des droits du salarié » et donnait lieu à une « indemnisation qui ne (devait) entraîner aucune diminution par rapport à la rémunération qu'(il) aurait perçue s'il avait accompli son travail ».

II – LES TRENTE-NEUF HEURES

3.60 > Mais la crise était là, qui obligeait à rechercher de nouvelles mesures pour lutter contre l'aggravation du chômage. La mise en place d'un repos compensateur apparut bientôt insuffisante. Au surplus, l'élection de François Mitterrand à la présidence de la République, en mai 1981, créa l'attente d'une réforme spectaculaire en faveur des salariés. Cette réforme intervint avec l'ordonnance n° 82-41 du 16 janvier 1982, dont l'article premier disposait que, « dans les établissements ou les professions mentionnés à l'article L. 200-1 (du Code du travail ; aujourd'hui art. L. 3111-1)[103] ainsi que dans les établissements artisanaux et coopératifs ou dans leurs dépendances, la durée légale du travail effectif des salariés était fixée à *trente-neuf heures par semaine* ».

Le même article prévoyait que, « dans ces... établissements et professions, la durée quotidienne du travail effectif par salarié ne (pourrait) excéder dix heures, sauf dérogations dans des conditions fixées par décret ».

3.61 > Ce texte, porteur, à la fois, de grands espoirs et de vives inquiétudes, n'interdisait pas les heures supplémentaires, stipulant seulement, à son article 5, qu'elles donneraient lieu à une majoration de salaire de « 25 % pour les huit premières heures (et) 50 % pour les heures suivantes ». Mais il marquait le point de départ de l'annualisation du temps de travail, puisqu'il prévoyait, à l'article 26, que « la durée du travail des salariés travaillant de façon permanente en équipes successives selon un cycle continu, ne devra(it) pas être supérieure en moyenne, sur une année, à trente-cinq heures par semaine travaillées, au plus tard le 31 décembre 1983 ».

Le régime de l'ordonnance du 16 janvier 1982 resta en vigueur jusqu'au vote de la loi n° 86-280 du 28 février 1986, l'un des derniers textes d'importance voté par la majorité de gauche issue des élections législatives de juin 1981[104]. Ce texte permit, notamment, de prévoir, par convention ou accord collectif étendu, que les heures supplémentaires donneraient lieu à des majorations de salaires, « pour les heures effectuées, dans la limite de 41 heures par semaine, au-delà de la durée légale du travail à la condition que cette convention ou cet accord :

1. fixe une durée de travail qui, calculée en moyenne sur l'année, n'excède pas 38 heures par semaine travaillée ;
2. limite le contingent annuel d'heures supplémentaires... à 80 heures au plus ».

Ressentie par certains comme une atteinte insupportable aux acquis sociaux, puisqu'elle favorisait l'allongement de la durée du travail, et perçue, par d'autres, comme un obstacle sérieux à la compétitivité, puisqu'elle limitait le contingent d'heures supplémentaires autorisées[105], cette loi fut bientôt complétée par la loi n° 87-423 du 19 juin 1987, dite *loi Séguin*, qui donnait le droit de déroger aux dispositions réglementaires « relatives à

103. C'est-à-dire « les établissements industriels et commerciaux et leurs dépendances de quelque nature qu'ils soient, publics ou privés, laïques ou religieux, même s'ils ont un caractère d'enseignement professionnel ou de bienfaisance, les offices publics et ministériels, les professions libérales, les sociétés civiles et les syndicats professionnels et associations de quelque nature que ce soit », ainsi que « les établissements où ne sont employés que des membres de la famille sous l'autorité soit du père, soit de la mère, soit du tuteur, même lorsque ces établissements exercent leur activité sur la voie publique ».

104. Les élections législatives suivantes, qui donnèrent la victoire aux partis de droite, eurent lieu le 16 mars 1986.

105. Voir J. Barthélémy, *J.-Cl. Trav.*, Fasc. 21-10, *Durée du travail*, n° 2.

l'aménagement et à la répartition des horaires de travail à l'intérieur de la semaine », non plus seulement par « convention ou accord collectif étendu », mais également par « convention ou accord d'entreprise ou d'établissement ».

III – LA REMISE EN CAUSE PROGRESSIVE DES TRENTE-NEUF HEURES

3.62 ▸ Désormais, le régime défini par l'ordonnance du 16 janvier 1982 perdait une grande part de sa force obligatoire. Il n'était plus possible d'affirmer qu'un texte de portée générale limitait la durée du travail à trente-neuf heures...

La *loi quinquennale* n° 93-1313 du 20 décembre 1993 – votée quelques mois après la victoire de la droite aux élections législatives des 21 et 28 mars 1993 – relative au travail, à l'emploi et à la formation professionnelle facilita encore l'aménagement du temps de travail, notamment en disposant que le contrat mentionnait « la durée hebdomadaire ou, le cas échéant, mensuelle prévue et, sauf pour les salariés des associations d'aide à domicile, la répartition de la durée du travail entre les jours de la semaine ou les semaines du mois ». C'était consacrer, à bien des égards, la victoire des libéraux sur les interventionnistes.

IV – LES TRENTE-CINQ HEURES

3.63 ▸ La progression du chômage et la victoire de la gauche aux élections législatives des 25 mai et 1er juin 1997 allaient conduire le gouvernement de Lionel Jospin à proposer une nouvelle réduction de la durée du travail. La loi n° 98-461 du 13 juin 1998 d'orientation et d'incitation relative à la réduction du temps de travail eut, ainsi, pour principal objet de fixer à 35 heures la durée légale hebdomadaire du travail. Elle prévoyait, à son article 1er – devenu l'article 212-1 *bis* du Code du travail – que, « dans les établissements ou les professions mentionnés à l'article L. 200-1 (devenu art. L. 3111-1) ainsi que dans les établissements agricoles, artisanaux et coopératifs et leurs dépendances » (formule qui reprenait celle de l'ordonnance du 16 janvier 1982), « la durée légale du travail effectif des salariés est fixée à 35 heures par semaine à compter du 1er janvier 2002 ». Le texte précisait que cette durée était « fixée à 35 heures par semaine à compter du 1er janvier 2000 pour les entreprises dont l'effectif est de plus de vingt salariés ainsi que pour les unités économiques et sociales de plus de vingt salariés reconnues par convention ou décidées par le juge, sauf si cet effectif était atteint entre le 1er janvier 2000 et le 31 décembre 2001 ».

3.64 ▸ Après avoir posé le principe de la réduction de la durée du travail à trente-cinq heures et prévu qu'il s'appliquerait à toutes les entreprises à partir du 1er janvier 2002, la loi du 13 juin 1998 – dont les dispositions ont été reprises par **la loi n° 2000-37 du 19 janvier 2000** disposant que, « dans les établissements... mentionnés à l'article L. 200-1 (devenu art. L. 3111-1), ainsi que dans les établissements artisanaux..., **la durée légale du travail effectif des salariés est fixée à trente-cinq heures par semaine** » – invitait les *partenaires sociaux* à « anticiper la réforme ». Elle énonçait, à cette fin, qu'une « aide », prenant la forme d'un allégement des charges sociales, serait accordée aux entreprises qui, avant les échéances fixées, mettraient en place une réduction du temps de travail, accompagnée d'embauches ou de préservation de l'emploi. L'article 2-VI de la loi disposait que l'aide serait « attribuée pour chacun des salariés auxquels s'applique la réduction du temps de travail... » et viendrait « en déduction du montant global des cotisations à la charge de l'employeur pour la période considérée (une durée initiale de trois ans à compter de la date d'entrée en vigueur de la réduction du temps de travail, susceptible d'être prolongée pour deux ans au vu de l'état de l'emploi dans l'entreprise et de la situation économique de celle-ci) au titre des assurances sociales, accidents du travail et maladies professionnelles et allocations familiales assises sur les gains et rémunérations des salariés de l'entreprise ou de l'établissement concerné ».

V – LA SITUATION ACTUELLE

3.65 › **À l'heure actuelle, aux termes de l'article L. 3121-10 du Code du travail,** « ***la durée légale du travail effectif des salariés est fixée à trente-cinq heures par semaine civile*** », **celle-ci étant** « ***entendue au sens des dispositions de l'article L. 3122-1*** ».

Or, selon ce dernier article, « *la semaine civile débute le lundi à 0 heure et se termine le dimanche à 24 heures* », « *un accord d'entreprise (pouvant) prévoir que la semaine civile débute le dimanche à 0 heure et se termine le samedi à 24 heures* ».

Il faut observer que l'article L. 3121-10 mentionne la « *durée du travail* ***effectif*** ». Cette notion, définie par la jurisprudence avant la loi du 13 juin 1998, est aujourd'hui précisée par l'article L. 3121-1 du Code du travail, qui la définit comme « *le temps pendant lequel le salarié est à la disposition de l'employeur et se conforme à ses directives sans pouvoir vaquer librement à des occupations personnelles* ».

Certaines situations peuvent être difficiles à analyser au regard de ce texte, mais ont été précisées par les textes ou la jurisprudence. C'est ainsi que l'article L. 3121-3 du Code du travail énonce que, « *le temps nécessaire aux opérations d'habillage et de déshabillage fait l'objet de contreparties* ». La Cour de cassation a estimé que, lorsque le port d'une tenue était rendu obligatoire et que le salarié devait la revêtir sur son lieu de travail, il avait le droit d'obtenir une compensation financière[106].

Mais, aux termes de l'article L. 3121-4, « *le temps de déplacement professionnel pour se rendre sur le lieu d'exécution du contrat de travail n'est pas un travail effectif* ». Mais, « *s'il dépasse le temps normal de trajet entre le domicile et le lieu habituel du travail, il fait l'objet d'une contrepartie soit sous forme de repos, soit financière* ».

Il faut souligner que l'article L. 3121-34 **limite** « ***la durée quotidienne du travail effectif*** » à dix heures, et que l'article L. 3121-35 dispose qu'« ***au cours d'une même semaine, la durée du travail ne peut dépasser quarante-huit heures*** ».

106. Cass. soc., 26 mars 2008, *Bull. civ.* V, n° 73.

VI – LES TENTATIVES DE REMISE EN CAUSE DES 35 HEURES

A - AVANT LES ÉLECTIONS LÉGISLATIVES DES 10 ET 17 JUIN 2007

3.66 ▸ Il faut noter que la loi n° 2003-47 du 17 janvier 2003 (publiée au *JO* du 18 janvier), relative aux salaires, au temps de travail et au développement de l'emploi – dite *loi Fillon* – n'est pas revenue sur la durée légale du travail fixée à 35 heures, mais a apporté, à son titre II (« Dispositions relatives au temps de travail »), certains assouplissements aux règles sur les majorations pour heures supplémentaires[107].

Ce texte illustre la difficulté qu'il y a, pour le Parlement, à remettre en cause une loi améliorant les conditions de travail des salariés, même lorsque sa majorité en mesure les inconvénients économiques.

Aussi bien, est-il est permis de rapprocher la loi du 17 janvier 2003 de la loi n° 2003-6 du 3 janvier précédent[108], portant relance de la négociation collective en matière de licenciements économiques. Ce dernier texte présentait néanmoins, la particularité de procéder, en la matière, à une véritable *suspension législative*, dont le but était de « laisser le temps aux partenaires sociaux de négocier en vue de l'élaboration à venir d'une loi nouvelle ».

À cet égard, et même si, dans le passé, certaines suspensions législatives ont été décidées par la représentation nationale (par exemple la suspension des dispositions du Code pénal sanctionnant l'interruption volontaire de grossesse par la loi du 17 janvier 1975, ou encore celle de diverses dispositions du Code du service national par la loi du 28 octobre 1997), le texte du 3 janvier 2003, qui n'était pas dicté par une « volonté d'expérimentation », a constitué, dans l'esprit sinon dans la forme, une première dans l'histoire du Parlement[109].

En tout état de cause, la loi Aubry prévoyait un régime dérogatoire au droit commun pour les TPE (entreprises de moins de vingt salariés). Alors, en effet, qu'elle fixait le début de l'heure supplémentaire dès la 35e heure, dans la limite d'un contingent autorisé de 130 heures par an, ce début était fixé à la 36e heure pour les TPE. Toutefois, ce dispositif dérogatoire devait prendre fin à l'échéance du 31 décembre 2003.

La loi Fillon n'ayant pas prévu le maintien de cette clause de discrimination positive en faveur des TPE, un amendement, voté par l'Assemblée nationale le 17 décembre 2003, en a prolongé l'application jusqu'au 31 décembre 2005.

Enfin, la loi n° 2005-296 du 31 mars 2005, *portant réforme de l'organisation du temps de travail dans l'entreprise et liens vers les décrets d'application*, a reconduit l'application de ce dispositif dérogatoire jusqu'au 31 décembre 2008. Cette loi prévoit également la possibilité pour les TPE de « racheter » à leurs salariés des jours de repos accordés au titre de la réduction du temps de travail dans la limite de dix jours par an.

---

107. Voir *Les Annonces de la Seine*, 17 avril 2003, p. 7.
108. Publiée au *JO* du 4 janvier.
109. Voir l'article du professeur Nicolas MOLFESSIS, *D.*, 16 janvier 2003, p. 139 et s.

B - APRÈS LES ÉLECTIONS LÉGISLATIVES DES 10 ET 17 JUIN 2007

3.67 > Quelques semaines seulement après les élections législatives des 10 et 17 juin 2007, le Parlement adoptait un texte qui, après avoir été soumis au Conseil constitutionnel[110], devint la loi du 21 août suivant *en faveur du travail, de l'emploi et du pouvoir d'achat*[111], instaurant une série de mesures en vue de développer le recours aux heures supplémentaires et complémentaires.

Il prévoit, notamment, à titre dérogatoire, que, dans les entreprises ayant un horaire collectif supérieur à 35 heures et mensualisant les heures supplémentaires pour le calcul de la rémunération, l'Administration admettra que les exonérations puissent être calculées sur la base de la rémunération des heures supplémentaires mensualisées. Mais, pour éviter que des exonérations soient accordées pour des heures non effectuées, cette rémunération devra être corrigée en fonction du nombre de jours d'absence sur l'année.

Ces dispositions – dont il y a lieu de dire que la clarté ne saute pas aux yeux des non-praticiens, et même des juristes – permettent aux salariés de bénéficier, pour les heures supplémentaires qu'ils effectuent, lorsque les conditions requises se trouvent remplies, d'une exonération d'impôt, dans certaines limites. C'est ainsi qu'un salarié à temps plein, dont la rémunération mensuelle est de 2 200 € bruts, *qui effectue huit heures supplémentaires majorées de 25 %, percevra, à ce titre, un complément de salaire brut, non imposable, de 145,10 €*[112].

Toutefois, les heures supplémentaires ne pourront être exonérées d'impôt et donner droit aux réductions de charges sociales que si elles remplissent les conditions requises par la loi, qui imposent « une gestion rigoureuse de l'employeur ». Celle-ci n'étant, malheureusement, pas toujours de règle, il est permis de penser que la moins mauvaise solution serait, sans doute – comme l'a proposé le Premier ministre, François Fillon, dans une lettre adressée le 26 décembre 2007 aux dirigeants syndicaux et patronaux – de remettre en cause la durée légale du travail et de la fixer au-delà de 35 heures[113].

Mais une telle remise en cause ne manquerait pas de poser les problèmes évoqués dans les sections qui suivent, au sujet des *droits acquis*.

Section IV
LE REPOS HEBDOMADAIRE

3.68 > Instituée à l'origine pour un motif religieux, la règle du repos hebdomadaire, sans perdre totalement son caractère initial, est devenue, peu à peu, une garantie contre l'arbitraire de l'employeur. Précisée aujourd'hui par les articles L. 3132-1 et L. 3132-2 du

---

110. Lequel s'est prononcé par la décision n° 2007-555 DC du 16 août 2007.
111. Loi n° 2007-1223, *dite loi TEPA* (*JO* du 22 août 2007).
112. Voir *La revue fiduciaire : RF Social*, novembre 2007, n° 69, p. 10. Voir également la revue *Maître (le mensuel de l'avocat)*, n° 184, décembre 2007-janvier 2008, p. 33 à 36.
113. Voir *Le Monde* du 29 décembre 2007, p. 9. Sur les réactions qui ont suivi le vote de la *loi TEPA*, voir également *Le Monde* du 23 octobre 2007, p. 16 (« Heures supplémentaires : les entrepreneurs déchantent »).

Code du travail, cette règle, dont se déduit le principe du repos dominical, connaît un certain nombre de dérogations.

§ 1 - LE PRINCIPE DU REPOS HEBDOMADAIRE

Deux questions se posent : quels sont les personnels concernés par cette règle et quelles sont ses implications ?

I – LES PERSONNELS CONCERNÉS PAR CETTE RÈGLE

A - LA PORTÉE GÉNÉRALE DU TEXTE

L'article L. 3132-1 du Code du travail dispose qu'« ***il est interdit de faire travailler un même salarié plus de six jours par semaine*** ». L'article L. 3132-2 précise que « ***le repos hebdomadaire a une durée minimale de vingt-quatre heures consécutives*** », et l'article suivant (L. 3132-3) que *« le repos hebdomadaire est donné le dimanche »*.

Ce principe a une portée générale et s'applique quel que soit le mode de rémunération des salariés, notamment, à ceux qui sont rémunérés par des pourboires, des commissions ou par un pourcentage sur les bénéfices. Il suffit que le salarié soit lié à l'employeur par un contrat de travail pour qu'il ait droit au repos hebdomadaire[114].

Un certain nombre d'exceptions sont, néanmoins, prévues par des dispositions législatives ou statutaires.

B - LES EXCEPTIONS À LA RÈGLE DU REPOS HEBDOMADAIRE

Le Code du travail, s'il énonce, à son article L. 3132-1, qu'« *il est interdit de faire travailler un même salarié plus de six jours par semaine* », prévoit des dérogations à cette règle à ses articles L. 3132-4 à L. 3132-11.

1 - Les travaux urgents

3.69 ➤ L'article L. 3132-4 prévoit qu'« *en cas de travaux urgents dont l'exécution immédiate est nécessaire pour organiser des mesures de sauvetage, pour prévenir des accidents imminents ou réparer des accidents survenus au matériel, aux installations ou aux bâtiments de l'établissement,* ***le repos hebdomadaire peut être suspendu pour le personnel nécessaire à l'exécution de ces travaux*** ».

Il s'agit là d'une exception dictée par le bon sens, dès lors que – comme l'énonce le 3e alinéa de l'article L. 3132-4, chaque salarié concerné « *bénéficie d'un repos compensateur d'une durée égale au repos supprimé* ».

114. Cass. crim. 8 février 1908, *DP* 1908, I, p. 318.

2 - Les industries traitant des matières périssables ou ayant à répondre à un surcroît extraordinaire de travail

3.70 > La même logique conduit l'article L. 3132-5 à autoriser la suspension « ***deux fois au plus par mois, sans que le nombre de ces suspensions dans l'année soit supérieur à six*** », « ***dans certaines industries traitant des matières périssables ou ayant à répondre à certains moments à un surcroît extraordinaire de travail*** ».

La liste des industries pouvant bénéficier de cette dérogation « ***est déterminée par décret en Conseil d'État*** » (article L. 3132-5, alinéa 3), « *les heures de travail ainsi accomplies le jour du repos hebdomadaire (devant être) considérées comme des heures supplémentaires* » (article L. 3132-5, alinéa 2).

3 - Les travaux dans les ports, débarcadères et stations

3.71 > L'article L. 3132-6 prévoit que, « ***dans les ports, débarcadères et stations,*** *l'emploi de salariés aux* ***travaux de chargement et de déchargement*** *le jour du repos hebdomadaire est autorisé* », les heures travaillées le jour du repos hebdomadaire devant être également « *considérées comme des heures supplémentaires* ».

4 - Les activités saisonnières

3.72 > Il serait inéquitable d'astreindre au repos hebdomadaire les salariés qui, ***du fait du caractère saisonnier de leur activité***, ont un intérêt évident à travailler quotidiennement en certaines périodes. Toutefois, les exigences de l'ordre public social imposent – pour protéger le salarié contre lui-même – que les personnes concernées « *bénéficie(nt) au moins de deux jours de repos par mois, autant que possible le dimanche* » (article L. 3132-7, alinéa 1, *in fine*).

5 - Les travaux de nettoyage des locaux industriels et de maintenance

3.73 > Le repos hebdomadaire « *peut être réduit à une demi-journée pour les salariés affectés aux* ***travaux de nettoyage des locaux industriels et de maintenance*** *qui doivent être réalisés nécessairement le jour de repos collectif et qui sont indispensables pour éviter un retard dans la reprise normal du travail* » (article L. 3132-8, alinéa 1), un repos compensateur d'une journée entière devant être attribué « *pour deux réductions d'une demi-journée* » (article L. 3132-8, alinéa 2).

6 - Les travaux intéressant la défense nationale

3.74 > Les exigences du service public font que, « *dans les établissements de l'État ainsi que dans ceux où sont exécutés* ***des travaux pour le compte de l'État et dans l'intérêt de la défense nationale,*** *le repos hebdomadaire peut être temporairement suspendu par les ministres intéressés* » (article L. 3132-9).

7 - Les établissements industriels fonctionnant en continu

3.75 > L'article L. 3132-10 permet des aménagements à la règle du repos hebdomadaire « *dans* ***les établissements industriels fonctionnant en continu*** », chaque salarié devant, toutefois, d'une part, « *bénéficie(r), dans une période de travail donnée, d'un nombre de repos de vingt-quatre heures consécutives au moins égal au nombre de semaines comprises dans cette période* » ; et, d'autre part, « *bénéficie(r) le plus possible de repos le dimanche* ».

8 - Les gardiens et concierges dans les établissements industriels et commerciaux

3.76 ➤ L'article L. 3132-11 énonce que « ***les gardiens et concierges des établissements industriels et commerciaux*** *auxquels le repos hebdomadaire ne peut être donné bénéficient d'un repos compensateur* », « *cette dérogation n'(étant) pas applicable aux jeunes travailleurs de moins de dix-huit ans* ».

§ 2 - LE PRINCIPE DU REPOS DOMINICAL

I – LA RÈGLE DE L'ARTICLE L. 3132-3

3.77 ➤ L'article L. 3132-3 du Code du travail énonce que « le repos hebdomadaire est donné le dimanche ». Les motifs qui ont inspiré cette règle ne sont pas seulement d'ordre religieux, mais justifiés par des considérations familiales et civiques, fondées elles-mêmes sur un usage ancien. L'article 5 de la loi du 10 mars 1948 concernant l'agriculture a, d'ailleurs, maintenu ce principe et, en Alsace-Lorraine, le Code local sur les professions s'est prononcé dans le même sens[115].

Ce principe a une valeur en soi et la jurisprudence utilise l'obligation du repos dominical pour lutter contre les fraudes destinées à tourner la règle du repos hebdomadaire. Certains chefs d'entreprises ont imaginé, en effet, d'embaucher, chaque dimanche, un personnel différent de leur personnel ordinaire. Une telle pratique n'est pas contraire au principe du repos hebdomadaire, qui interdit seulement « d'occuper plus de six jours par semaine un même salarié ». En conférant aux prescriptions sur le repos dominical un caractère impératif, le législateur sauvegarde le repos hebdomadaire de salariés qui, ayant déjà travaillé six jours par semaine, souhaitent essayer – pour des motifs fort honorables – de se faire embaucher le dimanche.

3.78 ➤ L'importance de la règle du repos dominical a fait reconnaître à l'inspecteur du travail, par la loi n° 2000-37 du 19 janvier 2000, le droit, « nonobstant toutes poursuites pénales (de) saisir en référé le président du tribunal de grande instance pour voir ordonner toutes mesures propres à faire cesser dans les établissements de vente au détail et de prestations de services au consommateur l'emploi illicite de salariés en infraction aux dispositions des articles L. 221-5 et L. 221-16 (devenus les articles L. 3132-3, L. 3132-10, L. 3132-11 et R. 3132-16) ». Le texte permet, notamment, au magistrat d'ordonner la fermeture le dimanche du ou des établissements concernés et assortir sa décision d'une astreinte qui sera liquidée au profit du Trésor.

115. Les dérogations à la règle du repos dominical ne sont prévues qu'« en faveur de quelques commerces de détail vendant des denrées de première nécessité ou des marchandises périssables » (voir Cass. soc., 11 janvier 1984, *Bull. civ.* V, n° 15).

Mais, comme le rappelait dans ses conclusions le commissaire du gouvernement Bonichot, « le respect de la règle du repos dominical donne lieu, en permanence, à un bras de fer entre certaines entreprises (souvent des grandes surfaces) qui réalisent le dimanche un chiffre d'affaires important et, selon le cas, l'administration du travail, les syndicats de salariés ou des syndicats d'employeurs ou même, tout simplement, des établissements qui, eux, respectent la règle et se plaignent d'une concurrence déloyale. La question du maintien ou non du repos dominical est régulièrement abordée... », le droit du travail étant ici moins important que le droit de la concurrence.

3.79 > **La loi du 10 août 2009.** Ces diverses observations ont incité, après beaucoup de polémiques, le législateur à modifier, par l'adjonction de quatre mots, l'article L. 3132-3 du Code du travail. Désormais, aux termes de la loi n° 2009-974 **du 10 août 2009**, « *réaffirmant le principe du repos dominical et visant à adapter les dérogations à ce principe dans les communes et zones touristiques et thermales ainsi que dans certaines grandes agglomérations pour les salariés volontaires* » (article 2.I), l'article L. 3132-3 du Code du travail est ainsi rédigé :

« ***Dans l'intérêt des salariés, le repos hebdomadaire est donné le dimanche*** ».

Subtilité sémantique qui retire à la règle du repos dominical son caractère d'ordre public pour en faire un simple principe protecteur des salariés, auquel ceux-ci peuvent renoncer.

Il n'en reste pas moins que, lorsque les salariés ne le souhaitent pas, les dispositions de l'article L. 3132-3 **antérieures à la loi du 10 août 2009** (« *le repos hebdomadaire est donné le dimanche* »), conservent toute leur force.

La règle fait l'objet, il est vrai, d'un certain nombre de dérogations.

II – LES DÉROGATIONS À LA RÈGLE DE L'ARTICLE L. 3132-3

3.80 > Ces dérogations peuvent résulter de dispositions législatives, d'une autorisation préfectorale ou d'un accord collectif avec les salariés.

A - LES DÉROGATIONS DE PLEIN DROIT

3.81 > Certains établissements sont autorisés, de plein droit, à donner le repos un autre jour que le dimanche, compte tenu de la nature de leur activité. C'est le cas, aux termes des articles L. 3132-12 et L. 3132-13 :

– des « **établissements**, dont le fonctionnement ou l'ouverture est rendu nécessaire par les contraintes de la production, de l'activité ou des besoins du public » ;

– des « ***commerces de détail alimentaire*** », l'article R. 3132-8 prévoyant qu'il doit s'agir de ceux « *dont l'activité exclusive ou principale est la vente des denrées alimentaires au détail* ».

Dans la première catégorie peuvent figurer les boulangeries-pâtisseries, les établissements de prestations de soins (hôpitaux, hospices, asiles, maisons de retraite, dispensaires, maisons de santé, pharmacies[116]), les établissements de bains, les entreprises de journaux et d'information, les entreprises de spectacles[117], les musées et expositions, les entreprises de moyens de locomotion, d'éclairage et de distribution d'eau et de force motrice et les entreprises d'émission et de réception de télégraphie sans fil.

À ces diverses catégories, la loi n° 93-1313 du 20 décembre 1993 a ajouté une 14e qui vise les « espaces de présentation et d'exposition permanente dont l'activité est exclusive de toute vente au public, réservés aux producteurs, revendeurs ou prestataires de services ».

Tous les établissements concernés « sont admis de plein droit à donner le *repos hebdomadaire par roulement* ». Ils n'ont pas à solliciter une dérogation, dès lors qu'ils exercent à titre principal l'une des activités concernées[118].

B - LES DÉROGATIONS PAR VOIE ADMINISTRATIVE

3.82 > L'article L. 3132-20 du Code du travail dispose :

« Lorsqu'il est établi que le repos simultané, le dimanche, de tout le personnel d'un établissement serait préjudiciable au public ou compromettrait le fonctionnement normal de cet établissement, le repos peut être autorisé par le préfet, soit toute l'année, soit à certaines époques de l'année seulement, suivant l'une des modalités ci-après :

a – Un autre jour que le dimanche à tous les salariés de l'établissement ;

b – Du dimanche midi au lundi midi ;

c – Le dimanche après-midi avec un repos compensateur d'une journée par roulement et par quinzaine ;

d – Par roulement à tout ou partie des salariés.

L'article L. 3132-21 dispose, toutefois, que ces autorisations « *ne peuvent être accordées que pour une durée* limitée ».

3.83 > D'autres dérogations administratives sont accordées, non plus par le préfet, mais par le maire (à Paris, par le préfet de Paris). Il s'agit, aux termes de l'article L. 3132-26, des « *établissements de commerce de détail où le repos hebdomadaire a lieu normalement le dimanche* », « *après avis des organisations d'employeurs et de salariés intéressées* » (article R. 3132-21).

---

116. Un laboratoire d'analyses médicales qui ne pratique aucun soin ne rentre pas dans l'une de ces catégories : Cass. soc., 19 novembre 1997, *Bull. civ.* V, n° 390.

117. Le Conseil d'État avait jugé que ne constituait pas une telle entreprise le commerce de vente et de location de cassettes vidéo : CE, 18 février 1991, *D.* 1992, somm. 152. Revenant sur cette restriction, un décret du 2 août 2005 a étendu à ces établissements la faculté de donner au personnel le repos hebdomadaire par roulement : Cass. crim. 14 mars 2006, *JCP* S 2006, 1516.

118. Cass. soc., 25 octobre 1994, *Bull. civ.* V, n° 291.

3.84 La formule de l'article L. 3132-20 laisse à l'autorité administrative un large pouvoir d'appréciation. Il est, en effet, difficile de déterminer avec précision le seuil à partir duquel la fermeture d'un établissement le dimanche porte atteinte à son « fonctionnement normal » ou présente un caractère « préjudiciable au public ». La circulaire ministérielle du 24 mai 1994 recommande d'apprécier « l'atteinte au fonctionnement normal de l'établissement », en tenant compte de la perte du chiffre d'affaires, ainsi que du report insuffisant de la clientèle – notamment de passage – sur les autres jours de la semaine. Elle définit, par ailleurs, la notion de « préjudice au public » par « l'impossibilité de bénéficier le dimanche de services qui, soit répondent à une nécessité immédiate insusceptible d'être différée, soit correspondent à des activités familiales ou de loisirs qui, pour la majorité de la population, ne peuvent sans **inconvénient sérieux** prendre place un autre jour de la semaine » (*Bulletin officiel du ministère du Travail*, n° 94/11[119]).

Il faut toutefois noter que la dérogation à la règle du repos dominical peut être obtenue par la voie conventionnelle.

C - LES DÉROGATIONS CONVENTIONNELLES

3.85 L'article L. 3132-14 du Code du travail permet aux industries et aux entreprises industrielles, dans lesquelles est intervenu « une convention ou un accord d'entreprise ou d'établissement », de déroger à la règle du repos dominical et « *d'attribuer le repos hebdomadaire par roulement* ». Il est permis de penser que ce recours à la voie conventionnelle deviendra plus fréquent au cours des prochaines années.

Observations provisoirement conclusives sur le sujet :

3.86 Il faut noter que les Églises protestante et catholique s'opposent au travail le dimanche. Récusant toute tentation de défendre « des intérêts particuliers », le président de la Fédération des protestants de France (FPF), le pasteur Claude Baty, a vivement critiqué l'ouverture possible des commerces le dimanche. « La religion de la consommation serait-elle le culte officiel de la France laïque ? », s'est-il interrogé dans une tribune publiée sur le site Internet de la Fédération, le 13 décembre 2007.

119. Mais la notion d'« *inconvénient sérieux* » est elle-même susceptible de divergences de vues qui ne facilitent pas la tâche du juge administratif. Celui-ci tient compte de la situation particulière de chaque requérant en évitant que la portée collective de sa décision ne conduise à tourner la règle du repos hebdomadaire. Le Conseil d'État a ainsi estimé que, compte tenu de l'importance du chiffre d'affaires dominical réalisé dans des conditions régulières jusqu'en 1978 dans le secteur de l'ameublement et de l'équipement de la maison, mais aussi de l'impossibilité d'un report suffisant de clientèle sur les autres jours de la semaine en raison de l'implantation géographique du magasin, le repos de tout le personnel le dimanche avait pu être considéré « comme étant de nature à compromettre le fonctionnement normal de l'établissement ». Il en a déduit que le préfet pouvait légalement accorder la dérogation alors prévue par l'article L. 221-6 repris aujourd'hui par l'article L. 3132-20 (CE 6 mai 1983, *Symcomem c/ Société européenne Bal-Ameublement*, cité par *J.-Cl. Trav.*, Fasc. 22-10, n° 68). Le refus opposé à la demande de dérogation présentée pour le magasin Virgin Mégastore a soulevé de vives polémiques. Dans un arrêt du 8 juillet 1994, le Conseil d'État a estimé que cette dérogation avait été accordée à tort par le préfet de Paris et qu'« eu égard à la nature des produits mis en vente, le repos simultané de l'ensemble du personnel de ce magasin ne pouvait être regardé comme préjudiciable au public, au sens de l'article L. 221-6 du Code du travail » (CE 8 juillet 1994, *Société Virgin Mégastore, Lebon, Tables, Tables*, p. 1211).

La multiplication des autorisations d'ouverture de magasins le dimanche, confirmerait, selon lui, « l'affirmation sans complexe du culte de la consommation animé par sa prophétesse publicité. (...) Le supermarché est devenu le lieu de la célébration par excellence, où le travailleur fatigué s'enivre de musiques et de lumières pour mieux sacrifier dans la joie ». Tout en rappelant que la Bible préconise des jours de repos et de fêtes « pour célébrer Dieu », le pasteur souligne que ce temps doit être l'occasion de « réfléchir sur la finalité de son action ». « Pourquoi travailler plus ? Pourquoi gagner ? Pour qui ? Pour quelle vie ? », conclut-il.

Également opposé à cette évolution, le cardinal André Vingt-Trois, archevêque de Paris, l'a dénoncée, lors de la messe de rentrée des responsables politiques, en octobre 2007. Tout en ne niant pas la nécessité, pour les catholiques, de « vivre leur religion (le dimanche), sans avoir à se livrer à des acrobaties pour gérer leur calendrier », le prélat insistait également sur la perte de valeurs résultant de l'évolution législative. « Les enjeux d'équilibre humain dépassent les enjeux particuliers d'une religion, observait-il. (...) Comment espérer que les familles pourront remplir leur mission éducative si on les entraîne, ou pire, si on les accule, à une atomisation du temps vécu en commun ? **Les nécessités de la vie devraient pouvoir être satisfaites le samedi sans qu'il soit nécessaire que tous les centres commerciaux soient ouverts le dimanche** ».

Élargissant le débat, le cardinal a souligné que « les employés doivent pouvoir gagner leur juste salaire sans être acculés à des horaires qui vont déstructurer l'équilibre de leurs relations familiales »[120].

Sur ce point – comme sur d'autres – l'opposition entre la tradition religieuse et la société laïque (ou, peut-être, plus exactement, la société de consommation) apparaît manifeste.

Section V
LES JOURS FÉRIÉS

§ 1 - HISTORIQUE

3.87 > Pendant longtemps, ce furent seulement des préoccupations d'ordre religieux qui justifièrent l'interdiction de travailler les jours de fête. À la veille de la Révolution, on estimait à 80 par an le nombre de jours fériés (en y incluant les jours de chômage, au titre du repos dominical[121]), auxquels s'ajoutaient 70 journées de chômage partiel[122]. La première République devait maintenir le chômage le *décadi* – dernier jour de la période de dix jours, appelée *décade*, qui devait se substituer à la semaine – ainsi que les fêtes nationales.

3.88 > De nouvelles règles – qui nous paraissent bien surprenantes avec le recul du temps – seront imposées sous l'Empire. Le catéchisme prescrira de fêter l'Empereur à

120. Voir, sur l'opposition des Églises protestante et catholique, *Le Monde* du 19 décembre 2007, p. 11.
121. Le repos dominical fait l'objet d'une étude séparée.
122. Voir E. Martin Saint-Léon, *Histoire des corporations des métiers*, PUF, 1941, p. 128.

l'Assomption. Un indult[123] fixera au 15 août la Saint-Napoléon. Bien qu'il n'y ait jamais eu de saint Napoléon (de personne prénommée Napoléon qui ait été béatifiée), les autorités religieuses officielles préciseront que ce saint était un martyr du début du IVe siècle, compagnon de saint Saturnin dans les prisons d'Alexandrie, à l'époque de la grande persécution de Dioclétien. Trois autres fêtes religieuses seulement seront déclarées *fêtes de l'État* : l'Ascension (fête commémorant l'élévation de Jésus au ciel), la Toussaint (fête du 1er novembre en l'honneur de tous les saints) et Noël (fête de la naissance de Jésus, célébrée le 25 décembre). Réciproquement, deux fêtes de l'État se verront attribuer un caractère religieux : le 14 juillet (qui commémore la *Fête de la Fédération*, célébrée le 14 juillet 1790 pour marquer que la Nation cessait d'être la propriété dynastique d'un maître pour devenir la Patrie, du libre consentement de tous les citoyens) et le 2 décembre, anniversaire du couronnement de l'Empereur et de la victoire d'Austerlitz. Avec la Saint-Napoléon, cela faisait, au total, six fêtes chômées.

Ces prescriptions du catéchisme officiel seront fidèlement observées par les évêques, qui associeront l'Église à la fête de l'Empereur et aux fêtes de l'État. Le système, dont les contraintes vont se relâcher avec le déclin de l'Empire, restera en vigueur jusqu'en avril 1814[124].

3.89 > Mais, dès le début de la première Restauration, le rétablissement de l'Église traditionnelle dans ses droits deviendra un objectif majeur du gouvernement. Influencé par le *parti de la congrégation*, Louis XVIII adoptera, dès le 7 juin, une ordonnance prévoyant que tous travaux devront être interrompus les dimanches et jours de fêtes catholiques. Défense était faite, sous les peines les plus sévères, aux ouvriers et hommes de peine de travailler ces jours-là, aux charretiers et voituriers de faire aucun chargement, aux marchands d'ouvrir leurs magasins, aux particuliers d'employer aucun artisan. Les cabaretiers et aubergistes étaient tenus de refuser toute nourriture à ceux qui se présenteraient chez eux durant le temps des offices religieux, c'est-à-dire depuis huit heures du matin jusqu'à midi ; les pharmaciens, herboristes, bouchers et épiciers ne pouvaient qu'entrouvrir leurs boutiques, sous la condition expresse de ne pas exposer leurs marchandises.

Une autre ordonnance, spéciale à Paris, interdisait la circulation des voitures de huit heures du matin à trois heures de l'après-midi le jour de la Fête-Dieu et le jour de l'Octave[125].

Ce renouveau du *catholicisme officiel* demeura une constante du nouveau régime et la loi du 18 novembre 1814 confirma que « les travaux ordinaires (seraient) interrompus les dimanches et les jours fériés reconnus par la loi ». Tombé en désuétude pendant la Monarchie de Juillet, au cours de laquelle les polémiques religieuses seront moins

123. Privilège accordé par le pape à un particulier.
124. On sait que le Sénat prononça la déchéance de Napoléon le 2 avril 1814.
125. Le huitième jour après une grande fête. Voir Ernest Hamel, *Histoire de la Restauration*, avril 1814-juillet 1830, 1887, Jouvet, p. 48 et 49.

vives[126], ce texte fut seulement abrogé par la loi du 14 juillet 1880, sous le premier Ministère Freycinet.

3.90 ▸ Il n'en restait pas moins que le chômage des jours fériés demeurait obligatoire pour les apprentis et les jeunes travailleurs, âgés de moins de 18 ans, sauf dans les usines à feu continu et « à la condition qu'ils aient au moins un jour de repos par semaine ». Cette interdiction trouvait son origine dans la loi du 22 mars 1841, adoptée sous le troisième ministère Soult[127], qui réaffirmait l'interdiction de faire travailler les enfants les jours de fêtes légales. Quarante ans plus tard, une loi du 22 février 1881, votée sous le premier gouvernement Jules Ferry, disposa que cette prohibition s'appliquait aux apprentis, dont le « maître » ne pouvait exiger « aucun travail, les jours de fêtes reconnues et légales ». Par la suite, la loi du 2 novembre 1892, promulguée sous la présidence de Sadi Carnot, alors que Émile Loubet dirigeait le gouvernement, interdit également le travail des femmes et des mineurs de dix-huit ans – autres que les mineurs « apprentis », pour qui cette interdiction était déjà prévue – « les jours de fête reconnus par la loi ».

Aujourd'hui, l'article L. 3164-6 du Code du travail dispose que « *les jeunes travailleurs ne peuvent travailler les jours de fête reconnus par la loi* » et l'article L. 3164-7 précise que, « *dans les établissements industriels fonctionnant en continu, les jeunes travailleurs peuvent être employés tous les jours de la semaine, sous réserve du repos minimal prévu aux articles L. 3132-2 et L. 3164-2* » (le premier énonçant qu'« *il est interdit de faire travailler un même salarié plus de six jours par semaine* », et le second posant le principe selon lequel « *les jeunes travailleurs ont droit à deux jours de repos consécutifs par semaine* », sauf dérogation conventionnelle ou, à défaut d'accord, par décret en Conseil d'État).

L'interdiction relative aux femmes a été abrogée par la loi n° 87-423 du 19 juin 1987, afin de mettre la législation française en harmonie avec le droit européen, en ce qui concerne l'égalité entre les sexes.

§ 2 - LES DISPOSITIONS ACTUELLES RELATIVES AUX JOURS FÉRIÉS

Il convient de distinguer les *jours fériés légaux* des fêtes répondant à un usage local, professionnel ou religieux.

I – LES JOURS FÉRIÉS LÉGAUX

3.91 ▸ L'article L. 3133-1 du Code du travail dispose :

« Les fêtes légales ci-après désignées sont des jours fériés :

1. le 1er janvier ;

126. Sous la Restauration, l'Église était protégée par le pouvoir et honnie par l'opinion. Avec Louis-Philippe, elle perdit l'appui du pouvoir et gagna une relative faveur de l'opinion.
127. Ministère dirigé, en fait, par Guizot.

2. le lundi de Pâques ;
3. le 1er mai ;
4. le 8 mai ;
5. l'Ascension ;
6. le lundi de Pentecôte ;
7. le 14 juillet ;
8. l'Assomption (15 août) ;
9. la Toussaint (1er novembre) ;
10. le 11 novembre ;
11. le jour de Noël (25 décembre) ».

Il faut noter que la loi du 30 juin 2004, relative à la solidarité pour l'autonomie des personnes âgées et des personnes handicapées, a institué une journée supplémentaire de travail dite « journée de solidarité » destinée au financement d'actions en faveur de l'autonomie des personnes âgées ou handicapées, qui consiste en une journée supplémentaire de travail. Sa date est fixée par accord collectif ou, à défaut d'accord, au lundi de Pentecôte.

La Cour de cassation a estimé qu'à défaut d'accord contraire, cette loi du 30 juin 2004 était sans incidence sur la qualification juridique du lundi de Pentecôte qui demeurait un jour férié en application de l'article L. 222-1 (devenu l'article L. 3133-1) du Code du travail (Cass. crim., 10 mai 2006, *JCP*, S. 2006, 1813).

3.92 > Le 18 décembre 2007, Monsieur Éric Besson, alors secrétaire d'État chargé de la prospective et de l'évaluation des politiques publiques, constatait que la *journée de solidarité* avait pleinement atteint son but. Mais, pour la plupart des Français, son mode d'emploi restait mystérieux. « Le lundi de Pentecôte – soulignait, récemment, le journal *Le Monde* – plus de 50 % des salariés du secteur privé travaillent, mais les écoles n'accueillent pas les élèves, la poste est fermée, la SNCF prévoit un trafic du samedi et la RATP un trafic de jour de semaine du mois d'août ».

Pour sortir de cette « cacophonie », Monsieur Xavier Bertrand, alors ministre du Travail, des Relations sociales et de la Solidarité, a indiqué, le 16 janvier 2008, « être favorable au retour du lundi de Pentecôte férié mais souhaitait supprimer un jour de RTT ou augmenter d'autant la durée du travail »[128].

De fait, la loi n° 2008-351 du 16 avril 2008 *relative à la journée de solidarité* a prévu que, désormais, « *à défaut d'accord collectif, l'employeur (pourra) définir unilatéralement les modalités d'accomplissement de la journée de solidarité après consultation du comité d'entreprise ou, à défaut, des délégués du personnel s'ils existent* ». Le texte a également énoncé que, « *dans les départements de la Moselle, du Haut-Rhin et du Bas-Rhin, la journée*

---

128. Voir *Le Monde* du 18 janvier 2008, p. 10.

de solidarité ne (pourra) être accomplie ni les premier et second jours de Noël ni, indépendamment de la présence d'un temple protestant ou d'une église mixte dans les communes, le Vendredi Saint ». Disposition qui s'explique par le fait que les départements dont il s'agit, qui étaient sous domination allemande à l'époque de la loi du 9 décembre 1905 sur la séparation des Églises et de l'État, **demeurent soumis au régime concordataire.**

La proportion des incroyants – ou des personnes qui se déclarent telles – ne cessent d'augmenter dans notre pays. Mais l'attachement des citoyens aux « droits acquis » est toujours particulièrement difficile à surmonter.

II – LES FÊTES LOCALES

Les principales *fêtes locales* reconnues par les textes et la jurisprudence concernent, d'une part, l'Alsace-Moselle et, d'autre part, les départements d'outre-mer et l'île de Mayotte.

A - L'ALSACE-MOSELLE

3.93 > Il faut observer qu'aux termes de l'article L. 3134-14 du Code du travail, « *dans le département de la Moselle, l'autorité administrative peut, dans des conditions déterminées par voie réglementaire, autoriser ou interdire l'ouverture des établissements commerciaux le Vendredi Saint et ceci de manière uniforme dans le département, indépendamment de la présence d'un temple protestant ou d'une église mixte dans les communes* ».

Des dispositions analogues sont appliquées dans les départements du Haut-Rhin et du Bas-Rhin, aux termes des dispositions combinées de l'article 105-a, alinéa 2 du Code professionnel local et de l'ordonnance du ministre d'Alsace-Lorraine du 16 août 1892, maintenus en vigueur par la loi française du 1er juin 1924[129].

B - LES DÉPARTEMENTS D'OUTRE-MER ET L'ÎLE DE MAYOTTE

3.94 > Des dispositions spécifiques s'appliquent également dans les départements d'outre-mer (Guadeloupe, Guyane, Martinique et La Réunion) et dans l'île de Mayotte[130]. Conformément aux termes de la loi n° 83-550 du 30 juin 1983, le jour de la commémoration de l'abolition de l'esclavage y est férié. Ce jour a été fixé, par le décret n° 83-1003 du 23 novembre 1983, aux dates suivantes :

- le 27 mai à la Guadeloupe ;
- le 10 juin à la Guyane ;

---

129. Selon ces dispositions, le lendemain de Noël (26 décembre) et – dans les communes ayant une église protestante ou une église mixte – le Vendredi saint sont regardés comme des jours fériés. La Cour de cassation a fait application de ce principe, à propos du Vendredi saint (Cass. soc., 6 novembre 1985, n° 84-40430, *Semaine sociale Lamy*, n° 290, p. 714).

130. Aux termes de la loi n° 76-1212 du 24 décembre 1976, l'île de Mayotte était constituée en « collectivité territoriale de la République française ». Elle a été dotée, en 2001, du statut *de collectivité départementale*, puis est devenue, en 2004, une *collectivité d'outre-mer*. Par référendum du 29 mars 2009, la population de Mayotte a opté pour le statut de département qui devrait être effectif en 2011.

- le 22 mai à la Martinique ;
- le 20 décembre à La Réunion ;
- le 27 avril à Mayotte.

C - LES USAGES PROFESSIONNELS

3.95 > Dans certaines professions, d'autres jours sont également chômés, selon des dispositions anciennes. Il en est ainsi :

– du 1er décembre, jour de la Saint-Éloi (patron des métallurgistes), chômé et payé dans la plupart des entreprises de métallurgie du Nord et du Pas-de-Calais. La Cour de cassation a reconnu qu'il existait, dans cette région, un *usage ancien et constant* en ce sens[131]. Certaines conventions collectives prévoient que, si la *Saint-Éloi* tombe un dimanche ou un jour habituellement chômé dans l'entreprise, les salariés ont droit au paiement d'un jour férié supplémentaire ;

– du 4 décembre, jour de la Sainte-Barbe (patronne des mineurs), chômé et payé, en application de la loi n° 51-350 du 20 mars 1951, dans les exploitations et établissements miniers et assimilés, dès lors que le personnel bénéficie du statut de mineur. Si la *Sainte-Barbe* tombe un dimanche, le lendemain est un jour chômé ;

– du 25 novembre, jour de la Sainte-Catherine, fêté dans la couture. Certaines conventions collectives prévoient l'indemnisation des heures perdues ce jour-là ;

– de la pratique des *jours non bancables*, qui oblige les banques à fermer certains jours, veille ou lendemain des fêtes légales.

3.96 > Sur le strict plan du droit commercial, la loi du 23 décembre 1904 prévoit qu'« aucun paiement d'aucune sorte sur effet, mandat, chèque, compte courant, dépôt de fonds ou de titres ou autrement, ne peut être exigé ni aucun protêt dressé : les 2 janvier, 15 juillet, 16 août, 2 novembre et 26 décembre, lorsque ces jours tombent un lundi ». La loi du 13 juillet 1905, modifiée par la loi du 20 décembre 1906, interdit ces mêmes opérations « le lendemain des fêtes tombant un vendredi ou la veille des fêtes tombant un mardi[132] ».

Le texte dispose que, « dans ce cas le protêt des effets impayés le samedi ou le lundi précédent ne pouvant être fait que le lundi ou le mercredi suivant, conservera néanmoins toute sa valeur à l'égard du tiré et des tiers ».

D - LES USAGES RELIGIEUX

3.97 > Certains jours de fêtes religieuses, ne figurant pas dans le calendrier des fêtes légales, sont chômés et payés, en vertu des accords collectifs et des usages. Parfois, ils donnent lieu à des autorisations d'absence du salarié. Tel est le cas :

---

131. Cass. soc., 30 avril 1970, *Bull. civ.* V, n° 292.
132. Cette disposition ne s'applique ni au 11 novembre (loi du 24 octobre 1922), ni au 1er mai (loi du 30 avril 1947, modifiée par la loi du 29 avril 1948).

– pour la communauté arménienne, de Noël (le 6 janvier) et de la commémoration de l'histoire de la communauté (les 23 février et 24 avril) ;

– pour la communauté israélite, du Nouvel An[133] et du Grand Pardon[134] ;

– pour la communauté musulmane, du jour de la fête de l'Aïd el Kébir[135].

Le rapport Stasi sur la laïcité, remis au président de la République le 11 décembre 2003, proposait que les fêtes juives de *Kippour* et musulmane de *l'Aïd el-Kebir*, « les jours le plus sacrés des deux autres grandes religions monothéistes (que le christianisme) présentes en France », soient fériées pour l'ensemble des élèves des lycées et collèges. Cette proposition a suscité de vives controverses. *Le Monde* estimait qu'une telle adjonction au calendrier scolaire « serait un geste fort – et non pas de simple compensation pour l'interdiction du voile – marquant la diversité du paysage religieux dans ce pays laïque de culture catholique. Ce serait le fait d'une République sûre d'elle-même, pas une dérive communautaire ; ce serait une mesure anti-ghetto, donc laïque »[136]. Toutefois, la droite s'est déclarée, dans l'ensemble, hostile à cette proposition, alors que la gauche se montrait divisée et que le monde scolaire mettait en avant des difficultés techniques. Finalement, dans son discours du 17 décembre 2003, Monsieur Chirac n'a pas repris cette proposition, mettant un terme à cette nouvelle querelle française[137].

Il faut signaler, enfin, le problème spécifique des ponts.

E - LE PROBLÈME DES PONTS

3.98 ➤ La loi n° 87-423 du 19 juin 1987 a légalisé le concept de « pont », en disposant que pouvaient « être récupérées, selon des modalités déterminées par décret, les heures perdues par suite d'interruption collective de travail : ... à l'occasion du chômage d'un jour ou de deux jours ouvrables compris entre un jour férié et un jour de repos hebdomadaire ou d'un jour précédant les congés annuels ».

Faisant application de ce principe, la Cour de cassation a jugé que l'employeur, qui ferme son entreprise pendant deux jours entre un dimanche et un jour férié et qui renonce à récupérer les heures perdues, doit, néanmoins, rémunérer les salariés, puisqu'il a « manqué à son obligation de leur fournir un travail à effectuer »[138].

Il faut noter qu'aux termes de l'article R. 3122-4 du Code du travail, ces heures perdues « ne sont récupérables que dans les douze mois précédant ou suivant leur perte ».

---

133. En hébreu *Roch Hachana* (en 2010, les 9 et 10 septembre, sauf pour les juifs libéraux qui ne célèbrent que le premier jour).
134. En hébreu *Yom Kippour* (en 2010, le 18 septembre).
135. Sur le calendrier des fêtes légales en 1999, voir, notamment, *Légi Social*, n° 59, 1er au 15 janvier 1999, p. 8 et 9.
136. Éditorial du n° des 14-15 décembre 2003.
137. *Le Monde, id.*
138. Cass. soc., 23 avril 1970, *Dr. Soc.* 1971, 129.

§ 3 - LE TRAVAIL ET LA RÉMUNÉRATION LES JOURS FÉRIÉS

3.99 › Il convient de distinguer le régime en vigueur pour les jours fériés ordinaires de celui applicable au 1er mai.

I – LES DISPOSITIONS PARTICULIÈRES À LA JOURNÉE DU 1er MAI

Le Code du travail pose le principe du caractère « férié et chômé » de la journée du 1er mai, mais lui apporte, toutefois, une dérogation.

A - LE PRINCIPE POSÉ PAR L'ARTICLE L. 3133-4

L'article L. 3133-4 du Code du travail dispose que « le 1er mai est jour férié et chômé[139] ».

Il en résulte que, sauf dans les établissements visés à l'article L. 3133-6 du Code du travail – c'est-à-dire « les établissements et services qui, en raison de la nature de leur activité, ne peuvent interrompre le travail » –, la journée du 1er mai est obligatoirement chômée pour tout le personnel, sans distinction d'âge et de sexe (il appartient aux juges du fond d'apprécier souverainement si le prévenu apporte la preuve que la nature de son activité ne lui permettait pas d'interrompre le travail un 1er mai, en application des conditions définies par l'article L. 222-7 (devenu l'article 3133-6), auxquelles ne déroge pas la convention collective invoquée[140].

Sous la seule réserve qui vient d'être énoncée, le 1er mai se distingue, dès lors, des autres jours fériés par une **interdiction légale de travail.** L'article R. 3135-3 du Code du travail sanctionne, d'ailleurs, de « l'amende prévue pour les contraventions de la quatrième classe » toute contravention aux règles relatives à la journée du 1er mai, telles qu'elles sont fixées par les articles L. 3133-4 à L. 3133-6 et D. 3133-1. Le texte prévoit que cette amende « est appliquée autant de fois qu'il y a de salariés indûment employés ou rémunérés ».

B - LE CAS PARTICULIER DES ÉTABLISSEMENTS VISÉS PAR L'ARTICLE L. 3133-6

3.100 › Il a déjà été indiqué que l'« interdiction légale de travail » le 1er mai ne s'appliquait pas aux « établissements et services qui, en raison de la nature de leur activité, ne pouvaient interrompre le travail ».

Il faut préciser que ces « établissements et services » ne sont pas définis par la loi et qu'il appartient, par suite, au juge de les déterminer (comme il a déjà été indiqué les juges du fond disposent, à cet égard, d'un pouvoir d'appréciation souverain[141]). La Cour d'appel

139. Il faut noter que le 2 janvier 1956 avait été déclaré chômé et payé dans les conditions du 1er mai, par le décret n° 55-1615 du 9 décembre 1955, en raison des opérations électorales qui devaient s'y dérouler. Diverses organisations d'employeurs ayant contesté la légalité de ce décret, la loi n° 57-1324 du 28 décembre 1957 spécifia, dans son article 28 : « Reçoivent valeur législative, à la date à laquelle elles sont intervenues, les dispositions du décret n° 55-1615 du 9 décembre 1955 ».
140. Cass. crim., 8 février 2000, *Bull. crim.* n° 60.
141. Cass. crim., 8 février 2000, précité.

d'Amiens a estimé, par exemple, qu'une entreprise spécialisée dans la pose de charpente, ne devant pas interrompre son travail en raison d'un impératif de sécurité – qui commandait de prendre toutes dispositions pour mettre à l'abri du vol des marchandises de valeur – pouvait bénéficier de la dérogation prévue par l'article L. 222-7 (devenu l'article L. 3133-6)[142].

3.101 > Toutefois, comme le précise le Code, les salariés visés par cet article et qui travaillent le 1er mai « ont droit, en plus du salaire correspondant au travail effectué, à une indemnité égale au montant de ce salaire ». La somme qu'ils reçoivent doit comprendre toutes les indemnités et les primes qui s'y rattachent[143].

Mais – comme le précise la circulaire ministérielle TR 38/48 du 14 mai 1948 – « il n'y a pas lieu de tenir compte des primes non inhérentes à la nature du travail et, le cas échéant, des majorations pour heures supplémentaires (qui) sont déterminées dans le cadre de la semaine et, par suite, ne sont pas liées au salaire d'une journée déterminée ».

C'est ainsi qu'il n'y a pas lieu de prendre en compte, lorsque le 1er mai tombe un dimanche, la majoration pour travail du dimanche instituée par la convention collective : cette majoration ne rémunère pas, en effet, un travail différent de celui des jours ouvrables, mais compense seulement la privation d'un jour de repos et a, dès lors, le même objet que la majoration pour travail du 1er mai[144].

II – LES DISPOSITIONS PARTICULIÈRES AUX AUTRES JOURS FÉRIÉS

3.102 > Comme il a déjà été précisé, le repos des jours fériés, autres que le 1er mai, n'est légalement obligatoire que pour les jeunes travailleurs et apprentis, âgés de moins de dix-huit ans, conformément à l'article L. 3164-6 du Code du travail. Il en résulte que, sauf dispositions conventionnelles plus favorables, les employeurs ont le droit d'occuper leur personnel les jours de fêtes légales autres que le 1er mai. La Cour de cassation a ainsi rappelé que les jours fériés n'étant pas, à l'exception du 1er mai, nécessairement chômés, le salarié qui travaille un tel jour « n'a droit, à défaut de dispositions particulières résultant de la convention collective ou de son contrat, qu'à son salaire »[145].

Il convient, dès lors, d'examiner aussi bien les conséquences du refus d'un salarié d'assurer son travail un tel jour que les règles particulières prévues pour certaines catégories de personnel.

A - LES CONSÉQUENCES DU REFUS D'UN SALARIÉ DE TRAVAILLER UN JOUR DE FÊTE

3.103 > Le chômage des jours fériés n'étant pas légalement obligatoire dans l'industrie pour les salariés âgés de dix-huit ans et plus, ceux-ci ne sauraient refuser de venir travailler un jour de fête s'ils y sont tenus en vertu de l'horaire. Leur absence présente, par

142. Amiens, 4e Ch. corr. 27 avril 1988, cité par *J.-Cl. Trav.*, Fasc. 22-15, n° 28.
143. Cass. soc., 10 janvier 1980, *Bull. civ.* V, n° 48.
144. Cass. soc., 21 février 1980, n° 79-40024, cité par *Lamy social*, 1998, n° 1686, p. 808.
145. Cass. soc., 4 décembre 1996, *Bull. civ.* V, n° 21.

suite, un caractère irrégulier, qui permet à l'employeur de retenir, sur le salaire, la fraction correspondant aux heures non travaillées[146].

Dans le même sens, et faute d'un usage dans l'entreprise selon lequel le 8 mai serait chômé, l'employeur est en droit de faire travailler son personnel ce jour-là et de pratiquer une retenue sur la rémunération des salariés absents[147].

B - LE CAS PARTICULIER DES AGRICULTEURS

3.104 > Le repos des jours fériés est obligatoire dans l'agriculture, en application de la loi du 10 mars 1948.

Toutefois, le travail les jours fériés est possible, à condition que l'ouvrier, qui assure un tel jour le soin des animaux, ait droit, par la suite, à un repos compensateur ou à un congé supplémentaire égal à son temps de travail.

Tenant compte, de plus, du caractère saisonnier du travail agricole, la loi a prévu la possibilité de grouper les repos compensateurs, dont l'ouvrier ne saurait bénéficier au moment du plein travail, et de les remplacer par des jours de congés supplémentaires qui peuvent s'ajouter au congé annuel.

C - LES PROBLÈMES POSÉS PAR LES SALARIÉS DU SECTEUR BANCAIRE

3.105 > L'article L. 3133-2 (ancien article L. 222-1-1) du Code du travail précise que « les heures de travail perdues par suite de chômage des jours fériés ne peuvent donner lieu à récupération ». L'article 59 de la Convention collective nationale de travail du personnel des banques du 20 août 1952 faisait application de ce principe, en disposant que : « les jours fériés chômés en raison des fêtes légales, usages locaux de ponts ou lendemain de fêtes légales mobiles, tombant un dimanche, ne donnent pas lieu, en principe, à récupération, sauf accord entre les parties... Sont en outre chômées sans récupération les demi-veilles de fêtes légales ».

La question s'est posée de savoir si ce texte permettait au personnel des banques de ne pas travailler les demi-veilles de fêtes légales qui ne font pas parties des demi-veilles qu'il est d'usage de chômer. La Cour de cassation ne l'a pas admis et a estimé que l'article 59 avait pour seul objet de poser le principe de la non-récupération des jours chômés en raison des fêtes et des usages, mais ne déterminait pas les jours qui devaient être chômés à ces divers titres[148].

---

146. Cass. soc., 28 juillet 1952, *D.* 1952, p. 725.

147. Cass. soc., 3 juin 1997, n° 94-42197, cité par *Lamy social*, 1998, n° 1680, p. 806.

148. Voir, notamment, Cass. Soc., 3 avril 1984, *Bull. civ.* V, n° 137 ; 19 juin 1987, *Banque internationale de l'Afrique Occidentale c/ Fontagnol et autres*, cité par *J.-Cl. Trav.*, Fasc. 22-15, n° 38 ; Ass. Plén. 12 mai 1989, *Bull. Ass. Plén.* n° 1, à propos de quatre salariés de la Société lyonnaise de banque qui ne s'étaient pas présentés sur le lieu de leur travail, l'après-midi du 10 novembre 1982.

§ 4 - LES SANCTIONS PÉNALES APPLICABLES À LA MÉCONNAISSANCE DE LA LÉGISLATION SUR LES JOURS FÉRIÉS

3.106 > Aux termes de l'article L. 3133-4 (ancien article L. 222-5) du Code du travail, « *le 1er mai est jour férié et chômé* ». Mais l'article R. 3164-2 permet « *l'emploi des jeunes travailleurs les (autres) jours de fête reconnus par la loi* » dans divers secteurs de l'activité économique, limitativement énumérés.

Il existe, en définitive, deux catégories d'infractions pénales : celles qui sont relatives aux règles applicables à la journée du 1er mai et celles qui sont relatives aux règles concernant les jeunes travailleurs et apprentis.

I – LES INFRACTIONS RELATIVES AUX RÈGLES APPLICABLES LE 1er MAI

3.107 > Comme il a déjà été indiqué, « le fait de méconnaître les dispositions des articles L. 3133-1 à L. 3133-6 et D. 3133-1, relatives à la journée du 1er mai, est puni de l'amende prévue pour les contraventions de la quatrième classe », « l'amende (devant être) appliquée autant de fois qu'il y a de salariés indûment employés ou rémunérés ».

II – LES INFRACTIONS AUX RÈGLES RELATIVES À L'EMPLOI DES APPRENTIS ET DES JEUNES TRAVAILLEURS LES JOURS DE FÊTES LÉGALES

Elles sont prévues par l'article R. 3165-6 du Code du travail, selon lequel « *le fait de méconnaître les dispositions de l'article L. 3164-8, relatives aux dérogations du travail les jours fériés pour les jeunes travailleurs, est puni de l'amende prévue pour les contraventions de la quatrième classe* », c'est-à-dire, « *750 € au plus* ».

Conclusion

3.108 > Au fond, dans ce domaine comme dans bien d'autres, la *société laïque a repris, en les adaptant, des principes d'origine religieuse*. L'Ancien Testament fixait les jours où les Israélites ne devaient accomplir aucune œuvre servile. L'Église catholique instaura un calendrier qui prévoyait l'observation d'un chômage les jours de fête. Napoléon organisa un système s'efforçant de concilier les exigences du culte traditionnel et les égards particuliers qui devaient entourer son régime.

Après les réactions de la Monarchie de Juillet et des débuts de la IIIe République, longtemps inspirés par les seuls impératifs de la logique économique, le droit moderne légalisa, pour des raisons sociales, l'interruption du travail le jour anniversaire de certaines solennités – dont l'origine est souvent religieuse – en prévoyant les aménagements qu'elles impliquaient et les sanctions résultant de leur méconnaissance.

Le débat récurrent sur les diverses sources de l'identité culturelle de la France pourrait utilement s'appuyer sur l'étude de ce sujet.

Section VI

LA GRÈVE

§ 1 - L'HISTORIQUE DU DROIT DE GRÈVE

I – L'ANTIQUITÉ ET L'ANCIEN RÉGIME

3.109 > La grève est née de l'inégalité séparant les parties au contrat de travail. C'est pour faire équilibre au pouvoir économique prépondérant des employeurs que la grève s'est installée, très tôt, dans les relations de travail.

D'éminents auteurs mentionnent, parmi les premières grèves, celle que déclenchèrent les briquetiers juifs, en 1490 avant l'ère chrétienne, pour protester contre la servitude imposée par le Pharaon[149].

En France, les abus résultant du régime corporatif ont amené, très tôt, de fréquents arrêts concertés du travail, souvent accompagnés de violences. En 1539, la grève des ouvriers de l'imprimerie à Lyon dura plusieurs mois et nécessita l'intervention, en 1541, d'un édit très sévère du roi François 1er. En 1774[150], la grève des ouvriers de la soierie s'accompagna – toujours à Lyon – de l'occupation de la maison de l'intendant[151].

De façon générale, les coalitions de salariés furent si nombreuses à la fin de l'Ancien Régime, que le grand historien Funck-Brentano a pu écrire que le XVIIIe siècle avait été le siècle des insurrections ouvrières.

Il faut également rappeler qu'à plusieurs reprises, les Parlements refusèrent systématiquement d'enregistrer les édits, contraignant ainsi le roi à tenir un « lit de justice »[152].

II – LA PÉRIODE DE LA RÉVOLUTION

3.110 > La *loi* Le Chapelier[153] des 14-17 juin 1791 interdit les « coalitions », c'est-à-dire la réunion de personnes de même métier ou de même profession pour refuser ensemble leur travail ou leurs services. Cette interdiction était assortie de sanctions pénales.

---

149. Brun et Galland, *Droit du Travail*, tome 2 : Les rapports collectifs de travail, 2e éd., p. 421 : cette interprétation sollicite, toutefois, le texte du livre de L'Exode, qui ne mentionne nullement que les briquetiers juifs recoururent à une « cessation concertée du travail ».

150. L'année de la mort du roi Louis XV.

151. On sait que, sous l'Ancien Régime, l'intendant était l'agent du pouvoir royal dans les provinces.

152. Dès que le monarque siégeait au sein d'un Parlement, les pouvoirs de celui-ci disparaissaient. Le lit de justice obligeait ainsi les parlementaires à prendre acte de la volonté du roi.

153. Isaac Le Chapelier, avocat à Rennes et député du Tiers État aux États généraux, fonda, avec Lanjuinais, le Club breton, qui devint le Club des jacobins. Ayant quitté la France pour l'Angleterre en 1792, il fut condamné à son retour en 1794 et exécuté comme émigré.

Ces sanctions furent aggravées, notamment à l'encontre des coalitions ouvrières, par la loi du 22 germinal An XI, qui prévoyait, en outre, la création du livret ouvrier[154].

Le Code pénal de 1810 mentionna le délit de *coalition*, aux articles 414 à 416. Ces textes établirent, toutefois, une distinction entre les coalitions patronales et les coalitions ouvrières. Les premières n'étaient punies que si elles tendaient à « forcer injustement l'abaissement des salaires », alors que les secondes faisaient l'objet de sanctions quel que soit le but poursuivi[155].

III – LA DEUXIÈME RÉPUBLIQUE ET LE SECOND EMPIRE

Les articles 414 à 416 demeurèrent en vigueur, dans leur rédaction initiale, jusqu'à la Révolution de juin 1848. Le décret des 25-29 février 1848 permit alors la formation de coalitions. Mais, à la suite de la réaction provoquée par les journées de juin 1848, la loi du 27 novembre 1849 rétablit l'interdiction du Code pénal, adoptant, toutefois, une incrimination et une sanction identiques, que la coalition fût ouvrière ou patronale.

3.111 › Ce régime devait être libéralisé par le Second Empire. Émile Ollivier réclama, au nom de l'intérêt général, l'abrogation d'une loi injuste : « La grève, avec son caractère destructeur de guerre du travail, ne sera vaincue – déclarait-il – qu'à force de liberté et d'instruction : la défendre, c'est en allumer le désir ». Ce langage répondait à la préoccupation de Napoléon III, qui cherchait à rallier la classe ouvrière à son régime. C'est ainsi que la loi du 25 mai 1864, précédée de mesures de grâce en faveur des grévistes qui avaient été condamnés sur le fondement des textes en vigueur[156], supprima le délit de *coalition*[157]. Les salariés qui se mettaient en grève, les patrons qui fermaient leurs entreprises n'étaient plus désormais répréhensibles pénalement. Seule l'*entrave à la liberté du travail* restait sanctionnée par les articles 414 et 415 du Code pénal, remplacés aujourd'hui – avec certaines modifications – par les articles 431-1 et 431-2 du Nouveau Code pénal. Quant à l'article 416, il sanctionnait, dès la loi de 1864, la *mise à l'index*, c'est-à-dire l'interdiction de travailler dans des entreprises déterminées. Cette sanction fut supprimée par la loi du 21 mars 1884 sur les syndicats professionnels, qui renforça le libéralisme de la loi de 1864.

IV – L'ÉPOQUE MODERNE

3.112 › **Il ne suffit pourtant pas qu'un acte déterminé cesse de constituer une infraction pénale pour qu'il corresponde à l'exercice d'un droit.** La « dépénalisation » d'un certain

154. Le salarié devait remettre son livret à l'employeur pour la période pendant laquelle il travaillait dans l'entreprise.

155. Les salariés coupables d'avoir participé à une *coalition ouvrière* encouraient un emprisonnement de un à trois mois, la durée de la peine étant portée de deux à cinq ans pour les chefs de la coalition, lesquels pouvaient, au surplus, être placés sous la surveillance de la haute police pendant la même période. Il faut noter que l'article 20 du Code rural de 1791 interdisait déjà aux moissonneurs, domestiques et ouvriers de la campagne, de se liguer entre eux pour faire hausser et déterminer le prix des gages ou des salaires.

156. Notamment, dans la célèbre *affaire des typographes*, défendus alors par Berryer.

157. Le texte ne recueillit pas les suffrages des députés de gauche, qui – selon la formule d'Émile Ollivier – « repoussèrent le progrès par haine pour la main qui le donnait » (sur les intéressants débats auxquels donna lieu la discussion de la loi, voir Pierre de La Gorce, *Histoire du Second Empire*, tome IV, 1901, Plon-Nourrit, pages 288 à 305).

comportement ne fait même pas nécessairement de celui-ci un comportement licite[158]. La grève restait, ainsi, après la loi de 1884, une *situation de force tolérée*. Elle fut même interdite, à nouveau, par la *Charte du travail*, instituée par la loi du 4 octobre 1941, qui interdisait toute coalition.

L'incertitude disparut néanmoins, et la grève se trouva définitivement consacrée, lorsque le préambule de la Constitution de 1946 déclara, à son 7e alinéa : « Le droit de grève s'exerce dans le cadre des lois qui le réglementent ». La grève n'était plus un simple fait toléré par la loi ; elle devenait un droit constitutionnellement protégé et reconnu, en principe, à tous les salariés.

Un dernier problème se posait, pourtant : celui de la grève des fonctionnaires.

§ 2 - LE PROBLÈME DU DROIT DE GRÈVE DES FONCTIONNAIRES

I – LE PRINCIPE DE LA CONTINUITÉ DU SERVICE PUBLIC

3.113 > Le service public doit être assuré, en principe, d'une façon continue. En application de ce *principe de continuité*, la grève a été, pendant longtemps, interdite aux fonctionnaires. Dans un arrêt célèbre de 1919, le Conseil d'État énonçait que la grève des fonctionnaires constituait une rupture du « contrat de fonction publique »[159]. Quelques années plus tard, la Haute Assemblée estimait encore que la grève constituait, pour un fonctionnaire, un acte passible de sanctions, le privant du bénéfice des garanties disciplinaires[160]. En décembre 1948 – plus de deux ans après l'adoption du préambule de la Constitution de 1946 –, la Haute Assemblée considérait toujours qu'en se mettant en grève, le fonctionnaire « se plaçait lui-même en dehors des lois et règlements »[161].

II – LE REVIREMENT DE L'ARRÊT *DEHAENE*

Le revirement s'amorça avec un arrêt de 1950, dans lequel le Conseil d'État reconnut qu'il existait, depuis 1946, un droit de grève des agents publics, mais observa que ce droit pouvait « *être limité* en raison des exigences du fonctionnement des services publics ». Sans doute, en raison des termes du préambule de 1946 (« le droit de grève s'exerce dans le cadre des lois qui le réglementent »), constatait-il qu'il appartenait au législateur d'édicter ces limitations. Mais, puisqu'en 1950, celui-ci était encore défaillant, l'arrêt observait – et c'était là son apport essentiel – qu'il incombait au « gouvernement, responsable du bon fonctionnement des services publics, de fixer lui-même, sous le contrôle du

158. Il est permis de citer, à cet égard, l'exemple de l'adultère qui, bien que n'étant plus un délit depuis la loi sur le divorce du 11 juillet 1975 – laquelle a abrogé les articles 336 à 339 de l'Ancien Code pénal – peut, néanmoins, constituer une « violation grave ou renouvelée des devoirs et obligations du mariage » rendant « intolérable le maintien de la vie commune » et justifier, dès lors, une demande de divorce sur le fondement de l'article 242 du Code civil.
159. CE, 7 août 1909, *Winkell*, *Lebon*, p. 826.
160. CE, 22 octobre 1937, *Demoiselle Minaire*, *D.* 1938, III, 49.
161. CE, 10 décembre 1948, *Firdion*, *Lebon*, p. 285.

juge..., la nature et l'étendue des limitations qui doivent être apportées à ce droit, comme à tout autre, en vue d'en éviter un usage abusif ou contraire aux nécessités de l'ordre public »[162].

III – L'INTERVENTION DU LÉGISLATEUR

3.114 > Pour éviter que le gouvernement n'exerce une prérogative qui ne lui incombait pas, il appartenait, dès lors, au Parlement de voter une loi réglementant l'exercice du droit de grève. Tel fut l'objet de la loi n° 63-777 du 31 juillet 1963, qui s'avéra d'autant plus nécessaire qu'au cours de l'année précédente, il y avait eu 57 grèves à la SNCF, 84 arrêts de travail à la RATP et qu'en dépit d'un décret de réquisition, les mineurs venaient de prolonger, pendant un mois, une grève dont les conséquences économiques présentèrent une gravité évidente pour la nation.

Cette loi, *relative à certaines modalités de la grève dans les services publics*, ne fut votée qu'au terme de discussions acharnées et après avoir été rejetée, à trois reprises, par le Sénat à des majorités écrasantes. Elle concernait tous les fonctionnaires de l'État, des départements, des communes de plus de 10 000 habitants, des établissements publics et des établissements ou entreprises privés chargés de la gestion d'un service public.

A - LES PRINCIPES GÉNÉRAUX POSÉS PAR LA LOI DU 31 JUILLET 1963

Les principales dispositions du texte étaient les suivantes :

– la grève doit être précédée d'un *préavis obligatoire*, donné cinq jours francs avant son déclenchement à l'autorité hiérarchique ou à la direction de l'établissement, de l'entreprise ou de l'organisme intéressé. Ce préavis, qui doit émaner d'une des organisations syndicales les plus représentatives sur le plan national, dans la catégorie professionnelle de l'entreprise, de l'organisme ou du service intéressé, précise les motifs, le lieu, la date, l'heure de début et la durée de la grève envisagée (s'il s'agit d'une grève d'ampleur nationale, le préavis doit être déposé auprès du Premier ministre ou d'un ministre) ;

– les grèves dites tournantes – que ce soient les grèves par roulement concerté ou par échelonnement successif – sont interdites[163] ;

– en cas d'inobservation des règles, une procédure disciplinaire simplifiée est prévue, ne comportant que la communication du dossier (sauf pour la révocation et la rétrogradation, qui ne sauraient être infligées qu'après la procédure disciplinaire normalement applicable) ;

162. CE, 7 juillet 1950, *Dehaene, Lebon*, p. 426 : « Tout en approuvant que vous vous fassiez entendre sur le sujet de la réglementation du droit de grève des services publics – écrivait le général de Gaulle à Michel Debré, alors Premier ministre, le 24 octobre 1961 – je crois que le faire la veille même de la grève ce serait choisir un mauvais moment. Ou bien le droit de grève doit être réglementé, alors le Premier ministre ne peut le proclamer au moment même où la grève éclate sans avoir été réglementée. Car il se donne tort à lui-même, ce qu'il ne faut jamais faire... Ou bien le droit est entier (ce que la loi ne permet pas encore de contester), alors ce n'est pas le moment d'évoquer des études et des projets » (voir Charles DE GAULLE, *Lettres Notes et Carnets, 1961-1963*, Plon, 1986, p. 158 et 159).

163. La jurisprudence considère également comme illicites les grèves politiques et les grèves sur le tas, c'est-à-dire accompagnées de l'occupation des locaux (CE 11 février 1966, *Legrand, Lebon*, p. 110).

– la grève entraîne une réduction du traitement, proportionnelle au temps de cessation du travail, la retenue ne pouvant être inférieure à une journée de traitement[164].

3.115 > **Par la suite, la loi n° 83-634 portant droits et obligations des fonctionnaires a disposé, à son article 10 : «** ***Les fonctionnaires exercent le droit de grève dans le cadre des lois qui le réglementent*** », reprenant, mot pour mot, les termes du 7e alinéa du préambule de la Constitution de 1946.

Il n'en restait pas moins difficile, pour le juge, d'établir un équilibre satisfaisant entre deux droits de nature constitutionnelle, dont l'un prône la continuité du service public afin de satisfaire les besoins de la population et garantir la cohésion sociale, alors que l'autre permet de porter atteinte à ce principe pour défendre des intérêts particuliers dans des limites demeurant incertaines. Une commission présidée par Monsieur Mandelkern, Président de section honoraire au Conseil d'État a remis, le 21 juillet 2004, au ministre chargé des transports un rapport sur « *La continuité du service public dans les transports terrestres de voyageurs en vue d'une loi imposant un service minimum* ». Conformément à l'engagement pris au cours de la campagne électorale de 2007, le nouveau président de la République, Monsieur Sarkozy, a demandé au gouvernement de soumettre au Parlement un projet de loi garantissant une plus grande continuité du service public. Ce projet est devenu la loi n° 2007-1224 du 21 août 2007 *sur le dialogue social et la continuité du service public dans les transports terrestres réguliers de voyageurs* (*JO* du 22 août 2007).

Cette loi instaure une procédure obligatoire de prévention des conflits dans les entreprises chargées d'une mission de service public de transport terrestre régulier de personnes à vocation non touristique. L'employeur et les organisations syndicales représentatives **doivent engager des négociations en vue de la signature d'un accord-cadre organisant une procédure de prévention des conflits et tendant à développer le dialogue social.**

Dans ces entreprises, le dépôt d'un préavis de grève ne peut intervenir qu'après une négociation préalable entre l'employeur et la, ou les, organisations syndicales représentatives qui envisagent de déposer le préavis. Les règles d'organisation et de déroulement de cette négociation sont fixées par l'accord-cadre intervenu. Des négociations sont également engagées au niveau de la branche, en vue de la signature d'un accord organisant une procédure de prévention des conflits. À défaut d'un tel accord, un décret en Conseil d'État fixe les règles d'organisation et de déroulement de la négociation préalable.

Il faut souligner qu'en cas de décision de recourir à la grève, les agents concernés disposent d'un délai de quarante-huit heures pour informer le chef d'entreprise de leur intention d'y participer.

Enfin, la grève entraîne des retenues sur la rémunération, dont le montant – qui a, plusieurs fois, varié – **est actuellement fixé au trentième indivisible du salaire mensuel**

164. Cette retenue peut être prélevée par voie de réduction sur le traitement du mois suivant (CE 11 juillet 1973, *Alliaume*, *Lebon*, p. 495).

par jour de grève, que l'inexécution du travail ait été totale ou partielle. C'est là une conséquence rigoureuse de l'article 20 de la loi du 13 juillet 1983 *portant droits et obligations des fonctionnaires*, qui pose la règle du « **service fait** », selon laquelle l'agent n'ayant pas réellement fait son service, ne peut avoir droit au traitement qu'il aurait perçu s'il était resté en fonction (le montant de la retenue effectuée sur le traitement du salarié gréviste obéit aux dispositions fixées par la loi n° 61-825 du 21 juillet 1961).

La législation actuelle – et, en particulier, la loi du 21 août 2007 – va, assurément, dans le sens d'une meilleure protection de l'usager. Mais divers conflits – et notamment, la grève sur la ligne A du RER de décembre 2009 – ont montré ses limites actuelles (voir, en ce sens, l'Éditorial du *Monde* du 24 décembre 2009, page 2).

En tout état de cause, un certain nombre d'agents publics demeurent astreints au service minimum ou totalement privés du droit de grève.

B - LES FONCTIONNAIRES ASTREINTS AU SERVICE MINIMUM

3.116 ▸ Un certain nombre de dispositions ont prévu, pour certaines catégories d'agents publics, **l'obligation d'un service minimum**.

1 - Le personnel des chaînes publiques de radio et de télévision

Tel est le cas pour le personnel des chaînes publiques de radio et de télévision, aux termes de l'article 57 de la loi n° 86-1067 du 30 septembre 1986, relative à la liberté de communication. Selon cet article, les conditions du *service minimum* devaient normalement être fixées par un décret en Conseil d'État[165]. Mais ce décret n'est jamais intervenu. Il en résulte que demeure en vigueur le décret n° 82-1068 du 29 novembre 1982, relatif à l'organisation d'un service minimum dans les organismes de la radiodiffusion sonore et de la télévision en cas de cessation concertée du travail.

Le Conseil d'État a, récemment, rappelé qu'en l'absence de l'intervention du décret prévu par la loi du 30 septembre 1986, les dispositions applicables à l'organisation d'un service minimum, dans les organismes du service public de la radiodiffusion sonore et de la télévision, en cas de cessation concertée du travail, étaient celles du décret du 29 décembre 1982[166].

2 - Le personnel de la navigation aérienne

Les textes relatifs à la navigation aérienne ont également prévu l'existence d'un service minimum en cas de grève. L'article 2 de la loi n° 84-1286 du 31 décembre 1984 prévoit

---

165. Ce décret devait définir « les services et les catégories de personnels strictement indispensables à l'exécution de (la) mission » de « création, transmission et émission de signaux de radio et de télévision ».

166. CE, 31 juillet 1996, *Syndicat national de radiodiffusion et de télévision et autres, JCP* 1996, II, 22735 : deux organisations syndicales avaient attaqué une note d'information sur l'exercice du droit de grève, par laquelle la direction de Télédiffusion de France, entreprise publique au statut de société anonyme, précisait, notamment, les missions « qui ne devaient pas connaître d'altérations en cas de grève ». Le Conseil d'État a estimé que cette note d'information se bornait à interpréter les dispositions en vigueur et n'était pas susceptible, par suite, d'être déférée au juge de l'excès de pouvoir.

ainsi qu'« en cas de cessation concertée du travail dans les services de la navigation aérienne, doivent être assurés en toute circonstance : – la continuité de l'action gouvernementale et l'exécution des missions de la défense nationale ; – la préservation des intérêts ou besoins vitaux de la France et le respect de ses engagements internationaux, notamment le droit de survol du territoire ; – les missions nécessaires à la sauvegarde des personnes et des biens ; – le maintien de liaisons destinées à éviter l'isolement de la Corse, des départements et territoires d'outre-mer et de la collectivité territoriale de Mayotte ; – la sauvegarde des installations et du matériel de ces services ».

3.117 > Ce texte a été précisé par le décret n° 85-1332 du 17 décembre 1985 et par le décret n° 87-504 du 8 juillet 1987, à propos des « services de la navigation aérienne qui permettent d'assurer le trafic suisse à l'aéroport de Bâle-Mulhouse, (des) liaisons aériennes nécessaires au bon fonctionnement des institutions européennes à Strasbourg (ainsi que d') un nombre limité de vols internationaux et intérieurs désignés en fonction des intérêts et des besoins vitaux de la France ». Ces principes ont, notamment, été rappelés par deux arrêts du Conseil d'État, en date des 12 mai et 8 novembre1989[167].

3 - *Les autres catégories d'agents publics astreints au service minimum*

3.118 > De même, les directeurs d'écoles maternelles et primaires doivent assurer, en cas de grève, l'accueil des élèves pendant les heures de classe. Il en est également ainsi des receveurs et chefs de centres des postes et télécommunications[168], ainsi que de certains agents des PTT[169], des greffiers[170] ou encore des gardiens de passages à niveau[171].

3.119 > De même encore, la loi n° 96-1093 du 16 décembre 1996, relative à l'emploi dans la fonction publique et à diverses mesures d'ordre statutaire, prévoit, à son article 81, que, « lorsque la continuité du service l'exige, *certains personnels peuvent être amenés à assurer un service de permanence » dans les établissements publics hospitaliers* et que « ce service est assuré en recourant, soit à des permanences dans l'établissement, soit à des astreintes à domicile ».

3.120 > Mais le problème se pose de savoir comment la notion de *service minimum* doit être entendue par l'administration. C'est ainsi qu'à la suite d'une grève intervenue en 1987, pendant la durée du Salon international de l'aéronautique et de l'espace, le ministre chargé des transports décida que devaient être assurés, d'une part les vols destinés à

---

167. *Union des chambres de commerce et établissements gestionnaires d'aéroport et Union syndicale de l'aviation civile CGT et Syndicat national des contrôleurs du trafic aérien, Lebon*, p. 750.
168. CE 1er juin 1984, *Fédération nationale des travailleurs des postes et télécommunications CGT, Dr. adm.* 1984, n° 323.
169. CE 19 juin 1981, *Secrétaire d'État aux postes et télécommunications, Lebon*, tables, p. 782.
170. CE 21 décembre 1977, *Syndicat national CFDT des cours et tribunaux, Lebon*, Tables, p. 873 : le Conseil d'État a énoncé que « les greffiers, les secrétaires-greffiers affectés à une chambre, à un cabinet d'instruction ou à un cabinet de juge des enfants et les secrétaires-greffiers affectés à un parquet sont, pour les chefs des juridictions, des auxiliaires indispensables à l'exercice de leurs fonctions ». Il en a déduit qu'« une cessation concertée de travail de leur part aurait pour effet de compromettre l'action de la justice et de porter ainsi une atteinte grave à l'ordre public ». « Dès lors – conclut la Haute Assemblée –, le garde des Sceaux, ministre de la Justice, pouvait légalement, dans le cadre de ses prérogatives gouvernementales, leur refuser l'exercice du droit de grève ».
171. CE 23 octobre 1964, *Fédération des syndicats chrétiens de cheminots, Lebon*, p. 484.

transporter les délégations officielles, françaises et étrangères, vers Marseille, Toulouse et Bordeaux et, d'autre part un vol quotidien régulier aller et retour entre Paris et chacune de ces trois villes. Saisi à ce sujet, le Conseil d'État estima qu'« eu égard à l'objet du salon... et à l'importance de cette manifestation pour l'ensemble de l'industrie aéronautique française et des activités qui lui sont liées, l'exécution des vols destinés au transport des délégations officielles vers les villes précitées se rattachait directement à la préservation des intérêts vitaux de la France »[172].

Il faut ajouter que la mise en demeure à des agents grévistes d'avoir à reprendre leur travail a été jugée légale dans un cas où le directeur de la comptabilité publique avait enjoint à des agents des services du trésor d'un département, en grève depuis dix-huit jours, d'avoir à se mettre à la disposition du trésorier-payeur général pour assurer le versement des traitements et pensions des personnels[173].

Mais, à côté de ces fonctionnaires, que l'exigence d'un service minimum prive partiellement de l'exercice du droit de grève, il en est d'autres pour qui cette privation est totale et permanente.

C - LES FONCTIONNAIRES TOTALEMENT PRIVÉS DU DROIT DE GRÈVE

Les fonctionnaires totalement privés du droit de grève sont ceux dont l'interruption d'activité porterait une atteinte particulièrement grave au fonctionnement normal des institutions républicaines.

3.121 > Tel est le cas des CRS (loi n° 47-2384 du 17 décembre 1947), du personnel de la police (art. 2, alinéa 2, de la loi n° 48-1504 du 28 septembre 1948[174]), du corps préfectoral (décret du 19 juin 1950), des fonctionnaires travaillant dans les services extérieurs de l'administration pénitentiaire (art. 3 de l'ordonnance n° 58-696 du 6 août 1958, qui interdit « toute cessation concertée du service »), des magistrats de l'ordre judiciaire (art. 10 de l'ordonnance n° 58-1270 portant loi organique du 22 septembre 1958, qui interdit « toute action concertée de nature à arrêter ou entraver le fonctionnement des juridictions »), du personnel des transmissions du ministère de l'Intérieur (art. 14 de la loi de finances rectificative n° 68-695 du 31 juillet 1968) et, enfin, des militaires (art. 11 de la loi n° 72-662 du 13 juillet 1972 – confirmé par l'article 6 de la loi n° 2005-270 du 24 mars 2005 –, qui déclare « l'exercice du droit de grève incompatible avec l'état militaire »).

Certains auteurs classent également les contrôleurs de la navigation aérienne parmi les fonctionnaires auxquels le droit de grève est interdit[175].

Mais la loi n° 64-650 du 2 juillet 1964 relative à certains personnels de la navigation aérienne, énonce seulement, au 2e alinéa de son article 2 que « toute cessation concertée du service, tout acte collectif d'indiscipline caractérisée de la part des officiers,

---

172. CE 8 novembre 1989, *Syndicat général de la navigation aérienne CFTC et autres, Lebon*, Tables p. 750.
173. CE 25 septembre 1996, *Ministre du Budget c/ Mme Emard, Lebon*, p. 35.
174. Ce texte dispose que « toute cessation concertée du service... pourra être sanctionnée en dehors des garanties disciplinaires ».
175. Voir, en ce sens, M. Piquemal, *Le fonctionnaire*, tome 1 : Droits et garanties, Berger-Levrault, 1979, p. 403.

contrôleurs de la circulation aérienne et des électroniciens de la sécurité aérienne, pourra être sanctionné en dehors des garanties disciplinaires[176] ».

Il ne semble pas résulter de ce texte que le législateur ait entendu interdire totalement le droit de grève aux contrôleurs de la circulation aérienne, comme il l'a fait pour les autres catégories de fonctionnaires qui viennent d'être mentionnées. Interrogé, d'ailleurs, quelques années plus tard, au Sénat, sur le sens qu'il convenait de donner à la loi, le secrétaire d'État aux Transports indiquait qu'elle avait « réalisé, à l'époque, un équilibre difficile entre les avantages et les sujétions de la profession et (que), dans l'état actuel des choses », il ne lui paraissait pas « opportun de remettre en cause cet équilibre qui est très fragile »[177].

Conclusion

3.122 > Confronté à deux principes éminemment respectables : le *droit de grève* et la *continuité des services publics* – dont les effets se contredisent parfois –, le législateur et le juge français n'ont pas tranché de manière générale et absolue. Il est possible de leur en faire grief, soit au nom du libéralisme, qui exigerait la reconnaissance totale du droit de cesser le travail à l'ensemble des salariés, soit au nom des exigences de l'ordre public, qui inciteraient à limiter le droit de grève du personnel des transports publics (SNCF, RATP...). Mais il semble plutôt qu'à égale distance du système allemand, qui interdit toute grève dans les services publics, et du système américain, qui permet que la machine de l'État fédéral soit régulièrement paralysée par des grèves – notamment lorsque l'exécutif et le législatif ne parviennent pas à trouver un accord sur le budget –, le droit de grève français dans les services publics constitue une moyenne satisfaisante, dont il faut, sans doute, redouter davantage qu'il évolue vers le second exemple que vers le premier...

176. Le 3e alinéa du même article 2 précise que « la révocation ne pourra (toutefois) être prononcée que dans les formes prévues par le statut général des fonctionnaires ».
177. Voir *JO, Sénat*, 2 décembre 1974, cité par Marcel Piquemal, *op. cit.*, p. 403.

» Exercices de préparation au grand oral

Exercice n° 1

» Sujet

Le droit de grève dans la fonction publique vous semble-t-il légitime ?

» Éléments de corrigé

Le service public doit être assuré, en principe, d'une façon continue. En application de ce principe, la grève a été, pendant longtemps, interdite aux fonctionnaires. Dans un arrêt devenu classique, le Conseil d'État énonçait qu'elle constituait une rupture du « *contrat de fonction publique* » (CE, 7 août 1909, *Winkell*, *Lebon*, p. 826).

Toutefois, le préambule de la Constitution de 1946 disposait que « *les fonctionnaires exercent le droit de grève dans le cadre des lois qui le réglementent* ». Pendant longtemps, de telles lois ne sont pas intervenues, laissant planer un flou juridique qui alimentait la controverse. Mais une loi du 31 juillet 1963 a précisé certaines modalités de la grève dans les services publics. Elle fut complétée par la loi du 13 juillet 1987 et divers textes régissant les statuts particuliers de certaines catégories d'agents publics, en dernier lieu, la loi du 21 août 2007 *sur le dialogue social et la continuité du service public dans les transports terrestres réguliers de voyageurs*.

Deux principes essentiels s'opposent à ce sujet.

I. Le caractère fondamental du droit de grève

Le droit de grève constitue, à la fois, un moyen de pression légitime reconnu aux travailleurs et un instrument de persuasion de l'opinion publique.

a) Le droit de grève est un moyen de pression légitime reconnu aux travailleurs

Résultat d'une longue et difficile conquête, le droit de grève est aujourd'hui reconnu par la Constitution (alinéa 7 du préambule de la Constitution du 27 octobre 1946, auquel se réfère le préambule de la Constitution de 1958), et son exercice est protégé par le Code du travail.

Le préambule de la Constitution de 1946 dispose que « *le droit de grève s'exerce dans le cadre des lois qui le réglementent* », ce qui – en l'absence de précisions contraires – se rapporte, à la fois, aux salariés et aux fonctionnaires (CE, 7 juillet 1950, *Dehaene*, *Lebon*, p. 426).

De son côté, le Code du travail précise, à son article L. 2511-1, alinéa 1er (issu de la loi du 11 février 1950), que « *l'exercice du droit de grève ne peut justifier la rupture du contrat de travail, sauf faute lourde imputable au salarié* ».

b) La grève constitue un instrument efficace de persuasion de l'opinion publique

À certaines époques de l'histoire du pays – notamment en 1936, en 1968 et en 1995 (malgré des différences notables entre les périodes) –, la grève a été utilisée pour persuader l'opinion publique du bien-fondé de certaines revendications des salariés. Il pouvait, dès lors, sembler légitime que les agents publics ne fussent pas tenus à l'écart du mouvement, au moins les membres des catégories qui travaillent dans des conditions analogues à celles du secteur privé.

Les grèves avec occupations d'usines de 1936 sont restées dans les mémoires. Celles de 1968 – qui ont concerné presque cinq fois plus de salariés (presque dix millions contre deux millions) – ont paru, un moment, ébranler le pouvoir politique. Dans les deux cas, elles ont abouti à une négociation (le *projet de protocole d'accord* élaboré le 25 mai 1968 ne sera, toutefois, jamais signé).

II. Le caractère fondamental du principe de continuité du service public

Mais, malgré l'importance du droit de grève, le problème se pose de savoir s'il doit être reconnu, sans restriction, à l'ensemble des agents publics. N'est-il pas possible de soutenir que ceux qui ont choisi de *servir l'État* sont astreints à des obligations particulières envers les citoyens ? Mais, à l'inverse, ne peut-on objecter que certains agents publics travaillent dans des conditions difficiles et que les priver du droit de grève les placerait en situation discriminatoire par rapport aux salariés du secteur privé ? Cela a conduit le législateur, sans remettre en cause le principe du droit de grève dans les services publics, *à réglementer son exercice*. Cette réglementation tient compte, à la fois, du souci d'assurer la satisfaction des usagers et de la volonté de maintenir la crédibilité de l'État.

a) Le souci d'assurer la satisfaction des usagers

Les usagers se plaignent fréquemment d'être *pris en otages* par les grévistes du secteur public.

L'observation n'est pas dénuée de pertinence et, si l'on peut stocker des denrées périssables pour atténuer les effets d'une grève des commerçants du secteur de l'alimentation, il est certes impossible de se protéger contre les sujétions qui résultent d'une grève de la RATP ou de la SNCF. Il est probable, d'ailleurs, que, s'ils étaient consultés par référendum sur la question, les Français se déclareraient favorables à une réglementation de la grève dans les services publics qui sont liés à leur vie quotidienne.

Cela explique les règles particulières qui ont été posées par les lois des 31 juillet 1963 et 13 juillet 1987 ainsi que par les textes qui ont précisé leurs modalités d'application, notamment la loi du 21 août 2007, qui entendait répondre aux aspirations de la plupart des usagers des transports publics. Cette réglementation se justifie, d'ailleurs, également par la volonté de maintenir la crédibilité de l'État.

b) La volonté de maintenir la crédibilité de l'État

Le fonctionnement de la démocratie repose largement sur le respect de l'autorité de l'État. Or, celui-ci est garant du bon fonctionnement des services publics. Pour que les citoyens aient le sentiment qu'il remplit sa mission, le droit de grève dans ces services ne saurait s'exercer librement et, dans l'esprit de beaucoup, devrait même être supprimé. Cela constitue une justification supplémentaire aux restrictions imposées par le législateur.

Conclusion

Les difficultés d'application de la loi du 21 août 2007 *sur le dialogue social et la continuité du service public dans les transports terrestres réguliers de voyageurs* – qui tiennent à ce que, plusieurs mois après la date prévue pour son entrée en vigueur, les accords entre les services publics concernés (SNCF et RATP) et les organisations syndicales représentatives n'ont toujours pas été conclus – illustrent, une fois de plus, l'actualité du problème posé.

Exercice n° 2

> Sujet

Existe-t-il un droit fondamental aux 35 heures ?

> Éléments de corrigé

La loi du 19 janvier 2000 fixant la durée du travail à 35 heures n'a pas de valeur constitutionnelle. Elle peut, dès lors, être remise en cause par le législateur. Toutefois, le droit du travail tient traditionnellement compte de la notion d'*avantage acquis*. La Cour de cassation a, par exemple, jugé que, dès lors qu'une disposition conventionnelle n'était plus appliquée depuis 27 ans qu'à une seule catégorie de salariés, les juges du fond avaient pu en déduire que cette pratique était générale et créait, pour le plus grand nombre, un avantage établi (Cass. soc., 7 novembre 1985, *Bull. civ.* V n° 523). Il existe ainsi, d'une certaine manière, un *ordre public social*, qui veut que – comme l'a énoncé le Conseil d'État – « les dispositions législatives et réglementaires prises dans le domaine du (droit du travail) présentent un caractère d'ordre public en tant qu'elles garantissent aux travailleurs des avantages minimaux, lesquels ne peuvent, en aucun cas, être supprimés ou réduits... » (CE, Avis, Ass. gén. 22 mars 1973, *Dr. ouvrier* 1973.190).

Toutefois, la loi, *expression de la volonté générale*, peut toujours modifier les règles qu'elle a posées. À moins, bien sûr, qu'on ne considère le temps libre laissé par les 35 heures comme un *principe fondamental reconnu par les lois de la République*, que le législateur lui-même ne saurait modifier, comme, par exemple, la liberté d'association.

(Cons. const. 71-44, 16 juillet 1971, *RJC* 1-24) ou la liberté de conscience (Cons. const. 77-87, 23 novembre 1977, *RJC* 1-52).

I. Il est politiquement difficile de remettre en cause un avantage acquis

La remise en cause d'un *avantage acquis* pose, à la fois, des problèmes d'ordre juridique et politique.

a) Les problèmes juridiques

Il a été indiqué précédemment que la volonté du législateur pouvait se heurter à un *principe fondamental reconnu par les lois de la République*. Il n'est pas, en effet, interdit d'imaginer que, si, au cours de la législature actuelle (en principe 2007-2012), le Parlement adoptait une loi remettant en cause les 35 heures, le Conseil constitutionnel – qui serait nécessairement saisi par 60 députés ou sénateurs de l'opposition – introduise le principe constitutionnel du *droit au temps libre*, qui pourrait être formulé de diverses manières. L'hypothèse apparaît peu probable, mais ne saurait, pour autant, être exclue.

b) Les problèmes politiques

Lorsqu'un droit a été donné à une catégorie de citoyens, il est toujours difficile de le remettre en cause. « *Peu importe la manière dont (des) droits furent acquis*, observait Robert de Jouvenel en 1914, *du moment que vous vous êtes introduit dans une place, fût-ce par erreur, par fraude ou par dol, vos droits sur elle sont sacrés et, sauf dans des cas bien rares, vous y demeurerez toute votre vie* » (*La République des camarades*, 1914, Grasset, p. 131 et 132).

Bien qu'écrit dans un contexte différent, le propos n'a rien perdu de sa pertinence, et l'abrogation de droits acquis pose toujours des problèmes politiques délicats.

II. Il n'en est pas moins juridiquement possible de suspendre, et même d'abroger, des dispositions législatives favorables aux salariés

a) L'abrogation peut être consécutive à un changement de majorité

En juin 1986, le Parlement avait voté la suppression de l'autorisation administrative des licenciements pour motif économique, laissant au seul juge de l'ordre judiciaire le soin d'apprécier la réalité et le sérieux du motif économique invoqué. Cette autorisation n'a pas, depuis lors, été rétablie, même après la (courte) victoire de la gauche aux élections législatives de juin 1988.

Dans un domaine bien différent, quelques mois plus tard, la *loi Méhaignerie* remplaçait la *loi Quillot* sur les rapports entre bailleurs et locataires, adoptée en 1982.

L'abrogation d'un texte accordant des droits à une catégorie de citoyens est, dès lors, toujours juridiquement possible.

b) La suspension d'une loi peut permettre une expérimentation législative

Le législateur peut être tenté de ne pas aller jusqu'à la solution extrême que constitue l'abrogation d'un texte. Il lui est alors possible de décider que l'application de ce texte sera suspendue, pendant une période, déterminée ou non. La loi du 17 janvier 1975 *(loi Veil)* avait, par exemple, dépénalisé l'avortement, à titre expérimental, pour une période de cinq ans (la légalisation définitive de l'avortement ne fut adoptée que par la loi du 31 décembre 1979). De même, une loi du 28 octobre 1997 suspendit diverses dispositions du Code du service national pour les jeunes gens nés après le 31 décembre 1978. Dans ces deux hypothèses, « *la suspension* (servait) *à instaurer*, à titre provisoire, le *droit positif souhaité*... Elle contribu(ait) à une expérimentation législative » (voir Nicolas Molfessis, « *La loi suspendue* », *D.*, 16 janvier 2003, p. 140).

Tel a, d'ailleurs, été l'objet de la loi n° 2003-6 du 3 janvier 2003, portant *relance de la négociation collective en matière de licenciements économiques*, qui a suspendu, *« pour une période maximale de dix-huit mois »*, diverses dispositions prévues par la *loi de modernisation sociale* n° 2002-73 du 17 janvier 2002 et dont le dispositif dérogatoire a été reconduit jusqu'au 31 décembre 2008 par la loi n° 2005-296 du 31 mars 2005. Une solution analogue pourrait, dès lors, conduire à la suspension – provisoire – de la loi sur les 35 heures, afin de concilier les exigences sociales des salariés et les impératifs économiques de la nation.

Toutefois, la complexité des règles posées par la loi du 21 août 2007, *loi TEPA*, qui instaure une série de mesures en vue de développer le recours aux heures supplémentaires – sans remettre formellement en cause les 35 heures –, montre bien la difficulté qu'il y a toujours à revenir sur des *droits acquis*.

CHAPITRE IV
Les libertés de l'esprit

Dominique Breillat
Professeur émérite de l'Université de Poitiers

INTRODUCTION

4.1 > Les droits et libertés sont soumis à une certaine inflation et apparaissent de plus en plus nombreux. Il n'en reste pas moins qu'il existe en ce domaine des droits et libertés solides, indestructibles, même s'ils sont susceptibles d'évolution en fonction des évolutions techniques ou sociales.

C'est le cas des libertés de l'esprit, dites aussi libertés de la pensée ou libertés intellectuelles.

4.2 > Les libertés de l'esprit ont eu beaucoup de mal à s'affirmer, si tant est qu'aujourd'hui elles soient toujours réellement présentes. Le poids des religions a été, à cet égard, un obstacle majeur. Dans la Grèce antique, la mort de Socrate est l'illustration de cette ignorance des libertés de l'esprit dans des cités qui se révèlent des sociétés totalitaires au véritable sens du terme. Si le christianisme a pu être un facteur favorable à leur développement, il n'en sera plus de même lorsque l'Église sera dominante. Ceux qui contesteront celle-ci au nom d'une autre vision ne seront pas plus des partisans des libertés de l'esprit. La dictature de Calvin à Genève fera mourir Michel Servet. Et de son côté, mesure symbole, l'Église crée en 1571 l'*Index librorum prohibitorum* qui ne sera supprimé qu'en 1966. Les révolutions du XVIIe siècle en Angleterre sont sans doute un terrain favorable au développement des libertés de l'esprit, mais c'est avant tout le droit à la sûreté qui est la préoccupation essentielle et c'est l'*Habeas Corpus* qui symbolise ce siècle. Le XVIIIe siècle semble être le siècle émancipateur. L'essor de l'imprimerie, et quelques îlots de liberté pour certains aux Provinces Unies par exemple, sont un stimulant pour le développement d'une pensée libre. La Révolution américaine, puis la Révolution française vont proclamer ces libertés y compris sous la forme de la liberté de religion. Au XIXe siècle, on fait des révolutions au nom des libertés de l'esprit. L'Église s'y oppose. D'ailleurs, elle admettra plus rapidement les droits sociaux que les droits individuels. S'agissant de la *liberté religieuse*, il faudra attendre Jean XXIII et le Concile Vatican II pour qu'il y ait enfin reconnaissance. Mais un simple coup d'œil aujourd'hui sur les libertés dans le monde, à travers les rapports des ONG, nous montre que ces libertés sont malmenées, et en même temps connaissent un nouvel essor non sans poser bien d'autres problèmes.

CARACTÈRES DES LIBERTÉS DE L'ESPRIT

4.3 > Incontestablement, les *libertés de l'esprit* appartiennent à la catégorie des droits et libertés classiques, c'est-à-dire ceux de la première génération. Elles peuvent apparaître incidemment dans les droits de la deuxième génération, avec les droits économiques et sociaux sous forme de droits-créances, plus difficilement avec ceux de la troisième génération plus difficiles à déterminer comme le droit à la paix ou à l'environnement, plus nettement avec ceux de la quatrième génération liés aux nouvelles techniques (dites abusivement technologies) encore qu'on puisse contester qu'il s'agisse d'une catégorie nouvelle.

4.4 > Il n'est pas très aisé d'essayer de déterminer le contenu des libertés de l'esprit. On y trouvera la liberté pour l'individu d'avoir des convictions dans le domaine des idées, ce qui conduit bien souvent à opérer une distinction entre la liberté d'opinion et la liberté religieuse, l'ensemble pouvant être regroupé sous la notion de la liberté de conscience. Nous distinguerons différentes libertés relevant de cet ensemble et liées aux techniques utilisées. Ces libertés ont connu les changements les plus notables ces dernières années en raison des évolutions techniques et d'une approche différente conduisant souvent à une moins grande protection. La liberté de la presse fut pendant longtemps une liberté essentielle. L'apparition de techniques nouvelles lui a donné une importance un peu moindre et l'intérêt s'est beaucoup plus porté sur la liberté de la communication audiovisuelle, s'attachant essentiellement à la radiodiffusion et à la télévision mais développant de nouveaux médias. Aujourd'hui, les moyens de communication en ligne suscitent beaucoup d'interrogations juridiques. Internet est à la recherche de son régime juridique, même si la loi du 21 juin 2004 pour la confiance dans l'économie numérique en est une amorce. On n'aura garde d'oublier la liberté artistique, insérant notamment les questions relatives au cinéma. Enfin, la liberté de l'enseignement peut être rattachée à cette notion et, dans un pays comme la France, il s'agit d'une question capitale. D'autres auteurs peuvent ajouter la liberté de réunion, la liberté d'association. Mais les libertés de l'esprit pourraient facilement recouvrir l'ensemble des droits et libertés.

Libertés essentielles ou libertés secondes

4.5 > Les libertés de l'esprit n'ont plus le même prestige que jadis en raison de leur diversification. Dans la Déclaration des droits de l'homme et du citoyen, deux droits ou libertés ont une qualification spécifique : le droit de propriété, « droit inviolable et sacré », et la libre communication des pensées et des opinions, considérée comme « un des droits les plus précieux de l'homme ». Cela révèle certainement les préoccupations ou les préjugés des rédacteurs.

4.6 > La Constitution des États-Unis ne comporte aucune déclaration ou garantie des droits. Ce sont les dix premiers amendements de 1791, dits « *Bill of Rights* », qui en tiennent lieu et le premier a trait précisément aux libertés de l'esprit : liberté religieuse, liberté de parole ou de presse. Cette place est restée la première dans la conscience américaine. Déjà, la Déclaration des droits de l'État de Virginie de juin 1776 affirmait que la liberté de la presse est « *one of the greatest bulwarks of liberty and can never be restrained but by despotic governments* » [« un des plus puissants remparts de la liberté et elle ne peut jamais être restreinte que par les gouvernements despotiques »]. Cependant, dans l'affaire des *Pentagon Papers*, la Cour suprême a précisé que la portée du premier amendement était relative, ce qui ne l'a pas empêché de donner raison au *New York Times*[1].

4.7 > Un autre exemple de hiérarchisation des droits et libertés en droit français est donné par la notion de voie de fait. On sait que celle-ci vient sanctionner les atteintes à une liberté fondamentale. Dès lors, considérer dans certaines conditions qu'une atteinte à tel droit ou telle liberté puisse être considérée comme une voie de fait permet de considérer ce droit ou cette liberté comme « fondamental ». La jurisprudence montre que les libertés de l'esprit ont pu ainsi être considérées comme telles. La décision *Action française*[2] a sanctionné la saisie du quotidien monarchiste au lendemain des tragiques événements du 6 février 1934. En outre, seules des atteintes à certaines libertés de l'esprit seront susceptibles de constituer une voie de fait. Si c'est le cas pour la liberté de la presse, en revanche, le brouillage d'une « radio libre » ne saurait être qualifié ainsi[3].

Il est cependant heureux que le Conseil constitutionnel, dans son analyse des libertés, ait considéré certaines comme fondamentales et que cela ait été exprimé à propos de la liberté de la presse[4]. Il distingue aussi les libertés fondamentales et les autres. Pour les premières, la liberté est la règle, la restriction de police l'exception, selon la formule classique. Il ne peut y avoir d'autorisation préalable. La loi ne peut qu'étendre et non restreindre leur exercice, sauf à se trouver confrontée à des principes ou objectifs à valeur constitutionnelle. Enfin, elle doit être appliquée de façon uniforme sur tout le territoire de la République. Toutes les libertés de l'esprit ou presque pourront être considérées comme fondamentales, à l'exception de la liberté de communication audiovisuelle, soumise au système de l'autorisation préalable. Il n'en reste pas moins que les libertés fondamentales au sens du Conseil ne sont pas si nombreuses. On peut aussi évoquer la notion de « liberté fondamentale » issue du référé-liberté (art. L. 521-2, Code de justice administrative) mais plus large que celle posée par le Conseil constitutionnel.

4.8 > On peut aussi se référer aux textes internationaux en raison de leur place dans la hiérarchie des normes. Ceux-ci établissent une classification des droits et des libertés,

1. 30 juin 1971 *New York Times Co v. United States*, 403 UD 713 (1971) ; *RDP* 1974.721, chr. J. Beauté.
2. TC 8 avril 1935, *L'Action française*, M. Long *et alii*, *Les grands arrêts de la jur. adm.* (GAJA) n° 48 ; J.-F. Lachaume et H. Pauliat, *Grandes décisions du droit administratif*, p. 342.
3. TC 4 juillet 1991, *Assoc. Maison des jeunes et de la Culture Boris Vian Gaz. Pal.* 1992 I326, concl. Saint-Pulgent ; *AJDA* 1991.697, chr. C. Maugüé et R. Schwartz.
4. CC 84.181 DC, 10-11 octobre 1984, *Entreprises de presse*, L. Favoreu et L. Philip, *Les grandes décisions du Conseil constitutionnel*, n° 28.

en déterminant des droits auxquels il ne peut jamais, en quelque circonstance que ce soit, être porté atteinte.

L'article 15 de la Convention de sauvegarde des droits de l'homme et des libertés fondamentales stipule que les droits et libertés protégés par la Convention peuvent subir des restrictions « en cas de guerre ou en cas d'autre danger public », exception faite d'un noyau dur dans lequel on ne trouve aucune liberté de l'esprit. La Convention interaméricaine des droits de l'homme est plus protectrice. Elle ajoute à ce noyau dur une des libertés de l'esprit : la liberté de conscience et de religion, facilement explicable par le contexte culturel du continent. L'article 4, § 2 du Pacte sur les droits civils et politiques intègre également cette même liberté.

Il n'en reste pas moins que les libertés de l'esprit, dans nos sociétés occidentales, ne semblent plus revêtir la même importance, peut-être parce que leur caractère individuel a eu tendance à s'estomper face aux nouveaux défis.

Libertés de l'esprit et défis du XXIe siècle

Défis techniques

4.9 > Les progrès techniques ont contribué à développer les libertés de l'esprit. L'invention de l'imprimerie a été le tournant majeur. Elle a favorisé le développement de la Réforme ainsi que l'expression des idées qui se sont concrétisées à la Révolution. Les techniques peuvent encore contribuer à favoriser les libertés. Les satellites mettent en échec les obstacles que les gouvernants pouvaient mettre en place aux frontières, et on constate d'ailleurs l'inquiétude que provoque, dans certains pays, l'installation de paraboles permettant de recevoir des émissions de télévision de pays étrangers. Des législations, parfois vaines, peuvent être élaborées. Les réseaux informatisés facilitant aussi l'échange des idées et des institutions comme Internet n'ont certainement pas encore montré toutes leurs possibilités, le législateur s'avérant impuissant face à leurs ouvertures vers la liberté ou aussi à leurs débordements. Pourtant, les efforts ces dernières années des autorités chinoises pour limiter l'accès à Internet, montrent bien à la fois le vecteur de liberté qu'est cet outil et la crainte qu'il inspire aux régimes autoritaires. Le récent conflit avec Google le montre très bien. Nous sommes dans le « village planétaire » de Marshall McLuhan.

Mais la technique contribue à relativiser les libertés de l'esprit. Elle peut les menacer de façon directe ou insidieuse. Comme le soulignait le Doyen Madiot : « La mondialisation des réseaux de communication à partir de groupes transnationaux puissants, outre le risque souvent évoqué d'une *uniformisation* de l'information, aboutit à développer celui d'une *désinformation* des populations ». C'est sans doute leur usage individuel qui leur donnait leur prestige. L'irruption de la technique a modifié cette approche. Les vecteurs de l'utilisation des libertés de l'esprit étaient peu nombreux. Aujourd'hui, ils sont multiples et changeants. Le juriste doit apporter des solutions nouvelles et toujours à reprendre. Il peine à prendre en considération tous les moyens d'expression. Parmi ceux-ci, seule la presse écrite conserve encore une place privilégiée. Mais existera-t-elle encore dans quelques années ? Les nouvelles techniques facilitent toujours plus l'expression tout en menaçant les moyens traditionnels. Les journaux ont aujourd'hui leur version en ligne. Les « blogs » ou la création de sites personnels permettent à chacun de s'exprimer dans des conditions qui peuvent ouvrir la voie à des excès que le droit s'avère souvent impuissant à combattre.

4.10 > Les constitutions apparues au lendemain de la Seconde Guerre mondiale se gardent bien de vouloir tenter une énumération. Le projet de Constitution d'avril 1946, en France, préférait utiliser la formule prudente « soit par la voie de la presse, soit de toute autre manière », ce qui sans doute permettait d'appréhender les évolutions technologiques, mais conduisait aussi à privilégier la presse.

Les constitutions plus récentes intègrent certains moyens plus contemporains. Ainsi, la Constitution espagnole de 1978 évoque les « moyens de communication sociale », mais aussi l'informatique, susceptible de porter atteinte à certaines libertés de l'esprit, notamment la liberté d'opinion. La Constitution portugaise (art. 35) évoque l'utilisation de l'informatique. En février 2004, le Parlement estonien a fait de l'accès à Internet un droit de l'homme. Le 10 juin 2009 le Conseil constitutionnel s'est aussi engagé dans cette voie.

Défis économiques

4.11 > Les libertés de l'esprit sont aussi confrontées aux problèmes économiques. C'est une évidence pour la *liberté d'expression*. Si, au XIXe siècle, des signes de cette dimension pouvaient apparaître, c'est une évidence au XXIe siècle.

À l'époque révolutionnaire, il était relativement facile de créer son journal. Aujourd'hui, les impératifs économiques, conséquence souvent des évolutions techniques, rendent impossible la création d'un journal par une personne seule disposant de moyens limités.

À côté de cela s'ajoutent certaines difficultés telles que la rareté des ondes hertziennes pour la radiotélévision. Le phénomène des « radios libres » a assez vite démontré la réalité de ces obstacles. La distinction entre libertés formelles et libertés réelles chère aux marxistes trouve certainement ici son illustration. La liberté d'expression se trouve de moins en moins au service de la diffusion d'une idée, mais beaucoup plus au service d'intérêts économiques. Les groupes industriels détruisent, par les phénomènes de concentration, la liberté de la pensée. Les efforts de certains au sein de l'Union européenne pour banaliser les vecteurs de l'expression de la pensée et les assujettir à la logique du libéralisme économique, ou dans le cadre de l'Organisation mondiale du commerce ou de l'UNESCO (Convention du 20 octobre 2005 sur la protection et la promotion de la diversité des expressions culturelles ratifiée par la France) montrent l'ampleur du défi.

Défis culturels : problème de l'universalité

4.12 > La mondialisation des phénomènes des droits de la personne humaine contribue paradoxalement à mettre certains d'entre eux en péril. Les approches des libertés de l'esprit ne sont certainement pas les mêmes dans tous les systèmes sociaux lorsque l'on évoque l'ensemble des pays. La confrontation avec les pays d'Asie à l'occasion de négociations économiques met en évidence ces différences. Mais même entre États semblant avoir des conceptions plus proches, des divergences se font jour en raison souvent d'une culture ou d'une histoire différentes. Les rapports entre l'État et les églises sont un exemple remarquable ; ils offrent toutes les variétés imaginables (ou presque) en Europe. La Cour européenne des droits de l'homme se trouve confrontée à ces divergences. Ainsi, dans l'affaire *Handyside*, elle a pu affirmer qu'il n'y avait pas de standard en matière d'obscénité ou de moralité. Les réactions à l'arrêt de la Cour sur les crucifix en Italie ont provoqué de vives réactions et des craintes en Europe du Sud. Les divergences sur le préambule de la Charte européenne des droits fondamentaux en 2000 sont un autre exemple. Il n'y a pas d'universalisme accepté en matière de libertés de l'esprit. L'affaire des caricatures publiées dans le quotidien danois *Jyllands Posten* le 30 septembre 2005 a montré tragiquement cette difficulté.

4.13 > L'attitude des autorités politiques à l'égard des libertés de l'esprit sera variable. Certains gouvernants les nieront totalement s'inscrivant dans une logique totalitaire, au sens propre, c'est-à-dire souhaitant intervenir dans tous les aspects de la vie sociale sans aucune exception. Ils pourront aussi n'avoir qu'un comportement autoritaire, ne mettant à mal les libertés de l'esprit que si celles-ci risquent de porter atteinte au pouvoir politique. Mais d'autres États auront un comportement favorable aux libertés de l'esprit soit en y étant indifférents, adoptant une simple position de neutralité, soit en mettant tout en œuvre pour favoriser l'éclosion de ces libertés. C'est entre ces deux attitudes qu'oscille le régime des libertés de l'esprit en France.

Cette situation sera celle que nous trouverons lorsqu'il s'agira de reconnaître ces libertés (section 1), mais aussi lorsqu'il s'agira d'aller plus avant dans leur contenu (section 2).

Section I
L'ÉMERGENCE DES LIBERTÉS DE L'ESPRIT

4.14 > Afin d'avoir une réalité, les libertés de l'esprit doivent d'abord être reconnues (§ 1), mais ensuite, elles doivent être garanties (§ 2).

§ 1 - LA RECONNAISSANCE

4.15 > Pendant longtemps, cette reconnaissance a été uniquement nationale. Depuis la Seconde Guerre mondiale s'y est ajoutée une reconnaissance internationale.

I – NATIONALE

4.16 > La reconnaissance nationale se fait avant tout à travers la Constitution. Mais la loi, avec une autorité moindre, vient aussi apporter sa contribution. Enfin, le développement de l'État de droit et l'extension des juridictions constitutionnelles ont donné à celles-ci une place majeure aujourd'hui.

A - CONSTITUTION

1 - Le principe

4.17 ➤ La reconnaissance des libertés de l'esprit se présentera de façon radicalement différente selon que l'on se situera dans une conception individualiste des droits et libertés qui est celle caractérisant les sociétés occidentales ou dans une conception communautaire.

La reconnaissance constitutionnelle est fondamentale en raison de la hiérarchie des normes et elle assure une force aux libertés qu'elle proclame. Sans doute celles-ci ne sont pas inexpugnables. Sauf à respecter les modalités de la révision constitutionnelle, il n'y a pas de limite, tout au moins en France, au pouvoir constituant[5] qui peut très bien défaire ce qui a été fait. Mais la procédure est lourde, solennelle et l'idée d'une régression – si elle n'est pas impossible – est difficilement envisageable (voir cependant à propos du droit d'asile la révision du 25 novembre 1993 et les menaces sur le principe de non-rétroactivité). La situation française est fort complexe. La reconnaissance constitutionnelle y est à la fois très faible et très vaste. Le texte constitutionnel, *stricto sensu*, c'est-à-dire envisagé à partir de l'article 1, est à peu près totalement muet sur les droits et libertés, et plus particulièrement sur les libertés de l'esprit. Cependant, on peut mentionner l'article 1 de la Constitution (article 2 avant la révision du 4 août 1995) qui dispose que la France « assure l'égalité devant la loi de tous les citoyens sans distinction d'origine, de race ou de religion. Elle respecte toutes les croyances ». Mais l'essentiel se trouve dans le préambule de la Constitution qui se réfère à la Déclaration des droits de l'homme et du citoyen et au Préambule de la Constitution de 1946, ainsi que, depuis 2005, à la Charte de l'environnement. Notre préambule, très bref, n'aurait été que de très faible intérêt sans cette référence aux deux premiers textes, essentiels pour nos droits et libertés. La mention de la Déclaration des droits de l'homme et du citoyen ainsi que du Préambule de 1946 présente un avantage incontestable. Ce sont des textes auxquels il est difficile de toucher et les libertés qui y sont affirmées pourront difficilement être supprimées. L'inconvénient est que celles qui ont été omises pourront difficilement y être intégrées. Il faudra alors les insérer dans les articles de la Constitution, à la faveur d'une révision constitutionnelle. En outre, nous avons vu, à propos du droit d'asile, comment une liberté proclamée dans le préambule pouvait voir, malgré tout, sa portée limitée. On peut peut-être regretter que la révision constitutionnelle du 23 juillet 2008 ait été très timide sur ce point puisque seul l'article 34 a été modifié, de façon subreptice, en ajoutant au premier domaine de la loi, « la liberté, le pluralisme et l'indépendance des médias ». On peut aussi mentionner l'ajout à l'article 4 posant que « La loi garantit les expressions pluralistes des opinions et la participation équitable des partis et groupements politiques à la vie démocratique de la Nation ». Évoquons enfin les dispositions relatives aux langues régionales (art. 75-1) et à la francophonie (art. 87). Qui plus est, le Comité de réflexion sur le préambule de la Constitution présidé par Mme Simone Veil n'a pas souhaité s'engager dans cette voie. Pourtant le chef de l'État, dans sa lettre de mission, – antérieure à la

---

5. CC 92-312 DC, 2 septembre 1992, *Maastricht II*, Favoreu/Philip, 12e éd, n° 45 et CC 2003-469 DC, 26 mars 2003, *Révision constitutionnelle relative à l'organisation décentralisée de la République*, Favoreu/Philip, n° 49.

révision – avait suggéré d'insérer le principe du pluralisme des courants d'expression et des médias dans la Constitution ainsi que le respect de la vie privée et des données personnelles.

2 - *La Déclaration de 1789*

4.18 > Le texte le plus fondamental pour les libertés de l'esprit est celui de 1789. Deux articles essentiels y figurent : l'article 10 a trait à la liberté de conscience. « Nul ne doit être inquiété pour ses opinions, même religieuses, pourvu que leur manifestation ne trouble pas l'ordre public établi par la loi ». L'article 11 pose le principe de la liberté d'expression : « La libre communication des pensées et des opinions est un des droits les plus précieux de l'homme : tout citoyen peut donc parler, écrire, imprimer librement, sauf à répondre de l'abus de cette liberté dans les cas déterminés par la loi ». Ces libertés sont avant tout envisagées dans une conception individualiste. Cependant certaines libertés de l'esprit manquent, et notamment la liberté de l'enseignement est absente. Il s'agissait d'une volonté délibérée des constituants qui ne souhaitaient pas permettre à l'Église de conserver son emprise dans ce domaine. La Constitution de 1791 qui, dans sa « garantie des droits » concrétise la Déclaration de 1789, prévoit seulement qu'il sera créé et organisé une Instruction publique.

La Déclaration de 1789 affirme avant tout des principes. Ce n'est pas son rôle de préciser. La Constitution, qui instaure une garantie des droits, doit aller plus loin. C'est ce que faisait la Constitution de 1791 en reprenant et développant par exemple la liberté d'expression dans les titres I et III.

3 - *Le Préambule de 1946*

4.19 > Le Préambule de la Constitution de 1958 renvoie aussi au Préambule de la Constitution de 1946 beaucoup plus préoccupé par les droits économiques et sociaux. Les libertés de l'esprit en sont à peu près totalement absentes, sauf en ce qui concerne le droit d'asile : « Tout homme persécuté en raison de son action en faveur de la liberté a droit d'asile sur les territoires de la République ». Il pourra bien sûr s'agir d'une action en faveur de l'une des libertés de l'esprit. Le Préambule vient compléter, un siècle et demi après, la Déclaration de 1789.

Le Préambule de 1946 développe ce qu'il appelle les « principes politiques, économiques et sociaux particulièrement nécessaires à notre temps ». On trouve essentiellement des droits et libertés de la deuxième génération, même si certains d'entre eux se rattachent à notre préoccupation. Il en est ainsi lorsqu'il affirme que « nul ne peut être lésé, dans son travail ou son emploi, en raison de ses origines, de ses opinions ou de ses croyances ». Le Conseil constitutionnel y trouvera un fondement à l'affirmation de la liberté de conscience en 1977[6]. Sans doute l'essentiel avait-il été dit en 1789 pour les libertés de l'esprit. Le problème de l'enseignement est évoqué en 1946. « La Nation garantit l'égal accès de l'enfant et de l'adulte à l'instruction, à la formation professionnelle et à la

---

6. CC 77-87 DC, 23 novembre 1977, *Liberté d'enseignement et de conscience*, Favoreu/Philip, *op. cit.* (ed. 2007), n° 24.

culture. L'organisation de l'enseignement public gratuit et laïque à tous les degrés est un devoir de l'État ». Il n'est pas question pour autant de la liberté de l'enseignement. Certains membres de l'Assemblée constituante avaient d'ailleurs tenté de l'inclure et elle réapparaîtra dans la jurisprudence du Conseil constitutionnel en 1977, avec l'appui d'une autre disposition du préambule : les principes fondamentaux reconnus par les lois de la République.

4.20 > Sans doute, à l'exception notable de la liberté de l'enseignement, les principales libertés de l'esprit pouvaient-elles trouver un support dans la Déclaration des droits de l'homme et du citoyen. Mais ce support était des plus fragiles en raison de l'absence de valeur de droit positif de cette déclaration.

Il faudra attendre la IVe République pour que la Déclaration des droits de l'homme et du citoyen et le Préambule de la Constitution de 1946 aient une valeur de droit positif tant devant les juridictions judiciaires[7] que devant les juridictions administratives. Le Conseil d'État se réfère au préambule en 1950 dans l'arrêt Dehaene[8] à propos du droit de grève, et en 1957 il se fonde sur les articles 8, 9, 10[9]. Auparavant, en réalité, il réceptionnait le contenu de la Déclaration de 1789 à travers les principes généraux du droit. Mais ce n'est qu'en 1971 que la portée sera absolue, lorsque le Conseil constitutionnel intégrera le Préambule dans le bloc de la constitutionnalité[10].

B - LOI

4.21 > À défaut de texte constitutionnel intéressant les droits et libertés, la IIIe République avait compensé cette carence par une œuvre législative majeure – surtout dans la décennie 1880 – qui, avant de les organiser, venait, en général, par un article liminaire, les affirmer. Cela concernait notamment les libertés de l'esprit. Ainsi, la magnifique loi du 29 juillet 1881 sur la presse débute-t-elle par un article 1 posant solennellement que « l'imprimerie et la librairie sont libres ». L'article 1 de la loi du 9 décembre 1905 concernant la séparation des Églises et de l'État proclame que « la République assure la liberté de conscience. Elle garantit le libre exercice des cultes... ». La consécration de ces grandes lois va intervenir par le biais du juge constitutionnel lorsque celui-ci élèvera ces affirmations au rang de « principes fondamentaux reconnus par les lois de la République ».

La reconnaissance par la loi n'a pas cessé pour autant. Ainsi en est-il du droit à la vie privée par la loi du 17 juillet 1970 qui a créé un nouvel article 9 du Code civil. Cette avancée législative venait donner une base plus incontestable à une reconnaissance qui, jusqu'alors, résultait de l'œuvre du juge. De même, la liberté de la communication audiovisuelle est affirmée par la loi du 29 juillet 1982, cent un ans exactement après la loi sur la presse, dans des termes dignes des grandes lois de la IIIe République : « La communication audiovisuelle est libre ».

---

7. Cas. soc. 27 mai 1952 ; *S.* 1952 I 179.
8. CE, Ass., 7 juillet 1950 *Dehaene, GAJA* n° 63 ; Lachaume/Pauliat, p. 408.
9. CE, 7 juin 1957 *Condamine, RDP* 1958.98, note Waline.
10. CC 71-44 DC, 16 juillet 1971, *Liberté d'association*, Favoreu/Philip, n° 13 ; Lachaume/Pauliat, p. 41.

C - JUGE CONSTITUTIONNEL

1 - La portée du Préambule

4.22 > Pendant longtemps, on s'est interrogé. Le Préambule faisait-il partie ou non du bloc de la constitutionnalité ? Faisait-il partie après 1958 des normes de référence pour le juge constitutionnel lorsque celui-ci exerçait le contrôle de la constitutionnalité des lois ?

Déjà, la IVe République avait, pour le Comité constitutionnel, formellement exclu des normes de référence le Préambule ainsi que les deux derniers titres de la Constitution. Lorsqu'en 1958 fut rédigé le nouveau texte constitutionnel, il était évident pour les rédacteurs que le préambule ne saurait être une partie du bloc de la constitutionnalité. Profitant de l'absence d'interdiction expresse, le Conseil va cependant se référer au préambule de 1946 dans sa décision du 16 juillet 1971[11] et à la Déclaration de 1789 dans sa décision du 27 décembre 1973[12].

2 - L'extension du bloc de la constitutionnalité

4.23 > Lors de l'examen de la modification de la loi sur les associations en 1971, le Conseil constitutionnel va s'appuyer sur le préambule de la Constitution, et plus particulièrement le Préambule de 1946 auquel il renvoie, et à l'intérieur de celui-ci sur le concept particulièrement imprécis que sont les « principes fondamentaux reconnus par les lois de la République ». On sait que cette mention avait été apportée pour rendre hommage à l'œuvre de la IIIe République, mais surtout, elle était une façon pour le MRP à l'origine de cet amendement, adopté à deux voix près, d'intégrer une liberté de l'esprit, la liberté de l'enseignement pourtant volontairement ignorée par la seconde Assemblée nationale constituante. Sans doute, lorsqu'il en fait une première utilisation, le Conseil constitutionnel invoque-t-il une loi – presque – incontestable, la loi du 1er juillet 1901 relative au contrat d'association. Cette loi peut apparaître comme favorable à une liberté que la Révolution n'avait pas voulu reconnaître. Mais elle n'était qu'à demi-émancipatrice car si elle permettait le développement de la liberté d'association, c'était pour mieux limiter un des aspects d'une liberté de l'esprit, de la liberté religieuse, la liberté des congrégations religieuses. La référence à la loi de 1901 n'est pas en soi novatrice car lorsque le Conseil d'État avait admis les PFRLR, c'était en se fondant sur la même loi[13].

4.24 > Le Conseil constitutionnel a pu déterminer onze principes fondamentaux reconnus par les lois de la République[14] dont un certain nombre de libertés de l'esprit, parmi lesquelles certaines très discutées. Ainsi, va-t-il, avec quelque audace, tirer la liberté de l'enseignement de ces principes[15] en s'appuyant sur l'article 91 de la loi de

---

11. CC 71-44DC, 16 juillet 1971 précitée.
12. CC 73-51 DC, 27 décembre 1973, *Taxation d'office*, Favoreu/ Philip, n° 15.
13. CE, Ass., 11 juillet 1956, *Amicale des Annamites de Paris ; AJDA* 1956 II 400, Chr. M. Fournier et G. Braibant.
14. Cf. Inventaire par B. Genevois, in *Colloque 50 ans de conseil constitutionnel*, 3 novembre 2008, http://www.conseil-constitutionnel.fr/conseil-constitutionnel/root/bank_mm/Colloques/genevois_031108.pdf.
15. CC 77-87 DC, 23 novembre 1977, *Liberté d'enseignement et de conscience*, Favoreu/Philip, n° 24.

finances du 31 mars 1931. On eût pensé que ces principes se situaient plus dans des lois solennelles que dans des textes qui feraient sans doute figure aujourd'hui de cavalier budgétaire. Il n'en reste pas moins que l'article 91 de cette loi avait eu recours à une affirmation de principe permettant de justifier la décision du Conseil constitutionnel. En 1999, il affirme aussi la liberté de l'enseignement supérieur fondée par les lois du 12 juillet 1875 et 18 mars 1880[16].

Dans cette même décision du 23 novembre 1977, il affirme la liberté de conscience en se fondant là encore sur les principes fondamentaux reconnus par les lois de la République, démarche un peu curieuse, tant il est vrai qu'il était facile de se fonder sur la Déclaration de 1789, fondement beaucoup plus solide. On notera d'ailleurs qu'il ne cite aucune loi de laquelle il tire ce principe. Sans doute pensait-il à la loi du 9 décembre 1905.

En 1984[17], le Conseil affirmera le principe de l'indépendance des professeurs d'universités en se fondant sur les « dispositions relatives à la réglementation, des incompatibilités entre mandat parlementaire et les fonctions publiques ». Est-ce bien un principe fondamental reconnu par les lois de la République, ce qu'a dit le Conseil d'État[18], ou bien un principe de valeur constitutionnelle ? Il est de fait que depuis la IIe République, la loi a toujours permis le cumul entre mandat parlementaire et fonction publique pour les professeurs de l'enseignement supérieur, le statut de ces derniers devant les mettre à l'abri de toute pression d'un pouvoir hiérarchique.

On peut assez facilement rattacher aux libertés de l'esprit la liberté d'association affirmée lors de la décision fondatrice du Conseil constitutionnel du 16 juillet 1971[19].

4.25 > Certaines lois qui, immanquablement, devraient figurer dans cette catégorie, n'ont pas été utilisées. Il en est ainsi de la loi du 29 juillet 1881 sur la liberté de la presse et on peut s'étonner que le Conseil ne s'y soit pas référé. Ainsi s'en abstient-il dans sa décision des 10-11 octobre 1984 sur les entreprises de presse. Mais il faut bien voir qu'ici il ne s'agit pas tant de protéger l'éditeur que le lecteur, ce qui n'était pas vraiment l'objet de la loi de 1881. Il s'agissait en 1881 plus de la liberté d'informer que de la liberté d'être informé. Mais surtout, on voit les limites ou les risques des principes fondamentaux reconnus par les lois de la République. La liste n'en figure nulle part. C'est au Conseil de les dégager cas par cas, et on devine très bien la critique qui pourra lui être faite, à savoir de faire preuve de subjectivité dans leur détermination.

4.26 > Le Conseil a aussi dégagé sept principes de valeur constitutionnelle[20] mais aucun actuellement ne vise les libertés de l'esprit sauf à y rattacher le respect de la vie privée et la dignité de la personne humaine[21]. Il en va différemment avec les objectifs de valeur

---

16. CC 99-414 DC du 8 juillet 1999, Loi d'orientation agricole, Rec. p. 92.
17. CC 83-165 DC, 20 janvier 1984, *Libertés universitaires*, Favoreu /Philip, n° 27.
18. CE, 5 avril 1974, *Leroy*, *Rec.*, 214.
19. CC 71-44 DC 16 juillet 1971, précité ; cf. aussi CE, Ass., 11 juillet 1956, *Amicale des Annamites de Paris*, Rec. 317.
20. Cf. Inventaire par B. Genevois, *op. cit.*.
21. CC 76-75 DC, 12 janvier 1977, *Loi autorisant la visite des véhicules en vue de la recherche et de la prévention des infractions pénales*, Favoreu/Philip, n° 18 ; CC 94-343/344 DC, 27 juillet 1994, *Loi relative au respect du corps humain et loi relative au don et à l'utilisation des éléments et produits du corps humain, à l'assistance médicale à la procréation et au diagnostic prénatal*, Favoreu/Philip, n° 37.

constitutionnelle, actuellement au nombre de huit[22], qui peuvent difficilement être compris comme une reconnaissance des droits ou libertés, mais plutôt comme des « directives » (B. Mathieu) à leur égard. Les libertés de l'esprit sont concernées de façon privilégiée et c'est à l'occasion de l'une d'entre elles que la technique a été utilisée pour la première fois[23]. On la retrouvera à nouveau en 1986[24] et en 1989[25] pour la communication audiovisuelle, mais aussi en 1984 à propos des entreprises de presse[26].

II – INTERNATIONALE

4.27 > L'affirmation des libertés de l'esprit a pris un caractère nouveau avec le développement du droit international des droits de l'homme. Celui-ci s'est effectué sur le plan mondial, mais aussi régional. Et la dimension des droits de l'homme a fini enfin par être retenue par le droit communautaire.

A - LES INSTRUMENTS MONDIAUX

4.28 > La Charte de l'ONU a intégré la dimension des droits de l'homme. L'article 1 § 3 fixe parmi les buts de l'organisation mondiale le développement et l'encouragement du « respect des droits de l'homme et des libertés fondamentales pour tous, sans distinction de race, de sexe, de langue ou de religion » (cf. aussi art. 13 § 1 (b), art. 55 al. c, art. 62 § 2). Cela a conduit à l'adoption le 10 décembre 1948 de la Déclaration universelle des droits de l'homme complétée en 1966 par deux pactes. C'est la dualité de 1789 : Déclaration des droits/Garantie des droits.

1 - Déclaration universelle des droits de l'homme

4.29 > La Déclaration universelle des droits de l'homme a été adoptée par l'Assemblée générale des Nations unies le 10 décembre 1948 à l'unanimité, mais il y a eu un certain nombre d'abstentions, signes d'une opposition qui n'osait pas s'exprimer ouvertement. Parmi ces abstentions, six émanaient des États d'Europe centrale et orientale, une de l'Afrique du Sud et enfin une de l'Arabie Saoudite. Nous soulignerons cette dernière car elle concernait une des libertés de l'esprit, à savoir la liberté de religion, et plus particulièrement la liberté de changer de religion, ce que ne permet pas l'Islam.

Les libertés de l'esprit sont assez peu développées dans la Déclaration. Deux articles les visent : l'article 18 à propos de la liberté de pensée, de conscience et de religion, et l'article 19 à propos de la liberté d'opinion et d'expression. La liberté de l'enseignement est absente, l'enseignement étant évoqué dans l'article 26 en tant que droit-créance.

4.30 > La Déclaration universelle des droits de l'homme a surtout une portée politique. Résolution de l'Assemblée générale des Nations unies, elle n'a pas de valeur obligatoire

22. Ou dix, certains étant ensuite déclinés. Cf. B. Genevois, *op. cit.*
23. CC 82-141 DC, 27 juillet 1982, *Communication audiovisuelle, Rec.* 48.
24. CC 86-217 DC, 18 septembre 1986, *Liberté de communication, Rec. 141.*
25. CC 88-248 DC, 17 janvier 1989, *Conseil Supérieur de l'Audiovisuel*, Favoreu/Philip, n° 25.
26. CC 84-181 DC, 10 et 11 octobre 1984, *Entreprises de presse*, Favoreu/Philip, n° 28.

pour les États. Telle est la situation en France, quand bien même elle a été publiée au *Journal officiel*. Il n'est pas possible de l'invoquer devant une juridiction[27]. Cependant, certains États l'intègrent dans leur droit interne par une référence dans leurs constitutions. Cela eût pu être une proposition du Comité Veil.

D'autres déclarations adoptées par les organisations internationales mais de portée plus faible, comme la déclaration sur l'élimination de toutes les formes d'intolérance et de discrimination fondées sur la religion ou la conviction du 25 novembre 1981, intéressent notre sujet. L'intérêt de ce texte est de développer le concept de liberté de pensée, de conscience, de religion ou de conviction. Son article 6 énumère de façon minutieuse son contenu[28]. Mais là encore, il ne s'agit que d'une déclaration.

2 - Pactes de 1966

4.31 > Moins connus du grand public, mais beaucoup plus intéressants sur le plan juridique, les pactes de 1966 ont une valeur contraignante pour les États. La France les a ratifiés le 29 janvier 1981. Le Pacte relatif aux droits économiques, sociaux et culturels ne vise pas les libertés de l'esprit au sens traditionnel. Il vise l'enseignement et l'éducation (art. 13), mais là encore, en tant que droits-créances. Il peut cependant être invoqué[29]. En revanche, le texte le plus utile est le Pacte relatif aux droits civils et politiques qui évoque les libertés de l'esprit dans trois articles. L'article 18 est l'écho de l'article 18 de la Déclaration universelle traitant de la liberté de pensée, de conscience et de religion. Cependant, il est muet sur le changement de religion critiqué par l'Arabie Saoudite en 1948. L'article 19 pose à son tour la liberté d'opinion. Enfin, l'article 20 vient apporter des limites à la liberté d'expression.

3 - Autres textes de l'ONU

4.32 > Les droits et libertés affirmés dans ces deux textes majeurs se retrouvent dans d'autres conventions internationales adoptées dans le cadre de l'ONU ou des institutions spécialisées. On peut évoquer la Convention relative au droit international de rectification (1952), la Convention internationale sur la lutte contre la discrimination dans le domaine de l'enseignement (1960), la Convention sur l'élimination de toutes les formes de discrimination raciale (1965), la Convention sur les droits de l'enfant (articles 12, 13, 14, 17, 30), la Convention sur la protection et la promotion de la diversité des expressions culturelles du 20 octobre 2005 de l'UNESCO.

Mais les affirmations contenues dans les instruments régionaux présentent un intérêt beaucoup plus grand car dans certaines régions, notamment en Europe et sur le continent américain, la reconnaissance est à la fois plus vaste et plus précise et elle s'accompagne d'une véritable garantie.

---

27. CE, Ass., 21 décembre 1990, *Confédération nationale des associations familiales catholiques*, Lachaume/Pauliat, p. 82.
28. Cf. J. Duffar, « La liberté religieuse dans les textes internationaux », *RDP* 1994.939.
29. Cass. soc., 16 décembre 2008, *Eichenlaub c/ Soc. Axa France Vie. Axa France Iard, Dr. Ouv.* 2009.87, note M. Bonnedier.

B - LES INSTRUMENTS RÉGIONAUX

1 - *La Convention européenne des droits de l'homme (CEDH)*

4.33 > La Convention de sauvegarde des droits de l'homme et des libertés fondamentales ou Convention européenne des droits de l'homme (CEDH), a été la première convention générale en matière de droits de l'homme et elle reste toujours le modèle en ce domaine. Les libertés de l'esprit n'y sont pas oubliées. Elles sont l'une des « assises d'une société démocratique »[30]. La Convention signée le 4 novembre 1950 et entrée en vigueur le 3 septembre 1953 (devenue effective le 5 juillet 1955 car à cette date la Commission est devenue compétente pour examiner les requêtes individuelles) affirme les libertés de l'esprit dans les articles 9 (liberté de pensée, de conscience et de religion), 10 (liberté d'expression), 14 (interdiction de discrimination). Parmi les 14 protocoles additionnels[31], on ne peut évoquer que le Premier protocole (1952) qui affirme le droit des parents d'assurer l'éducation et l'enseignement conformément à leurs convictions religieuses et philosophiques (art. 2), et le douzième relatif la non-discrimination (2000).

4.34 > La France a ratifié la convention le 3 mai 1974 avec des réserves[32] et n'a accepté le droit de recours individuel qu'en 1981.

La France a fait une déclaration interprétative sur l'article 10 afin de permettre le monopole de l'ORTF, déclaration retirée en 1988. Elle a formulé des réserves à propos des articles 5 et 6 en raison du statut des militaires et du régime disciplinaire, refusant ainsi de voir notamment contrôlées les restrictions aux libertés de l'esprit à l'égard de ces personnes, et de l'article 15 du fait de l'article 16 de la Constitution, de l'état de siège et de l'état d'urgence. Il faut constater que les réserves relatives à la liberté de l'esprit ne sont pas très fréquentes. Elles sont cependant possibles. La Norvège avait formulé une réserve, révoquée en 1956 suite à une révision constitutionnelle, à propos de l'article 9 visant l'interdiction constitutionnelle des Jésuites. Malte a formulé une réserve sur la liberté d'expression des fonctionnaires. Les réserves ou déclarations formulées à propos de l'article 10 ont surtout concerné le régime de la radiotélévision.

2 - *Autres conventions régionales*

4.35 > Les autres conventions conclues dans d'autres organisations régionales intègrent aussi les libertés de l'esprit. C'est le cas de la Convention interaméricaine des droits de l'homme de 1969 qui s'inspire beaucoup de la CEDH quant aux mécanismes de garantie. Elle avait été précédée d'une Déclaration américaine des droits de l'homme en date du 2 mai 1948. Ces textes ne concernent pas directement la France, ne trouvant pas application dans la France d'Amérique. Ce texte affirme la liberté de conscience et de religion, la liberté de pensée et d'expression et le droit de rectification et de réponse.

---

30. CEDH, 25 mai 1993, *Kokkinakis c/ Grèce*, Berger n° 196 ; Sudre n° 54.

31. Ou 15 en raison du protocole 14 *bis* du 27 mai 2009, signé mais non ratifié par la France et destiné à surmonter le blocage russe – levé le 15 janvier 2010 – sur le Protocole 14 visant à une refonte substantielle de la procédure devant la Cour.

32. Voir texte des réserves de la France in L.-E. Pettiti, E. Decaux et P.-H. Imbert, *La Convention européenne des droits de l'homme, commentaire article par article*, Economica, 2e éd. 1999, p. 1176-1184.

4.36 > L'affirmation est beaucoup plus limitée dans la Charte africaine des droits de l'homme et des peuples dans le cadre de l'Organisation de l'Unité africaine, devenue Union africaine en 2002. Elle ne s'intéresse qu'à la liberté de conscience et de religion, au droit à l'information et au droit d'exprimer et diffuser des opinions. Là encore, ce texte ne reçoit pas application à la Réunion ou à Mayotte.

4.37 > D'autres conventions régionales peuvent intéresser les libertés de l'esprit et trouver application en France si elles sont ratifiées. Tel est le cas de la Convention du 28 janvier 1981 et du Protocole additionnel du 8 novembre 2001 (ratifiée en 2007) du Conseil de l'Europe pour la protection des personnes à l'égard du traitement automatisé des données, et qui interdit les données à caractère racial, politique et religieux (article 6), de la Charte européenne des langues régionales ou minoritaires (5 novembre 1992) (signée et non ratifiée), de la Convention-cadre pour la protection des minorités nationales (1er février 1995) (non signée), de la Convention sur l'information et la coopération juridique concernant « les services de la société de l'information » (4 octobre 2001) (non signée), de la Convention relative à la protection du patrimoine audiovisuel avec le protocole additionnel du 8 novembre 2001 (signée et non ratifiée), de la Convention sur la cybercriminalité (23 novembre 2001) (ratifiée en 2006) et le Protocole relatif à l'incrimination d'actes de nature raciste et xénophobe du 18 janvier 2003 (ratifié en 2006), de la Convention-cadre sur la valeur du patrimoine culturel pour la société (27 octobre 2005) (non signée) et la Convention sur l'accès aux documents publics du 18 juin 2009 (non signée).

4.38 > On pourra évoquer enfin la Conférence sur la sécurité et la coopération en Europe, dite Conférence d'Helsinki. L'Acte final du 1er août 1975 pose en dix points les principes relatifs aux relations entre les États. Le point VII de ce décalogue insiste sur les libertés de l'esprit mais on sait que l'Acte n'a pas de valeur contraignante pour les États.

C - DROIT COMMUNAUTAIRE

4.39 > Les droits de l'homme ne figuraient pas dans les objectifs des traités communautaires et si certains droits pouvaient être visés par ceux-ci, il s'agissait des droits économiques et sociaux. Bien plus, les libertés de l'esprit étaient susceptibles d'être menacées dans la mesure où la logique de la libre circulation des marchandises pouvait conduire à n'admettre aucune exception permettant de favoriser les œuvres intellectuelles si cela s'opposait aux principes communautaires. Cependant, l'évolution de la Communauté européenne, et notamment l'institution d'une Union européenne à la faveur du traité de Maastricht, ont développé cette dimension des droits de l'homme. Les préoccupations en la matière sont apparues très progressivement à travers la jurisprudence de la Cour de justice des Communautés européennes, en raison des pressions des juridictions constitutionnelles (essentiellement italienne et allemande). Après avoir affirmé que « le respect des droits fondamentaux fait partie intégrante des principes généraux dont la Cour de justice assure le respect »[33], la Cour de Luxembourg s'est référée à la Convention

33. CJCE, 17 décembre 1970, *Internationale Handelsgesellschaft, Grands arrêts CJCE* n° 17.

européenne des droits de l'homme, le 14 mai 1974, c'est-à-dire onze jours après que le dernier État – la France – a ratifié la Convention[34].

4.40 > L'Acte unique européen, également dans son préambule, évoque la CEDH et la Charte sociale européenne.

Mais un pas plus décisif a été franchi par l'Union européenne à l'occasion du Traité de Maastricht qui a intégré plus précisément la Convention de 1950 à travers l'article F (aujourd'hui 6) sans pour autant adhérer à la Convention. La Cour de justice en a montré les difficultés[35]. Le traité sur l'Union européenne dans sa modification par le traité de Lisbonne affirme dans le nouvel article 6 alinéa 3 que « les droits fondamentaux tels qu'ils sont garantis par la Convention européenne de sauvegarde des droits de l'homme et des libertés fondamentales et tels qu'ils résultent des traditions constitutionnelles communes aux États membres, font partie du droit de l'Union en tant que principes généraux ». D'autre part il précise dans l'alinéa 2 que « l'Union adhère à la Convention européenne de sauvegarde des Droits de l'homme et des Libertés fondamentales ». En outre le 14e protocole additionnel à la Convention, pose que « l'Union européenne peut adhérer à la présente convention ». Le Protocole 14 *bis* destiné à contourner l'opposition de la Russie au Protocole 14 avait oublié ce point. La Russie a ratifié le Protocole 14 le 18 février 2010. Il entrera en vigueur le 1er juin. L'obstacle est levé.

4.41 > Bien évidemment, la Charte européenne des droits fondamentaux signée le 7 décembre 2000 à Nice a consacré une large place aux libertés de l'esprit dans son chapitre II, puisqu'on y trouve le respect de la vie privée et familiale (art. 7), la protection des données à caractère personnel (art. 8), la liberté de pensée, de conscience et de religion (art. 10), la liberté d'expression et d'information (art. 11) qui affirme que « toute personne a droit à la liberté d'expression. Ce droit comprend la liberté d'opinion et la liberté de recevoir et de diffuser des informations ou des idées sans qu'il puisse y avoir ingérence d'autorités publiques et sans considération de frontières » et on ajoute que « la liberté des médias et leur pluralisme sont respectés ». La liberté des arts et de la science (art. 13), le droit à l'éducation (art. 14) et le droit d'asile (art. 18), la non-discrimination, notamment en raison de la langue, de la religion, des opinions politiques ou autres (art. 21) et le respect de la diversité culturelle, religieuse et linguistique (art. 22) y figurent aussi. Depuis le 1er décembre 2009 et l'entrée en vigueur du traité de Lisbonne, cette Charte a valeur de droit positif. Elle constitue le protocole 14 du Traité de Lisbonne mais malheureusement, en vertu du protocole n° 7 ne s'applique pas au Royaume-Uni, toujours mauvais élève européen des droits et libertés, pas plus qu'à la Pologne et à la République tchèque. Elle a déjà pénétré la jurisprudence européenne. La CJCE l'a évoquée dans la motivation de ses arrêts[36].

Mais il ne suffit pas d'affirmer les libertés de l'esprit, encore faut-il qu'elles puissent bénéficier d'une garantie effective.

---

34. CJCE, 14 mai 1974 *Nold* Rec. CJCE 491, concl. A. Trabucchi.
35. Cf. Avis CJCE, 28 mars 1996, *RTD eur.* 1996.625, obs. P. Wachsmann.
36. CJCE, Gde Ch., 27 juin 2006, *Parlement c/ Conseil*, C 540/03.

§ 2 - LA GARANTIE

4.42 ➤ Cette garantie, comme la reconnaissance, pourra se faire aussi bien au plan national qu'au plan international.

I – NATIONALE

4.43 ➤ Sur le plan étatique, la loi a pu apparaître comme la meilleure des protections. Or le législateur a montré qu'il pouvait être liberticide et la confiance est sans doute aujourd'hui beaucoup plus forte dans le juge. Cependant, là encore, les limites se sont vite dessinées et c'est pourquoi de nouveaux protecteurs ont pu apparaître.

A - LA LOI

1 - La foi dans la loi

4.44 ➤ Les rédacteurs de 1789 avaient une confiance quasi illimitée dans la loi. Elle ne pouvait être oppressive. Son rôle (article 4 de la Déclaration) est de déterminer les bornes de la liberté. Et de fait, si l'exercice des libertés peut connaître certaines limites, celles-ci ne peuvent être fixées que par la loi. Le rôle de celle-ci est précisé par l'article 5 : « Tout ce qui n'est pas défendu par la loi ne peut être empêché et nul ne peut être contraint à faire ce qu'elle n'ordonne pas ». Il en va ainsi pour les libertés de l'esprit puisque, s'agissant des opinions, « même religieuses », il ne faut pas que leur manifestation trouble « l'ordre public établi par la loi », et s'agissant de la liberté d'expression, « tout citoyen peut donc parler, écrire, imprimer librement, sauf à répondre de l'abus de cette liberté dans les cas déterminés par la loi ».

4.45 ➤ Il n'appartient pas au pouvoir exécutif de fixer les limites de l'exercice d'une liberté. Sous la IVe République, le Conseil d'État, dans un avis du 6 février 1953, a pu estimer que les libertés publiques « sont réservées à la loi par la tradition républicaine ». Cette question est devenue encore plus importante sous la Ve République avec la distinction très nette entre loi et règlement autonome opérée par les articles 34 et 37. Il appartient à la loi de fixer les règles concernant « les droits civiques et les garanties fondamentales accordées aux citoyens pour l'exercice des libertés publiques ». Cette formulation a été complétée en 2008 par « la liberté, le pluralisme et l'indépendance des médias ». Indissociablement lié aux libertés publiques, il faut ajouter dans le domaine de la loi ce qui touche au droit pénal : la « détermination des crimes et délits ainsi que les peines qui leur sont applicables ; la procédure pénale ». Enfin, pour les libertés de l'esprit, ajoutons la liberté de l'enseignement.

2 - Limitation du rôle de la loi

4.46 ➤ L'article 34, cependant, n'empêche pas le maintien de l'exercice d'un pouvoir de police générale qui permet de réglementer l'exercice des libertés[37].

---

37. Par exemple pour la liberté de l'affichage : CE, 17 février 1978, *Association dite Comité pour léguer l'esprit de la Résistance, Rec.*, 82 ; CE, S, 22 décembre 1978, *Union des chambres syndicales d'affichage et de publicité extérieure, Rec.* 530.

4.47 > Tout d'abord, certaines dispositions générales peuvent affecter les libertés. C'est le cas avec les mesures de police administrative. Il s'agit du Premier ministre pour tout le territoire, du préfet pour tout ou partie du département, du maire pour la commune. Les autorités locales peuvent édicter des mesures plus rigoureuses que la réglementation nationale, même si celle-ci résulte de la loi, sous réserve que cela soit nécessaire compte tenu des circonstances locales. L'objet est l'ordre public. Les libertés de l'esprit, dans le passé, en ont souvent été l'objet. Cela peut aller jusqu'à une interdiction fondée sur la moralité[38]. Ce pouvoir comporte des limites, notamment lorsque les libertés de l'esprit sont en jeu : « la liberté est la règle, la restriction de police l'exception »[39]. Les mesures doivent être nécessaires et efficaces, mais il doit y avoir une conciliation entre l'ordre public et le respect des libertés[40].

4.48 > Certaines polices spéciales sont exercées par les ministres et peuvent intéresser les libertés de l'esprit comme la police des publications pour la jeunesse.

3 - *Les degrés de la liberté*

4.49 > Lorsque l'autorité administrative sera amenée à intervenir, elle pourra moduler les degrés de liberté par des techniques différentes. La situation idéale sera celle de la liberté totale qui est en fait l'application exclusive du régime répressif. Les exemples ne sont pas si fréquents. On pourra mentionner la liberté du culte. Peu contraignant car n'empêchant pas l'exercice de la liberté, mais permettant de susciter ultérieurement des restrictions, apparaît le système de la déclaration préalable[41]. C'est d'ailleurs parce que le projet de loi modifiant la liberté d'association supprimait la déclaration préalable simple que le Conseil constitutionnel a censuré le texte examiné en 1971. Ce régime peut être adapté aux libertés de l'esprit même si la liberté totale est préférable. C'est par exemple le cas avec la publication d'un périodique : une déclaration est nécessaire. Elle conditionne l'exercice de la liberté. S'il n'y a pas de déclaration, il n'y a pas d'exercice possible de la liberté. Tout dépend en fait de la portée de la déclaration. Suffit-elle seule ? Faut-il attendre un récépissé ? Y a-t-il compétence liée pour délivrer ce récépissé ? Franchissant un degré supplémentaire de restriction, l'autorisation préalable sera considérée comme beaucoup plus grave. Elle ne peut affecter les libertés fondamentales comme la liberté d'association ou, parmi les libertés d'expression, la liberté de la presse. En revanche, elle pourra concerner les libertés considérées comme non fondamentales. Ainsi, le visa de censure en matière cinématographique en est un exemple ancien. Un cas plus récent est fourni par la création de radios. C'est également la situation des publications étrangères pour la jeunesse. C'est aussi ce qu'a affirmé le Conseil constitutionnel en 1984 dans sa décision relative aux entreprises de presse. Enfin, l'étape ultime sera

38. CE, S, 18 décembre 1959, *Société Les Films Lutetia et Syndicat Français des producteurs et exportateurs de films, GAJA*, n° 77, Lachaume/Pauliat, p. 323.
39. Concl. Corneille sur CE, 10 août 1917, *Baldy*.
40. CE, S, 23 novembre 1951, *Société nouvelle d'imprimerie, RDP* 1951.1098 concl. Letourneur, note M. Waline, à propos d'une interdiction de diffusion de publications. ; CE, ord. 5 janvier 2007, *Min. d'État, Min. Intérieur et Aménagement du territoire c/ Assoc. Solidarité des Français, AJDA* 2008.63. Le préfet peut interdire la distribution d'une soupe populaire dès lors qu'elle contient du porc pour écarter les juifs et les musulmans. Il y avait risque à l'ordre public.
41. Cf. Ph. Ligneau, « Le procédé de la déclaration préalable », *RDP* 1976.679.

bien entendu l'interdiction, même s'il faut l'envisager sous l'angle de l'interdiction possible telle qu'elle peut exister dans le cadre des pouvoirs de police administrative générale (ex : interdiction de films par les maires) ou spéciale (publications interdites aux mineurs). Tout dépendra du contrôle du juge.

B - LE JUGE

4.50 > C'est peut-être plus du juge que l'on attendra une meilleure protection des citoyens dans l'exercice des libertés. Jusqu'en 1971, c'était essentiellement, si ce n'est exclusivement, une protection par le juge administratif ou le juge judiciaire. Les développements en Europe, et donc en France, des juridictions constitutionnelles comme élément de l'État de droit ont donné une tout autre dimension à cette question.

1 - Le juge constitutionnel

4.51 > L'une des innovations majeures de la Ve République a été de doter notre pays d'une véritable juridiction constitutionnelle après un siècle et demi d'hostilité. Nous avons vu comment le Conseil constitutionnel a pu en 1971 opérer cette sorte de « coup d'État » pour pouvoir prétendre à devenir le gardien des droits et libertés.

Mais en France, un nombre limité de personnes pouvaient saisir le Conseil. Depuis la révision constitutionnelle de 1974, ce sont essentiellement les parlementaires qui agissent. Sans doute, depuis vingt ans, il est très rare que des lois touchant à la liberté de l'esprit n'aient pas été soumises à l'examen du Haut Conseil. Cependant, lorsqu'apparaît un consensus en la matière, l'hypothèse est tout à fait envisageable. C'est ce qui s'est produit avec la loi Gayssot et surtout avec le nouveau Code pénal, mais aussi avec la loi du 15 mars 2004 sur les signes religieux. Cependant, de telles pratiques s'avéreront vaines suite à la révision constitutionnelle du 23 juillet 2008. En permettant au cours d'une instance, de soulever l'exception d'inconstitutionnalité, le Conseil peut être conduit, après une procédure complexe, à se prononcer conformément au nouvel article 61-1 sur renvoi du Conseil d'État ou de la Cour de cassation. Cet article est entré en vigueur le 1er mars 2010.

4.52 > Nous avons vu que le Conseil constitutionnel, a pu conduire à la reconnaissance de certains droits ou libertés. Mais également, il vient, à l'occasion de ce contrôle, fixer les limites que peuvent rencontrer les libertés. Notamment, il a pu fixer ce qu'il appelle des objectifs de valeur constitutionnelle. Apparus précisément à propos d'une liberté de l'esprit, la liberté de communication audiovisuelle (CC, 27 juillet 1982 précité), ces objectifs fixent les limites que peut trouver une liberté dans son exercice. C'est ainsi que la liberté de la communication audiovisuelle – ce que le Conseil constitutionnel a rappelé dans ses décisions du 18 septembre 1986 et du 17 janvier 1989 – trouvera ses limites dans les objectifs à valeur constitutionnelle suivants : la sauvegarde de l'ordre public, le respect de la liberté d'autrui et la préservation du caractère pluraliste des courants d'expression socioculturels. À propos de la liberté de la presse, le Conseil dégagera dans sa décision des 10-11 octobre 1984 un autre objectif de valeur constitutionnelle : le pluralisme des quotidiens d'information politique et générale.

4.53 > Le rôle du Conseil constitutionnel va encore plus loin en ce qu'il vient apporter des précisions quant à ce que doit être l'interprétation de la loi examinée. Il « confine aux arrêts de règlement des Parlements de l'Ancien Régime »[42]. C'est notamment ce qu'il fait dans sa décision des 10-11 octobre 1984 sur les entreprises de presse. Le Parlement ne peut réglementer que pour rendre plus effective la liberté et il doit la concilier avec les autres règles ou principes de valeur constitutionnelle.

Dès lors, le risque est grand que le Conseil ne se substitue au Parlement. D'autant que le Conseil constitutionnel, en matière de droits et libertés, interdit toute marche arrière. C'est ce que l'on appelle « l'effet cliquet ». La loi nouvelle doit apporter des garanties au moins aussi fortes que la loi à laquelle elle se substitue[43].

2 - Le juge judiciaire

4.54 > Tout au long du XIXe siècle, la véritable garantie, pour les libéraux, ne pouvait venir que du juge judiciaire. Ceci explique un certain nombre de constructions jurisprudentielles telles que la voie de fait ou l'emprise irrégulière, ou bien encore l'existence dans notre constitution de dispositions comme l'article 66 évoquant « l'autorité judiciaire, gardienne de la liberté individuelle ». Pendant longtemps, le juge judiciaire a été considéré comme le gardien traditionnel de la propriété privée et de la liberté individuelle.

3 - Le juge administratif

4.55 > Si la défiance envers le juge administratif a été très forte au XIXe siècle en raison de son lien étroit avec le pouvoir exécutif, cette attitude a disparu aujourd'hui en raison de la jurisprudence très audacieuse du Conseil d'État et aussi de l'indépendance dont ont su faire preuve ses membres. Par un contrôle accru à l'égard des actes administratifs, à la faveur du recours pour excès de pouvoir, il a pu mieux protéger le citoyen face à une administration qui outrepassait ses prérogatives. C'est ainsi qu'en façonnant une conception parfois large du bloc de la légalité, avec notamment les principes généraux du droit et en accentuant les différents degrés de son contrôle, il a pu progressivement mieux sanctionner les excès de pouvoir de l'administration. L'erreur manifeste d'appréciation a été un moyen pour le juge administratif de s'approcher – quand il n'y est pas entré – du contrôle de l'opportunité. On constatera que le Conseil constitutionnel a emprunté cette technique en l'utilisant à propos de la liberté de la presse[44]. Ceci a joué en faveur des libertés de l'esprit, par exemple pour les publications étrangères[45].

Mais il a également pu pallier l'inertie du juge judiciaire lorsque celui-ci se montrait défaillant. Il en a été ainsi lorsqu'il fut confronté aux saisies administratives (cf. *infra*).

---

42. P. Avril et J. Gicquel, *Le Conseil constitutionnel*, Montchrestien, 5e éd., 2005, p. 122.
43. CC 83-165 DC, 20 janvier 1984 précité ; 84.181 DC, 10-11 octobre 1984, *Entreprises de presse*, précitée.
44. CC 84-181 DC, 10-11 octobre 1984, *Entreprises de presse*, précitée.
45. CE, Ass., 2 novembre 1973, *Société libraire François Maspero*, *Rec.* p. 611 ; *JCP* 1974 II 17642 ; Concl. Braibant, note R. Drago.

C - LES NOUVEAUX PROTECTEURS

4.56 > Mais le contrôle par le juge a pu sembler insuffisant, c'est pourquoi de nouveaux protecteurs sont apparus, ou bien, d'autres se sont affirmés.

1 - *Autorités administratives indépendantes*[46]

4.57 > Les autorités administratives indépendantes, inspirées des États-Unis et plus particulièrement de la *Federal Communications Commission*, créée en 1934 et intéressant les libertés de l'esprit puisqu'elle attribue les licences, ont connu un très grand développement ces dernières années, apparaissant comme une solution à la suspicion dont pouvait être entouré le pouvoir exécutif face aux droits et libertés. Certaines ont une vocation générale. Il en est ainsi du Médiateur de la République, mauvaise copie française de cette remarquable institution suédoise qu'est l'ombudsman. Mais il est surtout intéressant de constater que certaines de ces autorités administratives indépendantes ont été créées à propos de libertés de l'esprit (Commission nationale Informatique et Libertés, Commission d'accès aux documents administratifs, Commission du droit de réponse et surtout Conseil supérieur de l'audiovisuel, Haute Autorité de lutte contre les discriminations et pour l'égalité créée par la loi du 30 décembre 2004[47]). Leur autorité n'a pas toujours été affirmée en raison des conditions de leur création ou parfois de la personne de ceux qui y ont été nommés.

Les autorités administratives indépendantes (AAI) doivent être créées par la loi[48] si elles ont pour mission de veiller au plein exercice d'une liberté. Elles peuvent avoir un pouvoir réglementaire. Le Conseil constitutionnel[49] a admis qu'une AAI (en l'espèce la CNCL) « peut disposer du pouvoir réglementaire d'application d'une loi dans un domaine déterminé et dans le cadre défini par cette loi ». Ce pouvoir est cependant second par rapport au Premier ministre lorsque celui-ci doit l'exercer. Les AAI ont parfois un pouvoir de sanction. À propos du CSA, le Conseil constitutionnel a considéré que cela n'était pas contraire au principe de la légalité des délits et des peines car celui-ci « s'étend à toute sanction ayant le caractère d'une punition même si le législateur a laissé le soin de la prononcer à une autorité de nature non judiciaire » (CSA)[50].

Leur indépendance n'est pas absolue. Elles peuvent être supprimées par le Parlement (cf. Haute autorité ; CNCL).

4.58 > Les plus caractéristiques sont celles relatives à la communication audiovisuelle, issues d'un véritable feuilleton. La loi du 29 juillet 1982 a créé la Haute autorité composée

---

46. Bibliographie : J. Chevallier, « Réflexions sur l'institution des autorités administratives indépendantes », *JCP* 1986 II 245 ; J.-Cl. Colliard et G. Timsit, *Les autorités administratives indépendantes*, PUF, 1988 ; E. Pisier, « Vous avez dit indépendantes : réflexions sur les autorités administratives indépendantes », *Pouvoirs* n° 46, 1986, p. 71 ; C. Teitgen-Colly, « Les instances de régulation et la Constitution », *RDP* 1990.153, « Réflexions sur les autorités administratives indépendantes », *EDCE*, 2001, pp. 251-462.
47. CE 13 juillet 2007, *Soc/ Éd. Tissot, RFDA* 2007.1139, chr. Ph. Terneyre, sur la portée des recommandations de la HALDE.
48. CC 84.173 DC, 26 juillet 1984, *Réseaux câblés, RDP* 1986.395 chr. L. Favoreu.
49. CC 86.217 DC, 18 septembre 1986, *Liberté de communication, AJDA* 1987.102 note P. Wachsmann.
50. CC 88-248 DC, 17 janvier 1989, précité.

sur le modèle tripartite du Conseil constitutionnel, puis elle l'a remplacée par une autre AAI à la composition complexe, et peu heureuse : la Commission nationale de la Communication et des Libertés, avant que la stabilité ne s'instaure en 1989 avec le Conseil supérieur de l'Audiovisuel qui revient au mode de désignation de la Haute autorité. On a même souhaité mieux ancrer certaines AAI, dont le CSA, en les constitutionnalisant comme le proposait le Président Mitterrand dans sa lettre[51] relative au Comité consultatif pour la révision de la Constitution. Le Comité a voulu faire une place particulière au Médiateur et au CSA. Mais on sait qu'il n'y a pas eu de suites.

Plus particulières sont les autorités publiques indépendantes comme la Haute autorité pour la diffusion des œuvres et la protection des droits sur Internet (HADOPI). Elles disposent de la personnalité juridique.

2 - Les citoyens (associations, ONG)

4.59 > Mais plus que sur des institutions, fussent-elles indépendantes, c'est sans doute sur eux-mêmes que les citoyens doivent compter pour garantir leurs libertés, et plus particulièrement les libertés de l'esprit. C'est sans doute ce qu'avaient pensé les révolutionnaires de 1789 puisque, parmi les quatre droits naturels et imprescriptibles de l'homme mentionnés à l'article 2 de la Déclaration des droits de l'homme et du citoyen figurait la résistance à l'oppression, droit sans doute bien difficile à mettre en œuvre.

Action collective des citoyens

4.60 > L'action des citoyens eux-mêmes se réalisera plutôt collectivement qu'individuellement. Cela pourra être par l'action au sein d'associations. Les techniques utilisées pourront être la pétition envisagée essentiellement de façon collective en recherchant l'aspect quantitatif (pétition du Comité national d'action laïque contre la loi Debré du 31 décembre 1959 sur l'enseignement privé réunissant plusieurs millions de signatures) ou qualitatif (pétitions d'intellectuels ou de personnalités diverses). Mais l'action collective prendra plus habituellement la forme de la manifestation devant réunir le plus grand nombre possible de personnes afin de faire pression sur le pouvoir. Toujours dans le domaine de l'enseignement, on évoquera la manifestation du 24 juin 1984 contre le projet de loi Savary qui réunit plus d'un million de personnes et aboutit à son retrait et, dix ans plus tard, dans le camp adverse, la manifestation du 16 janvier 1994, hostile à la révision de la loi Falloux.

Organisations non gouvernementales

4.61 > Mais l'action en la matière, aujourd'hui, dépasse le strict cadre national. Ceci est d'autant plus nécessaire que dans certaines dictatures, toute opposition réelle, en cas de violation des droits et libertés, apparaît impossible. C'est pourquoi le développement des organisations non gouvernementales a pu paraître essentiel (Amnesty International, Human Rights Watch), certaines s'attachant avant tout aux libertés de l'esprit (Reporters sans frontières).

---

51. *JO* 3 décembre 1992, p. 16459.

D - LES LIBERTÉS EN PÉRIL : LES RÉGIMES EXCEPTIONNELS

4.62 > Cette action est d'autant plus importante que les libertés de l'esprit sont toujours parmi les premières menacées en cas de tension dans un État. La Convention européenne des droits de l'homme permet, dans cette hypothèse, d'y porter atteinte. Nous connaissons essentiellement deux régimes législatifs. La loi du 9 août 1849, modifiée par la loi du 3 avril 1878, relative à l'état de siège, donne compétence à l'autorité militaire pour porter atteinte à certaines libertés, leur liste étant limitative. Parmi les quatre atteintes possibles, figure le droit d'interdire les publications et réunions que l'autorité militaire juge de nature à exciter et entretenir les désordres. La loi du 3 avril 1955, modifiée par l'ordonnance du 15 avril 1960 relative à l'état d'urgence, permet de porter atteinte à diverses libertés, principalement la liberté individuelle. Elle permet aussi d'habiliter les autorités administratives à prendre toutes mesures pour assurer le contrôle de la presse et des publications de toute nature ainsi que celui des émissions radiophoniques, des projections cinématographiques et des représentations théâtrales. Ces législations ne sont certainement pas devenues obsolètes. Si l'état de siège ne présente plus d'intérêt, peut-être parce que, paradoxalement, trop protecteur des libertés publiques, il n'en est pas de même de l'état d'urgence, qui, instauré à la faveur de la guerre d'Algérie, a connu deux applications récentes, en 1985 lors des événements de Nouvelle-Calédonie[52] et surtout, sur le territoire métropolitain, suite aux incidents graves en banlieue parisienne, par le décret du 8 novembre 2005, prorogé pour 3 mois par la loi du 18 novembre 2005 et qui a pris fin le 4 janvier 2006. Dans ces deux cas, le contrôle de la presse n'a pas été retenu.

4.63 > Mais il existe l'arme suprême que constitue l'article 16 de la Constitution. Le président de la République peut prendre toute mesure qui lui paraît nécessaire et susceptible de porter atteinte aux droits et libertés. On sait qu'à cet égard il n'existe pas de contrôle véritable, même après la petite modification de la révision de 2008, le Conseil constitutionnel n'émettant que des avis et le contrôle exercé par le Conseil d'État se limitant aux mesures de nature réglementaire[53]. Or les mesures intéressant les libertés publiques sont de nature législative. L'article 16 a été utilisé une seule fois, en 1961. Parmi les diverses décisions prises par le président de la République, certaines ont intéressé les libertés de l'esprit comme la décision du 24 avril 1961 proclamant l'état d'urgence, autorisant ainsi les atteintes aux libertés de l'esprit , mais aussi d'autres mesures plus spécifiques, visant la fonction publique, et la magistrature et portant atteinte à la liberté d'opinion ou comme la décision du 27 avril 1961 permettant d'interdire les « écrits périodiques ou non, revêtant la forme de cahiers, de feuilles ou de lettres de renseignements, quel que soit leur mode de diffusion ». Étaient ainsi visées les lettres d'information[54].

---

52. CC 85.187 DC, 25 janvier 1985, *État d'urgence en Nouvelle-Calédonie*, Favoreu/Philip, n° 21.
53. CE, Ass., 2 mars 1962, *Ruben de Servens, GAJA*, n° 80 ; Lachaume/Pauliat p. 665.
54. Cf. CE, 22 avril 1966, *Société Union africaine de presse, JCP* 1966 14805.

II – INTERNATIONALE

A - L'INTÉRÊT DE LA GARANTIE INTERNATIONALE

4.64 > La protection vient aussi du droit international. Elle devrait être absolue depuis 1989, tout au moins par rapport aux normes infraconstitutionnelles. Le Conseil constitutionnel a déjà eu l'occasion d'affirmer que les conventions internationales n'avaient pas de valeur constitutionnelle[55], mais l'article 55 de la Constitution dispose que « les traités ou accords régulièrement ratifiés ou approuvés ont, dès leur publication, une autorité supérieure à celle des lois, sous réserve, pour chaque accord ou traité, de son application par l'autre partie ». Ce n'est qu'en 1989 que le Conseil d'État a enfin accepté dans toute sa logique ce principe dans le célébrissime arrêt *Nicolo*[56]. On constatera que c'est, notamment, à la suite de l'affaire dite du « foulard islamique », en s'appuyant sur des instruments internationaux, que l'assemblée générale du Conseil d'État a formulé son avis sur les signes religieux extérieurs le 27 novembre 1989, se référant à la convention du 15 décembre 1960 sur la lutte contre la discrimination dans l'enseignement et seulement un mois après l'arrêt *Nicolo*. Elle se réfère aussi à la CEDH. Il reste cependant toujours le butoir de la Constitution, celle-ci ne pouvant s'incliner devant une convention internationale[57], mais il faudra alors résoudre les contradictions avec les juridictions internationales et notamment communautaires[58].

B - FORCE DE LA CEDH

4.65 > L'intérêt de la Convention et de ses protocoles[59] réside sans doute dans l'importance et la précision des droits et libertés protégés, mais peut-être encore plus dans la garantie concrète qui est offerte aux personnes sous la juridiction des États parties. D'une part, la Convention permet le recours d'un État partie contre un autre État. Cette disposition, en raison de ses implications fatalement très politiques, a peu eu l'occasion de jouer et jamais à propos des libertés de l'esprit, sauf pour celles-ci à être l'objet de violations parmi d'autres. Ce fut le cas dans la première affaire grecque et dans la requête contre la Turquie. Mais dans ces deux affaires, la procédure a été interrompue pour des raisons différentes[60]. Dans l'affaire *Chypre contre Turquie*, des violations des articles 9 et 10 ont été retenues[61]. L'intérêt majeur de la Convention réside surtout dans le droit de recours individuel qui est offert aux personnes. De grands bouleversements

---

55. CC, 15 janvier 1975, *Interruption volontaire de grossesse*, Favoreu/Philip, n° 17 ; CC 93-325 DC, 13 août 1993, *Maîtrise de l'immigration*, Favoreu/Philip, n° 36
56. CE, Ass., 20 octobre 1989, *Nicolo, GAJA*, n° 93, Lachaume/Pauliat, p. 82.
57. CE, Ass., 30 octobre 1998, *Sarran et Levacher et autres, GAJA* n° 102 ; Lachaume/Pauliat. p. 84 ; Cass. Ass. Plén., 2 juin 2000 D[elle] Fraisse, *RGDIP* 2000.985, concl. L. Joinet et art. A. Ondoua ; CC 2004-496 DC 10 juin 2004, *Économie numérique, RFDA* 2003.651 note B. Genevois et 2004.869 note H. Oberdorff et CC 505 DC *Traité établissant une constitution pour l'Europe*, Favoreu/Philip, n° 51.
58. CJCE, 11 janvier 2000, *Tanja Kreil, DA* 2000.37 note Haquet ; cf. CE, Ass., 8 février 2007, *Société Arcelor Atlantique et Lorraine, GAJA* n° 116.
59. Protocoles 1, 4, 6, 7, 12 et 13.
60. CEDH, 10 mai 2001, *Chypre c/ Turquie*.
61. CEDH, 10 mai 2001, *Chypre c/ Turquie*.

sont intervenus avec le 11e Protocole entré en vigueur le 1er novembre 1998 et le 14e Protocole devrait vite compléter cet édifice.

4.66 > La Cour a été conduite dans sa jurisprudence à développer le contenu de certaines libertés de l'esprit. Nous les évoquerons plus en détail dans la seconde partie. Certains arrêts importants ont pu fixer le cadre de certaines libertés de l'esprit. La Cour va même plus loin. Dans l'arrêt *Sunday Times*[62] elle précise ce qu'est une société démocratique. Cependant, il y a des limites. C'est un parcours du combattant. Il faut du temps car il faut épuiser les voies de recours internes, puis éventuellement intervient la Cour. Si la France est devenue (hélas !) l'un des « meilleurs clients » de la Cour, notamment pour de nombreux dysfonctionnements des juridictions, elle a aussi été condamnée pour des violations de la liberté de l'esprit. On peut y rattacher l'arrêt *Ezelin* sanctionnant une violation de l'article 11 (liberté de réunion et d'association) à propos d'un avocat condamné à un blâme pour ne pas s'être désolidarisé d'une manifestation contre une décision judiciaire[63], l'arrêt *Piermont* à propos de l'expulsion de Nouvelle-Calédonie d'une parlementaire européenne antinucléaire[64], l'arrêt *Association Ekin* sur les publications étrangères[65], l'arrêt *Lehideux et Isorni* à propos du délit d'apologie de collaboration avec l'ennemi[66], l'arrêt *Fressoz et Roire*[67] à propos de publication de documents fiscaux et l'arrêt *Colombani et autres*[68] à propos de l'offense à chef d'État étranger.

C - DROIT COMMUNAUTAIRE

4.67 > La garantie apportée par la Cour de justice des Communautés européennes a pu paraître insuffisante.

Sans doute aurait-on pu envisager des liens plus étroits entre la Cour de Luxembourg et la Cour de Strasbourg. Mais la Commission européenne des droits de l'homme a estimé que les recours n'étaient pas possibles contre les actes communautaires[69]. Cependant, le traité de Lisbonne ouvre de nouvelles perspectives (art. I. 9) conjuguées avec le Protocole n° 14.

Section II

LE CONTENU DES LIBERTÉS DE L'ESPRIT

4.68 > Les libertés de l'esprit ont pu voir leur contenu et les modalités de leur encadrement évoluer considérablement. Mais quoi qu'il en soit, cette réglementation sera fonction du rôle que l'État entend jouer. Nous pourrons, rencontrer trois types d'attitude.

62. CEDH, 26 avril 1979, *Sunday Times c/ Royaume-Uni*, Berger, n° 205.
63. CEDH, 26 avril 1991, *Ezelin c/ France*, Berger n° 231 ; Sudre, n° 60.
64. CEDH, 27 avril 1995, *Piermont c/ France*, Berger, n° 56.
65. CEDH, 17 juillet 2001, *Association Ekin c/ France*.
66. CEDH, 22 septembre 1998, *Lehideux et Isorni c/ France*, Berger, n° 209.
67. CEDH, 21 janvier 1999, *Fressoz et Roire c/ France*.
68. CEDH, 25 juin 2002, *Colombani et autres c/ France*.
69. Comm. EDH 10 juillet 1978, *CFDT*..

Dans l'État totalitaire, l'État interviendra dans tous les domaines de la vie sociale. Aucune activité, notamment celles concernant les libertés de l'esprit, ne lui échappera. Toutes les libertés seront encadrées. C'est la situation extrême, et en fait, la plus rare. Dans l'État autoritaire, l'objectif des gouvernants sera avant tout d'assurer leur pouvoir. Ainsi cela n'empêchera pas la liberté religieuse impensable dans un État vraiment totalitaire.

En ce qui concerne l'État libéral dit aussi « État ouvert », il est un terreau propice à l'épanouissement des libertés, et plus particulièrement des libertés de l'esprit, sous réserve de ne pas appréhender l'État libéral sous sa dimension économique. Le libéralisme économique s'accommode très bien de l'élimination de certaines libertés, et plus particulièrement des libertés de l'esprit. On le voit très bien avec l'idée de pluralisme de la presse. En matière de libertés, le caractère absolu existe rarement, soit en raison du droit positif, soit en raison de la pression sociale qui ne pourra laisser se manifester toutes les modalités d'expression. La forme retenue par la France aujourd'hui est celle de l'État « ouvert » avec sans doute une attention encore plus grande pour une protection concrète à travers le développement des « droits fondamentaux ».

Parmi les libertés de l'esprit, la liberté première sera sans doute la liberté de conscience. Celle-ci peut être envisagée de façon très générale à travers la liberté d'opinion. Elle peut être envisagée de façon plus particulière à travers la liberté religieuse.

§ 1 - LA LIBERTÉ DE CONSCIENCE

4.69 > La liberté de conscience, du for intérieur, que ce soit sous la forme générale de la liberté d'opinion ou sous la forme plus particulière de la liberté religieuse, est affirmée de façon forte. Elle l'est tout d'abord dans la Déclaration des droits de l'homme et du citoyen dont l'article 10 dispose : « Nul ne doit être inquiété pour ses opinions, même religieuses », la seule limite figurant dans le trouble susceptible d'être apporté à l'ordre public. Le Préambule de la Constitution de 1946 la précise sous l'angle de la non-discrimination, en affirmant que « nul ne peut être lésé, dans son travail ou son emploi, en raison de ses origines, de ses opinions ou de ses croyances ». Elle est également soulignée dans la Constitution dont l'article 1 affirme que la République « respecte toutes les croyances ». Le Conseil constitutionnel l'a considérée comme principe fondamental reconnu par les lois de la République dans sa décision du 23 novembre 1977[70] d'une façon assez paradoxale, puisque la Haute instance ne s'appuie pas sur une ou des lois particulières de nos Républiques, mais sur l'article 10 de la Déclaration de 1789 et le préambule de 1946[71]. Enfin, la Convention européenne des droits de l'homme l'affirme à l'article 9 et la Cour européenne des droits de l'homme a pu estimer dans sa décision du 26 avril 1979 *Sunday Times*[72] que c'est « un des fondements essentiels d'une société démocratique, l'une des conditions primordiales de son progrès ».

70. CC 77-87 DC, 23 novembre 1977, *Liberté d'enseignement et de conscience*, précité.
71. Cf. aussi CC 2001-446 DC, 27 juin 2001, *Loi relative à l'interruption volontaire de grossesse et à la contraception* à propos du refus de pratiquer une IVG.
72. Berger, n° 205.

I – LA LIBERTÉ D'OPINION

4.70 > La liberté d'opinion peut être considérée comme respectée dans la mesure où l'on peut estimer que le délit d'opinion a disparu ou presque.

A - CARACTÈRE NON ABSOLU

4.71 > Toute opinion est-elle admissible ? Le débat est classique. Peut-il y avoir liberté pour les ennemis de la liberté ? L'article 30 de la DUDH[73] et l'article 17 de la CEDH[74] laissent penser que cette liberté peut être fortement restreinte (cf. aussi art. 54 Charte européenne des droits fondamentaux). Les juges de Strasbourg ont admis, notamment dans le domaine de la politique, qu'il pouvait y avoir des limites. Le KPD, interdit sur le fondement de l'article 21 de la Loi fondamentale, qui invoquait la violation des articles 9, 10 et 11 de la Convention n'a pas été suivi par la Commission européenne des droits de l'homme[75]. Pour la Commission, « il n'en résultera aucunement une renonciation à ses fins traditionnelles » que suppose le passage par la dictature du prolétariat, or le « recours à la dictature du prolétariat pour l'instauration d'un régime est incompatible avec la Convention ».

4.72 > Sans doute pourra-t-on trouver, çà et là, une survivance du délit d'opinion, selon l'analyse que l'on fera de la disposition incriminée. La loi du 29 juillet 1881, dont chacun pourtant connaît le libéralisme, en comporte quelques traces. Il en est ainsi de l'offense au président de la République. Sans doute ce délit a-t-il eu peu d'importance sous la IIIe et la IVe République en raison du rôle réduit joué par le chef de l'État. Il n'en a plus été de même sous la Ve République. Le général de Gaulle a fait un abus de cette disposition et les poursuites sur ce fondement visaient souvent bien plus la politique menée par le chef de l'État que la personne du chef de l'État lui-même. Il est évident que compte tenu du nouveau système politique que nous connaissons depuis 1958, l'article 26 de la loi du 29 juillet 1881 devrait être modifié si ce n'est supprimé. Le Président Sarkozy a préféré se placer dans ses différends avec certaines publications sur un autre terrain beaucoup plus dangereux pour la liberté de la presse, lui permettant d'échapper aux garanties procédurales très protectrices des publications posées dans la loi de 1881. Pourtant, il en a fait un usage très contestable en permettant la condamnation d'un manifestant qui avait brandi un écriteau avec l'inscription « casse toi pov'con », ce qui en fait n'était qu'une citation du chef de l'État lui-même. Le jugement[76] a été confirmé par la Cour d'appel et la Cour de cassation[77]. L'affaire pourrait venir devant la CEDH et peut-être obliger la France

---

73. « Aucune disposition de la présente Déclaration ne peut être interprétée comme impliquant pour un État, un groupement ou un individu, un droit quelconque de se livrer à une activité ou d'accomplir un acte visant à la destruction des droits et libertés qui y sont énoncés ».

74. « Aucune des dispositions de la présente Convention ne peut être interprétée comme impliquant pour un État, un groupement ou un individu, un droit quelconque de se livrer à une activité ou d'accomplir un acte visant à la destruction des droits ou libertés reconnus dans la présente convention ou à des limitations plus amples de ces droits et libertés que celles prévues à ladite convention ».

75. Comm. EDH, *AFDI* 1957.464.

76. TGI Laval, 6 novembre 2008, D.2008.3133 note E. Dreyer.

77. Crim. 4 novembre 2009.

à faire disparaître cette incrimination comme elle a dû abroger l'offense à chef d'État étranger[78]. La loi du 13 juillet 1990, dite loi Gayssot, en interdisant toute négation des crimes commis par les nazis, a pu susciter certains débats, certains auteurs considérant que le fait d'émettre des opinions fausses, contraires à la vérité historique, ne devrait pas être sanctionné. Les juridictions françaises aussi bien que celle de Strasbourg ont refusé de voir dans ce texte une contradiction avec l'article 10 de la CEDH[79]. Enfin la prolifération des lois mémorielles nous met aussi souvent aux confins du délit d'opinion[80].

En fait, le délit d'opinion ne se situe pas au niveau de l'opinion elle-même, encore qu'il faille évoquer les « lois scélérates » de 1893-94 sur les menées anarchistes, mais plutôt au niveau de son expression. L'opinion, dans son expression, et peut-être plus selon la façon dont elle est exprimée, peut être constitutive de délits de presse. C'est par exemple ce que sanctionnera la loi du 29 juillet 1881 dans ses articles 23 et suivants (par exemple, les cris ou chants séditieux). Sans être pour autant délictueuse, l'expression d'opinion peut faire l'objet de mesures administratives lorsque cette opinion est susceptible d'entraîner des troubles à l'ordre public. C'est ainsi que l'on peut analyser la jurisprudence *Benjamin*[81]. Enfin, on soulignera en droit privé la nullité des clauses portant atteinte à la liberté d'opinion.

4.73 ▸ Le législateur s'est inquiété des risques que pouvait entraîner le progrès technique sur la liberté d'opinion, qui doit rester le jardin secret de chacun. C'est ainsi que la loi du 6 janvier 1978, dite Informatique et libertés, dans son article 8 nouveau interdit « de collecter ou de traiter des données à caractère personnel qui font apparaître, directement ou indirectement, les origines raciales ou ethniques, les opinions politiques, philosophiques ou religieuses ou l'appartenance syndicale des personnes, ou qui sont relatives à la santé ou à la vie sexuelle de celles-ci ». Cependant, afin de ne pas gêner leur action, la loi permet à « une association ou tout autre organisme à but non lucratif et à caractère religieux, philosophique, politique ou syndical », d'échapper dans une mesure limitée à cette interdiction. Cette question a soulevé il y a quelques années quelques difficultés à propos des fichiers des renseignements généraux et le gouvernement a dû retirer ces fichiers par le décret du 2 mars 1990. La Convention pour la protection des personnes à l'égard du traitement automatisé de données à caractère personnel, du 28 janvier 1981, ratifiée par la France le 1er octobre 1985 et le Protocole additionnel du 8 novembre 2001 viennent conforter cette protection en lui donnant une dimension internationale. Mais c'est surtout la loi du 6 août 2004 permettant la transposition de la directive 95/46 CE du 24 octobre 1995 relative à la protection des personnes physiques à l'égard du traitement de données à caractère personnel et à la libre circulation de ces données qui conduira à refondre la loi de 1978. Des menaces se développent dans le cadre de la lutte contre le terrorisme ainsi qu'en témoigne l'échange des données entre

---

78. CEDH, 25 juin 2002, *Colombani et autres c/ France*, précité.
79. Crim. 9 octobre 1995 ; voir aussi CC 94-345 DC, 29 juillet 1994, *Loi sur francophonie*, *RDP* 1994.1663 chr. J.-P. Camby ; *JCP* 1995 II 22359 note R. Debbasch ; *AJDA* 1994.731 note P. Wachsmann.
80. Cf. aussi les débats postérieurs à la loi du 23 février 2005 évoquant le « rôle positif de la France d'outre-mer » et son curieux destin.
81. CE, 19 mai 1933, *GAJA*, n° 46 ; Lachaume/Pauliat, p. 333.

l'Union européenne et les États-Unis, sucitant une réaction hostile du Parlement européen.

B - FONCTION PUBLIQUE/ENTREPRISES

4.74 > La question de la liberté d'opinion peut soulever des difficultés dans le domaine du travail, qu'il s'agisse de la fonction publique ou de l'entreprise privée.

1 - Fonction publique

4.75 > Dans la fonction publique, la question ne devrait pas soulever de difficulté majeure en raison des principes posés par l'article 6 de la DDHC qui dispose que « tous les citoyens étant égaux à ses yeux (la loi), sont également admissibles à toutes dignités, places et emplois publics, selon leur capacité, et sans autre distinction que celle de leurs vertus et de leurs talents » ainsi que par les articles 10 et 11. Il faut y ajouter le Préambule de la Constitution de 1946 qui pose que « nul ne peut être lésé dans son travail ou dans son emploi, en raison de ses origines, de ses opinions ou de ses croyances ». Ces dispositions ont pour conséquence logique le principe du concours administratif. Le système français nous paraît des plus évidents. Et pourtant, tel n'est pas le cas dans certains États étrangers. Chacun évoquera ici le *spoil system* aux États-Unis, appelé aussi *patronage system* tempéré heureusement par le *Pendleton Federal Civil Service Act* de 1883 qui permet de redonner sa place au *merit system*. La question a connu quelque retentissement en Allemagne dans les années 1960 et 1970 avec les interdictions professionnelles *(Berufsverbot)* frappant essentiellement les personnes ayant des idées d'extrême gauche.

4.76 > Le système français s'efforce d'assurer au mieux la non-discrimination dans l'accès à la fonction publique. Suite à l'affaire des Fiches (1900-1904), a été posée la règle de la communication du dossier en matière disciplinaire (loi du 22 avril 1905). Ce principe que la jurisprudence de Conseil d'État s'est efforcée d'ancrer a permis à la Haute Assemblée de censurer des décisions intervenant pour des raisons religieuses, puis après la guerre froide celles écartant des candidats professant des opinions d'extrême gauche. L'arrêt *Barel*[82] a fixé la jurisprudence, qui dans le passé avait accepté certaines atteintes à ce principe avec la décision *Abbé Bouteyre* à propos d'un ecclésiastique exclu de l'agrégation de philosophie[83]. En fait, cet arrêt ne faisait que constater que le ministre de l'Instruction publique avait usé du droit d'appréciation que lui conféraient les textes. Par la suite, cette jurisprudence a été tempérée[84] et un avis du Conseil d'État du 21 décembre 1972 a affirmé qu'il n'y avait pas d'incompatibilité de principe entre l'état ecclésiastique et les fonctions enseignantes. Sans doute, la liberté d'accès n'est pas absolue. Dans l'arrêt *Barel*, on n'écarte pas la possibilité d'une exclusion. On évoque la « réserve que doivent observer » les candidats à la fonction publique. La jurisprudence est très subtile. Ainsi, à

---

82. CE, 28 mai 1954, *GAJA*, n° 70 ; Lachaume/Pauliat, p. 595.
83. CE, 10 mai 1912, *Abbé Bouteyre*, *GAJA* n° 24.
84. TA Paris 7 juillet 1970, *Spagnol*, Rec. 837.

propos du concours de l'École nationale de la magistrature dans l'arrêt *Mulsant*[85], le Conseil d'État sanctionne l'exclusion fondée sur la seule raison que l'intéressé aurait participé à des manifestations étudiantes même accompagnées d'incidents comme la « retenue » d'enseignants. En revanche, dans la décision *Raoult*[86], la même instance admet la possibilité d'écarter le requérant qui, pendant le service national, a participé à la rédaction et à la diffusion d'un journal de « comités de soldats » compte tenu de certains messages. On ne prohibe les exclusions que si elles se fondent « exclusivement » sur les opinions politiques[87], ce qui peut être très critiquable lorsque l'on se réfère à des opinions émises quelques mois ou quelques années auparavant. Il devrait au moins exister un droit de repentir. La loi du 13 juillet 1983 portant droits et obligations des fonctionnaires, et qui a remplacé le statut de 1959, reprend les principes posés dans l'article 13 de l'ordonnance de 1959. Son article 6 dispose que « la liberté d'opinion est garantie aux fonctionnaires. Aucune distinction ne peut être faite entre les fonctionnaires en raison de leurs opinions politiques, syndicales, philosophiques ou religieuses, de leur origine, de leur orientation sexuelle, de leur âge, de leur patronyme, de leur état de santé, de leur apparence physique, de leur handicap ou de leur appartenance ou de leur non-appartenance, vraie ou supposée à une ethnie ou une race ».

4.77 > La liberté d'opinion doit également valoir pour la carrière du fonctionnaire[88]. L'article 18 de la loi de 1983 prévoit qu'il « ne peut être fait état dans le dossier d'un fonctionnaire, de même que dans tout document administratif, des opinions ou des activités politiques, syndicales, religieuses ou philosophiques de l'intéressé ». C'est tout à fait logique compte tenu des principes posés par le préambule de la Constitution de 1946 : « Nul ne peut être lésé dans son travail ou son emploi, en raison de ses origines, de ses opinions ou de ses croyances ».

Cependant, cette ignorance des opinions du fonctionnaire ne saurait être totale. Elle ne peut jouer pour les emplois supérieurs laissés à la discrétion du gouvernement (cf. article 25 du Statut ; décret du 21 mars 1959 modifié)[89] où l'obligation de loyalisme est très forte[90]. Le fonctionnaire pourra exprimer ses opinions hors du service, par exemple, collaborer à un journal politique[91] ou adhérer à un parti[92]. Mais également, le loyalisme politique est exigé pour ceux qui exercent des emplois fonctionnels dans les collectivités territoriales[93]. Un cas particulier apparaît avec l'obligation de serment pour certaines fonctions et dans certains cas il s'agit en effet d'une condition de l'exercice des fonctions[94]. La question mériterait d'être débattue dans un pays où des fonctionnaires ont su dans le passé s'accommoder de serments successifs !

---

85. CE, 18 mars 1983, *Mulsant, Dr. adm.* 1983 n° 166 ; *AJDA* 1983.530 chr. Lasserre et Delarue.
86. CE, S, 10 juin 1983, *Raoult, AJDA* 1983.552 concl. M. Laroque ; *RDP* 1983.1404 note J. Waline.
87. CE, S, 19 juillet 1953, *Lingois ; D.* 1954.99, note G. Morange ; CE, S, 10 juin 1983, *Raoult*, précité.
88. CE, 28 avril 1938 *D^lle^ Weiss* DP 1939 III 41 ; CE, 8 décembre 1948 *D^lle^ Pasteau* ; S. 1949 III 41 note Rivero ; *RDP* 1949.73 note M. Waline ; CE, 24 avril 1963, *Durrieu*, Lebon, 242.
89. CE, Ass., 13 mars 1953, *Teissier ; GAJA*, n° 69 à propos du directeur général du CNRS ; CE, S, 20 octobre 2000, *Mme Bukspan.*
90. Cf. CE, 1er octobre 1954, *Guille*, Lachaume/Pauliat p. 596.
91. CE, 19 décembre 1919, *Chobeaux*, Rec., 940.
92. CE, 1er octobre 1954, *Guille* précité.
93. CE, 7 janvier 2004, *Brouhlet*, Rec., p. 5.
94. CE, 8 octobre 2008, *Synd. National des personnels de santé environnement (Synapse), JCP A* 2008/49.50 p. 35.

4.78 > Si la liberté d'opinion doit protéger le fonctionnaire, elle doit aussi protéger le service et permettre sa neutralité[95]. Même si l'ancien article 183 du Code pénal qui déclarait coupable de forfaiture le juge ou l'administrateur qui s'était décidé par faveur pour une partie ou par inimitié contre elle, n'est pas repris dans le Nouveau Code pénal, le principe n'en demeure pas moins. Pendant longtemps, cette neutralité a surtout été comprise comme devant permettre une neutralité religieuse. Cela a conduit à la fin du XIXe siècle à faire disparaître des bâtiments publics, notamment des écoles et des tribunaux, les différentes références religieuses, principalement les crucifix. Cette situation, qui peut nous sembler avoir quelque caractère d'évidence, ne s'impose pas partout. Ainsi, la Cour de Karlsruhe dans sa décision du 10 août 1995 a ordonné que soient retirés les crucifix des murs des écoles en Bavière et a déclaré inconstitutionnel un article du règlement scolaire du *Land* prévoyant la présence obligatoire d'une croix dans chaque classe des écoles publiques. En Italie, la Cour constitutionnelle a refusé d'ordonner le retrait dans les écoles (Déc. 389/2004 du 13 décembre 2004). Des polémiques ont également surgi à propos de la présence de crucifix dans les hôpitaux et les tribunaux. Le Conseil d'État italien, le 15 février 2006, a confirmé la solution en jugeant que les crucifix ne sont pas des « objets de culte » mais « un symbole pour exprimer le fondement des valeurs civiles qui définissent la laïcité dans les actuelles institutions de l'État ». On sait que la CEDH vient de mettre à bas cette jurisprudence (cf. *infra*). L'idée de neutralité religieuse est toujours présente en France ainsi qu'en témoigne l'avis du Conseil d'État à propos du « foulard islamique »[96]. Cela vaut pour tout agent de service[97].

En fait, cette neutralité n'est pas absolue en France, ainsi qu'en témoigne la présence d'aumôneries religieuses dans certains établissements d'enseignement ou militaires.

4.79 > La neutralité a pour conséquence l'obligation de réserve imposée aux fonctionnaires posée par le Conseil d'État en 1953[98]. Celle-ci est une construction jurisprudentielle[99]. Elle est absolue dans le service. Ainsi il ne pourra utiliser son adresse électronique au profit d'une organisation religieuse[100]. *A fortiori*, on a pu considérer que le prosélytisme religieux était un manquement à l'honneur du fonctionnaire[101]. Hors du service, elle se présente de façon différenciée. Elle est variable selon les emplois. Sans doute, *a priori*, le fonctionnaire, hors du service a-t-il une liberté d'opinion et d'expression. Cependant, cela ne doit pas conduire à gêner le service[102]. L'étendue de cette liberté hors du service va dépendre de la qualité du fonctionnaire (elle sera particulièrement réduite pour les militaires : le texte fondamental est la loi du 24 mars 2005 qui a libéralisé la situation ; les

---

95. A. Ondoua, « Le service public à l'épreuve de la laïcité ; à propos de la neutralité religieuse dans les services publics », *Dr. Adm.*, 2008 n° 12 p. 11.
96. CE, avis 3 mai 2000, *Mlle Marteaux, AJDA* 2000.673 ; TA Lyon 8 juillet 2003, *Mlle Nadjet Ben Abdallah, AJDA* 2003.1951.
97. CAA Lyon, 19 novembre 2003, *Mlle Ben Abdallah, AJDA* 2004.104, note F. Melleray.
98. CE, 11 janvier 1935, *Bouzanquet*, Rec., 44.
99. Cf. concl. Laurent sur CE, 1er octobre 1954, *Guille*.
100. CE, 15 octobre 2003, *Odent*, Rec, 402.
101. CE, 29 février 2009, *M. B., AJDA* 2009.340.
102. CE, 10 mars 1971, *Jannes* ; D. 1972.735 note Guibal ; *AJDA* 1971.662 note VS à propos d'un fonctionnaire qui avait critiqué de façon violente la gestion de son ministre en période électorale.

syndicats restent interdits, mais l'autorisation préalable pour traiter publiquement de questions politiques ou de problèmes militaires a disparu. Il n'empêche que le devoir de réserve est strictement entendu[103] ainsi que le secret professionnel [(art. 4)] et l'obligation de discrétion). Le Conseil d'État a jugé qu'on ne pouvait obliger le fonctionnaire à soumettre ses publications à son supérieur hiérarchique[104].

La place dans la hiérarchie est importante à cet effet. L'agent subalterne ne sera, pour ainsi dire, pas soumis à l'obligation de réserve. Il ne saurait en être de même pour un fonctionnaire d'autorité[105], ce qui ne peut concerner tous les hauts fonctionnaires. Il s'agit des emplois visés à l'article 25 de la loi du 11 janvier 1984 et dans le décret 85-779 du 24 juillet 1985. Il faudra aussi prendre en considération les circonstances dans lesquelles s'est exprimé le fonctionnaire[106], la publicité des propos[107].

De la même façon, la liberté d'opinion, et donc l'obligation de réserve, pourra être fonction des activités syndicales (exclues pour les préfets et les militaires) exercées par l'agent sans que cela permette une liberté totale[108]. Les activités syndicales ne doivent pas avoir de conséquences sur l'avancement[109]. Pour ce qui est des activités politiques, le fonctionnaire doit se mettre en détachement, ceci ne jouant pas pour les professeurs de l'enseignement supérieur et les ministres du culte en Alsace-Moselle.

4.80 > D'autres obligations peuvent peser sur le fonctionnaire. Certains ont une obligation de secret (article 26 du Statut), une obligation de discrétion[110], une obligation de loyalisme[111].

Mais il y a aussi, depuis le statut du 13 juillet 1983, une obligation d'information de la part du fonctionnaire (art. 27).

2 - Entreprises

4.81 > Si le problème de la liberté d'opinion se pose dans la fonction publique, il n'est pas absent dans les entreprises privées. Sans doute la liberté d'opinion doit-elle être respectée. Le Préambule de la Constitution de 1946 affirme que « nul ne doit être lésé dans son travail ou son emploi en raison de ses origines, de ses opinions ou de ses croyances ». L'article L. 122-45 du Code du travail vient préciser cela (voir l'article L. 412-2 issu de la loi du 27 avril 1956). L'objectif est de protéger contre l'employeur,

---

103. CE, 19 février 1964, *Liebig*, Rec., 836.
104. CE, 19 décembre 2000, *Syndicat SUD Travail*, Rec. somm. 787.
105. CE, Ass., 13 mars 1953, *Teissier*, précité.
106. CE, 8 mars 1968, *Plenel ; AJDA* 1968.224, chr. Massot et Dewost.
107. CE, S, 1er décembre 1972 *Dlle Obrego, RDP* 1973.516 concl. Grevisse ; *AJDA* 1973.31, chr. Cabanes et Léger, 37 concl. Grévisse, 339 note Bréchon-Moulènes.
108. Cf. CE, 1er décembre 1972 *Dlle Obrego* précité ; CE, 18 mai 1956, *Boddaert, RPDA* 1956.105 ; CE, S, 8 juin 1962, *Ministre des P. et T c/ Frischmann* ; CE, 25 mai 1966, *Rouve, D.* 1967.6 concl. Rigaud ; CE, Ass., 31 janvier 1975, Volff et Exertier, *AJDA* 1975.139 et 124 chr. Franc et Boyon ; *RDP* 1975.84 note J. Robert.
109. CE, Ass., 5 novembre 1976, *Lyon-Caen ; AJDA* 1977.29 chr. Nauwelaers et Fabius.
110. CE, 6 mars 1953, *Dlle Faucheux RDP* 1953, p. 1031 note Waline.
111. CE, 8 janvier 1964 *Beville, AJDA* 1964.144, à propos d'un fonctionnaire ayant participé à un congrès préconisant l'indépendance des départements d'outre-mer.

mais aussi contre les syndicats et la pratique du *closed shop* (cependant : dockers, imprimerie, etc.). Déjà, l'article 31 de la loi du 9 décembre 1905 avait envisagé le problème pour les opinions religieuses.

Pour certaines professions, les problèmes de conscience peuvent se poser de façon accrue. On a pu le constater à propos des médecins face aux problèmes de l'avortement, la loi de 1975 leur permettant de ne pas en effectuer. De même, mais la question est plus ancienne, on connaît la clause de conscience des journalistes (cf. *infra*). Mais les problèmes de conscience peuvent aussi se poser pour l'agent public avec le droit de désobéir à l'ordre illégal, conséquence logique du droit de résistance à l'oppression proclamé dans la DDHC. L'application est peu aisée[112].

Les lois Auroux ont aussi permis de faire de la liberté d'opinion une liberté collective plutôt qu'une liberté individuelle. L'unité de travail peut formuler des réflexions sur les conditions de travail.

4.82 > Cependant, ces principes peuvent trouver des limites[113].

C - OBJECTION DE CONSCIENCE

4.83 > La liberté de conscience a connu aussi des développements nouveaux avec la question de l'objection de conscience[114].

La façon dont était réglementée l'objection de conscience était loin d'être satisfaisante, même si un équilibre un peu plus heureux a pu être obtenu à la faveur de la loi du 8 juillet 1983.

Pendant longtemps, l'objection de conscience était refusée et conduisait en fait à considérer l'objecteur comme insoumis. À la suite d'une longue campagne, marquée par les grèves de la faim de Louis Lecoin on parvint à l'adoption de la loi du 21 décembre 1963.

L'intéressé devait être opposé pour des convictions religieuses ou philosophiques personnellement à l'usage des armes. Cette opposition devait être permanente.

On critiquait essentiellement deux points. Les délais pour effectuer la demande étaient particulièrement brefs. Et surtout elle était une loi honteuse puisque l'article 11 interdisait toute propagande en faveur de cette loi et elle avait un caractère pénalisant (durée double du service ; accès interdit à certains emplois publics).

---

112. CE, S, 11 novembre 1944, *Langneur*, Lachaume/Pauliat, p. 620.

113. Cf. Cass., Ass., 19 mai 1978, *Dame Roy c/ Association pour l'éducation populaire Sainte-Marthe, Bull. civ.* n° 1, p. 1 ; *D.* 1978.541 concl. Schmelck, note Ph. Ardant. Cass. soc. 17 avril 1991, *P... c/ Assoc. Fraternité Saint-Pie X, Dr. soc.*1987.375 note J. Savatier ; *JCP* 1991 II 21724 obs. A. Seriaux, à propos d'un sacristain homosexuel. Depuis lors, la loi du 12 juillet 1990 a interdit aussi de licencier en raison des mœurs ; cf. aussi Cass. soc. 20 novembre 1986, *Dr. soc.* 1987.375, note J. Savatier ; *JCP* 1987 II 20798 note Th. Revet à propos d'un professeur de théologie dans une faculté protestante et Cass. 28 avril 1988, *D.* 1988.437.

114. Cf. J. Duffar, « L'objection de conscience en droit français », *RDP* 1991.657.

4.84 > La loi du 8 juillet 1983, en insérant un nouveau chapitre IV dans le Titre III du Code du service national (articles L. 116-1 à L. 116-8), a libéralisé le système en mentionnant des « motifs de conscience » et non pas des convictions religieuses ou philosophiques, en supprimant que l'opposition doit être en toute circonstance et en faisant disparaître la commission juridictionnelle remplacée par une procédure d'agrément accordé par le ministre de la Défense. La durée de ce service civil était de 20 mois, c'est-à-dire le double du service national actif. Le nombre des objecteurs a sans doute augmenté de façon sensible à la suite de cette loi (ils étaient 13 000 en 1997), mais on était loin de pays comme l'Allemagne où le nombre est dix fois plus élevé.

La « suspension » de l'appel sous les drapeaux par la loi du 28 octobre 1997 a fait perdre (presque) tout intérêt à cette question.

D - L'APPROCHE DE LA COUR EUROPÉENNE DES DROITS DE L'HOMME

4.85 > La question a été évoquée dans le cadre de la Convention européenne des droits de l'homme et la position de la Commission a été très nuancée[115]. Le service militaire ou civil n'est pas considéré comme un travail forcé ou obligatoire au sens de l'article 4. C'est d'ailleurs ce que précise l'article 4 al. 3 b. L'objection de conscience n'est pas une exigence dans la législation d'un État. L'article 4 mentionne, en effet : « dans les pays où l'objection de conscience est reconnue comme légitime » (cf. art. 8 § 3 c ii Pacte 1966 « dans les pays où l'objection de conscience est admise »)[116]. Est-ce contraire à l'article 9 relatif à la liberté de conscience ? Cela n'a pas été l'avis de la Commission en raison de l'article 4, alinéa 3 b. Mais cela ne résout la question que lorsque l'objection de conscience existe. En 2009, la Cour a encore confirmé son refus d'un droit à l'objection de conscience, même si elle considère l'objection de conscience comme une « aspiration légitime »[117].

4.86 > S'agissant des autres aspects de la liberté de conscience, et plus particulièrement de la liberté d'opinion la Cour européenne des droits de l'homme a pu apporter certaines précisions. Cependant, l'article est peu sollicité dans les recours.

La Cour interdit tout endoctrinement[118] et c'est l'idée d'un État neutre qui apparaît.

La Cour a pu préciser certains points. Ainsi, la Commission a estimé que le vote obligatoire ne viole pas la liberté de conscience car il y a toujours possibilité d'utiliser le bulletin nul[119]. De même, elle a estimé que la liberté de conscience ne permet pas de refuser l'impôt ou une contribution d'assurance sociale. L'article 1 du Premier protocole additionnel vient conforter cette idée.

4.87 > La Cour a eu aussi à se prononcer sur la question des interdictions professionnelles en RFA. Sans doute, la Cour a pris soin de préciser que « les garanties de la Convention s'étendent aux fonctionnaires ». Mais il faut bien constater que le droit à un égal

115. L. E. Pettiti et autres, *op. cit.* p. 186-187, Comm. par G. Malinverni.
116. Comm. EDH, 23 avril 1965 *Grandrath c/ RFA*.
117. CEDH, 27 octobre 2009, *Bayatyanb c/ Arménie*, n° 23459/03.
118. CEDH, 7 décembre 1976, *Kjeldsen et autres c/ Danemark*, Berger n° 227 ; Sudre n° 56.
119. Comm. EDH, DR 410, p. 50, 52.

accès à la fonction publique de son pays n'est pas visé par la Convention[120] alors que cela figure dans la Déclaration universelle des droits de l'homme (art. 21 § 2) et dans le Pacte de 1966 (art. 25 a) ; ce principe avait d'ailleurs été envisagé lors de la discussion du protocole n° 7 puis retiré.

Pour la Cour, l'obligation de « loyauté » demandée pour accéder à la fonction publique ne constitue pas une atteinte à la liberté d'opinion. Dans l'affaire *Vogt*, enseignante membre du DKP, pour justifier la condamnation de la RFA, elle a estimé, à une voix de majorité, qu'il n'y avait pas de « besoin social impérieux », que la révocation était disproportionnée par rapport à l'objectif poursuivi, soulignant qu'il n'y avait pas eu de manquement à l'obligation de réserve dans le comportement de l'intéressé[121]. De même, la Cour admet l'idée d'obligation de réserve[122] mais elle apporte des nuances[123]. Enfin, s'agissant de la liberté d'exprimer des opinions, nous nous trouvons à la lisière de la liberté d'expression, tant il est vrai que l'une et l'autre sont la plupart du temps imbriquées. L'article 10 permet d'y apporter des restrictions. C'est ce que précise le § 1 de l'article 10. Dans l'affaire *Piermont*[124] à propos de l'expulsion d'une parlementaire européenne de Polynésie française et de Nouvelle-Calédonie, si la Cour considère que la « mesure (l'ingérence) est prévue par la loi », « dans un but légitime » (défense de l'ordre et intégrité du territoire), elle constate qu'elle n'était pas « nécessaire dans une société démocratique ». La Cour reconnaît d'ailleurs que « la liberté de discussion politique ne revêt assurément pas un caractère absolu ». Ainsi, elle a admis l'interdiction faite à un gendarme de communiquer avec les médias, estimant qu'il n'y avait pas une atteinte disproportionnée à la liberté d'expression, le gendarme ayant en l'espèce outrepassé son devoir de réserve[125]. Cependant, certaines affirmations sont salutaires. « Un adversaire des idées et des positions officielles doit pouvoir trouver sa place dans l'arène politique. Précieuse pour chacun, la liberté d'expression l'est tout particulièrement pour un élu du peuple ».

II – LA LIBERTÉ RELIGIEUSE

4.88 > La liberté religieuse est également une liberté solidement affirmée. Tout comme la liberté d'opinion à laquelle elle se mêle intimement, elle est assise sur l'article 10 de la Déclaration des droits de l'homme et du citoyen, avec insistance ainsi que sur le préambule de 1946 et l'article 1 de la Constitution de 1958. Les textes internationaux, DUDH (article 18), Pacte de 1966 relatif aux droits civils et politiques (article 18) et CEDH (article 9) ont conforté cette reconnaissance. Elle est bien sûr la liberté d'avoir une religion, mais aussi de ne pas en avoir, comme l'a souligné la Cour européenne des droits de

---

120. CEDH, 28 août 1986, *Glasenapp c/ Allemagne*, Berger n° 221 ; 28 août 1986, *Kosiek c/ Allemagne.*
121. CEDH, 26 septembre 1995, *Vogt c/ RFA*, Berger, n° 222 ; Sudre, n° 59.
122. CEDH, 16 décembre 1992, *Hadjianastassiou c/ Grèce*, série A, n° 252.
123. CEDH, 28 octobre 1999, *Wille c/ Liechtenstein* ; cf. aussi CEDH, 1er juillet 1997, *Kalaç c/ Turquie*, Berger n° 198 à propos d'opinions religieuses intégristes.
124. CEDH, 27 avril 1995, *Piermont c/* France, Berger n° 56.
125. CEDH 15 septembre 2009, *Matelly c/ France, AJDA* 2009.2484.

l'homme[126]. « Elle est aussi un bien précieux pour les athées, les agnostiques, les sceptiques ou les indifférents ». Mais la situation est loin d'être homogène en Europe.

Là encore, la liberté religieuse présente les deux aspects, individuel et collectif, et bien évidemment, l'expression collective de la conviction religieuse entraînera toujours des difficultés plus grandes.

L'aspect individuel peut cependant poser des difficultés dans certains lieux. C'est ainsi qu'il a été admis que les pratiques cultuelles pouvaient être réglementées en détention, les réservant seulement à un lieu de culte ou à la cellule[127].

4.89 > La liberté en la matière peut être fortement influencée par la famille et nous verrons d'ailleurs certains de ces aspects à propos du problème des sectes. Le Code civil, dans son article 371-1, confie aux parents l'autorité parentale sur l'enfant « pour assurer son éducation et permettre son développement dans le respect de sa personne ». Et l'éducation pourra être une éducation religieuse. Il n'y a aucune restriction en France[128] en la matière, ce qui n'est pas incompatible avec les textes internationaux. En outre, cet article ajoute que « les parents associent l'enfant aux décisions qui le concernent selon son âge et sa maturité ». Là encore la religion est concernée. L'article 18 du Pacte des Nations unies sur les droits civils et politiques et l'article 2 du Premier protocole additionnel à la CEDH laissent la possibilité aux parents ou tuteurs légaux, de donner une éducation religieuse correspondant à leurs convictions. L'article 14 de la Convention relative aux droits de l'enfant de 1989 est plus restrictif, laissant certes le droit aux parents de guider l'enfant, mais « d'une manière qui corresponde au développement de ses capacités ».

Certains États fixent cependant un âge auquel l'enfant peut faire un choix (16 ans en Suisse, en Israël et au Royaume-Uni, 10 à 14 ans en Allemagne).

A - ÉTAT ET LIBERTÉ RELIGIEUSE

4.90 > Si, aujourd'hui, la liberté religieuse nous semble une évidence, il n'en a pas toujours été ainsi, et ceci en raison des liens entre l'État et les confessions religieuses. Ceux-ci peuvent s'organiser de façon extrêmement variée. On peut ainsi rencontrer un système de confusion ou fusion entre le pouvoir et la religion, ce qui était la règle dans l'Antiquité et l'est encore dans certains pays musulmans, comme notamment l'Iran et l'Arabie Saoudite, cette fusion pouvant rencontrer des degrés différents dans les autres États. C'était aussi le cas dans le Japon d'avant 1945. Un autre choix peut être fait qui est celui de relations privilégiées entre une ou plusieurs religions et l'État. Cela peut être le système de la religion d'État que l'on trouve en Angleterre avec la religion anglicane, dans certains États nordiques où la religion luthérienne a bien souvent ce statut ou

126. CEDH, 25 mai 1993, *Kokkinakis c/ Grèce*, précité.
127. CAA Bordeaux, 8 septembre 2009, *Faruk M.*, *AJDA* 2009.2022.
128. Cass. civ. 1re, 11 juin 1991, *Bull. civ.* I n° 196.

encore dans la France de l'Ancien Régime ou sous la Restauration. Le fait qu'il y ait religion d'État n'entraîne pas obligatoirement exclusivité de celle-ci.

4.91 > La situation peut aussi être celle du confessionnalisme. C'est celle qui prévaut en Israël où la religion judaïque n'a pas statut de religion d'État, mais où elle imprègne la vie sociale. Cependant, Israël est un État laïque. Le Liban est peut-être l'exemple extrême du confessionalisme avec 18 religions reconnues régissant chacune le statut personnel de leurs membres et structurant la vie politique. Le président de la République est toujours un chrétien maronite, le Premier ministre, un musulman sunnite et le président de la Chambre des Députés, un musulman chiite. Le mariage civil n'existe pas même si le débat a été lancé. Il n'y a que le mariage religieux. Enfin, la situation légale peut être la reconnaissance de plusieurs religions, comme ce fut le cas au XIXe siècle en France et comme le connaît aujourd'hui l'Allemagne. Enfin, on peut imaginer un système dans lequel aucun lien n'existe entre les églises et l'État. Cela peut être un régime de séparation avec une certaine reconnaissance comme aux États-Unis[129]. Cela peut être le régime de la séparation-ignorance qui s'incarne avec l'idée de laïcité en France. L'État ne reconnaît aucune religion, n'en aide aucune, mais il n'intervient pas non plus dans leur organisation laissant les différentes convictions religieuses s'exprimer, sous réserve du respect de l'ordre public. La séparation peut aussi conduire à l'absence de la liberté religieuse, cela pouvant aller d'une volonté d'éradication totale comme ce fut le cas dans les régimes de type soviétique et notamment en Albanie « premier État athée du monde », à une obligation de composer comme ce fut la situation en Pologne.

B - L'ÉVOLUTION DU DÉBAT FRANÇAIS

4.92 > Cette question a toujours été une question dominante en France puisqu'elle a pu servir de clivage politique. Comme a pu l'écrire finement Jean Rivero, « "Laïcité" : le mot sent la poudre ; il éveille des résonances passionnelles contradictoires »[130].

La France, sur le plan religieux, est certainement de moins en moins homogène. Mais les statistiques en la matière sont difficiles à obtenir et aucune distinction officielle ne peut être faite à cet égard, en raison du principe de laïcité qui préside à notre système.

Si on prend en considération les origines, on trouve 80 % de catholiques, 4 à 5 millions de musulmans, 700 000 protestants, 700 000 israélites, quatrième communauté du monde[131]. Cependant, là encore, ces statistiques ne donnent que des faits bruts. Elles montrent sans doute une domination marquante des catholiques, qui en dépit du principe de laïcité, continue à marquer bon nombre de nos événements sociaux.

4.93 > Sous l'Ancien Régime, l'Église catholique était religion d'État. Les autres religions étaient exclues. Si la France avait connu une certaine paix religieuse avec l'Édit de Nantes, celle-ci avait été totalement rompue lors de la révocation de ce texte en 1685.

---

129. L'*establishment Clause* du 1er amendement pose une « exigence de distance de l'État vis-à-vis de la religion ». cf. Bl. Chelini-Pont, *RTDH* 2006.689.

130. J. Rivero, « La notion juridique de laïcité », *D.* 1949, chr. 137.

131. De son côté le rapport Machelon estime que 65 % des Français se sont définis comme catholiques et qu'il y a 4 millions de musulmans tandis que les protestants représentent 2 % de la population et les juifs 1 %.

Pourtant, à la veille de la Révolution, il y avait des indices d'acceptation des autres confessions religieuses, même si cela ne remettait pas en cause le statut privilégié de l'Église catholique. C'est ainsi qu'avait été promulgué le 29 novembre 1787 l'Édit de tolérance qui permettait aux protestants d'avoir un état civil. De même en 1775, Louis XVI avait accordé à tous les juifs de France les mêmes droits patrimoniaux qu'aux autres français.

La Déclaration des droits de l'homme et du citoyen, en précisant « même religieuses », montrait bien le caractère novateur de la tolérance religieuse.

La Révolution française, par le décret du 12 juillet/24 août 1790, instaura un statut pour l'Église catholique avec la Constitution civile du clergé condamnée par le Pape Pie VI. La situation des autres confessions s'orientait vers une plus grande égalité.

C'est Napoléon, avec à la fois brutalité et efficacité, qui va apporter la paix religieuse pour un siècle à la faveur du Concordat du 17 juillet 1801 (28 messidor an IX) conclu entre le Premier Consul et le Pape Pie VII. L'Église catholique n'est plus que la religion de la majorité des Français. Le clergé est rémunéré. Le Premier Consul propose les évêques qui sont institués par le Pape et celui-ci ne peut refuser que pour motifs graves. Mais surtout, le Concordat est promulgué par la loi du 18 germinal an X (8 avril 1802) qui comporte 77 articles organiques, loi qui ne sera pas reconnue par le Saint-Siège. Ce système va régir les relations entre l'Église et l'État jusqu'en 1905, et il s'applique encore aujourd'hui en Alsace-Moselle. Si la Restauration fait de l'Église catholique la religion d'État, elle n'en maintient pas moins le régime établi par Napoléon qui conduit à la reconnaissance officielle de quatre cultes : catholique, luthérien, calviniste et israélite, les cultes ayant le caractère de service public.

4.94 > Les relations entre l'Église catholique, avant tout, et l'État se détérioreront au début de la IIIe République. En 1880, l'enseignement est laïcisé. La même année, l'obligation du repos dominical est supprimée. Les premiers décrets contre les congrégations non autorisées sont pris. En 1881, intervient la laïcisation des hôpitaux, des pompes funèbres, des cimetières. Les crucifix sont enlevés des tribunaux. L'article 97 de la loi du 5 avril 1884 supprime les distinctions religieuses dans les cimetières. En 1884, le divorce est rétabli. La même année, par la révision constitutionnelle du 14 août 1884, sont supprimées les prières publiques lors de la rentrée du Parlement. En juillet 1889, les ministres du culte sont astreints au service militaire. En 1901, la loi sur les associations vient porter de terribles coups aux congrégations religieuses. En 1904, la loi supprime l'enseignement congréganiste. La même année, le monopole des pompes funèbres est accordé aux communes. La rupture des relations diplomatiques avec le Vatican le 30 juillet 1904 ne fait que porter à son paroxysme le conflit. Enfin, la loi du 9 décembre 1905 (modifiée par les lois du 2 janvier 1907, 28 mars 1907, 13 avril 1908 et 25 décembre 1942, 2 juillet 1998, les décrets du 13 juin 1966 et les ordonnances des 15 juin 2000 et 28 juillet 2005) consacre la séparation de l'Église et de l'État. Rejetée par le Pape Pie X dans l'encyclique *Vehementer nos*, son application donnera lieu à de graves incidents à l'occasion des inventaires et une amnistie générale en juillet 1906 ne suffira pas à rétablir la paix des esprits.

Un siècle après, on aurait pu penser que la situation était stabilisée. Pourtant la croissance de la communauté musulmane dépourvue de lieux de cultes et le centenaire de la loi de 1905 ont suscité des débats comme en témoigne le rapport Machelon[132] ou les tensions sur les signes extérieurs.

C - LE RÉGIME ACTUEL

1 - Les principes posés en 1905

4.95 > Le principe de laïcité est proclamé constitutionnellement puisque l'article 1 de la Constitution vient poser que « la France est une République laïque ».

La séparation des « églises et de l'État est affirmée dans l'article 2 de la loi de 1905. « La République ne reconnaît, ne salarie, ni ne subventionne aucun culte. Les établissements publics du culte sont supprimés ». Comme le déclarait Aristide Briand : « L'État n'est ni religieux, ni antireligieux. Il est areligieux ». Une exception est faite en faveur des aumôneries dont les collectivités territoriales et l'État pourront envisager le financement dans les lycées, collèges, écoles[133], hospices, asiles et prisons. En dehors de cela, toute subvention est prohibée, ce qui rend en principe toute aide impossible pour aider à la construction de lieux de culte. Cela explique qu'aujourd'hui on s'interroge sur ce régime afin de faciliter la construction de lieux de culte pour les musulmans, même si certaines solutions indirectes ont pu être trouvées, ainsi à propos de la construction d'un centre culturel permettant l'installation d'une mosquée[134]. Mais souvent l'aspect d'équipement culturel mis en avant masque la volonté de contourner la loi de 1905 et les juridictions administratives sanctionnent[135]. Le rapport Machelon propose que les communes puissent subventionner sans plafonnement la construction d'édifices du culte. Il n'en reste pas moins que le principe de la prohibition reste établi[136]. La rémunération des ministres du culte est supprimée. Les évêques désormais ne relèvent plus que du Pape pour la nomination. Si les églises perdent l'aisance matérielle, elles y trouvent une véritable indépendance et l'Église catholique française souhaite aujourd'hui le maintien de la loi de 1905.

4.96 > Le système mis en place prévoit des associations cultuelles qui seront refusées par le Vatican (Encyclique *Gravissimi officii* du 10 août 1906). En revanche, les protestants et les israélites les acceptent. Afin de trouver une solution à cette situation, la loi du

---

132. http://lesrapports.ladocumentationfrancaise ; fr/BRP/064000727/0000.pdf.

133. Cf. CE, Ass., 1er avril 1949, *Chaveneau* ; 1949 III 49, note Delpech ; *D.* 1949.531, concl. Gazier, note Rolland ; A. Texier, « Les aumôneries de l'enseignement secondaire : incertitude d'une institution », *RDP* 1984.105. Il y a un aumônier musulman pour les prisons depuis mars 2006.

134. CE, 12 février 1988, *Association des résidents des quartiers Portugal Italie, JCP* 1989 II 21257 ; CE, 16 mars 2005, *Min. de l'outre-mer c/ Gouv. de Polynésie française, Lebon* 108.

135. CAA Lyon, 9 octobre 2008, *Commune de Lorette c/ Communauté d'agglomération Saint-Etienne-Métropole.*

136. CE, 9 octobre 1992, *Cne de Saint Louis c/ Assoc. Siva Soupramin de Saint Louis, JCP* 1993 II 22068 ; TA Lyon, 22 mars 2007, *M. Picquier, Fédération de la libre pensée et d'action sociale du Rhône, AJDA* 2007.665 ; *JCP* 2007 n° 2126, note E. Tawil qui considère comme illégale une subvention à l'Association communauté Sant'Egidio pour l'organisation d'une rencontre internationale pour la paix ... car il y avait des « prières pour la paix » lors de cette rencontre ! Mais la CAA de Lyon n'interdit pas « l'octroi dans l'intérêt général et dans les conditions prévues par les lois, de subventions au bénéfice d'organismes ayant des activités cultuelles » [à propos d'un ascenseur à la basilique Notre-Dame de Fourvière] (CAA Lyon, 26 juin 2007, *Fédération de la libre pensée et d'action sociale du Rhône et autres, AJDA* 2007.1652, concl. D. Besle).

2 janvier 1907 prononcera la confiscation des biens de l'Église. Celle-ci y perdra l'essentiel de son patrimoine immobilier, notamment les immeubles abritant les évêchés ou les presbytères. Ces associations cultuelles peuvent recevoir des dons et legs. Pour la Commission européenne des droits de l'homme, il y a une discrimination au sens de l'article 14[137].

4.97 > Les édifices du culte construits avant la loi de 1905 font partie du domaine public des communes[138], les cathédrales appartenant à celui de l'État. Ils sont laissés à « la disposition des fidèles et des ministres du culte pour la pratique de leur religion ». En revanche, les lieux de culte construits après 1905 sont la propriété des associations cultuelles ou diocésaines[139]. Les « édifices affectés à l'exercice du culte » sont les « locaux utilisés pour la célébration de cérémonies organisées en vue de l'accomplissement par des personnes réunies par une même croyance religieuse, de certains rites ou de certaines pratiques, ainsi qu'aux dépendances immédiates de ces locaux nécessaires à cet exercice »[140].

La question de la liberté de construction des édifices du culte a connu un regain d'actualité à l'étranger avec la votation suisse du 29 novembre 2009 qui a complété l'article 72 de la Constitution en ajoutant que « la construction de minaret est interdite ». Est-ce bien conforme à la Convention européenne des droits de l'Homme ?

2 - « *L'actualisation* »

4.98 > Après la Première Guerre mondiale qui a permis d'atténuer les tensions, sont mises en place des associations diocésaines dont l'évêque est président de droit. Elles sont approuvées par Pie XI dans l'encyclique *Maxima Gravissimaque*. La loi de finances du 29 avril 1926 leur confie les biens des ex-fabriques encore non affectés. En effet, elles seront assimilées aux associations cultuelles de 1905.

4.99 > Actuellement, on constate donc trois catégories d'association : les associations cultuelles concernant les cultes protestants, israélites, musulmans[141], les associations diocésaines intéressant les catholiques et enfin les associations quasi cultuelles régies par la loi 1901, inexistantes en fait et prévues par la loi de 1907 (article 4).

En revanche, l'Alsace-Moselle constitue un cas particulier. Lors de son retour en 1919, on maintint le Concordat et l'échec de la tentative du Cartel des gauches conduisit au

---

137. Cf. Comm. EDH, 6 juillet 1994, *Union des athées contre France*.
138. CE, 10 juin 1921, *Commune de Monségur, GAJA*, n° 37 ; Lachaume/Pauliat, p. 628.
139. M. Flores-Lonjou, *Les lieux de culte*, Cerf, 1997. L'utilisation de l'édifice, même par l'autorité municipale, ne peut avoir lieu sans l'accord du ministre du culte. Cf. CE, 25 août 2005, *Cne de Massat, Rec.* 386.
140. CE 4 février 2008, *Association de l'église néoapostolique de France, AJDA* 2008.279.
141. Sur la difficulté de reconnaissance CE, Ass., 1er décembre 1985, *Association chrétienne Les Témoins de Jéhovah de France, RDP* 1983.483, concl. Delon, mais le Conseil d'État a reconnu en 2000 les Témoins de Jéhovah (CE, 23 juin 2000, *Ministre de l'Économie, des Finances et de l'Industrie c/ Association locale pour le culte des Témoins de Jéhovah de Clamecy*). Sur un refus, voir CE, 28 avril 2004, *Assoc. cultuelle du Vajra triomphant, Rec.* som. 686.

maintien de ce régime[142]. L'Église catholique est toujours soumise au régime du Concordat de 1801. Les ministres du culte sont rémunérés. De leur côté, les protestants – luthériens et calvinistes –, qui constituent deux communautés importantes, restent soumis au régime napoléonien des articles organiques. Enfin, les israélites relèvent du statut de 1844. Mais les musulmans, absents en 1919, restent toujours à l'écart. La situation dans certains départements et collectivités d'outre-mer comporte aussi des particularités.

Pour le reste, les Églises s'organisent comme elles l'entendent[143]. L'absence de structures peut être une difficulté pour les pouvoirs publics. C'est le cas des musulmans. Un conseil de réflexion sur l'islam en France avait été constitué en 1989. La démarche a été reprise par M. Sarkozy avec la création le 20 décembre 2002 du Conseil français du Culte musulman qui regroupe les grandes fédérations. Après les élections de 2008, Mohammed Moussaoui a succédé au Recteur de la mosquée de Paris, Dalil Boubakeur.

4.100 > Les congrégations sont soumises à un régime particulier qui est celui issu de la loi du 1er juillet 1901. Elles devaient être autorisées par une loi et la formation de congrégations non autorisées constituait un délit. La « loi » du 8 avril 1942 leur a fait perdre leur caractère d'illicéité. Tout nouvel établissement nécessite un décret en Conseil d'État. Ce problème peut apparaître aujourd'hui quelque peu archaïque, mais la reconnaissance de congrégations peut même intéresser d'autres confessions comme le bouddhisme. On compte actuellement environ 200 congrégations masculines.

4.101 > Le régime du culte obéit aussi au principe de liberté. La police de l'assemblée est assurée par le ministre du culte. Ceci a été bien précisé par le Conseil d'État[144], mais n'exclut pas le pouvoir de police des maires, car même si les services religieux restent dispensés des formalités prévues par la loi du 30 juin 1881 sur les réunions (pas de bureau, pas de déclaration préalable, loi du 28 mars 1907 sur la liberté de réunion), ils restent placés sous la surveillance des autorités dans l'intérêt de l'ordre public (art. 25 loi 1905). Le lieu de culte doit être un lieu de sérénité. C'est ce qui explique notamment que la loi de 1905 interdit d'y tenir des réunions politiques. Les perturbateurs seront sanctionnés (art. 32), mais les ministres du culte peuvent l'être aussi. Cela sera le cas lorsqu'ils auront outragé ou diffamé un citoyen chargé d'un service public ou bien lorsqu'ils auront provoqué directement à résister à l'exécution des lois ou des actes légaux de l'autorité publique, ou lorsqu'ils auront tendu à soulever ou à armer une partie des citoyens contre les autres. Derrière ces incriminations, on devine aisément le climat qui a entouré l'adoption de la loi de 1905. Le culte est assuré par le desservant légal.

3 - Les liens de fait

4.102 > Est-ce à dire que la laïcité signifie une absence totale de reconnaissance des phénomènes religieux ? En principe oui. Ainsi le Conseil d'État, dans une période difficile,

---

142. Cf. Avis du 24 janvier 1925.
143. CE, 8 février 1908 *Abbé Deliard, Rec.* p. 127, concl. Chardenet ; CE, 16 février 1923, *Assoc. presbytérale de l'Église réformée de l'Annonciation, Rec.* p. 155, concl. Rivet.
144. CE, 24 mai 1938, *Abbé Touron, Rec.* p. 462.

a-t-il eu le courage de sanctionner un arrêté préfectoral imposant aux clients d'indiquer leur religion sur les fiches d'hôtel[145]. Pourtant notre droit n'ignore pas totalement les questions religieuses. C'est ainsi que l'article 199 du Code pénal repris dans l'article 433-21 du Nouveau Code pénal dispose que « tout ministre d'un culte qui procédera, de manière habituelle, aux cérémonies religieuses de mariage sans que ne lui ait été justifié l'acte de mariage préalablement reçu par les officiers de l'état civil » sera puni de six mois d'emprisonnement et de 7 500 € d'amende, même en cas de mariage *in extremis*. La logique d'un régime de séparation totale n'accordant aucune valeur au mariage religieux serait de l'ignorer totalement, seul le mariage civil étant susceptible d'avoir des effets.

On peut s'interroger sur le secret de la confession considéré comme secret professionnel. Cependant il y a malgré tout une certaine cohérence par le fait que l'on ne distinguera pas entre le fait que les révélations faites à un prêtre l'aient été à l'occasion d'une confession ou en dehors de ce sacrement[146]. On peut évoquer aussi l'article 909 du Code civil pour les testaments et le décret du 4 thermidor an XII pour la levée de corps sans autorisation d'une personne décédée. Il faut ajouter que la loi de 1905 prévoit des infractions spécifiques frappant les ministres du culte (art. 30, 34 et 35).

La loi du 17 janvier 1948 sur l'assurance vieillesse des non-salariés évoque les « ministres du culte » tandis que la loi du 1er janvier 1978 sur la généralisation de la Sécurité sociale s'applique aux prêtres, religieux et religieuses.

Enfin, la loi du 23 juillet 1987 sur le mécénat[147], en permettant les déductions fiscales à propos des dons faits à des associations cultuelles, vient contredire l'article 2 de la loi de 1905.

4.103 > On prend aussi en compte certaines habitudes religieuses, en matière alimentaire[148]. « L'abattage rituel ne peut être effectué que par des sacrificateurs habilités par les organismes religieux agréés, sur proposition du ministre de l'Intérieur par le ministre de l'Agriculture »[149]. La Cour européenne des droits de l'homme a admis la possibilité de refus d'agréments en matière d'abattage rituel, sous certaines conditions[150].

Les rites ou obligations des différentes confessions se concilient mal avec les exigences d'une vie sociale façonnée par le christianisme et plus particulièrement le catholicisme, mais aussi avec l'évolution du monde moderne. Ainsi, en ce qui concerne les examens qui peuvent avoir lieu le samedi alors que les israélites ou les adventistes se voient interdire toute activité ce jour-là. Nous examinerons cette question à propos de l'enseignement.

---

145. CE, Ass., 9 juillet 1943, *Ferrand, Rec.* p. 176.
146. Crim. 4 décembre 1891, *DP* 1892 I 139.
147. Cf. *AJDA* 1988.257.
148. CE, 27 mars 1936, *Association israélite de Valenciennes, Rec.* p. 583 ; cf. CE, 25 novembre 1994, *Association cultuelle israélite Cha'are Shalom Ve-Tsedek, AJDA* 1995.476, note Ph. J. Quillien (2 arrêts) qui reconnaît l'abattage rituel.
149. Cf. aussi CE, 20 décembre 1985, *Communauté israélite orthodoxe de Paris*, Req. 51507 qui conduit au monopole de l'Association consistoriale israélite de Paris.
150. CEDH, 27 juin 2000, *Cha'are Shalom Ve Tsedek c/ France*, Berger, n° 190.

En outre, parfois se posent des problèmes d'ordre public, ainsi avec les Témoins de Jéhovah qui refusaient tout service national même civil ou bien refusent les vaccinations ou la transfusion sanguine. Le Conseil d'État[151] a admis que l'on puisse imposer une transfusion à un Témoin de Jehovah. Mais il conviendrait qu'une loi intervienne à ce sujet pour répondre à l'article 9, alinéa 2 de la CEDH.

D - PROBLÈMES RÉCENTS

1 - Sectes[152]

4.104 > Est-ce bien un problème récent ? Les sectes ont existé de tout temps, mais on peut parler de renouveau. De plus les médias en accentuent l'impact (affaires de Guyana, de la secte Waco, du Temple solaire, de la secte Aoum, Église de Scientologie, Ordre du Temple solaire, clonage annoncé par les Raeliens...). Elles posent de nombreux problèmes car elles peuvent se rendre coupables de multiples infractions (fraude fiscale, escroqueries, abus sexuels, violences, exercice illégal de la médecine, infractions au droit du travail, séquestration de personnes, détournement de mineurs, outrage aux bonnes mœurs). Le rapport Guyard en dénombrait 172 regroupant 160 000 membres et 100 000 sympathisants. Il est difficile de lutter contre elles. L'article 3 de la loi sur les associations, la loi du 10 juillet 1936 sur les groupes de combat et milices privées sont d'un maniement difficile. Les sectes sont souvent dans une situation plus favorable avec les articles 1er à 9 de la loi de 1901 qu'avec les articles 15 et s. de la même loi ou la loi de 1905. C'est souvent le droit fiscal qui se révèle le plus efficace...

4.105 > La difficulté est très certainement de cerner ce que l'on entend par secte. Aucune définition juridique ne semble possible[153]. Comme l'écrit J. Robert, « une religion est une secte qui a réussi ». Le Conseil d'État a pourtant été amené à se prononcer en cas de refus de reconnaissance de statut d'association cultuelle[154]. De son côté, la Cour de cassation a considéré que l'Église de scientologie n'était pas une religion[155].

Le rapport de la commission d'enquête créée par le Parlement en juillet 1995, rendu public le 10 janvier 1996, refuse à l'égard des sectes aussi bien la répression que le libéralisme préférant une application plus rigoureuse des textes susceptibles de les atteindre, une législation spécifique risquant de mettre en péril certaines libertés comme la liberté de religion bien sûr, mais aussi la liberté de réunion ou la liberté d'association. C'est pourtant ce qui a été tenté avec la loi du 12 juin 2001 tendant à renforcer la prévention et la répression des mouvements sectaires portant atteinte aux droits de l'homme

---

151. CE, 26 octobre 2001, *Senanayake*, *Rec.* p. 514.

152. J. Guyard, *Les sectes en France*, *JO* Doc/ AN 1996 n° 2468 ; CE, 14 mai 1982, *Association internationale pour la conscience de Krishna*, *D.* 1982.516, note Debouy et P. Boinot ; P. Boinot, « Sectes religieuses et droit pénal », *RSC* 1983.409 ; J.-B. D'Onorio, « Les sectes en droit public français », *JCP* 1988 I 3336 ; J. Duffar, « La secte religieuse », *Mél. Mourgeon*, Bruylant, 1998, p. 409.

153. Nîmes, 10 juin 1967, *D.* 1969.366, note J. Carbonnier ; CE, 14 mai 1981, *Association internationale pour la conscience de Krishna*, préc.

154. CE, 6 juin 1986, *3e Église du Christ scientiste*, *D.* 1986 IR 290 ; cf. aussi CE, 17 juin 1988, *Union des athées*, *AJDA* 1988.6 12, chr. Azibert et de Boisdeffre ; CE, 1er février 1985, *Association Témoins de Jéhovah*, précité.

155. Crim. 30 juin 1999.

et aux libertés fondamentales qui sanctionne les activités maintenant ou exploitant « la sujétion psychologique ou physique des personnes ». On avait envisagé dans un premier temps un délit de « manipulation mentale » aux contours difficiles à cerner. Une mise en œuvre sans faille du droit pénal ou du droit fiscal doit être efficace. L'attitude à l'égard des sectes est faite de méfiance ou suspicion, notamment à l'égard de certaines d'entre elles, ainsi les Témoins de Jéhovah dont l'opposition à la transfusion sanguine – argument officiel – mais aussi peut-être à toute forme d'intégration (refus du service national, de la participation aux élections) conduit à une marginalisation juridique. Mais, le Conseil d'État a pu faire preuve de souplesse[156] et récemment considérer que leurs réunions avaient le caractère de manifestations cultuelles[157] puis leur reconnaître le caractère d'association cultuelle[158]. Mais les activités des mouvements dits sectaires font l'objet des travaux et notamment des rapports annuels de la Mission interministérielle de vigilance et de lutte contre les dérives sectaires (MIVILUDES) héritière en 2002 de divers organes successifs. Son action a fait récemment l'objet de polémiques. En 2009 a été mis en place un groupe d'appui technique visant à recenser les pratiques non conventionnelles à visée thérapeutique.

2 - Manifestations extérieures

4.106 > Mais c'est le problème des manifestations extérieures de l'Islam, devenu la deuxième religion française[159], qui a suscité des polémiques[160].

On pouvait penser que la question des manifestations extérieures des opinions religieuses relevait de l'archaïsme. Il en est sans doute ainsi en ce qui concerne la question des processions, des sonneries de cloches – encore que les « rurbains » ravivent le contentieux –, des enterrements ou du port du viatique. Le régime des processions s'inspire de celui des manifestations et cortèges et la loi de 1905, à cet effet, renvoie à la loi du 5 avril 1884 (art. L. 122-28 [abrogé] et L. 131-2 du Code des communes devenu art. L. 2212-2 du CGCT). Ce régime a été fixé par le Conseil d'État dans l'arrêt *Olivier*[161]. Cette jurisprudence a été reprise par le décret-loi du 23 octobre 1935. La distinction est faite entre les manifestations traditionnelles pour lesquelles aucune déclaration préalable n'est nécessaire, l'interdiction ne pouvant être prononcée qu'en cas de menace grave à l'ordre public, et les manifestations non traditionnelles pour lesquel les une déclaration préalable est nécessaire et où l'interdiction sera beaucoup plus facile. En ce qui concerne les sonneries de cloches, celles-ci sont réglementées par le maire, et en cas de désaccord, par le préfet. La jurisprudence s'est toujours montrée très libérale en la matière.

4.106 bis > Le respect du repos de certains jours pose aussi problème. Les religions imposent souvent une absence de travail à certains moments. De façon assez stricte, il

---

156. Avis du 24 octobre 1997, *Association locale pour le culte des témoins de Jéhovah de Riom, RFDA* 1998.69.
157. CE, 13 janvier 1993, *Min. du Budget c/ Congrégation chrétienne des témoins de Jéhovah du Puy, Rec.* p. 10 ; *LPA*, 7 mai 1993, p. 14 s., note I. Rouvière-Perrier.
158. CE, 23 juin 2000, *Min. Éco ... c/ Association locale ...*, précité.
159. B. Étienne, *La France et l'Islam*, Hachette Littérature, 1997.
160. B. Basdevant-Gaudemet, « Le statut juridique de l'Islam en France », *RDP* 1996. 355.
161. 19 février 1909, *Abbé Olivier, GAJA*, n° 19.

en est ainsi le samedi pour le judaïsme, mais aussi le dimanche pour les chrétiens et le vendredi pour les musulmans. Ceci pose souvent aujourd'hui des difficultés. La décision des autorités algériennes du respect du vendredi a soulevé des difficultés économiques. Le problème s'est posé en ce qui concerne l'ouverture de certains commerces le samedi ou le dimanche pour certaines confessions.

En ce qui concerne le samedi, la Cour administrative d'appel de Paris a considéré que l'arrêté du maire de Paris imposant l'ouverture le samedi d'un marché couvert aux commerçants ne méconnaissait pas la liberté de religion en permettant aux commerçants de bénéficier, sur demande, d'autorisations de fermeture nécessaires à l'exercice du culte, sous réserve que cela ne soit pas incompatible avec le bon fonctionnement du marché. L'idée, comme nous le verrons avec l'enseignement, est celle d'une conciliation entre liberté de religion et bon fonctionnement des services[162].

La question de l'ouverture de certains commerces le dimanche n'a pas été placée en France sous l'angle religieux ; en revanche elle l'a été en Allemagne et la Cour de Karlsruhe a eu une attitude assez favorable à la liberté religieuse.

4.107 > La question posée par l'Islam ne se situe pas sous cet aspect. Il s'agit du port pour les jeunes filles du hidjab, improprement appelé foulard ou voile islamique, le problème se posant essentiellement en raison de son port à l'intérieur des établissements scolaires. Cette question a revêtu une brusque acuité à l'occasion d'incidents survenus au collège de Creil (Oise) lorsque trois jeunes filles portant le hidjab se virent interdire l'accès aux salles de cours par le principal de l'établissement. Le retentissement de l'événement fut tel que le ministre de l'Éducation nationale décida de consulter le Conseil d'État.

Dans les années 1930, on s'était beaucoup plus intéressé au port d'insignes politiques qu'à celui de signes extérieurs religieux.

L'avis rendu par le Conseil d'État le 27 novembre 1989 dispose que « le port par les élèves de signes par lesquels ils entendent manifester leur appartenance à une religion, n'est pas, par lui-même incompatible avec le principe de laïcité ». Cette précision était nécessaire car il eut fallu exclure les élèves chrétiens portant la croix ou les élèves israélites portant l'étoile de David. Mais, poursuit la Haute Assemblée, « cela ne saurait permettre aux élèves d'arborer des signes d'appartenance religieuse qui par leur nature, par les conditions dans lesquelles ils seraient portés individuellement ou collectivement, ou par leur caractère ostentatoire ou revendicatif constitueraient un acte de pression, de provocation, de prosélytisme ou de propagande, porteraient atteinte à la dignité ou à la liberté de l'élève ou d'autres membres de la communauté éducative, compromettraient leur santé ou leur sécurité, perturberaient le déroulement des activités d'enseignement ». Cet avis fut repris peu après dans une circulaire du ministre de l'Éducation nationale en

162. CAA Paris, 16 octobre 2008, *M. Levy et autres*, *AJDA* 2009.35 note B. Bachini.

date du 12 décembre 1989[163]. Dans l'arrêt *Yilmaz*[164], le Conseil d'État affirme que « le principe de laïcité de l'enseignement public impose que l'enseignement soit dispensé dans le respect, d'une part de cette neutralité par les programmes et par les enseignants et, d'autre part de la liberté de conscience des élèves ». Cela interdit toute discrimination religieuse. En conséquence, les élèves ont le droit « d'exprimer et de manifester leurs croyances religieuses à l'intérieur des établissements scolaires, dans le respect du pluralisme et de la liberté d'autrui et sans qu'il soit porté atteinte aux activités d'enseignement, au contenu des programmes et à l'obligation d'assiduité ». Il en résulte que le port par des élèves de signes par lesquels ils entendent manifester leur appartenance à une religion n'est pas incompatible avec le principe de laïcité, mais il ne faut pas qu'il constitue un acte de pression, de provocation, de prosélytisme ou de propagande. Si un règlement trop général peut être censuré[165], certaines exclusions d'élèves peuvent être légales[166].

La question a été résolue, en revanche, de façon absolue pour les enseignants par la prohibition, que les fonctions soient ou non d'enseignement[167].

La question ayant soulevé de nouvelles polémiques, une commission de réflexion sur l'application du principe de laïcité, présidée par Bernard Stasi, alors médiateur de la République, dans son rapport rendu le 11 décembre 2003, a formulé de nombreuses propositions intéressant non seulement l'éducation nationale, mais aussi les hôpitaux ou les entreprises.

La loi du 15 mars 2004[168] « encadrant, en application du principe de laïcité, le port de signes ou de tenues manifestant une appartenance religieuse dans les écoles, collèges et lycées publics » a concrétisé ces propositions dans les établissements d'enseignement (art. L. 141-5-1 Code de l'éducation). Le Conseil d'État a considéré que la circulaire du 18 mai 2004 en application de cette loi ne méconnaît pas l'article 9 de la CEDH[169]. Il semble que depuis l'adoption de cette loi qui, juridiquement, n'était sans doute pas nécessaire, les tensions se soient réduites sur ces questions[170]. Les contournements de l'interdiction par le port d'un bandana ou tout autre couvre-chef ont également été

---

163. Cf. Avis du Conseil d'État du 27 novembre 1989, *Port de signes religieux, RFDA* 1990.1 ; *RF sc. pol.* 1991.28, chr. J. William ; *Rev. adm.* 1990.32, chr. J. Minot ; Circulaire du 12 décembre 1989, *RFDA* 1990.10 chr. Durand-Prinborgne ; CE, 2 novembre 1992, *Kherouaa, RDP* 1993 220, note P. Sabourin ; *LPA*, 24 mai 1993, note G. Lebreton ; *JCP* 1993 I 21998, note P. Tedeschi (Le Conseil d'État annule en raison de la généralité des termes, le règlement intérieur du collège de Montfermeil qui disposait que « le port de tout signe distinctif, vestimentaire ou autre, d'ordre religieux, politique ou philosophique est strictement interdit ») ; Circulaire Bayrou du 20 septembre 1994.

164. CE, 14 mars 1994, *Yilmaz, RDP* 1995.221 note de Lajartre ; *LPA* 1995, n° 26 p. 23, note Flauss.

165. Cf. aussi CE, 10 mars 1995, *M. et Mme Aoukili, AJDA* 1995.332, concl. Y. Aguila ; CE, 10 juillet 1995, *Min. Éd. Nat. c/ Saglamer, AJDA* 1995.644, concl. R. Schwartz.

166. CE, 10 mars 1995, *M. et Mme Aoukili* ; CE, 20 octobre 1999, *Min. Éd. Nat. c/ M. et Mme Ait Ahmad, D.* 2000.251, concl. Schwartz ; *JCP* 2000 II 10306, note G. Koubi ; *AJDA* 2000.165, note De La Morena.

167. CE, avis, 3 mai 2000, *Mme Marteaux*, précité.

168. Cf. G. Koubi, « Une précision tenue pour insigne. À propos de la loi n° 2004-228 du 15 mars 2004 », *JCP* 2004 I 1213.

169. CE, 8 octobre 2004, *Union française pour la cohésion sociale, AJDA* 2004.1901.

170. Voir quelques exemples d'application in CE 5 décembre 2007, *Singh* et CE 5 décembre 2007 *M. et Mme Ghazal, AJDA* 2007.2341 Chr. J.M. Pasti ; *RFDA* 2007.1054, Chr. J. Andriantsimbazovina ; CE 15 décembre 2006 , *Association United Sikhs, AJDA* 2007.313, concl. T. Olson.

sanctionnés[171]. Pourtant le rapport Rossinot en 2006 a montré que les dysfonctionnements se sont déplacés.

Alors qu'avait été envisagée une loi pour les établissements hospitaliers, la question n'a fait l'objet que d'une circulaire en date du 2 février 2005. D'autre part, une circulaire du Premier ministre du 13 avril 2007 a rappelé les grands principes dans une Charte de la laïcité dans les services publics, nullement novatrice[172].

La question du voile islamique a sans doute pris une autre dimension avec le port par certaines femmes de la burqa ou du niqab (voile intégral) et non plus seulement du hijab, et ce sur l'espace public. Une mission d'information sur la pratique du port du voile intégral sur le territoire national a été créée sur l'initiative du député communiste André Gérin. À la suite de son rapport déposé le 26 janvier 2010, diverses propositions ont été suggérées en utilisant la technique de la résolution permise par la révision constitutionnelle de 2008, et surtout en suggérant une interdiction du port de ce vêtement dans les services publics, l'interdiction sur l'espace public étant susceptible de difficultés constitutionnelles. Dans son rapport remis au Premier ministre, le Conseil d'État se montre hostile à une interdiction absolue et propose une interdiction limitée à certains lieux et certaines circonstances. Il refuse de se fonder sur les principes de laïcité, de dignité de la personne, d'égalité entre les sexes ou de sécurité, suggérant une interdiction s'appliquant à tout ce qui cache le visage et s'appuie sur des motifs de sécurité publique et de lutte contre la fraude[173]. Un projet de loi doit être déposé très prochainement. La Belgique s'oriente vers une interdiction absolue. D'ores et déjà, cette « pratique radicale » d'une religion a été considérée comme une « situation d'inassimilation par rapport à l'ensemble national français » et a justifié un refus de naturalisation[174]. Le 24 mars 2010, le président Sarkozy a annoncé un projet de loi d'interdiction du « voile intégral ».

On notera que l'interdiction de signes extérieurs a été admise pour la Carte nationale d'identité ou le passeport[175].

E - LIBERTÉ RELIGIEUSE ET CONVENTION EUROPÉENNE DES DROITS DE L'HOMME

4.108 > La Commission et la Cour européenne des droits de l'homme ont été amenées à préciser la liberté religieuse[176]. Dans l'affaire *Kokkinatis c/ Grèce*[177] elle a reconnu l'ambivalence de la liberté religieuse, à la fois conviction personnelle et liberté de manifester sa religion.

---

171. CE, s., *5 décembre 2007, M. et Mme Ghazal, M. Singh et autres* (2 esp.), *RFDA* 2008.529, concl. R. Keller.
172. Cl. Durand-Prinborgne, « Autour du projet de Charte de la laïcité dans les services publics », *AJDA* 2007.721.
173. Conseil d'État, Étude relative aux possibilités juridiques d'interdiction du port du voile intégral, http://www.conseil-etat.fr/cde/fr/rapports-et-etudes/possibilites-juridiques-d-interdiction-du-port-du-voile-integral.html
174. CE, 27 juin 2008, *Mme Faïza X.*, *D.* 2009.347, note Ch. Vallar ; *LPA* 2009 n° 35, p. 11, note B. Pacteau.
175. CE, 2 juin 2003, *Mlle Aboutaher.*
176. Cf. R. Goy, « La garantie européenne de la liberté de religion », *RDP* 1991.53.
177. CEDH 25 mai 1993, *Kokkinakis c/ Grèce*, Berger n° 196 ; Sudre n° 54.

La liberté religieuse ne doit pas jouer contre l'Église elle-même. Celle-ci est libre de s'organiser comme elle l'entend[178] et l'État ne peut imposer des dirigeants à une communauté.

La liberté religieuse c'est la liberté de ne pas être lié par des activités religieuses si on ne le veut pas. Ainsi, la Commission[179] a pu estimer dans l'affaire *Darby* que le paiement de taxes aux Églises constituait une violation de la Convention pour ceux qui n'en étaient pas membres. Mais le droit de ne pas payer la taxe sans quitter l'Église n'est pas garanti[180]. En effet, cette liberté existe dès lors que l'Église n'empêche pas ses membres de la quitter (à propos d'une plainte contre l'Église d'État du Danemark formulée par un pasteur qui contestait les règles du baptême). On sait qu'il s'agit d'un point particulièrement épineux dans les organisations internationales avec les musulmans à propos des conventions internationales insistant sur ce droit. Ce principe a obligé la Suède à modifier sa législation qui ne permettait pas de quitter l'Église luthérienne sans être membre d'une autre église chrétienne. La liberté de religion, c'est aussi la liberté de changer de religion ou d'abandonner toute religion.

4.108 bis > On peut se demander si le modèle français de laïcité n'est pas en voie d'être le modèle européen comme en a témoigné la polémique née de l'arrêt du 3 novembre 2009 relatif à la présence de crucifix dans les écoles italiennes. D'autres pays comme l'Espagne ou le Portugal pourraient être touchés par cette jurisprudence[181].

4.109 > La liberté religieuse doit aussi être une liberté réelle. C'est ainsi que la Commission a estimé que l'État devait subvenir aux besoins religieux des personnes, notamment dans le respect des impératifs alimentaires, sous réserve que cela ne soit pas excessif.

4.110 > La liberté religieuse implique également qu'il y ait traitement égal des confessions[182]. Ainsi, à propos d'une affaire dans laquelle le droit de garde avait été refusé à une mère parce qu'elle était Témoin de Jéhovah, l'argument retenu par la Cour suprême autrichienne ayant été l'attitude des Témoins de Jéhovah à l'égard des transfusions sanguines, la Cour[183] a estimé qu'il y avait discrimination dans la mesure où les Témoins de Jéhovah étaient légaux. La jurisprudence française à cet égard pourrait conduire à la condamnation de la France à Strasbourg, encore qu'il y ait eu récemment des infléchissements. À propos de l'éducation religieuse, la CEDH a stigmatisé en Norvège le déséquilibre au profit du protestantisme[184].

---

178. CEDH, 26 octobre 2000, *Hassan et Tchaouch c/ Bulgarie*, Berger, n° 202.
179. *Darby c/ Suède*, R. 11581/85, 9 mai 1989.
180. La Cour en se fondant sur un autre terrain n'a pas eu à trancher la question, CEDH, 23 octobre 1990, *Darby c/ Suède*, série A, n° 187. L'origine étrangère d'un groupement ne peut justifier un refus, CEDH 5 octobre 2005, *Branche de l'Armée du salut en Russie*, *AJDA* 2007.910, Chr. J.F. Flauss.
181. CEDH, 3 novembre 2009, *Mme Lautsi c/ Italie*, *AJDA* 2009.2034.
182. CEDH, 13 décembre 2001, *Église métropolitaine de Bessarabie et autres c/ Moldova*, Berger, n° 203.
183. CEDH 23 juin 1993, *Hoffmannn c/ Autriche*, Berger, n° 166, *LPA*, 1993 n° 174, p. 20, note I. Rouvière-Perrier.
184. CEDH, Gde Ch., 29 juin 2007, *Folgero et autres c/ Norvège*, *AJDA* 2007.1926 chr. J.F. Flauss.

S'agissant des sectes, la Cour a admis qu'il puisse y avoir une information à leur égard, mais celle-ci doit utiliser un vocabulaire qu'on serait tenté de qualifier de « politiquement correct », le terme de secte pouvant cependant être utilisé[185].

4.111 > Enfin, s'agissant des signes extérieurs, l'article 9, § 2 a pu trouver application. La liberté religieuse est la possibilité de manifester ses convictions par le culte et les pratiques[186], mais la Cour a estimé qu'il était sans doute possible de limiter le droit de manifester sa religion ou ses convictions. « Là où plusieurs religions coexistent au sein d'une même population, il peut se révéler nécessaire d'assortir cette liberté de limitations propres à concilier les intérêts des divers groupes et d'assurer le respect des convictions de chacun » (Kokkinakis). Ainsi la Commission[187] a admis l'obligation de porter un casque pour les motocyclistes, ce que refusaient les Sikhs. Depuis, la loi britannique a permis une exception en leur faveur. La Cour a admis la possibilité d'obliger un adventiste à fréquenter l'école le samedi[189]. La Commission a admis que les processions soient interdites sur la base de l'article 9, § 2 sans que les tribunaux aient la possibilité de contrôler la nécessité, ce qui apparaît abusif. En ce qui concerne l'abattage rituel, la Cour a admis des limitations dès lors qu'elles poursuivent un but légitime et non disproportionné[190]. Enfin, l'État peut réprimer le prosélytisme abusif (Kokkinakis – Témoins de Jéhovah), mais où est la frontière (ce qu'a bien vu le juge Martens) ? La liberté religieuse comporte en principe le droit d'essayer de convaincre son prochain, par exemple au moyen d'un « enseignement » (Kokkinakis).

La question du « foulard » a fait l'objet d'une jurisprudence récente. La Cour en a admis l'interdiction pour une enseignante car le port est « incompatible avec le message de tolérance, de respect d'autrui et surtout d'égalité et de non-discrimination que dans une démocratie tout enseignant doit transmettre à ses élèves »[191]. En prenant en compte la situation particulière de la Turquie, elle a admis l'interdiction du port du « foulard » par une étudiante[192] ou une universitaire[193]. La question aurait dû être presque sans objet pour ce pays puisque la Turquie a amendé la Constitution pour permettre aux étudiantes de porter le foulard dans les universités. La burqa est cependant exclue. En outre, le port du foulard est interdit pour le personnel. Mais dans un arrêt du 5 juin 2008, la Cour constitutionnelle turque a annulé l'amendement constitutionnel[194].

La compatibilité de la loi du 15 mars 2004 (art. L. 141-5-1 Code de l'éducation) avec la Convention a été admise par la Cour de Strasbourg. En 2008[195], la Cour a fait application

---

185. CEDH, 6 novembre 2008, *Leela Förderkreis E.V. et al. c/ Allemagne.*
186. Comm. EDH, 5 mai 1979, *Church of Scientology c/ Suède.*
187. Commission, DR 12 juillet 1978, *X c/ Royaume-Uni.*
188. CEDH, 27 avril 1999, *Martins Casimiro et Cerveira Ferrera c/ Luxembourg*, Req. n° 44888/98.
189. CEDH, 27 juin 2000, *Cha'are Shalom Ve Tsedek c/ France*, Berger, n° 200.
190. CEDH, 15 février 2001, *Dahlas c/ Suisse, RFDA* 2003.536.
191. CEDH, 29 juin 2004, *Leyla Sahin c/ Turquie*, Berger, n° 199, confirmé par la Grande Chambre le 15 novembre 2005. L'arrêt a été repris dans la décision du Conseil constitutionnel dans sa décision 2004-505 DC *Traité établissant une constitution pour l'Europe* Cf. aussi CEDH 1er juillet 1997, *Kalaç c/ Turquie*, Berger n° 198.
192. CEDH, 24 janvier 2006, *Kurtulmus c/ Turquie*, n° 66500/01.
193. Cf. Chron. *RFDA* 2008. 1246-47.
194. CEDH, 4 décembre 2008, *Dogru c/ France, AJDA* 2008.2311 ; CEDH, 4 décembre 2008, *Kervanci c/ France, RDP* 2009.916, obs. G. Gonzalez (pour des affaires antérieures à la loi de 2004).

de la jurisprudence *Sahin* et a admis aussi bien la prohibition du hidjab que celle du sous-turban sikh[195]. La Cour se refuse à accepter des solutions de substitution comme le port en permanence d'un bonnet.

4.111 bis > La liberté religieuse peut se heurter à la liberté d'expression comme dans l'affaire des caricatures de Mahomet[196]. Pour la CEDH, la liberté d'expression l'emporte si elle ne porte pas atteinte au droit des croyants d'exprimer et de pratiquer leur religion ni ne dénigre leur foi[197]. Mais la Cour admet la répression du blasphème car elle vise à fournir « une protection contre des attaques offensantes »[198].

§ 2 - LA LIBERTÉ D'EXPRESSION

4.112 > La liberté d'expression a pu pendant longtemps se concrétiser par le support de la presse, même si le premier support a été la parole. La presse a été pendant plusieurs siècles le moyen essentiel de la diffusion de l'expression de la pensée. Cela peut expliquer le statut privilégié qui a été et reste encore le sien. Le XXe siècle a bouleversé cette situation avec l'apparition et le développement de nouveaux supports aux possibilités d'expansion impossibles à déterminer.

Le terme de presse est multiforme, même si *a priori* il est lié à une technique. Le régime de la presse a pu inspirer d'autres modes d'expression, cependant il n'a pu y avoir transposition pure et simple comme en matière d'audiovisuel et aujourd'hui à propos d'Internet. La presse est en fait très ancienne. Elle est née en Chine avec l'invention du papier. Elle connaîtra un développement potentiel à partir de l'invention de la typographie mise au point par Gutenberg.

4.113 > Mais au préalable, on peut s'interroger sur la question de la langue utilisable. Le recul mondial de la langue française a conduit à remettre en cause un des aspects de la liberté : celui de la liberté de la langue d'expression. La question présente un double aspect en France. Notre pays a manifesté une méfiance à l'égard des langues minoritaires dans un pays qui refusait de reconnaître toute minorité. Le Conseil constitutionnel évoque la question dans sa décision sur la Corse[199] et surtout dans celle sur la Charte européenne des langues régionales ou minoritaires considérée comme contraire à la Constitution où il rappelle l'exclusion du droit à utiliser une langue autre que le français pour les personnes morales de droit public, les personnes privées dans l'exercice d'une mission de service public, ainsi que pour les particuliers dans leurs relations avec les administrations et les services publics[200]. Mais en même temps se manifeste une volonté de protéger notre langue et d'en faciliter le rayonnement mondial. La France s'est dotée d'une législation un peu illusoire pour protéger sa langue ainsi qu'en témoignent la loi du

195. CEDH, 30 juin 2009, *Mle Tuba Aktas c/ France*, *AJDA* 2009.2077, note G. Gonzalez.
196. TGI Paris 22 mars 2007, *JCP* 2007 II 10079, note E. Derieux ; *JCP* 2007 I 146 Chr. J.Y. Maréchal ; *D.* 2007.9829 note F. Rome.
197. CEDH, 2 mai 2006, *Aydin Tutlav c/ Turquie* et 31 octobre 2006 *Klein c/ Slovaquie*.
198. CEDH, 13 septembre 2005, *I.A. c./ Turquie*.
199. CC 91-290 DC, 9 mai 1991, *Statut de la Corse*, Favoreu /Philip, n° 35.
200. CC 99-412 DC, 15 juin 1999, *Charte européenne des langues régionales ou minoritaires*.

31 décembre 1975 dite loi Pierre Bas, peu ou mal appliquée, la révision constitutionnelle de 1992 par laquelle l'article 2 de la Constitution affirme que « la langue de la République est le français », et la loi Toubon du 4 août 1994[201]. Si la loi Toubon vise les pouvoirs publics, elle s'intéresse aussi aux personnes privées[202]. Le Conseil constitutionnel[203] donne une extension à la liberté de communication : « le droit pour chacun de choisir les termes jugés par lui les mieux appropriés à l'expression de sa pensée ». Il a censuré l'article 7 de la loi, sur l'aide publique aux travaux d'enseignement et de recherche liée à des publications en langue française. Pour la première fois, le Conseil constitutionnel s'appuie sur l'article 11 de la Déclaration de 1789 (il aurait pu s'appuyer sur le principe de l'indépendance des enseignants-chercheurs. Mais l'article 11 permet d'aller plus loin). Cependant, le Conseil reconnaît la possibilité d'imposer la langue française aux personnes morales de droit public ainsi qu'aux personnes de droit privé dans l'exercice d'une mission de service public. Cependant, cela n'est pas possible pour les organes de radiotélévision, publics ou privés.

La question de l'usage de la langue française a soulevé des polémiques à propos de la Convention de Londres sur la délivrance des brevets européens. Le Conseil constitutionnel a cependant considéré que l'accord notamment, n'obligeait pas des personnes morales de droit public ou de droit privé chargées d'une mission de service public à utiliser une langue autre que le français[204].

La question des langues régionales a connu une (timide) avancée avec la révision constitutionnelle du 23 juillet 2008. L'article 75-1 pose que « les langues régionales appartiennent au patrimoine de la France ». Mais il met cette affirmation à bonne distance de l'article 2 relatif à la langue française montrant bien que seule la langue française a un caractère contraignant, les langues régionales n'ayant qu'une place de second rang[205].

I – LA LIBERTÉ DE LA PRESSE

A - UNE LIBERTÉ MYTHIQUE

4.114 > La liberté de la presse a sans doute pu être considérée comme une liberté individuelle. Aujourd'hui, en raison de l'avancement des moyens techniques, il n'en est rien et elle devient de plus en plus une liberté collective. Ou plutôt, conviendrait-il d'établir une autre distinction. En fait, aujourd'hui, même si l'une et l'autre ne sont pas toujours aisément dissociables, la liberté de la presse apparaît à la fois comme une liberté

201. J.-M. Pontier, *Le droit de la langue française*, Dalloz, 1996.

202. Pour éviter tout conflit avec Bruxelles, le Conseil d'État a admis que les mentions obligatoires effectuées dans une langue étrangère mais facilement compréhensible (???) ou remplacées par des dessins ou schémas sont possibles. CE, 27 juillet 2006, *Association Avenir de la Langue française*, *Dr. Adm.* janvier 2007, n° 11.

203. CC 94-345 DC, 29 juillet 1994, *Loi relative à l'emploi de la langue française*, *RDP* 1994 1666, chr. J.-P. Camby ; *AJDA* 1994. 721, note Wachsmann ; *RDP* 1995.100 chr. D. Rousseau.

204. CC 2006-541 DC 28 septembre 2006, *Accord de Londres relatif au brevet européen*, *RFDC* 2007.298 Chr. V. Bertile ; *D.* 2007.120 note M. Verpeaux.

205. Cf. J. Viguier, « La primauté juridique de la langue nationale française sur les langues régionales secondes », *RDP* 2009.1635 ; V. Bertile, *Langues régionales ou minoritaires et Constitution. France, Espagne et Italie*, Bruxelles, Bruylant, 2008 ; C. Le Bris, « Les langues régionales dans la Constitution », *RDP* 2009.788.

d'expression, ce qui correspondra assez bien à l'analyse classique et d'autre part – et ce sont les éléments nouveaux – comme une liberté économique. La conséquence est que les limitations pourront être beaucoup plus grandes, la liberté devant prendre en considération le lecteur et devant obéir à certains objectifs à valeur constitutionnelle. La liberté de la presse n'en reste pas moins une liberté majeure et le Conseil constitutionnel a pu affirmer[206] qu'elle est une « liberté fondamentale d'autant plus précieuse que son exercice est l'une des garanties essentielles du respect des autres droits et libertés et de la souveraineté nationale ». Ce caractère fondamental avait pu être souligné dès la DDHC puisque la libre communication des pensées et des opinions avait été qualifiée de « l'un des droits les plus précieux de l'Homme ». Mais en retenant une telle formulation, la Déclaration ne s'intéressait qu'à l'un des aspects de cette liberté. Or celle-ci a été bouleversée par les évolutions techniques.

1 - Grandeur et déclin d'une liberté

4.115 > Les médias, dès l'origine, ont été à la fois redoutés et recherchés. Sans doute les esprits libres ont-ils eu quelques soucis avec le pouvoir. *La Gazette* de Théophraste Renaudot, ancêtre de nos journaux née le 30 mai a vu sa création encouragée par Richelieu, parce qu'elle servait les intérêts du Cardinal, pouvant devenir un moyen de propagande. Mais la presse s'adressait à une élite et elle ne prendra un grand développement qu'à la Révolution, étant alors considérée comme moyen d'éducation, de formation de l'opinion. Les principaux leaders sont journalistes.

La presse révolutionnaire était essentiellement une presse d'opinion. Dès 1791, les tendances restrictives apparaissent. La liberté de la presse sera suspendue, les journalistes monteront sur l'échafaud. La réduction drastique a été la marque du système napoléonien, la propriété des journaux passant en 1811 à l'État, la Constitution de l'an VIII se gardant bien de proclamer la liberté de la presse.

Le XIXe siècle est marqué par un certain nombre d'évolutions, si ce n'est de révolutions sur le plan technique (rotatives, linotypes) en même temps que par une approche plus moderne, plus économique qu'auront certains créateurs de journaux et l'apparition de la publicité qui permet de diminuer de moitié l'abonnement.

On voit aussi une évolution des techniques juridiques destinées à limiter la liberté de la presse : saisies, censure qui peuvent apparaître comme assez classiques, mais aussi autorisation préalable (elle existera à la Libération, jusqu'en 1947), déclaration préalable, cautionnement (il disparaît en 1881), licence de publication, subventions, avertissements, suspension (« la censure qui s'exerce le lendemain », [Thiers]), suppression, délits divers.

4.116 > Le XIXe siècle est en France celui d'une lente conquête d'une vraie liberté de la presse dont l'apothéose est la magnifique loi du 29 juillet 1881. La Restauration connaît un grand nombre de lois restrictives. Et c'est à cause de la liberté de la presse et de son

206. CC 84-181 DC, 10-11 octobre 1984, *Entreprises de presse*, Favoreu et Philip, n° 28.

irrespect que le régime chute. La Révolution de Juillet 1830 et la Charte de 1830 témoignent de ces circonstances puisque son article 7 dispose que « les Français ont le droit de publier et de faire imprimer leurs opinions en se conformant aux lois » et elle ajoute cette précision révélatrice : « La censure ne pourra jamais être rétablie ». Le jury réapparaît. Cela n'empêchera pourtant pas la Monarchie de Juillet de porter atteinte, sans doute dans des dimensions moins grandes, à la liberté de la presse. La IIe République part aussi sur de bonnes intentions en proclamant une liberté quasi illimitée en réaffirmant aussi que « la presse ne peut, en aucun cas, être soumise à la censure ». Le Second Empire sera une rude période pour la presse avec le système de l'avertissement qui pouvait conduire à l'interdiction.

4.117 > Une des premières grandes lois de la « République républicaine » sera celle du 29 juillet 1881. Véritable code de la presse, elle remet en ordre 42 textes et 325 articles et dote la France du régime le plus libéral du monde. Régime de liberté, elle est symbolisée par l'institution du jury. Mais elle était peut-être trop libérale pour les gouvernants et très vite elle va être grignotée. De plus, lacune grave, elle ignore l'entreprise. La promulgation de cette loi conduit à un essor sans précédent de la presse. Mais dès 1882, les premières restrictions apparaissent. C'est lors de moments où la IIIe République craindra pour son existence que la liberté de la presse se trouvera en péril avec des dispositions qui, comme toujours, ne disparaîtront pas, une fois le péril passé. Dans les années 1893-1894, les menées anarchistes conduisent à ce que l'on a appelé les « lois scélérates », et parmi elles, certaines visent la liberté de la presse, par exemple en facilitant les saisies judiciaires. C'est surtout dans l'entre-deux-guerres que les atteintes deviennent de plus en plus grandes et elles ne cesseront pas jusqu'à la Seconde Guerre mondiale. Mais il faut admettre que le pouvoir est obligé de faire face aux débordements d'une certaine presse dont l'exemple type est certainement l'odieuse campagne menée par l'hebdomadaire *Gringoire* conduisant au suicide du ministre Roger Salengro. Cela entraînera des lois plus répressives et des délits nouveaux (organisation du refus collectif de l'impôt, fausses nouvelles de nature à ébranler le moral des armées, atteinte au crédit public, provocation au meurtre suivie d'effets). Le régime de Vichy constitue une parenthèse douloureuse pour la liberté de la presse. Sans doute les nouveaux gouvernants en 1944 vont-ils, dans un souci d'idéalisme, non dépourvu pour beaucoup d'arrière-pensées, vouloir rénover la presse qu'ils accusent de tous les maux. Mais cela, d'une part conduira à des atteintes graves à la liberté de la presse elle-même (l'ordonnance du 6 mai 1944 supprime totalement le jury) et d'autre part, échouera. L'idée d'une presse pure, indépendante des puissances d'argent, fera vite long feu. L'ordonnance du 26 août 1944 tentera de réaliser cet objectif. Elle souhaite instaurer la transparence. Le lecteur doit tout connaître de la publication qu'il lit. Rares sont les journaux qui respecteront les prescriptions de cette ordonnance, et les sanctions n'interviendront jamais. En outre, jusqu'en 1947, les difficultés économiques en matière de papier serviront de justificatif à un régime d'autorisation préalable. La presse est très vivante. Mais les difficultés économiques suscitent assez vite des disparitions, des concentrations, entraînent la naissance de groupes de presse. Les créations de quotidiens sont rarissimes. Le bilan est beaucoup plus favorable pour la presse périodique. Les difficultés politiques de la IVe République et des débuts de la Ve ne faciliteront pas la liberté (guerre d'Indochine, guerre d'Algérie). Les évolutions techniques contraindront à des adaptations difficiles (photocomposition) ayant des conséquences sociales graves sur certaines professions et engendrant des conflits dramatiques. En outre se développe la concurrence des autres médias. On passe d'ailleurs de la notion de groupes de presse à celle de groupes de communication. Ceux-ci cherchent à contrôler différents types de médias. Ils franchissent les frontières ayant des ambitions mondiales et s'inscrivent dans une lutte sans merci aux conséquences parfois graves.

4.118 > L'arrivée au pouvoir d'une gauche quelque peu obnubilée par le cas du groupe de presse Hersant a été à l'origine d'une volonté de revoir les lois sur la presse. Cela fut l'occasion à la faveur de ce nouveau texte en 1984, pour le Conseil constitutionnel, de poser les principes devant présider aux différents aspects de la liberté de la presse, et peut-être d'appréhender la dimension économique. C'est aussi la consécration du lecteur alors que la Déclaration de 1789 et la loi de 1881 pensaient essentiellement au rédacteur. L'alternance qui se produit en 1986 relance le débat. La décision du Conseil constitutionnel du 29 juillet 1986, fort critique, va obliger le législateur à compléter la loi du 1er août 1986, ce qui sera fait avec la loi du 27 novembre 1986. Depuis lors, les esprits semblent s'être assagis et l'instabilité législative a cessé. Est-ce à dire que la presse a trouvé une situation satisfaisante ? Certainement pas.

2 - Les incertitudes d'une industrie

4.119 > La presse est devenue une industrie, ce qui pose les termes de cette liberté dans une dimension économique. L'argent est nécessaire pour créer un journal mais aussi pour éliminer les autres journaux par le phénomène de la concentration. Cela conduit à une approche nouvelle du juge constitutionnel qui va privilégier plus le lecteur que le créateur. On insiste sur l'exigence de pluralisme, l'idée de droit à l'information.

La presse est menacée. Elle l'est par les conditions économiques. Certaines de ses ressources sont en danger. Il en va ainsi de la publicité qui peut être attirée par d'autres médias, notamment le grand rival qu'est la télévision.

4.120 > Mais les problèmes de la presse sont également liés à des phénomènes culturels. Certains pays sont de très grands lecteurs. C'est le cas de l'Europe du Nord, du Japon. Le poids des quotidiens édités en fin de semaine est impressionnant dans les pays anglo-saxons. En France, malgré certaines tentatives qui ont échoué, il reste squelettique. La France se situe à la remorque des pays développés. Les quotidiens (17 nationaux payants et 4 gratuits et 66 régionaux) n'atteignent ensemble que 6 millions d'exemplaires. De plus, phénomène inquiétant, le lectorat diminue chez les jeunes plus familiers avec Internet et sa gratuité.

En outre, la presse devient de moins en moins un vecteur de la liberté d'expression. Ce sont les journaux que l'on qualifiera « d'opinion » qui ont progressivement disparu. *La Croix*, *l'Humanité*, *Libération* aussi, survivent à grand-peine parmi les quotidiens exprimant une opinion. Cela n'est sans doute pas étranger à une approche différente du droit de la presse.

Les états généraux de la presse écrite lancés de 2 octobre 2008 ont tenté de faire des propositions. Mais n'est-il pas trop tard ?

3 - *Les défis des nouvelles techniques*

4.121 ➤ Les nouvelles techniques constituent un défi. La législation relative à la presse a été élaborée pour le support papier. Les moyens électroniques de communication suscitent des interrogations, et notamment la question de l'application du droit de la presse aux réseaux électroniques de communication[207] quand ce n'est pas aux journaux dans leur diffusion électronique. Certains ont souhaité un droit spécifique à Internet. D'autres estiment cette spécificité inutile[208]. Dès lors que le caractère de publicité exigé par l'article 23 de la loi de 1881 est présent, cette loi s'applique. En revanche, elle ne saurait concerner le courrier électronique. Aux États-Unis, il y a eu un refus de toute spécificité pour la Cour suprême qui a considéré par exemple que la loi impliquant la responsabilité des fournisseurs de services pour les images obscènes diffusées *(Communications Decency Act)* était contraire au premier amendement à la Constitution[209]. Il n'en reste pas moins que des problèmes spécifiques peuvent se poser. La loi est souvent amenée à préciser ou étendre. C'est le cas pour le statut d'éditeur de presse en ligne afin de bénéficier des aides à la presse (décret 2009-1340 du 29 octobre 2009). Ainsi, en ce qui concerne la prescription en matière de diffamation, quel sera le point de départ ? S'agira-t-il du jour de la publication sur le site ou du jour où l'écrit diffamatoire a été consulté ? La Cour de cassation a tranché en faveur de la première solution[210]. La question a resurgi à la suite d'un amendement du sénateur Tregouët à la loi du 21 juin 2004 pour la confiance dans l'économie numérique. L'article 6 dans son V disposait que « les dispositions des chapitres IV et V de la loi du 29 juillet 1881 sont applicables aux services de communication au public en ligne et la prescription acquise dans les conditions prévues par l'article 65 de ladite loi est applicable à la reproduction d'une publication sur un service de communication au public en ligne, dès lors que le contenu est le même sur le support informatique et sur le support papier ».

Dans le cas contraire, l'action publique et l'action civile se prescriront après le délai prévu par l'article 65 de ladite loi à compter de la date à laquelle cesse la mise à disposition du public du message susceptible de déclencher l'une de ces actions ».

Le Conseil constitutionnel[211] a considéré que la différence de régime en matière de prescription « dépasse manifestement ce qui serait nécessaire pour prendre en compte la situation particulière des messages exclusivement disponibles sur un support informatique ». Il n'en a pas moins laissé la porte ouverte à un traitement différent du support papier qui doit être très protégé et du support électronique considérant que la « prise en compte de différences dans les conditions d'accessibilité d'un message dans le temps n'est pas contraire au principe d'égalité ». De même la question de la personne responsable est tout aussi préoccupante. Doit-on envisager la responsabilité en cascade qui est celle prévue par le droit de la presse ou bien adapter cette responsabilité aux caractères

---

207. P. Auvret, « L'application du droit de la presse au réseau Internet », *JCP* 1999 I 108.
208. Mme Falque-Pierrotin, *Internet et les réseaux numériques, Rapport au Conseil d'État*, La Documentation française, 1998.
209. 26 juin 1997, *Reno v. American Civil Liberties Union*, 521 US 844 (1997).
210. Cass. crim. 30 janvier 2001, *Bull. crim.* n° 28 ; Crim. 16 octobre 2001, *JCP* 2001 II 10028, note Ph. Blanchetier ; Crim. 27 novembre 2001, *Bull. crim.* n° 246.
211. CC 2004-496 DC 10 juin 2004, *Loi pour la confiance dans l'économie numérique, Rec.* 101 ; *RFDA* 2003.651, note B. Genevois.

spécifiques de la Toile ? La loi du 1er août 2000 sur la communication a prévu la responsabilité de l'hébergeur s'il n'empêche pas l'accès au contenu après avoir été saisi par l'autorité judiciaire[212]. La loi pour la confiance dans l'économie numérique a tenté de mettre en place un droit de l'Internet en transposant les directives européennes du 8 juin 2000 et pour partie du 12 juillet 2002. Elle pose le principe de la liberté de la communication en ligne un peu à la manière – mais sans l'esprit – des grandes lois de la IIIe République. Elle vise la responsabilité civile et pénale des personnes qui assurent le stockage, dans certaines conditions et tente de limiter, sous conditions, leur responsabilité en cas d'activités ou informations stockées ayant un caractère illicite (art. 6). Elle envisage le droit de réponse. Elle considère le courrier électronique comme une « correspondance privée ». Elle sort du strict domaine des libertés de l'esprit en visant le commerce électronique. On sait que bien d'autres problèmes collatéraux ont pu apparaître, comme celui du respect de la propriété intellectuelle avec le débat, non encore résolu, sur le téléchargement. Mais d'autres textes trouvent facilement application, comme la loi du 30 septembre 1986 relative à la liberté de communication qui a pour conséquence la déclaration des sites Internet (art. 43). Le principe du secret des correspondances émises par la voie des télécommunications posé par la loi du 10 juillet 1991 s'applique aux messageries électroniques[213]. Il n'en reste pas moins qu'on commence à avoir des dispositions particulières concernant les crimes ou délits commis par Internet. Ainsi, la loi du 17 juin 1998 relative à la prévention et à la répression des infractions sexuelles ainsi qu'à la protection des mineurs fait-elle de l'utilisation des réseaux de télécommunications une circonstance aggravante. La difficulté majeure reste cependant la dimension internationale de la Toile avec des hébergeurs inaccessibles constituant des « paradis internétiques ». La loi du 28 octobre 2009 complète la loi du 12 juin 2009 sur la diffusion et la protection de la création sur Internet en instituant une peine complémentaire de suspension de l'accès à Internet. La loi du 12 juin 2009 a créé la Haute Autorité pour la diffusion des œuvres et la protection des droits sur Internet (Hadopi). Cependant, cette loi confiait à cette commission des pouvoirs de sanction lui permettant de restreindre ou empêcher l'accès à Internet des titulaires d'abonnement. Le Conseil constitutionnel a considéré que de tels pouvoirs ne pouvaient appartenir qu'au juge. En outre, le Conseil avait considéré que seul le titulaire du contrat d'abonnement à Internet pouvait faire l'objet de sanctions, instaurant ainsi une présomption de culpabilité, ce qui était contraire à l'article 9 de la DDHC[214]. La HADOPI a été installée le 8 janvier 2010 mais ne devrait pas pouvoir agir avant juillet 2010 car beaucoup de problèmes restent encore non résolus. Ainsi, sera-t-il possible de couper seulement l'Internet lorsque l'abonné a également la télévision et le téléphone dans son abonnement ?

Ajoutons que les questions connexes de droit d'auteur, d'atteintes à la vie privée s'entremêlent encore plus. À cet égard la surveillance des internautes nous met au confluent de

212. Cf. CC 2000-433 DC, 27 juillet 2000, *Loi modifiant la loi n° 86-1067 du 30 septembre 1986 relative à la liberté de communication ? REC* ; 121. *RFDC*, 2001-85, note N. Jacquinot ; mais aussi CC 96-378 DC, 23 juillet 1996, *Loi de réglementation des télécommunications, Rec.* 99 ; *RFDA* 1996.909, note J. Chevallier.

213. Cass. soc., 2 octobre 2001, *Société Nikon France, Bull.* n° 291, p. 233, la Cour considérant qu'un employeur ne peut « prendre connaissance des messages personnels émis par le salarié et reçus par lui, grâce à un outil informatique, mis à sa disposition pour son travail ».

214. CC 2009-580 DC du 10 juin 2009 et 2009-590 DC du 22 octobre 2009.

plusieurs libertés, ainsi lorsque le Conseil d'État annule les décisions de la CNIL refusant à des sociétés d'auteur d'autoriser d'assurer la surveillance informatisée de réseaux *peer-to-peer* pour identifier les internautes mettant les fichiers musicaux à disposition[215].

B - LA LIBERTÉ DE LA PRESSE, LIBERTÉ D'EXPRESSION

1 - Le principe de liberté et sa régression

4.122 > Le principe posé par la loi du 29 juillet 1881 est un principe de liberté. L'article 1er est lumineux : « l'imprimerie et la librairie sont libres ». La loi de 1881 affirme la liberté d'expression par différents types d'imprimés. À côté du livre ou de la publication périodique, il y a l'affiche. Contrairement à la mention « Défense d'afficher, loi du 29 juillet 1881 » qui pourrait laisser penser qu'il s'agit d'une liberté restreinte, l'affichage politique, notamment, ne rencontrait jusqu'à une date récente que peu de contraintes en tant que telles (interdiction du papier blanc réservé aux actes de l'autorité publique, interdiction d'affichage sur les lieux réservés aux actes de l'autorité publique, sur les édifices du culte, interdiction des affiches contraires à la décence etc.). L'abus de l'affichage est difficile à réprimer car seul l'afficheur est responsable[216]. Depuis quelques années, différents textes ont rendu beaucoup plus difficile la liberté de l'affichage, des objectifs louables en eux-mêmes ayant eu des conséquences fâcheuses. La loi du 29 décembre 1979 relative à la publicité, aux enseignes et préenseignes a permis une meilleure protection de l'environnement. Mais en ne distinguant pas l'affichage publicitaire de l'affichage des opinions, elle a presque tué complètement ce dernier.

4.123 > Une réglementation particulière existe pour l'affichage électoral : interdiction d'affichage sur les édifices du culte, aux abords des salles de scrutin, interdiction des affiches tricolores, protection particulière contre la lacération. Cette réglementation est devenue beaucoup plus rigoureuse à la suite de la loi du 15 janvier 1990. Là encore, l'objectif était louable. Il s'agissait de mettre un frein aux abus en matière de propagande et aux excès dans les dépenses électorales. Il n'est pas sûr que cet objectif ait été atteint. Dans les trois mois avant l'élection, l'affichage est interdit hors des emplacements spéciaux (art. L. 51 Code électoral). Mais ceux-ci sont en nombre plus que limité.

4.124 > Les obligations pour pouvoir diffuser étaient à l'origine extrêmement réduites. Elles ont eu tendance à s'alourdir. La publication d'un journal ou écrit périodique ne nécessite ni autorisation préalable, ni dépôt de cautionnement, mais simplement une déclaration préalable adressée au Parquet dans laquelle devront figurer le titre du journal ou de l'écrit périodique et son mode de publication, le nom du directeur (ou si celui-ci jouit de l'immunité parlementaire, du codirecteur) ainsi que son domicile et enfin le nom de l'imprimerie. Cette déclaration ne saurait en aucun cas être considérée comme une autorisation préalable puisque la loi de 1881 prescrit qu'il devra en être donné récépissé. Par la suite, à l'occasion de la publication de chaque nouveau numéro, qui devra mentionner le nom du directeur de la publication (article 11) ainsi que celui de l'imprimeur avec

---

215. CE 23 mai 2007, *SACEM, SDRM, SCPP, SPFF, AJDA* 2007.1413, concl. C. Verot.
216. Crim. 7 mars 1896 *DP* 1896 I 511.

son domicile (article 2), l'éditeur sera astreint au dépôt légal. Celui-ci, très limité à l'origine, est devenu de plus en plus important et finit par devenir une charge insupportable si le tirage de la publication est peu important. En réalité, il y a plusieurs types de dépôts. Le dépôt administratif exige 10 exemplaires pour les quotidiens. Le dépôt judiciaire nécessite 2 exemplaires pour le parquet du tribunal de grande instance, les publications pour la jeunesse devant déposer 5 exemplaires au ministère de la Justice. Enfin, le dépôt légal, *stricto sensu*, qui, à notre avis, devrait suffire, vise 4 exemplaires pour la Bibliothèque nationale et 1 exemplaire pour le ministère de l'Intérieur ou la Préfecture, sans compter le dépôt de l'imprimeur (2 exemplaires à la Bibliothèque nationale ou à la Bibliothèque municipale habilitée à cet effet).

4.125 > Le dépôt légal, qui a été réorganisé par la loi du 20 juin 1992[217], s'applique aux documents imprimés, graphiques, photographiques, sonores, audiovisuels, multimédias quel que soit leur procédé technique de production, d'édition ou de diffusion, « dès lors qu'ils sont mis à la disposition du public ». Cela s'applique aussi aux « progiciels, bases de données, systèmes experts et autres produits de l'intelligence artificielle ». Pour le reste, le régime de la presse repose, en principe, sur un régime répressif. La liberté d'écrire est totale sauf à répondre de ses abus, conformément à la DDHC. Le nombre d'infractions qui avait été réduit en 1881 s'est accru depuis lors.

4.126 > Il ne saurait y avoir d'immunité et la revendication d'un secret professionnel par les journalistes s'est toujours heurtée à un refus du législateur[218] et certaines poursuites sont restées célèbres (Roger Stéphane ou Georges Arnaud sous la IVe République). Très souvent revendiqué, le risque est qu'il libère le journaliste des obligations légales que la loi exige de chacun ; mais il faut aussi voir qu'il ne peut exercer son métier que s'il protège ses sources d'information. Les articles 226-13 et 226-14 du NCP ne le protègent pas. Le journaliste ne peut figurer parmi les personnes dépositaires, « par état ou profession » ou « en raison d'une fonction ou d'une mission temporaire » détenant des informations à caractère secret. Il est soumis à la loi. Il est obligé de dénoncer (art. 434-1 à 434-3, 434-12), de témoigner (art. 109 CPP), de déposer devant les juridictions civiles (art. 206 CPC). Cependant, le Nouveau Code de procédure pénale, dans son article 109, alinéa 2 a apporté une dispense spécifique pour les journalistes de révéler leurs sources, mais dans une mesure limitée. « Tout journaliste entendu comme témoin sur des informations recueillies dans l'exercice de son activité est libre de ne pas en révéler les sources ». À la différence du secret professionnel, ce n'est pas une obligation mais un droit. De plus, cela ne joue pas en matière de procédure civile ou devant les commissions parlementaires. De plus, le risque existe toujours de poursuites pour recel de documents acquis illicitement ou pour apologie de crime. La jurisprudence de la Cour européenne des droits de l'homme a ouvert de nouvelles perspectives. Ainsi dans l'arrêt *Goodwin*[219], la Cour a pu écrire que « la protection des sources journalistiques est l'une des pierres angulaires de

---

217. Cf. J.-M. Pontier, *ALD* 1992. 167 ; E. Dreyer, « La réforme du dépôt légal : premier bilan », *RRJ* 1995.61.
218. Cf. G. Mémeteau, « La question du secret professionnel des journalistes », *Gaz. Pal.* 1974 198.
219. CEDH, 27 mars 1996, *Goodwin c/ RU*, Berger, n° 211.

la liberté de la presse » et l'arrêt *Roire et Fressoz c/ France*[220] à propos de la condamnation du *Canard Enchaîné* pour avoir publié des informations sur les revenus d'un dirigeant d'entreprise a considéré cette sanction comme contraire à l'article 10. En conséquence, la France a essayé de faire évoluer la question – encore timidement – avec la loi du 4 janvier 2010. Tout d'abord, dans l'esprit des grandes lois de la IIIe République, elle a posé le principe de la protection des sources en affirmant dès l'article 2 de la loi de 1881 modifiée, que « le secret des sources des journalistes est protégé dans l'exercice de leur mission d'information du public ». Mais à tout principe, il y a exception et cette loi affirme qu'« il ne peut être porté atteinte directement ou indirectement au secret des sources que si un impératif prépondérant d'intérêt public le justifie et si les mesures envisagées sont strictement nécessaires et proportionnées au but légitime poursuivi » et la loi précise que « cette atteinte ne peut en aucun cas consister une obligation pour le journaliste de révéler ses sources ». Cela concerne aussi les interceptions de correspondances émises par la voie des télécommunications. L'atteinte indirecte est définie comme « le fait de chercher à découvrir les sources d'un journaliste au moyen d'investigations portant sur toute personne qui, en raison de ses relations habituelles avec un journaliste, peut détenir des renseignements permettant d'identifier ces sources ».

La loi renvoie aux dispositions spécifiques du Code de procédure pénale en matière de perquisition et d'audition des journalistes. Elle étend la protection qui existait déjà pour les locaux des entreprises de presse aux locaux d'une entreprise de communication audiovisuelle, de communication au public en ligne, agences de presse, aux véhicules professionnels et aux domiciles des journalistes. Les perquisitions ne peuvent être effectuées que par un magistrat (art. 56-2 CPP). Il y a une application des règles relatives aux perquisitions dans les cabinets d'avocats afin de permettre la saisine du juge des libertés et de la détention. De même les journalistes, en cas de réquisition, pourront refuser de remettre des documents à un OPJ s'ils en sont requis. Le journaliste sera également protégé s'il est entendu comme témoin, y compris désormais devant le tribunal correctionnel ou la cour d'assises et pas seulement dans le cadre de l'instruction.

2 - *Crimes et délits commis par voie de presse*

4.127 ➤ Le chapitre IV de la loi de 1881 distingue cinq variétés de crimes et délits commis par la voie de la presse ou par tout autre moyen de publication. Mais la distinction n'est guère significative. En réalité, il ne s'agit pas des seuls crimes et délits susceptibles d'être commis par la voie de la presse. En revanche, ce sont ceux qui bénéficieront des dispositions en général plus protectrices, en matière de procédure, prévues par la loi de 1881.

Les délits de presse sont ceux commis par la voie de la presse (écrits, imprimés) mais aussi, pour certains, par d'autres moyens. Cela peut être par la parole (« discours, cris, menaces proférées »), l'image (« dessins, gravures, peintures, emblèmes, images »), placards ou affiches, moyens « de communication au public par voie électronique » (cf.

220. CEDH, 21 janvier 1999, *Roire et Fressoz c/ France.*

supra). Si les conditions de publicité de l'article 23 de la loi de 1881 sont remplies, l'infraction pourra exister. Pour certains délits, on exigera la mauvaise foi (art. 27, 35 *bis* et 41...). Certaines immunités peuvent protéger (art. 41 parlementaire, judiciaire – très importante pour les avocats et magistrats en visant les « discours prononcés ou les écrits produits devant les tribunaux »). La loi de 1881 réprime la provocation aux crimes et délits. Certaines provocations figurent dans d'autres textes. On distingue la provocation directe suivie d'effet (article 23) et non suivie d'effet (article 24, al. 1 et 2). La loi de 1881 sanctionne l'apologie (article 24, al. 3), les chants séditieux (article 24, al. 5), la provocation à la discrimination, à la haine ou la violence (article 24, al. 6). Elle réprime également les délits contre la chose publique. Il s'agit de l'offense au chef de l'État[221] souvent critiquée depuis 1958. La loi de 1881 réprime aussi l'outrage aux agents diplomatiques étrangers (article 37) pour lesquels les moyens de publicité vont au-delà de ceux visés à l'article 23. La Cour de Strasbourg a jugé à l'unanimité[222] que l'offense aux chefs d'État étrangers était contraire à l'article 10 car ce délit « tend à conférer aux chefs d'État étrangers un statut exorbitant du droit commun ». La loi du 9 mars 2004 (loi Perben II) a donc abrogé l'article 36, suite à un amendement sénatorial. Pourtant la Cour de Paris avait estimé cette disposition compatible avec la CEDH[223]. Entrent aussi parmi les délits contre la chose publique les fausses nouvelles ayant troublé la paix publique et les fausses nouvelles de nature à ébranler la discipline ou le moral des armées. Ce délit doit être commis de mauvaise foi. C'est important car pour les quotidiens, il n'est pas toujours facile de vérifier les informations même si la règle de la double source d'information devrait être le principe. La détention provisoire (article 52) est possible pour certaines infractions.

4.128 > La diffamation, qui est définie comme « toute allégation ou imputation d'un fait qui porte atteinte à l'honneur ou à la considération de la personne ou du corps auquel le fait est imputé » est différente de l'injure qui est toute expression outrageante, termes de mépris ou invective qui ne renferme l'imputation d'aucun fait (art. 30 et 33). La diffamation suppose une allégation ou imputation d'un fait précis et déterminé, un fait qui porte atteinte à l'honneur et à la considération, une victime identifiable, une intention coupable et une publicité (Ph. Bilger). La responsabilité peut tomber si quatre éléments sont réunis : intérêt légitime du but poursuivi par l'information ; absence d'animosité personnelle ; prudence dans l'expression ; enquête sérieuse et contradictoire[224]. C'est seulement dans le cas de l'injure que peut exister l'excuse de provocation (article 33). La loi de 1881 réprime certaines diffamations particulières : armée, corps constitués, administrations publiques, cours et tribunaux (art. 30) ; membres des ministères, fonctionnaires publics, dépositaires de l'autorité publique, citoyens chargés d'un service ou d'un mandat public (art. 31) ; diffamation raciale (art. 32), diffamation contre la mémoire des morts (art. 34). Il en va de même pour l'injure. Certaines sont particulières : injure raciale, en raison du sexe, de l'orientation sexuelle ou du handicap (art. 33, al. 1 et 3)[225], mémoire des morts (art. 34).

---

221. Cf. Crim. 21 décembre 1966, *Bull. crim.* n° 300.

222. CEDH, 25 juin 2002, *Colombani et autres* ; cf. aussi Paris, 3 juillet 2002, *Omar Bongo*.

223. Paris, 11e Ch., 3 juillet 2002, *D.* 2002.2767, note J.-Y. Dupeux.

224. J.Y.K Dupeux et Th. Massis, « Chronique Droit de la Presse », *D.* 2008.1782.

225. Encore faut-il pouvoir être considéré comme un groupe visé par ce texte. Pour le refus de l'application aux harkis, cf. Crim. 31 mars 2009 (2 esp.) *D.* 2009.1143. Dans l'affaire des caricatures de Mahomet, la Cour de Paris estime qu'elles ne

Le problème essentiel qui se pose est celui de la vérité des faits diffamatoires. Elle doit être prouvée (article 35). Dans certains cas, celle-ci ne peut jamais être rapportée (vie privée, faits de plus de dix ans, faits amnistiés) avec des exceptions touchant au viol et aux agressions sexuelles ainsi qu'à la mise en péril de mineurs pour la vie privée et les faits de plus de dix ans. La procédure connaît aussi quelques particularités (art. 47 à 60).

4.129 > Ce régime des délits de presse a été pendant très longtemps très libéral, étant caractérisé par la cour d'assises. Mais les jurés avaient tendance à être indulgents à l'égard des crimes et délits commis par voie de presse. Les délits de presse ont été progressivement correctionnalisés jusqu'à la généralisation du principe par l'ordonnance du 6 mai 1944.

Il en est de même de la prescription. Si en principe elle est de trois mois, des exceptions sont apparues, ce qu'on doit regretter, par exemple, avec la loi du 9 mars 2004, en matière de racisme pour les délits des articles 24, al. 8, 24 *bis*, 32, al. 2 et 33, al. 3. Nous avons également vu les problèmes nouveaux posés par Internet.

4.130 > Mais tout ne figure pas dans la loi de 1881. Certaines infractions intéressant la presse se trouvent soit dans le Code pénal, soit dans des lois spéciales[226].

4.131 > La procédure relative aux délits figurant dans la loi de 1881 comporte des données originales. Ainsi, le système de responsabilité mis en œuvre est un système en cascade. L'article 42 prévoit que seront responsables comme auteurs principaux les directeurs de publication ou éditeurs, et le cas échéant les codirecteurs, ou à défaut les auteurs, ou à défaut les imprimeurs ou à défaut, enfin, les vendeurs, les distributeurs et les afficheurs. L'article 43 vise les complices (auteur et vendeur). Ce système s'applique aussi à l'audiovisuel, sauf pour les émissions en direct.

3 - Le problème de la vie privée

4.132 > Le système très protecteur de procédure explique que l'on sera tenté parfois de s'abstraire de la loi de 1881. Ainsi, en matière de diffamation, certains préféreront la voie civile en invoquant une atteinte à l'honneur. On a pu voir avec inquiétude se développer la mise en œuvre de la responsabilité civile sur le fondement des articles 1382 et suivants du Code civil.

Le cœur de la liberté de la presse réside dans la loi du 29 juillet 1881 et la Cour de cassation a essayé de réduire les tentatives pour contourner ses principes protecteurs à travers l'article 1382 du Code civil. C'est pourquoi en 2000, l'assemblée plénière a estimé devoir affirmer que « les abus de la liberté d'expression, prévus et réprimés par la loi du 29 juillet 1881, ne peuvent être réparés sur le fondement de l'article 1382 du code

visent pas l'ensemble des musulmans, mais uniquement ceux qui, au nom de leur religion commettent des actes criminels. Paris, 11e ch. A., 12 mars 2008, *Légipresse*, n° 252.III.107, note H. Leclerc.

226. Ex. atteintes à la vie privée, loi 87-1133 réprimant la provocation au suicide, après le livre *Suicide, mode d'emploi*, devenue art. 223-13 à 15-1 NCP.

civil »[227]. Cependant la Cour ne semble pas donner une portée absolue, la protection résidant alors dans l'article 10 de la CEDH.

Le cas le plus patent de ce contournement est l'atteinte à la vie privée. La Cour de cassation avait bien vu le danger[228]. Il s'y ajoute aussi le droit à son image. Sans doute cette possibilité a permis de développer sa protection avant la loi de 1970. Le juge des référés est intervenu en ordonnant des saisies. La loi de 1970 aurait dû fixer un cadre strict. En fait, le juge est allé bien au-delà. Il est vrai qu'il y avait un vide législatif alors que les textes internationaux évoquaient la question (article 12, Déclaration universelle des droits de l'homme ; article 8, CEDH ; article 17, Pacte sur les droits civils et politiques). La Cour de justice des Communautés européennes a considéré en 1980[229] le droit au respect de la vie privée comme un droit fondamental. Pourtant, déjà, en 1858, le tribunal civil de la Seine avait ordonné la saisie d'un dessin et de photos représentant l'actrice Rachel sur son lit de mort. « L'homme célèbre (sic) a le droit de mourir caché » s'était exclamé le procureur Pinard. La loi sur la liberté de la presse ne comporte qu'un article (35, al. 2 *bis*) excluant la preuve en matière de diffamation lorsque l'imputation concerne la vie privée de la personne. D'autres textes hors la loi de 1881 s'intéressent ponctuellement à la protection de la vie privée.

4.133 > Mais le juge a pu sanctionner l'atteinte à la vie privée en se fondant sur l'article 1382 plutôt que sur telle ou telle disposition de la loi de 1881, car cela permettait d'échapper à une procédure protectrice de l'ouvrage de presse. Dans le cadre de la loi de 1881, la saisie préventive est très difficile et la prescription n'est que de trois mois. La conséquence est que l'ouvrage de presse est mieux protégé devant les tribunaux répressifs que devant les juridictions civiles. Le juge pourra ordonner la saisie mais aussi la mise sous séquestre, etc. Le mouvement a été lancé par l'affaire *Philipe*[230]. Des journalistes sans scrupules avaient photographié sur son lit d'hôpital le fils de l'acteur Gérard Philipe. La mère de l'enfant avait obtenu la saisie des exemplaires de l'hebdomadaire par le juge des référés, décision confirmée par la Cour d'appel de Paris. Si chacun se sentait mal à l'aise pour critiquer, sur un plan humain, une telle décision, il n'en allait pas de même par la suite. En 1966, la saisie d'un journal évoquant la vie privée d'une chanteuse certes mineure[231] mais ayant besoin de publicité, était ordonnée.

Le juge devait alors s'efforcer de poser certaines limites, d'une part en exigeant une « immixtion intolérable », d'autre part en prenant en compte le comportement de la victime[232] tout en reconnaissant que « tout individu peut user d'un repentir pour exiger le secret »[233]. En 1970, le Parlement adoptait une loi qui d'une part instaurait un nouvel article 9 du Code civil affirmant le droit à la vie privée, et d'autre part sanctionnait diverses infractions pénales relatives à la vie privée et à la représentation de la personne (art. 368

227. Cass., Ass. Plén., 12 juillet 2000, *Bull.* n° 8 ; *RTDC* 2000.842, obs. P. Jourdain.
228. Cass. civ. II, 27 novembre 1963, *JCP* 1965 II 14443, obs. R.L.
229. CJCE, 26 juin 1980, *National Panasonic, Rec. CJCE*, 2033 concl. J.-P. Warner.
230. Paris 14e Ch., 13 mars 1965, *Dame Philipe c/ France Éditions et Publications, JCP* 1965 II 14223 ; Cass. civ. II, 12 juillet 1966, *SARL France Éditions et Publications c/ Veuve Gérard Philipe, D.* 1967.181 note P. Mimin qui confirme.
231. Paris 1966, *Soc. La France continue c/ R. Gall*, et Cass. civ. II, 25 novembre 1966, *Bull. civ.* n° 929 ; *Gaz. Pal.* 1967 I 201.
232. Paris 1re Ch., 6 juillet 1965, *Pablo Ruiz Picasso c/ Éd. Calmann-Lévy, Gaz. Pal.* 1966 I 39.
233. Paris 1re Ch., 15 novembre 1966, *SA Presse Office c/ Gunter Sachs, D.* 1967. 182, note P. Mimin.

à 372 CP devenus art. 226-1 à 226-9 du NCP). C'était aussi la prise de conscience d'innovations techniques sophistiquées permettant des atteintes de plus en plus graves et de plus en plus insidieuses à la vie privée. L'article 9 établit un double mur de la vie privée puisqu'il prévoit, outre la protection de la vie privée, celle de l'intimité de la vie privée. Seule cette dernière peut permettre des mesures ordonnées par le juge – et s'il y a urgence, en référé.

L'article 9 est cependant moins strict que la jurisprudence qui exigeait une « immixtion intolérable dans la vie privée ». Fort heureusement, la jurisprudence a repris cette exigence[234].

4.134 > Le juge s'est fondé aussi sur le Nouveau Code de procédure civile (articles 808 et 809) pour sanctionner les abus de la liberté de la presse en faisant fi de l'article 51 de la loi de 1881. Il a pu ordonner des mesures de saisie pour faire cesser l'« atteinte intolérable à la personne ». Le juge est devenu plus rigoureux. Le trouble visé par l'article 809 du Nouveau Code de procédure civile doit être constitué « soit par une atteinte intolérable ou une intrusion injustifiée dans l'intimité de la vie privée d'une personne physique, soit par une agression dont la violence extrême ou la répétition délibérée mettent la personne visée dans l'impossibilité absolue de se défendre et de répondre aux attaques qui lui sont portées, sauf à subir les effets de ce qui ne serait qu'une pure et simple persécution »[235].

Il n'en reste pas moins que le droit au respect de la vie privée est une liberté fondamentale, tout au moins au sens de l'article L. 521-2 du Code de justice administrative[236].

4 - Droit de réponse et droit de rectification

4.135 > La protection des particuliers ne relèvera pas exclusivement des tribunaux, dont les sanctions interviennent souvent trop tard. Elle peut se faire plus simplement à travers le droit de réponse prévu par l'article 13 de la loi de 1881. Toute personne physique ou morale nommée ou désignée ou mise en cause peut répondre dans l'année qui suit par une réponse de même longueur que l'article contesté sans aller au-delà de 200 lignes. Si la personne est décédée, les héritiers pourront intenter l'action, mais sous certaines réserves. Cette réponse doit être publiée dans les trois jours pour les quotidiens ou dans le numéro qui suit le surlendemain de la réception pour les périodiques. La publication de la réponse doit être intégrale, à la même place et dans les mêmes caractères. Cependant, les abus sont possibles. C'est pourquoi le refus sera possible si la réponse est trop longue, si elle nuit à l'ordre public, si elle est contraire à l'intérêt des tiers, si enfin elle porte atteinte à l'honneur ou à la considération du journaliste ou du journal. Mais si le refus est infondé, il y a possibilité d'insertion forcée. Le droit de réponse s'est adapté aux techniques. Prévu pour la radio-télévision (cf. *infra*), il a été étendu aux services de

234. Ainsi, un état de grossesse manifeste sur des photos n'est pas une atteinte à la vie privée, Civ. I, 3 mai 2006, *Jurisdata* 2006-033.345.

235. Paris Réf. 8 novembre 1965, *Kolingba et autres c/ Delpey et autres, D.* 1986, Somm. 190 ; Paris 11 juillet 1986, *Dame Villemin et autres c/ Veuve Laroche et autres, JCP* 1987 II 20754 obs. P. Auvret ; *D.* 1987.107 note R. Lindon.

236. CE, Ord. Réf. 25 octobre 2007 *Mme Y, AJDA* 2007, Chr. 2063 Z. Aït el-Khadi.

communication au public en ligne avec la loi du 21 juin 2004 sur la confiance dans l'économie numérique (art. 6-IV).

4.136 > Différent du droit de réponse, on évoquera aussi le droit de rectification (article 12 de la loi de 1881) pour les dépositaires de l'autorité publique, possible pour les actes rapportés de façon inexacte, la rectification ne pouvant dépasser le double de l'article incriminé. La rectification sera publiée « en tête du plus prochain numéro », c'est-à-dire à la une. Cette disposition est assez peu utilisée et ne concerne que les journaux ou écrits périodiques.

5 - Interdiction totale ou partielle d'informations et de publications

4.137 > Avant toute chose, on constatera que certains lieux ne connaissent pas la liberté de la presse, principalement en ce qui concerne la diffusion. Celle-ci peut en effet être interdite, par exemple dans les casernes. Cependant, l'interdiction d'une publication n'est plus considérée comme une mesure d'ordre intérieur[237].

a) LES INFORMATIONS INTERDITES

4.138 > Les exceptions auraient dû disparaître avec la loi de 1881. Là encore les atteintes se sont développées.

Les informations interdites sont devenues très nombreuses. Certaines concernent la défense nationale et se situent en général hors de la loi de 1881. Outre les possibilités offertes par l'état de siège ou l'état d'urgence, on évoquera le décret-loi du 24 août 1939 sur l'organisation de la nation en temps de guerre, les informations de nature à nuire au secret de la défense nationale (art. 72, 75, 76 et 78 du CP devenus 413-9 à 413-12 NCP), les brevets intéressant la défense nationale (loi du 2 janvier 1968).

Certaines informations ne peuvent être diffusées car couvertes par le secret défense. Il s'agit selon l'article 413-9 du Code pénal des « procédés, objets, documents, informations, réseaux informatiques, données informatisées ou fichiers intéressant la défense nationale qui ont fait l'objet de mesures de classification destinées à restreindre leur diffusion ou leur accès ». La loi du 29 juillet 2009 relative à la programmation militaire pour les années 2009-2014 a étendu cette notion aux lieux où les documents peuvent être conservés. Mais la connaissance de telles informations n'est pas absolue, pouvant être demandée par le juge sans qu'elle soit pour autant portée à la connaissance des parties[238].

4.139 > Certaines restrictions intéressent la moralité publique ou la protection de certaines personnes mais les incriminations sont souvent trop larges. Ces dispositions sont peu appliquées, sinon la rubrique « faits divers » de la presse serait indigente. En effet, elles prohibent la publication de photographies, dessins ayant pour objet la reproduction des circonstances de certains crimes ou délits. L'article 38, alinéa 3 qui interdisait la

---

237. CE, 10 octobre 1990, *Garde des Sceaux c/ Hyver, Rec.* 911, conforté par la jurisprudence de la CEDH ; CEDH, 19 décembre 1994, *Vereinigung Demokratischer Soldaten Österreichs et Gubi c/ Autriche*, A. 302.
238. CE, 31 juillet 2009, *Assoc. AIDES et autres, AJDA* 2009. 1517.

publication de tout ou partie des circonstances des crimes et délits a été considéré comme incompatible avec les articles 6, 7 et 10 de la CEDH[239] et a été abrogé par la loi du 25 juin 2001. L'article 35 *quater* issu de la rédaction de la loi du 15 juin 2000 vise le délit de diffusion sans l'accord de l'intéressé, de l'image des circonstances d'un crime ou d'un délit portant gravement atteinte à la dignité de la victime qui reprend l'ancien article 26. Des interdictions s'appliquent aussi aux informations relatives aux mineurs (art. 14, ord. du 2 février 1945 sur les mineurs délinquants concernant les débats des tribunaux pour enfants ; art. 39 *bis* de la loi de 1881 sur les mineurs en fugue, délaissés, qui se sont suicidés, victimes d'une infraction ; art. 39 *quater* sur les personnes adoptées). L'article 39 *quinquies* vise à protéger les victimes d'agression ou atteinte sexuelle. La santé publique est aussi l'objet de préoccupations (publicité pour les médicaments, les apéritifs, les maladies vénériennes). Enfin, on cherche aussi à protéger la bonne administration de la justice (secret de l'instruction : art. 11 CPP ; commentaires avant jugement : art. 434-16 NCP ; actes d'accusation et actes de procédure criminelle ou correctionnelle avant l'audience publique : art. 38, al. 1 loi 1881 conforme à la CEDH en raison de l'art. 10, § 2 de la Convention[240] ; photographie ou enregistrement de débats judiciaires : art. 39, al. 4 loi 1881 et art. 38 *ter* avec les limites de la « loi Barbie » de 1985 (art. L. 221-1 du Code du patrimoine) ; compte rendu de certains procès : art. 39, al. 1 (procès en diffamation)). Les informations sur la constitution de partie civile étaient interdites par l'article 2 de la loi 2 juillet 1931. Mais la Cour de Strasbourg a estimé par 6 voix contre 1, que c'était contraire à la CEDH[241] ; la loi du 9 mars 2004 a donc fait disparaître cette prohibition. La loi du 19 juillet 1977 avait également interdit la publication des sondages d'opinion dans la semaine précédant les élections. La Cour de cassation[242] avait considéré cette interdiction contraire à la CEDH. La loi a été modifiée et désormais les sondages ne sont plus interdits que la veille et le jour du scrutin. Il est vrai qu'Internet et quelques journaux audacieux avaient rendu vaine cette interdiction.

b) Saisies de presse

4.140 > Symbole de l'action brutale des autorités, les saisies préventives avaient été limitées de façon presque radicale par la loi de 1881. L'article 49 devenu aujourd'hui 51 ne permettait que la saisie de quatre exemplaires – ce qui n'était pas une atteinte grave – et seulement en cas d'omission du dépôt légal. Mais là encore, les atteintes successives au droit de la presse ont entraîné des exceptions et fait sortir certaines infractions du régime protecteur de la loi de 1881. C'est pourquoi dans le cas de certaines infractions la saisie est devenue possible selon les règles du Code de procédure pénale. Certains considèrent que cela ne peut porter que sur quelques exemplaires « pour la manifestation de la vérité », ce que nous ne pensons malheureusement pas. La saisie répressive est prévue par la loi de 1881. L'article 61 permet la confiscation quand il y a eu saisie préventive ou

239. Cass. crim., 20 février 2001, *D.* 2001.3001, note P. Wachsmann.

240. Cass. crim., 22 juin 1999, *Bull. crim.* n° 146 ce qu'admet la CEDH, 24 novembre 2005, *Tourancheau et July c/ France*, *JCP* 2006 II 10076, note E. Derieux.

241. CEDH, 3 octobre 2000, *Du Roy et Malaurie*, *RTDH* 2001.1071, obs. G. Tillement.

242. Cass. crim., 4 septembre 2001, *Ph. Amaury*. *Bull.* n° 170.

bien saisie totale lorsque celle-ci n'a pas eu lieu préventivement. Pour les autres infractions non visées par la loi de 1881, le Code de procédure pénale trouvera application. On pourra aussi s'appuyer sur les dispositions du Code de procédure civile, lorsque par exemple la victime préférera utiliser la voie civile, comme en matière de vie privée avec les réserves exposées plus haut.

4.141 > Mais les saisies peuvent être l'œuvre des autorités administratives. *A priori*, rien ne devrait permettre à une autorité administrative de porter ainsi atteinte à une liberté fondamentale. Cela avait paru totalement impossible dans un premier temps[243]. En 1935, le Tribunal des conflits était plus nuancé[244]. Par cette décision Action Française relative à la saisie, au lendemain des événements tragiques du 6 février 1934, du quotidien monarchiste à Paris et dans le département de la Seine il avait considéré que cela était constitutif d'une voie de fait. En réalité, le Tribunal des conflits n'avait pas condamné en soi les saisies, mais dans l'espèce, leur généralité. Par la suite, avec le rétablissement de l'article 10 CIC/30 du Code de procédure pénale qui dotait le préfet de pouvoirs de police judiciaire en matière de « crimes ou délits contre la sûreté de l'État, et seulement s'il y a urgence », cette autorité, afin d'éviter une sanction par les juridictions administratives ou bien qu'une voie de fait ne soit prononcée, masquera les véritables saisies administratives en saisies judiciaires en ayant recours à cet article, ce qui aurait dû lui assurer une quasi-impunité. Cette question des saisies administratives/fausses saisies judiciaires a atteint son paroxysme pendant la guerre d'Algérie et devant la timidité du juge judiciaire, le Conseil d'État a préféré, à propos de saisies opérées par le Préfet d'Alger, d'une part restituer aux saisies judiciaires leur véritable caractère de saisie administrative, considérant qu'elles visaient « à empêcher la diffusion des écrits incriminés dans la publication litigieuse » et, d'autre part ne pas voir une voie de fait là où elle était en réalité, préférant y déceler une simple illégalité, un détournement de procédure permettant au juge administratif de conserver sa compétence et de sanctionner. Si la saisie avait l'apparence d'une saisie judiciaire, sa réalité était pourtant celle d'une saisie administrative[245]. Le juge administratif a pu aussi réparer le préjudice[246]. Le problème était délicat en raison de l'ambiguïté liée à l'article 30 du Code de procédure pénale. L'article 30 du Code de procédure pénale a été abrogé par la loi du 4 janvier 1993.

4.142 > D'autres atteintes peuvent intervenir en vertu de la loi permettant soit d'interdire certaines publications, soit d'en limiter la diffusion dans des conditions telles qu'elles conduisent à une véritable interdiction.

c) Publications étrangères

4.143 > Il en était ainsi des publications dites étrangères. Celles-ci posaient des problèmes spécifiques à la fois sur le plan politique et le plan pénal. La loi du 29 juillet 1881, bouleversée sur ce point à la veille du second conflit mondial, disposait en son article 14

243. T. confl., 25 mars 1889, *D.* 1890 III 66.
244. T. confl., 8 avril 1935, *L'Action française*, *GAJA* n° 48 ; Lachaume/Pauliat, p. 342.
245. CE, Ass., 24 juin 1960, *Société Frampar et Société France Éditions et Publications*, *GAJA* n° 78.
246. CE, S, 4 novembre 1966, *Min. de l'Intérieur c/ Soc. « Le Témoignage Chrétien »*, *JCP* 1967 II 14914, note R. Drago ; *AJDA* 1967.32 chr. Lecat et Massot et 40, concl. Questiaux.

que le ministre de l'Intérieur pouvait interdire la circulation, la distribution ou la mise en vente des journaux ou écrits périodiques ou non, rédigés en langue étrangère ou encore de provenance étrangère ce qui faisait tomber l'élément de langue. Se posait alors une question de définition de la provenance étrangère résolue par l'idée de contrôle avec une publication « matériellement et intellectuellement de provenance étrangère ». Comme le remarquait le Commissaire du gouvernement Braibant, « cela couvre aussi bien la Bible ou le Coran que le Courrier de l'Unesco »[247]. Il y a eu une évolution qui est allée dans le sens d'un contrôle juridictionnel de plus en plus large. Le Conseil d'État est passé au contrôle de l'erreur manifeste d'appréciation[248] finissant par instaurer un contrôle normal[249]. La Cour de Strasbourg a pourtant condamné la France à propos de l'interdiction de publications basques estimant que la liberté était reconnue « sans considération de frontières »[250]. En conséquence, l'article 14 a été semble-t-il abrogé par le décret du 4 octobre 2004. Mais ce texte, tel qu'il est rédigé, a abrogé le décret-loi du 6 mai 1939, laissant ainsi supposer que c'était l'article 14 de 1881 modifié en 1895 qui renaissait. Cependant la version diffusée par Legifrance considère l'article 14 comme abrogé[251].

d) Publications pour la jeunesse

4.144 > Enfin, ce sont toutes les publications françaises et étrangères qui peuvent se trouver atteintes en vertu de la loi du 16 juillet 1949 sur les publications pour la jeunesse, modifiée par l'ordonnance du 23 décembre 1958 et la loi du 4 janvier 1967, élaborée dans un contexte de délinquance juvénile dont on accusait les bandes dessinées, mais aussi marquée par un protectionnisme à l'égard des « comics » américains. Elle comporte une certaine dose d'hypocrisie. Son intitulé est inexact. Sans doute les treize premiers articles concernent-ils exclusivement les publications pour la jeunesse. Et elle est une bonne loi sur ce point. Notamment, elle prévoit un statut pour les entreprises de publications pour la jeunesse avec certaines sujétions lors de la création et de la publication. Le contrôle est *a posteriori*. L'objectif reste plus de convaincre que de réprimer, notamment à travers une commission de 30 membres chargée de la surveillance et du contrôle des publications destinées à l'enfance et à l'adolescence qui doit signaler les infractions à la loi et doit proposer toutes mesures susceptibles d'améliorer les publications destinées à l'enfance et à l'adolescence. L'importation des publications étrangères est soumise à autorisation.

4.145 > En revanche, l'article 14, sous couvert de protéger la jeunesse, comporte des dispositions visant les publications susceptibles d'être lues par les adultes. On serait tenté d'écrire les publications pour adultes. Avant 1949, il avait été admis que les pouvoirs

---

247. G. Braibant, concl. sur CE, 17 décembre 1958, *Min. de l'Intérieur c/ Girodias et Soc. Olympia Press*,
248. CE, Ass., 2 novembre 1973, *SA Libr. Maspero* précité cf. aussi CE, Ass., 30 janvier 1980, *Min. de l'Intérieur c/ SA Librairie François Maspero*, *AJDA* 1980.242 concl. Genevois, note Jordan ; *Gaz. Pal.* 1980 II 586, note F. Julien-Laferrière.
249. CE, S, 9 juillet 1997, *Association Ekin*, *RFDA* 1997.1284, concl. Denis-Linton, note B. Pacteau.
250. CEDH, 17 juillet 2001, *Association Ekin c/ France*, *RDP* 2002.704, chr. M. Levinet, infirmant CE, 9 juillet 1997, *Association Ekin*, précité ; CAA Paris, 22 janvier 2002, *Reynouard*, DA 2002, n° 85 ; voir cependant la convention de 1923 pour la répression de la circulation et du trafic des publications obscènes.
251. E. Dreyer, « Restaurer le contrôle des publications étrangères », *JCP* 2006 I 174.

de police administrative générale puissent être utilisés[252]. De même, l'article 283 du Code pénal sur l'outrage aux bonnes mœurs disparu en tant que tel et refondu dans l'article 227.24 NCP, l'article 227.23 NCP, l'article R. 38-9 relatif aux affiches contraires à la décence refondu dans l'article R. 624-2 du NCP sur la diffusion de messages contraires à la décence utilisent l'arme pénale. Les pouvoirs de l'administration sur le domaine permettent également d'agir pour protéger la jeunesse[253].

L'article 14 permet de frapper toute publication française (périodiques, livres) de trois types de mesures.

Tout d'abord, il est possible d'interdire la vente, le don ou la proposition aux mineurs des « publications de toute nature présentant un danger pour la jeunesse en raison de leur caractère licencieux ou pornographique ou de la place faite au crime, à la violence, à la discrimination, ou à la haine raciale, à l'incitation, à l'usage, à la détention, ou au trafic de stupéfiants ». Mais les mesures peuvent être aggravées en interdisant également l'exposition de ces publications à la vue du public et la publicité par voie d'affiches. Enfin, il peut être possible d'interdire en outre toute publicité. Il est évident que dans ces deux derniers cas, en voulant protéger les mineurs, on « protège » également les adultes. L'article 14 interdit aussi la vente couplée, la reprise sous un autre titre, le fait de faire état de l'interdiction. L'interdiction est prononcée par le ministre de l'Intérieur soit sur avis de la commission, soit de sa propre autorité, cas le plus fréquent, l'éditeur ayant un délai de 15 jours pour présenter ses observations.

Mais le plus dangereux est constitué par les mesures complémentaires entraînées par les deux dernières interdictions. Le vendeur peut refuser de poursuivre la vente même s'il est lié par contrat. C'est une sorte de clause de conscience que ménage la loi du 2 avril 1947 relative au statut des entreprises de groupage et de distribution des journaux et publications périodiques. La publication est exclue des sociétés coopératives de messageries de presse, ce qui est particulièrement grave et si elle a fait l'objet de deux interdictions, elle est soumise au taux majoré de TVA (33,3 %). Un dépôt préalable est exigé si trois publications d'un même éditeur ont été frappées d'interdiction. Trois exemplaires doivent être déposés au ministère de la Justice trois mois avant la mise en vente. Cependant, là encore, le juge administratif exerce un contrôle protecteur qui est le contrôle le plus étendu. Le juge recherche notamment si les circonstances justifient les mesures prises[254]. Il contrôle la qualification juridique des faits. Sans doute, la plupart des publications faisant l'objet de ces mesures n'entraînent-elles pas beaucoup de regrets et d'ailleurs presque tous les recours ont été rejetés. Mais il y a eu à cet égard certains « dérapages » dont le plus célèbre fut sans doute celui frappant un journal bête et méchant (arrêté du 15 novembre 1970) qui avait titré de façon douteuse sur la mort du général de Gaulle. Mais était-il nécessaire de se comporter de façon bête et méchante à son égard en se fondant sur la loi de 1949 ? On pourrait penser qu'il y a là une atteinte excessive à la liberté de la presse. Le Conseil d'État a cependant considéré que la loi de 1949 correspond aux exceptions visées dans l'article 10, alinéa 2 de la CEDH[255].

---

252. CE, 29 janvier 1937, *Publications ZED, Rec.* 131.
253. CE, S, 20 décembre 1957, *SNEC, S.* 1958.73 concl. Guldner.
254. Cf. CE, 27 juin 2005, *Genka*, Rec. 255.
255. CE, 19 janvier 1990, *Société française des revues, AJDA* 1990.93 chr. Honorat et Baptiste.

4.146 > La loi du 17 juin 1998 relative à la prévention et à la répression des infractions sexuelles ainsi qu'à la protection des mineurs s'est inspirée de la loi de 1949 puisque son article 32 prévoit l'interdiction de proposer, donner, louer ou vendre à des mineurs, ainsi que l'interdiction de faire de la publicité pour tout document fixé « par un procédé déchiffrable par voie électronique en mode analogique ou en mode numérique », envisageant seulement la première interdiction, les mesures étant prises après avis d'une commission administrative.

C - LA LIBERTÉ DE LA PRESSE, LIBERTÉ ÉCONOMIQUE

4.147 > Aujourd'hui, la liberté de la presse est une liberté économique parce que derrière la publication, il y a une entreprise de presse.

1 - L'entreprise de presse

a) L'ATTENTE D'UN STATUT

4.148 > L'entreprise de presse n'était pas véritablement prise en considération par la loi de 1881. Cette situation a duré jusqu'à la Seconde Guerre mondiale parce que dans les dernières décennies de la IIIe République sont apparus des patrons de presse qui étaient en même temps des industriels (Parfumeur Coty ; Sucrier Prouvost). La presse a été accusée d'être aux mains des puissances d'argent et d'exercer ainsi une influence néfaste sur l'opinion publique. La Libération a été l'occasion d'un bouleversement du paysage de la presse française que certains ont considéré comme une véritable spoliation. L'ordonnance du 26 août 1944 a interdit la publication de tous les périodiques ayant paru sous l'occupation et celle du 30 septembre 1944 la reparution des quotidiens qui avaient continué à paraître en zone Nord après le 25 juin 1940 et en zone Sud après le 26 novembre 1942. Les dates étaient quelque peu arbitraires, mais cela permit de supprimer *Le Temps* et de conserver *Le Figaro*. Deux exceptions eurent lieu (*La Croix* et *La Montagne*).

L'ordonnance du 26 août 1944, texte qui devait être provisoire en attendant un véritable statut, visait à la transparence en imposant la mention d'un très grand nombre d'informations sur la direction, les propriétaires et les rédacteurs du journal, ainsi que sur la situation financière. Le statut trop contraignant ne fut pas appliqué car les décrets d'application ne furent pas pris.

b) LE STATUT FACE À L'ALTERNANCE

4.149 > Les concentrations ont été la règle et la presse libre, indépendante, n'aura été qu'un rêve. La gauche a tenté de modifier cette situation à la faveur de la loi du 23 octobre 1984. Le Conseil constitutionnel devait en réduire sensiblement la portée *intuitu personae* en sanctionnant le caractère rétroactif de la loi[256]. À la faveur de l'alternance de 1986, la droite élaborait un nouveau texte, la loi du 1er août 1986, malmenée à son tour par le Conseil constitutionnel[257] et modifiée par la loi du 27 novembre 1986. Depuis lors, la

256. CC 84-181 DC, 10 et 11 octobre 1984, *Entreprises de presse*, Favoreu et Philip, n° 28.
257. CC 86.210 DC, 29 juillet 1986, *Loi portant réforme du régime juridique de la presse ; RDP* 1989.399 chr. L. Favoreu ; *AJDA* 1986.527, note G. Pépy.

situation juridique est restée stable. L'intérêt de cette nouvelle approche est de s'intéresser au lecteur. « Les lecteurs sont au nombre des destinataires essentiels de la liberté proclamée par l'article 11 de la Déclaration de 1789 »[258]. La loi s'applique aux entreprises éditrices qui peuvent être une personne physique ou morale ou un groupement de droit éditant, en tant que propriétaire ou locataire, une publication de presse, cette dernière se caractérisant par son mode écrit et par sa périodicité (à intervalles réguliers). L'objectif de la loi est essentiellement double et vise à assurer la transparence et le pluralisme. À cet effet, la loi de 1984 avait créé une Commission, pour la transparence et le pluralisme, composée sur le modèle du Conseil constitutionnel.

Transparence

4.150 ➤ La transparence est assurée par le fait que les prête-noms sont interdits et que dans l'hypothèse où l'entreprise est une société par actions, celles-ci doivent être nominatives, leur transfert devant être autorisé par le conseil d'administration. Si le transfert conduit à céder plus du tiers du capital ou des droits de vote, l'entreprise est tenue d'en informer les lecteurs dans un délai d'un mois. De même, tout transfert de la propriété ou de l'exploitation d'un titre doit également être rendu public dans les mêmes conditions. Chaque numéro devra avoir une sorte de fiche signalétique qui indiquera le propriétaire ou copropriétaire et s'il s'agit d'une personne morale, sa dénomination ou raison sociale, son siège social, sa forme et le nom du représentant légal et des trois principaux associés. En outre, toute publication devra comporter le nom du directeur de la publication et du responsable de la rédaction. Si le directeur de la publication jouit de l'immunité parlementaire, il devra désigner un codirecteur afin d'éviter un abus de l'immunité parlementaire, comme cela s'était produit sous la IVe République.

On peut penser que ces mesures visant à la transparence, proches de celles posées en 1944, ne pouvaient connaître que le même destin. Elles n'en restent pas moins toujours exigées dans l'ours du journal[259].

La méfiance est également très forte à l'égard de l'étranger puisque non seulement il est interdit à l'entreprise éditrice ou ses collaborateurs de recevoir des fonds ou avantages d'un gouvernement étranger, mais également les étrangers ne peuvent acquérir plus de vingt pour cent d'une entreprise de presse éditant une publication de langue française, sous réserve de nos engagements internationaux, sans quoi une telle disposition n'eut guère été compatible avec le Traité de Rome, ce qui réduit quelque peu la portée de la loi. On peut cependant s'interroger sur l'achat en janvier 2010 de *France Soir* par un oligarque russe. Est-ce conforme à l'article 7 de la loi ?

Pluralisme

4.151 ➤ Ce concept est fort. Il est « une des conditions de la démocratie »[260] et même un « fondement » de celle-ci[261].

---

258. CC, 29 juillet 1986, précité.
259. Cass. crim., 23 avril 2003, *JCP* 2003 IV 2120. (L'ours était le surnom donné au patron d'une imprimerie).
260. CC 86-217 DC, 18 septembre 1986, *loi relative à la liberté de communication*, précité.
261. CC 89-271 DC, 11 janvier 1990, *Dépenses électorales, RFDC* 1990.332 chr. A. Roux.

Les dispositions les plus controversées ont certainement été celles relatives au pluralisme et qui visaient à porter atteinte, puis à favoriser le groupe Hersant. Elles ont dû être revues dans un sens plus strict à la suite de l'intervention du Conseil constitutionnel. Il est interdit d'acquérir, de prendre le contrôle (notion qui n'existait pas en 1944 et qui vise à plus de réalisme) ou la prise d'une location-gérance d'une publication quotidienne lorsque ceci a pour effet de permettre à une personne physique ou morale ou à un groupe de personnes physiques ou morales de contrôler plus de 30 % de la diffusion sur le territoire national des publications quotidiennes de même nature.

La loi du 27 novembre 1986 a étendu ces prohibitions à l'ensemble des médias puisqu'elle interdit à une personne possédant un ou plusieurs quotidiens représentant plus de 20 % de la diffusion totale sur le territoire national de publications de même nature, d'être titulaire d'une autorisation relative à un service de radiodiffusion ou de télévision ou à un réseau câblé.

2 - *De l'information au lecteur*

4.152 > Pour que la publication finisse entre les mains du lecteur, plusieurs opérations complexes sont nécessaires.

a) Collecte des informations

4.153 > L'étape première de ces opérations doit conduire à l'ouvrage de presse entre les mains du lecteur est la collecte des informations.

Le droit à l'information

4.154 > La collecte pose un problème plus général : la liberté de l'accès à l'information. La loi du 17 juillet 1978 modifiée notamment par la loi du 6 août 2004 et l'ordonnance du 6 juin 2005 sur l'accès aux documents administratifs due à une initiative parlementaire a tenté d'apporter une solution. L'idée a été complétée par la loi du 3 janvier 1979 sur les archives et les articles 26 et 27 de la loi du 13 juillet 1983 portant droits et obligations des fonctionnaires. La loi du 12 avril 2000 relative aux droits des citoyens dans leurs relations avec l'administration a exigé que les autorités administratives organisent « un accès simple *(sic)* aux règles de droit qu'elles édictent ». Tout cela s'inscrit dans l'idée de « démocratie administrative ». Avant 1978, le principe était celui du secret administratif[262]. La loi sur l'accès aux documents administratifs pose le principe du droit de toute personne à l'information, de la liberté d'accès aux documents administratifs. Le mode d'accès est la consultation gratuite sur place, la délivrance de copies en un seul exemplaire, aux frais de la personne qui les sollicite[263] ou par courrier électronique lorsque cela est possible. En cas de défaut de réponse pendant un mois ou en cas de refus, l'intéressé sollicite l'avis de la Commission d'accès aux documents administratifs qui est donné dans un délai d'un mois. Dans les deux mois de réception de l'avis, l'autorité compétente est tenue d'informer l'intéressé de la suite donnée. Un recours contentieux est possible devant le

262. CE, Ass., 18 novembre 1949, *Carlier*, Rec., 490. S, 1950 III 49, note R. Drago ; *RDP* 1950.172, concl. Gazier, note M. Waline.
263. Cf. *CADA, Guide de l'accès aux documents administratifs*, La Documentation française.

juge administratif qui statue dans les six mois[264]. Ce contentieux a permis de préciser quels étaient les documents accessibles[265]. Notons que dans 90 % des cas, l'administration suit la Commission d'accès aux documents administratifs.

Le principe de l'accès aux documents administratifs a été repris par l'Union européenne[266].

Les agences de presse

4.155 > La collecte des informations, d'où qu'elles émanent, est mal connue et pourtant la question est capitale puisque la plupart des informations diffusées par un quotidien ne sont pas le résultat d'un travail original de l'entreprise de presse mais la publication d'informations fournies par les agences de presse c'est-à-dire des « organismes privés qui fournissent aux journaux et périodiques, des articles, informations, reportages, photographies et tous autres éléments et rédaction » selon la définition donnée par l'ordonnance du 2 novembre 1945. Les agences exercent un quasi-monopole dans un grand nombre de domaines parce que la collecte de l'information a un coût et qu'une entreprise de presse ne peut l'assurer à elle seule. Mais celui qui dispose de cet instrument de collecte détient une puissance considérable. Il n'y a que très peu d'agences de presse à vocation mondiale. Depuis les difficultés financières de UPI *(United Press International)*, on peut estimer qu'il n'y a plus que cinq agences mondiales généralistes : Reuters, plus intéressée par les informations financières où elle est leader, Bloomberg, également intéressée par l'information financière, Associated Press, agence américaine, ITAR-TASS issue d'une restructuration de la très soviétique agence TASS, et enfin l'Agence France-Presse (AFP) successeur de l'Agence Havas (ordonnance du 10 septembre 1944) présente dans 165 pays.

Cette dernière, en tant qu'héritière de l'agence Havas, peut être considérée comme la fondatrice de ce système depuis que Charles Havas avait installé son bureau face au bureau de poste principal de Paris. À côté de ces agences mondiales existent d'autres agences spécialisées, par exemple dans le domaine de l'économie, du sport, des loisirs, des bandes dessinées (Opera Mundi) ou des photographies (Gamma, Corbis, Magnum). Le régime juridique des agences de presse a été fixé par l'ordonnance du 2 novembre 1945, modifiée par la loi du 19 octobre 1970, et reste soumis à un système préventif, les agences de presse devant être inscrites sur une liste établie sur la proposition d'une commission qui a cependant compétence liée dès lors que l'organisme remplit les conditions prévues par la loi. L'agence de presse doit faire l'objet d'une autorisation préalable. Les dispositions de la loi du 1er août 1986 relatives à la transparence de la presse s'appliquent aux agences de presse. Il s'agit d'une réglementation provisoire, toujours en vigueur, et qui interdit à ces agences soumises à un régime d'autorisation préalable de se livrer à la publicité et de fournir gratuitement des informations.

---

264. Cf. la saga Bertin depuis par ex. CE, Ass., 19 mai 1983, *Bertin, RDP* 1983.1086, concl. Denoix de Saint-Marc ; *D.* 1983.546, note Maisl et Weiner.
265. Ainsi les sujets d'examen à un centre de formation d'avocats ne sont pas des documents communicables mais des documents internes d'organisation des jurys. CE, 21 décembre 2007, *Léon, AJDA* 2008.264.
266. Trib. 1re inst. 6 juillet 2006, *Franchet et Byk* (aff. Jtes) T 391/03 et T 70/04, *Europe*, oct. 2000 Com. 273 E. Reisse.

Le régime de l'Agence France-Presse a enfin été fixé par la loi du 10 janvier 1957 après bien des vicissitudes. Les pouvoirs publics y ont toujours accordé beaucoup d'attention. Et le problème de ses liens avec le gouvernement a posé celui de sa crédibilité, notamment auprès de la presse anglo-saxonne. Son histoire a été très agitée[267]. Avec Jean Marin elle a retrouvé crédibilité et stabilité mais son départ en 1975 a ramené l'instabilité et les turbulences. Pierre Louette, élu le 12 décembre 2005, 11e PDG de l'agence a annoncé son départ le 24 février 2010. Le projet de réforme visant à transformer l'AFP en « société nationale à capitaux publics » sous forme de société anonyme par actions suscite de vifs débats internes.

b) LES JOURNALISTES

4.156 > Même si parfois la publication se contente de publier telle quelle la dépêche d'agence reçue, le rôle des journalistes sera bien évidemment essentiel et leur statut a pris une importance particulière. C'est le Code du travail, dans son article L. 7111-3, qui donne une définition du journaliste, à savoir « toute personne qui a pour activité principale, régulière et rétribuée l'exercice de sa profession dans une ou plusieurs entreprises de presse, publications quotidiennes et périodiques ou agences de presse et qui en tire le principal de ses ressources ». Il s'applique aussi aux « pigistes » sous réserve que les « piges » constituent l'essentiel de leurs ressources, celles-ci étant au moins le SMIC.

Une carte d'identité professionnelle a été créée en 1935 (art. L. 7111-6 du Code du travail) qui est attribuée par la Commission de la Carte d'identité professionnelle (paritaire : huit employeurs (7 pour les journaux et agences de presse et 1 pour la communication audiovisuelle du secteur public) et huit journalistes professionnels). Appel est possible de ses décisions devant la Commission supérieure (composée de 3 magistrats, un employeur, un journaliste), celles-ci pouvant être attaquées devant le juge administratif. La carte n'est pas réservée aux journalistes de la presse écrite. Le collaborateur d'un site Internet peut en bénéficier[268].

La loi du 4 janvier 2010 sur la protection du secret des sources des journalistes est venue donner une définition plus large du journaliste affirmant qu'il s'agit de « toute personne qui, exerçant sa profession dans une ou plusieurs entreprises de presse, de communication au public en ligne, de communication audiovisuelle ou une ou plusieurs agences de presse, y pratique, à titre régulier et rétribué, le recueil d'informations et leur diffusion au public ». Il n'est pas exigé que le journaliste tire l'essentiel de ses ressources de son activité contrairement au Code du travail.

La Cour EDH a en revanche montré un heureux libéralisme à propos de la protection des sources (*affaire Goodwin* précitée). Elle a conforté cette position encore récemment (CEDH, 15 décembre 2009, *Financial Times Ltd et autres c/ Royaume-Uni).*

4.157 > Le caractère le plus original du statut du journaliste réside essentiellement dans l'existence de la clause de conscience. Sans doute la résiliation du contrat est possible

267. CE, S, 24 juin 1949, Nègre et CE, 20 janvier 1956, Nègre, *D.* 1957.319, concl. Guionin.
268. CE 26 juillet 2007, *Labouze, AJDA* 2007.1725.

(art. L. 7112-2). La durée du préavis est de un mois si le contrat a reçu exécution pendant une durée de moins de trois ans et de deux mois s'il l'a été plus de trois ans. Si la rupture est du fait de l'employeur et que le contrat a reçu exécution pendant plus de deux ans et moins de trois ans, le préavis est de deux mois. Si le congédiement provient de l'employeur, l'indemnité est de un mois par année de collaboration, le maximum étant de 15. Si cela excède 15 années, une commission arbitrale intervient.

Art. L. 7111-3. « Est journaliste professionnel toute personne qui a pour activité principale, régulière et rétribuée, l'exercice de sa profession dans une ou plusieurs entreprises de presse, publications quotidiennes et périodiques ou agences de presse et en tire le principal de ses ressources ».

La clause de conscience est issue de la loi du 29 mars 1935 (article L. 7112-5 du Code du travail) et permet à un journaliste de démissionner, tout en bénéficiant de ses indemnités de licenciement en cas de cession du journal, de cessation de la publication, ou, notion plus difficile à cerner, en cas de « changement notable dans le caractère ou l'orientation », incompatible avec l'honneur, la réputation ou les intérêts moraux du journaliste. Cela ne concerne que le journaliste, et non l'écrivain et son éditeur[269].

4.158 > L'importance des journalistes s'est faite jour lorsqu'à la suite de la grave crise qu'a connu *Le Monde* en 1951 a été créée la première société de rédacteurs. À la suite d'un désaccord entre le journal soutenu par Hubert Beuve-Méry et deux possesseurs de parts de la société, Beuve-Méry démissionna. Les rédacteurs se solidarisèrent avec lui. Le conflit aboutit à la création d'une société de rédacteurs le 27 octobre 1951 détenant 28 % des parts puis 40 % en 1968. Aujourd'hui, cela représente 21,87 % du capital et 33,33 % en droits de vote. La formule a été reprise ailleurs avec plus ou moins de succès *(Libération, L'Express, Le Point, Le Nouvel Observateur…)*.

c) Fabrication

4.159 > Lorsque l'opération intellectuelle sera réalisée interviendra la fabrication de l'ouvrage de presse, à laquelle le journaliste, en raison des nouvelles techniques de composition, va participer aujourd'hui de plus en plus. Cependant, cette opération reste soumise à certains aspects particuliers en France qui résident dans un monopole exercé par le Syndicat du Livre. Certaines entreprises de presse ont réussi à s'en abstraire, au prix de crises particulièrement graves, comme celle du *Le Parisien libéré* en 1975-1977.

d) Diffusion

4.160 > Une fois l'ouvrage de presse fabriqué, il faudra le diffuser selon des techniques extrêmement variées. S'agissant des publications périodiques, la diffusion peut se faire par abonnement, portage à domicile, achat à un kiosque ou à un dépositaire, don ou prêt, etc. En fait, il y a deux grands types : la diffusion au numéro et la diffusion par abonnement.

---

269. Cass. soc., 9 novembre 1961, *SA Mondiale Publications, Dr. soc.* 1962.564 ; *JCP* 1962 II 12433, chr. J. Savatier.

En ce qui concerne la diffusion au numéro, elle peut tout d'abord être organisée par l'entreprise elle-même, ce qui est le cas de la presse de province assez souvent ou dans certains pays étrangers comme l'Allemagne ou les États-Unis. Elle peut aussi être organisée par des sociétés de groupage. La loi du 2 avril 1947, élaborée contre le monopole de Hachette qui dans le passé avait permis l'élimination de certains quotidiens, a affirmé le principe de la libre diffusion de la presse imprimée. Celle-ci est faite par des « sociétés coopératives de messageries de presse » qui peuvent confier cette tâche à une entreprise commerciale, ce qui a permis à Hachette de rétablir son influence, avec la création des Nouvelles Messageries de la Presse Parisienne (NMPP), devenues depuis décembre 2009 Presstalis, qui est une organisation technique très développée conduisant à une diffusion selon une organisation arborescente, et dont Hachette SA possède 49 % du capital, 5 coopératives de presse en possédant 51 %. Concurrentes de Presstalis, les Messageries lyonnaises de presse distribuent 20 % des titres. Enfin, la diffusion peut être faite par colportage. C'est aujourd'hui le mode de la presse militante alors qu'au XIXe siècle cette forme était importante, ce qui explique les longs développements de la loi de 1881 consacrés à cette technique. L'exercice du colportage était soumis à une déclaration à la préfecture ou sous-préfecture ou mairie. Cela ne concernait que le colportage professionnel. Ces dispositions de la loi de 1881 ont été supprimées par la loi du 9 décembre 2004 de simplification du droit. Le colportage peut être interdit par l'autorité de police administrative, notamment à proximité de certains lieux[270] mais il ne doit pas y avoir d'interdiction trop large[271]. En fait, certaines mesures plus subtiles peuvent porter atteinte à la liberté du colportage comme le harcèlement des colporteurs.

L'autre grand mode de diffusion est la diffusion par abonnement. C'est capital pour les publications car cela évite le « bouillonnage ». En outre, il y a un grand intérêt financier car le lecteur fait une avance. Enfin, cela fidélise le lecteur. L'inconvénient est d'être sous la menace des grèves des postes ou des transports. Une autre variante de l'abonnement est le portage à domicile. Peu pratiqué en France, sauf en Alsace, il est très répandu dans les pays anglo-saxons, où il est le « job » traditionnel des lycéens ou étudiants.

3 - L'aide à la presse

4.161 ▸ Il s'agit d'une question sur laquelle une intense réflexion est engagée depuis de nombreuses années, qui essaie à la fois de maintenir une industrie fragile et en même temps de rester en conformité avec les règles communautaires. Elle vise à aider à la diffusion de la presse et à la modernisation des entreprises, mais aussi à maintenir le pluralisme alors que ce sont les concentrations qui se multiplient[272].

Cette aide a connu une forte augmentation en 2005 et elle atteint 288 millions d'euros dans la loi de finances pour 2008.

Un rôle important est joué par la Commission paritaire des publications et agences de presse pour l'accès à cette aide. La CPPAP vérifie la situation des publications au regard

---

270. CE, 30 novembre 1928, *Pénicaud et Cie nouvelle des Chalets de commodité DH* 1929.39 ; 25 juillet 1930, *De Kervanoel, DH* 1930.497 ; 23 octobre 1936, *Union parisienne de syndicats de l'Imprimerie, DH* 1937.6.
271. CE, 30 novembre 1928, précité ; Cass. crim. 12 juillet 1934, *Chantecaille, Bull.*, n° 138 ; *Gaz. Pal.* 1934 V 505.
272. CC 2001-456 DC 27 décembre 2001, *Loi de finances pour 2002, Rec.* p. 37 ; RFDC, 2002.191, Chr. L. Philip.

des articles 72 et 73 de l'annexe III du CGI et D 18 et s., du Code des Postes et des Communications électroniques. La Commission examine si la publication répond à la qualification de « journal ou périodique »[273], si elle est bien une « publication de presse »[274], si elle a bien un caractère d'intérêt général[275]. Cette inscription n'est pas un droit garanti[276]. La Commission examine si la publication correspond aux diverses conditions, à savoir comporter au moins un tiers d'informations ayant un caractère d'intérêt général[277], paraître au moins une fois par trimestre, être habituellement offerte au public à un prix marqué ou par abonnement, ne pas avoir plus de deux tiers de surface publicitaire. En outre, un régime dérogatoire existe pour les publications politiques, les conditions étant d'avoir pour objet réel et essentiel de soutenir une candidature à un mandat électoral ou de témoigner de l'engagement politique d'un homme, d'un groupe, d'un parti ou d'exprimer une pensée ou une doctrine politique ou de traiter l'actualité d'une manière subjective ou l'accompagnement de propositions à caractère politique, avoir un contenu qui doit présenter un apport rédactionnel sous forme d'articles variés, ne pas être assimilables à des tracts, convocations ou invitations à des assemblées, « professions de foi » du candidat, lettres personnalisées, ne pas avoir plus de 20 % de publicité[278]. L'ensemble de l'aide correspond à 10 % du chiffre d'affaires des entreprises de presse, ce qui est plus que dans les pays comparables. On distingue l'aide directe et l'aide indirecte.

a) Aide directe

4.162 > Dans la loi de finances pour 2010[279], elle est constituée par 3 volets. L'aide à la diffusion (200 750 000 €) est constituée par l'aide au transport postal de la presse résultant d'un accord entre l'État, la presse et La Poste signé en 2004 ; la réduction du tarif SNCF pour le transport de la presse sous forme d'une subvention à la SNCF ; l'aide à la distribution et à la promotion de la presse française à l'étranger à travers le Fonds d'aide à l'expansion de la presse française à l'étranger ; l'aide au portage de la presse qui doit permettre le développement de ce mode de diffusion encore trop faible en France et l'exonération des charges patronales pour les porteurs.

Le deuxième volet est constitué par les aides au pluralisme (11 975 000 €) qui comprend trois actions : l'aide aux quotidiens nationaux à faibles ressources publicitaires instituée en 1982 et bénéficiant à *La Croix, l'Humanité* ; l'aide aux quotidiens régionaux à faibles ressources de petites annonces qui aide de petits quotidiens locaux ; l'aide à la diffusion de la presse hebdomadaire régionale.

Enfin, le dernier volet a trait à la modernisation de la presse (93 199 107 €) à travers 5 actions : l'aide à la modernisation sociale de la presse quotidienne existant depuis 2004 ; l'aide à la modernisation de la distribution de la presse quotidienne nationale qui

---

273. Cf. CE, S, 27 mai 1994, *CNRS, AJDA* 1994.568.
274. CE, 15 novembre 2006, *Soc. BMJ Limited, AJDA* 2008.54.
275. Ainsi, la réponse est négative pour une publication utilisant l'astrologie pour la bourse (CE 30 mars 2007, *Richard, AJDA*, 2008. 1316) et positive pour une revue fiscale (CE 26 juillet 2007, *Soc. Groupe Revue fiduciaire, AJDA* 2007. 1832).
276. CE, 10 juillet 2009, *Soc. Lyon mag, AJDA* 2009.1965.
277. CE, 7 août 2007, *Soc. Lyon mag, AJDA* 2007.1947.
278. *JOAN*, Rép. min. Communication à QE n° 20221 J.-L. Masson, *JOAN* 16 janvier 1995 p. 299.
279. Cf. http://www.senat.fr/rap/l09-101-317/l09-101-3174.html.

apparaît comme une aide indirecte à Presstalis ; l'aide à la modernisation de la diffusion permettant le financement d'investissements ; l'aide au développement des services en ligne ; enfin l'aide à la modernisation de la presse quotidienne d'information politique et générale. Cette aide a connu une augmentation de 83,95 % à la suite des états généraux de la presse.

On peut aussi ajouter les abonnements de l'État à l'Agence France-Presse qui permettent ainsi d'aider l'Agence en lui fournissant des clients pour lesquels l'abonnement n'est pas forcément nécessaire.

b) Aide indirecte

4.163 > C'est l'aide essentielle. Elle consiste en un manque à gagner par suite d'exonérations diverses en matière fiscale. À cet effet on peut évoquer le taux réduit de la TVA qui est de 2,1 % en métropole et de 1,05 % dans les DOM, sauf pour les revues pornographiques ou violentes assujetties au taux de 18,6 %, la dispense de l'impôt sur les bénéfices pour provisions faites pour investissements (art. 39 *bis* CGI), et l'exonération de la taxe professionnelle (art. 1458 CGI) et sociale visant les vendeurs-colporteurs et porteurs de presse (régime dérogatoire des taux de cotisation de sécurité sociale), les journalistes (calcul des cotisations sociales) et les correspondants locaux de presse (statut social). À cela s'ajoutent aussi le nouveau mécanisme de réduction d'impôts sur les sociétés pour les entreprises entrant dans le capital des entreprises de presse de publications d'information politique et générale (art. 220 *undecies* CGI) et le bénéfice du régime fiscal du mécénat pour les dons versés aux entreprises de presse.

D - CONVENTION EUROPÉENNE DES DROITS DE L'HOMME ET LIBERTÉ D'EXPRESSION

4.164 > L'une des premières affaires examinées par la Cour de Strasbourg intéressait la liberté de l'esprit. L'affaire *De Becker*[280] concernait un journaliste belge condamné par un tribunal pour collaboration avec l'occupant pendant la Seconde Guerre mondiale. Certaines déchéances étaient liées à sa condamnation, entre autres l'interdiction de participer à un journal ou à toute publication. La commission concluait à la violation de la liberté d'expression car elle privait de liberté d'expression dans les matières autres que politique. Cela n'apparaissait pas nécessaire au titre de l'article 10 § 2 de la Convention. La Cour, pour « des raisons de politique jurisprudentielle » (p. 342), a rayé l'affaire du rôle, De Becker s'étant désisté.

4.165 > L'affaire *Handyside c/ Royaume-Uni*[281] avait trait à la saisie d'un ouvrage obscène. L'ouvrage avait été saisi sur le fondement des lois britanniques sur les publications obscènes de 1959 et 1964. Une édition révisée paraissait le 15 novembre 1971 sans poursuites. La Cour a estimé que les conditions permettant l'intervention des autorités étaient justifiées puisqu'elles étaient prévues par la loi ; elles avaient pour but de protéger la morale des jeunes, et l'article 10 § 2 accorde aux États une marge d'appréciation pour

280. CEDH, 27 mars 1962, *De Becker c/ Belgique*.
281. CEDH, 7 décembre 1976, *Handyside c/ Royaume-Uni*, Berger, n° 204 ; Sudre, n° 7.

décider ce qui est nécessaire à la protection de la morale car il n'y a pas de notion européenne uniforme de la morale. Mais la restriction doit être proportionnée. Pour la Cour (10 voix contre 1), il n'y avait pas de violation de l'article 10.

L'affaire *Sunday Times c/ Royaume-Uni*[282] était beaucoup plus délicate, concernant l'interdiction d'un article sur le médicament Thalidomide et la restriction au droit de commenter un procès civil. Pour la Chambre des Lords, le « *contempt of court* » était établi car cela conduisait le public à préjuger du résultat de la procédure judiciaire. Pour la Cour européenne, l'ingérence dans la liberté d'expression doit remplir trois conditions. Est-elle prévue par la loi au sens matériel ? Oui pour la Cour. Le but est-il légitime ? Oui pour la Cour. Il s'agit de « garantir l'autorité du pouvoir judiciaire ». Est-ce nécessaire pour atteindre ce but dans une société démocratique ? Non, pour la Cour. Par une majorité étroite, la Cour considéra que l'ingérence ne correspondait pas à un besoin social assez impérieux pour primer l'intérêt public. Elle n'était ni proportionnée au but légitime poursuivi ni nécessaire dans une société démocratique pour garantir l'autorité du pouvoir judiciaire[283].

Le libéralisme de la Cour peut parfois aller très loin, comme en témoigne la troublante décision *Jersild c/ Danemark*[284] permettant des propos racistes. Il est vrai que la Cour estime que la liberté vaut pour les idées qui « heurtent, choquent ou inquiètent » ce qui peut aller très loin[285]. Dans l'affaire Aussaresses, la Cour a considéré qu'un ouvrage condamné pour apologie de crimes de guerre pouvait être considéré comme une contribution à l'histoire[286].

Les propos peuvent se situer dans l'exagération ou la provocation admissibles[287]. Mais la jurisprudence peut être complexe, « byzantine » (J.F. Flauss) lorsqu'elle distingue à propos de la diffamation entre « déclaration de fait » et « jugement de valeur »[288]. Elle a su montrer plus de mesure pour des propos anti-immigrés d'un président de parti politique, considérant qu'il s'agissait d'une incitation à la haine[289]. De même à propos d'un ouvrage condamné pour provocation à la haine et à la violence des communautés musulmanes dans lequel les auteurs appelaient à une « guerre de reconquête ethnique, La Cour a estimé que l'ingérence dans l'exercice du droit à la liberté d'expression était « nécessaire dans une société démocratique »[290]. Il semble que la Cour cherche

282. CEDH, 26 avril 1979, *Sunday Times c/ Royaume-Uni*, Berger, n° 205 ; Sudre, n° 57.
283. Cf. aussi CEDH, 8 juillet 1986, *Lingens c/ Autriche*, Berger, n° 207 et CEDH, 26 avril 1995, *Prager et Oberschlick c/ Autriche, AJDA* 1995.736 chr. J.-F. Flauss.
284. CEDH, 23 septembre 1994, *Jersild c/ Danemark*, Berger, n° 217 ; Sudre, n° 57.
285. CEDH, 21 septembre 2006, *Monnat c/ Suisse, AJDA* 2007.909, Chr. J.F. Flauss ; CEDH, 25 janvier 2007, *Vereinigung Bildener Künstler c/ Autriche, AJDA* 2007.909, chr. J.F. Flauss à propos d'une exposition représentant plusieurs dizaines de personnalités publiques dans des situations scabreuses. L'interdiction a été jugée contraire à la CEDH.
286. CEDH, 15 janvier 2009, *Orban et autres c/ France, JCP* 2009 II 10040, note E. Derieux.
287. CEDH, 7 novembre 2006, *Mamère, D.* 2007.1704, note J.P. Marguenaud ; cf. aussi CEDH, 31 janvier 2006, *Giniewski c/ France, RFDA* 2007.1045, Chr. H. Labayle et F. Sudre ; *RTDH* 2006. 839 Chr. F. Docquir ; Berger n° 210.
288. CEDH, 24 avril 2007, *Lombardo et autres c/ Malte, AJDA* 2007.1929 Chr. J.F. Flauss ; CEDH 21 juillet 2005, *Gunberg c/ Russie.*
289. CEDH, 16 juillet 2009, *Féret c/ Belgique* n° 15615/07.
290. CEDH, 10 juillet 2008, *Soulas c/ France*, n° 15948/03.

aujourd'hui beaucoup plus à trouver un équilibre entre la liberté d'expression et la protection des personnes[291].

Mais on sent bien les difficultés de la Cour sur ces questions. C'est ainsi qu'elle a confirmé la condamnation d'un élu appelant au boycott des productions israéliennes en raison de la politique de ce pays à l'égard de la Palestine, sur le fondement des articles 23 et 24 de la loi de 1881 pour provocation à la discrimination nationale raciale et religieuse, conception bien extensive[292].

4.165 bis ▸ La Cour a été confrontée à la question de la protection de la vie privée et notamment la portée de la protection, considérant que les révélations antérieures d'un artiste célèbre affaiblissaient la protection[293]. De même, si elle a estimé que les problèmes conjugaux d'une personnalité politique n'étaient pas une question d'intérêt général, il n'en allait pas de même lorsque le conjoint jouait un rôle de représentation officielle[294]. Il n'empêche qu'elle a pu montrer une volonté protectrice, même à l'égard de personnalités célèbres, comme à propos de Caroline de Monaco[295].

S'agissant des débats judiciaires, la Cour a considéré que les autorités devaient avoir une large marge d'appréciation[296].

II – LA LIBERTÉ DE LA COMMUNICATION AUDIOVISUELLE

4.166 ▸ Dernière venue des libertés de l'esprit, la liberté de communication audiovisuelle devenue plus largement liberté de communication au public par voie électronique n'a été affirmée que récemment, et encore ne l'a-t-elle été que dans une mesure limitée, en raison notamment, mais pas exclusivement, de la rareté des fréquences. Il s'agit de toute mise à disposition du public ou de catégorie de public, par un procédé de communication électronique (« on entend par communication électronique, les émissions, transmissions ou réceptions de signes, de signaux, d'écrits, d'images ou de sons par voie électromagnétique »), de signes, de signaux, d'écrits, d'images, de sons ou de messages de toute nature qui n'ont pas le caractère d'une correspondance privée (loi du 30 septembre 1986, art. 2, al. 1 et 2 et Code des Postes et des Communications électroniques art. L. 32. 1°). Cette liberté[297] n'est « ni générale, ni absolue ». Elle ne peut exister que « dans le cadre d'une réglementation instituée par la loi ». Le Conseil constitutionnel a affirmé dès 1964[298] que « la radiodiffusion télévision française intéresse une des libertés publiques dont les garanties fondamentales relèvent de l'article 34 ». Il appartient au législateur de

291. Par ex. CEDH, 29 juillet 2008, *Flux c/ Moldavie*, *D.* 2008.2770, note L. Francois.
292. CEDH, 26 juillet 2009, *Willem c/ France*, n° 10883/05.
293. CEDH, 23 juillet 2009, *Hachette Filipacchi Associés c/ France*, n° 12268/03.
294. CEDH, 4 juin 2009, *Standard Verlags GmbH c/ Autriche*, n° 21277/05.
295. CEDH, 24 juin 2004, Req. n° 59320/00. La Cour constitutionnelle allemande a dû s'incliner. (BVerfG, 26 février 2008, *Caroline Von Monaco*.
296. CEDH, 16 avril 2009, *Egeland et Hanseid c/ Norvège*, n° 34438/04.
297. CC 82.141 DC, 27 juillet 1982, *Loi sur la communication audiovisuelle* ; *RDP* 1983.333 chr. Favoreu.
298. CC 64.-27 L. 17 mars 1964, *Radio Télévision française* ; *RDP* 1964.1125, note M. Bouyssou ; *D.* 1965. 189, note L. Hamon.

fixer les règles de création (dont les règles constitutives), les rapports radio-télévision-État et les règles qui fixent le cadre général de l'organisation et du fonctionnement. En revanche, si l'on se réfère au régime juridique admis à cet égard par le Conseil constitutionnel, force est de constater qu'il ne peut s'agir d'une liberté fondamentale.

A - DU MONOPOLE À LA LIBERTÉ

1 - La négation de la liberté

4.167 > Déjà, le décret des 23-30 juillet 1793 affirmait le monopole des correspondances par signaux. Ce monopole fut réaffirmé par la suite. C'est en 1921 qu'eut lieu en France la première transmission par radiodiffusion. On essaie de calquer le régime sur celui des médias les plus récents : le télégraphe, le téléphone. Les émetteurs étaient autorisés par le ministre des PTT. La loi du 30 juin 1923, tout en affirmant le monopole de l'« émission et réception des signaux radioélectriques de toute nature » permettait les stations privées. Mais à partir de 1929, il n'y eut plus aucune autorisation nouvelle pour les stations privées. Il faut souligner que ce régime affirmait déjà la liberté de réception.

Le monopole de l'émission sera réaffirmé avec l'ordonnance du 23 mars 1945. Toutes les autorisations accordées aux postes privés sont révoquées. On a, là encore, une même volonté de rénovation, avec des motivations différentes de celles affirmées pour la liberté de la presse. On retrouve l'autre dualité : liberté de réception, absence de liberté d'émission. La liberté de réception était difficile à refuser alors que l'on sait quel rôle avait pu jouer la radio pendant l'Occupation. En revanche, l'absence de liberté d'émission conduisait à un monopole ou une exclusivité des pouvoirs publics. La radiodiffusion française nationale devenait la RDF (Radiodiffusion française), service en régie de l'État, puis en 1949 la Radiodiffusion Télévision française (RTF).

Cette dernière dénomination est la conséquence du développement d'un nouveau médium : la télévision. C'est le 26 avril 1935 que la première émission de télévision avait été diffusée par le poste Paris PTT. Dès lors, les principes dégagés pour la radiodiffusion trouvaient fatalement leur transposition pour la télévision. Mais l'ensemble du système comportait une certaine dose d'hypocrisie avec l'existence des stations de radiodiffusion dites périphériques, qui diffusaient sur le territoire français tout en émettant du Luxembourg, de Sarre, d'Andorre ou de Monaco (dans ce dernier cas, l'émetteur se trouvait même sur le territoire français). En outre, ces stations étaient contrôlées par une société française, la Sofirad.

2 - L'instabilité de la Ve République

4.168 > La Ve République va lancer une vaste et longue période d'instabilité en ce qui concerne la réglementation relative à l'audiovisuel, témoignant ainsi que ce secteur était un enjeu essentiel de pouvoir. Chaque président de la République imprimera sa marque à ce statut. L'ordonnance du 4 février 1959 faisait de la RTF un établissement public à caractère industriel et commercial sous l'« autorité du ministre de l'Information ». La loi du 27 juin 1964, en créant un Office de la Radiodiffusion et Télévision française, maintenait ce caractère d'EPIC sous la « tutelle » du ministre. Les événements de mai 1968 montrèrent les limites et les insuffisances de ce statut. En 1968, la publicité de marque était admise. La loi du 3 juillet 1972 confirmait le monopole et l'ORTF conservait son caractère d'EPIC. Mais Georges Pompidou affirmait que « le journaliste de télévision n'est pas un journaliste comme un autre. C'est la voix de la France ».

4.169 > Les transformations issues de la réforme de 1974 lancée par M. Giscard d'Estaing seront plus profondes. La loi du 8 juillet 1974 faisait éclater l'ORTF en créant sept entités, à savoir trois sociétés nationales de télévision (Télévision française 1 ; Antenne 2 ; France régions 3), une société de radiodiffusion (Radio France), un établissement de diffusion (TDF, Télédiffusion de France) ayant le caractère d'établissement public industriel et commercial, une société d'économie mixte, société de production (SFP, Société française de production et de création audiovisuelle) dans laquelle les capitaux publics étaient majoritaires, et enfin l'Institut national de l'Audiovisuel (INA), établissement public industriel et commercial. S'il y avait un peu plus d'indépendance, ce n'était qu'en apparence car les présidents des différents organes étaient nommés en Conseil des ministres. Le monopole était maintenu. Mais celui-ci allait devoir affronter un autre phénomène, à savoir celui des radios dites libres.

3 - La fin du monopole

4.170 > La loi du 28 juillet 1978 réagissait en venant sanctionner les atteintes ou les violations du monopole. La décennie 1980 allait être marquée par une instabilité législative. Dans l'immédiat, la loi du 9 novembre 1981 autorisait des dérogations et un régime transitoire permettait les radios privées. Celles-ci devaient être créées sous la forme d'associations loi 1901. La publicité n'était pas permise.

4.171 > La nouvelle construction législative relative à l'ensemble de l'audiovisuel était réalisée par la loi du 29 juillet 1982, dite loi Fillioud, qui mettait à bas le monopole. Elle affirmait que *« la communication audiovisuelle est libre »* et précisait, sur le plan des principes, que *« les citoyens ont droit à une communication audiovisuelle libre et pluraliste »*. L'objectif de la loi était vaste puisqu'il tentait d'appréhender l'ensemble de l'audiovisuel, incluant le cinéma. Le système du monopole était aboli pour les programmes tandis que TDF conservait le monopole de la diffusion. Un organe régulateur, « clef de voûte du nouvel édifice audiovisuel » sous la forme d'une autorité administrative indépendante dont les 9 membres étaient nommés sur le modèle du Conseil constitutionnel, était créé : la Haute Autorité de l'Audiovisuel. Son rôle était de nommer les présidents des sociétés nationales de radio et de télévision et d'attribuer les fréquences radio. Un système dual était envisagé avec un secteur public où l'autonomie financière était réduite dans la mesure où la redevance était fixée par la loi de finances et la publicité était limitée, et un secteur privé avec d'une part des télévisions à caractère national soumises à un régime de concession de service public et d'autre part des télévisions locales, radios et services câblés soumis à une autorisation délivrée par la Haute Autorité pour les radios et par le Gouvernement pour les autres. Les radios devaient avoir le statut d'association loi 1901.

La loi du 1er août 1984 apportait des changements pour les radios qui pouvaient soit avoir le statut d'association, soit celui de société. En outre, la publicité devenait possible, ce qui était sortir de l'angélisme initial. Les radios étaient soumises à un régime de déclaration préalable tandis que la télévision relevait de la concession de service public. Les premières concessions furent accordées juste avant la fin de la législature, à des institutions de droit privé (Canal +, la Cinq) dans des conditions discutées et discutables.

4.172 > La droite revit le système mis en place avec la loi du 30 septembre 1986 dite loi Léotard. Sur certains points, elle était plus ambitieuse en affirmant la liberté de télécommunication. Le libéralisme économique était accru. Les contrats de la 5 et de la 6 étaient résiliés mais la concession de Canal Plus était maintenue. L'idée de radio locale disparaissait et le principe des privatisations étendu, ce qui aboutira à la privatisation de TF1 qui, contre toute attente, sera accordée au groupe industriel Bouygues.

En 1987, la Haute Autorité était remplacée par une nouvelle institution à la composition complexe et peu heureuse, la CNCL (Commission nationale pour la Communication et les Libertés) dont la composition relevait d'un inventaire à la Prévert. Il ne manquait que le raton laveur...

4.173 > Le retour de la gauche devait encore une fois entraîner des modifications qui, cette fois-ci, ne furent pas aussi fondamentales, l'apaisement étant recherché et de fait, depuis la loi du 17 janvier 1989, malgré quelques modifications, c'est la stabilité qui a été de mise. Le nouveau texte revient à la seule liberté de la communication audiovisuelle. « *La communication audiovisuelle est libre* ». La CNCL a été supprimée et remplacée par le Conseil supérieur de l'audiovisuel qui revient au système de la Haute Autorité. On affirme la domanialité de l'espace hertzien. La loi du 1er août 2000[299] a tenté de renforcer le pluralisme. La dernière modification essentielle a été opérée par la loi du 9 juillet 2004, la loi du 5 mars 2007 relative à la modernisation de la diffusion audiovisuelle et à la télévision du futur[300] et la loi organique du 5 mars 2009.

Le Code des Postes et Télécommunications est devenu le Code des Postes et des Communications électroniques, et les infrastructures de diffusion des services de radio et de télévision ont été assouplies.

La liberté totale n'est plus possible quant à l'organisation en raison des contraintes de l'environnement international et communautaire[301]. Dans le cadre du Conseil de l'Europe, la France a ratifié la Convention européenne sur la télévision transfrontière du 5 mai 1989[302].

Mais surtout, le paysage audiovisuel a été complètement bouleversé. On ne peut plus parler de paysage audiovisuel français mais de paysage audiovisuel mondial avec le satellite. L'offre a été multipliée presque à l'infini. Le passage de la télévision analogique avec ses six chaînes à la télévision numérique terrestre en 2005 offre 18 chaînes gratuites, sans compter ce que permet l'offre payante. En 2009 les 7 chaînes nationales (TF1, France 2, France 3, France 5, Arte, Canal + et M6) représentaient 72,1 % de l'audience contre 27,9 % à la TNT (dont 15,2 % pour la TNT gratuite).

---

299. E. Derieux, « Communication audiovisuelle : dispositif anticoncentration et garanties du pluralisme », *LPA*, 23 janvier 2001 ; D. Truchet, « Audiovisuel : la liberté de communication », *AJDA* 2000.1024.
300. Cf. CC 2007-550 DC 27 février 2007, « Loi relative à la modernisation de la diffusion audiovisuelle et à la télévision du futur », *LPA* 2007, n° 53 p. 3, Chron. J.E. Schoettl ; *RDP* 2007.1168, Chron. D. Rousseau ; *RFDC* 2007.588 Chr. H. Alcaraz.
301. Sur le plan de la communication CJCE, 18 juin 1991, *Elleniki Radiophonia Tileorassi Anonimi Etairia*, Aff. C 260/89 qui précise les conditions admissibles du monopole télévisuel, cf. *Dr. adm.* 1991 n° 425.
302. *JO*, 30 juin 1994, p. 9418.

B - LE SYSTÈME RETENU

4.174 > Les choses ne sont pas simples car il n'y a pas de vraies frontières entre audiovisuel, télécommunications et informatique. Il faudra peut-être réintégrer les autres secteurs pour aboutir à une harmonisation des vecteurs. Il n'en reste pas moins que la loi de 1986 modifiée en 1989 ne concerne que la radio et la télévision par voie hertzienne ou satellite et le câble. Le critère de distinction important est le public. Il est « indéterminé » ou il s'agit d'une « catégorie de public »[303].

Nous sommes loin de la très large liberté qui prévaut pour la liberté de la presse. Les raisons en sont les enjeux de cette nouvelle liberté et aussi des raisons techniques. Le système mis en place est un système dual où coexistent un service public et des stations privées.

TDF, créé en 1975, a perdu en 2005 le monopole de la diffusion. La SFPCA (Société française de production et de création audiovisuelle, a été privatisée en 2001 et n'a pas de monopole de la production. Enfin, l'INA, EPIC est maintenu.

1 - Le Conseil supérieur de l'audiovisuel

4.175 > Le Conseil supérieur de l'audiovisuel[304] est une « autorité indépendante », le qualificatif d'administratif ayant été gommé. Sa composition calquée sur celle du Conseil constitutionnel comprend trois membres nommés par le président de la République, trois par le président du Sénat et trois par le président de l'Assemblée nationale. Le président, Michel Boyon depuis 2007, est nommé par le président de la République pour la durée de ses fonctions de membre de ce Conseil. La révision constitutionnelle de 2008 fait intervenir les commissions parlementaires. Le président a voix prépondérante. Le mandat est de six ans et le statut garantit l'indépendance. La mission du CSA est de garantir l'exercice de la liberté de la communication audiovisuelle. Plutôt que de réglementation, sa mission est de régulation. Son rôle est à la fois consultatif et de décision.

4.176 > Le Conseil exerce des attributions consultatives. Il est consulté sur la position de la France dans les négociations internationales, sur les cahiers des charges des sociétés et établissements relevant du secteur public et sur les décrets concernant la publicité par le Conseil de la concurrence. Il publie un rapport annuel. Mais il a aussi des pouvoirs de décision. Son pouvoir réglementaire a été réduit par rapport à ses devanciers. Il contrôle le respect de l'expression pluraliste des programmes des sociétés nationales (art. 13), le respect des cahiers des charges. Il a un pouvoir d'injonction, contrôle la publicité (art. 14), fixe les règles du télé-achat (loi du 6 janvier 1988), veille à la protection de l'enfance (art. 15), intervient en période électorale pour la campagne (art. 16).

À l'égard du secteur public, il attribue et retire les fréquences des organismes de service public.

---

303. Cf. CE, 29 mai 1991, *Fédération nationale des radiorépondeurs ; JCP* 1991 IV 348, obs. M.-C. Rouault.
304. Sur le CSA, cf. J. Morange, « Le Conseil supérieur de l'Audiovisuel », *RFDA* 1989.235.

En ce qui concerne la présidence des sociétés France Télévisions et Radio France et de la société en charge de l'audiovisuel extérieur de la France, la nomination est faite par le président de la République, après avis conforme du CSA, et après avis des commissions compétentes de chaque assemblée à la majorité des trois cinquièmes[305].

Le CSA peut également ordonner l'insertion d'un communiqué dans un programme et peut saisir le Parquet en cas d'infraction. Il peut saisir le président de la section du contentieux du Conseil d'État qui pourra ordonner sous astreinte à une société de se conformer à ses obligations.

Mais il ne dispose pas de pouvoir réglementaire[306]. Il attribue et retire les fréquences. À l'égard du secteur privé, il délivre les autorisations pour la radio et la télévision et les réseaux câblés et dispose d'un pouvoir de sanction. Il peut suspendre l'autorisation ou une partie du programme, retirer l'autorisation, infliger des sanctions pécuniaires lourdes allant jusqu'à 3 % du chiffre d'affaires et 5 % en cas de récidive.

Le Conseil assure l'égalité de traitement, garantit l'indépendance et l'impartialité du secteur public, favorise la libre concurrence, veille à la qualité et à la diversité des programmes, au développement de la production et de la création audiovisuelle, à la défense et illustration de la langue et de la culture françaises. Il peut formuler des propositions sur l'amélioration de la qualité des programmes.

2 - La liberté et ses limites

4.177 > L'article 1 affirme sans doute que « *la communication au public par voie électronique est libre* », mais il fixe les limites d'une liberté déjà précisée par le Conseil constitutionnel dans sa décision du 27 juillet 1982. Le législateur doit concilier la liberté avec les contraintes techniques et les objectifs de valeur constitutionnelle que sont la sauvegarde de l'ordre public, le respect de la liberté d'auteur et la préservation du caractère pluraliste des courants d'expression socioculturels auxquels ces modes de communication, par leur influence considérable, sont susceptibles de porter atteinte.

4.178 > La liberté de réception s'applique à l'égard des programmes hertziens. Mais on rencontre certaines limites avec les « chaînes cryptées » et le câble. Cette liberté implique un « droit à l'antenne » (loi du 2 juillet 1966 modifiée par la loi du 29 décembre 1990 et la loi du 13 juillet 1992) dans les rapports locataires-propriétaires. La liberté de réception a un caractère universel (Directive 3 octobre 1989 art. 2-2 et conv. n° 132 Cons. Europe, art. 4).

La loi de 1986 précise dans son article 1 alinéa 2 les limites ... des limites.

4.179 > Le principe doit être celui du pluralisme[307], qui est défini et développé dans la décision du Conseil constitutionnel du 18 septembre 1986 : « Le pluralisme des courants

---

305. CC 209-576 DC et 2009-577 DC 3 mars 2009, D. 2009.884, note A. Levade ; *RFDC* 2009.587, Chr. O. Le Bot.
306. CE, 13 janvier 1995, *Société Télévision française 1* (TF1), *AJDA* 1995.406, concl. H. Toutée.
307. CC 2001-450 DC 11 juillet 2001, *Loi portant diverses dispositions d'ordre social, éducatif et culturel, RFDC* 2001.762, Chr. D. Ribes.

d'expression socioculturels est en lui-même un objectif de valeur constitutionnelle (...) le respect de ce pluralisme est une des conditions de la démocratie (...) la libre communication des pensées et des opinions ne serait pas effective si le public (...) n'était pas à même de disposer (...) de programmes qui garantissent l'expression de tendances de caractères différents dans le respect de l'impératif d'honnêteté de l'information ... Les auditeurs et téléspectateurs (doivent être) à même d'exercer leur libre choix sans que ni les intérêts privés, ni les pouvoirs publics puissent y substituer leurs propres décisions, ni qu'on puisse en faire les objets d'un marché ». La loi du 1er août 2000, afin de renforcer le pluralisme, a limité le nombre de canaux que peut détenir un même opérateur et elle a inclus la radio et la télévision par câble et satellite dans le dispositif anti-concentration « plurimédias ».

Le pluralisme doit aussi être mis en œuvre dans le respect de l'expression des divers acteurs politiques. En 1969 a été mise en place la règle des « trois tiers » (gouvernement, majorité, opposition). Ce système s'est avéré insatisfaisant, oubliant les courants non représentés au Parlement et surtout le président de la République, acteur principal du jeu politique. En 2000, le « principe de référence » a essayé d'aménager cette règle, accordant aux formations non représentées « un temps d'intervention équitable ». Le CSA avait exclu toute prise en compte des interventions du chef de l'État. Le Conseil d'État, estimant sans doute que le temps de parole du président de la République n'a pas à être pris en compte dans cette règle des « trois tiers », a estimé qu'on ne pouvait « exclure toute forme de prise en compte de ces interventions dans l'appréciation du respect du pluralisme politique »[308]. L'application sera complexe lors d'émissions avec le chef de l'État pour faire la part entre ce qui relève vraiment de la fonction présidentielle et ce qui est du domaine de l'engagement politique.

3 - *L'attribution des fréquences*

4.180 > Un des problèmes majeurs est celui de la rareté des fréquences. L'attribution se fait d'abord au niveau international dans le cadre de l'Union internationale des télécommunications (UIT). L'article 21 de la loi de 1986 pose ensuite le principe de la distinction par le Premier ministre entre les fréquences attribuées aux administrations et celles dont l'attribution est confiée au Conseil (art. 21). Enfin, l'article 22 précise la mission du CSA dans la répartition de ces autres fréquences.

a) Le secteur public

4.181 > Le secteur public comprend une société dénommée France Télévisions (loi du 1er août 2000) au sein de laquelle se trouvent 4 sociétés nationales de programmes (cf. art. 44) dont l'État est actionnaire unique : France 2, France 3, France 4, France 5, France Ô, Réseau France outre-mer ; Radio France et Radio France internationale. L'article 45 vise un autre type de société. Il s'agit de la SEPT (Société européenne de programmes de télévision). Celle-ci a constitué avec les deux chaînes publiques allemandes un

308. CE, 8 avril 2009, *Hollande et Mathus*, *AJDA*, 2009.1096 Chron. S.J. Lieber et D. Botteghi ; *RDP* 2009, note J.-P. Camby ; *RFDA* 2009.351 concl. C. de Salins et Chron. 588 T. Raimbaud et A. Roblot-Troizier.

groupement d'intérêt économique européen (Traité du 2 octobre 1990). Cette chaîne « Arte » (Association relative aux télévisions européennes) a obtenu les fréquences de l'ancienne 5. La loi du 30 décembre 1999 a permis la création de la chaîne de télévision parlementaire et civique, sous le contrôle des bureaux des assemblées. Dans le secteur public, il subsiste des restes de la réforme de 1974. Il s'agit de l'Institut national de l'audiovisuel (art. 49 et 50), établissement public industriel et commercial chargé de conserver et mettre en valeur le patrimoine audiovisuel. Il est chargé de gérer le dépôt légal des œuvres audiovisuelles. TDF est devenue une société où les personnes publiques sont minoritaires (24 % à la Caisse des Dépôts et consignations) et la Société Française de Production (SFP) est soumise totalement à la concurrence.

S'agissant de l'audiovisuel extérieur, un holding, la Société de l'audiovisuel extérieur de la France (SAEF) ou Audiovisuel extérieur de la France (AEF) réunit France 24 qui se veut une « CNN à la française »[309], TV5 Monde[310] et RFI[311]. Le financement du secteur public résulte essentiellement de la redevance (qui existe depuis 1923) qui est une taxe parafiscale[312]. Elle est de 121 € par foyer en 2010.

L'annonce le 8 janvier 2008 par le président Sarkozy de la suppression de la publicité à la télévision pose le problème de la compensation de cette recette. Une commission sur la télévision publique présidée par Jean-François Copé a été nommée pour proposer des solutions. La suppression de la publicité qui devait éviter la pression de l'audience, a été en partie contournée par le parrainage qui est une forme de « publicité light ». La suppression totale de la publicité devrait intervenir en novembre 2011. Cette suppression doit donner lieu à compensation financière de l'État inscrite dans la loi de finances. La mise en œuvre a connu des difficultés avec l'arrêt du Conseil d'État du 11 février 2010[313].

b) Le secteur privé

4.182 > Les stations privées sont soumises par le CSA à un système d'autorisation et de cahier des charges. Canal Plus reste cependant soumis à un système de concession. Le principe d'égalité de traitement dans le cadre d'appel aux candidatures afin d'attribuer les fréquences disponibles doit être respecté[314]. L'autorisation est délivrée par le CSA[315].

4.183 > Pour les sociétés exploitant un service par câble, l'autorisation est donnée par les communes ou groupements de communes. Les réseaux par câble sont régis par les

309. Elle diffuse depuis le 6 décembre 2006 et a un capital détenu à parité par France Télévisions et le groupe TF1.

310. Consortium de 4 chaînes de télévisions publiques dont le capital est détenu à 47,5 % par France Télévisions, 12,5 % par ARTE France, 11,11 % par la TSR (Suisse), 11,11 % par la RTBF (Belgique), 11,11 % part le Consortium Télévisions Canada Québec, 6,61 % par l'iNA et 0,18 % par 3 personnalités de l'audiovisuel.

311. Née le 6 janvier 1975, c'est une radio publique financée par l'État et le ministère des Affaires étrangères (cf. loi du 2 août 2000). C'est la radio française qui a la plus forte audience.

312. CC 60.8 DC, 11 août 1960, *Loi de finances rectificative pour 1960* ; *S.*, 1960.276, note Bourdoncle ; *D.* 1961.471, note L. Hamon ; *RDP* 1960.1016, note Waline ; RSF 1961.5, Chr. L. Trotabas.

313. CE, 11 février 2010, *Nicole V... et autres*, Req. 324233.

314. CE, S, 25 juin 1993, *Société Télé Free-Dom c/ Département de La Réunion*, *R. adm.* 1993.553, concl. Legal ; *AJDA* 1995.75, note V. Tchen.

315. Sur le pouvoir d'appréciation et l'étendue, CE 15 novembre 2006, *Assoc. Zalea TV*, *AJDA* 2008.105.

articles 33 à 34-2 et 106 de la loi de 1986. Leur exploitation est autorisée par le CSA et délivrée pour 30 ans. Elle peut être confiée à une société, ou une régie commerciale intercommunale ou des organismes d'HLM. C'est un secteur particulièrement peu développé en France. Le nombre d'abonnés reste particulièrement faible.

Pour les autres services utilisant la voie hertzienne, il n'y a plus de cahier des charges mais une convention conclue entre le CSA et le demandeur. L'article 28 évoque le contenu de la convention.

4.184 > Pour ce qui est des services de radiodiffusion hertzienne terrestre (art. 29), le refus d'autorisation doit être motivé[316]. La durée ne peut excéder cinq ans. Un rôle majeur est confié aux 16 comités techniques radiophoniques (CTR) pour instruire les demandes.

En ce qui concerne la télévision hertzienne terrestre (art. 30), la durée ne peut excéder 10 ans. On a autorisé la cinquième chaîne en 1987 qui a dû cesser ses émissions le 12 avril 1992 et la Société Métropole TV (6e Chaîne) pour 10 ans (CNCL 26 février 1987) puis les durées ont été de 5 ans. TF1 est une société nationale privatisée conformément aux articles 58 à 69 de la loi de 1986 (Déc. CNCL, 4 avril 1987). L'autorisation d'abord de pour 10 ans a été renouvelée en mars 1996 pour 5 ans, puis à nouveau le 8 octobre 2001. La durée d'autorisation de TF1 et de M6 a été reconduite pour 5 ans le 20 février 2007.

Enfin, les services radio et télévision par satellite (art. 31) obéissent à la même procédure que la télévision hertzienne terrestre. Le CSA dispose d'un pouvoir de sanction à leur égard[317].

4.185 > La loi du 30 septembre 1986 (art. 42) n'avait prévu que deux types de sanctions : suspension et retrait d'autorisation. La loi du 17 janvier 1989 permet d'ajouter des sanctions pécuniaires (amende pouvant aller jusqu'à 5 % du chiffre d'affaires), la suspension d'une partie du programme (nouvel art. 42-1-3) et la radiation. Cependant, des garanties existent pour les sociétés. Elles ont été voulues par le Conseil constitutionnel dans sa décision du 17 janvier 1989. Les réserves d'interprétation formulées par le Conseil constitutionnel exigent le principe de non-rétroactivité, la proportionnalité et la définition des peines. Dans sa décision du 11 mars 1994, le Conseil d'État insiste sur la mise en demeure exigée par le Conseil constitutionnel le 17 janvier 1989. C'est lui qui surveille les concentrations. C'est la conséquence de la nécessité du pluralisme. Cependant, le Conseil constitutionnel a eu une vision trop peu contraignante puisque la loi du 1er février 1994 admet le renouvellement tacite, permet de porter à 49 % le capital détenu par une seule société et a accepté les seuils d'audience révisés[318]. Mais le CSA ne peut agir qu'en France, ce qui pose un problème car il ne peut contrôler les chaînes étrangères diffusées sur satellite.

---

316. CE, 18 mai 1990, *Association arménienne d'aide sociale, Lebon*, 128 ; *AJDA* 1990.772, concl. B. Stirn ; *JCP* 1990 IV 279.

317. Cf. CE, Ass., 11 mars 1994, *CSA c/ la Cinq ; JCP* 1994 II 22350, note M. Ch. Rouault et CE, 8 avril 1994, *AJDA* 1994.370 chr. Maugüé et Touvet ; *RFDA* 1994.429 ; *RDP* 1994.517, note J.-M. Blanquer.

318. Cf. CC 93.335 21 janvier 1994, *Loi modifiant la loi n° 86-1067 du 30 septembre 1986 relative à la liberté de communication ; RDP* 1994.98 chr. D. Rousseau.

4 - Le droit de réponse

4.186 > Issu de la loi du 3 juillet 1972, le droit de réponse a été repris et réglementé par la loi du 29 juillet 1982 et par le décret du 6 avril 1987. Il a lui aussi un caractère international (directive 1989 art. 23 et Conv. Cons. Europe art. 8). Il existe dans l'hypothèse d'imputations susceptibles de porter atteinte à l'honneur ou à la réputation et s'applique aux personnes physiques et morales. Le Conseil constitutionnel a censuré en 1982 l'exclusion des personnes poursuivant un but lucratif. Il est applicable aux associations en cas d'imputation en raison de l'origine ou de la religion. La demande doit être faite dans les 8 jours et le texte ne doit pas excéder trente lignes pour une durée de deux minutes et l'organe en cause a un délai de 8 jours pour répondre. La réponse doit intervenir dans des conditions équivalentes à celles de l'émission, notamment pour que « soit assurée une audience équivalente » dans un délai de trente jours. En cas de refus ou de silence, le demandeur peut saisir le président du tribunal de grande instance statuant en référé qui peut ordonner la réponse sous astreinte. On remarquera que le droit de rectification prévu par l'article 12 de la loi de 1881 (cf. *supra*) n'existe pas pour l'audiovisuel.

C - CONVENTION EUROPÉENNE DES DROITS DE L'HOMME ET LIBERTÉ DE COMMUNICATION AUDIOVISUELLE

4.187 > La CEDH n'a pas entendu permettre une totale liberté de la communication audiovisuelle et son article 10 prévoit expressément la possibilité de système d'autorisation pour la radiodiffusion et la télévision. Cependant, la question essentielle qui s'est très vite posée a été celle du monopole. Lorsque la France avait ratifié la convention en 1974, elle avait formulé une réserve à ce propos, retirée depuis lors.

4.188 > En 1968, la Commission avait pourtant admis la possibilité du monopole[319]. Mais bien entendu, cela était lié à l'organisation de celui-ci[320]. Déjà, en 1975[321], la Commission se montrait plus nuancée[322]. Dans sa décision du 22 novembre 1993, *Informationsverein Lentia et autres c/ Autriche*[323] la Cour semble limiter les possibilités de monopole. Elle l'admet mais... en cas de « nécessité impérieuse ». Il est évident qu'elle a été amenée à prendre en considération les évolutions intervenues depuis 1950. Dans cette affaire, la Commission évoque en 1992 « le domaine complexe (...) et changeant » de la radio et de la télévision.

Ajoutons que le Conseil de l'Europe a cherché à lutter contre le piratage des services audiovisuels à travers la Convention européenne sur la protection juridique des services à accès conditionnels et des services d'accès conditionnel du 24 janvier 2001 ratifiée par la France le 1er septembre 2006.

---

319. *X c/ Suède*, 7 février 1968.
320. Comm. 17 mai 1984, *Radio 24 c/ Suisse*.
321. *Sacchi c/ Italie*, 12 mars 1976.
322. Cf. aussi 16 décembre 1986, *Verein alternatives Lokal Radio Bern et Verein Dreyeckland Basel c/ Suisse* ; 28 mars 1990, *Groppera Radio AG c/ Suisse*, Berger, n° 202.
323. CEDH 22 novembre 1993, *Informationsverein Lentia et autres c/ Autriche*, Berger, n° 2215.

III – LA LIBERTÉ DE L'EXPRESSION ARTISTIQUE

4.189 > Le temps n'est plus où la liberté d'expression, sous une forme artistique, était particulièrement redoutée des pouvoirs. Le contrôle exercé sur ces moyens d'expression s'est bien relâché. C'est très vrai en ce qui concerne le théâtre ou les autres types de spectacles, notamment ceux qualifiés curieusement... de spectacles de curiosité. C'est également vrai aujourd'hui où le cinéma est plus envisagé sous l'angle de la liberté économique que sous celui de la liberté d'expression.

L'expression artistique a pu créer autrefois certains désordres, voire être à l'origine de révolutions, comme en Belgique avec « La Muette de Portici » d'Auber dont l'air *Amour sacré de la patrie* donna le signal de la Révolution. Mais en théorie, la liberté n'est pas absolue. Les spectacles restent soumis, malgré tout, à un régime très libéral, différent de celui des réunions au sens de la loi du 30 juillet 1881. Ce régime est d'ailleurs beaucoup plus favorable pour le théâtre que pour le cinéma. Le théâtre est, à cet égard, sans doute considéré comme une activité plus noble que le cinéma, un peu comme le livre par rapport à la presse périodique.

4.189 bis > La liberté de création artistique n'a pas été affirmée en tant que telle mais elle est considérée comme l'un des aspects de la liberté d'expression. Pendant longtemps, elle pouvait s'inscrire dans le domaine de la police administrative ou de la répression pénale de l'obscénité ou d'autres infractions[324]. Elle a pu cependant être appréhendée dès lors qu'elle entrait en conflit avec d'autres droits comme le droit à la vie privée ou le droit à l'image. La Cour d'appel de Paris a pu ainsi[325] considérer que le droit à l'image devait céder devant la liberté de création, sous réserve de certaines limitations comme l'atteinte à la dignité de la personne ou lorsque la publication aurait des « conséquences d'une particulière gravité ». Influencée par la CEDH, la Cour a pu considérer que « ceux qui créent, interprètent, diffusent ou exposent une œuvre d'art contribuent à l'échange d'idées et d'opinions indispensables à une société démocratique ». Il n'y a pas, finalement, de modes privilégiés ou exclusifs d'expression qui bénéficieraient d'une protection juridique.

L'article 10 de la CEDH a certainement ancré cette liberté comme a pu l'affirmer la Cour de cassation dans l'affaire *Hugo* à propos de la suite non autorisée des *Misérables*[326].

4.189 ter > Autre forme d'expression particulière, la caricature se heurte aussi à d'autres droits ou libertés, et notamment le droit au respect de la vie privée auquel se rattache le droit à l'image. L'affaire des poupées « vaudou » représentant le chef de l'État et son adversaire aux élections présidentielles a fait l'objet d'une décision curieuse à la suite

---

324. Par ex. TGI Paris, 31ᵉ Ch., 27 avril 2007, *Télérama c/ Droit des non-fumeurs* à propos de la représentation artistique de fumeurs. Encore que la publicité qui est souvent création artistique essaie de se fondre dans le juridiquement ou politiquement correct comme la stupide suppression de la pipe de M. Hulot, le célèbre personnage de Jacques Tati.

325. Paris 11ᵉ ch. A, 5 novembre 2008, D. 2009.470, note Ch. Bigot (cf. TGI Paris, 17ᵉ ch. 9 mai 2007 et TGI Paris, 17ᵉ ch., 25 juin 2007, note A. Tricoire).

326. Civ. 1re, 30 janvier 2007, D. 2007. 497 obs. J. Daleau et 920 note S. Choisy. Cf. CEDH, 24 mai 1988, *Muller c/ Suisse*, Rec. série A n° 133.

d'une action du président de la République qui notamment considérait qu'il y avait une utilisation de son image dans un but mercantile. La Cour d'appel de Paris a considéré que « la caricature et la satire, même délibérément provocantes ou grossières participent de la liberté d'expression et de la communication des opinions ». S'agissant de la « caricature-objet » et du fait que le lecteur avait un rôle actif en piquant la poupée, cela outrepassait les limites admises et constituait une atteinte à la dignité de la personne ; mais toujours dans cette balance recherchée, la Cour a jugé que la mesure d'interdiction n'était pas « proportionnée et adéquate » car « spécialement attentatoire à la liberté d'expression », enjoignant seulement l'apposition d'un bandeau indiquant que l'incitation à piquer la poupée était « une atteinte à la dignité »[327]. La Cour a fait preuve d'un bien grand libéralisme.

A - LA LIBERTÉ DU THÉÂTRE ET DES SPECTACLES

4.190 › La censure théâtrale a disparu officiellement depuis l'ordonnance du 13 octobre 1945, mais elle était devenue lettre morte parce que la loi de finances pour 1906 avait supprimé les crédits destinés à la rémunération des censeurs... L'ensemble des spectacles, à l'exception des représentations cinématographiques, fait l'objet d'une réglementation fixée par l'ordonnance du 13 octobre 1945. Six catégories de spectacles sont distinguées (théâtres nationaux ; autres théâtres fixes ; tournées théâtrales et théâtres démontables exclusivement consacrés à des spectacles d'art dramatique, lyrique ou chorégraphique ; concerts symphoniques et autres, orchestres divers et chorales ; théâtres de marionnettes, cabarets artistiques, cafés concerts, music-halls, cirques ; spectacles forains, exhibitions de chants et danses dans les lieux publics et tous spectacles de curiosité et de variété). La sixième catégorie (art. 13) est soumise au régime d'autorisation préalable[328]. Les *peep shows* et mirodromes appartiennent à cette catégorie. Pour les cinq premières catégories, les pouvoirs de police administrative peuvent toujours être utilisés.

Certaines formes nouvelles ont pu susciter des difficultés comme les rave-parties (loi du 15 novembre 2001)[329].

Cette activité est bien sûr considérée sous son aspect économique, et c'est pourquoi des mécanismes d'aide à la création théâtrale ou circassienne ont été mis en place.

B - LA LIBERTÉ CINÉMATOGRAPHIQUE

4.191 › L'activité cinématographique est envisagée elle aussi sous ses deux aspects de liberté de l'esprit et de liberté économique.

---

327. Paris, 14e ch. B, 28 novembre 2008, *D.* 2009.611, note B. Edelman.

328. Cf. CE, S, 11 juillet 1975, *Clément et Association pour la défense de la culture et de la musique contemporaine, AJDA* 1975. 564 et 581 ; *D.* 1976.213, note Auby à propos d'un festival pop.

329. TA Rennes, 10 juillet 2007, *Ville de Vannes c./ Préfet du Morbihan, RFDA* 2007.1086, concl. N. Tronel ; cf. aussi TA Poitiers, 11 octobre 2007, *Aero-Club de France et autres.*

1 - *Une liberté de l'esprit*

4.192 > À l'origine, le cinéma s'est vu soumis au régime des spectacles de curiosité. Les premiers textes constitutionnels qui se sont intéressés au cinéma – et ils sont peu nombreux – admettaient la censure. La Constitution de Weimar de 1919 l'envisageait expressément. Aujourd'hui, l'activité peut sembler suffisamment liée à l'idée de création pour être érigée à un rang plus élevé et le Conseil d'État a pu reconnaître au cinéma le caractère de liberté publique[330].

En tant que liberté de l'esprit, le cinéma fait l'objet d'un contrôle au niveau national et peut aussi faire l'objet d'un contrôle au niveau local.

a) Au niveau national

4.193 > Au niveau national, d'une part, le cinéma est soumis à un régime de dépôt légal, ce qui n'est pas en soi une véritable entrave à la liberté, et d'autre part, le film doit recevoir un visa d'exploitation. La censure a été organisée en 1919 par l'institution d'une commission d'examen. Le système actuel repose sur l'ordonnance du 1er juillet 1945 et les décrets des 18 janvier 1961, 23 février 1990, 15 mai 1992, 12 juillet 2001 et 4 décembre 2003[331]. Le visa est délivré par le ministre de la Culture après avis d'une commission. Symboliquement, sa dénomination a été changée : commission de classification et non plus commission de contrôle. De plus, depuis 1990, l'article 21 permet des dérogations pour les projections dans les établissements scolaires ou universitaires. Le ministre pourra permettre la vision du film par tous les publics, ou bien l'interdire aux mineurs de moins de dix-huit ans, seize ans ou douze ans, ou bien le classer X ou l'interdire à tous publics. Il peut aussi interdire l'exportation vers certains pays. Des dispositions particulières visent les films à caractère pornographique, classés X en vertu de la loi du 30 décembre 1975. Ils sont soumis à un régime fiscal pénalisant, ne bénéficient d'aucune aide et doivent être projetés dans des salles particulières prévues à cet effet, créant une sorte de ghetto de la misère intellectuelle. Le matériel publicitaire est également soumis à la censure. L'interdiction aux mineurs de dix-huit ans a été mise en place par le décret du 12 juillet 2001 afin de remédier aux effets d'un arrêt du Conseil d'État qui admettait un recours contre un visa considéré comme pas assez sévère et pour éviter que certains films ne soient soumis à la loi de 1975[332]. Cette interdiction n'est pas contraire à la CEDH selon le Conseil d'État[333]. Le décret du 4 décembre 2003 en limite les effets trop absolus d'une façon qui peut rappeler les ouvrages condamnés autrefois pour outrages aux bonnes mœurs mais versés, en raison de leur intérêt artistique, dans les collections de l'État... Depuis 1981, aucun film n'a été totalement interdit ; le juge administratif exerce

330. CE, Ass., 24 janvier 1975, *Min. de l'Information c/ Société Rome-Paris Films, RDP* 1975.286, concl. Rougevin-Baville.
331. C. Bugnon, « La classification des opeuvres cinématographiques : l'art de faire du juge un spectateur averti », *RRJ* 2006.703.
332. CE, S, 30 juin 2000, *Association Promouvoir, M. et Mme Mazaudier et autres, AJDA* 2000.609, chr. M. Guyomar et P. Collin ; *RFDA* 2000.1311. (à propos d'un film de Catherine Breillat ...) et CE, 14 juin 2002, *Association Promouvoir*, Rec. 217.
333. CE, *Société Cinéditions, AJDA* 2009.544 note M. Le Roy.

un contrôle normal. Dans l'exercice de ses pouvoirs, le ministre doit concilier les intérêts généraux et les libertés publiques[334].

Pour la période 1er mars 2006-28 février 2007, la commission de classification a examiné 124 longs métrages. 20,2 % ont été classés tous publics et 37,9 % tous publics avec avertissement. Un seul était classé interdit aux moins de 18 ans.

b) Au niveau local

4.194 > À côté de ce contrôle national peut exister un contrôle local exercé par l'autorité de police administrative, en raison des circonstances locales. Dans le passé, les maires sous la pression de tel ou tel lobby, et pas seulement pour des raisons de morale, ont pu restreindre la diffusion de certains films[335]. La Cour de cassation a pu préférer approuver le principe d'un texte d'avertissement pour le public[336]. Certains maires ont aussi pu interdire l'affichage.

2 - Une liberté économique

4.195 > Mais le cinéma est aussi aujourd'hui une entreprise. L'entreprise de production doit obtenir une autorisation pour sa création et également une autorisation pour tourner un film. Un rôle majeur est joué par le Centre national de la cinématographie créé par la loi du 25 octobre 1946. Établissement public administratif, il dispose d'un pouvoir de sanction, pouvant prononcer des amendes, la fermeture de salles des exploitants ne respectant pas les règles de l'industrie cinématographique (Code de l'industrie cinématographique, art. 14). Un fonds de soutien de l'industrie cinématographique et de l'industrie des programmes audiovisuels, alimenté par une partie des recettes d'exploitation et par la taxe sur les cassettes vidéo, aide le secteur du cinéma à survivre, parfois par des techniques originales comme l'avance sur recettes[337]. Afin de faire face aux problèmes de concentration, notamment en matière de distribution, la loi du 29 juillet 1982 a institué un Médiateur du cinéma (actuellement Roch-Olivier Maistre, conseiller-maître à la Cour des comptes) dont l'objectif est de veiller au respect de la concurrence dans le domaine de la distribution. Tout groupement ou entente est soumis à agrément délivré par le directeur du CNC.

C - CONVENTION EUROPÉENNE DES DROITS DE L'HOMME ET LIBERTÉ DES SPECTACLES

4.196 > La réglementation n'est pas contraire à la CEDH puisque l'article 10, § 1 réserve aux États la possibilité de soumettre les entreprises cinématographiques à autorisation[338]. Dans son arrêt du 20 septembre 1994[339], la Cour européenne a admis la saisie ou

334. CE, Ass., 24 janvier 1975, *Min. Inf. c/ Soc. Rome Paris Films*, précité à propos de *La Religieuse*, de Jacques Rivette, inspiré de l'œuvre de Diderot, interdit en 1967.
335. CE, S, 18 décembre 1959, *Société les films Lutetia et Syndicat des producteurs et exportateurs de films*, *GAJA*, n° 77 ; Lachaume/Pauliat, p. 323.
336. Cass. civ. I, 29 octobre 1990, *Alliance générale contre le Racisme et pour le Respect de l'Identité française et chrétienne et autre c/ M. Scorsese et autres*, *Bull.* n° 226.
337. O. Amiel, *Le financement public du cinéma de l'Union européenne*, LGDJ, *BDP* n° 254, 2007.
338. CEDH, 25 novembre 1996, *Wingrove c/ Royaume-Uni*, Berger, n° 216.
339. CEDH, 20 septembre 1994, *Otto Preminger Institut c/ Autriche*, *RUDH* 1994, note P. Wachsmann.

la confiscation de films qui seraient constitutifs d'attaques injurieuses contre une religion, décision qui a suscité quelques controverses.

§ 3 - ENSEIGNEMENT ET LIBERTÉ

4.197 ➢ C'est volontairement que nous n'intitulons pas cette section liberté de l'enseignement, estimant que le problème des rapports entre l'enseignement et la liberté ne se réduit pas à cette question mais que, si bien sûr est posée la liberté de l'enseignement, se présente également le problème de la liberté dans l'enseignement. En raison des destinataires, c'est-à-dire de jeunes esprits, influençables, la question de l'enseignement ne peut laisser un État indifférent. Les républicains du XIXe siècle l'avaient bien compris tout en ayant le respect des personnes. Les régimes totalitaires des XXe et XXIe siècle n'auront pas cette préoccupation.

I – LA LIBERTÉ DE L'ENSEIGNEMENT

A - LA LIBERTÉ DE L'ENSEIGNEMENT, LIBERTÉ FORMELLE

1 - La négation du principe de liberté

4.198 ➢ Parce que sous l'Ancien Régime l'enseignement était essentiellement sous le contrôle de l'Église, la liberté de l'enseignement a été refusée par les rédacteurs de la Déclaration de 1789 qui ne l'évoquent pas, et à dessein. La Constitution de 1791 évoque le problème sous un autre angle, à savoir l'instauration « d'une instruction publique commune à tous les citoyens ». Apparue à la faveur de la Constitution de l'an III qui dispose que « les citoyens ont le droit de former des établissements particuliers d'éducation et d'instruction... », la liberté devait être vite reprise par Napoléon. En l'an X, il faut une autorisation pour créer une école. La loi du 10 mai 1806 institue le monopole de l'Université. Les établissements privés doivent être autorisés et s'intégrer dans l'Université. En 1811, on y intègre aussi les séminaires. La Restauration ne supprime pas pour autant ce monopole de l'Université, même si elle restaure l'influence de l'Église.

La liberté de l'enseignement apparaît progressivement au XIXe siècle. La loi *Guizot* du 28 juin 1833 l'affirme pour l'enseignement primaire, mettant fin au monopole de l'Université, la loi *Falloux* du 15 mars 1850 pour l'enseignement secondaire et la loi *Dupanloup* du 12 juillet 1875 pour l'enseignement supérieur. La Constitution de 1848, dans son article 9, affirme que « l'enseignement est libre. La liberté d'enseignement s'exerce selon les conditions de capacité et de moralité déterminées par les lois, et sous la surveillance de l'État. Cette surveillance s'étend à tous les établissements d'éducation sans aucune exception ». D'autres textes viendront étendre cette liberté à l'enseignement spécialisé, comme la loi *Astier* du 28 juillet 1919 relative à l'enseignement technique.

2 - L'affirmation du principe de liberté

4.199 ➢ La liberté d'enseignement connaîtra certaines remises en cause avec l'arrivée au pouvoir des républicains et la loi du 18 mars 1880 rétablit le monopole de la collation des grades pour l'État, supprimant les jurys mixtes pour les étudiants des facultés libres de l'enseignement supérieur, ce qui réduit la liberté pédagogique de celles-ci. Le décret du 29 mars 1880 interdit l'enseignement aux membres des congrégations non autorisées et celui du 19 juin 1880 expulse les Jésuites. Mais la loi *Jules Ferry* du 30 octobre 1886 reconnaît, comme la loi *Falloux*, deux catégories d'écoles : écoles publiques « fondées par l'État, les départements ou les communes » et écoles privées « fondées ou entretenues par des particuliers ou des associations ». Une exception sera portée à cette liberté d'enseignement à l'égard des congrégations (lois des 1er juillet 1901 et 7 juillet 1904). L'interdiction ne tombera qu'en 1942.

4.200 > L'affirmation de la liberté d'enseignement sera toujours l'objet d'une très vive contestation. Les assemblées constituantes de 1945-46 s'y opposeront. La loi du 31 décembre 1959 l'évoquera cependant en son article 1.

Ce n'est que dans sa décision de 1977[340] que le Conseil constitutionnel, en s'appuyant sur la loi de finances du 31 mars 1931, viendra tirer un principe général reconnu par les lois de la République. L'article 91 de la loi de finances du 31 mars 1931, à propos de la gratuité des études dans la classe de cinquième des établissements d'enseignement secondaire, évoque le principe au détour d'une phrase : « sous réserve du maintien de la liberté d'enseignement qui est un des principes fondamentaux de la République... ». Le fait de se fonder sur les principes fondamentaux reconnus par les lois de la République n'était pas illogique car cette notion avait été insérée par le MRP, dans l'espoir de faire passer la liberté de l'enseignement que l'Assemblée constituante rejetait. La décision du 18 janvier 1985[341] confirmera cette stratégie.

4.201 > La liberté de l'enseignement est assise sur un régime libéral. Elle est soumise au régime de la déclaration préalable. Cependant, celle-ci n'entraîne pas délivrance immédiate du récépissé comme pour une association. Il y a possibilité pour le maire ou l'inspecteur d'académie de s'y opposer dans un bref délai (8 jours et 1 mois respectivement) si certaines conditions ne sont pas remplies. Le maire a huit jours pour faire opposition et l'inspecteur d'académie dispose d'un mois. Pour l'enseignement secondaire, une déclaration est faite auprès de l'inspection académique qui dispose d'un mois (ainsi que le préfet ou le procureur de la République) pour faire opposition. Enfin, en ce qui concerne l'enseignement supérieur, une déclaration doit être faite par trois administrateurs auprès du recteur qui a 10 jours pour faire opposition. Il est statué, en cas de conflit par le tribunal de grande instance.

B - LA LIBERTÉ DE L'ENSEIGNEMENT, LIBERTÉ RÉELLE

1 - De l'interdiction à la reconnaissance de l'aide à l'enseignement privé

4.202 > L'enseignement, comme toute autre activité intellectuelle, a aujourd'hui un coût qui peut être élevé. Il ne suffit plus d'affirmer une liberté pour qu'elle puisse s'exercer.

---

340. CC 77-87 DC, 23 novembre 1977, *Liberté d'enseignement et de conscience*, Favoreu et Philip, (éd. 2005) n° 24.
341. CC 84-185 DC, 18 janvier 1985, *Loi Chevènement*, *RDP* 1986.395, chr. L. Favoreu.

Alors que la IIIe République affirme le principe de la gratuité de l'enseignement primaire par la loi du 16 juin 1881, la loi du 28 mars 1882 pose le principe de l'enseignement primaire obligatoire, fait perdre aux ministres des cultes leur droit d'inspection, tandis que la loi du 30 octobre 1886 interdit toute aide des collectivités locales aux établissements primaires privés et impose un personnel laïc. C'est l'idée que l'argent public doit aller à l'école publique, l'argent privé à l'école privée. Cependant, la prohibition ne se retrouvait pas pour les autres degrés d'enseignement. Ainsi, la liberté pour l'enseignement technique était la règle. Pour l'enseignement secondaire général, c'était l'article 69 de la loi Falloux qui autorisait les subventions sans qu'elles puissent excéder 1/10 des dépenses annuelles de l'établissement[342].

4.203 ➤ Cette question a été l'objet de très profondes polémiques sous la IVe République mais progressivement, l'aide s'est instaurée de façon parcellaire.

L'aide aux élèves intervient notamment avec la loi Barangé du 28 septembre 1951. Déjà, le décret du 22 mai 1948 dit Poinso-Chapuis avait permis l'aide à certaines familles en difficulté. La loi Marie du 21 septembre 1951 facilitait l'octroi de bourses. En fait, la loi Barangé était une fausse aide aux élèves puisque versée non pas aux familles elles-mêmes mais à l'association de parents d'élèves de l'établissement pour l'enseignement privé. Dans l'enseignement public, l'allocation était mandatée à la caisse départementale scolaire.

2 - *La loi Debré*

4.204 ➤ L'aide réelle aux établissements sera l'œuvre de la Ve République avec la loi Debré du 31 décembre 1959 qui tentera de clore le débat ce que le Conseil constitutionnel ne jugera pas contraire à la Constitution[343]. La loi Debré met en place quatre situations juridiques possibles pour les établissements. Ceux-ci pourront être sous le régime du contrat d'association, ou bien des contrats simples, ou bien de l'intégration ou bien totalement ignorés par l'État.

Avec le contrat d'association, les enseignants sont des agents publics et les établissements sont soumis aux « règles et programmes de l'enseignement public ». Les traitements et les dépenses de fonctionnement sont à la charge de l'État. Les établissements sous contrat simple (seulement dans l'enseignement primaire) voient le recrutement des maîtres soumis à des contrats de droit privé, avec possibilité cependant d'agrément. Il y a liberté des règles et des programmes. L'intérêt est que l'État prend en charge les traitements des maîtres agréés et qu'il y a possibilité de conventions avec les communes pour certaines dépenses. La troisième possibilité est l'intégration volontaire dans l'enseignement public, formule qui n'a quasiment pas été appliquée. Enfin, le *statu quo* excluait toute aide, mais l'établissement était véritablement libre.

---

342. CE, 22 février 1995, *Tiberti*, Berenger ; *Gertosio*, 2 arrêts, *AJDA* 1995.328, concl. Ch. Maugüé.
343. CC, 23 novembre 1977, *Liberté d'enseignement et de conscience*, précité.

4.205 > La loi Debré connaîtra quelques modifications (lois des 1er juin 1971 et loi du 25 novembre 1977 à la faveur de la loi Guermeur). En 1981, la gauche avait un projet de « grand service public unique et laïque de l'enseignement ». Le projet de loi Savary visant à réaliser ce projet devra être retiré à la suite de grandes manifestations de protestation et la loi du 25 janvier 1985, dite Joxe-Chevènement qui lui sera substituée (ainsi que la loi Rocard pour l'enseignement agricole) sera de portée plus modeste. En fait, on revient à la situation de 1959. Cependant, par certaines réserves d'interprétation, le Conseil constitutionnel a pu maintenir certains acquis de la loi Guermeur en ce qui concerne le caractère propre de l'établissement pour les maîtres. Avec l'accord Lang-Couplet en 1992 on pensait le problème réglé. La tentative de révision de la loi Falloux, qui devait permettre une aide matérielle accrue, connaîtra à la fois l'échec politique (fortes mobilisations d'opposants) et juridique[344]. Par la révision de la loi Falloux, le Parlement entendait permettre une aide aux investissements. Le Conseil a confirmé sa décision de 1977. La loi peut prévoir une « aide des collectivités publiques aux établissements d'enseignement privé ». Mais il annule certaines dispositions en se fondant sur le principe d'égalité entre les établissements privés eux-mêmes (risques de discrimination : on aidera certains et pas d'autres) et entre établissements privés et publics, les premiers pouvant être dans une situation plus favorable. La loi du 13 août 2004 a suscité quelques tensions car elle oblige les communes de résidence à financer les dépenses de fonctionnement pour des enfants scolarisés dans des écoles primaires privées hors de la commune[345]. La loi du 28 octobre 2009 établissant une parité de financement entre écoles privées sous contrat d'association et écoles publiques dans ce domaine a suscité de vifs débats mais le Conseil constitutionnel l'a jugée conforme à la Constitution[346].

L'enseignement privé représente 13,5 % du premier degré et 20,7 % du second degré. L'enseignement catholique constitue environ 95 % de l'enseignement privé Il compte plus de 2 000 000 d'élèves soit 17 % de l'ensemble des enfants scolarisés. Il y a également une centaine d'écoles juives regroupant 25 000 élèves et 15 écoles réformées. 97 % des établissements privés sont sous contrat. En 2003, le lycée Averroes de Lille – aujourd'hui sous contrat d'association – a été le premier lycée privé musulman. En 1990 avait été ouverte une école primaire musulmane à la Réunion. Il y a maintenant quatre établissements privés. On observe un développement des écoles communautaires.

II – LA LIBERTÉ DANS L'ENSEIGNEMENT

A - LA LIBERTÉ DES MAÎTRES

4.206 > La liberté peut-elle être d'enseigner sans restriction aucune ? Dans l'enseignement primaire et secondaire, certains principes ont pu être posés, principalement dans

344. CC 93-329 DC, 13 janvier 1994, *Révision de la loi Falloux ; AJDA* 1994.135, note J.-P. Costa ; *RFDC* 1994.325, chr. L. Favoreu ; *RFDA* 1994.209, chr. B. Genevois ; *RDP* 1994.609, chr. F. Luchaire.
345. TA Dijon, 28 février 2008, *Préfet de Saône-et-Loire, AJDA* 2008.926.
346. CC 2009-591 DC 22 octobre 2009, *JO* 29 octobre 2009 ; B. Toulemonde, « La loi Carle, un compromis boiteux », *AJDA* 2009.2396.

l'admirable *Lettre aux instituteurs* du 17 novembre 1883 de Jules Ferry[347], expression d'un « laïcisme libéral et intelligent » (G. Burdeau). Il s'agit de ne pas choquer les consciences. En conséquence, nous aurons une laïcité négative visant à écarter toute idée religieuse. L'idée de neutralité sera réaffirmée dans la loi du 31 décembre 1959. Les conséquences sont que, à la différence de pays comme l'Allemagne, il ne peut y avoir d'instruction religieuse (loi du 28 mars 1882) et un jour sans école doit permettre à ceux qui le souhaitent d'avoir cet enseignement religieux. Ce sera le jeudi – et le rêve de la semaine des quatre jeudis –, devenu par la suite très mouvant, trop mouvant aux yeux des autorités religieuses. Cette neutralité a été rappelée dans l'avis du Conseil d'État de 1989 : « Le principe de laïcité de l'enseignement public, qui est l'un des éléments de la laïcité de l'État et de la neutralité de l'ensemble des services publics, impose que l'enseignement soit dispensé dans le respect, d'une part de cette neutralité par les programmes et par les enseignants, et d'autre part, de la liberté de conscience des élèves ». Cela doit conduire aussi à la neutralité des programmes. Dans l'enseignement privé, le régime est à peu près libre mais la liberté des enseignants peut être limitée dans leur vie privée[348] ce qui pourrait sans doute soulever des problèmes à la Cour de Strasbourg.

Dans l'enseignement public, il faut se référer à la loi d'orientation du 10 juillet 1989 : « Le service public de l'éducation est conçu et organisé en fonction des élèves et des étudiants... Le droit à l'éducation est garanti à chacun afin de lui permettre (...) d'exercer sa citoyenneté ».

S'est posé récemment le problème de la liberté du maître d'exercer le droit de grève. Une loi du 20 août 2008, après qu'a été mis en place depuis 2007 un système d'accueil des élèves en cas de grève, a institué un service minimum d'accueil conduisant à l'obligation pour les personnels de se déclarer gréviste 48 heures à l'avance et rendant obligatoire pour les communes l'organisation de ce système minimum dès lors qu'il y a plus de 25 % d'enseignants en grève[349].

B - LA LIBERTÉ DES ÉLÈVES

4.207 ▸ Les droits et les obligations des élèves sont déterminés à l'article 10. La liberté d'information et d'expression s'exerce « dans le respect du pluralisme et du principe de neutralité » ce qui a été précisé par le décret du 18 février 1991. Ces droits doivent « s'exercer dans le respect du principe de laïcité du service public ». Est interdit tout acte « de prosélytisme et de propagande ». On affirme la possibilité de créer des associations dont « l'objet et l'activité sont compatibles avec les principes du service public de l'enseignement ». Elles ne peuvent avoir un objet ou une activité de caractère politique ou religieux. On permet la liberté de diffusion de journaux sans contrôle préalable. La liberté de réunion des élèves doit obéir au principe de neutralité et on ne saurait « autoriser les

347. V. le texte in *Pouvoirs*, n° 75, 1995, p. 109 s.
348. Cf. Cass. Ch. mixte, 17 octobre 1975, *D.* 1976.511, note P. Guiho ; *JCP* 1976 II 18238, note Lindon et Ass. Plénière 19 mai 1978, *Dame R ... c/ Assoc. pour l'éducation populaire de Sainte-Y ...* ; *D.* 1978.451, concl. Schmelck, note Ph. Ardant.
349. L. Janicot, « Le conflit relatif au service minimum d'accueil », *AJDA* 2009.292s.

actes de prosélytisme ou de propagande »[350]. Il faut bien voir que beaucoup d'élèves sont majeurs, donc électeurs.

En ce qui concerne la liberté des enseignés se pose la question de l'obligation scolaire. Il n'y a pas de liberté de refus de l'enseignement. La loi du 28 mars 1882 a posé le principe de l'obligation scolaire. Celle-ci va de 6 à 16 ans, l'extension s'étant faite progressivement (Ord. 6 janvier 1959 et loi du 11 juillet 1975).

4.208 > L'obligation scolaire peut poser un problème quant à l'obligation d'assiduité et se heurter à certaines libertés comme la liberté religieuse[351]. Le Conseil d'État a refusé d'annuler l'article 8 du décret du 18 février 1991 modifiant le décret du 30 août 1985 relatif aux droits et obligations des élèves dans les établissements publics locaux d'enseignement du second degré. Le Conseil d'État constate que ce texte n'interdit pas « aux élèves qui en font la demande de bénéficier individuellement des autorisations d'absence nécessaires à l'exercice d'un culte ou à la célébration d'une fête religieuse, dans le cas où ces absences sont compatibles avec l'accomplissement des tâches inhérentes à leurs études et avec le respect de l'ordre public dans l'établissement ». Les requérants posaient le problème du respect du samedi pour les israélites et les adventistes du 7e jour (une circulaire du 12 décembre 1989 invite à accorder des autorisations exceptionnelles d'absence pour les fêtes religieuses). Pour le Conseil d'État, l'obligation d'assiduité doit être conciliée avec les textes de valeur nationale (art. 10 DDHC) et internationale (art. 9 CEDH et art. 18 Pacte). Le Conseil d'État s'appuie aussi sur la loi de 1905 et l'article 2 du Premier protocole additionnel à la Convention européenne. Pour le Conseil d'État, deux conditions supposent ces exceptions. Elles doivent être nécessaires et elles doivent être compatibles. La solution Koen est plus discutable. Le Commissaire du gouvernement proposait une frontière entre les absences ponctuelles pour les fêtes religieuses et l'absence systématique pour le repos hebdomadaire. L'arrêt du Conseil d'État rejette en se fondant non pas sur le caractère systématique mais sur les exigences de la scolarité dans les classes de mathématiques supérieures (en cause dans l'espèce). Mais le rapport Stasi avait proposé de reconnaître la principale fête religieuse musulmane et israélite. La loi du 15 mars 2004 sur les signes religieux n'a pas donné suite à cette proposition.

4.209 > En ce qui concerne la liberté de port de signes religieux, nous renvoyons à ce qui a été dit plus haut à propos de la liberté religieuse.

C - L'ENSEIGNEMENT SUPÉRIEUR

4.210 > Dans l'enseignement supérieur, la loi a affirmé l'indépendance de l'enseignement et de la recherche universitaires (art. 57). La garantie de l'indépendance a été

---

350. Cf. CE, 8 novembre 1985, *Ministre de l'Éducation nationale c/ Rudent*, *Dr. adm.* 1985 n° 592 ; *AJDA* 1985.745 ; *RDP* 1986.244, note F. Llorens ; CE, 6 novembre 1991, *Ministre de l'Éducation nationale c/ CNGA*, *RFDA* 1992. 163 ; CE, 1er mars 1993, *Min. d'État, Min. Éducation nationale, de la Jeunesse et des Sports c/ Assoc. des parents d'élèves de l'enseignement public*, *AJDA* 1993.881, note B. Toulemonde.

351. Voir CE, Ass., 14 avril 1995, *Consistoire central des israélites de France et autres ; AJDA* 1995.501, chr. J.-H. Stahl et D. Chauvaux et 573 ; CE, Ass., 14 avril 1995, *M. Koen*, *AJDA* 1995.501, chr. J.-H. Stahl et D. Chauvaux et 572 ; *RDP* 1995.585, concl. Y. Aguila.

reconnue aux professeurs par le Conseil constitutionnel en tant que principe fondamental reconnu par les lois de la République[352]. Certains principes ont pu également être affirmés dans la décision du 28 juillet 1993[353], notamment les principes de valeur constitutionnelle « de la liberté d'expression, et de l'indépendance des enseignants-chercheurs et notamment des professeurs d'université ». Pour les étudiants, la loi d'orientation de 1968, dans son article 38, posait le « principe de la liberté d'information à l'égard des problèmes politiques et sociaux ». Le principe a été repris par la loi du 26 janvier 1984 en affirmant la « liberté d'information et d'expression ».

4.211 > Certaines difficultés sont apparues à propos des universitaires défendant des thèses dites « révisionnistes ». Dans l'affaire *Noton*, l'intéressé n'a pu reprendre ses cours à Lyon III puis a été écarté de son poste d'enseignant. Est-ce contraire à la loi du 26 janvier 1984 (loi Savary) et à son article 57 qui pose le principe de l'indépendance et de la liberté d'expression ? On ne saurait l'affirmer car ce texte apporte des limites et ces principes ne valent que dans le respect des lois républicaines.

III – CONVENTION EUROPÉENNE DES DROITS DE L'HOMME ET LIBERTÉ ET ENSEIGNEMENT

4.212 > Les questions relatives aux rapports entre enseignement et liberté sont appréhendées essentiellement à travers le principe du droit à l'instruction (art. 2, protocole 7 CEDH), et celui du droit des parents d'assurer l'éducation et l'enseignement conformément à leurs convictions (art. 2, protocole CEDH).

La liberté en la matière n'est pas totale. La CEDH le reconnaît le 7 décembre 1976 dans l'affaire *Kjeldsen*. La Cour a progressivement précisé certains éléments. Elle a rejeté le principe de gratuité dans l'affaire linguistique belge[354] et dans l'affaire *Kjeldsen*[355].

En ce qui concerne l'enseignement public, elle a affirmé une obligation de neutralité *(Kjeldsen)*.

L'affaire linguistique belge très « explosive » était la première à poser pleinement les questions relatives à l'enseignement et à l'application de l'article 2 du protocole 1[356]. La Cour constate que l'article 2 affirme un véritable droit à l'instruction. Mais l'article 2 du Premier protocole et l'article 8 ne consacrent pas un droit à être instruit dans une langue déterminée. Cet arrêt n'est pas trop gênant pour la Belgique... Il ne constate de violation que sur un point mineur.

---

352. CC 83-165 DC, 20 janvier 1984, *Libertés universitaires*, Favoreu et Philip, n° 27 ; cf. aussi CE, 22 mars 2000, *Ménard, AJFP* 2000, 5, 9, obs. Moniolle. C. Moniolle, « Indépendance et liberté d'expression des enseignants-chercheurs », *AJDA* 2001.226.
353. CC 322 DC, 28 juillet 1993, *Loi relative aux établissements publics à caractère scientifique, culturel et professionnel ; RFDC* 1993.831, chr. X. Philippe.
354. CEDH, 23 juillet 1968, *Affaire linguistique belge*, Berger n° 226 ; Sudre n° 8.
355. CEDH, 7 décembre 1976, *Kjeldsen et autres c/ Danemark*, Berger, n° 227, Sudre, n° 56.
356. CEDH, 23 juillet 1968, *Affaire linguistique belge*, précité.

Dans l'affaire *Campbell et Cosens*[357] les châtiments corporels dans les écoles écossaises ont été considérés comme des traitements dégradants.

Dans l'affaire *Kjeldsen, Busk, Madsen et Pedersen*[358] à propos de l'éducation sexuelle obligatoire dans les écoles primaires, la Cour a estimé que l'État ne peut poursuivre un but d'endoctrinement contraire aux convictions des parents.

Enfin, dans CEDH, 5 février 1990, *Graemme c/ Royaume-Uni*, la Cour a considéré qu'il n'y avait pas un droit à exiger l'organisation à l'école d'un enseignement religieux conforme à ses convictions. Mais le Protocole n° 1, dans son article 2 permet de ne pas obliger les parents à inscrire leurs enfants dans un établissement qui ne leur apporterait pas un enseignement conforme à leurs convictions religieuses ou philosophiques. Ils peuvent donc assurer eux-mêmes cet enseignement mais sous certaines conditions.

Cependant les parents ne peuvent invoquer leurs convictions pour refuser le droit à l'instruction.[359]

4.212 bis > S'agissant de la liberté académique la Cour s'est prononcée à la fois sur la liberté des étudiants dans l'affaire *Irfan Temel*[360] et sur celle des universitaires dans les affaires *Lunde et Sorguc*[361].

Conclusion

4.213 > Les libertés de l'esprit sont prises dans les tourbillons et les turbulences de notre époque. Les possibilités de développement offertes par les nouvelles techniques devraient en favoriser l'essor, car jamais la communication ne semble avoir été plus facile. Et pourtant, il apparaît qu'elles sont menacées par ces mêmes techniques – certains prévoient la disparition de la presse écrite – et par les appétits de pouvoir économique et politique, et plus particulièrement par leur dimension mondiale. La mondialisation, dans ses effets pervers, en fait des proies faciles.

4.214 > Les possibilités de garantie juridique se sont pourtant considérablement renforcées. Le législateur ne peut plus les malmener parce que le développement de l'État de droit a fait apparaître des juridictions constitutionnelles qui se veulent les gardiens vigilants et créateurs de ce que l'on désigne aujourd'hui sous l'appellation de droits fondamentaux, et au sein desquels on trouve les libertés de l'esprit. Le pouvoir exécutif voit ses actes soumis à un contrôle des juridictions administratives soucieuses de la sauvegarde des libertés qui a fait dire à Roland Drago : « le meilleur *ombudsman* c'est le Conseil d'État ». Les citoyens eux-mêmes s'organisent afin de mieux défendre leurs droits et libertés.

---

357. CEDH, 25 février 1982, *Campbell et Cosens*, Berger, n° 230.
358. CEDH, 7 décembre 1976, *Kjeldsen, Busk, Madsen et Pedersen* précité.
359. CEDH, 11 septembre 2006, *Fritz Konrad et autres c/ Allemagne*, n° 35504/03.
360. CEDH, 3 mars 2009, *Irfan Temel et autres c/ Turquie*, n° 36458/02.
361. CEDH, 13 février 2001, *Lunde c/ Norvège*, n° 38318/97 et CEDH, 23 juin 2006, *Sorguc c/ Turquie*, n° 17089/03.

4.215 > Ce contexte plus favorable se retrouve sur le plan international. Des instruments juridiques nouveaux apportent la démonstration de leur efficacité en Europe et ouvrent la voie pour les autres continents. Nous pensons, bien évidemment, à la Convention européenne des droits de l'homme. On peut espérer qu'un jour la Charte des droits fondamentaux obligera aussi tous les États de l'Union européenne. Grâce aux organisations non gouvernementales, les hommes libres peuvent être plus facilement solidaires de ceux qui sont privés des libertés de l'esprit sur tous les continents. Les rapports *d'Amnesty International* ne nous permettent plus de feindre l'ignorance qui apporte le confort de l'égoïsme.

Devons-nous alors penser que les libertés de l'esprit écloront partout comme des milliards de fleurs ?

4.216 > On peut être sceptique car en même temps, on constate que là où les libertés semblaient établies, elles connaissent leurs zones d'ombre. La menace du terrorisme ou de certaines formes odieuses de criminalité est un argument bien facile pour porter atteinte à des libertés avec malheureusement souvent l'assentiment des citoyens qui succombent à l'aveuglement et à la démagogie. Les exceptions à telle ou telle liberté se multiplient et l'on assiste bien souvent à une régression rampante qui est soit le fait du droit, soit le fait des autres personnes privées – qu'elles soient physiques ou morales.

Et s'agissant des libertés de l'esprit, avec Figaro nous pouvons toujours partager son ironie amère : « Pourvu que je ne parle en mes écrits ni de l'autorité, ni du culte, ni de la politique, ni de la morale, ni des gens en place, ni des corps en crédit, ni de l'Opéra, ni des autres spectacles, ni de personne qui tienne à quelque chose, je puis tout imprimer librement, sous l'inspection de deux ou trois censeurs ».

BIBLIOGRAPHIE

Voir avant tout Jurisclasseur Communication (Éditions du Jurisclasseur).

BIBLIOGRAPHIE GÉNÉRALE

BERGER (V.), *Jurisprudence de la CEDH*, Sirey, 11e éd., 2009 (cité Berger).

FAVOREU (L.), PHILIP (L.), *Les grandes décisions du Conseil constitutionnel*, Dalloz, 15e éd., 2009 (cité Favoreu/Philip).

LACHAUME (J.-F.), PAULIAT (H.) Les *Grandes décisions de la jurisprudence administrative*, PUF, 14e éd., 2007 (cité Lachaume/Pauliat).

LONG (M.), WEIL (P.), BRAIBANT (G), DELVOLVE (P.) et GENEVOIS (B), *Les grands arrêts de la jurisprudence administrative*, Dalloz, 17e éd., 2009 (cité *GAJA*).

SUDRE (F.), MARGUENAUD (J.P.), ANDRIANTSIMBAZOVINA (J.), GOUTTENOIRE (A.) et LEVINET (M.), *Les grands arrêts de la CEDH*, PUF, 5e éd., 2009 (cité Sudre).

Liberté d'opinion

FRAISSEX (P.) : « Le droit mémoriel », *RFDC* 2006.483.

MORANGE (J.), *La liberté d'expression*, PUF, coll. Que sais-je ? n° 2751, 1993. ; Bruylant, Bruxelles, 2009.

Liberté religieuse

Archives de Philosophie du Droit, *La laïcité* n° 48, 2005.

BAUBEROT (J.), *Histoire de la laïcité en France*, PUF, 4e éd., 2007

DEBRÉ (J.-L.), *Rapport fait au nom de la mission d'information sur la question du port des signes religieux*, 2 vol., AN, 2003.

DESMURS-MOSCET (Y.), ROUVIÈRE-PERRIER et RAMBAUD (Th.), « Police des cultes », *JCA* n° 215.

DUFAUX (J.) et autres : *Liberté religieuse et régime des cultes en droit français : textes, pratique administratrive, jurisprudence*, Éd. du Cerf, 2005.

ÉTIENNE (B.), *L'Islam en France*, CNRS, 2000.

FLORES-LONJOU (M.) : *Les lieux de culte en France et en Europe*, Peeters, Leuven, 2007.

GONZALES (G.), *Laïcité, liberté de religion et CEDH*, Bruylant, Bruxelles, 2006.

GUILLET (N.), *Liberté de religion et mouvements à caractère sectaire*, LGDJ, BDP n° 235, 2003.

KOUBI (G.), « Droit et religions », *RDP* 1992-725. « La Laïcité », *Pouvoirs*, n° 75, 1995.

LALOUETTE (J.), *L'État et les cultes*, La Découverte, 2005.

LE ROUX (M.) : « La règle d'abstention financière des pouvoirs publics en matière cultuelle », *RDP* 2007.26.

MESSNER (F.) (dir.) *Traité de droit français des religions*, Litec, 2003.

PENA-RUIZ (H.), *Histoire de la laïcité*, Gallimard, 2005.

RAMBAUD (Th.), *Le principe de séparation des cultes et de l'État en droit public comparé*, LGDJ, BDP, 2004

ROBERT (J.), *La liberté religieuse et le régime des cultes*, PUF, 1977.

ROY (O.), *La laïcité face à l'Islam*, Stock, 2005.

SAYAH (J.), « La laïcité affirmée, la loi du 15 mars 2004 », *RDP* 2006.915.

VALLET (O.), *Une autre histoire des religions*, 6, Le sacre du pouvoir, Gallimard, 2000.

VALLET (O.), *Petit lexique des idées fausses sur les religions*, A. Michel, 2e éd., 2008.

VIVIEN (A.), *Les sectes en France*, La Documentation française, 1985.

WOEHRLING (J.M.), « L'interdiction pour l'État de reconnaître et de financer un culte. Quelle valeur juridique aujourd'hui ? », *RDP* 2006.1633.

Liberté de l'information

CLUZEL (J.), *Presse et démocratie*, LGDJ, 1997.

DERIEUX (E.), *Droit des médias*, LGDJ, 5e éd., 2008.

DREYER (E.), *Le dépôt légal*, LGDJ, 2003.

FRAISSE (R.), « Presse Écrite », *J.-Cl. Adm.*, fasc. 270 et 271.

Jurisclasseur pénal, Annexes, Presse.

KAYSER (J.), *Mort d'une liberté*, Plon, 1955.

LARRALDE (J.M.), « L'article 10 de la CEDH et la liberté de la presse », *RTDH*, 2007 n° 69, p. 39.

MALLET-POUJOL (N.), « La liberté d'expression sur internet », *D.* 2007 Chr. 591.

SAULNIER-LASSA (E.), « La protection de la jeunesse, limite à la liberté d'expression ? », *RDP* 2006.401.

Liberté de la communication audiovisuelle

ASSERAF-OLIVIER (F.), *Le droit du multimedia*, PUF, coll. Que sais-je ?, n° 3219, 3e éd., 2001.

BALLE (F.), *Médias et Société*, Montchrestien, 14e éd., 2009.

DEBBASCH (Ch.) *Droit des médias*, Dalloz, 2e éd. 2002.

DERIEUX (E.), *Droit des Médias*, LGDJ, 5e éd., 2008.

LEPAGE (A.), *Libertés et droits fondamentaux à l'épreuve de l'internet*, Litec 2002.

MALLET-POUJOL (N.), *La création multimédia et le droit*, Litec, 2e éd., 2003.

MARCANGELO-LEOS (Ph.), *Pluralisme et audiovisuel*, LGDJ, BDP n° 240, 2004.

TRUCHET (D.) et autres, *La nouvelle réforme du droit de la communication audiovisuelle : la loi du 17 janvier 1989* (dossier), *RFDA* 1989, 208 et s.

TRUCHET (D.), « Communication audiovisuelle », *J.-Cl. Adm.*, fasc. 273.

Liberté des spectacles

BOSSIS (G.) et ROMI (R), *Droit du cinéma*, LGDJ, 2004.

GUETTIER (Ch.), « Cinéma », *J.-Cl. Adm.*, fasc. 267.

PONTIER (J.-M.), *Les aides aux films en France*, PUAM, Economica, 1992.

ROUAULT (M.-Ch.) et RIBEYRE (C.), « La police des spectacles et des jeux », *J.-Cl. Adm.*, 211.

Enseignement et libertés

DURAND-PRINBORGNE (C.), *Le droit de l'éducation*, Hachette, 1992 ; *Code de l'éducation*, Litec, 2005.

DURAND-PRINBORGNE (C.), *La laïcité*, Dalloz, 2e éd., 2004.

GEORGEL (J.), « Enseignement », *J.-Cl. Adm.*, fasc. 230.

GEORGEL (J.), et THOREL (A.-M.), *L'enseignement privé en France du VIIIe au XXe siècle*, Dalloz, 1995.

LEGRAND (A.), *L'École dans son droit*, M. Houdiard, 2006.

MONIOLLE (C.), « Indépendance et liberté d'expression des enseignants-chercheurs », *AJDA*, 2001.226.

TOULEMONDE (B.), *Le système éducatif en France*, La Documentation française, 3e éd., 2009.

TOULEMONDE (B.), « Enseignement privé », *J.-Cl. Adm.*, Fasc. n° 233.

Exercices de préparation au grand oral

Exercice n° 1

Sujet

D'origine égyptienne, la famille A. réside dans la commune de C., bénéficiant de titres de séjour réguliers. Le couple a 3 enfants : Yasmina, 18 ans, Farida 13 ans et Anouar, 10 ans.
Tous poursuivent leurs études dans des établissements publics et ont d'excellents résultats.
Yasmina, lauréate du concours général, est en première année de droit dans la Faculté de droit de Z.
Farida est élève au collège Jean-Zay de C. et Anouar fréquente l'école Jules-Ferry de C.
De confession musulmane, la famille A. est attachée à certaines pratiques de sa religion. C'est ainsi que Yasmina et Farida veulent porter le hidjab. L'une et l'autre font l'objet d'une procédure disciplinaire dans l'établissement qu'elles fréquentent car elles ont refusé d'enlever ce foulard.
Anouar refuse de déjeuner à la cantine de l'école Jules-Ferry car certains repas comportent du porc.
M. A. est directeur du service d'import-export d'une grande entreprise et est très apprécié de sa hiérarchie.
Mme A., qui n'exerce pas de profession, se consacre à l'éducation de ses enfants. Elle porte le niqab.
Résidant en France depuis quinze ans, M. et Mme A. souhaitent acquérir la nationalité française pour eux et leurs enfants. Tous les membres de la famille sont parfaitement francophones.
Leur demande est cependant rejetée par manque d'intégration.
Les décisions d'exclusion de Yasmina et de Farida peuvent-elles être justifiées ?
Anouar peut-il exiger une alimentation conforme à ses convictions religieuses ?
Le refus d'attribution de la nationalité française est-il légal ?
Quelles seront les conséquences pour Mme A. des propositions de la mission d'information parlementaire sur le port du voile intégral si celles-ci sont mises en œuvre ?

Éléments de corrigé

La situation de la famille A. révèle un certain nombre de difficultés que peuvent rencontrer des musulmans attachés à certaines pratiques que l'on rencontre chez certains pratiquants. Ces questions ont suscité depuis une vingtaine d'années de vifs débats quand ce ne sont pas des polémiques. Les juridictions ont été conduites à se prononcer face à certaines difficultés et les autorités administratives et le législateur ont également pris un certain nombre de mesures.

La situation de la famille A. pose la question du port du hidjab, dit foulard islamique, dans les établissements d'enseignement, le respect des pratiques alimentaires, l'accès à la nationalité française et le port du voile intégral souvent appelé burqa.

La question est assez complexe car « si la liberté religieuse relève d'abord du for intérieur, elle implique » de surcroît, notamment, celle de « manifester sa religion » affirme la CEDH (CEDH, *Kokkinakis c. Grèce*). Mais dans cette même décision elle admet des limitations « propres à concilier les intérêts des divers groupes et d'assurer le respect des convictions de chacun ».

I. Le port du hidjab dans les établissements d'enseignement secondaire

La question du port du hidjab dit un peu rapidement foulard islamique, est apparue dans le débat français en 1989 lorsque le principal du collège de Creil interdit l'accès de salles de cours à trois élèves refusant d'enlever leur khiemar, un foulard traditionnel anatolien. Très vite l'affaire prend un aspect médiatique conduisant le ministre de l'Éducation nationale Lionel Jospin à intervenir. Il demande un avis au conseil d'État qui est rendu le 27 novembre 1989. L'avis ne formule pas une prohibition de principe ; il admet que le port de signes religieux est « l'exercice de la liberté d'expression et de manifestation de croyances religieuses ». (cf. CE, 2 novembre 1992, *Kherouaa*). En revanche, il mentionne le « caractère ostentatoire ou revendicatif » et les conséquences sur la vie scolaire pour permettre les limitations. Immédiatement le ministre en reprend les éléments dans une circulaire. Les juridictions administratives saisies de mesures d'expulsion, vont se prononcer au cas par cas considérant qu'une interdiction absolue ne peut être admise. Le Conseil d'État admettra les restrictions si elles visent la santé et la sécurité des élèves et si le port des signes extérieurs perturbe l'ordre dans l'établissement ou dans les activités d'enseignement (CE, 20 octobre 1999, *Ait Ahmad*). En revanche il sanctionne les mesures à caractère général et absolu (CE, 2 novembre 1992, *Kherouaa* ; CE, 14 mars 1944, *Yilmaz*).

Les mesures d'interdiction vont se multiplier. Pour essayer de crever l'abcès, le chef de l'État met en place une commission de réflexion sur le principe de laïcité présidée par le médiateur de la République Bernard Stasi. Suite à ce rapport, le Parlement adopte une loi beaucoup plus prohibitive. La loi du 15 mars 2004 interdit les signes « ostensibles », « ostentatoires » mais n'interdit pas les signes discrets. « Dans les écoles, les collèges et les lycées publics, le port de signes ou tenues par lesquels les élèves manifestent ostensiblement une appartenance religieuse est interdit. Le règlement intérieur rappelle que la mise en œuvre d'une procédure disciplinaire est précédée d'un dialogue avec l'élève », cette prohibition étant reprise dans l'article L. 141-5-1 du Code de l'éducation (voir aussi circulaire du 18 mai 2004).

Même si la loi vise les établissements publics, une telle prohibition peut être mise en œuvre dans un établissement privé (Civ. 1re, 21 juin 2005, *Fatima X.*).

Saisi de difficultés d'application, le juge administratif va considérer que les textes mettant en application la loi ne sont pas contraires à la CEDH (CE, 8 octobre 2004, *Union française pour la cohésion nationale*) et il sanctionne les volontés de contournement par des sous-turbans pour les Sikhs, des bandanas ou des bonnets (CE, 5 décembre 2007, *Ghazal*). La Cour européenne a considéré que des restrictions d'ordre vestimentaire pouvaient intervenir pour la protection de l'ordre, de la sécurité publique et de la santé (CEDH, 12 juillet 1978, *X. c/ Royaume-Uni*, à propos des Sikhs et de l'obligation du casque en moto).

Dès lors, il apparaît que le refus de Farida d'enlever son hidjab ne peut se fonder sur aucune base légale et que tout recours contre la mesure d'exclusion, surtout si elle a été précédée d'une tentative d'explication ou de médiation, serait voué à l'échec.

II. Le port du hidjab dans l'enseignement supérieur

La situation de Yasmina est différente. En effet l'article L. 141-5-1 du Code de l'éducation ne trouve application que dans l'enseignement primaire. Il ne trouve pas application dans l'enseignement supérieur. Le port du hidjab par Yasmina ne pourrait justifier une sanction disciplinaire que s'il s'analysait comme apportant le trouble dans l'établissement. Le Conseil d'État a eu l'occasion de se prononcer à cet effet. Il a jugé que les autorités universitaires ne peuvent interdire des signes extérieurs que si cela conduit à troubler l'ordre et que la prohibition est la seule mesure possible (CE, 26 juillet 1996, *Université de Lille II*).

Il reste une ambiguïté pour les formations d'enseignement supérieur situées dans des établissements qui ont les caractéristiques d'un lycée, comme des écoles d'ingénieurs ; des incidents sont apparus récemment qui n'ont, semble-t-il, donné lieu à aucune décision juridictionnelle pour l'instant.

Il semble que Yasmina est tout à fait fondée à refuser d'enlever son « hidjab ». Mais cela tient à la législation française. Une loi pourrait éventuellement interdire le hidjab dans les établissements d'enseignement supérieur. La CEDH l'a admis dans le célèbre arrêt de la Grande Chambre *Leyla Sahin* (10 novembre 2005) (cf. aussi CEDH, 3 mai 1993, *Karduman c/ Turquie* ; *Emine Artaç c/ Turquie*) (CEDH, *Refah partisi c/ Turquie*). Le Conseil constitutionnel, fait rarissime, a visé cet arrêt dans ses motifs de la décision sur le « Traité-constitution » du 19 novembre 2004 (CC 2004-505 DC). Dans l'arrêt *Sahin*, rendu par 16 voix contre 1, la Cour a posé des conditions. La mesure d'interdiction doit être prévue par la loi, doit poursuivre des buts légitimes et avoir un caractère de nécessité (en l'espèce les principes de laïcité et d'égalité).

III. Le refus de prise en considération des prescriptions alimentaires traditionnelles

La situation d'Anouar est différente. Si dans la pratique aujourd'hui les cantines scolaires évitent de proposer du porc ou tout au moins proposent une nourriture alternative, il n'y a aucune obligation pour les gestionnaires de ces cantines de veiller au respect des prescriptions alimentaires liées à la religion. Rien n'empêche de mettre du poisson le vendredi ou du porc. En effet, à la différence de l'éducation, la cantine scolaire n'a aucun caractère obligatoire (CE, ord. 25 octobre 2002, *Mme Renault*).

IV. Le refus d'accès à la nationalité française

L'accès à la nationalité française est soumis à certaines conditions. Il est exigé un séjour régulier en France – ce qui est le cas de la famille A. –. L'étranger ne doit pas avoir fait l'objet d'une mesure d'éloignement ou d'interdiction du territoire. C'est le cas de la famille A. L'étranger doit justifier d'une résidence habituelle en France pendant les cinq années précédant le dépôt de la demande – ce qui est également le cas de la famille A. –. (article 21-17 du Code civil).

L'étranger doit également remplir des conditions de moralité. Il doit être « de bonnes vie et mœurs » et ne pas avoir fait « l'objet de l'une des condamnations visées à l'article 21-27 » du Code civil. Là encore la famille A. remplit les conditions.

Enfin l'étranger doit montrer une assimilation à la communauté française. L'article 21-24 dispose que « Nul ne peut être naturalisé s'il ne justifie de son assimilation à la communauté française, notamment par une connaissance suffisante, selon sa condition, de la langue française et des droits et devoirs conférés par la nationalité française. ». Cet article est à la fois précis et ambigu. En précisant l'exigence d'une connaissance » suffisante, selon sa condition, de la langue française, la famille A. remplit parfaitement la condition exigée. Tous les membres de la famille, y compris Mme A., sont parfaitement francophones. Connaître les « droits et les devoirs conférés par la nationalité française » semble aussi une condition remplie. L'ambiguïté réside dans l'idée « d'assimilation à la communauté française ». À ce sujet, la connaissance de la langue française, qu'exprime l'adverbe notamment, montre que cette connaissance n'est pas le seul aspect. La difficulté en l'espèce pour la famille A. réside dans le port du voile intégral par Mme A. Cette pratique vestimentaire peut être considérée comme une absence d'assimilation à la communauté française. C'est ce qu'a jugé le Conseil d'État (CE, 27 juin 2008, *Mme Faïza X.*).

V. L'avenir du voile intégral

La mission d'information parlementaire sur le port du voile intégral, mise en place sur l'initiative du député communiste André Gérin pour « établir un état des lieux de la pratique du voile intégral en France » et examiner « ses conséquences concrètes dans la vie sociale » et « son articulation avec les principes de la République française et, en particulier, celui de la liberté et de la dignité des femmes », a remis son rapport le 26 janvier 2010.

15 propositions ont été formulées. Certaines pourraient avoir des conséquences sur Mme A. car elles expriment une opposition au port du voile intégral.

Utilisant la possibilité offerte par la révision constitutionnelle de 2008, la mission propose (proposition n° 1) une résolution qui se conclut ainsi : « C'est toute la France qui dit non au voile intégral et demande que cette pratique soit prohibée sur le territoire de la République ». Il s'agit d'une mesure qui n'a qu'un caractère politique et non juridiquement contraignant. Elle sera diffusée par voie de circulaire afin de la « porter à la connaissance des agents publics ». Il s'agit ici seulement d'une protection sociale qui en aucun cas ne peut contraindre Mme A. à renoncer au port du voile intégral.

La mission suggère la « médiation » « à l'attention des femmes portant le voile intégral et de leur entourage afin de comprendre leurs motivations, en établissant des protocoles rassemblant tous les acteurs concernés ». Il pourrait y avoir là une certaine forme de pression sociale à l'égard de Mme A. pour qu'elle renonce au voile intégral, tout en respectant chacun (proposition n° 2). C'était une recommandation de la CNCDH, hostile à une loi prohibant le port du voile intégral. Son avis a été adopté par 34 voix contre 2.

La proposition n° 8 veut « donner instruction aux services de l'État de signaler systématiquement au président du conseil général les situations de mineurs portant le voile intégral, dans le cadre de la protection des mineurs en danger ». Une telle disposition si elle trouvait application pourrait concerner la famille A. si Farida souhaitait suivre l'exemple de sa mère.

La mission formule des propositions de répression de nouvelles infractions, avec la création « d'un délit de violences psychologiques au sein du couple » (proposition n° 9) et « la provocation à l'atteinte à la dignité de la personne » qui s'insérerait dans l'article 24 alinéa 9 de la loi du 29 juillet 1881 (proposition n° 10). M. A pourrait faire l'objet de poursuites sur la première infraction s'il apparaissait qu'il a convaincu sa femme de porter le voile intégral.

Des mesures dissuasives pourraient être prises telles qu'une modification de l'article L. 314-21 du CESEDA permettant de refuser la délivrance d'une carte de résident aux personnes « qui manifestent une pratique radicale de leur religion, incompatible avec les valeurs de la République » (proposition n° 14).

Surtout la dernière proposition (n° 15) conforte la jurisprudence du Conseil d'État en proposant d'introduire dans les articles 21-4 et 21-24 du Code civil « une disposition explicitant qu'il est considéré comme un défaut d'assimilation le fait de manifester une pratique radicale de sa religion, incompatible avec les valeurs essentielles de la communauté française, notamment avec le principe d'égalité entre les hommes et les femmes ». La famille A. voulant s'engager dans une procédure de demande de naturalisation, on comprend qu'elle puisse avoir quelque inquiétude.

Enfin se pose la question d'une disposition de nature législative « interdisant de dissimuler son visage dans l'espace public ». La mission ne se prononce pas considérant qu'il « n'existe pas – en tout cas pour l'heure – d'unanimité pour l'adoption d'une loi d'interdiction générale et absolue du voile intégral dans l'espace public ». Elle préfère renvoyer la décision au législateur s'il le souhaite. D'ores et déjà, d'ailleurs une proposition de loi a été déposée par le président du groupe UMP Jean-François Copé, même si cette proposition, combattue par l'opposition, suscite des réticences au sein de la majorité. Il n'est pas certain qu'elle franchirait l'épreuve de la CEDH si elle avait un caractère de généralité. Pourtant, le Président Sarkozy a annoncé le dépôt d'un tel projet le 24 mars 2010.

Une interdiction législative est susceptible de porter atteinte à la liberté de pensée, de conscience et de religion, le droit au respect de la vie privée, la liberté d'aller et venir.

La prohibition dans tous les espaces publics sur le fondement de l'ordre public ne saurait être considérée comme nécessaire dans une société démocratique.

Dans son rapport remis le 30 mars au Premier ministre, le Conseil d'État se prononce pour une interdiction dans certains lieux et certaines circonstances, refusant une interdiction absolue. En outre, il refuse de se fonder sur l'idée de laïcité, de dignité de la personne, d'égalité entre les sexes ou de sécurité. Il préfère viser tous les accessoires masquant le visage et s'appuyer sur des motifs de sécurité publique et de lutte contre la fraude. Il laisse la définition des lieux « au législateur et au pouvoir réglementaire ». Une prohibition absolue est écartée comme pouvant être contraire à la constitution et à la Convention européenne des droits de l'homme. Un projet de loi devrait être déposé très prochainement (cf. Conseil d'état, Étude relative aux possibilités juridiques d'interdiction du port du voile intégral, http://www.conseil-etat.fr/cde/fr/rapports-et-etudes/possibilites-juridiques-d-interdiction-du-port-du-voile-integral.html).

En revanche, la proposition n° 13 suggère pour « conforter les agents publics » d'« adopter une disposition interdisant de dissimuler son visage dans les services publics ». La loi contraindrait à « montrer leur visage à l'entrée du service public mais aussi à conserver le visage découvert tout au long de la présence au sein du service public ». Cela concernerait aussi le casque intégral. Il n'y aurait pas de sanction pénale, mais conduirait à un « refus de délivrance du service demandé ».

Une telle disposition serait sans doute conforme à la CEDH mais conduirait Mme A. à ne plus pouvoir utiliser les services publics, notamment les transports si elle maintenait sa volonté de port du voile intégral. La Cour européenne a admis des restrictions dans différents lieux comme le sas de sécurité d'un aéroport (CEDH, 11 janvier 2005, *Phull c/ France*) ou l'accès à un consulat (CEDH, 4 mars 2008, *El Morsli c/ France*).

Toute restriction doit être prévue par la loi, doit constituer une mesure nécessaire, dans une société démocratique, à la sécurité publique, à la protection de l'ordre, de la santé ou de la morale publiques, ou à la protection des droits et libertés d'autrui. La loi doit être de portée générale et ne pas viser de situations particulières.

Les limitations peuvent être fondées sur la nécessité de prévenir des troubles à l'ordre public. La prohibition doit être ponctuelle lorsque l'identification est nécessaire (guichet des banques, parents allant chercher leurs enfants à l'école, au sein d'hôpitaux). L'autorité administrative peut prendre un acte administratif ; la limitation doit être limitée dans l'espace et dans le temps et en raison de circonstances particulières (cf. Commission EDH, 12 juillet 1978, *X. c/ Grande-Bretagne*, pour des sikhs motards ; 4 mars 2008, *El Mosli c/ France* à l'entrée de consulats ; 11 janvier 2005, *Phull c/ France*, dans les aéroports).

Le choix serait pour Mme A. soit de renoncer à toute vie sociale, soit de renoncer au port du voile intégral.

Exercice n° 2

› Sujet

Le 25 janvier 2010, une perquisition a lieu au siège du journal *Le Quotidien régional* et trois ordinateurs utilisés par les journalistes sont saisis par des officiers de police judiciaire, le *Quotidien régional* ayant publié des informations relatives à l'état de santé d'une personnalité politique importante ainsi qu'à ses liaisons extraconjugales. Le rédacteur en chef et deux journalistes sont placés en garde à vue, ainsi qu'un pigiste. Dans le cadre de cette procédure, un officier de police judiciaire perquisitionne dans un véhicule du *Quotidien régional*.

Les journalistes contestent les conditions dans lesquelles ces perquisitions ont eu lieu et s'estiment en droit de ne pas répondre aux questions relatives à leurs sources d'information. Ils affirment qu'il ne peut en aucun cas être porté atteinte à la protection de leurs sources d'information. Ils invoquent également le secret professionnel les concernant.

› Éléments de corrigé

Le secret des sources est une vieille revendication des journalistes qu'on trouve à travers l'idée de secret professionnel, par exemple dans la Charte des devoirs professionnels des journalistes français de 1918 (« un journaliste digne de ce nom ... garde le secret professionnel »).

I. L'absence de secret professionnel des journalistes

En réalité le secret professionnel des journalistes n'existe pas, tout au moins au sens de l'article 226-13 du Code pénal. Et la revendication est avant tout le secret des sources car c'est la condition de la liberté de la presse.

La revendication du secret professionnel par les journalistes du *Quotidien régional* est donc sans fondement.

II. La reconnaissance du secret des sources des journalistes par la CEDH

La protection des sources des journalistes a subi une forte influence de la jurisprudence de la CEDH et notamment de l'affaire *Goodwin c/ Royaume-Uni* (CEDH, Grande Chambre, 27 mars 1996). Journaliste au magazine *The Engineer*, William Goodwin avait été condamné pour avoir refusé de communiquer à la justice le nom d'un informateur qui lui donnait des informations sur la situation financière d'une société. La société estimait que les informations venaient d'un document volé et de ce fait mettaient en danger l'avenir des salariés. La CEDH a condamné le Royaume-Uni estimant qu'il y avait ingérence dans la liberté d'expression. Sans doute ces mesures étaient prévues par la loi. Il y avait un but légitime, à savoir la protection des droits de la société. La question de laquelle dépendait l'issue de l'affaire était de savoir si l'ingérence était « nécessaire dans une société démocratique ».

Tel n'a pas été l'avis de la CEDH. Elle a considéré que « la protection des sources journalistiques est l'une des pierres angulaires de la liberté de la presse... L'absence d'une telle protection pourrait dissuader les sources journalistiques d'aider la presse à informer le public sur des questions d'intérêt général. En conséquence, la presse pourrait être moins à même de jouer son rôle indispensable de « chien de garde » [formule très anglo-saxonne et qu'affectionne la CEDH] et son aptitude à fournir des informations précises et fiables pourrait s'en trouver amoindrie » ; la révélation des sources d'information affaiblirait considérablement la liberté de la presse.

La CEDH a continué dans cette voie (CEDH, 25 février 2003, *Roemen et al. c/ Luxembourg* ; CEDH, 15 juillet 2003, *Ernst et al. c/ Belgique*) et vient encore de confirmer à l'unanimité très récemment son souci de protéger les sources dans un arrêt du 15 décembre 2009 (CEDH, *Financial Times Ltd. et autres c/ Royaume-uni*, Req. n° 821/03). Une décision de justice avait enjoint aux requérants de communiquer à une société de brasserie des documents permettant d'identifier les sources à l'origine de la révélation d'une offre publique d'achat. La Cour a jugé que l'injonction constituait une atteinte à la liberté d'expression, que « les intérêts à prévenir... la menace d'un dommage susceptible de résulter d'une divulgation future d'informations confidentielles sont insuffisants pour l'emporter sur l'intérêt public à la protection des sources journalistiques ».

Les journalistes du *Quotidien régional* peuvent donc se fonder sur la convention européenne des droits de l'homme et les dispositions de l'article 10. D'ailleurs, la Cour de cassation (4 décembre 2007) s'est inspirée de la jurisprudence de la Cour de Strasbourg en ajoutant des conditions non prévues par le CPP).

III. La reconnaissance du secret des journalistes par le droit français

La loi du 4 janvier 1993 (loi Vauzelle) avait pu constituer une avancée timide en ajoutant un nouvel alinéa à l'article 109 du CPPP posant que « tout journaliste, entendu comme témoin sur des informations recueillies dans l'exercice de son activité, est libre de ne pas en révéler l'origine ».

Elle prévoyait que pour les perquisitions dans les entreprises de presse ou de communication audiovisuelle, celles-ci devaient être effectuées par un magistrat.

Cela n'a pas été d'une très grande efficacité car on a vu les perquisitions se multiplier et des journalistes placés en garde à vue et mis en examen pour recel de violation d'un secret professionnel ou du secret de l'instruction.

La loi du 9 mars 2004 (loi Perben II) posait un accord préalable des entreprises de presse ou de communication audiovisuelle si une réquisition judiciaire est adressée.

L'affirmation de la protection des sources n'est intervenue qu'en 2010.

La loi du 4 janvier 2010 relative à la protection du secret des sources des journalistes a essayé de mieux protéger les sources des journalistes afin principalement de se mettre en conformité avec la jurisprudence de la Cour européenne des droits de l'homme.

La loi érige en principe le secret des sources des journalistes ; pour ce faire elle l'insère dans un nouvel article 2 de la loi du 29 juillet 1881 – la grande loi sur la presse – affirmant que « le secret des sources des journalistes est protégé dans l'exercice de leur mission d'information du public ».

La loi vise à protéger les journalistes, quel que soit leur statut. Notamment, elle ne se réfère pas à l'article L. 7111-3 du Code du travail, considérant ici qu'est journaliste « toute personne qui, exerçant sa profession dans une ou plusieurs entreprises de presse, de communication au public en ligne, de communication audiovisuelle ou une ou plusieurs agences de presse, y pratique, à titre régulier et rétribué, le recueil d'informations et leur diffusion au public ». La définition est plus large dans la mesure où notamment le journaliste ne doit pas tirer de cette activité « le principal de ses ressources ». Cependant ce sont les journalistes, rétribués, qui sont protégés et non par exemple les non-journalistes comme les auteurs de blogs. C'est un progrès car l'article 109 CPP ne s'appliquait jusqu'à maintenant qu'aux journalistes au sens de l'article L. 7111-3 du Code du travail.

La protection se veut – suite à une initiative des parlementaires – être large la loi évoquant à la fois l'atteinte directe ou indirecte. L'atteinte indirecte sera « le fait de chercher à découvrir les sources d'un journaliste au moyen d'investigations portant sur toute personne, qui, en raison de ses relations habituelles avec un journaliste, peut détenir des renseignements permettant d'identifier ces sources ». On a voulu éviter des contournements en faisant en sorte que pour trouver ces sources, on ne s'attaque à des proches du journaliste. Mais il n'est pas certain que la protection soit si forte.

À tout principe, il y a des exceptions et pour le nouveau texte, des atteintes au secret des sources ne peuvent intervenir que « si un impératif prépondérant d'intérêt public le justifie » et il est précisé que les mesures doivent être strictement nécessaires et proportionnées au but légitime poursuivi » dans des formulations qui rappellent fortement le style de la CEDH. Il n'empêche que ces exceptions restent très larges en raison de leur rédaction qui reste finalement imprécise. La nécessité de l'atteinte est liée à « la gravité du crime ou du délit », à « l'importance de l'information recherchée pour la répression ou la prévention de cette infraction » et il faut que les mesures soient « indispensables à la manifestation de la vérité ».

Mais le journaliste reste protégé dans la mesure où il ne peut y avoir pour lui obligation de révéler ses sources.

Tous les journalistes visés par les perquisitions sont donc protégés y compris le pigiste qui ne tirait pas l'essentiel de ses ressources de ses activités de journaliste.

IV. Les conséquences sur les modalités des perquisitions au *Quotidien régional*

On a voulu renforcer la protection des entreprises de presse et des journalistes lors des perquisitions en s'inspirant des perquisitions effectuées dans un cabinet d'avocat.

C'est l'aspect nouveau de la loi. Le magistrat devient le personnage central de l'opération. La perquisition doit être effectuée par un magistrat. Elle est effectuée « sur décision écrite et motivée du magistrat », la décision étant portée à la « connaissance de la personne présente ». Seuls le magistrat et la personne présente peuvent prendre connaissance des documents ou objets découverts avant saisie éventuelle.

Tout doit être fait pour que la liberté de la presse soit respectée car non seulement il ne doit pas être porté atteinte au secret des sources, mais tout aussi important, cela ne doit pas conduire à « un retard injustifié à la diffusion de l'information ». Si la personne présente s'oppose à la saisie d'un document ou d'un objet, celui-ci est placé sous scellés fermés et le juge des libertés et de la détention devra statuer dans les cinq jours. Il pourra notamment ordonner la restitution immédiate.

La perquisition n'a pas été opérée par un magistrat mais par des officiers de police judiciaire. En conséquence elle sera frappée de nullité, l'article 56-2 du Code de procédure pénale résultant de la loi du 4 janvier 2010 prescrivant que « ces dispositions sont édictées à peine de nullité ».

V. Les conséquences sur les journalistes du *Quotidien régional*

Le journaliste ne jouit pas pour autant d'une immunité ; ce qui est protégé, c'est son activité. Et cela lui permet de garder le secret sur ses sources sans être sanctionné pour cela.

En effet lorsqu'il est entendu comme témoin, le journaliste n'est pas tenu de fournir ses sources d'information.

La loi a fait en sorte que le journaliste soit mieux protégé en cas de diffamation. L'article 35 de la loi de 1881 permet au journaliste de « produire pour les nécessités de sa défense » ... « des éléments provenant d'une violation du secret de l'enquête ou de l'instruction ou de tout autre secret professionnel s'ils sont de nature à établir sa bonne foi ou la vérité des faits diffamatoires ». Dans ce cas, il ne pourra être poursuivi pour recel. Mais la protection reste limitée à cette seule hypothèse ; si les documents ont par exemple été volés, le journaliste ne sera pas protégé.

Ces dispositions n'empêcheront pas les journalistes d'être poursuivis pour des infractions souvent liées à leur activité comme la non-dénonciation de crime, l'atteinte à la vie privée, la diffamation, etc.

Or, en l'espèce, les poursuites seront éventuellement possibles sur le fondement notamment de l'atteinte à la vie privée.

CHAPITRE V

Les droits politiques

Jean-Marie Denquin
Professeur à l'Université Paris X-Nanterre

INTRODUCTION

§ 1 - LES DEUX SENS DE L'EXPRESSION « DROITS POLITIQUES »

5.1 > L'expression « droits politiques » peut être prise en deux sens différents. Cette distinction intéresse le contenu des ouvrages ou le programme des cours consacrés aux « droits politiques », qui ne seront pas les mêmes selon que l'on retient l'un ou l'autre sens. Mais, plus profondément, elle touche à la signification même de ces droits, qui n'auront pas la même nature et la même portée selon l'interprétation retenue.

5.2 > Dans un premier sens, objectif, la formule désigne les différents régimes juridiques qui, dans un État de droit, structurent, garantissent et limitent le fonctionnement des institutions politiques. Traditionnellement, on distingue parmi eux le droit constitutionnel, le droit électoral et le droit parlementaire. Le droit constitutionnel traite de l'organisation des pouvoirs publics, c'est-à-dire essentiellement des matières exposées dans la Constitution, norme suprême de l'ordonnancement juridique. Le droit électoral a pour objet les élections politiques, c'est-à-dire l'ensemble des questions liées au processus électif, entendu au sens large : y entre par exemple la réglementation des campagnes électorales. Le droit parlementaire est constitué par l'ensemble des dispositions qui réglementent la vie interne des assemblées. Les limites entre ces diverses disciplines sont mouvantes, car leur distinction procède plutôt de commodités pratiques, notamment pédagogiques, que d'une nécessité de fond. Selon les ouvrages, selon les auteurs, la question du mode de scrutin, par exemple, relèvera du droit électoral ou du droit constitutionnel. Aussi n'est-il pas étonnant que ces diverses disciplines soient parfois confondues sous l'appellation globale de droit politique, au singulier cette fois.

5.3 > Mais l'expression « droits politiques » peut être prise dans un second sens. Elle ne désigne plus alors un ensemble de règles qui s'imposent aux individus, mais les droits que ceux-ci possèdent à titre personnel dans le domaine politique. Autrement dit, on considère maintenant les droits politiques en tant que droits subjectifs.

§ 2 - DROITS OBJECTIFS ET DROITS SUBJECTIFS : OPPOSITION ET COMBINAISON DES DEUX CONCEPTS

5.4 > À l'évidence, la distinction que l'on vient de poser n'est qu'une illustration particulière d'une opposition générale et bien connue : c'est celle du droit (ou, si l'on considère les subdivisions matérielles qu'il comporte, des droits) en tant que systèmes de normes et des droits en tant que prérogatives et libertés appartenant ou censées appartenir à des individus. Dans le premier cas, des règles objectives définissent par leur juxtaposition et leur interaction (voire leur contradiction...) les obligations des individus. L'espace de liberté qui leur est concédé, c'est-à-dire l'espace où ils peuvent agir en ne considérant que leur propre volonté, est résiduel, en ce sens que ses limites sont fixées de l'extérieur : elles sont la conséquence objective d'un mécanisme de réglementation qui fonctionne selon sa logique propre. Rien n'empêche donc en théorie que l'espace de liberté des individus soit totalement supprimé, puisque son existence et son étendue ne constituent pas une fin de l'activité de réglementation juridique. Dans le second cas, au contraire, les droits des individus sont premiers. L'ordonnancement juridique a pour finalité propre de garantir ces droits subjectifs. Les règles posées ne sont donc tenues pour légitimes que dans la mesure où elles réalisent cet objectif.

5.5 > Aussi opposées qu'elles soient en apparence, ces deux visions de l'ordre juridique doivent pourtant être conciliées. Tant que l'on en reste aux généralités, l'affirmation du primat absolu des droits subjectifs paraît cohérente : on peut soutenir que toute autre vision de l'ordre juridique (qui implique obligation, donc coercition) est odieuse, médiévale, liberticide. Mais dès lors que l'on s'efforce de penser le droit dans son fonctionnement concret, on doit reconnaître que le subjectivisme juridique poussé à son terme est une utopie, qui ignore les conflits potentiels entre les individus. Dans la réalité, les individus sont plusieurs et rien ne garantit que leurs droits soient convergents (rien ne garantit d'ailleurs le contraire). L'illusion inverse repose tout entière sur la tendance à isoler par la pensée chaque individu, à le considérer indépendamment de la société où il vit. Si l'on réintroduit l'individu dans la société, force est de constater que le droit subjectif d'une personne n'est rien d'autre qu'une limitation du droit subjectif d'une autre. Si l'on considère par exemple le droit à la vie, on observe que celui-ci ne confère pas la vie à l'individu qui en est titulaire, et qui doit déjà exister pour y avoir droit. Elle ne le garantit pas non plus contre l'issue qui est le terme normal de toute existence : le droit à la vie ne garantit pas, que l'on sache, l'immortalité. Le droit à la vie n'est pas non plus un devoir de vie : en tant que tel, il n'interdit pas à celui qui en est titulaire de se supprimer. Mais il interdit à tout autre individu de le faire. Le droit à la vie d'un individu n'est rien d'autre que la négation du droit de tous les autres individus à le tuer. La même analyse peut être menée à propos de tous les droits subjectifs. Le droit de vote n'est pas la liberté positive d'introduire un bulletin dans une boîte – activité qui, réduite à elle-même, apparaît peu exaltante. Il concrétise, négativement, l'interdiction de désigner les dirigeants appelés à gouverner la société de toute autre manière, depuis la force des armes jusqu'à la loterie de l'hérédité. Dès lors, on comprend que l'optique subjective et l'optique objective, loin de s'exclure, constituent plutôt l'avers et le revers de la même médaille. L'accent peut certes se déplacer, et ce fut là tout le sens de l'évolution historique qui, depuis le XVIIIe siècle, a mis les droits subjectifs des individus au centre du système juridique. Nous n'admettons plus, du moins en principe, que l'individu soit sacrifié à l'ordre social. Mais il n'en résulte pas que l'on puisse garantir simultanément toutes les libertés de tous les individus : si nous affirmons le droit de l'un à vivre, nous devons nier le droit de l'autre à le tuer.

5.6 > Ces observations d'ordre général permettent de situer le problème mais non de le résoudre. Pour montrer comment se combinent droit objectif et droits subjectifs ou, si l'on préfère, comment les droits subjectifs peuvent à la fois être affirmés et incarnés dans un ordre juridique objectif (État de droit), il serait nécessaire de dégager un principe de régulation entre droit objectif et droits subjectifs. En pratique, cependant, on constate qu'il existe deux orientations possibles, assez différentes, selon que l'on part des droits subjectifs ou de l'ordre juridique objectif. L'habitude prévaut de nommer ces orientations « jusnaturalisme » et « positivisme juridique ».

5.7 > La première orientation consiste à poser comme un absolu certains droits subjectifs – que l'on nommera droits naturels, droits de l'homme, ou droits fondamentaux – et à en déduire un régime juridique objectif. Ce postulat entraîne plusieurs conséquences. Les droits reconnus *a priori* découlent de normes transcendantes, religieuses ou non, mais qui présentent toujours un caractère métajuridique. Celui-ci implique que le droit positif n'est pas l'origine des principes qu'il met en œuvre et ne peut y porter atteinte. Il peut seulement fixer les bornes nécessaires pour concilier les droits subjectifs des divers individus de manière à éviter qu'ils s'entredétruisent – situation que ne manquerait pas de produire, comme on l'a vu, l'affirmation de leur validité absolue. Ce processus est parfaitement décrit par le fameux article 4 de la Déclaration des droits de l'homme et du citoyen du 26 août 1789 : « ... ainsi, l'exercice des droits naturels de chaque homme n'a de bornes que celles qui assurent aux autres membres de la société la jouissance de ces mêmes droits. Ces bornes ne peuvent être déterminées que par la loi ». La tâche propre du droit est donc d'ajuster des principes normatifs qu'il constate, organise mais ne crée pas.

5.8 > La seconde orientation ne postule pas, à l'inverse, l'existence de normes préexistantes. Elle considère que les droits des individus n'apparaissent que par l'édiction de normes juridiques positives. C'est parce qu'une liberté est définie, reconnue, organisée – et donc limitée – qu'elle existe concrètement. Tout ce qui n'est pas le droit positif, et donc positivement applicable, relève de l'idéologie, sympathique souvent, intéressante parfois, mais sans portée juridique. Ici, les droits (subjectifs) ne préexistent pas au droit (objectif) qui n'a donc pas à respecter, dans son mécanisme de genèse, des principes métajuridiques.

5.9 > On est donc en présence de deux questions, distinctes mais solidaires. Les droits politiques sont-ils, d'une part, objectifs ou subjectifs ? Autrement dit, les régimes politiques sont-ils la cause ou la conséquence de prérogatives appartenant aux individus ? Sont-ils d'autre part un privilège reconnu à certains individus, ou présentent-ils un caractère transcendant – autrement dit, doivent-ils être rangés parmi les droits de l'homme ? Il importe d'insister sur le fait que ces deux alternatives ne se recouvrent pas. Les droits de l'homme sont en effet nécessairement des droits subjectifs, mais la réciproque n'est pas vraie. On peut parfaitement reconnaître que, dans nos contrées et à notre époque, les individus possèdent un droit à décider de leurs propres affaires et jouissent donc d'un droit à la démocratie, sans pour autant élever ce droit à la hauteur des droits de l'homme. Il convient donc de répondre à une double question : les droits politiques sont-ils des droits subjectifs ? Sont-ils des droits de l'homme, autrement dit, ont-ils une portée universelle ?

§ 3 - LES DROITS POLITIQUES SONT DES DROITS SUBJECTIFS

5.10 > Il résulte de ce que l'on vient de voir que le caractère subjectif d'un droit s'apprécie par rapport à un état de civilisation donné : même si l'on affirme en effet le caractère éternel et imprescriptible de certaines valeurs, qualifiées de libertés fondamentales ou de droits de l'homme, il s'agit toujours des valeurs de l'époque considérée, jamais de celles du passé ou de l'avenir (ce qui revient à dire que la discussion entre jusnaturalisme et positivisme est métaphysique : la controverse n'est pas vide de sens, mais sa solution est indifférente pour le sujet ici traité). Or il n'est pas douteux qu'à notre époque, les droits politiques sont des droits subjectifs. On verra par la suite que ce caractère leur a été explicitement reconnu. Mais moins que des textes, quelle que soit l'importance de ceux-ci, c'est de l'opinion commune, d'un consensus universel, même non exprimé, que ces droits reçoivent ce caractère. Autrement dit, nul ne doute aujourd'hui que les hommes aient le droit de se mêler de ce qui les regarde. Historiquement, ce sentiment est récent. Pendant des millénaires, les hommes ont reconnu et accepté l'existence de pouvoirs supérieurs, auxquels ils étaient par nature soumis : le roi, image de Dieu, avait un droit subjectif à régner ; il était né pour commander puisqu'il commandait effectivement. L'idée que ce type de pouvoir pût ne pas être légitime ne venait à personne : un monarque renversé était remplacé par un autre. Le roi, dans sa souveraine bonté, acceptait parfois de limiter son pouvoir : il donnait certains droits à ses peuples, comme Louis XVIII octroya la Charte en 1814. Mais le mot lui-même dit bien ce qu'il veut dire : il s'agit d'une démarche spontanée, d'une décision discrétionnaire. Puisque des droits sont donnés aux individus, c'est qu'ils ne les possèdent pas. Mieux que toute chose, notre refus d'un tel « octroi » fait saisir combien nous sommes persuadés du caractère subjectif des droits politiques. Il est inconcevable que l'on nous octroie le droit de vote : cela voudrait dire qu'il existe une autorité transcendante, étrangère au corps civique dont nous nous considérons comme membres.

Or nous ne reconnaissons aucune autorité de ce genre. Nous n'imaginons même pas ce qu'elle pourrait être.

5.11 > Il est donc hors de doute que le droit subjectif de chacun, ce sentiment simple mais intense d'avoir son mot à dire sur la marche des affaires publiques, constitue le cœur des droits politiques. Cette observation permet aussi de comprendre ce qui distingue les droits politiques au sens objectif du terme des droits politiques subjectifs qui feront l'objet des développements suivants. Le droit parlementaire, par exemple, n'a guère de caractère subjectif. D'une part, il ne concerne pas tous les individus mais seulement une catégorie particulière, les élus aux assemblées parlementaires. D'autre part, il ne vise pas à garantir les droits de ceux-ci, mais plutôt à poser les règles générales nécessaires au bon fonctionnement de l'institution. Il en va de même, *mutatis mutandis*, du droit constitutionnel. Certes, celui-ci, en tant que fondement de tout l'édifice juridique, connaît et garantit les droits subjectifs, mais une partie importante des règles qu'il pose n'a rien à voir avec ceux-ci. Aucun droit subjectif n'explique la durée du mandat présidentiel, le principe du bicaméralisme, la règle du contreseing, etc. On est ici dans un domaine tout différent, celui des institutions politiques. On y poursuit la réalisation d'un agencement satisfaisant entre les autorités instituées, mais on n'expose pas des droits subjectifs préexistants que posséderaient celles-ci. Dans une démocratie, les seuls droits subjectifs en matière constitutionnelle sont ceux des citoyens.

§ 4 - LES DROITS POLITIQUES SONT DES DROITS DE L'HOMME

5.12 > L'idée selon laquelle les droits politiques doivent être rangés parmi les droits de l'homme n'est pas évidente *a priori*. Elle se heurte en effet à des objections qui doivent être d'abord considérées, mais qui ne paraissent pas déterminantes.

I – OBJECTIONS

5.13 > En premier lieu, on observe que de nombreux pays vivent encore sous des régimes autoritaires, voire totalitaires, où les populations ne jouissent d'aucun droit politique. Or elles s'en accommodent, car elles ont des soucis quotidiens plus urgents que la conquête de ces droits. Cela paraît peu compatible avec la notion de droits de l'homme, qui semble impliquer une aspiration à la fois puissante et unanime : personne n'éprouve de doute sur le fait que le droit à la vie soit un droit de l'homme. *A contrario*, l'absence de ce sentiment peut donc être considérée comme un indice de ce que les droits en cause, bien qu'importants, sont étrangers à la catégorie des droits de l'homme.

5.14 > Cette observation conduit à se demander s'il n'est pas nécessaire d'opérer une distinction parmi les droits fondamentaux. Certains seraient des droits de l'homme au sens strict : le droit à la vie, la sûreté personnelle, l'égalité civile, la proscription de toute discrimination fondée sur le sexe, la race, la religion, la langue, la fortune, en feraient partie. Ces droits apparaissent essentiels, leur mise en œuvre présente un caractère d'absolu et d'urgence qui les distingue des droits fondamentaux de second rang, parmi lesquels se rangeraient les droits politiques. Une telle distinction paraît fondée : nul ne contestera qu'il est moins grave d'être privé du droit de vote que tué, d'être traité en sujet qu'en gibier. D'ailleurs, cette distinction n'est-elle pas implicitement reconnue par la Déclaration de 1789, qui proclame les droits de l'homme et du citoyen ? D'un côté les droits de l'homme, c'est-à-dire des membres de l'espèce humaine : il suffit de faire partie de celle-ci pour en jouir ; de l'autre, les droits du citoyen, dont la jouissance est subordonnée à la possession de cette qualité. Il existe donc bien une distinction claire entre deux catégories de droits : les premiers sont absolus, inconditionnés et pour ainsi dire immédiats ; il suffit d'exister pour en bénéficier. Les seconds au contraire sont relatifs, puisqu'ils dépendent de la citoyenneté, et sont médiats en ce sens que leur exercice suppose diverses conditions (âge, absence de condamnation, etc.).

5.15 > Un autre ordre de considérations paraît renforcer ces remarques. Les droits politiques impliquent un niveau de complexité technique supérieur à celui des droits de l'homme au sens strict. L'affirmation du droit à la vie ou l'égalité de tous devant la loi sont des principes simples, aisément compréhensibles, et dont les premières conséquences se déduisent naturellement, même si le détail des régimes juridiques qui en découlent est susceptible d'atteindre à un degré élevé de complexité. En revanche, si l'on pose le principe du droit des citoyens à se gouverner eux-mêmes ou à élire leurs représentants, on se trouve immédiatement confronté à de grandes difficultés car ces formules, apparemment claires, sont en réalité profondément ambiguës. On peut tirer de l'interprétation qui en est faite des conséquences tout à fait divergentes : le principe démocratique implique-t-il que tous les individus possèdent le droit de voter et d'être élu, ou peut-on réserver l'une ou l'autre faculté à ceux qui sont tenus pour les plus aptes ? La démocratie doit-elle être purement représentative ou faut-il que le peuple se prononce lui-même sur certains sujets ? Questions vastes et délicates que l'on ne peut trancher selon des critères simples et objectifs.

II – RÉFUTATION DES OBJECTIONS

5.16 > Les objections que l'on vient de résumer ne sont pas insignifiantes. Elles méritent considération et emportent même, dans une certaine mesure, la conviction. Pourtant, l'interprétation inverse paraît préférable. En premier lieu, la relative indifférence des peuples d'une partie du monde ne peut être considérée comme une preuve. D'abord parce qu'elle ignore les aspirations et les efforts, parfois héroïques, d'une partie de ces populations. Il s'agit certes de minorités, mais le combat pour les droits de l'homme fut toujours, y compris dans les pays où la notion a été inventée, un combat de minorités. Ensuite parce que les droits de l'homme sont un concept à la fois normatif et en devenir. Normatif signifie que leur négation ou leur méconnaissance ne porte pas atteinte à leur validité, tout comme un meurtre ne démontre pas qu'il est légitime de tuer. Mais en outre – et ici la comparaison avec le droit pénal cesse d'être pertinente –, les droits de l'homme sont en devenir : ils constituent un idéal à atteindre, éventuellement par étapes. Qu'il y ait plusieurs étapes, inégalement urgentes à franchir, n'empêche pas qu'il y ait un seul chemin. Surtout, il faut être conscient de ce que la démocratie constitue la condition nécessaire des droits de l'homme, même si elle n'est pas suffisante. On va le voir au premier paragraphe de la section I. En second lieu, la distinction entre droits de l'homme et droits du citoyen peut être considérée comme une simple question de terminologie : sa solution est alors indifférente, car les dénominations sont libres. Mais on peut également estimer que l'homme a droit d'être citoyen, et que par conséquent la seconde catégorie se résorbe dans la première. Il est vrai qu'il subsiste une différence structurelle, puisque les droits de l'homme sont inconditionnés et que les droits du citoyen ne s'exercent que sous condition. Mais la seule condition de fond qui subsiste aujourd'hui est la nationalité. Or elle n'apparaît pas contraire à la notion de droits de l'homme dès lors que l'on pose en principe que tout homme a droit à une nationalité. En toute hypothèse, la portée symbolique acquise par l'expression « droits de l'homme » est telle que l'on ne saurait refuser celle-ci aux droits politiques sans minimiser leur portée. Enfin, il est vrai que les grands principes sont parfois perdus de vue dans le détail des réglementations. Par certains aspects, les droits politiques sont des techniques, neutres par rapport aux objectifs supérieurs qu'elles sont censées servir. Mais ceci est vrai de tout régime juridique dès lors qu'il atteint une certaine complexité. Et même si les grands principes ne sont pas toujours discernables dans le maquis des codes, l'important est que ceux-ci ne les contredisent pas.

§ 5 - LES DEUX PÔLES DES DROITS POLITIQUES

5.17 > Il résulte de ce que l'on vient de voir que ces droits politiques sont l'objet d'une tension intime entre deux pôles. L'un est celui des principes, enracinés à la fois dans la philosophie politique et dans la conscience commune. L'autre est celui de la technique juridique. L'étude de ces deux pôles, à la fois solidaires et distincts, exige une double démarche. L'affirmation selon laquelle les droits politiques sont des droits subjectifs et des droits de l'homme implique tout d'abord que leur étude ne saurait se réduire à la description d'un régime juridique. En effet, ce n'est pas le régime juridique qui crée les droits, mais les droits, ou plutôt la vision dominante de ceux-ci, qui imposent et déterminent l'aménagement du régime juridique. On ne peut se contenter en la matière d'étudier le droit : il faut aussi considérer le droit au droit. La question présente donc une dimension métajuridique, absolue quand le droit doit tenir compte de normes non juridiques, relative quand le droit français doit tenir compte de principes posés par le droit international ou le droit européen. La section 1 de ce chapitre sera consacrée à l'étude des problèmes posés par les relations entre les normes juridiques et les principes métajuridiques. La section 2 sera en revanche consacrée au pôle technique. Elle montrera comment les droits politiques prennent forme dans le système politique français contemporain.

Section I

DROITS POLITIQUES ET PRINCIPES MÉTAJURIDIQUES

5.18 > L'étude des rapports entre droits politiques et principes métajuridiques suppose d'abord une élucidation des relations complexes entre les notions de démocratie et de droits de l'homme : les deux ne se confondent pas et pourtant les droits politiques sont à la fois le produit de la démocratie et sa cause. Il faut d'autre part déterminer quelle est la nature des principes qui déterminent les normes juridiques en matière de droits politiques. Enfin, il faudra s'interroger sur l'influence des principes métajuridiques sur les techniques constitutionnelles.

§ 1 - DÉMOCRATIE ET DROITS DE L'HOMME

I – LA DÉMOCRATIE N'IMPLIQUE PAS LES DROITS DE L'HOMME

5.19 > La démocratie n'implique pas les droits de l'homme : cette affirmation, paradoxale pour la pensée aujourd'hui dominante, est pourtant incontestable. Elle est même doublement vraie, historiquement et logiquement.

A - ASPECTS HISTORIQUES

5.20 > Historiquement d'abord, la démocratie et les droits de l'homme apparaissent à des époques différentes. La démocratie est, comme chacun sait, une création des Grecs. Plusieurs cités-États ont mis en œuvre ce système, mais nous ne possédons des informations détaillées que sur Athènes. Cette cité a créé un régime politique où le peuple gouvernait effectivement. Toutes les décisions importantes, depuis la conduite des affaires étrangères et la conclusion des traités jusqu'au jugement des procès politiques en passant par la modification des lois, étaient prises par l'Assemblée du peuple ou par des magistrats tirés au sort – ce qui excluait tout accaparement des pouvoirs. Le système a effectivement fonctionné, pendant près de deux siècles, dans un État qui, comparé aux nôtres, paraît petit mais faisait, dans les circonstances de l'époque, figure de superpuissance et vivait dans un environnement politique particulièrement périlleux. Il n'est donc pas douteux que le sens étymologique du mot démocratie – gouvernement du peuple – devait, dans ce cas, être pris au pied de la lettre. En revanche, il est clair que ce système ignorait totalement ce que nous appelons les droits de l'homme. Les individus pouvaient être poursuivis devant le tribunal du peuple et condamnés à mort au terme de procès où les considérations politiques et les emportements conjoncturels tenaient plus de place que les garanties juridiques. Les libertés, au sens moderne du terme, étaient inconnues : liberté, dans l'Antiquité, voulait dire liberté collective de la cité et liberté des citoyens politiquement actifs, non-liberté reconnue aux individus d'agir librement dans leur sphère tant que leur comportement ne nuit pas à autrui. Enfin, l'organisation de la cité reposait sur une inégalité juridique fondamentale puisque les citoyens (mâles), qui représentaient environ, selon les estimations des historiens modernes, un dixième de la population, possédaient seuls les droits civiques tandis que les étrangers (métèques) et les esclaves n'en possédaient aucun. La société athénienne était une société d'ordres comme l'Ancien Régime en France, puisque l'appartenance aux diverses catégories juridiques était déterminée par l'hérédité, si l'on excepte de rares cas de naturalisation et d'affranchissement. Rien ne montre mieux l'indépendance théorique des notions de démocratie et d'égalité devant la loi.

5.21 > La notion des droits de l'homme est beaucoup plus récente. Bien que ses racines plongent dans un lointain passé, elle ne s'affirme clairement qu'au XVIIIe siècle. Elle est en effet le plus pur produit, et la gloire la moins contestable, de la philosophie des Lumières. Mais elle s'affirme dans un monde qui est presque exclusivement monarchique. Même si l'on admet que le siècle des Lumières « conduit » (comme on se laisse aller à le dire par une téléologie naïve) à la Révolution, cette affirmation, contestable en elle-même, ne vaut que pour la France. Les droits de l'homme peuvent donc, à l'évidence, exister sans la démocratie.

B - ASPECTS LOGIQUES

5.22 > L'indépendance des deux notions peut également être établie logiquement. Il est clair en effet que, ramenés à leur principe essentiel, démocratie et droits de l'homme procèdent de prémisses absolument différentes, qui peuvent entrer en conflit.

5.23 > Qu'est-ce en effet que la démocratie ? Une réponse simple consiste à expliciter, comme on vient de le faire, l'étymologie du mot. Une réponse qui se veut plus élaborée consiste à citer la formule bien connue : « La démocratie est le gouvernement du peuple, par le peuple et pour le peuple. » Mais que faut-il entendre par là ? « Gouvernement du peuple » est ambigu, puisque l'expression peut aussi bien signifier « gouvernement exercé sur le peuple » que « gouvernement exercé par le peuple ». Le premier sens s'applique à tous les régimes politiques, y compris les plus tyranniques ; le second caractérise la démocratie seule, mais se confond avec le deuxième terme de la formule initiale. « Gouvernement pour le peuple », d'autre part, ne caractérise nullement la démocratie. On peut en effet très bien concevoir un gouvernement animé de l'intention, sincère ou non mais proclamée, d'agir pour le bien du peuple. Un tel système politique porte au XVIIIe siècle le nom technique de *despotisme éclairé*. Aujourd'hui encore, bien des gouvernants prétendent faire le bonheur du peuple, mais sans lui, voire contre lui. On ne saurait alors parler de démocratie, sauf à changer le sens du mot. Inversement, il est difficile, si l'on écarte l'hypothèse d'un peuple masochiste, logiquement non contradictoire, mais psychologiquement improbable, d'imaginer un gouvernement par le peuple qui ne serait pas aussi un gouvernement pour le peuple. Comme dans le cas précédent, « gouvernement pour le peuple » oblige à distinguer un sens non pertinent et un sens qui se réduit à « gouvernement par le peuple ». On peut donc poser sans réserve que la démocratie est le gouvernement par le peuple.

L'idée du gouvernement par le peuple peut s'actualiser de diverses manières, entre lesquelles existent des différences considérables. On peut en effet comprendre cette idée comme impliquant une démocratie directe où le peuple lui-même décide de la totalité des affaires publiques, ou du moins de toutes celles qu'il entend se réserver. La démocratie athénienne constitue l'exemple historique le plus proche de cet idéal. On peut à l'inverse concevoir un système représentatif pur, dans lequel les représentants reçoivent pouvoir de vouloir au nom du peuple, sans que celui-ci ait d'autre prérogative que de procéder à leur désignation. On peut enfin envisager des systèmes intermédiaires : certaines décisions sont réservées au vote populaire (démocratie semi-directe) ou bien le peuple exerce, selon des modalités variées, un certain contrôle sur ses représentants et peut ainsi, dans une certaine mesure, orienter leurs décisions (démocratie semi-représentative). Ces questions seront examinées au paragraphe 3 du point de vue de la technique constitutionnelle.

Toutefois, ces diverses formes de démocratie ont en commun un point essentiel : les décisions, hors les cas extrêmement improbables d'unanimité, sont toujours prises à la majorité des voix. La démocratie implique le vote, puisqu'elle suppose un processus par lequel plusieurs volontés doivent finalement se réduire à une seule, qui sera considérée comme volonté du peuple. La volonté ainsi dégagée est souveraine en vertu même du principe démocratique : elle s'impose à tous, rien ne peut lui être supérieur. Elle est également changeante, du moins potentiellement : ce qu'une majorité a fait, une majorité différente peut le défaire.

5.24 > La notion de droits de l'homme, pour sa part, repose sur l'idée qu'il existe un certain nombre de droits fondamentaux, inconditionnés et imprescriptibles, comme le droit à la vie, le droit à l'instruction, le droit d'exprimer librement ses pensées, etc. Ces droits sont inconditionnés en ce sens qu'aucun principe, aucune valeur, aucune doctrine ne peut légitimement les remettre en cause. Tout au plus peut-on en limiter la portée dans des cas particuliers, pour des motifs impérieux, selon des procédures organisées, restrictivement conçues et dûment contrôlées. Ils sont d'autre part imprescriptibles parce qu'aucune loi écrite, aucune coutume, aussi ancienne et vénérable soit-elle, ne peut être opposée aux principes des droits de l'homme. Ceux-ci ne relèvent pas de l'histoire, avec la relativité que cela impliquerait, mais d'un impératif absolu et intemporel, contre lequel aucun argument de tradition ou d'opportunité n'est considéré comme recevable. Quel est le fondement de cet absolutisme des droits de l'homme ? Sur quoi repose le privilège qui leur permet de récuser *a priori* tout ce qui s'oppose à eux ? Ce n'est pas le lieu de répondre à cette question, à l'évidence délicate. Il convient seulement, ici, de voir comment fonctionne la notion de droits de l'homme. Or précisément, son caractère propre est, quant au fond, d'écarter tout ce qui est incompatible avec elle, en tous temps ou en tous lieux. Quant à son champ d'application, il est également sans limite autre que l'humanité : la seule condition à remplir pour être titulaire des droits de l'homme est l'appartenance à l'espèce humaine. Aucune considération ne peut donc justifier que le bénéfice en soit refusé à quelqu'un.

5.25 > On voit donc que la démocratie et les droits de l'homme ont en commun d'être tous deux des absolus, car leur logique disqualifie *a priori* tout ce qui s'oppose à eux. Mais il convient aussi d'observer qu'il existe entre eux une différence structurelle. La démocratie est un absolu formel en ce sens qu'elle affirme la souveraineté d'une procédure, la décision majoritaire du peuple, sans prendre position sur le contenu des choix effectivement opérés. Les droits de l'homme à l'inverse sont un absolu matériel, car c'est le contenu qui est ici déclaré prédéterminé et intangible. En pratique, ce contenu peut être formulé d'une manière quelconque, et un monarque peut parfaitement inscrire les droits de l'homme dans la législation qu'il édicte. Ces deux observations permettent de comprendre à la fois pourquoi le conflit entre démocratie et droits de l'homme n'est pas inévitable – ce qui serait le cas si ces absolus se situaient sur le même plan –, mais n'est pas non plus exclu – car aucune harmonie préétablie ne garantit que le peuple ne prendra jamais à la pluralité des voix, donc d'une manière démocratiquement irréprochable, des mesures contraires aux droits de l'homme.

5.26 > La contradiction s'avère donc toujours menaçante. Mais elle est particulièrement redoutable dans les cas où elle apparaît comme la conséquence d'une conjonction stable de phénomènes. Il en est ainsi lorsque sont confrontés, au sein d'une même structure étatique, des groupes humains radicalement hétérogènes ; dans le cas de minorités ; enfin quand existe un décalage culturel entre les traditions locales et la conception occidentale des droits de l'homme.

5.27 > La première hypothèse se trouve réalisée dans les cas où, pour des raisons d'ordre géographique et historique, des peuples sont contraints à vivre ensemble sans pouvoir ni se séparer, ni s'entendre. Si l'une de ces deux possibilités était ouverte, une solution démocratique serait, au moins théoriquement, concevable. La première issue serait en effet l'application du droit des peuples à disposer d'eux-mêmes : un peuple interrogé par référendum déciderait, à la pluralité des voix, de rompre les liens qui l'unissent à un autre peuple et de former dorénavant une entité étatique nouvelle et pleinement souveraine. La seconde issue, c'est-à-dire l'entente des peuples entre eux, serait atteinte par la constitution d'un sentiment national. Une nation se caractérise en effet non par l'uniformisation totale des parties qui la composent – celles-ci peuvent fort bien conserver des traits spécifiques et même veiller jalousement sur leur conservation –, mais par l'émergence d'un sentiment de communauté, c'est-à-dire l'idée d'un minimum de valeurs et d'intérêts partagés, suffisante en tout cas pour exclure la crainte d'une oppression systématique des moins nombreux par les plus nombreux. Ceci suppose une certaine homogénéité des comportements et l'absence de clivages inexpiables. Une telle situation procède généralement d'une longue histoire. Aussi est-il difficile d'imposer dans le court terme et de manière volontariste un processus de ce type. Quand il est réalisé, la démocratie peut fonctionner : aucun groupe ne craint en effet que sa survie ou ses intérêts fondamentaux soient mis en cause par une application mécanique du principe de majorité. Mais il n'en est pas toujours ainsi : il existe des cas où cohabitent sur un même territoire des groupes radicalement hétérogènes, c'est-à-dire séparés par des clivages ethniques, religieux, linguistiques qui rendent impossible tout compromis, toute définition d'un intérêt commun, tout passage de l'un à l'autre qui ne soit pas une trahison. Dans de tels cas, la démocratie ne peut en elle-même constituer un principe de solution des conflits. Elle risque même, à l'inverse, de devenir un principe d'oppression. C'est là, en un sens, que les droits de l'homme devraient prendre le relais, c'est-à-dire affirmer les droits imprescriptibles des individus, quelle que soit leur appartenance communautaire. L'ennui est que le droit, aussi vénérable soit-il, est de peu de portée quand il n'existe pas une volonté de le définir en commun et des structures susceptibles de le faire respecter en cas de difficultés. Si ces conditions ne sont pas remplies dans l'ordre étatique – et c'est précisément là l'hypothèse où l'on se trouve –, il est peu probable que l'ordre international s'y substitue. La guerre du Liban, la guerre dans l'ancienne Yougoslavie, les massacres entre Hutus et Tutsis ont bien montré, hélas, qu'il ne suffit pas d'invoquer les droits de l'homme pour voir ceux-ci étendre leur empire sur les populations en péril.

5.28 > La deuxième hypothèse concerne des minorités, c'est-à-dire des groupes relativement stables, homogènes et repérables par autrui. Les facteurs qui les définissent sont très divers. Si l'on exclut les minorités nationales, considérées dans l'hypothèse précédente, on peut évoquer des minorités linguistiques, religieuses, sexuelles, culturelles (amateurs d'opéras...), voire adeptes de pratiques controversées (fumeurs, chasseurs, etc.). Tous ces cas ont en commun – malgré leur extrême diversité et les risques très inégaux qu'ils encourent du fait de leur situation minoritaire – de ne pouvoir confier la défense de leurs intérêts à la loi du nombre, c'est-à-dire au principe démocratique. Si leur point de vue est pris en compte, ce ne peut être que sur la base d'autres principes. Souvent ces problèmes se règlent, sans même être consciemment posés, par le jeu normal des coutumes qui régissent le comportement des hommes en société. Dans les cas les plus difficiles, où les intérêts vitaux des individus sont en cause, l'idée de droits de l'homme trouve à s'appliquer. C'est même le cas typique d'une situation où la loi du nombre doit être *a priori* récusée, puisque son application entraînerait des conséquences jugées par ailleurs inacceptables. Mais il est clair que dans les faits, la difficulté reste entière, ou plutôt ne disparaît que si l'on suppose le problème résolu : pour que l'on renonce sur un point à la loi du nombre, il faut que la majorité y consente. L'éducation, les valeurs, l'esprit de tolérance et de transaction, bref la civilisation au sens de Norbert Elias peuvent y conduire. Mais que se passe-t-il si la majorité décide que la loi du nombre est applicable ? En d'autres termes, les droits de l'homme ne l'emportent sur la démocratie que dans les situations où la démocratie elle-même reconnaît l'empire des droits de l'homme. Il s'agit alors seulement de régler à la marge, par des procédures juridiques, des difficultés que la spontanéité sociale n'a pas déjà résolues : tâche qui peut s'avérer en pratique infiniment complexe et délicate, mais qui est en principe réalisable. Dans le cas contraire, on se trouve inévitablement confronté au paradoxe suivant : plus le respect des droits de l'homme est nécessaire, parce que la société ne les respecte pas déjà en gros, et moins ils ont de chance d'être respectés, parce que la majorité du peuple ne reconnaît pas leur légitimité, ou ne leur donne pas le même contenu que nous.

5.29 > On se trouve ainsi conduit à la troisième hypothèse, celle du divorce entre la conception occidentale des droits de l'homme et les interprétations qu'en donnent – ou refusent d'en donner – les sociétés étrangères à la tradition qui a permis l'émergence du concept de droits de l'homme. Le cas le plus connu est celui des intégristes musulmans, qui prétendent appliquer à la lettre la loi islamique, mais la contradiction est en fait virtuellement présente dès lors que l'on considère des sociétés non occidentales ou non occidentalisées. La démocratie et les droits de l'homme sont *grosso modo* conciliables en Occident parce qu'ils y sont nés, bien qu'à des époques différentes. Hors de ce substrat commun, rien ne garantit qu'ils soient spontanément convergents. Dès lors, il n'existe, à court terme, que de mauvaises solutions. Ne pas réagir aux crimes dont, par suite de la mondialisation de l'information, nous sommes les témoins, c'est renoncer à l'universalité des droits de l'homme – et donc renoncer à l'idée même de droit de l'homme. Mais à l'inverse, imposer notre conception à l'univers – à supposer qu'une telle chose soit possible – n'irait pas sans que se pose la plus redoutable question : de quel droit, sinon le droit du plus fort, contraignons-nous les hommes qui ne pensent pas comme nous à suivre nos lois et à respecter nos valeurs ? Et pourquoi un plus fort que nous n'aurait-il pas, un jour, le même droit ? Reste donc à espérer qu'à long terme, l'évolution des peuples soit convergente et que se créent dans tous les pays les conditions nécessaires pour que les droits de l'homme soient compatibles avec l'opinion de la majorité du peuple. Mais il faut admettre que, si une telle évolution n'est pas exclue, aucune harmonie préétablie ne garantit, à l'inverse, qu'elle aura lieu.

II – LES DROITS DE L'HOMME IMPLIQUENT LA DÉMOCRATIE

5.30 > La démocratie n'implique donc pas le respect des droits de l'homme. Il est non moins vrai, en revanche, que les droits de l'homme impliquent la démocratie, négativement parce que les dictatures bafouent les droits de l'homme, positivement parce que seule la démocratie offre les garanties dont ceux-ci ont besoin pour s'épanouir. On ne saurait douter, en effet, que la dictature et, *a fortiori*, le totalitarisme, excluent les droits de l'homme. Ceci n'est pas affaire d'essence mais d'incompatibilité concrète. En effet, rien n'empêche en théorie qu'un régime autoritaire interdise à la population l'exercice des droits politiques tout en garantissant l'exercice des droits de l'homme – sous réserve évidemment que l'on n'inclue pas les premiers dans les seconds. Beaucoup de régimes contemporains vivent sur un programme implicite que l'on pourrait résumer ainsi : respect proclamé des droits de l'homme par souci de respectabilité internationale et dictature personnelle. Mais en pratique, les deux idées s'avèrent incompatibles. Les droits de l'homme ne se résument pas à des généralités auxquelles il suffit de rendre un hommage sincère mais platonique. Ils n'existent effectivement que s'ils sont définis et appliqués, défendus et restaurés en cas de violation. Ce qui revient à dire que les droits de l'homme ne sont pas concevables sans l'existence d'un État de droit. Or un État de droit n'est pas seulement un code de lois et des magistrats élégamment costumés dans des palais pompeux. Tout ceci peut exister sans être autre chose qu'un décor. L'État de droit suppose non seulement des règles proclamées, mais aussi leur respect effectif, que seule une démocratie vivante peut garantir.

5.31 > Pour que l'État de droit existe, il faut d'abord que l'édition des normes juridiques entraîne des conséquences concrètes, c'est-à-dire que les comportements individuels et collectifs soient orientés par elles. Ce résultat doit beaucoup à des phénomènes extra juridiques : l'éducation, les mécanismes d'autocontrôle issus du processus de civilisation, la morale intériorisée. Le droit n'agit qu'à la marge, mais c'est justement cette marge qui le constitue en tant que droit. Par ailleurs, il faut que l'État s'applique les règles à lui-même, autrement dit qu'il y ait État de droit et non seulement état de droit. Réalisée, cette situation demanda à l'humanité des millénaires d'efforts : il est plus facile de faire respecter les lois en s'appuyant sur la force de coercition du pouvoir que d'obliger le pouvoir lui-même à respecter des règles préétablies. À nos yeux cependant, les deux sont inséparables. Et c'est la nécessité de cette liaison qui rend également inséparables État de droit et démocratie. En effet, l'État de droit suppose d'abord une justice indépendante. Or, comment un gouvernement autoritaire pourrait-il s'accommoder d'une justice indépendante ? Il regarde au contraire la justice comme l'un des rouages de l'État, qui doit demeurer entièrement soumis à ses ordres et réprimer sans faiblesse toute opposition. Sur quoi d'ailleurs les magistrats pourraient-ils s'appuyer, à supposer qu'ils aient une quelconque velléité d'indépendance, puisque c'est le gouvernement qui fait les lois ? Celui-ci laissera bien une large autonomie à la justice, pour traiter les litiges privés auxquels il ne s'intéresse pas : il s'évite ainsi des ennuis inutiles et renforce sans frais l'image libérale qu'il aime sûrement donner de lui-même. Mais dès qu'une affaire lui importe, il retrouve intacte sa capacité de décision grâce à la docilité de magistrats habitués à l'obéissance. Contre une telle connivence, il existe certes des remèdes juridiques (statut de la magistrature), mais le garde-fou le plus efficace est évidemment la vigilance de l'opinion publique. C'est elle qui, en censurant les dérives de l'institution judiciaire, peut le plus efficacement lutter contre la mise en tutelle de celle-ci par le pouvoir politique. Encore faut-il que l'opinion publique soit informée. La liberté d'expression et d'information est donc elle aussi impliquée par l'État de droit : il s'agit, là encore, bien sûr, d'une liberté concrète, non d'une liberté proclamée. Enfin, l'opinion publique trouve elle-même son plus haut degré d'efficacité dans un régime où le gouvernement du pays dépend directement d'elle, c'est-à-dire dans un régime fondé sur l'élection. Un régime fondé sur une transcendance – volonté divine ou sens de l'histoire – n'est pas, en fait, indifférent à l'opinion des gouvernés, car il sait que ceux-ci peuvent se révolter. Mais rien ne vaut, pour maintenir les gouvernants dans le devoir, la crainte périodique et salutaire de l'électeur. D'abord parce qu'elle garantit que les fonctions politiques sont à durée déterminée : au bout d'un laps de temps assez bref, il faudra se faire réélire ou quitter le pouvoir. Ensuite parce que l'électeur émet, à travers son vote, un verdict sur l'œuvre accomplie et sur la façon de l'accomplir.

5.32 ▸ On voit que l'analyse approfondie des notions de démocratie et de droits de l'homme permet d'établir l'existence de liens étroits entre elles. Non qu'elles se confondent comme une vision courante mais erronée pourrait le faire croire. Mais la démocratie apparaît bien comme la condition nécessaire, sinon suffisante, des droits de l'homme. Ceci établit définitivement l'appartenance des droits politiques aux droits de l'homme : même s'ils n'en faisaient pas partie d'un point de vue matériel, par leur contenu, il faudrait les y ranger en fonction d'un critère formel, comme condition nécessaire de tous les autres.

§ 2 - NORMES JURIDIQUES ET PRINCIPES MÉTAJURIDIQUES

5.33 ▸ Affirmer que les droits politiques sont des droits de l'homme peut n'être qu'une manière de proclamer l'estime où on les tient, le respect qu'on leur porte, la déférence que l'on éprouve pour les grands principes, bref une hyperbole pieuse. Mais si l'on entend dépasser le stade de la rhétorique, il faut admettre que cette affirmation implique des conséquences. Cela suppose en effet que les droits des individus ne sont pas seulement le résultat objectif d'un certain ordre juridique – ce qui serait encore compatible avec l'idée de droits subjectifs, entendus comme résultante d'un certain agencement du droit positif – mais qu'ils existent antérieurement à toute formulation juridique. Cela suppose également que le régime juridique doit respecter un certain nombre de règles préexistantes, positives ou négatives, sous peine d'être frappé *a priori* d'une illégitimité radicale. Autrement dit, il faut qu'il existe des principes qui interdisent de supprimer les droits politiques et d'y porter certaines atteintes substantielles ou qui imposent de leur conférer une certaine portée et un certain contenu. Ces principes sont nécessairement métajuridiques, puisque par hypothèse, ils doivent s'imposer au droit positif. Sans principe métajuridique, à la fois supérieurs et de nature différente, les droits de l'homme se confondent avec le droit positif, n'ont pas d'autre contenu que lui et peuvent être modifiés comme lui. La notion de principes métajuridiques peut recevoir deux contenus sensiblement différents, qui vont être considérés successivement. Le premier est constitué par l'idée de supra constitutionnalité, qui, à l'analyse, se révèle une illusion ; le second s'appuie sur la supériorité de l'ordre international sur l'ordre juridique interne.

I – L'ILLUSION DE LA SUPRACONSTITUTIONNALITÉ

5.34 ▸ L'idée de supraconstitutionnalité n'est pas étrangère aux débats juridiques. Selon ses partisans, il peut exister au sein d'un ordre constitutionnel un noyau de règles intangibles, c'est-à-dire auxquelles les révisions constitutionnelles ne pourraient apporter aucune modification. À l'appui de cette thèse, on fait valoir qu'elle est affirmée dans certains systèmes politiques contemporains. Mais les exemples allégués n'ont pas, semble-t-il, la portée qu'on leur prête.

A - EXEMPLES EN DROIT POSITIF

5.35 ▸ En Allemagne, le troisième alinéa de l'article 79 de la Loi fondamentale de 1949 dispose que : « Toute révision de la présente loi fondamentale qui toucherait à l'organisation de la Fédération en *Länder*, à la législation ou aux principes énoncés aux articles 1er et 20 est interdite ». Le tribunal constitutionnel peut déclarer inconstitutionnel un projet de révision qui ne respecterait pas ces interdictions. En Italie, la Constitution de 1947 affirme dans son article 139 que la forme républicaine du gouvernement ne peut faire l'objet d'une révision. La Cour constitutionnelle a d'autre part admis qu'il existe des principes suprêmes, sur lesquels se fonde la Constitution italienne (droit de se défendre en justice, liberté d'expression, principe de solidarité sociale, principe de la légalité des crimes et des délits) et auxquels on ne peut déroger par une révision constitutionnelle. En France, le cinquième alinéa de l'article 89 déclare : « La forme républicaine du Gouvernement ne peut faire l'objet d'une révision ». À la différence de la Cour italienne, le Conseil constitutionnel n'a jamais tenté d'allonger cette liste. Par sa décision du 26 mars 2003, il s'est explicitement déclaré incompétent pour contrôler les lois constitutionnelles.

B - CRITIQUE DE L'IDÉE DE SUPRACONSTITUTIONNALITÉ

5.36 > Que démontrent ces exemples ? Prise au pied de la lettre, la notion de supraconstitutionnalité implique que coexistent, au sein d'un même bloc de constitutionnalité – la Constitution au sens strict et les normes de valeur constitutionnelle dégagées par une Cour constitutionnelle – deux types de normes, distinguées selon un critère spécifique, les unes pouvant être modifiées par une révision constitutionnelle et les autres non. Ce critère prendrait la forme soit d'une autodésignation de la norme, qui se déclarerait elle-même intangible, soit d'une désignation par un juge constitutionnel habilité à cet effet par la Constitution. Cette construction intellectuelle semble cohérente et son pouvoir de séduction se trouve renforcé par des facteurs affectifs : ce que l'on déclare intangible, ce sont en effet les principes sacrés, immortels, etc., auxquels on ne peut imaginer de porter atteinte sans frémir. Et cependant, la doctrine ainsi affirmée apparaît insoutenable. L'espèce de dédoublement constitutionnel que suppose la théorie est en effet logiquement absurde. La valeur supraconstitutionnelle présumée de certaines normes n'a et ne peut avoir d'autre fondement que la Constitution elle-même, soit de manière immédiate – quand l'intangibilité est inscrite dans son texte – soit de façon médiate – quand elle autorise une institution qu'elle crée à étendre le champ des normes soustraites au pouvoir de révision, ou du moins quand elle ne le lui interdit pas. L'affirmation d'intangibilité n'est donc pas d'une autre nature que toutes les autres dispositions constitutionnelles et l'on ne voit pas comment il pourrait en être autrement : le pouvoir constituant (qu'il soit constitué ou originaire) ne saurait créer autre chose que du droit constitutionnel. Il en résulte que les procédures de révision prévues par la Constitution s'appliquent nécessairement, non de manière directe au contenu des articles déclarés non révisables, mais aux dispositions figurant dans le même article ou dans un autre, qui déclarent ces dispositions non révisables. Modifier la forme républicaine du gouvernement – pour raisonner sur l'exemple français – suppose donc seulement deux révisions au lieu d'une. Si la norme supposée intangible provient non du texte de la Constitution mais de la jurisprudence d'une Cour constitutionnelle, une révision peut modifier les compétences de celle-ci, voire la supprimer, à la suite de quoi une seconde révision, à laquelle la Cour ne pourra plus s'opposer, sera opérée. Et il ne servirait évidemment à rien de déclarer intangible l'article qui déclare une disposition intangible. Car alors trois révisions suffiraient pour réviser celle-ci et il faudrait donc, pour éviter cette issue, qu'un article déclare intangible l'article qui déclare intangible l'article qui déclare telle disposition intangible, et ainsi à l'infini.

On observe, cependant, que dans cette analyse, l'argument majeur contre l'idée de supraconstitutionnalité est tiré de l'impossibilité d'établir une barrière étanche entre les matières révisables et celles qui ne le sont pas : dès lors qu'une procédure de révision existe, elle s'applique à tout, immédiatement ou médiatement. Ne suffirait-il pas dès lors, pour instaurer la supraconstitutionnalité, de déclarer l'ensemble de la Constitution non révisable ? En réalité, cette solution se heurterait à deux objections. La première est de fait. Une Constitution non révisable peut toujours être abrogée révolutionnairement. L'élimination du pouvoir constituant institué aura seulement pour conséquence le recours au pouvoir constituant originaire. Les expériences historiques montrent qu'elle en accroîtra la probabilité, car une rigidité totale du texte constitutionnel augmente les risques de décalage entre le droit et les réalités politiques. La seconde objection est de principe. Au nom de quoi des individus pourraient-ils lier pour toujours leurs successeurs à leur volonté ? L'article 28 de la Déclaration des droits de l'homme et du citoyen qui précède la Constitution du 24 juin 1793 le dit avec force : « Un peuple a toujours le droit de revoir, de réformer et de changer sa Constitution. Une génération ne peut assujettir à ses lois les générations futures ». On remarquera que ce dernier principe implique soit la négation de la supraconstitutionnalité – ce qui était à démontrer –, soit l'existence d'une supra-supraconstitutionnalité, puisqu'il revient, dans le second cas, à interdire la formulation de règles supraconstitutionnelles qui déclareraient des règles constitutionnelles intangibles. Comme on ne voit pas ce qui pourrait empêcher d'édicter des normes à la troisième puissance, on retombe dans la régression à l'infini. La norme supraconstitutionnelle n'a donc le choix qu'entre le zéro et l'infini, double figure du néant.

Il n'y a pas lieu de s'en étonner. Car la notion de supraconstitutionnalité implique une double contradiction dans les termes. Contradiction entre l'idée de norme supplémentaire et l'idée de norme ultime. Si l'on ajoute une norme à la norme ultime qu'était la Constitution, on manifeste que celle-ci ne présentait pas ce caractère tout en s'avérant incapable de le conférer à la nouvelle norme ultime : on ne voit pas en effet la différence de nature entre celle-ci et la précédente, et il faudra réitérer l'opération. Mais contradiction aussi entre l'idée de norme positive et l'idée de norme intangible. On ne comprend pas en effet comment ce qui a été posé ne pourrait pas être déposé. Une norme intangible, si ce concept a un sens, ne saurait donc être une norme juridique. Elle doit être d'une nature différente, loi religieuse, droit naturel, consensus universel, etc. En l'espèce, la seule valeur d'une affirmation d'intangibilité est morale : une collectivité s'engage en face d'elle-même à ne pas attenter à certaines règles où elle déclare que se trouve résumée solennellement l'idée qu'elle se fait d'elle-même. Mais ce phénomène n'est pas du droit : il relève d'une autre logique, qui sera analysée au paragraphe 3. L'idée de supraconstitutionnalité comme pyramidion supplémentaire, posé par acquit de conscience au sommet de la pyramide des normes, se révèle inconsistante.

II – LES NORMES INTERNATIONALES

5.37 > Une seconde manière de donner un contenu à l'idée de principes métajuridiques est de faire appel à un ordre juridique supérieur à l'ordre interne, c'est-à-dire à l'ordre juridique international. Ce procédé trouve sa limite dans le principe de souveraineté des États, qui implique que ceux-ci ne peuvent être liés sans leur accord. En matière de droits de l'homme, et plus particulièrement de droits politiques, la difficulté principale est cependant d'une autre nature. L'existence, aujourd'hui, d'une véritable opinion politique internationale incite fortement les États à souscrire des engagements en la matière. S'y refuser équivaut presque à se mettre au ban de la communauté internationale. Formuler des réserves explicites sur des points importants revient à se montrer soi-même du doigt. Il est donc préférable de signer les textes les plus sublimes, de prendre les engagements les plus contraignants en apparence avec la ferme intention de n'en tenir aucun compte. Telle est la pratique cynique de beaucoup d'États. Le combat pour les droits de l'homme au niveau international n'est donc pas un combat, trop aisément gagné, pour l'affirmation des principes, mais bien, et il reste ici d'immenses progrès à faire, pour leur respect effectif.

5.38 > Toutefois, ces problèmes, essentiels au niveau du monde, ne se posent pas si l'on considère l'influence du droit international sur le droit français. La Constitution de 1958 indique dans son article 55 que « les traités ou accords régulièrement ratifiés ou approuvés ont, dès leur publication, une autorité supérieure à celle des lois, sous réserve, pour chaque accord ou traité, de son application par l'autre partie ». Il n'est donc pas possible de modifier par une loi postérieure une norme résultant d'un accord international. Il n'en résulte pas toutefois que les accords internationaux possèdent une valeur métaconstitutionnelle : l'article 55 ne leur confère nullement une valeur de ce genre et il pourrait lui-même, en toute hypothèse, être supprimé par une réforme constitutionnelle. Il n'y a donc rien là qui remette en cause les observations précédentes sur l'impossibilité d'une supraconstitutionnalité. Quant à la condition de réciprocité posée par l'article 55, elle ne concerne guère la matière des droits politiques. En effet, les normes internationales qui régissent cette question prennent rarement la forme d'un accord où les obligations consenties par les uns constituent la contrepartie de concessions faites par les autres. Elles prennent plutôt la forme de régimes juridiques auxquels les États souscrivent. Le non-respect des obligations par une partie ne délie donc pas les autres de leur propre engagement.

En matière de droits de l'homme, et plus particulièrement de droits politiques, la législation interne française doit respecter trois types de normes internationales : des textes à vocation universelle, élaborés dans le cadre de l'ONU ; la Convention européenne de sauvegarde des droits de l'homme et des libertés fondamentales, élaborée dans le cadre du Conseil de l'Europe ; enfin le Traité d'Union européenne.

A - LES TEXTES À VOCATION UNIVERSELLE

1 - La Déclaration universelle des droits de l'homme

5.39 > Le premier texte à considérer est évidemment la Déclaration universelle des droits de l'homme, adoptée par l'Assemblée générale de l'ONU le 10 décembre 1948. La portée de ce texte a été considérable, malgré ses imperfections. Elle a tenu d'abord à son caractère solennel, qui en fait une référence symbolique essentielle ; mais aussi à ce qu'elle a, pour ainsi dire, creusé un sillon : son inspiration générale, l'ordre des matières qu'elle adopte, parfois le détail de sa rédaction ont servi de modèle aux textes ultérieurs. Ceux-ci en ont repris les formulations, pour la simple raison qu'il est plus facile – plus consensuel – de répéter que d'innover, surtout dans un domaine où les ambiguïtés sont parfois vues plus comme des vecteurs que comme des obstacles. Des infléchissements et des approfondissements sont cependant intervenus. Il n'y a pas lieu de s'en étonner, car un tel document inaugure un mouvement et ne le conclut pas : la protection des droits de l'homme est un processus historique, comme on l'a vu, et donc susceptible de progrès : progrès dans l'étendue des droits reconnus, dans la précision des normes protectrices ; progrès surtout, peut-être, dans l'effectivité : car il importe moins, dans un second temps, de proclamer que d'appliquer. Les effets d'annonce ont leur vertu, mais à condition d'anticiper le réel, non de s'y substituer. Après quelques observations générales nécessaires pour comprendre l'esprit du texte, on verra le traitement qu'il réserve aux droits politiques et les ambiguïtés de celui-ci.

5.40 > La Déclaration de 1948 se veut universelle. Le mot mérite attention. L'un de ses principaux promoteurs, René Cassin, a parlé de sa conception « œcuménique » : « Dégagée de tout esprit de compétition nationale, doctrinale, confessionnelle, elle n'a consacré ni le triomphe d'un système métaphysique ou social, ni tenté des conciliations impossibles de théories adverses (...). L'obtention d'un tel accord a pu sembler une gageure. Mais c'est un fait que, loin de heurter fondamentalement les grands groupements humains, États ou confessions, elle a obtenu l'adhésion de l'ensemble des pays démocratiques, des démocraties populaires, des nations récemment émancipées des divers continents et celle des Églises »[1]. L'idée remarquable qui sous-tend ce texte est donc qu'il existe un plus petit commun dénominateur sur lequel toutes les parties prenantes, quels que soient les divergences d'opinion et les conflits qui les opposent, peuvent tomber d'accord. On pressent que, pour René Cassin, les droits de l'homme, en leur essence même, doivent se révéler nécessairement au terme de ce processus de purification.

5.41 > On imagine que dans un tel contexte, le problème des droits politiques n'était pas le moins délicat. Il faut remarquer tout d'abord qu'ils apparaissent seulement à l'article 21 d'une Déclaration qui en comporte 30. Auparavant sont évoqués le droit à la vie, l'interdiction de l'esclavage et de la torture, le droit à la reconnaissance de la personnalité juridique, l'égalité devant la loi, le droit à un recours effectif devant la justice, l'interdiction des arrestations et détentions arbitraires, le droit de voir sa cause entendue équitablement, la présomption d'innocence, le respect de la vie privée, la liberté de circuler, le droit d'asile, le droit à la nationalité, le droit au mariage et à une famille, le droit de propriété, les libertés de conscience, d'expression et de réunion. De cet ordre, on ne saurait inférer une stricte hiérarchie des valeurs. Aucun droit évoqué n'est secondaire, sinon il ne prendrait pas place dans un document d'une telle solennité. Leur réunion forme un tout, où chacun renvoie à tous les autres et où par conséquent aucun élément ne peut être isolé. Il n'en demeure pas moins que l'ordre des matières n'est pas, à l'évidence, le fait du hasard. Le droit à la vie, la proscription des plus graves atteintes à la dignité humaine (esclavage, torture), l'égalité juridique, les garanties contre une justice

1. René Cassin, Discours à l'Académie des Sciences morales et politiques, 8 décembre 1948. Reproduit dans *La protection internationale des droits de l'homme dans le cadre des organisations internationales,* Documents réunis et commentés par G. Cohen-Jonathan, La Documentation française, 1990, p. 5-6.

arbitraire, etc., sont sans doute des soucis plus immédiats que les droits politiques. Mais on a vu que, si la démocratie n'implique pas les droits de l'homme, en revanche, les droits de l'homme ne peuvent s'épanouir sans la démocratie. Dès lors, l'ordre choisi par la Déclaration universelle peut être interprété de deux manières différentes. On peut imaginer qu'il reflète la transcendance des droits de l'homme au sens restreint – par opposition aux droits des citoyens –, qui l'emportent sur toute autre considération et doivent être affirmés en toutes circonstances, c'est-à-dire y compris sans la démocratie ou contre elle. Mais en 1948, des considérations conjoncturelles liées à l'objectif d'universalité ne sont-elles pas également intervenues ? La place relativement effacée faite aux droits politiques ne tient-elle pas au désir d'obtenir un consensus incluant tous les États – y compris ceux dont on voulait croire qu'ils respectaient les droits de l'homme, mais dont nul ne pouvait penser qu'ils pratiquaient la démocratie ?

5.42 > On touche ici un point éminemment délicat. À un tel document souscrivent deux types d'États très différents. Pour les uns, une signature est un engagement. Leurs dirigeants entendent honorer leur parole et mettre en vigueur les normes qu'ils ont acceptées, même s'ils gardent l'arrière-pensée de prendre subrepticement certaines libertés avec des règles qui s'avéreraient trop contraignantes. D'autres – il faut se souvenir que l'Union soviétique, avec à sa tête Staline, n'oppose pas son veto à l'adoption de la Convention – voient dans leur acceptation une pure manœuvre de propagande à usage externe, qui ne les engage en rien. Rechercher l'acquiescement des seconds ne peut donc avoir que deux sens : ou bien c'est une preuve d'incurable naïveté, ou bien cette démarche est un pari sur l'avenir. Elle postule que des engagements purement symboliques rapprochent le moment où ils deviendront réels. Mais comment espérer que cette transmutation s'opère sans démocratie ? Seule la démocratie, par le contrôle des dirigeants et donc la transparence qu'elle implique, peut permettre de résorber le hiatus, parfois le gouffre, qui existe entre les engagements pris et la pratique concrète. Un gouvernement démocratique peut bafouer les droits de l'homme, mais il ne peut les bafouer en s'engageant à les respecter. De ce point de vue, la Déclaration universelle aurait donc pu, théoriquement, être rédigée à l'envers. Les droits politiques auraient alors constitué le socle et la garantie des autres droits proclamés. Même si de puissantes raisons historiques ont contraint à procéder autrement, cette alternative concevable doit être conservée en mémoire.

5.43 > À la lumière de ces observations, il convient maintenant de lire l'article 21 et d'en peser les termes pour apprécier ce qu'il implique et ce qu'il n'implique pas.

Article 21 : « 1. Toute personne a le droit de prendre part à la direction des affaires publiques de son pays, soit directement, soit par l'intermédiaire de représentants librement choisis. 2. Toute personne a droit à accéder, dans des conditions d'égalité, aux fonctions publiques de son pays. 3. La volonté du peuple est le fondement de l'autorité des pouvoirs publics ; cette volonté doit s'exprimer par des élections honnêtes qui doivent avoir lieu périodiquement, au suffrage universel égal et au vote secret ou suivant une procédure équivalente assurant la liberté de vote ».

5.44 > Ce texte est d'abord remarquable par l'affirmation d'un principe : « la volonté du peuple est le fondement de l'autorité des pouvoirs publics ». La formule, considérée aujourd'hui, paraît presque une banalité. Il faut néanmoins être conscient de ce qu'elle rompt de façon décisive avec des millénaires de certitudes, puis d'hésitations sur la nature de la légitimité. Elle implique en effet deux choses qui, historiquement, sont loin d'aller sans dire. La première est que les gouvernants sont, d'une certaine manière, assujettis aux gouvernés. La seconde est que la volonté subjective de ceux-ci est, seule, à prendre en considération. Il en résulte qu'aucun individu – général victorieux, chef génial, sauveur de la patrie, prophète élu de Dieu, secrétaire général du Parti – ou groupe – famille royale, impériale, clan, groupe ethnique ou caste sacerdotale – ne saurait posséder un droit subjectif au pouvoir. Il en résulte aussi que les citoyens disposent d'un droit absolument discrétionnaire dans la désignation des gouvernants : tous les critères – honnêteté, compétence, intelligence, services rendus à la patrie, etc. – peuvent être pris en considération dans ce choix, mais aucun ne s'impose contre la volonté du peuple. Le souhait ou le caprice de celui-ci est désormais l'unique pierre de touche pour la sélection des gouvernants.

5.45 > Une question se pose toutefois. Qu'entendre par l'expression « volonté du peuple » ? La volonté d'un individu est une notion claire, immédiatement intelligible, si du moins on écarte le problème du libre arbitre, et dont la manifestation est immédiate. Mais le peuple est une collection d'individus, aux volontés potentiellement divergentes. Pour que le peuple exprime une volonté, il est nécessaire de construire un mécanisme par lequel sera dégagée la volonté du peuple. Le peuple accédera ainsi au stade de groupe idiomorphique, comme disent les sociologues pour définir précisément une collectivité qui peut, comme un individu, formuler une volonté, c'est-à-dire à la fois une *volonté*, possédant un contenu et impliquant une décision, par opposition à une opinion, un souhait ou une aspiration, et *une* volonté, grâce à une procédure de réduction à l'unité des diverses volontés individuelles. Ce point est absolument capital pour distinguer la démocratie de ses diverses contrefaçons. En effet, il est facile d'évoquer la volonté du peuple. Quel dictateur ne proclame pas qu'il est le fidèle exécutant de celle-ci ? Lui seul, grâce au don de communication mystique avec l'âme du peuple qu'il possède, peut connaître sa volonté, sa volonté véritable, qui naturellement ne se réduit pas à l'opinion immanente des individus telle qu'on peut la connaître d'une façon quelconque. Hitler exprimait ainsi la volonté du peuple allemand, et Staline pouvait ne pas s'opposer sans état d'âme à la Déclaration universelle, puisqu'il exprimait les volontés des peuples soviétiques, etc.

5.46 > On voit donc que la simple affirmation du primat de la volonté du peuple est sans contenu car elle permet de cautionner tous les régimes. Pour qu'il en aille autrement, il est indispensable que soit en même temps défini un mécanisme effectif permettant de dégager une volonté du peuple effective et donc éventuellement opposable aux gouvernants. Ceci constitue un argument puissant en faveur de l'idée selon laquelle une formulation précise des droits politiques est absolument nécessaire, au-delà des proclamations solennelles, sans doute bien intentionnées, mais dont la généralité permet toutes les manipulations.

5.47 > En apparence, la Déclaration universelle des droits de l'homme semble répondre à cet objectif, puisqu'elle indique que la « volonté (du peuple) doit s'exprimer par des élections ». En toute rigueur, la formulation apparaît discutable dans la mesure où il résulte des observations précédentes que la volonté ne s'exprime pas dans les élections – ce qui impliquerait qu'elle existe indépendamment de celles-ci – mais se constitue grâce à elles. La nuance n'est pas sans importance dans la mesure où c'est précisément dans l'illusion d'une volonté du peuple préexistant à sa manifestation que s'enracine l'illusion des prophètes autodésignés de celle-ci. Croyant que la volonté du peuple existe comme une chose, réelle bien que provisoirement dissimulée, ils peuvent se persuader qu'elle est connaissable par l'intuition et correspond exactement à leur propre sentiment : ils sont donc désignés pour en être les interprètes, qualifiés et uniques. Ce risque de dérive psychologique, aux conséquences parfois immenses, est considérablement réduit si l'on accepte l'idée simple que la volonté populaire sort des urnes et n'est pas autrement connaissable puisque c'est en elles qu'elle se crée. Toutefois, on admettra que la rédaction de la Déclaration universelle résulte seulement d'une approximation et ne prétend pas, sur le fond, soutenir sur la nature de la volonté du peuple des positions théoriques contraires à celles qu'impose une analyse exacte de la réalité.

5.48 > Les élections auxquelles la déclaration se réfère sont des élections « honnêtes ». Elles doivent présenter trois caractères : avoir lieu périodiquement, « au suffrage universel égal » et au vote secret. L'« honnêteté » constitue-t-elle un quatrième impératif, ou est-elle réalisée dès lors que les trois autres caractères sont acquis ? La réponse n'est pas douteuse. L'honnêteté impose une obligation de résultat, là où les trois conditions ne constituent que des obligations de moyen. Autrement dit, des élections qui respectent en apparence, ou dans les textes applicables, les règles posées, peuvent être néanmoins malhonnêtes parce que truquées. La fraude électorale existe, même dans des pays où la tradition démocratique est ancienne et insoupçonnable. Il ne suffit donc pas que tout soit de nature à permettre un scrutin honnête. Il faut encore qu'il le soit. L'expression « élections honnêtes » a le mérite de poser une exigence d'effectivité.

5.49 > Mais à quelles conditions peut-on parler de « volonté du peuple » ? Celle-ci, pour exister, doit s'actualiser périodiquement. La réduire à une onction inaugurale accordée une fois pour toutes à des dirigeants serait la nier. Si l'épreuve électorale n'est pas renouvelée à intervalles réguliers, le risque est grand qu'un assentiment conjoncturel et sans doute sincère à la personne des gouvernants ne se dégrade peu à peu en soutien présumé du peuple, contre lequel plus rien ne fera preuve. On retomberait donc ainsi, après un début démocratique, dans un système dictatorial où la volonté réelle du peuple ne serait pas prise en compte. La périodicité des élections signifie également que la délégation consentie par le peuple aux gouvernants n'est ni sans terme, ni sans limites. Au bout d'une période fixée à l'avance, les gouvernants devront soit quitter le pouvoir, soit obtenir un nouveau mandat du peuple. Comme celui-ci ne leur en accordera pas un autre s'ils ne lui ont pas donné satisfaction, la périodicité électorale porte implicitement en elle l'idée de responsabilité. Il résulte de tout ceci que doivent être *a priori* récusées toutes les raisons, plus ou moins plausibles, évoquées pour supprimer ou ajourner les échéances électorales. Sauf impossibilité matérielle absolue, les régimes démocratiques authentiques se reconnaissant entre autres caractères à ce que des circonstances exceptionnelles (guerre, etc.) ne constituent pas des prétextes à une interruption même provisoire des processus électoraux.

5.50 > En deuxième lieu, pour que la volonté soit bien celle du peuple et non d'une fraction de celui-ci, il faut que le suffrage soit universel, ce qui exclut toute restriction fondée sur des critères collectifs (sexe, race, ethnies, religion, langue). Est également exclue toute démarche qui tendrait à réserver le droit de suffrage à des individus qualifiés par leur fortune ou leurs capacités. Le suffrage censitaire, qui est longtemps apparu comme une solution justifiable par des considérations d'opportunité – confier les responsabilités aux plus aptes, assurer une transition entre les régimes autoritaires fondés sur l'obéissance et la démocratie intégrale fondée sur la participation de tous – est donc écarté *a priori*. Cette proscription n'est d'ailleurs que la constatation d'un fait : les pays qui ont connu le suffrage censitaire comme une étape dans le développement du processus démocratique l'ont tous abandonné au profit du suffrage universel. Et les pays où la démocratie ne dépasse pas le stade des déclarations d'intention utilisent d'autres méthodes pour vider celle-ci de son sens : par comparaison, le suffrage censitaire apparaît comme un procédé certes restrictif, mais qui présentait l'avantage de la transparence. La démocratie y était limitée, mais effective.

5.51 > Le suffrage universel est en outre qualifié d'égal. Le terme est clair si on le considère d'un point de vue négatif, mais pose des questions complexes en tant qu'affirmation positive. On ne saurait en effet, négativement, admettre une quelconque pondération qui donnerait à une fraction du peuple des droits supérieurs à ceux d'une autre. Par exemple, le système posé en 1924 par la première Constitution soviétique, qui dans son article 9 attribuait cinq fois plus de délégués aux électeurs urbains qu'aux électeurs ruraux, serait évidemment contraire au principe posé. Il est clair en effet qu'un tel système équivaut à remettre en cause, d'une manière partielle et indirecte, mais efficace, l'idée même d'universalité du suffrage. En ce sens, la formule de la Déclaration universelle ne fait que confirmer le principe « un homme, une voix ». À l'inverse, on peut s'interroger sur la portée positive de la formule. L'adjectif « égal » doit-il être pris au sens de stricte égalité arithmétique ? La question n'est pas oiseuse car on peut soutenir qu'un seul mode de scrutin assure une telle égalité : la représentation proportionnelle à l'échelle nationale. Faut-il donc admettre que la Déclaration universelle a eu pour intention, ou pour résultat, d'imposer ce mode de scrutin ? Ce point a suscité des controverses. Mais la question sera considérée ultérieurement (cf. *infra*, n° 5.98 à 104).

5.52 > Enfin, le vote doit être secret. Il paraît évident que le secret est indispensable pour assurer la sincérité de la volonté du peuple et l'égalité du suffrage. Un vote public ouvre en effet les portes à toutes les pressions et manipulations. Il rend problématique, pour le moins, toute expression authentique des individus qui dépendent, à un titre quelconque, d'autrui. Cette idée, qui ne soulève aujourd'hui guère d'objections, ne s'est pas imposée d'emblée. On a en effet longtemps soutenu, dans certaines écoles de pensée, que la démocratie reposant sur la vertu, un citoyen authentique doit posséder le courage nécessaire à l'affirmation intrépide et publique de ses convictions. L'argument est un sophisme. D'abord parce qu'il nie implicitement le droit d'exprimer leur véritable opinion à tous les individus qui ne jouissent pas du profil psychologique ou de la situation sociale nécessaires pour faire abstraction de l'opinion d'autrui. Ensuite parce qu'il feint d'ignorer que toutes les opinions ne sont pas aussi faciles à formuler : il est parfois plus aisé, par exemple, de proclamer son attachement que son opposition au pouvoir en place. L'argument est donc, consciemment ou non, un renfort pour l'ordre établi quel qu'il soit.

5.53 > Si l'on arrête ici l'analyse, le texte de la Déclaration universelle semble poser des principes clairs, et par conséquent imposer des critères précis grâce auxquels les régimes authentiquement démocratiques peuvent être reconnus. En réalité, d'importantes ambiguïtés subsistent.

5.54 > La première tient à la grande généralité des principes posés. Tout juriste, même débutant, sait qu'un principe solennellement proclamé est sans grande portée s'il n'est pas incarné dans un régime juridique spécifique, détaillé et opératoire, autrement dit sur des normes précises dont une juridiction indépendante est susceptible de constater la violation. Si tel n'est pas le cas, les principes ne sont qu'une rhétorique auguste, analogue à celle que les anciens rois gravaient sur la pierre mais sans plus s'occuper ensuite de savoir quelles conséquences pouvaient bien en résulter. On objectera qu'une Déclaration universelle n'est pas le lieu adéquat pour entrer dans les détails. Certes, mais l'argument peut être perçu autant comme une critique que comme une défense de ce type de document.

5.55 > La deuxième ambiguïté tient, au contraire, à un détail. Le dernier membre de phrase du paragraphe 3, « ou suivant une procédure équivalente assurant la liberté du vote » est pour le moins troublant. Il ne semble pouvoir être interprété que comme une alternative au vote secret. Mais, on vient de le voir, le vote secret apparaît comme une condition nécessaire de la liberté du vote. En outre, quelle « procédure » peut bien assurer la « liberté » ? Si le vote est secret, la liberté est préservée. S'il est public, elle ne l'est pas, du moins pour tous les individus qui se trouvent dans une des situations considérées plus haut. Comment concevoir une « procédure » intermédiaire entre ces deux situations ? Personne ne semble avoir jamais apporté de réponse à cette question. De deux choses l'une : ou bien la « procédure » en question est un mystère connu des seuls rédacteurs de la Déclaration, qui n'ont pas jugé utile d'en faire profiter l'univers. Ou bien il s'agit d'une formulation volontairement équivoque, destinée à faciliter le ralliement de certains États en leur offrant une échappatoire : quoi de plus facile en effet que de reconnaître dans n'importe quoi une « procédure » assurant la liberté du vote si l'on pose en postulat que le peuple soutient avec enthousiasme les maîtres qui le gouvernent ?

5.56 > La troisième ambiguïté provient de l'asymétrie frappante qui existe entre les deux premiers et le troisième paragraphes de l'article 21. Les premiers sont rédigés en effet selon la formule traditionnelle « Toute personne a le droit… ». Cette expression est sans équivoque : elle affirme l'existence d'un droit subjectif au profit de l'individu quelconque, de l'individu qui doit seulement appartenir à l'espèce humaine pour jouir de ce droit. Or l'article 21 utilise la formule pour affirmer d'une part le droit « à accéder, dans des conditions d'égalité, aux fonctions publiques », d'autre part pour déclarer que « toute personne a le droit de prendre part à la direction des affaires publiques de son pays, soit directement, soit par l'intermédiaire de représentants librement choisis ». Le premier point se limite, en fait, à l'affirmation d'un principe de non-discrimination. Car s'il est interdit de refuser à quelqu'un l'accès aux fonctions publiques (terme intentionnellement très vague) au motif qu'il appartient à tel sexe, ethnie ou religion, il ne s'ensuit pas que chaque individu possède un droit à devenir Président de la République, maire ou député. Le paragraphe 2 de l'article 21 ne confère donc pas un droit subjectif positif, mais seulement un droit subjectif à ne pas être récusé d'office. Quant au paragraphe 1, l'ambiguïté de sa formulation a dès l'origine frappé les commentateurs. « Prendre part à la direction des affaires publiques... par l'intermédiaire de représentants librement choisis » est en effet une formule qui peut s'entendre à la lettre – et c'est le cas dans les démocraties –, mais qui peut aussi bien s'appliquer métaphoriquement à n'importe quel gouvernement au pouvoir, quelle que soit la manière dont il y est parvenu et s'y maintient. Le citoyen soviétique ne participe-t-il pas aux affaires publiques par l'intermédiaire de son génial représentant Staline ? Qui pourrait douter qu'il ait librement choisi celui-ci en voyant les manifestations d'enthousiasme sincère que déchaîne sa personne, les hymnes qui lui sont dédiés, les exploits accomplis en son nom, etc. ? À l'inverse, l'article 3 ne comporte pas la formule introduisant un droit subjectif. Il ne dit pas – alors qu'il aurait pu dire – « Tout citoyen a le droit de désigner par son vote les dirigeants de son pays », ou quelque chose d'approchant. Est-ce inadvertance, hasard rédactionnel ? Ou prudente réserve, conviction réaliste que l'ambiguïté est la mère du consensus ? La difficulté de répondre à cette question est en elle-même une réponse. D'autant qu'ici les pays dictatoriaux ou totalitaires n'étaient sans doute pas les seuls à se montrer réservés. Même les gouvernants de vieux États démocratiques peuvent hésiter à reconnaître à leurs citoyens des droits subjectifs en matière politique.

5.57 > La quatrième ambiguïté est la plus fondamentale, car elle est à la fois la clé de l'adoption de la Déclaration et la lacune qui la vide de son sens : il n'est fait aucune allusion dans l'article 21 au pluralisme politique. Il faut en effet avoir présent à l'esprit que, contrairement à ce que notre expérience la plus commune semble enseigner, l'idée d'élection n'implique pas nécessairement l'idée de pluripartisme. Le régime soviétique organisait bien des élections, périodiques, au suffrage universel et au scrutin secret, mais avec un candidat unique pour tous les postes à pourvoir. Les élections n'avaient pas pour but, disait-on, de sélectionner les gouvernants, mais de manifester le soutien massif du peuple au régime et à la personne de ses dirigeants (notons en passant que l'on peut appeler cela « prendre part à la direction des affaires publiques »). Et cela aurait pu être en effet le cas si la participation n'avait pas été obligatoire, sous peine des représailles que le totalitarisme sait si bien mettre en œuvre. On voit donc que l'article 21 peut être lu de deux manières, cohérentes mais opposées, selon que l'on donne au terme d'« élection » la valeur de processus compétitif ou celle de manifestation obligatoire d'adhésion. Dans le premier cas, la volonté populaire est effective, non automatique et révisable à chaque échéance. Dans le second, elle est présumée, de telle manière que la présomption est, en pratique, irréfragable. Rien n'eut été plus facile que de lever l'ambiguïté : il suffisait d'introduire l'idée de pluripartisme ou d'élections compétitives. Mais si tel avait été le cas, les pays communistes se seraient opposés à l'adoption de la Déclaration. L'ambiguïté a été le prix de l'universalité.

2 - Le Pacte international relatif aux droits civils et politiques

5.58 > L'Organisation des Nations unies a souhaité prolonger et préciser la Déclaration universelle par des documents plus détaillés proposés à l'adhésion des États. Le Pacte international relatif aux droits civils et politiques a été adopté le 16 décembre 1966. Il est entré en vigueur le 23 mars 1976. La France a adhéré au Pacte le 4 novembre 1980 en formulant un certain nombre de réserves, mais aucune ne concerne la question des droits politiques.

5.59 > Comme la Déclaration universelle, le Pacte ne consacre à ces droits qu'un article, qui est ainsi conçu :

« Article 25 – Tout citoyen a le droit et la possibilité, sans aucune des discriminations visées à l'article 2 et sans restrictions déraisonnables : a) de prendre part à la direction des affaires publiques, soit directement, soit par l'intermédiaire de représentants librement choisis ; b) de voter et d'être élu, au cours d'élections périodiques honnêtes, au suffrage universel égal et au scrutin secret, assurant l'expression libre de la volonté des électeurs ; c) d'accéder, dans des conditions générales d'égalité, aux fonctions publiques de son pays ».

Ce texte manifeste de grandes similitudes avec l'article 21 de la Déclaration. Il introduit cependant quelques nuances.

5.60 > Les similitudes, qui frappent à première lecture, sont en elles-mêmes remarquables, si l'on considère que dans d'autres domaines, le Pacte précise ou explicite fermement les formules nécessairement générales de la Déclaration. Il est clair qu'en matière de droits politiques les choses n'ont guère changé de 1948 à 1966. Les conditions d'un consensus demeurent les mêmes. On observe ainsi que le paragraphe a) de l'article 25 du Pacte reprend presque mot pour mot le paragraphe 1 de l'article 21 de la Déclaration. Le paragraphe b) utilise les mêmes critères que le paragraphe 3 pour définir la régularité des élections. Le paragraphe c) reproduit presque exactement enfin le paragraphe 2. Tout au plus peut-on noter l'interversion des deux derniers paragraphes, l'ordre adopté par le Pacte apparaissant d'ailleurs plus logique.

5.61 > Quelques nuances doivent pourtant être soulignées. Le Pacte utilise le mot « citoyen » là où la Déclaration parlait de « personne ». L'expression est à l'évidence plus adéquate. Mais ne doit-on pas y voir une restriction ? On a vu que les droits politiques, distincts en cela des droits de l'homme au sens restreint, sont relatifs à un système étatique : l'individu a droit aux droits politiques, mais pas de manière absolue en tous lieux. Son droit ne s'exerce que dans le pays dont il est citoyen. L'exercice de ce droit suppose donc deux conditions, à la différence des droits de l'homme au sens restreint qui n'en supposent qu'une, à savoir le fait d'appartenir à l'espèce humaine. La distinction pourrait donc faire douter que les droits politiques constituent à proprement parler des droits de l'homme. Toutefois, elle n'aurait en pratique une telle portée que si le fait d'appartenir à l'espèce humaine n'entraînait pas automatiquement par lui-même le fait d'être citoyen. Or ce droit a précisément été affirmé par l'article 15 de la Déclaration universelle : « 1. Tout individu a le droit à une nationalité. 2. Nul ne peut être arbitrairement privé de sa nationalité ni du droit de changer de nationalité ». Le Pacte ajoute d'ailleurs cette précision (art. 24-3) : « Tout enfant a le droit d'acquérir une nationalité. » Dans ces conditions, la substitution du mot « citoyen » au mot « personne » doit être considérée comme la recherche d'une formulation plus appropriée, non comme une restriction.

5.62 > Une deuxième nuance s'observe dans l'insistance nouvelle sur l'absence de discriminations dans l'exercice des droits politiques. La Déclaration ne posait qu'implicitement cette règle, en posant les principes d'égalité et d'universalité du suffrage. Le Pacte condamne explicitement toute discrimination fondée (aux termes de l'article 2) sur la race, la couleur, le sexe, la langue, la religion, l'opinion politique ou autre, l'origine nationale ou sociale, la fortune ou la naissance. Il exclut aussi les « restrictions déraisonnables », ce qui implique *a contrario* – la précision, d'importance, ne figurait pas dans la Déclaration universelle – que certaines restrictions peuvent être raisonnables. On verra que le droit positif en fait usage.

5.63 > Une troisième nuance enfin tient à ce que le Pacte lève deux des ambiguïtés relevées dans la Déclaration. D'une part, il abandonne l'étrange expression « suivant une procédure équivalente assurant la liberté du vote ». Il n'y a donc plus d'alternative au vote secret – c'est le contraire qui était étonnant. D'autre part, le contraste entre le troisième paragraphe de l'article 21 et les deux premiers a également disparu. Le droit de vote est, tout comme le « droit de prendre part à la direction des affaires publiques », formulé comme un droit subjectif, possédé par « tout citoyen ».

5.64 > Au total, la rédaction du Pacte apparaît comme mieux maîtrisée que celle de la Déclaration, sans doute pour la simple raison qu'en 1966 un modèle existait déjà. Mais la ressemblance très poussée entre les deux, et le fait que l'ambiguïté fondamentale de la première, c'est-à-dire l'absence de référence au pluralisme politique, n'est pas levée, entraînent au total un sentiment de déception. Il est clair que, par son universalité même, l'Organisation des Nations unies apparaît au total comme mal adaptée à la définition des droits politiques, si du moins l'on entend dépasser le niveau des généralités. De trop grands écarts culturels, pour ne pas même évoquer les différences idéologiques, séparent ses membres. Sur un sujet à la fois aussi politiquement sensible et aussi techniquement complexe, les avancées concrètes ne peuvent être, au niveau mondial, que limitées. En va-t-il autrement au niveau européen ?

B - LA CONVENTION EUROPÉENNE DE SAUVEGARDE DES DROITS DE L'HOMME ET DES LIBERTÉS FONDAMENTALES

5.65 > La Convention européenne accorde, comme les textes des Nations unies, une place relativement limitée aux droits politiques. Mais, différence capitale, la Convention est susceptible d'être appliquée. Elle a donc permis l'affirmation sans équivoque du caractère subjectif des droits politiques. La jurisprudence élaborée par la Cour européenne des droits de l'homme (et par la Commission européenne des droits de l'homme avant l'entrée en vigueur, le 1er novembre 1998, du 11e Protocole additionnel) a également permis de préciser un certain nombre de droits des individus et, corrélativement, un certain nombre d'obligations des États.

1 - Place des droits politiques dans la Convention

5.66 > Fait hautement symbolique, la Convention européenne de sauvegarde des droits de l'homme et des libertés fondamentales n'évoque pas dans sa forme primitive, ouverte à la signature des États le 4 novembre 1950 et entrée en vigueur le 3 septembre 1953, les droits politiques. Cette omission a été réparée par l'article 3 du premier Protocole additionnel ouvert à la signature le 20 mars 1952 et entré en vigueur le 18 mai 1954. Les deux textes ont été ratifiés par la France le 3 mai 1974. On peut raisonnablement penser que la matière aurait dû jouir, à l'inverse, d'un traitement de faveur. Pourquoi donc ce retard ? La raison en fut la réticence de certains États, du Royaume-Uni en particulier, devant la rédaction de la première version de la Convention, présentée à l'Assemblée consultative du Conseil de l'Europe, et où les droits politiques figuraient effectivement en bonne place. Le Royaume-Uni craignait en effet que la formulation retenue imposât comme seul conforme à la Convention le système de la représentation proportionnelle, évidemment contraire à sa tradition nationale. Mais ce ne sont là que des symptômes d'une réalité plus générale, dont on a vu et verra encore des illustrations : moins urgents en apparence, plus complexes à mettre en œuvre, plus liés aux traditions et susceptibilités nationales que les droits à la sûreté personnelle, les droits politiques ne paraissent pas nécessairement prioritaires. Il convient en outre d'observer que, dans le cadre européen, les États qui signent et ratifient un accord ont l'intention de l'appliquer. Qu'ils réfléchissent à deux fois ne manifeste donc pas nécessairement un enthousiasme moindre, mais plutôt un engagement plus effectif. La question n'a d'ailleurs plus qu'un intérêt historique et théorique. Juridiquement, elle est sans portée, puisque la Convention et ses protocoles « forment un tout » et « doivent se lire comme un tout » selon les formules de la Cour européenne des droits de l'homme[2].

5.67 ➤ L'article 3 du premier Protocole additionnel est ainsi rédigé : « Les Hautes parties Contractantes s'engagent à organiser, à des intervalles raisonnables, des élections libres au scrutin secret dans des conditions qui assurent la libre expression du peuple sur le choix du corps législatif »[3].

5.68 ➤ Si l'on compare ce texte à l'article 21 de la Déclaration universelle, on observe des similitudes : intervalles raisonnables = périodiquement, scrutin secret. En revanche, la Convention européenne ne reprend pas à son compte les qualificatifs d'« universel » et d'« égal » appliqués au suffrage. L'absence du second terme s'explique sans doute par la volonté de désarmer les préventions anglaises dans la mesure où l'impératif d'égalité peut être compris, sans d'ailleurs que cette interprétation s'impose avec évidence, comme contraire à l'idée de scrutin majoritaire. Plus étrange apparaît l'absence du terme universel. Mais cette omission n'a pas, comme on va le voir, d'incidence juridique. On remarque d'autre part que, si la Convention n'évoque pas l'« honnêteté » des élections, elle les définit en revanche comme « libres ». Qualifier des élections de libres ne garantit évidemment pas plus la liberté que les qualifier d'honnêtes ne les rend telles. Le mot a cependant un grand poids, par les associations qu'il suscite et surtout parce qu'il implique le multipartisme. Des élections de type soviétique peuvent à la rigueur être dites honnêtes si l'on pose en postulat que le peuple soutient le régime. Mais elles ne sauraient à l'évidence être dites libres puisque les candidats ne peuvent se présenter librement et que les électeurs ne jouissent d'aucune liberté dans la sélection des élus. La formule « libre expression du peuple sur le choix du corps législatif » ôte d'ailleurs toute incertitude à cet égard. Elle suppose en effet que les électeurs disposent d'une véritable alternative. On voit qu'au total les expressions retenues par la Convention européenne, bien qu'en apparence moins précises que celles de la Déclaration universelle, sont en réalité

2. L.-E. Pettiti, E. Decaux et P.-H. Imbert, *La Convention européenne des droits de l'homme*, Economica, 2e éd., 1999, p. 42.
3. Voir le commentaire de S. Marcus-Helmons, *ibid.*, p. 1011-1020.

moins ambiguës. Il n'y a là rien de surprenant : à la différence des signataires de la Déclaration universelle, les États qui ont élaboré la Convention européenne partageaient les mêmes valeurs démocratiques et souhaitaient effectivement les mettre en œuvre. Il convient enfin d'observer que la référence au « corps législatif » est particulièrement restrictive. Elle implique en effet que l'article 3 n'est pas applicable aux élections locales et professionnelles, mais aussi aux élections présidentielles et aux référendums[4], ce qui exclut en particulier la reconnaissance d'un droit à l'autodétermination.

2 - Le caractère subjectif des droits politiques

5.69 > Les États parties avaient-ils d'autre part l'intention de reconnaître à leurs ressortissants un véritable droit subjectif en la matière ? La question peut être posée. En effet, l'article 3 du Protocole additionnel n'utilise pas la formule « tout citoyen a le droit... ». On a donc pu soutenir l'idée selon laquelle la formule de l'article 3 ne concernait que les relations interétatiques. Il aurait donc affirmé des principes, institué un code de bonne conduite, ouvert la porte à des réclamations d'État, mais n'aurait en revanche pas eu d'applications directes dans les droits internes des États ni pu servir de fondement à des requêtes individuelles. On peut supposer que cette interprétation restrictive correspondait à la volonté des parties contractantes, compte tenu de l'extrême sensibilité des gouvernements en cette matière. Elle a d'ailleurs été retenue d'abord par la Commission des droits de l'homme, qui rejeta plusieurs requêtes en déclarant que l'article 3 du Protocole additionnel n'avait pas pour effet de garantir le droit de vote à tout individu. Ce droit n'était donc pas, à ce stade, considéré comme un droit subjectif.

5.70 > Mais la jurisprudence a ensuite évolué. Dans une décision du 6 octobre 1967, la commission déclara que la notion d'élections libres implique l'universalité du suffrage, tout en reconnaissant que des circonstances d'espèces peuvent justifier certaines limitations à ce principe[5]. La commission a donc considéré que l'absence de l'expression « suffrage universel » dans l'article 3 ne doit pas être considérée comme une limitation des droits garantis. Interprétation tout à fait légitime, mais dont on peut observer qu'elle fait prévaloir l'opinion dominante – notion qui sera examinée plus loin – sur la lettre des textes. En effet, la notion d'élection libre n'implique pas logiquement celle de suffrage universel : des élections au suffrage censitaire, telles que l'Europe en a connues au XIXe siècle, étaient néanmoins parfaitement libres. L'évolution ainsi amorcée fut parachevée en 1975. La commission affirma clairement alors que l'article 3 énonce un droit à caractère individuel. Le droit de vote et le droit de se porter candidat au corps législatif sont définis comme de véritables droits subjectifs, c'est-à-dire comme des droits qui

---

4. La commission a rejeté la requête d'un électeur britannique qui n'avait pu participer au référendum du 5 juin 1975 relatif à l'adhésion du Royaume-Uni à la CEE. Elle s'est appuyée sur le fait que ce référendum était « une simple consultation dont l'organisation n'était nullement obligatoire en droit interne ». La solution aurait-elle été différente si le référendum avait été obligatoire ? (Réq. 7096 contre Royaume-Uni, décision du 3 octobre 1975. *Décisions et rapports de la Commission européenne des droits de l'homme*, 3, p. 165).

5. Il s'agissait en l'espèce de détenus allemands que leur situation empêchait de prendre part aux élections. La Cour a rejeté leur requête. Req. n° 2728/66 c. RFA. *Annuaire de la Convention européenne des droits de l'homme*, 10, p. 336.

appartiennent par nature aux individus[6]. On mesure l'extrême importance de cette affirmation. La Déclaration universelle, en 1948, restait ambiguë, même d'un point de vue théorique, puisque la rédaction du troisième paragraphe de l'article n'affirmait pas clairement, comme on l'a vu, le caractère subjectif des droits reconnus. Le Pacte sur les droits civils et politiques a bien affirmé, en 1966, ce caractère. Mais – différence immense – la Convention européenne des droits de l'homme n'est pas un texte purement déclaratif. Avec la Cour européenne des droits de l'homme, elle dispose d'un véritable système juridictionnel susceptible de produire une jurisprudence et donc de donner des solutions concrètes à des litiges concrets. C'est seulement quand ces conditions sont remplies que l'on peut légitimement parler d'un système de droit.

3 - Jurisprudence

5.71 › Pendant longtemps la Cour européenne des droits de l'homme n'a eu qu'assez rarement l'occasion de se prononcer sur des litiges concernant les droits politiques. Avant 1998, la Commission européenne des droits de l'homme, plus souvent saisie, a posé des principes qui ont ensuite été repris par la Cour. Depuis une dizaine d'années, le contentieux des droits politiques s'est au contraire considérablement développé.

5.72 › La première décision rendue par la Cour européenne en matière de droit de vote est l'arrêt *Mathieu-Mohin et Clerfayt c/ Belgique*, du 2 mars 1987[7]. Dans cette affaire complexe, liée au problème de la représentation des communautés linguistiques en Belgique, la Cour affirme la licéité des limitations aux principes posés : « Les droits en question ne sont pas absolus. Comme l'article 3 les reconnaît sans les énoncer en termes exprès ni moins encore les définir, il y a place pour des limitations implicites (...). Dans leurs ordres juridiques respectifs, les États contractants entourent les droits de vote et d'éligibilité de conditions auxquelles l'article 3 ne met en principe pas d'obstacle (...). Ils jouissent en la matière d'une large marge d'appréciation, mais il appartient à la Cour de statuer en dernier ressort sur l'observation des exigences du Protocole n° 1 ; il lui faut s'assurer que lesdites conditions ne réduisent pas les droits dont il s'agit au point de les atteindre dans leur substance même et de les priver de leur effectivité, qu'elles poursuivent un but légitime et que les moyens employés ne se révèlent pas disproportionnés ». En l'espèce, la Cour ne condamne pas la Belgique, bien que la commission se soit prononcée auparavant dans un sens opposé. Une large marge d'appréciation est donc reconnue aux États. Les principes définis peuvent s'incarner dans des procédures très diverses, où se reflète la diversité des traditions juridiques. Mais la Cour n'entend pas pour autant renoncer à sa capacité de contrôle dont elle définit les trois axes : sauvegarde de l'effectivité des droits, légitimité du but, proportionnalité des moyens. Dans l'affaire *Matthews c/ Royaume-Uni* (arrêt du 18 février 1999), la requérante se plaignait de ce que les élections au Parlement européen n'aient pas été organisées sur le territoire de Gibraltar en violation de l'article 3 du Protocole n° 1. La Cour estime que, bien que la

---

6. Requête n° 6745/74 et 6746/74 contre Belgique, décision du 30 mai 1975, *Décisions et Rapports de la Commission européenne des droits de l'homme*, 2, p. 110.
7. Voir V. Berger, *Jurisprudence de la Cour européenne des droits de l'homme*, S., 8e éd., 2002, p. 577-579 (avec bibliographie).

Communauté européenne n'ait pas adhéré à la Convention, le transfert à celle-ci de certaines compétences par les États parties ne saurait les exonérer de leur responsabilité. Elle considère que le Parlement européen peut être tenu pour un « corps législatif » au sens du texte visé. Elle décide enfin que, si les États jouissent d'une ample marge d'appréciation en matière de mode de scrutin, le fait de ne pas tenir d'élection constitue une atteinte à l'essence même du droit de vote garanti par la Convention[8].

Depuis cette date, la position de la Cour a évolué. Elle contrôle de manière beaucoup plus stricte les restrictions imposées par les États au droit de vote. Dans un arrêt de chambre *Zdanoka c/ Lettonie* du 17 juin 2004, confirmé par un arrêt de la grande chambre du 16 mars 2006, la Cour a posé que les déchéances électorales n'étaient légitimes qu'à condition de demeurer temporaires. Réaffirmant dans son arrêt *Hirst c/ Royaume-Uni* du 6 octobre 2005 que « voter est un droit garanti par la Convention », elle a déclaré que, si la privation des droits politiques peut faire partie de l'arsenal pénal des États, elle doit être explicitement prononcée et ne saurait résulter seulement de l'incarcération – solution inverse de celle qui avait été dégagée auparavant par la Commission. De même, dans un certain nombre d'affaires concernant l'Italie – dont les premières ont donné lieu aux arrêts *Vitiello et Albanese c/ Italie* – la Cour a censuré la privation du droit de vote consécutive à une faillite. En revanche, elle a validé une condition de résidence de dix années pour pouvoir participer aux élections (*Py c/ France*, 11 janvier 2005). Dans cette affaire, qui concernait la Nouvelle-Calédonie, des considérations d'opportunité ont conduit, semble-t-il, à une solution en complet décalage avec l'esprit de la jurisprudence.

En matière d'inéligibilité, la Cour estime que les États disposent d'une large marge d'appréciation. Les critères adoptés par eux, tout en procédant d'un souci commun – assurer l'indépendance des candidats et la liberté des électeurs –, peuvent légitimement varier en fonction des facteurs propres à chaque État. La Cour a ainsi rejeté la requête de députés invalidés en Grèce après les élections de 1990 (affaire *Gitonas et autres c/ Grèce*, arrêt du 1er juillet 1997[9]). Mais là encore une évolution s'est manifestée. La Cour ne considère plus que la dissolution d'un parti entraîne automatiquement la déchéance de ses parlementaires (*Selim Sadak c/ Turquie*, 11 juin 2002). Elle censure une décision (fondée en outre sur une norme rétroactive) qui prive de son mandat un député exerçant les fonctions d'avocat (*Lycouzeros c/ Grèce*, 15 juin 2006). Elle a en revanche considéré que le rejet d'une candidature qui visait à prolonger l'action d'une organisation dissoute ne violait pas la Convention (*Herritaren Zerruda c/ Espagne*, 30 juin 2009). Mais elle a censuré le rejet d'une candidature fondée sur une norme qui privait d'éligibilité, au nom de la laïcité, les personnes ayant une activité religieuse, car elle a jugé qu'une telle restriction était trop large et imprécise (*Seyidzade c/ Azerbaïdjan*, 3 décembre 2009).

La Cour a également eu l'occasion de se prononcer sur la dissolution de partis politiques. Depuis l'arrêt du 30 janvier 1998, *Parti communiste de Turquie et autres c/ Turquie*, elle considère qu'une telle mesure est susceptible de violer la liberté d'association garantie

8. *Ibid.*, p. 583-585.
9. *Ibid.*, p. 580-583.

par l'article 11 de la Convention, bien que les partis, à la différence des syndicats, n'y soient pas explicitement visés. Elle peut cependant être licite, si elle est prévue par la loi, si elle poursuit un but légitime (sécurité nationale, défense de l'ordre, protection des droits et libertés d'autrui) et si elle s'avère nécessaire dans une société démocratique, c'est-à-dire si elle paraît proportionnée au but légitime poursuivi. Dans l'affaire en cause, la dissolution a été considérée comme violant la Convention car, étant intervenue avant que le parti ait entamé ses activités, il était impossible d'établir que les principes démocratiques affirmés dans son programme étaient mensongers[10]. En revanche, la Cour a validé, dans son arrêt du 31 juillet 2001, la dissolution du Parti de la prospérité, considéré comme islamiste modéré, mais accusé par la Cour constitutionnelle de Turquie de porter atteinte au principe de laïcité. Cette décision intervenue, selon l'opinion des juges minoritaires, « sans preuves formelles ou convaincantes » a été en outre accompagnée de remarques surprenantes. Elle affirme en effet que « la démocratie suppose de donner un rôle au peuple » – définition pour le moins restrictive et qui laisse pendante la question de savoir qui peut légitimement décider ce dont le peuple ne décide pas. Elle ajoute : « Il n'y a pas de démocratie lorsque la population d'un État, même majoritairement, renonce à ses pouvoirs législatif et judiciaire au profit d'une entité qui n'est pas responsable devant le peuple qu'elle gouverne, que cette entité soit laïque ou religieuse ». La Cour européenne n'est-elle pas une entité de ce genre[11] ?

Cette solution a été confirmée par une décision de la grande chambre (*Refah partisi c/ Turquie*, 13 février 2003). Néanmoins, la Cour a maintenu son inspiration libérale dans plusieurs affaires ultérieures. Dans l'arrêt *Partidul communistilor c/ Roumanie* (3 février 2005), elle a refusé d'avaliser l'interdiction d'un parti accusé de porter atteinte à la souveraineté nationale. Elle a jugé non conforme à la Convention le refus d'enregistrer le parti Liberàlni strana qui prétendait mettre fin par des lois pénales rétroactives à l'impunité des actes commis sous le régime précédent (*Linkov c/ République tchèque*, 7 décembre 2006). À l'inverse, elle a validé l'interdiction de partis basques en considérant que celle-ci poursuivait un but légitime (défense de la démocratie) et n'enfreignait pas le principe de proportionnalité en raison des liens de ces organisations avec le mouvement terroriste (*Herri Batasuna et Batasuna c/ Espagne*, 30 juin 2009).

5.73 > Avant 1998, la Commission, plus souvent saisie, avait eu l'occasion de traiter d'un certain nombre de questions concernant la matière. Certaines des solutions qu'elle a posées demeurent valables. Elle a accepté le principe du vote obligatoire[12]. Elle a affirmé la nécessité des partis politiques et leur droit à participer aux campagnes électorales. Le principe d'une peine accessoire comportant la perte provisoire du droit de vote a été considéré comme licite[13]. D'autre part, la Commission a estimé que l'article 3 ne garantit pas que la voix de chaque électeur ait le même poids. Le scrutin majoritaire et l'existence

10. *Ibid.*, p. 572-575.
11. Voir G. Lebreton, « L'Islam devant la Cour européenne des droits de l'homme », *RDP* 2002, p. 1493-1510.
12. Requête n° 1718/62 contre Autriche, décision du 22 avril 1965, *Annuaire de la Convention européenne des droits de l'homme*, 8, p. 168.
13. Requête n° 9914 contre Pays-Bas, décision du 4 juillet 1983, *Décisions et Rapports de la Commission européenne des droits de l'homme*, 33, p. 244 (cette disposition existe dans la législation française).

de certaines distorsions dans la représentation ne sont donc pas contraires à la Convention. Il est donc possible d'écarter la représentation proportionnelle[14]. La Cour considère cependant que, si celle-ci est appliquée, la loi ne doit pas prévoir de seuils trop élevés pour participer à la répartition des sièges. Elle a validé un seuil de 5 % aux élections législatives (*Partija « Jaunie Demokrāti » et Partija « Musu Zeme » c/ Lettonie*, 29 novembre 2007). Elle considère un seuil de 10 % comme excessif, tout en l'acceptant compte tenu des circonstances de l'espèce, dans un arrêt de la grande chambre du 8 juillet 2008, *Ymak et Sadak c/ Turquie.*

5.74 > On sait que l'article 6 de la Convention garantit à chaque individu un procès équitable. Le début du premier paragraphe déclare en effet : « Toute personne a droit à ce que sa cause soit entendue équitablement, publiquement et dans un délai raisonnable, par un tribunal indépendant et impartial, établi par la loi, et qui décidera, soit des contestations sur ses droits et obligations de caractère civil, soit du bien-fondé de toute accusation en matière pénale dirigée contre elle ». Cet article s'applique-t-il aux droits politiques affirmés par l'article 3 du premier Protocole ? Il faut distinguer trois cas. La Commission a toujours opposé son incompétence *ratione materiae* à toutes les requêtes qui prétendaient la saisir de contestations liées au contentieux électoral, et cela malgré sa tendance générale à étendre le champ de sa compétence. Elle a estimé en effet que cette matière n'entre pas dans les « droits de caractère civil ». En matière de répression des délits liés aux opérations électorales, la Commission en revanche s'est considérée comme compétente, dans la mesure où elle reconnaît un caractère pénal à toutes les dispositions que le droit interne qualifie ainsi. Mais la réciproque n'est pas vraie. La Commission a parfois attribué un caractère pénal à des normes qui ne sont pas définies comme telles par le droit interne. Qu'en est-il des inéligibilités infligées par le juge de l'élection ? La Cour a finalement écarté l'application de l'article 61 (*Pierre-Bloch c/ France*, 21 octobre 1997).

C - LE DROIT COMMUNAUTAIRE

5.75 > L'incidence des normes internationales sur les normes internes se concrétise enfin à un troisième niveau, celui du droit communautaire, conséquence du processus d'unification européenne. Pour apprécier la portée de celui-ci en matière de droits politiques, des observations générales sont d'abord nécessaires. On considérera ensuite la question du vote des ressortissants de l'Union européenne.

1 - Observations générales

5.76 > Il faut d'abord noter que le droit communautaire ne constitue pas la concrétisation d'une supraconstitutionnalité puis s'interroger ensuite sur la portée de la Charte des droits fondamentaux de l'Union européenne.

---

14. Requête n° 7140/75 contre Royaume-Uni, décision du 6 octobre 1976, *ibid.*, 7, p. 95 ; requête n° 8765/79, *Parti libéral contre Royaume-Uni*, décision du 18 décembre 1980, *ibid.*, 21, p. 311 ; Requête n° 8941/80 contre Islande, décision du 8 décembre 1981, *ibid.*, 27, p. 145.

a) Le droit communautaire ne met pas en œuvre une supraconstitutionnalité

5.77 > On a vu plus haut l'impossibilité d'une supraconstitutionnalité. Malgré son caractère entièrement original, le droit communautaire ne remet pas en cause cette conclusion. En effet, les relations entre le droit communautaire et le droit interne peuvent être considérées selon deux perspectives différentes. La première – qui correspond au droit positif – fait reposer le caractère obligatoire des normes européennes en droit interne sur les traités signés par la France. La situation n'est pas différente de celle des normes internationales que l'on a considérées dans les points précédents. Les observations présentées sur l'article 55, qui confère à ces normes une valeur inférieure à celle de la Constitution, sont également applicables. Il en résulte que si une disposition d'un traité s'avère contraire à la Constitution, celui-ci ne peut être ratifié sans une révision préalable de celle-ci. Ainsi, la révision du 1er mars 2005 était nécessaire à l'organisation du référendum du 29 mai sur la Constitution européenne, dont l'issue a d'ailleurs ôté à la première tout effet. Une nouvelle révision de l'article 88-1 a permis la ratification du traité de Lisbonne, signé en 2007 et entré en vigueur en 2009. Il en résulte aussi que la supériorité de la norme européenne sur la norme interne peut être renversée par une révision constitutionnelle, qui est susceptible de défaire ce que la précédente avait fait. Si l'Union européenne devenait une fédération, les États deviendraient des États fédérés et il en résulterait que leurs Constitutions seraient soumises à la Constitution fédérale. Mais il ne s'agirait pas, là non plus, de supraconstitutionnalité, car cela laisserait intacte la question de la soumission de la Constitution fédérale elle-même à des normes supérieures, qui seules pourraient être dites supra constitutionnelles. Autrement dit, la transformation de l'Union européenne en fédération n'aurait pas pour effet d'instituer une norme placée audessus des constitutions nationales actuelles, mais de leur substituer une Constitution fédérale tout en les faisant rétrograder à un rang inférieur dans la hiérarchie des normes.

On constate donc que ni dans un cas ni dans l'autre il n'y a supraconstitutionnalité : dans le premier, la Constitution nationale demeure la norme suprême ; dans le second, la Constitution fédérale occupe sa place. Mais l'imposition d'une Constitution fédérale ne constitue nullement l'incarnation enfin réussie de ce monstre logique qu'est une norme supraconstitutionnelle.

b) La Charte des droits fondamentaux de l'Union européenne

5.78 > Adoptée le 7 décembre 2000 au sommet de Nice, la Charte des droits fondamentaux traite, entre autres matières, des droits civils et politiques. Mais, fidèles sur ce point du moins à leur mandat, les rédacteurs de la Charte n'ont fait que « proclamer » les droits déjà existants, afin de les rendre « lisibles ». Le projet de Constitution européenne avait reproduit le texte de la Charte, mais son échec a retardé l'attribution à celle-ci d'une valeur normative, ce qui n'a d'ailleurs pas empêché la Cour de Luxembourg de s'y référer. La Charte visée par le Traité de Lisbonne devrait recevoir cette valeur dès son entrée en vigueur. Malheureusement, il n'est pas sûr que cela constitue un progrès, car de deux choses l'une : ou les dispositions de la Charte se confondent avec celles de la Convention européenne, à laquelle elle se réfère d'ailleurs à de nombreuses reprises, et elle est inutile ; ou bien elles en diffèrent et d'inextricables difficultés en découleront inévitablement. Dans les deux cas, l'opération aboutit, comme l'a montré avec force Olivier Cayla, à ruiner toute idée d'identité européenne[15].

2 - *Le vote des citoyens de l'Union dans leur État de résidence*

5.79 > Cette question se subdivise en deux : elle concerne en effet d'une part les élections au Parlement européen, d'autre part les élections municipales. Seul le second point a provoqué de réelles difficultés.

a) Les élections au Parlement européen

5.80 > Le Traité sur l'Union européenne (traité de Maastricht), entré en vigueur le 1er novembre 1993, dispose, dans son article 8 B-2 que « ... tout citoyen de l'Union résidant dans un État membre dont il n'est pas ressortissant a le droit de vote et d'éligibilité aux élections au Parlement européen dans l'État membre où il réside, dans les mêmes conditions que les ressortissants de cet État ». Les modalités d'exercice de cette disposition ont été fixées par la directive du 6 décembre 1993, qui a été transposée en droit français par la loi du 5 février 1994, modifiant la loi du 7 juillet 1977 relative à l'élection des représentants au Parlement européen.

5.81 > L'adoption de ce texte n'a pas soulevé de difficultés particulières. Tout y concourait. Les élections européennes ayant lieu à la représentation proportionnelle, le vote des étrangers ne peut avoir statistiquement qu'une faible influence sur les résultats. À tort ou à raison, les partis et les électeurs français ne voient pas dans cette élection un enjeu politique majeur. En outre, l'idée que les Européens votent aux Européennes semblait *a priori* naturelle. Elle ne remettait en cause ni situation acquise, ni tradition vénérable et ne s'avérait donc problématique ni sur le plan des intérêts ni sur celui des symboles.

5.82 > L'article 2-1 de la loi du 5 février 1994 pose le principe selon lequel les ressortissants d'un État membre de l'Union résidant sur le territoire français « peuvent participer à l'élection des représentants de la France au Parlement européen dans les mêmes conditions que les électeurs français » mais « sous réserve des modalités particulières prévues... par la présente loi ». Il y a donc égalité de principe avec les citoyens français, mais aussi modalités spécifiques justifiées par une différence objective de situation. L'important est évidemment de voir comment ces deux principes, potentiellement contradictoires, sont conciliés en pratique.

La première question est de savoir ce qu'il convient d'entendre par « résidant ». Selon la définition que l'on donne de ce terme, on peut en effet étendre considérablement – jusqu'aux touristes de passage le jour des élections – ou restreindre au maximum – en exigeant par exemple trente ans de présence continue sur le territoire – la catégorie considérée. La solution retenue par l'article 2-1, deuxième alinéa, est assez restrictive : « Les personnes visées au premier alinéa sont considérées comme résidant en France si

15. O. Cayla, « La négation de toute possible identité européenne par la Charte européenne des droits fondamentaux », dans G. Lebreton (sous la dir. de), *Regards critiques sur l'évolution des droits fondamentaux de la personne humaine*, L'Harmattan, 2002, p. 103-113.

elles y ont leur domicile réel ou si leur résidence y a un caractère continu ». Le caractère restrictif de cette disposition s'apprécie par comparaison avec les conditions exigées des citoyens français. On observe en effet qu'elle s'inspire directement de l'article L. 11-1° du Code électoral qui permet de s'inscrire sur les listes électorales aux électeurs « qui ont leur domicile réel dans la commune ou y habitent depuis six mois au moins ». Quel sens donner à la substitution du « caractère continu » à l'exigence d'un minimum de six mois ? La réponse n'est pas *a priori* évidente. Cependant, il semble que la formule retenue par la loi soit moins libérale que celle du Code électoral. Le plus remarquable est cependant que la loi ait écarté la possibilité ouverte par l'article L. 11.2° aux contribuables locaux de s'inscrire sur les listes électorales. En d'autres termes, le législateur n'a pas voulu permettre aux ressortissants de l'Union européenne propriétaires de résidence secondaire de voter en France.

Des listes électorales complémentaires sont d'autre part instituées pour permettre l'inscription des personnes concernées. Celles-ci doivent jouir de la capacité électorale dans leur État d'origine – appréciée par conséquent selon les normes en vigueur dans celui-ci (on peut noter que la directive européenne laissait les États libres de tenir compte ou non de la capacité électorale des ressortissants étrangers dans leur pays d'origine. Sur ce point encore, la loi française choisit une solution volontairement restrictive). Elles doivent également remplir les conditions de résidence précédemment exposées (article 2-2). Diverses propositions sont prises pour éviter que les ressortissants communautaires utilisent ces dispositions pour s'inscrire et voter dans plusieurs États. L'article 2-8 étend aux contrevenants les peines prévues par l'article L. 92 du Code électoral (deux ans d'emprisonnement et une amende de 15 000 €). Il convient de noter que la loi française (conformément aux dispositions de la directive) permet aux citoyens français résidant dans un État de l'Union de choisir entre voter dans celui-ci ou en France. Dans ce cas, l'État français fait connaître à ce dernier si ses ressortissants jouissent de la capacité électorale (article 2-6).

b) Les élections municipales

5.83 > L'article 8 B-1 du traité de Maastricht dispose que « tout citoyen de l'Union résidant dans un État membre dont il n'est pas ressortissant a le droit de vote et d'éligibilité aux élections municipales dans l'État membre où il réside, dans les mêmes conditions que les ressortissants de cet État. Ce droit sera exercé sous réserve des modalités à arrêter, avant le 31 décembre 1993, par le Conseil, statuant à l'unanimité sur proposition de la Commission et après consultation du Parlement européen ; ces modalités peuvent prévoir des dispositions dérogatoires lorsque des problèmes spécifiques à un État membre le justifient ».

5.84 > L'application de ce texte posait, à la différence du vote des ressortissants européens aux élections européennes, une double question, politique et constitutionnelle. Politiquement, la question était infiniment plus sensible. Dans de petites communes, le vote d'une communauté étrangère peut faire basculer une majorité. Mais le véritable conflit était symbolique. Cette fois, on mettait en cause le monopole du vote des nationaux dans un domaine où les enjeux étaient perçus de tous. Il était inévitable que cela suscitât des questions, des angoisses et des refus. En outre, l'article 3 de la Constitution de 1958 déclare d'une part que « la souveraineté nationale appartient au peuple qui l'exerce par ses représentants et par la voie du référendum », et d'autre part que « sont électeurs (...) tous les nationaux français majeurs des deux sexes jouissant de leurs droits civils et politiques ». Le rapprochement de ces deux alinéas implique que seuls les citoyens français peuvent prendre part à des élections où l'exercice de la souveraineté nationale se trouve concerné. Or tel est le cas des élections municipales, puisque d'une part les conseillers municipaux, selon les cas, désignent des délégués qui élisent les sénateurs ou sont eux-mêmes délégués, aux termes des articles L. 284 et L. 285 du Code électoral, et que d'autre part les sénateurs sont des représentants du peuple qui exerce sa souveraineté par leur entremise. C'est ce qu'a constaté le Conseil constitutionnel dans sa décision du 9 avril 1992. Une révision de la Constitution s'avérait donc un préalable nécessaire à la ratification du traité de Maastricht. Elle a été opérée par la loi constitutionnelle du 25 juin 1992 qui a introduit dans la Constitution de 1958 un article 88-3 au terme duquel : « Sous réserve de réciprocité et selon les modalités prévues par le traité de l'Union européenne signé le 7 février 1992, le droit de vote et d'éligibilité aux élections municipales peut être accordé aux seuls citoyens de l'Union résidant en France. Ces citoyens ne peuvent exercer les fonctions de maire ou d'adjoint ni participer à la désignation des électeurs sénatoriaux et à l'élection des sénateurs (...) ».

5.85 > L'article 8 B-1 du traité de Maastricht prévoyait d'autre part, comme on l'a vu, que les modalités d'application seraient précisées par une directive du Conseil, statuant à l'unanimité sur proposition de la Commission et après consultation du Parlement européen. Ce fut chose faite le 19 décembre 1994. L'esprit du texte est clair : la directive n'a pas pour objet de modifier les règles en vigueur dans les droits nationaux. Ceci est explicitement précisé en ce qui concerne les conditions qui subordonnent le droit de vote des nationaux à une durée minimale de résidence sur le territoire d'une commune (article 4-3) ou le caractère obligatoire du vote (article 7-2). Seule la condition de nationalité posée dans les législations internes est neutralisée pour ce qui concerne les ressortissants de l'Union. Des modalités pratiques sont mises au point pour permettre leur inscription sur les listes électorales. Par ailleurs, les États peuvent refuser aux ressortissants de l'Union l'éligibilité aux fonctions dirigeantes des collectivités locales, chef (maire) ou adjoint, ainsi que le droit de participer à la désignation des électeurs d'une assemblée parlementaire (articles 5-3 et 4) – restrictions posées, comme on vient de le voir, par la Constitution française. Enfin, des dérogations sont prévues conformément au traité. Elles concernent d'abord les cas où les électeurs potentiels représentent dans un État plus de 20 % de la population totale. Dans cette hypothèse l'État en question peut réserver le droit de vote aux électeurs qui résident sur son territoire depuis une durée minimale qui ne peut excéder la durée d'un mandat de l'assemblée municipale, et l'éligibilité à ceux qui y résident depuis une durée égale au double de la précédente (article 12-1). Les mêmes restrictions peuvent être apportées par la Belgique pour « un nombre limité de communes » (article 12-2). Cette disposition a pour but d'apaiser l'émoi des flamingants qui craignent de perdre, au profit des francophones et par le jeu du vote des étrangers, la courte majorité dont ils disposent dans certaines communes périphériques de Bruxelles.

5.86 > La loi organique n° 98-404 du 2 mai 1998 a inscrit ces principes dans le Code électoral : « Les citoyens de l'Union européenne résidant en France (...) peuvent participer à l'élection des conseillers municipaux (...). Les personnes mentionnées (...) sont considérées comme résidant en France si elles y ont leur domicile réel ou si leur résidence y a un caractère continu (...) » (article LO 227-1). Pour exercer ce droit, elles doivent être inscrites sur une liste électorale complémentaire (article LO 227-2). Elles sont en outre éligibles au conseil municipal si elles sont inscrites sur la liste complémentaire de la commune ou si elles sont inscrites au rôle d'une des contributions directes de celle-ci et figurent par ailleurs sur une liste complémentaire en France (article LO 228-1). En revanche, si elles sont élues, elles ne peuvent participer au mécanisme de désignation des sénateurs (article LO 286-1).

§ 3 - TECHNIQUES CONSTITUTIONNELLES ET PRINCIPES MÉTAJURIDIQUES

5.87 > Jusqu'ici, les droits politiques ont été considérés dans leur principe. On a vu comment s'est dégagée peu à peu l'idée selon laquelle les citoyens possèdent en cette matière un véritable droit subjectif. Ce droit apparaît comme une conséquence du principe démocratique. Mais qu'est-ce que la démocratie ? La question est évidemment aussi centrale que complexe. Il semble qu'aucune réponse significative ne puisse être apportée si l'on n'a pas au moins discuté trois points essentiels : la démocratie est-elle directe, semi-directe ou purement représentative ? Si le peuple s'exprime par l'intermédiaire de représentants, quelle est la nature du mandat qui les lie à lui ? Quels sont les modes de scrutin mis en œuvre pour les élire ?

5.88 > Ces questions, il convient de l'observer, sont susceptibles de réponses en droit positif mais ne s'y réduisent pas. À la différence de la supraconstitutionnalité qui ne saurait être inscrite, par hypothèse, dans une Constitution, la solution à ces problèmes peut être constitutionnalisée : le principe du référendum est inscrit dans la Constitution de 1958, et la loi électorale pourrait l'être. Mais l'inscription de tel ou tel principe dans la loi fondamentale, si elle crée du droit, relève en elle-même du fait. Le problème se pose aussi en termes métajuridiques : le peuple a-t-il un droit à s'exprimer directement ? A-t-il un droit à ce qu'un certain type de scrutin soit mis en œuvre, à l'exception des autres ?

I – LA NATURE DE LA DÉMOCRATIE

5.89 > La démocratie directe étant inapplicable, le système représentatif ne peut être évité. La démocratie semi-directe est en revanche possible. Mais est-elle nécessaire en fonction de principes métajuridiques ? La logique paraît impliquer une réponse positive mais les diverses cultures politiques apportent à ce problème des solutions différenciées.

A - LA DÉMOCRATIE EST NÉCESSAIREMENT REPRÉSENTATIVE

5.90 > On a vu dans le premier chapitre que l'idée de gouvernement du peuple pouvait recevoir des contenus différents. La démocratie directe, au sens propre du terme, est impossible dans les sociétés modernes ; pour des raisons négatives : il apparaît techniquement impossible de consulter l'ensemble des populations sur la totalité des questions que les pouvoirs publics doivent trancher. La plupart des citoyens ne veulent pas avoir à décider sur l'ensemble de ces questions, parce qu'ils ne souhaitaient pas assumer les responsabilités du gouvernement. Mais aussi pour des raisons positives : les citoyens entendent se consacrer à leurs propres affaires. Benjamin Constant l'a dit en des termes qui conservent toute leur force : « Le système représentatif n'est autre chose qu'une organisation à l'aide de laquelle une nation se décharge sur quelques individus de ce qu'elle ne peut ou ne veut pas faire elle-même »[16]. La liberté des modernes n'est en effet pas celle des anciens : elle ne consiste pas à être soi-même législateur en acceptant les contraintes que cela implique, mais à être autonome dans la sphère privée. Il en résulte que tout régime démocratique est nécessairement représentatif. La totalité ou la plus grande partie des affaires publiques est inévitablement confiée aux représentants. Si le système peut être dit démocratique, c'est parce que les représentants sont élus par les peuples et sont politiquement responsables devant lui.

B - DES PROCÉDURES DE DÉMOCRATIE SEMI-DIRECTE PEUVENT ÊTRE MISES EN ŒUVRE

5.91 > Toutefois, si le mécanisme représentatif est inévitable, il est concevable d'y apporter des limites. Il existe en effet des procédures qui, sans nier le cadre représentatif, permettent aux populations concernées de décider elles-mêmes sur certains sujets. Ces procédures sont le référendum et l'initiative populaire. Dans les deux cas, le peuple est appelé à voter par oui ou par non sur un texte qui lui est soumis. Il importe de bien marquer que ces procédures ne réalisent pas, même sur des points particuliers, comme on le dit parfois hâtivement, une démocratie directe. En effet, l'initiative de consulter le peuple n'est pas prise par le peuple. Pour qu'il en aille autrement, il faudrait que celui-ci se réunisse préalablement et décide lui-même s'il doit se prononcer ou déléguer son pouvoir. Or ceci n'est concrètement possible que dans un petit État, dans lequel le peuple – ou ce qui est conventionnellement appelé ainsi – peut se réunir physiquement en un lieu, comme c'était le cas à Athènes. Dans le cas contraire, la décision de laisser le peuple décider peut être prise par les représentants : on est alors en présence d'un référendum. La décision peut aussi être confiée à un groupe de citoyens qui, selon des modalités prédéterminées, mettent en branle le processus d'initiative. Le peuple va donc répondre à une question. Mais il ne peut en revanche la poser et donc en maîtriser, en contester, ou en reformuler les termes. Cette asymétrie constitutive implique que les procédures de démocratie semi-directe existent pour ainsi dire à l'intérieur du régime représentatif.

C - LE RECOURS À LA DÉMOCRATIE SEMI-DIRECTE EST-IL NÉCESSAIRE ?

5.92 > La démocratie semi-directe est donc possible. Mais est-elle nécessaire ? Il existe, on l'a vu, un droit subjectif de voter. Existe-t-il un droit subjectif de s'exprimer directement, grâce à la démocratie semi-directe, sur certains sujets ? Peut-on, en d'autres termes, élever celle-ci au rang de principe métajuridique ? La question est délicate. La logique imposerait une réponse positive. Mais l'attitude à l'égard de ces procédures est très variable selon les cultures et il n'existe pas de solution unique à cette question.

---

16. B. Constant, « De la liberté des anciens comparée à celles des modernes (1819) », dans *De l'esprit de conquête et de l'usurpation*, éd. Garnier-Flammarion, 1986, p. 288.

1 - La démocratie semi-directe est un impératif logique

5.93 ▸ D'un point de vue logique, la démocratie semi-directe constitue un impératif : la démocratie suppose en effet que le peuple se prononce directement au moins sur deux points : les pouvoirs conférés aux représentants et le mode de scrutin.

5.94 ▸ Sur le premier point, il importe de ne pas perdre de vue qu'en elle-même, la technique de l'élection est un choix entre des personnes, qui n'implique rien sur les pouvoirs conférés à l'élu. La nature de ceux-ci ne peut résulter que d'une norme impersonnelle, qui doit nécessairement être élaborée et adoptée indépendamment du processus électif. Cette norme peut certes être arrêtée par les représentants après leur élection par le peuple. Mais on peut se demander si un tel système mérite encore le nom de démocratie. Car il signifie que, une fois l'élection acquise, les représentants du peuple vont jouir d'une liberté totale et décider souverainement d'une question où ils sont à la fois juge et partie, puisqu'ils vont s'attribuer à eux-mêmes les pouvoirs qu'ils vont ensuite exercer. On peut évidemment faire valoir que cette méthode a été souvent appliquée sans que le système dégénère en dictature, car d'autres paramètres que le droit pèsent sur les choix des représentants : ils ne veulent pas s'aliéner l'opinion publique, ne souhaitent pas exercer un pouvoir sans partage, craignent de le voir tomber entre les mains de personnes moins bien intentionnées qu'eux, etc. Il n'en reste pas moins qu'un tel système constitue la négation *a priori* de l'idée de gouvernement par le peuple : ayant désigné les gouvernants, le peuple leur abandonne toutes ses compétences. À l'inverse, l'idée de démocratie implique logiquement que les pouvoirs des représentants soient définis ou du moins ratifiés par le peuple. Ceci est vrai de la nature du mandat politique, représentatif, semi-représentatif ou impératif, et plus généralement de la Constitution. Il semble donc que ces actes inauguraux ne peuvent être accomplis que par le peuple statuant directement.

5.95 ▸ Deuxièmement, la logique impose aussi que le mode de scrutin soit adopté directement par le peuple. Il paraît en effet nécessaire, puisqu'un choix doit être accompli, de consulter le peuple sur ce point. Or il est manifestement impossible de le faire au moyen des élections, car cette consultation se fera nécessairement selon un mode de scrutin et donc préjugera de la loi électorale adoptée ensuite. En outre, laisser les représentants déjà élus décider en la matière revient en pratique à confier cette responsabilité à la majorité en place qui est naturellement portée à manipuler la loi électorale à son profit. La logique et la morale politique voudraient donc que le soin de choisir le mode de scrutin soit confié directement au peuple.

5.96 ▸ On peut affirmer que d'autres questions exigent une consultation directe du peuple. Mais au-delà des points considérés, où la nécessité d'une telle procédure apparaît logiquement démontrable, l'impératif devient subjectif. Le peuple devrait-il nécessairement dire son mot dans tel domaine alors que dans tel autre son intervention serait superfétatoire, voire contre-indiquée ? Il est clair que l'on entre ici dans le domaine de l'opportunité, où les arguments peuvent s'échanger, voire convaincre, mais sans éliminer une part irréductible d'arbitraire. Au demeurant, la question ne se pose que si le pouvoir de consulter le peuple est exclusivement confié aux représentants : dans ce cas, le domaine du référendum doit être défini par la Constitution en termes matériels. S'il existe, en revanche, une procédure d'initiative populaire, les données du problème sont différentes. Les critères applicables pour déterminer les cas où une consultation populaire est possible deviennent alors en effet, généralement, des critères formels et non plus des critères matériels : il sera possible, par exemple, de soumettre au vote populaire l'adoption ou l'abrogation d'une loi constitutionnelle, mais pas d'une loi ordinaire, ou encore d'une loi, mais pas d'un décret.

2 - *La démocratie semi-directe apparaît diversement appréciée selon les cultures politiques*

5.97 > On constate d'ailleurs, d'un point de vue général, que la manière dont sont considérées les procédures de démocratie semi-directe est extrêmement variable selon les cultures politiques. Parfois – la Suisse est ici l'exemple privilégié –, la consultation directe du peuple apparaît comme un véritable impératif démocratique. Les citoyens jouissent en la matière d'un véritable droit, qui n'est pas contesté par les représentants, même si la tâche de ceux-ci est parfois compliquée par les décisions populaires. Le contraste est ici très vif avec la France, où se maintient une tradition ancienne et puissante d'hostilité à la démocratie semi-directe. Les raisons en sont complexes. Elles tiennent pour une part à des souvenirs historiques : l'appel au peuple fut un moyen utilisé par des régimes autoritaires – le Premier et le Second Empire – pour légitimer leur pouvoir contre les Républicains. Après leur victoire, ceux-ci ont mis en place un système purement représentatif où toute consultation directe des citoyens, par voie de référendum mais aussi de dissolution, était paradoxalement réputée antidémocratique. Il est vrai que les consultations directes du peuple peuvent parfois prendre un tour ambigu. Dans la mesure, en effet, où elles sont décidées par les représentants, ceux-ci sont souvent soupçonnés, et pas nécessairement à tort, d'utiliser ces procédures non comme un moyen de parfaire la vie démocratique, mais comme une façon de manipuler l'opinion publique à leur profit. D'où les réticences souvent manifestées par les partis d'opposition contre ces consultations. Mais il est non moins vrai que ces grands principes rencontrent trop heureusement la tendance des représentants du peuple à se considérer comme infaillibles et à se réserver le monopole des grands choix collectifs pour que l'on ne soupçonne pas ceux-ci d'exagérer les dangers de ce type d'institution. Bien que le général de Gaulle ait imposé en 1958 l'inscription du référendum dans la nouvelle Constitution, la mentalité des élites françaises n'a guère évolué. En témoigne le rejet unanime par les responsables politiques de l'idée d'initiative populaire au niveau national et leur réticence à mettre en œuvre le référendum local, pourtant introduit en 2003 dans l'article 72-1 de la Constitution et qui ne peut être mis en œuvre que par les élus.

La révision constitutionnelle de juillet 2008 a cependant introduit une disposition nouvelle aux termes de laquelle un référendum « peut être organisé à l'initiative d'un cinquième des membres du Parlement, soutenu par un dixième des électeurs inscrits sur les listes électorales ». Si la proposition de loi qui en est issue n'a pas été examinée par les deux assemblées dans un délai fixé par une loi organique, « le président de la République la soumet au référendum ». Il est clair que cette procédure n'a rien à voir avec une initiative populaire et que les conditions posées rendent sa mise en œuvre fort improbable. L'hostilité traditionnelle à la démocratie semi-directe demeure donc, au-delà de l'effet d'annonce, entière.

II – LE PROBLÈME DU MODE DE SCRUTIN

5.98 > D'un point de vue juridique, la question du mode de scrutin présente un double aspect. Chaque mode de scrutin suppose la mise en place de règles spécifiques. Mais celles-ci ne sont que la conséquence, au niveau technique, d'un choix préalable entre les grands types de scrutin que sont la représentation proportionnelle et le système majoritaire. Ce choix est-il discrétionnaire ? Ou est-il prédéterminé par des considérations métajuridiques auxquelles l'ordre interne devrait se plier ? La question a été soulevée, ainsi qu'on l'a vu précédemment, lors de sa rédaction des textes internationaux. Aucune conclusion n'a été arrêtée. Le problème demeure cependant posé d'un point de vue théorique.

A - L'ABSENCE DE NORME INTERNATIONALE

5.99 > L'étude des textes internationaux qui régissent la matière a montré que le problème est lié au sens que l'on donne à l'adjectif « égal », utilisé pour qualifier le suffrage dans l'article 21 de la Déclaration universelle des droits de l'homme et dans l'article 25 du Pacte international sur les droits civils et politiques (cf. n°s 5.57, 5.65 et 5.73). On a vu aussi que le problème a fait échouer une première rédaction de l'article consacré aux droits politiques dans la Convention européenne des droits de l'homme, échec qui explique pourquoi les droits ne sont pas évoqués dans le texte même de la Convention, mais seulement dans le premier protocole additionnel.

L'article 3 de celui-ci ne prend pas position sur le sujet. Selon l'interprétation retenue par la Commission européenne des droits de l'homme, les principes posés par celui-ci sont compatibles avec le scrutin majoritaire comme avec la proportionnelle (cf. n°s 5.80, 5.81 et 5.87). On a vu cependant que la Cour européenne des droits de l'homme effectue maintenant un contrôle sur les seuils d'éligibilité en cas d'application de ce mode de scrutin.

B - LE PROBLÈME THÉORIQUE

5.100 > Il n'existe donc pas en la matière de norme positive. Mais cela n'épuise pas la question : ne devrait-il pas en exister ? Une idée traditionnellement répétée veut en effet que seule la représentation proportionnelle soit juste. L'étude des principes métajuridiques en matière de droits politiques suppose donc que l'on prenne position à ce sujet. Comme son nom l'indique, la représentation proportionnelle consiste en effet à répartir les sièges à pourvoir de manière proportionnelle aux résultats obtenus par les diverses formations politiques. La mise en œuvre de cette méthode suppose l'établissement de listes et la définition d'un ordre préférentiel selon lequel les sièges seront successivement attribués. À l'inverse, le scrutin majoritaire suppose la définition de circonscriptions. Ce mécanisme peut engendrer deux distorsions. D'une part, un fort décalage démographique entre les circonscriptions a pour conséquence que beaucoup moins de voix sont nécessaires pour être élu dans une petite circonscription que dans une grande : les élus de la première représentent donc un nombre d'électeurs inférieur et les électeurs de la seconde doivent être beaucoup plus nombreux pour obtenir un résultat identique. D'autre part, il est possible que les candidats d'un parti l'emportent dans une majorité de circonscriptions avec un écart très faible, mais que les candidats du parti adverse l'emportent avec un écart très fort dans une minorité d'entre elles. Chacun de ces phénomènes – et *a fortiori* leur conjugaison – peut aboutir à ce qu'un parti obtienne beaucoup plus, ou beaucoup moins, d'élus au scrutin majoritaire qu'il n'en aurait obtenu par le jeu du système proportionnel. À la limite, il est possible qu'un parti gagne les élections avec moins de voix que son concurrent. En revanche, la représentation proportionnelle serait juste, en ce sens qu'elle garantit un rapport mathématique entre nombre de sièges et nombre de voix. On peut donc soutenir que cette méthode est la seule qui donne à chaque électeur une chance égale de voir son bulletin de vote concourir à la désignation des représentants du peuple. De ces observations, il semble donc possible de déduire l'idée d'un droit subjectif de l'électeur, fondé sur le principe d'égalité, et par conséquent un principe métajuridique qui imposerait aux constituants la représentation proportionnelle, seule compatible avec la démocratie. Cette argumentation paraît soutenable. Elle est même incontestable sur un point : le scrutin majoritaire est susceptible de donner la victoire à un parti minoritaire. La chose est possible, puisqu'elle a eu lieu[17]. Elle ne saurait en revanche se produire dans un système proportionnel. Mais cette observation ne suffit pas à trancher la question qui est en réalité bien plus complexe et dont l'appréciation suppose la prise en compte de points de vue divers.

5.101 > En premier lieu, il convient de remarquer qu'il n'existe pas une représentation proportionnelle. Le système proportionnaliste peut être mis en œuvre selon des modalités très différentes, avec des résultats contrastés. Le principe de base consiste à calculer le quotient électoral, produit du nombre de suffrages exprimés divisé par le nombre de sièges à pourvoir. Chaque liste a autant d'élus qu'elle a obtenu de fois le quotient. Mais pour attribuer les sièges restants, deux méthodes sont possibles, dites du plus fort reste et de la plus forte moyenne. Ces méthodes produisent des résultats différents : si l'une est adoptée et conduit à donner un siège à une liste, n'est-ce pas rompre l'égalité au détriment des électeurs de l'autre liste qui aurait eu un élu de plus dans le cas où la méthode inverse aurait été adoptée ? Le raisonnement se retourne et la seule conclusion possible est qu'il y a là un choix arbitraire, où le principe d'égalité ne trouve pas à appliquer.

Une autre question susceptible de réponses diverses est celle des seuils. Il arrive fréquemment que les lois électorales exigent que les listes aient obtenu un pourcentage minimum, par exemple 5 ou 10 % des voix, pour participer à la répartition des sièges. Cette mesure vise à éviter un trop grand éparpillement des voix et une multiplication des listes concurrentes. Mais elle rompt l'égalité entre les électeurs des petites listes, qui perdent presque toute chance d'être représentés, et les électeurs des grandes listes, dont à l'inverse les voix seront surreprésentées puisque leurs candidats bénéficieront des voix stérilisées par l'application du seuil : si par exemple 8 % des voix sont allées à diverses petites listes, les candidats des grandes se partageront 100 % des sièges alors qu'ils n'ont obtenu que 92 % des voix. L'idée, souvent présentée, selon laquelle la représentation proportionnelle est favorable aux minorités est donc parfois fausse. Il peut même arriver que le scrutin majoritaire permette la représentation de minorités, faibles

17. Le phénomène s'est effectivement produit deux fois en Grande-Bretagne au XXe siècle, en 1951 et 1974.

au niveau national mais bien implantées localement, et qui n'auraient pas d'élus à la représentation proportionnelle.

Un troisième choix concerne le niveau où se répartissent les sièges : seul un système proportionnel au niveau national, comme ce fut le cas en France pour les élections européennes, permet de se rapprocher vraiment du principe d'égalité. Mais cette méthode a eu – jusqu'à la loi du 11 avril 2003 qui divise le pays en huit circonscriptions – l'inconvénient d'éloigner les électeurs des élus et d'accroître le sentiment d'indifférence des premiers à la politique. Si l'on prend à l'inverse un cadre de référence plus petit – par exemple le département comme ce fut le cas lors des élections législatives de 1986 –, on retrouve des disparités peu éloignées de celles qu'engendre le scrutin majoritaire.

5.102 > En second lieu, il convient de s'interroger sur le contenu de l'idée d'égalité, plus souvent évoquée que définie en cette matière. Un scrutin égal ne saurait être un scrutin qui mette tous les électeurs sur un pied d'égalité au point de vue des résultats : on ne peut admettre que tout électeur possède un droit subjectif à voir son candidat élu sans ruiner le principe même de l'élection. Il en résulte que le principe d'égalité est inapplicable dès lors que l'on considère le contenu du choix des électeurs, et ceci quel que soit le mode de scrutin. La voix de l'électeur qui, au scrutin proportionnel, a voté pour une liste qui n'atteint pas le pourcentage exigé pour avoir des élus, ou qui est en excédent par rapport au nombre nécessaire pour faire obtenir à la liste un élu supplémentaire, est tout aussi perdue que les voix qui se sont portées au scrutin majoritaire sur les candidats battus. L'égalité garantie par le système proportionnel est donc une égalité purement arithmétique et strictement *a priori*. À la condition que le scrutin ait lieu au niveau national, chaque voix quelconque, c'est-à-dire abstraction faite de son contenu, possède une espérance mathématique égale de participer à la désignation des élus. Cette espérance est inégale, à l'inverse, au système majoritaire, selon que l'électeur vote dans une petite ou une grande circonscription. Mais cette constatation soulève deux questions. Premièrement, d'un point de vue général, on peut se demander ce que signifie une voix en soi, dépourvue de tout contenu : il y a tout lieu de penser qu'il s'agit là d'une combinaison de mots qui ne recouvre aucune réalité. Deuxièmement, l'inégalité engendre-t-elle un sentiment de frustration ? Autrement dit, l'idée d'égalité possède-t-elle en matière électorale un contenu psychologique ? Si l'on fait abstraction du contenu du vote, la chose paraît fort douteuse. Si l'on considère les résultats, on retombe dans les difficultés précédentes. En outre, il faut distinguer ici entre électeurs et candidats. En ce qui concerne les seconds, l'idée a un contenu clair pour tous ceux qui, battus au scrutin majoritaire, auraient été élus grâce au scrutin proportionnel. Leur sentiment d'injustice est tout à fait sincère. Pour les premiers, l'idée est bien moins claire, tant du moins qu'il n'y a pas inversion des majorités en voix et en sièges : les électeurs dont 20 % des voix n'ont produit que 15 % des sièges en éprouvent-ils un sentiment personnel d'injustice ? À vrai dire, une enquête empirique serait nécessaire pour trancher cette question. Mais il semble *a priori* que la réponse soit négative. Si tel est le cas, il faudrait conclure que le scrutin majoritaire ne provoque pas une rupture subjective de l'égalité.

5.103 > L'étude des inconvénients politiques et institutionnels – instabilité, multiplication des partis – de la représentation proportionnelle dans sa version pure n'entre pas dans le cadre de cet ouvrage. Mais on observera qu'un inconvénient bien connu du système tient au pouvoir déterminant qu'il confère aux appareils partisans. Ceux-ci en effet composent les listes de candidats : les dirigeants se mettent en tête et assurent ainsi leur réélection même en cas de grave revers électoral. Les électeurs ne désignent plus vraiment les élus, puisqu'ils ne maîtrisent à aucun degré ce mécanisme. Les tares du système sont bien connues. On se bornera ici à mettre en valeur la rupture d'égalité qu'il introduit entre les professionnels de la politique qui bénéficient d'une rente de situation et les simples électeurs dont la volonté ne peut plus se faire entendre. La recherche de l'égalité mathématique *a priori* peut donc engendrer un effet pervers, qui aboutit à accroître les inégalités réelles. Il est vrai que les inconvénients peuvent être théoriquement limités par l'application du panachage (qui permet de substituer à un candidat d'une liste un candidat présent sur une autre) et du vote préférentiel (qui permet de modifier l'ordre de présentation à l'intérieur d'une même liste). Mais ces techniques sont rarement mises en œuvre dans les élections politiques : les règles de celles-ci étant définies par les partis, on ne s'en étonnera pas.

5.104 > On voit que la question est complexe, multiforme et propice aux controverses. Des remarques rapides qui précèdent, une conclusion incontestable paraît cependant se dégager : la représentation proportionnelle ne s'impose pas à l'évidence comme un impératif démocratique. L'argument d'égalité invoqué en sa faveur se révèle, à l'analyse, pour le moins confus et discutable. Dans ces conditions, il semble difficile d'affirmer un droit à la représentation proportionnelle au profit des électeurs.

C - LE MODE DE SCRUTIN EN DROIT POSITIF FRANÇAIS

5.105 > La tradition républicaine française veut que le mode de scrutin applicable aux élections des parlementaires – et *a fortiori* aux autres élections – ne soit pas inscrit dans la Constitution. Il en résulte une situation complexe et changeante. Sur un point cependant, on a assisté à un processus de constitutionnalisation : le Conseil constitutionnel a en effet posé des normes concernant le découpage des circonscriptions en cas de scrutin majoritaire.

1 - L'absence de constitutionnalisation des modes de scrutin

5.106 > Fidèles à la tradition, les rédacteurs de la Constitution de 1958 n'ont pas inscrit dans celle-ci le mode de scrutin applicable à l'élection des parlementaires, bien que la solution inverse ait eu ses partisans à l'époque. La loi électorale n'a même pas le caractère de loi organique, à la différence des dispositions qui déterminent, au terme de l'article 25, 1er alinéa, la durée des pouvoirs des assemblées, le nombre de leurs membres, leur indemnité, les conditions d'éligibilité, les régimes des inéligibilités et des incompatibilités. Cette double omission est significative. Elle manifeste la volonté de laisser toute liberté aux majorités, même relatives, de modifier à leur gré et par la procédure la moins contraignante, c'est-à-dire la loi ordinaire, le mode de scrutin. Cette tradition nationale forme un contraste étrange avec la tradition britannique ; par exemple, on sait qu'en Grande-Bretagne le mode de scrutin est intangible car placé au-dessus des aléas conjoncturels et des commodités partisanes. En France, une majorité à bout de souffle résiste mal au désir de se survivre, ou du moins de limiter son échec, grâce à un changement calculé du mode de scrutin législatif. Il va sans dire que les modifications conjoncturelles des autres modes de scrutin ne sont pas davantage exclues, même si le caractère plus limité de l'enjeu les rend parfois moins tentantes. Cet état de choses entraîne d'ailleurs des conséquences paradoxales. Alors qu'au terme de l'article 46, 4e alinéa, « les lois organiques relatives au Sénat doivent être votées dans les mêmes termes par les deux assemblées », rien n'empêche que la loi ordinaire qui fixe le mode d'élection des sénateurs soit imposée par les députés et le gouvernement, grâce à la procédure de l'article 45, contre la volonté de ceux-ci. La tradition de courtoisie qui détermine les rapports entre les deux assemblées s'oppose en principe à un tel coup de force. Mais celui-ci n'est pas juridiquement impossible.

2 - *Des systèmes électoraux différenciés et changeants*

5.107 > Fait négatif, l'absence de constitutionnalisation des modes de scrutin entraîne cependant de grandes conséquences. Aucune conception d'ensemble ne préside à la définition des divers systèmes mis en œuvre, qui résultent d'opportunités conjoncturelles, perpétuées parfois par consensus mais souvent par inertie, c'est-à-dire jusqu'à ce que l'occasion se présente, pour une nouvelle majorité, de remplacer le système existant par un autre qu'elle estime plus favorable à ses intérêts. Il en résulte à la fois une complexité peu justifiable et une instabilité chronique.

5.108 > « Les députés sont élus au scrutin uninominal majoritaire à deux tours » (art. L. 123 du Code électoral). Ce mode de scrutin, système français par excellence, a été dominant sous la Ve République pour l'élection des députés. Remplacé par la proportionnelle départementale par la loi du 10 juillet 1985, il a été rétabli par la loi du 11 juillet 1986. Un candidat est élu au premier tour s'il a obtenu la majorité absolue des suffrages exprimés et un nombre de suffrages égal à celui du quart des électeurs inscrits. Au deuxième tour, la majorité relative suffit. En cas d'égalité de voix, c'est le candidat le plus âgé qui est élu (art. L. 126 du Code électoral). Le vote a lieu par circonscription, dont les limites sont fixées par la loi (art. L. 124 et L. 125). Pour être candidat au second tour, il faut avoir obtenu au moins 12,5 % des suffrages exprimés (art. L. 162). (Cette disposition, qui date de 1976, est la conséquence d'un marchandage : certains voulant 10 %, d'autres 15, la poire fut coupée en deux !).

Les mêmes règles sont applicables à l'élection des conseillers généraux (art. L. 193). Les circonscriptions, qui correspondent aux cantons, sont ici prédéfinies – ce qui évidemment n'empêche pas de les modifier le cas échéant. Toutefois, le pourcentage des voix nécessaires pour se maintenir au deuxième tour est ici de 10 % (art. L. 210-1).

Le scrutin majoritaire s'applique également, selon les mêmes modalités, aux élections municipales dans les communes de moins de 3 500 habitants (art. L. 253).

Les élections sénatoriales présentent la particularité d'utiliser un mode de scrutin différent selon le nombre de sièges à pourvoir. Ce principe est-il compatible avec la jurisprudence du Conseil constitutionnel en matière d'égalité ? La question a longtemps été posée en doctrine. La décision no 2003-475 DC du Conseil constitutionnel paraît y avoir apporté une réponse en droit positif : rien ne s'oppose à une telle dualité. Dans les départements qui élisent trois sénateurs ou moins, le scrutin majoritaire à deux tours est applicable selon les modalités habituelles (art. L. 294). Il est toutefois possible de se présenter au second tour sans avoir été présent au premier (art. L. 305).

Enfin, le même système s'applique, depuis 1962, à l'élection présidentielle au terme de l'article 7 de la Constitution. Au second tour, seuls peuvent se maintenir les deux candidats les mieux placés, après retraits éventuels de candidats plus favorisés.

5.109 > La représentation proportionnelle à la plus forte moyenne, sans panachage ni vote préférentiel, est applicable aux élections sénatoriales, dans les départements qui élisent quatre sénateurs ou plus (art. L. 295).

Le même système s'applique aux élections européennes, dans le cadre de huit grandes circonscriptions créées par la loi du 11 avril 2003. Seules les listes qui ont obtenu plus de 5 % des suffrages exprimés participent à la répartition des sièges.

5.110 > Un système proportionnel, mais assorti d'un correctif majoritaire, a été mis en place pour les élections municipales dans les communes de plus de 3 500 habitants par la loi du 19 novembre 1982. Aux termes de l'article L. 260, « les conseillers municipaux sont élus au scrutin de liste à deux tours, avec dépôt de listes comportant autant de candidats que de sièges à pourvoir, sans adjonction ni suppression de noms et sans modification de l'ordre de présentation ». L'article L. 262 dispose d'autre part qu'au tour décisif - le premier si une liste a obtenu la majorité absolue des suffrages exprimés, le second dans le cas contraire –, la moitié du nombre de sièges à pourvoir, arrondi le cas échéant à l'entier supérieur lorsqu'il y a plus de quatre sièges à pourvoir et à l'entier inférieur s'il y en a moins, sont attribués à la liste arrivée en tête. Les sièges restants sont répartis ensuite selon le principe de la représentation proportionnelle à la plus forte moyenne entre toutes les listes qui ont obtenu au moins 5 % des suffrages exprimés. Seules peuvent se maintenir au deuxième tour les listes qui ont obtenu au premier 10 % des suffrages exprimés. Entre les deux tours, des fusions de listes peuvent être opérées. Mais seuls des candidats dont la liste ne se représente pas et qui a obtenu au moins 5 % des suffrages peuvent être intégrés sur une liste présente au second tour (art. L. 264). Ce mode de scrutin permet donc la représentation des diverses tendances, hors celles qui apparaissent nettement minoritaires, tout en assurant un avantage significatif en sièges à la liste arrivée en tête. On voit en effet aisément qu'une liste qui obtient 50,1 % des suffrages va disposer de 75 % des sièges. Ce système est souvent considéré comme ingénieux en ce qu'il paraît combiner des aspects positifs de logiques apparemment contradictoires. Il n'est pas cependant sans engendrer de paradoxes. Ainsi, en cas d'élection triangulaire, une liste minoritaire obtiendra une confortable majorité en sièges alors que l'application de la proportionnelle simple laisserait ouverte la possibilité d'une entente, après le scrutin, entre les listes d'une tendance majoritaire mais divisée. C'est pourquoi le consensus relatif dont jouit ce mode de scrutin ne constitue pas une garantie de durée : la mise en valeur des inconvénients qu'il entraîne pourrait légitimer sa remise en cause.

Il a également été adapté à l'élection des membres de l'Assemblée de Corse – l'île formant une circonscription électorale unique – par la loi du 13 mai 1991. Mais ici le correctif majoritaire est limité, puisque la liste arrivée en tête n'obtient que trois sièges (sur cinquante et un) avant la répartition proportionnelle. Le seuil de 5 % des suffrages exprimés nécessaires pour participer à la répartition est applicable (art. L. 365 et L. 366). En cas d'égalité de suffrages entre les listes arrivées en tête, c'est celle dont la moyenne d'âge est la moins élevée qui obtient les trois sièges. Une liste doit ainsi obtenir au moins 5 % des suffrages pour se maintenir au second tour (art. L. 373).

Enfin, la même logique a été mise en œuvre pour les élections régionales par la loi du 19 janvier 1999, modifiée par la loi du 11 avril 2003. La liste qui l'emporte reçoit ici le quart des sièges à pourvoir. Les listes qui n'ont pas obtenu 5 % des suffrages exprimés ne sont pas admises à la répartition des sièges. En cas d'égalité, les sièges sont attribués à la liste dont la moyenne d'âge est la plus élevée (art. L. 338). Seules peuvent se maintenir au second tour les listes ayant obtenu 10 % des suffrages exprimés (art. L. 346). Un système complexe, qui vise à concilier une élection par listes régionales et une répartition des sièges par sections départementales, a en outre été mis en place (art. 338-1).

3 - *Le contrôle du découpage électoral par le Conseil constitutionnel*

5.111 › Dans la mesure où l'ensemble des dispositions que l'on vient d'étudier relève de la loi ordinaire, elles peuvent être soumises au Conseil constitutionnel. Celui-ci ne saurait évidemment censurer le principe même, proportionnel ou majoritaire, du mode de scrutin : ce serait se substituer au législateur. En revanche, il s'est reconnu compétent pour apprécier les modalités d'application du principe majoritaire. La décision du 8 août 1985 relative au statut de la Nouvelle-Calédonie a marqué de ce point de vue une étape décisive[18]. La loi du 26 juillet 1985 prévoyait, pour l'élection du Congrès du territoire, un découpage en régions qui impliquait une forte inégalité dans la représentation des populations. La proportion entre le nombre d'électeurs et d'élus au Congrès variait en effet de 1 à 2,13 selon les circonscriptions. Le but ouvertement poursuivi était de surreprésenter les régions peuplées en majorité d'indépendantistes. Soixante députés et soixante sénateurs de l'opposition saisirent donc le Conseil constitutionnel en faisant observer que ce découpage heurtait le principe de l'article 3, alinéa 3 de la Constitution (le suffrage est « toujours universel, égal et secret ») et, plus généralement, le principe d'égalité posé par l'article 2 de la Constitution et l'article 6 de la Déclaration des droits de l'homme et du citoyen. Le Conseil constitutionnel a fait droit à leur requête en posant un principe de grande portée, précisé ensuite par plusieurs décisions ultérieures.

5.112 › Dans son seizième considérant, le Conseil a observé que le rôle du Congrès « organe délibérant d'un territoire d'outre-mer ne se limite pas à la simple administration de ce territoire ». Dans ces conditions, il « doit pour être représentatif du territoire et de ses habitants dans le respect de l'article 3 de la Constitution être élu sur des bases essentiellement démographiques ».

Trois remarques doivent être faites. Premièrement, et *a contrario*, il semble que le principe ne s'appliquerait pas nécessairement à des élections qui auraient pour objet d'élire une assemblée chargée de la « simple administration » d'un territoire. Mais on verra plus loin que cette solution ne s'impose pas avec évidence et que, par conséquent, l'idée de « simple administration » demeure problématique. Deuxièmement, il est remarquable que le Conseil constitutionnel joue implicitement sur la double acception de l'adjectif

18. Décision n° 85-196, *Rec. Cons. const.* p. 63.

« représentatif ». Celui-ci est en effet couramment utilisé en deux sens différents, qui renvoient eux-mêmes à deux concepts fort distincts, ceux de représentation et de représentativité. D'une part, on parle de « régime représentatif », comme on l'a vu auparavant, pour désigner le principe selon lequel le peuple désigne des personnes qui le représentent, c'est-à-dire auxquelles il délègue la capacité de vouloir à sa place. D'autre part, on qualifie de « représentatif » un ou des individus qui présentent des caractères analogues à la moyenne d'un groupe de référence : représentatif, ici, signifie typique. La formule retenue par le Conseil constitutionnel prend le terme simultanément dans les deux sens : la condition pour être représentatif au premier sens – et donc jouer un rôle qui dépasse la stricte administration – est d'être représentatif au second, c'est-à-dire de refléter une image grossièrement exacte de la population. Une telle affirmation est loin d'aller sans dire. On peut parfaitement admettre que le pouvoir de représenter le peuple au premier sens peut être conféré à des individus qui ne lui ressemblent pas au second. Il est même possible de penser qu'aller trop loin dans l'exigence de représentativité entraînerait des effets pervers. Mais il convient d'observer que le Conseil constitutionnel réduit immédiatement la portée du principe qu'il pose en limitant celui-ci à une donnée quantitative. Est présumée représentative au sens du Conseil, une assemblée élue sur la base de circonscriptions qui ne présentent pas de distorsions trop grandes quant au nombre des électeurs. Troisièmement, le principe ne s'applique pas de manière stricte. Le Conseil admet que la représentation ne doit pas être nécessairement proportionnelle à la population de chaque région et qu'il peut « être tenu compte d'autres impératifs d'intérêt général ». Mais « ces considérations ne peuvent intervenir que dans une mesure limitée ». On observe donc que le Conseil constitutionnel entend ne pas enfermer le législateur et lui-même dans des règles trop rigides.

5.113 > Il a d'ailleurs lui-même illustré la distinction entre ce qu'il tient pour acceptable et ce qu'il considère comme inacceptable. Le découpage de la Nouvelle-Calédonie, posé par la loi du 26 juillet ayant été annulé par la décision du 8 août au motif que les limites tolérables étaient « manifestement » dépassées, le gouvernement a modifié son texte et porté de 18 à 21 le nombre des élus de la région de Nouméa. Cette modification faisait passer le rapport entre la région la plus représentée et la région la moins représentée de 1/2,13 à 1/1,83. À nouveau saisi, le Conseil a jugé dans sa décision du 23 août[19] que le seuil de tolérance n'était cette fois pas manifestement dépassé. On n'a pas manqué de faire remarquer qu'à ne considérer que les chiffres, la différence entre les deux situations n'a rien de... manifeste ! En réalité, le choix du Conseil constitutionnel est à l'évidence la résultante de considérations de principe et d'opportunité : le Conseil n'entend pas se substituer au législateur et il n'entend pas apparaître comme prenant fait et cause pour un camp politique contre l'autre.

5.114 > Il apparaît au total que les décisions de 1985 ont été audacieuses dans leur principe et modérées dans leur application. Audacieuses car le Conseil constitutionnel affirmait un principe radicalement neuf et posait, pour la première fois, des bornes à l'arbitraire du pouvoir politique en cette matière. Mais modérées en ce sens que le principe

---

19. Décision n° 85-197, *Rec. Cons. const.* p. 70, considérant 35.

posé était assorti de limites théoriques et fut appliqué avec souplesse – souplesse que l'on peut même juger excessive. On regrette en particulier que le Conseil constitutionnel n'ait pas nommé l'« impératif d'intérêt général » qui est de nature à justifier une distorsion de 1 à 1,83 en matière de représentation. Il est vrai que ces décisions avaient, comme toute jurisprudence, un caractère de pierre d'attente. La suite en a effectivement montré la portée.

5.115 > En 1986, la majorité de droite nouvellement élue décida de rétablir pour les élections législatives le scrutin majoritaire uninominal à deux tours. Mais le nombre des députés était passé entre-temps de 491 à 577 et le gouvernement ne souhaitait pas revenir au chiffre initial ; il était donc nécessaire de pratiquer un nouveau découpage électoral. Une loi d'habilitation, qui avait pour but de permettre au gouvernement de procéder par ordonnance, selon la procédure de l'article 38, à ce nouveau découpage, fut votée le 11 juillet 1986. Elle fut soumise par l'opposition au Conseil constitutionnel qui la déclara conforme à la Constitution par sa décision du 1er et 2 juillet 1986[20]. Mais le président de la République ayant refusé de signer les ordonnances, le contenu du découpage fut repris dans une loi, que le Conseil constitutionnel déclara conforme à la Constitution par sa décision du 18 novembre 1986[21] et qui fut promulguée le 24 novembre 1986.

Le point le plus remarquable dans cette affaire s'est toutefois situé en amont, si l'on peut dire, des décisions du Conseil constitutionnel. Il tient au fait que la loi d'habilitation du 11 juillet 1986 avait anticipé sur la réaction prévisible du Conseil constitutionnel. Dans son article 5, ce texte prévoyait que « les écarts de population entre les circonscriptions ont pour objet de permettre la prise en compte d'impératifs d'intérêt général » : on voit que le législateur utilise volontairement les formules du Conseil constitutionnel. D'autre part, il était prévu que la population d'une circonscription ne peut s'écarter de plus de 20 % de la population moyenne des circonscriptions du département ; que les limites cantonales devaient être respectées, sauf pour Paris, Lyon et Marseille, lorsque le territoire des cantons n'est pas continu et dans les départements comportant des cantons de plus de 50 000 habitants ; qu'aucun département ne pouvait compter moins de deux représentants. Au cours des débats parlementaires, le gouvernement avait en outre précisé qu'il entendait tenir compte, dans les cas où les limites cantonales ne seraient pas respectées, des « réalités naturelles qui constituent certains ensembles géographiques » et « des solidarités qui les unissent ».

Dans sa décision des 1er et 2 juillet 1986, le Conseil constitutionnel admet que le principe selon lequel aucun département n'aurait moins de deux députés ne créerait pas une distorsion excessive entre les départements (considérant 22). Il observe aussi que les règles posées pour le découpage à l'intérieur des départements par l'article 5 de la loi d'habilitation et les exceptions prévues « ne procèdent pas pour chacune d'elles, d'une erreur manifeste d'appréciation » (considérant 24). Mais il remarque que le cumul de ces exceptions pourrait aboutir à des situations où le principe d'égalité serait méconnu. Il

20. Décision n° 86-208, *Rec. Cons. const.* p. 262.
21. Décision n° 86-218, *Rec. Cons. const.* p. 294.

donne en conséquence sa propre interprétation de la loi, qui n'est déclarée conforme à la Constitution que sous ces strictes réserves : les exceptions prévues par la loi doivent « demeurer limitées et s'appuyer sur des impératifs précis d'intérêt général » ; « la délimitation des circonscriptions ne devra procéder d'aucun arbitraire ». Ayant reconnu que le gouvernement n'avait pas commis d'erreur manifeste dans la mise en œuvre de ces principes, le Conseil constitutionnel a validé le découpage.

5.116 > On voit comment les règles applicables en matière de découpage électoral se dégagent peu à peu, grâce à une sorte de collaboration forcée entre les autorités politiques et le Conseil constitutionnel. Le gouvernement, craignant la censure du Conseil devenue probable, depuis les décisions de 1985, en cas d'excès d'arbitraire, a pris les devants et posé des règles apparemment raisonnables. Mais le Conseil constitutionnel a pour ainsi dire verrouillé ces règles, en leur conférant le poids de son autorité, ce qui rendrait sans doute impossible l'adoption par un autre gouvernement de règles moins contraignantes, et en en donnant une interprétation stricte. L'arbitraire, en la matière, n'est pas éliminé, puisque le gouvernement et le Parlement conservent une large marge d'appréciation. Mais le progrès est néanmoins considérable.

5.117 > Le Conseil constitutionnel s'est également prononcé sur le deuxième alinéa de l'article L. 125 du Code électoral, introduit par l'article 2 de la loi du 11 juillet 1986 (décision des 1er et 2 juillet 1986, considérants 28 et 29). Cette disposition est ainsi conçue : « Il est procédé à la révision des limites des circonscriptions, en fonction de l'évolution démographique, après le deuxième recensement général de la population suivant la dernière délimitation ». L'appréciation du Conseil sur ce texte doit être citée *in extenso* : « Considérant que le respect dû au principe de l'égalité de suffrage implique que la délimitation des circonscriptions électorales pour la désignation des députés fasse l'objet d'une révision périodique en fonction de l'évolution démographique ; que la consultation d'une telle évolution peut résulter de chaque recensement général de la population ; que, si l'article 2 de la loi méconnaît ce principe, il ne saurait cependant lier pour l'avenir le législateur ; que, dès lors, en raison de son caractère inopérant, il n'y a pas lieu de le déclarer contraire à la Constitution ». En d'autres termes, le Conseil constitutionnel ne se satisfait pas de l'engagement pris par le législateur et critique son caractère restrictif. Il considère en effet que toute évolution démographique sensible doit se traduire par une modification du découpage car dans le cas contraire, le principe d'égalité ne serait pas respecté. La référence au deuxième recensement après le découpage apparaît donc critiquable. Mais d'autre part, le Conseil constitutionnel n'annule pas cette disposition, au motif que le législateur ne saurait se lier les mains à lui-même et que donc rien n'empêche, en cas de nécessité, de décider une révision du découpage dès que celle-ci s'avérera nécessaire et sans attendre l'échéance prévue. Le Conseil entend donc substituer un principe constitutionnel – qui lie le législateur – à un engagement pris par celui-ci et qui ne l'oblige nullement. Sur le fond, le raisonnement du Conseil constitutionnel est impeccable.

En 2005, le Conseil a sommé le gouvernement de redécouper les circonscriptions en vue des élections législatives de 2007. Mais il n'en a rien été. Le Conseil constitutionnel a jugé, dans sa décision *Pascal Jan* du 3 mai 2007, que la carence du législateur est sans conséquence sur la légalité du décret portant convocation des collèges électoraux pour l'élection des députés. Comme en outre le Conseil estime qu'un grief formé sur l'absence de découpage est inopérant lorsqu'il est saisi en tant que juge de l'élection (décision du 25 juillet 2002, *AN Var 6e circ. Michel Malvicino et autres*), la recommandation du Conseil est sans portée juridique, et sa portée morale demeure problématique.

5.118 > Il convient en outre d'observer que le Conseil constitutionnel a eu l'occasion d'appliquer sa jurisprudence au problème du découpage électoral de Marseille eu vue des élections municipales. Il a jugé dans sa décision du 7 juillet 1987 que le découpage en cause n'était pas « manifestement injustifiable »[22]. Mais l'important est surtout qu'à cette occasion, le Conseil a déclaré que « l'organe délibérant d'une commune de la République doit être élu sur des bases essentiellement démographiques résultant d'un recensement récent ». À la lumière de cette formule, la portée de l'expression utilisée en 1985 (assemblée chargée de la « simple administration ») paraît de plus en plus problématique.

5.119 > Pour conclure, il faut observer que dans cette matière, les règles posées ont un caractère purement prétorien. S'appuyant sur des textes généraux, longtemps considérés comme rhétoriques et dont on peut tirer les conséquences les plus opposées, le Conseil constitutionnel a fabriqué de toutes pièces des règles qui encadrent peu à peu l'action du législateur, c'est-à-dire des majorités parlementaires. Cette méthode entraîne des conséquences assez étrangères à l'esprit du droit français : concepts flous, tâtonnements, revirements camouflés derrière des retouches successives (le cas des assemblées chargées de la « simple administration » est ici l'exemple le plus frappant). On peut regretter certains de ces aspects, et notamment l'incertitude qu'ils font planer sur le contenu de la règle de droit. Mais ces défauts sont peu de chose à côté d'un avantage décisif : pour la première fois, dans un pays qui a gardé et garde tant de traits monarchiques, ces questions, fondamentales pour la démocratie, échappent au bon plaisir des gouvernants. L'existence de règles est ici plus importante que leur contenu.

La question a été cependant renouvelée par la révision constitutionnelle de juillet 2008. Le troisième alinéa de l'article 25 prévoit en effet maintenant qu'« une commission indépendante, dont la loi fixe la composition et les règles d'organisation et de fonctionnement, se prononce par un avis public sur les projets de textes et propositions de loi délimitant les circonscriptions pour l'élection des députés ». La loi du 13 janvier 2009, qui introduit un nouveau livre VIII dans le Code électoral, a mis en œuvre cette disposition. La commission nommée le 21 avril 2009 a été consultée dans le cadre de la procédure de redécoupage électoral rendue nécessaire par la révision constitutionnelle qui a prévu l'introduction à l'Assemblée de représentants des Français de l'étranger sans accroître le nombre total de sièges. Elle a rendu en juin 2009 un avis qui s'écartait sur un certain nombre de points des projets du Gouvernement.

D'autre part, le Conseil constitutionnel a indiqué dans sa décision 2008-573 DC du 8 janvier 2009 que les exceptions aux principes posés en matière de découpage (non-respect de la continuité territoriale, non-respect des limites communales et cantonales, variation

22. Décision n° 87-227, *Rec. Cons. const.* p. 41.

de plus ou moins 20 % par rapport à la moyenne départementale) devaient être dûment justifiées et réservées à des cas exceptionnels. Il a également estimé que la règle traditionnelle selon laquelle tous les départements avaient au moins deux députés devait être abandonnée. Cet exemple montre que le Conseil continue à s'attribuer en ce domaine un pouvoir d'appréciation particulièrement important.

Section II
LE RÉGIME JURIDIQUE DES DROITS POLITIQUES EN DROIT POSITIF FRANÇAIS

5.120 > Les droits politiques plongent leurs racines dans l'idée que l'homme occidental contemporain se fait de lui-même et de la société où il vit. En ce sens, ces droits sont loin de se réduire au régime juridique qui les met en œuvre : c'est là une observation qu'il ne faut pas perdre de vue, car elle conditionne non seulement le sens philosophique des droits politiques mais leur mise en œuvre elle-même. Il n'en reste pas moins que ces principes ne seraient rien s'ils n'étaient pas incarnés dans un régime juridique. Cette vérité d'évidence a d'ailleurs été déjà illustrée par les limites de l'ordre international en la matière. Il convient donc maintenant de considérer le régime juridique à travers lequel s'actualisent les droits politiques.

§ 1 - LE DROIT DE VOTE

5.121 > Nul ne conteste plus aujourd'hui que le vote soit un droit. La Constitution le déclare sans ambiguïté dans les alinéas 3 et 4 de l'article 3. Il convient donc de considérer le principe de l'universalité du suffrage puis ses exceptions, c'est-à-dire les restrictions légitimes au droit de vote. Il faut enfin étudier les règles qui président à l'établissement de la liste électorale.

I – L'UNIVERSALITÉ DU SUFFRAGE

5.122 > Le principe de l'universalité du suffrage a une valeur essentiellement négative : il interdit toute discrimination. Il trouve toutefois une limite de fait dans l'idée de suffrage indirect.

A - LE REJET DE TOUTE DISCRIMINATION

5.123 > Ce point n'exige pas de longs développements tant son affirmation paraît aujourd'hui aller de soi. La République, dit l'article 2 de la Constitution, « assure l'égalité devant la loi de tous les citoyens sans distinction d'origine, de race ou de religion ». L'époque coloniale, où les diverses communautés votaient par collèges distincts, est évidemment révolue. D'autre part, la discrimination fondée sur le sexe semble aujourd'hui digne des âges barbares. La Constitution de 1958 évoque, on l'a vu, les « nationaux français... des deux sexes ». Le Code électoral parle des Françaises et des Français (art. 42). On peut remarquer qu'il existe un lien évident entre le rejet de la discrimination fondée sur le sexe et l'affirmation du droit de vote comme droit subjectif. Tant que l'on raisonne en effet en termes de compétence, il est toujours possible de trouver des prétextes pour exclure telle ou telle catégorie – et jusqu'à la moitié de la population – de l'exercice du droit de vote. Dès lors que l'on raisonne en termes de droit subjectif, il cesse d'en être ainsi. Inversement, la reconnaissance du suffrage féminin fait coïncider (sous réserve de la condition de nationalité) l'état d'électeur avec celui d'être humain. Il est dès lors beaucoup plus difficile de concevoir un principe discriminatoire en matière de droits politiques.

B - LE SUFFRAGE INDIRECT

5.124 › Théoriquement et juridiquement, le suffrage indirect ne s'oppose pas au suffrage universel puisque celui-ci peut, au terme de la Constitution, être aussi bien direct qu'indirect (art. 3, al. 3). Dans le suffrage indirect, en effet, le vote est réservé à des élus du suffrage universel direct qui demeure donc le seul fondement de la légitimité. Il n'en demeure pas moins que le caractère indirect du scrutin ne fait pas de celui-ci la traduction immédiate de la volonté des citoyens. L'interposition d'un échelon entre le corps électoral et les élus aboutit en effet à modifier sensiblement le résultat de l'opération. Certes, les élus du suffrage indirect diffèrent de ceux que désignerait le suffrage censitaire, mais ils diffèrent aussi de ceux du suffrage direct. D'où l'idée très répandue selon laquelle le suffrage indirect est en réalité une entorse au principe du suffrage universel. Que cette idée soit fausse à la lettre n'empêche pas qu'elle soit ressentie comme exacte par une partie notable de l'opinion. On a d'ailleurs assisté à un mouvement très net de reflux du suffrage indirect, puisque ce mode de scrutin a été abandonné pour l'élection du président de la République en 1962, des représentants de la France au Parlement européen en 1979 et des conseillers régionaux en 1986. Seuls les sénateurs demeurent élus au suffrage indirect (article 24, alinéa 3 de la Constitution).

II – LES RESTRICTIONS LÉGITIMES AU DROIT DE VOTE

5.125 › En tant que droit subjectif, le droit de vote appartient à tout individu sans que personne doive lui reconnaître cette qualité. Pourtant, l'universalité du suffrage n'empêche pas que des restrictions à ce principe soient légitimement posées. Le Conseil constitutionnel l'a rappelé dans sa décision du 18 novembre 1982 : trois ordres de considérations peuvent justifier l'exclusion de la qualité d'électeur : l'âge, l'incapacité et la nationalité.

A - L'ÂGE

5.126 › L'exigence d'un âge minimum pour exercer le droit de vote est une condition dont la légitimité n'a jamais été contestée, car elle paraît inscrite dans les faits : nous sommes, comme disait Descartes, « enfants avant que d'être hommes ». Le droit de prendre part aux affaires publiques appartient à tout être humain mais ne peut s'exercer qu'à partir d'un certain moment. On a parfois évoqué, pour dépasser cette limite, l'idée de vote plural : le chef de famille recevrait le droit d'émettre des suffrages supplémentaires en nombre égal à ceux de ses enfants mineurs. L'idée n'a jamais dépassé le stade de la théorie. Elle présenterait certes l'avantage de prendre en compte dès leur naissance des êtres humains concernés par la marche des affaires publiques, mais ceux-ci n'auraient toujours pas la possibilité d'émettre leur propre opinion. On a vu d'autre part se multiplier, dans les années récentes, les initiatives visant à intégrer les mineurs les plus âgés à la vie publique locale (conseils municipaux d'enfants). Mais quelles que soient l'opportunité et l'efficacité de ces mesures, elles sont sans incidence sur l'ordonnancement juridique.

Ces tentatives mettent toutefois clairement en lumière le fait que, si le principe d'un âge minimum est hors de débat, la fixation de celui-ci en revanche ne peut être opérée sans arbitraire. L'article 3 de la Constitution parle de « nationaux français majeurs ». La majorité était alors fixée à 21 ans. Elle a été abaissée à 18 ans par la loi du 5 juillet 1974 et c'est cet âge qui figure maintenant dans l'article L. 2 du Code électoral. L'âge est apprécié au jour du scrutin et non de l'inscription sur les listes électorales.

B - LA CAPACITÉ

5.127 > La perte de la capacité électorale peut provenir de deux causes très différentes : la mise sous tutelle d'une part, certaines condamnations d'autre part.

5.128 > L'idée prévaut depuis longtemps qu'un individu auquel on a retiré le droit de gérer ses propres affaires ne saurait conserver celui de participer à la gestion des affaires publiques. Elle n'appelle pas de critique particulière, dès lors que les garanties d'usage sont respectées. L'article L. 5 du Code électoral déclare donc que : « Ne doivent pas être inscrits sur la liste électorale les majeurs sous tutelle ». Seule la tutelle permet de priver l'individu du droit de vote. Il n'en est pas ainsi de la curatelle (qui rend en revanche inéligible). De même, la loi du 27 juin 1990 relative aux droits des personnes hospitalisées pour troubles mentaux précise que celles-ci conservent leur droit de vote, même si l'hospitalisation a eu lieu contre leur gré (art. L. 326-3 du Code de la santé publique) et que leurs antécédents psychiatriques ne peuvent leur être opposés ultérieurement (art. L. 326 du même Code). Ces dispositions très protectrices et minutieuses manifestent de la part du législateur un souci nouveau : la privation du droit de vote doit être circonscrite et ne jamais résulter d'une simple situation de fait. En revanche, il résulte de la jurisprudence de la Cour de cassation que l'article 501 du Code civil qui donne au juge la possibilité de permettre au majeur en tutelle l'accomplissement de certains actes ne peut s'appliquer à l'exercice des droits politiques[23].

5.129 > Jusqu'à l'entrée en vigueur en 1994 du Nouveau Code pénal, qui a supprimé les peines accessoires, l'article L. 5 du Code électoral privait de leurs droits électoraux, de plein droit et sans limitation de durée, les personnes condamnées pour crime, pour délits entraînant une peine d'emprisonnement, à la faillite personnelle ou en état de contumace. Ce système très rigoureux a été abandonné en vertu de l'idée qu'« aucune peine

23. Cass. civ. 1re, 9 novembre 1982, *D.* 1983, p. 388.

ne peut être appliquée si la juridiction ne l'a expressément prononcée » (article 132.17 du Code pénal). L'article L. 6 dispose désormais : « Ne doivent pas être inscrits sur la liste électorale, pendant le délai fixé par le jugement, ceux auxquels les tribunaux ont interdit le droit de vote et d'élection, par application des lois qui autorisent cette interdiction ». Par conséquent, la privation des droits électoraux ne peut intervenir que par une décision de justice expresse, à titre de peine complémentaire, si la loi le prévoit, et pour une durée limitée : cinq ans au maximum en cas de condamnation pour délit, dix ans pour crime (Code pénal, art. 131-26) ; ces durées sont portées à dix et quinze ans en cas d'actes de terrorisme (CP, art. 422-3) (on va voir cependant plus loin que des exceptions à ces principes ont été introduites ultérieurement). Le sursis est désormais applicable à la privation des droits civiques, alors qu'il ne l'était pas auparavant. Les personnes frappées d'une telle peine complémentaire peuvent demander à la juridiction qui l'a prononcée d'en être relevées en tout ou en partie (Code de procédure pénale, art. 702-1). L'amnistie efface d'autre part les condamnations. Il convient enfin d'observer que l'incarcération ne saurait par elle-même impliquer la déchéance du droit de vote. Les individus en détention provisoire ou purgeant une peine qui n'entraîne pas l'incapacité électorale sont autorisés à voter par procuration (art. L. 71 II, 9°).

L'ensemble de ces dispositions, des plus générales (suppression de l'automaticité et de la privation des droits sans limitation de durée) aux plus spécifiques (le souci explicite de préserver les droits des personnes détenues), manifeste à l'évidence une profonde modification dans l'approche de ces problèmes. On peut certes évoquer à ce sujet (pour le déplorer ou s'en louer) la tendance générale de la société à réduire la rigueur de l'arsenal répressif. Mais il semble qu'ici joue également un facteur particulier. On tend à tirer les conséquences concrètes de l'idée selon laquelle le droit de vote est un droit subjectif, inhérent à la personne et dont elle ne saurait être privée que pour des raisons graves, explicitement constatées et pour une durée limitée.

5.130 > La portée de ces principes s'est trouvée cependant relativisée par l'adoption d'un nouvel article L. 7 du Code électoral, qui résulte de la loi du 19 janvier 1995. Celui-ci rétablit en effet, pour les manquements aux devoirs de probité commis par les personnes exerçant une fonction publique (Code pénal, art. 432-10 à 432-16), une privation automatique du droit de vote pour une durée de cinq ans. Cette mesure qui revient, mais seulement partiellement, puisque la durée est limitée, au régime antérieur a été adoptée dans le cadre des efforts accomplis pour moraliser la vie publique. Elle a été critiquée comme une disposition d'espèce, qui méconnaît les principes généraux nouvellement posés. On peut cependant estimer que la gravité spécifique des délits en cause est de nature à justifier une telle exception.

C - LA NATIONALITÉ

5.131 > Longtemps, l'idée selon laquelle le vote constituait une prérogative attachée à la nationalité est apparue comme une évidence. Tel était encore le cas en 1958 et l'article 3 de la Constitution en témoigne. Depuis lors, un fort mouvement d'opinion a remis en cause cette évidence. Divers pays européens ont accordé le droit de vote aux étrangers pour les élections locales. Le problème a été vivement débattu en France. Si la question du vote des ressortissants de l'Union européenne est maintenant réglée, la controverse plus générale sur le vote des étrangers reste ouverte (voir, *supra*, § 5.79 à 5.86).

1 - *Le vote des ressortissants de l'Union européenne*

5.132 > Le sujet ayant déjà été traité, on se contentera de renvoyer aux développements antérieurs (n°s 5.79 à 5.86).

2 - *Le problème du vote des étrangers*

5.133 > Sur ce sujet, deux discours, argumentés et incompatibles, s'affrontent. Le premier tire les conséquences extrêmes de l'idée du droit de vote comme droit subjectif. Si tout être humain, par le fait même qu'il appartient à l'espèce humaine, possède le droit de donner son opinion sur la marche des affaires publiques, il n'existe aucune justification à une discrimination fondée sur la nationalité. Cette idée se trouve renforcée par l'affirmation d'un rapport nécessaire lié au principe même de la démocratie, entre l'obéissance aux lois et l'approbation des lois. Les lois françaises s'appliquant aux étrangers, il serait légitime de leur donner l'occasion, comme aux nationaux français, d'exprimer leur sentiment sur elles. On soutient également que, si l'intégration des étrangers paraît un but, l'octroi du droit de vote aux élections locales peut apparaître comme un moyen. À l'inverse, on fait valoir que le droit subjectif de voter n'existe que dans le cadre d'un État. Admettre le contraire, surtout si l'on ne veut ou ne peut contrôler les flux migratoires, revient à considérer que tout individu a le droit de s'installer dans le pays de son choix, ce qui paraît difficilement compatible avec le monde tel qu'il est. En d'autres termes, les partisans de cette thèse mettent en avant des considérations de fait que les principes ignorent : un droit subjectif reste identique à lui-même, qu'il s'applique à dix individus ou à un million ; les conséquences du principe et la tolérance d'une société à son application sont en revanche modifiées par le changement d'échelle. La corrélation entre obéissance aux lois et consentement peut également être relativisée : la loi française s'applique aux étrangers qui traversent le territoire sans que cela paraisse justifier de leur conférer le droit de vote. Enfin, on peut penser que les étrangers qui souhaitent s'établir définitivement en France ont un moyen de s'intégrer en assumant les devoirs et en exerçant les droits que ce choix implique : ce moyen est précisément de demander leur naturalisation, que la pratique française accorde libéralement. Dans le cas contraire, s'ils considèrent leur séjour comme temporaire ou s'ils veulent conserver leur nationalité d'origine, on ne voit guère pourquoi ils n'assumeraient pas les conséquences d'un choix conscient. Ces deux logiques sont soutenables et chacune fait valoir une argumentation rationnelle. Il serait toutefois naïf de penser que, dans une matière de ce genre, la rationalité explique seule les choix accomplis par les acteurs politiques. Il est bien évident que les partis qui espèrent récupérer la majorité des voix des étrangers sont favorables au vote de ceux-ci et inversement. Quand on ne sait pas à quel camp ce vote pourrait profiter, l'enthousiasme en faveur de ce projet baisse généralement d'un cran chez tous les partis concernés.

III – LA LISTE ÉLECTORALE

5.134 > L'exercice du droit de vote suppose encore une condition : il est nécessaire de s'être préalablement fait inscrire sur la liste électorale. L'institution de la liste électorale remonte en France à la IIe République. Elle ne met pas en cause, à la différence des points précédemment considérés, les principes démocratiques qui régissent le droit de vote comme droit subjectif. Elle n'est pas d'ailleurs absolument nécessaire. Il n'en est pas moins vrai que l'existence d'une liste facilite considérablement l'organisation du scrutin et la lutte contre la fraude. Elle permet aussi de répartir géographiquement les électeurs. Il est en effet nécessaire, pour les élections locales, de déterminer non seulement qui a le droit de voter mais aussi qui a le droit de voter, dans telle commune ou dans tel canton. Il convient donc de considérer d'une part le fonctionnement de la liste électorale, d'autre part les critères de rattachement à une commune.

A - FONCTIONNEMENT DE LA LISTE ÉLECTORALE

1 - Contenu de la liste

5.135 > Matériellement, la liste se présente comme l'ensemble des noms, rangés par ordre alphabétique, des personnes habilitées à voter dans le bureau de vote concerné. Doivent y figurer les éléments nécessaires à l'identification de l'individu : nom, prénoms, domicile[24] ou résidence avec indication de la rue et du numéro « là où il en existe » (art. L. 18 du Code électoral) ainsi que la date et le lieu de naissance (art. L. 19). Elle est déposée au secrétariat de la mairie (art. L. 21). Tout électeur peut en prendre communication et copie, mais à condition de s'engager à ne pas en faire un usage commercial (art. R. 16, 3e al.). Les listes, qui sont utilisées pour tous les scrutins politiques, nationaux ou locaux, sont, au terme de l'article L. 16, permanentes et révisables. La permanence de la liste implique que l'électeur inscrit n'a pas à solliciter une nouvelle inscription à chaque scrutin. Les listes sont révisées chaque année selon un calendrier précis : les demandes d'inscriptions sont déposées entre le 1er septembre et le 31 décembre. Un tableau rectificatif est déposé le 10 janvier à la mairie. Les listes sont définitivement arrêtées le dernier jour de février (art. R. 5, R. 10 et R. 16).

En vue des élections européennes, des listes électorales complémentaires sont dressées, dans chaque bureau de vote, pour l'inscription des ressortissants de l'Union européenne qui votent en France (loi du 7 juillet 1977, art. 2-2 à 2-8 ; décret du 28 février 1979, art. 2-3 à 2-5).

5.136 > Les électeurs doivent s'inscrire sur les listes électorales : la combinaison des articles L. 9 et R. 1 à 3 du Code électoral ne laisse aucun doute sur le caractère obligatoire de cette démarche. Toutefois, aucune sanction n'étant prévue en cas de défaut d'inscription, il est tacitement admis que ce devoir demeure purement moral.

La loi du 10 novembre 1997 a introduit dans le Code électoral des articles L. 11-1 et L. 11-2, qui posent le principe d'une inscription d'office des personnes qui atteignent l'âge de dix-huit ans sur la liste de la commune où se trouve leur domicile. Mais cette mesure, qui se

24. La loi du 29 juillet 1998 a prévu des dispositions spéciales pour l'inscription sur la liste électorale des personnes sans domicile fixe : voir articles L. 15-1 et L. 18, 2e alinéa.

heurte à de graves difficultés pratiques, d'ailleurs prévisibles, n'a nullement mis un terme au problème.

2 - *Autorité compétente*

5.137 > L'autorité compétente pour surveiller la tenue de la liste électorale est une commission administrative de trois membres constituée pour chaque bureau de vote (art. L. 17). Elle est composée du maire ou de son représentant, du délégué de l'administration désigné par le préfet ou le sous-préfet et d'un délégué désigné par le président du tribunal de grande instance. Dans les communes de plus de 10 000 habitants, le délégué de l'administration doit être choisi en dehors des membres du conseil municipal. Une liste générale des électeurs de la commune est dressée, d'après des listes établies par bureau de vote, par une commission composée de la même manière. À Paris, Lyon et Marseille, cette liste est divisée par arrondissement.

5.138 > La commission doit évidemment inscrire les personnes qui en font la demande et remplissent les conditions exigées. Elle retranche de la liste au terme de l'article R. 7 « les électeurs décédés, ceux dont la radiation a été ordonnée par l'autorité compétente et ceux qui ont perdu les qualités requises par la loi » ainsi que « les électeurs qu'elle reconnaît avoir été indûment inscrits quoique leur inscription n'ait point été attaquée ».

5.139 > L'article L. 25 attribue compétence au tribunal d'instance pour connaître de toutes les contestations relatives aux décisions de la commission administrative. Celui-ci peut être saisi par la personne intéressée, par tout électeur inscrit sur la liste électorale de la commune, par le préfet ou le sous-préfet qui peuvent demander l'inscription ou la radiation d'un électeur, indûment omis ou inscrit. Il s'agit d'une action populaire qui tend à assurer la sincérité des listes électorales et ne peut donner lieu à demande de dommages-intérêts de la part des électeurs dont l'inscription est contestée. L'action, d'autre part, est individuelle et ne peut être présentée au nom d'un parti politique.

5.140 > Une procédure spéciale est prévue pour des personnes qu'un changement de situation intervenu après la clôture des délais d'inscription a empêché de présenter leur demande avant celle-ci. Ce droit est réservé, au terme de l'article L. 30, aux fonctionnaires mutés ou mis à la retraite, aux militaires renvoyés dans leurs foyers, aux personnes qui atteignent l'âge de la majorité, qui ont été naturalisées ou qui recouvrent l'exercice du droit de vote. Les demandes sont déposées à la mairie et recevables jusqu'au dixième jour précédant le scrutin (art. L. 31). Elles sont examinées par le juge d'instance dont les décisions sont signifiées à l'intéressé et, s'il y a lieu, au maire de la commune d'inscription (art. L. 32 et L. 33).

B - LES CRITÈRES DE RATTACHEMENT À UNE COMMUNE

5.141 > L'article L. 11 du Code électoral énumère les éléments de rattachement applicables aux personnes sédentaires. Mais des dispositions spéciales ont dû être mises au point pour les personnes itinérantes et pour les Français de l'étranger.

5.142 > Quatre hypothèses sont envisagées : le domicile réel ; la résidence depuis six mois ; l'inscription au rôle des contributions directes communales pour la cinquième année consécutive : cette disposition est également applicable au conjoint ; enfin, la résidence obligatoire de certains fonctionnaires publics. On observe qu'à la différence de la résidence, la condition de domicile s'applique sans restriction de durée. Le domicile est défini, selon la jurisprudence traditionnelle, comme lieu du principal établissement ou centre des intérêts familiaux et professionnels. Il doit être réel et personnel, mais peut être établi par tous moyens. L'appréciation du tribunal d'instance est souveraine. La résidence doit être effective et continue. Il peut arriver qu'un électeur remplisse ces conditions simultanément dans plusieurs communes. Il dispose alors d'un choix. Si l'électeur n'est pas rattaché à la Commune, sa radiation peut être ordonnée. Toutefois, la Cour de cassation considère que la disparition d'une des conditions ne suffit pas à justifier la radiation : il est nécessaire de vérifier que ne subsiste aucun élément de rattachement.

5.143 > La situation des Français de l'étranger est réglée par l'article L. 12. Ceux-ci peuvent demander leur inscription dans leur commune de naissance, la commune de leur dernier domicile, la commune de leur dernière résidence si celle-ci a duré au moins six mois, la commune de naissance ou de rattachement d'un de leurs ascendants comme sur la liste électorale de laquelle est inscrit ou a été inscrit un de leurs parents jusqu'au quatrième degré. Une circulaire du 16 octobre 2006 précise que l'article L. 11 2° (inscription sur la liste des communes ou l'électeur paie des impôts) est applicable aux Français de l'étranger. Ces dispositions sont applicables aux conjoints (art. L. 14). Ce système présente l'inconvénient d'exclure, malgré l'interprétation extensive qui a été données des textes, les personnes qui n'entrent dans aucune des catégories définies, situation sans doute exceptionnelle mais néanmoins concevable. Le règlement de ces cas nécessiterait la mise au point d'un régime spécifique.

5.144 > Les militaires et leurs conjoints peuvent être rattachés à une commune selon les mêmes critères, auxquels s'ajoute la commune où leur bureau de recrutement possède son siège (art. L. 13).

5.145 > Les mariniers et leurs familles peuvent s'inscrire dans des communes dont la liste est donnée par l'article L. 15.

5.146 > Un problème spécifique est posé par les nomades (au sens large), c'est-à-dire par les personnes – autres que celles considérées au point précédent – qui ne possèdent pas de résidence fixe et ne sont pas pour autant « sans domicile fixe » au sens des articles L. 11-1 et L. 11-2. Longtemps considérées avec suspicion, soumises à des mesures de surveillance étroites et vexatoires, rien n'était prévu pour leur permettre d'exercer leurs droits politiques. Situation évidemment choquante : faut-il être sédentaire pour être homme ? Le problème était cependant délicat, car l'organisation concrète du vote suppose implicitement la sédentarité. La loi du 3 janvier 1969 s'est efforcée de pallier la difficulté en posant dans son article 7 que les personnes itinérantes doivent choisir une commune de rattachement. Celui-ci est prononcé par le préfet ou le sous-préfet après avis motivé du maire. Le nombre des personnes rattachées ne peut dépasser 3 % de la population municipale constatée par le dernier recensement (art. 8). Trois ans de rattachement ininterrompu à la même commune permettent d'obtenir l'inscription sur les listes électorales. Ces mesures visent évidemment à désarmer les préventions des populations locales tout en évitant l'afflux conjoncturel d'électeurs itinérants en certains lieux et à certains moments. Mais on ne peut que s'interroger sur les conséquences restrictives qui en résultent. Les personnes concernées sont exclues pendant trois ans du droit de vote, sauf si elles ont été rattachées à une commune pendant la durée nécessaire avant leur majorité. Cette mesure discriminatoire, unique en droit français, devrait certainement être supprimée.

§ 2 - LE DROIT DE SE PORTER CANDIDAT

5.147 > On a vu dans le titre I que le droit de se porter candidat apparaît aujourd'hui, aux yeux de la doctrine et des normes internationales, comme inséparable du droit de vote. Il pourrait sembler logique, dans ces conditions, que les conditions de l'électorat et de l'éligibilité coïncident, autrement dit que tout électeur soit éligible et réciproquement. L'évolution du droit positif français est bien allée en ce sens, dans la mesure où certaines restrictions à l'éligibilité ont été supprimées. Un décalage subsiste pourtant, parfois justifié par des raisons techniques, parfois par des considérations d'un autre ordre dont la légitimité semble discutable. Sur certains points, les conditions à remplir pour être éligibles sont plus exigeantes que celles pour être électeur. Le Conseil constitutionnel a d'autre part admis que des raisons « tendant à préserver la liberté de l'électeur ou l'indépendance de l'élu » peuvent justifier certaines restrictions à l'éligibilité. La question se pose également de savoir si tout électeur peut être candidat partout ou si des restrictions d'ordre géographique sont susceptibles d'être imposées.

I - DES CONDITIONS PLUS EXIGEANTES

5.148 > Les conditions exigées pour l'éligibilité sont plus restrictives que pour l'électorat en matière d'âge et de capacité, mais non de nationalité. En revanche, un problème nouveau se pose : la situation par rapport au service national.

A - L'ÂGE

5.149 > L'âge minimum pour être élu varie selon les élections. Il est de 18 ans pour les conseillers municipaux (art. L. 228, 1er al. du Code électoral), les conseillers généraux et régionaux (art. L. 194, 1er al. et L. 339, 1er al., respectivement). Dans ce cas, l'âge de l'éligibilité et celui de l'électorat coïncident donc. Il est de 23 ans pour la présidence de la République (loi du 6 novembre 1962, art. 3. II), les députés (art. LO 127) et les représentants de la France au Parlement européen (art. 5 de la loi du 7 juillet 1977). Enfin, pour les sénateurs, il est de 30 ans depuis juillet 2003. Il était auparavant de 35 ans. L'écart avec les conditions d'éligibilité à l'Assemblée nationale subsiste donc, mais tend à se réduire.

En dehors du dernier cas, qui possède une justification de principe dans la volonté de conférer une physionomie spécifique à la Chambre haute du Parlement, ce dégradé savant paraît arbitraire. Il n'est nullement le résultat d'une pensée profonde qui mesurerait l'importance des carrières offertes à l'ambition des jeunes candidats en fonction de leurs capacités présumées. Si tel était le cas, il serait d'ailleurs étrange qu'un président de la République potentiel doive attendre sept ans pour faire son entrée au Sénat...

La situation procède seulement du fait que les règles en question ont été arrêtées à des dates différentes et qu'aucune harmonisation générale n'a été opérée. Les électeurs demeurant libres de juger trop jeune un candidat à la députation de 18 ans, on ne voit guère ce qui justifie le décalage entre l'âge de l'éligibilité et celui de l'électorat.

B - LA CAPACITÉ

5.150 > En ce qui concerne tout d'abord les élections présidentielles, législatives et sénatoriales, sont inéligibles les individus privés temporairement du droit de vote, pour une durée double de celle durant laquelle ils ne peuvent être inscrits sur les listes électorales (art. LO 130). L'inéligibilité peut être également prononcée comme peine complémentaire en application des lois qui le prévoient, sans privation du droit de vote (*ibid.*). Les majeurs en curatelle sont également inéligibles (*ibid.*).

5.151 > D'autres inéligibilités résultent des infractions aux dispositions qui visent à moraliser la vie politique. Ainsi, les députés et sénateurs doivent déposer une déclaration de patrimoine auprès de la Commission pour la transparence financière de la vie politique dans les deux mois qui suivent leur entrée en fonction ; indiquer durant leur mandat toutes les modifications substantielles de leur patrimoine ; déposer une nouvelle déclaration deux mois au plus tôt et un mois au plus tard avant l'expiration de leur mandat (art. LO 135-1, dans la rédaction que lui a donné la loi organique du 19 janvier 1995). Un parlementaire qui manque à l'une de ces dispositions est inéligible pour un an (art. LO 128, 1er al.). Il en est de même pour le parlementaire qui n'a pas déposé son compte de campagne prévu à l'article L. 52.12 dans le délai de deux mois imparti et pour celui dont le compte de campagne a été rejeté par la Commission nationale des comptes de campagne (art. LO 128, 2e al.). Quant au parlementaire qui a dépassé le plafond des dépenses fixé par l'article L. 52.11, il peut être déclaré inéligible pour un an, mais le Conseil constitutionnel, saisi par la Commission nationale des comptes de campagne, dispose ici d'un pouvoir d'appréciation.

5.152 > L'ensemble de ces dispositions, sauf celles relatives aux déclarations de patrimoine, sont également applicables aux élections locales. Quelques règles subsidiaires existent cependant dans ce cas. Les conseillers municipaux déclarés démissionnaires d'office, en application de l'article L. 2 121-5 du Code général des collectivités territoriales, pour avoir refusé de remplir certaines de leurs fonctions, sont inéligibles pour un an (art. L. 235). Il en est de même pour les conseillers généraux (art. L. 204, 2e al.).

C - LA NATIONALITÉ

5.153 > Jusqu'en 1983, les personnes ayant acquis la nationalité française par naturalisation ou mariage étaient inéligibles pendant dix ans aux élections politiques. Ces dispositions, qui résultaient de l'ancien article LO 128 du Code électoral, ont été abrogées par la loi organique du 20 décembre 1983. Cette modification illustre bien le changement de perspective qui s'est manifesté en matière de droits politiques : à une conception qui fait de ceux-ci un honneur qui se mérite tend à se substituer celle d'un droit qui s'exerce. La première conception légitimait des restrictions que la seconde exclut.

5.154 > Par ailleurs, on a vu précédemment que les ressortissants des États membres de l'Union européenne sont éligibles aux élections européennes et aux élections municipales, mais qu'ils ne peuvent occuper les fonctions de maires et d'adjoints ni participer à la désignation des délégués sénatoriaux.

D - SITUATION PAR RAPPORT AU SERVICE NATIONAL

5.155 > L'article L. 45 du Code électoral pose que « nul ne peut être élu s'il ne justifie avoir satisfait aux obligations de la loi sur le recrutement de l'armée ». L'abandon de la conscription par la loi du 28 octobre 1997 a fait perdre tout enjeu à des questions auxquelles la jurisprudence avait auparavant apporté des réponses (*quid* du candidat accomplissant son service national, sursitaire, etc. ?). Seules devraient logiquement subsister les obligations évoquées par cette loi : recensement, appel de préparation à la défense et – éventuellement – appel sous les drapeaux. Quant à la disposition relative aux mandats parlementaires, issue de l'ordonnance du 24 octobre 1958 et plus restrictive en ce qu'elle exigeait que les candidats aient « définitivement » satisfait aux perceptions légales, elle ne semble plus avoir d'enjeu que dans cette dernière hypothèse.

E - LA PARITÉ

5.156 > Un nouveau problème est en revanche posé par le principe d'égal accès des femmes et des hommes aux mandats électoraux et fonctions électives (art. 3, al. 5 de la Constitution) dont l'article 4, 2e alinéa confie pour une part la mise en œuvre aux partis politiques. Ces dispositions sont issues de la loi constitutionnelle du 8 juillet 1999, elle-même rendue nécessaire par une décision du Conseil constitutionnel qui avait en 1982 déclaré non conforme à la Constitution le principe d'un quota par sexe. Sur la base de ces textes, le législateur a adopté la loi du 6 juin 2000, validée par le Conseil constitutionnel[25]. Le principe de parité est mis en œuvre dans les élections au scrutin de liste et implique que l'écart entre le nombre des candidats de chaque sexe ne peut être supérieur à un. Il s'applique, par tranche de six candidats, aux élections municipales, dans les villes de plus de 3 500 habitants, régionales et à l'Assemblée de Corse. Aux élections sénatoriales (dans les départements élisant plus de trois sénateurs) et européennes, chaque liste est composée alternativement d'un candidat de chaque sexe. Les partis qui n'appliquent pas ces dispositions subissent une pénalisation financière sur le montant de l'aide aux partis prévue par la loi du 11 mars 1988. Il ne saurait être question ici de s'interroger sur le bien-fondé du système ainsi mis en place. Mais il convient de se demander s'il ne restreint pas la liberté d'être candidat – ou candidate. En droit strict, la réponse est négative : les candidats excédentaires d'un sexe ou l'autre ne sont pas empêchés de poser leur candidature, y compris sur les listes présentées par les partis puisque la conséquence d'un manquement n'est pas l'inéligibilité, mais seulement une pénalité financière. Néanmoins, le résultat du système – et en tout cas son but – est bien de faire en sorte que des candidats (voire des candidates) qui auraient eu des chances d'être élu(e)s sans ce système ne le soient pas. La possibilité des unes (ou des uns) d'être élu(e)s a pour revers

25. Décision n° 2000-429 du 30 mai 2000.

l'impossibilité des uns (ou des unes) de l'être. Le principe présente donc l'ambivalence caractéristique de toute discrimination positive.

II – LES INÉLIGIBILITÉS TENDANT À PRÉSERVER LA LIBERTÉ DE L'ÉLECTEUR OU L'INDÉPENDANCE DE L'ÉLU

5.157 > Les inéligibilités qu'il convient de considérer maintenant procèdent d'une tout autre logique que les précédentes, qui reposaient sur l'idée d'incapacité entendue au sens large. Ici, un certain nombre de personnes qui jouissent de tous leurs droits sont déclarées inéligibles en raison des fonctions qu'elles occupent. Certaines fonctions d'autorité pourraient en effet conférer à leurs titulaires une influence sur l'électorat qui fausserait le scrutin. Inversement, une dépendance hiérarchique s'exerçant sur l'élu risquerait de porter atteinte au libre exercice de son mandat. Il convient d'observer qu'en cette matière, il importe peu que de tels phénomènes soient observables en fait : le soupçon seul qu'il pourrait en être ainsi justifie des mesures préventives, même si celles-ci sont de nature à restreindre, d'une manière limitée dans l'espace ou le temps, la liberté de certains individus.

5.158 > Par nature, ces dispositions prennent nécessairement la forme d'un catalogue, différent selon les types d'élection. On ne saurait, dans le cadre d'un ouvrage comme celui-ci, en donner la liste exhaustive. On se bornera donc à quelques exemples destinés à illustrer l'idée générale sous-jacente.

5.159 > Aux élections législatives et sénatoriales, sont inéligibles : le médiateur dans toutes les circonscriptions (art. LO 130.1 du Code électoral) ; les préfets de région et les préfets dans toute circonscription comprise dans le ressort où ils exercent leurs fonctions, ou dans lequel ils ont exercé depuis moins de trois ans ; la même règle s'applique aux sous-préfets, à ceci près que la période d'inéligibilité n'est que d'un an (art. LO 131) ; dans le ressort où ils exercent leurs fonctions, ou dans lequel ils les ont exercées depuis moins de six mois, dix-neuf catégories de hauts fonctionnaires, notamment les magistrats, les officiers exerçant un commandement territorial, les recteurs et inspecteurs d'académie, les trésoriers-payeurs généraux, les inspecteurs généraux ou ingénieurs en chef de diverses administrations (ponts et chaussées, eaux et forêts, services vétérinaires, etc.), les directeurs des impôts, les directeurs départementaux de l'action sanitaire et sociale, de la construction, de la police et les commissaires de police, notamment (art. LO 133).

5.160 > Les inéligibilités aux Conseils généraux sont énumérées par les articles L. 195 et L. 196 du Code électoral. Les catégories citées recoupent largement celles évoquées au point précédent (préfets, magistrats, officiers, etc.). S'y ajoutent des catégories spécifiques telles que les inspecteurs des instruments de mesure dans les cantons de leur ressort et les membres du cabinet du président du Conseil et du président du Conseil régional, les directeurs généraux, les directeurs, les directeurs adjoints, les chefs de service et les chefs de bureau de Conseil général et de conseil régional dans la circonscription où ils exercent ou ont exercé leurs fonctions depuis moins de six mois.

Le médiateur est également inéligible, sauf s'il exerçait ce mandat antérieurement à sa nomination (art. L. 194-1).

5.161 > Pour les élections au conseil régional, les inéligibilités sont posées par l'article L. 340. Celui-ci renvoie aux articles L. 195 et L. 196 lorsque les fonctions exercées ont concerné tout ou partie du territoire de la région. Il déclare également inéligibles les fonctionnaires placés auprès du représentant de l'État dans la région ou affectés au secrétariat général pour les affaires régionales en qualité de secrétaire général ou de chargé de mission, ainsi que le médiateur, sauf s'il exerçait ce mandat antérieurement à sa nomination.

5.162 > En ce qui concerne les élections municipales, le régime des inéligibilités est posé par l'article L. 231. Là encore, on retrouve les catégories traditionnelles (préfets, magistrats, etc.) ainsi que les collaborateurs des présidents des conseils régionaux et généraux. Il convient d'y ajouter les comptables des deniers communaux et les entrepreneurs de services municipaux ainsi que les agents salariés de la commune. Cette dernière règle, où l'idée de subordination de l'élu est évidemment prépondérante, a donné lieu à une jurisprudence abondante. Le juge administratif a reconnu comme critères principaux l'autorité exercée par le maire sur l'agent, la régularité du travail effectué même s'il n'est pas permanent et la rémunération sur fonds communaux. Le médiateur ne peut être candidat, sauf s'il exerçait ce mandat antérieurement à sa nomination (art. L. 230-1).

5.163 > Enfin, l'élection des représentants français au Parlement européen ne connaît qu'un cas d'inéligibilité du fait des fonctions exercées, celui du médiateur (art. 5 de la loi du 7 juillet 1977, qui renvoie à l'art. LO 130-1 du Code électoral).

III – LE LIEN AVEC UNE CIRCONSCRIPTION

5.164 > Le droit positif français apporte une autre limite au droit subjectif d'être candidat. Il ne permet pas, en effet, à n'importe qui d'être candidat n'importe où. Toutefois, cette restriction ne vaut que pour les élections locales.

5.165 > En ce qui concerne les élections nationales, en effet, le principe traditionnel veut que chaque député ne représente pas sa circonscription mais la Nation tout entière. Il en découle que tout éligible peut être candidat dans n'importe quelle circonscription. Toute restriction apportée aux droits politiques est *a priori* condamnable si elle ne repose pas sur des raisons impérieuses. On ne peut donc que se féliciter de voir la liberté de candidature préservée en ce domaine. Mais il faut reconnaître que la fiction juridique sur laquelle repose ce principe apparaît aujourd'hui bien désuète. Politiquement, psychologiquement, sociologiquement, le parlementaire est l'élu de sa circonscription. C'est pourquoi le fait que la fin de la souveraineté française en Algérie, à Djibouti, aux Comores et aux Nouvelles-Hébrides ait entraîné la disparition du mandat de leurs parlementaires respectifs ne constitue sans doute pas un scandale, contrairement à ce qu'affirme la doctrine dominante. D'ailleurs, si la fiction représentative était autre chose qu'une fiction, on ne voit pas ce qui justifierait l'interdiction des candidatures multiples, posée en 1889 pour des raisons d'opportunité politique (lutte contre le boulangisme) et reprise aujourd'hui par les articles L. 156 et L. 302 du Code électoral. Pourquoi un candidat serait-il, si l'on peut dire, assigné à résidence dans son effort pour rencontrer la nation ?

5.166 > Pour les élections municipales, l'article L. 228, 2e alinéa indique que sont éligibles au conseil municipal tous les électeurs de la commune et les citoyens inscrits au rôle des contributions directes ou justifiant qu'ils devraient y être inscrits au 1er janvier de l'année de l'élection. Par contribution directe, la jurisprudence a établi que l'on pouvait entendre l'impôt sur le revenu des personnes physiques aussi bien que les impôts locaux. L'article L. 229 pose que les députés et sénateurs sont éligibles dans toutes les communes du département dont ils sont les élus.

Il résulte d'autre part des dispositions qui régissent l'électorat et l'éligibilité que peuvent être élus des personnes qui ne résident pas dans la commune. Or une multiplication excessive de ce type de mandats présenterait d'évidents inconvénients. C'est pourquoi le Code électoral limite le nombre des conseillers non résidents – ou conseillers forains – au quart des membres du conseil municipal dans les communes de plus de 500 habitants, et, dans celles qui en comptent moins, à quatre ou cinq selon que le conseil comporte neuf ou onze membres (art. L. 228, al. 3 et 4). Si ces chiffres sont dépassés, la préférence est déterminée selon l'ordre du tableau indiqué par l'article R. 2121-4 du Code général des collectivités territoriales, autrement dit par la date de l'élection, le nombre de voix obtenues, enfin la priorité accordée au plus âgé.

Les règles de rattachement aux communes des ressortissants de l'Union européenne éligibles aux élections municipales (art. LO 228-1) ont été considérées plus haut (cf. § 5.86).

5.167 > Au Conseil général, l'article L. 194, 2e alinéa dispose que sont éligibles « tous les citoyens inscrits sur une liste électorale ou justifiant qu'ils devraient y être inscrits avant le jour de l'élection, qui sont domiciliés dans le département, et ceux qui, sans y être domiciliés, y sont inscrits au rôle d'une des contributions directes au 1er janvier de l'année dans laquelle se fait l'élection, ou justifiant qu'ils devraient y être inscrits à ce jour, ou ont hérité depuis la même époque, d'une propriété foncière dans le département ». Le nombre des conseillers non domiciliés ne peut dépasser le quart de l'effectif total (art. L. 194, 3e al.). L'élection des conseillers en surnombre est annulée. Ceux-ci sont désignés par tirage au sort (art. L. 209, 3e al.).

5.168 > Enfin, pour les élections régionales, les critères posés par l'article L. 339, 2e alinéa sont exactement calqués sur ceux retenus pour les Conseils généraux, à ceci près que l'héritage d'une propriété foncière ne confère pas l'éligibilité et qu'aucun quota de conseillers régionaux non résidents n'est fixé.

»Exercices de préparation au grand oral

Exercice n° 1

› Sujet

Les droits de l'homme sont-ils compatibles avec la démocratie ?

› Éléments de corrigé

Introduction

La formulation du sujet est provocante, dans la mesure où elle pose la question de la compatibilité entre deux notions qui sont non seulement tenues pour des valeurs centrales de nos sociétés, mais qui sont même considérées comme identiques dans le discours courant. Le sujet invite justement à réfléchir, au-delà de ce consensus apparent, sur les divergences et les convergences possibles entre ces notions. En fait, les droits de l'homme et la démocratie sont des phénomènes distincts qui peuvent entrer en conflit ; mais la démocratie, qui demeure la condition nécessaire des droits de l'homme, s'avère susceptible de permettre l'épanouissement de ceux-ci.

I. La démocratie et les droits de l'homme sont des phénomènes distincts qui peuvent entrer en conflit

a) Des phénomènes distincts…

- Par leur origine : la démocratie est une création de la Grèce antique. Elle ne s'exerce qu'au profit d'un corps civique restreint, fondé sur une définition juridique stricte et dont les exclus (femmes, étrangers, esclaves) n'ont aucun droit à faire partie. Elle ne respecte en outre aucune des garanties qu'expose par exemple la Déclaration des droits de 1789.

Les droits de l'homme sont au contraire une création du XVIIIe siècle. Ils sont conceptualisés dans une Europe monarchique, où l'opinion dominante demeure que les rois règnent légitimement.

- Par leur définition : les droits de l'homme impliquent des droits subjectifs reconnus aux individus et dont ils jouissent à la seule condition d'appartenir à l'espèce humaine. C'est un absolu matériel qui s'incarne dans un contenu (droit à la vie, etc.). La démocratie implique la souveraineté populaire. C'est un absolu formel, qui s'incarne dans une procédure, la décision majoritaire du peuple.

b) … qui peuvent entrer en conflit

- Rien n'exclut, mais rien ne garantit la convergence entre absolu matériel et absolu formel. Autrement dit, il peut exister des situations où la volonté majoritaire du peuple peut entrer en conflit avec une norme qui actualise un droit de l'homme.
- Le risque devient menaçant dès lors que se trouve en question la situation de minorités (nationales, religieuses, linguistiques, cultuelles, sexuelles, etc.), puisque par définition elles ne peuvent appuyer leurs droits sur la règle majoritaire. L'hypothèse d'une oppression démocratique est donc ici réelle.

II. La démocratie, qui est la condition nécessaire des droits de l'homme, peut permettre l'épanouissement de ceux-ci

a) La démocratie est la condition nécessaire des droits de l'homme

- Négativement, parce que tous les régimes autoritaires, dictatoriaux ou totalitaires en viennent à violer les droits de l'homme. Même s'ils respectent un droit privé des individus, ils ne le font que dans la mesure où l'intérêt du régime n'est pas en cause. Dans le cas contraire, la violence dont ils usent ne connaît aucune limite et met en péril les droits les plus élémentaires.
- Positivement, parce que la démocratie ne peut fonctionner sans élections et sans débat, ce qui implique d'une part l'existence d'un droit appliqué par un juge indépendant, et d'autre part la liberté d'expression, la liberté de réunion et d'association, la liberté de la presse, etc., toutes conditions également nécessaires à la définition et au respect des droits de l'homme.

b) La démocratie peut permettre l'épanouissement des droits de l'homme

- Parce que la majorité s'oppose au maintien des privilèges qui réservent à une oligarchie la jouissance de certaines prérogatives.
- Parce qu'elle est susceptible de s'autolimiter en reconnaissant aux minorités le droit de préserver leur spécificité. Plus généralement, les progrès de la culture démocratique rendent possible l'élaboration de compromis entre les différents groupes. La pacification relative des conflits qui en découle crée un contexte favorable à la régulation par le droit.

Conclusion

Des tensions existent entre les deux notions. Il serait irréaliste et sans doute dangereux de la nier. Plus dangereux encore apparaîtrait la tentation de privilégier le droit sur la démocratie, dans la mesure où il n'existe plus aujourd'hui d'autre source concevable de la légitimité que le consentement du peuple. Mais, au moins dans les sociétés occidentales, les facteurs communs entre démocratie et droits de l'homme sont suffisamment nombreux et puissants pour que la convergence l'emporte sur les divergences.

Exercice n° 2

Sujet

Le droit de vote est-il un droit subjectif ?

Éléments de corrigé

Introduction

L'électeur a-t-il un droit de voter ou un droit au vote ? La question n'est pas purement rhétorique. Sa réponse a longtemps été incertaine ou controversée. Aujourd'hui encore, le problème est rarement posé en ces termes. Parce que sa réponse n'est plus douteuse ? Ou parce que l'on préfère n'en pas explorer les implications ? De toute manière, il semble utile de faire le point. En fait, il fut longtemps possible de refuser au droit de vote le caractère de droit subjectif, mais la solution contraire s'est aujourd'hui imposée. Toutefois, si le principe du suffrage universel n'est plus contesté, ses modalités peuvent encore susciter des difficultés.

I. Il fut longtemps possible de refuser au droit de vote le caractère de droit subjectif mais la solution contraire s'est aujourd'hui imposée

a) Un long refus

Même dans des régimes qui proclamaient l'existence des droits de l'homme, comme par exemple la Constitution de 1791, le droit de vote n'était pas un droit subjectif. Les élites craignaient l'influence des masses incultes ou supposées telles. Le pouvoir de la raison était opposé à celui du nombre. Il était donc légitime d'organiser le suffrage de façon à neutraliser ces données quantitatives : suffrage censitaire, théorie de la souveraineté nationale. Les femmes étaient d'autre part exclues du droit de vote, pour des raisons de moins en moins facile à justifier.

b) Le triomphe du droit subjectif

Il fut lent. Les textes internationaux relatifs aux droits de l'homme – dont le caractère de droits subjectifs est indéniable – ne firent longtemps aux droits politiques qu'une place modeste, en des termes parfois ambigus, pour ne pas heurter la sensibilité de certains États. Mais il n'est plus aujourd'hui contesté, comme en témoigne, au terme de son évolution, la jurisprudence de la Cour européenne des droits de l'homme, qui interprète dans un sens subjectif l'article 3 du premier protocole additionnel.

II. Si le principe de l'universalité du suffrage n'est plus contesté, certaines modalités peuvent cependant encore apparaître problématiques

a) L'universalité du suffrage n'est plus contestée

Il n'apparaît plus possible d'écarter une catégorie d'individus du droit de vote. Le suffrage censitaire ou l'exclusion des femmes sont aujourd'hui proprement inconcevables. Plus récemment, des aménagements ont été introduits dans le droit français pour permettre à certaines catégories l'usage effectif de ce droit : nomades et personnes sans domicile fixe (naguère pénalisées par l'obligation, purement fonctionnelle, de s'inscrire sur la liste électorale d'une commune), personnes incarcérées mais non condamnées à la privation des droits civiques. Les seules restrictions qui subsistent sont liées à l'âge et aux condamnations pénales.

b) Mais certaines modalités restent problématiques

On note ainsi :

- le problème de l'inscription sur les listes électorales. Cette démarche n'est souvent pas accomplie par les intéressés. La loi a prévu une inscription automatique pour les personnes atteignant leur majorité, mais les difficultés d'application de cette mesure la rendent largement inefficace ;
- le problème du vote obligatoire. Devant le développement de l'abstention, des voix de plus en plus nombreuses préconisent l'instauration du vote obligatoire (appliquées dans certains pays européens comme la Belgique). On peut toutefois s'interroger sur l'opportunité de transformer un droit en devoir ;
- le problème du vote des étrangers. Le fait de résider et de payer des impôts dans un pays crée-t-il un droit subjectif à voter dans ce pays ? Ou l'accès au droit de vote ne peut-il passer (abstraction faite du cas particulier des ressortissants de l'Union européenne) que par la naturalisation ? La réponse n'apparaît pas évidente.

Conclusion

Le sens de l'évolution est clair. Peut-on en déduire un pronostic quant aux questions aujourd'hui controversées ? Ce n'est pas sûr. Car on touche maintenant à des domaines qui dépassent le problème étroitement considéré du droit de vote pour toucher aux définitions même de la citoyenneté et de la démocratie.

CHAPITRE VI

Les libertés collectives

JEAN DUFFAR
Professeur des Facultés de Droit

6.1 > Les libertés collectives sont des pouvoirs reconnus aux personnes d'agir ensemble et éventuellement de s'organiser à cette fin. Reproduit et multiplié, un comportement individuel change de nature juridique : l'arrêt de travail d'un salarié isolé n'est pas une grève.

6.2 > Ce n'est pas tant la réglementation spécifique qui est ici étudiée, mais le point de vue des libertés qui fait l'objet principal de l'exposé. Celui-ci prend le droit français pour point de départ, et chaque fois que le rapprochement en est possible, compare les instruments internationaux et en particulier l'article 11 de la Convention européenne et sa jurisprudence, aux dispositions du droit interne. Pour la Cour européenne des droits de l'homme (ci-après « la Cour »), « l'article 11 doit s'envisager à la lumière de l'article 10. La protection des opinions et la liberté de les exprimer constituent l'un des objectifs de la liberté de réunion et d'association consacrée par l'article 11 »[1]. « Lorsque l'organisation de la communauté religieuse est en cause, l'article 9 doit s'interpréter à la lumière de l'article 11 de la Convention qui protège la vie associative contre toute ingérence injustifiée de l'État »[2].

6.3 > Les libertés collectives sont présentées en quatre sections : les rassemblements éphémères : la liberté de réunion (section I) et le droit de manifester (section II) ; les groupements institutionnels : la liberté d'association (section III) et la liberté syndicale (section IV).

6.4 > Les rassemblements (réunions, cortèges, manifestations, défilés, etc.) éphémères durent tout au plus quelques heures. Ceux qui les composent peuvent se connaître déjà, mais souvent, ils assistent à la réunion ou à la manifestation sans faire connaissance et ne se reverront pas. Aussi cette relative absence de cohésion entre les participants, jointe à la courte durée du rassemblement, rend inutile une organisation juridique pesante. Pourtant, ces rassemblements contribuent à la vitalité d'une « société démocratique ».

1. *Parti Socialiste de Turquie (STP) et autres c/ Turquie*, 12 novembre 2003, 36.
2. Cour, *Hassan et Tchaouch*, 62 ; *Église Métropolitaine de Bessarabie*, 13 décembre 2001, 118.

Par leur fréquence, ils témoignent de l'intérêt des citoyens pour des causes communes. Ils permettent l'expression collective non seulement des idées et des opinions, mais aussi des émotions et des sentiments. Deux exemples seront présentés : ils feront chacun l'objet d'une section : la réunion publique et la manifestation sur la voie publique.

6.5 > La réunion est à l'origine de tous les rassemblements autorisés. La réunion privée, en droit français, se rattache à la libre disposition du domicile par les particuliers. La réunion publique, qui sera seule étudiée ici, intéresse l'ensemble des libertés intellectuelles et politiques puisqu'elle conditionne l'échange, le débat et l'action collective (section I).

6.6 > La manifestation sur la voie publique, reconnue plus récemment par le droit, élevée voici peu au niveau constitutionnel, s'exprime surtout par l'adhésion à certaines causes ou idées, mais sous une forme qui exclut le débat, par une démarche collective, plus corporelle qu'intellectuelle (section II).

Section I

LA LIBERTÉ DE RÉUNION

6.7 > La liberté des réunions publiques est rétablie en France par l'article 1 de la loi du 30 juin 1881, environ un mois avant que la liberté de la presse ne soit instaurée par la loi du 29 juillet 1881. Rétablissement, parce que le droit pour les citoyens de s'assembler paisiblement et sans armes a été déjà inscrit dans les trois constitutions : du 3 septembre 1791 (Titre I), du 24 juin 1793 (art. 7) et du 4 novembre 1848 (art. 8). Ces proclamations n'ont pas suffi : le droit de se réunir n'a jamais été totalement libre : tantôt soumis à une déclaration préalable selon les circonstances (art. 62 de la loi du 14 décembre 1789 ; décret du 24 juillet 1848 ; loi du 6 juin 1868 et art. 8 de la loi du 30 juin 1881), mais plus fréquemment encore assujetti à une autorisation préalable (art. 291-294 du Code pénal de 1810 ; décret du 28 juillet 1848 ; décret du 25 mars 1852 ; loi du 6 juin 1868).

6.8 > La proximité chronologique entre la reconnaissance des libertés de réunion et de la presse n'est pas fortuite. La réunion est une forme collective d'expression[3] et la liberté d'expression ne peut pleinement s'exercer que dans un régime démocratique. Dans plusieurs États européens, la liberté de réunion n'a été inscrite dans les constitutions ou dans d'autres textes qu'après l'instauration de régimes dits « républicains »[4].

6.9 > Parmi les instruments universels, l'article 20 de la Déclaration universelle des droits de l'homme du 10 décembre 1948 reconnaît à toute personne le droit à la liberté de réunion et d'association pacifique et l'article 2 du Pacte international relatif aux droits

---

3. Le droit à la liberté d'expression garanti par l'article 10, constitue l'un des principaux moyens permettant d'assurer la jouissance effective du droit à la liberté de réunion et d'association consacré par l'article 11 ». inter alia *Cour Rekvenyi c/ Hongrie*, 20 mai 1999, 58 ; *Nilsen et Johansen c/ Norvège*, 25 novembre 1999, 44.
4. Conseil de l'Europe, 15 octobre 1976, Mise en œuvre de l'article 57 de la CEDH, H (76) 15.

civils et politiques (PIDCP) du 16 décembre 1966 garantit le droit de réunion pacifique dont l'exercice ne peut faire l'objet que des seules restrictions imposées conformément à la loi et qui sont nécessaires dans une société démocratique dans l'intérêt de la sécurité nationale, de la sûreté publique, de l'ordre public ou pour protéger la santé ou la moralité publiques, ou les droits et libertés d'autrui. Il n'apparaît pas que le droit à la liberté de réunion ait donné lieu à une pratique ou à des études au sein des organes des Nations unies[5].

6.10 › Les instruments non européens de caractère régional reconnaissent le droit à la liberté de réunion, dans des formulations voisines. L'article 15 de la Convention américaine relative aux droits de l'homme (CADH) du 22 novembre 1969 précise le droit de réunion pacifique « et sans armes ». Plus récent, l'article 21 de la Charte africaine des droits de l'homme et des peuples du 26 juin 1981 ne se réfère pas à la « Société démocratique » : « Toute personne a le droit de se réunir librement avec d'autres. Ce droit s'exerce sous la seule réserve des restrictions nécessaires édictées par les lois et règlements, notamment dans l'intérêt de la sécurité nationale, de la sûreté d'autrui, de la santé, de la morale ou des droits et libertés des personnes ».

6.11 › Parmi les instruments européens, il faut citer, d'abord, la Convention européenne des droits de l'homme (CEDH) du 4 novembre 1950 qui s'applique directement en France et a donné matière à jurisprudence. L'article 11 § 1 de la CEDH, comme l'article 20 de la DUDH (cf. *supra*) traite dans un seul article la liberté de réunion et d'association : « Toute personne a droit à la liberté de réunion pacifique (...) ». Le paragraphe 2 de l'article 11 introduit les limitations suivantes : « L'exercice de ces droits ne peut faire l'objet d'autres restrictions que celles qui, prévues par la loi, constituent des mesures nécessaires dans une société démocratique à la sécurité nationale, à la sûreté publique, à la défense de l'ordre et à la prévention du crime, à la protection de la santé ou de la morale ou à la protection des droits et libertés d'autrui. Le présent article n'interdit pas que des restrictions légitimes soient imposées à l'exercice de ces droits par les membres des forces armées, de la police ou de l'administration de l'État ». Pour la Cour, la protection des opinions personnelles, assurée par l'article 10, compte parmi les objectifs de la liberté de réunion pacifique telle que la consacre l'article 11 de la Convention. Le requérant, Chypriote turc, n'est pas autorisé à traverser la « ligne verte » pour rencontrer des Chypriotes grecs[6] : « la Cour estime que l'article 11 de la Convention prime en tant que *lex specialis* pour les réunions de sorte qu'il n'y a pas lieu de considérer la question séparément sous l'angle de l'article 10. Toutefois la Cour prendra l'article 10 en compte lorsqu'elle examinera et interprétera l'article 11 »[7]. En revanche, l'interdiction générale

5. *Activités de l'ONU dans le domaine des droits de l'homme*, Nations unies, New York, 1992, Centre pour les droits de l'homme, ST/HR/2/Rev. 3 p. 244, n° 384.

6. La Cour n'accepte pas que le grief du requérant se limite au droit à la liberté de circulation 55. La Turquie n'avait pas ratifié le Protocole n° 4 dont l'article 2 proclame la liberté de circulation.

7. Cour n° 20652/92, *Djavit An c/ Turquie*, 20 février 2003 ; n° 10877/04, *Serguei Kouznetsov c/ Russie*, 23 octobre 2008, 23 ; n° 35570/02, *Özbek et autres c/ Turquie*, 6 octobre 2009, 19 : les griefs soulevés sous l'angle des articles 9 et 14 sont absorbés par le grief principal tiré de l'article 11 que la Cour examine seul.

d'accéder à Davos, faite en particulier à un journaliste qui voulait s'y rendre pour rédiger un article, constitue une ingérence dans l'exercice de sa liberté d'expression[8].

6.12 > Il résulte de l'ensemble de ces sources internes et internationales que le droit à la liberté de réunion est regardé comme fondamental dans une société démocratique (§ 2), ce caractère explique le régime juridique particulièrement libéral dont il bénéficie (§ 1).

§ 1 - UN RÉGIME JURIDIQUE PARTICULIÈREMENT LIBÉRAL

6.13 > La réunion publique, à la différence de la réunion privée, est ouverte à tous sans que son accès soit subordonné à l'appartenance à une association ou à la présentation d'une invitation. Pour maintenir et assurer cette liberté d'accès et de participation, la liberté de réunion est soumise à un régime répressif (I) assorti de limitations peu contraignantes (II).

I – UN RÉGIME RÉPRESSIF

6.14 > Les réunions publiques, qui sont libres par application de l'article 1 de la loi du 30 juin 1881, se tiennent sans autorisation préalable, et depuis la loi du 28 mars 1907, sans déclaration préalable[9]. L'exercice de cette liberté n'est pas soumis à un régime préventif : ce n'est que dans le cas où les dispositions de la loi ne seraient pas respectées que les infractions seront ultérieurement punies, mais par des peines de simple police sans préjudice des poursuites pour crimes et délits qui pourraient être commis dans les réunions : ceux-ci ne sont pas liés à l'exercice normal de la liberté de réunion (art. 10).

6.15 > La loi du 30 juin 1881, comme les instruments internationaux, garantit la liberté des seules réunions pacifiques,[10] sans armes : la Cour a considéré que l'occupation de

---

8. Cour n° 02675/05, *Gsell c/ Suisse*, 8 octobre 2009, 49.

9. Un régime d'autorisation préalable ne serait pas en soi contraire à l'article 11 de la CEDH, à condition que la loi établisse des critères d'appréciation qui permettent de prévenir tout risque d'arbitraire de la part des autorités publiques. Commission, Rapport, 5 novembre 1969, Affaire grecque, vol. I, 1re partie, § 393 et s. Les régimes juridiques se répartissent en Europe entre la totale liberté – article 8-1 – de la loi fondamentale d'Allemagne du 23 mai 1949 : « Tous les Allemands ont le droit de se réunir paisiblement et sans armes, sans déclaration ni autorisations préalables » – et les régimes de déclaration (art. 1 de la loi autrichienne sur les réunions n° 95/1953). En droit français : sont soumises à déclaration préalable les parties réunissant plus de 1 500 personnes (art. 1 du décret n° 97-646 du 31 mai 1997 pris pour l'application de l'article 23 de la loi n° 95-73 du 21 janvier 1995 d'orientation et de programmation relative à la sécurité. Cet article 23 a été complété par un article 23-1 issu de la loi n° 2001-1062 du 15 novembre 2001, relative à la sécurité quotidienne. Doivent être déclarés par leurs organisateurs, les rassemblements exclusivement festifs à caractère musical, organisés par des personnes privées, dans des lieux qui ne sont pas au préalable aménagés à cette fin et répondant à certaines caractéristiques fixées par décret. Ces réunions sont tenues, généralement, dans des lieux privés, (*rave-parties*). V. Les décrets du 3 mai 2002 et 21 mars 2006 : les rassemblements de plus de 500 personnes donnant lieu à la diffusion de musique amplifiée et susceptibles de présenter des risques pour la sécurité des participants doivent être déclarés au Préfet ainsi que de multiples informations prévues par le texte qui se rapproche, par son contenu, de la déclaration préalable aux manifestations sur la voie publique.

10. « L'article 11 de la Convention ne protège que le droit à la liberté de "réunion pacifique". Cette notion – selon la jurisprudence de la Convention – ne couvre pas les manifestations dont les organisateurs et participants ont des intentions violentes, (...) mais la liberté de réunion garantie par l'article 11 de la Convention protège aussi les manifestations susceptibles de heurter ou mécontenter des éléments hostiles aux idées ou revendications qu'elles veulent promouvoir », Cour, n° 29221/95 ; 29225/95 *Stankov et Organisation Madédonienne unie Ilinden c/ Bulgarie*, 2 février 2001. Ce sont les exigences du pluralisme déjà mentionnées dans l'arrêt *Handyside*, 7 décembre 1976.49.

l'église Saint-Bernard pendant deux mois par des « sans-papiers » était une réunion pacifique[11]. La réunion pourra être dissoute s'il se produit des collusions et des voies de fait. L'article 431.10 du Code pénal punit de trois ans d'emprisonnement et de 45 000 euros d'amende le fait de participer à une réunion publique en étant porteur d'une arme. Ainsi l'organisation et la participation sont-elles libres, seules sont réprimées, mais *a posteriori* – c'est le régime répressif –, les infractions à la loi du 30 juin 1881 ou celles commises au cours de la réunion.

II – DES LIMITATIONS PEU CONTRAIGNANTES

6.16 > Dans « une société démocratique », la législation doit non seulement garantir, mais même protéger la tenue des réunions dont les buts sont très divers. La réunion est un groupement organisé en vue de l'échange des idées ou la défense des intérêts (Cass. civ., 23 janvier 1995). Réunion politique, littéraire, d'information économique, etc. : il faut que l'auditoire, qui veut en savoir davantage, puisse poser des questions : « conférence suivie d'un débat ». Elle diffère du spectacle qui ne laisse pas le public passif, mais sa participation ne s'exprime pas en demandes et réponses. La réunion peut tendre aussi à l'action collective : défense d'intérêts corporatifs, politiques, moraux, ici les individus réunis veulent obtenir collectivement ce que, dispersés ou isolés, ils ne pourraient atteindre. La loi du 14 décembre 1789, il faut le rappeler, admettait la réunion des citoyens actifs précisément « pour rédiger des adresses ou des pétitions ». La liberté de réunion, « liberté fondamentale »[12] forme de la liberté d'expression, est une condition du pluralisme dans une société démocratique. Par conséquent, son exercice ne peut être limité qu'avec prudence et discrétion. La loi du 8 février 1995 accorde au juge administratif un pouvoir d'injonction ; la loi du 30 juin 2000 remplace le sursis à exécution par le référé-suspension et institue le référé-liberté. Le Conseil d'État a déclaré que le caractère de liberté fondamentale s'attache au droit pour un parti politique légalement constitué de tenir des réunions. Il a enjoint à la Ville d'Annecy d'accueillir le Front National au Centre des Congrès[13].

6.17 > Les réunions, en droit français, ne peuvent se tenir sur la voie publique (loi du 30 juin 1881, art. 6). Les manifestations sur la voie publique ne bénéficient pas du régime juridique des réunions publiques[14]. Il est également « interdit de tenir des réunions publiques dans les locaux servant habituellement à l'exercice d'un culte » (art. 26 de la loi du 9 décembre 1905 concernant la séparation des Églises et de l'État)[15].

– La réunion est non permanente et non périodique. Formée d'un rassemblement momentané de personnes (CE, 6 août 1915, *Delmotte et Senmartin*), sa durée est comprise entre le début de la réunion, annoncé par affiches ou convocations, et la fin de la

11. Cour, *Cissé c/ France*, 9 avril 2000.
12. CE, pourvoi n° 304053, ordonnance du 30 mars 2007, *Ville de Lyon*.
13. CE, Ord. réf. 19 août 2002, *Front National, Institut de Formation des élus locaux*.
14. Aucune disposition ne fait obligation aux maires de mettre la voie publique à la disposition des étudiants pour l'organisation d'élections qui les concernent, CE, 3 mai 1974, *Mutuelle nationale des étudiants de France, AJDA*, 1975, 188.
15. Dans les lycées, la liberté de réunion s'exerce en dehors des heures de cours, selon les modalités prévues par le règlement intérieur et avec l'autorisation du chef d'établissement (art. 4.3, Décret n° 86-164 du 31 janv. 1986 modifié par le décret n° 93-164 du 2 février 1993).

réunion fixée en principe à 23 h ou selon les usages locaux à l'heure de fermeture des établissements publics (art. 6 de la loi). La réunion n'est pas périodique : le groupement des personnes qui la compose ne se reformera pas, d'où en général l'absence de communication et de relations ultérieures entre les participants à une réunion. Il en va différemment des réunions des membres d'une association qui se connaissent et se rencontrent périodiquement. Celles-ci n'ont été autorisées que par la loi du 1er juillet 1901 relative au contrat d'association.

6.19 > L'organisation d'une réunion publique nécessite, en fait, une préparation matérielle (programme, affichage, convocations, recherche d'une salle, etc.), mais juridiquement, depuis la loi du 28 mars 1907, l'obligation de la déclaration préalable a été supprimée. En revanche, pendant son déroulement, la réunion est placée sous l'autorité d'un bureau de trois membres chargé de maintenir l'ordre, d'empêcher toute infraction aux lois, d'interdire tout discours contraire à l'ordre public et aux bonnes mœurs ou contenant provocation à un acte qualifié de crime ou délit (art. 8 de la loi). Les membres du bureau, qui sont responsables des infractions liées à la durée et au déroulement de la réunion, peuvent requérir sa dissolution par le fonctionnaire de l'ordre administratif ou judiciaire présent (art. 9).

§ 2 - UNE LIBERTÉ FONDAMENTALE DANS UNE SOCIÉTÉ DÉMOCRATIQUE

Le caractère fondamental de la liberté de réunion (I) justifie la protection dont elle est entourée (II), qui n'exclut pas cependant l'éventualité de restrictions sévères en période de circonstances exceptionnelles (III).

I – UNE LIBERTÉ FONDAMENTALE

6.20 > Le droit à la liberté de réunion pacifique est un droit fondamental dans une société démocratique et, à l'instar du droit à la liberté d'expression, l'un des fondements de pareille société[16]. La liberté de réunion et le droit d'exprimer ses vues à travers cette liberté font partie des valeurs fondamentales d'une société démocratique[17]. L'essence de la démocratie tient à sa capacité à résoudre des problèmes par un débat ouvert[18]. Aussi

16. Cour, *Handyside*, 7 décembre 1976, n° 50 ; Déc. 8191/78. *Rassemblement jurassien et Unité jurassienne c/ Suisse*, 10 octobre 1979, DR 170/105. La liberté de réunion constitue un élément essentiel de la vie politique et sociale d'un pays. Affaire grecque Rapport de la Commission, 1re partie, p. 207-208. L'adjectif « fondamental » appelle un rapprochement avec l'article L. 521-2 du Code de justice administrative (référé-liberté, dont la portée dépasse la seule liberté de réunion : « saisi d'une demande en ce sens justifiée par l'urgence, le juge des référés peut ordonner toutes mesures nécessaires à la sauvegarde d'une liberté fondamentale à laquelle une personne morale de droit public ou un organisme de droit privé chargé de la gestion d'un service public aurait porté, dans l'exercice d'un de ses pouvoirs, une atteinte grave et manifestement illégale. Le juge des référés se prononce dans un délai de quarante-huit heures »).
17. L'article 2 (droit à la vie) comme l'article 3 (interdiction de la torture) consacrent l'une des valeurs fondamentales des sociétés démocratiques qui forment le Conseil de l'Europe, inter alia Cour, *Osman c/ Turquie*, 28 octobre 1998.
18. Cour, *Guneri c/ Turquie*, 42853/98, 12 juillet 2005.76.

le droit à la liberté de réunion ne doit-il pas être interprété de manière restrictive, puisqu'étant à la base de plusieurs autres droits, il présente un caractère essentiel[19]. « Des mesures radicales, de nature préventive visant à supprimer la liberté de réunion et d'expression en dehors des cas d'incitation à la violence ou de rejet des principes démocratiques (...) desservent la démocratie, voire souvent la mettent en péril » (Cour, *Stankov*, préc. 97).

6.21 > Cette liberté est indissociable de la liberté d'expression, c'est en particulier au cours de réunions que peuvent s'exprimer les informations et les idées accueillies avec faveur ou considérées comme inoffensives ou indifférentes, mais aussi celles qui heurtent, choquent ou inquiètent l'État ou une fraction quelconque de la population. « Ainsi le veulent le pluralisme, la tolérance et l'esprit d'ouverture sans lesquels il n'est pas de société démocratique »[20].

6.22 > La liberté de réunion est indispensable à l'exercice des activités des partis politiques qui concourent à l'expression du suffrage (Constitution du 4 octobre 1958, art. 3) et les réunions électorales (article 5 de la loi) font partie de l'organisation d'élections libres dans les conditions qui assurent la libre expression de l'opinion du peuple sur le choix du corps législatif[21]. Sans doute ces objectifs peuvent-ils être aussi partiellement atteints au cours de réunions privées. L'article 11 de la CEDH protège aussi bien les unes que les autres[22]. Ce droit couvre à la fois les réunions privées et celles tenues sur la voie publique, ainsi que les réunions statiques et les défilés publics ; en outre, il peut être exercé par des individus et par les organisateurs[23]. Cependant, le droit français rattache la réunion privée à la liberté du domicile et de l'organisation de sa vie privée[24]. Au contraire, la fonction éminemment sociale et politique des réunions publiques n'est sans doute pas étrangère à la protection juridictionnelle dont elles sont entourées.

II – LA PROTECTION JURIDICTIONNELLE DE LA LIBERTÉ DE RÉUNION

6.23 > Les États doivent non seulement protéger le droit de réunion pacifique, mais également s'abstenir d'apporter des restrictions indirectes abusives à ce droit. « Une liberté

19. Cour, n° 20652/92, *Djavit An c/ Turquie*, 20 février 2003, 56. Déc. 13079/87 *G. c/ FRA*, 6 mars 1989, DR 60/270. La protection des opinions personnelles offerte par les articles 9 et 10 de la CEDH figure parmi les objectifs de la garantie des libertés d'association et de réunion reconnues à l'article 11, Cour, *Young, James et Webster*, 13 août 1991, n° 57 ; *Vogt*, 26 septembre 1995, n° 64 ; *OZDEP*, 8 décembre 1999, 37.

20. Cour, *Handyside*, 7 décembre 1976, n 49.

21. Art. 3 du protocole additionnel à la CEDH ; Rapport Commission 5 novembre 1969. Affaire grecque vol. I, 1re partie, p. 207, § 392. Art. L. 47 et L. 48 du Code électoral qui se bornent en particulier à rappeler que la loi du 30 juin 1881 est d'application générale : CE, *S. Meyet*, 10 septembre 1992.

22. Déc. 8191/78, *Rassemblement jurassien* (préc.).

23. Cour, *Djavit An c/ Turquie*, (préc.) ; n° 31684/05, *Barbaco c/ France*, 5 mars 2009, 41.

24. Celle-ci n'échappe pas dans toutes les circonstances au contrôle de l'autorité administrative, comme en témoigne la circulaire adressée aux préfets le 27 novembre 1935 par M. Paganon, ministre de l'Intérieur : « Le maire est fondé à interdire des manifestations sur des terrains privés quand elles sont susceptibles de provoquer une effervescence de nature à compromettre l'ordre public ». Et plus loin, la circulaire précise que de telles réunions sont celles qui obligeraient les services de police à intervenir sur la voie publique.

réelle et effective de réunion pacifique ne s'accommode pas d'un simple devoir de non-ingérence de l'État, une conception purement négative ne cadrerait pas avec l'objet et le but de l'article 11 »[25]. L'obligation positive de l'État, en la matière, inspire l'article 431-1 du Code pénal qui protège l'exercice de toutes les libertés collectives : « Le fait d'entraver, d'une manière concertée et à l'aide de menaces, l'exercice de la liberté d'expression, du travail, d'association, de réunion ou de manifestation est puni d'un an d'emprisonnement et de 15 000 euros d'amende ».

« Le fait d'entraver, d'une manière concertée et à l'aide de coups, violences, voies de fait, destructions ou dégradations au sens du présent code, l'exercice d'une des libertés visées à l'alinéa précédent est puni de trois ans d'emprisonnement et de 45 000 euros d'amende ».

Cette obligation positive de l'autorité publique se trouve déjà potentiellement inscrite dans le très célèbre arrêt du Conseil d'État français du 19 mai 1933, *Benjamin*. Le Conseil d'État avait annulé l'arrêté du maire de Nevers interdisant une réunion, « considérant qu'il résulte de l'instruction que l'éventualité de troubles ne présentait pas un degré de gravité tel que le maire n'ait pu, sans interdire la conférence, maintenir l'ordre en édictant les mesures de police qu'il lui appartenait de prendre ». Cet arrêt contient un double apport : restrictif et libéral. La décision est restrictive de la liberté dans la mesure où la seule éventualité de troubles peut, dans les circonstances décrites, fonder une interdiction de réunion. Voilà la liberté de réunion, pourtant consacrée par la loi, supprimée non en raison de troubles actuels existants, mais par crainte, par appréhension de troubles éventuels.

En revanche, mais à l'intérieur de ce cadre restrictif, la décision est libérale dans la mesure où le juge exerce un contrôle minutieux, tant sur le degré de gravité des troubles allégués que sur le contenu des mesures de maintien de l'ordre prises par le maire.

Les autorités administratives se sont appuyées sur la partie restrictive de l'arrêt pour interdire la tenue de réunions lorsque l'annonce de réactions hostiles faisait appréhender l'éventualité de troubles. La jurisprudence libérale maintenue après l'arrêt *Benjamin* s'est infléchie vers la sauvegarde de l'ordre dans deux arrêts du 9 mars 1938, *Beha* et du 17 avril 1942, *Wodel*. Plus récemment, le Conseil d'État a donné la main à une interprétation libérale de la liberté de réunion : l'autorité de police doit prouver la gravité des troubles allégués et l'insuffisance des forces de police dont elle dispose pour qu'une décision d'interdiction soit fondée (CE, *Naud*, 23 janvier 1953 ; CE, *Houphouet-Boigny*, 19 juin 1953 ; CE, *Bakary Djïbo*, 30 novembre 1956). Le juge des référés a pu aussi juger que le refus opposé à l'association locale pour le culte des témoins de Jéhovah de Lyon portait une atteinte grave et manifestement illégale à la liberté de réunion, qui est une liberté fondamentale, dès lors que la ville de Lyon ne faisait état d'aucune menace à l'ordre public, mais seulement de considérations générales relatives au caractère sectaire de l'association[26].

25. Cour, *Plattform Arzte für das Leben*, 21 juin 1988. 1.
26. CE, *Ville de Lyon*, Ord. du 30 mars 2007, préc.

Compte tenu du large pouvoir d'appréciation reconnu aux États en cette matière, l'évacuation des « sans-papiers » de l'église Saint-Bernard ne violait pas l'article 11 de la CEDH : « la valeur de symbole et de témoignage de la présence des requérants et des autres étrangers avait pu se manifester de façon suffisamment durable pour que l'ingérence, après cette longue période, n'apparaisse pas en l'espèce comme excessive ». En revanche, l'interdiction permanente faite à un Chypriote d'origine turque de franchir la « ligne verte », empêche celui-ci de participer à des réunions bicommunautaires et porte atteinte à son droit à la liberté de réunion et d'association[27].

III – DES RESTRICTIONS ÉVENTUELLES EN PÉRIODE DE CIRCONSTANCES EXCEPTIONNELLES

6.24 > Les périodes de circonstances exceptionnelles sont, dans un État de droit, gouvernées par des règles particulières instituées à l'avance mais qui maintiennent une « prééminence du droit » (Préambule de la CEDH). Le Conseil constitutionnel a rappelé qu'en vertu de l'article 34 de la Constitution, la loi fixe les règles concernant les garanties fondamentales accordées aux citoyens pour l'exercice des libertés publiques : « Que dans le cadre de cette mission il appartient au législateur d'opérer la conciliation nécessaire entre le respect des libertés et la sauvegarde de l'ordre public sans lequel l'exercice des libertés ne saurait être assuré »[28]. Les formes d'expression collective sont parfois considérées comme dangereuses pendant ces périodes et les réunions publiques peuvent être interdites ou soumises à autorisation ou déclaration préalables. Ces exigences sont conformes à la jurisprudence de la Cour, à condition, par exemple, qu'une interdiction de réunion soit motivée[29].

6.25 > a) L'article 9 (4°) de la loi du 9 août 1849 sur l'état de siège investit l'autorité militaire du droit « d'interdire… les réunions qu'elle juge de nature à exciter ou à entretenir le désordre », lorsque l'état de siège est déclaré. Au surplus, depuis une ordonnance du 17 septembre 1943 et à l'exception des réunions à objet culturel, électoral ou professionnel, toutes les réunions publiques doivent être déclarées pendant la période d'application de l'état de siège.

Le Conseil d'État a décidé le 6 août 1915 que l'article 9 de la loi du 9 août 1849 (précitée) autorisait l'autorité militaire à interdire non seulement les réunions, mais encore « les rassemblements de fait même accidentels, des citoyens dans les lieux ouverts au public, tels que cafés, débits de boissons, etc., lorsque ces réunions pourraient, en engendrant des désordres, compromettre les intérêts dont l'autorité militaire a la garde pendant la durée de l'état de siège » (CE, *Delmotte*). Cette interprétation étend le pouvoir d'interdiction de l'autorité militaire à des rassemblements qui ne constituent pas vraiment des réunions : les personnes présentes n'étaient pas réunies dans un but commun.

---

27. Cour, n° 51346/99, *Cissé c/ France*, 9 avril 2002, et n° 20652/92, *Djavit An c/ Turquie*, 20 février 2003.
28. Cons. const., 25 janvier 1985, *État d'urgence en Nouvelle-Calédonie* DS 1985-J-361 note F. Luchaire.
29. Cour, *Guneri c/ Turquie*, 42853/98 ; 43609/98 ; 44291/98, 12 juillet 2005, 79.

b) En deuxième lieu, l'article 8 de la loi du 3 avril 1955 instituant un état d'urgence et en déclarant l'application en Algérie autorise le ministre de l'Intérieur à ordonner la fermeture des lieux de réunion de toute nature.

c) L'article 16 de la Constitution du 4 octobre 1958 habilite le Président de la République à prendre les mesures exigées par les circonstances qui s'y trouvent définies. La liberté de réunion pourrait se trouver supprimée ou limitée par des décisions prises sur le fondement de l'article 16. Dans cette éventualité, il y aurait lieu par référence à l'arrêt CE du 2 mars 1962 – *Rubin de Servens* – de diviser les décisions intervenues en deux catégories :

– les décisions qui supprimeraient la liberté de réunion de façon générale, ne serait-ce que pour une période limitée, seraient réputées intervenues dans le domaine de la loi et échapperaient vraisemblablement au contrôle du juge administratif ;

– en revanche, les décisions réglementant la liberté de réunion ou même prononçant une interdiction particulière pourraient être déférées à la censure du juge administratif.

d) enfin, conformément à l'article 15 de la CEDH, la mise en œuvre de dérogations à l'article 11 de la CEDH devrait donner lieu à notification des mesures prises et de leurs motifs au secrétaire général du conseil de l'Europe. Ce dernier devrait être également informé de la date de cessation d'effet des mesures et de remise en application des dispositions de la CEDH (art. 15 § 3). Dans l'arrêt d'assemblée du 24 mars 2006, le Conseil d'État a considéré que les deux décrets n°s 1386 et 1387 du 8 novembre 2005 respectivement déclarant l'état d'urgence et en fixant le régime (troubles dans les banlieues) étaient compatibles avec l'article 15 de la convention sur lequel la France avait formulé une réserve lors de la ratification et avec la jurisprudence de la Cour aux termes de laquelle les autorités nationales se trouvent en principe mieux placées pour se prononcer sur la présence d'un danger comme sur la nature et l'étendue des dérogations nécessaires pour le conjurer[30].

Section II
LE DROIT DE MANIFESTER SUR LA VOIE PUBLIQUE

6.26 > La manifestation, comme la réunion publique, est une forme d'expression collective passagère, mais qui se déroule sur la voie publique. Elle implique, le plus souvent l'occupation provisoire du domaine public affecté normalement à la circulation. Cette particularité d'exercice réagit sur son régime juridique. La distinction entre réunion à l'intérieur et rassemblement de plein air existe aussi dans d'autres droits européens. La manifestation, à la différence de la réunion, présente un caractère en principe revendicatif, voire contestataire. Sans exclure la possibilité d'une brève harangue adressée aux manifestants : la manifestation n'est pas le lieu d'un débat, d'un échange d'idées, elle est dirigée principalement vers l'action.

---

30. Cour, *Lawless c/ Irlande*, 1er juillet 1961 et *Irlande c/ RU*, 18 janvier 1978.

6.27 > Ces constatations avaient conduit à placer la manifestation sur la voie publique dans une catégorie juridique incertaine. Faisait-elle partie des « libertés publiques » ? Était-elle par exemple incluse dans les grandes libertés qui, selon l'avis du Conseil d'État français en date du 13 août 1947, « n'étant pas limitées à l'individu seul se manifestent au dehors et comportent l'action de coparticipants ou l'appel au public » ? En tout cas, la manifestation sur la voie publique, à la différence de la liberté de réunion, n'était pas expressément mentionnée dans la liste, sans doute énumérative, que cet avis proposait pour cerner le contenu des libertés publiques. Le tribunal fédéral suisse n'avait-il pas décidé que le droit fédéral ne connaît pas, à côté de la liberté d'expression et de réunion, la liberté de manifestation comme droit constitutionnel non écrit (arrêt du 27 novembre 1974, ATF 100 I a 401) ? Ces incertitudes devraient être levées par la décision du Conseil constitutionnel 94352 DC du 18 janvier 1995 qui énonce : « que les mesures édictées par la loi (d'orientation et de programmation relative à la sécurité) touchent aux conditions dans lesquelles s'exercent la liberté individuelle, la liberté d'aller et venir et le droit d'expression collective des idées et des opinions », « libertés constitutionnellement garanties »[31]. Même assortie des limites que la décision précise, la liberté de manifester aurait désormais un fondement constitutionnel. Elle est expressément protégée par l'article 431-1 du Code pénal (V. n° 6.23). Enfin, elle constitue aussi une « liberté fondamentale » au sens de l'article L. 521-2 du Code de justice administrative, sans faire obstacle au pouvoir d'interdiction de l'autorité de police afin de prévenir un trouble à l'ordre public[32].

6.28 > Son exercice peut entraîner des débordements du service d'ordre, des violences causées par des manifestants ou des groupes qui se joignent au rassemblement. Le caractère difficilement contrôlable des manifestations a conduit à adopter un régime particulier de responsabilité, codifié à l'article L. 2216-3 du Code général des collectivités territoriales : « L'État est civilement responsable des dégâts et dommages résultant des crimes et délits commis, à force ouverte ou par violence, par des attroupements ou rassemblements armés ou non armés soit contre les personnes, soit contre les biens. Il peut exercer une action récursoire contre la commune lorsque la responsabilité de celle-ci se trouve engagée ». Les litiges en responsabilité relèvent depuis la loi du 9 janvier 1986 de la compétence du juge administratif[33].

L'indemnisation des victimes ne dispense pas pour autant l'État des obligations que lui impose le droit communautaire, et en particulier celle de faire respecter la libre circulation des marchandises. La Cour de justice des Communautés européennes a décidé qu'« en ne prenant pas toutes les mesures nécessaires et proportionnées afin que des actions de particuliers n'entravent pas la libre circulation des fruits et légumes, la République française a manqué aux obligations qui découlent de l'article 30 du Traité CE, en liaison avec l'article 5 de ce traité » (...) Aff. C-265/95, 9 décembre 1997.

31. *JCP* 1995 II, 22525 note F. Lafay ; *RDP*, 1996, 19. D. ROUSSEAU, *Chronique de jurisprudence constitutionnelle*, 1994-1995.
32. CE. Ord. Réf., 5 janv. 2007, *Min. int.c. Assoc. Solidarité des français* : refus de suspendre l'interdiction de distribuer une soupe au cochon aux SDF ; V. D. Turpin, Libertés publiques et droits fondamentaux, Sup' Foucher, 2009, p. 320-321.
33. Pour des applications jurisprudentielles, v. D. TURPIN, *Libertés publiques et droits fondamentaux*, Sup' Foucher, 2009, p. 322-323 et CE, S, 13 décembre 2002, concl. M. Terry Olson, *AJDA*, n° 8/2003, 398).

En revanche, le conflit entre les libertés fondamentales des personnes et celles des entreprises, au sens du traité, a été résolu différemment dans une affaire plus récente : « Le fait pour les autorités compétentes d'un État membre de ne pas avoir interdit un rassemblement dans des circonstances telles que celles de l'espèce au principal (blocage pendant 30 heures de l'autoroute du Brenner pour exprimer des revendications environnementales) n'est pas incompatible avec les articles 30 et 34 du traité (28 et 29 nouveaux), lus en combinaison avec l'article 5 du Traité CE » (10 nouveau) Aff. C-112/00, 12 juin 2003. Dans des circonstances similaires, la Cour rappelle que s'agissant d'une manifestation sous forme de rassemblement et de défilé, la liberté de pensée et la liberté d'expression s'effacent derrière la liberté de réunion pacifique (art. 11 *lex specialis*). Elle conclut à la non-violation des articles 6 et 11. La dispersion des participants à une « opération escargot » n'est intervenue qu'après que l'administration ait toléré pendant un certain temps le déroulement de la manifestation[34].

6.29 > Le danger potentiel de toute manifestation sur la voie publique est à l'origine d'une distinction marquée selon que la manifestation est pacifique ou violente : régime de liberté pour l'une et d'illicéité pour l'autre, qui inspirent les deux divisions suivantes : la liberté des manifestations pacifiques sur la voie publique (§ 1) et les manifestations publiques illicites (§ 2).

§ 1 - LA LIBERTÉ DES MANIFESTATIONS PACIFIQUES SUR LA VOIE PUBLIQUE

Cette liberté comprend celle des organisateurs (II) et celle des participants (III) qui ne peuvent être étudiées qu'après description préalable de la manifestation pacifique (I).

I – LA MANIFESTATION PACIFIQUE

6.30 > L'article 1 alinéa 2 du décret-loi du 23 octobre 1935 portant réglementation des mesures relatives au renforcement du maintien de l'ordre public rappelle d'abord que les réunions sur la voie publique sont et demeurent interdites dans les conditions prévues par la loi du 30 juin 1881, article 6. Puis il énonce : « Sont soumis à l'obligation d'une déclaration préalable, tous cortèges, défilés et rassemblements de personnes et d'une façon générale, toutes manifestations sur la voie publique. Toutefois, sont dispensées de cette déclaration les sorties sur la voie publique conformes aux usages locaux ». Le cortège est une suite de personnes qui en accompagnent une autre à l'occasion d'une cérémonie ; le défilé est la marche de personnes disposées à la file ou qui se succèdent dans le temps, le mot a une connotation militaire ; enfin, le rassemblement peut être une

34. Cour, n° 31684/05, 5 mars 2009, *X c/ France*.

simple réunion statique[35], alors que la manifestation désigne, depuis 1848, la démonstration collective publique d'une opinion ou d'une contestation[36]. Aussi bien la seule occupation de la voie publique[37] ne pourrait pas suffire pour caractériser une manifestation ; celle-ci devrait être d'abord animée par une conscience collective. Le Comité des droits de l'homme a considéré que les circonstances de la participation de plusieurs personnes venues assister à la cérémonie d'accueil d'un chef d'État étranger en visite officielle annoncée publiquement à l'avance par le gouvernement ne permettent pas de considérer leur présence sur les lieux de la cérémonie comme une manifestation[38]. Il semble qu'il faille réserver le terme de manifestation aux seuls rassemblements réunis dans un but commun[39].

6.31 > Les sorties sur la voie publique conformes aux usages locaux sont dispensées de déclaration préalable. Il ne paraît pas utile de prévenir l'autorité compétente, celle-ci est déjà avertie de l'existence d'une tradition qui, au surplus, s'est révélée pacifique dans le passé[40]. Cependant, et malgré l'importance qu'elle présentait, aucune définition de l'adjectif « pacifique » n'a été tentée. Ne peut être qualifiée de « pacifique » une manifestation susceptible de troubler l'ordre public ou dont les organisateurs et les participants ont des intentions de violence qui conduisent à des troubles publics[41]. Si la manifestation ne perd pas son caractère pacifique parce qu'elle susciterait des contre-manifestations, même violentes[42], en revanche, la Commission a considéré que n'était pas pacifique une manifestation dont les organisateurs se proposaient, seulement, d'utiliser des instruments de musique et de percussion et qui par conséquent s'annonçait bruyante[43].

---

35. *Dictionnaire Larousse.*

36. *Dictionnaire Le Robert.* Pour des définitions plus développées, v. J. Robert et J. Duffar, *Droits de l'homme et libertés fondamentales*, Montchrestien, 2009, 846-847. Le terme « réunion » figurant à l'article 11 de la CEDH désigne non seulement les réunions statiques, immobiles (Déc. 15225/89 *LF c/ Autriche* 30 novembre 1992), mais aussi les marches collectives publiques Déc. 8440/78, *Christians against racism and Fascism*, 16 juillet 1980, DR 21/162.

37. Relève de ce régime le projet de faire circuler du 20 au 26 octobre 1986 dans le département des Pyrénées-Atlantiques une caravane itinérante destinée à sensibiliser la population sur les conditions de détention de militants séparatistes, CE, *Saldou*, 23 juillet 1993 *Lebon*, n° 107.126.

38. Communication n 412/1990 *Aulikivenmaa c/ Finlande* : constatations adoptées le 31 mars 1994, *Rapport du Comité des droits de l'homme*, vol. II, *Assemblée générale. Documents officiels.* Quarante-neuvième session, supplément n° 40 (A/49/40) 1994 p. 92. Un État partie au PIDCP peut aussi devenir partie au Protocole facultatif se rapportant au PIDCP. Dans ce cas, le comité des droits de l'homme institué par l'article 28 a compétence pour recevoir et examiner des communications émanant de particuliers qui relèvent de sa juridiction et qui prétendent être victimes d'une violation par cet État partie d'un des droits énoncés par le PIDCP. À l'issue de la procédure prévue par les articles 2 à 5 du Protocole, le comité des droits de l'homme fait part de ses constatations à l'État partie intéressé et au particulier (art. 5 § 4).

39. Déc. 15509/89, *WG c/ Autriche*, 30 novembre 1992, et Déc. 14923/89, *GS c/ Autriche*, 30 novembre 1992, décisions non publiées citées par S. Lewis-Anthony, *Jurisprudence de l'article 11 de la Convention européenne et des droits de l'homme*, séminaire organisé par le secrétariat général du Conseil de l'Europe en collaboration avec le ministère de la Justice de l'Islande, Reykjavik (Islande) 26-28 août 1993, Les Éditions du Conseil de l'Europe, 1994, p. 37.

40. L'autorité de police ne peut porter atteinte aux traditions locales que dans la mesure strictement nécessaire au maintien de l'ordre, CE, 10 juin 1931 *Abbé Crétin, Lebon*, 606. L'existence d'un usage local ne prive pas l'autorité de police de son droit d'interdire une manifestation contraire à l'ordre public, en ce qu'elle constituait une incitation à braver l'interdiction légale de l'usage de stupéfiants, Cass. crim., 2 avril 1998, *Bull. crim.* n° 130.

41. Déc. 8440/78, 16 juillet 1980, DR 21/138 (préc.) ; Déc. 13079/87 *c/ RFA* 6 mars 1989, DR 60/270 ; Déc. 19601/92, *Çiraklar c/ Turquie*, 19 janvier 1995, DR 80A/52.

42. Déc. 8440/78, 16 juillet 1980, DR 21/162 (préc.), Déc. 10126/82 *Plattform Arzte fütr das Leben c/ Autriche*, 17 octobre 1985, DR 44/82.

43. Déc. 13812/88, 3 décembre 1990 (non publiée) citée par S. Lewis-Anthony *op. cit.*, p. 38.

Une manifestation dont les participants n'obtempèrent pas à l'ordre de dispersion de la police, agressent et blessent plusieurs policiers, endommagent des véhicules dont celui de la police, n'est pas une manifestation pacifique. La notion de « pacifique » n'englobe pas une manifestation où les participants ont des intentions violentes qui conduisent à des troubles publics[44].

II – LA LIBERTÉ D'ORGANISER UNE MANIFESTATION PACIFIQUE SUR LA VOIE PUBLIQUE

6.32 > Si le rassemblement projeté constitue une manifestation sur la voie publique, il est soumis à l'obligation d'une déclaration préalable. Par application de la loi du 7 janvier 1983 relative à la répartition des compétences, cette déclaration doit être adressée au maire, au préfet ou au préfet de police trois à quinze jours francs au plus tard avant la date fixée. Elle indique le but de la manifestation, le lieu, la date, l'heure du rassemblement, les éléments invités à y prendre part et l'itinéraire projeté. La déclaration fait connaître les noms, prénoms et domicile des organisateurs ; elle est signée par trois d'entre eux justifiant qu'ils jouissent de leurs droits civils et politiques et faisant élection de domicile dans le département (art. 2). L'autorité qui la reçoit en délivre immédiatement un récépissé. L'obligation de déclaration est si légère qu'elle n'affecte pas le principe de liberté : « Les manifestations sur la voie publique peuvent être organisées librement à condition d'avoir été préalablement déclarées à l'autorité investie des pouvoirs de police[45] ».

6.33 > L'organisation d'une manifestation ne serait pas « libre » au sens du droit français si son déroulement était, comme dans d'autres pays européens, subordonné à l'obtention d'une autorisation préalable. Pour la Commission et la Cour[46], il n'est pas contraire à l'esprit de l'article 11 que pour des raisons d'ordre public et de sécurité nationale les autorités puissent soumettre à autorisation préalable la tenue de réunions[47]. Encore faut-il que le pouvoir d'autorisation ne soit pas discrétionnaire, qu'il présente des qualités de clarté et de prévisibilité pour donner à l'individu une protection contre l'arbitraire. La Commission rappelle que les droits à la liberté de réunion pacifique, qui est un droit fondamental dans une société démocratique, appartiennent à quiconque a l'intention d'organiser une réunion pacifique[48]. Les organisateurs sont directement concernés par une décision des autorités interdisant une manifestation[49]. Il est important que les associations et autres organisateurs de manifestation se conforment aux règles du jeu démocratique dont elles sont les acteurs en respectant la réglementation[50]. Ce n'est que dans

---

44. Cour, Déc. (irrecevable) n° 29768/03, *Kartal et autres c/ Turquie*, 16 décembre 2008.
45. CE, 23 juillet 1993, *Saldou* (préc.).
46. Cour *Oya Ataman c/ Turquie*, n° 74552/01, 5 décembre 2006, 37.
47. Cour *Kartal et autres c/ Turquie* préc. Déc. 8191/78 *Rassemblement jurassien*, 10 octobre 1979, DR 17/105 ; Déc. 19601/92 *Cengiz Çiraklar c/ Turquie*, 19 janvier 1995, DR 80A/53.
48. Déc. 25522/94 *Milan RAI c/ Royaume-Uni*, 6 avril 1995 DR 81B/152, Déc. 8440/78, 16 juillet 1980, DR 21/138.
49. Cour, n° 5529/05, *Patyi et autres c/ Hongrie*, 7 octobre 2008, 27.
50. Cour, n° 74552/01, *Oya Ataman*, 5 décembre 2006, 38.

des circonstances particulières qu'il peut être passé outre à la procédure préalable ; une manifestation spontanée peut se tenir « lorsqu'une réponse immédiate à un événement actuel le justifie : en particulier, une telle dérogation à la règle générale peut être justifiée si un délai risque de rendre cette réponse obsolète »[51].

III – LA LIBERTÉ DE PARTICIPER À UNE MANIFESTATION PACIFIQUE SUR LA VOIE PUBLIQUE

6.34 > Le décret-loi du 23 octobre 1935 ne s'intéresse qu'aux seuls organisateurs de la réunion[52]. La liberté de participer à une manifestation pacifique organisée est nécessairement impliquée par le texte. La Commission au contraire désigne les individus participant à une manifestation comme les premiers titulaires du droit à la liberté de réunion pacifique[53]. Me Roland Ezelin, avocat près la cour d'appel de Basse-Terre, avait participé à une manifestation publique de protestation contre certaines décisions judiciaires prononcées en application de la loi anticasseurs. La manifestation, régulièrement déclarée, n'avait pas été interdite ; si Me Ezelin portait une pancarte, aucune infraction (menaces ou inscriptions) n'avait été relevée contre lui. La cour d'appel de Basse-Terre lui infligea la peine disciplinaire du blâme pour ne pas s'être désolidarisé des actes injurieux et outrageants commis par les manifestants et pour ne pas avoir abandonné le cortège (arrêt du 12 décembre 1983). Par arrêt du 19 juin 1985, la Cour de cassation rejeta le pourvoi de Me Ezelin. Au contraire, la Cour a considéré que la sanction du blâme n'était pas nécessaire dans une société démocratique, estimant que : « la liberté de participer à une réunion pacifique – en l'occurrence une manifestation non prohibée – revêt une telle importance qu'elle ne peut subir une quelconque limitation, même pour un avocat, dans la mesure où l'intéressé ne commet par lui-même à cette occasion aucun acte répréhensible »[54].

6.35 > L'État n'a pas épuisé ses obligations, aux termes de l'article 11 de la CEDH, en ne s'opposant pas à la tenue d'une manifestation pacifique. Il doit en outre, éventuellement

---

51. Cour, n° 10346/05, *Eva Molnar c/ Hongrie*, 7 octobre 2008, 38 ; Déc. Kartal, préc. Une manifestation contre l'homophobie non autorisée, se tient néanmoins et sous la protection de la police. Le refus d'autorisation est annulé pour insuffisance de motivation. La Cour constitutionnelle décide que l'application de la loi sur la circulation routière aux requérants est incompatible avec les garanties constitutionnelles en matière de liberté de réunion. L'obligation positive de l'État de protéger la liberté de réunion est comme renforcée pour les groupes soutenant des idées non conformistes, plus exposés que d'autres à la discrimination. Même si la manifestation a eu lieu, les requérants ont pris un risque. L'annulation et la décision de la Cour constitutionnelle démontrent que l'ingérence n'était pas prévue par la loi (violation de l'art. 11) Cour, *Bsczkowski et autres c/ Pologne*, 3 mai 2007.

52. L'article 314 du Code pénal modifié par l'article 1 de la loi n° 70-480 du 8 juin 1970 tendant à réprimer certaines formes nouvelles de délinquance dite « loi anticasseurs » abrogée par la loi du 23 décembre 1981 réprimait ceux qui auront continué de participer activement à un rassemblement illicite ou légalement interdit : J. Duffar, « La loi anticasseurs », *RDP*, 1972, p. 73-81. L'article 431-10 du Nouveau Code pénal punit de trois ans d'emprisonnement et de 45 000 euros d'amende le fait de participer à une manifestation ou à une réunion publique en étant porteur d'une arme. L'article 431-11 prévoit pour les personnes physiques coupables de l'infraction définie à l'article 431-10 les peines complémentaires suivantes : interdiction des droits civiques, civils et de famille ; interdiction de détenir ou de porter pour une durée de cinq ans au plus une arme soumise à autorisation ; confiscation d'une ou plusieurs armes dont le condamné est propriétaire et dont il a la libre disposition ; interdiction de séjour.

53. Déc. 8440/78, 16 juillet 1980, DR 21/162 (préc.).

54. Cour, *Ezelin c/ France*, 26 avril 1991, n° 53. et Cour, *Galstyan c/ Arménie*, 15 novembre 2007.

par des mesures positives, veiller à son déroulement pacifique et assurer la protection des participants et de tous les citoyens. La Cour a transposé à la manifestation des principes déjà dégagés par le Conseil d'État français dans l'arrêt *Benjamin* du 19 mai 1935 (cf. *supra*, n° 6.23). L'association requérante, composée de médecins opposés à l'avortement, reproche au gouvernement autrichien de ne pas avoir assuré adéquatement la protection de deux manifestations organisées par elle et perturbées par des contre-manifestants. La Cour constate qu'aucune allégation défendable de violation de l'article 11 ne se trouve établie, après un exposé des considérations de principe suivant. Les participants à une manifestation doivent pouvoir la tenir sans avoir à redouter des brutalités que leur infligeraient des éléments hostiles aux idées ou revendications qu'elle veut promouvoir. « Dans une démocratie, le droit de contre-manifester ne saurait aller jusqu'à paralyser l'exercice du droit de manifester (...). Une liberté réelle et effective de réunion pacifique ne s'accommode pas d'un simple devoir de non-ingérence de l'État ; une conception purement négative ne cadrerait pas avec l'objet et le but de l'article 11[55]. Tout comme l'article 8, celui-ci appelle parfois des mesures positives, au besoin jusque dans les relations interindividuelles (...). [Les États] ne sauraient pour autant le [déroulement pacifique des manifestations licites] garantir de manière absolue et ils jouissent d'un large pouvoir d'appréciation dans le choix de la méthode à utiliser (...). En la matière, ils assument en vertu de l'article 11 de la Convention une obligation de moyens et non de résultat »[56].

§ 2 - LES MANIFESTATIONS PUBLIQUES ILLICITES

6.36 > Ce qualificatif peut caractériser trois catégories de manifestations : les manifestations non déclarées (I) ; les manifestations interdites (II) ; et enfin les attroupements (III).

I – LES MANIFESTATIONS NON DÉCLARÉES

6.37 > Les manifestations sur la voie publique peuvent être organisées librement à condition d'avoir été préalablement déclarées à l'autorité investie des pouvoirs de police[57]. Est puni de six mois d'emprisonnement et de 7 500 euros d'amende le fait d'avoir établi une déclaration incomplète ou inexacte de nature à tromper sur l'objet ou les conditions de la manifestation projetée ou d'avoir organisé une manifestation sur la voie publique n'ayant pas fait l'objet d'une déclaration préalable[58]. L'obligation de « notification » doit être respectée par les « associations et autres organisateurs de manifestation qui participent en tant qu'acteurs de la démocratie aux règles du jeu en respectant les

55. Dans certains pays, les manifestants pacifiques se plaignent d'avoir été agressés par des contre-manifestants « spontanés » sans que les autorités soient intervenues pour les protéger (V. les informations de *Amnesty International*).
56. Cour, *Plattform Arzte für das Leben*, 21 juin 1988, n° 32-34 ; *Chorherr*, 25 août 1993, 34.
57. Art. 1 décret-loi 23 octobre 1935 CE, 23 juillet 1993, *Saldou* (préc.). Le maire transmet dans les vingt-quatre heures la déclaration au préfet (art. 3 DL 23 octobre 1935).
58. Art. 431-9 du Code pénal.

réglementations en vigueur » (exigence de la circulation, avertir les services de santé). La jurisprudence de la Cour apparaît moins formaliste : par-delà l'absence de déclaration qui constitue une irrégularité, elle exhorte les États à la tolérance, si la manifestation a été pacifique. En l'absence de « déclaration » la manifestation était irrégulière, mais « une situation irrégulière ne justifie pas une atteinte à la liberté de réunion » (Cissé n° 51346/99, 50). La manifestation a rassemblé, sans incidents, une cinquantaine de personnes pendant environ 30 minutes. « En l'absence d'actes de violence de la part des manifestants, il est important que les pouvoirs publics fassent preuve d'une certaine tolérance pour les rassemblements pacifiques pour que la liberté de réunion telle qu'elle est garantie par l'article 11 de la Convention ne soit pas dépourvue de tout son contenu (...) l'intervention musclée de la police et l'ouverture d'une procédure pénale à l'encontre des requérants[59] était disproportionnée et ne constituait pas une mesure nécessaire à la défense de l'ordre » (violation de l'art. 11)[60]. *A fortiori* lorsque la manifestation est autorisée, que sans avertissement elle est arrêtée par la police puis dispersée par la force et que le Parquet a déclaré que la manifestation ne présentait pas de danger pour l'ordre public[61].

II – LES MANIFESTATIONS INTERDITES

6.38 > La manifestation est interdite par un arrêté notifié immédiatement aux signataires de la déclaration – qui en général en sont les organisateurs –, si l'autorité compétente estime que la manifestation projetée est de nature à troubler l'ordre public[62]. Le préfet peut, dans les conditions prévues par le Code général des collectivités territoriales, prendre un arrêté d'interdiction ou annuler celui qui a été pris par le maire dont il a reçu transmission. Le juge administratif, éventuellement saisi du recours dirigé contre l'un de ces arrêtés, recherchera si l'interdiction était justifiée par la nécessité d'assurer le maintien de l'ordre public et si l'autorité de police ne disposait pas de moyens moins contraignants pour parvenir au même résultat[63]. Le fait d'avoir organisé une manifestation sur la voie publique, qui a été interdite dans les conditions fixées par la loi, est puni de six mois d'emprisonnement et de 7 500 euros d'amende (art. 431-9-2° du Code pénal).

6.39 > Les critères des restrictions licites à la liberté de manifestation sont énoncés avec précision par l'article 11 § 2 de la CEDH : « L'exercice de ces droits ne peut faire l'objet d'autres restrictions que celles qui, prévues par la loi, constituent des mesures nécessaires dans une société démocratique, à la sécurité nationale, à la sûreté publique, à la

59. Cour, n° 6758/05, *Aytas et autres c/ Turquie*, 8 décembre 2009, 31-33.
60. *Cour Oya Ataman*, préc. 38-44 et *Bukta c/ Hongrie*, 17 juillet 2007. n° 33112/04, *Karatepe et autres c/ Turquie*, 7 avril 2009, 47-50.
61. Cour, n° 7 octobre 2008, *Saya et autres c/ Turquie*, 45-47 (viol. de l'art. 11).
62. Le défaut du gouvernement à justifier d'une menace terroriste, prouve le caractère arbitraire de l'interdiction d'une manifestation fondée sur cette menace : violation de l'article 11, *Cour Makhmoudov c/ Russie*, 26 juillet 2007.
63. Concl. G. Braibant, sur CE, Ass., 2 novembre 1973, *Soc. Librairie François Maspero, JCP* 1974 II, 17642 ; CE, S, 19 février 1951, *Union des Syndicats ouvriers de la Région parisienne CGT et Sieur Henaff, Lebon*, 113 ; CE, 21 juin 1972, *Malisson, Lebon*, 472 ; CE, 12 octobre 1983, *Commune de Vertou*, CE, 12 novembre 1997, *Min. Int. c/ Association Communauté tibétaine en France et ses amis, RFDA*, 1998, 197 (annulation de l'arrêté d'interdiction).

défense de l'ordre et à la prévention du crime, à la protection de la santé ou de la morale ou à la protection des droits et libertés d'autrui (...) ».

À titre d'illustration, l'interdiction d'une manifestation visant à nier le concept de nation Autrichienne, à prôner l'Union de l'Autriche et de l'Allemagne et à une propagande pan-germaniste constitue une ingérence dans l'exercice de la liberté de réunion mais qui était prévue par la loi et nécessaire à la sécurité nationale dans une société démocratique en raison des obligations constitutionnelles et internationales de l'Autriche[64]. La commission – qui exprime aussi l'État général du droit des États parties à la CEDH – a déclaré « qu'une interdiction générale des manifestations ne peut se justifier que s'il existe un risque réel qu'elles aboutissent à des troubles que l'on ne peut empêcher par d'autres mesures moins rigoureuses ». L'appréciation des circonstances et des nécessités de la sécurité doit être particulièrement minutieuse lorsque l'interdiction empêche la manifestation de groupes qui ne menacent pas l'ordre public : interdiction générale de 2 mois affectant en Grande-Bretagne les manifestations du front national, mais aussi celles des chrétiens opposés au racisme et au fascisme[65], ou encore fermeture du site de Stonehenge qui empêchait la manifestation perturbatrice du « convoi de la paix » mais privait aussi les druides de la possibilité de célébrer pacifiquement le culte du solstice d'été[66].

III – LES ATTROUPEMENTS

6.40 > L'attroupement, à la différence de la manifestation sur la voie publique, serait spontané et dépourvu d'une conscience collective. L'article 431-3 du Code pénal lui imprime une connotation inquiétante : « tout rassemblement de personnes sur la voie publique ou dans un lieu public susceptible de troubler l'ordre public ». L'analyse portera d'abord sur l'attroupement armé : prévention et répression (A), puis sur la dispersion des attroupements : sommation et usage éventuel de la force (B).

A - L'ATTROUPEMENT ARMÉ : PRÉVENTION ET RÉPRESSION

6.41 > La loi n° 95-73 du 21 janvier 1995 d'orientation et de programmation relative à la sécurité a introduit un article 2 *bis* dans le décret-loi du 23 octobre 1935 (préc.). Si les circonstances font craindre des troubles graves à l'ordre public et à compter du jour de déclaration d'une manifestation sur la voie publique, ou si la manifestation n'a pas été déclarée, dès qu'il en a connaissance, le représentant de l'État dans le département, et à Paris le préfet de police, peut interdire pendant les vingt-quatre heures qui la précèdent et jusqu'à sa dispersion le port et le transport sans motif légitime d'objets pouvant constituer une arme au sens de l'article 132-75 du Code pénal. L'aire de cette interdiction est limitée aux lieux de la manifestation, aux lieux avoisinants et à leur accès, son étendue devant demeurer proportionnée aux nécessités que font apparaître les circonstances.

---

64. Déc. 9905/82, A. *Association et H c/ Autriche*, 15 mars 1984 DR 36/187.
65. Déc. 8440/78, *Christians against racism and fascism c/ RU*, 16 juillet 1980, DR 21/1.
66. Déc. 12587/86 *Chappell c/ RU*, 14 juillet 1987, DR 53/241 : Cour, Déc. *The Gipsy Council c/ R.U*, 14 mai 2002 (interdiction d'une grande réunion tzigane jugée régulière).

Ces mesures préventives, qui ont été amendées par le Conseil constitutionnel[67], accompagnent des dispositions du Code pénal qui réprime d'abord (art. 431-5) le fait de participer à un attroupement en étant porteur d'une arme (3 ans d'emprisonnement et 45 000 euros d'amende), ensuite la provocation directe à un attroupement armé selon les modalités décrites à l'article 431-6 (1 an d'emprisonnement et 15 000 euros d'amende portés à 7 ans d'emprisonnement et 100 000 euros d'amende lorsque la provocation est suivie d'effet). Les personnes physiques coupables d'une des infractions prévues par les articles 431-5 et 431-6 encourent les mêmes peines complémentaires que les personnes physiques coupables d'avoir participé à une manifestation publique en étant porteur d'une arme[68]. Enfin, l'interdiction du territoire peut être prononcée soit à titre définitif soit pour une durée de dix ans au plus à l'encontre de tout étranger coupable de l'une des infractions définies aux articles 431-5 et 431-6 (art. 431-8).

B - DISPERSION DES ATTROUPEMENTS : SOMMATIONS ET USAGE ÉVENTUEL DE LA FORCE

6.42 > Traditionnellement, les sommations opèrent le partage entre « les bons citoyens » qui se retirent et les autres[69] qui continuent volontairement à participer à l'attroupement, soit sans être porteur d'une arme (1 an d'emprisonnement et 15 000 euros d'amende, soit en étant porteur d'une arme (5 ans d'emprisonnement et 75 000 euros d'amende : art. 431-5 du Code pénal). Ce n'est que si deux sommations de se disperser sont restées infructueuses que l'attroupement peut être dissipé par la force publique ; il pourra être fait directement usage de celle-ci si des violences ou voies de fait sont exercées contre les représentants de la force publique ou s'ils ne peuvent défendre autrement le terrain qu'ils occupent (art. 431-3 et R. 431-1 du Code pénal).

6.43 > La dispersion des attroupements par la force exige de la part du personnel de police sang-froid, efficacité et mesure. Celui-ci se trouve parfois en butte à des attroupés violents et dangereux qu'il doit réduire mais sans pour autant commettre des actes excessifs. L'article 9 du décret n° 86-592 du 18 mars 1986 portant Code de déontologie de la police nationale dispose : « Lorsqu'il est autorisé par la loi à utiliser la force, et en particulier à se servir de ses armes, le fonctionnaire de police ne peut en faire qu'un usage strictement nécessaire et proportionné au but à atteindre ».

Cette exigence de proportionnalité se trouve, déjà, inscrite au paragraphe 2 de l'article 2 de la CEDH. L'article 2 § 1 qui affirme le droit à la vie interdit que la mort soit infligée intentionnellement, sauf en cas d'exécution d'une sentence capitale régulièrement prononcée. L'article 2 § 2 dispose que : « La mort n'est pas considérée comme infligée en violation de cet article dans les cas où elle résulterait d'un recours à la force rendu absolument nécessaire :

a) pour assurer la défense de toute personne contre la violence illégale ;

67. Cons. const. n° 94352, 18 janvier 1995, *JCP* 1995 II, 22525 note F. Lafay.
68. Art. 431-10 et 431-11 du Code pénal, cf. *supra* note 26.
69. J. Duffar, « La loi anticasseurs », *loc/ cit.*, *RDP* 1972 p. 90-93 et les notes.

b) pour effectuer une arrestation régulière ou pour empêcher l'évasion d'une personne régulièrement détenue ;

c) pour réprimer, conformément à la loi, une émeute ou une insurrection ».

Le paragraphe 2 de l'article 2 définit des situations qui autorisent le recours à la force, alors même qu'il risquerait d'entraîner la mort. En regard des circonstances de fait, le contrôle de la Cour porte sur l'adéquation des moyens mis en œuvre pour atteindre l'objectif légitime de « réprimer, conformément à la loi, une émeute ou une insurrection » : il a été jugé que l'emploi d'un véhicule blindé, pour disperser une manifestation, ne constituait pas un moyen approprié. Lorsque le recours à la force a entraîné la mort, l'article 2 implique l'obligation procédurale positive suivante : les actes des agents de l'État doivent être soumis à une forme d'enquête indépendante et publique, propre à déterminer si le recours à la force était « absolument nécessaire » dans les conditions particulières à une affaire et qui permette d'identifier et de juger les responsables[70]. Il appartient à l'État de démontrer que la « force meurtrière » n'a pas outrepassé le « absolument nécessaire » et le « strictement proportionné »[71].

6.44 > Pour conclure brièvement sur les rassemblements éphémères : un constat de convergence. L'article 21 du PIDCP dispose que « le droit de réunion pacifique est reconnu », et l'article 11 de la CEDH que « toute personne a droit à la liberté de réunion pacifique ». Dans ces deux articles, la manifestation sur la voie publique est comprise dans le concept de réunion. Il en résulte une interprétation unificatrice de ces deux expressions collectives éphémères : la réunion et la manifestation. N'est-ce pas aussi le mouvement qu'amorce la décision du Conseil constitutionnel du 18 janvier 1995 en reconnaissant valeur constitutionnelle au « droit d'expression collective des idées et des opinions » ? Enfin dans l'arrêt *Oya Ataman* (préc. 37), la Cour estime que les principes fondamentaux qui se dégagent de sa jurisprudence relative à l'article 11 « sont également applicables pour les manifestations et défilés organisés dans les lieux publics ».

Section III
LA LIBERTÉ D'ASSOCIATION

Les groupements institutionnels se rapprochent des rassemblements étudiés ci-dessus. Ne sont-ils pas comme ceux-ci des formations collectives ? Oui, mais ils s'en différencient par leur caractère institutionnel. Ils réunissent des personnes autour d'une idée afin de la réaliser grâce à une organisation permanente. L'association et le syndicat,

70. *Inter alia*, Cour, *Gulec c/ Turquie*, 27 juillet 1998. Déc. 10144/82 *Stewart c/ RU*, 10 juillet 1984, DR 39/162 ; V. aussi Déc. 11257/84 *Wolfgram c/ RFA*, 6 octobre 1986, DR 49/213, CJCE, *Kaya c/ Turquie*, 12 décembre 1998, 87 ; *Cakiçi c/ Turquie*, 8 juillet 1999, 86.

71. Cour, n° 43443/98, *Mansuroglu c/ Turquie*, 26 février 2008. Sur la question V. J. Robert et J. Duffar, *Droits de l'homme et libertés fondamentales*, Montchrestien, coll. Domat, 2009, n° 369.

malgré les différences qui les séparent, répondent l'un et l'autre à cette définition classique inspirée par le Doyen Hauriou et systématisée en particulier par E. Legal et J. Brethe de la Gressaye dans *Le pouvoir disciplinaire dans les institutions privées*.

Les personnes – le vocabulaire n'est pas neutre – sont membres d'une association, d'un syndicat auxquels elles adhèrent et elles appartiennent à ces groupements soit pour la poursuite d'une idée altruiste, soit pour la défense des intérêts d'une profession. Il y a dans cet objectif commun un lien social institutionnel.

Pour y parvenir, à la différence de rassemblements éphémères, ces groupements sont permanents. Il leur faut la durée, et par conséquent l'organisation. Ils exercent une autorité sur leurs membres qui sont, en particulier, invités à acquitter une cotisation.

Tels sont les traits essentiels communs à l'association et au syndicat qui feront l'objet respectivement des sections 3 et 4 étudiées sous l'angle de la liberté : la liberté d'association et la liberté syndicale.

6.45 > La liberté d'association est citée dans l'avis du Conseil d'État français du 13 août 1947 (précité) au nombre des libertés publiques, puis qualifiée de liberté constitutionnelle par l'arrêt CE, Ass. plénière, *Amicale des annamites de Paris*, 11 juillet 1956. Dans sa décision du 16 juillet 1971, le Conseil constitutionnel a précisé que cette liberté peut être soumise à un régime de déclaration préalable mais non d'autorisation préalable. Pourquoi ? Le législateur d'abord (loi du 1er juillet 1901) et le juge constitutionnel veulent faciliter la formation des groupements qui, à la différence des sociétés (loi du 24 juillet 1867 sur les sociétés), poursuivent un but autre que de partager des bénéfices (art. 1, L. du 1er juillet 1901).

6.46 > Il n'en fut pas toujours ainsi. Mise à part l'affirmation éphémère de la liberté d'association par l'article 8 de la Constitution du 4 novembre 1848, sa reconnaissance législative est plus tardive que dans d'autres pays européens[72]. La méfiance à l'égard des associations se traduit juridiquement soit par un régime d'autorisation, soit par un régime d'interdiction.

6.47 > Régime d'interdiction sous la période révolutionnaire : suppressions des corporations de métiers (décret 2-17/3/1791) ; interdiction des associations d'ouvriers (loi Le Chapelier du 14-17 juin 1791) ; suppression des congrégations religieuses (décret 18 août 1792) ; suppression des clubs (Constitution 5 fructidor an III : 22 août 1795 art. 360-363). En 1852, les associations politiques sont interdites.

6.48 > Régime d'autorisation sous l'Ancien Régime, puis par application de l'article 291 du Code pénal de 1810 : « Nulle association de plus de vingt personnes dont le but sera de

72. Article 20 de la Constitution belge du 7 février 1831 : les Belges ont le droit de s'associer ; ce droit ne peut être soumis à aucune mesure préventive ; Constitutions espagnoles de 1869 et de 1876 ; « Statuto Albertino » de 1848 au Piémont étendu en 1861 à tout le Royaume d'Italie : « Les citoyens ont le droit de s'associer librement, sans autorisation, pour des fins qui ne sont pas interdites aux individus par la loi pénale ». Enfin, les dispositions pertinentes de la Constitution du 12 septembre 1848 ont été reprises dans la Constitution fédérale suisse du 29 mai 1874 : Les citoyens ont le droit de former des associations pourvu qu'il n'y ait dans le but de ces associations ou dans les moyens qu'elles emploient rien d'illicite ou de dangereux pour l'État. »

se réunir tous les jours ou à certains jours marqués, pour s'occuper d'objets religieux, littéraires, politiques ou autres ne pourra se former qu'avec l'agrément du Gouvernement et sous les conditions qu'il plaira à l'autorité publique d'imposer à la société ». Ce régime fut maintenu, puis aggravé par les lois du 10 avril 1834 et les décrets du 25 mars 1852 et 15 janvier 1853. L'article 291 fut encore appliqué en 1900.

6.49 > Cependant, en dépit du maintien de cet article, des dispositions légales particulières marquent une progression du libéralisme. Autorisation des sociétés de secours mutuels (L. 15 juin 1852) ; loi du 21 juin 1865 relative aux associations syndicales ; loi du 12 juillet 1875 qui fait échapper à l'article 291 du Code pénal les « associations formées dans un dessein d'enseignement supérieur » ; loi du 21 mars 1884 reconnaissant le droit syndical[73]. Enfin, la loi du 1er juillet 1901 relative au contrat d'association dont l'article 2 dispose que « les associations de personnes pourront se former librement sans autorisation ni déclaration préalable (...) ».

6.50 > L'évolution des États vers la démocratie politique a été souvent précédée ou accompagnée par la reconnaissance juridique de la liberté d'association (Grèce, Espagne, Italie). Dans les pays en développement, un rapport indique, par exemple, que les associations intéressaient seulement 1 million de personnes dans les années 1980, mais 450 millions en 1993. La même observation a été faite en Pologne, en Hongrie[74]. En France, le succès de l'association va croissant[75]. La liberté d'association sera présentée d'abord par rapport au droit des personnes de s'associer (§ 1) puis par rapport aux droits de l'institution : les droits des associations (§ 2).

§ 1 - LE DROIT DES PERSONNES DE S'ASSOCIER

Après avoir précisé la notion d'association (I), seront successivement étudiés le droit de créer une association (II) puis les conditions d'adhésion aux groupements (III).

I – LA NOTION D'ASSOCIATION

6.51 > L'article 1 de la loi française du 1er juillet 1901 définit l'association comme « la convention par laquelle deux ou plusieurs personnes mettent en commun d'une façon permanente leurs connaissances ou leur activité dans un but autre que de partager des bénéfices ». Ce texte est éclairé par un arrêt du 7 avril 1987 de la Première chambre civile

---

73. Malgré la reconnaissance antérieure de la liberté syndicale en droit français, les textes internationaux (art. 22 du PIDCP ; art. 11 de la CEDH) qui reconnaissent à la fois la liberté d'association et la liberté syndicale traitent cette dernière comme une catégorie de la liberté d'association.

74. « Dans sa jurisprudence la Cour a confirmé à de nombreuses reprises la relation directe entre la démocratie, le pluralisme et la liberté d'association et a établi le principe selon lequel seules des raisons convaincantes et impératives peuvent justifier des restrictions à cette liberté. Cour, *Déc. Ertan*, 21 mars 2006. L'ensemble de ces restrictions sont soumises à un contrôle rigoureux de la Cour », Grande Chambre, 44158/98, 17 février 2004, *Gorzelik c/ Pologne*, 88.

75. L'importance du phénomène a pu justifier la création, par le décret n° 96-397 du 13 mai 1996 (*JORF*, 14 mai 1996, p. 7220), auprès du Premier ministre d'un Conseil national de la vie associative. Des dispositions concrètes et en particulier fiscales ont été rassemblées dans la loi n° 96-559 du 24 juin 1996 portant diverses mesures en faveur des associations.

de la Cour de cassation : « Le contrat d'association est un contrat de droit privé soumis, sauf restriction prévue par la loi ou fixée par les statuts eux-mêmes, au principe de la liberté contractuelle ». L'association se compose d'un groupe ; à la différence de la réunion ou de la manifestation, elle est constituée de façon permanente. Fondée sur la mise en commun d'éléments en général immatériels tels les connaissances ou l'activité, elle peut poursuivre tous les buts légitimes sauf le partage des bénéfices, qui est au contraire la condition d'existence des sociétés[76]. Les textes internationaux (*inter alia* article 22 du PIDCP et 11 de la CEDH) garantissent la liberté d'association, mais son contenu n'a été précisé que dans la jurisprudence.

6.52 ➤ L'association est d'abord définie par le législateur comme une convention. Ce terme a été critiqué par les auteurs attachés à distinguer entre les contrats qui concrétisent des buts différents et ceux qui génèrent des institutions caractérisées par la poursuite, dans la durée, d'un but unique et commun[77]. La réalisation de ce but n'est pas garantie par l'article 11 de la CEDH[78].

6.53 ➤ L'association suppose un groupement volontaire en vue de la réalisation d'un objectif commun[79]. Aussi bien, toute relation avec d'autres personnes ne bénéficie-t-elle pas de la garantie de l'article 11 de la CEDH[80]. On ne peut pas, par exemple, déduire de cet article le droit pour des détenus de partager la compagnie d'autres détenus, d'avoir avec ceux-ci des contacts dans ce sens[81], plus généralement le droit de bénéficier de la compagnie d'autrui ou encore le droit d'un détenu de s'entretenir avec un conseil en brevets et la possibilité d'exploiter une invention à des fins commerciales[82]. Dans ces exemples, la communauté de but faisait défaut. Elle existe en revanche dans un parti politique. La reconnaissance de partis politiques par l'article 4 de la Constitution ne les exclut pas de leur cadre législatif qui est la loi du 1er juillet 1901. Ils ne peuvent en conséquence être soumis à un contrôle préalable[83]. De même, l'article 11 de la CEDH garantit la liberté d'association et partant la liberté d'être membre d'un parti politique[84].

76. Cass. ch. réunies, 11 mars 1914 *DP* 1914 I, 257, note L-S. Le solde de l'actif ou boni de liquidation ne peut être dévolu aux membres sauf, par exception, s'il s'agit du solde non utilisé des cotisations ; il doit être versé à un organisme à but non lucratif poursuivant un objet similaire et désigné ou non dans les statuts. V. E. Alfandari et A. Nardone, « Les associations et fondations en Europe », *Les Guides pratiques de Juris Associations*, 1990, n° 2300 p. 118. L'absence de but lucratif n'exclut pas que certaines associations exercent une activité économique aff. C. 119/06, *Commision c/ République Italienne*, CJCE 29 novembre 2007. V. La circulaire du 18 janvier 2010 relative aux relations entre les pouvoirs publics et les associations (*JO*, 20 janvier 2010, p. 1138). V. S. Nicinski, E. Glaser et P.-A. Jeanneney, « Actualités du droit de la concurrence et de la régulation », *AJDA*, mars 2010, n° 11/2010 p. 599-602.
77. M. Hauriou, *La théorie de l'Institution et de la Fondation*, 4e cahier de la Nouvelle Journée, 1925, 29-128.
78. Déc. 6094/73 *Association X c/ Suède*, 6 juillet 1977, DR 9/5.
79. Rapport Commission, *Young, James et Webster*, 14 décembre 1979, n° 167.
80. Toute personne a droit à la liberté d'association.
81. Déc. 9317/78 *Mc Feely et autres c/ RU*, 15 mai 1980, DR 20/44.
82. Déc. 9054/80 *X c/ RU*, 8 octobre 1982 ; Déc. 11617/85 *B c/ RU*, 13 mars 1986 citées par S. Lewis-Anthony, Conseil de l'Europe, *Liberté d'association*, Les Éditions du Conseil de l'Europe, 1994, p. 41.
83. Certains particularismes favorables aux partis politiques découlent en particulier de l'article 7 de la loi 88-227 du 11 mars 1988 relative à la transparence financière de la vie politique (personnalité morale ; droit d'ester en justice, acquisition de biens à titre gratuit). V. Th. Renoux et M. de Villiers, *Code constitutionnel* sous l'article C 4, p. 234 et s., et Cl. Leclercq, *Droit constitutionnel et institutions politiques*, Litec, 1995, p. 140 et s.
84. Déc. 11002/84 *Van der Heijden c/ PB*, 8 mars 1995, DR 41/264.

II – LE DROIT DE CRÉER UNE ASSOCIATION

6.54 › « Le droit qu'énonce l'article 11 inclut celui de fonder une association et de créer une fondation[85]. La possibilité pour les citoyens de former une personne morale afin d'agir collectivement dans un domaine d'intérêt commun constitue un des aspects les plus importants du droit à la liberté d'association, sans quoi ce droit se trouverait dépourvu de toute signification »[86]. Deux ou plusieurs personnes, sous réserve des éventuelles interdictions dont elles pourraient être frappées[87], ont le droit de créer une association. Le contrat qu'elles concluent à cette fin obéit aux principes généraux du droit applicables aux contrats et obligations (L. 1er juillet 1901, art. 1 *in fine*) : consentement, capacité, objet et cause licites. Voici quelques types d'associations que les personnes peuvent constituer : une association non déclarée qui résulte du seul contrat, celui-ci d'ailleurs peut être verbal. À la différence d'autres systèmes juridiques, il est licite de créer une association sans le faire savoir. L'article 18 de la Constitution italienne du 27 décembre 1947 dispose par exemple que « les citoyens ont le droit de s'associer librement, sans autorisation, à des fins que la loi pénale n'interdit pas. Sont interdites les associations secrètes et celles qui poursuivent, même indirectement, des buts politiques au moyen d'organisations de caractère militaire ». La doctrine interprète ces « associations secrètes » comme ayant pour but de créer des centres autonomes de pouvoir à l'intérieur de l'État pour les développer contre l'intérêt national. Une loi du 25 janvier 1982 a appliqué ces dispositions constitutionnelles pour dissoudre une association particulière liée à la maçonnerie[88]. Dans l'arrêt du 2 octobre 2001, *Stankof et Organisation macédonienne c/ Bulgarie* (préc.), la Cour a considéré qu'une association non enregistrée pouvait tenir des réunions commémoratives distinctes des réunions officielles.

6.55 › Les fondateurs d'une association non déclarée, qui n'a pas la personnalité juridique, peuvent souhaiter un instrument mieux adapté à la réalisation des buts qu'ils veulent atteindre. Dans ce cas, ils doivent faire connaître, déclarer l'association. À la différence de l'association non déclarée, dont la création ne demande aucune formalité juridique, les fondateurs (art. 1 du décret du 16 août 1901) d'une association déclarée doivent souscrire seulement une déclaration préalable faite à la préfecture ou à la sous-préfecture du lieu du siège social. Le principe de la liberté d'association, tel qu'il résulte des dispositions générales de la loi du 1er juillet 1901, constitue l'un des principes fondamentaux reconnus par les lois de la République et solennellement réaffirmés par le Préambule de la Constitution : au nombre de ces dispositions générales figure le régime de la déclaration préalable auquel sont soumises les associations désireuses d'obtenir la reconnaissance de leur capacité juridique[89].

---

85. Cour, n° 35570/02, *Özbeck et autres c/ Turquie*, 6 octobre 2009, 34.
86. Cour, *Sidiropoulos c/ Grèce*, 10 juillet 1998, 40 ; *Gorzelik*, préc. 88.
87. Des personnes physiques peuvent être frappées d'interdictions qui ne leur permettent pas de fonder ou de diriger une association, Déc. 1028/61 *X c/ Belgique*, 18 septembre 1961, *Rec.* 6/69 et articles 131-27 à 131-29 du Code pénal.
88. Pr Barberini, *Séminaire de Reykjavik*, Conseil de l'Europe, *op. cit.* p. 55, Voir l'article 22 § 5 de la Constitution espagnole : les associations secrètes et celles qui ont un caractère paramilitaire sont interdites.
89. CE, Ass., 29 avril 1994, Haut commissaire de la République en Nouvelle-Calédonie, Lebon, 205.

La déclaration est accompagnée des statuts déposés en deux exemplaires signés par les fondateurs ou au moins par les administrateurs : elle fait connaître le titre, l'objet de l'association, le siège de ses établissements, les noms, professions, domiciles et nationalités de ceux qui à un titre quelconque sont chargés de son administration ou de sa direction. En même temps est faite une demande de publication au *JORF*. C'est à partir de cette publication que l'association obtient la personnalité morale et sa capacité juridique. Il en est donné récépissé (loi du 1er juillet 1901, art. 5) sans que, sous une forme quelconque, l'autorité compétente puisse interférer dans la délivrance de ce document qui doit être automatique. Le récépissé avait été refusé aux fondateurs de l'association « Les amis de la cause du peuple ». Après l'annulation de ce refus par le Tribunal administratif de Paris (jugement du 15 juillet 1970), le gouvernement tente de faire modifier la loi du 1er juillet 1901 mais le Conseil constitutionnel déclare inconstitutionnelle la modification qui tendait à subordonner l'acquisition de la capacité juridique des associations à un contrôle préalable : les associations se constituent librement et peuvent être rendues publiques sous la seule réserve du dépôt d'une déclaration préalable ; qu'ainsi, à l'exception des mesures susceptibles d'être prises à l'égard de catégories particulières d'associations, la constitution d'associations, alors même qu'elles paraissent entachées de nullité ou auraient un objet illicite, ne peut être soumise pour sa validité à l'intervention préalable de l'autorité administrative ou même de l'autorité judiciaire[90]. La liberté d'association a valeur constitutionnelle.

6.56 > Il faut mentionner ici un régime juridique d'autorisation qui, supprimé en France, subsiste encore dans certains pays[91]. La loi du 1er juillet 1901 comportait, jusqu'à ce qu'il fût abrogé par la loi 81-909 du 9 octobre 1981, un titre IV : « Des associations étrangères » définies par l'article 26 comme des groupements qui en particulier « sont dirigés en fait par des étrangers ou bien ont soit des administrateurs étrangers, soit un quart au moins de membres étrangers ». Ces associations ne pouvaient se former ni exercer une activité en France sans une autorisation préalable du ministre de l'Intérieur. D'ailleurs, l'article 1 § 2 de la Convention internationale sur l'élimination de toutes les formes de discrimination raciale du 21 décembre 1965 précise que la Convention ne s'applique pas aux distinctions, exclusions, restrictions ou préférences établies par un État partie à la Convention selon qu'il s'agisse de ses ressortissants ou de non-ressortissants. De même, l'article 16 de la CEDH dispose qu'aucune des dispositions des articles 10 (liberté

---

90. Cons. const. 71-44 DC, 16 juillet 1971, *Rec.* 29. À titre d'illustration du droit de toute personne de constituer une association : dans un lotissement, les propriétaires de lots peuvent former une association déclarée, Cass. civ. 3e, 30 mars 1978, *Bull. civ.* III, n 127. Plus explicite, l'article 78-1 de l'Acte constitutionnel danois dispose : « Les citoyens seront sans autorisation préalable, libres de former des associations ayant un objet licite ». L'article 26 du chapitre III de la Constitution du Luxembourg du 17 octobre 1968 : « Les Luxembourgeois ont le droit de s'associer. Ce droit ne peut être soumis à aucune autorisation préalable » : l'article 46 de la loi constitutionnelle du 8 juillet 1989 portant révision de la Constitution portugaise du 25 avril 1976 : « Les citoyens ont le droit, librement et indépendamment de toute autorisation, de constituer des associations, si celles-ci ne sont pas destinées à promouvoir la violence ou si leurs buts ne sont pas contraires à la loi pénale ». La liberté de création des associations apparaît comme un principe constitutionnel commun à plusieurs États démocratiques européens. V. aussi Cons. const. 91-299 DC, 2 août 1991, *Rec.* p. 124.

91. Il existerait encore des restrictions au droit des étrangers de s'associer au Royaume-Uni, en Allemagne, en Italie, en Grèce, en Belgique et au Luxembourg. A. DAVID, *Séminaire de Reykjavik*, Conseil de l'Europe, p. 95. V. D. RUZIE, « Les droits publics et politiques du travailleur étranger », *SFDE*, colloque de Clermont-Ferrand 1979, p. 332-333.

d'expression], 11 [liberté de réunion pacifique et d'association] et 14 [non-discrimination] ne peut être considérée comme interdisant aux États d'imposer des restrictions à l'activité politique des étrangers. Aussi bien la différence de régime juridique aurait-elle pu être vraisemblablement maintenue, sauf pour les citoyens de l'Union européenne qui sont assimilés en fait aux nationaux et qui doivent désormais être en mesure d'exercer une activité politique en constituant des associations et des partis comme les nationaux. La Directive 94/80/CE (modifiée) du Conseil du 19 décembre 1994 fixe les modalités de l'exercice du droit de vote et d'éligibilité aux élections municipales pour les citoyens de l'Union résidant dans un État membre dont ils n'ont pas la nationalité[92]. Une association, un parti peuvent être fondés par des étrangers ou des citoyens de l'Union. La déclaration doit mentionner en particulier la nationalité de ceux qui à un titre quelconque sont chargés de son administration ou de sa direction. Lorsque l'association aura son siège à l'étranger, la déclaration préalable sera faite à la préfecture du département où est situé le siège de son principal établissement.

6.57 > Si la « petite personnalité » de l'association déclarée ne paraît pas suffisante pour les fins poursuivies, ses membres peuvent souhaiter obtenir pour elle la « grande personnalité » : elle doit pour cela être reconnue d'utilité publique, mais ce n'est pas un droit. La demande est signée de toutes les personnes déléguées à cet effet par l'assemblée générale (art. 9 décret du 16 août 1901). La reconnaissance par décret pris en Conseil d'État ne peut intervenir qu'à l'issue d'une période probatoire de 3 ans[93] et si l'association, par son objet, son audience et le nombre de ses adhérents, présente un caractère d'intérêt général. Le décret du 16 août 1901 énumère les documents qui doivent composer le dossier de demande (art. 10), et en particulier les statuts qui reproduisent le plus souvent le modèle établi par le Conseil d'État. La demande, d'abord instruite par le ministère, est transmise au Conseil d'État pour avis (décret du 16 août 1901, art. 12). Celui-ci ne lie pas le Premier ministre qui décide de l'opportunité d'accorder la reconnaissance.

6.58 > Le régime juridique des associations reconnues d'utilité publique appelle un rapprochement avec celui des congrégations (loi du 1er juillet 1901 art. 13-15) qui leur est spécifique. Dans un avis du 14 décembre 1989, le Conseil d'État indique que : « tout groupement de personnes qui réunit un ensemble d'éléments de nature à caractériser une congrégation, tels que la soumission à des vœux et à une vie en commun selon une règle approuvée par une autorité religieuse, ne peut que se placer sous le régime de la congrégation religieuse défini par le Titre III de la loi du 1er juillet 1901, et non sous le régime des associations régies par le Titre I de cette loi » (*EDCE*, 1989, p. 246). Les fondateurs d'une congrégation nouvelle doivent constituer un dossier de demande (décret du 16 août 1901, art. 16-33) qui comporte des projets de statuts contenant les mêmes indications et engagements que ceux des associations reconnues d'utilité publique. Le dossier est moindre lorsque la demande porte seulement sur la fondation d'un nouvel établissement d'une

---

92. *JOCE*, L. 368/38 31 décembre 1994.
93. Cette période n'est pas exigée si les ressources prévisibles sur un délai de 3 ans sont de nature à assurer l'équilibre financier de l'association (loi art. 10). Le contrôle par le Conseil d'État des associations reconnues d'utilité publique », *EDCE*, 1980-81, p. 135-146.

congrégation déjà autorisée. La reconnaissance des congrégations nouvelles est donnée par décret rendu sur avis conforme du Conseil d'État ; celle d'établissements nouveaux par décret en Conseil d'État[94].

6.59 ▸ Pour compléter cette présentation, il faut mentionner les associations pour l'exercice d'un culte qui font l'objet du Titre IV (art. 18-24) de la loi du 9 décembre 1905 concernant la séparation des Églises et de l'État. Ces associations dites « cultuelles » doivent être composées au moins d'un nombre minimum de personnes en rapport avec la population de la commune et avoir exclusivement pour objet l'exercice d'un culte. En dehors de ces particularités et d'une capacité plus étendue, les associations cultuelles doivent être constituées par leurs fondateurs conformément aux articles 5 et suivants de la loi du 1er juillet 1901[95].

III – LES CONDITIONS D'ADHÉSION AUX GROUPEMENTS

Il faut distinguer deux situations : celle de l'association, groupement privé auquel chacun est libre d'adhérer sous réserve des règles du groupement (B) et les organismes portant diverses appellations constituées sous forme d'associations auxquels l'adhésion est obligatoire (A).

A - L'OBLIGATION D'ADHÉRER À CERTAINS GROUPEMENTS

6.60 ▸ Les groupements relèvent le plus souvent du droit public. Ils ont été créés par un acte unilatéral. Il est inopérant pour les adhérents « malgré eux » d'invoquer à leur encontre les principes de la liberté d'association : l'ordre des médecins[96], les associations de chasse agréées[97] (jusqu'à l'arrêt de la CEDH, *Chassagnou*, du 29 avril 1999), l'as-

94. Décret du 12 septembre 1995 portant reconnaissance légale et approbation des statuts d'un établissement particulier d'une congrégation et l'autorisant à accepter un transfert gratuit d'immeubles et décret du 12 septembre 1995 portant modification des statuts d'une congrégation (Congrégation des sœurs de Saint-Joseph d'Annecy, *JORF*, 19 septembre 1995, p. 13755) ; décret du 24 août 1995 portant reconnaissance légale de la Communauté bouddhiste Dashang Kagyu Ling ; décret du 24 août 1995 portant reconnaissance légale de la congrégation dite Monastère orthodoxe Saint-Silouane, *JORF*, 31 août 1995, p. 12899 ; décret du 24 janvier 1996 portant reconnaissance légale de la Communauté du Monastère du Carmel de l'Hermitage de Saint-Sever, *JORF*, 31 janvier 1996, p. 1510 ; décret du 23 janvier 1996 portant reconnaissance légale de la Congrégation des bénédictines adoratrices de Bellemagny (Haut-Rhin), *JORF*, 30 janvier 1996, p. 1451.

95. Cette exigence est entendue strictement par la jurisprudence du Conseil d'État. V. Y. Desmurs-Moscet, « Régime des cultes », *Jurisclasseur administratif*. F. 215 n° 15-17 et J. Duffar, « Problématique de la loi du 9 décembre 1905 », Questions choisies, *LPA*, 1er mai 1996, p. 10-14.

96. Cass. 1re civ., 26 avril 1983, *Gaz. Pal.* 6-8/11/1983, p. 2.

97. Cass. 1re civ., 3 mai 1995 et Cass. 3e civ., 16 mars 1994, *JCP* 1995 II, 22464 note L. Bore ; CE, 10 mai 1995, *Montion* : la loi du 10 juillet 1984 a institué des ACCA par le préfet dans le but d'assurer une meilleure organisation technique de la chasse en France ; en vue de mettre ces organismes à même d'exécuter la mission de service public qui leur est confiée, diverses prérogatives de puissance publique leur ont été conférées. Les dispositions de l'article 11 de la CEDH et 22 du PIDCP ne sauraient en tout état de cause être invoquées utilement pour contester la légalité de la décision du Président de l'ACCA refusant de procéder au retrait de leur propriété du périmètre de l'association. Déc. 12314/86 37 *Membres du Comité de défense contre la Constitution d'associations communales de chasse agréées dans le département de l'Allier*, 6 mars 1989, DR 60/172. Au contraire, dans l'arrêt *Chassagnou*, du 29 avril 1999, la Cour décide que l'adhésion forcée d'opposants éthiques à la chasse à des associations agréées n'est pas proportionnée au but poursuivi et viole l'article 11. L'article 14 de la loi du 26 juillet 2000 reconnaît le droit aux propriétaires de terrains de ne pas adhérer à l'association, en raison de leurs convictions personnelles.

sociation française des banques (adhésion obligatoire des banques[98]). À titre de comparaison, il existe en droit suisse des associations semblables. Le Tribunal fédéral en admet la compatibilité avec l'article 56 de la Constitution qui dispose que les citoyens ont le droit de former des associations (ATF, 100, 1a, 36). Leur constitutionnalité est appréciée au regard de la liberté du commerce et de l'industrie : ces associations doivent être neutres politiquement, la participation obligatoire ayant pour but principal de faciliter l'application des règles économiques et de police régissant la profession (NU, CCPR/C/81/Add 8, 25 mai 1995, n° 396).

6.61 › La jurisprudence des organes de la CEDH exclut aussi les associations de droit public à affiliation obligatoire du champ d'application de l'article 11 de la CEDH. Ne constituent pas des associations au sens de cette disposition : l'ordre des médecins belges[99], l'ordre des chirurgiens vétérinaires[100], l'ordre des avocats, l'ordre français des architectes[101] ou les chambres de commerce d'Autriche[102]. À titre d'exemple, l'obligation faite aux étudiants suédois de faire partie d'associations qui élisent des représentants dans les organes de l'université, d'en payer la cotisation faute de quoi ils peuvent être exclus de l'enseignement et des examens n'est pas incompatible avec l'article 11 de la CEDH : « Qui n'offre une protection qu'en ce qui concerne les associations privées et les syndicats mais non les institutions officielles »[103]. La Cour a marqué sa distance à l'endroit des distinctions du droit interne telle que association privée-association publique, « il s'agit de déterminer s'il s'agit d'"associations" au sens de l'article 11 de la Convention (...). La notion d'"association" possède donc une portée autonome : la qualification en droit national n'a qu'une valeur relative et ne constitue qu'un simple point de départ »[104]. En revanche, l'arrêt de la Cour, *Sigurjônsson c/ Islande* du 30 juin 1993, confirme *a contrario*, cette jurisprudence (cf. *infra*).

98. D. Turpin, *Libertés publiques et Droits fondamentaux*, Sup' Foucher, 2009, n° 911.
99. Cour, 23 juin 1981, *Lecompte, Van Leuven et De Meyere*, n° 62-65.
100. Déc. 8734/79, 12 mars 1981, DR 26/145.
101. Déc. 9164/80, 5 mai 1981, V. J. Velu et R. Ergec, *La Convention européenne des droits de l'homme*, Bruylant, 1990, n° 796 ; Déc. 13750/88 *A et autres c/ Espagne*, 2 juillet 1990, DR 66/188, Déc. 14331/88 et 14332/88, *Revertet Legallais c/ France*, 8 septembre 1989, DR 62/309 : l'ordre des architectes n'est pas une organisation privée mais un organisme de droit public. Il n'est pas une association au sens de l'article 11. Les architectes conservent la liberté de former avec leurs confrères des associations professionnelles pour la défense de leurs intérêts professionnels auxquelles ils ont toute latitude d'adhérer. Pas d'atteinte à la liberté d'association.
102. Déc. 14596/89, *Weiss c/ Autriche*, 10 juillet 1991, DR 71/158.
103. Déc. 6094/73, *Association X c/ Suède*, 6 juillet 1977, DR 9/11. À rapprocher d'une décision du 31 mai 1974, 5767/72 : ni l'existence, ni l'autonomie d'un organisme public comme une commune, non plus que les fonctions officielles exercées dans le cadre d'un tel organisme ne sont protégées par l'article 11. Les communes ne sont pas des associations constituées par des individus qui s'y affilieraient librement mais des organismes de droit public, *Annuaire* 1974, n° 1, 7, p. 355 – V. J. Duffar, « La liberté d'association dans la Convention européenne des droits de l'homme », *LPA*, 24 avril 1996, n° 50, p. 41-43. Selon la jurisprudence du Tribunal fédéral suisse, seules les personnes physiques peuvent se prévaloir de la liberté d'association (ATF 100 1 à 276 et 97-I-121). Les personnes morales de droit privé ne jouissent pas de la liberté d'association, NU, CCPR C/81/Add. 8 ; 26 mai 1995, n° 393.
104. *Cour Chassagnou c/ France*, 29 avril 1999, 100.

B - LA LIBERTÉ D'ADHÉRER AUX ASSOCIATIONS

6.62 ▸ À la différence des groupements pour lesquels l'appartenance est obligatoire, l'adhésion à une association est libre, même si celle-ci n'est pas tenue d'accepter tous ceux qui sont postulants (Cass. civ. 1re, 7 avril 1987). Cette liberté des personnes est inhérente à toute convention qui, aux termes de l'article 1 de la loi, définit l'association. Aussi, ni la loi ni le décret du 16 août 1901 ne la mentionnent. La Commission a ainsi déclaré que l'article 11 de la CEDH garantit un droit général d'affiliation des personnes[105]. Dans deux arrêts du 2 août 2001, *N. F. et Grande Oriente d'Italia di Palazzo Giustiniani*, la Cour a considéré que l'interdiction d'appartenir à la franc-maçonnerie, pour occuper certains emplois publics, constituait une violation de l'article 11 de la CEDH[106].

6.63 ▸ Le corollaire de la liberté d'adhésion des personnes est celle de refuser d'adhérer à une association. Par exemple, l'adhésion ne peut être automatique pour les collaborateurs bénévoles et les salariés de l'association (Cass. civ., 15 mai 1985) ou pour tous les membres d'une commune (Cass. civ. 1re, 8 novembre 1978), nul ne peut être contraint d'adhérer à une association (Cass. civ. 1re, 23 février 1960) : « hors les cas où la loi en décide autrement, nul n'est tenu d'adhérer à une association régie par la loi du 1re juillet 1901, ou, y ayant adhéré, d'en demeurer membre » (Cass. Ass. plén., 9 février 2001).

Dans l'arrêt *Sigurjônsson c/ Islande* du 30 juin 1993 (précité), après avoir rappelé que la FRAMI était une organisation d'exploitants de taxis de droit privé, à laquelle le requérant devait obligatoirement s'affilier, la Cour a considéré que l'article 11 consacre un droit d'association négatif qui exclut les accords de monopole syndical[107]. Ainsi, l'obligation faite au requérant de demeurer membre de la FRAMI, pour conserver sa licence, est une coercition qui atteint la substance même du droit que protège l'article 11 et constitue en soi une ingérence dans la liberté d'association. Prévue par la loi et poursuivant un but

105. Le libre choix de ses adhérents doit être reconnu à une association et l'indication figurant dans un écrit selon laquelle cette association acceptait de nouveaux membres ne constitue pas une pollicitation l'obligeant à les inscrire ; Cass. 1re civ., 7 avril 1987, *Bull. civ.* 119 p. 91. Voir Déc. 1028/61, *X c/ Belgique*, 18 septembre 1961, *Rec.* 5/69.

106. Situation différente : les requérants qui, refusent de déclarer s'ils appartiennent à la franc-maçonnerie, sont révoqués : (...) « ils invoquent, en substance, le droit de garder le secret quant à leur affiliation lequel n'est pas garanti en tant que tel par l'article 11 de la Convention » Cour, Déc. n° 13148/04, *Siveri et Chiellini c/ Italie* (irrecevable), 3 juin 2008. L'article 9 contient, en revanche, le droit au secret sur ses convictions religieuses ou non religieuses : « La Cour considère que la liberté de manifester ses convictions religieuses comporte également un aspect négatif, à savoir le droit pour l'individu de ne pas être obligé à manifester sa confession ou ses convictions religieuses et de ne pas être obligé d'agir en sorte qu'on puisse tirer comme conclusion qu'il a – ou n'a pas – de telles convictions. Aux yeux de la Cour, les autorités étatiques n'ont pas le droit d'intervenir dans le domaine de la liberté de conscience de l'individu et de rechercher ses convictions religieuses, ou de l'obliger à manifester ses convictions concernant la divinité. Cour, n° 1915/06, *Alexandridis c/ Grèce*, 21 février 2008, 38. V. J. Duffar, *Statut et fonction de la religion dans le discours du juge européen*, Colloque Faculté de Droit de Tunis, février 2009 (À paraître). Cour, n° 21924/05, *Sinan Isik c/ Turquie*, 2 février 2010.

107. La Commission avait déjà admis que d'une manière générale la liberté d'association implique la liberté de ne pas s'associer ou de ne pas s'affilier à une association réserve faite de certaines situations spécifiques, notamment celles qui résultent de relations régies par le droit public : Déc. 9926/82, *X c/ Pays-Bas*, 1er mars 1983, DR 32/277. V. aussi, Cour, GC, *Sorensen et Rasmussen c/ Danemark*, n° 52562/99 et 52620/99, 72-75. La Cour s'est fondée notamment sur la Charte sociale européenne et la jurisprudence de ses organes de contrôle ainsi que sur d'autres instruments européens ou universels et a considéré qu'il existait en la matière un degré croissant de consensus au niveau international Cour, GC, n° 34503/97, 13 novembre 2008, 77.

légitime – la protection des droits et libertés d'autrui –, l'ingérence n'était pas en revanche nécessaire dans une société démocratique : les mesures incriminées se révèlent disproportionnées à l'objectif légitime poursuivi (violation de l'art. 11).

6.64 > Les membres de l'association doivent être en mesure de la quitter, à condition qu'ils aient satisfait aux obligations qu'ils ont souscrites par leur affiliation. L'article 4 de la loi dispose que tout membre d'une association, qui n'est pas formée pour un temps déterminé, peut s'en retirer en tout temps, après paiement des cotisations échues et de l'année courante, nonobstant toute clause contraire[108]. Outre le départ volontaire, le sociétaire peut être exclu de l'association dans le respect des droits de la défense : il doit être informé avec précision des faits qui lui sont reprochés, de l'objet disciplinaire de la convocation, il doit être mis en mesure de s'expliquer sur les faits et les pièces qui lui auront été préalablement communiquées avant le prononcé d'une éventuelle sanction[109].

6.65 > La distinction établie, en particulier, par l'article 1 du décret du 16 août 1901 qui désigne : « Ceux qui à un titre quelconque sont chargés de l'administration ou de la direction de l'association » n'affecte pas le droit de tous les membres de l'association de participer à voix égale aux réunions de l'assemblée générale à condition d'être à jour de leur cotisation. L'égalité entre les membres de l'association est particulièrement soulignée dans la proposition modifiée de règlement du Conseil des Communautés européennes portant statut de l'association européenne (*JOCE*, C 236 du 31 août 1993), le respect du principe de primauté de la personne... se traduit par l'énoncé de la règle « un homme, une voix », le droit de vote étant attaché à la personne : il est précisé que tout membre peut participer à l'assemblée générale (art. 152) ; tous les membres bénéficient d'un accès égal à l'information, notamment en matière comptable, qui doit leur être donné avant ou pendant l'assemblée générale (art. 16). Chaque membre de l'association européenne dispose d'une voix (art. 17).

§ 2 - LES DROITS DES ASSOCIATIONS

6.66 > Une fois constituée, l'association doit être mise en mesure de vivre. Le « droit à la vie » de l'entité ainsi créée soulève trois catégories de questions qui tiennent à la personnalité juridique (I), à la capacité juridique (II), et au droit de l'association de ne pas être supprimée arbitrairement (III).

I – LA PERSONNALITÉ JURIDIQUE

6.67 > L'association qui est une convention peut être soumise à titre volontaire à la formalité de l'enregistrement pour lui donner date certaine. En revanche, les associations

108. On en rapprochera la liberté de pensée, de conscience et de religion des ecclésiastiques selon l'article 9 de la CEDH. Celle-ci se trouve respectée lorsqu'est garantie la possibilité de quitter l'Église dont ils sont les ministres, Déc. 7374/76 *X c/ Danemark*, 8 mars 1976 DR 5/157.

109. Cass. 1re civ., 29 mars 1989, *Bull. civ.* I, n° 141 ; Cass. 1re civ., 16 janvier 1996, *Bull. civ.* n° 179 ; 22 avril 1997, *Bull. civ.* n° 120.

ne peuvent pas être inscrites au registre du commerce et des sociétés. La Chambre commerciale de la Cour de cassation a estimé que la liste des personnes morales énumérées à l'article 1 du décret n° 84-406 du 30 mai 1984 relatif au registre du commerce et des sociétés est limitative et qu'une association ne pouvait, en conséquence, obtenir son inscription au registre même à titre facultatif[110]. Un autre pourvoi soutenait, en outre, qu'en refusant à une association exerçant une activité commerciale, l'inscription au registre du commerce et des sociétés qui seule lui permettrait de bénéficier de la propriété commerciale et des garanties qui lui sont attachées, la Cour d'appel avait violé l'article 11 de la CEDH. La Chambre commerciale s'est bornée à répondre que la Cour d'appel a retenu à juste titre que la CEDH ne peut pas être invoquée par l'association pour réclamer son inscription au registre du commerce et des sociétés[111].

6.68 > Le droit à la liberté d'association garanti par l'article 11 inclut la possibilité pour les citoyens de former une personne morale afin d'agir collectivement dans un domaine d'intérêt commun. Certaines formalités peuvent être requises pour la fondation d'une association (en l'espèce copie du jugement de condamnation d'un des fondateurs et demande de révocation d'un membre de ses fonctions). Les autorités n'ont pas empêché les intéressés de constituer une association mais ont seulement exigé, dans les délais, l'accomplissement d'une formalité raisonnable prévue par la loi. La dissolution de l'association n'est pas disproportionnée[112]. La personnalité juridique de l'association résulte d'une opération complexe composée d'une déclaration suivie d'une publication au *Journal officiel*. L'autorité qui reçoit la déclaration est tenue d'en délivrer récépissé (loi du 1er juillet 1901, art. 5) et l'association n'est rendue publique que par une insertion au *Journal officiel* sur la production de ce récépissé (loi du 1er juillet 1901, art. 5). Il ne semble pas que cette insertion ait été retardée indûment ou refusée dans certaines circonstances.

6.69 > Ce régime ne s'applique pas dans les trois départements du Bas-Rhin, du Haut-Rhin et de la Moselle. L'article 21 du Code civil local Alsace-Moselle dispose qu'« une association acquiert la capacité juridique par l'inscription au registre des associations du tribunal d'instance compétent ». Le dossier qui contient les mentions et pièces prévues par les articles 57, 58 et 59 de la loi est adressé au tribunal d'instance qui en vérifie la régularité[113]. Si la déclaration est admise, le tribunal d'instance doit la communiquer à l'autorité administrative compétente. L'alinéa 2 de l'article 61 ajoute que : « l'autorité administrative peut élever opposition contre l'inscription lorsque l'association est illicite ou peut être interdite d'après les règles du droit public des associations ou lorsqu'elle poursuit un but politique, social politique ou religieux ». Ce contrôle préventif paraît contraire au principe de la liberté d'association rappelé par la décision n° 71-44 du Conseil constitutionnel du 16 juillet 1971, mais il correspond aux « mesures susceptibles d'être prises à l'égard de catégories particulières d'associations » qui sont également prévues par la même décision[114] et il ne s'applique pas aux associations non déclarées.

---

110. Cass. com., 1er mars 1994, *Bull. civ.* IV, n° 90.
111. Cass. com., 15 novembre 1994, 93-10. 193 A.
112. Cour, Déc. N° 57898/00, *Ertan et autres c/ Turquie.*
113. Texte reproduit dans E. Alfandari et A. Nardone, *op. cit.*, p. 162.
114. CE, S. 25 juillet 1980, *Min. de l'Intérieur c/ Église évangélique baptiste de Colmar, AJDA* 1981, concl. J.-M. Galabert p. 207 ; CE, 22 janvier 1988, *Association les Cigognes, AJDA*, 1988, p. 151.

L'opposition du préfet à l'inscription sur le registre d'une association de « mères porteuses » « Les Cigognes », est une mesure nécessaire dans une société démocratique à la prévention d'une infraction pénale, à savoir l'incitation à l'abandon d'enfants. Si cette opposition à l'inscription prive l'association de la personnalité juridique, ce droit n'est pas nécessairement impliqué par la liberté d'association au sens de l'article 11. La Commission relève que, même privée de la personnalité juridique, l'association peut se constituer librement, exercer certaines activités et posséder un patrimoine par l'intermédiaire de ses membres[115]. Dans l'arrêt de la Grande Chambre, *Gorzelik* (n° 44158/98, préc.), la Cour conclut « que l'État n'a pas restreint la liberté d'association des requérants en tant que telle. Les autorités n'ont pas empêché les intéressés de constituer une association pour exprimer et promouvoir les particularités d'une minorité, mais de créer une personne morale, laquelle, par la voie de l'enregistrement en vertu de la loi sur les associations et du fait de la description qu'elle donnait d'elle-même à l'article 20 de ses statuts, aurait inévitablement pu prétendre, au titre de la loi de 1993 sur les élections, à un statut spécial. » Dans deux autres affaires, la Cour conclut à la violation de l'article 11. Les juridictions internes n'ont pas démontré que le programme et l'organisation du *Parti des Communistes*, dont les membres n'ont pas appartenu au Parti communiste roumain, étaient contraires à la Constitution et aux principes démocratiques. On ne pouvait davantage lui prêter des intentions subversives. Le refus d'enregistrement est une ingérence non nécessaire dans une société démocratique[116].

6.70 > Le nom étant un attribut de la personnalité juridique, l'association déclarée peut revendiquer l'usage et la protection de son nom dans la mesure où celui-ci, par son originalité, est susceptible de faire l'objet d'un droit privatif. Ce droit permet l'identification de l'association et prévient toute confusion éventuelle avec d'autres personnes morales, sociétés ou associations concurrentes. Il faut aussi rattacher à la personnalité juridique le pouvoir d'auto-organisation de l'association. L'association doit respecter les statuts qui ont été déposés et appliquer le règlement intérieur qui contient en général des dispositions disciplinaires[117]. Sous le contrôle des tribunaux et dans le respect des droits de la défense, l'association peut « se défendre » par des sanctions disciplinaires qui peuvent comporter la suspension ou l'exclusion[118], contre les membres qui la perturbent ou la menacent.

---

115. Déc. 14223/88, *Lavisse c/ France*, 5 juin 1991, DR 70/218. Dans des circonstances similaires, la Commission note que l'association requérante, bien que l'inscription au registre du commerce lui ait été refusée, n'a pas démontré qu'elle ne peut exercer ses fonctions en tant qu'association, Déc. 18874/91 *X c/ Suisse*, 12 janvier 1994, DR 76B/49. V. J. Duffar, « La liberté d'association dans la Convention européenne », *LPA*, 24 avril 1996, p. 41. Elle peut aussi saisir la Cour d'une requête : Cour, 2 août 2001, *Grande Oriente d'Italia di Palazzo Giustiniani*, 8.

116. Cour, *Partidul Communistilor (Nepeceristi) et Ungureanu c/ Roumanie*, 2005.

117. Dans l'arrêt *Siliadin c/ France* du 26 juillet 2005, n° 73316/01, § 83, évoquant les obligations positives des États, la Cour « relève que la Commission avait envisagé en 1983 que l'on pourrait faire valoir que la responsabilité d'un gouvernement est engagée dans la mesure où il a l'obligation de veiller à ce que les règles adoptées par une association privée ne soient pas contraires aux dispositions de la Convention, notamment lorsque les tribunaux nationaux sont compétents pour examiner les litiges relatifs à leur application (Déc. *X. c/ Pays-Bas*, n° 9327/81, 3 mai 1981 ; DR 32/180).

118. Cass. 1re civ., 16 mai 1972, *Bull. civ.* I, n° 127 ; Cass. 1re civ., 28 octobre 1981.

II – LA CAPACITÉ JURIDIQUE

La question sera évoquée par rapport à la distinction légale des associations non déclarées (A) ; déclarées (B) et reconnues d'utilité publique (C).

A - LES ASSOCIATIONS NON DÉCLARÉES

6.71 > Elles ont une existence légale par le contrat. L'association est une convention (loi art. 1) qui les fonde, mais elles sont en principe privées de toute capacité juridique[119]. Cependant, il est admis, pour leur fonctionnement, qu'elles peuvent recevoir des cotisations, agir en justice en défense[120], former un recours pour excès de pouvoir[121], contracter par l'intermédiaire d'un représentant explicitement mandaté par tous ses associés. L'ensemble du patrimoine est la propriété indivise de tous les membres de l'association[122]. Les mêmes règles s'appliquent à peu près aux associations non inscrites des trois départements. L'association non déclarée ou non reconnue n'est pas particulière au droit français. L'article 2 de la Constitution italienne du 27 décembre 1947 dispose que : « La République reconnaît et garantit les droits inviolables de l'homme, aussi bien en tant qu'individu que dans les formations sociales où s'exerce sa personnalité ». L'article 18 précise que « les citoyens ont le droit de s'associer librement, sans autorisation, pour des fins qui ne sont pas interdites aux individus par la loi pénale ». L'administration exerce un contrôle préalable à la reconnaissance qui ne porte en principe que sur la forme. Le refus de reconnaissance sera opposé aux organisations dont l'objet n'est pas précisé dans l'acte constitutif, à celles qui ne sont pas démocratiques ou dont le patrimoine est considéré insuffisant pour réaliser leur but. Malgré son caractère limité, l'existence de ce contrôle paraît rebuter bon nombre d'associations, dont notamment les partis et les syndicats. Ceux-ci ne solliciteraient pas leur reconnaissance pour être à l'abri des contraintes ultérieures qui pourraient peser sur leur fonctionnement (contrôle des dépenses). Le Code civil néerlandais distingue entre les associations ayant la pleine capacité juridique et les associations de fait ayant une capacité restreinte mais variable selon qu'elles sont inscrites ou non sur le « registre public » de la Chambre de commerce et d'industrie. Les associations sans capacité juridique sont soumises aux articles 21 à 54 du Code civil allemand (*BGB*). Elles n'ont pas la personnalité juridique mais sont dirigées par deux organes : l'assemblée des membres et le directoire. En général, cette situation est provisoire jusqu'à ce que la capacité juridique de l'association soit reconnue (v. E. Alfandari et A. Nardone, *op. cit.* pp. 181, 235, 285).

---

119. L'étude comparative menée sur le contrôle exercé par les États sur les organisations non gouvernementales dans 25 des 47 États du Conseil de l'Europe montre que les entités sans personnalité juridique jouissent d'une autonomie beaucoup plus étendue que les entités dotées de la personnalité. Elles n'encourent des immixions des pouvoirs publics que si leurs activités sont illégales ou préjudiciables à l'ordre public. V. *infra*. Cour, n° 37083/03, 40.

120. Cass. civ., 20 mars 1989.

121. CE, Ass., 31 octobre 1969, « Syndicat de défense des canaux de la Durance et sieur Blanc », *AJDA* 1970, p. 252, obs. P. Landon ; A. Lavagne, *RTD sanit. soc.*, 1970, 62.

122. V. E. Alfandari et A. Nardone, *Les associations et fondations*, *op. cit.*, p. 111-112.

B - LES ASSOCIATIONS DÉCLARÉES

6.72 > À partir de la publication au *Journal officiel*, la personnalité de l'association est opposable aux tiers. Elle jouit alors de la capacité définie à l'article 6 de la loi du 1er juillet 1901 : ester en justice, recevoir les cotisations et les apports de ses membres, posséder un droit privatif sur son nom. Les associations déclarées peuvent exercer diverses activités : activité économique ou commerciale à condition que les excédents éventuels de bénéfices soient réinvestis dans l'association et non distribués entre les membres. Leur capacité sera souvent accrue dans des domaines particuliers si elles ont obtenu un agrément administratif préalable : activités de tourisme et de loisirs (loi du 11 juillet 1975), activités sportives officielles (loi du 16 juillet 1984), domaine sanitaire et social, etc.

6.73 > Enfin, la capacité est importante en matière patrimoniale. Toute association régulièrement déclarée peut acquérir, à titre onéreux, avoir un patrimoine propre, mais elle ne peut posséder que les seuls immeubles strictement nécessaires à l'accomplissement du but qu'elle se propose, ni recevoir des libéralités (dons et legs) à l'exception des dons manuels qui ne peuvent être que de faible valeur. Certaines associations peuvent recevoir des dons et legs (associations de bienfaisance, association cultuelle : art. 19 L. 5 décembre 1905), mais après y avoir été autorisées soit par le préfet, soit par le Conseil d'État selon leur montant. L'analyse juridique ne suffit pas à rendre compte de l'importance des associations déclarées : environ un million (augmentation de 70 000 par an) ; elles emploient environ 1 600 000 salariés et 12 millions de bénévoles avec 21 millions d'adhérents[123]. Ce foisonnement correspond à la situation décrite par la Cour : « le rôle essentiel joué par les partis politiques pour le maintien du pluralisme et de la démocratie, les associations créées à d'autres fins, notamment la protection du patrimoine culturel ou spirituel, la poursuite de divers buts sociaux ou économiques, la proclamation et l'enseignement d'une religion, la recherche d'une identité ethnique ou l'affirmation d'une conscience minoritaire, sont également importantes pour le bon fonctionnement de la démocratie. En effet, le pluralisme repose aussi sur la reconnaissance et le respect véritables de la diversité et la dynamique des traditions culturelles, des identités ethniques et culturelles, des convictions religieuses, et des idées et concepts artistiques, littéraires et socio-économiques. Une interaction harmonieuse entre personnes et groupes ayant des identités différentes est essentielle à la cohésion sociale. Il est tout naturel, lorsqu'une société civile fonctionne correctement, que les citoyens participent dans une large mesure au processus démocratique par le biais d'associations au sein desquelles ils peuvent se rassembler avec d'autres et poursuivre de concert des buts communs »[124].

C - LES ASSOCIATIONS RECONNUES D'UTILITÉ PUBLIQUE

6.74 > La capacité patrimoniale des associations reconnues d'utilité publique par décret en Conseil d'État (loi du 1er juillet 1901 : art. 10 ; voir décret du 10 avril 1996 approuvant la

---

123. D. Turpin, *op. cit.*, n° 893, p. 327 avec des informations sur le financement.
124. Cour, GC, n° 44158/98, *Gorzelik c/ Pologne*, 17 février 2004, 92.

dissolution de l'association reconnue d'utilité publique dite « Réseau du souvenir », *Historia Testis*, *JORF*, 20 avril 1996, p. 6080) est plus large que celle des associations seulement déclarées. Le principe est qu'elles peuvent faire tous les actes de la vie civile qui ne sont pas interdits par leurs statuts (loi du 1er juillet 1901, art. 11).

6.75 > Elles ne peuvent posséder ou acquérir d'autres immeubles que ceux nécessaires au but qu'elles se proposent. Les immeubles qui ne seraient pas nécessaires sont aliénés dans les délais et dans la forme prescrits par l'autorisation d'acceptation de la libéralité. Le prix en est versé à la caisse de l'association.

6.76 > Elles peuvent recevoir des dons et legs mais après obtention d'une autorisation administrative préalable selon la valeur de la libéralité (art. 910 du Code civil).

III – LE DROIT DE NE PAS ÊTRE SUPPRIMÉES ARBITRAIREMENT

6.77 > Le droit à l'existence des associations comprend notamment le droit d'être reconnues ainsi que le droit de ne pas disparaître sinon dans les cas déterminés par la loi et selon les formes qu'elle a prescrites. La Cour a fait application de l'article 11, notamment, aux partis politiques, selon les principes généraux suivants.

« La Cour a confirmé à plusieurs reprises le rôle primordial que jouent les partis politiques dans un régime démocratique où ils bénéficient des droits et libertés reconnus par l'article 11 ainsi que par l'article 10 de la Convention. (...) Les partis politiques représentent une forme d'association essentielle au bon fonctionnement de la démocratie. Eu égard à l'importance de celle-ci dans le système de la Convention, il ne saurait faire aucun doute qu'ils relèvent de l'article 11 ». Eu égard à leur rôle, toute mesure prise à leur encontre affecte à la fois la liberté d'association et, partant, l'état de la démocratie dans le pays dont il s'agit[125]. « En outre, une "société démocratique" est dépourvue de tout sens s'il lui manque le pluralisme, la tolérance et l'esprit d'ouverture. En particulier, le pluralisme repose, entre autres sur la reconnaissance et le respect véritables de la diversité et de la dynamique des traditions et des identités ethniques et culturelles. (...) Partant, les partis politiques, en participant à un exercice collectif de la liberté d'expression, peuvent aussi prétendre à la protection de l'article 10 de la Convention. (...) La Cour le réaffirme constamment : la protection des opinions et de la liberté de les exprimer constitue l'un des objectifs de la liberté d'association consacrée par l'article 11.

« (...) Vu le caractère essentiel de la liberté d'association et son lien étroit avec la démocratie, seules des raisons convaincantes et impérieuses peuvent justifier de telles ingérences (apporter des restrictions à la participation d'un individu à une réunion pacifique ;

125. Explicitement et dans les limites de son champ d'application, l'article 12-2 de la Charte des Droits fondamentaux de l'Union Européenne dispose : « Les partis politiques au niveau de l'Union contribuent à l'expression de la volonté politique des citoyens de l'Union ». Cette disposition correspond à l'article 10-4 du Traité sur l'Union Européenne : « Les partis politiques au niveau européen contribuent à la formation de la conscience politique européenne et à l'expression de la volonté des citoyens de l'Union ». V. Jean-Luc SAURON, *Comprendre le Traité de Lisbonne*, Gualino, 2008, 351 p.

rejet de la demande d'enregistrement d'une association[126] ; dissolution d'un parti politique) dans cette liberté.

« (...) Un exercice réel et effectif de la liberté d'association ne se limite pas à un simple devoir de non-ingérence de l'État ; (...) il peut exister des obligations positives inhérentes à un respect effectif de la liberté d'association. (...) Partant, il incombe aux autorités publiques de garantir le bon fonctionnement d'une association ou d'un parti politique même quand ceux-ci heurtent ou mécontentent des "éléments hostiles" aux idées ou revendications légales qu'ils veulent promouvoir. Leurs membres doivent pouvoir se réunir sans avoir à redouter les brutalités que leur infligeraient leurs adversaires. Pareille crainte risquerait de dissuader d'autres associations ou partis politiques de s'exprimer ouvertement sur des sujets brûlants de la collectivité »[127].

La loi du 11 mars 1998 relative à la transparence financière de la vie politique confère aux partis politiques la personnalité juridique de plein droit : « Les partis et groupements politiques se forment et exercent leur activité librement ; ils jouissent de la personnalité morale ; ils ont le droit d'ester en justice ; ils ont le droit d'acquérir à titre gratuit et à titre onéreux des biens meubles et immeubles ; ils peuvent effectuer tous les actes conformes à leur mission »[128]. Dans d'autres pays européens, la personnalité juridique des partis (comme d'ailleurs celle des religions) est subordonnée à leur enregistrement par les autorités. La jurisprudence fournit des exemples de refus d'enregistrement et de dissolution d'associations et de partis politiques.

– L'association est « le Comité civique pour la conservation d'espaces naturels sauvages en Bereznyaky ». La demande d'enregistrement est rejetée par les autorités administratives et les juridictions. Le refus d'accorder la personnalité juridique constitue une ingérence dans la liberté d'association des requérants. La législation est trop vague pour être suffisamment prévisible et ne peut empêcher les refus d'enregistrement arbitraires. Ni le gouvernement, ni les juridictions n'ont justifié les restrictions existantes aux activités suivantes des associations : distribution de documentation, intervention auprès des autorités pour leur faire connaître leurs objectifs, développement dans d'autres villes d'Ukraine, etc. Aucune allégation de moyens non démocratiques ou violents. Pourtant les autorités ont pris une mesure radicale, empêchant même tout début d'activité. L'ingérence dans la liberté d'association n'était pas justifiée (violation de l'article 11)[129].

---

126. Le rejet de la demande d'enregistrement est une mesure radicale qui ne peut s'appliquer qu'aux cas les plus graves, Cour Parti socialiste de Turquie du 12 novembre 2003, 51. En l'absence de projet tendant à compromettre le régime démocratique et de justification du recours à la force, le refus d'enregistrement est disproportionné au but de changer la législation et partant non nécessaire dans une société démocratique. Cour, n° 10504/03, 7 décembre 2006, *Linkov c/ République tchèque*, 45 et *Cour Bekir Ousta c/ Grèce*, 11 octobre 2007 : refus d'enregistrer une association d'une minorité musulmane, violation de l'article 11.

127. Cour, n° 74989/01, *Ouranio Toxo c/ Grèce*, 20 octobre 2005, 34-37 (carence des autorités à protéger les valeurs intrinsèques à un système démocratique : pluralisme, tolérance et cohésion sociale).

128. Le refus d'agrément de l'association de financement, constituée par le Parti nationaliste Basque – l'essentiel de ses ressources provenant du Parti nationaliste Basque Espagnol, en violation de l'article 11-4 de la loi n° 88-227 du 1er mars 1988 qui prohibe le financement d'un parti politique par toute personne morale de droit étranger – constitue une ingérence dans l'exercice du droit à la liberté d'association du parti, qui peut passer pour nécessaire dans une société démocratique à la défense de l'ordre (non-violation de l'article 11). Cour n° 71251/01, *Parti Nationaliste Basque – Organisation régionale d'Iparralde de France*, 7 juin 2007.

129. Cour, n° 40269/02, *Koretsky c/ Ukraine*, 3 avril 2008, 44-57.

– Les juridictions internes n'ont pas accordé un délai pour modifier les statuts litigieux de la fondation. Elles ont dépassé leur marge d'appréciation en refusant d'enregistrer la fondation. Un tel refus n'était pas nécessaire dans une société démocratique (violation de l'art. 11)[130].

– Pour déterminer si le refus d'enregistrement d'un parti par les autorités nationales répond à un « besoin social impérieux », « la Cour doit principalement rechercher : i) s'il existe des indices montrant que le risque d'atteinte à la démocratie est suffisamment et raisonnablement proche ; ii) si les actes et les discours des dirigeants pris en considération dans le cadre de l'affaire sont imputables au parti en cause ; iii) si les actes et les discours imputables au parti politique constituent un ensemble donnant une image nette d'un modèle de société conçu et prôné par le parti et qui serait en contradiction avec le concept de "société démocratique". Elle tiendra également compte dans son examen global quant à ces points de l'évolution historique dans laquelle se situe le refus d'enregistrer le parti politique en question »[131].

Quelques exemples de dissolution d'associations par les autorités nationales qui ont été censurées par la Cour :

– Le tribunal correctionnel de Fathi a non seulement condamné pénalement les dirigeants pour avoir fait des déclarations d'ordre politique contraires à l'objet social, mais il a aussi prononcé la dissolution immédiate de l'association : une telle sanction est trop sévère et ne peut passer pour proportionnée, la nature et la lourdeur des peines sont des éléments à prendre en compte pour mesurer la proportionnalité de l'ingérence : violation de l'article 11[132].

– Enregistrée le 19 juin 2000, la Cour constitutionnelle, le 21 mars 2001, déclare les statuts et le programme de l'association nuls et non avenus, et donc contraires à la Constitution : l'association devait cesser toute activité *ipso jure*. Les points cruciaux qui ont déterminé la Cour constitutionnelle sont le nom de l'association et les théories de Radko dont elle se réclamerait. La Cour conclut à la violation de l'article 11, après avoir constaté que l'association se bornait à vouloir instaurer un débat démocratique par des publications et des conférences. Elle a été sanctionnée pour le seul exercice de la liberté d'expression. Les motifs invoqués par les autorités pour dissoudre l'association n'étaient ni pertinents ni suffisants ; les ingérences qui ne visaient pas un besoin impérieux n'étaient pas nécessaires dans une société démocratique[133].

– Enregistrée le 25 août 1995, cette association pour l'environnement fait l'objet en 2002 de trois avertissements lui reprochant des violations du droit des sociétés et de ses propres statuts. À la demande du ministre, par décision de la Cour suprême du 29 octobre 2003, devient définitive la dissolution de l'association, seule sanction prévue pour réprimer, indistinctement, toute violation. L'ingérence – la dissolution – est prévue par la loi

130. Cour, *Özbeck et autres c/ Turquie* (préc.), 40.
131. Cour, n° 46626/99, *Partidul Comunistilor (...) c/ Roumanie*, 3 février 2005, 48.
132. Cour, n° 61353/00, *Tunceli Kultur Ve Dayanisma Dernegi c/ Turquie*, 10 octobre 2006, 32-35.
133. Cour, n° 71651/01, *Association of Citizens Radko et Paunkovski c/ Ex-République Yougoslave de Macédoine*, 15 janvier 2009, 74-78.

sur les organisations non gouvernementales, mais dans des termes vagues et non prévisibles. La seule sanction possible est la dissolution, dont le droit interne ne prévoit pas précisément les cas d'application, non plus que les modalités et la procédure d'intervention du ministre. Les qualités insuffisantes de la loi permettraient de conclure à la violation de l'article 11 ; mais le respect des droits de l'homme conduit la Cour à examiner si l'ingérence est nécessaire dans une société démocratique. Voici les trois griefs du gouvernement examinés par la Cour :

– L'association a manqué à l'obligation de convoquer l'assemblée générale pendant sept ans. Se pose la question de l'étendue du contrôle de l'État en regard de la liberté d'association. La Cour n'objecte pas à un certain contrôle sur le respect de la légalité par les organes dirigeants et la participation des adhérents à la direction et au fonctionnement de l'association. Mais il n'a pas été tenu compte de la tentative de l'association pour redresser la situation (AG 26 août 2002) et les délais arbitraires de dix jours qui lui ont été impartis ne sont pas suffisants.

L'égale représentation des membres n'a pas été assurée lors du 26 août 2002 ; enfin, l'association n'a pas tenu à jour le registre des adhérents. La Cour ne voit pas de justification à l'intervention du ministre dans ces détails d'organisation interne, en l'absence de plainte des adhérents. Certaines matières relèvent de la compétence de la seule association qui veille au respect de ses statuts. Dans les poursuites engagées par le ministre contre l'association, les juridictions se sont ralliées, sans motif, aux prétentions du ministre sans ordonner une enquête indépendante. Le ministre n'a pas démontré que la dissolution correspondait à un besoin social impérieux.

– Les prétendues activités interdites par la loi dans lesquelles l'association se serait engagée n'ont pas entraîné de poursuites pénales contre les dirigeants, ce qui démontre l'absence de preuves. La dissolution n'était pas nécessaire dans une société démocratique : violation de l'article 11[134].

C'est, enfin, le lieu de mentionner la dissolution par la Cour suprême turque, de plusieurs partis politiques, qui ont invoqué la violation de l'article 11 de la CEDH, devant la Cour. Celle-ci a notamment déclaré que si les propos des dirigeants, bien que critiques et revendicatifs, ne mettent pas en cause le respect dû aux principes et règles de la démocratie et ne contiennent pas d'appel à la violence, l'article 11 est violé car la dissolution est disproportionnée et non nécessaire dans une société démocratique[135].

En revanche, la Cour siégeant en une grande chambre a décidé, à l'unanimité, que la dissolution du Parti Refah ne violait pas l'article 11 de la Convention. Les actes et les discours de ses dirigeants révélaient le projet d'instaurer, éventuellement par la force, un régime fondé sur la charia dans le cadre d'un système multijuridique en fonction de la

134. Cour, n° 37083/03, *Tebieti Muhafize Cemiyyeti et Israfilov c/ Azerbaïdjan*, 8 octobre 2009, 56-92. L'arrêt est important sur la liberté de fonctionnement, élément important de la liberté d'association. Cette analyse est enrichie par le résumé d'une étude comparative du contrôle exercé sur les organisations non gouvernementales (qui peuvent être association, fondation, trust, « charity » ou même société) dans 25 des 47 États-membres du Conseil de l'Europe, 40-43.

135. *inter alia* Cour, *Parti communiste unifié c/ Turquie*, 30 janvier 1998 ; *Parti socialiste*, 25 mai 1998 ; *Parti Ozdep*, 8 décembre 1999 ; *Yazar et Parti HEP*, 9 avril 2002 ; *Dicle pour le DEP*, 10 décembre 2002 ; *Parti STP c/ Turquie*, 12 novembre 2003.

religion des personnes. Ce projet est en contradiction avec une « société démocratique », aussi la dissolution ne violait pas l'article 11 de la CEDH (*Refah Partisi*, 13 mai 2003).

Il est classique, en droit français, de distinguer entre la dissolution judiciaire (1) et la dissolution administrative (2).

A - LA DISSOLUTION JUDICIAIRE

Celle-ci peut être obligatoire ou facultative.

6.78 > La dissolution est obligatoire en cas de nullité prévue par l'article 3 de la loi du 1er juillet 1901 : « Toute association fondée sur une cause ou en vue d'un objet illicite, contraire aux lois, aux bonnes mœurs, ou qui aurait pour but de porter atteinte à l'intégrité du territoire national et à la forme républicaine du gouvernement est nulle et de nul effet [136]. L'article 7 prévoit qu'en cas de nullité prévue par l'article 3, la dissolution est prononcée par le tribunal de grande instance, soit à la requête de tout intéressé, soit à la diligence du ministère public. Les fondateurs, directeurs ou administrateurs de l'association qui se serait maintenue ou reconstituée illégalement après le jugement de dissolution, ainsi que les personnes qui auront favorisé la réunion de l'association dissoute, en consentant l'usage d'un local dont elles disposent seront punis de trois ans d'emprisonnement et de 45 000 euros d'amende.

Ont été annulées des associations de chiropracteurs, non titulaires du diplôme de docteur en médecine, de mères porteuses, d'organismes recueillant des huiles usagées, d'acupuncteurs non médecins. La dissolution judiciaire peut être également prononcée à l'égard d'associations dont l'activité est illicite malgré un objet déclaré licite, association créée pour décerner des récompenses et qui remettait des médailles portant confusion avec des décorations officielles[137].

6.79 > L'article 7 alinéa 2 de la loi prévoit qu'en cas d'infraction aux dispositions sur les déclarations (loi art. 5), la dissolution peut être prononcée comme pour l'alinéa 1, à la requête de tout intéressé ou du ministère public. Cette dissolution est facultative (Rép. min. Jodan, 2 décembre 1966). Dans les deux cas, l'association bénéficie du débat judiciaire contradictoire, des droits de la défense et des voies de recours.

B - LA DISSOLUTION ADMINISTRATIVE

6.80 > L'article 1 modifié de la loi du 10 janvier 1936 relative aux groupes de combat[138] et milices privées prévoit la dissolution par décret rendu par le président de la République en Conseil des ministres de toutes les associations ou groupements de fait :

---

136. Des dispositions similaires existent dans d'autres pays : l'article 18 de la Constitution italienne (cf. *supra*), l'article 22-5 de la Constitution espagnole ou encore l'article 78 de la Constitution du Danemark et 73 de la Constitution de l'Islande prévoient que les associations sont autorisées pour tout objectif licite. Cass. 1re civ., 23 février 1972. V. Y. Chartier, « La jurisprudence de la Cour de cassation et la liberté d'association », in *La liberté d'association et le Droit*, Conseil constitutionnel : Centenaire de la loi du 1er juillet 1901.

137. M. Behar-Touchais, V° Association, *Encycl. Dalloz, Droit civil* n° 49-248.

138. L'article 431-13 du Code pénal définit le groupe de combat comme : « tout groupement de personnes détenant ou ayant accès à des armes, doté d'une organisation hiérarchisée et susceptible de troubler l'ordre public ». Sont punis de : 3 ans d'emprisonnement et 45 000 euros d'amende le fait de participer à un groupe de combat (art. 431-14) et le fait de participer

– qui provoqueraient des manifestations armées dans la rue : CE, 21 juillet 1970, *Krivine, Rec.*, 499 ; CE, 13 janvier 1971, *Geismar, Rec.*, 31 ;

– qui dans les conditions du texte présenteraient le caractère de groupes de combat ou de milices privées ;

– qui auraient pour but de porter atteinte à l'intégrité du territoire national, CE, 17 avril 1963, *Assoc. Parti nationaliste, Rec.*, 828 ; CE, 5 juillet 1964, *Dame Tapua, Rec.*, 407, ou d'attenter par la force à la forme républicaine du gouvernement, CE, 21 juillet 1970, *Boussel, Rec.*, 504 ;

– dont l'activité tendrait à faire échec aux mesures concernant le rétablissement de la légalité républicaine, CE, 4 avril 1952, *Mouvement socialiste d'unité française, Rec.*, 209 ;

– qui auraient pour but soit de rassembler des individus ayant fait l'objet de condamnation du chef de collaboration avec l'ennemi, soit d'exalter cette collaboration ;

– qui soit provoqueraient à la discrimination, à la haine ou à la violence envers une personne ou un groupe de personnes à raison de leur origine ou de leur appartenance ou de leur non-appartenance à une ethnie, une nation, une race ou une religion déterminée, soit propageraient des idées ou théories tendant à justifier ou encourager cette discrimination, cette haine ou cette violence (loi du 1er juillet 1972) ;

– qui se livreraient sur le territoire français ou à partir de ce territoire, à des agissements en vue de provoquer des actes de terrorisme en France ou à l'étranger (loi du 9 septembre 1986).

6.81 › Par application de la loi n° 79-587 du 11 juillet 1979, le décret de dissolution doit être motivé[139] et ne peut intervenir qu'après que l'intéressé a été mis à même de présenter des observations écrites dans les conditions de l'article 8 du décret n° 83-1025 du

---

au maintien ou à la reconstitution ouverte ou déguisée d'une association ou d'un groupement dissous en application de la loi du 10 janvier 1936 (art. 431-15 al. 1) ; 5 ans d'emprisonnement et 75 000 euros d'amende lorsque l'association ou le groupement maintenu ou reconstitué est un groupe de combat ou pour punir le fait d'organiser un groupe de combat (art. 431-15 al. 2 et 431-16) ; (art. 431-17) 7 ans d'emprisonnement et 100 000 euros d'amende : le fait d'organiser le maintien ou la reconstitution ouverte ou déguisée d'un groupe de combat dissous en application de la loi du 10 janvier 1936. Depuis que l'article 1 de la loi n° 96 647 du 22 juillet 1996 tendant à renforcer la répression du terrorisme (...) a complété l'article 421-1 du Code pénal les infractions en matière de groupes de combat et de mouvements dissous définies par les articles 431-13 à 431-17 du Code pénal (cf. *supra*) constituent des actes de terrorisme, lorsqu'elles sont intentionnellement en relation avec une entreprise individuelle ou collective ayant pour but de troubler gravement l'ordre public par l'intimidation ou la terreur.

139. Voici un exemple de motivation adéquate. En mentionnant que des associations de défense du Kurdistan provoquent des manifestations armées dans la rue par les saccages, dégradations de locaux et jets d'engins explosifs auxquelles elles se livrent, qu'elles présentent le caractère de groupes de combat ou de milices privées à raison de la fonction paramilitaire dans des camps d'entraînement, de l'obéissance et de la discipline auxquelles leurs membres sont soumis, de l'intention séditieuse qui les caractérise et les rend aptes à des actions de commando, qu'elles se livrent à une propagande en faveur d'une organisation terroriste et provoquent des actions violentes, et enfin qu'elles se livrent sur le territoire de la France à des agissements en vue de provoquer des actes terroristes en France ou à l'étranger, les auteurs des décrets prononçant leur dissolution ne se sont pas limités à reprendre, en termes généraux, les qualificatifs de la loi du 10 janvier 1936, mais ont suffisamment motivé ces décisions en énonçant les considérations de fait et de droit sur lesquelles elles reposent. CE, 8 septembre 1995 *Comité du Kurdistan et autres, Gaz. Pal.* 21-22 juin 1996, p. 23.

28 novembre 1983 concernant les relations entre l'administration et les usagers[140]. La loi du 10 janvier 1936 n'apporte pas de dérogation à la règle selon laquelle une association dissoute conserve la personnalité morale et le droit d'ester en justice pour les besoins de sa liquidation. Encourt la cassation l'arrêt qui énonce qu'en raison de sa dissolution prononcée par décret, l'association n'a plus d'existence et a perdu, avec sa personnalité, le droit d'ester en justice[141].

6.82 > Les applications de la loi du 10 janvier 1936 sont peu nombreuses[142], mais plus rare encore est l'utilisation de l'ordonnance du 2 octobre 1943 portant statut provisoire des groupements sportifs et de jeunesse, modifiée par le décret n° 61-1151 du 18 octobre 1961 et par la loi n° 75-988 du 29 octobre 1975. Ce texte permet au ministre chargé de la jeunesse et des sports de dissoudre par arrêté tout groupement (association, union ou fédération de jeunesse) qui poursuit en fait un but commercial ou lucratif, a une activité contraire à la liberté de conscience et de culte ou une activité dirigée contre les institutions républicaines et dont l'organisation ne présente pas de garanties techniques suffisantes par rapport au but assigné par les statuts[143]. Enfin, l'article L. 322-18 du Code du sport (Loi du 5 juillet 2006 relative à la prévention des violences lors de manifestations sportives) prévoit la dissolution par décret des associations de supporters violents. Il doit être cependant rappelé que la dissolution des associations par voie administrative n'est pas prévue par tous les systèmes de droit. À titre d'exemple, l'article 22 § 4 de la Constitution espagnole dispose : « Les associations ne pourront être dissoutes et leurs activités ne pourront être suspendues qu'en vertu d'une décision judiciaire motivée ».

Section IV

LA LIBERTÉ SYNDICALE

6.83 > La liberté syndicale a valeur constitutionnelle : « Tout homme peut défendre ses droits et ses libertés par l'action syndicale et adhérer au syndicat de son choix » (al. 6 du Préambule de la Constitution de 1946) ; le Conseil constitutionnel l'a constaté dans sa décision 89-257 DC du 25 juillet 1989. Pourtant, elle est souvent présentée comme une

140. Sauf en cas d'urgence, l'intensification des actions violentes et des attentats de toute nature perpétrés sur le territoire français et dans plusieurs États voisins, en octobre et novembre 1993, était de nature à justifier qu'en raison de l'urgence et des nécessités de l'ordre public qui sont établies par les pièces du dossier, les décrets de dissolution intervinssent sans qu'au préalable les dirigeants des associations concernées eussent été mis à même de présenter leurs observations écrites, comme le prévoit l'article 8 du décret du 28 novembre 1983. CE, 8 septembre 1995, *Comité du Kurdistan et autres* (préc.). Voir aussi CE, 26 juin 1987, *FANE*, *Lebon*, p. 325. La jurisprudence administrative retient, semble-t-il, quatre critères cumulatifs pour caractériser ces groupements : une organisation hiérarchisée, une discipline stricte assortie de sanctions, un entraînement quasi militaire et l'intention violente des responsables.

141. Cass. civ. 2e, 3 janvier 1985, *Bull. civ.* II, p. 2.

142. Décret n° 82-670, du 3 août 1982 portant dissolution de l'association dénommée *Service d'action civique* ; Décret du 17 juillet 1987 (...) de l'association dénommée « *Iparretarak* » ; Décret du 17 juillet 1987 (...) de l'association dénommée *Fédération nationale et européenne* ; du 2 septembre 1993 (...) de « Heimattreue Vereinigung Elsass » « *Association de fidélité alsacienne* » ; Décret du 2 décembre 1993 (...) de l'association dénommée « *Comité du Kurdistan* » ; Décret du 6 août 2002 (...) « *Unité radicale* » ; Décret du 19 mai 2005 (...) « *Elsass Korps* ».

143. CE, 16 avril 1947, *Fondation des chevaliers de France, Rec.*, 533.

forme particulière de la liberté d'association. L'avis du Conseil d'État français du 13 août 1947 énonce, par exemple, que le terme « libertés publiques » comprend notamment la liberté d'association et avec elle la liberté syndicale. Les syndicats ont d'ailleurs été caractérisés par la jurisprudence comme des types particuliers d'association[144]. Les articles 23 de la DUDH et 8 du PIDESC ne traitent, il est vrai, que de la seule liberté syndicale, mais, comme l'article 22 du PIDCP, l'article 11 de la CEDH « présente la liberté syndicale comme une forme ou un aspect particulier de la liberté d'association ; il n'assure pas aux membres des syndicats un traitement précis de la part de l'État et notamment le droit pour ses membres de ne pas être mutés »[145] : « Toute personne a le droit... à la liberté d'association, y compris le droit de fonder avec d'autres des syndicats et de s'affilier à des syndicats pour la défense de ses intérêts. Il découle donc du texte proprement dit que le droit à la liberté d'association est la notion générale, le droit de fonder avec d'autres des syndicats et de s'affilier à ces syndicats étant un élément de cette notion, plutôt qu'un droit distinct sous l'angle de cette convention[146] ». L'article 12-1 de la Charte des droits fondamentaux de l'Union européenne suit la même inspiration : « Toute personne a droit à la liberté de réunion pacifique et à la liberté d'association à tous les niveaux, notamment dans les domaines politiques, syndical et civique, ce qui implique le droit de toute personne de fonder avec d'autres des syndicats et de s'y affilier pour la défense de ses intérêts ».

Ainsi l'exposé ne peut-il être compris qu'en perspective avec les développements précédents relatifs à la liberté d'association. Le droit à la liberté syndicale sera étudié d'abord par rapport aux droits des personnes (§ 1), ensuite par rapport aux droits des syndicats (§ 2).

§ 1 - LES DROITS DES PERSONNES

Seront successivement examinés : le droit des personnes de fonder des syndicats (I), la défense des droits et des intérêts par l'action syndicale (II), et l'adhésion au syndicat de son choix (III).

I – LE DROIT DE FONDER DES SYNDICATS

6.84 ➤ L'alinéa 6 du Préambule de la Constitution du 27 octobre 1946 reconnaît que tout homme – et non pas seulement le travailleur ou le national – « peut défendre ses droits et intérêts par l'action syndicale et adhérer au syndicat de son choix[147] ». Le droit de fonder

---

144. CE, 3 décembre 1958, *Fédération syndicale mondiale, Lebon*, p. 844 ; Cass. soc., 5 juillet 1956, IV, n° 623.

145. Cour, n° 20868/02, *Metin Turan c/ Turquie*, 14 novembre 2006, 27.

146. Cour *Syndicat national de la Police belge*, 27 octobre 1975, n° 38 ; Cour Syndicat suédois des conducteurs de locomotives, 6 février 1976, n° 39 ; *Young, James et Webster c/ RU*, 14 décembre 1979, n° 159.

147. L'article 39-3 (ex-art. 48) du Traité instituant la Communauté européenne, (art. 45 du Traité sur le fonctionnement de l'Union européenne) fondement possible à des limitations à la liberté de circulation des personnes justifiées par l'ordre public et la sécurité publique, ne peut être invoqué pour des motifs tenant à l'égalité de traitement en matière d'affiliation aux organisations syndicales et d'exercice des droits syndicaux garantis aux ressortissants communautaires par l'article 8 du Règlement n° 1612/68. CJCE, 28 octobre 1975, *Rutili c/ Min. de l'Intérieur*, 31.

des syndicats implicitement compris dans cette formulation est explicité par l'article L. 2131-2 du Code du travail. Ce droit de l'homme à créer une catégorie particulière d'association ne pourrait être soumis à une autorisation préalable[148]. Certains textes – l'exception est d'ailleurs prévue par les conventions internationales – refusent aux membres de professions particulières le droit de créer des syndicats (militaires, policiers, magistrats, membres du corps préfectoral)[149]. Les fondateurs rédigent librement les statuts du syndicat qu'ils doivent déposer en mairie avec les noms des dirigeants (C. trav., art. L. 2131-3) sous peine des sanctions prévues par l'alinéa 2 de l'article R. 2191-1 du Code du travail[150]. Il est donné récépissé du dépôt de ces statuts. Ceux-ci sont communiqués au procureur de la République (C. trav., art. R. 2131-1) ; ils déterminent le nom, le siège, le ressort, l'objet, la durée, le mode d'administration, l'exercice du pouvoir disciplinaire, les conditions d'admission et le montant des cotisations.

6.85 > Le droit de créer des syndicats est expressément reconnu dans les textes internationaux. La Convention (nº 87) de l'OIT du 9 juillet 1948 sur la liberté syndicale et la protection du droit syndical limite le droit, sans autorisation préalable, de constituer des organisations de leur choix aux seuls travailleurs et employeurs. En revanche, les articles 23 de la DUDH, 8 du PIDESC, 22 du PIDCP et 11 de la CEDH reconnaissent ce droit à toute personne. Cette référence recouvre les entités qui répondent aux critères de la personnalité morale selon le droit interne ; mais elle n'étend pas la garantie à tout homme comme l'alinéa 6 du Préambule de 1946 (cf. *supra*).

II – LA DÉFENSE DES DROITS ET DES INTÉRÊTS PAR L'ACTION SYNDICALE

6.86 > La formulation de l'alinéa 6 du Préambule de la Constitution du 27 octobre 1946, par sa généralité, marquait un élargissement de l'objet du syndicat professionnel tel que défini par la loi du 21 mars 1884 (C. trav., L. 2131-1) : « l'étude et la défense d'intérêts économiques, industriels, commerciaux et agricoles ». Cette rédaction a ouvert la possibilité d'une nouvelle extension apportée par la loi nº 82-915 du 28 octobre 1982 relative au développement des institutions représentatives du personnel. Désormais : « Les syndicats professionnels ont exclusivement pour objet l'étude et la défense des droits ainsi que des intérêts matériels et moraux tant collectifs qu'individuels des personnes visées par leurs statuts » (C. trav., art. L. 2131-1). La disparition de la référence aux intérêts économiques, industriels et commerciaux, et l'incorporation des intérêts moraux individuels ou collectifs dans l'objet rapprochent le syndicat de l'association. La forme

---

148. Cons. constit. 71-44-DC 16 juillet 1971, *Liberté d'association, Rec.*, p. 29.

149. Les personnels peuvent constituer des associations de défense à caractère corporatif. V. Y. Saint-Jours, *Le syndicalisme dans la fonction publique* (NED). V. J. Duffar, *Le soldat citoyen, Ministère de la Défense*, colloque Droit et Défense, 15-16 décembre 1994, p. 146-152.

150. L'absence de dépôt des statuts rend le syndicat inopposable aux tiers (Cass. crim., 18 octobre 1977, *Dr. soc.*, 1978, p. 380 note J.-M. Verdier ; Cass. crim., 8 juin 1988, *Dr. soc.*, 1989 p. 304 obs. J. Savatier ; CE, 26 juin 1991 *Synd. des hospitaliers d'Épernay* (CGT-FO), *RF adm. publ.*, 1991, 692 et peut même le priver de l'exercice des droits du syndicat : il est sans personnalité morale comme une association non déclarée, Cass. civ. 2e, 25 février 1965, *Dr. soc.*, 1965, 508, obs. J. Savatier.

syndicale pourra être préférée en raison des avantages suivants : acquisition plus facile de la personnalité juridique (cf. *supra*), capacité juridique plus large, action en justice pour la défense de l'intérêt collectif, des membres[151].

6.87 » À la différence du droit à la liberté d'association reconnu par les textes internationaux, mais sans aucune limitation d'objet, l'adhésion au syndicat de son choix est finalisée par : « la défense de ses intérêts » (DUDH, art. 23), « la protection de ses intérêts » (PIDCP, art. 22-1), « en vue de favoriser et de protéger ses intérêts économiques et sociaux » (PIDESC, art. 8). L'article 11 de la CEDH reproduit le texte de la Déclaration universelle : « s'affilier à des syndicats pour la défense de ses intérêts ». La formulation concise ne devrait pas conduire à une interprétation plus étroite que celle qu'impose désormais l'article L. 2131-1 du Code du travail (cf. *supra*). La Cour a précisé heureusement l'effet utile de l'expression contre l'interprétation neutralisante proposée par la minorité de la Commission : « La Cour ne souscrit pas pour autant à la thèse de la minorité de la Commission, qui qualifie de redondants les mots pour la défense de ses intérêts ». Ces mots indiquant clairement un but, montrent que la Convention protège la liberté de défendre les intérêts professionnels des adhérents d'un syndicat par l'action collective de celui-ci, action dont les États contractants doivent à la fois autoriser et rendre possibles la conduite et le développement. De l'avis de la Cour, il s'ensuit qu'en vue de la défense de leurs intérêts, les membres d'un syndicat ont droit à ce qu'il soit entendu. Assurément, l'article 11 § 1 laisse à chaque État le choix des moyens à employer à cette fin ; la consultation en constitue un, mais il y en a d'autres. Ce qu'exige la Convention, c'est que « la législation nationale permette aux syndicats, selon des modalités non contraires à l'article 11, de lutter pour la défense des intérêts de leurs membres »[152]. Les salariés doivent pouvoir demander à leur syndicat de communiquer des revendications à leur employeur ou d'entreprendre des actions, pour la défense de leurs intérêts, sinon la liberté d'adhérer à un syndicat est illusoire. « Il appartient à l'État de veiller à ce que les adhérents des syndicats ne soient pas empêchés ou retenus d'utiliser leur syndicat pour les représenter dans leurs tentatives de réguler leurs relations avec leurs employeurs »[153]. Il résulte de la combinaison des instruments internationaux pertinents et de l'article L. 2131-1 du Code du travail que les membres de tous les syndicats, retraités, étudiants, chômeurs, consommateurs, etc., ont droit pour la défense de leurs intérêts à ce que leur syndicat soit entendu... et protégé.

L'article 11 protège aussi des formes plus actives d'actions collectives, par exemple des ralentissements de travail concertés sur le pont du Bosphore[154]. Mais le droit fondamental de mener une action collective doit se concilier aussi, comme dans l'arrêt Laval (préc.),

---

151. M. Behar-Touchais, *Encycl. Dalloz, Droit civil*, V° Association, n° 17.

152. Cour, *Syndicat national de la Police belge*, 27 octobre 1975, n° 39.

153. Cour *Wilson, National Union of Journalists et autres*, n° 30668/96, 2 août 2002, 46.

154. *Cour Satilmis et autres c/ Turquie*, 17 juillet 2007. Pourtant l'arrêt de la Cour de justice des Communautés européennes ne cite pas l'article 11 parmi les textes européens qui reconnaissent le droit de mener une action collective, aff. C-341/05 *Laval... c/ Svenska Byggnadsarbet arefirbundet...*, 18 décembre 2007, 80. Voir aussi pour la conciliation de l'action collective avec la liberté d'établissement, aff. C-438/05 *The international Transport workers' Federation... c/ Viking Line ABP...*, 11 décembre 2007.

avec l'exercice des libertés fondamentales, telle par exemple la liberté de prestation de services (art. 56 et s. du Traité sur le fonctionnement de l'union Européenne, TFUE).

Le droit à la protection du syndicat découle, notamment de l'obligation positive de l'État de garantir en droit interne la jouissance des droits consacrés par l'article 11 de la Convention (combiné avec l'art. 1 de la CEDH). Le droit interne n'interdit pas aux employeurs d'offrir des avantages particuliers aux salariés qui renoncent à leur droit d'être représentés par un syndicat. Sous l'empire du droit britannique. (...) « il était donc possible à un employeur de saper ou de supprimer de manière effective la capacité pour un syndicat de lutter pour la protection des intérêts de ses membres. (...) Elle [la Cour] considère qu'en permettant aux employeurs d'avoir recours à des incitations financières pour amener les salariés à renoncer à des droits syndicaux importants, l'État défendeur a manqué à son obligation positive de garantir la jouissance des droits consacrés par l'article 11 de la Convention. Ce manquement comporte violation de l'article 11 tant à l'égard des syndicats qu'à l'égard des individus requérants »[155].

III – L'ADHÉSION AU SYNDICAT DE SON CHOIX

6.88 > Le droit d'adhérer au syndicat de son choix est énoncé non seulement par l'article 6 du Préambule de la Constitution du 27 octobre 1946, mais aussi par les instruments généraux de protection des droits de l'homme : articles 23 de la DUDH, 8 du PIDESC, 22 du PIDCP et 11 de la CEDH. Ces dispositions, comme d'ailleurs l'article 5 de la Charte sociale européenne du 18 octobre 1961[156] et 12 de la Charte des droits fondamentaux de l'Union, trouvent leur origine dans la partie XIII du Traité de Versailles dont l'article 427 inclut « le droit d'association en vue de tous objets non contraires aux lois, aussi bien pour les salariés que pour les employeurs ». Dans le prolongement de la Constitution de l'OIT, l'article 2 de la Convention (n° 87) sur la liberté syndicale et la protection du droit syndical du 9 juillet 1948 reconnaît aux travailleurs et employeurs le droit de s'affilier à des organisations de leur choix[157].

---

155. *Ibid.*, 46-48.

156. En vue de garantir ou de promouvoir la liberté pour les travailleurs et les employeurs de constituer des organisations locales, nationales ou internationales pour la protection de leurs intérêts économiques et sociaux et d'adhérer à ces organisations, les parties contractantes s'engagent à ce que la législation nationale ne porte pas atteinte, ni ne soit appliquée de manière à porter atteinte à cette liberté.

157. Il faut signaler que l'article 9 de la Convention du 9 juillet 1948 énonce : « La mesure dans laquelle les garanties prévues par la présente Convention s'appliqueront aux forces armées et à la police sera déterminée par la législation nationale ». La dernière phrase de l'article 11 de la CEDH dispose : « Le présent article n'interdit pas que des restrictions légitimes soient imposées à l'exercice de ces droits par les membres des forces armées de la police ou de l'administration de l'État. » Il a été tenu compte de l'accomplissement par ces derniers d'une tâche vitale pour la protection de la sécurité nationale. Pour être « légitimes », les restrictions doivent être au moins conformes au droit interne et exemptes d'arbitraire. Les autorités nationales disposent d'une marge d'appréciation importante pour la protection de la sécurité nationale ; elle peut comporter la suppression du droit de s'affilier à un syndicat, Déc/ 11603/85 *Council of Civil Service Unions c/ RU*, 20 janvier 1987, DR 50/228. En droit français, les militaires comme les préfets sont privés du droit syndical et du droit de faire grève : CE, Massot, 13 août 1973. V. J. DUFFAR, *Le soldat citoyen*, Ministère de la Défense, Droit et Défense, colloque 15-16 décembre 1994, p. 146-152 et art. 8 § 2 du PIDESC.

Ce droit a été étendu à l'ensemble des travailleurs communautaires par l'article 8-1 du Règlement CEE n° 1612/68 du Conseil du 15 octobre 1968 relatif à la libre circulation des travailleurs à l'intérieur de la Communauté[158] et par l'article 24 Égalité de traitement, de la Directive 2004/38/CE du Parlement européen et du Conseil du 29 avril 2004 relative au droit des citoyens de l'Union et des membres de leur famille de circuler et de séjourner librement sur le territoire des États membres.

Pour rendre effective la liberté d'adhérer au syndicat de son choix, trois conditions doivent être en particulier réunies ; elles seront ci-après étudiées : respect du secret et non-discrimination du syndiqué (A) ; pluralisme des syndicats (B) ; et liberté de quitter un syndicat et de ne pas se syndiquer (C).

A - RESPECT DU SECRET ET NON-DISCRIMINATION DU SYNDIQUÉ

6.89 > L'adhésion à un syndicat peut comporter des risques pour la personne. En témoignent les intitulés de la Convention (n° 87) de l'OIT du 9 juillet 1948 concernant la liberté syndicale et la protection du droit syndical, ou encore celui de la Convention (n° 135) concernant la protection des représentants des travailleurs dans l'entreprise et les facilités à leur accorder du 23 juin 1971, ou enfin celui de la Convention (n° 151) concernant la protection du droit d'organisation et les procédures de détermination des conditions d'emploi dans la fonction publique du 27 juin 1978. Une activité qui requiert protection comporte sans doute certains dangers.

6.90 > Le secret des opinions protège l'adhésion à un syndicat au même titre que toute autre conviction ou croyance : les législations qui garantissent les droits des fonctionnaires nationaux et internationaux précisent en général qu'aucune mention faisant état des opinions, notamment politiques, d'un fonctionnaire ne pourra figurer à son dossier. Le secret des opinions est également garanti par l'article 31 de la loi 78-17 du 6 janvier 1978 relative à l'informatique, aux fichiers et aux libertés, l'article 6 de la Convention du Conseil de l'Europe pour la protection des personnes à l'égard du traitement automatisé des données à caractère personnel du 28 janvier 1981 et l'article 8 de la Directive n° 95/46 du Parlement européen et du Conseil du 24 octobre 1995 relative à la protection des personnes physiques à l'égard du traitement des données à caractère personnel et à la libre circulation de ces données[159]. Ces dispositions interdisent la mise en mémoire informatisée et la conservation de données nominatives révélant en particulier les appartenances syndicales des personnes, sauf garanties appropriées prévues par le droit national.

6.91 > Le respect du secret de l'adhésion est sans doute la meilleure sauvegarde, mais est-elle réaliste alors que tourné vers l'action et la revendication, le syndicaliste est parfois un militant qui agit à visage découvert ? D'autres dispositions doivent mettre à l'abri

158. La Cour de justice a considéré que la réserve d'ordre public formulée par l'article 48 § 3 (art. 45 du TFUE) ne saurait être invoquée pour des motifs tenant à l'exercice des droits énumérés à l'article 8 du règlement. 36/75, *Rutili*, 28 octobre 1975, *Rec.* 1220. Sur la notion de participation à la gestion d'organismes de droit public C 213/90, *ASTI c/ Chambre des employeurs privés*, 4 juillet 1991, *Rec.* 1-3507 ; C 118/92, *Commission c/ Grand Duché de Luxembourg*, 18 mai 1994.
159. *JOCE*, n° L. 281, 23 novembre 1995.

de toute discrimination celui dont l'adhésion syndicale est notoire. L'article 10 de la DDH du 26 août 1789 proclamait déjà : « Nul ne doit être inquiété pour ses opinions » et l'alinéa 5 du Préambule de 1946 énonce : « Nul ne peut être lésé dans son travail ou son emploi en raison... de ses opinions ». Plus détaillé, l'article L. 1132-1 du Code du travail, cite l'activité syndicale au nombre des discriminations interdites par le principe de non-discrimination : « Aucune personne ne peut être écartée d'une procédure de recrutement, ou de l'accès à un stage ou à une période de formation en entreprise, aucun salarié ne peut être sanctionné, licencié ou faire l'objet d'une mesure discriminatoire directe ou indirecte telle que définie à l'article 1er de la loi n° 2008-496 du 27 mai 2008, portant diverses dispositions d'adaptation au droit communautaire dans le domaine de la lutte contre les discriminations notamment en matière de rémunération, au sens de l'article L. 3221-3, de mesures d'intéressement ou de distribution d'actions, de formation, de reclassement, d'affectation, de qualification, de classification, de promotion professionnelle, de mutation[160] ou de renouvellement de contrat, en raison de son origine, de son sexe, de ses mœurs, de son orientation sexuelle, de son âge, de sa situation de famille ou de sa grossesse, de ses caractéristiques génétiques, de son appartenance ou de sa non-appartenance, vraie ou supposée, à une ethnie, une nation, ou une race, de ses opinions politiques, de ses activités syndicales ou mutualistes, de ses convictions religieuses, de son apparence physique, de son nom de famille ou en raison de son état de santé ou de son handicap »[161]. L'article 225-1 du Code pénal dispose que toute distinction opérée entre les personnes physiques à raison, notamment, de leurs opinions politiques, de leurs activités syndicales constitue une discrimination. Il en va de même des distinctions opérées entre personnes morales en raison, notamment, des activités syndicales (...) des membres ou de certains membres de ces personnes morales[162]. Des dispositions d'inspiration similaire figurent dans certaines conventions internationales : l'article 1 de la Convention (n° 98) de l'OIT concernant l'application des principes du droit d'organisation et de négociation collective du 1er juillet 1949 et l'article 5 de la Convention internationale sur l'élimination de toutes les formes de discrimination raciale du 21 décembre 1965.

160. Dans le cas, il est vrai, d'un agent public, dont le statut prévoit, en principe, la possibilité de mutation dans un autre service ou dans une autre ville selon les besoins du service, la Cour « démasque » le détournement de pouvoir dans les termes suivants : (...) « la Cour est d'avis que cette mesure (mutation) a été prise en considération de son appartenance au syndicat Enerji-Yapi Yol Sen (...) la décision ne s'inscrivait pas, comme le prétend le Gouvernement dans le cadre de la gestion et de l'exercice d'une bonne administration du service public de l'État. (...) une telle décision, mutant l'intéressé dans une ville située dans une autre région en raison de son appartenance à un syndicat légalement fondé n'était pas nécessaire dans une société démocratique » (violation de l'art. 11). Cour, n° 20868/02, *Metin Turan* préc/ 30-32. La solution diffère de celle adoptée dans trois arrêts contre la Turquie – *Aydin*, *Bulga* et *Akat* – de 2005. La Cour a considéré que les mutations de ces fonctionnaires avaient été décidées dans l'intérêt d'une bonne administration et dans les limites de la marge d'appréciation et que les requérants avaient pu poursuivre leurs activités syndicales dans leurs nouvelles affectations.

161. L'insertion dans un questionnaire d'embauche de questions relatives à l'appartenance syndicale constitue une atteinte à la liberté syndicale, Cass. soc., 13 mai 1969, *D.* 1969, 528, note J. Savatier ; par une répartition inégalitaire du budget de formation entre les différentes formations syndicales, le Comité d'entreprise commet une discrimination syndicale et viole le principe de liberté syndicale, Soc. 16 avril 2008, *D.* 2008, AJ. 1417.

162. Discrimination à l'emploi en raison notamment de la non-appartenance de la victime au syndicat USTKE, Crim. 12 septembre 2000, *Gaz. Pal.* 26-27 janvier 2001.

B - PLURALISME DES SYNDICATS

6.92 > L'existence de plusieurs syndicats se trouve nécessairement impliquée par l'alinéa 6 du Préambule de la Constitution du 27 octobre 1946 puisqu'il prévoit l'adhésion au syndicat de son choix. De même, dans la deuxième partie du Code du travail, le livre premier s'intitule « Les syndicats professionnels » (L. 2111-1 – L. 2146-2). Le pluralisme des syndicats doit, comme le pluralisme de la presse, être garanti au titre de la liberté d'expression[163]. Il ne permettrait ni la constitution d'un syndicat unique, ni la création d'un « syndicat maison » dans une entreprise[164].

6.93 > C'est la jurisprudence des organes de la CEDH qui a le plus approfondi la notion de pluralisme, consubstantiel à la « société démocratique ». Pluralisme, tolérance et esprit d'ouverture caractérisent une société démocratique[165]. La Commission et la Cour ont fait application de ces principes à la liberté syndicale. L'article 11 de la CEDH utilise le terme « syndicats » au pluriel. L'article exclut tout monopole syndical. Chacun doit être libre de choisir parmi les syndicats existants celui auquel il veut s'affilier à moins d'avoir l'intention d'en fonder un nouveau[166]. La Cour souligne qu'« un individu ne jouit pas du droit à la liberté d'association si la liberté d'action ou de choix qui lui reste se révèle inexistante, ou réduite au point de n'offrir aucune utilité »[167].

C - LA LIBERTÉ DE QUITTER UN SYNDICAT ET DE NE PAS SE SYNDIQUER

6.94 > La liberté d'affiliation syndicale implique que le membre du syndicat ne soit pas contraint de rester dans le syndicat contre son gré. Au nombre des points sur lesquels doit porter la négociation entre l'employeur et les organisations syndicales, l'article L. 2144-2-5 du Code du travail cite : « les conditions dans lesquelles la collecte des cotisations syndicales peut être facilitée ». Le Conseil constitutionnel a déclaré la loi conforme à la Constitution, mais assortie de la réserve que cette disposition « ne saurait permettre que soit imposée en droit ou en fait, directement ou indirectement, l'adhésion ou le maintien de l'adhésion des salariés d'une entreprise à une organisation syndicale »[168]. L'article L. 2141-3 du Code du travail dispose que tout membre d'un syndicat professionnel peut s'en retirer à tout instant même en présence d'une clause contraire. Le syndicat peut réclamer la cotisation correspondant aux six mois qui suivent le retrait d'adhésion. La liberté de retrait d'un adhérent d'un syndicat ne peut être limitée par une clause conventionnelle[169].

---

163. Cons. const. n° 84181 DC, 10 et 11 octobre 1984, *Rec.* 78 ; Th. Renoux et M. de Villiers, *op. cit.*, p. 162-163. Un syndicat a le droit de communiquer librement des informations au public sur un site internet. Cependant cette liberté est assortie des limites nécessaires à la protection des tiers contre la divulgation d'informations confidentielles portant atteinte à leurs droits. Soc. 5 mars 2008, *RJS* 2008, 440.
164. L'article 2 de la Convention (n° 98) de l'OIT du 1er juillet 1949 qualifie d'acte d'ingérence la tentative de provoquer la création de syndicats dominés par un employeur.
165. Cour, *Handyside*, 7 décembre 1976, n° 49.
166. R 7601/76 et 7806/77, *Young, James et Webster*, 14 décembre 1979, n° 160.
167. Cour, *Young, James et Webster*, 13 août 1981, n° 56.
168. Cons. const. n° 83-162-DC, 19 et 20 juillet 1983, *Rec.* 49.
169. Cass. soc., 23 juin 1988, *D.* 1989, somm. 269.

6.95 ▸ L'affirmation du droit de toute personne de s'affilier au syndicat de son choix n'implique pas pour autant l'obligation de faire partie d'un syndicat. En droit français, l'alinéa 6 du Préambule de la Constitution de 1946 qui proclame que tout homme peut adhérer au syndicat de son choix, implique nécessairement la liberté de ne pas être syndiqué, comme l'exprimait déjà l'article 7 de la loi du 21 mars 1884, qui pourrait constituer un principe fondamental reconnu par les lois de la République (art. L. 2141-3 du C. trav.). Par ailleurs, « les clauses de sécurité syndicale » (*closed shop*) sont interdites par l'article L. 2141-5 du Code du travail dont l'article L. 2134-2 déclare nul tout accord ou disposition tendant à obliger l'employeur à n'embaucher ou à ne conserver à son service que les adhérents du syndicat propriétaire de marques et de labels syndicaux[170].

6.96 ▸ L'article 20 § 2 de la DUDH du 10 décembre 1948 : « Nul ne peut être obligé de faire partie d'une association » est une disposition isolée parmi les textes internationaux pertinents[171]. Ni l'article 8 du PIDESC, ni l'article 22 du PIDCP ne mentionnent le droit négatif de ne pas s'associer. D'ailleurs, ce droit n'avait pas été introduit dans l'article 11 de la CEDH[172] ; il n'a été reconnu qu'au terme de l'évolution suivante. La Cour a plusieurs fois rappelé que la CEDH est un instrument vivant qui doit être interprété à la lumière de la situation existante[173]. Les situations se sont réparties en deux catégories : obligation de se syndiquer imposée soit à des salariés en fonction, soit à des salariés avant l'embauche.

La première situation est celle de salariés en fonction dans les chemins de fer britanniques qui refusèrent de s'affilier et furent licenciés. « Une menace de renvoi impliquant la perte de ses moyens d'existence constitue une forme très grave de contrainte... [qui] touche à la substance même de la liberté d'association telle que la consacre l'article 11[174] ». La seconde situation correspond aux circonstances de l'arrêt *Sigurjônsson :* obligation pour le requérant de s'affilier à un organisme professionnel privé, la FRAMI, pour obtenir et conserver sa licence de chauffeur de taxi. La loi islandaise du 1er juillet 1989 (n° 77/1989) sur les véhicules de location à moteur à la disposition du public, subordonne la licence d'exploitation à la qualité de membre d'un syndicat. Il n'était pas nécessaire, au mépris des convictions personnelles du requérant, de l'astreindre à rejoindre la

170. Les menaces de grève adressées par un syndicat à un patron ne sont pas licites « lorsqu'elles ont pour but d'imposer au patron le renvoi d'un ouvrier parce qu'il s'est retiré de l'association et qu'il refuse d'y rentrer ; que dans ce cas il y a une atteinte au droit d'autrui qui, si ces menaces sont suivies d'effet, rend le syndicat passible de dommages-intérêts envers l'ouvrier congédié », Cass., 22 juin 1892, *DP* 92.1.449, note Roujat. Plus récemment, le clicheur Roger inscrit au syndicat CGT du livre et employé du journal *Le Monde* refusa de participer à l'occupation des locaux lors d'une grève organisée par la CGT. Radié d'abord du syndicat, exclu des entreprises de presse, sur pression du syndicat, il fut licencié par son employeur. Celui-ci fut condamné à des dommages-intérêts et à une amende par jugement du 26 septembre 1963 (*JCP* 1964 III, 13665). L'appartenance obligatoire à un syndicat « serait une anomalie grave dans un pays démocratique où chacun devrait avoir la liberté d'appartenir au syndicat de son choix ». Le comportement de l'employeur constitue « une atteinte à la liberté d'opinion, à la liberté syndicale et à la dignité humaine ». Par sa constitution de partie civile, un syndicat concurrent : « entend faire respecter pour chacun le droit d'appartenir au syndicat qui lui plaît, ou même de n'adhérer à aucun selon sa liberté de conscience ». Ce jugement fut confirmé par Paris, 11 juin 1964, *Dr. soc.*, 1964, p. 361, chron. J. Savatier.

171. D. C. Yannopoulos, *La protection internationale de la liberté syndicale*, LGDJ, 1973, p. 39-40.

172. Rapport du 19 juin 1950 de la Conférence de hauts fonctionnaires, *Recueil des travaux préparatoires de la CEDH*, vol. 4, p. 262.

173. Cour, *Soering*, 7 juillet 1989 n° 102 ; Cour, *Sigurjônsson*, 30 juin 1993, n° 35.

174. Cour, *Young* (préc.) 13 août 1981.

FRAMI sous peine de perdre sa licence. « Il échet donc de considérer que l'article 11 consacre un droit d'association négatif » (n° 35). La Cour fait précéder cette conclusion par l'énumération des textes qui désormais reconnaissent la liberté de ne pas adhérer à une association ou de s'en retirer[175].

Le droit de fonder des syndicats et de s'y affilier constitue un aspect particulier de la liberté d'association et une certaine liberté de choix quant à l'exercice d'une liberté est inhérente à la notion de celle-ci (...). Il s'ensuit que l'article 11 doit aussi être considéré comme consacrant un droit d'association négatif, autrement dit un droit à ne pas être contraint de s'affilier à une association (...). Si contraindre quelqu'un à s'inscrire à un syndicat déterminé peut ne pas se heurter toujours à la Convention, une forme de contrainte qui dans une situation donnée touche à la substance même de la liberté d'association telle que la consacre l'article 11 porte atteinte à ladite liberté (...). De plus, il faut également tenir compte dans ce contexte du fait que la protection des opinions personnelles offerte par les articles 9 et 10 compte parmi les objectifs de la liberté d'association, et qu'une telle protection ne peut être assurée de manière effective que par la garantie d'un droit d'association positif et d'un droit d'association négatif (...). À cet égard, la notion d'autonomie personnelle reflète un principe important qui sous-tend l'interprétation des garanties de la Convention. Cette notion doit donc être considérée comme un corollaire essentiel de la liberté de choix de l'individu implicite dans l'article 11, ainsi que comme un élément confirmant l'importance que revêt l'aspect négatif de cette disposition[176].

§ 2 - LES DROITS DES SYNDICATS

Dans ce développement seront successivement présentés : la personnalité juridique (I) et le droit de l'action syndicale (II).

I – LA PERSONNALITÉ JURIDIQUE

6.97 › Depuis 1920 – article L. 2132-1 du Code du travail –, « les syndicats professionnels sont dotés de la personnalité civile ». Celle-ci est plus étendue que celle des associations. L'acquisition de la personnalité juridique par les organisations de travailleurs et d'employeurs est expressément prévue par l'article 7 de la Convention (n° 87) de l'OIT sur la liberté syndicale et la protection du droit syndical du 9 juillet 1948 à condition de ne pas être subordonnée à des conditions de nature à mettre en cause l'application des dispositions des articles 2 (liberté de constitution et d'affiliation), 3 (droit d'élaborer les statuts et modes de fonctionnement) et 4 (interdiction de dissolution ou suspension par la voie

175. Cour, *Sigurjônsson*, 30 juin 1993, n° 35. Il faut aussi mentionner l'article 10, al. 2 de la Charte africaine des droits de l'homme et des peuples de 1981 qui énonce : « Nul ne peut être obligé de faire partie d'une association ». Le Comité européen des droits sociaux a conclu à la violation de l'article 5. Droit Syndical, de la Charte sociale européenne, concernant les clauses de monopole syndical préalables à l'embauche. Résolution du Comité des Ministres ResChS (2003) I, 26 septembre 2003.
176. *Sorensen et Rasmussen c/ Danemark*, n° 52562/99, 12 janvier 2006, 54.

administrative)[177]. Les articles 8 du PIDESC et 22 du PIDCP précisent qu'aucune disposition ne permet aux États parties à la Convention de 1948 de l'OIT de prendre des mesures législatives portant atteinte ou d'appliquer la loi de façon à porter atteinte aux garanties prévues dans ladite convention. « En l'absence d'éléments concrets propres à démontrer que les activités du syndicat *Tüm Bel Sen* représentaient une menace pour la société ou l'État, la Cour estime que, par le refus de reconnaître la personnalité juridique du syndicat des requérants, l'État défendeur a manqué, à l'époque des faits, à son obligation de garantir la jouissance des droits consacrés par l'article 11 de la Convention »[178].

6.98 > Comme toute institution, le syndicat a un pouvoir d'auto-organisation et de réglementation[179] qui est nécessairement inclus dans les statuts : répartition des tâches, pouvoir disciplinaire, etc. Ce pouvoir doit être respecté par l'employeur : contre les prétentions de la direction de l'ORTF qui souhaitait que l'accès aux responsabilités syndicales soit réservé aux agents permanents, le Conseil d'État a décidé que les personnes chargées de l'administration ou de la direction d'un syndicat sont choisies selon les modalités déterminées par la Charte constitutive du syndicat sans ingérence de l'employeur[180]. Ce pouvoir d'auto-organisation est précisé par l'article 3 de la Convention (n° 87) de l'OIT (préc.).

Malgré le silence de l'article 11 de la CEDH, la Commission a considéré que le droit de fonder des syndicats emporte par exemple le droit pour ceux-ci d'établir leurs propres règlements, d'administrer leurs propres affaires, d'instaurer des fédérations de syndicats et d'y adhérer. « Ces droits syndicaux sont expressément reconnus par les articles 3 et 5 de la Convention n° 87 du BIT à prendre en compte dans le présent contexte ». Ainsi, « Le droit de s'affilier à un syndicat "pour la défense de ses intérêts" ne saurait s'interpréter comme conférant un droit général de s'affilier au syndicat de son choix indépendamment de la réglementation du syndicat. Dans l'exercice du droit que leur reconnaît l'article 11 § 1, les syndicats doivent conserver la liberté de décider, conformément à la réglementation syndicale, des questions concernant l'admission ou l'expulsion de membres »[181]. La défense de droits patrimoniaux (A) et le droit d'ester en justice (B) sont deux modalités protectrices de la personnalité juridique des syndicats.

A - LA DÉFENSE DES DROITS PATRIMONIAUX

6.99 > Les instruments internationaux ne traitent guère des droits patrimoniaux des syndicats ; en revanche, il existe des dispositions générales qui les mettent à l'abri des

177. La CGT fut dissoute par le juge judiciaire après la grève générale de 1920, T. corr. Seine, 12 janvier 1921, *Gaz. Trib.* 1921.2.200, mais le jugement ne fut pas suivi d'effet. Les faits furent amnistiés par la loi du 3 janvier 1925. L'article 131-39 du Code pénal prévoit notamment les peines de la dissolution et du placement, pour une durée de cinq ans au plus, sous surveillance judiciaire, des personnes morales pour certaines infractions. Ces peines ne sont pas applicables aux partis ou groupements politiques ni aux syndicats professionnels.

178. Cour, n° 34503/97, *Demir et Baykara c/ Turquie*, 21 novembre 2006, 29.

179. A. Legal et J. Brethe de La Gressaye, *Le pouvoir disciplinaire dans les institutions privées*, S. 1938, 532 p.

180. CE, 1er mars 1968, *Dr. soc.* 1969, 33.

181. Déc/ 10550/83, *Cheall c/ RU*, 13 mai 1985 DR 42/193. L'article 2 de la Convention (n° 87) de l'OIT (préc.) reconnaît aux travailleurs et aux employeurs le droit de constituer des organisations de leur choix et de s'y affilier « à la seule condition de se conformer aux statuts de ces dernières ».

mesures arbitraires. L'article 4 de la Convention (n° 87) énonce que : « Les organisations de travailleurs et d'employeurs ne sont pas sujettes à dissolution ou à suspension par voie administrative ». D'ailleurs, l'article L. 2131-6 du Code du travail n'envisage que la dissolution volontaire, statutaire ou prononcée par décision de justice. Les syndicats peuvent recevoir des subventions publiques pour la formation économique et sociale de leurs adhérents[182], mais surtout ils jouissent de droits patrimoniaux plus étendus que ceux des associations. Par exemple, les meubles et immeubles nécessaires pour leurs réunions, bibliothèques et formations sont insaisissables.(L. 2132-4 v. aussi C. trav., art. L. 2132-5 et 2131-6).

B - LE DROIT D'ESTER EN JUSTICE

6.100 > L'article L. 2132-3 du Code du travail dispose que les syndicats professionnels ont le droit d'agir en justice. Ils peuvent devant toutes les juridictions exercer tous les droits réservés à la partie civile concernant les faits portant un préjudice direct ou indirect à l'intérêt collectif de la profession qu'ils représentent. Cet article n'exprime que l'objet essentiel de l'action en justice du syndicat. Celle-ci comporte des applications nombreuses pour la défense individuelle des membres du groupe social dont le syndicat estime devoir assurer la défense : action née d'une convention collective (C. trav., art. L. 2262-9) pour la défense de l'égalité professionnelle des travailleurs des deux sexes (C. trav., art. L. 1144-2) du travail temporaire (C. trav., art. L. 1251-59), du travailleur à domicile (C. trav., art. L. 7423-2)[183]. Ne peut-on craindre que ces actions à caractère individuel exercées sans mandat exprès des intéressés ne présentent parfois d'intérêt que pour les seuls syndicats ?

6.101 > Le Conseil constitutionnel a reconnu le droit au législateur de conférer aux organisations syndicales des prérogatives qui, au-delà des seuls adhérents, peuvent s'étendre à la défense d'un groupe social plus large à condition de respecter la liberté personnelle du salarié qui, comme la liberté syndicale, a valeur constitutionnelle. L'organisation syndicale représentative peut introduire une action en justice non seulement à l'effet d'intervenir spontanément dans la défense d'un salarié, mais aussi de promouvoir, à travers un cas individuel, une action collective. Dans ce cas, l'intéressé doit avoir été mis à même de donner son assentiment en pleine connaissance de cause et conserver la liberté de conduire personnellement la défense de ses intérêts et de mettre un terme à cette action. Le Conseil constitutionnel précise que le consentement du salarié non syndiqué à l'action syndicale peut être exprimé tacitement par le silence gardé pendant plus de quinze jours après notification de l'action syndicale. Voici cependant à quelles conditions ce consentement doit satisfaire pour être adéquatement éclairé. Pour respecter la liberté du salarié vis-à-vis des organisations syndicales, de telles dispositions impliquent que soient contenues dans la lettre adressée à l'intéressé toutes précisions utiles sur la nature et l'objet de l'action exercée, sur la portée de son acceptation et sur le droit à lui reconnu de mettre un terme à tout moment à cette action. Le syndicat justifiera

182. R. Brichet, « Statut des groupements », *J.-Cl., Dr. administratif*, F 175, n° 58.
183. A. Supiot, « La protection du droit d'agir en justice », *Dr. soc.*, 1985, 774.

lors de l'introduction de l'action que le salarié a eu personnellement connaissance de la lettre comportant les mentions indiquées ci-dessus[184].

II – LE DROIT DE L'ACTION SYNDICALE

Trois questions seront exposées : le rôle des organisations syndicales les plus représentatives (A) ; la négociation et la conclusion des conventions collectives (B) et l'exercice de droit de grève (C).

A - LE RÔLE DES ORGANISATIONS SYNDICALES LES PLUS REPRÉSENTATIVES

6.102 ➤ Selon la représentativité des organisations syndicales, varie le rôle qui leur est conféré. La notion de « représentativité » détermine déjà la composition des délégations nationales lors de la conférence de l'organisation internationale du travail, et l'article 389 § 3 du Traité de Versailles y fait référence. Les instruments internationaux universels (PIDESC ; PIDCP ; conventions de l'OIT) ou régionaux (Charte sociale européenne, CEDH) ne précisent pas le contenu de la représentativité. La question a été en particulier posée à la Cour par le syndicat national de la police belge qui n'avait pas été agréé parmi les organisations syndicales les plus représentatives et se trouvait en conséquence écarté de la participation à certaines consultations. La Cour a répondu que le syndicat peut agir de différentes manières auprès du gouvernement ; le seul fait que le ministre de l'Intérieur ne le consulte pas ne viole pas l'article 11 de la CEDH[185]. La question entre aussi dans le champ d'application des articles 152 et 153 du Traité sur le fonctionnement de l'Union Européenne[186]. L'article 152 déclare notamment « L'Union reconnaît et promeut le rôle des partenaires sociaux à son niveau (...) Le sommet social tripartite pour la croissance et l'emploi contribue au dialogue social »[187]. En vue de réaliser les objectifs visés à l'article 152, l'article 153 énonce que l'Union soutient et complète l'action des États membres dans le domaine notamment de : « f) la représentation et la défense collective des intérêts, y compris la cogestion, sous réserve du paragraphe 5 ; des travailleurs et des employeurs ».

6.103 ➤ En droit interne, depuis 1968, les cinq grands syndicats – CCT, CFDT, CGT-FO, CFTC, et CFE-CGC – et leurs affiliés bénéficiaient d'une présomption irréfragable de représentativité à tous les niveaux. Cette représentativité leur ouvrait droit à toutes les fonctions qui s'y attachent notamment à l'intérieur de l'entreprise : sections syndicales, désignation des délégués syndicaux, négociation d'accords collectifs. L'article 2121-1 du

184. Cons. const. n° 89257 DC 25 juillet 1989, *Rec.* 59 ; Th. Renoux et M. de Villiers, *Code constitutionnel*, Litec, 1994, p. 155-156.

185. Cour, *Syndicat national de la police belge*, 17 octobre 1975, n° 40.

186. Déjà, la CJCE avait déclaré que la Communauté a « non seulement une finalité économique mais également une finalité sociale » (*Laval*, préc. 105)

187. Dans la première partie du Code du travail, les articles L. 1 et L. 2 en constituent le : « Chapitre Préliminaire Dialogue Social ».

Code du travail issu de la loi n° 2008-789 du 20 août 2008 portant rénovation de la démocratie sociale et réforme du temps de travail, a renouvelé les critères de la représentativité qui sont désormais cumulatifs et dont l'audience électorale constitue le plus important : « La représentativité des organisations syndicales est déterminée d'après les critères cumulatifs suivants 1° Le respect des valeurs républicaines ; 2° L'indépendance ; 3° La transparence financière ; 4° Une ancienneté minimale de deux ans dans le champ professionnel et géographique couvrant le niveau de négociation. Cette ancienneté s'apprécie à compter de la date de dépôt légal des statuts ; 5° L'audience établie selon les niveaux de négociation conformément aux articles L. 2122-1, L. 2122-5, L. 2122-6, L. 2122-9 ; 6° L'influence, prioritairement caractérisée par l'activité et l'expérience ; 7° Les effectifs d'adhérents et les cotisations. Les textes désignent les syndicats représentatifs pour l'exercice de divers modes de participation : négociation et conclusion des conventions collectives, droits syndicaux dans l'entreprise : section syndicale et délégué syndical prévus par les chapitres III et IV (C. trav., art. L. 2141-9) ; établissement des listes électorales pour l'élection des membres d'un collège élisant les délégués du personnel (L. 2314-8) ; établissement des listes pour l'élection des représentants du personnel (C. trav., art. L. 2324-11). Le Conseil constitutionnel a considéré que la liberté syndicale n'était pas méconnue par la loi sur la démocratisation du secteur public qui prévoyait une négociation entre la direction de l'entreprise et les syndicats représentatifs[188].

B - LA NÉGOCIATION ET LA CONCLUSION DES CONVENTIONS COLLECTIVES

6.104 > L'article 4 de la Convention sur le droit d'organisation et de négociation collective (n° 98) du 1er juillet 1949 énonce que : « Des mesures appropriées aux conditions nationales doivent, si nécessaire, être prises pour encourager et promouvoir le développement et l'utilisation les plus larges de procédures de négociation volontaire de conventions collectives entre les employeurs et les organisations d'employeurs d'une part, et les organisations de travailleurs d'autre part, en vue de régler par ce moyen les conditions d'emploi. ». L'article 6 énonce qu'il ne traite pas de la situation des « fonctionnaires publics », mais le Comité des experts de l'OIT a restreint cette catégorie aux seuls fonctionnaires qui traitent de l'administration de l'État, tous les autres doivent pouvoir négocier collectivement leurs conditions d'emploi, salaires inclus[189].

6.105 > Par l'article 6 § 2 de la Charte sociale européenne, les États s'engagent à promouvoir, lorsque cela est nécessaire et utile, l'institution de procédures de négociation volontaire entre les employeurs ou les organisations d'employeurs d'une part et les organisations de travailleurs d'autre part, en vue de régler les conditions d'emploi par des conventions collectives. L'article 28 de la Charte des droits fondamentaux de l'Union européenne (préc.) prévoit que les travailleurs et les employeurs ou leurs organisations

---

188. Cons. const. 83-162 DC, 19-20 juillet 1983, *Rec.* 49 ; B. Genevois, « La jurisprudence du Conseil constitutionnel », *STH*, 1988, n° 367.

189. V. aussi, Convention n° 151 de l'OIT n° 151 concernant la protection du droit d'organisation et les procédures de détermination des conditions d'emploi dans la fonction publique Cour, GC, n° 34503/97, *Demir et Baykara c/ Turquie*, 12 novembre 2008, 43, 147 et 148.

respectives ont, conformément au droit communautaire et aux législations et pratiques nationales, le droit de négocier et de conclure des conventions collectives aux niveaux appropriés.

6.106 > Pour la Cour, la Convention protège la liberté de défendre les intérêts professionnels des personnes affiliées à un syndicat et l'État doit autoriser et rendre possible l'action syndicale. En permettant à des employeurs d'utiliser des incitations financières en vue de pousser des salariés à renoncer, notamment, au droit d'être représentés par leur syndicat, le Royaume-Uni a failli à l'obligation positive qui lui incombe de reconnaître les droits de l'article 11, aux syndicats et aux personnes[190]. Cependant, la jurisprudence assignait certaines limites aux potentialités de l'article 11. Il ne garantit pas le droit de maintenir une convention collective pendant une durée illimitée[191], ou le droit au bénéfice de la rétroactivité d'avantages, par exemple des augmentations de salaire, découlant d'une nouvelle convention collective[192] et notamment le droit d'être consulté par lui[193] ou le droit à ce qu'il conclût avec eux telle ou telle convention collective[194]. C'est sur ce dernier point que la Cour a modifié sa jurisprudence, en fonction des développements du droit du travail tant international que national et de la pratique des États contractants (...) « **le droit de mener des négociations collectives avec l'employeur est en principe devenu l'un des éléments essentiels du droit de fonder avec d'autres des syndicats et de s'affilier à des syndicats pour la défense de ses intérêts énoncé à l'article 11 de la Convention**, étant entendu que les États demeurent libres d'organiser leur système de manière à reconnaître, le cas échéant un statut spécial aux syndicats représentatifs. Comme les autres travailleurs, les fonctionnaires, mis à part des cas très particuliers, doivent en bénéficier, sans préjudice toutefois des effets des « restrictions légitimes » pouvant devoir être imposées aux « membres de l'administration de l'État » au sens de l'article 11 § 2 (...)[195].

6.107 > Le statut spécial, mentionné dans l'arrêt de la Cour, pourrait être constitué par l'article L. 2132-2 du Code du travail qui admet les seules organisations de salariés constituées en syndicats professionnels à négocier les conventions et accords collectifs de travail[196]. Le Conseil constitutionnel a décidé que le législateur peut, sans méconnaître aucun principe ou règle de valeur constitutionnelle, confier aux organisations syndicales le monopole de la négociation des conventions collectives[197].

C - L'EXERCICE DU DROIT DE GRÈVE

6.108 > La grève est un moyen de défense des intérêts professionnels, par un arrêt concerté du travail. Avant d'être affirmé par l'alinéa 7 du Préambule de la Constitution du

190. CJCE, *Wilscon & The National Union of Journalists*, Arrêt, 2 juillet 2002.
191. Cour, Déc. 53507/99, 30 novembre 2004.
192. Cour, 6 février 1976, *Schmidt et Dahlstrîm*, n° 34.
193. Cour, 27 octobre 1975, *Syndicat national de la police belge*, n° 37.
194. Cour, 6 février 1976, *Syndicat suédois des conducteurs de locomotives*, n° 39.
195. Cour, GC, n° 34503/97, *Demir et Baykara c/ Turquie*, 12 novembre 2008, 154.
196. À l'exclusion des associations quel qu'en soit l'objet, Cass. crim., 18 novembre 1997.
197. Cons. const. n° 89-257 DC, 25 juillet 1989, *Rec.* 59.

27 octobre 1946, qui lui confère valeur constitutionnelle, le droit de grève avait déjà été reconnu depuis l'abolition du délit de coalition par la loi Émile Olivier du 25 mai 1864. Il « s'exerce dans le cadre des lois qui le réglementent » et il peut même être interdit[198]. Les principes sont toutefois constants : « L'exercice du droit de grève ne peut justifier la rupture du contrat de travailleur, sauf faute lourde imputable au salarié » (C. trav., art. L. 2511-1) et « aucun salarié ne peut être sanctionné, licencié ou faire l'objet d'une mesure discriminatoire mentionnée à l'article L. 1132-1 en raison de l'exercice normal du droit de grève » (L. 1132-2). Les instruments internationaux qui reconnaissent le droit de grève sont peu nombreux et prudents. L'article 8-1-d du PIDESC se borne à énoncer que les États parties s'engagent à assurer... « le droit de grève exercé conformément aux lois de chaque pays ». Si les conventions de l'OIT ne le mentionnent pas, les organes de contrôle de l'organisation ont admis que le droit de grève constitue un moyen de défense légitime des intérêts professionnels et qu'un rejet de tout recours à la grève méconnaîtrait les dispositions de la Convention nº 87 concernant la liberté syndicale et la protection du droit syndical du 9 juillet 1948 (préc.). La rédaction de l'article 6 § 4 de la Charte sociale européenne du 18 octobre 1961 est également inspirée par la prudence : le droit de recourir, en cas de conflits d'intérêts, à des actions collectives inclut le droit de grève « sous réserve des obligations qui pourraient résulter des conventions collectives en vigueur ». Enfin, l'article 13 de la Charte communautaire des droits sociaux fondamentaux des travailleurs de 1989 énonce : « Le droit de recourir en cas de conflits d'intérêts à des actions collectives inclut le droit de grève, sous réserve des obligations résultant des réglementations nationales et des conventions collectives. Afin de faciliter le règlement des conflits du travail, il convient de favoriser, conformément aux pratiques nationales, l'institution et l'utilisation aux niveaux appropriés, de procédures de conciliation, de médiation et d'arbitrage »[199]. La même prudence inspire l'arrêt *Acton* de la CJCE : « Selon un principe reconnu dans le droit du travail des États membres, les salaires et traitements afférents aux jours de grève ne sont pas dus à ceux qui ont participé à celle-ci. Ce principe s'applique dans les rapports entre les institutions des Communautés et leurs fonctionnaires. Cette constatation n'implique en rien une prise de position sur l'existence d'un droit de grève pour les fonctionnaires ni sur les modalités régissant éventuellement l'exercice d'un tel droit »[200].

6.109 > La Cour européenne des droits de l'homme s'est appuyée sur ces dispositions de la Charte relatives à l'exercice du droit de grève pour l'interprétation de l'article 11 de la CEDH. Les requérants, MM. Schmidt et Dahlstrôm, étaient affiliés à deux syndicats qui, à l'expiration d'une convention collective, déclenchèrent des grèves dans certains secteurs professionnels, mais non dans ceux des requérants ; ceux-ci ne firent pas grève. Ils furent cependant privés dans la nouvelle convention collective d'avantages rétroactivement accordés aux non-syndiqués et aux employés adhérents de syndicats non grévistes.

---

198. V. CE, 7 juillet 1950, *Dehaene* et les observations in *Les grands arrêts de la jurisprudence administrative*.

199. La référence à ces deux derniers textes est encouragée par l'article 151 du TFUE : « Les États membres, conscients des droits sociaux fondamentaux, tels que ceux énoncés dans la charte sociale européenne signée à Turin le 18 octobre 1961 et dans la charte communautaire des droits sociaux fondamentaux des travailleurs de 1989, ont pour objectifs » (...) même si ce dernier document est une déclaration...

200. CJCE, *Acton et autres c/ Commission* Aff. 44, 46 et 49/74, 18 mars 1974.

La privation de ces avantages leur paraissait méconnaître l'article 11 de la CEDH. La Cour conclut à l'absence de violation[201]. L'article 11 § 1 laisse à chaque État le choix des moyens à employer pour protéger les intérêts professionnels des adhérents d'un syndicat. « L'octroi du droit de grève, s'il peut être encadré, représente sans nul doute l'un des plus importants des droits syndicaux au travers desquels l'État peut assurer la liberté, pour un syndicat, de protéger les intérêts professionnels de ses membres »[202]. Un tel droit, que l'article 11 ne consacre pas expressément, peut être soumis par le droit interne à une réglementation de nature à en limiter dans certains cas l'exercice[203]. Dans le même arrêt (57) : « sans spéculer sur le point de savoir dans quelle mesure l'article 11 de la Convention octroie le droit à la grève et quelle est la définition de ce droit dans le cadre de cet article, la Cour estime que le ralentissement de travail des requérants pour une durée de trois heures pourrait être considéré comme une action collective d'ordre général dans le contexte de l'exercice des droits syndicaux ».

La Charte sociale du 18 octobre 1961 ne garantit le droit de grève que sous réserve de pareilles réglementations, de même que « d'autres restrictions compatibles avec son article 31, et non sans reconnaître aux employeurs le droit de recourir de leur côté à une action collective » (article 6 § 4 et annexe).

6.110 > Il faut donc se tourner vers le droit national pour connaître le régime juridique du droit de grève[204]. La grève est une cessation concertée du travail en vue d'appuyer des revendications professionnelles déjà déterminées auxquelles l'employeur refuse de donner satisfaction[205]. De cette définition, il découle que le travail se trouve complètement arrêté par un mouvement collectif et concerté, si bien que la grève est sans doute un droit des personnes, mais le plus souvent déclenché ou relayé par les organisations syndicales. Les revendications, d'après une jurisprudence générale, sont exclusivement professionnelles : une grève purement politique serait exclue de la protection constitutionnelle et un arrêt de travail non assorti de revendications ne saurait être caractérisé comme une grève[206]. Enfin, le droit de grève postule l'existence d'une relation de subordination (contrat de travail ou situation statutaire des agents publics).

6.111 > Le droit de grève est-il pour autant réservé aux seuls salariés ? Ne serait-ce pas réduire sans justification la portée de la disposition constitutionnelle qui ouvre sans limites la catégorie des grévistes potentiels puisqu'elle ne désigne aucun titulaire de ce droit ? De même, ne pourrait-on limiter aux seuls syndicats ce droit individuel qui s'exerce collectivement ? Parmi les moyens d'action d'un syndicat, la Cour européenne a

201. Cour, 6 février 1976, *Schmidt et Dahlstrîm*, n° 36. V. aussi Déc. 10. 365/83, *S c/ RFA*, 5 juillet 1984, DR 39/237.
202. Cour, *Wilson*, (préc.) 45.
203. *Cour Satilmis c/ Turquie*, 17 juillet 2007, préc.
204. C. trav., (art. L. 521-1) : « La grève ne rompt pas le contrat de travail, sauf faute lourde imputable au salarié. Son exercice ne saurait donner lieu de la part de l'employeur à des mesures discriminatoires en matière de rémunérations et d'avantages sociaux. Tout licenciement prononcé en violation du premier alinéa du présent article est nul de plein droit ».
205. Cette définition extraite d'un arrêt de la Chambre sociale de la Cour de cassation du 23 janvier 1969, *Bull. civ.* V, n° 50 correspond à des définitions voisines du Conseil constitutionnel 79-105 DC. 25 juillet 1979, *Rec.* 33 et du Conseil d'État, Ass. 7 juillet 1950, *Dehaene*, *Lebon*, 426.
206. Cass. soc., 24 mars 1988 ; 7 février 1990 ; 15 juin 1978, *Bull. civ.* V, n° 477 p. 360.

considéré que « l'octroi du droit de grève représente sans nul doute l'un des plus importants d'entre eux »[207]. Le Conseil constitutionnel associe droit syndical et droit de grève dans plusieurs décisions[208]. Enfin, si dans les entreprises privées la Cour de cassation a rappelé que le droit de grève n'appartient pas en droit français aux syndicats[209], le rôle des organisations syndicales les plus représentatives a été reconnu par le législateur (loi du 31 juillet 1963, C. trav., art. L. 2512-2) lors de la cessation concertée du travail des personnels de l'État, des régions, des départements et des communes comptant plus de 10 000 habitants et de ceux énumérés à l'article L. 2512-1 du Code du travail. En effet, le préavis qui doit précéder la grève émane « d'une organisation syndicale représentative au niveau national, dans la catégorie professionnelle ou dans l'entreprise, l'organisme ou le service intéressé ». Ainsi, le droit de grève est-il réservé à ces organisations syndicales pour l'application des articles L. 2512-1 et L. 2512-2 c'est-à-dire dans les services publics[210]. La loi du 21 août 2007 « sur le dialogue social et la continuité du service public dans les transports terrestres réguliers de voyageurs » présente ces services comme essentiels à la population pour la mise en œuvre des principes constitutionnels que sont : la liberté d'aller et venir ; la liberté d'accès aux services publics notamment sanitaires, sociaux et d'enseignement ; la liberté du travail ; la liberté du commerce et de l'industrie. Elle organise une procédure obligatoire de prévention des conflits sociaux par la conclusion d'accords. L'allongement à 13 jours du délai maximum à respecter avant le déclenchement d'une grève n'a pas porté au droit constitutionnel de grève une atteinte excessive et les prérogatives accordées aux syndicats sont admissibles dès lors que chaque salarié reste libre de faire ou non grève[211]. Enfin, la loi du 20 août 2008 instituant un droit d'accueil pour les enfants des écoles maternelles et élémentaires (publiques et privées sous contrat) (art. L. 133-1 et s. du Code de l'éducation) prévoit également un préavis de 48 heures avant de déclencher une grève assortie d'une procédure de prévention des conflits ainsi que l'organisation d'un service minimum d'accueil[212].

6.112 › Cependant et contradictoirement, l'inobservation des dispositions relatives à la grève dans les services publics (C. trav., art. L. 2512-1 et s.) entraîne l'application de sanctions à l'égard des personnels intéressés[213] (C. trav., art. L. 2512-4) et non à l'égard

207. Cour, 6 février 1976, *Schmidt et Dahlstrîm* (préc.) n° 36. Le Tribunal fédéral suisse considère que seules des organisations de travailleurs peuvent participer à une grève (ATF 111, 1a, 245).

208. N° 80-127 DC, 19-20 janvier 1981, *Rec.* 15 ; n° 82-144 DC, 22 octobre 1982, *Rec.* 61.

209. Cass. soc., 9 novembre 1982 (2 espèces) *Dr. soc.* 1983, p. 175, note Savatier et Cass. soc., 7 juin 1995 : « Mais attendu qu'une convention collective ne peut avoir pour effet de limiter ou de réglementer pour les salariés l'exercice du droit de grève constitutionnellement reconnu et que seule la loi peut créer un délai de préavis de grèves s'imposant à eux ». TSA, 22 décembre 1995, n° 576, p. 7 : « Le préavis préalable à la grève ». V. cependant Cass. crim., 15 décembre 1981, *Bull.* n° 330 p. 866.

210. Pour une analyse critique, v. Th. S. Renoux et M. de Villiers, *op. cit.*, p. 169-170.

211. Cons. Const. (556 DC), 16 août 2007.

212. Pour la grève en droit interne V. D. Turpin, préc., n°s 935-954.

213. Pour les agents du péage sur le pont du Bosphore, les fonctionnaires contractuels ont été condamnés à payer des dommages-intérêts à l'administration pour avoir arrêté le travail pendant trois heures, en violation d'une interdiction légale. Cette ingérence dans leur droit à la liberté d'association (57), avait une base légale (69) et poursuivait le but légitime de l'ordre public (70). En se joignant à l'action collective de ralentissement du travail décidée par leur syndicat pour défendre leurs conditions de travail, les requérants ont usé de leur liberté de réunion pacifique (71). Il n'a pas été établi que le syndicat avait d'autres moyens pacifiques de défendre les droits des fonctionnaires, alors qu'en dépit des changements importants survenus

de syndicats. Ceux-ci ne sont toutefois pas à l'abri de toute recherche en responsabilité : le Conseil constitutionnel a jugé contraire au principe d'égalité devant la loi et les charges publiques l'article 8 de la loi 82-915 du 28 octobre 1982 qui tendait à limiter la responsabilité civile des salariés et des syndicats en raison des dommages causés par une grève. Celle-ci n'aurait pu être recherchée que pour les seuls dommages causés par une infraction pénale ou par des faits manifestement insusceptibles de se rattacher à l'exercice du droit de grève ou du droit syndical[214]. La responsabilité civile des syndicats n'est pas retenue lorsqu'il n'apparaît pas que par instructions ou tout autre moyen, ils aient commis des fautes en relation avec les dommages invoqués[215]. En principe, cette responsabilité ne peut être engagée à l'occasion de l'exercice du droit de grève constitutionnellement reconnu, sauf si le syndicat a participé à des agissements constitutifs d'infractions pénales ne pouvant se rattacher à l'exercice normal du droit de grève[216], ou encore, si les dirigeants du syndicat ont incité les grévistes à commettre des agissements illicites[217], diffusion d'un tract appelant à un arrêt de travail illicite[218] ou méconnaissance de l'obligation légale du préavis de 5 jours préalable à toute grève dans les services publics[219].

Conclusion

6.113 > Le s libertés collectives, dans certains de leurs aspects, ont été présentées par rapport à la fois au droit français, au droit et à la jurisprudence de la Convention européenne ainsi qu'à certains instruments internationaux pertinents (PIDCP ; Conventions de l'OIT, Charte sociale européenne). Ces rapprochements permettent de constater la mise en conformité progressive et l'interaction de ces diverses sources de droit[220]. Des rapprochements pourraient être également faits entre le droit français des libertés collectives et celui d'autres États européens qui sont aussi des sociétés démocratiques. Ce propos de la fin évoquera par quelques exemples ces perspectives convergentes.

6.114 > Il a été fait mention de la décision du Conseil constitutionnel n° 94-352 DC du 18 janvier 1995[221] qui consacre « le droit d'expression collective des idées et des opinions ». La garantie constitutionnelle s'applique à l'évidence à la liberté de réunion et au droit de manifester. Cette analyse rejoint d'abord l'arrêt de la Cour européenne du 26 avril 1991, *Ezelin c/ France*, qui déclare que « la protection des opinions personnelles

---

depuis 1967 en matière de droits syndicaux, les actions collectives sont toujours interdites aux fonctionnaires. Eu égard notamment à la place éminente de la liberté de réunion, l'engagement de la responsabilité civile des fonctionnaires n'était pas nécessaire dans une société démocratique (violation de l'article 11) : *Cour Saltimis...*, préc., 69-74.

214. N° 82-144 DC, 22 octobre 1982, *Rec.* 61 ; B. Genevois, *op. cit.*, p. 230 n° 371 ; Th. Renoux et M. de Villiers, *op. cit.*, p. 156-159.

215. Cass. soc., 8 novembre 1982, *Bull. civ.* V, 615.

216. Cass. soc., 9 novembre 1982, *Bull. civ.* V, 613.

217. Cass. soc., 21 janvier 1987, *Bull. civ.* V, 27.

218. Cass. soc., 16 janvier 1985, *Jur. soc.*, 1986, 33.

219. Cass. soc., 6 février 1985, *Bull. civ.* V, 82.

220. L'arrêt de la Cour, GC, n° 34503/97, *Demir et Baykara c/ Turquie*, 12 novembre 2008, (préc.) développe un exposé très éloquent intitulé « *La pratique consistant à interpréter les dispositions de la Convention à la lumière des instruments internationaux autres que la Convention* » 65-84. Pour un exposé critique V. J.-F. Flauss. « Actualité de la Convention européenne des droits de l'homme » (septembre 2008-février 2009, *AJDA*, mai 2009, n° 16/2009, p. 872-874.

221. *JO*, 21 janvier 1995, p. 1154.

assurée par l'article 10 compte parmi les objectifs de la liberté de réunion pacifique telle que la consacre l'article 11 (n° 37) ». Le droit de se réunir est aussi reconnu dans la plupart des États européens démocratiques par la Constitution[222]. Il comporte les réunions publiques, les réunions privées et les réunions en plein air. L'article 9 de la Constitution des Pays-Bas dispose expressément que « le droit de réunion et de manifestation est reconnu... ». S'il est précisé que les réunions sont libres et se tiennent sans autorisation préalable, en revanche, les réunions en plein air ou les manifestations sur le domaine public doivent être déclarées, parfois autorisées, elles peuvent être interdites et dissoutes. Il semble que le nombre des manifestations augmente et qu'elles favorisent certaines catégories d'infractions pénales. En Grande-Bretagne, par exemple, la possibilité est prévue d'interdire les « *Raves* »[223], rassemblements de plusieurs milliers de personnes qui envahissent pendant plusieurs jours une région avec musique sonore et installation sur des propriétés privées. L'interdiction qui pourrait durer quatre jours serait assortie de poursuites pénales pour atteinte à la propriété privée (un rassemblement de 20 000 personnes se déroula en 1992 à Castlemorton Common)[224].

6.115 > De même, de nombreuses constitutions européennes reconnaissent la liberté d'association[225]. Dans la plupart des systèmes existe la différence selon que les associations sont ou non enregistrées. Le droit à la liberté syndicale se trouve garanti par la Constitution soit avec la liberté d'association (art. 40 de la Constitution d'Irlande), soit par une disposition spéciale[226]. Les constitutions les plus récentes affirment la liberté d'affiliation aux syndicats et la liberté de ne pas se syndiquer[227]. Ce droit négatif a été encore reconnu par la loi danoise n° 285 du 9 juin 1982 par la loi britannique sur la réforme des syndicats et le droit à l'emploi de 1993 et par la jurisprudence[228]. La Cour avait d'ailleurs relevé que beaucoup de systèmes internes fournissent des garanties qui, d'une manière ou d'une autre, protègent la liberté d'association sous son aspect négatif, c'est-à-dire la liberté de ne pas adhérer à une association ou de s'en retirer[229].

6.116 > Enfin, les textes des différents États ne permettent pas aux fonctionnaires, aux militaires ou aux policiers d'exercer les libertés collectives sans restrictions. À titre d'exemples, la loi italienne du 1er avril 1981 concernant la nouvelle réglementation de la sûreté ; la loi sur la discipline militaire aux Pays-Bas ; l'article 28 de la Constitution espagnole ; l'article 270 de la Constitution du Portugal. Toutes ces dispositions tendent à

---

222. Art. 12 de la loi fondamentale d'État autrichienne de 1867 ; art. 10 de la Constitution de Belgique ; art. 40-6-10-ii de la Constitution irlandaise ; art. 74 de la Constitution islandaise ; art. 9 de la Constitution des Pays-Bas ; art. 21 de la Constitution espagnole ; art. 45 § 1 de la Constitution du Portugal ; Arrêt du Tribunal fédéral suisse de 1970 ATF 96-218.
223. V. art. 23-1 de la loi n° 95-73 du 21 janvier 1995 d'orientation et de programmation relative à la sécurité et Décret n° 2002-887 du 3 mai 2002.
224. NU, CCPR/C/95 Add. 3, 19 décembre 1994, p. 90-91.
225. C. Autriche, art. 12 ; C. Belgique art. 20 étendue aux étrangers par la loi du 15 décembre 1980 ; C. Irlande art. 40-6-1 ; C. Islande art. 73 ; C. Pays-Bas, art. 8 ; C. Espagne, art. 22 ; C. Portugal, art. 46 ; C. Suisse, art. 56.
226. C. Espagne, art. 28 § 1 ; C. Portugal, art. 56 ; C. Suisse, art. 56.
227. C. Espagne, art. 28 § 1 ; C. Portugal, art. 56.
228. Ainsi que le confirment une abondante jurisprudence des tribunaux constitutionnels comme ceux d'Allemagne (arrêt du 18 décembre 1974) et d'Italie (arrêt n° 69/162 du 7 juillet), le droit d'association implique non seulement le droit de s'associer, mais aussi sous son aspect négatif, le droit de ne pas s'associer, Trib. constitutionnel espagnol, 13 février 1981.
229. Cour, *Sigurjonsson*, 30 juin 1993, n° 35.

limiter, plus rarement interdire le droit de réunion et d'association. En général, le droit syndical, le droit de grève et le droit de manifester sont refusés aux militaires et aux policiers, et parfois à certains fonctionnaires. L'article 22, alinéa 2 du PIDCP énonce « le présent article n'empêche pas de soumettre à des restrictions légales l'exercice de ce droit (droit de s'associer librement avec d'autres, y compris le droit de constituer des syndicats et d'y adhérer pour la protection de ses intérêts) par les membres des forces armées et de la police » et l'article 11 *in fine* de la CEDH prévoit la possibilité de restrictions légitimes à l'exercice de ces droits « par les membres des forces armées, de la police ou de l'administration de l'État ». La Cour a considéré, eu égard aux circonstances, que l'interdiction constitutionnelle faite aux policiers de s'affilier à un parti politique était justifiée au regard de l'article 11 § 2 de la CEDH (*Rekvényi c/ Hongrie*, 20 mai 1999). Le Comité européen des droits sociaux a toujours affirmé qu'il résulte des termes de la dernière phrase de la Charte sociale européenne que les États sont autorisés à apporter « n'importe quelle limitation et même la suppression intégrale de la liberté syndicale des forces armées ». La libéralisation dans ce domaine a marqué un pas important avec l'extrait de l'arrêt reporté *supra* (6.106) « **le droit de mener des négociations collectives avec l'employeur est en principe devenu l'un des éléments essentiels du droit de fonder avec d'autres des syndicats et de s'affilier à des syndicats pour la défense de ses intérêts énoncé à l'article 11 de la Convention,** étant entendu que les États demeurent libres d'organiser leur système de manière à reconnaître, le cas échéant un statut spécial aux syndicats représentatifs. **Comme les autres travailleurs, les fonctionnaires, mis à part des cas très particuliers, doivent en bénéficier, sans préjudice toutefois des effets des « restrictions légitimes » pouvant devoir être imposées aux « membres de l'administration de l'État »** au sens de l'article 11 § 2[230] (...). Il existe en Europe des principes généraux communs aux libertés collectives dans les sociétés démocratiques.

ÉLÉMENTS DE BIBLIOGRAPHIE

E. Alfandari, A. Nardone, *Les associations et fondations en Europe*, Les guides pratiques de Juris-Associations, Les éditions Juris-Service, 1990, 444 p.

Associations, Les éditions des Journaux Officiels, 2003, 398 p.

M. Behar-Touchais, voir « Association », *Dalloz, Rép. civ.*, 36 p.

R. Brichet, « Associations », *Jurisclasseur administratif*, 2001, F. 170.

« Syndicats », *Jurisclasseur administratif*, F. 175.

Les associations et la loi de 1901, cent ans après, Rapport du Conseil d'État, 2000, La Documentation française.

Liberté d'Association, Actes du Séminaire organisé par le Secrétaire général du Conseil de l'Europe en collaboration avec le ministère de la Justice de l'Islande (Reykjavik 26-28 août 1993). Les éditions du Conseil de l'Europe, 1994, 241 p.

La liberté d'association et le droit, Conseil constitutionnel, centenaire de la loi du 1er juillet 1901 (Colloque des 29-30 juin 2001), 2001, 239 p.

G. Liet-Veaux, « Police des réunions et manifestations », *Jurisclasseur administratif*, F. 210.

A. S. Mescheriakoff, M. Frangi, M. Kdhir, *Droit des associations*, PUF, coll. Droit fondamental, 1995, 33.

230. Cour, GC, n° 34503/97, *Demir et Baykara c/ Turquie*, 12 novembre 2008, 154.

Exercice de préparation au grand oral

Sujet

La liberté de réunion.

Éléments de corrigé

La réunion publique est un groupement organisé de personnes assemblées hors de la voie publique pour une durée limitée et généralement sur un programme déterminé à l'avance. C'est sous la IIIe République qu'a été votée la loi du 30 juin 1881 sur les réunions publiques, dont l'article 1 dispose « Les réunions publiques sont libres ».

L'histoire oscille entre interdiction ou surveillance stricte des réunions et reconnaissance de leur liberté. C'est par les réunions que se développent, notamment, les clubs et les sociétés de pensée. Les participants y renforcent des solidarités idéologiques et politiques. Seuls des régimes démocratiques, donc récents, sont favorables aux réunions et aux associations qui se prêtent à la périodicité de ces rencontres. Un régime totalitaire ou même autoritaire les appréhende, les surveille ou les interdit. L'évolution juridique de la liberté de réunion sera évoquée (II) après avoir analysé concrètement le contenu de la notion de réunion (I).

I. La notion de réunion

Concrètement, les quatre questions suivantes se posent : le moment ; le lieu ; le déroulement et l'objet.

a) Sous le rapport du temps, la réunion n'est ni permanente ni récurrente

La réunion est un rassemblement momentané de personnes (CE, 6 août 1915, *Delmotte et Senmartin*). Sa durée est comprise entre le début de la réunion et la fin de la réunion, qui est en principe 23 heures ou, selon les usages locaux, l'heure de fermeture des établissements publics (loi, article 6). La réunion n'est pas récurrente : à la différence des membres d'une association qui se réunissent périodiquement, ceux qui assistent à une réunion, généralement, ne se connaissent pas et vraisemblablement ne se rencontreront plus.

b) La liberté n'est pas si large qu'il serait possible de se réunir en n'importe quel lieu

D'abord, « les réunions ne peuvent être tenues sur la voie publique » (loi, article 6), où se déroulent en revanche les manifestations, dont le régime juridique est différent (décret-loi du 23 octobre 1935). Les réunions politiques ne peuvent se tenir dans les locaux servant habituellement à l'exercice d'un culte (loi du 9 décembre 1905 concernant la séparation des Églises et de l'État).

Depuis le décret 84-53 du 26 janvier 1984, les organisations syndicales peuvent tenir des réunions statutaires ou d'information à l'intérieur des locaux que l'administration doit mettre à leur disposition. En général, ces réunions se tiennent en dehors des heures de service ; elles sont librement accessibles aux représentants extérieurs de la même organisation syndicale.

Les réunions sont libres dans les lieux privés : elles sont l'expression de la liberté d'organiser sa vie privée, à son gré, dans son domicile. Selon une circulaire « Paganon » du 27 novembre 1935 –

période d'agitation entretenue par les « ligues » –, même les réunions dans les lieux privés pourraient être interdites si elles étaient de nature à compromettre l'ordre public.

c) Les réunions ne pourraient se dérouler sans organisateurs et sans ... public

Juridiquement, depuis la loi du 28 mars 1907, la réunion ne doit pas être déclarée, mais, en fait, elle doit être préparée par les organisateurs qui choisissent la date, le lieu et le programme.

Les organisateurs composent le plus souvent le bureau, organe légalement obligatoire qui maintient l'ordre et peut éventuellement demander au représentant de l'autorité de police présent de prononcer la dissolution de la réunion.

« Est publique, bien que tenue dans le domicile privé d'un citoyen, la réunion pour laquelle des invitations ont été distribuées, soit à domicile mais sans adresses, soit sur la voie publique, soit à la porte de l'habitation du prévenu où chacun pouvait s'en procurer » (Cass., 9 janvier 1869).

En revanche, lorsqu'un contrôle nominatif est exercé sur les entrées (invitations, membre d'une association), la réunion est privée.

d) Ces réunions ne sont pas limitées aux seuls objets prévus par le législateur, elles peuvent – c'est aussi une conséquence de la liberté – porter sur des objets divers

L'article 5 de la loi du 30 juin 1881 définit la réunion électorale comme « celle qui a pour but le choix ou l'audition de candidats à des fonctions publiques électives et à laquelle ne peuvent assister que les électeurs de la circonscription, les candidats, les membres des deux chambres et le mandataire de chacun des candidats ». L'article 25 de la loi du 9 décembre 1905 concernant la séparation des Églises et de l'État dispose, par ailleurs, que « les réunions pour la célébration d'un culte tenues dans les locaux appartenant à une association cultuelle ou mis à sa disposition sont publiques ».

Il serait vain de tenter une énumération des catégories de réunions, groupements organisés en vue de l'échange des idées ou la défense des intérêts (Cass., 23 juillet 1915). À la différence des spectacles auxquels le public « assiste », chacun participe, s'il le souhaite, à une réunion par des interventions et des questions. C'est, par exemple, « la conférence suivie d'un débat ».

La réunion rassemble aussi ceux qui ont en commun des intérêts politiques, moraux ou financiers. Elle génère un débat essentiel dans une « société démocratique ».

II. Quelle est l'évolution juridique d'une notion aussi fondamentale dans une société démocratique dans la législation (A) et dans la jurisprudence (B) ?

a) La charnière de la législation est la loi du 30 juin 1881 modifiée par la loi du 28 mars 1907

Même si trois constitutions (3 septembre 1791 ; 24 juin 1793 et 4 novembre 1848) affirment le droit pour les citoyens de s'assembler paisiblement et sans armes, en fait, les réunions n'ont jamais été complètement libres : elles furent le plus souvent soumises à autorisation préalable, parfois à déclaration préalable.

L'obligation de déclaration préalable est supprimée par la loi du 28 mars 1907. Désormais, en « période normale », les réunions publiques sont vraiment libres. Cette affirmation ne serait pas complète sans rappeler que : « Il existe un droit des "circonstances exceptionnelles" : article 16 de la Constitution, loi du 9 août 1849 sur l'état de siège, loi du 3 avril 1955 instituant un état d'urgence qui permettent de prononcer la fermeture des lieux de réunions et leur interdiction ».

Enfin, et de manière générale, le maire est chargé de la police municipale qui « a pour objet d'assurer le bon ordre, la sûreté, la sécurité et la salubrité publique » (article 2212-2 du Code général des collectivités territoriales).

b) Quels sont l'état et l'évolution de la jurisprudence du Conseil d'État et de la Cour européenne des droits de l'homme ?

Le maire de Nevers avait interdit les conférences publiques de René Benjamin au motif que sa venue à Nevers était de nature à troubler l'ordre public. Le Conseil d'État annula l'arrêté d'interdiction considérant : « que l'éventualité de troubles allégués par le maire de Nevers ne présentait pas un degré de gravité tel qu'il n'ait pu, sans interdire la conférence, maintenir l'ordre en édictant les mesures de police qu'il lui appartenait de prendre, CE, 19 mai 1935, *Benjamin*. L'arrêt invite les autorités administratives à apprécier concrètement la gravité des troubles éventuels et à rechercher si la réunion peut être cependant tenue, protégée par des mesures de police adéquates. L'interdiction, qui supprime la réunion, ne peut être prononcée que si elle est le seul moyen possible pour assurer le maintien de l'ordre.

Ces mêmes principes inspirent aussi la jurisprudence de la Cour : caractère fondamental de la liberté de réunion pacifique dans une société démocratique ; non seulement les autorités ne doivent pas l'entraver, mais même assurer positivement son exercice.

L'article 11 de la CEDH reconnaît à toute personne « la liberté de réunion pacifique » qui englobe aussi la manifestation pacifique. Elle compte, parmi ses objectifs, la protection des opinions personnelles. La liberté de participer à une réunion pacifique – en l'occurrence une manifestation non prohibée – revêt une telle importance qu'elle ne peut subir une quelconque limitation, même pour un avocat, dans la mesure où l'intéressé ne commet pas lui-même, à cette occasion, aucun acte répréhensible (Cour, *Ezelin*, 26 avril 1991).

Les États assument une obligation positive de moyens – mais non de résultat – pour que se déroulent pacifiquement manifestations et contre-manifestations (Cour, *Plattform Arzte fütr das Leben*, 20 juin 1988).

CHAPITRE VII

Libertés et droits corporels

MICHÈLE HARICHAUX
Maître de conférences honoraire à l'Université Panthéon-Assas (Paris II)
Ancien Directeur des études de l'Institut d'études judiciaires « Pierre Raynaud »

INTRODUCTION

7.1 > **Évolution de la biologie.** Les progrès de la biologie humaine sont considérables, tant en ce qui concerne la maîtrise de la procréation, que l'utilisation du corps humain à des fins de recherche ou de transfert d'organes. Cette évolution peut être la cause de conflits d'intérêts entre la personne et la société car, ainsi que le souligne un auteur, les droits, sous la pression de la biologie, subissent un double mouvement : une revendication permanente allant dans le sens d'une autonomie de la personne et d'une maîtrise de sa vie, et en même temps un besoin accru de protection[1]. Aussi le Droit doit-il suivre l'évolution afin d'établir un équilibre entre ces intérêts parfois contradictoires, et les sources des droits et libertés relatifs au corps humain sont nombreuses et variées.

§ 1 - SOURCES FRANÇAISES

7.2 > **Évolution législative.** La protection des libertés et droits corporels est d'abord assurée par les principes constitutionnels contenus dans les textes ayant une valeur supralégislative : Constitution du 4 octobre 1958 et son Préambule, Déclaration des droits de l'homme et du citoyen du 26 août 1789 ainsi que par les « principes fondamentaux reconnus par les lois de la République », visés par le Préambule de la Constitution de 1946, du moins lorsqu'ils consacrent un droit de l'homme.

Les premières lois protectrices du corps humain sont apparues à partir de 1950 afin de légaliser et d'organiser l'utilisation scientifique et médicale de produits humains : cornées (L. nº 49-890 du 7 juillet 1949), sang humain (L. 21 juillet 1952 mod.), organes

1. L. CORNAVIN, *Théorie des droits de l'homme et progrès de la biologie*, PUF, coll. Droits, 1985, p. 100.

humains (L. n° 76-1181 du 22 déc. 1976). Une autre étape est marquée dans la maîtrise de la procréation par la loi autorisant l'interruption de grossesse (L. n° 75-17 du 17 janvier 1975). Et en 1988, l'importante loi Huriet devait autoriser les recherches sur l'homme.

7.3 > **Lois de bioéthique.** Il faut attendre 1994 pour que, après de nombreux rapports réclamant une législation, soient adoptées les trois grandes lois dites de bioéthique. La loi du 1er juillet 1994, relative aux traitements de données nominatives ayant pour fin la recherche dans le domaine de la santé, modifie la loi n° 78-17 du 6 janvier 1978 relative à l'informatique, aux fichiers et aux libertés. La loi n° 94-653 relative au respect du corps humain et la loi n° 94-654 du 29 juillet 1994 relative au don et à l'utilisation des éléments et produits du corps humain, à l'assistance médicale à la procréation et au diagnostic prénatal, ont été adoptées après un avis favorable du Conseil constitutionnel et publiées le 30 juillet 1994[2]. La loi n° 94-653 introduit dans le Code civil des règles d'ordre public protectrices de la personne et du corps humain, ainsi que des règles relatives à la filiation des enfants nés par procréation médicalement assistée. La loi n° 94-654 a modifié le régime légal de l'utilisation des organes, produits et éléments du corps humain et de procréation médicalement assistée. Ces lois de bioéthique qui avaient un caractère provisoire ont été modifiées en 2004[3].

La loi n° 2004-800 du 6 août 2004 relative à la bioéthique a confirmé les principes protecteurs prévus en 1994. En matière de procréation, elle a interdit le clonage reproductif, mais admis plus largement les recherches sur les embryons *in vitro*. Elle a instauré le principe d'une évaluation des techniques d'assistance médicale à la procréation, créé une Agence de la bio-médecine, substituée à l'établissement français des greffes (C. santé publ., art. L. 1418-1 et R. 1418-1 et s.) et interdit le transfert d'embryon *post mortem*.

Une nouvelle révision devait intervenir en 2009-2010, mais cette révision ne doit pas conduire à des bouleversements importants si l'on en juge par les travaux préparatoires en cours en 2009 (exercice n° 1). Il est prévu qu'ensuite les modifications éventuelles n'interviendraient que ponctuellement, et partiellement, si des évolutions scientifiques importantes en faisaient apparaître la nécessité.

7.4 > **Lois relatives aux droits des malades.** Les sources législatives se sont enrichies d'un texte important avec la loi n° 2002-303 du 4 mars 2002 relative aux droits des malades et à la qualité du système de santé qui consacre un nouveau système de démocratie

---

2. Sur les lois d'éthique de 1994 : Décision Cons. const. n° 94-343 – 344 DC 27 juillet 1994 – B. Mathieu, « Bioéthique : un juge constitutionnel réservé face aux défis de la science », *RFDA* 10, sept-oct. 1994 ; note sous Cons. const. 27 juillet 1994, *DS* 1995, p. 237 – Ch. Byk, « Aperçu rapide sur la loi n° 94-653 du 29 juillet 1994 relative au respect du corps humain » *JCP* G 1994, n° 32-36, Actualités et G. Raymond, « Aperçu rapide sur la loi n° 94-654 du 29 juillet 1994 relative au don et à l'utilisation des éléments et produits du corps humain, à l'assistance médicale à la procréation et au diagnostic prénatal », *JCP* G 1994, n° 37, Actualités.

3. Loi n° 2004-800 du 6 août 2004 relative à la bioéthique : *JO*, 7 août 2004 – Rap. Cons. d'État, *Les lois de bioéthique : cinq ans après*, La Documentation française, 1999 – *Les lois « bioéthique » à l'épreuve des faits*, sous la dir. de B. Feuillet-Le Mintier, PUF, 1999. – M. I. Malauzat, « Le projet de loi "bioéthique" », *D.* 2002, p. 2688. Sur l'adoption en deuxième lecture, *Le Monde*, 10 décembre 2003.

sanitaire[4]. Après avoir énoncé une obligation de solidarité envers les handicapés dans son article 1er, la loi énonce les droits des personnes malades ou usagers de la santé, et surtout instaure un nouveau régime d'indemnisation sans faute des accidents médicaux, tout en maintenant le principe de la responsabilité fondée sur la faute.

Les droits des personnes malades font également l'objet de plusieurs dispositions contenues dans deux autres lois adoptées en août 2004. La loi n° 2004-806 du 9 août 2004 relative à la politique de santé publique, essentiellement consacrée aux mesures de prévention en santé publique et à l'instauration de divers organismes de santé publique, réforme aussi le régime juridique des recherches. La loi n° 2004-810 relative du 13 août 2004 relative à l'assurance maladie rappelle les principes de protection applicables en matière de dossier personnel et de protection des données. La loi n° 2005-370 du 22 avril 2005 concerne les malades en fin de vie[5].

En dernier lieu, la loi du 21 juillet 2009 renforce la protection des malades en ce qui concerne les soins médicaux[6].La loi interdit aux médecins de refuser des soins à un malade (cf. n° 41) et elle complète l'article L. 1110-3 du Code de la santé publique pour indiquer que sont illégitimes les refus de soins fondés, sur des discriminations (C. pén., art. 225-1), sur la qualité de bénéficiaire de la CMU (CSS, art. L. 861-1 et 863-1), ou de l'aide médicale L. 251). Les refus de soins illégitimes peuvent désormais entraîner des sanctions financières spécifiques, sur plainte de la victime auprès de l'organisme prestataire concerné et transmise ensuite après échec d'une conciliation à la juridiction compétente (CSS, art. L. 162-1-14-1). Cependant, hormis les cas de manquement au devoir d'humanité et l'urgence, le refus du professionnel demeure possible dans le respect des conditions légales (C. santé publ., art. L. 1110-3). La loi HPST rappelle que le médecin a l'obligation de continuer les soins commencés, conformément à un principe déjà énoncé par le code de déontologie et s'il se dégage il doit indiquer un confrère, et informer le conseil de l'ordre (C. santé publ., art. L. 6315-1).

Cette loi rappelle l'obligation du médecin de fixer ses honoraires avec tact et mesure sous peine de sanctions (C. santé publ., art. L. 1111-3). Elle crée un statut pour certaines professions – psychothérapie, chirurgie esthétique, pharmacie – (C. santé publ., art. L. 1011-1). Elle définit également la télémédecine, précisant la notion de « données » et abrogeant les dispositions de la loi du 13 août 2004 qui s'appliquaient jusqu'alors en ce domaine (*infra* n° 66)...

7.5 › **Sources réglementaires.** À côté de ces lois, il existe de nombreux textes réglementaires s'imposant aux professions de santé, et en premier les codes de déontologie. Le Code de déontologie médicale issu du décret n° 95-1000 du 6 septembre 1995 indique

4. Loi n° 2002-303 du 4 mars 2002, *JO* 5 mars 2002, p. 4118. V. not. : *LPA*, n° spéc. 19 juin 2002, sous la dir. d'Anne Laude ; *RD sanit. soc.* 2002, n° 4, sous la dir. de M. Cormier et de F. Monéger ; M. Deguergue, « Droits des malades et qualité du système de santé », *AJDA*, juin 2002, p. 508 ; Y. Lambert-Faivre, « La loi n° 2002-303 du 4 mars 2002 relative aux droits des malades et à la qualité du système de santé », *D.* 2002, p. 1217.
5. Loi n° 2004-806 du 9 août 2004 relative à la politique de santé publique : *JO* 11 août 2004, p. 14277 – Loi n° 2005-370 du 22 avril 2005 relative aux droits des malades et à la fin de la vie, *JO* 23 avril 2005, p. 7089.
6. Loi n° 2009-879 portant réforme de l'hôpital et relative aux patients, à la santé et au territoire, *JO* 22 juillet 2009.

que « le médecin au service de l'individu et de la santé publique exerce sa mission dans le respect de la vie humaine, de la personne et de sa dignité » (art. 2). Le Code de déontologie est désormais inséré dans la partie réglementaire de ce code depuis le décret de codification n° 2004-802 du 29 juillet 2004. Les articles du code sont désormais précédés des chiffres R. 4127.

7.6 > **Sources professionnelles.** Indépendamment des dispositions de nature déontologique s'imposant aux médecins sous peine de sanctions disciplinaires, il existe de nombreuses normes de conduite et usages professionnels qui n'ont en principe aucune valeur juridique, mais constituent une autorégulation de la profession précédant souvent l'adoption de normes éthiques, et peuvent inspirer les pouvoirs publics, le juge ou le législateur.

7.7 > **Normes éthiques.** Les incertitudes juridiques inhérentes aux nouvelles découvertes biologiques, les « lacunes » apparentes du droit ont suscité en France – à l'instar d'exemples étrangers – la création par le décret n° 83-132 du 23 février 1983 d'un Comité consultatif national d'éthique pour les sciences de la vie et de la santé (CCNE). L'éthique est définie comme la « science de la morale » (*Dict. Robert*). Les normes éthiques se distinguent des principes déontologiques qui ont un contenu réglementaire et sont assortis de sanctions[7]. La loi du 6 août 2004 étend le champ d'intervention du Comité en matière d'avis, ces derniers ne portant plus seulement « sur les problèmes éthiques » soulevés par les progrès de la connaissance dans les domaines de la biologie, de la médecine et de la santé, mais aussi sur les « questions de société » (C. santé publ., art. L. 1412-1). Il « peut » publier des recommandations sur les sujets relevant de sa compétence (C. santé publ., art. L. 1412-4). Il a ainsi rendu 9 avis en 2007[8].

7.8 > **Jurisprudence.** L'apparition de nouvelles questions liées à l'évolution biologique et à d'apparentes lacunes législatives explique l'importance de la jurisprudence qui, dans ce domaine, a eu sans conteste un pouvoir créateur, même si elle n'est pas une véritable source du droit. Le Conseil constitutionnel, dans le cadre du contrôle de la constitutionnalité, a été amené à préciser certains droits, notamment en matière de protection de l'embryon ou des personnes. La Cour de cassation a dû se prononcer sur les droits de la personne dans plusieurs décisions qui font autorité, notamment lorsqu'elle condamne les contrats de mère porteuse après avoir fait appel à un *amicus curiae*, lorsqu'elle indique les limites de l'indisponibilité des personnes dans le cas de transsexualisme, dégageant ainsi des principes généraux qui s'imposent en matière de protection des personnes ou lorsqu'elle réforme en profondeur la responsabilité médicale. On peut souligner également le rôle et la difficulté des juges du fond obligés par l'article 4 du Code civil d'intervenir dans des questions scientifiques nouvelles malgré l'absence de texte, alors que les principes généraux ne sont pas parfaitement adéquats.

---

7. D. Thouvenin, « De l'éthique médicale aux lois "bioéthiques" », *RTD civ.*, 1994, p. 722, M.-T. Meulders-Klein, « La production des normes en matière bioéthique », in *De la bioéthique au biodroit*, sous la dir. de Cl. Neirinck, LGDJ, 1994. La liste de tous les avis publiés est accessible sur le site du CCNE : ccne-ethique.org/.
8. *http://www.ccne-ethique.fr*

Le Conseil d'État a particulièrement contribué à renforcer la protection des victimes d'accidents thérapeutiques ou de transfusion sanguine. Il a consacré en tant que liberté fondamentale le droit de consentir à un acte médical ou de refuser ce dernier – à propos du refus exprimé par un Témoin de Jéhovah – dans deux ordonnances, l'une du 16 août 2002 et l'autre du 8 septembre 2005 (*infra* n° 54). Il indique dans cette dernière qu'est une liberté fondamentale le « droit de chacun au respect de sa liberté personnelle », mais refuse de considérer comme telle « le droit à la santé »[9].

7.9 > **Doctrine.** La doctrine – constituée par les travaux des juristes – n'est pas une source de droit mais les théories développées peuvent « selon leur pertinence et l'autorité de leur inventeur »[10] exercer une certaine autorité, et notamment inspirer le juge ou le législateur à propos de questions nouvelles. À partir des années 1950, les juristes ont commencé à réfléchir aux problèmes juridiques suscités par l'évolution de la biologie et l'utilisation des produits du corps humain. La procréation artificielle quant à elle n'a commencé à susciter de travaux doctrinaux qu'à une époque plus récente – 1976 –, mais elle a ensuite donné lieu à de nombreux colloques, ouvrages qui sont autant de sources d'inspiration pour le législateur. Certains auteurs font autorité dans la mesure où ils étaient particulièrement présents dans la société, dans les comités d'éthique, dans les commissions de travail, et furent des spécialistes écoutés lors de l'adoption des lois de bioéthique. La doctrine s'intéresse désormais beaucoup plus aux questions juridiques suscitées par l'évolution de la santé publique et de la biologie humaine, comme en témoigne l'abondance de commentaires sur l'affaire *Perruche*[11].

§ 2 - SOURCES EUROPÉENNES ET INTERNATIONALES

7.10 > **Sources (Conseil de l'Europe).** Certaines sources conventionnelles, ratifiées et donc d'application directe en droit français, peuvent être invoquées à l'appui de la protection de la personne et du corps humain. La Convention européenne des droits de l'homme du 4 novembre 1950 ainsi que les Protocoles additionnels comportent plusieurs principes protecteurs, en particulier le droit à la vie consacré par l'article 2 et la protection contre les traitements inhumains et dégradants (art. 3). La Convention sur les droits de l'homme et la biomédecine a été adoptée par le Conseil des ministres le 19 novembre 1996 et signée par les vingt et un États membres à Oviédo le 4 avril 1997.

Les recommandations et résolutions émanant du Conseil de l'Europe n'ont que la valeur d'un simple avis, leur portée pouvant cependant varier selon la volonté des États membres, mais plusieurs de ces textes peuvent être invoqués en matière de droits et libertés corporels, notamment : Recommandation n° R (85) du 26 mars 1985 du Comité des ministres relative aux devoirs des médecins envers leurs patients ; Recommandation

---

9. *Infra* n° 7-40. CE, ord. réf. 8 sept. 2005 : *LPA*, 16 nov. 2005, n° 228 p. 6, note C. Clément – CE, ord. réf ; 16 août 2002 : *JCP* 2002, II, 10184, note P. Mistretta.

10. Marty et Raynaud, *Introduction à l'étude du droit*, 2e éd., n° 127 *bis*.

11. Sur *Affaire Perruche*, M. Harichaux, *Droit médical et hospitalier*, Litec, Fasc. et réf.

n° R (87) dont plusieurs dispositions concernent la médecine pénitentiaire ; Recommandation n° R (81) concernant les banques de données automatisées ; Recommandation n° R (83) relative à la protection juridique des personnes atteintes de troubles mentaux ; Recommandation 1 100 du 2 février 1989 concernant l'utilisation des embryons et des fœtus ; Recommandation n° R (92) du 10 février 1992 relative aux tests et dépistages génétiques.

La Cour européenne des droits de l'homme de Strasbourg (CEDH) rend des arrêts qui ont un caractère définitif et obligatoire et qui, bien que dépourvus de force exécutoire, ont un grand retentissement ; ainsi, par exemple, un arrêt de la CEDH du 31 mars 1992, *X c/ France*, aff. 81/1991/333/406 a condamné la France pour ne pas avoir examiné « dans un délai raisonnable » la requête d'un hémophile. En matière d'avortement, la Cour déclare dans un arrêt du 29 octobre 1992 que l'interdiction faite à des Irlandaises de recevoir une information sur l'IVG est contraire à la liberté d'expression. Dans un arrêt du 25 février 1997, la Cour précise les principes directeurs applicables en matière de protection du secret médical. Plusieurs arrêts concernent des internements abusifs[12].

7.11 > **Sources communautaires (Union européenne).** Les normes de droit communautaire dérivé édictées par les organes communautaires concernent surtout l'exercice des professions de santé, la lutte contre les maladies, l'accès aux soins et les droits du malade.

Parmi les décisions – obligatoires en principe en tous leurs éléments –, on relève par exemple une décision relative à l'adoption d'un programme de recherche en biomédecine et santé, portant notamment sur le sida, l'éthique et le génome humain[13].

Les directives ont une grande importance, car les juridictions nationales doivent en tenir compte dans l'interprétation des dispositions internes[14]. Plusieurs directives sont intervenues en matière de transfusion sanguine en vue de renforcer la sécurité des produits sanguins[15]. Les autres normes communautaires – recommandations, déclarations, avis, décisions émanant de diverses instances communautaires – ont une portée plus limitée.

La Cour de justice des Communautés européennes de Luxembourg (CJCE) tient une place fondamentale dans l'élaboration et l'interprétation du droit médical communautaire.

On assiste à l'émergence de la bioéthique dans le cadre de l'Union européenne avec la création de diverses structures : Groupe européen pour l'éthique de la science et des nouvelles technologies (GEE) chargé d'émettre des avis, par exemple l'avis du 20 février 1996 sur les aspects éthiques du diagnostic prénatal. et surtout l'adoption en 2000 de la Charte des droits fondamentaux de l'Union qui contient plusieurs dispositions en relation

---

12. M. Bélanger, *Droit médical*, Fasc. 60-1.20.
13. Décis. 91/505/Euratom/CEE du 9 sept. 1991, *JOCE* L. 267, 24 septembre 1991, p. 25.
14. CJCE, 14 juillet 1994 : *JCP* 1995, II, 22358, note P. Level.
15. Dir. 2005/61/CE de la Commission 30 sept. 2005, *JOUE* n° L. 256/32, 1er oct. – Dir. 2005/62/CE de la Commission, 30 sept. 2005, *JOUE* n° L. 256/41, 1er oct.

avec la bioéthique. Cette charte n'avait pas valeur contraignante mais le récent traité de Lisbonne lui confère pleine valeur juridique lorsqu'elle sera ratifiée par tous les membres.

7.12 > **Sources internationales.** En matière de normes internationales, plusieurs textes contenant des principes protecteurs peuvent être cités : la Déclaration universelle des droits de l'homme, plusieurs Pactes de l'ONU, notamment le Pacte de New York du 19 décembre 1966, sur les droits civils et politiques qui réaffirme le droit à la vie, condamne la torture et recommande le principe du libre consentement pour les expériences scientifiques. Plusieurs conventions spéciales seraient également invocables, notamment la Convention pour la répression et l'abolition de la traite des êtres humains et de l'exploitation de la prostitution d'autrui du 2 décembre 1949 ratifiée par la France, la Convention de New York relative aux droits de l'enfant du 8 octobre 1990 ratifiée et publiée le 12 octobre. Mais ces textes sont surtout considérés comme des règles de bonne conduite[16]. Plusieurs organismes internationaux interviennent dans l'élaboration du droit international, notamment l'Organisation mondiale de la santé (OMS), l'Unesco sous l'égide de laquelle fut élaborée la Déclaration universelle sur le génome humain du 11 novembre 1997 ainsi que plus récemment, une Déclaration universelle sur la bioéthique et les droits de l'homme, Unesco 19 octobre 2005. Il existe également un comité international de bioéthique.

Section I
PRINCIPES

§ 1 - PRINCIPES GÉNÉRAUX DE PROTECTION
Introduction : Rapports de la personne et de son corps

7.13 > **La personne et son corps.** L'étude des rapports juridiques entre la personne et son corps a donné lieu à plusieurs théories juridiques. On a parfois considéré que la personne avait sur son corps un droit de propriété[17], thèse parfois admise par certains. Mais la plupart des auteurs contemporains rejettent cette thèse au motif que l'on ne peut concevoir un rapport de droit dans lequel le sujet de droit – la personne – serait confondue avec l'objet de droit, c'est-à-dire le corps humain[18].

Selon une autre théorie, les droits de la personne sur son corps sont des droits subjectifs, des droits de la personnalité et plus précisément une catégorie spécifique de droits de la personnalité[19], un des droits primordiaux appartenant à l'individu[20]. Mais on objecte que

---

16. J.-M. Bélanger, *op. cit.*, Fasc. 61, n° 19 – J. Robert et J. Duffar, *Droits de l'homme et libertés fondamentales*, Montchrestien, 1993, p. 82.
17. B. Lemmenicier, « Le corps humain : propriété de l'État ou propriété de soi ? », *Droits* 1991, n° 13.
18. R. Nerson, « L'influence de la biologie et de la médecine moderne sur le droit civil », *RTD civ.* 1970, p. 370.
19. F. Terré, *Droit civil, Les personnes, La famille, Les incapacités*, Précis Dalloz, 5e éd., n° 26.
20. R. Nerson, *Les droits extrapatrimoniaux*, Thèse Lyon 1939.

cette théorie peut aboutir à des positions inconciliables – par exemple en matière d'avortement –, que la catégorie peut paraître illimitée ou encore que la notion de droits de la personnalité ne permet pas d'énoncer les limites du pouvoir individuel de disposer de son corps[21].

Un autre courant doctrinal préfère défendre la thèse de l'autonomie des personnes et se placer sur le terrain des libertés, estimant que l'homme peut être maître de son corps sans en être propriétaire[22]. Mme C. Labrusse souligne également que sous l'influence de l'exaltation des libertés individuelles, « le contrôle individuel sur son propre corps n'est plus perçu comme s'insérant dans la problématique analytique d'un véritable droit subjectif mais comme une manifestation plus large de la liberté individuelle »[23]. Ces diverses théories doivent être revues à la lumière des textes les plus récents, lois de bioéthique de 1994 et de 2004, et loi n° 2002-303 du 3 mars 2002 relative aux droits des malades, qui confortent encore l'actualité de la question soulevée par le Pr B. Beignier : l'« homme est-il un corps ou a-t-il un corps ? »[24].

7.14 > **La personne en son corps.** Le Code civil ne connaissait à l'origine que les personnes, sujets de droit, et ce n'est qu'à travers ces dernières qu'il appréhendait le corps humain considéré tantôt comme le « support »[25], le « substratum »[26] ou une « composante » de la personne[27]. Selon cette conception, il y a unité du corps et de la personne, le corps humain doit être protégé comme la personne elle-même et l'atteinte au corps humain constitue corrélativement une atteinte à la personne.

La personne en son corps est protégée des atteintes émanant des tiers par le principe d'inviolabilité – c'est le *noli me tangere* de l'Évangile, « ne me touchez pas » (Évangile selon Saint Jean, XX, 17, *infra* n° 25) –, à moins qu'elle ait consenti à des atteintes légitimes.

La personne doit aussi être protégée contre elle-même, et le classique principe d'indisponibilité du corps humain constitue une limite au droit de disposer de son corps en dehors des exceptions légales[28]. En droit public, l'accent est mis en premier lieu sur la liberté physique de la personne dont fait partie le droit de disposer de son corps, tandis que le droit à l'intégrité physique est une composante du droit à la vie[29].

7.15 > **La personne et son corps.** Cependant, cette conception unitaire traditionnelle semble remise en cause en ce début de XXe siècle, car si les lois de bioéthique de 1994 et de 2004 ne comportent pas de disposition permettant de caractériser les rapports de

21. C. Labrusse, *L'homme, la nature et le droit*, Éd. Bourgeois, 1988, p. 339.
22. J. Carbonnier, note sous T. civ., Lannion, 19 déc. 1932 ; *Gaz. Pal.* 1933, 1, 339 ; note sous T. civ., Lille, 18 mars 1947, D. 1947, 507.
23. *Produire l'Homme*, p. 187.
24. B. Beignier, *L'ordre public et les personnes*, Ann. de l'Université des sciences sociales de Toulouse, p. 33.
25. Mme Meulders-Klein, *Le corps humain et le droit*, p. 20.
26. J. Carbonnier, n° 3.
27. F. Terré, Introduction, n° 320.
28. Sur cette question, J.-P. Gridel, *Notions fondamentales de droit et droit français*, p. 641.
29. J. Robert et J. Duffar, *Droits de l'homme et libertés fondamentales*, Montchrestien, 1993, p. 198 et 317.

l'homme et de son corps, elles ont pour conséquence d'opérer une dissociation entre la personne et son corps à la fois dans leurs dispositions et dans leur objet.

En effet, en voulant garantir le respect du corps humain et en organisant – dans un souci de protection – la « circulation » des éléments du corps humain et en conférant un statut à ces derniers, la loi a pour effet de détacher ces éléments du corps humain[30] ; on estime que « la personne disparaît, est réduite à une somme d'éléments organiques : rein, anticorps, hormones... »[31]. Et M. le Doyen Cornu, tout en réaffirmant que le corps humain n'est pas une chose, mais la personne – chair et esprit – admet cependant la complexité du statut depuis que la loi a décomposé le corps humain. Sous l'angle juridique, cette réification du corps humain conduit à s'interroger sur l'étendue des droits de disposition et sur la protection réelle[32].

7.16 > **Principes protecteurs.** L'article 16 du Code civil issu de la loi n° 94-653 énonce ou réaffirme une série de principes protecteurs de la personne (I) et du corps humain tant à l'égard des tiers (II) que de la personne elle-même (III).

I – PRINCIPES PROTECTEURS DE LA PERSONNE

La loi consacre d'abord la primauté de la personne (A) et garantit le respect de l'être humain dès le commencement de la vie (B).

A - PRIMAUTÉ ET DIGNITÉ DE LA PERSONNE

7.17 > **Primauté de la personne.** On pourrait de prime abord considérer que cette consécration formelle de la « primauté de la personne » par l'article 16 est une formule solennelle sans caractère novateur puisqu'elle consacre une évidence, d'autant plus que le Conseil constitutionnel n'a pas reconnu valeur constitutionnelle à ce principe. Ce dernier considère que ce principe, comme d'autres, doit seulement assurer la sauvegarde de la dignité humaine[33].

7.18 > **Dignité de la personne.** Le respect de la dignité humaine qui n'était pas mentionné dans le projet de loi de bioéthique de 1994 a été proposé lors des débats comme justificatif de cette loi. Le Conseil constitutionnel a en effet, dans sa décision du 27 juillet 1994, consacré comme principe à valeur constitutionnelle « ... la sauvegarde de la dignité de la personne humaine contre toute forme d'asservissement et de dégradation » par référence aux droits inaliénables et sacrés inscrits dans le Préambule de la Constitution de 1946[34].

30. En ce sens, J.-C. Galloux, n° 29 ; G. Mémeteau, note 22 ; B. Beignier, art. préc., p. 33.
31. Cl. Neirinck, « Le droit à la recherche de ses catégories », in *De la bioéthique au biodroit*, p. 153.
32. G. Cornu, *op. cit.*, n° 380.
33. Cons. const. 27 juillet 1994, *DS* 1995, p. 237 note B. Mathieu.
34. B. Mathieu, « Bioéthique : un juge constitutionnel réservé face aux défis de la science. À propos de la décision n° 94-343-344 DC du 27 juillet 1994 », *RFDA*, 10 oct. 1994, p. 1021, note sous Cons. const. 27 juillet 1994, p. 237 ; *La dignité humaine : principe consensuel ou valeur incantatoire*, sous la dir. de Ph. Pédrot, 1999, *Mél. Ch. Bolz*, Avant-propos.

Le Code civil mentionne donc désormais un droit jusqu'alors présent dans des textes internationaux. La portée réelle de ce principe de dignité humaine a été – jugée assez limitée, compte tenu de l'absence de sanctions de l'ambiguïté du principe à qui on peut faire dire le droit et son contraire[35]. Ainsi, en matière de libertés corporelles, c'est au nom de la dignité humaine que l'on plaide le droit à l'euthanasie et certains doutent que « la dignité de l'homme » puisse servir de guide pour la réflexion lorsqu'il s'agit d'améliorer l'homme en recourant à la science[36].

Mais une loi du 19 décembre 2008 a étendu la portée de la notion de dignité à la protection des défunts et complété l'article 16 du Code civil par un article 16-1-1 précisant que « Le respect dû au corps humain ne cesse pas avec la mort. Les restes des personnes décédées doivent être traités avec respect, dignité et décence »[37].

B - RESPECT DE L'ÊTRE HUMAIN DÈS LE COMMENCEMENT DE SA VIE

7.19 **Principe.** L'article 16 du Code civil consacre le « respect de l'être humain dès le commencement de sa vie ». Mais si le respect de la vie de l'être humain va de soi, le « commencement de la vie » de l'être humain demeure toujours controversé.

1 - Respect de « la » vie de l'être humain

7.20 **Principe.** Le premier principe de protection concerne la vie de l'être humain, déjà garantie par plusieurs textes internationaux : Déclaration universelle des droits de l'homme, article 3 ; Pacte international relatif aux droits civils et politiques, article 6-1 ; Convention panaméricaine des droits de l'homme, article 4 ; Convention européenne des droits de l'homme, article 2-1.

En droit interne, le principe du respect de la vie, avant d'être rappelé dans le nouvel article 16 du Code civil, était inclus dans la Déclaration de 1789 et le Préambule de 1946, dans la loi Veil du 17 janvier 1975 et le Conseil constitutionnel a reconnu valeur constitutionnelle à ce principe dans une décision du 15 janvier 1975[38].

Le respect de la vie de l'être humain s'impose aux pouvoirs publics et implique l'interdiction de la torture, de peines ou traitements inhumains ou dégradants, de l'esclavage, la nécessité d'assurer la sécurité des personnes et s'applique à l'embryon *in vivo*[39].

---

35. Sur portée du principe v. D. Rousseau, *Les libertés individuelles et la dignité de la personne humaine, supra*, chr. B. Mathieu, préc., note 8, p. 29.
36. L. Cornavin, art. préc., p. 101.
37. Loi n° 2008-1350 du 19 décembre 2008, *JO* 20 décembre 2008 p. 19358. I. Corpart, « Pour un nouvel ordre public funéraire ; variations autour de la loi n° 2008-1350 du 19 décembre 2008 », *Dr. famille* 2009, Études 15 ; G. Loiseau, « Mortuorum corpus : une loi pour le respect », *D.* 2009 p. 236.
38. *D.* 1975, p. 529, note Hamon ; L. Favoreu et L. Philip, *Les grandes décisions du Conseil constitutionnel*, 6e éd., p. 305.
39. F. Kernaleguen, « Les principes fondamentaux des lois bioéthique », in *Les lois bioéthique à l'épreuve des faits*, sous la dir. de B. Feuillet-Le Mintier, PUF, 1999, p. 37.

2 - *Commencement de la vie de l'être humain*

7.21 > **Notion du « commencement » de la vie.** La notion de « commencement » de la vie est diversement appréciée dans la mesure où elle peut paraître en opposition avec la loi Veil. Cette loi, après avoir garanti dans son article I le « respect de tout être humain dès le commencement de la vie », a suspendu l'application des sanctions pénales en cas d'interruption volontaire de la grossesse réalisée dans les conditions légales. Le Conseil constitutionnel, saisi sur le fondement de la violation du principe du respect de la vie, a rejeté l'argument d'inconstitutionnalité du texte dans sa décision du 17 janvier 1975 en considérant que la loi « n'admet qu'il soit porté atteinte au principe du respect de tout être humain dès le commencement de la vie qu'en cas de nécessité et selon les conditions et limitations qu'elle définit ». On en déduit que le principe du respect du droit à la vie peut voir sa portée atténuée en certains cas et il n'implique pas que la femme aurait un droit constitutionnel à avorter et que le respect de la vie ne s'appliquerait pas à l'embryon[40]. Toutefois, à la différence « du droit à la dignité », le droit au respect de la vie ne s'est pas vu reconnaître une valeur constitutionnelle par le Conseil dans sa décision du 27 juillet 1994, comme l'auraient souhaité les auteurs de la saisine, ce dernier considérant que ce principe tend seulement à « assurer le respect d'un principe constitutionnel » – celui de la sauvegarde de la dignité de la personne humaine –, au même titre que la « primauté de la personne humaine, l'inviolabilité, l'intégrité, l'absence de caractère patrimonial du corps humain et l'intégrité de l'espèce humaine ».

Le Conseil d'État a également écarté les plaintes fondées sur la violation de textes internationaux consacrant le principe du respect de la vie et rejeté la demande d'annulation de l'arrêté ministériel autorisant la vente sur le marché des pilules abortives – RU 486 – dans un arrêt du 20 décembre 1990 au motif qu'il ne violait ni l'article 2 de la Convention européenne des droits de l'homme, ni l'article 6 du Pacte international sur les droits civils et politiques, ni la loi de 1975[41]. Sollicité de donner son avis sur cette question controversée, le Comité national d'éthique a, dans un avis du 22 mai 1984 demeuré célèbre, qualifié l'embryon de « personne humaine potentielle », expression souvent reprise et parfois contestée[42].

La Cour de cassation s'oppose à ce que l'incrimination d'homicide involontaire s'applique au cas de l'enfant à naître dont elle estime que le régime juridique relève des textes particuliers sur l'embryon et le fœtus[43].

7.22 > **Notion inapplicable aux embryons surnuméraires.** Cette question du respect de la vie dès le « commencement » a été ensuite soulevée à propos de la protection des embryons surnuméraires, bien que les termes du débat soient différents, puisqu'en ce

---

40. B. Mathieu, note sous Cons. const. 27 juillet 1995, DS 1995, p. 238 ; J.-P. Gridel, *Notions fondamentales de droit et droit français*, p. 625.
41. CE, 17 oct. 1990, concl. Stirn, *RD sanit. soc.* 1991, p. 58, obs. Auby et G. Viala. Même sens CE, 4 août 1982, n° 19852, *Union syndicale des médecins respectant la vie humaine* ; CE, 29 mai 1985, n° 46946, *Union syndicale des professions de santé respectant la vie humaine* (Confédération nationale des associations familiales catholiques), *AJDA* 1991, 158.
42. G. Mémeteau, « Le premier avis du Comité consultatif national d'éthique », *JCP* 1985, I, 3191.
43. Cass. Ass. plén., 23 mars 2001, Rap. Cour de cassation pour 2001, p. 510 ; Crim. 25 juin 2002, *D.* 2002, p. 309.

cas il n'existe pas d'opposition d'intérêts entre l'embryon et la femme. Mais le Conseil constitutionnel, saisi sur le fondement de la Déclaration de 1789 et du Préambule de 1946 de la violation du droit à la vie des embryons surnuméraires, a considéré dans sa décision du 27 juillet 1994 que « le principe du respect de tout être humain dès le commencement de sa vie ne leur était pas applicable ».

Le Conseil admet donc l'absence de protection constitutionnelle de ces embryons surnuméraires non réimplantés, et corrélativement la distinction établie par le législateur entre les embryons surnuméraires réimplantés qui seront protégés et les autres, qui ne bénéficieront d'aucune protection rejetant l'argument de rupture d'égalité invoqué dans l'acte de saisine[44]. Cette distinction entre l'embryon implanté, sujet de droit, et l'embryon non réimplanté, objet de droit, semble cependant admise par les juristes ainsi que par les médecins[45] qui estiment que la loi de 1975 distingue l'embryon « faisant corps » avec sa mère et l'embryon surnuméraire, mobile, isolé, qui a des chances de viabilité moindres.

La loi du 6 août 2004 atténue encore la protection de ces embryons *in vitro* surnuméraires en étendant plus largement les possibilités de recherche, et certains auteurs estiment que la loi les considère comme objet – on parle de « réification » – dès lors qu'ils ne sont plus protégés par un projet parental (*infra* n° 106).

II – PROTECTION DU CORPS HUMAIN À L'ÉGARD DES TIERS

7.23 > **Principes protecteurs.** La loi n° 94-653 ainsi que la loi n° 2004-800 du 6 août 2004 comportent plusieurs dispositions ayant pour but de protéger la personne et son corps à l'égard des tiers : l'inviolabilité du corps humain (C. civ., art. 16-1), l'intégrité du corps humain (C. civ., art. 16-3) ainsi que l'intégrité de l'espèce humaine (C. civ., art. 16-4).

A - INVIOLABILITÉ DU CORPS HUMAIN

7.24 > **Principe.** Le principe d'inviolabilité du corps humain mentionné par l'article 16-1 du Code est fondé sur le respect du corps humain et interdit de porter atteinte à ce dernier, ce qui a toujours été admis sous peine de sanctions pénales, l'atteinte au corps humain constituant une atteinte à la personne. Le principe d'inviolabilité du corps humain signifie traditionnellement que toute personne a le droit d'être protégée contre les atteintes au corps humain aussi bien dans les rapports privés que dans ses rapports avec les pouvoirs publics et il s'oppose donc à toute atteinte sur le corps humain non consentie et exclut toute coercition sur le corps sauf intérêt général[46]. On considère généralement que le principe présente deux aspects : un aspect préventif qui est le droit d'opposition de la personne, et un aspect sanctionnateur qui est le droit à indemnisation de la personne victime d'une atteinte corporelle non consentie.

---

44. S. critiques, B. Mathieu, art. préc., p. 1029.
45. J. Robert J. Duffar, *Droits de l'homme et libertés fondamentales*, *op. cit.*, p. 215 – Le Pr Mattéi distingue pour sa part l'embryon issu d'une procréation naturelle et les embryons surnuméraires qui ne se développeront pas tous (Conc. Médical, 25 mars 1995).
46. M. Harichaux et Dr. A. Monroche, *Dict. com. de droit médical*, v° Intégrité.

B - INTÉGRITÉ DU CORPS HUMAIN

1 - Principe

7.25 **Respect de l'intégrité.** L'article 16-3 du Code civil interdit de porter atteinte à l'intégrité du corps humain. La protection de l'intégrité du corps humain, dont la violation peut être sanctionnée pénalement, est donc maintenant consacrée par le Code civil et a été rappelée par l'article I de la Convention sur les droits de l'homme et la biomédecine. L'atteinte réalisée sans consentement entraîne la responsabilité civile ou pénale de l'auteur, le juge pouvant également aux termes de l'article 16-2 agir de manière préventive.

Le principe du respect de l'intégrité n'est cependant pas absolu, et il peut y être dérogé, comme le rappelle l'article 16-3 du Code civil, en cas de « nécessité médicale » à la condition toutefois que la personne concernée consente préalablement à cette atteinte à moins que son état rende nécessaire une intervention à laquelle elle n'est pas à même de consentir (v. *infra* n° 50).

2 - Dérogation légale au principe

7.26 **Nécessité médicale et intérêt thérapeutique d'autrui.** Le critère de nécessité « médicale » a été substitué à la notion traditionnelle de nécessité « thérapeutique » par la loi n° 99-641 du 27 juillet 1999. Cette modification terminologique visait à élargir la notion d'acte médical légitime, afin d'y englober éventuellement les actes médicaux n'ayant pas une finalité thérapeutique *stricto sensu* tels les actes de chirurgie esthétique de convenance ou les interventions sur les transsexuels (*infra* n° 44). L'article 16-3 a été complété par la loi du 6 août 1994 par une justification supplémentaire prenant en compte les prélèvements d'organes. L'article 16-3 nouveau indique donc « qu'il ne peut être porté atteinte à l'intégrité du corps humain qu'en cas de nécessité médicale pour la personne ou à titre exceptionnel dans l'intérêt thérapeutique d'autrui ». Mais la finalité seule ne peut justifier l'atteinte qui doit être sans risques pour la personne et les tribunaux, de même que les textes admettant les prélèvements d'organes (*infra* n° 7-121) et les recherches (7-146), ne manquent jamais de rappeler que le médecin doit comparer les risques et avantages et refuser une atteinte au corps humain qui serait trop risquée, par exemple une intervention de chirurgie esthétique[47].

7.27 **Consentement préalable.** Aux termes de l'article 16-3 du Code civil, l'atteinte à l'intégrité physique justifiée est subordonnée au consentement préalable de la personne. Cette exigence de consentement est une règle, non pas éthique, mais juridique, bien antérieure à la loi et de jurisprudence constante. Cette exigence légale de consentement préalable à l'acte médical est énoncée par plusieurs textes, notamment l'ancien article 36 du Code de déontologie (R. 4127-36), l'article 5 de la Convention sur les droits de l'homme et la biomédecine, par plusieurs avis du Comité consultatif national d'éthique et par la Charte du patient hospitalisé. Cette exigence de consentement est rappelée et explicitée par la loi n° 2002-303 du 4 mars 2002 ainsi que par la loi n° 2004-800 du 6 août

47. CA Paris, 5 juin 2003, Dict. *bioéth.*, *Bull.* 129, p. 7013.

2004 (*infra* n° 49). Le consentement est exigé pour l'acte médical en général (*infra* n° 46), mais aussi pour tous les actes médicaux particuliers – les examens génétiques, les prélèvements d'organes, la recherche, l'AMP (*infra* n°s 169, 115, 162, 94).

L'importance donnée au consentement du malade implique que ce dernier peut retirer son consentement à tout moment et que le médecin doit respecter la volonté d'une personne. Il doit donc s'incliner devant un refus de soins, mais si ce dernier met la vie du patient en danger, il doit cependant tout faire pour le convaincre d'accepter les soins proposés (C. santé publ., art. L. 1111-4, al. 2[48]).

L'article 16-3, alinéa 2 du Code civil admet qu'il soit dérogé à l'exigence d'un consentement préalable lorsque la personne se trouve dans un état qui rend nécessaire une intervention à laquelle elle n'est pas à même de consentir. La loi du 29 juillet 1994 n'envisageait pas la situation des incapables et personnes protégées, mais la loi n° 2002-303 du 4 mars 2002 relative aux droits des malades remédie en partie à cette lacune avec l'institution d'une personne de confiance (C. santé publ., art. L. 1111-6 al. 1, *infra* n° 53).

7.28 > **Contraintes légales indirectes.** Il existe d'autres dérogations au consentement. Ainsi, des contraintes indirectes peuvent être imposées dans l'intérêt d'une bonne justice et dans le cadre des mesures d'instruction nécessitant notamment un examen comparatif des sangs en matière de recherche de filiation, un prélèvement de sang après accident, la réalisation d'autopsies. En cas de refus de l'intéressé, il n'est pas possible de recourir à la violence physique, mais chacun a le devoir d'apporter son concours à la justice et le refus comporte des risques pour l'issue du procès, le juge pouvant tirer toutes conséquences d'un refus (CPC, art. 11). En outre, il est permis désormais de recourir aux empreintes génétiques sans consentement d'une personne en matière de procédure pénale (*infra* n° 168). Il existe également des contraintes dictées par un intérêt de santé publique (*infra* n° 56).

7.29 > **Tolérances religieuses.** Certains usages religieux sont de nature à porter atteinte à l'intégrité et ne sont pas sanctionnés ; ainsi le droit ne sanctionne pas la pratique de la circoncision rituelle – section du prépuce – imposée par les parents – donc sans consentement – pour se conformer aux rites de leur culte (communautés israélites et musulmanes). Cependant, la Cour de cassation a considéré qu'il y avait faute de la part d'un père pour avoir « imposé aux jeunes enfants la circoncision dans des conditions menaçant leur équilibre », en l'espèce sans consentement de la femme et sans préparation des enfants[49]. Si la plupart des auteurs paraissent admettre cette tolérance, l'un d'eux souligne cependant en rapprochant la circoncision et l'excision « que du seul point de vue de l'atteinte, non justifiée par un intérêt médical à l'intégrité corporelle... les choses sont semblables, et qu'il n'y pas de raison juridique de traiter l'un différemment de l'autre »[50]. En revanche, l'excision et l'infibulation pratiquées sur les petites filles sont considérées

48. M. Harichaux, « Les droits à information et consentement de l'usager du système de santé après la loi n° 2002-303 du 4 mars 2002 », *RD sanit. et soc.* 2002.
49. Cass. 26 janv. 1994, *JCP* 1995, II, 226 note C. Choain.
50. J. Penneau, note sous Paris, 12 février 1992, *D.* 1993, somm. 27 – C. Choain, note préc.

comme des atteintes à l'intégrité physique et psychologique et sont sanctionnées en fonction de leurs conséquences.

C - INTÉGRITÉ DE L'ESPÈCE HUMAINE

7.30 › **Protection de l'espèce humaine.** La loi n° 94-653 a instauré des principes de protection en matière de génétique visant, au-delà de la personne elle-même, sa descendance et l'espèce humaine en général, ce qui était opportun compte tenu des risques de manipulation au cours de la fécondation *in vitro*, notamment la sélection du sexe et la modification des cellules germinales (*infra* n° 167). L'article 16-4 du Code civil interdit donc de porter atteinte à « l'intégrité de l'espèce humaine », principe qui se traduit par deux dispositions : l'interdiction des pratiques eugéniques et l'interdiction des thérapies géniques terminales.

7.31 › **Interdiction des pratiques eugéniques.** L'eugénisme est condamné par plusieurs textes internationaux, notamment par la Convention européenne sur les droits de l'homme et la médecine signée à Oviédo le 4 avril 1997, la Charte des droits fondamentaux signée par les États membres de l'Union européenne le 7 décembre à Nice, la Déclaration universelle sur le génome humain et les droits de l'homme, élaborée par l'UNESCO et adoptée le 9 décembre 1998.

En France, la loi du 29 juillet 1994, interdit dans l'article 16-4 alinéa 2 « toute pratique eugénique tendant à l'organisation de la sélection des personnes », ce qui est assez large, les critères de distinction proposés – gènes, sexe – n'ayant pas été retenus. La loi du 6 août 2004 interdit plus précisément « toute intervention ayant pour but de faire naître un enfant génétiquement identique à une autre personne vivante ou décédée » (C. civ., art. 16-4 al. 3). C'est l'interdiction très nette du clonage reproductif (*infra* n° 7-110). De nouvelles sanctions pénales ont été créées par la loi du 6 août 2004 (*infra* n° 7-38).

Et tout en admettant les recherches dans le domaine de la génétique, et en particulier les « recherches tendant à la prévention et au traitement des maladies génétiques », l'article 16-4, alinéa 4 interdit également les « transformations (...) aux caractères génétiques dans le but de modifier la descendance d'une personne » conformément aux souhaits exprimés par de nombreuses autorités. Toutefois, le patrimoine génétique n'est pas protégé par un principe constitutionnel[51].

D - INTERDICTION DES DISCRIMINATIONS

7.32 › **Principe.** La loi n° 2002-303 ajoute un nouvel article 16-13 dans le Code civil, qui interdit les discriminations établies à partir des données génétiques (*infra* n°s 158 et s.). Elle interdit également les discriminations en ce qui concerne l'accès aux soins médicaux (*infra* n° 41).

---

51. F. Kernaleguen, « Les principes fondamentaux des lois "bioéthique" », art. préc., p. 42.

III – PROTECTION DU CORPS HUMAIN À L'ÉGARD DE LA PERSONNE ELLE-MÊME

A - PRINCIPE DE NON-PATRIMONIALITÉ DU CORPS HUMAIN

7.33 > **Principe.** L'article 16-1 du Code civil, alinéa 2 instaure une protection des personnes contre la tentation de tirer profit de leur corps et dispose que « le corps humain, ses éléments et ses produits ne peuvent faire l'objet d'un droit patrimonial ».

Par suite, sont nulles les « conventions ayant pour effet de conférer une valeur patrimoniale au corps humain, à ses éléments ou à ses produits » et les « conventions portant sur la procréation ou la gestation pour le compte d'autrui » (C. civ., art. 16-5 et 16-7). En outre, afin d'écarter toute exploitation financière du corps humain et de fonder l'utilisation du corps humain sur la solidarité et l'altruisme uniquement, l'article 16-6 du Code civil précise qu'« aucune rémunération ne peut être allouée à celui qui se prête à une expérimentation sur sa personne, au prélèvement d'éléments de son corps ou à la collecte de produits de celui-ci ». Des sanctions sont prévues en cas d'utilisation avec contrepartie d'éléments et produits du corps humain (*infra* n° 165).

L'énumération ne vise pas précisément les « dons » de gamètes, mais elle les concerne puisque l'article 13-1 de la loi n° 91-1406 portant diverses mesures d'ordre social du 31 décembre 1991 indique que « le don de sperme est gratuit » et prévoit en cas de « cession », des sanctions pénales à l'encontre du préleveur et de l'entremetteur (C. santé publ., art. L. 1273-2).

7.34 > **Limites du principe de non-patrimonialité.** Le principe de non-patrimonialité du corps humain prescrit par l'article 16-1 du Code civil n'est pas absolu car en pratique, on reconnaît une valeur patrimoniale au corps humain au regard de l'assurance et de l'assurance-maladie. En outre, le corps humain et ses éléments – sang, organes, sperme, paillettes – ont un coût évalué par les organismes prestataires, que ces organes soient pris en charge ou payés directement par les utilisateurs, avec revalorisation régulière des tarifications. Et en vue d'encourager les dons, de nouvelles règles viennent d'augmenter assez sensiblement les remboursements de frais inhérents aux prélèvements et collecte d'éléments et produits du corps humain à des fins thérapeutiques[52]. De nombreux contrats ont nécessairement pour effet de conférer une valeur patrimoniale au corps humain. Ainsi, le Conseil d'État a considéré comme illicite, car portant atteinte à la dignité humaine, le contrat dit de « lancer de nains », mais cette jurisprudence n'est pas approuvée par tous les auteurs.

Le législateur a admis lui-même des dérogations à ce principe de non-patrimonialité sous forme d'indemnisation, notamment en matière de recherche biomédicale (C. santé publ., art. L. 1121-8) et de transfert de don de sang (*infra* n° 7-140). On justifie cette indemnisation, notamment en matière de recherche, par les contraintes subies[53].

---

52. D. n° 2009-217 24 février 2009 : *JO* 25 février 2009 mod. C. santé publ. Art. R.1211-5 et R. 1211-11 et CSS art. R. 322-9.
53. X. Labbée, *Condition juridique du corps humain avant la naissance et après la mort*, Presses universitaires de Lille, p. 421.

En réalité, le principe de gratuité ne peut être le garant absolu d'une éthique irréprochable. Comment peut-on concilier dans la chaîne de l'utilisation des produits humains le principe altruiste de gratuité des dons dans une finalité de solidarité humaine, avec les produits générés par l'industrialisation des produits humains ? Plusieurs rapports estiment que le législateur a fondé le principe de gratuité sur une conception erronée et réductrice du terme « commerce » incluse dans l'article 1128 du Code civil, qu'il a comprise au sens de spéculation[54]. La doctrine souligne également qu'au sens juridique, l'article 1128 « n'impose nullement la gratuité ». Il interdit à l'être humain de disposer de lui-même comme il le ferait d'une chose, que ce soit avec ou sans rémunération[55]. Les choses dites hors commerce sont donc exclues de tout commerce juridique et ne peuvent faire l'objet de conventions, que ce soit à titre gratuit ou onéreux, la gratuité du don n'enlève rien à l'opération.

B - LIMITES AU DROIT DE DISPOSER DE SON CORPS

7.35 > **Principe.** L'indisponibilité est l'interdiction de disposer, notion appliquée traditionnellement en droit car se rattachant historiquement à l'adage *noli me tangere*. La notion d'indisponibilité encore présente dans le projet de loi de bioéthique a disparu au cours de la procédure législative, faute, semble-t-il, de compréhension et de confusion avec le principe de gratuité, mais plusieurs auteurs estiment que le principe de gratuité assure une moindre protection pour la personne que le principe d'indisponibilité auquel il a été substitué involontairement ou volontairement et qu'il faut considérer que « le corps humain demeure par principe indisponible »[56]. La Cour de cassation a fait application du principe à propos de l'interdiction du contrat de mère porteuse (*infra* n° 109).

D'autres auteurs considèrent à l'inverse que la disparition de l'expression est justifiée, le législateur ne faisant là que consacrer une réalité juridique ayant admis de plus en plus le droit de la personne à disposer d'elle-même[57]. La question du droit de la personne à disposer de son corps demeure donc toujours posée malgré les autorisations légales de disposer, et les principes protecteurs, car le consentement de la personne est insuffisant à lui seul pour rendre licite une convention en relation avec le corps humain.

C - PRINCIPE D'ANONYMAT

7.36 > **Principe.** Les lois de bioéthique de 1994 et du 6 août 2004 imposent un principe d'anonymat entre donneurs et receveurs d'éléments ou produits du corps humain et il s'agit d'un principe d'ordre public (C. civ., art. 16-9). L'article 16-8 du Code civil interdit ainsi l'identification du donneur et du receveur et précise que « le donneur ne peut connaître l'identité du receveur ni le receveur celle du donneur ». Le principe est énoncé également dans les mêmes formes dans le Code de la santé publique (pour le « don d'éléments ou de produits du corps humain » (C. santé publ., art. L. 1211-5) et dans une

---

54. Rap. Braibant, p. 4. Rap. Sérusclat, p. 3. Rap. Bioulac, p. 7.
55. Cl. Neirinck, *op. cit.*, p. 119 – Même sens, X. Labbé, *op. cit.*, p. 338 – B. Beignier, art. préc. 6.
56. J.-P. Gridel, *op. cit.*, p. 643.
57. B. Beignier, « L'ordre public et les personnes », art. préc., p. 39. G. Cornu, *op. cit.*, n° 481.

forme voisine en matière de procréation pour les dons de gamètes et d'embryons (C. santé publ., art. L. 1244-7 et L. 2141-5), le secret devant également être garanti pour le recours à la procréation médicalement assistée avec tiers donneur (C. santé publ., art. 311-20). Le respect du principe implique également l'absence de publicité en faveur d'une personne déterminée (C. santé publ., L. 1211-3).

Le principe d'anonymat est protecteur à la fois des donneurs et des receveurs dans les dons d'organes ou de produits humains et s'inscrit dans la logique du don. Mais on considère que le principe d'anonymat est moins important que les principes d'inviolabilité et d'indisponibilité du corps humain et que le principe facilite la réification des éléments du corps humain, car l'anonymisation du sang et des gamètes les rend assimilables à des médicaments[58]. On peut ajouter que le principe n'est pas toujours conforme à l'intérêt de la santé publique et à l'évolution scientifique, comme le montrent d'ailleurs les dérogations admises par la loi.

7.37 > **Limites au principe d'anonymat.** Sur le plan juridique, le principe d'anonymat connaît des limites. À l'évidence, il ne concerne pas les dons entre personnes vivantes subordonnées à l'existence d'un lien de parenté ou d'affection, dons étendus par la loi du 6 août 2004 (*infra* n°s 7-117 et 7-121).

En outre, la loi admet qu'en cas de nécessité thérapeutique – en faveur du receveur –, les médecins du donneur et du receveur – mais seulement eux – peuvent avoir accès aux informations permettant l'identification de ceux-ci (L. n° 94-653, art. 16-8, al. 2). De même, en matière d'accueil d'embryon, la « nécessité thérapeutique » permet au médecin « d'accéder aux informations non identifiantes ».

En matière d'assistance médicale à la procréation, d'accouchement sous X (C. civ., art. 341-1) ou d'adoption, le secret de la naissance est controversé puisqu'il se heurte à une demande nouvelle des enfants revendiquant un égal accès pour tous à la connaissance de ses origines ainsi d'ailleurs qu'aux nécessités médicales de connaissance de facteurs héréditaires. Aussi la loi du 22 janvier 2002 relative à l'accès aux origines des personnes adoptées, sans remettre en cause l'accouchement sous X, a créé un Conseil national pour l'accès aux origines personnelles, doté de pouvoirs d'investigation et chargé de faciliter l'accès aux origines personnelles, mais ces dernières ne sont communiquées que si la mère donne son accord, ou si elle n'a pas fait connaître son opposition avant son décès (C. civ., art., v. *supra* n° 36).

IV – DISPOSITIONS PÉNALES

7.38 > **Régime.** Indépendamment de la possibilité pour le juge de prescrire toutes mesures propres à empêcher ou faire cesser une atteinte illicite au corps humain ou des agissements illicites portant sur des éléments ou des produits de celui-ci, conformément à l'article 16-2 du Code civil, la loi a prévu plusieurs catégories de sanctions pénales.

58. C. Byk, « La loi relative au respect du corps humain », *JCP*, G, I, 3788, n° 11.

La mise en œuvre d'une pratique eugénique tendant à l'organisation de la sélection des personnes est punie de 30 ans de réclusion criminelle et de 7 500 000 euros d'amende (C. pén., art. 511-1 nouv.) Les mêmes sanctions sont prévues en cas de clonage reproductif (C. pén., art. 214-2).

Il est prévu sept ans d'emprisonnement et 100 000 euros d'amende, pour le fait :

– d'obtenir d'une personne l'un de ses organes contre un paiement quelle qu'en soit la forme, ou d'apporter son entremise pour favoriser l'obtention d'un organe contre le paiement de celui-ci ou de céder à titre onéreux un tel organe du corps d'autrui, y compris lorsque l'organe vient d'un pays étranger (C. pén., art. 511-2 et C. santé publ., art. L. 1272-1) ;

– de prélever un organe sur une personne vivante majeure sans que le consentement de celle-ci ait été recueilli dans les conditions prévues par l'article L. 1231-1 du Code de la santé publique, ou de prélever un organe sur un donneur vivant mineur ou sur un donneur vivant majeur faisant l'objet d'une mesure de protection légale sans avoir respecté les conditions prévues (C. santé publ., art. L. 1272-2).

La loi prévoit une peine de cinq ans d'emprisonnement et de 75 000 euros d'amende pour le fait :

– d'obtenir d'une personne le prélèvement de tissus, de cellules ou de produits de son corps contre un paiement quelle qu'en soit la forme, ou d'apporter son entreprise, dans le même but (C. pén., art. 511-4, C. santé publ., art. L. 1272-3) ;

– de prélever un tissu ou des cellules ou de collecter un produit sur une personne vivante majeure sans qu'elle ait exprimé son consentement ou les mêmes faits sur une personne vivante majeure faisant l'objet d'une mesure de protection (C. pén., art. 511-5 et C. santé publ., art. L. 1272-4).

En matière d'atteinte au principe de l'anonymat, les sanctions sont limitées à la violation de la règle en matière de procréation ; elles concernent respectivement les donneurs de gamètes et les couples receveurs (C. pén., art. 511-10), l'éventuelle désignation d'un couple receveur comme condition au don de gamètes (C. pén., art. 511-13), la divulgation d'informations nominatives sur le couple donneur et le couple receveur à propos du don d'embryon (C. pén., art. 511-23).

§ 2 - DROIT DES PERSONNES MALADES

Introduction

7.39 > **La loi n° 2002-303 du 4 mars 2002.** La loi n° 2002-303 du 4 mars 2002 relative aux droits des malades et à la qualité du système de santé est particulièrement importante par les domaines couverts (*supra* n° 4, note 5). Après avoir imposé une obligation de solidarité à l'égard des handicapés dans son article 1er, la loi rappelle dans un chapitre préliminaire les droits fondamentaux de toute personne qui *a fortiori* bénéficient aux malades, énoncés dans le Code civil depuis 1994 et considérés souvent comme des principes d'ordre public (C. civ., art. 16-9). Le droit à la dignité énoncé par l'article 16 du Code civil concerne évidemment les malades (C. santé publ., art. L. 1110-2, *supra* n° 17).

La loi rappelle aussi d'autres principes énoncés dans des textes antérieurs et concernant l'accès aux soins, à savoir l'interdiction de toute discrimination dans l'accès aux soins (C. santé publ., art. L. 1110-3) et le droit de chaque personne au respect de sa vie privée et au secret sur les informations la concernant (C. santé publ., art. L. 1110-4).

La loi est importante également par les droits des malades qu'elle énonce – et qui sont généralement préexistants, fût-ce dans la jurisprudence – auxquels elle apporte des compléments ainsi que des précisions et qui, sans être des principes généraux, sont des droits subjectifs du malade.

La loi instaure également une démocratie sanitaire pour une plus grande participation des usagers du système de santé, chapitre qui concerne moins les droits corporels, dans la mesure où le terme « usager » de la santé est assez flou[59].

La loi rassemble donc les règles – principes et droits – applicables aux soins médicaux en général (I), les règles concernant plus précisément les conditions de l'acte médical (II) ainsi que les principes et droits du malade en ce qui concerne sa vie privée (III).

I – DROIT À LA PROTECTION DE LA SANTÉ

7.40 > **Sources du « droit à la santé ».** Le droit à la santé est présent dans plusieurs textes internationaux, notamment dans l'article 46 du Préambule de la Constitution de l'Organisation mondiale de la santé signé le 22 juillet, dans le Pacte international relatif aux droits économiques, sociaux, culturels (art. 12), dans la Charte sociale européenne (art. 11).

En droit français, le droit à la santé repose sur des bases constitutionnelles et constitue un devoir d'État. Le Préambule de la Constitution de 1946 proclame que « la nation garantit à tous... la protection de la santé ». Et le Conseil constitutionnel a admis dès 1978 à partir de ce texte que la protection de la santé avait le caractère d'un « principe à valeur constitutionnelle »[60]. De même, le Conseil d'État a, dans une ordonnance de référé du 8 septembre 2005, souligné que, si par renvoi de la Constitution de 1958 au Préambule de la Constitution de 1946, « la protection de la santé publique constitue un principe de valeur constitutionnelle », il n'en résulte pas « que le droit à la santé soit au nombre des libertés fondamentales » (*supra* n° 7-8).

On considère donc que le « droit à la protection de la santé » constitue, aux côtés de principes tels que l'inviolabilité, l'intégrité et l'absence de caractère patrimonial du corps

---

59. Ph. Pédrot, « Libres propos sur la démocratie sanitaire », *LPA*, n° spécial, p. 5 (cf. note 5).
60. J.-M. Auby, *Le droit de la santé*, *op. cit.*, p. 21. J. Moreau et D. Truchet, *Droit de la santé publique*, Mém. Éd. Dalloz, 5e éd., 2002, Introd. p. 18. J. Robert et J. Duffar, *Droits de l'homme et libertés fondamentales*, Montchrestien, p. 190.

humain, un des éléments de cet ensemble de règles qui « tendent à assurer le respect du principe constitutionnel de sauvegarde de la dignité humaine »[61].

7.41 > **Le droit à la protection de la santé dans la loi du 4 mars 2002.** La loi n° 2002-303 s'inscrit dans l'évolution en rappelant dans l'article L. 1110-1 du Code de la santé publique que le droit à la « protection de la santé » est un « droit fondamental » qui doit être mis en œuvre par tous les moyens disponibles au bénéfice de toute personne. Ce droit fondamental se traduit par l'obligation des organismes, notamment d'assurance-maladie, des professionnels et des autorités sanitaires de contribuer avec les usagers à « développer la prévention, garantir l'égal accès de chaque personne aux soins nécessités par son état de santé et assurer la continuité des soins et la meilleure sécurité sanitaire possible ».

Ce principe implique d'abord qu'« aucune personne ne peut faire l'objet de discriminations dans l'accès à la prévention ou aux soins » (C. santé publ., art. L. 1110-2).

Et toute personne a droit à des soins de qualité et, a compte tenu de son état de santé et de l'urgence des interventions que celle-ci requiert, le « droit de recevoir les soins les plus appropriés et de bénéficier des thérapeutiques dont l'efficacité est reconnue et qui garantissent la meilleure sécurité sanitaire au regard des connaissances médicales avérées ». Toute personne a le droit de recevoir les soins de nature à soulager sa douleur et les professionnels de santé doivent mettre en œuvre tous les moyens à leur disposition pour assurer à chacun une vie digne jusqu'à sa mort (C. santé publ., art. L. 1110-5, al. 4).

Le nouvel article L. 1110-8 rappelle également le principe fondamental qu'est pour le patient le « libre choix de son praticien et de son établissement de santé », affirmant qu'il s'agit là d'un « principe fondamental de la législation sanitaire » – conception bien éloignée de la conception traditionnelle du libre choix considéré comme un fondement de l'exercice libéral – mais qui permet au législateur de préciser que les limites à ce choix « ne peuvent être introduites qu'en considération des capacités techniques des établissements et leur mode de tarification et des critères de l'autorisation à dispenser des soins aux assurés sociaux ». Ainsi est-il précisé par une réponse ministérielle que le principe du libre choix doit être concilié avec le principe de laïcité, et en particulier avec les règles relatives à l'organisation du service hospitalier et le respect des tours de garde[62].

7.42 > **Relations thérapeutiques.** En France, la législation la plus récente en matière de soins médicaux – lois sur l'expérimentation, lois de bioéthique –, tout en conférant un poids plus important aux pouvoirs publics dans l'organisation, le contrôle, la gestion de l'application de nouvelles techniques, fait produire progressivement davantage d'effets au consentement individuel. Ces triples rapports se traduisent parfois par une opposition entre ordre public et liberté individuelle, généralement arbitrée par le médecin, tant en ce qui concerne l'accès aux soins que le refus de soins, ou l'obligation aux soins. La loi

61. J. Moreau et D. Truchet, *ibid.*
62. Rép. Min. n° 109750, *JOAN*, 20 février 2007, p. 1951.

n° 2002-303 relative aux droits des malades fait tout particulièrement apparaître cette ambiguïté avec la nouvelle autonomie du malade-usager que le législateur voudrait voir davantage participer aux instances administratives de la santé et devenir l'égal du médecin dans la connaissance.

II – CONDITIONS DE L'ACTE MÉDICAL

7.43 > **Conditions de licéité.** La pratique d'un acte médical est un privilège du médecin, seul admis, comme on l'a souligné il y a plusieurs années, à « entamer l'intégrité d'un corps d'homme s'il l'estime utile au plus grand bien de sa santé ou de son salut »[63]. L'omnivalence du diplôme justifie ce privilège qui n'est pas reconnu à des proches collaborateurs du médecin, infirmières ou sages-femmes et qui est *a fortiori* interdit à toute personne non diplômée, sous peine de sanctions pour exercice illégal de la médecine. L'acte médical est encadré par des règles déontologiques et juridiques. Il doit ainsi répondre dans sa réalisation à de nombreuses obligations, notamment d'informations avant, pendant et après l'acte. Enfin, s'il a été effectué sans respect des normes en usage – les normes « avérées » depuis la loi du 4 mars 2002 –, le médecin devra en répondre devant les tribunaux. Pour être légitime, l'acte médical est subordonné à deux principes d'ordre public : une « nécessité médicale » ainsi que, depuis la loi du 6 août 2004, « l'intérêt thérapeutique d'autrui justifiant les prélèvements d'organes comme l'indique l'article 16-3 du Code civil » (*supra* n° 26) et le consentement préalable du malade (*supra* n° 27) dont la portée est accrue dans la loi n° 2002-303. L'article 16-3 modifié du Code civil précise que les prélèvements doivent être « exceptionnels » mais le Code de la santé publique considère dans le nouvel article L. 1231-1 A que les greffes d'organes comme une « priorité nationale ».

A - NÉCESSITÉ MÉDICALE

7.44 > **Définition.** La notion de « nécessité médicale » correspond aux actes les plus variés, des plus anodins – une piqûre, une prise de sang, un examen – aux plus invasifs. Il existe en outre des actes médicaux non thérapeutiques : les actes liés à l'AMP par exemple, car l'insémination artificielle hétérologue est en réalité une aide apportée à la femme et non un acte « thérapeutique » *stricto sensu* puisqu'elle n'a pas pour but de remédier à la stérilité de l'homme. Les prélèvements d'organes n'ont pas un but thérapeutique pour la personne elle-même mais pour autrui. Le Code civil précise dans le nouvel article 16-3 que les prélèvements doivent être « exceptionnels », mais le Code de la santé publique considère dans le nouvel article 41231-1 A que les greffes d'organes sont une « priorité nationale ». Certains actes effectués par un médecin ne peuvent être qualifiés d'actes médicaux que parce qu'ils sont accessoires aux soins médicaux *stricto sensu*, par exemple la rédaction de certificats en relation avec les soins ou constatations médicales.

La « nécessité médicale » n'est pas extensible à l'infini et ne peut tout justifier. Il revient au médecin d'apprécier lui-même, en conscience, le critère de « nécessité médicale »,

---

63. R. et J. Savatier, J.-M. Auby, Dr. H. Péquignot, *Traité de droit médical*, Lib. Techniques, 1956, n° 289.

aidé en cela par les textes juridiques et les préceptes déontologiques. Mais le médecin ne peut refuser un acte correspondant à une nécessité médicale sans justification, sous peine d'encourir des sanctions pénales pour non-assistance à personne en danger, que ce soit pour une raison médicale, ou *a fortiori* pour une raison tout à fait étrangère et discriminatoire : raison politique ou raciste.

Toutefois, il est de jurisprudence constante que le médecin doit refuser de pratiquer un acte médical non justifié par une finalité médicale ou comportant trop de risques compte tenu de l'obligation du médecin de respecter l'intégrité du corps humain. La difficulté d'appréciation de la nécessité « médicale » apparaît tout particulièrement dans plusieurs domaines de soins : chirurgie esthétique, stérilisation (*infra* n°s 7-72 s.), interruption thérapeutique de grossesse, transsexualisme.

7.45 > **Le cas du transsexualisme.** Le cas du transsexualisme est typique des difficultés d'appréciation de la licéité d'un acte médical. En effet, le transsexuel recherche d'abord une mise en conformité physique par des traitements hormonaux et chirurgicaux et demande ensuite une mise en conformité sociale, sous forme de modification du prénom et du sexe sur les registres d'état civil.

Traditionnellement et afin de respecter les conditions de licéité de l'acte médical, le chirurgien ne devrait accéder à la demande du transsexuel, nécessairement génératrice d'atteinte à l'intégrité physique, que si cette dernière peut se justifier par un but thérapeutique et d'impérieuses raisons médicales[64]. Mais compte tenu de l'évolutivité du critère médical du transsexualisme, la jurisprudence a évolué (la Cour de cassation rejetant tout d'abord les demandes au nom du principe d'indisponibilité des personnes[65]). Après quelques tentatives d'ouverture[66], la Cour de cassation a refusé toute modification d'état civil au motif qu'il n'y a pas véritablement changement de sexe, et pas d'atteinte à l'article 8 de la Convention européenne des droits de l'homme[67].

La jurisprudence a brusquement évolué en 1992 sous l'influence de la Cour européenne des droits de l'homme qui a condamné l'attitude de la France, dans un arrêt du 25 mars 1992, au motif que la jurisprudence française, en portant atteinte au respect de la vie privée des transsexuels, viole l'article 8 de la Convention européenne des droits de l'homme[68]. Par suite, la Cour de cassation, afin de « devancer le législateur », a modifié sa jurisprudence antérieure pour « contrôler le mouvement plutôt que de laisser la loi mettre le droit français en harmonie avec la solution européenne » et a, dans un arrêt de

---

64. M. Auby, *op. cit.*, p. 429 ; J. Penneau note sous Cass. civ., I, 16 déc. 1975 ; *JCP* 1976, II, 18503 ; une intervention non justifiée par un véritable transsexualisme est jugée illicite (Aix-en-Provence, 23 avr. 1990 : *JCP* 1991, II, 21720 note G. Mémeteau).
65. Cass. civ., 16 déc. 1975 : *D.* 1976, 399, note Lindon ; *JCP* 1976, G, II, 18503, note J. Penneau ; *RTD* 1976, 119, obs. Nerson.
66. Cass. civ., 30 nov. 1983 : *D.* 1984, 165, note B. Edelman ; *JCP* 1984, G, II, 20222, note J. Penneau. 3 mars 1987 : *Gaz. Pal.* 1987, I, note E. S. de la Marnierre.
67. Cass., 21 mai 1990 : *Bull. civ.*, I, n° 117 – *JCP* 1990, II, 21588, Rap. Massip.
68. Aff. *B c/ France*, 57/1990/248/319 : *JCP* 1992, II, 21955, note T. Garé ; *RTD civ.*, 1992, 540, note Hauser, DS 1993, p. 101, note Marguenaud S. critiques, J.-P. Gridel *op. cit.*, p. 644, Rubellin-Devichi, *JCP* 1992, I, 3593, relevant une argumentation peu convaincante et l'attitude prudente de la Cour de cassation.

l'Assemblée plénière du 11 décembre 1992, admis une demande en rectification d'état civil, en se fondant cette fois sur le critère psychologique du sexe et sur le respect de la vie privée[69]. L'arrêt de la Cour de cassation ne se prononce certes que sur une action d'état civil, mais il justifie implicitement la légitimité de l'intervention correctrice en soulignant toutefois qu'elle doit être effectuée dans un « but thérapeutique », la doctrine demeurant divisée[70]. La prise en charge des frais d'intervention, effectuée jusqu'alors dans la catégorie des actes psychiatriques, l'est désormais à titre spécifique depuis mai 2009.

B - INFORMATION ET EXPRESSION DE LA VOLONTÉ DES USAGERS DU SYSTÈME DE SANTÉ

1 - Information sur l'état de santé

7.46 > **Droit des personnes à une information préalable aux soins.** La loi n° 2002-303 comporte un chapitre sur l'information et l'expression des usagers. Le consentement préalable à l'acte médical exigé du patient doit être « libre et éclairé », ce qui suppose une information approfondie. Cette exigence d'information sur les soins et les risques est prévue par plusieurs textes, notamment le Code de déontologie (art. 35, 41), la loi d'hospitalisation du 31 juillet 1991 (C. santé publ., art. 1112-1, al. 2), la Charte du patient hospitalisé (1995), l'avis du Comité consultatif national d'éthique du 12 juin 1998 relatif au consentement éclairé et à l'information des personnes. Elle est également rappelée, notamment par l'article 5 de la Convention sur les droits de l'homme et la biomédecine et par plusieurs avis du CCNE, et concerne donc aussi les patients en hospitalisation publique. La jurisprudence avait beaucoup étendu l'obligation d'information et les responsabilités qui en découlent. Mais indépendamment de textes relatifs à une information spécifique – transferts d'organes, recherche, don de sang, AMP –, l'article 16-3 du Code civil ne mentionnait pas expressément cette information.

La loi n° 2002-303 comble donc une lacune en précisant les conditions de l'information et en conférant au malade un droit subjectif à l'information, conformément au nouvel article L. 1111-2. Cette obligation d'information du médecin est un droit de tout malade, y compris du malade hospitalisé, et constitue un devoir professionnel de tout médecin, indépendant du statut de ce dernier (C. santé publ., art. 1111-2, al. 2). L'obligation d'information a pour finalité essentielle d'éclairer le consentement préalable du patient à l'acte médical et constituerait même, selon un arrêt de la Cour de cassation du 19 octobre 2001, un « principe constitutionnel de sauvegarde de la dignité de la personne humaine »[71]. L'information délivrée par le médecin – ou par les médecins si plusieurs sont concernés par un même malade (C. déont., art. 64) – doit permettre au patient de consentir à l'acte médical en connaissance de cause, en pesant lui-même les avantages et les risques de l'intervention.

---

69. Cass. Ass. plén. 11 déc. 1992, 2 arrêts : *JCP* 1993, II, 21991, conc. Jéol, note G. Mémeteau.
70. En faveur, M. Gobert, *JCP* 1988, II, 3361, et *JCP* 1990, I, 3475. G. M. Fauré, *RD. sanit. et soc.* 1989, I. J.-P. Branlard, *Le sexe et l'état des personnes*, Thèse Paris II, 1991, p. 403 ; *contra* : G. Cornu, *Droit civil, Introduction*, 5e éd., n° 464 *bis*.
71. Sur la jurisprudence, M. Harichaux, *Droit médical et hospitalier*, Fasc. 18.

Il est admis que l'information n'est pas délivrée une fois pour toutes mais tout au long de la maladie (C. déont., art 35, al. 2). Et la loi n° 2002-303 étend encore dans le temps cette obligation d'information, précisant que si des faits nouveaux sont connus postérieurement aux soins, « la personne concernée doit être informée » (C. santé publ., art. L. 1111-2, al. 1).

Le contenu de l'information à prodiguer au malade, tel qu'énuméré par l'article L. 1111-2, alinéa 1, est assez proche de celui qu'a défini la jurisprudence. Le professionnel de santé doit informer sur les différentes investigations, traitements ou actions de prévention qui sont proposés, leur utilité, leur urgence éventuelle, leurs conséquences, ainsi que les autres solutions possibles et sur les conséquences prévisibles d'un refus. En matière d'information sur les risques, la loi limite l'information aux « risques fréquents ou graves normalement prévisibles » et se montre donc moins extensive que la jurisprudence qui avait considéré à partir de 1998 que le médecin ne devait plus informer seulement sur les « risques normalement prévisibles », mais aussi sur les « risques graves afférents aux investigations et soins », même s'ils ne se réalisent qu'exceptionnellement, sauf cas d'urgence, d'impossibilité ou de refus du patient d'être informé ainsi que sur les risques exceptionnels[72]. Le Conseil d'État avait suivi la jurisprudence civile dans cette voie[73]. En ce qui concerne la qualité de l'information, l'article L. 1111-2, alinéa 6 prévoit l'élaboration de bonnes pratiques par la « Haute autorité de santé ». Conformément à l'article 35 du Code de déontologie et à la jurisprudence, l'information doit être « loyale », c'est-à-dire vraie, non tronquée, « claire », « simple » et en tout cas appropriée au niveau de compréhension du patient pour permettre à ce dernier d'exprimer un consentement éclairé. L'information doit être délivrée avec humanisme, en particulier dans les atteintes graves telle la révélation d'une séropositivité[74]. La loi précise que l'information doit être prodiguée au cours d'un entretien individuel, ce qui peut faciliter la compréhension (L. 1111-2, al. 4).

La loi n° 2002-303 étend l'obligation à une information sur les frais et toute personne « a droit à sa demande » à être informée sur les frais auxquels elle s'expose dans un établissement d'hospitalisation public ou privé, cette information étant un devoir pour les professionnels de santé libéraux, ce qui ne fait que confirmer des règles existantes (C. santé publ., art. L. 1111-3).

La loi confirme la jurisprudence en ce qui concerne la preuve de l'information, laissée à la charge du professionnel (C. santé publ., art. L. 1111-2, al. 7).

7.47 ▸ **Accès direct du malade à son dossier médical.** Afin de répondre aux souhaits des associations de malades, la loi permet désormais à toute personne d'accéder à son dossier médical, soit par l'intermédiaire d'un médecin, soit directement, que le dossier soit

72. Cass. civ., 1re, 17 février 1998, *Bull. civ.*, I n° 67. Cass. civ., 1re, 27 mai 1998 : *Bull. civ.*, 1, n° 187 ; *D.* 1998, 530, note F. Laroche-Gisserot. Cass. civ., 1re, 7 oct. 1998, 2 arrêts : *D.* 1999, Jur. p. 145, note S. Pouchy ; *JCP* 1998, II, 10179, concl. J. Sainte Rose.

73. CE, 5 janvier 2000, *Juris-Data* n° 060001 – CE, 17 mai 2000 : *JCP 2001*, II, 10462, note E. Savatier.

74. Paris, 20 février 1992, *D.* 1993, somm. 30, note J. Penneau.

détenu par les professionnels, par les établissements de santé publics ou privés ou par un hébergeur agréé selon une procédure fixée par un décret du 29 avril 2002 (C. santé publ., art. L. 1111-7, al. 1). La présence d'un médecin peut être recommandée et elle est imposée pour les maladies psychiatriques. Pour les mineurs, le droit d'accès est exercé par les titulaires de l'autorité parentale, sauf opposition du mineur. L'accès au dossier était possible depuis 1991 mais par l'intermédiaire d'un médecin obligatoirement (C. santé publ., art. L. 1112-1 et R. 1112-1 à R. 1112-9). Le Conseil d'État estime que le droit d'accès au dossier peut s'exercer par l'intermédiaire d'un mandataire muni d'un mandat exprès et que la communication du dossier aux ayants droit doit se limiter aux pièces nécessaires à la réalisation du but invoqué, étant précisé que les ayants droit sont les successeurs légaux du défunt au sens du droit civil[75] ; sur dossier du malade assuré social et secret, *infra* n° 63.

Les conditions de conservation, de durée et de sécurité et d'élimination des dossiers médicaux ont fait l'objet d'une instruction interministérielle importante en 2007[76]. Les dossiers médicaux doivent être conservés pendant vingt ans à partir de la dernière consultation.

7.48 > **Limites du droit à l'information.** Il existe des exceptions à l'obligation d'information constituées selon la jurisprudence de la Cour de cassation et du Conseil d'État par « ... les cas d'urgence, d'impossibilité ou de refus du patient d'être informé... »[77]. Ces exceptions sont confirmées par la loi n° 2002-303 (C. santé publ., art. L. 1111-2, al. 4). Le refus du patient d'être informé, déjà admis par la jurisprudence et l'article 3 de la Charte du patient hospitalisé, a également été repris par la loi du 4 mars 2002, qui limite cependant ce refus si des tiers sont exposés à un risque de transmission de maladie. La jurisprudence a parfois considéré que si le médecin a l'obligation d'informer, il n'a pas l'obligation de convaincre[78]. Mais la loi du 4 mars 2002 dispose que le médecin doit informer la personne des conséquences de son choix et, si sa vie est en danger, tout mettre en œuvre pour la convaincre d'accepter les soins indispensables (*infra* n° 54) (C. santé publ., art. L. 1111-4, al. 2).

Des limitations à l'information peuvent également être justifiées par les nécessités thérapeutiques, elles-mêmes subordonnées à l'intérêt du malade, comme l'indique l'article 35 du Code de déontologie « pour des raisons légitimes que le praticien apprécie en conscience », un malade peut être « tenu dans l'ignorance d'un diagnostic ou d'un pronostic grave », sauf dans les cas où l'affection dont il est atteint expose les tiers à un risque de contamination. Cette dérogation à l'obligation d'information est admise par la Cour de cassation d'une part dans son rapport pour 1998, et d'autre part dans un arrêt du 23 mai 2000 qui rappelle qu'une telle limitation doit être fondée sur des raisons légitimes

---

75. CE, 26 sept. 2005 n° 270234, v. *Dict. Perm. Bioéth. Bull.* 153, p. 6582 ; arr. 3 janvier 2007, *JO* 16 janvier.
76. Instruction ministérielle DHOS/E1/DAF/DPACI, n° 2007-322 du 14 août 2007, *BO santé* n° 2007-9.
77. Cass. civ., 1re, 27 mai et 7 oct. 1998 préc. – 15 juil. 1999 préc. – 28 mars 2000 préc. – 10 mai 2000 préc. – CE, 5 janv. 2000 préc. – CE, 5 janv. préc. – Cass. civ., 1re, 18 juil. 2000 : *Bull. civ.*, I, n° 227 p. 149.
78. Sur jurisprudence, M. Harichaux, « Les droits à information et consentement de l'usager du système de santé après la loi n° 2002-303 du 4 mars 2002 », *RD sanit. soc.* 2002-4, p. 679.

et l'intérêt du patient[79]. Cette limitation est laissée à l'appréciation du médecin sur la base de critères définis par la Cour de cassation en fonction de la nature de la pathologie, de son évolution prévisible et de la personnalité du malade.

2 - Droit du malade de consentir aux soins

7.49 > **Extension de l'autonomie de décision du malade.** On admet traditionnellement que le médecin doit respecter la volonté du malade de consentir ou de refuser les soins (*supra* nº 27). La loi nº 2002-303 relative aux droits des malades a confirmé et renforcé l'autonomie de décision du malade dans sa faculté de consentir et en fait un « droit » du patient. L'article L. 1111-4, alinéa 3 dispose en effet que « toute personne prend, avec le professionnel de santé et compte tenu des informations et des préconisations qu'il lui fournit, les décisions concernant sa santé » et « aucun acte médical ni aucun traitement ne peut être pratiqué sans le consentement libre et éclairé de la personne », ce consentement pouvant être retiré à tout moment. Le législateur tente ainsi d'instaurer une relation égalitaire entre le médecin et le malade dans le consentement puisque ce dernier n'a plus seulement à approuver mais, une fois informé, il « prend, avec le professionnel de santé et compte tenu des informations et des préconisations qu'il lui fournit, les décisions concernant sa santé » (C. santé publ., art. L. 1111-4).

Le « consentement libre et éclairé du patient aux soins médicaux qui lui sont prodigués » a été considéré par le Conseil d'État dans sa décision du 8 septembre 2005 comme une « liberté fondamentale », à propos d'un refus de soins exprimé par un Témoin de Jéhovah (*supra* nº 7-8).

7.50 > **Limites à l'expression du consentement.** Le consentement préalable aux soins est exigé à moins que l'état du patient nécessite une intervention à laquelle il n'est pas à même de consentir, comme l'indique l'article 16-3 du Code civil, c'est-à-dire en cas d'urgence et en cas d'inaptitude du patient à consentir. L'article 36 du Code de déontologie indique que dans ce cas, le médecin ne peut intervenir sans que ses proches aient été prévenus et informés sauf urgence ou impossibilité. La loi du 4 mars 2002 relative aux droits des malades préconise le recueil du consentement d'une personne de confiance, interlocuteur du médecin chargé de recevoir l'information et de consentir pour le malade (C. santé publ., L. 1111-4, al. 4, *infra* nº 53). À défaut de désignation de cette personne de confiance, il est nécessaire de consulter la famille ou un des proches, comme l'indique l'article L. 1111-4, alinéa 4, ce qui confirme les usages antérieurs.

7.51 > **Consentement du majeur protégé.** Le régime du consentement aux soins d'un majeur protégé est dépendant du régime de protection accordé par application des articles 490 et suivants du Code civil – sauvegarde de justice, curatelle, tutelle – auxquels renvoie l'article 42 du Code de déontologie[80]. Le consentement du majeur sous sauvegarde de justice, ainsi que celui du majeur en curatelle sont admis s'il s'agit d'actes médicaux courants, l'assistance du curateur étant recommandée pour les actes graves. Dans

79. Cass. civ. 1re, 23 mai 2000 ; *JCP* 2000, II, 10342, Rap. P. Sargos.

80. J. Hauser, « Le consentement aux soins des majeurs protégés », *LPA*, 3 mars 2002. M. Harichaux, *Droit médical et hospitalier*, Fasc. 81.

le régime de la tutelle, le majeur a besoin d'être représenté de manière continue pour les actes de la vie civile, aussi les actes médicaux impliquent-ils le consentement du tuteur pour les actes courants et celui du Conseil de famille pour les actes les plus graves, cette distinction n'étant pas toujours aisée mais le consentement du tuteur peut être écarté par le médecin en cas d'urgence. Des règles spéciales protectrices de la personne du majeur protégé sont prévues en matière de procréation – la demande d'IVG ou de stérilisation pour un majeur en tutelle doit émaner du tuteur et du conseil de famille – ainsi qu'en matière de prélèvements d'organes ou de recherche (C. santé publ., art. L. 1232-2).

La loi n° 2002-303 dispose que le consentement du majeur protégé doit être systématiquement recherché s'il est apte à exprimer sa volonté (C. santé publ., art. L. 1111-4, al. 5).

7.52 > **Consentement du mineur.** La loi n° 2002-303 a accru l'autonomie de décision des mineurs, notamment au regard de l'autorité parentale, en ce qui concerne les soins dont ils ont besoin (C. santé publ., art. L. 1111-5, al. 1). La question du consentement du mineur aux soins médicaux est régie par les règles de représentation des mineurs régies par les articles 371-2 et 372 du Code civil, auxquelles renvoie l'article 42 du Code de déontologie. Les représentants du mineur sont les titulaires de l'autorité parentale, les deux parents ou le parent gardien en cas de séparation ou divorce (C. civ., art. 372). Dans le premier cas, l'un des deux parents est réputé agir avec l'autorité de l'autre lorsqu'il fait un acte « usuel » de l'autorité parentale, ce qui peut s'appliquer aux actes médicaux courants. Dans le cas de séparation, l'accord de l'autre parent devrait être sollicité pour un acte grave.

Mais l'autonomie de décision du mineur s'accroît en matière de soins médicaux. On admettait déjà que les règles de représentation sont à écarter lorsqu'il s'agit de soins à des mineurs proches de la majorité, aptes à conclure un contrat médical, au moins pour les actes médicaux bénins, comme des tests d'aptitude au sport. Le législateur a étendu les droits du mineur en matière de contrôle des naissances et il peut obtenir librement des contraceptifs (C. santé publ., art. L. 5134-1, al. 4).

La loi n° 2002-303 renforce encore cette autonomie de décision et elle recommande de rechercher systématiquement le consentement du mineur lorsqu'il est apte à exprimer sa volonté. Elle admet même que, par dérogation à l'article L. 371-2, le médecin puisse se dispenser d'obtenir le consentement des titulaires de l'autorité parentale lorsque le traitement s'impose et que le mineur s'oppose à la consultation des titulaires de l'autorité parentale, le médecin devant cependant s'efforcer d'obtenir le consentement du mineur à cette consultation (C. santé publ., art. L. 1111-4, al. 4 et L. 1111-5, al. 1).

7.53 > **Représentation du malade par une personne de confiance.** La loi n° 2002-303 a mis en place un système de représentation du malade par une personne de confiance, ce qui était déjà suggéré par le Comité consultatif national d'éthique dans un avis du 12 juin 1998.

Cette « personne de confiance » est une personne désignée par un malade majeur afin d'être consultée et informée au cas où ce malade ne pourrait lui-même exprimer sa volonté et recevoir l'information (C. santé publ., art. L. 1111-6). Lors d'une hospitalisation, l'établissement public ou privé de santé propose au malade de désigner une personne de confiance, pour le temps de l'hospitalisation. Cette désignation est effectuée par écrit et peut être révocable à tout moment.

Le rôle du tiers de confiance peut être assez large. Ainsi, la loi prévoit qu'il peut être informé d'un diagnostic ou d'un pronostic grave, au même titre que les proches, afin d'apporter un soutien direct à la personne malade (C. santé publ., art. L. 1110-4, al. 6).

3 - Droits du malade au refus de soins

7.54 > **Droit du malade de refuser les soins.** Le refus de soins exprimé par le malade doit être respecté par le médecin, conformément aux articles R. 4127-36 – ancien article 36 du Code de déontologie – et L. 1111-4 du Code de la santé publique, et à la jurisprudence[81]. Toutefois, le médecin a aussi une obligation d'assistance et de secours qui s'oppose à un retrait systématique en cas de refus. L'article R. 4127-36 recommande au médecin d'informer le malade des conséquences de son éventuel refus, ce que confirme le nouvel article 1111-2, alinéa 2 du Code de la santé publique. Le Conseil de l'ordre recommande également au médecin de ne s'incliner devant ce refus qu'à certaines conditions : intervention non urgente, transfusion non indispensable ou refus persistant du malade conscient, le médecin devant faire constater le refus par écrit.

Le médecin n'a pas en principe d'obligation de convaincre le malade comme l'avait admis la Cour de cassation[82]. Mais la loi n° 2002-303 dispose que si la volonté de la personne de refuser ou d'interrompre un traitement met sa vie en danger, le médecin « doit tout mettre en œuvre pour la convaincre d'accepter les soins indispensables » (art. L. 1111-4, al. 2).

7.55 > **Refus de soins et urgence.** La question du respect du refus de soins soulève des difficultés particulières en cas d'urgence. Une procédure est prévue pour les mineurs en cas d'urgence dans le cadre des mesures d'assistance éducative prévues par l'article 375 du Code civil et l'autorisation du juge peut être recherchée en matière de soins médicaux, ce qui vaut également pour l'enfant hospitalisé[83]. Si la santé d'un gréviste de la faim est en danger, il est admis qu'on puisse le forcer à s'alimenter (Code de procédure pénale, art. D. 390).

---

81. CE, 27 janvier 1982, *DS* 1982 I. R. 275, note Penneau. La jurisprudence considère aussi traditionnellement que la victime d'un accident corporel n'a pas d'obligation de se soumettre à des soins susceptibles de réduire son préjudice (Cass. civ. 2e, 19 juin 2003, *Dict. Bioéth., Bull.* n° 129, p. 7009).

82. Cass. civ. 1re, 18 janv. 2000 : *D.* 2001, note M. L. Mathieu-Izorche. – M. Harichaux, art. préc. p. 684 ; *JCP* 2000, I, 243, Chr. G. Viney ; *JCP* 2001, II, 10743, note Dorsner-Dolivet.

Le malade hospitalisé qui refuse les soins a la possibilité de quitter l'établissement après signature d'un document constatant son refus d'accepter les soins proposés conformément aux articles 7 et 60 du décret n° 74-27 du 14 janvier 1974 relatif au fonctionnement des centres hospitaliers, le patient devant cependant être informé des risques éventuels d'une sortie prématurée, comme l'indique la Charte du patient hospitalisé.

83. Cass. civ., 25 nov. 1981, *JCP* 1983, II, 19952, 2e esp., note Boulanger (Nancy, 3 déc. 1982) ; *JCP* 1983, II 20081, note Raymond, *Gaz. Pal.* 1984, 1, 132, note Dorsner-Dolivet.

Le refus de transfusion sanguine doit en principe être respecté par le médecin, et le Conseil de l'ordre indique que le médecin doit s'abstenir à moins qu'il y ait urgence. Antérieurement à la loi du 4 mars 2002, la Cour administrative d'appel de Paris a admis, dans un arrêt du 9 juin 1998, que tout en respectant la volonté du patient fondée sur les principes « d'inviolabilité et d'intégrité du corps humain », le médecin pouvait intervenir mais dans des conditions limitées. Et un arrêt du Conseil d'État du 26 octobre 2001[84] a considéré qu'un médecin n'avait pas commis de faute en passant outre le refus d'une transfusion pour motif religieux exprimé par un patient, dès lors que c'est la situation extrême du patient qui a conduit les médecins, dans le seul but de le sauver, à accomplir un acte indispensable à sa survie et proportionné à son état.

En l'absence de précision sur l'attitude à adopter par les médecins, la jurisprudence semble considérer qu'il faut respecter le refus de transfusion sanguine exprimé par un malade en l'absence de « danger immédiat » et une décision du tribunal administratif de Lyon du 9 août 2002 ayant enjoint au centre hospitalier de s'abstenir de toute transfusion au motif que le malade n'était pas dans une situation « extrême » a été approuvée par le Conseil d'État dans une ordonnance de référé du 16 août 2002[85]. Dans cette décision, de même que dans celle du 8 septembre 2005, le Conseil d'État, comme le tribunal administratif de Lyon, consacre le « consentement libre et éclairé du patient aux soins médicaux qui sont prodigués comme une liberté fondamentale » (*supra* n°s 7-8, 7-40). S'il s'agit d'une liberté fondamentale – et non d'un droit subjectif au refus de soins comme certains le suggèrent[86] – ce droit bénéficie d'une « double protection assurée par les normes constitutionnelles et par les normes européennes ». Il s'impose avec autorité avec cependant les limites indiquées par le Conseil d'État tant au regard des conditions – situation extrême, acte de soins indispensable et proportionné – et le devoir du médecin de mettre tout en œuvre pour que le patient accepte les soins indispensables.

C - « OBLIGATION » DE SOINS

1 - Prévention sanitaire

7.56 > **Prévention sanitaire.** La prévention sanitaire génère des conflits d'intérêts et une opposition possible entre la liberté de la personne de consentir à un acte médical portant nécessairement atteinte à son intégrité physique et des impératifs de prévention sanitaire dans l'intérêt de la société. Certains auteurs soulignent que la liberté de refus du malade ne doit pas entrer en conflit avec les intérêts du groupe, mais d'autres suggèrent parfois de tenir compte d'un ordre public sanitaire[87].

Il existe un certain nombre de mesures contraignantes en matière de santé publique auxquelles on ne peut s'opposer : examens d'aptitude professionnelle ou prénuptiaux,

84. CAA Paris (Form. plén.), 9 juin 1998, *D.* 1999, p. 277, note G. Pélissier. CE, 26 octobre 2001, n° 198546, *Senanayaké.*
85. CE, ord. réf., 16 août 2002 *JCP* 2002, II, 10184, note P. Mistretta.
86. L. Friouret, « Le refus de soins salvateurs ou les limites de la volonté du malade face à l'ordre public de conservation de la vie », *RGDM* 2005, p. 109. *Dict. Bioéth.*, p. 7196.
87. J. Robert, *Droits de l'homme et libertés fondamentales*, p. 318.

obligations de subir certains traitements : vaccinations dans un but de prévention, (C. santé publ., art. L. 3111-2), contrôle aux frontières.

7.57 > **Dépistages des maladies transmissibles.** Dans le cadre de la prévention des maladies contagieuses ou transmissibles, les autorités sanitaires ont dû organiser des procédures de dépistage de maladies contagieuses ayant des conséquences pour l'état sanitaire de la population. Mais il s'agit de concilier au maximum le respect de l'intégrité de la personne et de son consentement, les impératifs de santé publique pouvant s'avérer contraignants. Le dépistage peut être obligatoire, comme les vaccinations, c'est-à-dire décidé par les pouvoirs publics et s'imposer à toute la population.

Il peut être facultatif et laissé à la liberté de chacun. Il peut être systématiquement proposé par un médecin, soit à toute la population, soit à certaines catégories de population dites « à risque » définies par un texte ou laissées à l'appréciation du médecin.

Plusieurs dépistages de maladies infectieuses sont organisés. En matière de transfusion sanguine, le sang et ses composants distribués sont subordonnés à la réalisation de tests de dépistage des maladies transmissibles sur les prélèvements de sang énumérées par l'article R. 666-4-1 (C. santé publ., art. L. 1221-4). Des tests de dépistage des maladies infectieuses sont imposés en matière de transfert d'embryon sous peine de sanctions pénales (C. santé publ., art. L. 2141-6, al. 6 et L. 2152-9). De même, les prélèvements d'organes et la collecte des produits du corps humain sont soumis à des règles de sécurité sanitaire comprenant d'abord la recherche d'un risque potentiel de transmission de la maladie de Creutzfeld-Jacob et des tests de dépistage de maladies infectieuses (C. santé publ., art. L. 1211-6). Les maladies infectieuses transmissibles visées sont les suivantes : infection par le virus VIH 1, VIH 2, HTLV 1, hépatites B et C, syphilis (C. santé publ., art. R. 1211-14). Sont également recherchés avant prélèvement d'organes ou de moelle osseuse les diagnostics des maladies infectieuses suivantes : cytomégalovirus, virus d'Epstein-Barr, toxoplasmose (C. santé publ., art. R. 1211-16).

En matière de sida, l'évolution du dépistage est marquée par l'évolution des données scientifiques ainsi que par la philosophie protectrice des droits de la personne. Un dépistage gratuit et anonyme a été organisé par une circulaire du 20 janvier 1988 (C. santé publ., art. L. 3121-2). En outre, l'établissement ou le service désigné « propose » à toute personne qui se présente à une consultation médicale d'information conseil « la détection éventuelle des anticorps anti VIH et une consultation médicale de remise des résultats » (Déc. n° 88-61 du 18 janvier 1988 précité, art. 3). Le dépistage du VIH est notamment proposé aux futurs conjoints lors des examens prénuptiaux après information sur les risques de contamination (C. santé publ., art. L. 2121-1) et aux femmes enceintes (C. santé publ., art. L. 2122-3).

7.58 > **Dépistage et respect des malades.** Dans toutes les formes de dépistage, ce dernier est subordonné à l'information et au consentement préalable du sujet. En tout état de cause, le dépistage, comme tout acte médical, s'il n'est pas obligatoire, doit être sollicité ou proposé, le dépistage sauvage étant condamné à la fois par les médecins, au motif qu'il est contraire à l'éthique et à la déontologie, et par les tribunaux.

Malgré cela, il semble qu'en pratique des tests soient fréquemment réalisés à l'insu des personnes, et cette procédure a été condamnée par la Cour de justice des Communautés européennes pour qui le droit au respect de la vie privée exige que le refus soit respecté dans sa totalité[88]. Le médecin a par ailleurs l'obligation d'informer un patient des résultats avec humanisme[89] sous peine d'être condamné pour non-assistance à personne en danger.

2 - Incitation aux soins

7.59 ▸ **Injonction thérapeutique.** Une « injonction de soins » ou « injonction thérapeutique » est une mesure ordonnée dans le cadre du suivi sociojudiciaire d'auteurs d'infractions, notamment les crimes à caractère sexuel ou les toxicomanes – qui sont susceptibles de bénéficier d'un traitement médical et psychothérapeutique. Une injonction de soins peut être ordonnée par la juridiction de jugement après expertise médicale, comme le permet la loi n° 98-468 du 17 juin 1998 relative à la prévention et à la répression des infractions sexuelles ainsi qu'à la protection des mineurs (C. pén., art. 131-36-4 ; C. pr. pén., art. 763-3, 763-4 et 763-5 ; C. santé publ., art. L. 3711-1).

Le régime de l'injonction de soins a été modifié par une loi du 10 août 2007 dans le sens d'une extension[90]. Cette injonction fait désormais partie intégrante du suivi socio-judiciaire « sauf décision contraire de la juridiction » et s'il est établi qu'elle est susceptible de faire l'objet d'un traitement, après une expertise médicale ordonnée conformément au Code de procédure pénale (C. pr. pén., art. 131-36-4). L'injonction de soins n'est plus subordonnée, comme dans le régime antérieur, au consentement exprès préalable du condamné. Elle se déroule dans les conditions de l'article L. 3711-1 du Code de la santé publique et elle est suivie par un médecin coordonnateur désigné par le juge de l'application des peines qui est l'intermédiaire entre le médecin traitant et le condamné.

La loi modifie également l'article 763-3 du Code de procédure pénale et précise que si la personne condamnée à un suivi judiciaire n'a pas été soumise à une injonction de soins, le juge de l'application des peines ordonne en vue de sa libération une expertise médicale afin de déterminer si elle est susceptible de faire l'objet d'un traitement et, dans l'affirmative, la personne est soumise à une injonction de soins, sauf décision contraire du juge de l'application des peines (C. pr. pén., art. 763-3).

3 - Hospitalisation des malades atteints de troubles mentaux

7.60 ▸ **Règles de protection.** La loi du 27 juin 1990 a renforcé la protection des malades mentaux en matière d'hospitalisation. Il est de principe que, comme tout malade, un

---

88. CJCE, 5 oct. 1994, DS 1995, p. 421, n. J.-L. Clergerien.
89. C. Byk, *JCP* 1996, I, 3956, n° 20 et réf.
90. Loi n° 2007-1198 du 10 août 2007 renforçant la lutte contre la récidive des majeurs et des mineurs, *JO* 11 août 2007, J.-S. Cayla, « L'injonction de soins dans le suivi socio-judiciaire », *RD sanit. soc.* 1998-4, p. 751 – J. Castagnède, « Le suivi sociojudiciaire applicable aux délinquants sexuels ou la dialectique sanction-traitement », *D.* 1999, chr. 23.

malade mental ne peut être hospitalisé ou maintenu en hospitalisation sans son consentement, ou celui de son représentant légal dans un établissement accueillant des malades atteints de troubles mentaux en dehors des cas prévus par la loi (C. santé publ., art. L. 3211-1). Si l'hospitalisation sans consentement possible d'une personne s'avère indispensable, deux procédures sont prévues : l'hospitalisation à la demande d'un tiers et l'hospitalisation d'office.

7.61 > **Hospitalisation des personnes atteintes de troubles mentaux à la demande d'un tiers.** Une personne atteinte de troubles mentaux peut être hospitalisée à la demande d'un tiers si, d'une part ses troubles rendent impossible son consentement, et d'autre part si son état impose des soins immédiats assortis d'une surveillance constante en milieu hospitalier (C. santé publ., art. L. 3212-1). Cette demande doit être présentée soit par un membre de la famille du malade, soit par une personne susceptible d'agir dans l'intérêt du malade à l'exclusion du personnel hospitalier, sous forme manuscrite, comporter les mentions relatives à l'état civil du demandeur et de la personne à hospitaliser, et la nature des relations existant entre elles. La demande doit être accompagnée d'un certificat médical circonstancié attestant que les conditions médicales sont remplies, et l'établissement a de son côté des obligations administratives et médicales (C. santé publ., art. L. 3212-1 et 3212-2).

La personne cesse d'être retenue dans l'établissement dès lors que les conditions médicales ayant motivé l'hospitalisation ont disparu ou que la levée de l'hospitalisation est demandée par un curateur, le conjoint, les ascendants descendants majeurs, la personne ayant demandé l'admission, sauf si un médecin estime que l'état du malade nécessite des soins en raison de troubles mentaux qui compromettent la sûreté des personnes ou portent atteinte de façon grave à l'ordre public.

7.62 > **Hospitalisation d'office.** L'hospitalisation d'office est une procédure permettant de faire hospitaliser dans les établissements spécialisés des personnes dangereuses, dont les troubles mentaux nécessitent des soins et compromettent la sûreté des personnes, ou portent atteinte de façon grave à l'ordre public selon la formule adoptée par la loi du 4 mars 2002 (C. santé publ., art. L. 3213-1). L'hospitalisation d'office est prononcée par le préfet de police à Paris, le préfet dans les départements, au vu d'un certificat médical circonstancié établi par un médecin autre qu'un médecin de l'établissement. En outre, en cas de danger imminent pour la sûreté des personnes, attesté par un avis médical ou à défaut par la notoriété publique, les maires, ou à Paris les commissaires de police, arrêtent, à l'égard des personnes dont le comportement révèle des troubles mentaux manifestes, toutes les mesures provisoires nécessaires, à charge d'en référer dans les vingt-quatre heures au représentant de l'État qui statue sans délai et prononce s'il y a lieu un arrêté d'hospitalisation d'office (C. santé publ., art. L. 3213-2). Le préfet peut également prendre un arrêté d'hospitalisation d'office à l'égard des personnes relevant d'une hospitalisation sur demande d'un tiers dans le cas où leur état mental pourrait compromettre l'ordre ou la sûreté des personnes. La demande est caduque au bout de quinze jours à défaut de confirmation.

La personne hospitalisée d'office ne peut rester trop longtemps hospitalisée contre son gré ; aussi est-elle examinée régulièrement au moins une fois par mois par un psychiatre de l'établissement qui établit un certificat médical circonstancié infirmant ou confirmant les observations du précédent certificat.

§ 3 - VIE PRIVÉE ET SECRET DU PATIENT

I – SECRET DU PATIENT

7.63 **Secret médical du patient.** Le secret médical est un des fondements de la médecine libérale, dont la violation était réprimée par le Code pénal dès 1810 (anc. art. 378 remplacé par l'art. 226-13). Cette violation se caractérise par la révélation d'une information à caractère secret par une personne qui en est dépositaire, soit par état, soit par profession, soit par fonction.

Le secret médical a été mentionné par le Code de déontologie dès l'origine (R. 4127-4).

En tant que principe fondamental, le secret médical a été inscrit dans la loi du 3 juillet 1971 (CSS, art. L. 162-2) et il fait partie intégrante du respect de la vie privée prescrit par l'article 9 du Code civil. La loi n° 2002-303 comporte des dispositions nouvelles visant à renforcer le principe eu égard au développement de l'informatique et des procédures de contrôle des soins ayant pour effet de fragiliser le principe.

La nature du secret médical a également évolué. Initialement, les juridictions pénales ont reconnu au secret médical un caractère absolu considérant que le secret constitue un « dépôt inviolable »[91]. Mais cette conception stricte devait être abandonnée par la doctrine et la jurisprudence jugeant qu'elle est inadaptée aux nécessités pratiques et on admet désormais que le secret médical est un droit relatif du malade, institué dans l'intérêt de ce dernier, comme le rappelle l'article 4 du Code de déontologie et comme l'a admis la jurisprudence qui, dans l'affaire dite du *Grand Secret*, ouvrage publié après la mort du Président Mitterrand, a considéré qu'il y avait atteinte à la vie privée[92]. Cette conception du secret se trouve renforcée par la loi du 4 mars 2002 qui consacre le secret médical comme droit du patient, précisant que ce dernier a « droit au respect de sa vie privée et au secret des informations le concernant » (C. santé publ., art. L. 1110-4). Le médecin ne peut donc invoquer le secret à l'égard d'un patient, sauf s'il estime utile de taire certaines données diagnostiques et un patient ne peut par ailleurs délivrer le médecin du secret[93].

La loi n° 2002-303 rappelle que le secret s'impose à tout professionnel de santé ainsi qu'aux professionnels intervenant dans le système de santé, ce qui peut viser le personnel administratif et le personnel soignant non médecin, notamment le personnel administratif. Le secret couvre l'ensemble des informations concernant la personne venues à

91. Cass. crim., 19 déc. 1885 : *DP* 1886, I, 347. G. Mémeteau, *Le droit médical, op. cit.* n° 98. D. Thouvenin, « Le secret médical », *Droit médical et hospitalier*, Fasc. 11, 1998.
92. TGI Paris, 23 oct. 1996, *JCP* 1996, II, 22844, note E. Durieux – Paris 27 mai 1997, *LPA*, 9 juil. 1997.
93. Cass. civ. 1re, 14 déc. 1999, D. 2000, IR, p. 40.

la connaissance du professionnel de santé, des membres du personnel d'un établissement ou organisme ou d'une personne en relation avec ces derniers, sans distinguer la nature des informations (C. santé publ., L. art. 1110-4, al. 2). Un décret du 15 mai 2007 précise que les règles permettant de respecter la confidentialité des informations médicales conservées sur support informatique ou transmises par voie électronique (C. santé publ., art. R. 1110-1 et R. 1110-2).

La loi du 13 août 2004 rappelle expressément dans le Code de la sécurité sociale le principe du droit du malade au secret médical, quoique ce dernier soit de plus en plus altéré avec l'extension du secret partagé (CSS, art. L. 161-36-1-A, *infra* n° 65).

7.64 > **Dérogations légales au secret médical.** La loi impose plusieurs dérogations légales au secret (C. pén., art. 226-14) justifiées soit par un intérêt de l'état civil – obligation de déclarer les naissances et les décès –, soit dans un intérêt de santé publique, le médecin ayant notamment l'obligation de déclarer certaines maladies (C. santé publ., art. L. 3113-1 et R. 3113-1). Si un médecin constate que la personne à laquelle il donne ses soins a besoin d'être protégée dans les actes de la vie civile, il peut en faire la déclaration au Procureur de la République afin que cette personne soit placée sous sauvegarde de justice, cette déclaration étant obligatoire si la personne est soignée dans un établissement hébergeant des personnes atteintes de troubles mentaux (C. santé publ., art. L. 3211-6).

Il est des dérogations facultatives au secret. Le médecin est autorisé à déclarer les faits pouvant avoir des conséquences graves pour certaines personnes, notamment les privations et sévices, y compris d'atteintes ou de « mutilations » sexuelles, subis par des mineurs de quinze ans ou des personnes qui ne sont pas en mesure de se protéger compte tenu de leur âge ou de leur état physique ou psychique, quoique ce ne soit pas une obligation compte tenu du secret médical (C. pén., art. 434-3, C. déont., art. 44). Le médecin peut, avec l'accord d'une victime, porter à la connaissance du procureur les sévices qu'il a constatés dans l'exercice de sa profession, permettant de présumer des violences sexuelles (C. pén., art. 226-14). Le signalement de la maltraitance suscite des controverses compte tenu des conflits de devoirs qu'elle induit entre le secret à sauvegarder et l'assistance à personne en danger[94].

Le régime des dérogations s'étend dans le cadre de la politique de santé publique avec les déclarations de maladies (C. santé publ., art. R. 3113-3 à R. 3113-5) ou dans le cadre de la maîtrise des dépenses de santé.

7.65 > **Portée du secret.** Un médecin ne peut divulguer un secret à un tiers même avec l'accord du patient, et il ne peut donc communiquer un dossier concernant un patient à un médecin d'assurance (C. pén., art. 226-13 et Code de déontologie, art. 4). En cas de décès, il est admis que le médecin traitant puisse établir un certificat *post mortem* déclarant que

94. M. Blott, « La difficile combinaison des textes sur le secret médical et le signalement de la maltraitance », *Médecine et droit*, n° 7, juill./août 1994, p. 100. *Bul. Ordre*, février 2002, p. 14.

la mort est naturelle afin de permettre aux ayants droit de faire valoir leurs droits en matière d'assurance-vie. Ce droit a été rappelé par le Conseil d'État[95].

Le secret médical doit en principe être sauvegardé vis-à-vis de la famille. Cependant, cette dernière doit être avertie dans l'intérêt même du patient, des soins nécessaires, du diagnostic, de l'évolution de la maladie. La loi n° 2002-303 du 4 mars 2002 relative aux droits des malades précise le régime de protection des données médicales d'une personne vis-à-vis de sa famille (C. santé publ., art. L. 1110-4, al. 3 et 4). La loi rappelle d'abord qu'en cas de diagnostic ou de pronostic grave, le secret médical ne s'oppose pas à ce que la famille, les proches de la personne malade ou la personne de confiance, instaurée par la loi du 4 mars 2002, reçoivent les informations nécessaires destinées à leur permettre d'apporter un soutien direct à celle-ci, sauf opposition de sa part, ce qui est une confirmation du régime actuel. Après le décès d'une personne, l'accès aux données médicales relatives au défunt – notamment en matière d'assurance-vie –, d'abord refusé aux ayants droit, leur avait été accordé par la jurisprudence, et par la loi n° 2002-303. Mais le Conseil d'État a limité les informations dont les ayants droit peuvent avoir connaissance à ce qui leur est nécessaire (*supra* n° 7-47).

7.66 > **Secret partagé.** L'article R. 4127-50 du Code de la santé publique admet un partage du secret dans l'intérêt du malade, notamment entre médecins et médecins de sécurité sociale, médecins du travail, ces derniers étant eux-mêmes tenus au secret vis-à-vis de leur employeur (C. santé publ., art. L. 1112-1). La loi n° 2002-303 organise les conditions de partage du secret dans l'équipe soignante et indique que, sauf opposition de la personne dûment avertie, les membres peuvent échanger des informations relatives à la personne afin d'assurer la continuité des soins ou de déterminer la meilleure prise en charge possible (C. santé publ., art. L. 1110-4). La loi du 13 août 2004 relative à l'assurance-maladie a amplifié le partage du secret avec la coordination des soins qui oblige nécessairement les assurés sociaux à autoriser l'accès aux données les concernant sous peine d'une moindre prise en charge. Le droit d'opposition est donc assez théorique (CSS, art. L. 1111-8)[96].

L'admission du partage du secret facilite l'extension de la télémédecine et la loi du 21 juillet 2009 – loi HPST n° 76 – donne un cadre juridique à cette forme d'exercice, la définit (Code santé publ. art. L. 6316-1) et indique les actes pouvant en relever ainsi que la prise en charge de ces derniers[97]. Les médecins concernés doivent respecter strictement la confidentialité des données (C. santé publ. art. L. 1110-4).

II – DONNÉES MÉDICALES INFORMATISÉES

7.67 > **Régime légal.** La loi du 6 janvier 1978 relative à l'informatique aux fichiers et aux libertés, modifiée en 1994, a été modifiée par loi n° 2004-801 du 6 août 2004 transposant

95. CE, 29 janvier 2003, *Dict. Bioéth., Bull.* n° 125, p. 7078.
96. M. Harichaux, « Du droit des malades aux obligations du malade assuré social », *RDSS* 2006, n° 1 p. 109.
97. Livre blanc sur la télémédecine, janv. 2009, www.conseil-national.fr

la directive européenne n° 95-46 du 24 octobre 1995 relative à la protection des personnes physiques à l'égard des traitements des données. La loi du 6 août 2004 se traduit par un allégement des formalités et un contrôle plus étroit de la CNIL[98].

La constitution de fichiers est encadrée par la loi. Il est en principe interdit « de collecter ou de traiter » des données à caractère personnel qui sont notamment relatives à la santé ou « à la vie sexuelle » des personnes (art. 8-I). Mais la loi prévoit des dérogations à cette interdiction quand la finalité du traitement l'exige, énumérés par l'article 8-II, notamment : traitements pour lesquels la personne a donné son accord exprès, ou nécessaires à la sauvegarde de la vie humaine ou rendus publics par la personne elle-même, ou nécessaires aux fins de la médecine préventive des diagnostics médicaux, ou encore nécessaires à la recherche.

L'auteur du traitement doit respecter les formalités légales : Déclaration auprès de la CNIL comportant un certain nombre d'informations, les traitements n'étant mis en œuvre qu'après autorisation (L. art. 23 à 25). Le responsable du traitement doit prendre toutes les précautions nécessaires pour « préserver la sécurité des données et, notamment empêcher qu'elles soient déformées, endommagées, ou que des tiers non autorisés y aient accès » (art. 34).

Il existe un régime spécifique pour le traitement des données relatives à la recherche compte tenu de la nécessité d'avoir des listes nominatives et en même temps de respecter le secret médical. La loi a créé un « Comité consultatif sur le traitement de l'information en matière de recherche dans le domaine de la santé » (L. art. 54). Il est chargé d'émettre un avis sur la recherche considérée et d'autoriser la transmission des données nominatives.

De même le dossier médical de chaque assuré social consacré par la loi relative à la sécurité sociale du 10 août 2004 comporte des données médicales couvertes en théorie par le secret médical et qui dans le nouveau parcours coordonné des soins doivent être communiquées à tous les professionnels de santé (CSS, art. L. 161-36-2).

La circulation de ces données doit respecter les droits reconnus aux personnes. L'évolution de la biométrie – données physiques de la personne – fait craindre au Comité consultatif national d'éthique des risques d'atteinte aux libertés individuelles (avis CCNE n° 98, 26 avril 2007).

7.68 ▸ **Droits des personnes concernées par la transmission des données médicales.** Toute personne physique a plusieurs droits reconnus par la loi au regard des données la concernant. Elle peut s'opposer à ce que des données personnelles la concernant fassent l'objet d'un traitement sauf obligation légale (L. art. 38). Elle a un droit d'accès, soit elle-même, soit par l'intermédiaire d'un médecin, au contenu des données contenues dans

98. Loi n° 2004-801 du 6 août 2004 relative à la protection des personnes physiques à l'égard des traitements de données à caractère personnel et modifiant la loi n° 78-17 du 6 janvier 1978 relative à l'informatique, aux fichiers et aux libertés : *JO*, 7 août 2004, p. 14063 – M. Dupont, C. Esper, C. Paire, *Droit hospitalier*, Dalloz, 5e éd, 2005, n° 629.

les fichiers afin de modifier éventuellement certaines informations (L. art. 40 et C. santé publ., art. L. 1117).

En matière de recherche, les personnes doivent recevoir certaines informations, soit individuellement, soit collectivement par voie d'affiche notamment dans les établissements hospitaliers (L. art. 59). Et toute personne a également dans ce domaine un droit d'opposition au traitement des données la concernant, étant précisé par la loi que les personnes décédées peuvent faire l'objet d'un traitement sauf opposition par écrit exprimée durant la vie de la personne (L. art. 56, al. 1 et 3).

En matière de dossier médical personnel, le titulaire du dossier a un droit d'opposition à l'inscription des données et un décret en Conseil d'État doit fixer les modalités d'accès (CSS, art. L. 161-36-4).

En matière de dossier médical personnel (DMP), la question actuelle est celle de la possibilité pour les patients de masquer certaines données en fonction de leur intérêt.

Section II

APPLICATION DES PRINCIPES

§ 1 - LA NAISSANCE

Introduction

7.69 > **Liberté sexuelle.** La liberté sexuelle de chacun est totale en droit français, celui-ci organisant seulement la protection de la liberté et de l'intimité, ce qui rend toutes les pratiques licites à l'exception de certaines d'entre elles susceptibles d'entraîner des sanctions pénales, notamment l'inceste.

Le législateur a supprimé en 1982 les sanctions pénales pouvant frapper les actes homosexuels commis sur des mineurs (L. n° 82-683 du 4 août 1982). La jurisprudence sociale s'était montrée hostile au concubinage homosexuel[99], mais une loi du 27 janvier 1987 a étendu la notion d'ayant droit dans l'assurance-maladie, ce qui bénéficie aux couples homosexuels. Ces derniers revendiquent désormais l'accès à l'assistance médicale à la procréation. Mais cette possibilité leur est jusqu'alors, refusée aussi bien par les lois de bioéthique de 1994 et de 2004 que par la Cour européenne[100].

7.70 > **Maîtrise de la procréation.** La volonté de procréer ou de ne pas procréer est considérée comme une manifestation de cette liberté sexuelle. On doit cependant distinguer

---

99. Cass. soc., 11 juil. 1989, *RTD sanit. Soc.* 1990, p. 116, obs. M. Harichaux.

100. *Dict. Perm. Bioéth. et Biotechn.* V. Organismes européens et internationaux, n° 136. Cass. civ., 1re, 9 mars 1994, DS 1995, p. 199, note Montéiro, *LPA* 1994, n° 116, p. 21, note Massip, approuvant Bordeaux 22 avril 1992, *JCP* 1993, IV, 185, *RTD civ.*, 1992 p. 552 ; dans cette affaire, la Cour de cassation eut à connaître de la revendication d'une garde d'enfants dont les deux parents étaient engagés dans une relation homosexuelle.

entre le refus de procréer qui est un droit conditionnel et la volonté de procréer, qui est une manifestation de la liberté procréative[101].

La fin du XXe siècle a fait découvrir aux femmes la maîtrise de la procréation à la suite d'évolutions différentes. Une évolution sociologique, prenant en compte les nouvelles libertés sexuelles des hommes et des femmes, a abouti progressivement à l'adoption de la loi Veil de 1975 autorisant l'interruption volontaire de grossesse sous certaines conditions pour les femmes qui ne souhaitaient pas d'enfant. Parallèlement, l'évolution de la biologie médicale a permis aux couples d'avoir des enfants malgré les obstacles de la nature, ce que le législateur a permis avec la législation autorisant l'assistance médicale à la procréation en 1994.

Si désormais ces deux objectifs – ne pas avoir d'enfant ou en vouloir malgré tout – peuvent être légitimement respectés dans la mesure où ils sont conformes à la loi, on ne peut ignorer les conséquences qu'ils comportent en ce qui concerne l'embryon. La liberté des adultes, et de la femme en particulier, est nécessairement limitée par la protection que le législateur doit assurer à l'embryon.

I – REFUS DE PROCRÉATION

A - CONTRACEPTION

7.71 > **Évolution.** La contraception est constituée par l'ensemble des moyens mis en œuvre pour éviter temporairement la survenance d'une grossesse : méthode naturelle, dispositifs intra-utérins, médicaments. La contraception s'est développée avec l'évolution des moyens techniques et la libéralisation de la législation en la matière.

La contraception a d'abord été admise par la loi Neuwirth de 1967 reconnaissant un « droit à la contraception ». Toutefois, cette loi continuait à réglementer la vente de contraceptifs et en subordonnait la vente aux mineures à la production d'une autorisation écrite des parents. L'accès à la contraception fut facilité par une loi du 4 décembre 1974 admettant la délivrance en pharmacie de contraceptifs sur prescription médicale, l'insertion de dispositifs intra-utérins par un médecin et la prise en charge par l'assurance-maladie, la suppression de l'exigence d'autorisation des parents et la possibilité de délivrance gratuite par un centre de planification familiale.

Toutefois, un arrêté du 27 mai 1999 autorisant la vente de la « pilule du lendemain » ayant été annulé par le Conseil d'État dans un arrêt du 16 juin 2000, la loi n° 2000-1209 du 13 décembre 2000 a légalisé le recours à la contraception d'urgence sous cette forme sans prescription médicale obligatoire. La loi autorise également la délivrance de ces médicaments aux mineures et dans l'anonymat, dans une loi du 4 juillet 2001, les conditions de délivrance étant fixées par un décret n° 2002-39 du 9 janvier 2002 qui prévoit

101. J. Robert, *op. cit.*, 5e éd., p. 219 et 205.

notamment que la demande peut être orale et précédée d'un entretien par le pharmacien chargé de vérifier l'urgence et de préciser le mode d'emploi de ces médicaments.

B - STÉRILISATION

7.72 > **Définition.** La stérilisation s'entend de « la suppression définitive de la possibilité de reproduction d'un être vivant » (Dict. Médecine, Flammarion). Initialement, la stérilisation était en droit illicite car assimilée à une mutilation volontaire depuis un arrêt célèbre de 1937 ayant condamné un médecin pour avoir pratiqué une stérilisation dans l'affaire dite des stérilisés de Bordeaux[102]. La législation a évolué progressivement vers l'admission de certaines formes de stérilisation. On distingue en effet, conformément à un avis rendu par le Comité consultatif national d'éthique et à l'avis des médecins, la stérilisation thérapeutique, la stérilisation à finalité contraceptive et la stérilisation à finalité eugénique[103].

7.73 > **Stérilisation thérapeutique.** La stérilisation thérapeutique est licite. Le Conseil de l'ordre des médecins qui condamnait la stérilisation en la considérant comme une mutilation avait admis dès 1983 qu'elle puisse être réalisée pour « des motifs sérieux qui amènent à déconseiller formellement et définitivement la grossesse ». Il s'agit donc d'un acte médical dès lors que le but de l'intervention est de préserver la vie d'une femme que mettrait en danger une nouvelle grossesse. Toutefois, cette intervention ne saurait être pratiquée sans le consentement de la femme, comme l'indique la Cour de cassation – de même que le Conseil d'État –, soulignant que cette intervention n'est pas « destinée à prévenir un danger immédiat pour (la) vie mais seulement à empêcher un risque futur en cas d'une éventuelle grossesse et qu'elle impliquait de surcroît un choix strictement personnel de la part de l'intéressée »[104]. La stérilisation à finalité thérapeutique est donc licite dès lors qu'elle respecte les conditions imposées par l'article 16-3 du Code civil, en particulier le consentement éclairé de la femme, le médecin pouvant être condamné s'il n'informe pas suffisamment sur les effets et les risques résiduels de la grossesse[105]. Le Conseil de l'ordre des médecins recommande également d'informer le conjoint, car certains auteurs estiment qu'à défaut ce comportement serait jugé fautif[106].

7.74 > **Stérilisation à finalité contraceptive.** La stérilisation à finalité contraceptive – fréquente en pratique sous forme de ligatures de trompes ou de vasectomie – était jusqu'alors très controversée puisqu'elle pouvait entraîner des sanctions pénales à l'encontre des médecins concernés, que le CCNE refusait de prendre parti sur cette question et que la doctrine était divisée quant à l'opportunité d'adopter une telle législation, certains auteurs considérant qu'au plan de la liberté individuelle la femme doit pouvoir se faire

---

102. Cass. crim., 1er, juillet 1937 : S. 1938, 1, 193, note Tortat ; *DH* 1937, 537 ; *Gaz. Pal.* 1937, 2, 358 ; *Rev. sc. Crim.* 1937, 680, obs. Magnol ; C. pén., nouv. art. 222-11 à 222-13 et art. 309 anc.
103. Avis du CCNE du 3 avril 1996.
104. Cass. civ., 1re, 11 oct. 1988 : *JCP*, II, 21358, note Dorsner-Dolivet ; *JCP* 1989, II 21222 note G. Mémeteau à propos d'une ligature des trompes de Fallope pratiquée lors d'un accouchement – CE, 27 janv. 1982, *DS* 1982, p. 276, obs. Penneau.
105. Cass. civ., 1re, 9 mai 1983 : *JCP* 1984, II 20362, note Dorsner Dolivet.
106. G. Mémeteau, *Le droit médical*, *op. cit.*, n° 457.

stériliser si elle le désire, estimant qu'« en se privant définitivement du droit de procréer, l'individu (...) pourrait devenir l'artisan d'une atteinte grave à son propre régime de liberté ».

La loi n° 2001-588 du 4 juillet 2001 relative à l'interruption de grossesse et à la contraception est venue mettre fin à ces controverses en autorisant la ligature des trompes et des canaux déférents pour les personnes majeures exprimant une volonté « libre, motivée et délibérée en considération d'une information claire et complète sur ses conséquences » et dans certaines conditions de procédure énumérées par l'article L. 2123-1 du Code de la santé publique et inspirées par la procédure applicable à l'interruption de grossesse : réalisation dans un établissement de santé, information par le médecin lors de la première consultation, remise d'un dossier, délai de réflexion de quatre mois suivi d'une demande écrite. Le législateur a admis, comme en matière d'interruption de grossesse, que le médecin n'est jamais tenu de pratiquer cet acte à visée contraceptive. Cette stérilisation ne peut être pratiquée sur une personne mineure (C. santé publ., art. L. 2123-2).

7.75 > **Stérilisation à finalité eugénique.** La stérilisation à finalité eugénique est toujours controversée car il s'agit pour certains d'une « atteinte inadmissible à la liberté et à la dignité humaine » tandis que d'autres estiment que la dignité peut justifier une « lutte contre les tares », un « combat pour l'amélioration de l'espèce »[107]. Le comité consultatif national d'éthique admet cette stérilisation dans son avis du 17 avril 1996, mais dans des conditions très rigoureuses. Le législateur envisage cette situation dans la loi du 4 juillet 2001 pour préciser que la stérilisation d'une personne majeure, dont l'altération des facultés mentales constitue un handicap et a justifié sa mise sous tutelle ou curatelle, ne peut être admise que s'il existe une contre-indication absolue à l'adoption d'une méthode de contraception ou à sa mise en œuvre efficace (C. santé publ., art. L. 2123-2). Au point de vue procédural, l'intervention est subordonnée à une décision du juge des tutelles saisi par la personne, le représentant légal, le père ou la mère. Le juge entend la personne et si elle est apte à se prononcer, sa volonté doit être systématiquement recherchée et prise en compte et il ne peut être passé outre à son refus. Le juge entend aussi les père et mère ou le représentant ainsi que toute personne dont l'audition paraît utile, il recueille l'avis d'experts ainsi que des représentants d'associations de personnes handicapées et c'est ce comité qui apprécie la « justification médicale de l'intervention » ainsi que ses conséquences normalement prévisibles sur les plans physiques et psychologiques (C. santé publ., art. L. 2123-2, v. *supra* n° 51 pour consentement des majeurs protégés). Le Conseil d'État a considéré que la stérilisation, même sans consentement des handicapés mentaux, est conforme à la Convention européenne des droits de l'homme, et au Pacte international relatif aux droits civils et politiques de l'ONU[108].

107. T. Cornavin, « Théorie des droits de l'homme et progrès de la biologie », in *Les droits de l'homme*, PUF, coll. Droits, 1985, p. 101, interruption volontaire ou thérapeutique de grossesse.
108. CE, 26 sept. 2005, n° 248357. *Dict. Bioéth.*, n° 154, p. 6562.

C - INTERRUPTION DE GROSSESSE

1 - *Interruption volontaire de grossesse*

7.76 > **Légalisation de l'interruption volontaire de grossesse.** La législation répressive de 1920 en matière d'avortement – dont la seule exception était constituée par l'admission de l'avortement thérapeutique – a suscité l'adoption de la loi n° 75-17 du 17 janvier 1975 – dite loi Veil – pour cinq ans, confirmée par la loi n° 79-1204 du 31 décembre 1979, accordant à la femme la possibilité de demander à un médecin l'interruption de grossesse et supprimant les sanctions pénales applicables à l'avortement si les conditions de fond sont réunies (C. santé publ., art. L. 2212-1). La loi Veil a rencontré de vives oppositions de la part des partisans du respect de la vie dès la conception et a suscité un certain contentieux (*supra* n° 32).

Cette législation a évolué vers une certaine dépénalisation avec la réforme du Code pénal en 1992, car si la loi de 1975 était considérée comme un texte d'exception antérieurement, c'est désormais la nullité de l'acte qui devient l'exception (C. pén., art. 223-10, 223-11, 223-12). Compte tenu des oppositions persistantes à l'interruption de grossesse par les partisans du droit à la vie de l'embryon et des actions destinées à paralyser ces pratiques, le législateur a instauré un délit d'entrave à l'interruption de la grossesse dans la loi n° 93-121 du 27 janvier 1993, l'action pouvant être exercée par toute association constituée depuis au moins cinq ans dont l'objet comporte « la défense des droits des femmes à accéder à la contraception et l'interruption de grossesse ». Des sanctions sont prévues à l'encontre de quiconque empêche ou tente d'empêcher une interruption de grossesse, soit en perturbant l'accès aux lieux, soit en exerçant des pressions morales ou psychologiques (C. santé publ., art. L. 2223-1 et L. 2223-2). Parallèlement à ces actions des opposants, le désintérêt croissant des médecins pour l'avortement et le jeu de plus en plus fréquent de la clause de conscience qui leur est reconnue par l'article L. 2212-8 du Code de la santé publique a amené les autorités en charge de la santé publique à adopter plusieurs textes en vue d'encourager les médecins hospitaliers à accepter la pratique d'avortements.

La CEDH rappelle nettement la liberté d'expression en matière d'avortement qu'elle protège à l'égard des États[109].

En 2003, l'Assemblée nationale avait adopté, à propos de la loi visant à renforcer la lutte contre la violence routière, un amendement – amendement Garaud – créant un délit d'interruption de grossesse sans consentement de l'intéressée, assorti d'un an de prison et de 15 000 euros d'amende en cas d'interruption de grossesse provoquée par « une maladresse, une imprudence, une inattention, une négligence ou un manquement à une obligation de sécurité ». Mais devant la « tempête médiatique » suscitée par cet amendement, fondée sur les éventuelles conséquences d'une telle disposition quant au statut de

109. CEDH, 3 février 2009, n° 31276/05, *Women on waves et a. c/ Portugal* : condamnation du Portugal qui avait interdit l'entrée d'un navire organisant des conférences favorables à l'avortement.

l'embryon, le ministre de la Justice a annoncé l'abandon du projet au motif « qu'il pose plus de problèmes qu'il n'en règle[110] ».

7.77 > Définition de l'état de détresse. En premier lieu, la femme doit se trouver dans une situation de « détresse ». L'appréciation de cet état, condition de licéité de l'IVG aux termes de l'article L. 2212-1 du Code de la santé publique, relève de la femme elle-même. La « détresse » a été définie comme « résultant pour la femme de la conjonction d'éléments sociaux, familiaux, financiers ou moraux », mais elle n'est pas constitutive de la notion de « péril » prévue par l'article 63 de l'ancien Code pénal, ce qui obligerait un médecin à pratiquer l'IVG[111]. Certains auteurs ne manquent pas de souligner l'imprécision de la notion de « détresse », pouvant parfois être confondue avec la « convenance »[112]. L'interruption de grossesse ne peut être pratiquée que par un médecin, dans un établissement public ou privé satisfaisant aux conditions légales (C. santé publ., art. L. 2212-2).

7.78 > Condition de délai. Une condition de délai doit être respectée et cette dernière a été modifiée par la loi du 4 juillet 2001 dans le sens de l'allongement. Il était prévu initialement par l'ancien article L. 162-1 que l'IVG ne pouvait être pratiquée qu'avant la fin de la dixième semaine de grossesse. Mais la loi du 4 juillet 2001 a porté ce délai à douze semaines (C. santé publ., art. L. 2212-1). Ce délai est réduit en cas de recours à une prescription médicamenteuse abortive, telle le RU 486, puisque cette méthode, autorisée officiellement en 1988 et remboursée à partir de 1990, est utilisée par la femme elle-même dans un délai inférieur à dix semaines, entre le 40e et 49e jour.

7.79 > Consentement de la femme. L'interruption de grossesse étant un droit de la femme, il a été admis par le Conseil d'État, et malgré les termes de l'article L. 2212-4, alinéa 3 du Code de la santé publique – « chaque fois que cela est possible, le couple participe à la consultation et à la décision à prendre » –, que le père ne pouvait s'opposer au droit de la femme de demander une interruption de grossesse, le Conseil rappelant que ce texte « n'a ni pour objet, ni pour effet de priver la femme majeure du droit d'apprécier elle-même si sa situation justifie l'interruption de la grossesse ». Cette décision a été critiquée au motif qu'elle est contraire à la philosophie dissuasive de la loi[113].

7.80 > Consentement de la mineure non émancipée. En matière d'IVG demandée par une mineure, la loi n° 2001-588 du 4 juillet 2001 a apporté quelques modifications visant à renforcer l'autonomie de décision de la mineure. Pour les mineures non émancipées – terme substitué au terme « mineure célibataire » utilisé initialement –, le consentement de l'un des titulaires de l'autorité parentale ou le cas échéant du représentant légal est requis et il doit être joint à la demande présentée par la mineure hors la présence de toute autre personne (C. santé publ., art. L. 2212-7). La loi du 4 juillet 2001 prévoit que si

110. Sur projet : *Dict. Bioéth., Bull.* n° 125, p. 7065.
111. T. corr. Rouen, 9 juil. 1975 ; *D.* 1976, 531, note Roujou de Boubée.
112. G. Mémeteau, *Le droit médical, op. cit.*, n° 489.
113. CE ass., 31 oct. 1980 Lahache : *JCP* 1982, II, 19732 note Dekeuwer-Défossez ; *DS* 1981, J, 38, concl. B. Genevois ; *RDP* 1981, p. 216, note J. Robert ; *RTD sanit. et soc.* 1981, p. 81, note critique J.-M. Lemoynes de Forges : *contra* L. Dubouis, même revue, p. 247.

la mineure non émancipée désire garder le secret, le médecin doit, dans l'intérêt de la mineure, s'efforcer d'obtenir son consentement pour que le ou les titulaires de l'autorité parentale soient consultés ou doit vérifier que cette démarche a été faite lors de l'entretien d'usage prévu par l'article L. 2212-4. Si la mineure ne veut pas effectuer cette démarche ou si le consentement n'est pas obtenu, il est procédé à l'interruption de grossesse de la mineure sur la demande de la mineure, cette dernière se faisant accompagner par une personne de son choix (C. santé publ., art. L. 2212-7, al. 3).

Il a été jugé qu'en cas d'immaturité caractérisée d'une mineure, le juge des enfants pouvait autoriser l'IVG malgré le refus de la mère[114].

En cas d'interruption de grossesse concernant un majeur protégé, par hypothèse peu apte à apprécier son état de détresse, c'est le tuteur et le conseil de famille qui devraient solliciter cette IVG par application des règles en matière d'incapacité, mais en cas de conflit, l'on doute que le juge des tutelles ait le pouvoir de faire cette demande à la place de la femme[115].

7.81 > **Conditions de forme.** Des garanties procédurales sont prévues par la loi pour éviter les excès de demande et mettre la femme en mesure d'exprimer une demande parfaitement éclairée. Le médecin sollicité pour une IVG doit, dès la première visite, informer la femme des méthodes médicales et chirurgicales et des risques et effets secondaires potentiels de l'intervention, et lui remettre un dossier-guide mentionnant notamment les conditions de l'IVG ainsi que la liste des organismes pratiquant les IVG et donnant des informations (C. santé publ., art. L. 2212-3). Il est proposé à la femme – et imposé à la mineure non émancipée – de consulter un centre d'information spécialisé ou agréé où elle pourra avoir une consultation préalable avec entretien particulier (C. santé publ., art. L. 2212-4). Si la femme renouvelle sa demande d'IVG, elle doit le faire par écrit et le médecin ne peut l'accepter qu'après un délai d'une semaine suivant la première demande, sauf cas où le délai légal – douze semaines – risquerait d'être dépassé (C. santé publ., art. L. 2212-5).

La loi du 4 juillet 2001 dispose, comme la loi antérieure, qu'un médecin n'est jamais tenu de pratiquer une IVG – c'est la clause dite de conscience –, mais il doit en informer la femme dès la première visite et doit communiquer immédiatement le nom des praticiens susceptibles de réaliser cette intervention (C. santé publ., art. L. 2212-8). Il a été jugé que la clause de conscience d'un médecin hospitalier ne peut faire obstacle à la création d'un service pratiquant les IVG.

2 - Interruption de grossesse pour motif médical

7.82 > **Définition.** L'interruption de grossesse pour raisons médicales a été admise par un décret-loi du 29 juillet 1939 – dit Code de la famille dans le cas où la « sauvegarde de

114. T. pour enf. Évry, 8 nov. 1982, *D.* 1983, 218, note critique P. Raynaud ; *RTD sanit. et soc.*, 1983, p. 525, obs. G. Mémeteau ; J. Hauser, réf. *supra* note 80.
115. M. Harichaux et T. Fossier, « La tutelle à la personne des incapables majeurs : l'exemple du consentement à l'acte médical », cf. note 80.

la vie de la mère (est) gravement menacée ». La loi Veil de 1975 a élargi les possibilités de pratique de cet acte en prenant en considération, outre l'état de la mère, celui de l'enfant à naître, et la loi du 29 juillet 1994 impose des conditions pour la réalisation du diagnostic prénatal. La loi du 4 juillet 2001 relative à l'interruption de grossesse a renforcé les conditions de qualification des médecins, ces dernières étant précisées par un décret du 31 mai 2002 (C. santé publ., art. L. 2213-1, al. 2).

7.83 > **Conditions.** L'interruption de la grossesse pour motif « médical » – terme substitué au terme « thérapeutique », ce qui est plus en accord avec la finalité de l'acte – peut être pratiquée à toute époque dès lors que la poursuite de la grossesse « met en péril grave la santé de la mère », ou qu'il existe « une forte probabilité que l'enfant à naître soit atteint d'une affection d'une particulière gravité reconnue comme incurable au moment du diagnostic », ces motifs médicaux devant être attestés par deux médecins membres d'une équipe pluridisciplinaire après avis de cette dernière (C. santé publ., art. L. 2213-1, al. 1). Compte tenu de la gravité de l'acte et des risques de dérapage possibles liés à l'élimination abusive d'embryons, le législateur a renforcé la qualification des médecins dans la loi du 4 juillet 2001. Lorsqu'il s'agit d'apprécier le « péril grave » pouvant atteindre la santé de la femme, l'équipe pluridisciplinaire comprend au moins trois personnes – un médecin qualifié en gynécologie obstétrique, un médecin choisi par la patiente et une autre personne tenue au secret médical (C. santé publ., art. L. 2213-1, al. 2).

Pour constater qu'il existe une forte probabilité que l'enfant à naître soit atteint, l'équipe pluridisciplinaire examinant la demande de la femme est celle d'un centre pluridisciplinaire de diagnostic prénatal (C. santé publ., art. L. 2213-1, al. 3). Dans les deux cas, la femme concernée – ou le couple – peut demander à être entendue par l'équipe pluridisciplinaire préalablement à la réunion de cette dernière (C. santé publ., art. L. 2213-1, al. 4).

Comme en matière d'interruption volontaire de grossesse, l'interruption de grossesse pour motif médical doit être réalisée dans des lieux agréés, et les médecins bénéficient aussi d'une clause de conscience (C. santé publ., art. L. 2213-2).

7.84 > **Diagnostic prénatal et interruption de grossesse pour motif médical.** Les difficultés d'appréciation médicale sont accrues sous l'influence des progrès dans le domaine du diagnostic prénatal sous toutes formes : échographie, tests de dépistage, notamment de la rubéole et de la toxoplasmose, prélèvement fœtal pour recherche de la trisomie 21 et les moyens d'exploration sont devenus si sensibles qu'ils font apparaître des déformations mineures. Aussi la question est de savoir s'il convient de répondre à toute demande d'examen ou de dépistage, voire de proposer un dépistage de trisomie 21 à toutes les femmes âgées de plus de 38 ans – âge où le risque est le plus important – et ensuite s'il convient d'accéder à toute demande d'avortement thérapeutique, compte tenu des risques de dérapage. Le comité d'éthique a pour sa part exclu un dépistage de masse systématique de la trisomie 21 dans son avis du 22 juin 1993.

Afin de mieux encadrer les pratiques, le législateur a défini le diagnostic prénatal pour mieux délimiter son domaine, et l'article L. 2131-1 précise qu'il s'entend « des pratiques médicales ayant pour but de détecter in utero chez l'embryon ou le fœtus une affection d'une particulière gravité ». En outre, le diagnostic prénatal doit être précédé d'une consultation médicale adaptée à l'affection recherchée, les médecins devant « évaluer le risque pour l'enfant à naître d'être atteint d'une maladie d'une particulière gravité, compte tenu des antécédents familiaux ou des constatations médicales effectuées au cours de la grossesse », « informer la femme enceinte sur les caractéristiques de cette maladie, les moyens de la détecter, les possibilités thérapeutiques et sur les résultats susceptibles d'être obtenus au cours de l'analyse », « d'informer la patiente sur les risques inhérents aux prélèvements, sur leurs contraintes et leurs éventuelles conséquences » (C. santé publ., art. R. 2131-7). Le médecin consulté délivre « une attestation signée certifiant qu'il a apporté à la femme enceinte les informations définies ci-dessus ». Cette information est remise au praticien effectuant les analyses. Elle doit être conservée par l'établissement public de santé ou le laboratoire d'analyses de biologie médicale dans les mêmes conditions que le compte rendu d'analyses. Cette attestation d'information confirme une pratique instaurée par les médecins dans le cadre de consultations génétiques.

7.85 > **Dispositions pénales.** Le nouveau Code pénal a atténué la répression de l'interruption de grossesse illégale, les peines de prison étant ramenées de cinq ans à deux ans (art. 223-11). Les articles 223-11 et 223-12 réprimant l'avortement illicite prévus par le Code pénal ont été abrogés par la loi n° 2001-588 du 4 juillet 2001 et demeurent dans le Code de la santé publique. Sont sanctionnés : le non-respect des conditions légales (C. santé publ., art. L. 2222-2, anc. art. 211, C. pén.), le fait d'aider une femme à pratiquer sur elle-même l'avortement (C. santé publ., art. L. 2222-4, anc. art. 223-12), ou de ne pas avoir obtenu le consentement de la femme (C. santé publ., art. L. 2222-1 et C. pén., art. 223-10), le fait de procéder au diagnostic prénatal sans avoir l'autorisation exigée (C. santé publ., art. L. 2161-1 et C. pén., art. 511-20).

En matière d'interruption thérapeutique de grossesse, des sanctions sont prévues en cas de non-respect des dispositions applicables au diagnostic prénatal (C. pén., art. 511-20).

II – VOLONTÉ DE PROCRÉATION

7.86 > **Évolution législative de l'assistance médicale à la procréation (AMP).** Les progrès considérables accomplis depuis environ deux décennies en matière de biologie humaine ont fait apparaître de nouvelles perspectives de maternité, mais aussi de nouveaux risques de dérapage, ce qui nécessitait un encadrement législatif des nouvelles techniques, les usages créés par les promoteurs de l'assistance médicale à la procréation s'avérant insuffisants.

Le cadre légal de l'assistance médicale à la procréation est issu des lois de bioéthique n° 94-653 et 94-654 du 29 juillet 1994. La loi relative à la bioéthique n° 2004-800 du 6 août 2004 a généralement confirmé (sur projet 2009, voir exercice n° 1) et parfois explicité tant les conditions de fond que les règles concernant l'embryon, interdisant de manière expresse le clonage reproductif. Un décret du 22 décembre 2006 est venu modifier la partie réglementaire du Code de la santé publique relative à l'assistance médicale à la procréation[116].

A - CONDITIONS DE L'ASSISTANCE MÉDICALE À LA PROCRÉATION

1 - Domaine de l'AMP

7.87 ➤ **Objet de l'AMP.** L'assistance médicale à la procréation a une portée assez large puisqu'elle s'entend des pratiques cliniques et biologiques permettant la conception *in vitro*, du transfert d'embryons – c'est-à-dire la FIVETE : développement des techniques de fécondation *in vitro* et transferts d'embryons –, de l'insémination artificielle, ainsi que de toute technique d'effet équivalent permettant la procréation en dehors du processus naturel, dont la liste est fixée par décret. La loi du 6 août 2004 précise que la stimulation ovarienne est soumise à des recommandations de bonne pratique (C. santé publ., art. L. 2141-1).

L'objet de la procréation médicalement assistée, tel qu'il est indiqué par la loi confirmant les usages médicaux, est de répondre à une finalité thérapeutique dans une double direction. L'AMP doit d'abord, aux termes de l'article L. 2141-2 nouveau du Code de la santé publique, « remédier à l'infertilité dont le caractère pathologique a été médicalement diagnostiqué » ou « d'éviter la transmission à l'enfant ou à un membre du couple – finalité nouvelle ajoutée par la loi visant les couples sérodifférents – d'une maladie d'une particulière gravité ». Il ne s'agit pas, de dévier sur des considérations eugéniques, mais de permettre, par l'assistance médicale à la procréation, des naissances qui sans cela n'auraient pas eu lieu. Cependant, des auteurs estiment que la notion de « particulière gravité » est assez floue, peut faciliter les dérives et s'inscrit dans la recherche d'une « société sanitairement parfaite ».

Le législateur limite les conditions d'accès à l'assistance médicale à la procréation afin que cette dernière ne constitue pas une procréation de convenance.

2 - Bénéficiaires de l'AMP

7.88 ➤ **Couple hétérosexuel.** Le législateur a considéré, comme les promoteurs de l'AMP, que cette dernière devait constituer une aide à la procréation et un palliatif de l'infertilité, qui devaient donc être réservés à un couple hétérosexuel répondant à cette finalité. La loi n° 2004-800 confirme que l'assistance médicale à la procréation doit répondre « à la demande parentale d'un couple » qui, aux termes de l'article L. 2141-2, alinéa 3 du Code de la santé publique, doit être constitué par « un homme et une

116. D. n° 2006-1660 du 22 déc. 2006 relatif au don de gamètes et à l'assistance médicale à la procréation et modifiant le Code de la santé publique (dispositions réglementaires, *JO* 23 déc. 2006. Sur finalité de l'AMP : G. MÉMETEAU, « PMA et eugénisme : de la lettre au doute », *Médecine et droit*, sept./oct. 1994, n° 8, p. 117.

femme ». Elle interdit donc l'AMP pour les couples homosexuels malgré les revendications[117]. Le projet 2009 confirme jusqu'alors cette volonté (V. exercice n° 1).

7.89 › **Couple vivant en âge de procréer.** Selon l'article L. 2141-2, alinéa 3, le couple doit être vivant et en âge de procréer afin d'exclure les maternités tardives possibles, comme en témoignent certains faits divers[118]. La loi n° 2004-800 interdit désormais dans l'article L. 2142, alinéa 3 l'insémination *post mortem* mettant ainsi fin aux controverses suscitées par les demandes d'insémination *post mortem* introduites par des veuves[119]. Elle interdit également les demandes en restitution d'embryons congelés après dissolution du mariage[120]. Cette interdiction sera sans doute moins bien acceptée car la situation est différente puisque la conception *in vitro* est antérieure au décès ce qui pouvait justifier le transfert[121] et fut d'ailleurs admis dans le projet de réforme sous certaines conditions[122]. Mais des arguments éthiques et juridiques s'opposent à ce transfert d'embryon *post mortem* comme l'a montré notamment le Congrès des notaires. Il semble que la décision du législateur sur ce point n'emporte pas une totale adhésion[123].

L'article L. 2141-2 indique aussi que indépendamment du décès d'un membre du couple « font obstacle à l'insémination ou au transfert des embryons, le dépôt d'une requête en divorce ou en séparation de corps ou la cessation de communauté de vie, ainsi que la révocation par écrit du consentement par l'homme ou par la femme auprès du médecin chargé de mettre en œuvre l'assistance médicale à la procréation ». Cet article est toujours appliqué strictement par la jurisprudence (exercice n° 2).

7.90 › **Vie maritale ou vie commune.** L'homme et la femme doivent être « mariés ou en mesure d'apporter la preuve d'une vie commune d'au moins deux ans et consentant préalablement au transfert des embryons ou à l'insémination » (C. santé publ., art. L. 2141-2). Les difficultés de preuve et d'appréciation du concubinage d'au moins deux ans paraissent évidentes : exige-t-on une cohabitation effective, ou des relations stables affectives connues ? Sans doute les médecins se limiteront-ils à la présentation d'un certificat de concubinage. Le décret n° 96-650 du 6 mai 1995 impose aux établissements de garder copie des pièces attestant du respect de ces conditions « dans le respect de la confidentialité » (C. santé publ., art. R. 2142-7).

---

117. *Dict. Perm. Bioéthique et Biotechnologies*, v° Assistance médicale à la procréation, n° 52. – V. aussi Cass. civ. 1re, 9 mars 1994, préc., note 99.
118. M. Gobert, « Apocalypse. Procréations médicalement assistées et droit de la famille », *Gaz. Pal.*, 22/23 avril 1994, p. 2.
119. TGI Créteil, 1er août 1984, *Gaz. Pal.* 1984, 2, 561 concl. Lessec. ; *JCP* 1984, G, II, 20321, note Corone ; *RTD civ.*, obs. Nerson et Rubellin-Devichi, p. 703. TGI Toulouse, 26 mars 1991 : *JCP* 1992, G, II, 21807, note Ph. Pédrot ; même sens, TGI Créteil, 4 avril 1995, *LPA* 24 déc. 1997, note C. Taglione.
120. TGI Toulouse, 11 mai 1993 et TGI Rennes, 30 juin 1993 : *JCP* 1994, II, 22250, note C. Neirinck. TGI Toulouse, 11 mai 1993 : *JCP* 1995, II, n° 22472, note C. Neirinck.
121. Avis sur le transfert d'embryons après décès du conjoint (ou du concubin) du 17 décembre 1993. Cf. observations de M. Pierre Laroque sur cet avis.
122. Loi relative à la bioéthique, *Dict. Perm. Bioéthique et Biotechnologies*, n° spéc., août 2004, p. 6793.
123. Loi relative à la bioéthique, *ibid. Dict. Perm. Bioéthique et Biotechnologies*, v° Filiation et procréation médicalement assistée, n° 30.

7.91 > **Procédure de demande d'AMP.** La mise en œuvre de l'AMP est subordonnée au respect de certaines conditions par les membres de l'équipe pluridisciplinaire procédant à l'AMP. Ils doivent vérifier les motivations de l'homme et de la femme formant le couple, informer ceux-ci des possibilités de réussite, d'échec et de pénibilité des techniques ainsi que de l'impossibilité de réaliser un transfert d'embryons conservés en cas de rupture du couple et leur remettre un dossier – guide informatif (C. santé publ., art. L. 2141-10 nouv.). Le couple introduit ensuite une demande écrite à la suite d'un délai de réflexion. L'AMP est également subordonnée au respect de règles de sécurité sanitaire. L'AMP ne peut être mise en œuvre lorsque le couple ne remplit pas les conditions légales, et si elle nécessite le recours à un tiers donneur, le consentement du couple est exprimé devant le juge ou le notaire.

B - RÈGLES SPÉCIFIQUES AU DON ET À L'UTILISATION DE GAMÈTES

1 - Conditions relatives au don de gamètes

7.92 > **Définition.** Le législateur de 1994 a encadré le don et l'utilisation de gamètes, jusqu'alors admis en pratique mais non réglementé. Le don de gamètes consiste « en l'apport par un tiers de spermatozoïdes ou d'ovocytes en vue d'une assistance médicale à la procréation » (C. santé publ., art. L. 1244-1).

La loi de 1994 était assez restrictive à l'égard de l'AMP avec tiers donneurs n'admettant cette procédure que comme ultime indication lorsque la procréation assistée à l'intérieur du couple ne peut aboutir (L. 2141-6 anc.). La loi du 6 août 2004, admet plus largement le recours à un tiers donneur : risques de transmission d'une maladie d'une particulière gravité à l'enfant ou à un membre du couple, échec des techniques d'AMP à l'intérieur du couple (C. santé publ., art. L. 2141-7).

La loi impose des garanties médicales et scientifiques en ce qui concerne le donneur en confirmant nombre des pratiques instaurées par les CECOS qui ont dès l'origine établi des règles éthiques, sociologiques, scientifiques concernant le choix des donneurs. Ainsi la loi confirme le principe, admis en pratique, que le donneur doit avoir procréé – il n'est plus exigé qu'il fasse partie d'un couple – et que le recours aux gamètes d'un même donneur doit être limité à dix enfants – au lieu de cinq antérieurement – afin d'éviter les risques de consanguinité, les organismes autorisés étant chargés de fournir toutes informations utiles sur les donneurs (C. santé publ., art. L. 1244-2, L. 1244-4 et L. 1244-5). Les pratiques artisanales non contrôlables sont interdites (C. santé publ., art. L. 1244-3). Les normes de qualité prévues par une directive européenne de 2004 ont été transposées en France par un décret du 19 juin 2008 (C. santé publ., art. R. 1211-25 et R. 1211-28).

2 - Principes applicables

7.93 > **Principes généraux.** Les dons de gamètes sont régis par les principes généraux énoncés par les lois de bioéthique de 1994 et 2004 et les principes du Code civil : inviolabilité (C. civ., art. 16-1), consentement (C. civ., art. 16-4), non-patrimonialité (C. civ., art. 16-1, al. 2 et 16-5), anonymat (C. civ., art. 16-8), interdiction de la maternité pour autrui (C. civ., art. 16-7). Ils sont également régis par les dispositions spécifiques du Code de la santé publique concernant le consentement, l'anonymat, la non-patrimonialité, les garanties sanitaires et règles administratives, ainsi que par les décrets d'application.

7.94 > **Consentement.** Il est de principe que le consentement d'un donneur doit être donné préalablement au prélèvement et qu'il est révocable à tout moment (C. santé publ., art. L. 1211-2). Pour les dons de gamètes, le consentement du donneur et de son conjoint doivent en outre être donnés par écrit et il en va de même pour celui des deux membres du couple receveur qui constitue le fondement de la parentalité (C. santé publ., art. L. 1244-2).

7.95 > **Anonymat.** Prévu de manière générale par l'article 16-8 du Code civil (*supra* n° 36), le principe d'anonymat est applicable au don de gamètes dont il est censé préserver le caractère altruiste. Le bénéfice d'un don de gamètes ne peut donc être subordonné à la désignation par le couple receveur d'une personne ayant volontairement accepté de procéder à ce don en faveur d'un couple tiers anonyme, sous peine de sanction (C. santé publ., art. L. 1244-7).

Il est imposé aux établissements de conserver dans la confidentialité tous documents attestant du respect des conditions imposées pour bénéficier d'une AMP ainsi que, pour chaque couple concerné, le dossier médical indiquant la date des ponctions de gamètes, la date des transferts d'embryons, l'état de santé du nouveau-né ainsi que les informations utiles relatives aux donneurs et transmises aux autorités sanitaires conformément à l'article L. 1244-6 du Code de la santé publique (C. santé publ., art. R. 2142-13, 2142-15, 2142-16). Les établissements doivent adopter des précautions contre le vol. La divulgation d'informations permettant d'identifier une personne ou un couple ayant fait un don de gamètes peut entraîner des sanctions pénales (C. santé publ., art. L. 1273-3).

Sur le plan médical, cet anonymat pourrait nuire à la santé de l'enfant ; aussi la loi admet-elle une exception de principe au bénéfice des médecins qui peuvent « accéder aux informations médicales non identifiantes en cas de nécessité thérapeutique concernant un enfant conçu par une assistance médicale à la procréation avec tiers donneur » (C. santé publ., art. L. 1244-6). Il est à noter également que conformément à la loi n° 2002-93, l'enfant peut dans certaines conditions avoir accès à ses origines (*D.* 2002, Lég. p. 458).

7.96 > **Gratuité des dons.** Le principe de non-patrimonialité consacré par les articles 16-1, alinéa 2 du Code civil et L. 1211-4 du Code de la santé publique (*supra* n° 33) est transposable au don de gamètes ; aussi est-il interdit de rémunérer le donneur, sauf cas d'indemnisation de frais (C. santé publ., art. R. 1211-4) ou d'apporter son entremise pour favoriser l'obtention d'un don de gamètes contre un paiement sous peine de sanction pénale (C. santé publ., art. L. 1273-2).

7.97 > **Garanties sanitaires.** La loi a imposé des garanties sanitaires en matière de dons de gamètes : analyses des marqueurs biologiques, dépistages des virus VIH, hépatites B et C, cytomégalovirus et renouvellement de ces examens après six mois. En cas de résultats positifs le donneur de gamète ne peut être retenu (C. santé publ., art. R. 1211-25 à R. 1211-28).

C - DIAGNOSTIC PRÉ-IMPLANTATOIRE

7.98 > **Objet.** Le diagnostic pré-implantatoire, admis par le législateur en 1994, est un « diagnostic biologique effectué à partir de cellules prélevées sur l'embryon *in vitro* » qui a pour objet de déterminer avant transfert dans l'utérus certaines caractéristiques génétiques (C. santé publ., art. L. 2131-4).

La pratique de cet examen peut, comme celle du diagnostic prénatal, conduire à des dérives eugéniques. Aussi, conformément à un avis du Comité national d'éthique relatif à cette question du 18 juillet 1990, la loi comporte plusieurs dispositions destinées à limiter le recours à cette pratique. Ce diagnostic n'est autorisé, selon l'article L. 2131-4 modifié, qu'à titre « exceptionnel » et sous réserve de plusieurs conditions : attestation médicale que le couple, du fait de sa situation familiale, a une forte probabilité de donner naissance à un enfant atteint d'une maladie génétique d'une particulière gravité reconnue comme incurable au moment du diagnostic, réalisation du diagnostic seulement, « lorsqu'a été préalablement et précisément identifiée, chez l'un des parents, – ou l'un des ascendants immédiats – l'anomalie ou les anomalies responsables d'une telle maladie », les deux membres du couple devant exprimer leur consentement au diagnostic par écrit.

En outre, ce diagnostic ne peut avoir d'autre objet « que de rechercher cette affection ainsi que les moyens de la prévenir et de la traiter » (C. santé publ., art. 2131-4, al. 5).

Un nouvel article L. 2131-4-1 autorise, par dérogation à l'article précédent, la pratique de diagnostic sur l'embryon *in vitro* à titre expérimental dans certaines conditions : couple ayant déjà donné naissance à un enfant atteint d'une maladie génétique, possibilité d'améliorer le pronostic vital de l'enfant de façon décisive par l'application sur celui-ci d'une nouvelle thérapeutique. Le diagnostic ne peut avoir pour objet que de rechercher la maladie, de la prévenir et de permettre l'application de la thérapeutique. Et il ne peut être réalisé qu'avec l'accord des deux parents et l'autorisation de l'Agence de la biomédecine.

7.99 > **Garanties administratives.** La loi prévoit des règles destinées à assurer la sécurité de ces opérations d'utilisation de gamètes qui doivent se pratiquer dans les établissements et organismes autorisés sous peine de sanctions (C. santé publ., art. L. 1244-5 et s. R. 2142 à R. 2142-15).

Il est imposé à chaque centre de tenir un « registre des gamètes » contenant un certain nombre d'informations relatives au donneur : l'identité ou le code d'identification du donneur, la date et le lieu de la congélation, la date et les modes d'utilisation des gamètes, les indications relatives au lieu de conservation des gamètes et éventuellement l'identité des receveurs (C. santé publ., art. R. 2142-16). Par ailleurs, le dossier du donneur doit comporter des indications de nature sanitaire sous forme anonyme : antécédents médicaux personnels et familiaux, résultats de tests, nombre d'enfants issus du don, date des dons. Les praticiens agrées sont responsables de la bonne tenue de ce dossier (C. santé publ., art. R. 2142-17).

En outre, en vue de protéger l'anonymat, il est imposé aux établissements de se prémunir contre le vol, les informations concernant les donneurs, l'identification des enfants nés et les liens biologiques devant être conservés « dans une chambre ou armoire forte » à laquelle ont accès uniquement les praticiens agréés (C. santé publ., art. R. 1244-8).

D - PROTECTION DE PRINCIPE DE L'EMBRYON HUMAIN

7.100 > **Nature juridique de l'embryon *in vitro*.** Les lois de bioéthique du 29 juillet 1994 et du 6 août 2004 n'ont pas pris parti sur la question essentielle de la nature juridique de l'embryon afin d'éviter toute remise en cause de la loi Veil compte tenu des divergences très vives sur ce point (*supra* n° 21). Aussi, tout en réaffirmant que « la loi assure la primauté de la personne, interdit toute atteinte à la dignité de celle-ci et garantit le respect de l'être humain dès le commencement de la vie » (C. civ., art. 16), le législateur a seulement adopté des dispositions destinées à protéger l'embryon humain *in vitro* contre la commercialisation et l'expérimentation et à lui assurer un accueil. Mais cette protection est en régression dans la loi du 6 août 2004, au regard de la recherche, surtout en ce qui concerne l'embryon humain *in vitro* (sur évolution v. cas pratique *infra*, exercice n° 2, p. 534).

La jurisprudence ne s'est pas prononcée davantage sur la nature de l'embryon *in vivo* mais se refuse généralement à le considérer comme une personne humaine.

Trois arrêts importants de la Cour de cassation du 6 février 2008 relatifs à la déclaration d'enfant né sans vie font craindre à certains une remise en cause de la loi Veil (cf. Exercice n° 1).

1 - Respect de l'embryon

7.101 > **Conditions relatives à la conception d'embryons *in vitro*.** Conformément à la loi, un embryon ne peut être conçu que dans le cadre et selon les objectifs d'une assistance médicale à la procréation définis par l'article L. 2141-2 du Code de la santé publique, ce qui exclut cette conception dans une finalité de recherche ou d'exploitation commerciale ; la loi précise en outre que cette conception ne peut être réalisée sans gamètes ne provenant pas au moins d'un des deux membres du couple, ce qui s'inscrit dans la finalité de l'AMP, conçue comme remède à la stérilité.

La loi permet la conception d'embryons en surnombre. L'article L. 2141-3 modifié dispose en effet que « compte tenu de l'état des techniques médicales, les deux membres du couple peuvent consentir par écrit à ce que soit tentée la fécondation d'un nombre d'ovocytes pouvant rendre nécessaire la conservation d'embryons, dans l'intention de réaliser ultérieurement leur projet parental (*supra* n° 22). La loi du 6 août 2004 ne fixe pas de terme pour la réalisation de ce projet parental alors qu'antérieurement l'article L. 2141-3 limitait la durée de conservation à cinq ans en attendant la loi de confirmation.

Une information détaillée est remise aux membres du couple sur les possibilités de devenir des embryons conservés qui ne feraient plus l'objet de projet parental et il leur est indiqué qu'ils peuvent consentir par écrit à ce que les embryons, non susceptibles d'être transférés ou conservés, fassent l'objet d'une recherche (C. santé publ., art. L. 2141-3, al. 2 et 3).

7.102 > **Suivi des embryons surnuméraires.** Les deux membres du couple dont les embryons sont conservés, sont consultés chaque année par écrit sur le point de savoir s'ils maintiennent leur projet parental (C. santé publ., art. L. 2141-4, al. 1). Plusieurs situations sont possibles :

a) Si les deux membres du couple n'ont plus de projet parental ou si un des deux membres est décédé, les deux membres – ou le membre survivant – peuvent consentir à ce que leurs embryons soient accueillis par un autre couple ou fassent l'objet d'une recherche dans les conditions légales, ou encore à ce qu'il soit mis fin à leur conservation. Un formalisme est prévu, la volonté devant être exprimée par écrit et renouvelée après un délai de trois mois.

b) Dans le cas où l'un des deux membres du couple, consulté à plusieurs reprises, ne répond pas sur le point de savoir s'il maintient ou non son projet parental, il est mis fin à la conservation des embryons si elle est d'au moins cinq ans. Il en est de même en cas de désaccord des deux membres du couple quant au maintien du projet parental ou au devenir des embryons. Cette destruction avait déjà été admise en 1994 par la Cour de Toulouse[124].

c) Si les deux membres du couple ont consenti à l'accueil de leurs embryons dans les conditions des articles L. 2141-5 et 2141-6 et que cet accueil n'a pas été réalisé dans le délai de cinq ans à partir du consentement des parents, il est mis fin à la conservation des embryons (*infra* n° 7-103).

Les embryons sont conservés dans les mêmes conditions que les gamètes. Il existe un « registre d'embryons » sur lequel doivent figurer plusieurs catégories de mentions indiquant comme pour les gamètes : identité du couple à l'origine de l'embryon, nombre d'embryons, lieu et dates de fécondation, lieu de conservation (C. santé publ., art. R. 2142-16). Le registre doit également mentionner « le devenir de chaque embryon, notamment la date de décongélation » (C. santé publ., art. R. 2142-17, 6°). Les praticiens agréés doivent veiller à la bonne tenue des registres et à l'exactitude des informations (art. R. 2142-18). Toute personne ayant consenti à la conservation des embryons doit être avertie de leur déplacement (C. santé publ., art. R. 2142-14).

2 - Accueil d'embryon

7.103 > **Conditions.** La loi du 6 août 2004, comme celle du 29 juillet 1994, admet qu'à titre exceptionnel des embryons surnuméraires puissent être accueillis par d'autres couples ce qui constitue une sorte d'adoption (C. santé publ., art. L. 2141 – devenu L. 2141-5). Le couple demandeur répondant aux conditions légales imposées pour l'AMP et pour lequel une assistance médicale à la procréation sans recours à un tiers donneur ne peut aboutir, peut accueillir un embryon. Le nouvel article L. 2141-6 précise que le couple d'accueil doit être préalablement informé des risques de la mise en œuvre de l'AMP pour l'enfant à naître.

124. Cité par G. Mémeteau, « L'embryon législatif », chr. *DS* 1994, p. 357 et critiques de la solution.

La procédure d'accueil d'embryon est subordonnée à une décision de l'autorité judiciaire par inspiration de la procédure existant en matière d'adoption. Aux termes de l'article L. 2141-6, alinéa 2, l'autorité judiciaire est chargée de recevoir préalablement le consentement écrit du couple à l'origine de la conception, doit s'assurer que le couple receveur remplit les conditions imposées par la loi pour cet accueil et fait procéder aux investigations lui permettant d'apprécier les conditions d'accueil que le couple réservé à l'embryon sur le plan familial, éducatif et psychologique. Cette procédure judiciaire qui peut se réaliser sans rencontre avec le juge est parfois contestée par crainte de l'arbitraire du juge obligé de distinguer entre les « bons » couples et la destruction[125]. L'autorisation d'accueil est délivrée pour trois ans renouvelables (C. santé publ., art. L. 2141-6, al. 2).

7.104 > **Principes applicables au transfert d'embryon.** Le transfert d'embryon est également soumis aux règles de protection, et en particulier au principe d'anonymat compte tenu des incidences en ce qui concerne la filiation de l'enfant (C. civ., art. 16-8, C. santé publ., art. L. 1211-5). Comme en matière d'adoption plénière, la loi précise que « le couple accueillant l'embryon et celui y ayant renoncé ne peuvent connaître leurs identités respectives, une dérogation étant cependant admise en cas de nécessité thérapeutique » (C. santé publ., art. L. 2141-6, al. 3). Compte tenu du principe de non-patrimonialité, « aucun paiement quelle qu'en soit la forme ne peut être alloué au couple ayant renoncé à l'embryon » (C. santé publ., art. L. 2141-6, al. 5).

Ce transfert est soumis aux règles sanitaires d'usage, notamment à des tests de dépistage de maladies infectieuses (C. santé publ., art. L. 2141-6, al. 6).

3 - Protection contre l'exploitation commerciale

7.105 > **Principe.** Le législateur a voulu tout spécialement protéger l'embryon contre les risques d'exploitation commerciale, conformément au principe général énoncé par l'article L. 1211-3 du Code de la santé publique et les articles 16-1 et 16-5 du Code civil. Aussi, indépendamment de l'interdiction de tout paiement « quelle qu'en soit la forme » au couple renonçant à l'embryon (C. santé publ., art. L. 2141-5, al. 5), la loi dispose qu'aucun embryon ne peut être conçu ou utilisé « à des fins commerciales ou industrielles » sous peine de fortes sanctions (C. santé publ., art. L. 2141-8) ; elle sanctionne également le fait « d'apporter son entremise pour favoriser l'obtention d'embryons humains contre un paiement quelle qu'en soit la forme ou de remettre à des tiers, à titre onéreux, des embryons humains », ce qui peut s'appliquer à des médecins ou à toute association intermédiaire (C. pén., art. 511-15 et C. santé publ., art. L. 2152-1).

4 - Régression de la protection de l'embryon in vitro vis-à-vis des recherches

7.106 > **Principe de la protection.** Les risques d'expérimentation sur les embryons *in vitro* ou surnuméraires ont toujours soulevé de vives controverses. En effet, soit l'on considère comme les scientifiques en général que l'embryon est un amas de cellules

125. G. Mémeteau, *ibid.*

indifférenciées – ou zygote – et l'on admet sans état d'âme l'expérimentation, soit l'on considère qu'il s'agit au minimum d'une personne potentielle et il est alors nécessaire de la respecter.

Pour prévenir toute dérive, la loi de 1994, confirmant plusieurs avis du Comité consultatif national d'éthique, a posé en principe que « la conception *in vitro* d'embryons humains à des fins d'étude, de recherche ou d'expérimentation est interdite » (C. santé publ., art. L. 2141-8, principe repris dans la loi du 6 août 2004 sous une forme atténuée : « La recherche sur l'embryon est interdite » (C. santé publ., art. L. 2151-5, al. 1 nouv. et art. L. 2148, al. 2 anc.). Le projet pour 2009 confirme ce principe (V. Exercice n° 1).

7.107 › **Admission des recherches sur les embryons *in vitro*.** La loi du 6 août 2004 a cependant étendu les dérogations au principe d'interdiction des recherches. Elle admet qu'à titre « exceptionnel », si l'homme et la femme formant le couple y consentent, des études ne portant pas atteinte à l'embryon peuvent être autorisées dans les conditions prévues par l'article L. 2151-5 et précisées par un décret du 6 février 2006[126] mais ces études ne « doivent pas porter atteinte à l'embryon » et elles ne sont autorisées que sous les conditions prévues pour la recherche sur les embryons et cellules embryonnaires qui n'ont plus cette fois un caractère « exceptionnel »[127] (art. L. 2151-5, al. 2). Ce principe devrait être pérennisé, si l'on en juge par les débats de 2009 (v. Exercice n° 1).

La loi de 2004 étend en outre les possibilités de recherches sur les embryons *in vitro* et les cellules embryonnaires, ce qui correspond aux vœux des médecins et de certains parlementaires[128]. Par dérogation au principe d'interdiction la loi autorise pour une durée de cinq ans « les recherches sur l'embryon et les cellules embryonnaires, lorsqu'elles sont susceptibles de permettre des progrès thérapeutiques majeurs et à la condition de ne pouvoir être poursuivies par une méthode alternative d'efficacité comparable, en l'état des connaissances scientifiques » (L. 2151-5). Certaines conditions sont imposées concernant le cadre de la recherche, l'autorisation donnée par l'Agence de la bio-médecine, le consentement informé écrit. La loi précise que les embryons sur lesquels une recherche a été conduite ne peuvent être transférés à des fins de gestation (C. santé publ., art. L. 2151-5). L'Agence de la bio-médecine est chargée également de contrôler les importations et exportations de tissus et cellules ou de cellules embryonnaires (art. L. 2151-6 et R. 2151-3 à R. 2151-17).

Elle autorise également les recherches sur les embryons *in vitro* présentant une anomalie lors d'un diagnostic prénatal (C. santé publ., art. L. 2131-4, al. 7, *supra* n° 7-84) ou sur les embryons *in vitro* dans certaines conditions (C. santé publ., art. L. 2131-4-7, *supra* n° 7-98).

---

126. D. n° 2006-121, 6 février 2006 relatif à la recherche sur l'embryon (C. santé publ., art. R. 2151-1 à R. 2151-2).
127. Rap. Mattéi préc., p. 95.
128. *Dict. Bioéthique*, p. 7230 et 7248 – Pr. Mattéi, Rap. préc., p. 95. C. Byk, « Bioéthique : législation, jurisprudence et avis des instances éthiques », *JCP* G 2007, I, 137, n° 18 et réf.

5 - *Protection de la filiation issue d'une AMP*

7.108 > **Exclusion d'un lien biologique entre un tiers donneur et l'enfant.** La loi interdit l'établissement de tout lien de filiation entre le tiers donneur et l'enfant issu de la procréation, ainsi que toute action en responsabilité contre le donneur pour cause de filiation (C. civ., art. 311-19, al. 1 et 2). Mais cette règle de l'anonymat peut être atténuée (*supra* n° 95).

En outre, le législateur a voulu rendre la filiation de l'enfant incontestable. Aussi, afin d'éviter les actions en contestations ultérieures, le législateur exige que les époux ou les concubins demandant une procréation nécessitant l'intervention d'un tiers donneur donnent leur consentement au juge ou au notaire selon des modalités définies par décret (C. civ., art. 311-20, al. 1). Le président du tribunal de grande instance – ou son délégué – ou le notaire informe les époux ou concubins des effets de leur consentement en matière de filiation et doit recueillir le consentement conjoint des époux ou concubins par acte authentique (Déc. préc., art. 1er et art. 1157-2 nouv. du Code de procédure civile). Le consentement à une AMP produit normalement des effets définitifs puisqu'il interdit « toute action en contestation de filiation ou en réclamation d'état, à moins qu'il ne soit soutenu que l'enfant n'est pas issu de l'AMP ou que le consentement a été privé d'effet » (C. civ., art. 311-20, al. 2).

Toutefois, par exception, dans deux cas, le consentement est privé d'effets : d'une part en cas de séparation du couple – décès, divorce séparation de corps, ou cessation de la communauté de vie – survenant « avant la réalisation de l'AMP », et d'autre part en cas de révocation du consentement de l'homme ou de sa femme, exprimé par écrit et avant la réalisation de la procréation médicalement assistée (C. civ., art. 311-20, al. 3).

Celui qui, après avoir consenti à l'assistance médicale à la procréation, ne reconnaît pas l'enfant qui en est issu, engage sa responsabilité envers la mère et envers l'enfant (C. civ., art. 311-20, al. 4). Il pourrait également être condamné à contribuer à l'entretien de l'enfant. En outre, la « paternité hors mariage » de l'intéressé est judiciairement déclarée dans les conditions prévues aux articles 340-2 à 340-6 (C. civ., art. 311-20, al. 5).

L'attribution d'effets définitifs à cette nouvelle filiation met fin à une situation inéquitable envers l'enfant quand un mari ayant consenti à l'AMP exerce ensuite une action en désaveu. Ces dispositions mettent également fin à des divergences jurisprudentielles quant à l'admission de l'action en désaveu[129].

E - PRATIQUES INTERDITES

1 - *Maternité pour autrui*

7.109 > **Illicéité du contrat de mère porteuse.** Une des conséquences de l'évolution de la procréation artificielle a été la possibilité imaginée par certains médecins de faire porter

129. TGI Nice, 30 juin 1976 : *D.* 1977, 45, note Huet Weiller ; *JCP* 1977, II 18597, note Harichaux ; TGI Paris, 19 février 1985 : *D.* 1986. 223, note E. Paillet ; Toulouse, 21 sept. 1987, *JCP* 1988, II, 21036, note S. de la Marnière. Paris, 29 mars 1991 : *JCP* 1992, II, 21857, note Dobkine, *RTD civ.*, 1991, 519.

l'embryon par une femme tierce au couple, soit que la « mère porteuse » étrangère au couple porte l'enfant de ce dernier, soit qu'elle fournisse un ovule fécondé par le sperme du mari.

Cette pratique a été formellement condamnée par la loi n° 94-653 qui dispose que « toute convention portant sur la procréation ou la gestation pour le compte d'autrui est nulle » (C. civ., art. 16-7) et prévoit des sanctions à l'encontre de ceux qui s'entremettraient entre une femme et en couple en vue de faciliter un tel accord (C. pén., art. 227-12). La loi consacre ainsi l'illégalité d'un procédé condamné par la jurisprudence dès l'origine au motif qu'il vise à l'exploitation du corps de la mère porteuse, qu'il peut être considéré comme cession d'enfant lorsque la mère porteuse remet l'enfant au couple et constitue alors une fraude à la législation sur l'adoption ; le contrat était donc considéré comme nul.

La jurisprudence a d'abord prononcé l'illicéité des associations ayant pour objet de faciliter et d'encourager cette pratique[130]. Et la Cour de cassation, après avoir affirmé la nullité des associations intermédiaires pour illicéité de l'objet[131], a prononcé la nullité du contrat, l'Assemblée plénière du 31 mai 1991[132] rendu sur pourvoi dans l'intérêt de la loi censurant une décision de la Cour d'appel de Paris du 15 juin 1990 ayant admis le procédé et l'adoption plénière s'ensuivant cette jurisprudence ayant ensuite été confirmée.

Selon la jurisprudence, le principe de l'interdiction de la maternité pour autrui ne peut être contourné par une réalisation à l'étranger[133]. Mais le sujet est toujours controversé comme le montrent les débats en 2009 (V. Exercice n° 1).

2 - Clonage

7.110 > **Définition.** Le clonage est la technique permettant la reproduction à l'identique et asexuée d'un végétal, d'un animal ou d'un être humain. Le clonage a connu un développement important dans le monde animal et la première réalisation d'une brebis clonée, Dolly, le 27 février 1997, a été suivie d'autres naissances chez les ovins. Cette possibilité de clonage animal présente des aspects positifs dans le monde animal – possibilité de sélection des animaux. Les scientifiques estiment que le clonage pourrait être à plus ou moins long terme transposable à l'homme, d'autant qu'il présente des aspects positifs dans sa finalité thérapeutique puisqu'il permet la mise au point de nouveaux médicaments précieux – peau artificielle, protéines humaines – et devrait être encouragé.

---

130. CE, 22 janvier 1988, *RTD sanit. soc.* 1988, p. 317, obs. L. Dubouis. – Paris, 11 oct. 1988, *RTD sanit. soc.* 1989, obs. E. Alfondari, p. 91.

131. Cass., 13 déc. 1989, *Bull. civ.* I, n° 387, p. 260, *Defrénois*, 1990, art. 34815, rap. J. Massip ; *JCP* 1990, II, 21526, note Sériaux.

132. *DS* 1991, 417. Rap. Y. Chartier, note D. Thouvenin ; *JCP* 1991, G, II, 21752, communic. J. Bernard, concl. Dontenwille, note F. Terré, et réf. citées. – M. Gobert, Réflexions sur les sources du droit et les « principes » d'indisponibilité du corps humain et de l'état des personnes (« À propos de la maternité par substitution », *RTD civ.* 1992, 489). Même sens : Cass. civ. 1re, 29 juin 1994, *DS* 1994, 581, note Y. Chartier.

133. CA Paris, 25 oct.2007 : *JCP* 2007, ed. G, p. 547 – CA Paris, février 2009.

Mais les risques du clonage pour l'espèce humaine sont nombreux : risques d'atteinte à l'intégrité et à la dignité humaine, risques d'eugénisme – le clonage permet la sélection dans le monde animal –, aussi le droit français est-il nettement opposé au clonage humain.

7.111 > **Condamnation du clonage humain reproductif.** Le clonage était condamné mais seulement de manière implicite à partir de certaines dispositions légales telles l'interdiction de créer des embryons *in vitro* à des fins de recherche ou d'expérimenter sur l'embryon, l'interdiction de porter atteinte à l'intégrité humaine ou d'organiser une sélection des personnes sous peine de sanctions (C. santé publ., art. L. 2141-1 et L. 2141). Plusieurs textes internationaux condamnent également le clonage humain, notamment la Déclaration universelle sur le génome humain et les droits de l'homme de l'Unesco du 11 novembre 1997 (article 11), la Convention sur les droits de l'homme et la biomédecine du Conseil de l'Europe, adoptée à Oviédo le 4 avril 1997 et complétée à Paris le 12 janvier 1998 par un Protocole additionnel interdisant le clonage des êtres humains (art. 1er), ainsi que l'article 2 de la Déclaration de l'Unesco sur le génome humain, le Protocole additionnel à la Convention européenne pour la protection des droits de l'homme et de la dignité de l'être humain à l'égard des applications de la biologie et de la médecine du 12 janvier 1998. Les autorités religieuses s'associent également à cette condamnation.

Prenant acte de la condamnation quasi générale du clonage humain, la loi du 6 août 2004 a interdit le clonage reproductif défini comme « toute intervention ayant pour but de faire naître un enfant génétiquement identique à une autre personne vivante ou décédée » (C. civ. art. 16-4, al. 3).

a) La loi interdit « la conception *in vitro* d'embryon ou la constitution par clonage d'embryon humain à des fins de recherche (C. santé publ., art. L. 2151-2). Elle précise également qu'un embryon humain ne peut être ni conçu, constitué par clonage, ni utilisé, à des fins commerciales ou industrielles » sous peine de sanctions pénales (C. pén., art. 214-40).

b) La loi du 6 août 2004 interdit également le clonage thérapeutique mais uniquement dans le Code de la santé publique et non dans le Code civil. L'article L. 2151-4 nouveau dispose « qu'est également interdite toute constitution par clonage d'un embryon humain à des fins thérapeutiques ». La condamnation de cette forme de clonage est donc moins nette – les sanctions pénales sont moins lourdes – quoique les controverses soient assez vives. Il présente en effet des avantages mais aussi des risques d'atteinte au respect de l'embryon humain[134].

3 - Dispositions pénales relatives à l'AMP

7.112 > **De nouvelles sanctions plus lourdes sont prévues en matière de clonage et d'eugénisme.** L'article 214-1 du Code pénal interdit le « fait de mettre en œuvre une pratique eugénique tendant à l'organisation de la sélection des personnes sous peine de

134. *Dict. Perm. Bioéthique et Biotechnologies*, Assistance médicale à la procréation, n° 31.

trente ans de réclusion criminelle et de 7 500 000 euros d'amende. Les mêmes peines sont prévues à l'encontre d'une intervention ayant pour but de faire naître un enfant génétiquement identique à une autre personne vivante ou décédée avec les mêmes sanctions. La réclusion à perpétuité est prévue lorsque ces deux infractions sont commises en bande organisée (C. pén., art. 214-40).

Aux termes de l'article 511-18-1 le « fait de procéder à la constitution par clonage d'embryons humains à des fins thérapeutiques est puni de sept ans d'emprisonnement et de 100 000 euros d'amende » (C. pén., art. 511-18-1 ; C. santé publ., art. L. 2163-5).

Il en va de même lorsqu'il s'agit de constitution à des fins de recherche (C. pén., art. 511-18-1 ; C. santé publ., art. L. 2163-4).

L'importance des sanctions pénales pour infractions à la législation relative à l'assistance médicale à la procréation est variable :
- un an de prison et 15 000 euros d'amende en cas de maternité pour autrui (C. pén., art. 227-12) ;

- cinq ans d'emprisonnement et 75 000 euros d'amende pour violation des règles relatives aux dons de gamètes en matière de dons de gamètes :

- recueil ou prélèvement de gamètes sur une personne vivante sans son consentement (C. santé publ., L. 1273-1, C. pén., art. 511-6) ;

- obtention de gamètes contre un paiement, qu'elle qu'en soit la forme, à l'exception du paiement des prestations assurées par les établissements effectuant la préparation et la conservation de ces gamètes ou apport de son entremise pour favoriser l'obtention de gamètes dans ces conditions (C. santé publ., art. L. 1273-2, C. pén., art. 511-9, al. 2) ;

- deux ans d'emprisonnement et 30 000 euros d'amende en cas de :

- divulgation d'informations permettant d'identifier un donneur de gamètes (C. santé publ., art. 1273-3 et C. pén., art. 511-10) ;

- recueil de gamètes sans réalisation des tests (C. santé publ., art. 1273-4 et C. pén., art. 511-11) ;

- insémination artificielle par sperme frais (C. santé publ., art. 1273-5 et C. pén., art. 511-12) ;

- désignation par un couple receveur d'un couple donneur de gamètes (C. santé publ., art. L. 1273-6 et C. pén., art. 511-13) ;

- violation par les établissements participant aux activités d'AMP des règles s'imposant à eux (C. santé publ., art. L. 1273-7 et C. pén., art. 511-14) ;

- non-respect des règles relatives au diagnostic pré-implantatoire (C. santé publ., art. 162-20).

En ce qui concerne le diagnostic prénatal et le diagnostic pré-implantatoire, il est prévu deux ans d'emprisonnement et 30 000 euros en cas de non-respect des règles (C. santé publ., art. L. 2151-1 et L. 2151-2 et C. pén., art. 511-20 et 511-21).

En ce qui concerne l'AMP, et plus spécialement la protection de l'embryon, les peines sont plus lourdes : sept ans d'emprisonnement et 100 000 euros d'amende pour :

- obtention des embryons contre un paiement ou apport de son entremise pour cette obtention ou sans consentement (C. santé publ., art. L. 2152-1, 2141-4 et 5, C. pén., art. 511-15 et 511-16) ;

- conception d'embryons humains *in vitro* à des fins industrielles ou commerciales ou à des fins expérimentales (C. santé publ., L. 2152-3 et L. 2152-4, C. pén., art. 511-17 et 511-18) ;

- activités d'AMP à des fins autres que celles qui sont prévues par la loi par l'article L. 2141-2 (C. santé publ., art. L. 2152-8 et C. pén., art. 511-24).

Des sanctions moins lourdes : deux ans d'emprisonnement et 30 000 euros d'amende peuvent frapper la violation d'obligations administratives :

- activités d'AMP sans autorisation (C. santé publ., art. L. 2152-6 et C. pén., art. 511-22) ;

- divulgation d'informations nominatives permettant d'identifier un couple donneur d'embryons et le couple receveur (C. santé publ., art. L. 2152-7 et C. pén., art. 511-23) ;

- transfert d'embryons sans avoir pris connaissance des résultats des tests de dépistage (C. santé publ., art. L. 2152-9 et C. pén., art. 511-25).

§ 2 - UTILISATION DU CORPS HUMAIN

7.113 > **Évolution législative.** L'utilisation du corps humain, justifiée par les besoins de la science et la solidarité humaine, a d'abord fait l'objet de textes ponctuels : greffes de cornée 1949, régime de la transfusion sanguine 21 juillet 1952, transplantations d'organes 1976.

L'utilisation des organes, produits et éléments du corps humain a été régie ensuite par les lois de bioéthique n° 94-653 et 94-654 du 29 juillet 1994, la première pour les principes généraux intégrés dans le Code civil, et la seconde pour la protection des éléments détachés du corps humain, ces dispositions étant intégrées dans le Code de la santé publique. Ces dispositions ont été confirmées ou parfois explicitées par la loi de bioéthique n° 2004-800 du 6 août 2004 qui instaure une nouvelle structure, l'Agence de la biomédecine et assouplit les conditions d'accès aux organes afin de répondre aux besoins de la pratique[135]. On peut distinguer : l'utilisation des produits et éléments du corps humain (I), le régime applicable à la transfusion sanguine (II) et l'utilisation des données génétiques (III).

135. Loi n° 2004-800 relative à la bioéthique, *JO*, 7 août 2004. L. n° 49 890 du 7 juillet 1949 – L. 21 juillet 1952 – L. 76-1181 du 22 décembre 1976, *JO*, 23 déc. 1976, déc. n° 78-501 du 31 mars 1978 et circulaire du 3 avril 1978.

I – DON ET UTILISATION D'ORGANES, DE PRODUITS ET D'ÉLÉMENTS DU CORPS HUMAIN

A - PRINCIPES GÉNÉRAUX

7.114 > **Principes applicables.** Conformément à l'article L. 1211-1 du Code de la santé publique, la « cession et l'utilisation des éléments et produits du corps humain » sont régies par les principes généraux mentionnés dans le Code civil. La loi du 6 août 2004 rappelle le principe selon lequel les activités afférentes à ces éléments et produits doivent poursuivre « une fin médicale ou scientifique ou être menées dans le cadre de procédures judiciaires ». La loi indique en outre en tête du chapitre relatif aux prélèvements d'organes, ce qui est nouveau, que « le prélèvement et la greffe d'organes constituent une priorité nationale » et que « les règles de répartition et d'attribution des greffons doivent respecter le principe d'équité » (C. santé publ., art. L. 1231-I A et L. 1231-1 B).

Les principes généraux mentionnés dans le Code civil, qui sont d'ordre public, sont les suivants : existence d'un consentement, application des principes de non-patrimonialité, d'anonymat et de sécurité sanitaire (*supra* n°s 27 et s.).

7.115 > **Consentement.** Les prélèvements d'éléments du corps humain sont subordonnés à l'existence d'un consentement préalable et éclairé du donneur qui peut être retiré à tout moment (C. santé publ., art. L. 1211-2). La loi du 6 août 2004 admet que, par dérogation, il sera possible d'utiliser les éléments et produits du corps humain à une fin autre que celle pour laquelle ils étaient prélevés ou collectés sauf opposition de la personne dûment informée. Si cette personne est un mineur ou un majeur sous tutelle, l'opposition est exercée par les titulaires de l'autorité parentale ou le tuteur. Il est précisé qu'il peut être dérogé à l'obligation d'information « en cas d'impossibilité de retrouver la personne concernée » ou d'inutilité de l'information si le comité de protection des personnes en juge ainsi. Cette dérogation est toutefois exclue pour les produits et éléments germinaux (C. santé publ., art. L. 1211-2).

L'exigence d'un consentement est également requise pour les autopsies dites « médicales », c'est-à-dire conduites en dehors d'une procédure judiciaire. Toutefois la loi prévoit qu'à titre exceptionnel il peut être passé outre l'opposition de la personne décédée « en cas de nécessité impérieuse pour la santé publique et en l'absence d'autres procédures permettant d'obtenir un diagnostic certain sur les causes de la mort » (L. 1211-2, al. 5).

7.116 > **Principe de non-patrimonialité.** L'utilisation des éléments et produits du corps humain est soumise au principe de non-patrimonialité et à titre préventif, l'article L. 1211-4 dispose qu'« aucun paiement, quelle qu'en soit la forme, ne peut être alloué à celui qui se prête au prélèvement d'éléments de son corps ou à la collecte de ses produits, le remboursement des frais afférents au prélèvement étant pris en charge par l'établissement de santé effectuant ces prélèvements » (L. 1211-4 mod.). Dans le même objectif, la loi interdit la publicité en faveur d'un don d'éléments ou de produits du corps humain au profit d'une personne, d'un établissement ou organisme déterminé, admettant cependant une information du public en faveur des dons d'organes. Mais malgré l'interdiction de la publicité, la loi recommande aux médecins de s'assurer que les patients âgés de seize à vingt-cinq ans sont informés des modalités de consentement aux prélèvements d'organes (C. santé publ., art. L. 1211-3 mod.). Il est également interdit aux praticiens effectuant des prélèvements d'organes ou effectuant des transplantations de percevoir une rémunération à l'acte au titre de cette activité afin d'éviter toute tentation de rentabilité (C. santé publ., art. L. 1233-2 et L. 1234). Ces dispositions ne peuvent cependant suffire à empêcher les trafics d'organes organisés dans certains pays et facilités par internet. Aussi l'Assemblée parlementaire du Conseil de l'Europe, dénonçant ces trafics dans une recommandation du 25 juin 2003, demande aux États membres d'adopter des instruments juridiques internationaux, de renforcer leur coopération sous les auspices d'Interpol et d'Europol[136].

7.117 > **Principe d'anonymat.** Les prélèvements et utilisations d'organes et de produits du corps humain sont couverts par le principe d'anonymat (*supra* n° 36). Aussi le receveur ne peut-il connaître l'identité du donneur et réciproquement, et aucune information permettant d'identifier le donneur ou le receveur ne peut être divulguée (C. santé publ., art. L. 1211-5). Cette règle de l'anonymat peut se justifier par le souci de prévenir un recours éventuel entre receveur et donneur ou l'inverse, et il ne peut y être dérogé qu'en cas de nécessité thérapeutique.

7.118 > **Sécurité sanitaire.** L'utilisation d'organes et de produits et d'éléments du corps humain comporte des risques sur le plan médical – connus et encore inconnus – de nature à porter atteinte à la santé des receveurs. Aussi la loi de 1994 exigeait-elle des règles sanitaires définies par un décret en Conseil d'État et comportant notamment un dépistage des maladies transmissibles (C. santé publ., art. L. 1211-6). Le nouvel article L. 1211-6 conditionne ces prélèvements à une appréciation des risques encourus par le donneur et précise que les éléments et produits du corps humain ne peuvent être utilisés à des fins thérapeutiques « si le risque mesurable en l'état des connaissances scientifiques et médicales couru par le receveur potentiel est supérieur à l'avantage escompté par celui-ci ». Les prélèvements d'organes ou de tissus sont soumis « aux règles de sécurité sanitaire en vigueur, concernant notamment les tests de dépistage des maladies transmissibles ».

7.119 > **Organisation administrative.** La gestion et l'attribution des organes en vue de greffes, initialement confiée à l'Association France Transplant, l'a été ensuite en 1994 à l'Établissement français des greffes, établissement public placé sous la tutelle du ministre de la Santé (C. santé publ., art. L. 1251-1), remplacé en 2004 par l'Agence de la biomédecine. Le nouvel article L. 1251-1 dispose que « peuvent seules bénéficier d'une greffe d'organes, de cornée ou d'autres tissus dont la liste est fixée par arrêté, après avis de l'Agence de la biomédecine, les personnes, quel que soit leur lieu de résidence, qui sont inscrites sur une liste nationale ». L'Agence de la biomédecine est compétente aussi en matière d'importation et d'exportation de gamètes (C. santé publ., art. L. 1244-8), d'élaboration de bonnes pratiques (C. santé publ., art. L. 1125-2), de gestion de fichiers de

---

136. Recommandation Conseil de l'Europe, n° 1611 du 25 juin 2003, *Dict. Bioéth.*, *Bull.* n° 130, p. 6996.

donneurs (L. art. 3), de contrôle des activités de conservation ou de préparation (art. L. 1243).

B - RÈGLES DE PROTECTION SPÉCIFIQUES AUX ORGANES

7.120 > **Règles applicables.** Les dispositions des lois de 1994 et du 6 août 2004 s'appliquent aux prélèvements d'organes, de produits et d'éléments du corps humain ainsi qu'aux dons de sperme, mais elles ne concernent ni la transfusion sanguine qui a un régime spécifique, ni l'utilisation du lait humain, ni les produits pour lesquels il est d'usage de ne pas appliquer les principes généraux de protection parce qu'ils sont des objets courants, notamment les cheveux, les ongles, les poils et les dents. La loi du 6 août 2004 met fin à l'assimilation de la moelle osseuse aux organes instaurée par la loi de 1994 pour lui appliquer le régime des tissus mais, indépendamment de cette modification, la loi du 6 août 2004 n'a guère modifié les règles existantes sauf à les adapter et parfois à les simplifier.

1 - Prélèvement sur une personne vivante

7.121 > **Qualité de donneur.** Compte tenu de la gravité des prélèvements d'organes sur personne vivante, le législateur soumet ces derniers à plusieurs conditions : finalité exclusivement thérapeutique, contexte familial du don auquel la loi du 6 août 2004 apporte cependant des dérogations afin d'accroître les dons (C. santé publ., art. L. 1231-1).

En premier lieu, le prélèvement d'organe sur un donneur vivant ne peut être effectué que dans l'intérêt « thérapeutique direct » d'un receveur, c'est-à-dire en vue d'une greffe. Il va de soi qu'une analyse des risques pour le donneur et des avantages pour le receveur s'impose au médecin.

La loi exige un lien familial direct entre receveur, le principe étant, aux termes du nouvel article L. 1231-1, alinéa 1, que le « donneur doit avoir la qualité de père ou de mère du receveur ». Mais la loi du 6 août 2004 a étendu les dérogations à ce principe afin d'accroître le nombre des dons admettant ainsi que le prélèvement d'organe dans l'intérêt thérapeutique d'un receveur sur une personne vivante peut être autorisé sur le conjoint, les frères et sœurs, les fils et filles, les grands parents, les oncles et tantes, les cousins et cousines germaines du receveur ainsi que sur le conjoint de son père ou de sa mère. Le donneur peut également être toute personne apportant la preuve d'une vie commune d'au moins deux ans avec le receveur, possibilité inspirée sans doute par le PACS (C. santé publ., art. L. 1231-1 al. 2).

Aucun prélèvement en vue d'un don ne peut être effectué sur une personne vivante mineure ou sur une personne vivante majeure protégée.

7.122 > **Consentement du donneur vivant majeur.** La loi a également renforcé la protection du consentement du donneur vivant. Il doit être informé « sur toutes les conséquences prévisibles d'ordre physique et psychologique du prélèvement ainsi que sur les répercussions éventuelles de ce prélèvement sur la vie personnelle, familiale et professionnelle du donneur », ainsi que « sur les résultats qui peuvent être attendus de la greffe pour le receveur » (C. santé publ., art. R. 1231-1). Le donneur doit être informé par un comité d'experts spécifique (art. L. 1231-1 al. 3 ; sur composition, art. L. 1231-3). Ce comité se prononce dans le respect des principes et peut avoir accès aux informations médicales concernant le donneur et le receveur pour apprécier la justification médicale de l'opération et les risques encourus par le donneur et le receveur ses décisions n'étant pas motivées.

Le donneur vivant doit exprimer son consentement devant le président du tribunal de grande instance ou le magistrat désigné par lui, qui doit s'assurer que le consentement est libre et éclairé – l'information pouvant être donnée par le médecin du donneur – et que les conditions légales du don sont respectées. En cas d'urgence, vitale le consentement est recueilli par tout moyen par le Procureur de la République. Le consentement est révocable sans forme à tout moment (C. civ., art. 1231-1, al. 3). L'Agence de la biomédecine est informée de tout prélèvement sur une personne vivante avant sa réalisation.

Par application des articles L. 1211-3 et L. 1211-9 du Code de la santé publique, un décret du 18 décembre 2006 prévoit un régime spécifique d'information sur les dons d'organes et les conditions de consentement à l'intention des personnes âgées de seize à vingt-cinq ans (C. santé publ., art. R. 1211-50 et R. 1211-51).

7.123 > **Interdiction des prélèvements d'organes sur mineur vivant.** La loi de 1994 n'a autorisé que le prélèvement de moelle osseuse sur un mineur mais la moelle osseuse est maintenant classée dans les produits et éléments du corps humain (*infra* n° 7.135).

2 - Règles applicables aux prélèvements post mortem

7.124 > **Évolution législative.** Dès 1976, le législateur a autorisé les prélèvements *post mortem*. Mais ces derniers, inspirés par la solidarité humaine, ne doivent pas porter atteinte à l'intégrité physique ni surtout au respect dû à la personne du défunt. Aussi le législateur a-t-il imposé des garanties d'ordre médical et accru la protection de la personne du donneur dans les lois de bioéthique du 29 juillet 1994 et du 6 août 2004.

a) Conditions d'ordre médical

7.125 > **Objets des prélèvements.** La loi de 2004, comme celle de 1994, autorise les prélèvements d'organes sur une personne dont la mort a été dûment constatée (C. santé publ., art. L. 1232-1 mod.). Ces prélèvements ne peuvent être effectués qu'à des fins thérapeutiques – greffes – ou scientifiques. Les prélèvements à des fins scientifiques ne peuvent être pratiqués que dans le cadre de protocoles transmis, préalablement à leur mise en œuvre, à l'Agence de la biomédecine (C. santé publ., art. L. 1232-3 nouv.).

Un décret du 2 août 2005 précise les conditions de prélèvement des organes, tissus et cellules et un arrêté de la même date fixe la liste des tissus et cellules pouvant être prélevés : peau, os, tissus mous de l'appareil locomoteur, cornée, valves cardiaques, artères, veines (C. santé publ., art. 1241-2-1 nouv.).

7.126 > **Prélèvements sur mineur ou majeur protégé.** Les prélèvements sur mineur ou majeur sous tutelle en vue d'une ou plusieurs des fins prévues par l'article L. 1232-1 – fins thérapeutiques ou scientifiques – ne peuvent avoir lieu qu'à la condition que chacun des titulaires de l'autorité parentale ou le tuteur y consente par écrit (C. santé publ., art. L. 1232-2 mod.). En cas d'impossibilité de consulter l'un des titulaires de l'autorité parentale, le prélèvement peut avoir lieu si l'autre titulaire y consent par écrit[137].

7.127 > **Constat de la mort préalable à un prélèvement d'organes.** Des garanties doivent être prévues en ce qui concerne la détermination du moment précis de la mort compte tenu de la nécessité d'aller vite pour la réussite de la transplantation. Jusqu'alors, les critères scientifiques de la mort établissant le caractère irréversible de l'altération du système nerveux central étaient énumérés par une circulaire du 24 avril 1968 et jugés par tous insuffisants. Aussi le décret nº 97-704 a-t-il redéfini les conditions du constat de la mort avant prélèvement d'organes[138]. Le décret énonce plusieurs critères scientifiques pour le constat de la mort : trois critères cliniques – absence totale de conscience et d'activité motrice spontanée, abolition de tous les réflexes du tronc cérébral, absence totale de ventilation spontanée – auxquels s'ajoutent les critères du caractère irréversible de la destruction encéphalique – soit deux électroencéphalogrammes nuls et réactifs à intervalle de quatre heures, soit une angiographie objectivant l'arrêt de la circulation encéphalique (C. santé publ., art. R. 1232-1 et 1232-2).

En outre, afin d'accroître la transparence dans les prélèvements, les médecins qui établissent le constat de la mort d'une part, et ceux qui effectuent la greffe d'autre part, doivent faire partie d'unités fonctionnelles ou de services distincts (C. santé publ., art. L. 1232-4 mod.). Par respect pour le défunt, les médecins ayant effectué un prélèvement ou une autopsie médicale sur une personne décédée sont tenus de s'assurer de la « meilleure restauration possible » du corps, terminologie substituée par la loi nº 2004-800 à « restauration décente » afin de renforcer le respect dû à la personne décédée (C. santé publ., art. L. 1232-5 mod.).

Dans le prolongement de ce respect, l'article L. 1233-3 modifié demande aux établissements prélevant des organes de « créer un lieu de mémoire destiné à l'expression de la reconnaissance aux donneurs d'éléments de leur corps en vue de greffe », disposition jugée quelque peu discutable (C. santé publ., art. L. 1233-3)[139].

7.128 > **Conditions administratives.** Les prélèvements d'organes en vue de don à des fins thérapeutiques ne peuvent être pratiqués que dans des établissements de santé autorisés à cet effet par l'autorité administrative après avis de l'Agence de la biomédecine et il en va de même pour les établissements effectuant des greffes (C. santé publ., art. L. 1233-1 et L. 1234-2).

b) Respect de la volonté du défunt

7.129 > **Problématique.** Le respect dû à la personne du défunt implique la recherche de son éventuel refus ou consentement à un prélèvement *post mortem*. La recherche de

137. Sur autopsie pratiquée avec un enfant musulman. CE, 17 févr. 1988, *DS* 1989, 41, concl. Stirn.

138. J.-P. Gridel, « L'individu juridiquement mort », *D.* 2000, chr. 266-6. De Goustine, « Le nouveau constat de la mort en cas d'utilisation du cadavre », *RD sanit. soc.* 1997, p. 524.

139. *Dict. Perm.*, vº Organes humains, nº 85.

cette volonté est au cœur de l'opposition entre ceux qui prônent le respect de la personne du défunt et exigent un consentement préalable dépourvu d'ambiguïté, et ceux qui invoquent l'insuffisance des dons d'organes et souhaiteraient un formalisme allégé pour le consentement[140].

Sous l'empire de la loi du 29 juillet 1994, plusieurs modalités de consentement avaient été retenues en fonction de la finalité des prélèvements mais, compte tenu de la complexité du système, la loi du 6 août 2004 a généralisé la présomption de consentement à tous les prélèvements *post mortem* quelle que soit leur finalité, thérapeutique ou scientifique.

7.130 > **Présomption de consentement du défunt.** La loi n° 2004-800 du 6 août 2004, comme la loi de 1994 et la loi Caillavet avait adopté le système de la présomption de consentement du donneur, système plus favorable aux dons *post mortem*, puisque la personne n'ayant pas fait connaître son refus est présumée accepter, comme l'indique l'article L. 1232-1, alinéa 2 : « le prélèvement peut être effectué dès lors que la personne concernée n'a pas fait connaître de son vivant son refus d'un tel prélèvement ». Une telle « présomption » en matière de « don » d'organes demeure toujours controversée.

7.131 > **Refus de consentement aux prélèvements** ***post mortem*****.** Le prélèvement d'organes est effectué dès lors que la personne n'a pas fait connaître de son vivant son « refus » d'un tel prélèvement. La loi n° 2004-800 indique que le refus d'un tel prélèvement peut être exprimé par « tous moyens » et notamment par l'inscription sur un registre national automatisé prévu à cet effet, modalité de refus adoptée sous l'empire de la loi de bioéthique de 1994 (C. santé publ., art. L. 1232-1 al. 3). Un décret du 30 mai 1997 fixe les modalités de fonctionnement de ce registre et des modalités d'inscription. (C. santé publ., art. R. 1232-5 à R. 1232-14). Aucun prélèvement d'organes à des fins thérapeutiques ou aux fins de recherche des causes du décès ne peut être opéré sur une personne décédée âgée de plus de treize ans sans interrogation obligatoire ou préalable du registre quant à l'existence éventuelle d'un refus (C. santé publ., art. R. 1232-10). Le non-respect du refus pourrait engager la responsabilité de l'établissement public de santé. Le refus de prélèvement est révocable à tout moment. Toutefois, le refus de prélèvement ne fait pas obstacle aux examens techniques ou scientifiques diligentés dans le cadre d'une instruction (C. santé publ., art. R. 1232-6).

Le refus de prélèvement peut être révoqué à tout moment par l'intéressé (C. santé publ., art. R. 1232-9).

Mais il apparaît qu'en pratique, peu de personnes sont informées sur les possibilités de refus[141].

7.132 > **Consentement familial.** La loi n° 94-654 avait fait place au consentement familial à propos des prélèvements *post mortem* et indiquait que si le médecin n'a pas directement connaissance de la volonté du défunt, il doit s'efforcer de recueillir le témoignage

140. *Ibid.*
141. 98 % selon un sondage réalisé par la SOFRES en 1993 et cité par le Pr. Mattéi, p. 153, Le système initial.

de la famille ce qui pouvait paraître insuffisant en l'absence de précision sur la notion de famille[142]. La loi n° 2004-800 a supprimé la référence à la « famille » pour lui substituer la notion de « proches ». L'article L. 1232-1, alinéa 2, dans sa nouvelle rédaction, indique que si le médecin n'a pas directement connaissance de la volonté du défunt, il doit « s'efforcer » de recueillir auprès des proches l'opposition au don d'organes éventuellement exprimée de son vivant par le défunt, par tout moyen, et il les informe de la finalité des prélèvements envisagés. Les « proches » sont informés également de leur droit à connaître les prélèvements effectués afin qu'ils puissent éventuellement exprimer l'opposition du défunt, le défaut d'information pouvant engager leur responsabilité. Sous l'empire de la loi *Caillavet*, le Conseil d'État avait écarté le refus de la famille en l'absence d'opposition exprimée par le défunt mais cette décision avait suscité la critique.

7.133 > **Consentement exprès pour les prélèvements *post mortem* sur un mineur ou majeur protégé.** Si la personne décédée est un mineur ou un majeur sous tutelle, le prélèvement ne peut avoir lieu qu'à la condition que chacun des titulaires de l'autorité parentale ou le tuteur y consente par écrit. En cas d'impossibilité de consulter l'un des titulaires, le consentement peut avoir lieu si l'autre y consent (C. santé publ., art. L. 1232-2).

7.134 > **Attribution des organes prélevés en vue de « don ».** Les malades dans l'attente d'une transplantation doivent être inscrits sur une liste d'attente gérée, d'abord par l'Association France Transplant, puis par l'Établissement français des greffes (C. santé publ., art. L. 1251-1), en attendant que la gestion soit confiée à l'Agence de la biomédecine. Un arrêté du 24 novembre 1994 a fixé la procédure d'inscription sur la liste, les modalités d'organisation de la liste. Les patients doivent faire l'objet d'une prise en charge et des conditions précises sont indiquées pour les patients étrangers non résidents en France, mais leur situation est assez complexe[143].

C - RÈGLES SPÉCIFIQUES À L'UTILISATION DES TISSUS, CELLULES ET PRODUITS DU CORPS HUMAIN

7.135 > **Évolution législative.** La loi n° 94-654 avait instauré pour la première fois le régime juridique d'utilisation des tissus, cellules et produits du corps humain, utilisés en pratique depuis plusieurs années et de manière croissante et anarchique par les médecins et scientifiques, ces éléments étant généralement considérés comme des *res nullius*[144]. La loi du 6 août 2004 s'est efforcée de simplifier les régimes applicables aux organes, tissus et cellules – c'est ainsi qu'elle a appliqué le régime des tissus à la moelle osseuse, considérée assimilée antérieurement aux organes – et de tenir compte de diverses directives européennes concernant les tissus notamment : la directive 2001/83/CE du 6 novembre 2001 relative aux médicaments à usage humain, la directive 2000/70/CE concernant le sang, et surtout la directive 2004/23/CE relative aux normes

142. CE, 18 mars 1983 : *JCP* 1983, II, 20111, note J.-M. Auby ; crit. Charaf Eldine, *op. cit.*, p. 453.
143. *Dict. Perm. Bioéthique et Biotechnologies*, v° Organes humains, n°s 138 et 139 pour les divers textes.
144. M. Harichaux, « Le corps-objet », in *Bioéthique et droit*, PUF, 1988, p. 130.

de qualité et de sécurité en matière de tissus et cellules d'origine humaine[145]. La loi ne s'applique ni aux tissus et éléments courants – cheveux, ongles et autres (*supra* n° 120), ni aux tissus et cellules prélevés à l'occasion d'une intervention chirurgicale ayant un régime particulier (*infra* n° 138).

Il est fait application en matière de tissus, cellules et produits du corps humains des principes généraux de protection applicables aux prélèvements d'organes : exigence d'un consentement, principe de gratuité, d'anonymat, de sécurité sanitaire (*supra* n°s 114 à 118).

On distingue selon l'usage les prélèvements sur personne vivante et sur personne décédée.

1 - Utilisation dans un but thérapeutique ou scientifique

7.136 > Conditions de prélèvements relatives aux donneurs.

a) Finalité des prélèvements

Les prélèvements de tissus ou de cellules ou la collecte de produits du corps humain ne peuvent être effectués sur une personne vivante que dans un but thérapeutique ou scientifique ainsi que, selon une nouvelle disposition de la loi du 6 août 2004, dans un but de réalisation ou de contrôle des dispositifs médicaux de diagnostic *in vitro* ou de qualité des analyses biologiques ou dans le cadre de certains contrôles : dispositifs médicaux de diagnostic *in vitro*, qualité des analyses biologiques, expertises, contrôles techniques réalisés par l'AFSSAPS (C. santé publ., art. L. 1241-1).

Les prélèvements sur personne décédée sont effectués également dans une finalité thérapeutique ou scientifique (L. 1241-6). Un décret doit fixer les conditions de prélèvement en fonction des situations médicales afin d'adopter les précautions nécessaires de sécurité sanitaire (L. 1241-7).

b) Conditions de consentement

La règle est celle du consentement préalable. Des mesures spécifiques sont adoptées pour les cellules issues de la moelle osseuse. Le prélèvement de tissus ou cellules autres que les cellules « hématopoïétiques » – cellules des organes où se forment les globules sanguins – issues de la moelle osseuse, aux fins énoncées par l'article L. 1241-1, ne peuvent avoir lieu qu'à la condition que le donneur, dûment informé de l'objet du prélèvement ou de la collecte et de leurs conséquences et des risques qui y sont attachés, ait donné son consentement par écrit, ce consentement étant révocable sans forme, à tout moment (C. santé publ., art. L. 1241-1, al. 2).

---

145. Dir. 2004/23/CE, 31 mars 2004 : *JOUE* n° L. 102, 7 avr. Sur régime, *Dict. Perm. Bioéthique et Biotechnologies*, v° Tissus, cellules et produits d'origine humaine n° 11.

Le prélèvement de cellules hématopoïétiques issues de la moelle osseuse en vue de don à des fins thérapeutiques ne peut avoir lieu qu'à la condition que le donneur, préalablement informé des risques qu'il encourt et des conséquences éventuelles du prélèvement, ait exprimé son consentement devant le président du tribunal de grande instance ou le magistrat désigné par lui, ce magistrat devant s'assurer au préalable que le consentement est libre et éclairé. En cas d'urgence vitale, le consentement est recueilli par tout moyen par le procureur de la République. Le consentement est révocable à tout moment (C. santé publ., art. L. 1241-1, al. 3).

c) *Mineurs ou majeurs protégés*

L'article L. 1241-2 issu de la loi de bioéthique de 1994 a énoncé le principe selon lequel les prélèvements de tissus, cellules et collecte de produits du corps humain en vue de don ne peuvent avoir lieu sur une personne vivante mineure ou sur personne majeure protégée.

La loi n° 2004-800 indique les dérogations à ce principe. Elle admet qu'en l'absence d'autre solution thérapeutique, un prélèvement de cellules hématopoïétiques issues de la moelle osseuse peut être fait sur un mineur au bénéfice de son frère ou de sa sœur, et, en cas d'impossibilité, le prélèvement peut être effectué sur un mineur au bénéfice d'un cousin – ou cousine-germaine, d'un oncle ou une tante, d'un neveu ou une nièce. Dans tous les cas, ces prélèvements sont soumis aux mêmes règles qu'en matière de prélèvements d'organes : consentement de chacun des titulaires de l'autorité parentale ou du représentant légal du mineur après information sur les risques encourus par le mineur et des conséquences éventuelles du prélèvement et, en cas d'urgence vitale, le consentement est recueilli par le Procureur de la République. L'autorisation d'effectuer le prélèvement est accordée par le comité d'experts prévu par l'article L. 1231-3 qui doit s'assurer que tout a été mis en œuvre pour trouver un donneur majeur et le refus du mineur fait obstacle au prélèvement (*supra* n° 122).

La même dérogation de l'article L. 1241-2 est prévue pour les prélèvements de cellules hématopoïétiques issues de la moelle osseuse qui, en l'absence d'autre solution thérapeutique, peuvent être effectués sur une personne vivante majeure protégée au profit de son frère ou de sa sœur. Les conditions de consentement varient selon le régime de protection : décision du juge des tutelles, consentement de la personne si possible et du comité d'experts. En cas de curatelle ou de sauvegarde de justice, consentement éventuel de la personne et autorisation par le comité d'experts. Ces personnes protégées peuvent aussi faire l'objet « à titre exceptionnel » de prélèvements au profit d'un cousin ou cousine-germaine, d'un oncle ou tante, d'un neveu ou si du moins ces personnes sont reconnues comme ayant la faculté de consentir (C. santé publ., art. L. 1241-4 mod.). Ils sont interdits sur les mineurs et majeurs protégés (C. santé publ., art. L. 1241-1 et L. 1241-2). Mais aucune disposition n'envisage la situation des incapables de fait.

Les prélèvements de tissus et cellules peuvent également être effectués sur une personne décédée, dans la même finalité et sous réserve des conditions imposées pour les prélèvements d'organes en ce qui concerne la détermination du moment de la mort et les conditions de consentement (C. santé publ., art. L. 1341-3, *supra* n° 137). Un décret du 2 août 2005 précise les conditions de prélèvement des organes, tissus et cellules et un arrêté de la même date fixe la liste des tissus et cellules pouvant être prélevés : peau, os, tissus mous de l'appareil locomoteur, cornée, valves cardiaques, artères, veines (C. santé publ., art. L. 1241-2-1 nouv.)[146].

7.137 > **Conditions imposées aux établissements.** La préparation, la conservation, la distribution et la cession, à des fins thérapeutiques, autologues ou allogéniques, des tissus et dérivés, est confiée exclusivement aux établissements et organismes autorisés à cet effet après avis de l'Agence de la biomédecine par l'Agence française de sécurité sanitaire de produits de santé pour une durée de cinq ans (C. santé publ., art. L. 1243-2).

2 - Utilisation après intervention chirurgicale

7.138 > **Régime d'utilisation.** Le législateur a admis l'utilisation à des fins thérapeutiques ou scientifiques des tissus, cellules et produits du corps humain prélevés à l'occasion d'une intervention chirurgicale et du placenta, c'est-à-dire sur une personne vivante (C. santé publ., art. L. 1245-2 mod.). Entrent notamment dans la catégorie des déchets opératoires les os enlevés à l'occasion d'une prothèse de hanche, les veines saphènes à l'occasion d'un stripping.

Cette utilisation est subordonnée à l'absence d'opposition de la personne dûment informée des finalités de cette utilisation, cette opposition conforme aux usages constituant un progrès par rapport au régime antérieur qui admettait facilement un « consentement tacite »[147]. Si la personne concernée est un mineur ou un majeur sous tutelle, l'opposition à une utilisation ultérieure doit être exprimée par tous moyens par les titulaires de l'autorité parentale ou le tuteur après information. Le refus du mineur ou du majeur sous tutelle fait obstacle à l'utilisation de ces éléments et produits humains (C. santé publ., art. L. 1245-2, al. 1 et 2).

Conformément à l'article L. 1245-2, l'utilisation de ces déchets opératoires est soumise aux seules dispositions énoncées par les articles L. 1211-3 à L. 1211-9 du Code de la santé publique, c'est-à-dire à l'interdiction de toute publicité et de tout paiement sous quelque forme que ce soit à celui qui se prête à la collecte de ces produits et au respect du principe d'anonymat entre donneur et receveur (C. santé publ., art. L. 1211-3, 4, 5). L'utilisation de ces produits humains doit également respecter les règles de sécurité sanitaire, notamment l'obligation de dépistage (C. santé publ., art. L. 1211-5 et 6) ainsi que les dispositions spécifiques prévues dans la section 4 de la loi applicable aux établissements assurant la conservation et l'utilisation de ces produits. Ces règles s'appliquent à toute personne sans condition de capacité.

Antérieurement à 2004, on s'interrogeait sur la possibilité d'utiliser des tissus et cellules embryonnaires ou fœtaux obtenus à l'issue d'une interruption de grossesse. Pour certains auteurs il fallait considérer ces éléments comme des déchets opératoires. Le Comité

---

146. Déc. n° 2005-949 du 2 août 2005 : *JO*, 6 août 2005 – Arr. 2 août 2005 : NOR : SANPO522455A : *JO* 6 août 2005-A.
147. Mme Gaumont-Prat, « Aspect éthique des banques de tissus humains » : *D.* 1999, somm. 34 (Commentaire de l'Avis n° 11 en date du 21 juillet 1998 du Groupe européen d'éthique).

consultatif national d'éthique de l'embryon pensait que le fœtus doit être considéré comme une personne potentielle (*supra* n° 21). La loi du 6 août 2004 a opéré une sorte de « transaction » entre ces diverses conceptions. Elle n'admet l'utilisation de ces éléments bien particuliers qu'à finalité médicale ou scientifique, le régime dérogatoire de l'article L. 1211-2 n'étant pas applicable aux « tissus et cellules germinaux » (*supra* n° 115). Les prélèvements de cellules embryonnaires ou fœtaux sont subordonnés au consentement écrit de la femme.

D - TRANSFUSION SANGUINE

7.139 > **Évolution législative.** Compte tenu des progrès en matière de transfusion sanguine – le premier centre de transfusion sanguine fut créé à Paris en 1929 –, une loi du 21 juillet 1952 devait autoriser les transfusions sanguines, réglementer le régime de ces dernières et fixer le statut du sang, du plasma et des dérivés. Cette autorisation légale était d'autant plus légitime que le sang est un produit que l'homme recrée naturellement et sans dommage durable quand on l'a prélevé, aussi ce produit peut-il être donné par un homme au profit de la santé d'autres hommes, sous réserve de ne pas être soumis des prélèvements excessifs[148]. Le drame des contaminations consécutives à des transfusions sanguines devait conduire à l'adoption d'une loi le 4 janvier 1993 modifiant le régime instauré en 1952 dans le sens d'un accroissement de la sécurité et de l'éthique et d'un renforcement de la tutelle des pouvoirs publics. La loi n° 2004-800 modifie certaines dispositions concernant les conditions d'utilisation du sang et la protection des donneurs.

7.140 > **Principes de protection du donneur.** Le législateur applique en matière de transfusion sanguine les principes éthiques de l'anonymat et de la gratuité non mentionnés par la loi antérieure, mais en usage depuis toujours. L'article L. 1221-1 du Code de la santé publique dispose ainsi que « la transfusion sanguine s'effectue dans l'intérêt du receveur et relève des principes éthiques du bénévolat et de l'anonymat du don et de l'absence de profit dans les conditions définies par le présent livre ». Le sang, ses composants et dérivés ne peuvent être distribués sans qu'aient été pratiqués les analyses biologiques et les tests de dépistage de maladie transmissibles (C. santé publ., art. L. 1221-4). La loi du 6 août 2004 précise qu'est exclue toute administration à l'homme avant l'obtention des résultats des analyses biologiques et des tests de dépistage prévus.

L'article L. 1221-3 dispose qu'aucune rémunération ne peut être allouée au donneur, sans préjudice du remboursement des frais exposés dans une limite fixée par décret.

Ce principe d'absence de profit était contraire à une directive du Conseil des Communautés européennes du 14 juin 1989[149] qualifiant le sang et le plasma humain de « matières premières », conférant aux dérivés plasmatiques le statut de médicament et autorisant

---

148. Une loi du 14 août 1954 devait même autoriser la convocation de certains hommes n'ayant pas fait de service militaire, pour leur prélever du sang destiné aux services de transfusion de l'armée. Sur faute : TGI Seine, 23 avril 1966, *D.* 1966, somm. 123 condamnant un médecin ayant prélevé des doses excessives.
149. Dir. n° 89/381/CEE du Conseil du 14 juin 1989, Dir. 2002/98/CE du Parlement européen et du Conseil – Dir. 2005/62/CE de la Commission du 30 septembre 2005.

la libre circulation du sang et du plasma, sans imposer la règle du non-profit mais d'autres directives mentionnent le caractère bénévole des dons de sang. Et le Comité consultatif national d'éthique s'est élevé contre cette conception dans un avis sur la transfusion sanguine au regard de la non-commercialisation du corps humain du 2 décembre 1991[150]. En revanche, contrairement aux organismes communautaires, le Comité des ministres du Conseil de l'Europe souligne dans une recommandation n° R. 90-9 du 29 mars 1990 que « pour des raisons tant éthiques que cliniques le don de sang devrait être volontaire et non rémunéré ».

Le nouvel article 1221-8-1 précise le régime applicable aux activités de recherche sur le sang et ses composants, en particulier en cas de constitution d'une collection d'échantillons biologiques humains. Il rappelle les principes protecteurs prévus pour toute activité de recherche : autorisation administrative, principes d'indemnisation, de responsabilité et d'assurance afférents au régime des recherches. Lorsque les prélèvements de sang sont effectués dans cette finalité sur des personnes vulnérables – femmes enceintes ou parturientes, mineurs, majeurs protégés ou personnes hors d'état d'exprimer leur consentement, personnes hospitalisées sans leur consentement – le comité de protection des personnes doit vérifier que la collection est destinée à des recherches qui ne pourraient être effectuées sur une autre catégorie de population (C. santé publ., art. L. 1221-8-1).

7.141 › **Consentement des donneurs.** La loi du 4 janvier 1993 a renforcé la protection du consentement des donneurs et l'article L. 1221-3 indique que le prélèvement ne peut être fait qu'avec le consentement du donneur par un médecin ou sous sa direction et sa responsabilité.

Il est de principe qu'aucun prélèvement de sang ou de ses composants en vue d'une utilisation thérapeutique pour autrui ne peut avoir lieu sur une personne mineure ou sur une personne majeure faisant l'objet d'une mesure de protection légale (C. santé publ., art. L. 1221-5). Cependant, des exceptions sont prévues. Aux termes de l'article L. 1221-5, alinéa 2, un prélèvement peut être effectué sur un mineur à titre exceptionnel lorsque des motifs tirés de l'urgence thérapeutique ou lorsqu'il n'a pu être trouvé de donneur majeur immunologiquement compatible. Mais ce prélèvement ne peut être opéré qu'à la condition que chacun des titulaires de l'autorité parentale « y consente expressément par écrit » et le refus du mineur fait obstacle au prélèvement (C. santé publ., art. L. 1221-5, al. 3).

E - DISPOSITIONS PÉNALES

7.142 › **Dispositions pénales.** La loi a prévu les sanctions pénales suivantes, applicables en cas de violation des dispositions relatives aux prélèvements d'organes :

---

150. Avis n° 28 du 2 décembre 1991 sur la transfusion sanguine au regard de la non-commercialisation du corps humain. Il existe cependant un tarif de cession des produits sanguins, en dernier lieu : arrêté du 1er mars 2006, modifiant l'arrêté du 23 décembre 1997, *JO* 17 mars 2006.

– 7 ans et 100 000 euros d'amende pour l'obtention d'un organe contre paiement (C. pén., art. 511-2 et C. santé publ., art. L. 1272-1), pour le prélèvement d'organe sur une personne vivante majeure sans son consentement (C. pén., art. 511-3 et C. santé publ., art. 1272-2) ;

– 5 ans et 750 000 euros d'amende pour l'obtention de tissus contre paiement (C. pén., art. 511-4 et C. santé publ., art. L. 1272-3), le prélèvement de tissus sur une personne vivante sans son consentement (C. pén., art. 511-5 et C. santé publ., art. L. 1272-4), le prélèvement de gamètes sans consentement écrit (C. pén., art. 511-6) ;

– 2 ans et 30 000 euros d'amende en cas d'absence d'autorisation des établissements (C. pén., art. 511-7), de non-respect des règles sanitaires (C. pén., art. 511-8 et art. 511-11), d'atteinte au principe d'anonymat (C. pén., art. 511-10).

II – RECHERCHES SUR L'HOMME

7.143 > **Évolution législative.** Il y a un demi-siècle, l'expérimentation sur l'homme étant considérée en France comme une atteinte à l'intégrité physique, les recherches sans finalité thérapeutique étaient en principe interdites sous peine de sanctions pénales – articles 319 et 320 – et on admettait seulement les recherches ayant une finalité thérapeutique directe à certaines conditions : consentement libre et éclairé du malade, absence de risques non proportionnés à la méthode. On ne pouvait invoquer pour la protection des personnes que des textes de portée internationale – Code de Nuremberg de 1947, Déclaration d'Helsinki de 1964, de Tokyo de 1975, Pacte international relatif aux droits civils et politiques de New York de 1975 adopté par la France en 1981, quelques dispositions du Code de la santé publique applicables aux essais pharmaceutiques et plusieurs articles du Code de déontologie (art. 18, 28 et 30).

Les recherches furent autorisées et encadrées par la loi n° 88-1138 du 20 décembre 1988 relative à la protection des personnes qui se prêtent à des recherches biomédicales, modifiée quelque peu par une loi du 23 janvier 1990 puis par la loi n° 94-630 du 25 juillet 1994.

La loi n° 2004-806 du 9 août 2004 relative à la politique de santé publique a réformé le régime juridique des recherches. Elle tient compte des principes de la directive européenne 2001/20/CE du 4 avril 2001 relative aux essais cliniques et de quelques avis d'instances consultées, notamment de la suggestion d'abandon de la distinction entre recherches avec ou sans bénéfice individuel direct émis par le Comité consultatif national d'éthique, et de la nécessité d'accroître l'information des personnes et du public recommandée par l'Académie de médecine[151].

151. Loi n° 2004-806 du 9 août 2004 relative à la politique de santé publique : *JO*, 11 août 2004, p. 14277 – Avis du CCNE n° 79 du 18 septembre 2003 – Avis de l'Académie de médecine, in *Dict. Bioéth.*, *Bull.* n° 130, p. 6697.

A - CONDITIONS DE LICÉITÉ DES RECHERCHES

1 - CONDITIONS GÉNÉRALES

7.144 > **Recherches autorisées.** La loi du 9 août 2004 supprime la distinction antérieure entre les recherches biomédicales avec « bénéfice direct individuel direct » et les recherches « sans bénéfice individuel direct », toutes les recherches étant désormais désignées par les termes « recherche biomédicale » (C. santé publ., art. L. 1121-1 al. 1).

La loi ne s'applique pas aux recherches dans lesquelles tous les actes sont pratiqués et les produits utilisés de manière habituelle sans aucune procédure supplémentaire de diagnostic ou de surveillance (C. santé publ., art. L. 1121-1, al. 2, 1°), ni aux recherches visant à évaluer les soins courants autres que les médicaments qui sont pratiqués de manière habituelle, des modalités de surveillance étant prévues par un protocole obligatoirement soumis à un comité de protection des personnes (C. santé publ., art. L. 1121-1, al. 2, 2°). Le décret n° 2006-477 du 26 avril 2006 précise le régime applicable aux diverses catégories de recherche (C. santé publ., art. R. 1121-1 à R. 115-13).

7.145 > **Protection des personnes.** Toute recherche est subordonnée à trois conditions énumérées par l'article L. 1121-2. Elle doit se fonder sur le « dernier état des connaissances scientifiques et sur une expérimentation préclinique suffisante ». Elle ne doit pas comporter pour la personne qui s'y prête de risque prévisible « hors de proportion avec le bénéfice escompté pour ces personnes ou l'intérêt de cette recherche », conformément à la Déclaration d'Helsinki et à la jurisprudence concernant la responsabilité médicale. Enfin, la recherche doit avoir pour objet d'étendre la connaissance scientifique de l'être humain et les moyens susceptibles d'améliorer sa condition.

La loi du 9 août 2004 ajoute des garanties supplémentaires. Elle interdit la recherche biomédicale qui n'aurait pas été conçue de telle façon que soient réduits au minimum « la douleur, les désagréments, la peur et tout autre inconvénient prévisible lié à la maladie ou à la recherche, en tenant compte particulièrement du degré de maturité des mineurs et de la capacité de compréhension des majeurs hors d'état d'exprimer leur consentement ». Le nouvel article L. 1121-2 rappelle expressément que « l'intérêt des personnes qui se prêtent à une recherche biomédicale prime toujours les seuls intérêts de la science et de la société ».

Les personnes susceptibles de se prêter à des recherches biomédicales bénéficient d'un examen médical préalable, adapté à la recherche, les résultats étant communiqués à la personne. Par dérogation, cet examen n'est pas jugé nécessaire pour les recherches biomédicales ne comportant que des risques négligeables et n'ayant aucune influence sur la prise en charge médicale de la personne (C. santé publ., art. L. 1121-11). Les personnes se prêtant aux recherches ont la garantie d'être indemnisées en cas de préjudice éventuel, soit par le promoteur obligé de contracter une assurance, soit en l'absence de faute de ce dernier par recours au régime légal prévu par l'article L. 1142-3 (C. santé publ., art. L. 1121-10). Les conditions d'assurance sont précisées par le décret n° 2006-477 du 26 avril 2006 (C. santé publ., art. R. 1121-5 à R. 1121-10).

7.146 > **Garanties scientifiques.** La loi rappelle que les recherches biomédicales doivent se dérouler dans des conditions de grande rigueur : compétence du médecin, impératifs de rigueur scientifique et de sécurité des personnes se prêtant aux recherches (C. santé publ., art. L. 1121-3). Les personnes chargées du contrôle de qualité d'une recherche biomédicale ont accès, sous réserve de l'accord des personnes concernées, aux données individuelles strictement nécessaires à ce contrôle et soumises au secret professionnel.

Une recherche biomédicale ne peut être mise en œuvre qu'après avis favorable du comité de protection des personnes prévue par l'article L. 1123-1 (*infra* n° 155). Elle doit en outre être autorisée par une instance compétente, l'Agence de sécurité sanitaire des produits de santé (C. santé publ., art. L. 1123-8 et L. 1123-12). Ces deux instances assurent également un suivi des recherches sur le plan scientifique et doivent être informées de toute modification substantielle de la recherche, des effets indésirables éventuels, de tout fait nouveau susceptible de porter atteinte à la sécurité des personnes (C. santé publ., art. L. 1123-9).

2 - Conditions supplémentaires inhérentes aux recherches

7.147 › **Protection de la maternité.** Compte tenu des risques éventuels de certaines recherches pour la femme et pour l'embryon, les recherches en relation avec la maternité sont soumises à des conditions supplémentaires qui ne sont plus cumulatives : absence de risque prévisible sérieux pour la santé de la mère ou de l'enfant, recherches utiles à la connaissance et ne pouvant être réalisées autrement (C. santé publ., art. L. 1121-5). Ces recherches sont possibles, soit parce qu'elles peuvent se justifier par l'importance du bénéfice escompté pour les femmes ou l'enfant, soit parce qu'elles se justifient au regard du bénéfice escompté pour d'autres femmes se trouvant dans la même situation, ou pour leur enfant, et à la condition que des recherches d'une efficacité comparable ne puissent être effectuées sur une autre catégorie de population. Dans ce cas, les risques prévisibles et les contraintes que comporte la recherche doivent présenter un caractère minimal.

Cette protection spécifique de la maternité ne peut toutefois justifier un recours contre l'arrêté autorisant l'administration d'un médicament abortif – le Mifégyne ou RU 486 –, car ainsi que le précise le Conseil d'État, il ne s'agit pas alors d'expérimentation[152].

7.148 › **Personnes privées de liberté et malades hospitalisés.** Les personnes privées de liberté sont particulièrement protégées au regard de la recherche. Des conditions spécifiques sont prévues pour la participation à des recherches des « personnes privées de liberté par une décision administrative ou judiciaire » – c'est-à-dire les détenus –, des personnes hospitalisées sans consentement en vertu des articles L. 3212-1 et 3213 – c'est-à-dire les malades mentaux, et des personnes admises dans un établissement sanitaire ou social à d'autres fins que celle de la recherche.

La participation de ces personnes à des recherches est subordonnée aux conditions suivantes : soit le bénéfice escompté pour ces personnes justifie le risque prévisible

152. CE, 21 déc. 1990, « Confédération nationale des associations familiales catholiques », Req. n° 105743.

encouru, soit ces recherches sont justifiées au regard du bénéfice escompté pour d'autres personnes se trouvant dans la même situation juridique ou administrative, les recherches ne peuvent être effectuées sur une autre catégorie de population et le risque doit être minimal (C. santé publ., art. L. 1121-6).

7.149 > **Mineurs et majeurs protégés.** Les mêmes principes de protection sont applicables aux mineurs et aux majeurs protégés. Les mineurs et les personnes majeures faisant l'objet d'une protection légale ou hors d'état d'exprimer leur consentement ne peuvent être sollicités pour se prêter à des recherches biomédicales que si des recherches d'une efficacité comparable ne peuvent être effectuées sur des personnes majeures et dans les conditions suivantes : soit l'importance du bénéfice escompté pour ces personnes est de nature à justifier le risque prévisible encouru, soit ces recherches se justifient au regard du bénéfice escompté pour d'autres mineurs, ou dans le cas de majeurs, pour d'autres personnes placées dans la même situation. Dans ce cas les risques prévisibles et les contraintes que comporte la recherche doivent présenter un caractère minimal (C. santé publ., art. L. 1121-7 et L. 1121-8).

B - RECHERCHES CONTROVERSÉES

7.150 > **Recherches sur embryons.** La loi de 1988 régit l'expérimentation sur les personnes, ce qui en principe ne concerne pas l'embryon si l'on ne reconnaît pas à ce dernier le statut de « personne ». Il est toutefois défini comme une « personne potentielle » par le Comité consultatif national d'éthique et à ce titre a besoin de protection (*supra* n° 22).

La loi du 29 juillet 1994, tout en proclamant le principe d'interdiction des recherches sur les embryons *in vitro*, avait admis qu'à « titre exceptionnel » le couple pouvait autoriser des « études » sous réserve de conditions assez contraignantes (C. santé publ., art. L. 2141-8). Mais la loi du 6 août 2004 a étendu assez largement les possibilités de recherches sur les embryons *in vitro* afin de répondre à la demande des scientifiques, option qui demeure assez controversée dans la mesure où elle conduit à une « réification » de l'embryon humain *in vitro* (*supra* n° 7-106)[153].

7.151 > **Recherches sur une personne en état de mort cérébrale.** Il est de principe depuis la loi du 25 juillet 1994 qu'aucune recherche biomédicale ne peut être effectuée sur une personne décédée, en état de mort cérébrale, sans son consentement exprimé de son vivant ou par le témoignage de sa famille (C. santé publ., art. L. 1124-5 anc. devenu L. 1121-14). Si cette personne est un mineur, le consentement est alors exprimé par chacun des titulaires de l'autorité parentale. En cas d'impossibilité de consulter l'un des titulaires de l'autorité parentale, la recherche peut être effectuée à condition que l'autre titulaire y consente. L'article L. 1121-14, alinéa 3 exclut l'application de l'article 225-17 du Code pénal réprimant l'atteinte au cadavre.

Cette disposition, conforme à un avis du Comité consultatif national d'éthique du 7 novembre 1988, a mis fin au contentieux né des controverses sur les conditions de licéité de l'expérimentation sur une personne en état de mort cérébrale.

153. B. Mathieu, « La recherche sur embryon au regard des droits fondamentaux constitutionnels », *D.* 1999, chr. 451.

Elle confirme la jurisprudence du Conseil d'État, qui affirmait dans une décision du 2 juillet 1993 concernant une expérimentation sur un sujet en état de mort cérébrale que « les principes fondamentaux relatifs au respect de la personne humaine qui s'imposent au médecin dans ses rapports avec son patient ne cessent pas de s'appliquer avec la mort de celui-ci »[154].

C - PRINCIPES DE PROTECTION

1 - Principes traditionnels

7.152 > **Atténuation du principe de non-patrimonialité.** Selon un principe déjà énoncé en 1988, consacré par les lois du 29 juillet 1994 et du 9 août 2004, la recherche biomédicale ne « donne lieu à aucune contrepartie financière directe ou indirecte pour les personnes qui s'y prêtent » (C. santé publ., art. L. 1121-8 anc. devenu L. 1121-11 et C. civ., art. 16-6). Toutefois la loi de 1994 a admis le « remboursement de frais exposés ». Et la loi du 9 août 2004 y ajoute « le cas échéant, l'indemnité en compensation des contraintes subies », indemnité interdite cependant dans le cas de recherches biomédicales effectuées sur les personnes particulièrement protégées au regard des recherches, à savoir, les mineurs, les personnes faisant l'objet d'une mesure de protection légale, les personnes hors d'état d'exprimer leur consentement, les personnes privées de liberté, les personnes hospitalisées sans leur consentement et les personnes admises dans un établissement sanitaire et social à d'autres fins que la recherche (C. santé publ., art. L. 1121-11, al. 2 et 3).

Il s'agit bien ici d'une rémunération versée « en contrepartie » d'un service rendu par le sujet et non d'une indemnisation pour frais, ce qui est parfaitement contraire au principe général d'ordre public énoncé par le premier alinéa. Mais afin d'éviter le cumul des indemnités – jadis non soumises à l'impôt –, un montant maximum est fixé pour les indemnités versées dans une année (3 800 €, arr. 13 déc. 2001) ce qui est rappelé par l'article L. 1121-11 mod. Toute recherche est interdite à une personne non affiliée à un régime de sécurité sociale et l'organisme de sécurité sociale dispose contre le promoteur d'une action en paiement des prestations versées.

2 - Obligation d'information

7.153 > **Exigence d'un consentement éclairé.** L'investigateur – ou le médecin qui le représente – doit, préalablement à toute recherche biomédicale, fournir à la personne consentante des informations de plus en plus détaillées par l'article L. 1122-1.

Ces informations concernent la recherche – objectif, méthodologie, durée, bénéfices attendus, contraintes et risques prévisibles y compris en cas d'arrêt de la recherche avant son terme, éventuelles alternatives médicales – les modalités de prise en charge médicale prévues en fin de recherche, l'avis du comité consultatif de protection des personnes et l'autorisation. L'investigateur informe également la personne de son droit

154. CE, 2 juillet 1993 : *RFDA*, sept.-oct. 1993, concl. D. Kessler.

d'avoir communication au cours ou à l'issue de la recherche, des informations concernant sa santé qu'il détient de l'interdiction de participer simultanément à une autre recherche ou de la période d'exclusion prévues par le protocole et son inscription dans le fichier national. Ce fichier prévu par l'article L. 1121-16 recense les personnes qui ne présentent aucune affection et qui se prêtent volontairement à des recherches ainsi que les personnes malades lorsque l'objet de la recherche est sans rapport avec leur état pathologique. La personne doit être informée de son droit, de refuser de participer à la recherche ou de retirer son consentement à tout moment, sans encourir de responsabilité de ce fait.

Pour les recherches en psychologie, il est admis que l'information préalable puisse être succincte si la recherche est effectuée sur des sujets sains et qu'elle ne comporte pas de risques, l'information étant fournie postérieurement (C. santé publ., art. L. 1122-1, 7°).

À l'issue de la recherche, la personne qui s'y est prêtée a le droit d'être informée des résultats globaux de la recherche.

7.154 > **Consentement.** La loi n° 2004-806 comporte de nouvelles dispositions visant à étendre la protection du consentement et rappelle le principe selon lequel « aucune recherche biomédicale ne peut être pratiquée sur une personne sans son consentement libre et éclairé préalablement par les informations énumérées par l'article L. 1122-1. Le consentement est donné par écrit ou en cas d'impossibilité attesté par un tiers qui doit être totalement indépendant de l'investigateur et du promoteur » (C. santé publ., art. L. 1122-1-1).

En cas de recherches biomédicales à mettre en œuvre dans des situations d'urgence ne permettant pas de recueillir le consentement préalable, le protocole soumis au comité de protection de personnes peut prévoir que le consentement de la personne n'est pas recherché et que seul est sollicité celui des membres de sa famille ou celui de la personne de confiance prévue par l'article L. 1111-6 (*supra* n° 53). L'intéressé est informé dès que possible, son consentement lui est « demandé » pour la poursuite éventuelle de la recherche et il peut s'opposer à l'utilisation des données le concernant (C. santé publ., art. L. 1122-1-2). Mais la notion d'urgence n'est pas définie et il semble qu'en pratique, les différents CCPPRB (Comités de consultation pour la protection des personnes se prêtant à la recherche biomédicale) en fassent des appréciations différentes.

7.155 > **Protection du consentement des personnes vulnérables.** Des règles spéciales plus protectrices du consentement sont énoncées pour les mineurs, les majeurs protégés et, depuis la loi du 9 août 2004, pour les majeurs hors d'état d'exprimer leur consentement ne faisant pas l'objet d'une mesure de protection juridique, ce qui est un progrès par rapport à la législation antérieure qui n'envisageait pas leur situation. Ces catégories de personnes doivent recevoir l'information prévue par l'article L. 1122-1 « adaptée à leur capacité de compréhension, tant de la part de l'investigateur que des personnes, organes ou autorités chargés de les assister, de les représenter ou d'autoriser la recherche, eux-mêmes informés par l'investigateur ». Ils sont consultés dans la mesure où leur état le permet et on recherche leur adhésion personnelle étant précisé qu'il ne peut être passé outre à leur refus ou à la révocation de leur acceptation (C. santé publ., art. L. 1122-2 I, al. 2).

a) Le consentement des mineurs non émancipés est donné par les deux titulaires de l'exercice de l'autorité parentale ou un seul d'entre eux à la condition que la recherche ne comporte que des risques et contraintes négligeables, que la recherche soit réalisée à l'occasion d'acte de soins et que l'autre titulaire ne puisse donner son autorisation dans des délais compatibles avec les exigences méthodologiques de la recherche (C. santé publ., art. L. 1122-II, al. 1) ;

b) Dans le cas de recherche effectuée sur une personne mineure ou majeure sous tutelle, l'autorisation est donnée par son représentant légal et si le comité estime que la recherche envisagée comporte « par l'importance des contraintes ou par la spécificité des interventions auxquelles elle conduit, un risque sérieux d'atteinte à la vie privée ou à l'intégrité du corps humain », par le conseil de famille ou par le juge des tutelles ;

c) Dans le cas de recherche effectuée sur une personne majeure sous curatelle, le consentement est donné par l'intéressé assisté de son curateur, mais dans le cas où le comité estime que la recherche comporte les mêmes risques que précédemment, le juge des tutelles est saisi aux fins de s'assurer de l'aptitude à consentir du majeur, et en cas d'inaptitude, le juge prend la décision d'autoriser ou non la recherche ;

d) Dans le cas de recherche effectuée sur une personne majeure hors d'état d'exprimer son consentement et ne faisant pas l'objet d'une protection juridique, l'autorisation est donnée par la personne de confiance prévue par l'article L. 1111-6 (*supra* n° 53), à défaut par la famille, ou à défaut par une personne entretenant avec l'intéressé des liens étroits et stables. Si le comité estime que la recherche comporte des risques de même nature, l'autorisation est donnée par le juge des tutelles (C. santé publ., art. L. 1122-2 II).

D - COMITÉS DE PROTECTION DES PERSONNES (CPP)

7.156 > **Rôle des CPP.** Afin de faire respecter les règles en matière d'expérimentation, la loi a prévu un contrôle préventif de nature administrative par l'intermédiaire des Comités consultatifs de protection des personnes. Ces comités, constitués dans les régions, sont composés de manière à garantir leur indépendance et la diversité des compétences dans le domaine biomédical à l'égard des questions éthiques, sociales, psychologiques et juridiques et comportent en leur sein. La loi n° 2004-806 du 9 août 2004 a remplacé l'ancienne terminologie par « Comité de protection des personnes » (CPP).

Ils comportent des représentants d'association de malades ou d'usagers du système de santé (C. santé publ., art. L. 1123-1 et L. 1123-2). Les conditions d'agrément et de fonctionnement de ces comités sont énumérées par le décret n° 2006-477 du 26 avril 2006 (C. santé publ., art. R. 1123-1 à R. 1123-19)[155].

Préalablement à une recherche biomédicale sur l'être humain, le promoteur est tenu d'en soumettre le projet à l'avis de l'un des comités de protection des personnes compétents pour le lieu où l'investigateur exerce son activité. En cas d'avis défavorable du

155. M.-C. Chemtob Concé, J.-J. Tuech, V. Bridoux, « Les comités de protection des personnes : un nouveau cadre juridique », *Médecine et droit* 2007, p. 42.

comité, le promoteur peut solliciter du ministre la possibilité de soumettre son projet à un autre comité (C. santé publ., art. L. 1123-6, al. 1 et 2).

La loi du 9 août 2004 précise que le comité doit rendre son avis en fonction de nombreux éléments – douze – énumérés par le nouvel article L. 1123-7. L'avis doit tenir compte notamment : de la protection des personnes, des modalités de l'information et de la procédure d'obtention d'un consentement éclairé, de la nécessité éventuelle d'un délai de réflexion, de la nécessité éventuelle de prévoir une impossibilité de participer à une autre recherche, de la pertinence de la recherche, de l'adéquation entre les objectifs poursuivis et des moyens mis en œuvre, de la qualification du ou des investigateurs, du montant et des modalités d'indemnisation des participants, des modalités de recrutement de participants.

Le comité se prononce par avis motivé dans un délai de trente-cinq jours, délai qui peut être porté à soixante jours si des informations complémentaires sont nécessaires (C. santé publ., art. R. 1123-24).

Indépendamment de l'avis du comité, le promoteur doit aussi avoir obtenu l'autorisation de l'Agence de sécurité sanitaire des produits de santé (*supra* n° 146).

E - DISPOSITIONS PÉNALES

7.157 > **Régime.** Des sanctions pénales sont prévues en matière de recherches :

– 3 ans d'emprisonnement et 45 000 euros d'amende en cas de violation des règles en matière de consentement ou de recherches pratiquées en violation des règles protégeant les personnes vulnérables ou régissant les cas d'urgence (C. santé publ., art. L. 1126-1 et 1126-3) ;

– 1 an d'emprisonnement et 150 000 euros d'amende pour les personnes, promoteurs et investigateurs qui n'auraient pas sollicité l'avis préalable d'un Comité consultatif de protection des personnes, auraient eu recours à des candidats, sans respect des règles énoncées par l'article L. 1124-4 ou n'auraient pas respecté l'avis défavorable émis à l'encontre d'une recherche (C. santé publ., art. L. 1126-5). La même peine est prévue à l'encontre des promoteurs qui n'auraient pas respecté l'obligation d'assurance de l'article L. 1121-7 (C. santé publ., art. L. 1126-5).

III – UTILISATION DES DONNÉES GÉNÉTIQUES

7.158 > **Évolution législative.** Les progrès de la génétique depuis 1953, en particulier les examens génétiques et les empreintes génétiques, ont sans conteste des aspects positifs, quand ils facilitent la découverte de la vérité, à partir de l'étude d'infimes échantillons humains comportant des cellules d'ADN et permettent l'accès aux thérapies géniques. Mais ils comportent également des risques nouveaux d'atteinte à l'intégrité et au secret des personnes. Aussi le législateur a-t-il autorisé l'examen des caractéristiques génétiques et l'identification, d'une personne par ses empreintes génétiques en encadrant ces techniques et en renforçant la protection du consentement dans la loi n° 2004-800 relative à la bioéthique du 6 août 2004.

A - PROCÉDÉS D'UTILISATION DES DONNÉES GÉNÉTIQUES

1 - Examen des caractéristiques génétiques d'une personne

7.159 ➤ **Objet.** L'examen des caractéristiques génétiques d'une personne – souvent dénommée « test génétique » – a pour but de faire apparaître les caractéristiques biologiques d'une personne ainsi que ses prédispositions à telle ou telle maladie.

Compte tenu des risques d'exploitation des données par des tiers – relations professionnelles ou contrats d'assurance –, le législateur précise que cet examen ne peut être entrepris qu'à « des fins médicales ou de recherche scientifique » (C. civ., art. 16-10 ; C. santé publ., art. L. 1131-1). Un décret n° 2000-570 du 23 juin 2000 précise que cet examen à fins médicales a pour objet soit de « confirmer ou d'infirmer le diagnostic de maladie génétique chez une personne qui en présente les symptômes, soit de rechercher, chez une personne asymptomatique, les caractéristiques d'un ou plusieurs gènes susceptibles d'entraîner à terme le développement d'une maladie pour la personne ou sa descendance » (C. santé publ., art. R. 1131-1). Le décret énumère les examens possibles. En matière de diagnostic prénatal et afin d'éviter les dérives, la loi autorisant ces examens pour la prévention et le traitement des maladies génétiques interdit les transformations aux caractères génétiques « dans le but de modifier la descendance d'une personne » (C. civ., art. 16-4, al. 2). En outre, le ministre de la Santé peut, par arrêté, soumettre à des bonnes pratiques ainsi qu'à des règles techniques et sanitaires la prescription et la réalisation d'un examen des caractéristiques génétiques à des fins médicales (C. santé publ., art. L. 1131-2).

2 - Identification génétique

7.160 ➤ **Objet.** Les empreintes génétiques sont des fragments d'ADN appartenant à des séquences non codantes. À la différence des tests génétiques, l'identification d'une personne par ses empreintes génétiques ne donne pas d'indication sur les prédispositions pathologiques de cette personne, mais indique de manière quasi absolue l'organisation génétique propre à chaque individu, ce qui permet de l'identifier ; en outre, l'analyse peut être effectuée à partir d'un élément du corps de la personne – peau, ongle, cheveu, sang... –, que cette personne soit vivante ou décédée, y compris donc à l'insu de cette personne. Compte tenu des risques d'exploitation de ces empreintes, la loi en limite la pratique.

a) La technique ne peut être utilisée que « dans le cadre de mesures d'enquête ou d'instruction diligentées lors d'une procédure judiciaire » (C. civ., art. 16-11, al. 1), c'est-à-dire à la demande d'un juge. De plus, l'utilisation en matière civile est restreinte, l'identification ne pouvant être recherchée qu'en exécution d'une mesure d'instruction ordonnée par le juge saisi d'une action tendant, soit à l'établissement ou la contestation d'un lien de filiation, soit à l'obtention ou la suppression de subsides (C. civ., art. 16-11, al. 2).

b) En matière pénale, le fichier automatisé d'empreintes génétiques, créé en 1998 pour les délinquants sexuels, a été étendu à d'autres suspects par une loi du 18 mars 2003 modifiant certaines dispositions du Code de procédure pénale. L'identification par empreintes génétiques peut également être effectuée « à des fins médicales ou de recherche scientifique » (C. civ., art. 16-11, al. 3).

B - CONDITIONS D'UTILISATION DES EXAMENS GÉNÉTIQUES ET PROTECTION DES PERSONNES

1 - Consentement

7.161 › **Consentement préalable en cas d'utilisation à des fins médicales.** a) L'examen des caractéristiques génétiques d'une personne de même que l'identification par empreintes génétiques à des fins médicales ou de recherche scientifique sont subordonnés à l'existence d'un consentement comme l'indiquent les articles 16-10 et 16-11 du Code civil modifiés par la loi n° 2004-800.

Le consentement à ces deux types d'examen doit être « exprès » et recueilli par écrit préalablement à la réalisation de l'examen, après que la personne ait été dûment informée de sa nature et de sa finalité. Le consentement mentionne la finalité de l'examen et il peut être révocable sans forme à tout moment (C. civ., art. 10 et 11 mod.).

Il est prévu que dans les deux cas, s'il est impossible de recueillir le consentement d'une personne ou, le cas échéant, de consulter la personne de confiance (*supra* n° 53), la famille ou, à défaut, un de ses proches, l'examen ou l'identification peuvent être entrepris à des fins médicales, dans l'intérêt de la personne (C. santé publ., art. L. 1131-1 nouv., al. 2).

b) La loi du 9 août 2004 instaure un certain formalisme pour le cas où l'examen des caractéristiques génétiques d'une personne, ferait apparaître un diagnostic grave. Le médecin doit informer cette personne – dans un document écrit remis à la personne ou son représentant et signé par elle ce qui constitue une preuve – des risques que son silence ferait courir aux membres de sa famille potentiellement concernés dès lors que des mesures de prévention ou des soins peuvent être proposées à ceux-ci. (C. santé publ., art. L. 1131-1, al. 3 nouv.). La personne concernée, ou son représentant légal, peut choisir d'informer sa famille par la procédure de l'information médicale à caractère familial en indiquant au médecin le nom et l'adresse des membres de la famille dont elle dispose et en précisant le lien de parenté qui les unit. Le médecin transmet ces informations à l'Agence de la biomédecine qui informe, par l'intermédiaire d'un médecin lesdits membres de l'existence d'une information médicale à caractère familial susceptible de les concerner et des modalités leur permettant d'y accéder. Les modalités de recueil, de transmission, de conservation et d'accès à ces informations sont précisées par décret en Conseil d'État pris après avis de la CNIL (art. L. 1131-1, al. 4). Le fait pour un patient de ne pas transmettre l'information relative à son anomalie génétique ne peut servir de fondement à une action en responsabilité à son encontre (L. 1131-1, al. 5). Par dérogation aux règles en matière d'information énoncées par l'article L. 1111-2, seul le médecin prescripteur de l'examen des caractéristiques génétiques est habilité à communiquer les résultats de cet examen à la personne concernée ou, le cas échéant à la personne de confiance, la famille ou à défaut à l'un des proches (C. santé publ., nouv. art. L. 1131-1, al. 6).

Lorsque ces examens sont effectués à des fins de recherche, ils sont régis par la législation relative inhérente aux recherches (*supra* n°s 114 et s.).

7.162 > **Consentement et utilisation à des fins procédurales.** L'identification d'une personne par ses empreintes génétiques, ordonnée dans le cadre d'une mesure d'instruction civile, en matière de filiation, est subordonnée au consentement préalable et exprès de l'intéressé (C. civ., art. 16-11, al. 2). Lorsqu'il s'agit d'identification sur une personne décédée, l'article 11, alinéa 2 modifié indique que « sauf accord exprès de la personne manifesté de son vivant, aucune identification par empreintes génétiques ne peut être réalisée après sa mort » ce qui devrait interdire désormais les recherches pratiquées dans l'affaire *Montand*[156]. Il a été jugé que ce texte est applicable immédiatement aux procédures en cours[157].

En revanche, lorsque cette identification est ordonnée dans le cadre d'une procédure pénale, la loi n'exige pas de consentement, ce qui suscite l'étonnement des premiers commentateurs dans la mesure où, jusqu'alors, aucune mesure contraignante ne pouvait être réalisée sur la personne « d'un témoin, d'un suspect ou d'une personne mise en examen ».

2 - *Principes applicables aux données*

7.163 > **Non-commercialisation des gènes.** La question de savoir si certains résultats génétiques peuvent être brevetés donne lieu à des débats d'autant plus âpres que des intérêts financiers importants sont en jeu. Mais la loi n° 94-653 applique aux résultats génétiques le même principe de non-patrimonialité que pour les organes ou produits du corps humain en rappelant que ne sont pas brevetables les « inventions dont la publication ou la mise en œuvre serait contraire à l'ordre public ou aux bonnes mœurs ». La loi dispose que « le corps humain, ses éléments et ses produits ainsi que la connaissance de la structure totale ou partielle d'un gène humain ne peuvent en tant que tels, faire l'objet de brevets » (L. art. 7 complétant l'art. L. 611-17 du Code de la propriété intellectuelle).

7.164 > **Protection des données.** La réalisation de ces examens génétiques fournit nombre de données personnelles jusqu'alors confidentielles et ressortissant étroitement de la vie privée. Aussi ces données relèvent-elles de la protection de la vie privée assurée par l'article 9 du Code civil ainsi que de la protection instaurée par l'article 40-4, alinéa 1 de la loi n° 94-548 du 1er juillet 1994 relative aux traitements de données nominatives ayant pour fin la recherche dans le domaine de la santé et modifiant la loi du 6 janvier 1978 relative à l'informatique aux fichiers et aux libertés et des dispositions du Code pénal (v. *infra*, 68).

La conservation du consentement et de la prescription d'examen des caractéristiques génétiques doit s'effectuer dans les conditions de sécurité et de confidentialité (R. 145-15-15).

156. C. Byk, « La loi relative au respect du corps humain », *JCP* 1994, I, 3788.
157. Cass. 1re civ., 2 avril 2008 ; *RLDC* 2008/49, n° 2992, obs. Marrau des Grottes.

7.165 > **Conditions administratives.** Les établissements procédant à des identifications par empreintes génétiques à des fins médicales ou scientifiques doivent être agréés (C. civ., art. 1131-3), et les analyses permettant cette identification font l'objet d'un contrôle de qualité par l'agence de sécurité sanitaire.

Les analyses prévues pour l'examen des caractéristiques génétiques ne peuvent être effectuées que par des praticiens agréés par l'Agence de la biomédecine dans des conditions fixées par voie réglementaire.

C - DISPOSITIONS PÉNALES

7.166 > **Régime.** Des sanctions pénales sont prévues pour les cas de violation de ces dispositions : un an d'emprisonnement et 15 000 euros d'amende en cas :

– d'absence de consentement préalable pour l'examen des caractéristiques génétiques (C. santé publ., art. L. 1131-1 et C. pén., art. 226-25) ou pour identification d'une personne par ses empreintes génétiques (C. santé publ., art. L. 1132-3 et C. pén., art. 226-27) ;

– d'utilisation de données sans respect de leur finalité (C. santé publ., art. 1132-2 et C. pén., art. 26-26) ;

– de divulgation des informations relatives à l'identification d'une personne ou de défaut d'agrément pour la réalisation de l'identification (C. santé publ., art. L. 1131-3 et C. pén., art. 226-28, al. 2) ;

– de recherche de l'identification d'une personne hors fins médicales et hors fins médicales ou scientifiques (C. santé publ., art. L. 1131-3 et C. pén., art. 226-28, al. 1).

§ 3 - LA MORT

7.167 > **Évolution.** La revendication du droit de mourir – qui s'oppose directement au principe du respect de la vie, consacré par le législateur dans les lois de bioéthique et rappelé solennellement par l'encyclique papale *Evangelium vitae* – a fait des progrès considérables avec la loi n° 2005-370 du 22 avril 2005 relative au droit des malades et à la fin de vie autorisant l'euthanasie passive, la question du droit au suicide n'étant plus qu'un lointain souvenir[158].

I – SUICIDE

7.168 > **Droit discrétionnaire.** Le suicide, une lâcheté pour certains, « l'expression suprême de la liberté individuelle » pour d'autres[159], est considéré comme un droit

158. L. n° 2005-370 du 22 avril 2005 relative aux droits des malades et à la fin de vie, *JO*, 23 avril 2005, p. 7089. E. Alfandari et P. Pédrot, « La fin de vie et la loi du 22 avril 2005 », *RDSS* 2005, p. 753. S. Hocquetberg, « Le texte sur la fin de vie : une loi pour les malades ou... pour les médecins ? », *Resp. civ. et ass.*, mai 2005, 4 – D. Bailleul, « Le droit de mourir au nom de la dignité humaine. À propos de la loi relative aux droits des malades et à la fin de vie », *JCP* 2005, I, 142.
159. J. Robert et J. Duffar, *Droits de l'homme et libertés fondamentales*, Montchrestien, p. 200.

discrétionnaire et n'est pas punissable pénalement, de même que la tentative sous certaines réserves[160].

7.169 > **Limites au droit de suicide.** Les tiers ont l'obligation de porter assistance à toute personne en danger, et ne peuvent donc aider au suicide. Ainsi, l'auteur du livre précédemment cité a été condamné pour non-assistance à personne en danger (C. pén., ancien, art. 63, al. 2, nouveau Code, art. 223-6) après qu'un lecteur l'ait informé de sa détermination de se donner la mort et qu'il ait fourni à son correspondant des renseignements lui permettant de mettre son projet à exécution[161]. La provocation au suicide constitue un délit ; elle est sanctionnée depuis la loi du 31 décembre 1987 adoptée à la suite de la publication de cet ouvrage (C. pén., art. 318-1 et 318-2 ancien et C. pén., art. 223-13, 223-14 et 223-15).

II – EUTHANASIE

7.170 > **Définition.** L'euthanasie est au sens large le fait de « ménager une mort douce » (Encyc. Univ). On distingue « l'euthanasie active » qui est le fait de provoquer par pitié la mort d'un être humain, avec ou sans son accord, et « l'euthanasie passive » qui est le fait de « laisser mourir en paix un malade plutôt que de l'accabler de soins inutiles ».

On a distingué longtemps l'euthanasie active de l'euthanasie passive, la première consistant en l'administration de substances destinées à provoquer la mort d'un malade en proie à de grandes souffrances, et l'euthanasie passive caractérisée par une abstention de soins ou l'arrêt d'un traitement médical pour un malade en phase terminale[162].

L'euthanasie dite active tombe sous le coup de la loi pénale car elle constitue un meurtre (C. pén., art. 221-1) ou un assassinat (C. pén., art. 221-3). Le Code de déontologie (C. santé publ., art. R. 4127-20) interdit en outre aux médecins d'y participer en précisant que « le médecin doit s'efforcer d'apaiser les souffrances de son malade. Il n'a pas le droit de provoquer délibérément sa mort » (même sens, art. 2, 7, 35, 42).

En revanche il semble que l'euthanasie passive soit assez admise et courante en pratique, même si elle n'est pas réellement licite, car il s'agit pour les médecins d'apaiser l'angoisse et les souffrances du malade, éventuellement par des sédatifs ou encore d'arrêter l'alimentation par sonde d'un malade en coma irréversible[163]. Mais cette distinction semble abandonnée.

7.171 > **Loi du 22 avril 2005.** L'importante loi du 22 avril 2005 n'a pas procédé à la dépénalisation de l'euthanasie, mais elle établit une autre distinction entre les personnes conscientes et les personnes inconscientes, – distinction sans doute bien difficile – afin

---

160. TGI Paris, 23 janv. 1985, DS 85 J, 418 déboutant des parents de leur plainte contre la société éditrice de l'ouvrage *Suicide Mode d'emploi* utilisée par leur enfant.

161. Cass. crim., 26 avril 1988, DS 1990, 479, note H. Fenaux.

162. S. Gromb, « Le droit des mourants », *Droit médical et hospitalier*, Fasc. 37, n 19.

163. N. Lenoir, *op. cit.*, p. 133.

de cerner au plus près la volonté du malade, et de recommander au médecin l'attitude la plus adéquate.

7.172 > **Examen de la volonté du malade.** Si le médecin constate qu'il ne peut soulager la souffrance d'une personne, en phase avancée ou terminale d'une affection grave et incurable, quelle qu'en soit la cause, qu'en lui appliquant un traitement qui peut avoir pour effet secondaire d'abréger la vie, il doit en informer le malade, dans les conditions de l'article L. 1111-2, la personne de confiance (*supra* n° 53) la famille ou, à défaut, un des proches. La procédure suivie doit être inscrite dans le dossier médical (C. santé publ., art. L. 1110-5, al. 5).

Et lorsqu'une personne, en phase avancée ou terminale d'une affection grave et incurable, quelle qu'en soit la cause, par hypothèse de conscience, décide de limiter ou d'arrêter tout traitement, le médecin respecte sa volonté après l'avoir informée des conséquences de son choix. La décision du malade est inscrite dans son dossier médical. Le médecin respecte la qualité de fin de vie en dispensant les soins prévus par l'article L. 1110-10 du Code de la santé publique. Quand il s'agit d'un malade « en phase avancée ou terminale d'une affection grave et incurable, quelle qu'en soit la cause », hors d'état d'exprimer sa volonté, la loi permet au médecin de décider de limiter ou d'arrêter un « traitement inutile, disproportionné ou n'ayant d'autre objet que la seule prolongation artificielle de la vie de cette personne ». Par précautions la loi indique que le médecin doit respecter la procédure collégiale définie par le Code de déontologie et consulter la personne de confiance (*supra* n° 53), la famille ou, à défaut, un de ses proches et, le cas échéant, les directives anticipées de la personne. Par prudence sans doute, la loi indique que la décision doit être motivée, inscrite dans le dossier médical et proclame que « Le médecin sauvegarde la dignité du mourant et assure la qualité de sa fin de vie en dispensant les soins palliatifs » (C. santé publ., art. L. 1110-5).

III – ACHARNEMENT THÉRAPEUTIQUE

7.173 > **Définition.** La notion d'acharnement thérapeutique est une conséquence des progrès de la biotechnologie. On parle « d'acharnement thérapeutique » ou de « dysthanasie »[164] lorsqu'un malade se trouvant dans un état quasiment incurable n'est maintenu en vie que grâce à l'utilisation de moyens extraordinaires destinés à suppléer aux fonctions défaillantes de l'organisme, ou encore à propos d'« une pratique médicale excessive et abusive découlant directement des possibilités offertes par la technoscience et comme le fruit d'une ténacité à déployer des efforts démesurés eu égard à la condition de la personne malade. Il existe un consensus pour admettre que « le respect de la vie » ne doit pas être poussé jusqu'à l'absurde.

7.174 > **Devoirs des médecins.** Sur le plan médical une certaine tolérance envers la cessation du traitement est exprimée par les autorités médicales, morales et religieuses[165].

164. J. Robert, *Rapport sur le corps humain et la liberté individuelle en droit français*, p. 470.
165. *Guide d'exercice professionnel des médecins*, *op. cit.*, J.-M. Auby, *op. cit.*, p. 439. J. Robert, art. préc.

Mais les médecins ont aussi le devoir de lutter tant qu'il existe un espoir de guérison, et le pronostic concernant l'incurabilité est parfois difficile, notamment en matière de réanimation, question d'abord médicale avant d'être éthique ou juridique, et particulièrement difficile lorsqu'il s'agit de réanimer des bébés prématurés qui risquent de demeurer des enfants à risque. La loi du 22 avril 2005 vient aider les médecins à propos d'une décision difficile en les autorisant à cesser les soins : les « actes ne doivent pas être poursuivis par une obstination déraisonnable. Lorsqu'ils apparaissent inutiles, disproportionnés ou n'ayant d'autre effet que le seul maintien artificiel de la vie, ils peuvent être suspendus ou ne pas être entrepris ». Dans ce cas, le médecin sauvegarde la dignité du mourant et assure la qualité de sa vie en dispensant les soins palliatifs (C. santé publ., art. L. 1110-5 mod.).

La loi recommande l'adoption d'une procédure spécifique. Elle dispose que « lorsque la personne est hors d'état d'exprimer sa volonté, la limitation ou l'arrêt du traitement susceptible de mettre sa vie en danger ne peuvent être réalisés sans avoir respecté la procédure collégiale définie par le Code de déontologie médicale et sans que la personne de confiance (*supra* n° 53), ou la famille ou, à défaut, un de ses proches et, le cas échéant, les directives anticipées de la personne, aient été consultés. La décision motivée de limitation ou d'arrêt de traitement est inscrite dans le dossier médical » (C. santé publ., art. L. 1111-4, al. 5).

IV – SOINS PALLIATIFS

7.175 > **Régime.** Depuis quelques années, les médecins et les pouvoirs publics encouragent le développement des soins palliatifs[166]. Officialisés en France dès 1986 et développés depuis dans les différents services, les soins palliatifs ont été définis par la loi du 4 mars 2002 relative aux droits des malades comme « des soins actifs et continus pratiqués par une équipe interdisciplinaire en institution ou à domicile. Ils visent à atténuer la souffrance psychique, à sauvegarder la dignité de la personne malade et à soutenir son entourage » (C. santé publ., art. L. 1110-10 anc. art. L. 1111-4). La loi n° 2005-370 rappelle que « le médecin sauvegarde la dignité du mourant et assure la qualité de sa fin de vie en dispensant les soins palliatifs » (C. santé publ., art. L. 1111-4, al. 6). Cette définition s'inspire de l'article 38, alinéa 1 (C. santé publ., art. R. 4127-38) du Code de déontologie qui insistait déjà sur le rôle du médecin dans l'accompagnement des mourants.

La loi du 22 avril 2005 rappelle, comme la loi du 9 juin 1999 et celle du 4 mars 2002, le droit de « toute personne malade dont l'état le requiert d'accéder à des soins palliatifs » (C. santé publ., art. L. 1110-9) et elle améliore les moyens destinés aux services de soins palliatifs, (C. santé publ., art. L. 6114-2, L. 6143-2-1).

La question de l'euthanasie n'est toujours pas intégrée dans les lois de bioéthique cependant le Conseil d'État propose une procédure destinée à faciliter davantage l'accès aux

166. *Déontologie médicale et soins palliatifs*, Ordre des médecins, 1996. S. Richard, « Lutte contre la douleur et soins palliatifs », *Droit médical et hospitalier*. Fasc. 36, 2002. *Dict. Bioéth.* v° Euthanasie, acharnement thérapeutique et soins palliatifs.

soins palliatifs ainsi que la nomination d'un « référent en soins palliatifs » au sein de chaque établissement (Dic. 2000, p. 5920).

7.176 > **Sur le « droit de mourir dans la dignité ».** Un désir d'humanisation de la mort peut conduire à admettre la volonté du choix du moment de sa mort. Ainsi, aux États-Unis, le « testament de vie » est admis légalement. En France il n'existait pas de loi mais des propositions et revendications. Une proposition de loi Caillavet du 6 avril 1978 prévoyant un « testament de vie » rejetée par les sénateurs en 1980[167]. Une autre proposition n° 788 déposée à l'Assemblée nationale le 10 avril 2003 suggère de reconnaître à toute personne le droit de vouloir finir sa vie dans la dignité[168]. Pendant le même temps, l'Association pour le droit de mourir dans la dignité (AMD) fondée en 1980 continue à militer activement en faveur du testament de vie et de l'euthanasie.

La loi du 22 avril 2005 a tenu compte en partie de ce nouveau contexte et admet la prise en considération de la volonté de la personne d'arrêter les traitements. Lorsqu'une personne, en phase avancée ou terminale d'une affection grave et incurable, quelle qu'en soit la cause, décide de limiter ou d'arrêter tout traitement, le médecin respecte sa volonté après l'avoir informée des conséquences de son choix. La décision du malade est inscrite dans son dossier médical. Le médecin sauvegarde la dignité du mourant et assure la qualité de sa fin de vie en dispensant les soins palliatifs (C. santé publ., art. L. 1111-10 nouv.).

On souligne toutefois que le respect de la volonté d'une personne ne doit pas aboutir à une déresponsabilité professionnelle, ou au non-respect des règles juridiques notamment à l'article L. 1110-5 du Code la santé publique qui dispose que les soins déraisonnables ne doivent pas être entrepris ou peuvent être arrêtés[169].

La loi prend également en considération le souhait de « testament de vie » en admettant les « directives anticipées ». Le nouvel article L. 1111-11 dispose que « toute personne majeure peut rédiger des directives anticipées pour le cas où elle serait un jour hors d'état d'exprimer sa volonté ». Ces directives anticipées indiquent les souhaits de la personne relatifs à sa fin de vie concernant les conditions de la limitation ou d'arrêt de traitement. Elles sont révocables à tout moment. À condition qu'elles aient été établies moins de trois ans avant l'état d'inconscience de la personne, le médecin en tient compte pour toute décision d'investigation, d'intervention ou de traitement la concernant. Les conditions de validité, de confidentialité et de conservation de ces directives anticipées doivent être définies par un décret en Conseil d'État.

Ces « directives anticipées » ont une certaine portée. Lorsqu'une personne en phase avancée ou terminale d'une affection grave et incurable, quelle qu'en soit la cause et hors d'état d'exprimer sa volonté, a désigné une personne de confiance (*supra* n° 53), l'avis de cette dernière, sauf urgence ou impossibilité, prévaut sur tout autre avis non médical – on

---

167. Sur cette proposition de loi, G. Mémeteau, « Les raisins verts », *RTD sanit. soc.*, 1978, 303.
168. *Dict. Bioéth.*, *Bull.*, n° 128, p. 7021 ; Bull. n° 127, p. 7039.
169. R. Mislawski, « Directives anticipés et autonomie de la personne en fin de vie », *Médecine et droit*, 2009 p. 106.

pense à l'avis de l'entourage –, à l'exclusion des directives anticipées, dans les décisions d'investigation, d'intervention ou de traitement prises par le médecin (C. santé publ., art. L. 1111-12).

Si le législateur a eu le mérite de vouloir opérer une difficile conciliation entre droit à la vie et droit à la mort revendiqué après l'affaire *Humbert*, la doctrine semble assez réservée soulignant qu'en pratique rares sont les malades en fin de vie qui sollicitent véritablement une euthanasie[170].

170. D. Bailleul, « Le droit de mourir au nom de la dignité humaine. À propos de la loi relative aux droits des malades et à la fin de vie », *JCP* 2005, I, 142, n° 15.

Exercices de préparation au Grand oral

Exercice n° 1

Les particularités de la procédure législative de révision des lois de bioéthique en 2009-2010

Éléments de corrigé :

Introduction

Rappel historique de la législation (n° 3) : textes bioéthiques – loi 6 janvier 1978 relative à l'informatique et aux libertés, lois du 29 juillet 1994, loi du 6 août 2004.

I. Spécificité de la procédure de consultation

Pour la révision de 2009, volonté du gouvernement de faire intervenir, préalablement au vote de la loi, non seulement les institutions directement concernées, mais aussi les citoyens dans un souci d'accroître la démocratie participative.

Lancement des États généraux de la bioéthique le 4 février 2009 et clôture le 23 juin 2009[171].

Rédaction de rapports par diverses instances :

Conseil d'État, Rapp. 6 mai 2009, (www.conseil-etat.fr) – Agence de la biomédecine – Comité consultatif national d'éthique (CCNE) – Office parlementaire des choix scientifiques et technologiques (OPECST) ; Rapp. J.S. Vialatte et A. Cleys, publié fin novembre 2008 – Mission parlementaire.

Consultation des citoyens, par divers moyens : site internet, organisation de trois forums régionaux à Marseille, Rennes et Strasbourg (Rapp. Final Dict. perm. Bioeth. Sept. 2009, p. 2).

Une synthèse finale doit être établie dans le rapport Leonetti enregistré à l'Assemblée nationale le 3 février 2010[172].

II. Contenu des consultations

Plusieurs questions récurrentes devaient être étudiées, en particulier : la maternité pour autrui, les recherches sur embryon, les prélèvements de greffes d'organes ainsi que les principes de base de la bioéthique (consentement, gratuite, anonymat, *supra* n° 51, 36, 33).

Les rapports rédigés présentent des points de convergences mais aussi des divergences.

---

171. C. Byk, L'apport des États généraux au débat bioéthique, Médecine et Droit 2009,101-102 ; C. Bergoignant, C. Esper, Les États généraux de la bioéthique, un tournant dans la réflexion : D. 2009, p. 1837 ; Une refondation de la bioéthique ? Propos recueillis par H. Béranger : *JCP* G, éd. 2009 p. 10 ; Dic. Bioéthique sept. 2009.

172. Rapport J. Leonetti n° 2276 sur la proposition de loi n° 2211 de M. J. Leonetti relative à l'organisation du débat publlic sur les problèmes éthiques et les questions de société : www.assemblée-nationale.fr/13/rapports/r2276.asp

On relève un certain consensus :

– pour maintenir la législation considérant comme illicite le contrat de mère porteuse compte tenu du principe de non patrimonialité du corps humain (Conseil d'État, OPECST, citoyens, Académie de médecine, une partie de la doctrine ; contra : rapport Sénat 25 juin 2008, Dic. Bioéth. 2008, sept. 2008 p. 6053, l'opinion contraire étant assez minoritaire) ;

– pour admettre les recherches sur embryons, puisque déjà, malgré le principe actuel d'interdiction des recherches, de nombreuses autorisations dérogatoires sont accordées par l'Agence de la biomédecine (*supra* n° 107). Le Conseil d'État et l'OPECTS estiment – comme les citoyens pour les embryons non liés à un projet parental – que le législateur pourrait admettre le principe d'une autorisation avec un encadrement strict ;

– pour encourager un contrôle renforcé européen des tests génétiques compte tenu des abus constatés sur internet ;

– pour rechercher un consentement réel plutôt que présumé aux prélèvement *post mortem*.

– En ce qui concerne les principes de la bioéthique, les deux instances précédentes sont assez favorables à une atténuation partielle du principe d'anonymat en matière de dons de gamètes et d'un accès facilité aux origines, à l'exclusion de données identifiantes.

Mais on relève aussi des divergences :

– l'accès à l'AMP (*supra* n° 88) doit selon le Conseil d'État demeurer comme dans le régime actuel ouvert seulement aux couples hétérosexuels et refusé aux femmes seules ou homosexuelles. En revanche l'OPECST propose l'extension de l'AMP aux femmes célibataires atteintes de stérilité et aux femmes veuves sous conditions de délai et de consentement écrit de l'époux ;

– le régime juridique du diagnostic prénatal ou pré-implantatoire (*supra* n° 84 et 98), doit être maintenu dans le cadre actuel alors que l'OPECST souhaiterait que soit publiée une liste une liste de maladies considérées comme graves pour éviter les dérives.

On a parlé de « révision *a minima* » en 2009 car les rapports ne font pas apparaître de suggestions bouleversantes par rapport à la législation existante. Sans doute est-ce à juste titre qu'il n'est plus prévu de révision quinquennale de la loi afin de laisser place à une évolution juridique éventuelle et ponctuelle adaptée à l'évolution de la science (Dic. Bioéth. 1er juillet 2009) et rapport Leonetti.

Exercice n° 2

M. Pierre, apprenant qu'il est atteint d'un cancer dont le traitement peut entraîner la stérilité, demande à un CECOS la conservation de son sperme dans une finalité thérapeutique et signe le 5 avril 2006 un contrat avec ce CECOS stipulant que la « conservation du sperme est strictement personnelle » et que le sperme conservé ne pourra être utilisé que pour le patient présent et consentant ». Il décède le 20 septembre 2008.

L'épouse de M. Pierre, qui voudrait avoir un enfant de son mari en se rendant à l'étranger pour l'insémination, demande au CECOS la restitution des paillettes et, devant son refus, dépose une requête en restitution de gamètes le 5 août 2009.

Quels peuvent être les arguments de Mme Pierre et du CECOS ? Quelles sont les possibilités de recours de Mme Pierre ?

Doc. joints :

Code de la Santé publique articles L. 2141-1 et L. 2141-2

L. 2141-1 : « L'assistance médicale à la procréation s'entend des pratiques cliniques et biologiques permettant la conception in vitro, le transfert d'embryons et l'insémination artificielle, ainsi que toute technique d'effet équivalent permettant la procréation en dehors du processus naturel, dont la liste est fixée par arrêté du ministre chargé de la santé, après avis de l'Agence de la biomédecine... ».

L. 2141-2 : « L'assistance médicale à la procréation est destinée à répondre à la demande parentale d'un couple.

Elle a pour objet de remédier à l'infertilité dont le caractère pathologique a été médicalement diagnostiqué ou d'éviter la transmission à l'enfant ou à un membre du couple d'une maladie d'une particulière gravité.

L'homme et la femme formant le couple doivent être vivants, en âge de procréer, mariés ou en mesure d'apporter la preuve d'une vie commune d'au moins deux ans et consentant préalablement au transfert des embryons ou à l'insémination. Font obstacle à l'insémination ou au transfert des embryons le décès d'un des membres du couple, le dépôt d'une requête en divorce ou en séparation de corps ou la cessation de la communauté de vie, ainsi que la révocation par écrit du consentement par l'homme ou la femme auprès du médecin chargé de mettre en œuvre l'assistance médicale à la procréation ».

Éléments de correction[172]

Historique de la procréation assistée (AMP) et de la législation (loi de bioéthique de 2004). Évocation des controverses concernant l'accès à l'AMP : méthode autonome de procréation ou palliatif de l'impossibilité de recourir à la méthode naturelle ? Problème de l'insémination *post mortem*. Rappel des faits.

I. Arguments en faveur de la restitution

- les circonstances sont en faveur d'une maternité possible pour la veuve ;
- le contrat de dépôt de paillettes implique une restitution à la veuve du déposant ;
- en l'espèce, le mari étant consentant pour le dépôt l'était corrélativement pour l'insémination ;
- la réforme en cours des lois de bioéthique permettra peut-être l'insémination dans de telles conditions ;
- le recours au Conseil de l'Europe permettrait peut-être d'accéder au désir de la veuve.

II. Arguments s'opposant à la restitution des paillettes

- la finalité AMP est encadrée strictement par la loi (L. 2141-1) ;
- les conditions posées par l'article L. 2141-2 al. 2 ne sont pas remplies puisqu'il y a décès ;
- il est de jurisprudence constante que le sperme ne peut être utilisé que pour le patient présent et consentant[173]. En outre l'interdiction légale d'insémination artificielle d'une veuve ne peut être contournée à l'étranger (*supra* n° 109) ;
- le contrat prévoit la remise au déposant lui-même ;
- il n'y a guère d'espoir dans la révision des lois de bioéthique – dont on rappellera les particularités – la majorité des rapports et opinions préliminaires demeurant attachés au maintien de la législation actuelle.

---

173. TGI Rennes, 15 oct. 2009, Ord. Référé *JCP* 2009 éd. G 377.
174. Cf. décision référé TGI Rennes, 15 oct. 2009, *JCP* éd. G 26 oct. 2009.

CHAPITRE VIII

Les libertés individuelles et la dignité de la personne humaine

DOMINIQUE ROUSSEAU
Professeur à l'Université de Montpellier
Membre de l'Institut universitaire de France

8.1 > Liberté individuelle ou libertés individuelles ? Question classique où chacun cherche à reconnaître dans la distinction singulier/pluriel l'opposition général/particulier, droit abstrait/droits concrets, libertés en soi de l'individu/libertés réelles des hommes situés... Mais question biaisée : sans l'affirmation du principe de la liberté de l'individu, la source manquerait d'où tirer les libertés individuelles ; sans les libertés individuelles, la liberté individuelle resterait une formule creuse.

Si la liberté individuelle se décline en libertés individuelles, il convient de les identifier. Entreprise délicate non seulement parce que les auteurs ne s'accordent pas sur la liste, mais encore parce que cette liste reste constamment ouverte à la création de nouvelles libertés individuelles soit par le constituant, soit, hypothèse la plus fréquente, par le juge, et, en particulier, le juge constitutionnel (section I).

Laisser ouverte la liste des libertés individuelles, multiplier les textes nationaux et internationaux les reconnaissant, est certainement une bonne chose, déclare le secrétaire général de l'ONU, Boutros Boutros-Ghali, à la Conférence mondiale sur les droits de l'homme qui se tient à Vienne en juin 1993 ; mais, ajoute-t-il aussitôt, « sans mécanismes et procédures efficaces de garantie, de protection et de sanctions », ces textes risquent de rester lettre morte. En d'autres termes, l'effectivité des libertés individuelles se mesure à la nature et à la qualité de garanties dont elles bénéficient (section II).

Section I

LA NOTION DE LIBERTÉS INDIVIDUELLES

8.2 > Quelles libertés peuvent entrer dans la catégorie « libertés individuelles » ? Si la question, inévitable, est régulièrement posée, elle reste toujours aussi ouverte tant les auteurs défendent, avec des arguments également convaincants, des classifications différentes (§ 1). La compréhension philosophique des libertés individuelles, si elle permet de repenser la question de la hiérarchie des libertés, laisse encore le débat ouvert (§ 2). Sur tous ces points, l'étude de la jurisprudence donne évidemment un état du droit positif plus sûr ; mais elle ne permet pas de certifier que toutes les libertés individuelles qui pourraient être « découvertes » l'ont été. Là aussi, donc, la notion de liberté individuelle reste ouverte (§ 3).

§ 1 - LA COMPRÉHENSION DOCTRINALE DE LA NOTION DE LIBERTÉS INDIVIDUELLES

I – LA DIVERSITÉ DES CLASSIFICATIONS DOCTRINALES

8.3 > La première classification proposée, souvent au motif qu'elle est la plus simple, est celle qui distingue libertés individuelles et libertés collectives[1]. Les premières n'ont besoin de personne d'autre que l'individu pour s'exercer ; elles s'accomplissent pleinement dans et par un usage solitaire. Les secondes, au contraire, ne prennent sens que par une action conjointe de plusieurs individus ; elles se réalisent seulement par un exercice en commun. *A priori*, la distinction est claire et elle a le mérite de recouper, globalement, l'opposition généralement admise entre la Déclaration des droits de l'homme de 1789 et le Préambule de la Constitution de 1946. Glorifiant l'individu, l'homme séparé de l'homme écrira Marx, le texte de 1789 consacre, par exemple, la liberté d'aller et venir – et son complément le droit à ne pas être arrêté de force ou arbitrairement (droit à la sûreté) –, la liberté de conscience, la liberté de disposer de soi, le droit au respect de la vie privée qui sont autant de libertés assurant et exprimant l'autonomie souveraine de l'individu, c'est-à-dire dont l'exercice ne dépend pas de la mise en mouvement d'autres individus. À l'inverse, le Préambule de 1946, d'inspiration socialiste, privilégie le groupe sur l'individu et énonce en conséquence des libertés qui impliquent nécessairement une action en commun ; la liberté syndicale, la liberté d'association, la liberté de l'enseignement, le droit de grève sont, par définition, des libertés qui s'exercent à plusieurs : que peut signifier « faire grève tout seul » ?

Sans discuter pour l'instant[2] la pertinence de cette classification ni même la possibilité de ranger avec certitude les libertés dans l'une ou l'autre catégorie, il convient d'observer que la distinction libertés individuelles/libertés collectives est sous-tendue, implicitement ou explicitement selon les auteurs, par l'idée d'une hiérarchie axiologique. La valeur suprême qui anime les régimes libéraux étant l'individu, il est jugé « naturel » que les libertés qui dépendent de sa seule action soient premières. À la primauté de l'individu sur la société doit correspondre la primauté des libertés individuelles sur les libertés collectives ; les premières sont vite qualifiées de fondamentales, les autres de secondaires. Se révèle ainsi la dimension politique ou philosophique d'une classification présentée trop avantageusement sous les couleurs de l'objectivité et de la neutralité juridique.

8.4 > La deuxième classification proposée est plus complexe puisqu'elle invite à ranger les libertés dans trois catégories différentes : les libertés physiques, les libertés de

1. Voir par ex., J. Morange, *Libertés publiques*, PUF, 1989 ; Y. Madiot, *Droits de l'homme et Libertés publiques*, Masson, 1991 ; L. Richer, *Les Droits de l'homme et du citoyen*, Economica, 1982.
2. Voir *infra*, nos 8.11 s.

l'esprit et les libertés « d'expressions collectives »[3]. Même, et c'est déjà un problème, si les partisans de cette classification ne s'accordent pas tous sur le contenu respectif des trois catégories, il est cependant possible d'en dégager les éléments communs. Entrent dans la première catégorie, la libre disposition de son corps, la liberté d'aller et de venir et le droit à la sûreté, le droit à l'intégrité physique et le droit au respect de la vie privée ; entrent dans la deuxième, la liberté d'opinion, la liberté religieuse, la liberté de l'enseignement, la liberté de la presse et le droit à l'information ; entrent enfin dans la troisième, la liberté de réunion, la liberté d'association, la liberté syndicale, le droit de grève et le droit de propriété.

La première catégorie recoupe, globalement, celle des libertés individuelles dans la classification précédente. Par rapport à cette dernière, la classification tripartite se distingue surtout par une différenciation au sein des libertés collectives selon qu'elles intéressent la vie spirituelle des individus – libertés intellectuelles – ou leur vie sociale – libertés « communautaires ». Cette subdivision, comme au demeurant la dénomination des trois catégories, permet de saisir, et c'est son mérite, l'esprit philosophique qui l'anime. Si Claude-Albert Colliard revendique la raison comme principe de cette mise en ordre tripartite des libertés[4], il semble plus pertinent de suivre Gilles Lebreton qui, reprenant à son compte cette classification, la relie expressément à la pensée chrétienne et, précisément pour sa part, au « personnalisme » de Jacques Maritain[5]. Dans leur volonté de dépasser l'individualisme libéral, responsable, selon eux, de la destruction du lien social, ces courants de pensée qui ont marqué les années 1930 proposent de reconstruire la société politique sur l'idée de personne humaine. Individu – personne humaine, le passage de l'un à l'autre veut signifier que l'homme n'est pas seulement un être singulier trouvant sa réalisation dans l'accomplissement autonome et solitaire de ses droits, mais aussi un être organiquement lié à la communauté des hommes, un être dont la nature est d'aller vers les autres pour bâtir la société bonne. Ainsi, la pensée chrétienne représente la personne humaine à la fois comme un être charnel, un corps historiquement situé, comme un être doué d'un esprit, d'une âme et aussi un être avec et pour les autres. D'où la nécessité de penser les libertés de la personne à partir des tro4is éléments qui la constituent : à l'être charnel les libertés physiques, à l'être doué d'une âme les libertés intellectuelles, à l'être avec et pour les autres les libertés de relation. Construction logique, à condition d'admettre que l'ordre juridique des libertés soit inspiré par la pensée chrétienne.

8.5 > La troisième classification distingue la liberté de la vie civile et les libertés de la vie politique[6]. Se revendiquant explicitement de la pensée du Doyen Maurice Hauriou[7], elle

---

3. Voir par ex., J. Robert, *Droits de l'homme et libertés fondamentales*, Montchrestien, 2003 ; G. Burdeau, *Libertés publiques*, LGDJ, 1972 ; J. Rivero, *Les Libertés publiques*, PUF, 1983 ; C.-A. Colliard, *Libertés publiques*, Dalloz, 1989 ; G. Lebreton, *Libertés publiques et droits de l'homme*, Armand Colin, 1995.
4. C.-A. Colliard, *op. cit.*, p. 226.
5. G. Lebreton, *op. cit.*, p. 48.
6. Voir par ex : J. Gicquel, *Droit constitutionnel et institutions politiques*, Montchrestien, 2009, p. 87.
7. M. Hauriou, *Précis de Droit constitutionnel*, S., 1929, p. 650.

exprime d'abord, par la division même qu'elle institue, une conception unitaire et solidaire des libertés individuelles puisqu'elle englobe tous les pouvoirs de faire de l'individu. Là, la liberté de l'individu est comprise, par analogie avec celle de l'État, comme la souveraineté de l'individu ; et en conséquence, comme celle de l'État, cette souveraineté personnelle est une et indivisible.

Les formes dans lesquelles se concrétise cette souveraineté peuvent varier, mais c'est toujours la même capacité de l'individu à être maître de sa vie qui est en jeu. Maître de sa vie civile comme de sa vie civique et politique, ce qui justifie la distinction entre libertés civiles et libertés politiques, distinction cependant pédagogique car, fondamentalement, ces deux libertés restent des libertés de l'individu. S'il reconnaît la nature complexe des droits civiques et politiques, Maurice Hauriou les rattache clairement à la notion de droit individuel.

« Il y a aussi dans les droits politiques un élément de droit individuel, et, au fond, ce sont des droits individuels représentatifs ; cela est très sensible dans le droit de suffrage. Si l'électorat était une simple fonction sociale, la Constitution pourrait le conférer à qui elle l'entendrait, il n'y aurait aucun principe, le régime censitaire ne soulèverait aucune objection. Il n'en va pas ainsi dans les démocraties, le suffrage universel y est considéré comme un principe ; déjà les déclarations des droits l'affirment et les constitutions révolutionnaires l'organisent d'une façon plus ou moins compliquée. Lorsque, sous la Restauration et sous la Monarchie de Juillet, le suffrage universel a disparu, c'est comme un droit individuel qu'il est réclamé de nouveau et proclamé en 1848, consacré définitivement en 1852. Sans doute, c'est un simple droit de participation au gouvernement, mais il est conforme à la démocratie que chaque individu soit alternativement au commandement et à l'obéissance.

« Non seulement dans le droit politique il y a du droit individuel, mais il y a de la liberté, par cela même que toute l'organisation constitutionnelle est de protection et de garantie pour la liberté[8] ».

Il est évidemment vain d'énumérer les libertés relevant de cette classification puisque tous les domaines où s'exerce la souveraineté de l'individu sont concernés : du droit de vote à la liberté d'entreprendre, de l'égal accès de tous aux emplois publics à la liberté syndicale, toutes les libertés, tous les droits sont couverts par ces deux formes de libertés individuelles que sont les libertés civiles et les libertés politiques.

S'il faut, comme pour les deux précédentes classifications, renvoyer celle-ci à un courant de pensée philosophique, la filiation avec l'esprit des Lumières et son texte-symbole – la Déclaration de 1789 – paraît s'imposer. Ce qui fait de l'individu un être libre, ce n'est pas seulement les droits qui garantissent son autonomie – liberté d'aller et venir, liberté d'opinion, liberté d'association… –, c'est aussi les droits qui assurent sa participation à l'ordre politique, ou, comme l'énoncent par exemple les articles 6 et 14 de la Déclaration de 1789, qui le font concourir à la formation de la volonté générale et consentir à l'impôt.

---

8. M. Hauriou, *op. cit.*, p. 655.

Autonomie et participation, qui se déclinent en libertés civiles et libertés politiques, sont les deux faces d'une même figure : la liberté de l'individu. En ce sens, cette classification a le mérite de saisir l'individu dans toutes ses activités d'homme et de citoyen.

II – LA QUESTION DES DROITS-CRÉANCES

8.6 > Dans la structuration du champ politique, la liberté individuelle a longtemps été et est encore aujourd'hui une révélation du clivage entre la tradition libérale et la tradition socialiste. Pour les libéraux, en effet, les seules libertés qui méritent d'être qualifiées de droits sont celles qui donnent à un titulaire précis et facilement identifiable, l'individu, des pouvoirs d'agir. Regroupés essentiellement dans la Déclaration de 1789, ces droits-libertés constituent la véritable garantie de la liberté de l'individu en ce que, opposables à l'État, ils définissent une sphère à l'intérieur de laquelle il ne peut pénétrer. Dans cette logique, les libéraux dénoncent comme de prétendus droits, les droits économiques et sociaux, les droits-créances au motif, notamment, que leur contenu est toujours indéterminable – que veut dire, par exemple, le droit à avoir des moyens convenables d'existence ? – et leur titulaire impossible à identifier précisément – les travailleurs, la famille (mais où commence et finit la famille ?). Friedrich Hayek, qui a poussé à son terme extrême la pensée politique libérale[9], se livre ainsi à une critique systématique des droits sociaux qualifiés de mirages ou de fantasmes. Selon le prix Nobel d'économie – 1974 –, les inégalités sociales auxquelles ces droits sont censés répondre ne sont imputables à personne, et, par conséquent, il n'est personne à qui demander justice : ces inégalités sont seulement le résultat de l'ordre spontané du marché. L'intervention de l'État pour remédier à ces inégalités par la distribution des droits sociaux non seulement réduirait les libertés individuelles mais encore ne serait pas en mesure de réaliser son objectif de justice sociale car, toujours selon Hayek, les inégalités sociales sont la condition de l'exercice de la liberté de l'homme en ce qu'elles l'incitent à user de ses pouvoirs de faire pour modifier sa condition matérielle.

8.7 > Pour fortement marquée qu'elle soit dans les écrits contemporains d'Hayek, cette hostilité à l'égard des droits sociaux structure la pensée politique libérale depuis qu'ils ont fait irruption sur la scène politique, c'est-à-dire depuis 1848. Dans la foulée des journées révolutionnaires de février, le gouvernement provisoire de la République proclame pour la première fois le droit au travail et crée, pour le rendre effectif, les ateliers nationaux. Mais, en septembre 1848, au moment de consacrer officiellement ce droit dans la nouvelle Constitution, Tocqueville s'oppose avec succès à ce souhait de la gauche en prononçant un discours qui expose sans détour l'enjeu politique, pour les libéraux, d'une reconnaissance des droits sociaux :

« L'amendement Mathieu[10], qui accorde à chaque homme en particulier le droit général, absolu, irrésistible au travail, cet amendement mène nécessairement à l'une de ses

9. F. Hayek, *Droit, Législation et Liberté*, PUF, 1980 ; *La constitution de la liberté*, Litec, 1994.
10. L'amendement Mathieu est rédigé en ces termes : « La République doit protéger le citoyen dans sa famille, sa religion, sa propriété ; elle reconnaît le droit à tous les citoyens à l'instruction, au travail et à l'assistance ».

conséquences : l'État entreprendra de donner, à tous les travailleurs qui se présenteront à lui, l'emploi qui leur manque, et alors il est entraîné peu à peu à se faire industriel... il devient le premier entrepreneur et bientôt unique de l'industrie.

« Une fois arrivé là, l'impôt n'est plus le moyen de faire fonctionner la machine du Gouvernement, mais le grand moyen d'alimenter l'industrie. L'État devient enfin le propriétaire unique de toutes choses. Or cela, c'est le communisme.

« Oui, messieurs, il faut que tôt ou tard cette question du socialisme, que tout le monde redoute et que personne, jusqu'à présent, n'ose traiter, arrive enfin à cette tribune ; il faut que l'Assemblée la tranche, il faut que nous déchargions le pays du poids que cette pensée du socialisme fait peser... il faut qu'on sache, que l'Assemblée nationale sache, que la France toute entière sache si la Révolution de Février est ou non une révolution socialiste.

« La Révolution de Février doit être la continuation véritable, l'exécution réelle et saine de ce que la Révolution française a voulu ; elle doit être la mise en œuvre de ce qui n'avait été que pensé par nos pères. Car la Révolution n'a jamais eu l'idée de diviser la société en propriétaires et prolétaires comme vous le faites... La Révolution a voulu que politiquement il n'y ait pas de classes... La Révolution française n'a pas eu la prétention ridicule de créer un pouvoir social qui fît directement par lui-même, le bien-être de chaque citoyen... elle a cru que c'était assez remplir sa tâche que de donner à chaque citoyen des lumières et de la liberté... pour n'avoir rien de plus à demander à ceux qui le gouvernent.

« Enfin, la Révolution a eu le désir d'introduire la charité dans la politique, elle a conçu des devoirs de l'État envers les pauvres, les citoyens qui souffrent... c'est cette idée que nous devons reprendre... ; en venant réellement, efficacement par les moyens dont l'État dispose, au secours de tous ceux qui, après avoir épuisé toutes leurs ressources, seraient réduits à la misère si l'État ne leur tendait pas la main.

« Il n'y a rien là qui donne aux travailleurs un choix sur l'État, qui force l'État à se mettre à la place de la prévoyance individuelle, à la place de l'économie, de l'honnêteté individuelle ; il n'y a rien là qui autorise l'État à s'entremettre au milieu des industries ; à leur imposer des règlements... il n'y a là que du christianisme appliqué à la politique.

« Oui, la Révolution de Février doit être chrétienne et démocratique ; mais elle ne doit pas être socialiste. Ces mots résument toute ma pensée et je termine en les prononçant ».

Par ce discours, Tocqueville déterminait pour longtemps la thématique libérale et la ligne de partage politique entre le camp de l'ordre, partisan et défenseur des droits-libertés, et le camp du progrès, partisan et défenseur des droits sociaux.

8.8 > Même si elle n'est plus, aujourd'hui, aussi absolue, la pensée socialiste se distingue, en effet, par une analyse critique des droits-libertés de 1789 considérés comme des libertés formelles. Les pouvoirs de faire donner aux hommes sont condamnés à rester lettre morte dès lors que leur condition matérielle et sociale les empêche d'en faire usage et/ou que les moyens concrets de les exercer ne sont ni prévus ni organisés ; ils sont seulement le privilège de quelques-uns et une illusion pour le plus grand nombre. Ces droits-libertés sont encore qualifiés de formels parce qu'ils ont pour référent l'homme abstrait et non l'homme concret, l'homme situé dans les rapports sociaux ; par cet « oubli », les droits-libertés manquent l'essentiel, c'est-à-dire la protection et la garantie de la liberté de l'individu dans la réalité quotidienne de sa vie de travailleur, de locataire, de consommateur, de parent... ; les libertés véritables ne peuvent donc être, dans la pensée socialiste, que celles qui saisissent l'homme dans la réalité de son vécu et lui permettent de vivre dignement sa condition d'homme : le droit au travail, le droit au logement, le droit à la protection sociale, le droit à l'éducation... Aux libertés formelles des libéraux s'opposent ainsi les libertés réelles des socialistes. Et, à cette opposition, Marx donne le même sens politique que Tocqueville : il est légitime, essentiel, que les bourgeois refusent le droit au travail et que les socialistes le revendiquent, car « derrière ce droit, il y a le pouvoir sur le capital, derrière le pouvoir sur le capital, l'appropriation des moyens de production, leur subordination à la classe ouvrière associée, c'est-à-dire la suppression du salariat, du capital et de leurs rapports réciproques »[11].

8.9 > Du terrain philosophique, le désaccord politique se prolonge et se déplace tout naturellement sur le terrain institutionnel. Chaque camp tire, en effet, de sa définition des « véritables » libertés une conception différente et opposée de l'État et de son rôle. Si, pour les libéraux extrêmes, l'idéal était l'absence d'État, la pensée libérale s'accorde sur l'idée d'un État minimum. « L'ordre politique d'un peuple libre », écrit ainsi Hayek[12], est celui où les individus sont laissés libres de déterminer, par l'usage et l'ajustement réciproque de leurs libertés, leurs règles de vie commune. Toute intervention de l'État pour imposer de telles règles – un salaire minimum garanti, une protection sociale obligatoire, une interdiction ou une limitation des concentrations des entreprises de presse, une réglementation de l'utilisation des organes du corps humain... – est considérée comme une atteinte aux droits naturels de l'homme. Ces derniers, pour se déployer, impliquent, à défaut de sa disparition, une abstention de l'État dans tous les secteurs de l'activité humaine dont la régulation doit dépendre du seul jeu des libertés et volontés individuelles.

Sans doute l'État n'est-il pas totalement rejeté, mais son rôle n'est légitime que s'il vise à favoriser l'exercice des libertés individuelles. Ainsi, il peut définir le cadre juridique général à l'intérieur duquel les libertés s'ajusteront, mais non la méthode ou le contenu des ajustements ; il peut même intervenir pour interdire et sanctionner toutes pratiques ou tous comportements susceptibles de gêner, d'altérer ou de peser sur l'usage par les individus de leurs libertés. La loi, instrument juridique de l'intervention de l'État, doit donc avoir pour seul objet la défense de ces libertés en empêchant tout ce qui pourrait fausser leur libre jeu ; elle doit interdire et non prescrire, et encore les interdictions doivent-elles rester l'exception. Moins il y a de lois, moins il y a de contraintes étatiques et plus les individus sont libres de faire usage de leurs droits comme ils l'entendent ; l'accord des volontés, le contrat, est toujours dans la conception libérale, préférable à la loi. En d'autres termes, les droits-libertés fondent la nécessité à la fois de l'État et de ses limites : la nécessité de l'État parce que la loi doit fixer, comme le prévoit la Déclaration de 1789, les

11. K. Marx, *La lutte des classes en France*, 10-18, p. 112.
12. F. Hayek, *Droit, législation et liberté*, t. 2, p. 123.

« bornes » à l'exercice des libertés pour qu'il soit compatible avec la jouissance de ces mêmes libertés par les autres membres de la société ; la nécessité des limites parce que, au-delà de cette fonction de bornage, toute intervention de l'État réduit l'espace et le mouvement des libertés individuelles. Bref, la société contre l'État.

8.10 > À l'inverse, les droits sociaux légitiment et exigent une intervention croissante de l'État que les socialistes défendent en opposant l'État-providence à l'État minimum des libéraux. L'État ne peut se contenter de laisser faire, il doit lui-même avoir une action, définir et conduire des politiques publiques destinées à donner vie, consistance et réalités aux droits dont les hommes sont titulaires. Il doit intervenir sur le marché du travail pour satisfaire le droit de chacun d'obtenir un emploi ; il doit fournir les prestations sociales et familiales pour assurer à l'individu et à la famille les conditions nécessaires à leur développement ; il a le devoir de mener une politique culturelle et d'organiser l'enseignement public pour garantir à tous l'accès à l'instruction et à la culture ; il doit encore agir pour corriger les inégalités, assurer la solidarité nationale ou garantir le droit à la protection de la santé.

Aux droits sociaux de l'homme correspondent des obligations de faire pour l'État, d'où leur appellation consacrée de droits-créances. L'État est ainsi invité à se développer, à multiplier les administrations dans tous les secteurs d'activités – secteur économique, social, médical, culturel, tourisme... –, à organiser la société par la loi et le règlement. Aux libéraux qui dénoncent dans cette logique un envahissement bureaucratique préjudiciable aux libertés individuelles, voire une dérive totalitaire, les socialistes répondent en faisant leur l'adage selon lequel « c'est la loi qui libère et la liberté qui opprime ». Car, pour eux, l'intervention de l'État ne profite pas seulement aux droits sociaux, elle favorise aussi les libertés individuelles en ce que la sécurité matérielle de chacun est une condition de leur exercice par tous. Conception qui implique une relation hiérarchique entre les deux catégories de droits et fait rebondir les oppositions politiques.

§ 2 - LA COMPRÉHENSION PHILOSOPHIQUE DE LA NOTION DE LIBERTÉS INDIVIDUELLES

I – L'IMPOSSIBLE CLASSIFICATION DES LIBERTÉS INDIVIDUELLES

8.11 > Il n'est pas un auteur qui ne reconnaisse le caractère arbitraire, limité, toujours insatisfaisant de toute classification, la sienne comprise. La discussion sur le bien-fondé des typologies précédentes ne peut donc se comprendre comme la volonté de dire ou révéler à la doctrine les faiblesses de son travail puisqu'elle le sait. Il s'agit seulement de répondre à l'invitation en allant plus avant dans la compréhension de ces insatisfactions.

8.12 > La critique la plus simple, ce qui ne veut pas dire la plus faible, est, évidemment, de montrer l'impossibilité ou la difficulté de faire entrer les différentes libertés retenues dans la grille adoptée. La liberté d'opinion est-elle une liberté individuelle ou collective ? Individuelle parce qu'elle fait du choix d'une opinion, religieuse par exemple, l'affaire personnelle de chacun, mais aussi collective dans la mesure où elle se réalise nécessairement par des institutions : les églises, les groupes religieux, les sociétés de pensée...

La liberté de la presse est-elle une liberté de l'esprit ou une liberté économique ? De l'esprit si elle est considérée par les informations et les idées qu'elle offre à la réflexion du lecteur, mais aussi économique si, par les entreprises de presse qui la portent, elle est vue comme une manifestation particulière de la liberté d'entreprendre. Ainsi pourrait se décliner à l'infini, pour chaque liberté, leur multidimensionnalité qui rend artificiel tout classement dans une catégorie déterminée.

Ces difficultés de classement, unanimement reconnues, conduisent à remonter à la source pour trouver le principe susceptible de les expliquer. Il se découvre aisément dans cette représentation particulière de l'individu « coupé en deux » qui anime toutes les classifications. Il y aurait un individu, ou, plus exactement, il y aurait dans chaque individu, une part séparée de tous les autres êtres, existant par et pour elle-même, et une part reliée aux autres ; à la première correspondraient les libertés individuelles, à la seconde les libertés collectives. Les trois classifications précédentes reposent, avec des variantes et peut-être une force moindre pour celle inspirée par Maurice Hauriou, sur ce postulat. Il est d'ailleurs commun à la pensée libérale qui glorifie les droits individuels, à la pensée marxiste qui en fait le triomphe de l'individualisme et de l'égoïsme bourgeois, et à la pensée conservatrice qui en fait la cause de la dissolution des liens communautaires et de la tradition.

8.13 > Or, malgré cette unanimité, le postulat est discutable. Le philosophe Claude Lefort, par exemple, a brillamment démontré que les libertés inaugurées en 1789 ne séparent pas les hommes mais au contraire les relient ; qu'elles sont des libertés de rapport ; qu'elles sont une politique puisqu'elles appellent une transformation de l'espace et des formes des relations sociales :

« Si l'on examinait à présent les droits qui semblent n'avoir d'autre référence que l'individu, on s'apercevrait qu'ils ont, de même, une portée politique. Les droits de l'homme ne sont pas un voile. Loin d'avoir pour fonction de masquer la dissolution des liens sociaux qui ferait de chacun une monade, ils attestent et suscitent à la fois un nouveau réseau de rapports entre les hommes.

« Je ferai trois remarques qui étayent cette dernière proposition.

« *Première remarque :* la déclaration que la liberté consiste à pouvoir faire tout ce qui ne nuit pas à autrui n'implique pas le repli de l'individu dans sa sphère propre d'activités. La tournure négative : "ce qui ne nuit pas...", à laquelle s'arrête Marx, est indissociable de la tournure positive : "faire tout ce qui...".

« Ce qui est pleinement reconnu par cet article, c'est la liberté de mouvement ; ce qu'il consacre, c'est la levée des interdits qui pesaient sur celle-ci dans l'Ancien Régime ; ce qu'il rend possible du même coup, c'est la multiplication des relations entre les hommes, le décloisonnement du système social, chacun se voyant désormais le droit de s'établir où il le souhaite, de se mouvoir comme il l'entend sur le territoire de la nation, de pénétrer dans les lieux réservés auparavant à des catégories privilégiées, d'accéder aux carrières auxquelles il croit pouvoir prétendre.

« *Seconde remarque :* la liberté d'opinion ne fait pas de l'opinion une propriété privée, conçue sur le modèle de la propriété des biens matériels, elle est une liberté de rapports. Selon le texte même de la Déclaration de 1789 : "La libre communication des pensées et des opinions est un des droits les plus précieux de l'homme : tout citoyen peut donc parler, écrire, imprimer librement, sauf à répondre de l'abus de cette liberté dans des cas déterminés par la loi."

« Ainsi, tandis qu'à chacun se voit offerte la possibilité de s'adresser aux autres et de les entendre, un espace symbolique s'institue, sans frontières définies, soustrait à toute autorité qui prétendrait le régir et décider de ce qui est pensable ou non, de ce qui est dicible ou non. La parole comme telle, la pensée comme telle s'avèrent, indépendamment de tout individu particulier, n'être la propriété de personne.

« *Troisième remarque :* les garanties de la sûreté – dans lesquelles Marx ne trouve que l'expression la plus sordide de la société civile, la transcription d'un "concept de la police" au service de la protection du bourgeois – enseignent que la justice est déliée du pouvoir, qu'elle n'a d'autre ressort qu'elle-même, qu'en mettant l'individu à l'abri de l'arbitraire, elle en fait un symbole de la liberté qui fonde l'existence de la nation. Ainsi verra-t-on, de Constant à Péguy, réaffirmée l'idée que l'injustice faite à l'individu dépasse sa cause, qu'elle dégrade la nation elle-même – et cela, non pas parce que chacun peut craindre, une fois violés les droits d'un voisin, d'être à son tour victime de l'arbitraire, mais parce que la trame même des rapports sociaux dans une communauté politique se soutient de la confiance en une justice indépendante d'un maître, de chacun et de tous. »[13].

En d'autres termes, ce que consacrent les droits de l'homme n'est pas un espace privé dans lequel serait enfermé et s'enfermerait chaque individu, mais un espace public, un espace ouvert à la relation et à la communication entre les hommes. Dans cette logique, la coupure stigmatisée par certains auteurs entre libertés individuelles et libertés collectives perd toute pertinence ; les libertés individuelles de 1789 sont déjà des libertés de relation que celles de 1946 prolongent en élargissant l'espace public à d'autres acteurs et à d'autres formes de rapports aux hommes et à la nature. Des unes aux autres, il s'agit toujours de libertés de relation, la continuité l'emporte sur la rupture dans cette extraordinaire aventure commencée en 1789 « du droit à avoir des droits », selon la formule d'Hannah Arendt.

8.14 > Cette vision des droits de l'homme comme libertés de relation a le mérite d'être en accord avec le processus de formation de l'identité individuelle. Il est clair, en effet, pour les sciences humaines et sociales, qu'elle n'est jamais un phénomène personnel mais qu'elle se construit toujours dans une relation interactive – la famille, les amis, les collègues... Pour cette raison, non seulement la personnalité n'est jamais définitivement fixée puisque les relations changent, se renouvellent, mais encore elle se fait et elle est faite des appartenances multiples d'un individu – appartenances professionnelles, associatives, syndicales, générationnelles, sexuelles, familiales, régionales, nationales...

13. C. Lefort, *Essais sur le politique*, Esprit Seuil, 1986, p. 44-45.

Pourquoi faudrait-il que le droit mutile cette multi-appartenance en choisissant de définir l'homme juridique par une seule ? L'identité de l'homme est multiple et, en même temps, l'homme cherche sans cesse à articuler ses différentes appartenances ; du multiple qui le constitue, il cherche l'unité qui lui permettra de se percevoir comme une totalité, une personne singulière, un « je ». Le droit, et en particulier l'idée de liberté individuelle, peut être cet instrument de mise en cohérence, de mise en harmonie de ce multiple, à condition d'être entendue comme une liberté de relation intégrant de manière dynamique les éléments complémentaires et parfois contradictoires qui font l'identité individuelle.

Cette conception de la liberté individuelle, il faut le reconnaître, ne fait pas l'unanimité. Sans doute parce que le maintien de la distinction de nature entre les libertés de 1789 et celles de 1946 possède des avantages politiques.

II – L'INSOUTENABLE HIÉRARCHISATION DES DROITS

8.15 > Dès lors que prévaut encore la thèse d'une différence de nature entre droits-libertés et droits-créances, la question de l'ordre de leur relation se pose inévitablement : les libertés de 1789 sont-elles supérieures aux droits de 1946, ou ces derniers doivent-ils l'emporter ? Le fait que les textes qui portent ces deux catégories de droits – la Déclaration de 1789 et le Préambule de 1946 – aient, depuis les décisions du Conseil constitutionnel du 16 juillet 1971[14] et du 27 décembre 1973[15], la même qualité juridique, c'est-à-dire une égale valeur constitutionnelle, n'a pas, paradoxalement, clos le débat.

8.16 > Une partie de la doctrine a soutenu d'abord l'idée d'une hiérarchie formelle, mais s'est divisée sur le texte – 1789 ou 1946 – qui formellement devait être placé au sommet de la pyramide. Les uns affirmaient avec François Goguel, ancien membre du Conseil constitutionnel, que « les principes politiques, économiques et sociaux particulièrement nécessaires à notre temps énoncés par le préambule de 1946 ne possèdent pas exactement la même valeur constitutionnelle que les droits proclamés par la Déclaration de 1789 »[16]. Comparant les seconds au noyau central et les premiers à la nébuleuse, l'auteur justifie cette différence de valeur par le fait que les principes de 1789 sont des droits absolus attachés à l'homme en tant que personne humaine quels que soient le lieu et le temps, alors que les principes de 1946 sont des droits relatifs, liés à une société et à un moment particulier et qui d'ailleurs, selon le Préambule de 1958, ne sont que les « compléments » des droits de 1789.

8.17 > D'autres, en revanche, défendaient avec François Luchaire, également ancien membre du Conseil, la primauté de 1946 avec des arguments aussi convaincants : celui de la règle *lex posterior* qui impose que le texte le plus récent l'emporte toujours sur le plus ancien ; celui du caractère dépassé, archaïque et par suite secondaire des droits de

---

14. Cons. const. n° 71.44 DC, 16 juillet 1971, *Rec. Cons. const.* p. 29.
15. Cons. const. n° 73.51 DC, 27 décembre 1973, *Rec. Cons. const.* p. 25.
16. F. GOGUEL, « Objet portée de la protection des droits fondamentaux », in *Cours constitutionnelles européennes et droits fondamentaux*, Economica, 1982, p. 236.

1789 souligné par le préambule de 1946 lui-même lorsqu'il proclame et énumère avec force « les principes politiques, économiques et sociaux particulièrement nécessaires à notre temps ».

8.18 › Malgré la qualité de ses auteurs, la thèse de la hiérarchie formelle, quel que soit le texte en faveur duquel elle peut jouer, n'est pas recevable. Il est possible d'avoir, sur le plan de sa philosophie personnelle, une préférence pour la Déclaration de 1789. Mais, sur le plan du droit positif, rien ne permet de fonder une différence de valeur entre la Déclaration et le Préambule de 1946. Aucune hiérarchie ne peut prendre appui sur le défaut du mode d'élaboration de l'un ou de l'autre : les deux textes ont été proclamés dans les mêmes formes, par des Assemblées également constituantes et selon une procédure également régulière. Aucune inégalité de valeur ne peut être tirée de la contrariété de leur contenu : sauf à introduire sa subjectivité, son opinion personnelle, les deux textes se présentent également comme des énoncés de droits. Et s'il est vrai que les droits de 1946 sont dits « compléter » ceux de 1789, compléter signifie, selon le dictionnaire, rendre complet en ajoutant, en améliorant ce qui existe, impliquant ainsi, contrairement à la thèse de François Goguel, que les deux textes soient pensés solidairement, l'un par rapport à l'autre, sur un strict plan d'égalité.

Et s'il est vrai aussi que les deux textes ont été élaborés à des dates évidemment différentes, ils ont été repris ensemble dans le Préambule de la Constitution de 1958, approuvés ensemble par un vote du Peuple français lors du référendum du 28 septembre 1958 et ils ont reçu, à la même date, le 16 juillet 1971, valeur constitutionnelle ; ils doivent en conséquence être considérés comme deux textes contemporains, dans tous les sens du terme. Et si les principes de 1946 sont nécessaires à notre temps, ils complètent et non détruisent ou invalident ceux de 1789 ; pour que 1946 ajoute à 1789, il faut bien que 1789 continue d'exister comme énoncé constitutionnel !

8.19 › Reconnaissant l'absence de pertinence de la thèse de la hiérarchie formelle, certains auteurs[17] ont cru pouvoir proposer l'idée d'une hiérarchie matérielle des droits et libertés. D'après eux, l'étude de la jurisprudence constitutionnelle montre que le Conseil assure une protection et une garantie différente des droits selon leur matière, selon leur contenu. Il serait ainsi possible de classer les libertés selon l'étendue et le degré de leur protection et de fonder, en conséquence, sur des critères réalistes, une théorie de la hiérarchie matérielle des principes constitutionnels.

Une telle classification, établie non sur la forme mais sur le contenu des principes, est, en droit, parfaitement admissible. Mais, pour être reçue, cette théorie devrait d'abord, puisqu'elle est fondée sur les décisions du Conseil, conduire ses partisans à un accord sur la liste des droits plus protégés que d'autres. Or chacun possède son propre classement : Bruno Genevois met au sommet de la hiérarchie la liberté individuelle, la liberté d'opinion et de conscience, et la liberté de presse ; Louis Favoreu retranche la liberté

17. Voir par ex., D. Turpin, *Contentieux constitutionnel*, PUF, coll. Droit Fondamental, 1994, p. 85. B. Genevois, « La marque des idées et principes de 1789 dans la jurisprudence du Conseil d'État et du Conseil constitutionnel », *EDCE* 1988, n° 40, p. 181.

d'opinion et de conscience mais ajoute la liberté d'association et la liberté de l'enseignement[18] ; Dominique Turpin y place l'ensemble des droits naturels et imprescriptibles de l'homme, la liberté, la propriété, la sûreté et la résistance à l'oppression. Les désaccords sur les matières bénéficiant d'une garantie constitutionnelle particulière sont préjudiciables à la qualité et à l'autorité de la théorie, en ce qu'ils donnent clairement à voir la part de la subjectivité qui peut entrer dans sa construction.

D'autre part, derrière l'apparence d'une hiérarchie strictement matérielle, cette théorie introduit ou réintroduit une distinction d'ordre formel. En effet, les différents classements, à l'exception de celui de Louis Favoreu qui comporte aussi des principes fondamentaux reconnus par les lois de la République, reviennent à reconnaître une primauté aux principes ou à certains droits issus de la Déclaration de 1789 sur ceux du Préambule de 1946 toujours seconds.

8.20 ➤ Au demeurant, toute systématisation, formelle ou matérielle, apparaît trop réductrice ou simplificatrice du travail du Conseil qui, loin des préoccupations théoriques, s'efforce, cas par cas, d'opérer un arbitrage entre principes de valeur constitutionnelle. Quel que soit son objet, quel que soit son texte de référence – la Déclaration de 1789 ou le Préambule de 1946 –, une liberté peut toujours se voir imposer des sacrifices par le Conseil, au nom d'une autre liberté ; aucun droit ou principe ne possède un caractère absolu ; chacun peut être limité.

Le Conseil ne cherche pas à hiérarchiser mais à concilier les droits constitutionnels en concurrence ; et il serait également vain de chercher, dans cet arbitrage jurisprudentiel, une hiérarchie. Il faudrait, en effet, pouvoir constater que les sacrifices sont toujours demandés aux mêmes droits, ou du moins que ce sont toujours les mêmes droits qui supportent les plus grands sacrifices. Or tel n'est pas le cas : un même principe peut, ici, être faiblement limité, et là subir une forte limitation. De sorte que la ligne de partage, au demeurant toujours mobile, ne passe pas entre droits plus et droits moins sacrifiés, mais à l'intérieur de chaque droit, selon les circonstances de l'affaire.

Les sacrifices imposés au droit de grève ne sont jamais uniformes mais varient selon les services en cause ; ils sont importants quand le droit s'applique aux établissements où sont détenues des matières nucléaires[19], plus faibles quand ils s'appliquent aux entreprises de radiotélévision[20], et refusés quand, par leur généralité, les limitations au droit de grève ne prennent en compte « ni la nature des divers services concernés, ni l'incidence dommageable que peuvent revêtir pour la collectivité les cessations concertées du travail[21] ».

8.21 ➤ Cet arbitrage au cas par cas, cette mise en balance concrète des sacrifices qu'un même principe constitutionnel peut, selon les circonstances, plus ou moins supporter,

18. L. Favoreu, « Les libertés protégées par le Conseil constitutionnel », in *Conseil constitutionnel et Cour européenne des droits de l'homme*, sous la dir. de Dominique Rousseau et Frédéric Sudre, STH, 1990, p. 33.
19. Cons. const. n° 80-117 DC, 22 juillet 1980, *Rec. Cons. const.*, p. 42.
20. Cons. const. n° 79-105 DC, 25 juillet 1979, *Rec. Cons. const.*, p. 33.
21. Cons. const. n° 87-230 DC, 28 juillet 1987, *Rec. Cons. const.*, p. 48.

peuvent donner l'impression d'une grande subjectivité. Et de fait, elle existe : dans ces opérations, où tout examen joue sur les nuances, où l'esprit de finesse l'emporte sur l'esprit de géométrie selon le mot du Doyen Georges Vedel, la subjectivité du Conseil est inévitable. Mais subjectivité ne signifie pas arbitraire ou pouvoir discrétionnaire du Conseil. Pris dans la logique des rapports avec les autres institutions – Parlement, gouvernement, juridictions… –, avec les acteurs sociaux – partis politiques, doctrines… – et plus largement avec la société, les citoyens, l'opinion, il ne peut pas rendre n'importe quel arbitrage. Il doit prendre en compte, et il prend effectivement en considération dans son examen des principes, une multitude d'éléments de nature différente et dont l'importance varie selon les affaires : la qualité et le contenu de l'argumentation des auteurs de la saisine et des « défenseurs » de la loi, les motifs plus ou moins politiques de la saisine, sa propre jurisprudence qui lui impose une certaine cohérence, celle des autres juridictions françaises ou/et étrangères, les circonstances politiques générales et particulières à l'affaire, le travail critique de la doctrine, l'anticipation des réactions de ses différents partenaires à son arbitrage, la complexité ou la spécificité de l'objet traité par loi, l'évolution de la société, de son organisation, de ses techniques mais aussi de ses mœurs, l'intérêt que l'opinion manifeste pour la protection de telle ou telle liberté et l'évolution de cette même opinion dans son attachement aux différents droits…

Cette « batterie » de critères ne supprime pas la subjectivité, mais elle définit un jeu de contraintes dynamique qui oblige le Conseil à faire évoluer les textes et ses arbitrages jurisprudentiels « à la lumière de l'évolution de la société et de sa marche vers le progrès », selon la belle expression de Jacques Robert[22].

§ 3 - LA COMPRÉHENSION JURISPRUDENTIELLE DE LA NOTION DE LIBERTÉS INDIVIDUELLES

I – D'UNE CONCEPTION LARGE À UNE CONCEPTION STRICTE DE LA LIBERTÉ INDIVIDUELLE

8.22 > La jurisprudence constitutionnelle relative à la liberté individuelle a connu un double mouvement : consacrant d'abord une conception large de la liberté individuelle lui permettant d'y rattacher de multiples droits et libertés non écrits, le Conseil, à la fin des années 1990, opère un retour à une conception stricte le conduisant à trouver un autre fondement constitutionnel aux droits et libertés qualifiés jusqu'alors de « composants de la liberté individuelle ».

8.23 > La consécration d'une conception large de la liberté individuelle se manifeste dans la décision du 12 janvier 1977 par le choix de la référence constitutionnelle : bien qu'elle soit expressément inscrite à l'article 66 de la Constitution, le Conseil en fait un principe fondamental reconnu par les lois de la République. À partir de là, la liberté individuelle ne recouvre pas seulement la notion classique de sûreté personnelle, c'est-à-dire le droit

22. J. Robert, « Le Conseil constitutionnel en question », *Le Monde*, 8 décembre 1981.

de n'être ni arrêté ni détenu illégalement. Elle englobe également *la liberté d'aller et venir*, principe à valeur constitutionnelle depuis la décision du 12 juillet 1979, qui ne fait obstacle ni à la construction de ponts à péage sur le réseau routier, ni à des mesures de vérification d'identité à condition toutefois que la « gêne » ne soit pas excessive et que les individus disposent de garanties effectives. Est encore une dimension de la liberté individuelle, *le droit de disposer librement de son corps et de sa personne*, que le Conseil a reconnu dans sa décision du 15 janvier 1975, en considérant que « la loi relative à l'interruption volontaire de grossesse respecte la liberté des personnes appelées à recourir ou à participer à une interruption de grossesse » et ne porte pas « atteinte au principe du respect de tout être humain dès le commencement de la vie ». Distincte mais cependant proche de cette catégorie, « la liberté personnelle du salarié » qui, selon le Conseil, doit pouvoir conserver, dans l'hypothèse d'une action en justice, « la liberté de conduire personnellement la défense de ses intérêts », et, si une organisation syndicale agit en son nom, avoir « eu personnellement connaissance » de la nature et de l'objet de l'action exercée et de son droit permanent de mettre un terme, à tout moment, à cette action.

L'inviolabilité du domicile est aussi un des aspects de la liberté individuelle. Sur ce fondement, le Conseil a censuré des dispositions législatives qui, pour lutter contre la fraude fiscale, autorisaient l'administration fiscale à perquisitionner au domicile des contribuables ; et, dans la même décision, il a défini les conditions auxquelles devaient répondre les perquisitions pour respecter la liberté individuelle : être autorisées, quelle que soit la nature du local, privé ou professionnel, par le juge, qui doit par ailleurs pouvoir vérifier le bien-fondé de la demande de perquisition ; être soumises dans leur déroulement au contrôle du juge ; être réservées clairement à la recherche de catégories précises d'infractions fiscales. Dans sa décision du 16 juillet 1996, le Conseil a étendu les effets protecteurs du principe d'inviolabilité du domicile en considérant qu'il valait de jour comme de nuit : hors le cas où un acte de terrorisme est en train ou vient de se commettre, il censure, en effet, la possibilité de visites nocturnes « en cas d'enquête préliminaire et au cours d'une instruction préparatoire » au motif que cette disposition est « de nature à entraîner des atteintes excessives à la liberté individuelle ».

Creusant toujours davantage cette ressource constitutionnelle, le Conseil, dans sa décision du 13 août 1993, fait également de la *liberté matrimoniale* une « composante de la liberté individuelle » ; et il juge, en l'espèce, qu'en donnant au Procureur de la République saisi par l'officier de l'état civil le pouvoir de surseoir à la célébration d'un mariage, soupçonné de complaisance, pour une durée de trois mois et sans possibilité de recours des intéressés, le législateur a subordonné l'union matrimoniale à des conditions contraires au principe de la liberté du mariage.

Ainsi, *de manière continue*, le Conseil tirait du principe de la liberté individuelle des droits et libertés à valeur constitutionnelle qui lui permettaient progressivement de couvrir toutes les hypothèses législatives où pouvaient être mis en cause « le droit de l'individu de mener la vie qu'il estime lui convenir ».

8.24 > À la fin des années 1990, le Conseil met fin à cette jurisprudence. Il recentre la liberté individuelle sur l'article 66 et l'idée de sûreté personnelle. Il en détache les droits et libertés qualifiés de « composantes de la liberté individuelle » et les rattache à un autre fondement constitutionnel, l'article 2 de la Déclaration de 1789. Ainsi, dans sa décision du 22 avril 1997, le Conseil n'inclut plus le droit au mariage dans la liberté individuelle mais le range « parmi les libertés et droits fondamentaux reconnus à tous ceux qui résident sur le territoire de la République ». De même, dans la décision du 16 juin 1999, il autonomise la liberté d'aller et venir par rapport à la liberté individuelle en déclarant que le législateur doit assurer la conciliation entre des objectifs de valeur constitutionnelle et « l'exercice des libertés publiques constitutionnellement garanties au nombre desquelles figurent notamment *la liberté individuelle et la liberté d'aller et venir* ». Le même découplage est opéré entre liberté individuelle et droit au respect de la vie privée.

II – LES TITULAIRES DES LIBERTÉS INDIVIDUELLES

8.25 > « Considérant toutefois que si le législateur peut prendre à l'égard des étrangers des dispositions spécifiques, il lui appartient de respecter les libertés et droits fondamentaux de valeur constitutionnelle reconnus à tous ceux qui résident sur le territoire de la République ; que s'ils doivent être conciliés avec la sauvegarde de l'ordre public qui constitue un objectif de valeur constitutionnelle, figurent parmi ces droits et libertés, la liberté individuelle et la sûreté, notamment la liberté d'aller et venir, la liberté du mariage, le droit de mener une vie familiale normale ; qu'en outre les étrangers jouissent des droits à la protection sociale, dès lors qu'ils résident de manière stable et régulière sur le territoire français ; qu'ils doivent bénéficier de l'exercice de recours assurant la garantie de ces droits et libertés[23] ».

Tout est dit. Les bénéficiaires des libertés individuelles sont « tous ceux qui résident sur le territoire de la République » c'est-à-dire les nationaux français comme les étrangers ; mais le législateur est autorisé à prendre, s'agissant des droits des étrangers, des « dispositions spécifiques ». Ce « mais » est considérable : d'un côté de la phrase, le principe, logique au regard du caractère universel des droits de l'homme, de l'égalité des droits entre français et étrangers, de l'autre côté, la reconnaissance inavouable que l'étranger ne peut bénéficier d'un traitement égal à celui des nationaux, que le droit peut prévoir pour lui des modalités d'exercice de la liberté individuelle différentes, propres, autrement dit et concrètement, restreintes. Sans doute, cette situation contradictoire représente-t-elle un « progrès » dans la mesure où l'étranger n'est plus, comme naguère, un être sans droits, ou, plus tard, ne bénéficiant que du secours des textes internationaux. Désormais, il jouit, comme les Français, de la protection du texte le plus haut placé dans la hiérarchie, la Constitution ; et ce statut constitutionnel lui assure à la fois l'accès à un exercice minimum de droits fondamentaux et la garantie d'un contrôle de la constitutionnalité des limites qui leur seraient opposées. Il n'empêche que ces limites, dont l'examen n'est pas, au demeurant, automatique mais dépend du jeu, facultatif, des saisines, ne sont pas exclues par principe et dessinent en conséquence une discrimination à l'encontre des étrangers qui fait souffrir l'universalité des droits de l'homme.

23. Cons. const. n° 93.325 DC, 13 août 1993, *Rec. Cons. const.*, p. 224.

La liberté individuelle d'aller et venir est celle qui réfléchit le mieux la situation des étrangers ; le mieux, car, d'une certaine manière, les autres dépendent de son exercice qui se décompose en droit d'entrée, droit de séjourner et droit de quitter le territoire. Or, si ce dernier est garanti aux étrangers, au prix d'une forte réserve d'interprétation apposée à une disposition législative douteuse, les deux premières ne le sont pas. Ainsi en a clairement décidé le Conseil dans la décision précitée du 13 août 1993 :

8.26 » « Considérant qu'aucun principe non plus qu'aucune règle de valeur constitutionnelle n'assure aux étrangers des droits de caractère général et absolu d'accès et de séjour sur le territoire national ; que les conditions de leur entrée et de leur séjour peuvent être restreintes par des mesures de police administratives conférant à l'autorité publique des pouvoirs étendus et reposant sur des règles spécifiques ; que le législateur peut ainsi mettre en œuvre les objectifs d'intérêt général qu'il s'assigne ; que dans ce cadre juridique, les étrangers se trouvent placés dans une situation différente de celle des nationaux. »

Par ce considérant, le Conseil soumet donc l'entrée et le séjour des étrangers en France à un régime de police et, plus précisément, à un système d'autorisation administrative préalable dont chacun sait qu'il est plus attentatoire aux libertés individuelles que le régime répressif. D'une part, les décisions intéressant l'entrée et le séjour des étrangers – refus, retrait, éloignement, expulsion, contrôle préventif... – ne sont pas qualifiées de sanction mais de mesures administratives et ne relèvent pas, en conséquence, de la compétence de l'autorité judiciaire – sauf pour les rétentions administratives avant refoulement – mais du juge administratif. D'autre part, conformément à la théorie générale de l'autorisation administrative préalable[24], celle-ci ne crée aucun droit au bénéfice de son titulaire : l'autorisation d'entrée ne crée pas un droit à l'autorisation de séjour, et les deux ne créent aucun droit à leur maintien. Interdire, conditionner, limiter ou revenir sur la présence des étrangers ne s'analyse jamais comme une atteinte à la liberté individuelle d'aller et venir puisqu'ils ne sont pas titulaires, à la différence de nationaux, d'un droit d'entrée et de séjour sur le territoire national.

L'autorisation est une simple tolérance administrative qui, toujours précaire, peut être redéfinie ou supprimée. Redéfinie ou supprimée au nom de quoi ? Au nom de la sauvegarde de l'ordre public qui est, selon le Conseil, un objectif de valeur constitutionnelle.

La notion d'ordre public est, en effet, le cœur de tout régime d'autorisation : il s'étend ou se rétrécit selon que la présence des étrangers est considérée comme constituant une non-menace, un risque de trouble, un trouble, un risque de menace, une menace simple, ou, dernier échelon de l'échelle, une menace grave pour l'ordre public. Sans doute, le Conseil doit-il vérifier que les dispositions spécifiques aux étrangers et les régimes de police adoptés par le législateur concilient sauvegarde de l'ordre public et respect des principes constitutionnels. Mais, parce que l'ordre public est une notion particulièrement malléable, il a tendance, en pratique, à épouser l'appréciation du législateur, quelle qu'elle soit au demeurant.

24. P. Livet, *L'autorisation administrative préalable et les libertés publiques*, LGDJ, 1974.

Ainsi, en 1989, il confirme que n'est pas contraire à la sauvegarde de l'ordre public une disposition législative qui, pour faciliter l'intégration des étrangers, prévoit que l'incidence que pourrait avoir sur l'ordre public leur présence sur le territoire national ne sera pas prise en compte pour la délivrance de la carte de résident[25]. Mais, quatre ans plus tard, le législateur ayant changé – et changé d'opinion –, il confirme pareillement les nouvelles dispositions prévoyant que, dans tous les cas, la délivrance d'une carte de résident ou de séjour temporaire sera subordonnée à la condition que la présence de l'étranger sur le territoire national ne constitue pas une menace pour l'ordre public[26]. Délaissée par le Conseil constitutionnel, la protection juridictionnelle des étrangers retombe alors sur le Conseil d'État – et les tribunaux administratifs – qui s'acquitte avec honneur de cette responsabilité en contrôlant que l'administration n'a pas commis une erreur manifeste dans l'application du caractère menaçant pour l'ordre public de la présence de tel ou tel étranger.

Une fois autorisés à entrer et à séjourner sur le territoire national, les étrangers bénéficient des mêmes libertés individuelles que les nationaux. En principe, car le régime administratif d'autorisation préalable continue à produire ses effets limitatifs sur leur exercice. Le Conseil a, par exemple, jugé que ne constituait pas une rupture d'égalité entre les étrangers et les nationaux la possibilité de contrôler l'identité des étrangers, en dehors de la recherche d'auteurs d'infractions et en l'absence de circonstances particulières relatives à la prévention d'atteintes à l'ordre public, pour vérifier s'ils possèdent les documents attestant la régularité de leur entrée et de leur séjour en France[27].

À l'évidence, le statut constitutionnel des étrangers élaboré par le Conseil constitutionnel reste « lacunaire et précaire »[28]. Pour l'apprécier à sa juste valeur, il faut cependant se souvenir qu'il a été formulé en 1993, au moment où dominaient au Parlement les partisans de « l'immigration zéro » et de l'idéologie judiciaire sécuritaire. Ce rappel de la conjoncture politique n'est pas une excuse ; seulement un élément d'explication.

Section II
LES GARANTIES DES LIBERTÉS INDIVIDUELLES

La première garantie des libertés individuelles réside dans la possibilité de saisir un juge pour faire constater et cesser les atteintes qui y seraient portées ; bref, une garantie juridictionnelle qui peut être nationale (§ 1) ou/et internationale (§ 2). Mais elle n'est pas la seule. Les modalités d'organisation du pouvoir politique et, en particulier, le développement récent des autorités administratives indépendantes contribuent aussi à la garantie des libertés (§ 3).

---

25. Cons. const. n° 89.261 DC, 28 juillet 1989, *Rec. Cons. const.*, p. 81.
26. Cons. const. n° 93.325 DC, 13 août 1993, *Rec. Cons. const.*, p. 224.
27. Cons. const. n° 93.325 DC, 13 août 1993, *Rec. Cons. const.*, p. 224.
28. D. Lochak, « L'Étranger et les droits de l'homme », *Mélanges Charlier*, éd. 1981, p. 615.

§ 1 - LES GARANTIES JURIDICTIONNELLES NATIONALES

I – LES GARANTIES JURIDICTIONNELLES CONTRE LA LOI

8.27 > Qu'une loi puisse être contrôlée par un juge, que les représentants du peuple, chargés d'exprimer la volonté générale, puissent voter des lois qui portent atteinte aux libertés individuelles est une pensée qui, en France au moins[29], a mis du temps à faire son chemin. Le Conseil constitutionnel, juge de la loi et protecteur, contre elle, des libertés individuelles ! Dans le pays qui a fait « sa » Révolution contre les Parlements de l'Ancien Régime en interdisant aux juges, sous peine de forfaiture, de s'immiscer dans l'exercice du pouvoir législatif ou de suspendre l'exécution des lois, cette proposition constitue, dans tous les sens du mot, une révolution. Elle correspond pourtant à la réalité qui, à l'insu sans doute des constituants de 1958, s'est progressivement construite à partir du texte constitutionnel.

8.28 > Au départ, en effet, le Conseil avait seulement été imaginé pour faire respecter par le Parlement le strict domaine de compétences que l'article 34 de la Constitution lui attribuait ; un gardien de la frontière entre le domaine législatif et la compétence normative du gouvernement, plus qu'un gardien des droits et libertés. Ce rôle ne deviendra le sien que lorsque, par un coup d'audace savamment géré, il décide, le 16 juillet 1971[30], de considérer la Déclaration de 1789 et le Préambule de 1946 comme des textes constitutionnels – ce à quoi les rédacteurs de la Constitution s'étaient explicitement refusés – et de vérifier en conséquence que le contenu des lois respecte les droits et libertés qu'ils énoncent. L'exercice de sa compétence législative « ne saurait dispenser le législateur, déclare le Conseil dans sa décision du 16 janvier 1982, du respect des principes et règles de valeur constitutionnelle qui s'imposent à tous les organes de l'État »[31] ; et, dans sa décision du 23 août 1985, il sera encore plus net en affirmant que « la loi votée n'exprime la volonté générale que dans le respect de la Constitution »[32]. Ainsi reformulée, le Conseil développe, à partir des années 1970, sa mission au service des libertés. Il censure, pour atteinte à la liberté individuelle, des dispositions relatives à la fouille des véhicules[33], aux perquisitions fiscales[34], au maintien en zone de transit des étrangers en attente d'être expulsés[35], à la prolongation des mesures de rétention[36], ou encore, des dispositions portant à 40 km la limite de la zone frontalière à l'intérieur de laquelle le législateur avait autorisé des contrôles d'identité[37]. L'étude de la jurisprudence constitutionnelle ouvre, évidemment, une discussion sur la réalité de la garantie qu'elle apporte aux libertés individuelles. Portant un regard nuancé sinon critique, la Professeur Danièle Lochak a pu

---

29. Pour les autres pays, voir par ex. : D. Rousseau, *La justice constitutionnelle en Europe*, Montchrestien, coll. Clefs, 3e éd., 1998 ; M. Fromont, *La justice constitutionnelle dans le monde*, Dalloz, 1995.
30. Cons. const. n° 71.44 DC, 16 juillet 1971, *Rec. Cons. const.*, p. 29.
31. Cons. const. n° 81.132 DC, 16 janvier 1982, *Rec. Cons. const.*, p. 18.
32. Cons. const. n° 85.197 DC, 23 août 1985, *Rec. Cons. const.*, p. 70.
33. Cons. const. n° 76.75 DC, 12 janvier 1977, *Rec. Cons. const.*, p. 33.
34. Cons. const. n° 83.164 DC, 29 décembre 1983, *Rec. Cons. const.*, p. 68.
35. Cons. const. n° 92.307 DC, 25 février 1992, *Rec. Cons. const.*, p. 48.
36. Cons. const. n° 86.216 DC, 3 septembre 1986, *Rec. Cons. const.*, p. 135.
37. Cons. const. n° 93.323 DC, 5 août 1993, *Rec. Cons. const.*, p. 213.

montrer que la vigilance du Conseil avait été souvent prise en défaut et que des textes dangereux pour les libertés avaient échappé à sa censure[38]. Pour ne prendre qu'un exemple, il est, en effet, surprenant que le Conseil ait jugé que le pouvoir donné au maire de vérifier, y compris en ordonnant une visite au domicile de l'hébergeant, que les conditions d'hébergement d'un étranger en visite privée en France sont remplies, ne portait pas atteinte à la liberté individuelle, de même d'ailleurs, dans la même décision, que la possibilité de demander à un étranger, en dehors de toute infraction ou menace à l'ordre public, la production des documents l'autorisant à rester en France[39].

8.29 > Pour ne pas fâcher davantage parlementaires et ministres déjà indisposés par son intervention, le Conseil, il est vrai, détend parfois – souvent ? – son contrôle. À la place de la censure, il préfère la conformité sous réserves, décision qui lui permet de déclarer une loi conforme à la Constitution à la condition qu'elle soit appliquée selon l'interprétation et les modalités indiquées par lui, les juges ordinaires étant alors invités à vérifier, le moment venu, leur respect. Ainsi, dans la décision du 13 août 1993, le Conseil limite les effets négatifs pour la liberté individuelle de la disposition imposant une déclaration préalable aux étrangers voulant quitter le territoire français en affirmant qu'elle « doit entraîner la délivrance du visa de sortie justifiant l'accomplissement de la formalité » sans que l'autorité administrative puisse se livrer à « une appréciation quant à l'opportunité du déplacement envisagé par l'étranger » ; et il conclut que, « sous cette réserve d'interprétation, la disposition incriminée n'apporte pas à la liberté d'aller et venir une gêne excessive ». Mais, il faut le reconnaître, malgré l'intérêt de cette technique de contrôle, dans certaines hypothèses, la meilleure garantie constitutionnelle de telle ou telle composante de la liberté individuelle serait la censure pure et simple de la disposition jugée lui faire tort.

8.30 > Il est, en revanche, une disposition dont le Conseil exige et vérifie la présence chaque fois qu'une liberté individuelle est en jeu : le contrôle effectif et complet de l'autorité judiciaire sur les mesures la mettant en cause. Il semble même, bien que la jurisprudence ne soit pas encore clairement fixée, qu'au sein de l'autorité judiciaire, seuls les magistrats du siège soient considérés par le Conseil comme les véritables gardiens de la liberté individuelle. Dans sa décision du 2 février 1995[40], il censure, en effet, la procédure d'injonction pénale mise à la disposition du procureur de la République au motif que certaines mesures susceptibles d'être prises dans ce cadre pouvant porter atteinte à la liberté individuelle, elles « ne peuvent, s'agissant de la répression de délits de droit commun, intervenir qu'à la seule diligence d'une autorité de jugement, conformément à l'exigence constitutionnelle selon laquelle, en matière de délits et de crimes, la séparation des autorités chargées de l'action publique et des autorités de jugement concourt à la sauvegarde de la liberté individuelle ». C'est donc l'attribution au parquet du pouvoir de décider de l'injonction pénale qui est jugée attentatoire à la liberté individuelle, solution

38. D. Lochak, « Le Conseil constitutionnel, protecteur des libertés ? », *Pouvoirs* n° 13, p. 41.
39. Cons. const. n° 93.325 DC, 13 août 1993, *Rec. Cons. const.*, p. 224.
40. Cons. const. n° 95.360 DC, 2 février 1995, *Rec. Cons. const.*, p. 41.

au demeurant logique tant que ces magistrats-là seront soumis au pouvoir hiérarchique du ministre de la Justice.

8.31 > Sans qu'elle soit parfaite, une protection juridictionnelle des libertés individuelles contre la loi existe, cependant conduite par un Conseil constitutionnel à l'autorité aujourd'hui reconnue. Mais s'agit-il vraiment d'une protection *juridictionnelle* ? En d'autres termes, le Conseil est-il une véritable juridiction ? La question a été longtemps débattue. L'argument le plus entendu contre la qualité juridictionnelle du Conseil fut la nature – très – politique de sa composition, puisque ses neuf membres sont nommés par le président de la République – 3 –, le Président de l'Assemblée nationale – 3 – et le Président du Sénat – 3 –, que leur désignation n'est soumise à aucune condition de titre ou d'expérience juridique et que le Président du Conseil est directement nommé par le chef de l'État. S'ajoutait aussi une critique de la procédure de contrôle, à l'origine rudimentaire, écrite, secrète et sans référence au principe du contradictoire. Sans doute, le statut des membres, et notamment la règle du non-renouvellement de leur mandat, comportait les dispositions classiques de nature à garantir leur indépendance, et, selon l'article 62 de la Constitution, « les décisions du Conseil constitutionnel ne sont susceptibles d'aucun recours ; elles s'imposent aux pouvoirs publics et à toutes les autorités administratives et juridictionnelles ». Mais, ne serait-ce que parce que cette formulation alambiquée semblait avoir été choisie pour éviter celle, plus nette, d'autorité de la chose jugée, un doute pouvait subsister sur la nature du Conseil. Aujourd'hui, ce doute est levé. Même si le mode de désignation n'a pas changé et mériterait de l'être en s'inspirant des exemples allemands, italiens ou espagnols[41], le Conseil est devenu une juridiction. La « révolution » s'est accomplie sous l'impulsion, notamment, du Doyen Georges Vedel et des Présidents Daniel Mayer et Robert Badinter qui ont obtenu la publication au *Journal officiel* des requêtes – en 1983 – et des observations en défense de la loi présentées par le secrétariat général du gouvernement – en 1995[42].

8.32 > Sans doute, des progrès restent encore à faire : publication du nom du rapporteur, publicité des audiences, oralité des débats avec intervention d'avocats, et, même si la tradition judiciaire française l'ignore, possibilité d'opinions dissidentes. Mais surtout, le contrôle juridictionnel de la constitutionnalité des lois souffre de deux manques majeurs préjudiciables aux libertés individuelles. D'abord, les lois ordinaires adoptées par référendum ne sont pas soumises au contrôle du Conseil. Ainsi en a-t-il décidé, dans sa décision du 6 novembre 1962[43], en interprétant l'article 61 de la Constitution comme lui attribuant compétence « uniquement pour les lois votées par le Parlement et non point celles qui, adoptées par le peuple à la suite d'un référendum, constituent l'expression directe de la souveraineté nationale ». Or, rien ne permet de poser *a priori* la nécessaire conformité aux libertés individuelles des lois votées par le peuple ; mieux, un gouvernement pourrait décider de faire adopter par référendum une loi qu'il sait « problématique » uniquement dans le but d'éviter son contrôle par le Conseil ; et le risque est encore

---

41. Voir D. Rousseau, *La justice constitutionnelle en Europe*, Montchrestien, coll. Clefs, 3e éd., 1998.
42. D. Rousseau, *Sur le Conseil constitutionnel, la Doctrine Badinter et la Démocratie*, Éd. Descartes et Cie, 1997.
43. Cons. const. n° 62.20 DC, 6 novembre 1962, *Rec. Cons. const.*, p. 27.

accru par la révision du 4 août 1995 qui étend le champ du référendum. Comme il a su le faire pour les lois promulguées[44], il serait donc souhaitable que le Conseil fasse évoluer sa jurisprudence pour que la protection juridictionnelle des libertés individuelles joue contre toutes les lois, parlementaires et référendaires.

8.33 › Ensuite, cette protection est, actuellement, doublement limitée : elle ne peut être actionnée que sur saisine des hommes politiques – le président de la République, le Premier ministre, le Président de l'Assemblée nationale, le Président du Sénat, et, depuis la révision de 1974, soixante députés ou soixante sénateurs – et seulement avant la promulgation de la loi. Or, de multiples raisons peuvent conduire les hommes politiques à ne pas saisir le Conseil, et, surtout, la dangerosité d'une loi pour les libertés individuelles s'apprécie davantage au moment de son application qu'à celui de sa conception. Pour combler ce déficit de protection, le président Mitterrand, reprenant une proposition du Président du Conseil Robert Badinter, entérinée ensuite par le Comité Vedel, a tenté à deux reprises, en 1990 et 1993, d'introduire en France l'exception d'inconstitutionnalité. Par ce moyen, toute personne considérant, à l'occasion d'une instance en cours devant n'importe quelle juridiction, que les dispositions de la loi en cause portent atteinte à ses droits fondamentaux, aurait le droit de demander au juge de surseoir à statuer et de transmettre la loi au Conseil constitutionnel pour contrôle. Cette réforme, pratique courante dans les autres pays européens, a été repoussée par l'opposition d'alors, c'est-à-dire la droite parlementaire majoritaire au Sénat. Là encore, il faut souhaiter que les hommes politiques s'élèvent au-dessus de considérations tactiques immédiates pour adopter une réforme qui a pour seul objet de renforcer la protection juridictionnelle des libertés contre la loi en associant tous les justiciables à sa mise en action. Aujourd'hui comme hier, son défaut n'est pas acceptable « dans un pays comme la France ».

II – LES GARANTIES JURIDICTIONNELLES CONTRE L'ADMINISTRATION

8.34 › Si les atteintes portées aux libertés individuelles par les personnes privées relèvent de la seule compétence des juridictions judiciaires, celles dont les auteurs sont des agents publics ont deux juges différents : le juge administratif et le juge judiciaire. Un Britannique, habitué à l'unité de juridiction quel que soit l'auteur de l'atteinte à une liberté, et non dépourvu d'humour, pourrait penser que les Français aiment tellement la liberté – ou que l'administration française est tellement dangereuse pour les libertés ? – qu'ils lui ont donné une double protection juridictionnelle !

8.35 › Cette situation est le produit de l'histoire de la France qui, après avoir retiré au juge judiciaire le contrôle des actes administratifs – par la loi des 16 et 24 août 1790 prise en souvenir des agissements des Parlements de l'Ancien Régime –, le confie à un juge

44. Alors que l'article 61 ne prévoit qu'un contrôle *a priori* de la loi, le Conseil, dans sa décision du 25 janvier 1985 (*Rec. Cons. const.*, p. 43), a considéré qu'il pouvait contrôler une loi promulguée « à l'occasion de l'examen de dispositions législatives qui la modifient, la complètent ou affectent son domaine ».

spécial et spécialisé, le juge administratif. Logiquement, le Conseil d'État s'est donc progressivement reconnu compétent pour apprécier la légalité de tous les actes administratifs, y compris ceux portant atteintes à la liberté individuelle[45]. Mais, le droit français accueillant aussi le principe selon lequel l'autorité judiciaire est gardienne de la liberté individuelle, une concurrence s'instaure entre les deux ordres de juridictions, le juge administratif invoquant la nature de l'acte ou la qualité de son auteur pour affirmer sa compétence, le juge judiciaire rappelant le contenu de l'acte – l'atteinte à une liberté individuelle – pour justifier la sienne. Concurrence qui peut déclencher une « guerre des juges », par exemple sur la question des voies de fait. Lorsque, en effet, l'administration commet une voie de fait, c'est-à-dire soit procède d'office à l'exécution forcée de ses actes, soit prend une décision manifestement *insusceptible* de se rattacher à l'exercice d'un pouvoir appartenant à l'administration, la juridiction judiciaire est compétente. À ces deux hypothèses depuis longtemps admises mais survenant rarement, la Cour de cassation en a ajouté, en 1984, une troisième[46] : peut être aussi qualifié de voie de fait, et donc relever de sa compétence, un acte administratif fondé sur un motif étranger à celui prévu par le texte invoqué par l'administration. Avec cette troisième hypothèse, la juridiction judiciaire étend, évidemment au détriment du juge administratif, son champ de compétence, puisque toute illégalité de l'administration devient une voie de fait en puissance.

8.36 > Cette évolution jurisprudentielle a pu être encouragée, indirectement, par le Conseil constitutionnel qui, à maintes reprises, a réaffirmé avec force la valeur constitutionnelle du principe selon lequel l'autorité judiciaire est gardienne de la liberté individuelle. Pourtant, sa propre jurisprudence n'est pas dépourvue d'ambiguïtés. Non seulement il a constitutionnalisé l'attribution à la juridiction administrative du contentieux de l'excès de pouvoir[47], mais encore, il a jugé, à propos de dispositions législatives relatives aux mesures de reconduite à la frontière, que « la garantie effective des droits des intéressés peut être satisfaite aussi bien par la juridiction judiciaire que par la juridiction administrative »[48]. Il semble donc, considérant la jurisprudence constitutionnelle en la matière, que la doctrine du Conseil puisse se formuler ainsi : tout acte administratif *intéressant* une liberté individuelle doit prévoir, à tous les stades de sa réalisation – de son autorisation à son exécution en passant par son maintien – l'intervention de l'autorité judiciaire ; en revanche, la contestation de ces actes peut être portée devant le juge judiciaire ou le juge administratif. De la première règle découle, par exemple, que les perquisitions doivent être autorisées par le juge judiciaire, que leur déroulement doit se faire sous son contrôle et qu'il puisse y mettre fin à tout moment. Les conséquences de la seconde règle sont plus complexes. Selon la jurisprudence, en effet, le *juge civil* ne peut

45. Voir par ex., CE, 7 novembre 1947, *Alexis et Wolff*, *Lebon*, p. 416.
46. Cass., 28 novembre 1984, *RFDA* 1985, p. 760.
47. Cons. const. n° 86.224 DC, 23 janvier 1987, *Rec. Cons. const.*, p. 8 : « Conformément à la conception française de la séparation des pouvoirs, figure au nombre des principes fondamentaux reconnus par les lois de la République celui selon lequel, à l'exception des matières réservées par nature à l'autorité judiciaire, relève en dernier ressort de la compétence de la juridiction administrative l'annulation ou la réformation des divisions prévues, dans l'exercice des prérogatives de puissance publique, par les autorités exerçant le pouvoir exécutif, leurs agents, les collectivités territoriales ou les organismes publics placés sous leur autorité ou leur contrôle ».
48. Cons. const. n° 89.261 DC, 28 juillet 1989, *Rec. Cons. const.*, p. 81.

ni apprécier la légalité des actes administratifs réglementaires ou non, ni interpréter les actes individuels ; il ne peut accorder réparation qu'après et si le juge administratif a déclaré illégale telle ou telle mesure mettant en cause une liberté individuelle. En revanche, depuis les évolutions jurisprudentielles réalisées par les arrêts *Vuckovic et Bodgan*[49] et *Santini et Chotard*, le juge pénal est compétent pour apprécier et interpréter la légalité de tout acte administratif, réglementaire ou non, pénalement sanctionné ou non intéressant la liberté individuelle[50].

Cette distinction entre tribunaux civils et tribunaux répressifs ne saurait être longtemps maintenue dans la mesure où l'article 136 du Nouveau Code de procédure pénale dispose que la règle selon laquelle « dans tous les cas d'atteinte à la liberté individuelle, les tribunaux de l'ordre judiciaire sont toujours exclusivement compétents » vaut également « dans toute instance civile » ; et il précise qu'en matière de liberté individuelle, l'autorité administrative ne peut jamais élever le conflit, c'est-à-dire demander le dessaisissement du juge judiciaire.

8.37 › À terme, évidemment, est en jeu la compétence du juge administratif sur les actes administratifs relatifs aux libertés individuelles. Si elle se réalisait, cette mise à l'écart de la juridiction administrative serait, d'une certaine manière, injuste : malgré ses origines napoléoniennes, elle a su construire, par la théorie des principes généraux du droit, par le contrôle de l'erreur manifeste d'appréciation ou par celui de la proportionnalité de la décision contestée, une jurisprudence qui a fait d'elle aussi, chacun le reconnaît, une gardienne de la liberté individuelle. Mais, l'unification du contentieux des atteintes aux libertés individuelles au profit de la juridiction judiciaire, quelle que soit la nature ou l'auteur de l'acte en cause, aurait, il faut également en convenir, de nombreux avantages : une simplification des démarches procédurales pour le justiciable, un jugement souvent plus rapide – ce qui ne veut pas dire expéditif –, une effectivité plus grande puisque, l'atteinte à la liberté individuelle constatée, le juge judiciaire peut ordonner de la faire cesser – par exemple, libération immédiate de la personne jugée illégalement retenue. Sans compter l'avantage de donner enfin son plein développement au principe constitutionnel de l'autorité judiciaire gardienne de la liberté individuelle.

8.38 › Au demeurant, judiciaire ou administrative, l'intervention juridictionnelle n'est une garantie pour les libertés individuelles que si les juges sont indépendants. Ils le sont, le Conseil ayant jugé que, selon l'article 64 de la Constitution pour la juridiction judiciaire et selon les principes fondamentaux reconnus par les lois de la République pour la juridiction administrative, « l'indépendance des juridictions est garantie[51] » ; par nécessité logique, cette indépendance-là implique, sur les mêmes bases constitutionnelles, celle des membres qui les composent. En considérant que l'abaissement différencié de l'âge de la retraite des conseillers d'État « ne méconnaissait en rien le principe d'indépendance de la juridiction administrative[52] », le Conseil a levé le doute qui pouvait exister

49. Cass., 25 avril 1985, *Vuckovic et Bodgan, D.* 1985, p. 329, concl. Dontenville.
50. Cass., 18 janvier 1993, *Santini et Chotard*.
51. Cons. const. n° 80.119 DC, 22 juillet 1980, *Rec. Cons. const.*, p. 46.
52. Cons. const. n° 84.179 DC, 12 septembre 1984, *Rec. Cons. const.*, p. 73.

pour cette catégorie-là comme le législateur l'a fait en 1986 en se reconnaissant compétent pour définir le statut des membres des tribunaux administratifs puisque lui seul peut mettre en œuvre un principe constitutionnel.

Ce bel et bon principe n'a cependant pas les prolongements qu'il mériterait. Pour tous les membres de la juridiction administrative, leur recrutement par l'École nationale d'administration garantit sans doute une très grande compétence administrative mais non, *a priori*, une indépendance de jugement ; et la pratique, marginale, du « tour extérieur » pour le Conseil d'État, parce qu'elle est à la discrétion du pouvoir exécutif, trouble souvent les esprits, même si les conseillers aiment dire que c'est la tradition plus que les textes qui fonde et garantit leur indépendance. Pour les membres de la juridiction judiciaire, leur recrutement se fait par l'École nationale de la magistrature et si le Conseil admet que les fonctions de magistrat de l'ordre judiciaire puissent être, exceptionnellement, exercées « par des personnes qui n'entendent par pour autant embrasser la carrière judiciaire », il exige du législateur (et vérifie) que la loi apporte à ces magistrats temporaires « les garanties appropriées permettant de satisfaire au principe d'indépendance qui est indissociable de l'exercice des fonctions judiciaires », et, en particulier, qu'ils soient « soumis aux droits et obligations applicables à l'ensemble des magistrats[53] ».

8.39 > Le problème, ici, est dans la distinction entre les magistrats du siège et ceux du parquet. Malgré l'unité affirmée du corps judiciaire, le principe d'indépendance ne développe tous ses effets que pour les premiers, seuls à être protégés par la règle constitutionnelle de l'inamovibilité. Pour les magistrats du parquet, cette règle ne s'applique pas et leur indépendance est, en conséquence, moindre ; chargés de mettre en œuvre la politique pénale du gouvernement, ils sont directement placés sous l'autorité et le pouvoir hiérarchique du ministre de la Justice. Leur subordination au pouvoir exécutif ne les met donc pas, *a priori*, dans la meilleure situation pour assurer la sauvegarde de la liberté individuelle. C'est pourquoi le Conseil constitutionnel, après avoir jugé que, faisant partie de l'autorité judiciaire, ils assuraient, au même titre que les magistrats du siège, le respect de la liberté individuelle[54], semble désormais considérer qu'au sein de l'autorité judiciaire, seuls les magistrats du siège sont les gardiens de la liberté individuelle. Dans sa décision du 2 février 1995[55], en effet, il s'est référé à l'exigence constitutionnelle selon laquelle « en matière de crimes et délits, la séparation des autorités chargées de l'action publique et des autorités de jugement concourt à la sauvegarde de la liberté individuelle ».

Tout en consacrant l'unité du corps judiciaire, le nouveau Conseil supérieur de la magistrature reconnaît sa diversité puisque l'article 65 de la Constitution, issu de la révision du 27 juillet 1993, dispose qu'il « comprend deux formations, l'une compétente à l'égard des magistrats du siège, l'autre à l'égard des magistrats du parquet », deux formations qui possèdent des pouvoirs différents. Un pouvoir de proposition pour la première : les magistrats du siège à la Cour de cassation, les premiers présidents de cour d'appel et les

---

53. Cons. const. n° 92.305 DC, 21 février 1992, *Rec. Cons. const.*, p. 27.
54. Cons. const. n° 93.326 DC, 11 août 1993, *Rec. Cons. const.*, p. 217.
55. Cons. const. n° 95.360 DC, 2 février 1995, *Rec. Cons. const.*, p. 195.

présidents de tribunal de grande instance sont nommés sur ses propositions, et, les autres magistrats du siège sur son avis conforme. Un simple pouvoir consultatif pour la seconde : elle donne un avis simple, qui ne lie pas le gouvernement, sur les nominations des magistrats du parquet, étant précisé que le procureur général près de la Cour de cassation et les procureurs généraux de cour d'appel sont directement nommés en Conseil des ministres, sans consultation du Conseil supérieur de la magistrature[56].

La réforme de 1993 reste très en deçà des exigences requises pour garantir l'indépendance des magistrats et de l'autorité judiciaire. N'y répondent pas, notamment, la nomination du secrétaire général du CSM par décret du président de la République, et la participation du chef de l'État et du ministre de la Justice à l'une et l'autre formation du CSM[57]. Il est vrai qu'aux termes de l'article 64 de la Constitution, « le président de la République est garant de l'indépendance de l'autorité judiciaire ». Par souci d'économie, le seul commentaire que cette disposition appellera ici est un point d'exclamation. Mais énorme, et pour tout dire, rabelaisien !

§ 2 - LES GARANTIES JURIDICTIONNELLES INTERNATIONALES

I – LEUR MISE EN ŒUVRE PAR LES JUGES NATIONAUX

8.40 > Si depuis longtemps les juridictions administrative et judiciaire utilisent, le cas échéant, les traités internationaux pour juger les actes administratifs[58], en revanche, dans l'hypothèse d'une contrariété entre un traité et une loi, les juges français n'ont accepté que très récemment de faire prévaloir le premier sur la seconde. Et pourtant, la Constitution de 1958, reprenant un principe posé par celle de 1946, dispose en son article 55 que « les traités et accords régulièrement ratifiés ou approuvés ont, dès leur publication, une autorité supérieure à celle des lois, sous réserve, pour chaque accord ou traité, de son application par l'autre partie ». Paradoxalement, la seule juridiction française à ne pas encore faire droit à ce principe est la juridiction constitutionnelle.

8.41 > Invité par les requérants à apprécier la loi relative à l'interruption volontaire de grossesse au regard de la Convention européenne des droits de l'homme, et en particulier de son article 2 reconnaissant « le droit de toute personne à la vie », le Conseil constitutionnel, dans sa décision du 15 janvier 1975[59], décline en effet sa compétence en développant l'argumentation suivante :

« Considérant que l'article 61 de la Constitution ne confère pas au Conseil constitutionnel un pouvoir général d'appréciation et de décision identique à celui du Parlement, mais lui

---

56. La même distinction vaut pour la procédure disciplinaire : la première formation statue comme conseil de discipline des magistrats du siège, la seconde donne seulement son avis sur les sanctions disciplinaires concernant les magistrats du parquet.
57. Voir, par exemple, les débats provoqués par les nominations de juillet 1996, *Le Monde* des 9, 10, 11, 25 et 26 juillet 1996.
58. CE Ass., 30 mai 1952, *Dame Kirkwood*, *Lebon*, p. 291 ; Cass. civ., 20 décembre 1960, *Flor*, *RDP* 1961, p. 908.
59. Cons. const. n° 74 54 DC, 15 janvier 1975, *Rec. Cons. const.*, p. 19.

donne seulement compétence pour se prononcer sur la conformité à la Constitution des lois déférées à son examen ;

« Considérant, en premier lieu, qu'aux termes de l'article 55 de la Constitution : les traités ou accords régulièrement ratifiés ou approuvés ont, dès leur publication, une autorité supérieure à celle des lois, sous réserve, pour chaque accord ou traité, de son application par l'autre partie. »

« Considérant que, si ces dispositions confèrent aux traités, dans les conditions qu'elles définissent, une autorité supérieure à celle des lois, elles ne prescrivent ni n'impliquent que le respect de ce principe doive être assuré dans le cadre du contrôle de la conformité des lois à la Constitution prévu à l'article 61 de celle-ci.

« Considérant, en effet, que les décisions prises en application de l'article 61 de la Constitution revêtent un caractère absolu et définitif, ainsi qu'il résulte de l'article 62 qui fait obstacle à la promulgation et à la mise en application de toute disposition déclarée inconstitutionnelle ; qu'au contraire, la supériorité des traités sur les lois, dont le principe est posé à l'article 55 précité, présente un caractère à la fois relatif et contingent, tenant, d'une part, à ce qu'elle est limitée au champ d'application du traité, et, d'autre part, à ce qu'elle est subordonnée à une condition de réciprocité dont la réalisation peut varier selon le comportement du ou des États signataires du traité et le moment où doit s'apprécier le respect de cette condition ;

« Considérant qu'une loi contraire à un traité ne serait pas, pour autant, contraire à la Constitution.

« Considérant qu'ainsi le contrôle du respect du principe énoncé à l'article 55 de la Constitution ne saurait s'exercer dans le cadre de l'examen prévu à l'article 61, en raison de la différence de nature de ces deux contrôles.

« Considérant que, dans ces conditions, il n'appartient pas au Conseil constitutionnel, lorsqu'il est saisi en application de l'article 61 de la Constitution, d'examiner la conformité d'une loi aux stipulations d'un traité ou d'un accord international. »

8.42 > Cette argumentation ne convainc pas entièrement[60]. D'abord, parce qu'elle laisse sans effet l'article 55 de la Constitution : puisque ce dernier a pour objet d'affirmer la supériorité du traité sur la loi, une loi qui serait contraire à un traité serait, par là même, contraire aux dispositions de l'article 55 de la Constitution et devrait en conséquence être sanctionnée. Ensuite, parce qu'un argument du Conseil, la condition de réciprocité, n'est pas recevable en matière de traités relatifs à la protection de la personne humaine : ces derniers sont moins des contrats par lesquels les parties s'échangeraient des droits subjectifs et réciproques que des traités-lois instaurant à la charge des États contractants une obligation objective et absolue, celle de protéger et respecter les droits de la

60. Voir par exemple, D. Rousseau, « Vers l'intégration de la Convention européenne des droits de l'homme au bloc de constitutionnalité », in *Conseil constitutionnel et Cour européenne des droits de l'homme*, STH, 1990, p. 117.

personne, quel que soit son lien de rattachement national[61]. Enfin, parce que la règle *pacta sunt servanda*, à laquelle le Conseil a reconnu valeur constitutionnelle[62], implique de vérifier qu'une loi nationale ne vient pas empêcher la bonne exécution d'un traité.

8.43 > En attendant une – éventuelle – évolution jurisprudentielle, les garanties des libertés offertes par les traités internationaux ne peuvent être utilement invoquées devant le Conseil constitutionnel. Mais il n'interdit pas qu'elles le soient devant d'autres juges. Mieux même, il désigne indirectement les juges administratif et judiciaire pour assurer le respect de l'article 55 de la Constitution. Dans la mesure, en effet, où leur contrôle ne fait pas disparaître la loi de l'ordre juridique, où il a seulement pour conséquence d'écarter son application au cas d'espèce, la loi pouvant à nouveau produire ses effets si les conditions d'exécution du traité – ou le traité lui-même – changeaient, il possède les mêmes caractères que le principe de la supériorité des traités sur les lois – relatif et contingent – et il est, pour cette raison, le contrôle qui convient en la matière.

La Cour de cassation et le Conseil d'État ont répondu favorablement à cette invitation, la première, immédiatement[63], le second, plus tardivement et avec réticence[64]. Avant la décision du Conseil constitutionnel, ces deux juridictions n'acceptaient d'écarter une loi contraire à un traité que si la loi en cause lui était antérieure ; ainsi considéraient-elles ne pas enfreindre la règle leur interdisant de s'opposer à la volonté du législateur puisqu'en faisant prévaloir le traité postérieur à la loi, elles donnaient force à la volonté législative la plus récente. Pour qu'elles acceptent d'aller plus loin, concrètement pour qu'elles écartent l'application d'une loi postérieure contraire à un traité, il leur fallait une autorisation, une habilitation constitutionnelle ; la décision du Conseil du 15 janvier 1975 a joué ce rôle : « C'est peu dire que le Conseil constitutionnel sollicite avec une certaine insistance un revirement de votre jurisprudence », déclare à ses collègues le commissaire du gouvernement Frydman concluant dans l'affaire Nicolo ; et l'avocat général Touffait s'était pareillement référé à l'argumentation développée par le Conseil pour inviter la Cour de cassation, dans l'affaire des Cafés Jacques Vabre, à donner un plein effet au principe de la supériorité des traités sur les lois.

Désormais donc, Cour de cassation et Conseil d'État utilisent les traités internationaux pour écarter l'application des lois contraires, qu'elles soient antérieures ou *postérieures* aux traités. En particulier, l'usage de la Convention européenne des droits de l'homme par ces deux juridictions tend à se banaliser, à devenir le « moyen principal de nombreuses décisions de justice »[65]. Par exemple, le Conseil d'État a jugé nul et non avenu le refus

---

61. Selon l'article 60 de la Convention de Vienne sur le droit des traités, « la condition de réciprocité est exclue en ce qui concerne les dispositions relatives à la protection de la personne humaine contenue dans les traités humanitaires ». Et, selon la Cour de Strasbourg, la Convention européenne des droits de l'homme, à la différence des traités internationaux classiques, déborde le cadre de la simple réciprocité entre États contractants ; elle crée des obligations objectives qui bénéficient d'une garantie collective.
62. Cons. const. n° 92.308 DC, 9 avril 1992, *Rec. Cons. const.*, p. 55.
63. Cass. ch. mixte, 24 mai 1975, *Cafés J. Vabre, D.* 1975, p. 497 concl. Touffait.
64. CE Ass., 20 octobre 1989, *Nicolo, RFDA* 1989, p. 812.
65. F. Sudre, *Droit international et européen des droits de l'homme*, PUF, coll. Droit fondamental, 2007, p. 330 ; *Le Droit français et la CEDH, 1974-1992*, Engel, 1994.

de renouvellement d'un passeport demandé au Consul général de France à Lausanne par un ressortissant français domicilié en Suisse et gravement débiteur envers le Trésor public en se fondant, notamment, sur l'article 2 de la Convention européenne selon lequel « la liberté d'aller et venir ne peut faire l'objet d'autres restrictions que celles qui, prévues par la loi, constituent des mesures nécessaires, dans une société démocratique, à la sécurité nationale, à la sûreté publique, au maintien de l'ordre public, à la prévention des infractions pénales, à la protection de la santé ou de la morale, à la protection des droits et libertés d'autrui » ; or, en l'espèce, considérait le Conseil d'État, le refus ne découle « ni de poursuites pénales, ni de la mise à exécution d'une contrainte par corps »[66]. La juridiction judiciaire procède de la même manière : le tribunal correctionnel de Lyon s'est ainsi fondé sur l'article 5 de la Convention européenne selon lequel « toute personne arrêtée ou détenue doit être aussitôt traduite devant un juge et a le droit d'être jugée dans un délai raisonnable ou libérée pendant la procédure » pour ordonner, le 4 septembre 1990, la mise en liberté de deux inculpés en détention provisoire depuis quatorze mois.

8.44 > Plus favorable à la protection des libertés individuelles, l'usage actuel des traités internationaux par les différentes juridictions françaises pose cependant deux problèmes. Le refus par le Conseil constitutionnel de contrôler la loi par rapport au traité peut le conduire à laisser promulguer une loi incompatible avec un traité. Dès lors, il n'est pas interdit d'imaginer, qu'un jour, le juge ordinaire écarte pour incompatibilité avec un traité une loi déclarée conforme à la Constitution par le juge constitutionnel. L'autorité et l'intérêt même du contrôle de constitutionnalité seraient, dans cette hypothèse, profondément atteints : la sécurité des rapports juridiques, avantage hautement revendiqué du système français de contrôle de constitutionnalité, ne serait plus assurée puisqu'une loi déclarée conforme à la Constitution pourrait cependant être écartée par un juge ordinaire comme incompatible avec un engagement international ; et la véritable protection des libertés contre la loi ne serait plus le contrôle de constitutionnalité puisqu'il pourrait laisser passer des lois contraires à la Convention européenne, mais l'exception d'inconventionnalité que les justiciables pourraient soulever devant les juges ordinaires.

Le second problème est celui de l'interprétation des traités et conventions internationales. Pour décider si la loi française est incompatible avec leurs stipulations, les juges nationaux doivent nécessairement déterminer leur sens et leur portée[67]. Or, l'interprétation nationale d'un accord international peut ne pas être celle qui, le moment venu, sera donnée par la juridiction internationale compétente. Ainsi, la Cour européenne des droits de l'homme a jugé contraire à la Convention européenne des droits de l'homme la législation française sur les écoutes téléphoniques[68] et celle relative à la durée de la détention provisoire[69] que la Cour de cassation avait jugées conforme à cette même Convention[70]. L'usage des traités internationaux par les juridictions nationales n'appelle-t-il pas celui de leur interprétation par les juridictions internationales ?

66. CE, 4 mai 1988, *Jacques Plante, RDP* 1990, p. 913.
67. Voir par ex., CE ass., 29 juin 1990, *GISTI, AJDA* 1990, p. 623.
68. CEDH, 24 avril 1990, *Kruslin/France*, Sévic A, vol. 176 A.
69. CEDH, 26 juin 1991, *Letellier/France*, Sévic A, vol. 207.
70. Cass. crim., 23 juillet 1985, *D.* 1986, p. 61 ; 6 mars 1986, *D.* 1986, p. 315.

II – LEUR MISE EN ŒUVRE PAR LE JUGE EUROPÉEN

8.45 > Le droit international des droits de l'homme est riche en traités, conventions, pactes et autres déclarations mais pauvre en moyens juridictionnels de protection effective des libertés proclamées, même si l'idée d'une Cour internationale des droits de l'homme agite régulièrement quelques esprits vite qualifiés d'idéalistes. Aujourd'hui, deux ensembles régionaux seulement se sont engagés dans la voie d'un contrôle juridictionnel supranational : l'Europe avec la Convention européenne des droits de l'homme du 4 novembre 1950 et l'Amérique avec la Convention américaine des droits de l'homme adoptée en 1969 mais entrée en vigueur en 1978 seulement.

8.46 > Le mécanisme de protection juridictionnelle européen[71] a été profondément modifié par le protocole 11 additionnel à la Convention, adopté le 11 mai 1994 et entré en application, suite à sa ratification par tous les États parties, le 1er septembre 1998[72]. Aux trois organes jusqu'alors compétents – la Commission, le Comité des ministres, la Cour – le Protocole substitue une seule instance, la Cour européenne des droits de l'homme dont la composition et l'organisation sont modifiées. La Cour, en effet, comprendra désormais autant de juges que d'États parties à la Convention et non plus, comme avant, d'États membres du Conseil de l'Europe ; ils seront élus par l'assemblée parlementaire du Conseil de l'Europe pour six ans (et non plus neuf ans), rééligibles mais devront abandonner leur fonction à l'âge de 70 ans. La Cour sera, d'autre part, divisée en trois formations contentieuses : un comité de trois juges chargé d'examiner la recevabilité des requêtes individuelles ; la chambre de sept juges chargée de statuer sur l'affaire ; la Grande chambre de dix-sept juges qui, sur saisine de la chambre ou d'une des parties au litige, pourra réexaminer l'affaire et statuer définitivement.

Selon le Professeur Frédéric Sudre, la restructuration du mécanisme de contrôle ne semble pas devoir changer fondamentalement le déroulement de la procédure. Cette dernière peut d'abord être engagée par tout État contractant qui peut saisir la Cour de tout manquement aux dispositions de la Convention qu'il croit pouvoir être imputé à un autre État partie, que la victime de la violation d'une liberté soit ou non un ressortissant de l'État requérant.

8.47 > Même si elles ne sont pas nombreuses – une vingtaine – les requêtes étatiques sont conçues comme une action publique déclenchée pour défendre non les intérêts propres d'un État mais la société démocratique européenne. Cette sorte de droit d'ingérence d'un État dans les affaires intérieures d'un autre État au nom de la défense de l'ordre public européen et du caractère objectif des droits de l'homme représente une novation par rapport aux règles de fonctionnement traditionnelles de la communauté internationale et révèle la dynamique intégratrice de l'Europe.

---

71. Le système américain s'inspire du « modèle » européen.
72. F. Sudre, « La réforme du mécanisme de contrôle de la Convention européenne des droits de l'homme : le Protocole 11 additionnel à la convention », *La Semaine Juridique*, éd. G., 24 mai 1995, 3849.

8.48 > La procédure peut aussi être ouverte par une requête individuelle. Le célèbre article 25 ouvrait aux individus le droit de saisir directement la Commission ; mais pour ménager le principe de la souveraineté nationale, le droit de recours individuel était cependant facultatif, c'est-à-dire soumis à une déclaration expresse de l'État acceptant les requêtes individuelles, ce qui est le cas, aujourd'hui[73], de tous les États parties à la Convention. Désormais, le Protocole 11 supprime la clause facultative et ouvre de plein droit l'accès à la Cour pour les individus. À la différence de l'État dont la requête s'apparente à une action publique, l'individu ne peut saisir la Cour que s'il est personnellement victime d'une violation des droits garantis par la Convention, même si l'intérêt personnel à agir est interprété de manière suffisamment souple pour accueillir les recours de victimes éventuels et même indirects. Ce droit est, également, très largement ouvert puisqu'en sont bénéficiaires non seulement toutes les personnes physiques sans condition de nationalité, d'état civil, de résidence ou de capacité, mais encore « toute organisation non gouvernementale », associations, syndicats, partis politiques, sociétés commerciales...[74] et « tous groupes de particuliers ».

8.49 > Une fois saisie, la Cour – concrètement, la chambre de sept juges – examine la recevabilité de la requête. Elle vérifie en particulier si le recours est articulé dans le délai de six mois à compter de la décision attaquée, et surtout, si toutes les voies de recours internes ont été épuisées. Pour les requêtes individuelles[75], elle doit, en plus, s'assurer qu'elles ne sont ni abusives ni manifestement mal fondées, examen qui conduit nécessairement à une première appréciation sur le fond de l'affaire. Si la requête est déclarée recevable, commence la seconde phase, l'examen au fond.

La Chambre doit, par un examen contradictoire, établir les faits et chercher avec les parties intéressées un règlement amiable de l'affaire mais respectueux des droits de l'homme. En cas d'échec, et au terme d'une procédure publique et essentiellement orale, la Cour « déclare » la conformité ou non de la décision attaquée à la Convention[76] ; elle n'a pas le pouvoir de l'annuler et ne peut donc compter que sur la bonne volonté de l'État sanctionné pour qu'il prenne les mesures nécessaires à la cessation de la violation constatée. En revanche, l'article 50 de la Convention donne à la Cour le pouvoir d'accorder à la partie lésée une « satisfaction équitable », c'est-à-dire, le plus souvent, une réparation pécuniaire.

Nouveauté du Protocole 11, l'arrêt de la Chambre des sept peut, « dans des cas exceptionnels », faire l'objet d'une procédure d'appel ou de renvoi devant la Grande chambre des dix-sept, par toute partie à l'affaire dans un délai de trois mois. La demande est

73. La France n'a accepté le recours individuel que le 2 octobre 1981.

74. Les collectivités locales ne sont pas, à ce jour, considérées comme des organisations non gouvernementales et ne peuvent donc agir au titre de l'article 25.

75. À la différence des requêtes étatiques, les requêtes individuelles sont préalablement examinées par le nouveau comité de trois juges. S'il conclut à l'unanimité à l'irrecevabilité de la requête, l'instance prend immédiatement fin, la décision n'étant susceptible d'aucun recours.

76. Les arrêts sont adoptés à la majorité des juges présents qui, par ailleurs, peuvent joindre à la publication leur opinion personnelle.

examinée par un collège de cinq juges et, en cas d'acceptation, la Grande chambre procède à un réexamen de l'affaire et prononce l'arrêt définitif.

Si les arrêts ne sont susceptibles d'aucun recours et sont revêtus, à l'égard des seules parties au litige, de l'autorité de la chose jugée, leur exécution matérielle dépend entièrement de l'État condamné sous la surveillance, cependant, du Comité des ministres.

Bien que complexe, ce mécanisme a permis à la Cour de développer une jurisprudence[77] protectrice des libertés fondamentales et, plus encore, de favoriser, au niveau européen, un droit constitutionnel commun des droits de l'homme.

§ 3 - LES GARANTIES INSTITUTIONNELLES

I – LA SÉPARATION DES POUVOIRS COMME GARANTIE DES LIBERTÉS INDIVIDUELLES

8.50 › Chacun connaît ou se souvient du principe politique exposé par Montesquieu : « C'est une expérience éternelle que tout homme qui a du pouvoir est porté à en abuser ; il y va jusqu'à ce qu'il trouve des limites. Pour qu'on ne puisse abuser du pouvoir, il faut que, par la disposition des choses, le pouvoir arrête le pouvoir ». Disposer les choses, c'est-à-dire séparer les pouvoirs pour que soient garanties les libertés, est précisément l'objet des constitutions modernes ; en partageant les compétences entre des organes différents et indépendants les uns des autres, en donnant à chacun des pouvoirs les moyens nécessaires pour résister aux tentatives d'usurpation de l'autre, une constitution établit un système de dépendance et contrôle mutuels, de « *checks and balances* », qui, de manière mécanique, est censé empêcher l'adoption de lois contraires à la liberté. Contre les abus possibles du pouvoir législatif, les moyens sont, par exemple, la division en deux assemblés qui conduit chacune, dans l'intérêt de sa propre autorité, à prévenir les prétentions abusives de l'autre, ou encore, le droit de veto législatif et le droit de dissolution. Contre les abus possibles du pouvoir exécutif, les moyens sont, par exemple, la faculté pour les assemblées de voter ou de refuser les impôts et le droit de destituer le gouvernement. Chaque constitution nationale agence ces moyens selon des formules différentes qui dessinent deux grands « modèles » d'équilibre des pouvoirs : le régime présidentiel, dit encore régime de séparation rigide des pouvoirs parce que n'existent ni le droit de dissolution ni la responsabilité gouvernementale, et le régime parlementaire, dit aussi régime de séparation souple des pouvoirs. Si hommes politiques et constitutionnalistes discutent à l'infini des mérites et inconvénients respectifs des deux « modèles », tous s'accordent pour considérer que la garantie des libertés réside dans le mécanisme constitutionnel des pouvoirs se faisant mutuellement contrepoids, s'équilibrant et se contrôlant les uns les autres ; mis en concurrence, les pouvoirs sont conduits à adopter

77. Voir, par ex., les chroniques régulières de F. Sudre à la *RDP*, et, plus généralement, du même auteur, *Droit international et européen des droits de l'homme*, PUF, coll. Droit Fondamental, 2007.

des stratégies de défense de leur espace propre qui ont pour effet mécanique de favoriser les libertés.

8.51 ➤ D'où l'inquiétude de beaucoup d'observations lorsque le Général De Gaulle déclare dans sa célèbre conférence de presse du 31 janvier 1964 :

« Tout d'abord, parce que la France est ce qu'elle est, il ne faut pas que le Président soit élu simultanément avec les députés, ce qui mêlerait sa désignation à la lutte directe des partis, altérerait le caractère et abrégerait la durée de sa fonction de chef de l'État. D'autre part, il est normal chez nous que le président de la République et le Premier ministre ne soient pas un seul et même homme. Certes, on ne saurait accepter qu'une dyarchie existât au sommet. Mais, justement, il n'en est rien. En effet, le Président qui, suivant notre Constitution, est l'homme de la nation, mis en place par elle-même pour répondre de son destin ; le Président qui choisit le Premier ministre, qui le nomme ainsi que les autres membres du Gouvernement, qui a la faculté de le changer, soit parce que se trouve accomplie la tâche qu'il lui destinait et qu'il veuille s'en faire une réserve en vue d'une phase ultérieure, soit parce qu'il ne l'approuverait plus ; le Président, qui arrête les décisions prises dans les conseils, promulgue les lois, négocie et signe les traités, décrète, ou non, les mesures qui lui sont proposées, est le chef des Armées, nomme aux emplois publics ; le Président, qui, en cas de péril, doit prendre sur lui de faire tout ce qu'il faut ; le Président est évidemment seul à détenir et à déléguer l'autorité de l'État. Mais, précisément, la nature, l'étendue, la durée de sa tâche impliquent qu'il ne soit pas absorbé sans relâche et sans limites, par la conjoncture, politique, parlementaire, économique et administrative. Au contraire, c'est là le lot, aussi complexe et méritoire qu'essentiel, du Premier ministre français.

« Certes, il ne saurait y avoir de séparation étanche entre les deux plans, dans lesquels, d'une part le Président, d'autre part celui qui le seconde, exercent quotidiennement leurs attributions. D'ailleurs, les conseils et les entretiens sont là pour permettre au chef de l'État de définir à mesure l'orientation de la politique nationale et aux membres du Gouvernement, à commencer par le Premier ministre, de faire connaître leurs points de vue, de préciser leur action, de rendre compte de l'exécution. Parfois, les deux plans sont confondus quand il s'agit d'un sujet dont l'importance engage tout et, dans ce cas, le Président procède à la répartition comme il le juge nécessaire. Mais, s'il doit être évidemment entendu que l'autorité indivisible de l'État est confiée tout entière au Président par le peuple qui l'a élu, qu'il n'en existe aucune autre, ni ministérielle, ni civile, ni militaire, ni judiciaire, qui ne soit conférée et maintenue par lui, enfin qu'il lui appartient d'ajuster le domaine suprême qui lui est propre avec ceux dont il attribue la gestion à d'autres, tout commande, dans les temps ordinaires, de maintenir la distinction entre la fonction et le champ d'action du chef de l'État et ceux du Premier ministre. »

Cette affirmation, à l'allure doctrinale, nourrit la critique bonapartiste adressée à la Constitution gaulliste et, plus encore, à son usage. Les libertés individuelles sont, en effet, menacées si tous les pouvoirs procèdent d'une seule autorité, fut-elle élue par le peuple, car, ne trouvant aucun obstacle sur son chemin ou pouvant réduire celui qui se dresserait sur sa route, elle aurait « naturellement » tendance, comme l'écrivait Montesquieu, à aller jusqu'au bout de son pouvoir qui est de supprimer les libertés qui la gênent.

La concentration des pouvoirs, quel qu'en soit le bénéficiaire, n'a jamais profité à l'exercice des libertés. Heureusement pour elles, les choses ont évolué différemment du schéma construit par le Général en 1964.

8.52 > La séparation des pouvoirs exécutif et législatif n'est, au demeurant, pas tout. Il est aussi important pour les libertés que soient séparés du pouvoir politique, le pouvoir médiatique, le pouvoir économique, le pouvoir syndical, le pouvoir culturel, et que ces différents pouvoirs soient séparés les uns des autres. Ainsi, dans sa décision du 6 novembre 1996, le Conseil constitutionnel a fait de l'indépendance des représentants des salariés à l'égard des employeurs un principe fondamental du droit du travail et de la liberté syndicale[78] ; et, dans sa décision du 11 janvier 1990, il a jugé que le financement public des partis politiques n'était constitutionnel qu'à la condition que le mécanisme retenu n'aboutisse pas à établir un lien de dépendance d'un parti politique vis-à-vis de l'État[79].

8.53 > Mais, puisque selon l'article 66 de la Constitution de 1958, l'autorité judiciaire est gardienne de la liberté individuelle, la question de son indépendance et de sa séparation d'avec les autres pouvoirs, et en particulier le pouvoir politique, est, évidemment, décisive. Or, l'article 64 de cette même Constitution fait du président de la République « le garant de l'indépendance de l'autorité judiciaire », il n'est pas sûr que ce lien favorise l'indépendance de l'autorité judiciaire et, par ricochet, la protection des libertés individuelles ; et, en pratique, des affaires récentes ont montré que ce lien n'était pas formel.

Plus encore, le lien hiérarchique entre le ministère public et le garde des Sceaux conduit à une confusion des pouvoirs – que la presse stigmatise par l'image du cordon ombilical – donnant à voir les magistrats du parquet comme les agents du pouvoir politique, descendants lointains des « gens du Roi » de l'Ancien Régime. Des épisodes plus ou moins rocambolesques – la recherche par hélicoptère ministériel du procureur Davenas dans l'Himalaya pour empêcher l'ouverture d'une information judiciaire contre Xavière Tiberi – ont certainement, mieux que tous les arguments théoriques, porté un coup fatal à cette tradition française de subordination. Ainsi, dans un avis du 19 décembre 1996, le Conseil supérieur de la magistrature propose de retirer au ministre de la Justice tout pouvoir dans la conduite des procédures particulières. Très précisément, le Conseil distingue la définition de la politique pénale et la conduite des instructions individuelles. Il est, selon lui, légitime que le pouvoir politique détermine sa politique pénale – comme il détermine sa politique sociale, éducative... –, et par conséquent que le garde des Sceaux, pour en assurer la mise en œuvre cohérente, donne « aux magistrats du parquet toutes instructions utiles quant aux orientations générales qui doivent être suivies et aux grands choix qui doivent être effectués ». En revanche, le ministre ne doit plus intervenir dans les affaires individuelles, les magistrats du parquet appréciant « seuls la suite à donner aux plaintes et dénonciations dont ils sont saisis ».

Cet avis ne suffit sans doute pas pour couper ce lien qui fait souffrir les libertés individuelles : il faut aussi des réformes, de la Constitution pour la nomination des magistrats du

78. Cons. const. n° 96-383 DC, 6 novembre 1996, *JO*, 13 novembre 1996, p. 16531.
79. Cons. const. n° 89-271 DC, 11 janvier 1990, RP 21.

parquet, et du Code de procédure pénale. Mais il indiquait une direction. Ainsi, le 19 juin 1997, dans sa déclaration de politique générale, le nouveau Premier ministre, Lionel Jospin, annonçait « solennellement que, dès aujourd'hui, plus aucune instruction concernant des affaires individuelles, de nature à dévier le cours de la justice, ne sera donnée par le garde des Sceaux, et que les projets de nomination de magistrats du parquet qui recueilleraient un avis défavorable du Conseil supérieur de la magistrature ne seront pas maintenus par le gouvernement ». Cette volonté politique, clairement affirmée, a été respectée par les deux ministres de la Justice de Lionel Jospin. Elle a été abandonnée après 2002.

II – LE RÔLE DES AUTORITÉS ADMINISTRATIVES INDÉPENDANTES

8.54 > Pas assez d'État peut mettre les libertés à la merci de la loi du plus fort, mais trop d'État partout peut étouffer les libertés. Trouver l'État qui convient aux libertés est le travail des politiques[81], un travail à reprendre sans cesse, car « ce qui convient » n'est pas donné une fois pour toutes, mais dépend de la représentation qu'une société se fait de ce qui est, à un moment donné, acceptable. Ainsi, depuis une vingtaine d'années, s'impose progressivement l'idée que l'État, entendu comme structure politico-administrative, ne doit plus prendre en charge, totalement et directement, la gestion et l'organisation de certaines libertés fondamentales. Par exemple, l'information et la communication des idées qu'il n'est plus concevable de voir déterminées dans un bureau ministériel, ou encore la création de fichiers informatiques qu'il n'est pas imaginable de laisser à la diligence du ministre de la Police. Pour ne pas laisser ces libertés se perdre dans les mains des plus forts, ont été inventées de nouvelles institutions, les autorités administratives indépendantes. Plus ou moins inspirées du modèle américain des agences indépendantes, elles ont pour mission d'organiser et de surveiller l'exercice des libertés. Bien accueillie au départ, leur multiplication a provoqué, à la fin des années 1980, des réactions inquiètes dont le Conseil d'État, gardien de la tradition administrative française, s'est fait l'écho : « Ces autorités, juge-t-il dans son rapport de 1987, constituent une catégorie non prévue par le constituant et difficilement conciliable avec l'équilibre des pouvoirs mis en place par lui[82] ». Ces nouvelles institutions sont, en effet, très particulières. Elles ne s'intègrent dans aucun des pouvoirs publics constitutionnels puisqu'elles ne sont pas un élément supplémentaire du pouvoir législatif, de l'autorité judiciaire, ou du pouvoir exécutif ; elles agissent en indépendance, à côté de ces trois pouvoirs. Elles s'intègrent mal également dans la logique traditionnelle de la séparation des pouvoirs puisque nombre d'entre elles disposent à la fois du pouvoir d'édicter des règles et de celui de sanctionner leur non-respect. La question de leur conformité à la Constitution a, d'ailleurs, été plusieurs fois soumise au Conseil constitutionnel.

8.55 > Soucieux de laisser le législateur imaginer de nouvelles formes d'administration, les juges ont évité de faire une lecture « intégriste » de la Constitution. Ainsi, dans leur

80. Et aussi, des philosophes, des juristes… et des citoyens.
81. Rapport de la section du rapport d'études, *EDCE*, 1987, p. 53.

décision du 18 septembre 1986[83], ils considèrent que l'article 21, qui réserve pourtant au seul Premier ministre le pouvoir réglementaire, ne fait pas « obstacle à ce que le législateur confie à une autorité de l'État autre que le Premier ministre le soin de fixer des normes permettant de mettre en œuvre la loi ». De même, dans leur décision du 17 janvier 1989[84], ils jugent que la loi peut, « sans qu'il soit porté atteinte au principe de la séparation des pouvoirs, doter l'autorité indépendante – en l'espèce, le CSA – de pouvoirs de sanction ».

Sans doute, cette compréhension audacieuse et très constructive de la Constitution s'accompagne-t-elle aussitôt de codicilles. L'attribution d'un pouvoir réglementaire aux autorités administratives n'est jugée constitutionnelle qu'à la condition que ce pouvoir respecte « le cadre défini par les lois et règlements », qu'il s'exerce dans « un domaine déterminé » et « concerne des mesures de portée limitée par leur contenu ». Le Conseil a, par exemple, déclaré contraire à la Constitution parce que « trop étendu » le pouvoir donné au CSA « de fixer seul par voie réglementaire non seulement les règles déontologiques concernant la publicité mais également l'ensemble des règles relatives à la communication institutionnelle » (décision précitée du 17 janvier 1989). Il a pareillement posé des conditions à l'attribution à ces autorités d'un pouvoir de sanction, conditions résumées dans sa décision du 28 juillet 1989[85] : « Que la sanction susceptible d'être infligée soit exclusive de toute privation de liberté et que l'exercice du pouvoir de sanction soit assorti par la loi de mesures destinées à sauvegarder les droits et libertés constitutionnellement garantis ». Et, en l'espèce, le Conseil a considéré que la possibilité pour la Commission des opérations de Bourse de prononcer plusieurs types de sanctions ne pouvait conduire à ce qu'en cas de cumul « le montant global des sanctions éventuellement prononcées dépasse le montant le plus élevé de l'une des sanctions encourues ».

8.56 > Si ces conditions expriment, peut-être, une réticence du juge constitutionnel à l'égard des autorités administratives indépendantes, et, en tout cas, la volonté de les soumettre aux principes constitutionnels de l'État de droit – compétence première des pouvoirs investis par le suffrage universel, respect des droits de la défense, recours juridictionnel contre leurs décisions – elles laissent pénétrer ces nouvelles institutions dans le système politique français. Mieux encore, le Conseil constitutionnel semble considérer nécessaire pour la garantie d'une liberté, au moins la liberté de communication, qu'elle soit « gérée » non par l'État mais par une autorité administrative indépendante : « Considérant que la désignation d'une autorité administrative *indépendante du gouvernement* pour exercer une attribution aussi importante au regard de la liberté de communication que celle d'autoriser l'exploitation du service de radiotélévision mis à la disposition du public sur un réseau câblé constitue une *garantie fondamentale pour l'exercice d'une liberté publique* et relève de la compétence exclusive du législateur[86] ». Suite à cette décision, un courant favorable à l'inscription dans la Constitution d'une instance indépendante compétente en matière de communication audiovisuelle s'est développé, en vain jusqu'à présent.

---

82. Cons. const. n° 86-217 DC, 18 septembre 1986, *Rec. Cons. const.*, p. 141.
83. Cons. const. n° 88-248 DC, 17 janvier 1989, *Rec. Cons. const.*, p. 18.
84. Cons. const. n° 89-260 DC, 28 juillet 1989, *Rec. Cons. const.*, p. 71.
85. Cons. const. n° 88-248 DC, 17 janvier 1989, *Rec. Cons. const.*, p. 18.

8.57 > En attendant leur éventuelle consécration constitutionnelle, les autorités administratives indépendantes font désormais partie du paysage institutionnel français d'où se détachent, pour les principales libertés, la Commission des opérations de bourse, la Commission nationale de l'informatique et des libertés, le Conseil de concurrence et, bien sûr, le Conseil supérieur de l'audiovisuel. La CNIL, créée par la loi du 6 janvier 1978[87], a pour compétences principales d'établir les règles relatives à la constitution et à la sécurité des fichiers, d'autoriser ou non, par la procédure d'un avis conforme, la création de fichiers qui « font apparaître les origines raciales ou les opinions politiques, philosophiques ou religieuses ou les appartenances syndicales de personnes », d'émettre un avis simple pour les autres fichiers, d'infliger des « avertissements » et, le cas échéant, d'ordonner la destruction de fichiers illégaux, de saisir, enfin, le parquet des infractions dont elle a connaissance. Le CSA, créé par la loi du 17 janvier 1989[88], dispose de la plus large panoplie de pouvoirs : nommer les présidents des sociétés nationales de programme – France 2 et France 3 – et le tiers des membres de leur conseil d'administration, délivrer les autorisations d'émettre aux radios et télévisions privées nationales – TF1 – et locales, contrôler le respect des engagements souscrits par les bénéficiaires des autorisations et sanctionner tout manquement par, selon la gravité des faits, de simples observations publiques, des mises en demeure, une suspension de l'autorisation d'émettre tout ou partie du programme, une amende dont le montant peut atteindre 3 % du chiffre d'affaires, ou encore, le retrait pur et simple de l'autorisation. Formidable arsenal répressif que le CSA doit utiliser en respectant les droits de la défense et qui reste soumis au contrôle du Conseil d'État par la voie du recours de pleine juridiction contre les sanctions infligées.

Entre la gestion des libertés par l'État et leur abandon au jeu des rapports de force, les autorités administratives indépendantes représentent, ainsi, une tentative d'inventer un nouveau modèle institutionnel plus souple, plus ouvert à la société civile et plus favorable aussi à la garantie des libertés. À condition toutefois que leur indépendance l'emporte rapidement sur leur nature administrative.

8.58 > Dans ce paysage, le médiateur de la République occupe une place à part. Créé par la loi du 3 janvier 1973 plusieurs fois modifiée, il s'inspire du modèle nordique de l'ombudsman mais n'en possède pas encore les attributs qui, là-bas, assurent son succès populaire. Par exemple, sa nomination par le président de la République n'est pas, *a priori*, une garantie de son indépendance même si le médiateur peut devenir indépendant grâce à son statut qui interdit le renouvellement de son mandat (six ans) et sa révocation. De même, les administrés n'ont pas un accès direct au médiateur ; ils doivent s'adresser d'abord à un parlementaire qui dispose, lui, du pouvoir de le saisir ou de ne pas le saisir. Enfin et surtout, si sa mission est large, ses pouvoirs sont essentiellement d'influence.

---

86. La CNIL est composée de 17 membres : 2 députés, 2 sénateurs, 2 membres du Conseil économique et social, 2 membres du Conseil d'État, 2 de la Cour de cassation, 2 de la Cour des comptes, tous élus par leur assemblée respective, et 2 « personnalités qualifiées » nommées pas décret sur proposition, l'une du président de l'Assemblée nationale, l'autre du président du Sénat, et enfin 3 personnalités désignées par décret puis en Conseil des ministres. Le président de la CNIL est élu par ses pairs.
87. Le CSA est composé de 9 membres, 3 nommés par le président de la République, 3 par le président de l'Assemblée nationale, 3 par le président du Sénat. Le président du CSA est désigné par le président de la République.

Aux termes de la loi de 1973, il a compétence pour connaître « les réclamations concernant, dans leurs relations avec les administrés, le fonctionnement des administrations de l'État, des collectivités publiques territoriales, des établissements publics et de tout autre organe investi d'une mission de service public ». Dans l'hypothèse où ses investigations le conduisent à constater une « maladministration » c'est-à-dire un fonctionnement qui, pour être légal, produit une situation injuste ou porte atteinte à une liberté, il adresse à l'administration concernée une « recommandation » inspirée par l'esprit d'équité. Ce qui veut dire le pouvoir de conseiller la non-application de telle ou telle loi, réglementation, ou décision administrative, de telle ou telle décision de justice si leur application est cause d'injustice. Pouvoir important donc mais qui n'est que de recommandation ; le médiateur ne possède, en effet, ni un pouvoir de décision ni des moyens juridiques lui permettant de faire exécuter ses recommandations ; tout dépend de la bonne volonté de l'administration. De fait, cependant, ses recommandations sont très souvent suivies d'effet.

Observateur privilégié des dysfonctionnements de l'appareil administratif, le médiateur de la République a, également, le pouvoir de proposer des réformes législatives et réglementaires. Il a été, par exemple, à l'origine de deux lois qui ont renforcé les droits des administrés : l'obligation pour l'administration de motiver ses actes – loi du 11 juillet 1979 – et la reconnaissance d'un droit d'accès aux documents administratifs – loi du 17 juillet 1978 créant la Commission d'accès aux documents administratifs.

Le succès du médiateur comme le développement des autorités administratives indépendantes renvoient à une transformation de l'attitude de l'opinion devenue méfiante à l'égard du « monstre froid » qu'est l'État. Il est vrai que, quels que soient les mérites des protections juridictionnelles et institutionnelles, la garantie des libertés ne peut se passer de leur défense active par l'opinion elle-même, de sa mobilisation pour les protéger et les étendre, bref de la vigilance de la conscience citoyenne.

Conclusion

Dans le réseau de contraintes multiples qui enserrent l'individu et déterminent ses pensées, ses comportements, ses choix, il peut paraître vain de parler des libertés individuelles. Vain peut-être, mais nécessaire car l'être humain se réalise par sa capacité à faire quelque chose de ce qu'on a fait de lui. Il vaut donc la peine d'affirmer ces libertés qui lui ouvrent l'espace de son projet.

Parce qu'elles structurent l'autonomie privée de la personne, les libertés individuelles ne sont pas détachables de son autonomie publique ; elles favorisent la mise en relation des hommes les uns avec les autres, elles obligent chacun, au moment où il se pose comme conscience libre, à poser l'autre également comme conscience libre sous peine de se nier lui-même comme sujet ; elles ouvrent l'aventure proprement humaine.

Le nombre des libertés individuelles, leur définition, leur signification sont affaire de temps, celui qu'il faut pour permettre au pluralisme des conceptions du juste de s'accorder sur une compréhension commune. Leur garantie, elle, est affaire d'institutions, non parce que le droit serait doué de toutes les vertus mais parce que, par la mise en distance qu'il produit, il construit un espace de protection contre les formes spontanées ou primitives de l'arbitraire. Encore faut-il, pour que l'ensemble tienne, non seulement que les libertés individuelles « illuminent les consciences individuelles » pour reprendre le mot du Doyen Vedel[89], mais encore qu'elles informent sans cesse la pratique quotidienne des hommes.

88. G. Vedel, « La Constitution comme garantie des droits », in *1789 et l'invention de la Constitution*, LGDJ/Bruylant, 1994, p. 211.

Exercices de préparation au grand oral

Exercice n° 1

Sujet

Le principe de sauvegarde de la dignité de la personne humaine.

Éléments de corrigé

I. La « découverte » du principe de la dignité de la personne humaine

En France, le droit au respect de la dignité de la personne humaine est une création jurisprudentielle. À la différence, en effet, d'autres pays, il ne figure expressément dans aucun texte constitutionnel. En Allemagne, la Loi fondamentale de 1949 dispose, dès son article 1, que « la dignité de l'être humain est intangible ; tous les pouvoirs publics ont l'obligation de la respecter et de la protéger ». En Espagne, le premier des droits fondamentaux inscrits à l'article 10 de la Constitution de 1978 est « la dignité de la personne ». Le Portugal, proclame l'article 1 de la Constitution de 1976, « est une République souveraine fondée sur la dignité de la personne humaine ». En Grèce, l'article 2 de la Constitution de 1975 déclare que « le respect et la protection de la valeur humaine constituent l'obligation primordiale de la République » et son article 7 que « les tortures, tout sévice corporel, toute atteinte à la santé ou contrainte psychologique ainsi que toute autre atteinte à la dignité humaine sont interdits et punis ». Le silence constitutionnel français rejoint, curieusement, celui de la Convention européenne des droits de l'homme de 1950 qui, à la différence de la Déclaration universelle de 1948, ne fait pas davantage référence au droit de la dignité humaine, même si son article 3 énonce que « nul ne peut être soumis à la torture ni à des peines ou traitements inhumains et dégradants ».

Comment le Conseil constitutionnel a-t-il donc procédé pour « découvrir », le 27 juillet 1994[90], le principe de la sauvegarde de la dignité de la personne humaine ? Par un travail sur les mots contenus dans le Préambule du préambule de 1946. Les constituants d'alors, rappelle en effet le Conseil, ont justifié la réaffirmation des droits inaliénables et sacrés que possède tout être humain par la nécessité, au lendemain des horreurs nazies, de condamner et de marquer nettement la rupture avec « les régimes qui ont tenté d'asservir et de dégrader la personne humaine ». De cette phrase, « il ressort, décide le Conseil, que la sauvegarde de la dignité de la personne humaine contre toute forme d'asservissement et de dégradation est un principe à valeur constitutionnelle ». Le choix des mots n'a certainement pas été laissé au hasard : « il ressort », veut signifier que le principe de dignité se dégage naturellement, sort tout seul des mots qui le contiennent ; signification renforcée par les mots « asservissement » et « dégradation » qui marquent la filiation directe avec les verbes « asservir » et « dégrader » utilisés par les constituants de 1946. En bref, le Conseil veut faire savoir, par ce jeu de mots, qu'il n'a pas inventé le principe de dignité, qu'il était déjà là, en suspension dans les mots des constituants de 1946. Ce dernier a fait le travail véritablement créateur, le Conseil se limitant à « réarranger » ses mots pour les mettre dans la forme d'écriture d'un principe.

Cette construction intellectuelle était, sans doute, nécessaire pour répondre préventivement à ceux qui accusent déjà le Conseil de se faire constituant en définissant à partir des dispositions floues et

89. Cons. const. n° 94.343.344 DC, 27 juillet 1994, *Rec. Cons. const.*, p. 100.

philosophiques de la Déclaration de 1789 ou du Préambule de 1946 des principes constitutionnels qui s'imposent au législateur. Mais, pour habile et millimétré qu'il soit, le raisonnement des juges ne peut effacer le travail créateur de la jurisprudence : il amène à l'existence un droit qui, formellement, n'est pas écrit dans un texte constitutionnel.

Ce travail, au demeurant, n'est pas illégitime, et pas seulement pour des raisons philosophiques. La construction de principes par le juge, quel qu'il soit, est, en effet, une pratique courante et admise dès lors que sont produites et exposées, donc soumises à la critique publique, les raisons de la validité du principe posé. Ainsi, en l'espèce, le décalquage de la formulation du principe de dignité des mots du Préambule offre une garantie de la validité de la construction, chacun pouvant, à son tour, contrôler le caractère raisonnable ou non de la « déduction » opérée par le Conseil. Et il faudrait beaucoup de parti pris pour l'accuser d'avoir fait sortir des mots du Préambule un sens aberrant. D'autant que la dignité humaine était déjà considérée par les partenaires du Conseil comme un principe distinguant les ordres démocratiques modernes : le comité Vedel avait proposé, le 15 février 1993, d'inscrire ce nouveau droit à l'article 66 de la Constitution ; le législateur, dans la loi sur le respect du corps humain avait interdit toute atteinte à la dignité de la personne et le Président de l'Assemblée nationale avait saisi le Conseil pour l'inviter à consacrer la valeur de référence des principes essentiels concernant la personne humaine. Si le Conseil crée bien un principe nouveau, il ne le fait pas unilatéralement, discrétionnairement, mais par une décision argumentée prenant en charge l'accord de la communauté politique et juridique.

Les circonstances de l'espèce, il faut aussi en convenir, ne sont pas indifférentes à la création de ce principe. Il s'agissait, pour le Conseil, de juger deux lois, très discutées, l'une relative au respect du corps humain, l'autre à l'utilisation des éléments et produits du corps humain, à l'assistance médicale à la procréation et au diagnostic prénatal, bref, de contrôler toute une série de dispositions portant sur la production et la sélection des embryons, les recherches et manipulations génétiques, les dons d'organes... Pour cela, l'affirmation de la dignité humaine comme principe constitutionnel lui était nécessaire. Se fonder uniquement sur le principe de liberté individuelle pouvait, en effet, conduire à juger que chacun était libre de disposer de son corps comme il l'entend : lui faire subir des transformations génétiques, le louer, en vendre certains éléments ou certains produits... Pour légitimer l'interdiction de ces pratiques par le législateur, pour justifier les choix législatifs d'imposer à chacun le respect de son propre corps, il fallait au Conseil un principe contrebalançant les implications possibles de la liberté individuelle, fonction que remplit précisément le principe de dignité en permettant d'interdire « toute forme d'asservissement ou de dégradation » de la personne humaine.

Le principe de dignité ne sera-t-il pas, alors, un obstacle au vote de lois nouvelles favorables à l'utilisation des progrès de la science ? Le Conseil a, sans doute, été très prudent en distinguant parfaitement dans l'avant-dernier considérant de sa décision, un principe constitutionnel, la dignité de la personne humaine, et des principes législatifs – la primauté de la personne humaine, le respect de l'être humain dès le commencement de la vie, l'inviolabilité, l'intégrité et l'absence de caractère patrimonial du corps humain, l'intégrité de l'espèce humaine. Législatifs, ces principes peuvent donc, *a priori* et à la différence de la dignité, être modifiés, réduits voire supprimés par une loi ; le Conseil aurait donc, par cette distinction, réservé la possibilité d'évolutions législatives accompagnant les évolutions des connaissances scientifiques. Mais, dans ce même considérant, le Conseil juge que ces principes législatifs « tendent à assurer le respect du principe constitutionnel de sauvegarde de la dignité de la personne humaine ». Cette rédaction fait de ces principes, même si la formule ne figure pas dans la décision, les garanties légales du respect de la dignité humaine. Or, il est de jurisprudence constante que le législateur n'a pas le pouvoir d'abaisser la protection légale d'un principe constitutionnel ; il peut seulement modifier la loi pour rendre la protection plus effective. En d'autres termes, le jeu ouvert par la distinction principe constitutionnel – principes législatifs pourrait se révéler de faible intérêt.

Quoi qu'il en soit, la dignité de la personne humaine fait désormais partie de la charte constitutionnelle des droits et libertés, et, si la bioéthique fut sa terre d'élection, elle a, comme il fallait s'y attendre, rapidement gagné d'autres territoires.

II. La portée du principe de la dignité de la personne humaine

Il faut croire que le principe de dignité était attendu, car, aussitôt découvert, il est repris par les différentes juridictions et donne immédiatement sa marque à la jurisprudence. Le Conseil, d'abord, le réutilise, dès le 19 janvier 1995[91], pour recalcifier les exigences constitutionnelles en matière de logement.

En 1990, dans une décision du 29 mai[92], il avait jugé que « promouvoir le logement des personnes défavorisées répond à une exigence d'intérêt national » ; en 1995, il qualifie « la possibilité pour toute personne de disposer d'un logement décent d'objectif de valeur constitutionnelle ». Cette nouvelle écriture réalise, assurément, un progrès dans la protection, sinon d'un droit au logement, au moins de « la possibilité de disposer d'un logement décent ». La qualification de 1990, « exigence d'intérêt national », renvoyait encore à une logique largement politique alors qu'en 1995, même sous la catégorie « objectif », une obligation constitutionnelle minimum est imposée au législateur ; en 1990, les bénéficiaires étaient seulement les personnes défavorisées alors qu'en 1995 le champ de l'objectif constitutionnel couvre « toute personne » ; en 1990 l'exigence portait sur la promotion du logement alors qu'en 1995 l'objectif est la mise à la disposition de chacun d'un logement décent.

Cette évolution jurisprudentielle, sans doute inachevée, est le résultat de l'élargissement récent des références constitutionnelles possibles. Le Conseil ne se contente pas, en effet, des alinéas 10 et 11 du Préambule de 1946 qui disposent que « la nation assure à l'individu et à la famille les conditions nécessaires à leur développement » et « garantit à tous (...) la sécurité matérielle (...) et des moyens convenables d'existence », pour fonder la valeur constitutionnelle de l'objectif d'un logement décent pour toute personne ; il s'appuie aussi, expressément, sur le nouveau principe de « la sauvegarde de la dignité humaine », ce qui lui permet de donner un contenu qualitatif à l'objectif consacré : le respect de la dignité de l'être humain implique non seulement qu'il dispose d'un logement mais encore d'un « logement décent ».

Participant au mouvement, le Conseil d'État, dans un arrêt du 27 octobre 1995[93], modifie sa définition traditionnelle de la notion d'ordre public et y intègre désormais le respect de la dignité de la personne humaine : « Considérant qu'il appartient à l'autorité investie du pouvoir de police municipale de prendre toute mesure pour prévenir une atteinte à l'ordre public ; que *le respect de la dignité de la personne humaine est une des composantes de l'ordre public.* » En l'espèce, était en cause un « spectacle », celui dit du « lancer de nains », qui consiste à faire lancer un nain par des spectateurs, le plus loin possible au-dessus d'un tapis de protection. Se fondant sur la jurisprudence classique en matière de police administrative[94], les tribunaux administratifs de Versailles et de Marseille avaient annulé les arrêtés des maires de Morsang-sur-Orge et d'Aix-en-Provence interdisant cette « attraction », au motif « qu'à supposer même qu'elle ait porté atteinte à la dignité de la personne humaine, son interdiction ne pouvait légalement être prononcée en l'absence de circonstances locales particulières ». Saisi en appel, le Conseil d'État infirme ces jugements et justifie les interdictions décidées par les maires : « *par son objet* même, argumente-t-il, ce spectacle porte atteinte à la dignité de la personne humaine ; que, dès lors, l'autorité investie du pouvoir de police municipale pouvait l'interdire *même en l'absence de circonstances locales particulières* et alors même que des mesures de protection avaient été prises pour assurer la sécurité de la personne en cause et que celle-ci se prêtait librement à cette exhibition contre rémunération. » Le nain, en effet, arguait pour sa défense que cette activité commerciale lui avait permis de sortir du chômage et de retrouver, avec un revenu et un milieu professionnel, une place dans la société. En ne tenant pas compte de ces considérations, en les repoussant même explicitement et rigoureusement, le Conseil d'État donne au principe du respect de la dignité de la personne humaine une portée sur laquelle il convient de s'interroger.

D'une part, des circonstances de l'affaire et de l'argumentation des juges administratifs, il apparaît que le respect de la dignité de la personne humaine est un principe qui échappe à la volonté, à l'appréciation ou au jugement... de la personne humaine. Le commissaire du gouvernement Patrick Frydman exprime clairement cette compréhension du principe : « Le respect de la dignité humaine ne saurait s'accommoder de quelconques concessions en fonction des appréciations subjectives

90. Cons. const. n° 94.359 DC, 19 janvier 1995, *Rec. Cons. const.*, p. 176.
91. Cons. const. n° 90.274 DC 29 mai 1990, *Rec. Cons. const.*, p. 61.
92. CE Ass., 27 octobre 1995, *ville de Morsang-sur-Orge*, et, même date, *ville d'Aix-en-Provence*.
93. Voir par ex., CE, 18 décembre 1959, *Sté Les films de Lutetia*, *Lebon*, p. 693.

que chacun peut porter à son sujet. »[95]. Il s'agit donc d'un principe dont la personne humaine n'est pas maître, qui s'impose à elle et même, comme en l'espèce, qui la protège contre elle-même. Cette conception, si elle est bien celle qui sera acceptée, entraîne deux conséquences. D'abord, la qualité particulière du principe de dignité au regard de celle partagée par tous les autres droits. Ordinairement, ces derniers sont présentés comme des libertés, des pouvoirs de faire de la personne : aller et venir, parler, écrire, manifester, faire grève, s'associer..., et, sous réserve de leur conciliation réciproque, chacun peut les exercer comme il l'entend, ou encore, selon la définition du Président François Luchaire rassemblant les différents aspects de la liberté individuelle, chacun a le droit de mener la vie qu'il estime lui convenir[96]. Ce n'est plus cette philosophie qui informe le principe de dignité puisque la personne ne peut en disposer : concrètement, en l'espèce, le nain se voit refuser le droit de mener la vie qu'il estimait lui convenir. Ensuite, puisqu'il apparaît que la personne n'est pas libre d'apprécier ce qui est ou non digne d'elle et pour elle, il faut que la définition de sa dignité lui soit donnée de l'extérieur par une « autorité ». Laquelle ? Avec une judicieuse malice, Jean-Charles Froment[97] relève que l'appréciation de la dignité par le Conseil d'État dans l'affaire des « lancers de nain » n'est pas moins subjective que celle reprochée au nain : « Qui pourrait songer aujourd'hui à contester que le problème économique et social est au cœur d'une vie digne, que le principe de la dignité réside précisément dans les moyens de mener une vie économiquement et socialement décente ? Nous ne voyons pas, quant à nous, ce qu'il y a de moralement aggravant – d'indigne – dans la volonté d'échapper au chômage, au RMI, à la solitude et au mépris de la société tout entière. »

À l'appui, mais d'autres diront à l'encontre, de cette objection doctrinale, le fait qu'une personne utilisait, pour de l'argent, l'exploitation de son corps handicapé ; s'il ne l'avait pas été, la décision du Conseil d'État aurait certainement été autre : après tout, il n'a pas encore jugé indigne la prostitution[98] ! En d'autres termes, n'est-ce pas une représentation inconsciente de la normalité du corps, l'handicap figurant l'anormalité, l'illégitime, ce qui ne doit pas être montré, qui fonda le critère de la dignité, oubliant non seulement qu'une personne humaine ne se réduit pas à son corps mais encore qu'un corps handicapé ne peut être jugé anormal qu'en s'accommodant de quelques concessions, pour reprendre l'expression de Patrick Frydman, avec la vision imposée par le corps médical et scientifique ? Avant cette décision du 27 octobre 1995, l'ordre public était déjà considéré comme « l'instrument permettant à la morale de pénétrer dans le droit »[100] ; en y intégrant le respect de la dignité humaine, le Conseil d'État renforce certainement cette logique, avec, évidemment, les meilleures intentions. Mais le principe de dignité est, peut-être, comme le bonheur des gens : il est souvent risqué de vouloir le faire sans eux.

D'autre part, si le Conseil constitutionnel s'est gardé de ces problèmes en ne faisant pas de la dignité une composante de l'objectif constitutionnel de sauvegarde de l'ordre public, il ne l'a pas moins reconnu comme principe constitutionnel. Et cette reconnaissance réveille la question classique de la hiérarchie. En effet, cette juridiction, comme les autres cours constitutionnelles, a pris l'habitude de juger une loi par le contrôle de la conciliation raisonnable des principes constitutionnels différents qui la fonde. Or, le respect de la dignité de la personne humaine peut-il être un principe relatif, dépendant, ou conditionné ? N'est-il pas, par définition, un principe qui ne peut souffrir ni atteinte, ni dégradation, ni restriction ; bref, n'est-il pas « le concept absolu s'il en est », comme l'écrit le commissaire du gouvernement Patrick Frydman pour fonder son raisonnement dans l'affaire des « lancers de nains ». Qu'il en soit ainsi, et il faudrait que tous les droits, libertés, objectifs constitutionnels, y compris la sauvegarde de l'ordre public, cèdent devant lui. Le principe de dignité se trouverait, en conséquence, placé non sur un pied d'égalité avec eux mais dans une position de

94. P. Frydman, concl. sous l'arrêt du 27 octobre 1995, *AJDA* 1995, p. 942.
95. F. Luchaire, *La protection constitutionnelle des droits et libertés*, Economica, 1987, p. 87.
96. J.-C. Froment, note à la *RDP* 1996, p. 562. Il convient de préciser que cet auteur ne condamne pas la décision mais l'argumentation retenue.
97. CE, 28 février 1919, *Dans Dol et Laurent, Lebon*, p. 208.
98. P. Bernard, *La notion de l'ordre public en droit administratif*, LGDJ, 1962.

surplomb constitutionnel pour ne pas dire de supra-constitutionnalité. Le travail du Conseil deviendrait encore plus compliqué qu'il n'est dans la mesure où le principe de dignité, parce qu'il règne sur l'ensemble de la charte constitutionnelle, aurait pour vocation nécessaire d'embrasser tous les domaines de la vie de la personne humaine ; se loger, se vêtir, se nourrir, mais aussi pouvoir s'instruire, se distraire, se reposer, se soigner, pouvoir exprimer ses opinions, participer à la gestion de son entreprise, de sa cité, de son pays, pouvoir choisir son identité, son mode de vie sexuelle, son moment de maternité et de paternité, tout cela, et bien d'autres choses encore, contribue à assurer la dignité de la personne humaine. Dans l'impossibilité de justifier son inopposabilité à telle ou telle matière, le Conseil serait ainsi confronté sans cesse à la question de l'articulation du principe de dignité avec les autres droits constitutionnels ; il lui faudrait beaucoup d'habileté, ce dont certes il ne manque pas, pour satisfaire l'un et les autres sans mécontenter personne.

Ces observations n'ont, évidemment, ni pour objet, ni pour but de stigmatiser le Conseil pour avoir fait de la sauvegarde de la dignité de la personne humaine un principe constitutionnel. Elles invitent seulement à poursuivre la réflexion sur sa place au sein, ou plus exactement, au regard des droits fondamentaux. L'hypothèse ici proposée est que le principe de dignité est la pierre philosophale des droits fondamentaux. Il n'est pas lui-même, à proprement parler, un droit fondamental ; il est la substance qui possède la propriété merveilleuse de faire naître les droits fondamentaux, de leur donner un sens, de les métamorphoser, comme par exemple la possibilité pour toute personne de disposer d'un logement décent. En d'autres termes encore, il est le principe d'intelligibilité de l'ensemble des droits fondamentaux, et, pour cette raison, c'est-à-dire pour qu'ils soient intelligibles, notamment par les partenaires du Conseil, il fallait que ce dernier expose officiellement et publiquement le respect de la dignité humaine comme principe constitutionnel.

Peut-être audacieuse, cette représentation du principe de dignité se renforce cependant au contact du droit comparé. Il est, en effet, présenté dans la Constitution allemande de la manière suivante : « La dignité de l'être humain est intangible. *En conséquence*, le peuple allemand reconnaît à l'être humain des droits inviolables et indéniables comme fondement de toute communauté humaine, de la paix et de la justice dans le monde. » Et suit l'énoncé de ces droits fondamentaux : la liberté de conscience (article 4), la liberté d'opinion (article 5), le mariage et la famille (article 6), etc.

Il apparaît ainsi clairement que la dignité de l'être humain est le principe d'où découlent « en conséquence » les droits fondamentaux ; ils prennent vie et intelligence par et dans lui, mais, en retour, le principe de dignité ne s'accomplit, ne devient effectif que par eux.

Dès lors, la question de la hiérarchie, agitée de nouveau ici et là, s'effondre. Pour qu'il y ait contradiction, et nécessité d'une conciliation qui profiterait évidemment au principe de dignité, il faudrait que ce dernier existât, eût un contenu indépendamment des droits fondamentaux. Or il n'existe, la dignité n'existe comme réalité juridique concrète que par sa réalisation dans chacun des droits fondamentaux. Le Conseil ne peut donc pas se trouver, ni théoriquement ni pratiquement, en situation de concilier le principe de dignité avec tel ou tel droit fondamental ; il continuera d'arbitrer seulement entre des droits fondamentaux qui expriment, chacun dans leur domaine, le principe de dignité.

Exercice n° 2

› Sujet

La conscience citoyenne comme instrument de garantie des libertés individuelles.

› Éléments de corrigé

I. L'usage des libertés comme garantie des libertés

Il est des libertés qui ont ceci de particulier qu'elles jouent comme des garanties pour l'exercice d'autres libertés. La propriété privée a, longtemps, eu ce statut de liberté protectrice parce qu'elle était censée assurer, seule, la liberté et la sécurité des individus : leur liberté, parce que, étant propriétaires, ils ne seraient pris dans aucune relation de dépendance qui les obligerait à penser ou agir de telle ou telle façon ; leur sécurité, parce que, de leurs propriétés, ils tireraient une autonomie de vie et un rempart contre les intrusions aliénantes, notamment celles de l'État. Une des justifications avancées autrefois pour réserver le bénéfice du droit de vote – et d'autres droits encore – aux propriétaires était, précisément, que la situation de non-propriétaire mettait ceux qui s'y trouvaient dans une position de dépendance qui ne leur permettait pas d'exercer librement leurs droits politiques. En d'autres termes, la propriété est, ici, considérée comme la condition et la garantie des autres libertés ; sans elle, pas de liberté d'aller et venir, pas de liberté d'opinion, pas de droit au respect de la vie privée... Ainsi, pour beaucoup, la suppression de la propriété privée emporte mécaniquement toutes les libertés et signe l'instauration de régimes didactoriaux, autoritaires ou bureaucratiques. En 1981 encore, la gauche fut accusée d'attenter aux libertés pour avoir seulement nationalisé quelques banques et entreprises privées.

La propriété n'a plus, en tout cas n'a plus seule, ce statut de liberté protectrice. Trop marquée et surtout trop utilisée à des fins partisanes, historiquement discutable – les régimes fascistes ont supprimé les libertés mais maintenu la propriété privée – logiquement faible, la propriété n'a, au demeurant, bénéficié de ce statut que dans la doctrine et les écrits philosophiques ou politiques. Pour le droit positif, la propriété n'est d'ailleurs pas une liberté individuelle au sens de l'article 66 de la Constitution[100] et son étendue comme son exercice peuvent être limités au nom de l'intérêt général.

D'autres libertés remplissent, aujourd'hui, mieux que la propriété, ce rôle protecteur. Le droit de grève, par exemple, qui n'est, au fond, qu'un droit au service des autres droits : on ne fait pas grève pour faire grève mais pour défendre telle ou telle liberté menacée ou pour demander de nouveaux droits. Mais aussi le droit de manifester qui a valeur constitutionnelle[101] et dont l'exercice a toujours pour objet la défense d'une autre liberté, liberté de l'enseignement (1984), droit au travail et à la sécurité sociale (1995)...

L'histoire politique récente des transitions démocratiques en Europe du Sud dans les années 1970, en Europe de l'Est à la fin des années 1980 montre que c'est par l'exercice de ces deux droits que s'ouvrent et se consolident les régimes de libertés ; en Serbie, il a fallu des mois de manifestations quotidiennes pour que le Président Milosevic reconnaisse un minimum de libertés politiques. Et, à l'inverse, les exemples ne manquent pas de ceux qui, voulant instaurer un régime autoritaire, commencent par supprimer le droit de grève et le droit de manifester pour enlever aux hommes les instruments de défense de leurs libertés, qui, sans protection, mises à découvert, peuvent, alors, être « tirées » les unes après les autres par le pouvoir. Le domaine des libertés protectrices des libertés peut encore être étendu. En fait assurément partie la liberté d'association. La figure de Zorro ou de tout autre héros protecteur et défenseur des libertés a, sans doute, un certain charme et peut même avoir, dans des circonstances politiques particulières, une efficacité réelle. Mais la possibilité pour les hommes de se regrouper dans une structure permanente est, au quotidien, le meilleur instrument de défense et d'exercice des libertés. Pour cette raison, le sort juridique réservé à la liberté d'association est toujours un indicateur fort de l'état général des libertés dans un pays : interdire les associations ou les soumettre à autorisation préalable est le signe des régimes autoritaires, les laisser se constituer librement le signe des régimes des libertés. Appliqué à la France, ce principe de classement distingue la République. En effet, même si elle est animée par des clubs, sociétés et autres sections des citoyens, la Révolution de 1789, avec les meilleures intentions du monde – celles de Jean-Jacques Rousseau – interdit les associations pour ne pas instituer entre l'État et le citoyen des corps intermédiaires qui auraient « déformé » la volonté générale. Et, pour d'autres motifs, l'Empire puis la Restauration monarchique maintiennent cette politique en soumettant la création d'associations à l'autorisation préalable du gouvernement. Il faut donc attendre la Seconde République pour que soit proclamé, à l'article 8 de la Constitution du 4 novembre

99. Cons. const. n° 85.189 DC, 17 juillet 1985, *Rec. Cons. const.*, p. 49.
100. Cons. const. n° 94.352 DC, 18 janvier 1995, *Rec. Cons. const.*, p. 170.

1848 : « Les citoyens ont le droit de s'associer. » Mais, très vite, Louis Napoléon Bonaparte, Président, puis, Napoléon III, Empereur, suppriment la liberté d'association ; et c'est à nouveau la République qui la rétablit progressivement avant de la consacrer solennellement par la fameuse loi du 1er juillet 1901. La mémoire de ces rythmes politiques n'a pas disparu ; ainsi, lorsque, en 1971, le ministre de l'Intérieur veut revenir sur cette loi pour soumettre la création d'association à l'autorisation préalable des autorités administrative et judiciaire, les observateurs analysent immédiatement cette initiative comme la tentation autoritaire de la présidence Pompidou confrontée aux « années 1968 ». Du coup, le Conseil constitutionnel gagne, dans cette affaire[102], son statut de gardien des libertés pour avoir empêché la remise en cause de cette loi-là en faisant de la libre création des associations un « principe fondamental reconnu par les lois de la République ». Depuis, personne n'a osé reprendre l'ouvrage républicain même si tout le monde reconnaît qu'il couvre aujourd'hui des situations profondément différentes et dont certaines ne mériteraient pas sa protection : quoi de commun entre, par exemple, la ligue des droits de l'homme et telle ou telle association para-administrative créée par une commune pour gérer son festival ?

Des événements récents ont fait redécouvrir un droit dont l'objet même est la défense des libertés, le droit de résistance à l'oppression. Parmi les droits de l'homme que l'article 2 de la Déclaration de 1789 qualifie de « naturels et imprescriptibles », on l'oublie en effet trop souvent ; il y est pourtant inscrit, après la liberté, la propriété et la sûreté – eux, on s'en souvient parfaitement – en quatrième et dernière position sans doute, mais à égalité de statut et de valeur. Or, ce droit est la garantie ultime, désespérée peut-être, des libertés. Quand tout a cédé devant des entreprises liberticides – les élus, les juges, les journalistes – il est ce qui reste à l'homme, ce qui reste au citoyen pour défendre les libertés menacées. Il peut apparaître paradoxal que le droit reconnaisse un droit à résister – même dans des situations particulières – au droit ; mais il s'agit simplement de mettre dans le droit ceux qui résistent – même s'ils sont dans la rue ou la clandestinité – et hors du droit ceux qui oppriment – même s'ils sont dans les palais du pouvoir ; il s'agit de reconnaître qu'une règle ne peut être dite « de droit » que si elle respecte les libertés et qu'en conséquence le droit de résistance n'est jamais un pouvoir de résister au droit mais un pouvoir de résister à la force, un pouvoir de s'opposer au nom du droit à des règles qui s'en éloignent parce qu'elles violentent les libertés. Évidemment, ce droit, particulier et particulièrement sensible, donne lieu à des controverses passionnées et sans fin : quand y a-t-il « oppression » ? Faut-il que toute la population soit touchée ou une partie seulement ? Faut-il que toutes les libertés soient supprimées ? limitées ? Ou suffit-il que quelques-unes – et lesquelles ? – le soient ? Quelles formes concrètes peut prendre la résistance ? La violence ? La désobéissance ? Le sabotage ? Le débat actuel au Pays basque espagnol cristallise toutes ces questions : si, pour défendre la liberté des Basques, l'ETA pouvait, du temps de Franco, invoquer le droit de résistance à l'oppression, le peut-il toujours aujourd'hui alors que la démocratie, la liberté d'expression, le pluralisme, les autonomies donnent à chacun les moyens de faire prévaloir ses droits ? Dans un registre moins dramatique, le mouvement des pétitionnaires de février 1997 a provoqué une formidable polémique sur la légitimité de leur action. En appelant leurs concitoyens à désobéir si le législateur leur imposait l'obligation de déclarer à la mairie le départ des étrangers qu'ils hébergeaient, les intellectuels faisaient-ils un acte de citoyenneté ou d'incivisme ? Désobéir à la loi est, en effet, une forme de résistance, de révolte qui ne peut se prévaloir de l'article 2 de la Déclaration de 1789 que si la loi en cause est constitutive d'une oppression. À en croire toutes les autorités juridiques et juridictionnelles consultées, tel était bien le cas de l'obligation que voulait imposer Jean-Louis Debré ministre de l'Intérieur de l'époque ; de sorte que, en usant, ou plus exactement, en menaçant d'utiliser le droit constitutionnel à la désobéissance civile – forme atténuée du droit à la résistance – non seulement les pétitionnaires agissaient en conformité avec le droit mais encore obtenaient que le ministre renonce à imposer cette obligation.

L'usage par les citoyens de leurs libertés est certainement la meilleure garantie pour ces libertés, et chacune est, au bout du compte, une protection pour les autres. Même si le juge constitutionnel paraît accorder à l'une d'elles une situation particulière.

---

101. Cons. const. n° 71.44 DC, 16 juillet 1971, *Rec. Cons. const.*, p. 29.

II. Le rôle nouveau de la presse et de l'opinion publique

Dans sa décision des 10-11 octobre 1984[103], le Conseil constitutionnel qualifie la libre communication des pensées et des opinions, énoncée à l'article 11 de la Déclaration de 1789, « liberté fondamentale, d'autant plus précieuse que son existence est *l'une des garanties essentielles du respect des autres droits et libertés et de la souveraineté nationale* ». Il n'est pas question, ici, de la position d'un philosophe du droit ou d'un membre de la doctrine comme précédemment pour la propriété privée par exemple, mais de la définition juridique de la liberté de communication donnée par l'autorité constitutionnellement habilitée à le faire, la juridiction constitutionnelle. Et force est alors de constater que si le droit positif reconnaît qu'une liberté peut être une garantie pour les autres libertés, il n'accorde ce statut qu'à la liberté de communication. Avec raison. Ce qui donne, en effet, aux droits et libertés leur sens pratique, c'est l'exercice d'un choix : choix de son parti, de son syndicat, de son école, de son journal, de sa religion, de sa vie privée... Or, pour que chacun soit en situation d'exercer ces choix librement, il faut que les idées et les opinions circulent librement.

Pour être encore plus explicite, le Conseil affirme, dans sa décision du 11 janvier 1990[104], que « *l'exigence du pluralisme des courants d'idées et d'opinions constitue le fondement de la démocratie* ». La reconnaissance du pluralisme des opinions, du droit d'avoir et d'exprimer des idées différentes est, ainsi, considérée comme le signe distinctif de la démocratie, c'est-à-dire le point de départ logique d'où se déduit l'ensemble de l'organisation sociale. La libre circulation des idées et des opinions est la garantie de la démocratie parce qu'elle est le terreau sur lequel poussent toutes les autres libertés, collectives et individuelles, politiques et économiques, sociales et culturelles ; sans elle, elles meurent et la démocratie se transforme en dictature.

Logiquement, le Conseil constitutionnel veille à ce que l'ensemble des moyens de communication, écrits et audiovisuels, soit organisé par le législateur de manière à favoriser ce pluralisme des courants d'idées et d'opinions qui garantit le respect des autres droits. Il vérifie d'abord que les lois n'ouvrent pas la voie à des concentrations d'entreprises de presse qui seraient susceptibles de porter atteinte au pluralisme en réduisant le nombre et surtout l'autonomie des titres[105] ; il veille aussi à ce que les régimes juridiques de communication, notamment audiovisuelle, définis par le législateur, garantissent l'expression de tendances et de courants d'opinion différents. Ainsi, dans sa décision du 18 septembre 1986, le Conseil juge que la privatisation de TF1 ne porte pas atteinte au pluralisme dans la mesure où la loi prévoit que le choix du futur acquéreur privé est subordonné à son engagement « d'assurer le pluralisme des opinions », et à l'acceptation d'un cahier des charges où figurent, parmi les obligations minimales à respecter, « l'honnêteté et le pluralisme de l'information et des programmes ». Quant au pluralisme dans le secteur public de l'audiovisuel, il est, selon le Conseil, assuré par l'obligation qui lui est faite d'assurer le libre accès des groupements politiques pendant les campagnes électorales, par un temps d'émission réservé aux groupes parlementaires et aux organisations syndicales et professionnelles, et par la création d'une autorité administrative indépendante chargée de veiller au respect de l'expression pluraliste et, le cas échéant, de sanctionner tout manquement[106].

Dans l'exercice de son contrôle du respect du pluralisme externe et interne, le Conseil prend toujours comme point de référence le public. Dès sa décision des 10-11 octobre 1984, il affirme très clairement « qu'en définitive, l'objectif à réaliser est que *les lecteurs qui sont au nombre des destinataires* essentiels de la liberté proclamée par l'article 11 de la Déclaration de 1789 soient à même d'exercer leur libre choix sans que ni les intérêts privés ni les pouvoirs publics puissent y substituer leurs propres décisions ni qu'on puisse en faire l'objet d'un marché ». Et cette formulation, que le Conseil a réservée jusque-là aux lecteurs, auditeurs et téléspectateurs, peut être transposée, sans difficulté aucune, au citoyen, figure abstraite et globale de la démocratie, destinataire de l'ensemble des droits proclamés en 1789. Ce lien établi entre le public, la libre communication des idées et des

---

102. Cons. const. n° 84.181 DC, 10-11 octobre 1984, *Rec. Cons. const.*, p. 73.
103. Cons. const. n° 89.271 DC, 11 janvier 1990, *Rec. Cons. const.*, p. 21.
104. Cons. const. n° 86.210 DC, 29 juillet 1986, *Rec. Cons. const.*, p. 110.
105. Cons. const. n° 86.217 DC, 18 septembre 1986, *Rec. Cons. const.*, p. 141.

opinions et, finalement, le juge qui pose ce lien et s'introduit dans cette relation du côté du public, inaugure une configuration politique qui met ces trois instances – opinion, presse et justice – dans une même perspective de contre-pouvoir garantie des libertés. La chose n'est pas entièrement nouvelle. Sans remonter aux temps anciens, Voltaire a su, par l'information, par les écrits et par la parole, éveiller la conscience de l'opinion pour la faire devenir une force capable de faire revenir le pouvoir sur des décisions arbitraires. Le *J'accuse* de Zola reste, sans doute, le symbole du rôle bénéfique que joue la presse pour la défense des libertés et pour ceux qui se battent pour elle(s). Aujourd'hui, toutes les organisations de défense des droits de l'homme reconnaissent ce rôle irremplaçable de la liberté d'informer, et donc de dire les injustices, les discriminations, les atteintes aux libertés, pour mobiliser l'opinion et contraindre les États. De la révélation des situations faites aux minorités et peuples oubliés – tsiganes, Kurdes, Arméniens... – à celle de l'affaire du sang contaminé, des enquêtes sur l'état de l'environnement de telle ou telle partie du territoire à celles sur la vache folle, la presse a, incontestablement, contribué à donner les informations qui ont permis à l'opinion de savoir et d'agir pour la défense des droits à la vie, à l'identité, à un environnement sain, à la santé, au respect de la dignité humaine.

Il est, cependant, un droit que la presse est régulièrement accusée de ne pas garantir, voire de violer systématiquement : la présomption d'innocence. En menant, parallèlement à l'institution judiciaire, sa propre enquête, en livrant des noms, en publiant des photographies, en recueillant des témoignages, le journaliste, non seulement porte atteinte à la vie privée des individus, mais surtout construit, avant le procès et hors de toute procédure, un présumé coupable. D'où le renversement, ici, de problématique : pour garantir la présomption d'innocence, il faut limiter la liberté de la presse. Raisonnement facile mais discutable. Sans doute, chacun peut, pour le défendre, prendre en exemple telle ou telle affaire, comme celle de Richard Roman que la presse juge et invite l'opinion à juger coupable du viol et du meurtre de la petite Céline en décrivant un personnage « marchant pieds nus », « sale », « barbare », « habillé d'un pagne comme les Peaux Rouges », qui « arrachait avec un sourire méchant les pattes des hannetons »... et qui sera reconnu innocent au terme d'un procès exemplaire. Mais, en retour, des exemples contraires ne manquent pas comme celui, récent, de Jean-Marc Deperrois que la presse a toujours présumé innocent du meurtre de la petite Émilie alors que les gendarmes et enquêteurs le présentaient, avant son jugement, comme le seul coupable possible. Exemple/contre-exemple, et, en vérité, fausse problématique que l'opposition présomption d'innocence-liberté de la presse. Les atteintes à la présomption d'innocence sont d'abord le fait de la procédure judiciaire avant d'être celui – s'il l'est – de la presse. Ce que reconnaît la Commission Truche en affirmant que « la *présomption d'innocence* est *d'abord une règle qui s'impose aux magistrats* ». Et pour la protéger, pour la défendre, il vaut certainement mieux prévoir la présence de l'avocat dès la première heure de garde à vue, limiter la détention provisoire et surtout en confier la décision à un collège de magistrats dont ne ferait pas partie le juge d'instruction chargé de l'enquête plutôt que penser à limiter la liberté de la presse. Cette liberté dont Chateaubriand disait qu'elle était la seule véritable garantie de la Constitution.

TROISIÈME PARTIE

LA PROTECTION JURIDICTIONNELLE DES LIBERTÉS ET DROITS FONDAMENTAUX

Véritable « Bible » de la protection juridictionnelle des libertés et des droits fondamentaux, le procès équitable constitue aujourd'hui le socle évolutif sur lequel se construit la garantie des droits, quelle que soit la nature – administrative, civile ou pénale – du contentieux en cause. Le chapitre (unique) de cette troisième partie est donc transversal et illustre la vision moderne et renouvelée d'un droit commun du procès, d'un modèle universel de procès.

CHAPITRE IX

Le procès équitable

MÉLINA DOUCHY-OUDOT
Professeur à l'Université du Sud Toulon-Var,
Membre du centre de droit et de politique comparés Jean-Claude Escarras, UMR 62-01

9.1 > Les principes directeurs ou généraux du procès, en droit interne, ouvrent les Codes de procédure civile, pénale, de l'organisation judiciaire et de justice administrative. L'insertion de ces principes au fronton des codes en matière pénale (L. n° 2000-516 du 15 juin 2000), administrative (Ord. n° 2000-387 du 4 mai 2000) ou de l'organisation judiciaire (Ord. 8 juin 2006) témoigne de la prépondérance prise par la garantie des droits dans le procès.

Si le procès équitable évoque immédiatement l'article 6, § 1 de la Convention européenne de sauvegarde des droits de l'homme et des libertés fondamentales – « 1. Toute personne a droit à ce que sa cause soit entendue équitablement, publiquement et dans un délai raisonnable, par un tribunal indépendant et impartial, établi par la loi, qui décidera, soit des contestations sur ses droits et obligations de caractère civil, soit du bien-fondé de toute accusation en matière pénale dirigée contre elle (...) » – et la déclinaison qui est faite en matière pénale aux articles 5 et 6, § 2 et 3, il ne saurait se limiter à ces seuls textes. Les droits procéduraux substantiels ont existé avant cette Convention, défendus par les juridictions et la doctrine sur d'autres fondements.

PISTE DE RÉFLEXION

Les fondements du droit interne au service du respect des droits fondamentaux de la procédure. Orientations bibliographiques : G. BOLARD, « Les juges et les droits de la défense », *Mél. Bellet*, p. 49 ; H. MOTULSKY, « Le droit naturel dans la pratique jurisprudentielle : le respect des droits de la défense en procédure civile », *Mél. Roubier*, II, p. 175 ; Ph. TERNEYRE, « Le droit constitutionnel au juge », *LPA* 1991, n° 45, p. 4 ; Th. RENOUX, « Le droit au recours juridictionnel », *JCP* 1993, I, 3675, n° 3 ; *Le Conseil constitutionnel et l'autorité judiciaire*, Economica, 1984.

9.2 > Le procès équitable, sous le visa de l'article 6 § 1 de la Convention européenne des droits de l'homme, réalise toutefois cette gageure de les rassembler tous dans un concept dont le respect garantit l'existence d'un État de droit. Il est « la garantie de la garantie des droits » (S. GUINCHARD, « Le procès équitable », in *Cinquantième anniversaire de la Convention européenne des droits de l'homme*, Actes du colloque des 26-27 octobre 2000, Bruylant, 2002, spéc. p. 185 ; v. déjà « Le procès équitable, garantie formelle ou droit substantiel ? », *Mél. Farjat*, p. 139). Il permet ni plus ni moins au justiciable de saisir une autorité supranationale pour que soit condamné celui qui le gouverne si la preuve d'une violation de ses droits est avérée. La reconnaissance par la France, le 2 octobre 1981, du droit de recours individuel devant la Commission (ci-après Com. EDH) et la Cour européenne des droits de l'homme (ci-après CEDH) modifie radicalement l'angle d'approche de la notion de procès équitable. Au-delà et à plus ou moins long terme, tout le droit interne pourrait connaître l'influence décisive de la Convention (v. not. S. GUINCHARD, « CEDH et procédure civile » et « Procès équitable », *Rép. Dalloz*, Proc. Civ., mars 2006 ; J.-P. MARGUÉNAUD, *CEDH et droit privé*, La Documentation française, 2001 ; A. DEBET, *L'influence de la CEDH sur le droit civil*, Dalloz, coll. Nlle Bibl. de thèses 2002, préf. L. Leveneur).

Le procès équitable n'est plus seulement un instrument supplémentaire de protection des droits de la défense *largo sensu*, il s'inscrit également dans un contexte politique où l'activité législative et juridictionnelle, l'organisation judiciaire et même les institutions juridiques de l'État signataire seront passées au crible de ses exigences.

9.3 > L'efficacité de la Convention européenne des droits de l'homme réside dans la primauté et l'applicabilité directe de ses dispositions en droit interne. Le premier juge gardien du respect des droits européens est le juge national. Un autre élément de cette efficacité est la possibilité qu'a la Cour de Strasbourg de condamner l'État à de lourdes sanctions pécuniaires. L'article 41 dispose en effet que « si la Cour déclare qu'il y a eu violation de la Convention ou de ses Protocoles, et si le droit interne de la Haute Partie contractante ne permet d'effacer qu'imparfaitement les conséquences de cette violation, la Cour accorde à la partie lésée, s'il y a lieu, une satisfaction équitable » (ancien art. 50).

9.4 > Cette particularité permet de distinguer cette convention des autres conventions internationales ayant pour objet la proclamation de droits. La Déclaration universelle des droits de l'homme de 1948 adoptée par l'Assemblée générale des Nations unies a ainsi pour inconvénient de ne proposer aucun moyen juridique de coercition pour assurer le respect des droits proclamés par chaque État signataire. Le Pacte des Nations unies sur les droits civiques et politiques de 1966 (ratifié par la France en 1980) connaît un régime de contrôle mais non de coercition. L'État signataire s'engage en premier lieu à fournir des rapports réguliers sur les mesures d'adaptation de ces règles internationales dans l'ordre interne. Un contrôle est en second lieu effectué sur plaintes déposées devant un Comité des droits de l'homme pour violation du Pacte par un État. Ces plaintes peuvent être le fait d'un particulier. Mais le Comité ne dispose pas de pouvoir de sanction direct contre l'État coupable de la transgression.

Dans un domaine plus circonscrit, la Convention internationale des droits de l'enfant du 26 janvier 1990, encore désignée Convention de New York (ratifiée par la France le 2 juillet 1990) n'a quant à elle aucun organe d'exécution. Le problème posé par cette Convention a été celui de son applicabilité directe devant les juridictions des États signataires, en l'absence d'un organe juridictionnel propre à la faire respecter. Le Conseil d'État a opté pour une application partielle de la Convention en distinguant entre les dispositions, celles faisant naître des droits directs au profit des particuliers et les autres (CE, 22 sept. 1997, *JCP* 1998, II, 10051, note Gouttenoire-Cornut ; comp. CE, 23 avril 1997, *D.* 1998, p. 15, note R. Abraham). La Cour de cassation qui initialement avait refusé d'appliquer la

Convention au motif qu'elle faisait naître des droits et obligations entre les États signataires et non dans le chef des justiciables (v. not. Civ. 1re, 10 mars 1993, *JCP* 1993, I, 3688) a par deux arrêts en date du 18 mai 2005 revu sa position (Civ. 1re, 18 mai 2005, *Bull. civ.*, I, nos 211 et 212).

PISTE DE RÉFLEXION

La particularité de la Convention européenne des droits de l'homme par rapport aux autres traités internationaux ayant pour objet la proclamation de droits. Orientations bibliographiques : J.-F. Renucci, *Traité de droit européen des droits de l'homme*, LGDJ, 2007 : J.-F. Flauss, « Le Pacte international devant le juge administratif », *LPA*, 25 mai 2000, p. 31 ; S. Guinchard, « L'application du Pacte international par le juge judiciaire », *LPA*, 25 mai 2000, p. 23 ; P.-H. Imbert, « La France et les traités relatifs aux droits de l'homme », *AFDI*, 1980, p. 31 ; L. Sinopoli, *Le procès équitable dans les rapports privés internationaux*, Thèse dact. Paris I (2000) ; P. Tavernier, « Le droit à un procès équitable dans la jurisprudence du Comité des droits de l'homme des Nations unies », *RTDH* 1996-25, p. 3.

9.5 > Aux textes internationaux, s'ajoute la Charte n° 2000/C 634/01 du 18 décembre 2000 (*JOCE* C 364, 18 déc., p. 1) des droits fondamentaux de l'Union européenne. Afin d'éviter la contrariété des solutions entre CJCE et CEDH, il est précisé que « dans la mesure où la présente Charte contient des droits correspondant à des droits garantis par la Convention européenne des droits de l'homme, leur sens et leur portée sont les mêmes que ceux que leur confère ladite convention ». Toutefois, « cette disposition ne fait pas obstacle à ce que le droit de l'Union accorde une protection plus étendue » (art. 52, point 3). La portée des droits garantis est considérable puisqu'en vertu de l'article 52, point 1, « toute limitation de l'exercice des droits et libertés reconnus par la présente Charte doit être prévue par la loi et respecter le contenu essentiel desdits droits et libertés. Dans le respect du principe de proportionnalité, des limitations ne peuvent être apportées que si elles sont nécessaires et répondent effectivement à des objectifs d'intérêt général reconnus par l'Union ou au besoin de protection des droits et libertés d'autrui ».

9.6 > Le compromis réalisé par la Charte passe par le respect des interprétations données par la CEDH, ce qui doit être approuvé. La notion de procès équitable n'aurait sans doute pas connu un tel succès si la Cour de Strasbourg n'avait, au fil du temps, affiné ses contours pour lui faire produire plein effet. Les interprétations novatrices de l'article 6 § 1 de la Convention européenne des droits de l'homme ont en quelque sorte participé à son couronnement. Il n'est aucune juridiction qui ne prête une oreille attentive à ses enseignements.

Il témoigne ensuite de relations pacifiques entre Union européenne et Europe rejoignant par là l'attitude déjà observée de la Cour de Luxembourg dont on avait pu craindre au départ qu'elle ne portât ombrage à la belle unité des droits de l'homme et qui n'a pas hésité, bien avant l'adoption de la Charte, à se référer au procès équitable tel que modelé par la CEDH (pour la première référence aux principes contenus dans la Convention européenne des droits de l'homme : CJCE, 28 oct. 1975, C-36/75, *Rutili*, *Rec. CJCE*, p. 1219 ; J. Pradel et G. Corstens, *Droit pénal européen*, 2e éd., Dalloz, coll. Précis, 2002, p. 478, n° 409).

PISTE DE RÉFLEXION

Droits de l'homme : CEDH et CJCE. Orientations bibliographiques : J. ANDRIANTSIMBAZOVINA, « La Convention européenne des droits de l'homme et la CJCE après le Traité d'Amsterdam : de l'emprunt à l'appropriation ? », *Rev. Europe*, oct. 1998, p. 3 ; F. BENOIT-ROHMER, « L'adhésion de l'Union à la CEDH », *RUDH* 2000, p. 57 ; « La Charte des droits fondamentaux de l'Union européenne », *D.* 2001, chr., p. 1483 ; M. DARMON, « La prise en compte des droits fondamentaux par la CJCE », *Rev. sc. crim.* 1995, p. 23 ; G. MONTAGNIER, « Droit communautaire et procédure civile », in *Rép. Dalloz* Proc. Civ. (sous la dir. de S. GUINCHARD) ; M.-L. NIBOYET, « La confirmation par la CJCE de l'intégration des droits fondamentaux au système de la Convention de Bruxelles du 27 septembre 1968 », *Gaz. Pal.* 2000, 2, doct., 1731 ; J. PRADEL, « Vers des principes directeurs communs aux diverses procédures pénales européennes », *Mél. Levasseur*, p. 459 ; J.-F. RENUCCI, « Union européenne des droits de l'homme : les enjeux du Traité d'Amsterdam », *Rev. pén.* 1998, p. 326 ; J. RIDEAU, « Le rôle de l'Union européenne en matière de protection des droits de l'homme », *Cours à l'Académie internationale de La Haye*, 1998 ; F. SUDRE, « La Communauté européenne et les droits fondamentaux : après le Traité d'Amsterdam : vers un nouveau système européen de protection des droits de l'homme ? », *JCP* 1998, I, 100.

9.7 > L'amplitude prise par la notion de procès équitable et les droits qu'elle garantit dépasse largement le champ de la matière civile ou pénale dans leur stricte acception.

Le critère déterminant du domaine d'application de l'article 6 § 1 de la Convention européenne des droits de l'homme demeure, en matière civile, dans l'appréciation de ces quelques mots « contestations sur ses droits et obligations de caractère civil ». Depuis l'*affaire Reingeisen* du 16 juillet 1971 (§ 94), il est admis qu'il concerne « toute procédure dont l'issue est déterminante pour des droits et obligations de caractère privé », peu importe la qualification de la juridiction compétente ou encore la nature de la loi applicable (administrative, civile, commerciale, etc.). Il est admis que c'est au regard, non seulement, de la qualification juridique, mais aussi du contenu matériel et des effets que lui confère le droit interne de l'État en cause, qu'un droit doit être considéré ou non comme étant de caractère civil (sur la constitution de partie civile et la protection des droits de la victime : *Aff. Perez c/ France*, 12 févr. 2004, Req. n° 47287/99).

Le critère de détermination de la nature pénale de l'accusation est plus large que les qualifications juridiques nationales. Toute infraction qualifiée de pénale par le système juridique national constitue une accusation au sens de l'article 6 § 1. En l'absence d'infraction désignée, la CEDH apprécie la nature de la sanction et les caractères de l'acte délictueux pour décider si le litige constitue ou non une accusation en matière pénale au sens de l'article 6, § 1 de la Convention.

Dans tous les cas, la jurisprudence européenne refuse de se limiter à la nature de la juridiction ou au type d'action. Il est des droits de caractère privé ou des accusations de nature pénale qui ressortissent de la compétence des juridictions de l'ordre administratif. Pareillement, certaines sanctions dites économiques ou disciplinaires sont parfois assimilables aux sanctions pénales. Pour ces raisons, la notion de procès équitable couvre l'ensemble du système judiciaire et assure une unité de la justice.

Le procès équitable couvre des aspects communs à tous les contentieux, tant dans l'administration et l'organisation de la justice (section 1) qu'au regard des principes gouvernant le déroulement et l'issue du procès (section 2). Afin de simplifier le propos, les droits garantis au titre du procès équitable seront principalement étudiés à partir de la Convention européenne et leur application par les juridictions nationales, sachant que le droit constitutionnel, le droit communautaire et le droit conventionnel international (autre que la Convention européenne des droits de l'homme) intègrent la notion et participent de la modélisation du procès (S. Guinchard et al., *Droit processuel, Droit commun et droit comparé du procès*, 5e éd., Dalloz, coll. Précis, 2009, p. 447, nos 217 s.).

PISTE DE RÉFLEXION

Le procès équitable, une forme d'expression du droit naturel ? Orientations bibliographiques : S. Guinchard, « Vers une démocratie procédurale », *Justices* 1999-1, p. 91 ; P. Kayser, « Essai de contribution au droit naturel à l'approche du IIIe millénaire », *RRJ* 1998-2, p. 387 ; H. Motulsky, « Le droit naturel dans la pratique jurisprudentielle : le respect des droits de la défense en procédure civile », *Mél. Roubier*, II, p. 175.

Section I

L'ADMINISTRATION ET L'ORGANISATION DE LA JUSTICE

9.8 > Tout justiciable doit avoir accès à une justice (§ 1) indépendante et impartiale (§ 2).

PISTE DE RÉFLEXION

La justice est-elle en danger ? Orientations bibliographiques : A. Garapon, D. Salas, *La justice et le mal*, Odile Jacob, coll. Opus, 1997 ; A. Garapon, *Le gardien des promesses*, Odile Jacob, 1996 ; L. Greisalmer, D. Schneiderman, *Les juges parlent*, Fayard, 1992 ; D. Robert, *La justice et le chaos*, Stock, 1996 ; J.-P. Royer, *Histoire de la justice*, PUF, 1996 ; D. Soulez Larivière, *Grand soir pour la justice*, Seuil, 1997 ; *Justice pour la justice*, Seuil, 1990.

§ 1 - L'ACCÈS À LA JUSTICE

9.9 > Toute personne doit pouvoir agir librement en justice (I) et obtenir une décision dans un délai raisonnable (II).

I – LE DROIT D'AGIR

9.10 > Chacun a droit à ce que sa cause soit entendue par un tribunal. L'existence et l'exercice de ce droit sont protégés au titre du procès équitable. La possibilité de saisir un tribunal d'une contestation (A) ne doit pas être soumise à des conditions juridiques susceptibles de constituer une entrave excessive au droit d'accès à la justice qui remettrait en cause la substance même de ce droit. L'encadrement du droit d'agir par les législations nationales n'est légitime que s'il respecte les exigences du procès équitable (B).

A - LA POSSIBILITÉ DE SAISIR UN TRIBUNAL D'UNE CONTESTATION

9.11 > Par tribunal, il faut entendre toute autorité ayant mission juridictionnelle, c'est-à-dire appelée à « trancher, sur la base de normes de droit et à l'issue d'une procédure organisée, toute question relevant de sa compétence » (*Aff. Sramek c/ Autriche*, 22 oct. 1984, § 36, Série A nº 84 ; *JCP* 1995, I, 3823, nº 22, obs. F. Sudre ; L. Milano, *Le droit a un tribunal au sens de la Convention européenne des droits de l'homme*, préf. F. Sudre, Dalloz, Nlle Bibl. thèses, 2006). Ce ne sera pas le cas par exemple de la Commission des infractions fiscales. Il s'agit en effet d'un organisme consultatif chargé de donner son avis sur l'opportunité des poursuites au ministre chargé des Finances. Cette commission ne peut donc être assimilée à un premier degré de juridiction (Crim., 16 mai 2001, *Bull. crim.*, nº 126).

9.12 > La juridiction doit avoir compétence pour examiner en fait et en droit l'affaire dont elle est saisie (*Aff. Le Compte, Van Leuven et De Meyere c/ Belgique*, 23 juin 1981, § 51, Série A, nº 43 ; *Aff. Bryan c/ Royaume-Uni*, 22 novembre 1995, § 44) et pour la réformer (*Aff. Schmautzer c/ Autriche*, 23 octobre 1995, § 36). Par exception, l'affaire peut être portée en première instance devant un organe ne satisfaisant pas à ces conditions si un recours contre la décision rendue est organisé devant une autorité supérieure jouissant de la pleine juridiction (*Aff. Albert et Le Compte c/ Belgique*, 10 février 1983, Série A, nº 58, § 29 ; *Aff. Gautrin et autres c/ France*, 20 mai 1998, *JCP* 1999, I, 105, nº 33, obs. F. Sudre ; *AJDA* 1998, 991, obs. J.-F. Flauss).

9.13 > À ce titre, les autorités administratives indépendantes comme l'autorité des marchés financiers ou l'autorité de la concurrence doivent, en dépit de leur nature juridique, respecter les droits protégés par l'article 6, § 1 de la Convention européenne des droits de l'homme. L'AMF s'est interrogée récemment sur l'utilité d'une modification procédurale qui permettrait un meilleur respect du principe du contradictoire et des exigences du procès équitable, en rappelant que « son Secrétaire général dirige la phase d'enquête ou de contrôle avant la notification, le cas échéant, de griefs par le Collège, autorité de poursuite. Cette notification de griefs saisit la Commission des sanctions et ouvre une instruction contradictoire par un rapporteur puis un examen par la Commission des sanctions. Avant que le Collège ne décide, le cas échéant, de notifier des griefs, il pourrait être envisagé de recueillir les observations des personnes concernées : l'AMF est prête à ouvrir une réflexion à ce sujet » (Plan stratégique de l'AMF, 29 juin 2009).

Le point d'unité reliant ces autorités est réalisé par la compétence exclusive reconnue à la Cour d'appel de Paris en matière économique. L'appel des décisions faisant grief doit être interjeté devant cette juridiction judiciaire ayant pleine juridiction. Cette figure originale donnée à l'organisation judiciaire présente l'avantage de conserver aux questions leur aspect hautement économique et financier, donc de favoriser un traitement adapté au contentieux des affaires, et, en appel, de vérifier la transcription juridique de solutions par essence économiques (J.-P. Marguénaud, « Le pouvoir de sanction des autorités administratives indépendantes à l'épreuve de l'article 6 § 1 CEDH », in *Mélanges Stoufflet*, p. 213).

9.14 > Le droit reconnu à tout justiciable de porter sa prétention devant un tribunal, véritable « droit au juge » (1), a conduit à la reconnaissance d'un droit à l'aide juridictionnelle (2).

1 - *Le droit au juge*

9.15 > Le droit au juge suppose, dans un État de droit, la faculté reconnue à toute personne d'agir en justice pour faire valoir ses droits (*Actes du colloque du CEDORE*, LGDJ, 1998).

Ce droit au juge est un préalable indispensable pour qu'il y ait procès équitable. Comme il fut affirmé pour la première fois dans l'*affaire Golder c/ Royaume-Uni*, « on ne comprendrait pas que l'article 6, § 1 décrive en détail les garanties de procédure accordées aux parties à une action civile en cours et qu'il ne protège pas d'abord ce qui seul permet d'en bénéficier en réalité : l'accès au juge. Équité, publicité et célérité du procès n'offrent point d'intérêt en l'absence de procès » (21 février 1975, série A, n° 18, § 35). La jurisprudence européenne n'a pas été depuis démentie, et a reçu, en droit français, un écho plus que favorable (v. not. N. Fricero, *Droit et pratique de la procédure civile*, Dalloz Action, 2009-2010, ss. dir. S. Guinchard, p. 513, n° 211-11).

9.16 > Il faut tout d'abord que ce droit existe.

Certains arrêts des juridictions judiciaires et administratives pourraient remettre en cause ce droit au juge. Lorsque, par la faute d'un auxiliaire de justice, un plaideur est déchu de son droit, il n'a d'autre alternative que d'engager la responsabilité du professionnel, mais ne peut prétendre que la déchéance encourue l'a privé du droit d'agir (par ex. : non-respect du délai de signification d'un mémoire en cassation par un huissier de justice : Civ. 2e, 12 juill. 2001, *Bull. civ.*, II, n° 140 ; non-régularisation d'une procédure par envoi d'un timbre fiscal en dépit de la mise en demeure faite à l'avocat : CAA Lyon, 3e ch., 27 septembre 1999, n° 99LY01185, *Tables du Recueil Lebon*). Ces solutions demeurent fragiles dès lors que la CEDH n'a pas hésité à condamner l'État grec pour l'erreur fautive commise par un huissier de justice dans l'appréciation du délai dans lequel devait être signifié un acte, erreur ayant eu pour conséquence l'irrecevabilité de la demande de la requérante pour forclusion. Les juges ont retenu que la signification étant confiée par la législation nationale aux huissiers de justice, ceux-ci étaient les organes publics de l'État (*Aff. Platakou c/ Grèce*, 11 janv. 2001, § 39 ; v. aussi, *Aff. P. M., Lunari et Tanganelli c/ Italie*, 11 janv. 2001, *Rev. Dr. et proced.*, mai 2001, p. 170, obs. J.-P. Marguénaud ; et depuis : N. Fricero, « Droits de l'homme », in *Droit et procédures internationales, Dr. et proced.* sept. 2005, p. 12, n° 8).

La responsabilité de l'État pour les erreurs commises par les personnes participant au service public de la justice est peu orthodoxe lorsque celles-ci n'ont pas la qualité de fonctionnaire, elle reste cependant un moyen de pression efficace de nature à assurer un recours effectif à la justice pour tout justiciable (*infra* n° 27). Ce serait par analogie une sorte de responsabilité générale du fait d'autrui appliquée au domaine de la procédure.

PISTE DE RÉFLEXION

Le droit à un tribunal n'inclut pas, pour le moment, le droit au double degré de juridiction. Orientations bibliographiques : N. Fricero, *Droit et pratique de la procédure civile*, Dalloz Action, 2006-2007, ss. dir. S. Guinchard, p. 458, n° 211-51 ; Recommandation R 5/95, 7 fév. 1995, Conseil de l'Europe, sur l'instauration de systèmes et de procédures de recours en matières civile et commerciale et sur l'amélioration de leur fonctionnement.

9.17 > La question prioritaire de constitutionnalité, un droit au juge constitutionnel ?

La loi du 23 juillet 2008, en modifiant la Constitution, a permis l'accès au juge constitutionnel par les citoyens. La saisine du Conseil constitutionnel, qui ne pouvait intervenir qu'*a priori* avant promulgation de la loi, est désormais possible *a posteriori* à l'instar des pays voisins où ce type de contrôle est très développé. En France, cependant, la consécration de ce contrôle est réduite à la conformité des dispositions législatives aux droits et libertés constitutionnels. Déjà en 1990, un projet de loi constitutionnelle n° 1203 portant révision des articles 61 à 63 de la Constitution tendait à instituer un contrôle de constitutionnalité des lois par voie d'exception. Il était proposé d'ajouter un alinéa à l'article 61 ainsi rédigé : « Les dispositions de loi qui concernent les droits fondamentaux reconnus à toute personne par la Constitution peuvent être soumises au Conseil constitutionnel par voie d'exception à l'occasion d'une instance en cours devant une juridiction ». Dix-huit ans plus tard, la loi constitutionnelle du 23 juillet 2008 adopte l'exception d'inconstitutionnalité (Y. Gaudemet, « La conformité des lois à la constitution (à propos de la révision constitutionnelle ou pourquoi faire simple quand on peut faire compliqué) », *D.* 2008, p. 1703 ; F. Melin-Soucramanien, M. Stasi, « Révision de la constitution : bientôt l'exception pour tous », *D.* 2008, p. 1701 ; P. Cassia, E. Saulnier-Cassia, « Contrôle de constitutionnalité *a posteriori* et contrôle de conventionalité de la loi : une coexistence impossible », *D.* 2008, p. 166 ; P. Mazeaud, « L'exception d'inconstitutionnalité », *D.* 2008, p. 64 ; P. Mbongo, « Bréviaire processualiste de l'exception d'inconstitutionnalité », *D.* 2008, p. 2089 ; B. de Lamy, « Brèves observations sur l'exception d'inconstitutionnalité en attendant la loi organique », *D.* 2009, p. 177 ; E. Royer, « Un projet de loi organique pour la mise en place de l'exception d'inconstitutionnalité », *D.* 2009, p. 1006).

Aux termes du nouvel article 61-1, alinéa 1 de la Constitution : « Lorsque, à l'occasion d'une instance en cours devant une juridiction, il est soutenu qu'une disposition législative porte atteinte aux droits et libertés que la Constitution garantit, le Conseil constitutionnel peut être saisi de cette question sur renvoi du Conseil d'État ou de la Cour de cassation qui se prononce dans un délai déterminé » (sur la notion de disposition législative : P. Bon, « La question prioritaire de constitutionnalité après la loi du 10 décembre 2009 », *RFDA* 2009, p. 1107). La technique de la question préjudicielle a donc été retenue. Juridictions judiciaires et administratives pourront surseoir à statuer et demander au Conseil constitutionnel de contrôler la constitutionnalité d'une loi déjà promulguée. L'alinéa 2 du texte indiquait que les conditions d'application du procédé seraient déterminées par une loi organique. C'est désormais chose faite avec la loi organique n° 2009-1523 du 10 décembre 2009 relative à l'application de l'article 61-1 de la Constitution, dont l'entrée en vigueur est reportée au 1er mars 2010 (G. Drago, « Vers la question prioritaire de constitutionnalité. Une Constitution plus proche du citoyen », *JCP* éd. G. 2010, Libres propos, p. 2).

9.18 > Les dispositions relatives à cet accès au juge constitutionnel sont insérées principalement dans l'ordonnance n° 58-1067 du 7 novembre 1958 portant loi organique sur le Conseil constitutionnel, au titre d'un chapitre II bis où sont distinguées celles qui sont applicables devant les juridictions relevant du Conseil d'État et de la Cour de cassation et celles qui sont applicables devant ces hautes juridictions. Il y est renvoyé par le Code de justice administrative (L. 771-1) et le Code de l'organisation judiciaire (L. 461-1). Devant les premières, le moyen doit, à peine d'irrecevabilité, être présenté dans un écrit distinct et motivé, y compris pour la première fois en appel. Il ne peut en revanche être relevé d'office. Lorsque la juridiction dépend de la Cour de cassation, trois précisions : 1) l'obligation de communication au ministère public afin qu'il fasse connaître son avis ; 2) saisine de la juridiction d'instruction du second degré, lorsque le moyen est soulevé au cours d'une instruction pénale ; 3) impossibilité de soulever le moyen devant la cour d'assises, sauf dans le cadre d'un appel formé contre l'arrêt de cours d'assises, le moyen étant alors immédiatement transmis à la Cour de cassation (*art. 23-1, Ord. 7 nov. 1958*).

La juridiction du fond saisie du moyen doit, par décision motivée, statuer sur la transmission de la question au Conseil d'État ou à la Cour de cassation : « Il est procédé à cette transmission si les conditions suivantes sont remplies : 1° La disposition contestée est applicable au litige ou à la procédure, ou constitue le fondement des poursuites ; 2° Elle n'a pas déjà été déclarée conforme à la Constitution dans les motifs et le dispositif d'une décision du Conseil constitutionnel, sauf changement des circonstances ; 3° La question n'est pas dépourvue de caractère sérieux » (*art. 23-2, Ord. 7 nov. 1958*). Un recours ne peut être diligenté contre cette décision qu'à l'occasion d'un recours contre la décision réglant tout ou partie du litige.

La juridiction au fond doit surseoir à statuer jusqu'à la décision de la haute juridiction ou, s'il a été saisi, jusqu'à la décision du Conseil constitutionnel, excepté pour le déroulement de l'instruction ou l'octroi de mesures provisoires, ou encore « lorsqu'une personne est privée de liberté à raison de l'instance » ou « lorsque l'instance a pour objet de mettre fin à une mesure privative de liberté » (*art. 23-3, ord. 7 nov. 1958*). Il est également prévu qu'elle peut statuer immédiatement lorsque « la loi ou le règlement prévoit qu'elle statue dans un délai déterminé ou en urgence ». En cas d'appel, la cour doit surseoir à statuer, sauf à ce qu'elle soit elle aussi tenue de « se prononcer dans un délai déterminé ou en urgence ». Enfin, si le sursis risque « d'entraîner des conséquences irrémédiables ou manifestement excessives pour les droits d'une partie, la juridiction qui décide de transmettre la question peut statuer sur les points qui doivent être immédiatement tranchés ». En revanche, sauf l'hypothèse où l'intéressé est privé de liberté à raison de l'instance et que la loi prévoit que la Cour de cassation statue dans un délai déterminé, « si un pourvoi en cassation a été introduit alors que les juges du fond se sont prononcés sans attendre la décision du Conseil d'État ou de la Cour de cassation ou, s'il a été saisi, celle du Conseil constitutionnel, il est sursis à toute décision sur le pourvoi tant qu'il n'a pas été statué sur la question prioritaire de constitutionnalité ».

Une fois saisi, le Conseil d'État ou la Cour de cassation se prononce sur le renvoi de la question prioritaire de constitutionnalité. Mais ceux-ci peuvent être saisis directement du moyen présenté au cours d'une instance se déroulant devant eux (*art. 23-2, Ord. 7 nov. 1958*). Dans tous les cas, que le moyen leur ait été transmis ou qu'il ait été soulevé directement devant elles, les hautes juridictions doivent, si concomitamment la disposition législative est dénoncée comme contraire aux engagements internationaux, statuer sur la question de constitutionnalité. Ce faisant, les plaideurs auront intérêt à réfléchir à deux fois avant de poser une question prioritaire et une atteinte par exemple à la convention européenne des droits de l'homme. La première ralentira le procès, le rendra plus coûteux, alors que l'inconventionnalité elle pourra être directement appréciée par le juge saisi (voir les développements très éclairants : L. Burgorgue-Larsen, « Question préjudicielle de constitutionnalité et contrôle de conventionnalité », *RFDA* 2009, p. 787). Les mêmes précautions sont prises s'agissant du sursis à statuer que celles mises en place devant les juridictions du fond (*art. 23-5 et 23-6, Ord. 7 nov. 1958*).

Si le Conseil constitutionnel a été saisi, il informe de la question pour avis le Président de la République, le Premier ministre, les présidents de l'Assemblée nationale et du Sénat, et si la loi intéresse la Nouvelle-Calédonie, il avise également le président du gouvernement de la Nouvelle-Calédonie, le président du congrès et les présidents des assemblées de province. Procéduralement, on retiendra d'une part que « l'extinction, pour quelque cause que ce soit, de l'instance à l'occasion de laquelle la question a été posée est sans conséquence sur l'examen de la question », d'autre part que les parties sont invitées à présenter contradictoirement leurs observations, et enfin que « La décision du Conseil constitutionnel est motivée. Elle est notifiée aux parties et communiquée soit au Conseil d'État, soit à la Cour de cassation ainsi que, le cas échéant, à la juridiction devant laquelle la question prioritaire de constitutionnalité a été soulevée » (*art. 23-11, al. 1, Ord. 7 nov. 1958*). Elle fait l'objet d'une publication au journal officiel. En cas d'inconstitutionnalité, l'article 62, alinéa 2 de la Constitution prévoit que « une disposition déclarée inconstitutionnelle sur le fondement de l'article 61-1 est abrogée à compter de la publication de la décision du Conseil constitutionnel » ; l'abrogation peut avoir une date ultérieure si la décision du Conseil a pris soin de le préciser.

9.19 > Il faut ensuite que ce droit au juge soit, pourrait-on dire, intelligible. Autrement dit, que les modalités d'exercice de l'action soient exprimées de façon suffisamment claire pour que le justiciable ait pu avoir un réel accès à la justice. La complexité de la réglementation peut priver *de facto* le justiciable du droit d'agir (*Affaire Geouffre de la Pradelle c/ France*, 16 décembre 1992, § 35, *JCP* 1993, I, 3654, n° 12, obs. F. Sudre).

Cette exigence a été sanctionnée par le Conseil constitutionnel, dans une décision du 16 décembre 1999, au titre de l'article 6 de la Déclaration des droits de l'homme et du citoyen de 1789. Aux termes de ce texte, « la loi est l'expression de la volonté générale. Tous les citoyens ont droit de concourir personnellement, ou par leurs représentants, à sa formation. Elle doit être la même pour tous, soit qu'elle protège, soit qu'elle punisse. Tous les citoyens, étant égaux à ses yeux, sont également admissibles à toutes les dignités, places et emplois publics, selon leur capacité et sans autre distinction que celle de leurs vertus et de leurs talents ». Les juges constitutionnels ont considéré qu'il incluait un « objectif de valeur constitutionnelle d'accessibilité et d'intelligibilité de la loi » et que « la garantie des droits » requise par son article 16 pourrait ne pas être effective si les citoyens ne disposaient pas d'une connaissance suffisante des normes qui leur sont applicables.

9.20 > La question de l'intelligibilité du recours a donné lieu à une longue controverse jurisprudentielle entre CEDH, Cour de cassation et Conseil d'État à propos de l'indemnisation des victimes du sida. Aux termes de l'article 47-III de la loi du 31 décembre 1991, ayant été adoptée pour faciliter l'indemnisation après l'affaire du sang contaminé, « *la réparation intégrale des préjudices définis (...) est assurée par un fonds d'indemnisation* », ce qui fermait les portes du prétoire aux victimes pour la Cour de cassation (Civ. 1re, 9 juill.

1996, *D.* 1996, 610, note Y. Lambert-Faivre) et non pour le Conseil d'État (CE, 15 oct. 1993, *D.* 1994, somm., 359, obs. P. Terneyre et P. Bon). La divergence des solutions entre les deux ordres de juridiction a conduit la CEDH à reconnaître que le justiciable pouvait raisonnablement croire qu'il disposait encore du droit d'agir, le droit interne n'offrant pas de « garanties suffisantes pour éviter un malentendu quant aux modalités d'exercice des recours offerts et aux limitations découlant de leur exercice simultané » (*Aff. Bellet c/ France*, 4 déc. 1995, § 37, *JCP* 1996, II, 22648 ; *D.* 1996, 357). La résistance de la Cour de cassation (Ass. Plén., 6 juin 1997, *JCP* 1997, I, 4070, obs. G. Viney ; *RTD civ.* 1998, p. 518, obs. J.-P. Marguénaud) valut d'ailleurs à la France une seconde condamnation sur le même fondement (*Aff. F. E. c/ France*, 30 oct. 1998, § 47, *D.* 1999, somm., 269, obs. N. Fricero ; *RTD civ.* 1999, p. 490, obs. J.-P. Marguénaud).

9.21 > Il faut enfin que le recours puisse être exercé librement par le justiciable pour que le droit au juge soit effectif. La question s'est donc posée de savoir si une simple entrave financière pouvait être cause de violation de l'article 6 § 1 de la Convention européenne des droits de l'homme.

Il a été jugé que la traditionnelle caution *judicatum solvi* n'est pas en soi un obstacle au droit d'agir librement. Toutefois, la disproportion entre la somme à consigner et les ressources du requérant peut aboutir à le priver de son droit et donner lieu à condamnation de l'État. La suppression en matière civile, dès 1975 en France, de la pratique de la consignation financière préalable à l'examen de la demande restreint les difficultés à la seule matière pénale.

Un juge d'instruction, qui fixe à 80 000 francs la somme devant être versée par une personne ayant déposé une plainte avec constitution de partie civile (cf. art. 88, C. pén.) alors que celle-ci ne justifie d'aucune ressource, prive ainsi le plaideur de son droit au juge (*Aff. Aït-Mouhoub c/ France*, 28 oct. 1998, *D.* 1999, somm., 268, obs. J.-F. Renucci).

PISTE DE RÉFLEXION

L'amende civile sanctionnant une procédure abusive ne porte pas atteinte en principe au libre accès à la justice, elle participe d'une bonne administration de la justice. Orientations bibliographiques : E. Clément, « Spécificité et sanction des manœuvres dilatoires dans le procès civil », *JCP* 1991, I, 3534 ; P. Fraissex, « Droit au juge et amende pour recours abusif », *AJDA* 2000, p. 20 ; A. Perdriau, « L'amende civile d'appel », *LPA*, 18 nov. 1999, p. 4 ; CE, 25 juillet 1986, Casanovas, Lebon, 669 ; Com. EDH, déc. *Les Travaux du Midi c/ France*, 2 juillet 1991, *AJDA*, 1991, p. 809, obs. J.-F. Flauss et J.-P. Pietri.

9.22 > Un arrêt important de la Cour de cassation a repris cette jurisprudence de la CEDH en lui donnant une force dépassant la seule garantie du libre accès à la justice. S'il est retenu dans cet arrêt que l'importance des frais mis à la charge d'un plaideur est de nature à faire objectivement obstacle à son libre accès à la justice, c'est surtout la seconde affirmation, selon laquelle le droit de chacun d'accéder au juge chargé de statuer sur sa prétention relève de l'ordre public international, qui est novatrice (Civ. 1re, 16 mars 1999, *Pordéa*, *JDI* 1999, 778 obs. A. Huet ; *RCDIP* 1999, 181 obs. G. Droz ; *RTD civ.*, 1999, p. 469, obs. R. Perrot).

Primo, il est admis que la violation de l'ordre public procédural peut justifier le refus de reconnaissance et d'exécution d'une décision de justice étrangère, ce qui jusqu'à présent avait toujours été refusé. De façon classique, aucun contrôle de l'ordre public procédural n'était possible sur le fondement de l'article 27, 1° de Bruxelles I (devenu l'art. 34, 1° Règ. n° 44 du 22 déc. 2000). La justification la plus souvent avancée tenait à l'existence de dispositions spécifiques dans la Convention sanctionnant certaines atteintes aux droits de la défense, par conséquent l'interprétation stricte du contrôle effectué à ce titre et l'interdiction sous couvert de l'ordre public d'étendre un contrôle contraire à la finalité de la convention, à savoir faciliter la libre circulation des jugements étrangers. Il en résultait que le domaine de l'article 27, 1° était limité à l'ordre public substantiel touchant au droit matériel et non au droit procédural.

Secundo, l'audace de la Cour de cassation n'a pas été démentie par la CJCE donnant au procès équitable, le 28 mars 2000, une assise qui jusqu'alors lui faisait défaut. La Cour de Luxembourg retient dans *l'affaire Kromback* que « le recours à la clause de l'ordre public doit être considéré comme étant possible dans les cas exceptionnels où les garanties inscrites dans la législation de l'État d'origine et dans la convention elle-même n'ont pas suffi à protéger le défendeur d'une violation manifeste de son droit de se défendre devant le juge d'origine, tel que reconnu par la Convention européenne des droits de l'homme. Dès lors, l'article II du protocole ne saurait être interprété en ce sens qu'il s'oppose à ce que le juge de l'État requis puisse tenir compte, au regard de l'ordre public visé à l'article 27, 1° de la convention, du fait que, dans le cadre d'une action en réparation de dommages fondée sur une infraction, le juge de l'État d'origine a refusé d'entendre la défense de l'accusé, poursuivi pour une infraction volontaire, au seul motif de son absence des débats » (*JDI* 2001, 690 obs. A. Huet ; *RCDIP* 2000, 481 note H. Muir-Watt ; *RTD civ.* 2000, 994 obs. J. Raynard ; M.-L. Niboyet, « La confirmation par la CJCE de l'intégration des droits fondamentaux au système de la Convention de Bruxelles du 27 septembre 1968 », *Gaz. Pal.* 2000, 2, doct., 1731).

2 - Le droit à l'aide juridictionnelle

9.23 > Le procès pénal, dont l'issue pouvait être avant 1980 la peine de mort et aujourd'hui encore l'incarcération d'un individu, permet de comprendre les enjeux du droit à un recours effectif pour la personne mise en examen. Que serait l'accès au juge sans les moyens de se défendre ? Sans doute est-ce la raison pour laquelle il est stipulé expressément dans la Convention européenne des droits de l'homme que « tout accusé a droit notamment à se défendre lui-même ou avoir l'assistance d'un défenseur de son choix et, s'il n'a pas les moyens de rémunérer un défenseur, pouvoir être assisté gratuitement par un avocat commis d'office, lorsque les intérêts de la justice l'exigent » (art. 6 § 3, c).

Pour être sanctionné, le défaut d'aide juridictionnelle doit porter atteinte à un droit défendu au titre de l'article 6 de la CEDH, le cas échéant le droit à une telle aide doit être reconnu par une législation nationale (*Aff. Gutfreund c/ France*, 12 juin 2003, Req. 45681/99, déf. 12/09/2003). C'est pourquoi, l'aide juridictionnelle est dans la jurisprudence de la Cour très proche de la notion de droits de la défense et de la notion de recours effectif. C'est pourquoi la Cour de cassation n'hésite pas à rappeler sur le fondement des articles 18 et 25 de la loi du 10 juillet 1991 relative à l'aide juridique, que « la demande de désignation d'un avocat impliquait une demande d'admission au bénéfice de l'aide juridictionnelle et pouvait être formulée utilement jusqu'au jour de l'audience » (Civ. 2ᵉ, 10 déc. 2009, nº 08-20507).

9.24 > Proche de la notion de droits de la défense, l'aide juridictionnelle a d'abord été rendue obligatoire en matière civile par la CEDH chaque fois que l'assistance d'un avocat apparaissait comme une garantie de l'effectivité de l'accès à la justice, soit que le ministère d'avocat soit exigé par la législation nationale, soit que la complexité du litige ou de la procédure le rendit en fait indispensable, dès lors que « la Convention a pour but de protéger des droits, non pas théoriques et illusoires, mais concrets et effectifs » (*Aff. Airey c/ Irlande*, 9 oct. 1979, série A, nº 32).

9.25 > La question s'est posée ensuite de savoir si la soumission de l'octroi de l'aide à d'autres conditions que les ressources du requérant était de nature à porter atteinte à son droit à un procès équitable. Dans un arrêt remarqué, la Belgique a été condamnée pour avoir refusé l'aide financière à un requérant dont la demande n'apparaissait pas juste (*Aff. Aerts c/ Belgique*, 20 juill. 1998, *D.* 1999, somm., 270, obs. N. Fricero ; *JTDE* 1999, p. 36, obs. P. Lambert). En l'occurrence, le ministère d'avocat était requis. Cette solution n'ayant pas été réitérée dans l'*affaire Gnahoré c/ France* (19 sept. 2000, *D.* 2001, 725 note F. Rolin ; somm., 1063, obs. N. Fricero), bien que la France possédât un système d'octroi de l'aide juridictionnelle proche de celui de la Belgique, la différence fût expliquée en doctrine par le fait que le ministère d'avocat n'était pas en l'espèce obligatoire. La France aurait-elle été condamnée s'il en avait été autrement ?

9.26 > Une réponse négative a été donnée par la Cour. La CEDH, pour des affaires où l'assistance d'un avocat était obligatoire, a refusé de condamner la France, alors que le bureau d'aide juridictionnelle auprès de la Cour de cassation avait rejeté les demandes qui n'étaient pas fondées sur des moyens sérieux. Il est retenu que le système français offrait des garanties substantielles suffisantes (*Aff. Essaadi c/ France et Del Sol c/ France*, 26 février 2002, *Bull. inf.* Cour cass. 556, nº 471 ; définitif le 4 sept. 2002). La controverse est close pour la France, mais l'interrogation demeure quant à la portée à reconnaître à ces arrêts. S'agit-il d'un revirement par rapport à l'*affaire Aerts* ou bien est-ce la composition du bureau d'aide juridictionnelle en France qui a permis de justifier la solution ? Dans l'*affaire Essaadi*, après avoir souligné « qu'il est important de prendre concrètement en compte la qualité du système d'assistance judiciaire dans un État », les juges ont en effet relevé que « le système mis en place par le législateur français offre des garanties substantielles aux individus, de nature à les préserver de l'arbitraire : d'une part, le bureau d'aide juridictionnelle établi près la Cour de cassation est présidé par un magistrat du siège de cette cour et comprend également son greffier en chef, deux membres choisis par la haute juridiction, deux fonctionnaires, deux avocats au Conseil d'État et à la Cour de cassation, ainsi qu'un membre désigné au titre des usagers (article 16 de la loi du 10 juillet 1991) ; d'autre part, les décisions de rejet peuvent faire l'objet d'un recours devant le premier président de la Cour de cassation (article 23 de la loi) ». La question reste donc ouverte.

9.27 > La garantie de l'effectivité de l'accès à la justice est également sanctionnée à l'article 13 de la Convention européenne des droits de l'homme dont on avait pu croire qu'il n'était que la copie d'une des garanties protégées par l'article 6 § 1 CEDH (*infra* n° 9-59 s.). En vertu de ce texte, « toute personne dont les droits et libertés reconnus dans la présente Convention ont été violés a droit à l'octroi d'un recours effectif devant une instance nationale, alors même que la violation aurait été commise par des personnes agissant dans l'exercice de leurs fonctions officielles ».

Bien que cet article n'ait pas été, à notre connaissance, retenu pour les affaires relatives à l'aide juridictionnelle, on pourrait fort bien concevoir qu'il devienne un fondement autonome de la responsabilité des autorités nationales, distinct de celui de l'article 6 traditionnellement utilisé, lorsque le personnel participant au service public de la justice, quel que soit son statut professionnel (*supra* n° 9-16), a par sa faute privé le justiciable d'un libre et réel accès à la justice ; ainsi, lorsque l'aide juridictionnelle est attribuée tardivement (*Aff. García Manibardo c/ Espagne*, 15 février 2000) ou lorsqu'un avocat commis d'office n'a pas fait diligence et que les autorités nationales avaient connaissance de sa défaillance (*Aff. Artico c/ Italie*, 13 mai 1980, § 33 ; *Aff. Kamasinski c/ Autriche*, 19 décembre 1989, § 65 ; *Aff. Daud c/ Portugal*, 21 avril 1998, § 38). La situation est à notre avis similaire lorsqu'un requérant s'est vu attribuer l'aide juridictionnelle mais n'obtient pas, malgré ses démarches, un avocat qui accepte de le défendre. L'octroi de l'aide reste théorique et illusoire. En l'espèce, les trois avocats désignés successivement demandèrent à être relevés de leur mandat en raison de leurs liens personnels avec l'avocat que le requérant désirait poursuivre (*Aff. Bertuzzi c/ France*, 13 fév. 2003, Req. 36378/97, déf. 21 mai 2003).

B - L'ENCADREMENT DU DROIT D'AGIR

9.28 > Aucun droit, fût-il des droits de l'homme, n'est absolu. La prérogative individuelle protégée, en tant que droit subjectif, trouve pour limite l'intérêt collectif. La signature par la France de la Convention européenne l'a placée, en quelque sorte, en situation de compétence liée (cependant : *supra* n° 9-17). Il ne peut être porté atteinte aux droits garantis qu'autant que la Convention l'a prévu et pour les buts pour lesquels ces restrictions ont été adoptées (art. 17 et 18 de la Convention européenne des droits de l'homme). Si l'accès au tribunal peut être légitimement encadré pour une bonne administration de la justice, il revient à la CEDH de vérifier que cet encadrement ne prive pas indûment le justiciable du droit d'agir. Certaines conditions particulières de recevabilité de l'action (1), autres que les délais pour agir (2), ne doivent pas constituer une entrave excessive à ce droit.

1 - Les conditions particulières de recevabilité

9.29 > La technique procédurale est le moyen utilisé par les législations nationales pour restreindre l'accès à la justice.

La plupart des limitations du droit d'agir respectent le rapport de proportionnalité exigé entre les moyens et le but poursuivi (a). En France, la fonction particulière de la Cour de cassation et du Conseil d'État, justifiant un formalisme procédural adapté, échappe le plus souvent aux justiciables acceptant difficilement d'être privés de ce qu'ils pensent être un troisième degré de juridiction. La CEDH a donc été régulièrement saisie de requêtes relatives aux conditions particulières de recevabilité d'un pourvoi (b). Si l'on conçoit aisément la nécessité qu'il y a à soumettre ce type de recours à des conditions particulières, la mise en place de procédures préalables d'examen de certains recours est, à notre sens, plus discutable (c).

a) Des limitations procédurales proportionnées

9.30 > Classiquement, la capacité pour agir en justice requise par les procédures nationales n'est pas un obstacle injustifié, ainsi pour les mineurs ou les majeurs protégés (Com. EDH, rapport à propos de l'affaire Golder, 1er juin 1973, Série B, n° 16), la protection de ces personnes rendant admissible la limitation de la capacité d'ester en justice. En revanche, la limitation du droit d'action des personnes morales étrangères est régulièrement jugée contraire à l'article 6, § 1 CEDH (par ex. Civ. 1re, 25 juin 1991, *Bull. civ.* I, n° 207).

La limitation procédurale résultant du respect des règles relatives à la compétence d'attribution des juridictions n'est pas non plus une entrave excessive au droit d'agir (N. Fricero, *Droit et pratique de la procédure civile*, Dalloz Action, 2009-2010, sous la dir. de S. Guinchard, p. 520, n° 211-40 sur la relativité du droit au tribunal).

9.31 > Le droit d'agir n'est pas un droit absolu, en ce sens la CEDH admet qu'il soit encadré. Il serait fastidieux de se livrer à une étude exhaustive de la jurisprudence de la Cour. Pour résumer, il suffit de retenir qu'une double condition est exigée pour que soit admise la limitation procédurale. Il ne faut pas d'abord que ces limitations aient pour conséquence la privation pour le justiciable de son droit à un juge. Il faut ensuite qu'un rapport de proportionnalité existe entre les moyens employés et le but poursuivi.

L'appréciation des limitations procédurales par la Cour est faite en fonction du degré de compréhension du plaideur auquel elles sont appliquées, au-delà même du bien-fondé de la limitation au regard du droit au juge. Tel est l'enseignement qui ressort de l'arrêt du 15 janvier 2009 dans lequel la Cour estime que si la technique du désistement d'office de la procédure administrative est conforme à une bonne administration de la justice et en rien contraire au procès équitable, le fait que le requérant ne soit pas représenté et n'ait pas de compétence juridique excluait que l'on puisse lui opposer son désistement d'office. La Cour de remarquer en effet « que le requérant, non juriste, n'était pas représenté par un avocat au stade de l'introduction de son recours, comme le droit français le lui permet (en l'espèce l'article R. 432-2 du CJA). Si l'on peut légitimement attendre d'un professionnel du droit qu'il soit particulièrement rigoureux dans la rédaction d'un recours, et en particulier dans le choix des mots qu'il emploie, un tel degré d'exigence ne peut être appliqué sans flexibilité à un requérant qui n'est pas représenté ». Et, « en conclusion, la Cour est d'avis que, dans les circonstances de l'espèce, le requérant s'est vu imposer une charge disproportionnée qui rompt le juste équilibre entre, d'une part, le souci légitime d'assurer le respect des conditions formelles pour saisir les juridictions et, d'autre part, le droit d'accès au juge » (*Aff. Guillard c/ France*, Req. n° 24488/04 ; *AJDA* 2009, p. 71 et p. 547).

D'une façon générale, on observe que les différentes conditions de recevabilité de l'action posées par les systèmes juridiques nationaux ne constituent ni une entrave excessive au droit d'agir, ni une violation du rapport de proportionnalité exigé.

b) Le formalisme procédural devant la Cour de cassation

9.32 > Les contestations adressées à la Cour européenne se sont orientées dans trois directions : l'obligation de recourir à un avocat aux conseils, l'obligation de produire une copie de la décision attaquée par le pourvoi, l'obligation d'exécuter la décision frappée du pourvoi. Elles n'y ont pas reçu accueil favorable, les conditions procédurales exigées par le droit français ayant chaque fois été jugées légitimes.

Le caractère particulier du pourvoi en cassation en matière pénale et le rôle capital de l'instance en cassation pour le prévenu (*Aff. Poitrimol c/ France*, 23 novembre 1993, série A, n° 277-A, p. 15, § 38 ; *Aff. Omar et Guérin*, 29 juillet 1998, Rec., p. 1841, § 41 et p. 1869, § 44 ; *Aff. Skondrianos c/ Grèce*, 18 déc. 2003, Req. 63000/00, 74291/01 et 74292/01) ont donné lieu à une appréciation plus rigoureuse de la part des juges européens.

9.33 > En matière civile : 1) La représentation devant la Cour de cassation est le plus souvent obligatoire (excepté devant la chambre criminelle et la chambre sociale). Le plaideur doit constituer avocat. Le ministère d'avocat obligatoire n'est pas, d'une façon générale, contraire au procès équitable (*Aff. Gillow c/ Royaume-Uni*, 24 nov. 1986, série A, n° 109, § 69 ; Com. EDH, *Aff. Casanovas c/ France*, 2 sept. 1992, sous réserve de ce qui a été dit à propos de l'aide juridictionnelle : *supra* n° 9-16 s). Le monopole reconnu aux avocats aux conseils est également légitime (Com. EDH, *Aff. Marc Claudel c/ France*, 30 nov. 1994), à condition de ne pas devenir un obstacle à la saisine de la Cour de cassation (Ass. Plén., 30 juin 1995, *D.* 1995, 515, note Drago : refus des avocats de soumettre une requête pour rabat d'arrêt). Bien que les plaidoiries soient relativement rares devant la Haute juridiction, il a été précisé que « la spécificité de la procédure devant la Cour de cassation peut même justifier de réserver aux seuls avocats spécialisés le monopole de la prise de parole » (*Aff. Voisine c/ France*, 8 févr. 2000, § 33, *D.* 2000, somm., 186, obs. N. Fricero).

9.34 > 2) L'obligation de produire une copie de la décision attaquée au greffe dans le délai de dépôt du mémoire, sous peine d'irrecevabilité prononcée d'office du pourvoi, n'est pas non plus une entrave au droit d'agir.

Le principe a été énoncé par la CEDH sous l'égide de l'ancienne rédaction de l'article 979 NCPC (comp. depuis le décret n° 99-131 du 26 févr. 1999) aux termes de laquelle le demandeur devait produire une copie de la décision attaquée et une copie de la décision confirmée ou infirmée par ladite décision. Un avocat aux conseils, ayant mal interprété ce texte, n'avait pas fourni la copie d'un sursis à statuer prononcé avant-dire droit qui était visé par la décision attaquée. Après avoir relevé que la disposition était suffisamment claire pour un avocat aux conseils, la Cour européenne a estimé qu'en l'espèce, le but poursuivi, à savoir l'exacte connaissance par les conseillers de l'affaire soumise à leur contrôle, était conforme au moyen employé (la production des copies exigées) et a, de façon plus générale, souligné que la spécificité du contrôle effectué par la Cour de cassation – juge du droit – justifiait un formalisme procédural plus grand (*Aff. Levages Prestations services c/ France*, 23 oct. 1996, *JCP* 1997, I, 4000, obs. F. Sudre ; *JTDE* 1997, p. 40, obs. P. Lambert ; v. aussi *Aff. Brualla Gomez de la Torre c/ Espagne*, 19 déc. 1997, *D.* 1998, somm., 210, obs. N. Fricero).

9.35 ➤ 3) À la différence de l'appel, le pourvoi en cassation n'a pas en principe en matière civile d'effet suspensif. Le recours en cassation n'ayant pas pour objet le réexamen en fait et en droit de l'affaire, il est normal de présumer que les juges du fond ont fait une exacte application des règles de droit. L'importance de la condamnation prononcée par les juridictions du fond pourrait toutefois être un réel obstacle à la formation d'un pourvoi en cassation si le demandeur n'avait pas les capacités financières pour l'exécuter. À ce titre, l'obligation d'exécuter la décision frappée de pourvoi sous peine de retrait du rôle (CPC, art. 1009-1) pourrait le priver du droit d'agir devant la Cour de cassation. De ce constat, trois conséquences :

Primo, l'obligation d'exécuter la décision n'est pas contraire à l'article 6, § 1 de la Convention, elle permet une bonne administration de la justice (*Aff. M. c/ France*, 9 janvier 1995, avis de la Com. EDH), notamment d'« assurer la protection du créancier, éviter les pourvois dilatoires, renforcer l'autorité des juges du fond, désengorger le rôle de la Cour de cassation ».

Secundo, les conséquences manifestement excessives que pourrait entraîner cette obligation sur l'effectivité du recours en cassation peuvent justifier une condamnation de l'État, ce qui suppose que le Premier président ait refusé le maintien du pourvoi au rôle de la Cour de cassation sans motivation suffisante (*Aff. Mortier c/ France*, 31 juillet 2001, *D.* 2001, chr., p. 3369, note C. Hugon ; *Procédures*, nov. 2001, n° 342, obs. V. Lechevallier). Le Premier président doit donc vérifier que l'obligation d'exécuter la décision n'a pas pour effet de restreindre l'accès à la Cour de cassation, à tel point que le droit du justiciable s'en trouverait atteint dans sa substance même (Ord. 2 févr. 2000, cit. V. Maignan, « Le retrait du rôle du pourvoi en cassation et la Convention européenne des droits de l'homme », *Procédures*, oct. 2000, n° 12, p. 5). Il incombe au requérant qui invoque la violation de l'article 6, § 1 CEDH de prouver à la Cour que le retrait du pourvoi entraînerait pour lui ces « conséquences manifestement excessives ». Le montant élevé de la condamnation qu'il doit ne suffit pas à les établir (*Aff. Pages c/ France*, 25 sept. 2003, Req. 50343/99). Toutefois, le caractère substantiel de la somme due allié aux ressources insuffisantes d'un requérant, auxquels s'ajoutent les chances sérieuses de succès du recours en raison d'une modification de la jurisprudence de la Cour de cassation sur le fond du litige, font du retrait du rôle une mesure manifestement disproportionnée (*Aff. Bayle c/ France*, 25 sept. 2003, Req. 45840/99).

Tertio, chaque fois que l'aide juridictionnelle aura été attribuée au plaideur, il faudrait en conclure que l'obligation d'exécuter est de nature à produire des conséquences manifestement excessives (*Aff. Annoni di Gussola c/ France*, 14 novembre 2000, *JCP* 2001, I, 291, n° 18, obs. F. Sudre ; *Dr. et procéd.*, mai 2001, p. 167, obs. C. Hugon ; *D.* 2001, chr., 3369, note C. Hugon).

9.36 ➤ En matière pénale : la CEDH a eu à se prononcer sur la légitimité de l'obligation faite au prévenu, pour que son pourvoi soit recevable, de se constituer prisonnier la veille de l'audience lorsqu'il encourrait une peine d'emprisonnement supérieure à six mois (ancien art. 583 C. pén.). La France a été à plusieurs reprises condamnée. Le requérant ayant été déchu de son pourvoi en cassation faute de s'être mis en état en application de ce texte, la CEDH a considéré, qu'eu égard à l'ensemble des circonstances de la cause, le prévenu a subi une entrave excessive à son droit d'accès à un tribunal et donc, à son droit à un procès équitable (*Aff. Papon c/ France*, 25 octobre 2002, Req. n° 54210/00 ; et déjà : *Aff. Khalfaoui c/ France*, 14 déc. 1999, *JCP* 2000, I, 203, n° 14, obs. F. Sudre).

Il n'est pas sûr cependant que le respect des droits de l'homme soit favorable au prévenu, les juridictions pouvant être tentées de prononcer une ordonnance de prise de corps pour être certaines que le prévenu ne tente pas d'échapper à la décision devant être prise à l'issue de l'instance en cassation (S. GUINCHARD et al., *Droit processuel*, Dalloz, coll. Précis, 4e éd., 2007, p. 643, n° 331-3).

c) Les procédures d'admission des pourvois

9.37 > Aux termes de l'article L. 131-6, alinéa 2 du Code de l'organisation judiciaire (art. L. 431-1, nouveau Code de l'organisation judiciaire), mod. loi n° 2001-539 du 25 juin 2001 (art. 27), les pourvois sont soumis à l'examen préalable d'une chambre spécialement créée à cet effet ayant pour mission de déclarer non admis les pourvois irrecevables ou qui ne seraient pas fondés sur un moyen sérieux de cassation. Cette procédure d'admission des pourvois a été empruntée à un mécanisme similaire existant devant le Conseil d'État depuis une loi du 31 décembre 1987 prévoyant que « le pourvoi en cassation devant le Conseil d'État fait l'objet d'une procédure préalable d'admission. L'admission est refusée par décision juridictionnelle si le pourvoi est irrecevable ou n'est fondé sur aucun moyen sérieux » (art. 11). La mise en place de ce dispositif devant chacune des plus hautes juridictions de l'ordre administratif et de l'ordre judiciaire répond à la nécessité de faire face à des saisines de plus en plus nombreuses remettant en cause le caractère extraordinaire de cette voie de recours.

La CEDH ne s'y est pas trompée. Reprenant la position traditionnelle de la Com. EDH (*Aff. Andresz c/ France*, 2 sept. 1992, Req. n° 19212/91 ; *Aff. Rebai c/ France*, 25 fév. 1997, Req. n° 26561/93), la Cour estime que l'absence de chance de succès de la demande autorise le rejet de son examen sur le fondement de ces dispositions (*Aff. Kosser c/ France*, 9 mars 1999, Req. n° 38748/97).

9.38 > On peut cependant discuter du bien-fondé de ce système de préexamen des affaires par les Hautes juridictions à l'aune du procès équitable, même s'il est peu probable que la jurisprudence européenne puisse dans un avenir proche être modifiée. Le justiciable n'est-il pas confronté à des procédures identiques lorsqu'il saisit la Cour de Strasbourg ? Le but de ces procédures est d'éviter l'encombrement des juridictions et, à ce titre, on conçoit que cela participe d'une bonne administration de la justice. Par ailleurs, le moyen choisi est adapté au but poursuivi puisque le préexamen des affaires déleste d'autant les chambres de la Cour de cassation ou du Conseil d'État.

Il reste que la décision de non-admission est contestable en raison du caractère sommaire de sa motivation. Le plus souvent, il est indiqué que le pourvoi n'est pas de nature à permettre l'admission de la requête, sans autre explication pour le justiciable. Sous l'angle de la motivation (*infra* n° 9-130) et dans la perspective d'une justice qui se veut proche des justiciables, la CEDH ne pourrait-elle exiger des conseillers qu'ils indiquent les raisons de leur décision ? Elle s'y est refusée, estimant qu'il n'y avait pas violation du droit à la motivation du jugement (*Aff. Kosser c/ France*, 9 mars 1999, Req. n° 38748/97).

Il est vrai que la satisfaction serait plus morale que juridique dès lors que la CEDH, qui n'est pas une Cour supérieure à la Cour de cassation ou au Conseil d'État, n'apprécie jamais le bien-fondé de la motivation donnée par les juridictions nationales. Elle peut cependant sanctionner les erreurs manifestes d'appréciation (*infra* n° 9-135 s.).

9.39 > Au-delà, les procédures d'admission des pourvois soulèvent la question plus générale du droit à une voie de recours (*supra* n° 9-11), ici du droit d'agir devant la Cour de cassation ou le Conseil d'État. La spécificité du rôle assumé par ces juridictions chargées de vérifier la conformité des décisions de justice aux règles de droit ne devrait-elle pas conduire à la reconnaissance explicite du droit pour chaque justiciable d'obtenir cette vérification ou, à tout le moins, les raisons pour lesquelles on leur refuse ?

2 - Les délais d'exercice de l'action

9.40 > Le droit d'action trouve négativement pour butoir l'expiration du délai de prescription, alors qu'il est enfermé positivement dans le délai de forclusion. À l'expiration de ces délais, le justiciable ne peut plus agir en justice. Il faut donc s'assurer que le délai était suffisant pour lui permettre un accès réel aux juridictions, ce qui suppose qu'il ait eu connaissance en temps utile du délai imparti.

9.41 > La deuxième chambre civile de la Cour de cassation, à propos du défaut de signification d'un mémoire dans les délais, a affirmé que « les délais de procédure impartis par la loi à peine d'irrecevabilité, de forclusion, de déchéance ou de caducité sont nécessaires au bon déroulement des procédures et contribuent au procès équitable, dès lors qu'ils assurent la sécurité juridique, le respect des droits de la défense et du principe de la contradiction et du délai raisonnable » (12 juill. 2001, *Bull. civ.*, II, n° 140 ; *supra* n° 9-23). La CEDH reconnaît également qu'ils participent d'une bonne administration de la justice (*Aff. Pérez de Rada Cavanilles c/ Espagne*, 28 octobre 1998, § 44, 45, *JCP* 1999, I, 105, n° 21, obs. F. Sudre ; *D.* 1999, somm., 270, obs. N. Fricero), la brève durée des délais ne suffisant pas à prouver l'atteinte au droit d'agir.

Régulièrement, la Cour de cassation rejette des pourvois dénonçant la durée des délais de procédure comme contraires au procès équitable (par ex. le délai de 3 jours de la requête en nullité d'une extradition : Crim., 7 novembre 2000, *Bull. crim.*, n° 328 ; le bref délai de l'article 1648 C. civ. : Civ. 1re, 21 mars 2000, *Bull. civ.*, I, n° 97 ; *D.* 2000, 593, note C. Atias ; *Contrats, conc. cons.*, sept. 2000, 12, obs. L. Leveneur ; *RTD civ.* 2000, p. 592, note P.-Y. Gautier ; le délai de deux mois pour conclure à partir de la déclaration d'appel par application de l'ancien article R. 13-49 du Code de l'expropriation : Civ. 3e, 13 avril 2005, *Bull. civ.*, III, n° 92).

9.42 > Si le délai peut être de courte durée, il ne faut pas en revanche que le point de départ de ce délai aboutisse, en pratique, à priver le justiciable de son recours. La notification par voie postale d'une décision parvenue à son destinataire deux jours après l'expiration du délai de cinq jours francs pour faire appel supprime purement et simplement l'accès à la Cour d'appel (*Aff. Tricard c/ France*, 10 juillet 2001, Req. n° 40472/98 ; v. *Aff. Pérez de Rada Cavanilles c/ Espagne*, préc.).

Les procédés de notification et de signification nationaux ainsi que la date à partir de laquelle l'acte est réputé notifié ou signifié constituent à cet égard la pierre angulaire du contrôle du respect du procès équitable. La matière civile est rarement cause de contestation en raison du principe de la double date lorsque la notification a lieu par voie postale (art. 668 CPC) et des dispositions très protectrices applicables lorsque l'acte fait l'objet d'une signification (art. 653 s. CPC ; 555 s. C. pén.).

Certaines dispositions pénales sont en revanche de nature à priver le justiciable d'un droit de recours effectif. Il suffit de songer à la fiction instaurée à l'article 183, alinéa 4 des Code pénal – « toute notification d'acte à une partie par lettre recommandée expédiée à la dernière adresse déclarée par l'intéressé est réputée faite à sa personne » – ou de la jurisprudence retenant pour point de départ de la notification postale le jour de l'expédition de la lettre pour les actes d'instruction. Lorsque le délai est de quelques jours, il est peu probable que le destinataire puisse en profiter.

9.43 > Les dispositions nationales sont interprétées par les juridictions nationales et non par la CEDH, mais cette dernière a pour mission de « vérifier la compatibilité avec la Convention des effets de pareilles interprétations. Ceci est particulièrement vrai s'agissant de l'interprétation par les tribunaux des règles de nature procédurale telles que les délais régissant le dépôt de documents ou l'introduction d'un recours » (*Aff. Tsironis c/ Grèce*, 6 déc. 2001, Req. 44584/98, § 25, définitif 6 mars 2002, *Rev. Dr. et procéd.*, mars 2002, p. 92, obs. N. Fricero). C'est pourquoi, s'il n'appartient pas à la Cour européenne d'apprécier *in abstracto* la durée des délais pour agir, elle doit vérifier *in concreto* que les règles de computation de ces délais, en particulier la date à partir de laquelle ils commencent à courir, n'ont pas eu pour effet de priver le justiciable du droit d'agir. Dans l'*affaire Tsironis*, la Grèce a été condamnée car « le respect du délai de recours (...) présuppose que l'individu lésé ait effectivement pris connaissance de l'acte litigieux pour qu'il puisse l'attaquer utilement en justice » (§ 27). Or, en l'espèce, il était démontré que le requérant n'avait pas eu connaissance de l'acte litigieux à cause d'un manque de diligence de l'huissier de justice chargé de le notifier. De la même façon, lorsqu'un requérant accomplit toutes les tâches qui lui incombent en temps utile, soit 17 jours avant l'expiration du délai de recours et que le retard qui s'est produit concerne la procédure ultérieure de notification à l'étranger qui ne lui est pas imputable, et alors qu'il est constaté dans l'arrêt que le requérant avait pris la peine de signaler ces difficultés en sollicitant avant son expiration une prorogation de délai, le refus de cette prorogation par la juridiction et le rejet consécutif du recours du requérant pour tardiveté est une entrave injustifiée à son droit d'accès à un tribunal (*Aff. Kaufmann c/ Italie*, 19 mai 2005, déf. 12 oct., Req. n° 14021/02).

9.44 > La notification ou la signification est parfois faite aux avocats sans qu'il soit nécessaire de l'adresser directement aux parties. Un arrêt intéressant de la Cour de cassation a retenu que la signification du jugement à avocat fait courir le délai d'appel sans être contraire à l'exigence d'un procès équitable dès lors que la voie de recours instituée par la loi se trouve seulement soumise, pour des impératifs de célérité, à des conditions de forme et de délai qui lui sont propres. Il est précisé que la cour d'appel n'avait pas à rechercher si l'avocat, auquel la signification avait été faite, en avait informé la partie représentée par lui. Cette signification avait donc fait courir le délai d'appel (Civ. 2e, 22 nov. 2001, *Bull. civ.*, II, nº 169).

À supposer que l'avocat n'ait pas informé en temps utile la personne qu'il représente, le délai de recours est expiré. Le justiciable n'aura alors pour autre solution que d'engager la responsabilité de l'auxiliaire de justice, sauf à pouvoir se retourner contre l'État en saisissant la Cour européenne (*supra* nos 9-16 et 9-27).

II – LE DROIT AU JUGEMENT

9.45 > Si l'accès à la justice suppose qu'au préalable le justiciable puisse saisir une juridiction, il implique *in fine* que justice lui soit rendue. Ce droit au jugement se traduit de façon positive par l'obligation faite aux juges de statuer dans un délai raisonnable (A) et, négativement, par la sanction du déni de justice (B).

A - L'OBLIGATION DE STATUER DANS UN DÉLAI RAISONNABLE

9.46 > La lenteur de la justice prend forme lorsque la procédure est d'une durée déraisonnable (1). Les juges, et derrière eux l'État, ont l'obligation de statuer dans un délai raisonnable. Mais il s'agit d'une obligation de moyens et non de résultat. Il faut donc déterminer si l'inexécution de cette obligation leur est ou non imputable (2) pour décider d'une éventuelle condamnation de l'État.

1 - La durée déraisonnable de la procédure

9.47 > L'exigence du délai raisonnable pourrait donner lieu à l'élaboration d'un catalogue tant les affaires sont nombreuses (quelques-unes parmi les plus récentes : *Aff. Schiettecatte c/ France*, 8 avril 2003, Req. 49198/00, déf. 09/07/2003 (13 ans, 10 mois et 6 jours) ; *Aff. Schumacher c/ Luxembourg*, 25 nov. 2003, Req. 63286/00 (9 ans) ; *Aff. Nicolle c/ France*, 25 nov. 2003, Req. 51887/99 (13 ans, 9 mois, 9 jours) ; *Aff. Huart c/ France*, 25 nov. 2003, Req. 55829/00 (11 ans, 10 mois) ; *Aff. Slimane-Kaid c/ France*, 27 nov. 2003, Req. 48943/99 (13 ans, 3 mois, 19 jours, dossier traité par 5 juges d'instruction différents !) ; *Aff. Hadjikostova c/ Bulgarie*, 4 déc. 2003, Req. 36843/97 (5 ans et 14 jours, pas excessif) ; *Aff. Ferreira Alves c/ Portugal*, 4 déc. 2003, Req. 56345/00 (8 ans, 4 mois) ; *Aff. Faivre c/ France*, 16 déc. 2003, Req. 69825/01 (11 ans, 8 mois) ; *Aff. Rouille c/ France*, 6 janv. 2004, Req. 50268/99 ; *Aff. Sekin et al. c/ Turquie*, 22 janv. 2004, Req. 26518/95 (9 ans)). La durée d'une procédure s'entend en principe du temps situé entre la date de saisine de la juridiction (ou de la mise en examen en matière pénale) et la date du prononcé de la décision définitive et irrévocable (à moins que la procédure ne soit encore pendante ou que n'entre en compte la durée de l'exécution). La longueur de la procédure n'est pas à elle seule révélatrice d'une violation du procès équitable.

Schématiquement, l'appréciation du caractère raisonnable ou non de la procédure par la CEDH repose sur une approche objective du litige et une approche subjective des enjeux du litige, qui peut être résumée comme suit, la prise en compte, suivant les circonstances de la cause, de « la complexité de l'affaire, du comportement du requérant et celui des autorités compétentes ainsi que l'enjeu du litige pour les intéressés » (*Aff. Ouranio Toxo c/ Grèce*, 20 oct. 2005, Req. n° 74989/01).

9.48 > L'approche objective du litige suppose qu'il y ait rapport de convenance entre la complexité de l'affaire et la durée de la procédure. Cette complexité peut avoir des causes multiples.

Elle peut tout d'abord résulter du droit matériel, ainsi en matière d'urbanisme (*Aff. Klitsche de la Grange c/ Italie*, 27 octobre 1994, série A, n° 293-B, § 52), de l'incertitude quant aux règles de droit applicable (*Aff. Pretto c/ Italie*, 8 déc. 1983, série A, n° 71), ou encore de la complexité des faits justifiant parfois de nombreuses expertises (*Aff. Billi c/ Italie*, 26 février 1993, série A, n° 257-G, § 19 ; *Aff. Proszak c/ Pologne*, 16 déc. 1977).

Elle peut ensuite avoir pour origine le droit procédural soit que le formalisme à respecter soit plus grand en raison de la spécificité de la procédure (*Aff. Süßmann c/ Allemagne*, 16 septembre 1996, comp. *Aff. Pammel c/ Allemagne*, 1er juillet 1997, § 68, *AJDA* 1997, p. 985, note J.-F. Flauss), soit que l'affaire ait donné lieu à question préjudicielle devant la CJCE (*Aff. Pafitis et autres c/ Grèce*, 26 février 1998, § 95, *JCP* 1999, I, 105, n° 36, obs. F. Sudre) ou qu'elle mette en présence pluralité de parties (*Aff. H. c/ Royaume-Uni*, 8 juillet 1987, série A, n° 120, § 72), soit tout simplement que les parties aient utilisé toutes les voies de droit offertes par leur législation (*Aff. Poiss c/ Autriche*, 23 avril 1987, § 57).

Dans tous les cas, la Cour européenne se livrera à une comparaison entre le degré de complexité du litige et le temps du procès pour décider si la décision a été ou non rendue dans un délai raisonnable.

9.49 > L'approche subjective du litige consiste en la prise en compte des enjeux de l'affaire pour le requérant. En matière pénale, ce critère n'est pas à notre connaissance utilisé, car tout procès pénal porte des enjeux essentiels pour le prévenu, cela va de soi, *a fortiori* si ce dernier fait l'objet d'une détention provisoire. Dans ce cas, l'article 5 § 3 de la Convention européenne des droits de l'homme vient renforcer l'article 6 § 1. Il est souligné que toute personne arrêtée ou détenue a le droit notamment d'être jugée dans un délai raisonnable ou libérée pendant la procédure.

En matière civile, lorsque la procédure a pour objet le droit des personnes ou de la famille et intéresse des droits extrapatrimoniaux, l'enjeu du procès pour le justiciable est souvent de première importance. Ce sera par exemple le cas lorsque la demande en justice concerne l'indemnisation d'un préjudice corporel, ainsi pour les victimes du sida ou autres maladies (*Aff. X. c/ France*, 31 mars 1992, *JCP* 1993, I, 3654, n° 14, obs. F. Sudre ; *Aff. F. E c/ France*, 30 octobre 1998, *D.* 1999, somm., 269, obs. N. Fricero ; *Aff. Gozalvo c/ France*, 9 nov. 1999, *Procédures*, avril 2000, n° 93, obs. N. Fricero) ou s'agissant de l'attribution de la garde des enfants (*Aff. Laino c/ Italie*, 18 fév. 1999, *D.* 1999, somm., 271, obs. N. Fricero).

Par extension, les litiges mettant en cause les moyens de subsistance d'un individu – son travail (*Aff. Obermeier c/ Autriche*, 28 juin 1990, série A, n° 179 ; *Aff. Delgado c/ France*, 14 nov. 2000, *D.* 2001, 2787, note J.-P. Marguénaud et J. Mouly ; *Aff. Geneste c/ France*, 12 déc. 2000, *Procédures*, avril 2001, n° 84, obs. N. Fricero), son avenir professionnel (*Aff.*

H. c/ Royaume-Uni, préc.) – touchent à sa personne. Il s'ensuit que l'appréciation du caractère raisonnable ou non de la procédure sera plus rigoureuse.

9.50 > Les deux critères d'appréciation peuvent évidemment être cumulés. Si le litige ne présente pas de difficultés particulières et que les enjeux pour le requérant sont importants, la longueur de la procédure risque d'autant plus d'être jugée déraisonnable. Mais que faut-il décider si une affaire est objectivement complexe, justifiant ainsi une procédure s'étalant dans le temps et que les enjeux du litige sont cruciaux pour le requérant appelant une réponse rapide ? On comprend l'étendue du pouvoir reconnu à la CEDH en pareilles circonstances. Il ne s'agit pas de déterminer si le délai est ou non raisonnable, mais de décider, sous couvert de l'obligation de statuer dans un délai raisonnable, qui devra garantir les inconvénients inhérents à la longueur des procédures, celle-ci fût-elle objectivement justifiée.

2 - L'imputabilité du manquement constaté

9.51 > Parmi les critères d'appréciation du caractère raisonnable du délai, la CEDH place le comportement des parties et celui des autorités compétentes (par ex. *Aff. Vernillo c/ France*, 20 fév. 1991, série A, n° 198). Ces critères sont à notre sens inadéquats pour renseigner sur la durée raisonnable ou non de la procédure, mais permettent de décider si un délai objectivement trop long au regard de la nature du litige (l'affaire n'est pas complexe ou, bien qu'elle le soit, a donné lieu à une durée excessive, *supra* n° 9-47 s.) doit être imputable au requérant ou à l'État. Ce sont, nous semble-t-il, des conditions de mise en œuvre de la responsabilité des autorités nationales et non des critères d'appréciation de la durée du délai. D'ailleurs, à partir de l'*affaire Buchholz c/ Allemagne*, la Cour de Strasbourg a pris soin de préciser, et la formule est régulièrement reprise (*Aff. Papageorgiou c/ Grèce*, 22 oct. 1997, § 46 ; *Aff. Papachelas c/ Grèce*, 25 mars 1999, § 40 ; *Aff. Versini c/ France*, 10 juillet 2001, § 28), que « seules des lenteurs imputables à l'État peuvent l'amener à conclure, le cas échéant, à l'inobservation du délai raisonnable » (6 mai 1981, Req. 7759/77, § 49).

9.52 > Si la durée excessive de la procédure est exclusivement imputable au requérant, il ne peut venir se plaindre du non-respect du délai raisonnable.

En matière civile, le rôle déterminant joué par les parties, qui « conduisent l'instance sous les charges qui leur incombent » et auxquelles il « appartient d'accomplir les actes de la procédure dans les formes et les délais requis » (art. 2 CPC), ne rend pas la situation inconcevable. Lorsqu'une séparation de corps dure un peu plus de sept ans, que les parties multiplient les incidents de procédure, que la demande reconventionnelle présentée par le requérant intervient dans son expression achevée au bout de deux ans et qu'en appel ses premières conclusions sont déposées plus d'un an et demi après la déclaration d'appel, après sommation du juge, la durée excessive de la procédure est indéniablement imputable au requérant (*Aff. Monnet c/ France*, 27 octobre 1993, § 30, *D.* 1995, somm., 102, obs. J.-F. Renucci ; *JCP* 1994, I, 3742, n° 20, obs. F. Sudre ; v. not. *Aff. Barelli c/ France*, 23 mai 2000, Req. n° 46246/99).

Bien que la procédure pénale soit en grande partie de type inquisitoire, la durée déraisonnable du délai pour obtenir un jugement peut également être imputable au comportement du prévenu depuis le jour de sa mise en examen. Par ailleurs, il ne faut pas oublier que dans les pays de *common law*, la procédure pénale est essentiellement de type accusatoire et les parties ont un rôle similaire à celui assuré devant nos juridictions civiles.

9.53 > Le plus souvent, le caractère déraisonnable du délai sera imputable au juge (par ex., ajournement de treize audiences : *Aff. Zappia c/ Italie*, 26 septembre 1996, § 25, *D.* 1997, somm., 210, obs. N. Fricero ; délai entre la saisine et la première audience : près de deux ans, *Aff. Kayakaya c/ France*, 26 août 1994, § 44 ; près de cinq ans, *Aff. Beaumartin c/ France*, 24 nov. 1994, § 33). Chargé de veiller au bon déroulement de la procédure (art. 3 CPC), il est aussi responsable de la diligence des experts et autres spécialistes qu'il mandate pour que l'affaire soit en état d'être jugée (par ex. *Aff. Versini c/ France*, 10 juillet 2001, § 29).

L'État sera condamné si la violation du caractère déraisonnable de la durée de la procédure provient d'un dysfonctionnement de la justice, en particulier du manque de diligence du juge. Mais la transgression peut aussi directement résulter de la carence constatée des autorités nationales pour améliorer l'efficacité de la justice. Chaque fois que l'État n'aura pas pris les mesures positives nécessaires pour que soit assurée la célérité de la procédure, il prend le risque d'être sanctionné par la Cour européenne (ainsi pour l'encombrement des juridictions : *Aff. Guincho c/ Portugal*, 10 juillet 1984, série A, n° 81, § 38 s. ; en particulier en Italie : *Aff. Bottazzi, A.L.M., Di Mauro, A.P. et Ferrari* du 28 juillet 1999, Req. n° 34884/97, 35284/97, 34256/96, 35265/97 et 33440/96).

Cette condamnation pour non respect du délai raisonnable, non seulement dépasse le seul cadre européen la CJCE ayant intégré depuis longtemps l'obligation au titre du procès équitable (CJCE 17 déc. 1998, *Baustahlgewebe c/ Commission*, aff. C-185/95 P, Rec. CJCE I-8417), mais peut également conduire à la mise en cause de la Communauté elle-même lorsque ses juridictions n'ont pas respecté ce caractère raisonnable de la procédure (CJCE 16 juill. 2009, *Der Grüne Punkt*, aff. C-385/07 P, *AJDA* 2009, p. 2276, M. Aubert, E. Broussy, F. Donnat).

B - LA SANCTION DU DÉNI DE JUSTICE

9.54 > Lorsque le manquement est imputable à l'État, il peut être sanctionné financièrement sur le fondement général de l'article 41 de la Convention européenne des droits de l'homme. Ceci n'appelle pas de développements supplémentaires, la CEDH n'ayant pas d'autre moyen de pression sur les États.

La sanction du caractère déraisonnable de la procédure peut être fondée en droit français, depuis une dizaine d'années, sur l'article L. 781-1 du Code de l'organisation judiciaire devenu l'article L. 441-1 (Ord. 8 juin 2006) (S. Guinchard, « Responsabilité du fait du fonctionnement défectueux du service public de la justice », *Rép. Dalloz*, Proc. Civ., mars 2003). L'interprétation nouvelle de ce texte par les juridictions nationales a eu des répercussions directes sur la recevabilité du recours européen pour violation du délai raisonnable fondé sur l'article 6 § 1 de la Convention européenne des droits de l'homme (v. not. X. Chen, *L'article 6 § 1 et la procédure civile française*, Thèse dact., Aix-Marseille III, sept. 2002, dir. L. Coupet).

9.55 > Aux termes de l'ancien article L. 781-1, alinéa 1 du Code de l'organisation judiciaire, « L'État est tenu de réparer le dommage causé par le fonctionnement défectueux du service de la justice. Cette responsabilité n'est engagée que par une faute lourde ou par un déni de justice ». Durant plus de vingt ans, les dommages réparés sur le fondement de ce texte devaient avoir été causés soit par une faute lourde, entendue de l'intention de nuire (plus proche conceptuellement de la faute dolosive) ou de l'erreur grossière, soit par un déni de justice, constitué le plus souvent du refus de statuer du magistrat. Peu à peu, le champ d'application de la règle s'est élargi jusqu'à inclure toute atteinte à la protection juridictionnelle du justiciable (L. FAVOREU, *Du déni de justice en droit public français*, LGDJ, 1964).

9.56 > Les juridictions du fond ont donné par la suite une définition bien plus large du déni de justice. Il s'agit non seulement du refus de répondre aux requêtes ou le fait de négliger de juger les affaires en état de l'être, mais aussi de tout manquement de l'État à son devoir de protection juridictionnelle de l'individu qui comprend le droit pour tout justiciable de voir statuer sur ses prétentions dans un délai raisonnable. Un délai de quarante mois, s'agissant d'une procédure devant une cour d'appel pour un litige de droit du travail, imposé dès le début de la procédure par un acte insusceptible de recours, est révélateur d'un fonctionnement défectueux du service de la justice et équivaut à un déni de justice en ce qu'il prive le justiciable de la protection juridictionnelle qu'il revient à l'État de lui assurer (TGI, Paris, 5 nov. 1997, *D.* 1998, 9, M.-A. Frison-Roche et l'arrêt confirmatif de la CA Paris, 20 janvier 1999, *Gaz. Pal.* 1999, somm., p. 45, note Petit).

Quant à la Cour de cassation, elle a retenu, sous le visa de ce texte, « que constitue une faute lourde toute déficience caractérisée par un fait ou une série de faits traduisant l'inaptitude du service public de la justice à remplir la mission dont il est investi » (Ass. Plén., 23 février 2001, *Bull. civ.*, AP, n° 5). La défectuosité du système judiciaire portait sur la violation du secret de l'instruction, ayant pour objet la mort de l'enfant Grégory Villemin. Il reste que la définition très large de la faute lourde devrait permettre d'inclure toute atteinte au procès équitable, et en particulier le droit à être jugé dans un délai raisonnable.

9.57 > En vertu de l'article 35 de la Convention européenne des droits de l'homme, le justiciable, pour saisir la Cour européenne, doit avoir épuisé toutes les voies de recours internes. L'argument invoqué par le gouvernement pour que soit rejetée la requête du justiciable pour violation du délai raisonnable, consistant à soutenir qu'il n'avait pas exercé le recours fondé sur l'article L. 781-1 du Code de l'organisation judiciaire, n'était pas retenu par la CEDH, motifs pris que l'obligation de l'article 35 n'impliquait l'utilisation des voies de droit que pour autant que celles-ci aient été suffisantes et efficaces (*Aff. Funke c/ France*, 6 octobre 1988, Req. n° 10828/84). Les conditions rigoureuses de mise en œuvre de la responsabilité de l'État sur le fondement de l'article L. 781-1 du Code de l'organisation judiciaire ne permettait traditionnellement pas au justiciable d'agir efficacement lorsque le dysfonctionnement de la justice concernait la durée excessive de la procédure, la preuve d'une faute lourde ou d'un déni de justice ne pouvant le plus souvent être rapportée (*supra* n° 9-55).

9.58 > La responsabilité de l'État engagée sur le fondement de l'article L. 781-1 du Code de l'organisation judiciaire à partir de 1999 pour violation du délai raisonnable a modifié la solution européenne. La nouvelle jurisprudence française ayant été invoquée par le gouvernement, la Cour a reconnu que le droit interne offrait un recours au justiciable pour qu'il soit remédié à la violation de son droit et n'a rejeté l'argument qu'en raison de l'antériorité de la requête déposée devant elle par rapport à la nouvelle jurisprudence (*Aff. Greta Van Der Kar et Greta Lissaur Van West c/ France*, 7 nov. 2000, Req. n° 44952/98 et 44953/98). Il s'ensuit que, désormais, pour agir devant la CEDH pour violation du droit à être jugé dans un délai raisonnable, le justiciable doit avoir épuisé les voies de recours internes, incluant le recours en responsabilité de l'État organisé par l'article L. 781-1 du Code de l'organisation judiciaire (*Aff. Giummarra c/ France*, 12 juin 2001, *JCP* 2001, I, 105, n° 9 ; *Aff. Benslimi c/ France*, 29 janvier 2002, Req. n° 57732/00).

Toute requête postérieure à l'interprétation nouvelle de l'article L. 781-1 du Code de l'organisation judiciaire sera déclarée irrecevable si le justiciable n'a pas exercé ce recours interne. Cette nouvelle condition de recevabilité en droit européen devrait endiguer le flux des requêtes formées devant la Cour de Strasbourg en cours d'instance. L'épuisement des voies de recours internes par le justiciable s'entend des voies de recours efficaces et suffisantes pour remédier au manquement allégué (*Aff. Funke c/ France*, préc.), le recours fondé sur l'article L. 781-1 du Code de l'organisation judiciaire étant jugé comme tel.

Ce droit au recours effectif est sanctionné de façon autonome sur l'article 13 de la Convention européenne des droits de l'homme, depuis l'*affaire Kudla c/ Pologne*. Dans cette affaire, la Pologne fut condamnée car aucun recours national ne permettait au justiciable de voir sa cause entendue dans un délai raisonnable. La Cour affirma que « les exigences de l'article 13 doivent être regardées comme renforçant celles de l'article 6 § 1 plutôt que comme étant absorbées par l'obligation générale, imposée par cet article, de ne pas soumettre les justiciables à des procédures judiciaires anormalement longues » (26 oct. 2000, § 152 ; *RTD civ.* 2001, p. 446, obs. J.-P. Marguénaud ; plus récemment : *Aff. SCI Boumois c/ France*, 17 juin 2003, Req. 55007/00 ; *Aff. Bouilly c/ France*, 24 juin 2003, Req. 57115/00).

La méconnaissance du délai raisonnable est désormais sanctionnée sur le fondement de l'article L. 781-1 du Code de l'organisation judiciaire, seules les requêtes déposées antérieurement peuvent donner lieu à condamnation de la France pour non-respect de l'effectivité du recours (*Aff. Lutz c/ France*, 17 juin 2003 Req. n° 49531/99 ; *Aff. Loyen et al. c/ France*, 29 avril 2003, Req. 55926/00 ; *Aff. Nouhaud c/ France*, 9 juill. 2002, déf. 10 oct., Req. n° 33424/96, § 37 s).

9.59 > La célérité de la justice est également une exigence du contentieux administratif. On se souvient que « par un arrêt du 28 juin 2002 (*Garde des Sceaux, Ministre de la Justice c/ Magiera, D.* 2003, 23, note V. Holderbach-Martin), l'Assemblée du contentieux du Conseil d'État a confirmé cette décision de la cour administrative d'appel de Paris. Rendu par la formation la plus solennelle de la haute juridiction administrative, cet arrêt se réfère expressément à l'article 6 § 1 de la Convention et au droit « des justiciables (...) à ce que leurs requêtes soient jugées dans un délai raisonnable », et reconnaît à ceux-ci, « lorsque la méconnaissance de [ce droit] leur a causé un préjudice, [la possibilité d']obtenir la réparation du dommage ainsi causé par le fonctionnement défectueux du service public de la justice » ; il souligne en particulier ce qui suit : « (...) l'action en responsabilité engagée par le justiciable dont la requête n'a pas été jugée dans un délai raisonnable doit permettre la réparation de l'ensemble des dommages tant matériels que moraux, directs et certains, qui ont pu lui être causés et dont la réparation ne se trouve pas assurée par la décision rendue sur le litige principal ; (...) peut ainsi, notamment, trouver réparation le préjudice causé par la perte d'un avantage ou d'une chance ou encore par la reconnaissance tardive d'un droit ; (...) peuvent aussi donner lieu à réparation les désagréments provoqués par la durée abusivement longue d'une procédure lorsque ceux-ci ont un caractère réel et vont au-delà des préoccupations habituellement causées par un procès, compte tenu notamment de la situation personnelle de l'intéressé ». Il ressort ainsi clairement de cet arrêt que le recours en responsabilité de l'État pour fonctionnement défectueux du service public de la justice permet aux justiciables, parties à une procédure devant les juridictions administratives, d'obtenir un constat de violation de leur droit à voir leur cause entendue dans un « délai raisonnable » et l'indemnisation du préjudice qui en résulte » (*Aff. Broca et Texier-Micault c/ France*, 21 oct. 2003, Req. 27928/02 et Req. 31694/02).

Le décret n° 2005-911 du 28 juillet 2005 (*JO* du 4 août, p. 12772) tendant à accélérer les procédures devant les juridictions administratives s'inscrit dans cette recherche d'une justice plus efficace, parce que plus rapide. Désormais, l'article R. 311-1 du Code de Justice administrative comporte un 7° disposant que le Conseil d'État est compétent pour connaître en premier et dernier ressort « des actions en responsabilité dirigées contre l'État pour durée excessive de la procédure devant la juridiction administrative » (v. not. J.-J. MENURET, « La compétence directe du Conseil d'État en matière de responsabilité pour durée excessive de la procédure », *JCP* 2005, Act., p. 471).

9.60 > Il reste que l'effectivité du recours, que ce soit devant les juridictions judiciaires ou administratives, supposerait le respect positif de l'exigence de célérité de la procédure et non pas simplement une indemnisation pécuniaire, surtout lorsque des droits extrapatrimoniaux dépendent de l'issue du litige.

Un justiciable devrait pouvoir, après avoir demandé réparation à l'État selon les voies de droit nationales et avoir obtenu gain de cause (dans le cas inverse la réponse va de soi), saisir la CEDH s'il estime que la violation du droit à être jugé dans un délai raisonnable lui a causé un préjudice tel que l'indemnisation pécuniaire n'a pas suffi à le réparer. La Cour pourrait-elle dans ces conditions condamner l'État français ? Une réponse positive n'est pas à exclure. L'article 41 de la Convention européenne des droits de l'homme prévoit que l'État peut être condamné à verser une satisfaction équitable pour violation de l'une des dispositions conventionnelles, si le droit interne de la Haute partie contractante ne permet d'effacer qu'imparfaitement les conséquences de cette violation.

Le rôle de la CEDH est aussi de veiller à ce que les États prennent des mesures positives pour remédier aux désordres structurels empêchant une justice efficace. Le versement d'une indemnisation pécuniaire en droit interne n'est à cet égard qu'un pis-aller.

9.61 > La procédure pénale française a ouvert la voie de ce qui constitue un recours véritablement effectif, bien qu'il ne concerne pas la question du délai raisonnable. Le nouvel article 626-1 du Code pénal (L. 15 juin 2000) dispose que « le réexamen d'une décision pénale définitive peut être demandé au bénéfice de toute personne reconnue coupable d'une infraction lorsqu'il résulte d'un arrêt rendu par la Cour européenne des droits de l'homme que la condamnation a été prononcée en violation des stipulations de la Convention européenne des droits de l'homme ou de ses protocoles additionnels, dès lors que, par sa nature et sa gravité, la violation constatée entraîne pour le condamné des conséquences dommageables auxquelles la satisfaction équitable allouée sur le fondement de l'article 41 de la Convention ne pourrait mettre un terme ».

La Commission de réexamen de la Cour de cassation a ainsi réexaminé une affaire suite à un arrêt de la Cour européenne des droits de l'homme ayant relevé la violation de l'article 6, § 1 de la Convention. Les condamnés avaient subi une entrave excessive à leur droit d'accès à un tribunal du fait de l'irrecevabilité du pourvoi devant la Cour de cassation (14 mars 2002, *Bull. crim.* COMREX, n° 2).

De façon prospective, la question doit être posée des moyens qui permettraient de garantir de façon positive la célérité de la procédure. L'annulation de la procédure a toujours été refusée (Crim., 7 mars 1989, *Bull. crim.*, n° 109 ; 22 sept. 1998, *Procédures*, mars 1999, n° 71 ; 26 sept. 2001, *D.* 2002, somm., p. 1462) et l'indemnisation pécuniaire du préjudice subi intervient *a posteriori*, le problème reste donc entier.

§ 2 - L'INDÉPENDANCE ET L'IMPARTIALITÉ DE LA JUSTICE

9.62 > Pour bien rendre justice, il faut pouvoir donner son jugement en toute indépendance, être libre de toute influence extérieure (I), il faut également se prémunir contre soi-même et fuir tout risque de partialité (II). Ne correspond pas à la définition même d'un tribunal la juridiction qui ne serait pas indépendante et impartiale.

I – L'INDÉPENDANCE

9.63 > Sont traditionnellement distinguées l'indépendance organique et l'indépendance fonctionnelle. Le magistrat ayant mission de juger, bien que fonctionnaire, ne doit pas dans l'accomplissement du rôle qui lui est dévolu être, en fait ou en droit, soumis à un pouvoir supérieur (A). Cette indépendance doit être garantie au moment même de rendre justice. Lorsqu'un procès est en cours, il ne devrait y avoir aucune ingérence des pouvoirs législatif et exécutif sur l'issue du litige (B).

A - L'INDÉPENDANCE DES MAGISTRATS AYANT MISSION DE JUGER

9.64 > Les magistrats sont-ils indépendants ? Les magistrats du parquet n'ont pas vocation à l'être puisqu'ils forment le ministère public. Ils représentent dans la société l'intérêt général tel que défini dans ses grandes lignes par la politique du gouvernement. Ils sont par leur fonction même soumis hiérarchiquement à leurs supérieurs et peuvent recevoir des instructions. Cette absence d'indépendance a donné lieu à une décision discutable de la CEDH, l'affaire *Medvedyev c/ France* du 10 juillet 2008 (req. n° 3394/03). La Cour européenne a retenu en son considérant 61 « *que le procureur de la République n'est pas une "autorité judiciaire" au sens que la jurisprudence de la Cour donne à cette notion : comme le soulignent les requérants, il lui manque en particulier l'indépendance à l'égard du pouvoir exécutif pour pouvoir être ainsi qualifié* ». Le renvoi ayant été demandé en grande chambre, celle-ci a tenu audience le 6 mai 2009 (http://cmiskp.echr.coe.int/tkp197/v...) et l'affaire est en cours de délibéré. Il pourrait cependant ne pas être donné suite puisque en l'espèce l'argument tenant à l'absence d'indépendance du procureur de la République était surabondant au vu des faits de l'espèce.

9.65 > En revanche, les magistrats du siège, eux, ont reçu mission de juger. La réponse à la question de savoir s'ils sont indépendants de toute influence extérieure devient prépondérante sous l'angle de la protection du justiciable.

L'indépendance des magistrats ne saurait par conséquent se limiter à une approche institutionnelle du statut des juges (1). L'absence d'influence extérieure suppose qu'aucun pouvoir ne puisse faire pression, d'une manière ou d'une autre, sur un magistrat, le contrôle étant sur ce point beaucoup moins aisé. La seule garantie du justiciable est alors la probité présumée du magistrat (2).

1 - Une indépendance simplement institutionnelle

9.66 > L'indépendance organique des magistrats à l'égard du pouvoir exécutif est assurée, en France, par un ensemble de garanties statutaires, parmi lesquelles les conditions de nomination (concours organisé par une école nationale faisant appel à un jury composé de personnalités extérieures, chacune ne pouvant être renouvelée dans ses fonctions que pour trois ans), d'avancement (existence de tableaux d'avancement organisant la carrière des magistrats selon une procédure objective) ou encore d'inamovibilité (cf. J. VINCENT, S. GUINCHARD, G. MONTAGNIER, A. VARINARD, *Institutions juridictionnelles*, Dalloz, coll. Précis, 10e éd., 2009, n° 126 s.).

La Cour européenne ne s'arrête pas au statut général du magistrat pour décider s'il a été contrevenu à l'exigence de l'indépendance du tribunal posée à l'article 6, § 1 de la Convention européenne des droits de l'homme. Elle examine les dispositions statutaires pour vérifier si le magistrat est protégé par des garanties suffisant à son indépendance. C'est pourquoi, la qualité de fonctionnaire ne saurait en elle-même suffire à étayer le grief de dépendance (*Aff. Ettl c/ Autriche*, 23 avril 1987, série A, n° 117) ou encore le fait que la nomination soit décidée par le seul gouvernement (*Aff. Sramek c/ Autriche*, 22 oct. 1984, série A, n° 84), il faudrait que divers éléments permettent d'inférer du statut dénoncé un lien de subordination du magistrat au pouvoir public. Cela a été jugé à propos des chambres maritimes du droit polonais où le président et le vice-président sont nommés et révoqués par le ministre de la Justice en accord avec le ministre de la Navigation. Non seulement, il n'y a pas inamovibilité, mais il existe un lien de subordination hiérarchique entre eux et les ministres, obstacle à l'indépendance attendue de toute juridiction (*Aff. Brudnicka c/ Pologne*, 3 juin 2005, Req. n° 54723/00).

9.67 > La Cour de cassation reprend à son compte les différents critères européens d'appréciation de l'indépendance requise du tribunal. À propos de la Cour nationale de l'incapacité et de la tarification de l'assurance des accidents du travail, l'Assemblée plénière ne s'est évidemment pas arrêtée à la qualité de fonctionnaire des membres la composant, mais a relevé que ceux-ci étaient nommés sans limitation de durée, qu'il pouvait être mis fin à tout moment et sans condition à leurs fonctions par les autorités de nomination, parmi lesquelles le ministre, exerçant ou ayant exercé, lorsqu'ils étaient en activité, le pouvoir hiérarchique sur eux. Toutes ces circonstances ont été jugées de nature à porter atteinte à l'indépendance de la Cour (Ass. Plén. 22 décembre 2000, *Bull. inf.* Cour cass., n° 529 ; *JCP* 2001, I, 311, n° 3, obs. L. Cadiet). Le législateur a d'ailleurs modifié en conséquence la composition de la Cour (L. n° 2002-73 du 17 janvier 2002 de modernisation sociale, *JO* du 18 janv., p. 1008).

9.68 > L'indépendance organique est ensuite garantie à l'égard du justiciable par l'irrecevabilité des demandes en justice exercées directement à l'encontre d'un magistrat.

La responsabilité des juges, à raison de leur faute personnelle, ne peut en France être engagée que par l'action récursoire de l'État exercée devant une chambre civile de la Cour de cassation (art. 11-1 de l'ord. 22 décembre 1958, modifié par loi organique du 18 janvier 1979). On peut toutefois discuter du bien-fondé de cette interdiction dès lors que d'autres systèmes juridiques ont opté pour la responsabilité personnelle des juges tout en garantissant l'indépendance de ceux-ci.

À la différence des juges français, les magistrats espagnols sont responsables envers les justiciables. Cette responsabilité prévue dans son principe à l'article 117.1 de la Constitution espagnole est développée dans les articles 405 et suivants de la loi organique sur le pouvoir judiciaire (LOPJ). La responsabilité personnelle du juge peut être engagée dans l'exercice de ses fonctions, au civil ou au pénal, sans oublier la responsabilité disciplinaire. Mais le fait que la responsabilité du juge ait été engagée ne remet pas en cause la décision judiciaire qu'il a rendue (art. 413.2 LEC).

9.69 > Par extension, toute personne chargée par le magistrat d'accomplir des enquêtes, expertises et constatations doit être indépendante des parties.

Il a été jugé que le droit à un procès équitable impose que l'expert visé par l'article L. 332-4 du Code de la propriété intellectuelle pour assister l'huissier instrumentaire ou le commissaire de police qui pratique la saisie-contrefaçon d'un logiciel, soit indépendant des parties (Civ. 1re, 6 juillet 2000, *Bull. civ.*, I, n° 210). En l'espèce, des saisies contrefaçon de logiciels ayant été demandées par une société et l'Agence de protection des programmes, le représentant de cette agence avait assisté le commissaire de police en qualité d'expert. L'indépendance des parties est alors plus proche de la notion d'impartialité (*infra* n° 9-86 s.).

PISTE DE RÉFLEXION

Les tribunaux militaires peuvent-ils être indépendants ? Orientations bibliographiques : sur une cour martiale – *Aff. Cooper c/ Royaume-Uni*, 16 déc. 2003, Req. 48843/99 ; *Aff. Grièves c/ Royaume-Uni*, 16 déc. 2003, Req. 57067/00 –, sur la présence d'un militaire en qualité de juge à la Cour de sûreté de l'État – les nombreux arrêts contre la Turquie, notamment *Aff. Korkmaz c/ Turquie*, 22 janv. 2004, Req. 50903/99 ; *Aff. Ozertikoglu c/ Turquie*, 22 janv. 2004, Req. 48438/99 ; *Aff. Irfan Kaya c/ Turquie*, 22 janv. 2004, Req. 44054/98.

2 - Une probité nécessairement présumée

9.70 > Un tribunal indépendant présuppose de la part du magistrat qu'il laisse ses intérêts au vestiaire lorsqu'il accomplit sa mission. Il doit être un tiers désintéressé, non par rapport aux intérêts du litige, il s'agit d'impartialité, mais par rapport aux avantages qu'il pourrait espérer et indirectement obtenir des pouvoirs en place s'il jugeait dans un sens plutôt que dans un autre.

Une triple preuve devrait être rapportée pour prouver l'atteinte au procès équitable : que la décision a été rendue dans le sens voulu par l'un des pouvoirs en place, que le magistrat a eu un avantage octroyé par ledit pouvoir, que cet avantage a pour cause exclusive la soumission à l'instruction donnée.

9.71 > L'absence d'influence extérieure sur le jugement implique également que le magistrat ne soit pas engagé dans des institutions supposant une subordination hiérarchique qui pourrait avoir pour effet de placer le juge en situation de compétence liée. La question a été posée à la CEDH à propos de l'appartenance de magistrats à la franc-maçonnerie, mais la problématique portait sur la liberté d'association (*Aff. N. F. c/ Italie* et *Aff. Grande Oriente d'Italia di Palazzo Giustiniani c/ Italie*, 2 août 2001, *RTD civ.* 2001, 984, obs. P. Marguénaud ; et la réflexion menée par S. GUINCHARD, « Peut-on être bouddhiste ou chrétien ou juif ou libre penseur ou franc-maçon et juge ? Réponse impertinente à une question mal posée sur l'indépendance et l'impartialité des juges appartenant à la franc-maçonnerie », *Mél. P. Julien*, 2003). Les juges ont estimé dans le second arrêt que l'obligation légale faite à des candidats à des charges publiques de déclarer leur non-appartenance à une loge maçonnique violait le droit d'association (art. 11 de la Convention européenne des droits de l'homme).

Il convient à notre avis de raisonner à partir de la liberté laissée au magistrat de juger, sans être astreint de suivre les instructions susceptibles d'être données par l'ordre auquel il a pu adhérer dans sa vie privée. Si l'ordre ou l'association a le pouvoir d'imposer à son adhérent de prendre telle décision plutôt que telle autre, il y a atteinte à l'indépendance du magistrat. La contrainte doit être démontrée pour que soit constituée l'atteinte à l'indépendance. On peut être en présence d'une organisation très hiérarchisée, avec pour chacun des adhérents une ligne de conduite composée d'un ensemble de préceptes – normes obligatoires –, si la liberté des consciences est respectée il n'y aura pas atteinte à l'indépendance. Le membre de l'organisation demeure libre si aucun moyen coercitif ne permet à l'organisation d'imposer son point de vue. Dira-t-on que le magistrat subit une influence, en dehors de toute contrainte manifeste, par le seul fait de faire partie de l'organisation, ce n'est plus alors l'indépendance qui est en cause, mais l'impartialité du magistrat (*infra* n° 9-86 s.).

9.72 > Dans le même sens, l'argument de la Cour de Strasbourg retenant que « pour décider si un tribunal peut passer pour indépendant (...) les apparences peuvent revêtir elles aussi de l'importance » et que « dès lors qu'un tribunal compte parmi ses membres une personne se trouvant dans un état de subordination de fonctions et de services par rapport à l'une des parties, les justiciables peuvent légitimement douter de l'indépendance de cette personne. Pareille situation met gravement en cause la confiance que les juridictions se doivent d'inspirer dans une société démocratique » (*Aff. Sramek c/ Autriche*, préc., § 42 et 43) concerne davantage l'exigence d'impartialité que d'indépendance (*infra* n° 9-86 s.). Le critère reste cependant appliqué pour apprécier l'indépendance de la juridiction. Ainsi, lorsqu'un tribunal est composé, même pour partie de militaires, la Cour estime que certaines caractéristiques du statut des juges militaires rendent leur indépendance sujette à caution (*Aff. Canevi c/ Turquie*, 10 fév. 2005, Req. n° 40395/98).

La preuve de la rémunération indirecte du magistrat par l'octroi d'un avantage ou la preuve de l'existence d'une coercition est si difficile à rapporter qu'il faut bien conclure à la probité nécessairement présumée de nos juges, sauf ce qui a été dit sur les apparences.

B - LA NON-INGÉRENCE DES POUVOIRS LÉGISLATIF ET EXÉCUTIF DANS L'ACTE DE JUGER

9.73 > L'indépendance du magistrat dans sa mission de *juris dictio* implique qu'il puisse librement interpréter les règles de droit applicable, sans ingérence du pouvoir exécutif ou législatif (1). Il faut ensuite que le dénouement judiciaire ne soit pas soumis à l'*imperium* desdits pouvoirs (2).

1 - L'interprétation des règles de droit

9.74 > Il entre dans la mission du juge d'interpréter les règles de droit. Il ne peut en matière civile refuser de statuer sous prétexte du silence, de l'obscurité ou de l'insuffisance de la loi (art. 4 C. civ.). Si le référé législatif n'existe plus, les techniques de renvoi en interprétation utilisées par le juge pourraient remettre en cause l'indépendance fonctionnelle que l'on serait en droit d'attendre.

9.75 > Dans l'*affaire Beaumartin c/ France* (24 novembre 1994, *JCP* 1995, I, 3823, n° 25, obs. F. Sudre ; *JTDE*, 1995, p. 60, obs. P. Lambert ; *AJDA* 1995, p. 137, obs. J.-F. Flauss), la Cour de Strasbourg a dû se prononcer sur la pratique consistant pour le Conseil d'État à demander au ministre des Affaires étrangères l'interprétation à donner à une disposition ambiguë d'un traité international. Elle fut jugée contraire à l'indépendance fonctionnelle requise du tribunal dès lors que le Conseil d'État suivait l'avis transmis par le ministère. Là encore, la violation de l'indépendance ne provient pas du fait de demander un avis, mais de le considérer comme un avis contraignant. Il est à noter que, entre-temps, le Conseil d'État avait abandonné cette pratique du renvoi préjudiciel au ministre pour interpréter une convention internationale dont le contenu est ambigu ou incertain (29 juin 1990, *GISTI*, *Lebon*, p. 171, Actualité juridique). Ainsi qu'il est souligné par la CEDH, « désormais, il interprète lui-même les accords internationaux et, s'il recueille l'avis du pouvoir exécutif, ne se tient pas pour lié » (§ 20).

Le débat s'est également posé à propos de l'appréciation de la condition de réciprocité prévue à l'article 55 de la Constitution en matière de traité international. En principe, elle relève de la compétence du pouvoir public et non de l'appréciation du magistrat. On aurait pu penser que l'indépendance du tribunal qui suivrait l'avis du ministre sur cette question ne serait pas mise en cause, car, ainsi qu'il a pu être souligné, cet aspect du litige échappe à la compétence du magistrat en droit français, ce qui est une conséquence directe du principe de séparation des pouvoirs (J.-F. Renucci, obs. sous *Aff. Chevrol c/ France*, 4 juin 2002, *D.* 2002, somm., p. 2567). La France a été cependant condamnée, le juge perdant tout pouvoir sur l'issue du litige (CEDH, 13 fév. 2003, *Chevrol c/ France, AJDA* 2003, chron., p. 606, J.-F. Flauss). Pourtant, dans son arrêt du 13 février 2003 (*Aff. Chevrol c/ France*, Req. 49636/99, déf. 13/05/2003), la Cour relève que « même si la consultation du ministre par le Conseil d'État pour l'appréciation de la condition de réciprocité peut paraître nécessaire, cette juridiction, par sa pratique actuelle du renvoi préjudiciel, utilisée en l'espèce, s'oblige à suivre obligatoirement l'avis du ministre, c'est-à-dire d'une autorité qui lui est extérieure, et qui se trouve en outre relever du pouvoir exécutif, sans soumettre cet avis à la critique ni à un débat contradictoire (§ 81) ». Cette interposition de l'autorité ministérielle « déterminante pour l'issue du contentieux juridictionnel exclut toute possibilité pour le requérant « de s'exprimer sur l'utilisation du renvoi préjudiciel ou sur le libellé de la question, ni de faire examiner des éléments de réponse à cette question, ni de pouvoir ainsi répliquer au ministre, le cas échéant de façon utile, voire décisive aux yeux du juge (§ 82) ». En somme, la requérante a été privée d'un véritable accès à la justice.

9.76 > Il semble enfin que tout renvoi préjudiciel ne soit pas de nature à porter atteinte à l'indépendance du tribunal. La technique des questions préjudicielles devant la Cour de justice des communautés européennes (art. 234 Traité CE) n'a jamais, à notre connaissance, fait l'objet d'une dénonciation devant la CEDH. Le juge est pourtant tenu de surseoir à statuer en présence d'une disposition communautaire ambiguë pour demander avis à la Cour de Luxembourg, et l'avis donné par les juges communautaires lie le juge national. La différence tient au fait que l'interprétation prétorienne donnée par la CJCE ne risque pas de porter atteinte à l'indépendance du tribunal, en ce sens qu'il n'y a aucune ingérence du pouvoir exécutif. Pourtant, il y a une atteinte indéniable au pouvoir d'appréciation du juge chargé de l'affaire et à la substance même de sa fonction supposant une libre interprétation des règles de droit applicables.

PISTE DE RÉFLEXION

L'indépendance de la fonction juridictionnelle s'oppose-t-elle aux différentes techniques de saisine pour avis ? Orientations bibliographiques : J.-J. Daigre et D. R. Martin, « La lettre tue, et l'esprit vivifie (Saint Paul aux Corinthiens : II, 3, 6) », *D.* 1996, chr., p. 238 ; B. Martin-Laprade, « Le "filtrage" des pourvois et les "avis" contentieux », *AJDA* 1988, p. 85 ; V. Roulet, « La saisine pour avis : Conseil d'État et Cour de cassation », *LPA*, 22 janvier 1992, p. 11.

2 - Le dénouement judiciaire

9.77 > Pouvoirs exécutif et législatif ne doivent pas influer sur le dénouement judiciaire du litige. Cela signifie tout d'abord que le pouvoir exécutif n'a pas à remettre en cause la solution donnée au litige. Les Pays-Bas ont été condamnés par la Cour européenne à raison d'une loi qui autorisait le pouvoir exécutif à priver d'effet une décision judiciaire jugée contraire à l'intérêt général. Il est précisé par la Cour que « le pouvoir de rendre une décision obligatoire ne pouvant être modifiée par une autorité non judiciaire au détriment d'une partie est inhérent à la notion même de tribunal » (*Aff. Van de Hurk c/ Pays-Bas*, 19 avril 1994, § 45, *JTDE*, 1995, p. 60, obs. P. Lambert).

9.78 > De façon désormais régulière, la CEDH retient que « le principe de la prééminence du droit et la notion de procès équitable consacré par l'article 6 s'opposent à toute ingérence du pouvoir législatif dans l'administration de la justice dans le but d'influer sur le dénouement judiciaire d'un litige » (*Aff. Raffineries grecques Stran c/ Grèce*, 9 décembre 1994, § 49, *JCP* 1995, 3823, n° 17, obs. F. Sudre). Le plus souvent, l'ingérence provient de l'adoption d'une loi de validation rétroactive s'appliquant aux procès en cours (*Aff. Papageorgiou c/ Grèce*, 22 octobre 1997, *D.* 1998, somm., p. 208, obs. N. Fricero).

9.79 > En France, la solution a donné lieu à l'*affaire Zielinski* (28 octobre 1999, *D.* 2000, somm., p. 184, obs. N. Fricero ; *RTD civ.* 2000, p. 436, obs. J.-P. Marguénaud) au terme de laquelle les juges européens ont précisé dans une formulation générale le domaine et les limites du principe de non-ingérence du pouvoir législatif : « si, en principe, le pouvoir législatif n'est pas empêché de réglementer en matière civile par de nouvelles dispositions à portée rétroactive des droits découlant des lois en vigueur, le principe de la prééminence du droit et de la notion de procès équitable consacrés par l'article 6 s'opposent, sauf pour d'impérieux motifs d'intérêt général, à l'ingérence du pouvoir législatif dans l'administration de la justice dans le but d'influer sur le dénouement judiciaire du litige ».

9.80 > Reprenant l'argumentation développée par la Cour européenne, des juges du fond ont refusé d'appliquer l'article 87-1 de la loi du 12 avril 1996, réputant régulières, sous réserve des décisions passées en force de chose jugée, les offres de prêt immobilier émises avant le 31 décembre 1994 même si elles ne comportent pas un tableau d'amortissement détaillé, aux instances pendantes devant eux. Un pourvoi ayant été formé, la Cour de cassation a cassé l'arrêt en énonçant que l'intervention du législateur, dans l'exercice de sa fonction normative, n'a eu pour objet que de limiter, pour l'avenir, la portée d'une interprétation jurisprudentielle et non de trancher un litige dans lequel l'État aurait été partie (Civ. 1re, 20 juill. 2000, *JCP* 2000, act., p. 1305).

Il semblait que par cet arrêt la Cour de cassation réduise la portée pouvant être reconnue à la jurisprudence européenne. C'était soutenir en quelque sorte que l'abus ne pouvait être caractérisé que parce que le recours à une loi de validation rétroactive paraissait moins motivé par la poursuite d'un intérêt général que pour permettre à l'État de se dégager de sa responsabilité. Dans l'*affaire Zielinski*, le litige intéressait des organismes de Sécurité sociale et, donc, derrière eux le budget de l'État. Or, en l'espèce, la déchéance du droit aux intérêts à laquelle auraient pu prétendre les emprunteurs, si la loi nouvelle n'avait pas été appliquée, n'aurait pas préjudicié à l'État mais aux organismes de crédit. Il n'y avait donc aucune raison de s'aligner sur la jurisprudence de la CEDH. Ce raisonnement implicite qui a parfois été défendu à propos de cet arrêt n'a toutefois pas prospéré, dès lors qu'a été sanctionnée l'ingérence du législateur alors que l'État n'était pas partie au procès (Soc., 24 avril 2001, *Bull. civ.*, V, n° 130). On notera enfin que la solution ne fait aucun doute et que l'assemblée plénière de la Cour de cassation a reconnu à la règle un domaine considérable en déclarant que cette « règle générale s'applique quelle que soit la qualification formelle donnée à la loi et même lorsque l'État n'est pas partie au procès » (Ass. plén., 23 janv. 2004, *Bull. civ.*, n° 2 ; également Soc., 13 juin 2007, *Dalloz*, 2007, p. 2438, note C. Pérès). En l'espèce, a été jugé bien-fondé le refus par les juges du fond d'appliquer à une instance en cours une loi pourtant qualifiée par eux d'interprétative.

9.81 > Il s'ensuit que seuls d'impérieux motifs d'intérêt général pourraient justifier l'ingérence du pouvoir législatif ou exécutif sur l'issue d'un procès. En effet, l'article 6 § 1 ne doit pas être interprété comme empêchant toute ingérence des pouvoirs publics dans une procédure judiciaire pendante à laquelle ils sont parties.

Les juridictions nationales, en particulier de l'ordre administratif, se sont souvent fondées sur les motifs d'intérêt général pour considérer que l'ingérence des pouvoirs publics était légitime. Tel est le cas d'une validation législative rétroactive effaçant un vice de procédure en matière d'approbation de la révision d'un plan d'occupation des sols. Il s'agissait d'assurer la sauvegarde des objectifs de la planification urbanistique dans certaines agglomérations importantes, et d'y éviter toute insécurité juridique de nature à compromettre l'application normale des règles régissant l'utilisation des sols (CAA Lyon, 14 mars 2002, *Procédures*, avril 2002, n° 80, obs. S. Deygas ; absence de motif d'intérêt général : CE, Sect. cont., 28 juillet 2000, n° 202798, 202872, *Lebon*). La validation, par l'article 102 de la loi du 4 août 2008, des autorisations d'équipement commercial contestées par le moyen tiré du caractère non nominatif de l'arrêté préfectoral fixant la composition de la commission départementale d'équipement commercial est également justifiée par un impérieux motif d'intérêt général (CE, 18 nov. 2009, *AJDA* 2009, p. 2201).

La Cour européenne a par exemple approuvé, dans un litige opposant la France à un organisme de gestion d'établissement privé et à 56 organismes de gestion d'établissement catholiques, les autorités françaises d'avoir adopté en vertu des dispositions de l'article 107 de la loi du 30 décembre 1995, le principe selon lequel, s'agissant de la période antérieure au 1er novembre 1995, le taux de remboursement des cotisations sociales dues par l'État à ces organismes et applicable aux procédures non définitivement jugées, devait être fixé par un décret pris en Conseil d'État, décret pris le 16 juillet 1996 qui fixa le taux à 0,062 %, au lieu de 1,5 % demandé par les OGEC. En l'espèce, il est souligné que le législateur souhaitait, en fixant le taux de remboursement des cotisations sociales et en modifiant l'issue des procédures engagées, combler le vide juridique déjà mentionné et rétablir la parité et l'égalité des situations des enseignants travaillant dans des établissements privés et des établissements publics. On notera par ailleurs que les OGEC savaient pertinemment ne pas avoir droit à un taux de 1,5 %. Pour la Cour, « les requérants avaient tenté, en engageant les procédures dont l'issue a été modifiée par l'adoption de la loi du 30 décembre 1995 et du décret du 16 juillet 1996, de profiter d'une aubaine et avaient ou auraient dû avoir conscience que l'État tenterait de son côté de remédier au vide juridique mis en évidence par le Conseil d'État » (*Aff. Ogis-Institut Stanislas, OGEC St Pie X et Blanche de Castille c/ France*, 27 mai 2004, déf. 27 août, Req. n° *42219/98 et 54563/00*).

9.82 > Cette ingérence doit cependant respecter le principe de proportionnalité lorsqu'elle peut être rattachée à l'article 1er du Protocole n° 1 (*infra* n° 9-145). C'est ce qui ressort de deux arrêts importants fondés cumulativement sur l'article 6 § 1 CEDH et de l'article 1er du Protocole n° 1 à la Convention (*Aff. Draon c/ France*, 6 oct. 2005, Req. n° 1513/03 et *Aff. Maurice c/ France*, 6 oct. 2005, Req. n° 11810/03). Une mesure d'ingérence dans le droit au respect des biens doit ménager un juste équilibre entre les exigences de l'intérêt général de la communauté et les impératifs de la sauvegarde des droits fondamentaux de l'individu.

En l'espèce, les requérants ont dénoncé l'article 1er de la loi n° 2002-303 du 4 mars 2002 relative aux droits des malades et à la qualité du système de santé. Cette disposition aurait porté atteinte à leur droit au respect de leurs biens et violerait l'article 1er du Protocole n° 1 à la Convention, ainsi libellé : « Toute personne physique ou morale a droit au respect de ses biens. Nul ne peut être privé de sa propriété que pour cause d'utilité publique et dans les conditions prévues par la loi et les principes généraux du droit international. Les dispositions précédentes ne portent pas atteinte au droit que possèdent les États de mettre en vigueur les lois qu'ils jugent nécessaires pour réglementer l'usage des biens conformément à l'intérêt général ou pour assurer le paiement des impôts ou d'autres contributions ou des amendes ».

La Cour a d'abord établi l'existence des créances de réparation des parents nées du préjudice résultant notamment des soins à apporter à leur enfant handicapé tout au long de sa vie, causé par la faute du médecin (ayant dans la première affaire commis une faute dans la lecture des résultats de l'amniocentèse et dans la seconde avait inversé les résultats des analyses concernant l'enfant à naître entre deux familles), et l'espérance légitime de pouvoir obtenir réparation de leur préjudice, y compris les charges particulières découlant du handicap de leur enfant.

Cette réparation intégrale du préjudice a en effet été remise en cause par la loi du 4 mars 2002 applicable aux instances en cours et excluant notamment « les charges particulières découlant, tout au long de la vie de l'enfant, de ce handicap. La compensation de ce dernier relève de la solidarité nationale ». La Cour estime que « l'article 1er de la loi du 4 mars 2002 a purement et simplement supprimé, avec effet rétroactif, une partie essentielle des créances en réparation, de montants très élevés, que les parents d'enfants dont le handicap n'avait pas été décelé avant la naissance en raison d'une faute, tels que les requérants, auraient pu faire valoir contre l'établissement hospitalier responsable. Le législateur français a ainsi privé les requérants d'une "valeur patrimoniale" préexistante et faisant partie de leurs "biens", à savoir une créance en réparation établie dont ils pouvaient légitimement espérer voir déterminer le montant conformément à la jurisprudence fixée par les plus hautes juridictions nationales ». La Cour a jugé qu'« une atteinte aussi radicale aux droits des intéressés a rompu le juste équilibre devant régner entre, d'une part, les exigences de l'intérêt général et, d'autre part, la sauvegarde du droit au respect des biens ».

Mutatis mutandis, le raisonnement tenu sur la base de la violation de cet article 1er emprunte au raisonnement suivi dans l'*affaire Zielinski*, mais la Cour, en raison de son raisonnement l'ayant amené à constater la violation de l'article 1 précité, n'a pas estimé nécessaire d'examiner séparément le grief des requérants sous l'angle de l'article 6 § 1 de la Convention. Il reste ainsi qu'il a été souligné dans l'opinion dissidente de plusieurs juges que les droits défendus par ces deux textes sont distincts, le premier assurant l'indépendance de la justice, le second le respect des biens. Or, ceux-ci n'entendent pas remettre en cause l'existence de considérations d'intérêt général ayant présidé à l'adoption de la nouvelle loi, étayée dans les deux arrêts, mais ils soulignent avec à propos que « la question demeure de savoir si les motifs en cause étaient, individuellement ou collectivement, suffisamment impérieux pour justifier que le législateur étende le champ d'application des mesures aux instances judiciaires qui étaient déjà en cours ». Poser cette question, n'est-ce pas appliquer le principe de proportionnalité de l'ingérence retenu sur le fondement de l'article 1er du Protocole n° 1 à l'article 6 § 1 CEDH ? La Cour, en refusant de statuer sur le fondement de l'article 6 § 1 CEDH en ces deux affaires, nous prive pour l'instant de la réponse.

II – L'IMPARTIALITÉ

9.83 > La justice suppose que ceux qui la servent sont des tiers impartiaux et désintéressés. L'impartialité est une condition *sine qua non* pour qu'il y ait tribunal. Le grief de partialité (A) obéit à des conditions particulières de recevabilité (B).

A - LE GRIEF DE PARTIALITÉ

9.84 > Les requêtes nombreuses alléguant de la violation du droit à un tribunal impartial ont permis de dégager au sein de la jurisprudence européenne deux formes d'impartialité, l'une dite subjective, l'autre objective. La première suppose que le juge ne tienne pas compte de convictions personnelles, étrangères au débat judiciaire. La seconde suppose, indépendamment de l'attitude personnelle du magistrat, que les circonstances objectives ne permettent pas de douter de l'impartialité du magistrat.

À l'instar du professeur Fricero, il faut admettre l'ambiguïté de cette présentation bicéphale de l'impartialité dès lors que tout grief de partialité doit être prouvé par des éléments objectifs, donc extériorisé, pour que le droit puisse le sanctionner (*Droit et pratique de la procédure civile*, Dalloz Action 2009-2010, sous la dir. de S. GUINCHARD, p. 527, n° 211-92). L'analyse des solutions retenues, tant devant les juridictions nationales que devant la CEDH, démontre que si en principe l'impartialité se présume, le doute légitime sur l'impartialité du tribunal peut, à certaines conditions, conduire à une inversion de présomption.

1 - La présomption d'impartialité

9.85 > L'impartialité subjective et objective se présume (*Aff. Le Compte, Van Leuven et De Meyere c/ Belgique*, 23 juin 1981, § 58, série A, n° 43 ; *Aff. Bulut c/ Autriche*, 22 févr. 1996, § 32). C'est pourquoi, le seul fait d'avoir eu à connaître de l'affaire en une autre qualité ne suffit pas à remettre en cause l'impartialité du tribunal, ainsi pour un juge commissaire (*Aff. Morel c/ France*, 6 juin 2000, *D.* 2001, somm., p. 1062, obs. N. Fricero ; C. GOYET, « Remarques sur l'impartialité du tribunal », *D.* 2001, chr., 328 ; Cass. com., 16 oct. 2001, *Procédures*, janv. 2002, n° 8) ou pour un juge des référés ayant ordonné des mesures conservatoires (Ass. plén., 6 nov. 1998, *JCP* 1998, II, n° 10198 ; *RTD civ.* 1999, p. 193, obs. R. Perrot). C'est encore la raison pour laquelle le seul fait pour un juré de se livrer à des plaisanteries de mauvais goût sur la race asiatique, alors que les prévenus sont asiatiques, ne suffit pas à prouver les convictions racistes de ce dernier (*Aff. Sander c/ Royaume-Uni*, 9 mai 2000, Req. n° 34129/96 ; *infra* n° 9-90).

9.86 > En liminaire, il convient de préciser que la neutralité prétendue de magistrats qui ne seraient que des techniciens du droit, détachés de toutes valeurs, est dangereuse parce qu'inexacte. En appliquant les règles de droit, le juge prend position sur les valeurs même de la société, il n'est pas neutre. Cela ne signifie pas qu'il soit partial. La partialité supposerait que le raisonnement judiciaire ait été fondé sur des éléments subjectifs et arbitraires. Que de technicien en quelque sorte, il soit devenu partisan. Dans les deux cas, le magistrat aurait failli à sa mission de *juris-dictio*, de dire le droit (acte d'engagement) en tant que tiers impartial (sans suivre ses préjugés).

Ainsi qu'il a été développé récemment, dans le processus de qualification juridique des faits, le juge se livre à une appréciation éminemment subjective, cela ne signifie pas qu'elle ne doit pas être raisonnée et objectivement argumentée (Th. JANVILLE, *La qualification juridique des faits*, Thèse Paris II, 2002, sous la dir. de S. GUINCHARD).

9.87 > Il appartient par conséquent au requérant de prouver le grief de partialité qu'il allègue (*Aff. Hauschild c/ Danemark*, 24 mai 1989, série A, n° 154), ce qui dans tous les cas suppose que le magistrat ait statué sur des considérations étrangères au débat judiciaire. La preuve est aisée lorsque le magistrat a un intérêt au litige soit par le lien qu'il entretient avec l'une des parties, soit par l'existence d'un conflit d'intérêts. Les motifs invoqués par un requérant tirés de ce qu'un premier président de cour d'appel est personnellement concerné, en sa qualité de propriétaire d'un bien immobilier, par la solution du litige de liquidation et partage de communauté opposant sa sœur au requérant, en raison de l'autorité hiérarchique de ce magistrat sur les juges de la cour d'appel ont par exemple été jugés pertinents (Cass. civ. 2e, 24 janvier 2002, *Bull. civ.*, II, n° 7).

La preuve sera plus difficile à rapporter lorsque la partialité se fonde sur les convictions personnelles du juge, ses engagements en tant que citoyen. Le magistrat doit-il bénéficier d'une présomption d'impartialité et convient-il de mettre à la charge du requérant une preuve, sinon impossible du moins très difficile à rapporter ? Tel est l'enjeu du débat à propos des magistrats appartenant à une obédience de la franc-maçonnerie (*supra* n° 9-71). Lorsque les apparences permettent de douter de l'impartialité du tribunal, convient-il d'inverser la présomption au bénéfice du requérant ?

2 - L'inversion de présomption : le doute légitime

9.88 > Le danger d'un retour à la chasse aux sorcières doit conduire à exclure toute présomption de partialité subjective qui serait fondée sur des engagements ou des convictions relevant de la vie privée des magistrats. Présumer du for intérieur des magistrats revient à leur faire un procès d'intention. Faire partie du Front national ou du Parti communiste, être fidèle de l'Église catholique, adhérer à une loge maçonnique sont autant de libertés reconnues à tout un chacun, liberté politique, religieuse, d'association, etc. Rien ne justifie que le magistrat soit privé de ces droits fondamentaux, par ailleurs protégés par la Convention européenne des droits de l'homme. Le doute sur l'impartialité du magistrat sur ces seuls éléments est à cet égard illégitime car non justifié objectivement.

9.89 > Il faut en effet que des éléments objectifs permettent de mettre en doute l'impartialité subjective du magistrat, et ne pas se contenter d'alléguer des éléments de sa vie privée, par nature indifférents. Peut être considérée comme un élément objectif, la publication d'un article dans un journal par le président d'un tribunal pour enfants en réponse à une lettre provocatrice ayant fait l'objet d'une publication, alors que l'auteur de cette lettre est partie à un procès en cours concernant la garde de sa fille devant ledit tribunal.

La Cour a estimé, à juste titre, que « le fait que le président du tribunal ait employé publiquement des expressions sous-entendant une appréciation négative de la cause du requérant avant de présider l'organe judiciaire appelé à trancher l'affaire, ne semble à l'évidence pas compatible avec les exigences d'impartialité de tout tribunal, consacrées à l'article 6, § 1 de la Convention. En effet, les déclarations du président du tribunal étaient de nature à justifier objectivement les craintes du requérant à l'égard de son impartialité » (*Aff. Buscemi c/ Italie*, 16 sept. 1999, Req. n° 29569/95, § 68).

9.90 > Le caractère légitime du doute sur l'impartialité du tribunal signifie qu'en présence d'éléments objectifs le requérant puisse craindre un jugement partial, soit que le juge statue en se fondant sur des convictions personnelles étrangères au débat, soit qu'ayant déjà connu de l'affaire au fond, il ait déjà préjugé de celle-ci lorsqu'il est appelé à en connaître en une autre qualité. Le doute légitime est avéré lorsqu'il y a un risque de partialité.

Prise en ce sens, la partialité présumée sera toujours objective, c'est-à-dire fondée sur des éléments objectifs. *L'affaire Sander* précitée rend compte de cette nuance aux paragraphes 26 et 27 disposant que « 26. En l'espèce, un membre du jury a soumis une note où il alléguait que deux jurés « [avaient] fait des remarques et plaisanteries ouvertement racistes » et déclarait craindre qu'ils ne « condamne[nt] les défendeurs non pas en se fondant sur les preuves mais parce que ces derniers [étaient] asiatiques ». Confronté à ces allégations, un juré admit qu'il « se pouvait qu'il ait fait de telles plaisanteries » et « qu'il regrettait d'avoir été offensant ». La Cour considère donc comme établi que l'un des jurés au moins a formulé des remarques pouvant être comprises comme des plaisanteries au sujet des Asiatiques. À son avis, cela ne prouve pas que le juré en question nourrissait un réel préjugé à l'encontre du requérant. De plus, la Cour relève que le juge du fond n'avait pas la possibilité d'interroger les jurés au sujet de la véritable nature de ces remarques et du contexte exact dans lequel elles avaient été prononcées. Il s'ensuit qu'il n'a pas été établi que le tribunal ayant jugé le requérant manquait d'impartialité d'un point de vue subjectif. « 27. La Cour n'en a pas pour autant terminé son examen du grief du requérant. Elle doit également rechercher si le tribunal était impartial d'un point de vue objectif, c'est-à-dire si, dans les circonstances, il y avait des garanties suffisantes excluant tout doute objectivement justifié ou légitime quant à l'impartialité du tribunal ».

En l'occurrence, le fait que l'un des jurés ait informé le magistrat du danger de préjugés raciaux par une note et qu'un autre juré ait reconnu avoir eu des plaisanteries sur la race asiatique pouvait objectivement justifier la crainte d'un jugement fondé sur des considérations extérieures aux débats, d'autant plus que le juré auteur de la note avait été traité d'une manière telle que les autres jurés s'étaient rendu compte que c'était lui qui avait émis les allégations. Il était évident, estime la Cour, que cela avait dû compromettre sa position à l'égard des autres jurés. Le démenti collectif ultérieur de tous les jurés ne permet pas de lever le doute, les gens ayant en général tendance à éviter de faire aveu public de racisme.

Le doute légitime a été constitué récemment à propos de la procédure devant la commission bancaire. Il a été jugé que « la société requérante a raisonnablement pu avoir l'impression que, dans la procédure disciplinaire ouverte à son encontre, ce sont les mêmes personnes qui l'ont poursuivie et jugée, et douter de la décision de la Commission qui, dans la confusion de ses rôles, décida de sa mise en accusation, lui signifia les griefs à son encontre et la sanctionna » (CEDH, 11 juin 2009, Req. n° 5242/04, *D.* 2009, p. 2247).

9.91 > La présomption de partialité est fréquemment retenue lorsque les fonctions du juge l'ont amené à connaître de l'affaire au fond en une autre qualité. Par un premier arrêt, *affaire Piersack c/ Belgique*, le 1er octobre 1982, la CEDH, à propos d'un premier substitut du parquet devenu Président d'une cour d'assises, estime que pour apprécier l'impartialité d'un magistrat, « il faut tenir compte de considérations de caractère organique ».

Si un juge, après avoir occupé au parquet une charge de nature à traiter un certain dossier dans le cadre de ses attributions, se trouve saisi de la même affaire comme magistrat du siège, les justiciables sont en droit de craindre qu'il n'offre pas assez de garanties d'impartialité (*Aff. Tierce c/ Saint-Marin*, 29 juill. 2000, Req. nos 24954/94, 24971/94 et 24972/94 ; v. aussi *Aff. De Cubber c/ Belgique*, 26 octobre 1984 ; *Aff. Oberschlik c/ Autriche*, 23 mai 1991 ; *Aff. Procola c/ Luxembourg*, 28 septembre 1995, *D.* 1996, p. 301).

9.92 > La CEDH a affiné son analyse, d'abord dans l'*affaire Hauschildt c/ Danemark* (24 mai 1989) intervenu au sujet d'un magistrat ayant participé successivement à la mise en détention d'un prévenu et à son jugement, ensuite dans l'*affaire Sainte Marie c/ France* du 16 décembre 1992 (*D.* 1993, somm., 384, obs. J.-F. Renucci) où il a été jugé « qu'à défaut de circonstances particulières, le simple fait qu'un juge ait déjà pris des décisions avant un procès, notamment au sujet de la détention provisoire, ne peut justifier en soi des appréhensions quant à son impartialité ». C'est dire que la tâche accomplie par le magistrat lorsqu'il aura eu, pour la première fois, connaissance de l'affaire, permettra seule de décider s'il y a doute légitime sur son impartialité s'il est appelé à traiter du même dossier une seconde fois.

Dans l'affaire *Tedesco c/ France*, la méthode utilisée par la Cour européenne est la même. Le grief du requérant visait en l'espèce « [...] i) la présence d'un même rapporteur, M. R., à la fois lors de la phase administrative et lors de la phase juridictionnelle de la procédure du contrôle des comptes et de la gestion de la Région Alsace, la participation répétée de cette même personne au délibéré de la chambre régionale des comptes depuis le début de la procédure de gestion de fait, ii) la participation du commissaire du gouvernement au délibéré des trois jugements de la chambre régionale des comptes et iii) la participation du rapporteur au délibéré de la Cour des comptes (§ 57). Les juges européens pour condamner la France ont recherché au cas par cas si un doute sur l'impartialité de la juridiction existait (aff. *Tedesco c/ France*, 10 août 2007, n° 11950/02). La doctrine avait au demeurant anticipé la difficulté (P. Amselek, « Les juridictions des comptes et l'article 6 § 1 CEDH », in *Mélanges Cohen-Jonathan*, 2004, p. 31 ; J.-F. Renucci, *Traité de droit européen des droits de l'homme*, LGDJ, 2007, p. 416, n° 326).

9.93 > La Cour de cassation s'est alignée sur la jurisprudence européenne de façon explicite en tranchant la question de savoir si le fait pour un juge, appelé à statuer au fond, d'avoir connu l'affaire antérieurement en qualité de juge des référés constitue une violation de l'exigence d'impartialité (Ass. plén., 6 nov. 1998, *Aff. Société Bord Na Mona c/ SA Norsk Hydro Azote et a.*, et *Aff. Guillotel c/ Société Castel et Fromaget, D.* 1999, p. 1, concl. Burgelin ; *JCP* 1998, II, 10198, rapp. Sargos ; *RTD civ.* 1999, p. 183 et s., obs. J. Normand et p. 193 et s., obs. R. Perrot). Pour répondre, la Cour distingue entre les différents référés.

Dans le référé provision, qui se distingue du référé classique dominé lui par l'urgence, le juge des référés prend, selon l'expression du professeur Perrot des « allures de juge du fond » puisqu'il doit vérifier que l'obligation du créancier qui demande provision n'est pas sérieusement contestable. C'est pourquoi on peut douter de son impartialité s'il doit connaître ensuite de l'affaire au fond. En revanche, il n'y a pas de doute sur l'impartialité lorsque le juge a simplement ordonné une mesure conservatoire.

À l'instar de la CEDH, les juridictions nationales ne s'arrêtent plus au simple cumul de fonctions, mais recherchent si dans ses premières fonctions le juge a ou non déjà préjugé de l'affaire au fond. L'appréciation objective de la crainte de partialité initialement abstraite est devenue concrète.

9.94 > Le cumul de fonctions n'est pas toujours celui de fonctions juridictionnelles. Lorsqu'une juridiction est investie d'une double mission par le législateur, à savoir juger et conseiller, y a-t-il compatibilité avec l'exigence d'impartialité ? (L. Calandri, « L'avis juridictionnel du Conseil d'État et le principe d'impartialité, Chronique d'une incompatibilité annoncée », *JCP* 2007, I, n° 114 ; J.-F. Renucci, *Traité de droit européen des droits de l'homme*, LGDJ, 2007, p. 414 s). La Cour européenne des droits de l'homme a été saisie de la question à propos du Conseil d'État français (déjà aff. *Kleyn c/ Pays-Bas*, 6 mai 2003, *AJDA* 2003, p. 918 obs. F. Aubert) et répondu par la négative. Il ne saurait y avoir de façon générale et abstraite violation de l'impartialité du seul fait de la dualité des fonctions consultatives et contentieuses. Il faut encore que l'avis rendu par le Conseil d'État, au regard de sa mission de conseil, ait été rendu dans la même affaire que celle présentée au contentieux au point de s'analyser en un préjugement, ce qui n'était pas le cas en l'espèce (Aff. *Sacilor Lormines*, 9 fév. 2007, n° 65411/01).

B - LA RECEVABILITÉ DU GRIEF

9.95 > Les deux premiers alinéas de l'article 430 du Code de procédure civile énoncent que « la juridiction est composée, à peine de nullité, conformément aux règles relatives à l'organisation judiciaire (al. 1). Les contestations afférentes à sa régularité doivent être présentées, à peine d'irrecevabilité, dès l'ouverture des débats ou dès la révélation de l'irrégularité si celle-ci survient postérieurement, faute de quoi aucune nullité ne pourra être ultérieurement prononcée de ce chef, même d'office (al. 2) ».

Faut-il toujours respecter les modalités prescrites par ce texte pour que soit déclaré recevable un grief tiré du défaut d'impartialité ? En cas de réponse affirmative, le requérant qui n'aurait pas respecté l'exigence procédurale du droit français ne serait pas recevable sur le fondement de l'article 6, § 1 de la Convention européenne des droits de l'homme.

9.96 > La jurisprudence a, par le passé, estimé que ce grief ne pouvait être soulevé que conformément aux dispositions sus-énoncées, le rejetant dès lors qu'aucune récusation n'avait été demandée au juge saisi (Civ. 1re, 9 avril 1975, *Bull. civ.*, I, n° 122 ; Civ. 2e, 25 février 1981, *Bull. civ.*, II, n° 39 ; 18 mai 1982, *Bull. civ.*, II, n° 77).

Un revirement est intervenu le 3 juillet 1985. La troisième chambre civile de la Cour de cassation, sur le fondement de l'article 542 du Code de procédure civile, estime qu'un magistrat, ayant siégé au premier degré, ne peut faire partie de la formation de jugement en appel. Aucune demande de récusation antérieure n'avait été formée par le demandeur au pourvoi (*Gaz. Pal.* 1986, 1, somm., 88, obs. S. Guinchard et T. Moussa). À partir de cette date, la réponse à la question de savoir si les dispositions de l'article 430 du Code de procédure civile doivent être respectées pour qu'un moyen relatif à la composition de la juridiction soit recevable, lorsque le fondement invoqué est l'article 6, § 1, était controversée (en faveur du revirement v. not. Civ. 3e, 14 janvier 1987, *Gaz. Pal.* 1987, 1, somm., 147 ; et de façon implicite, Ass. plén., 14 mars 1997, *Bull. inf. C. cass.*, 1er juin ; v. not. *RTD civ.* 1993, p. 875, obs. J. Normand ; *contra* : Cass. com. 11 mai 1993, *sté Nimazur c/ Mme Renard*, pourvoi n° T91-13.099 ; Cass. civ. 2e, 6 mai 1997, M. *Mouradian c/ Mme Wahl et a.*, Pourvois R 93-21.201, cités in rapp. Sargos, ss Ass. plén., 6 novembre 1998, préc.).

9.97 > La jurisprudence de la CEDH elle-même, s'agissant de la recevabilité du moyen, donne lieu à interprétation divergente. C'est ainsi qu'à propos de l'*affaire Bulut c/ Autriche*, du 22 février 1996, dont l'un des considérants porte qu'un « requérant ne saurait prétendre avoir eu des motifs légitimes de douter de l'impartialité du tribunal qui l'a jugé alors qu'il pouvait en récuser la composition, mais s'en est abstenu » (*RTDH* 1996, p. 627), le conseiller à la Cour de cassation Sargos y voit un argument en faveur du respect de l'article 430 du CPC (Ass. plén., 6 nov. 1998, préc., n° 22), alors que pour le procureur général près la Cour de cassation Burgelin, « le fait que le requérant n'ait pas demandé la récusation du juge ne constitue qu'un des éléments d'appréciation (parmi d'autres) de la CEDH pour contrôler si la prétention du demandeur est "objectivement justifiée", et si les doutes qu'il invoque pouvaient avoir des motifs légitimes » (Ass. plén., 6 nov. 1998, préc., p. 6).

9.98 > Admettre l'autonomie procédurale du moyen fondé sur l'article 6, § 1 de la Convention européenne des droits de l'homme, c'est assurer une protection renforcée du droit à un tribunal impartial. La CEDH est plus nuancée en exigeant d'une part la reconnaissance par les États du droit de récusation, et d'autre part que les limitations procédurales nationales n'aient pas pour effet de priver le justiciable de l'exercice de ce droit. Il s'ensuit que l'ultime position adoptée par les juridictions françaises, et en particulier par l'Assemblée plénière sur cette question ne contrevient pas en soi au droit européen. En l'espèce, il est retenu que la demanderesse, en s'abstenant de demander la récusation avant la clôture des débats en appel avait renoncé sans équivoque à se prévaloir de l'article 6, § 1 de la Convention européenne des droits de l'homme (Ass. plén., 24 nov. 2000, *Procédures*, janv. 2001, n° 3 ; *RTD civ.* 2001, p. 193, obs. J. Normand et p. 204, obs. R. Perrot ; B. BEIGNIER et C. BLERY, « L'impartialité du juge, entre apparence et réalité », *D.* 2001, chr., 2427 ; v. déjà : Civ. 2e, 6 mai 1999, *Procédures*, sept. 1999, n° 201 ; v. depuis Cass. com., 5 févr. 2002, *Procédures*, avril 2002, n° 70). Il s'ensuit logiquement que doit être cassé l'arrêt qui pour refuser la récusation allègue que les parties avaient connu la composition de la cour statuant en déféré à l'avance et ne l'avaient pas dénoncé dans leurs premières conclusions. La Cour de cassation ayant constaté que l'irrégularité avait été soulevée dès l'ouverture des débats, conclut à la violation de l'article 6 § 1 CEDH (Civ. 2e, 10 septembre 2009, n° 08-14004, *D.* 2009, p. 2169).

La Cour européenne a depuis jugé que le fait pour un requérant de connaître le motif de récusation et de ne pas l'avoir soulevé devant les juridictions nationales rend irrecevable le grief fondé sur l'article 6 § 1 pour non-épuisement des voies de recours interne (*Aff. July et SARL Libération c/ France*, 14 fév. 2008, n° 20893/03).

PISTE DE RÉFLEXION

La renonciation à un droit protégé par la CEDH par le non-emploi d'une procédure équivalente ayant le même objet en droit interne.

9.99 > Le procès équitable permet d'imposer à chaque État un ensemble de garanties qui sont comme autant d'éléments préalables pour que justice soit rendue. À ce titre, il concerne davantage l'organisation juridictionnelle et l'administration de la justice que les règles applicables au cours du procès. La démarche est politique au sens d'organisation de la Cité. Les garanties protégées sont les bases indispensables à un État de droit, ou pour reprendre le langage de la Cour européenne, à une société démocratique. Dans cette conception occidentale de la société, la protection juridictionnelle d'un individu est un ensemble aussi nécessaire, par exemple, que l'ensemble formé par les règles relatives à la séparation des pouvoirs.

Mais le procès équitable est, de façon plus technique, une notion au service des droits fondamentaux de la procédure constituant cette protection juridictionnelle. Il ne sert plus seulement l'équilibre institutionnel présidant à la société, mais aussi l'équilibre des droits dans le déroulement d'un procès. Passant du général au particulier, la garantie des droits assurée par l'article 6 § 1 s'entend alors davantage comme une garantie de ce qui est désigné traditionnellement par l'expression de principes directeurs du procès.

Section II

LES PRINCIPES GOUVERNANT LE DÉROULEMENT ET L'ISSUE DU PROCÈS

9.100 > Les règles procédurales applicables aux débats (§ 1) et au jugement (§ 2) sont les gardiennes de l'équité dans le procès.

§ 1 - LES DÉBATS

9.101 > Le déroulement du procès pour être équitable repose sur la collaboration des parties entre elles et avec le juge. Cette loyauté des débats (I) sort renforcée par le fait que les audiences sont en principe publiques (II).

I – LA LOYAUTÉ DES DÉBATS

9.102 > Chacun des plaideurs doit avoir les mêmes droits au cours du procès. Cette égalité suppose que les parties puissent se défendre (A) et donc qu'elles aient la possibilité de connaître et de discuter tous les éléments du procès (B).

A - LE DROIT DE SE DÉFENDRE

9.103 > Le droit de se défendre ne s'entend pas ici de l'accès à la justice qui le présuppose (*supra* n° 9-9 s.), mais de la défense effective du justiciable devant la juridiction qui a été régulièrement saisie. En matière pénale, ce droit peut prendre pour forme particulière le droit de se taire. L'accusé n'est pas tenu de dire ce qui pourrait lui être défavorable, en somme il peut refuser de s'auto-incriminer. De façon générale, on comprend que nul ne soit tenu d'être témoin contre lui-même. Par définition, les aveux doivent être volontaires.

Plusieurs justifications objectives fondent ce droit reconnu à chacun de pouvoir présenter sa défense (1). Afin d'assurer une égalité entre tous les justiciables dans l'exercice de ce droit, le ministère d'avocat devrait toujours être autorisé (2).

1 - Le droit de présenter une défense

9.104 > Chaque plaideur a la possibilité de présenter sa défense parce qu'il est présumé de bonne foi ou, en matière pénale, présumé innocent. La présomption d'innocence qui a connu, en droit français, les renforts de la loi du 15 juin 2000, doit d'ailleurs être respectée aussi bien pendant qu'avant le procès. Les méfaits causés pas les médias méritent de le souligner. Protégée en France à l'article 9-1 du Code civil, elle fait l'objet d'une mention particulière à l'article 6, § 2 de la Convention. Que ce soit en matière civile ou pénale, la justice fait *a priori* confiance à chacun de ses justiciables et, à ce titre, accepte d'entendre les arguments susceptibles d'étayer la cause de ces derniers.

Dira-t-on qu'en matière pénale il est des situations (flagrant délit par exemple) où le doute n'est pas permis sur la culpabilité de la personne arrêtée ? Le processus dans le jugement reste cependant identique. Même si toutes les preuves accusent une personne, celle-ci doit avoir la possibilité sinon de prouver son innocence, du moins d'atténuer sa culpabilité en rapportant les circonstances dans lesquelles le fait a été commis. La justice cherche dans ce dernier cas à comprendre les raisons ayant conduit à l'accomplissement de l'acte délictueux afin que le discernement préside à l'élaboration de la sentence. Le juge ne sera jamais un technicien aveugle chargé simplement d'appliquer des règles préétablies. Il devra discerner au regard des faits et à la lumière des principes contenus dans les règles de droit, la solution adaptée au litige qui lui est soumis. Le point de vue de chacun des plaideurs est donc essentiel pour bien rendre justice, car il y a par nature dans l'office du juge une démarche de type dialectique.

La Cour de Strasbourg rappelle d'ailleurs régulièrement, en matière pénale, que « la comparution d'un prévenu revêt une importance capitale en raison tant du droit de celui-ci à être entendu que de la nécessité de contrôler l'exactitude de ses affirmations et de les confronter avec les dires de la victime, dont il y a lieu de protéger les intérêts, ainsi que des témoins » (v. not. *Aff. Poitrimol c/ France*, 23 nov. 1993, Req. n° 10032/88, série A, n° 277-A, § 35).

9.105 > Encore faut-il que la personne poursuivie ait la qualité de partie à la procédure pour bénéficier du droit de se défendre. En matière pénale dans le cadre d'une instruction, est partie la personne mise en examen. Le juge d'instruction est saisi *in rem* et il a le pouvoir de décider qui doit être mis en examen (art. 80-1, al. 1 CPP) lorsque l'information est ouverte contre X, mais aussi lorsqu'elle est ouverte contre personne désignée. En principe, les personnes nommément visées dans le réquisitoire du procureur de la République doivent être mises en examen, à la différence de celles visées dans une plainte avec constitution de partie civile (art. 104 CPP).

Si le procureur vise une personne dans son réquisitoire qu'il suspecte et que le juge d'instruction ne partage pas ses soupçons et souhaite seulement l'entendre sans la mettre en examen, le danger est de priver un simple témoin des droits de la défense. C'est pourquoi une disposition récente a créé la catégorie intermédiaire de témoin assisté (art. 113-1 C. pén.). Désormais, le juge d'instruction, en présence d'une désignation formelle par le ministère public, peut auditionner toute personne à ce titre et il est prévu que ce témoin a les mêmes droits qu'une personne mise en examen (art. 113-3 C. pén.).

9.106 > Les poursuites diligentées dans le cadre d'une instruction n'offrent pas toutes le droit de se défendre aux personnes poursuivies. Tant que le juge n'a pas décidé de leur mise en examen ou de les auditionner en qualité de témoin assisté, elles ne bénéficient pas des droits de la défense (v. not. L.-E. Pettiti, « Les droits de l'inculpé et de la défense selon la jurisprudence de la Cour européenne des droits de l'homme », *Mél. G. Levasseur*, 1992, p. 249 s.).

La chambre criminelle estime en ce sens que n'est pas contraire au procès équitable le fait pour une personne placée en garde à vue sur commission rogatoire du juge d'instruction d'être entendue par l'officier de police judiciaire après avoir prêté le serment prévu par la loi, dès lors qu'il n'existe pas à son encontre des indices graves et concordants d'avoir participé aux faits dont le juge d'instruction est saisi ou qu'elle n'est pas nommément visée par un réquisitoire introductif. En l'espèce, la personne avait fait l'objet d'un mandat d'arrêt, puis avait été auditionnée comme simple témoin et n'avait fait l'objet qu'ultérieurement d'une mise en examen.

Dans cette affaire, le demandeur faisait notamment valoir que pour chacun des faits pour lesquels il a été mis en examen, aucun élément pouvant constituer des indices graves ou concordants rendant vraisemblable qu'il ait pu participer à la commission des infractions qui lui sont reprochées n'existait et, en tout cas, n'avait été mis à jour depuis sa dernière audition en tant que témoin. Pour réfuter l'argument, la Cour retient que « la circonstance qu'aucun élément nouveau n'ait été recueilli entre la date de son audition en qualité de témoin et celle de sa mise en examen, ne saurait impliquer l'absence à son encontre d'indices graves ou concordants, dès lors qu'il se déduit de l'article 80-1 du Code de procédure pénale, qu'une personne à l'encontre de laquelle il existe de tels indices peut être entendue comme témoin, sa mise en examen étant laissée à la seule appréciation du juge d'instruction ».

L'application faite par la Cour, enfin, de l'article 134, alinéa 3 du Code pénal l'amène à conclure que la délivrance d'un mandat d'arrêt par le juge d'instruction ne confère pas, au cours de l'information, à celui qui en est l'objet, la qualité de personne mise en examen. Il s'ensuit qu'elle ne bénéficie pas des droits accordés à ces personnes (Crim., 14 mai 2002, *Bull. crim.*, n° 111).

Le droit de présenter une défense reste le plus souvent subordonné à la qualité de partie à la procédure, ce qui remet foncièrement en cause l'intérêt du procès équitable pour les personnes faisant l'objet de poursuites dans la phase préalable de l'information en matière pénale.

2 - Le droit d'être défendu

9.107 > Le droit d'être défendu s'entend de la possibilité laissée aux plaideurs de prendre conseil auprès d'un homme de loi et de recourir à un avocat (cf. aide juridictionnelle, *supra* n° 9-23 s.). Il donne lieu à des décisions de la CEDH essentiellement en matière pénale où les enjeux sont primordiaux pour la personne mise en examen. Pour reprendre les termes de la Cour, il est « d'une importance cruciale pour l'équité du système pénal que l'accusé soit adéquatement défendu tant en première instance qu'en appel, *a fortiori* lorsque, comme c'est le cas en droit néerlandais, les décisions rendues en appel ne sont pas susceptibles d'opposition » (*Aff. Lala c/ Pays-Bas*, 22 septembre 1994, série A n° 297-A, § 33). La Cour rappelle, dans un arrêt du 13 octobre 2009 (Req. 7377/03), « que l'équité d'une procédure pénale requiert d'une manière générale, aux fins de l'article 6 de la Convention, que le suspect jouisse de la possibilité de se faire assister par un avocat dès le moment de son placement en garde à vue ou en détention provisoire » (*D.* 2009, p. 2897).

9.108 > Il s'ensuit que « le fait que l'accusé, bien que dûment assigné, ne comparaisse pas ne saurait – même à défaut d'excuse – justifier qu'il soit privé du droit à l'assistance d'un défenseur que lui reconnaît l'article 6 § 3 de la Convention ». L'article 410 du Code de procédure pénale prévoit que, pour être contradictoire, tout arrêt, à défaut de mentionner la comparution du prévenu, doit préciser que celui-ci a été cité à personne, ou qu'il a eu connaissance de la citation régulière le concernant dans les cas prévus par le texte, et qu'il n'a pas fourni une excuse reconnue valable par la juridiction devant laquelle il est appelé. L'obligation de comparution personnelle pouvait conduire à dénier au prévenu tout droit effectif à la défense lorsque, ayant présenté une excuse et constitué avocat, la juridiction estime que son excuse n'est pas valable. Certains juges n'ont pas hésité à refuser d'entendre, par le passé, la défense présentée par l'avocat de l'absent, violant ainsi le droit de ce dernier à présenter une défense. L'alinéa 3 de l'article 410 du Code de procédure pénale lève à présent toute équivoque : « Si un avocat se présente pour assurer la défense du prévenu, il doit être entendu s'il en fait la demande, même hors le cas prévu par l'article 411 ».

9.109 > Le refus du droit d'être défendu par un avocat lorsque son absence était injustifiée, jusqu'alors opposé au prévenu, s'analysait comme une sanction de l'obligation qui lui était faite de comparaître personnellement. Cette justification a été rejetée par la CEDH, estimant que « le droit de tout accusé à être effectivement défendu par un avocat figure parmi les éléments fondamentaux du procès équitable. Un accusé n'en perd pas le bénéfice du seul fait de son absence aux débats. Même si le législateur doit pouvoir décourager les abstentions injustifiées, il ne peut les sanctionner en dérogeant au droit à l'assistance d'un défenseur. Les exigences légitimes de la présence des accusés aux débats peuvent être assurées par d'autres moyens que la perte du droit à la défense » (*Aff. Van Pelt c/ France*, 23 mai 2000, Req. n° 31070/96, § 34).

L'Assemblée plénière s'est alignée sur la Cour et a retenu pour principe général que le droit au procès équitable et le droit de tout accusé à l'assistance d'un défenseur s'opposent à ce que la juridiction juge un prévenu non comparant et non excusé sans entendre l'avocat présent à l'audience pour assurer sa défense (Ass. plén., 2 mars 2001, *Bull. crim.*, n° 56 ; *civ.*, n° 6 ; Crim., 16 mai 2001, *Bull. crim.*, n° 127). La solution est identique en matière civile. A été ainsi censurée la décision retenant que devant la chambre des mineurs en appel, les parties doivent comparaître en personne pour être entendues et ne peuvent se faire représenter par un avocat. La première Chambre civile casse, au motif qu'en privant la mère de la possibilité de faire valoir ses moyens d'appel, alors que son avocat était présent à l'audience et déclarait vouloir la représenter, la cour d'appel a violé l'article 6, § 1, de la Convention européenne des droits de l'homme et les articles 931, 1186, 1189 et 1192 du Code de procédure civile (Civ. 1re, 30 septembre 2009, n° 08-16147, *AJ Famille* 2009, p. 451).

9.110 > Comme tous les droits protégés par la Convention européenne des droits de l'homme, le droit d'être entendu n'est pas absolu. Le plaideur peut renoncer à son droit, par exemple en n'ayant pas constitué avocat et en refusant délibérément de comparaître (*Aff. Medenica c/ Suisse*, 14 juin 2001, déf. 12 déc. 2001, Req. n° 20491/92, § 57 et 58).

En revanche, chaque fois que le requérant aura constitué avocat, l'absence de comparution ne doit pas conduire à le priver du droit d'être défendu. Lorsqu'un avocat est mandaté par le requérant pendant l'instruction et qu'il est présent à l'audience, le juge doit donner à ce dernier l'occasion de défendre son client, sans s'arrêter à l'accomplissement de conditions préalables trop formalistes. Ceci parce que, selon la Cour, « le droit à l'assistance d'un défenseur revêt un caractère pratique et effectif, et non purement théorique » (*Aff. Karatas et Sari c/ France*, 16 mai 2002 (déf. 16 août), Req. n° 38396/97, § 66).

Pour la même raison, le droit de se défendre implique que soient donnés au requérant les moyens de se défendre.

B - LES DROITS DANS CETTE DÉFENSE

9.111 > Les droits de la défense reposent sur ces deux principes distincts (*Aff. Clinique des Accacias c/ France*, 13 oct. 2005, n° 65399) que sont le principe du contradictoire (1) et l'égalité des armes (2).

1 - Le principe de la contradiction

9.112 > La connaissance et la discussion de tous les éléments du dossier de la procédure par chacune des parties sont des conditions *sine qua non* de la contradiction. Cette double condition est étendue à tous les satellites du procès, y compris aux expertises (*Aff. Mantovanelli c/ France*, 18 mars 1997, § 33 s., *JTDE*, 1998, p. 42, obs. P. Lambert ; Civ. 2e, 16 mai 2002, *Bull. civ.*, II, n° 101). La discussion s'entend de la dispute des arguments et ne préjuge pas du caractère oral ou écrit de la procédure. Il a été jugé que le fait pour des requérants de ne pas avoir eu l'occasion de plaider leur cause oralement devant la Cour de cassation, personnellement ou par l'intermédiaire d'un avocat inscrit à un barreau, ne porte pas atteinte à leur droit à un procès équitable (*Aff. Fontaine et Bertin c/ France*, 8 juill. 2003, Req. 38410/97 et 40373/98, déf. 08/10/2003).

9.113 > Le principe de la contradiction est l'expression de l'effectivité du droit de se défendre reconnu à chaque justiciable. Il s'impose aux parties. C'est pourquoi la jurisprudence, tant en droit interne qu'en droit européen, exige que les conclusions et les pièces de la procédure leur soient communiquées en temps utile pour qu'elles puissent y répondre. Il s'impose au juge. Tout moyen de droit soulevé d'office par le juge doit être soumis aux parties afin qu'elles présentent leurs observations (art. 16, CPC).

En matière pénale, l'article 6 § 3 de la Convention européenne des droits de l'homme vient renforcer le principe de la contradiction en précisant notamment que l'accusé a droit « (...) a) être informé, dans le plus court délai, dans une langue qu'il comprend et d'une manière détaillée, de la nature et de la cause de l'accusation portée contre lui ; b) disposer du temps et des facilités nécessaires à la préparation de sa défense (...) ». L'accent est mis sur l'information et le temps de la réplique.

Ces solutions sont tellement acquises qu'il paraît inutile de leur consacrer de plus amples développements.

9.114 > Bien plus intéressante est la question relative au droit de réponse des parties aux observations de l'avocat général près la Cour de cassation et du Commissaire du gouvernement près le Conseil d'État. Une différence fondamentale les sépare. L'avocat général est un représentant du ministère public alors que le commissaire du gouvernement est un magistrat de la juridiction détaché à ces fonctions. Tous deux cependant assurent près des Hautes juridictions une tâche similaire. Ils élaborent un rapport dans lequel ils énoncent la solution qui leur paraît la plus appropriée pour résoudre le problème juridique soulevé par le litige. Les parties peuvent-elles exiger la communication du rapport effectué par l'avocat général ou le commissaire du gouvernement et remis au tribunal ?

Si initialement la Cour de Strasbourg répondait par la négative (*Aff. Delcourt c/ Belgique*, 17 janv. 1970), elle modifia par la suite sa solution. Les parties à un procès civil ou pénal doivent pouvoir « prendre connaissance de toute pièce ou observation présentée au juge, même par un magistrat indépendant, en vue d'influencer sa décision et de la discuter » (*Aff. Slimane-Kaid c/ France*, 27 nov. 2003, Req. 48943/99 ; *Aff. Fontaine et Bertin c/ France*, 8 juill. 2003, Req. 38410/97 et 40373/98, déf. 08/10/2003 ; *Aff. Vermeulen c/ Belgique* et *Aff. Lobo Machado c/ Portugal*, 20 février 1996, *D.* 1997, somm., p. 208, obs. N. Fricero). La même solution est retenue pour le commissaire du gouvernement (*Aff. Kress c/ France*, 7 juin 2001, Req. n° 39594/98, *JCP* 2001, II, n° 10578 ; *Dr. et procéd.*, nov. 2001, p. 374, obs. J.-P. Marguénaud ; *Aff. Kosser c/ France*, 21 mars 2002, § 26 ; *Aff. Theraube c/ France*, 10 oct. 2002, § 31).

Il ne semble pas que ces questions soient closes puisque le commissaire du gouvernement, actuel rapporteur public, reçoit communication, au stade de l'instruction, du rapport et du projet de décision du magistrat chargé de l'instruction du dossier. Une requête avait été déposée contre la France par UFC Que Choisir Côte d'Or, mais par décision du 30 juin 2009, l'irrecevabilité a été décidée au motif que « par courrier du 26 juin 2009, l'avocat de la requérante a informé le greffe de sa décision de celle-ci de se désister de son grief tiré de l'absence de communication du rapport du conseiller rapporteur et du projet d'arrêt dont le commissaire du gouvernement avait eu connaissance » http://www.legavox.fr/article/externe/affaire-choisir-rapporteur-public-sauve-7028.htm ; B. PACTEAU, « La justice administrative désormais en règle avec la CEDH ? », *RFDA* 2009, p. 885). On notera cependant que dans un arrêt du 15 septembre 2009 (Req. n° 11396/08), la CEDH a jugé conforme à la Convention l'article 733-3 du Code de justice administrative prévoyant que le rapporteur public assiste au délibéré à moins qu'une partie ne s'y oppose. La conventionnalité semble en l'espèce résulter de la faculté d'opposition du plaideur qui paralyse toute atteinte à ses droits (*AJDA* 2009, p. 1920).

Le processus de réorganisation de la juridiction administrative est en tous les cas en cours. Les apports du décret n° 2009-14 du 7 janvier 2009, outre la nouvelle dénomination du commissaire du gouvernement appelé désormais rapporteur public, donne la possibilité aux parties de répondre oralement aux conclusions de ce dernier (CJA, art. R. 732-1 et R. 733-1). Dans certaines juridictions volontaires, jusqu'en décembre 2011, le déroulement d'une audience inversée est en expérimentation afin de mieux respecter le contradictoire (P. IDOUX, « Vers un redéploiement de la contradiction en droit administratif français », *AJDA* 2009, p. 637 s).

9.115 > La communication des observations aux parties et la pratique des notes en délibéré permettent de remédier à l'atteinte constatée (*Aff. Reinhardt et Slimane-Kaïd c/ France*, 31 mars 1998, *D.* 1998, somm., p. 366, obs. N. Fricero ; *RTD civ.*, 1998, p. 511, obs. J.-P. Marguénaud ; Cass. civ. 2e, 9 décembre 1999, *Bull. civ.*, II, n° 187). Mais le problème reste entier lorsque la représentation n'est pas obligatoire et que le plaideur décide de se défendre seul. Le refus de communication directe des observations de l'avocat général à celui qui assure seul sa défense est sanctionné par la CEDH (*Aff. M. B. c/ France*, 13 sept. 2005, Req. n° 65935/01 ; *Aff. Meftah c/ France*, 26 avril 2001, *D.* 2002, somm., 688, obs. N. Fricero) ainsi que l'absence de moyen adapté permettant au plaideur de répliquer à celles-ci (*Aff. Voisine c/ France*, 8 fév. 2000, *D.* 2000, somm., 186, obs. N. Fricero ; *Aff. Gaucher c/ France*, 9 oct. 2003, Req. 51406/99).

À notre connaissance, la France n'offre toujours pas au plaideur une technique équivalente aux notes en délibéré lorsqu'il ne s'est pas fait représenter.

2 - L'égalité des armes

9.116 > L'égalité des armes est de façon générique la mesure de toutes les déclinaisons des droits de la défense. Il s'agit essentiellement du rapport d'équilibre devant exister entre toutes les parties au procès. Ce traitement procédural égalitaire prend une forme originale lorsqu'en l'absence de droit particulier, les juges s'y réfèrent pour justifier l'atteinte au procès équitable. Il est l'expression de l'équité au sens d'égalité dans le procès.

Celle-ci est rompue si l'un des avocats est invité à plaider aux aurores à l'issue de longs débats (*Aff. Makhfi c/ France*, 19 oct. 2004, *D.* 2005, p. 473, note D. Roets).

Cette égalité suppose que chaque partie ait les mêmes possibilités procédurales dans un procès. Sur ces prémisses, la CEDH a étendu le principe de l'égalité des armes à des personnes n'ayant pas la qualité de partie mais pouvant avoir une influence sur le tribunal et, ce faisant, avantager indirectement l'une des parties au procès.

9.117 > En l'absence de droit nommément visé par la Convention européenne des droits de l'homme, le respect des droits de la défense passe par une appréciation globale de la procédure et de son caractère équitable (*Aff. Ankerl c/ Suisse*, 23 octobre 1996). L'égalité des armes permet de vérifier que l'une des parties n'a pas été avantagée par rapport à l'autre, quel que soit le domaine procédural envisagé.

L'administration de la preuve relève traditionnellement du droit interne, la CEDH refusant d'apprécier les règles substantielles et processuelles du droit de la preuve. Cette limite n'exclut pas un contrôle de conventionnalité par la Cour de Strasbourg du système probatoire national sous l'angle de l'équilibre des droits reconnus aux parties. Dans l'*affaire Dombo Beheer c/ Pays-Bas*, il est retenu que chaque partie doit avoir « la possibilité raisonnable de présenter sa cause – y compris ses preuves – dans des conditions qui ne la placent pas dans une situation de net désavantage par rapport à son adversaire » (27 octobre 1993, § 33).

9.118 > Le contrôle de l'équité de la procédure entendue comme un équilibre objectif réalisé entre les parties a conduit la Cour à remettre en cause la présence au délibéré de l'avocat général ou du commissaire du gouvernement devant les Hautes juridictions (J.-L. Nadal, « La jurisprudence de la Cour de Strasbourg : une chance pour le parquet général de la Cour de cassation », *D.* 2005, chron., p. 80).

Initialement, la jurisprudence européenne s'est fondée sur un argument plus proche de l'impartialité du tribunal que de l'égalité des armes. Dans l'*affaire Borgers c/ Belgique*, la CEDH rappelle que « la notion de "procès équitable" a connu dans la jurisprudence de la Cour une évolution des plus notables, marquée en particulier par l'importance attribuée aux apparences et à la sensibilité accrue du public aux garanties d'une bonne justice » pour justifier sa violation du fait de la présence de l'avocat général au délibéré des magistrats de la Cour de cassation belge (30 octobre 1991). Le raisonnement s'est ensuite affiné. À l'occasion de l'*affaire Kress c/ France* précitée, il est précisé que le requérant peut « éprouver un sentiment d'inégalité si, après avoir entendu les conclusions du commissaire du gouvernement dans un sens défavorable à sa thèse à l'issue de l'audience publique, il le voit se retirer avec les juges de la formation de jugement afin d'assister au délibéré dans le secret de la chambre du conseil ».

9.119 > La Cour se réfère, à notre sens, inutilement au sentiment d'inégalité. Il est clair que l'avocat général et le commissaire du gouvernement auront une influence objective directe sur l'issue du litige, qu'elle soit favorable ou défavorable au plaideur. Ce n'est pas tant le sentiment d'inégalité ressenti par le justiciable qui est essentiel. Il y a faculté réelle que la discussion puisse se poursuivre après la clôture des débats en raison de la seule présence d'un tiers n'ayant pas mission de trancher le litige. Dès lors que des observations auront été émises au terme des débats par ceux-ci, que les parties auront été mises en mesure d'y répliquer (*supra* n° 9-115), il ne semble pas utile d'autoriser leur présence au délibéré (*Aff. Slimane-Kaid c/ France*, 27 nov. 2003, Req. 48943/99 ; *Aff. Fontaine et Bertin c/ France*, 8 juil. 2003, Req. 38410/97 et 40373/98, déf. 8/10/2003).

Il y a inégalité, et pas simplement sentiment d'inégalité, lorsque l'avocat général et les parties n'ont pas en main les mêmes pièces du dossier. Il ne suffit pas par exemple que le sens du rapport du conseiller à la Cour de cassation ait fait l'objet d'une mention au rôle d'audience, déposé à l'Ordre des avocats aux Conseils dix jours avant l'audience, pour que soit respectée l'égalité des armes alors que l'avocat général a eu communication de l'entier rapport. Ce rapport se compose de deux volets : le premier contient un exposé des faits, de la procédure et des moyens de cassation, et le second, une analyse juridique de l'affaire et un avis sur le mérite du pourvoi. La Cour retient que « si le second volet du rapport, destiné au délibéré, peut (à l'instar du projet d'arrêt) rester confidentiel tant à l'égard des parties que de l'avocat général, le premier volet, non couvert par le secret du délibéré, doit être communiqué, le cas échéant, dans les mêmes conditions aux parties et à l'avocat général » (*Aff. Pascolini c/ France*, 26 juin 2003, Req. 45019/98, déf. 26/09/2003 ; *Aff. Lilly France c/ France*, 14 oct. 2003, Req. 53892/00).

9.120 > L'égalité des armes est un principe qui régit l'intégralité du procès et n'est plus limité au seul équilibre des droits entre les parties. Elle concerne tous les intervenants au procès ainsi que l'ont bien saisi les juridictions nationales.

La chambre criminelle de la Cour de cassation a ainsi déclaré irrecevable l'appel formé par le procureur général sur le fondement de l'article 505 du Code de procédure pénale car ouvrant un délai de recours plus long que celui reconnu aux parties par l'article 498 du Code de procédure pénale (Crim., 10 fév. 2009, 08-83837, *AJ Pénal* 2009, p. 234, obs. C. Saas).

Dans l'*affaire Oury c/ COB*, un rapporteur, membre de la Commission des opérations de bourse, chargé de procéder à l'instruction d'une affaire avec le concours des services administratifs et à toutes investigations utiles, a participé à la séance de jugement sur l'affaire ayant condamné à une sanction pécuniaire une société en raison de la diffusion d'une information financière ni exacte, ni précise, ni sincère. L'Assemblée plénière s'est alignée, à juste titre, sur les solutions appliquées par la CEDH à l'avocat général ou au commissaire du gouvernement en retenant que le rapporteur « ne pouvait pas participer au délibéré » (*JCP* 1999, II, 10060, note H. Matsopoulou). Suite à cette décision, la COB a d'ailleurs décidé de modifier son règlement interne, en précisant que « ni le président, ni aucun membre de la Commission ne peut délibérer dans une affaire dans laquelle il a exercé les fonctions de rapporteur » (Avis, *JO* 25 février 1999, *JCP* 1999, III, 20050).

Pour la même raison, les fonctions particulières de l'avocat général et du commissaire du gouvernement peuvent être d'appréhension difficile sous l'angle de la Convention européenne (à propos d'une méconnaissance de l'égalité des armes dans le cadre de la procédure en fixation des indemnités devant les juridictions de l'expropriation, résultant de la position privilégiée dont jouirait le commissaire du gouvernement : *Aff. Yvon c/ France*, 24 avril 2003, Req. 44962/98, déf. 24/07/2003).

II – LA PUBLICITÉ DES DÉBATS

9.121 > Le principe de publicité est garant du procès équitable tant par la protection contre l'arbitraire qu'il offre au justiciable que par l'assurance du maintien d'une société de type démocratique. Il est tout à la fois moyen de technique procédurale et instrument au service de la protection des institutions (A). La publicité des débats est aussi, dans sa mise en œuvre, l'expression achevée du compromis à réaliser dans la protection des différents droits reconnus par la Convention. La pluralité des droits conduit inéluctablement à des confrontations où seule l'application éclairée de la Convention permettra de trouver une solution harmonieuse et respectueuse des intérêts en présence. L'appréciation des circonstances de chaque espèce par les juges de Strasbourg joue un rôle de tout premier plan, par la pesée des objectifs poursuivis qu'elle présuppose et la hiérarchie à établir dans la protection des différents droits (B).

A - LES GARANTIES INHÉRENTES AU PRINCIPE DE PUBLICITÉ

9.122 > La Cour européenne a plusieurs fois souligné le rôle pluriel assuré par la publicité des débats : « La publicité des procédures des organes judiciaires visée à l'article 6 § 1 protège les justiciables contre une justice secrète échappant au contrôle du public : elle constitue aussi l'un des moyens qui contribuent à préserver la confiance dans les cours et tribunaux. Par la transparence qu'elle donne à l'administration de la justice, elle aide à réaliser le but de l'article 6 § 1 de la Convention européenne : le procès équitable, dont la garantie compte parmi les principes de toute société démocratique au sein de la Convention » (*Aff. Pretto c/ Italie*, 8 déc. 1983, série A, n° 71 ; *Aff. Axen c/ Allemagne*, 8 déc. 1983, série A, n° 72 ; *Aff. Diennet c/ France*, 26 septembre 1995, *JCP* 1996, I, n° 3910, note F. Sudre).

L'exigence de publicité témoigne de la double mission dévolue à la notion de procès équitable, garantir l'existence d'un État de droit et garantir une protection juridictionnelle effective au justiciable (*supra* n° 9-99).

9.123 > Toute personne doit pouvoir assister aux audiences. Depuis Saint Louis sous son chêne, le principe n'a pas été modifié. Ce caractère public de la justice est essentiel au déroulement équitable du procès, car il préserve de la tentation de l'irrespect des garanties fondamentales. Agir au vu et au su de tous expose au jugement et au contrôle des autres. De façon générale, on cache ses vices beaucoup plus que ses qualités. C'est pourquoi « le danger d'arbitraire apparaît avec une netteté singulière là où le pouvoir d'appréciation s'exerce en secret » (*Aff. Valenzuela Contreras c/ Espagne*, 30 juillet 1998, § 46).

L'importance de ce constat a conduit la jurisprudence européenne à étendre le domaine d'application de la règle de publicité aux instances disciplinaires (*Aff. Le Compte, Van Leuven et De Meyere c/ Belgique*, 10 fév. 1983, série A, n° 5), alors que l'on aurait pu discuter du caractère civil du droit en cause. Les sanctions applicables par les autorités ordinales, en particulier la privation du droit d'exercer la profession libérale, ont permis d'appliquer les exigences de l'article 6, § 1 aux procédures disciplinaires.

Le principe de non-publicité des débats devant le Conseil de l'Ordre et la Cour d'appel pour les questions disciplinaires qui a été retenu par le décret n° 91-1197 du 27 novembre

1991 organisant la profession d'avocat a ainsi donné lieu à saisine des juridictions nationales. Cour de cassation et Conseil d'État ont de concert refusé le grief tiré de la violation de la Convention au motif que l'intéressé pouvait demander que l'audience soit publique (Civ. 1re, 10 janvier 1984, *Bull. civ.* I, n° 8). La liberté laissée au Conseil de l'Ordre de refuser la publicité n'a pas ensuite été jugée contraire à l'article 6, § 1, ce texte admettant le principe d'un refus pourvu qu'il soit dûment justifié (CE, 14 février 1996, *JCP* 1996, II, 22669).

PISTE DE RÉFLEXION

Le secret et le droit au procès équitable. Orientations bibliographiques : *Secret et justice (Le secret entre éthique et technique ?)*, Colloque international 1998, éd. L'espace juridique, coll. dirigée par le Centre d'histoire judiciaire de Lille.

9.124 > Permettre au justiciable de voir comment justice est rendue est aussi un moyen d'éduquer le citoyen. L'ambition pédagogique n'est pas exclue. La publicité des débats, mais aussi la publicité du jugement informent le citoyen sur le fonctionnement des institutions qui le gouvernent et sur les déviances comportementales faisant l'objet de sanction.

Cet aspect relatif à l'information est particulièrement flagrant s'agissant de la publicité du jugement qui tend, au sein de la jurisprudence européenne, à se confondre avec la diffusion dudit jugement. Tout mode de publicité est en effet admis par la Cour de Strasbourg et on observe que l'accès au droit et une meilleure lisibilité du système juridique est un des objectifs poursuivis (N. FRICERO, *Droit et pratique de la procédure civile*, sous la dir. de S. GUINCHARD, Dalloz Action, 2006-2007, n° 212-70, p. 487). C'est pourquoi l'information du seul justiciable partie au procès est insuffisante à satisfaire à l'exigence de publicité (*Aff. Werner c/ Autriche*, 24 nov. 1997, *JCP* 1998, I, 107, note F. Sudre).

9.125 > La publicité des débats et du jugement, enfin, permet de garantir la confiance des justiciables dans les institutions. La transparence de la justice est en effet un concept à l'opposé des États totalitaires. Elle est un élément indispensable pour qu'il y ait société démocratique.

La société occidentale contemporaine remet pourtant fortement en cause cette conclusion. La publicité donnée aux affaires judiciaires, essentiellement par les médias, peut aboutir au résultat inverse. La confiance des justiciables dans la justice et leurs représentants, les magistrats, sort fragilisée. La multiplication des recours devant la CEDH tendrait d'ailleurs à démontrer une certaine défiance à l'égard des décisions rendues par les juridictions nationales.

B - UNE NÉCESSAIRE HIÉRARCHIE ENTRE LES DIFFÉRENTS DROITS

9.126 > Aux termes de l'article 6, § 1 Convention européenne des droits de l'homme, « Toute personne a droit à ce que sa cause soit entendue (...) publiquement (...) Le jugement doit être rendu publiquement, mais l'accès de la salle d'audience peut être interdit à la presse et au public pendant la totalité ou une partie du procès dans l'intérêt de la moralité, de l'ordre public ou de la sécurité nationale dans une société démocratique, lorsque les intérêts des mineurs ou la protection de la vie privée des parties au procès l'exigent, ou dans la mesure jugée strictement nécessaire par le tribunal, lorsque dans des circonstances spéciales la publicité serait de nature à porter atteinte aux intérêts de la justice ». La formulation de ce texte permet sans ambiguïté de conclure qu'il ne peut être dérogé à l'exigence de publicité du jugement (*Aff. Campbell et Fell c/ Royaume-Uni*, 28 juin 1984, § 90), seule la publicité des débats est concernée.

9.127 > Les tempéraments apportés à la publicité des débats doivent être motivés par des impératifs jugés supérieurs aux garanties protégées par celle-ci (*supra* n° 9-122). Admettre que les audiences aient lieu en chambre du conseil ou à huis clos, c'est reconnaître une hiérarchie implicite entre les différents droits subjectifs octroyés aux individus. Les justifications sont nombreuses, ainsi qu'en témoigne l'article 6 § 1 précité.

Les autorités nationales dérogent habituellement à la règle de publicité lorsque le litige concerne la vie privée ou qu'un mineur est intéressé au litige. Le téléscopage de droits subjectifs potentiellement opposés conduit à minorer l'un au bénéfice de l'autre. Ceci n'est pas particulier au droit européen, ni bien sûr à la publicité des débats, mais à la prolifération contemporaine des droits subjectifs.

Mais toute juridiction peut estimer nécessaire au vu du litige de procéder à des débats en audience non publique et elle n'est pas tenue d'interroger le plaideur sur l'usage de cette faculté. Telle est la solution retenue par la Cour de cassation à propos d'une audience de suspension provisoire d'un huissier de justice associé mis en examen pour des faits d'abus de confiance dans l'exercice d'une activité de gestion immobilière pratiquée au sein d'une société créée de fait. La Cour retient « que si l'article 6.1 de la Convention reconnaît à l'huissier de justice, contre lequel une mesure de suspension provisoire est demandée, le droit de voir sa cause entendue publiquement, c'est à la condition que ce droit ait été invoqué devant la juridiction concernée avant la clôture des débats (...) ; que, M. X... n'ayant pas, de sa propre initiative, demandé à la cour d'appel de statuer en audience publique, le moyen tiré de la non-publicité des débats invoqué pour la première fois devant la Cour de Cassation ne peut être accueilli » (Cass. civ. 1re, 1er mars 2005, n° 03-16439, inédit).

9.128 > L'exigence de publicité peut également se heurter à des impératifs d'ordre collectif dépassant l'individu, ainsi pour l'ordre public, la moralité ou les intérêts de la justice.

Les juges pourront décider que l'audience se déroulera en chambre du conseil. Ils devront apprécier au vu des circonstances les raisons de la non-publicité des débats. L'approche devient casuistique. Dans l'*affaire Schuler-Zgraggen c/ Suisse*, la Cour de Strasbourg a par exemple considéré que l'efficacité de la justice pouvait justifier qu'il soit dérogé à la règle de la publicité des débats. Il est retenu que « l'organisation systématique de débats pourrait constituer un obstacle à la particulière diligence requise en matière de Sécurité sociale et, à la limite, empêcher le respect du délai raisonnable visé à l'article 6.1 de la Convention européenne » (24 juin 1993, § 58).

§ 2 - LE JUGEMENT

9.129 > Motivation (I) et exécution (II) de la décision de justice sont les garanties de l'effectivité du droit de recours reconnu par la Convention au justiciable.

I – LA MOTIVATION

9.130 > Tout justiciable a droit à ce que sa cause soit entendue équitablement. La motivation de la solution retenue par les juges prouve, s'il en était besoin, que les prétentions du requérant ont été dûment examinées par le tribunal. Elle permet au justiciable de comprendre les raisons pour lesquelles il a ou non obtenu gain de cause et de décider d'exercer, éventuellement, les voies de recours qui s'offrent à lui. Cette obligation de motivation rayonne au-delà de la jurisprudence européenne et donne lieu également à contrôle par la CJCE. Toutefois, le non-respect de cette obligation ne saurait justifier que le moyen soit soulevé d'office par le juge sans que les parties aient été mises en mesure de présenter leurs observations. La motivation n'exonère pas de la contradiction a rappelé la grand chambre de la CJCE (Affaire C-89/08 P, 2 déc. 2009). L'existence de la motivation participe d'un procès équitable justifiant un contrôle par la Cour de Strasbourg (A). La motivation constituant le contenu du raisonnement juridique mené par les juridictions nationales, la délimitation de ce contrôle est essentielle pour comprendre les rapports existant entre la CEDH et nos juridictions (B).

A - L'EXISTENCE DE LA MOTIVATION

9.131 > Le droit à la motivation du jugement (Com. EDH, *Aff. X. c/ RFA*, 16 juillet 1981, Req. n° 8769/79) est respecté chaque fois que les juges auront répondu, non à chaque argument, mais à chaque moyen soulevé par les parties (sur la distinction : *Aff. Jahnke et autres c/ France*, 29 août 2000, *JCP* 2000, II, 10435, note A. Perdriau). Il convient de préciser que si à l'examen du premier moyen, les magistrats accueillent les prétentions du requérant, il n'est pas besoin d'examiner les autres moyens qui seront surabondants. En revanche, lorsque le moyen est rejeté, il faut que les juges poursuivent l'examen de la cause par l'analyse des autres moyens. Le silence des magistrats sur un moyen équivaut alors à un défaut de réponse à conclusions. On ne saurait déduire de ce seul silence un rejet du moyen (*Aff. Higgins c/ France*, 19 févr. 1998, *D.* 1998, somm., p. 369, obs. N. Fricero). La Cour a cependant admis dans certains cas la motivation implicite lorsque le contenu formel des propositions formant la décision permettait de la déduire.

Lorsqu'il a été répondu dans les motifs et que la prétention n'est pas reprise dans le dispositif de la décision, on pourrait discuter de l'effectivité de la motivation. Celle-ci ne produit aucun effet juridique, sauf l'admission de motifs « décisoires » par ailleurs discutée. Faut-il considérer que l'obligation de motivation a été respectée par les magistrats ? La question n'a pas été à notre connaissance posée à la Cour de Strasbourg. En droit interne, il y a omission de statuer si le jugement omet de reprendre dans le dispositif une prétention sur laquelle il s'est expliqué dans les motifs (par ex. Cass. com., 22 janv. 2002, *Procédures*, avril 2002, n° 71). Or, l'absence de motivation est également une omission de statuer qui peut être rapprochée du déni de justice.

9.132 > L'existence de la motivation ne sera avérée que si les juges ont suffisamment étayé leur réponse (par ex. CE, sect. cont., 14 décembre 1992, n° 130261). Il ne suffit pas qu'ils visent le concept juridique contenu dans la législation sans autre développement. L'application de la loi générale aux circonstances de fait constituant le litige, l'argumentation juridique, le syllogisme judiciaire sont les éléments de la motivation. Mais une juridiction qui se contente de répéter les dispositions d'un texte et à conclure qu'elles s'appliquent à une espèce, ne motive pas sa décision (*Aff. Sakkopoulos c/ Grèce*, 15 janv. 2004, Req. 61828/00).

Dans l'*affaire Georgiadis c/ Grèce*, la CEDH fait ainsi grief aux juridictions grecques de n'avoir pas caractérisé en l'espèce la faute lourde du requérant exonérant l'État de sa responsabilité, ce qui aurait supposé « une appréciation des faits » et « des motifs plus détaillés » (29 mai 1997, § 43 ; *Aff. H. c/ Belgique*, 30 novembre 1987, § 22).

9.133 > Chaque fois que le juge jouira d'un pouvoir discrétionnaire, l'énoncé des motifs doit-il être obligatoire ? Il est constant, en droit français, qu'« une juridiction qui se prononce discrétionnairement échappe au contrôle de la Cour de cassation sans même avoir à motiver sa décision » (A. Perdriau, « Le pouvoir discrétionnaire des juges du fond », *LPA*, 15 nov. 2001, n° 228, p. 8 s.).

Le caractère discrétionnaire, et non pas souverain, du pouvoir reconnu au juge remet fondamentalement en cause le principe d'un contrôle par une juridiction supérieure. La différence tient dans la nature du contrôle lorsque le pouvoir d'appréciation est souverain, dans l'inexistence du contrôle lorsque le pouvoir d'appréciation est discrétionnaire. Dans le premier cas, la juridiction supérieure n'a pas à vérifier la pertinence de la motivation bien qu'elle doive vérifier son existence. Dans le second, l'existence de la motivation ne doit pas être contrôlée. Cette différence justifie, semble-t-il, une solution récente où pour écarter les griefs exposés contre un arrêt d'appel, ayant octroyé une indemnité sur le fondement de l'article 700 du Code de Procédure civile, constitués de la violation de l'article 7 et de l'article 455 du même Code, la Cour de cassation a énoncé de façon laconique que l'application de l'article 700 relève du pouvoir discrétionnaire du juge (Cass. civ. 2e, 10 oct. 2002, *Rev. droit et procéd.*, mars 2003 ; solution réitérée par la même chambre le 7 nov. 2002, n° 01-00861, inédit).

9.134 > L'obligation de motivation ne serait donc pas absolue. C'est d'ailleurs en ce sens que certains arrêts de la Cour européenne pouvaient être interprétés. À propos d'un verdict rendu par un jury, dont on sait que les membres statuent en se fondant sur leur intime conviction, la CEDH a estimé que « si le jury n'a pu répondre que par oui ou par non à chacune des questions posées par le Président, ces questions formaient une trame sur laquelle s'est fondée sa décision », il est ajouté que « la précision de ces questions permet de compenser adéquatement l'absence de motivation des réponses du jury » (*Aff. Papon c/ France*, 15 nov. 2001, Req. n° 54210/00). L'arrêt *Taxquet c/ Belgique* vient nuancer le propos (13 janvier 2009, Req. 926/05). La grand chambre a d'ailleurs été saisie le 5 juin 2009. Dans cette affaire, le requérant, invoquant notamment l'affaire *Papon* précitée, reproche à la Belgique l'absence de motivation de la décision de la cour d'assises, d'autant plus qu'aucun recours n'est possible en appel. La Cour considère effectivement « que si l'on peut admettre qu'une juridiction supérieure motive ses décisions de manière succincte, en se bornant à faire sienne la motivation retenue par le premier juge, il n'en va pas forcément de même pour une juridiction de première instance, statuant au plus au pénal » (considérant 44), En l'espèce, elle relève que les questions n'étaient pas individualisées et rappelle qu'elle avait déjà été amenée à sanctionner la Belgique pour cette raison (*Goktepe c. Belgique*, n° 50372/99, 2 juin 2005). Mais c'est dans le considérant 48 que la CEDH révèle le fondement même d'une obligation de motivation suffisante : « Or, en l'espèce, la formulation des questions posées au jury était telle que le requérant était fondé à se plaindre qu'il ignorait les motifs pour lesquels il avait été répondu positivement à chacune de celles-ci, alors qu'il niait toute implication personnelle dans les faits reprochés ». La Cour estime que ces réponses laconiques à des questions formulées de manière vague et générale ont pu donner au requérant l'impression d'une justice arbitraire et peu transparente. Sans au moins un résumé des principales raisons pour lesquelles la cour d'assises s'est déclarée convaincue de la culpabilité du requérant, celui n'était pas à même de comprendre – et donc d'accepter – la décision de la juridiction. Cela revêt toute son importance en raison du fait que le jury ne tranche pas sur base du dossier mais sur base de ce qu'il a entendu à l'audience. Il est donc important, dans un souci d'expliquer le verdict à l'accusé mais aussi à l'opinion publique, au « peuple », au nom duquel la décision est rendue, de mettre en avant les considérations qui ont convaincu le jury de la culpabilité ou de l'innocence de l'accusé et d'indiquer les raisons concrètes pour lesquelles il a été répondu positivement ou négativement à chacune des questions ». La portée à reconnaître à la décision reste incertaine : s'agit-il d'une transformation radicale de ce qui était soutenu à l'occasion de l'affaire *Papon*, la réponse aux questions suffit à pallier l'absence de motivation, mais en l'espèce l'absence d'individualisation de celles-ci ne le permettait pas, ou faut-il considérer que la Cour pose une nouvelle exigence de motivation y compris lorsque la juridiction est une juridiction populaire qui statue en se fondant sur son intime conviction ? Les débats sont ouverts (L. Berthier, A.-B. Caire, « La motivation des décisions de justice et la Convention européenne des droits de l'homme. De l'intime conviction des jurys d'assises à la conviction des destinataires des décisions de justice. Réflexions autour de l'arrêt *Taxquet c/ Belgique*, 13 janvier 2009, req. n° 926/05 », *RFDA* 2009, p. 677 s. ; *RSC* 2009, p. 657, obs. J.-P. Marguénaud ; *JCP* 2009, actu, Libres propos, M.-L. Rassat), sachant que pour le professeur J. Pradet cette motivation est non seulement nécessaire mais réalisable (*D.* 2009, p. 2778). C'est d'ailleurs en ce sens que s'orienterait la réflexion de certains praticiens (M. Huyette, « Quelles réformes pour la cour d'assises ? », *D.* 2009, p. 2437 s.).

L'absence de motivation en raison du caractère discrétionnaire du pouvoir reconnu à ceux ayant mission de juger est à notre sens discutable. L'intelligibilité de la décision passe par la compréhension des motifs ayant donné lieu à l'élaboration de la sentence. Le justiciable devrait dans tous les cas pouvoir exiger la communication des raisons ayant donné lieu à sa condamnation ou à la perte de son procès. Mais, on sait que la Cour européenne admet, pour des motifs divers (*supra* n° 9-37 s.), qu'il y soit dérogé.

B - LA DÉLIMITATION DE L'OBJET DU CONTRÔLE

9.135 > La Cour européenne des droits de l'homme devient-elle une Cour de cassation européenne ? La question a été posée à propos d'un arrêt récent opposant Mme Dulaurans à la France (*Aff. Dulaurans c/ France*, 21 mars 2000, *Procédures*, 09/2000, n° 186,

p. 18 s., obs. H. Croze, N. Fricero ; *RTD civ.*, 2000, p. 636, obs. R. Perrot ; v. aussi CEDH, 29 août 2000, *JCP* 2000, II, 10434, note A. Perdriau). La requérante avait à trois reprises – en première instance, en appel et devant la Cour de cassation – invoqué la nullité de deux mandats de vente pour non-respect des conditions de forme requises par la loi du 2 janvier 1970. Pour rejeter le pourvoi, la Cour de cassation déclare le moyen nouveau, donc irrecevable. La requérante soutenait que « la constatation de la pluralité de mandats relatifs à des opérations bien distinctes caractérisait l'accomplissement d'une manière habituelle d'opérations portant sur les biens d'autrui » justifiant l'application de ce texte.

Une requête est déposée devant la CEDH, la Cour de cassation s'étant fondé sur une constatation manifestement inexacte. Pour justifier la position de la Cour, le gouvernement fait valoir que, devant les juges du fond, Mme Dulaurans ne se serait pas appuyée sur le caractère habituel de la mission confiée au mandataire en invoquant la simultanéité des deux mandats qui lui furent confiés. L'argument est rejeté par la Cour de Strasbourg. Il est notamment relevé que la Cour d'appel avait affirmé que le mandataire ne se livrait pas d'une manière habituelle aux opérations visées par la loi, ce qui laissait clairement supposer que le moyen avait bien été invoqué devant les juges du fond. L'irrecevabilité du moyen présenté devant la Cour de cassation est par conséquent « le résultat d'une erreur manifeste d'appréciation de la part des juges » (§ 38).

9.136 > Le contrôle de la motivation des décisions de justice rendues par les juridictions nationales se limite à l'existence, et donc au caractère suffisant de la motivation, non à la pertinence des motifs retenus par les juges. Faut-il conclure de l'*affaire Dulaurans* une modification de la jurisprudence de la Cour ? Une réponse négative doit être apportée.

En premier lieu, il faut rappeler que si, de façon traditionnelle, la CEDH ne s'estime pas compétente « pour examiner des erreurs de fait ou de droit prétendument commises par les juridictions internes », elle n'a jamais exclu la possibilité de sanctionner les États dont « les juridictions ont tiré des conclusions arbitraires des faits qui leur étaient soumis ou interprété de manière manifestement déraisonnable les textes applicables » (*Aff. SG c/ France*, 11 juillet 2000, Req. n° 40669/98). Le principe de solution doit être rapproché du principe énoncé par la Commission européenne dans l'*affaire Fouquet c/ France* où il est soutenu que « l'obligation de motivation perd tout son sens si la motivation elle-même démontre que les juges n'ont pas lu les pièces essentielles du dossier » (12 oct. 1994, Req. n° 20398/92 ; S. Guinchard, « Le droit a-t-il encore un avenir devant la Cour de cassation ? (Qui cassera les arrêts de la Cour de cassation ?) », *Mélanges Terré*, 1999, p. 761). Dans l'*affaire Dulaurans*, la CEDH ne fait que sanctionner l'erreur manifeste d'appréciation de la Cour de cassation.

En second lieu, cette erreur porte sur le caractère nouveau du moyen par l'analyse des éléments figurant dans le dossier de procédure. Le bien-fondé du moyen n'était pas en cause, et il est peu probable, s'il l'avait été, que la CEDH se soit livrée à un contrôle de la motivation au fond, à savoir les mandats de vente devaient-ils ou non respecter les prescriptions de la loi du 2 janvier 1970 ?

9.137 > Au-delà, on peut s'interroger, de façon prospective, sur l'utilité que pourrait constituer le contrôle du contenu de la motivation par la CEDH, autrement dit la vérification de la pertinence des motifs. Ce serait évidemment admettre *de lege ferenda* que la

Cour de Strasbourg doive être hiérarchiquement supérieure aux plus hautes juridictions des États signataires. Perte de souveraineté diront les uns, unité dans la construction d'une Europe des droits de l'homme répondront les autres...

II – L'EXÉCUTION

9.138 › L'exécution du jugement est l'un des éléments-clés du procès. Il ne sert à rien d'avoir raison, si l'on ne peut obtenir l'exécution de la sentence. Le jugement en tant que titre exécutoire est protégé par l'article 6, § 1 de la Convention européenne des droits de l'homme. Cette protection s'inscrit dans un mouvement plus large intéressant le droit européen mais aussi le droit communautaire.

Avec le Traité d'Amsterdam en effet, l'Union européenne a « communautarisé » la coopération judiciaire afin de favoriser la construction d'un espace judiciaire européen.

Un plan d'action a alors été élaboré par le Conseil et la Commission concernant les modalités de réalisation du Traité d'Amsterdam, approuvé par le Conseil européen de Vienne (11 et 12 déc. 1998), en faveur d'un renforcement de la coopération judiciaire en matière civile. Les conclusions à l'issue de la réunion du Conseil européen à Tampere (15 et 16 oct. 1999) – « Vers une union de liberté, de sécurité et de justice : les jalons posés à Tampere » – poursuivent l'entreprise en fixant des objectifs concrets au service de la construction d'un espace de justice. Un programme a été ensuite adopté par le Conseil, le 30 novembre 2000, comportant des mesures sur la mise en œuvre du principe de reconnaissance mutuelle des décisions en matière civile et commerciale devant aboutir à la suppression de toutes les procédures intermédiaires nécessaires à l'obtention d'une décision exécutoire. Le tableau de bord (accessible via Internet) est révisé tous les six mois par la Commission. Une nouvelle étape a été franchie lors de la conférence intergouvernementale de Nice, le 11 décembre 2000, ayant prévu que les décisions relatives à la coopération judiciaire civile pourront être adoptées selon la procédure de codécision, à la majorité qualifiée du Conseil, dès l'entrée en vigueur du traité.

Participant de la même réflexion, le Conseil de l'Europe a entamé une réflexion sur le statut des agents de l'exécution dans son projet de recommandation sur l'exécution des décisions de justice réalisé en août 2002 par le Comité d'experts pour l'efficacité de la justice, CEEJ.

Le livre vert du 6 mars 2008 sur l'exécution effective des décisions judiciaires dans l'Union européenne s'inscrit dans cette perspective. Il s'agit par le moyen dit de la transparence du patrimoine des débiteurs de donner aux agents d'exécution les outils de l'exécution (COM (2008) 128 final). Tout le monde s'accorde sur l'existence d'un droit à l'exécution et sur le fait que l'exécution rapide et efficace des jugements est incluse dans les droits exposés dans la convention européenne, conformément à l'analyse de la CEDH. Mais l'exécution effective de la décision suppose la saisie des biens du débiteur laquelle dépend de l'exacte localisation de ce dernier et de l'identification précise de son patrimoine. Lorsque les actifs du débiteur sont dispersés sur un autre État membre que celui du créancier, voire plusieurs États membres, le recouvrement de la créance sera d'autant plus délicate. La transparence patrimoniale est donc une condition préalable à l'exécution des décisions de justice.

PISTE DE RÉFLEXION

Un espace de justice en Europe. Orientations bibliographiques : N. Fricero, « Le droit européen à l'exécution des jugements », *Dr. et procéd.*, janv. 2001, p. 6 ; S. Guinchard, « Le procès équitable : droit fondamental ? » *AJDA*, 1998, p. 208 ; J. Isnard, D. Hector, « Les deux visages de l'esquisse d'un droit de l'exécution dans l'Union européenne : l'exequatur simplifié et le titre exécutoire européen », *Dr. et procéd.*, janv. 2001, p. 11 ; J. Normand, « Les effets juridiques du passeport judiciaire », *in Les moyens modernes de transmission des actes judiciaires et extrajudiciaires en Europe*, Colloque international de Paris des 21 et 22 octobre 1999, éd. EJT, 2001 ; « La libre circulation des jugements dans l'espace européen », *RRJ* 2003 ; « Le titre exécutoire européen », *Dr. et procéd.*, juin 2002 ; Colloque *Droit processuel et droit de l'exécution* organisé à Paris par l'Union internationale des huissiers de justice les 4 et 5 juillet 2001, éd. EJT, 2002 ; sur les différents règlements adoptés en matière d'exécution : M. Douchy, B. Menut, *Transmission des actes juridiques*, éd. Litec, coll. Pratique prof., 2002.

9.139 > Pour l'heure, la CEDH s'emploie à protéger le droit à l'exécution du jugement au titre du procès équitable (A), alors que les voies d'exécution proprement dites bénéficient de la garantie des droits offerte par l'article 6 § 1 de la Convention européenne des droits de l'homme (B). La question se pose essentiellement en matière civile, mais il n'est pas à exclure qu'elle puisse présenter quelque utilité lorsque la condamnation pénale prend la forme d'une amende.

A - LE DROIT À L'EXÉCUTION DU JUGEMENT

9.140 > L'exécution est partie intégrante du procès car elle participe de la protection judiciaire effective garantie au justiciable (1) et trouve indirectement pour soutien l'article 1er du protocole n° 1 (2).

1 - L'exécution, partie intégrante du procès

9.141 > Il faut attendre 1997 pour que la CEDH reconnaisse expressément que le respect d'un procès équitable suppose que le justiciable ait un droit à l'exécution du jugement. Jusqu'alors, la Cour avait indirectement appliqué l'article 6 § 1 à l'exécution en incluant dans l'appréciation du délai raisonnable de la procédure le temps de la réalisation du droit revendiqué (v. not. *Aff. Di Pede c/ Italie*, § 22 et *Aff. Zappia c/ Italie*, § 18, 26 septembre 1996, *JCP* 1997, I, 4000, n° 28, obs. F. Sudre ; *D.* 1997, somm., 209, obs. N. Fricero).

Il s'agit de la fameuse *affaire Hornsby*. En l'espèce, le requérant reprochait à l'administration de ne pas avoir mis en application deux arrêts du Conseil d'État. Le gouvernement prétendait pour sa part que ce grief ne tombait pas sous le coup de l'article 6, le problème ne concernant pas l'examen judiciaire portant sur l'existence éventuelle de leurs droits.

Après avoir rappelé le droit reconnu à tout justiciable de recourir devant un tribunal impartial et indépendant, la Cour ajoute dans deux considérants ce qui devait ultérieurement fonder le droit à l'exécution : « Toutefois, ce droit serait illusoire si l'ordre juridique interne d'un État contractant permettait qu'une décision judiciaire définitive et obligatoire reste inopérante au détriment d'une partie. En effet, on ne comprendrait pas que l'article 6 § 1 décrive en détail les garanties de procédure – équité, publicité et célérité – accordées aux parties et qu'il ne protège pas la mise en œuvre des décisions judiciaires ; si cet article (art. 6-1) devait passer pour concerner exclusivement l'accès au juge et le déroulement de l'instance, cela risquerait de créer des situations incompatibles avec le principe de la prééminence du droit que les États contractants se sont engagés à respecter en ratifiant la Convention. L'exécution d'un jugement ou arrêt, de quelque juridiction que ce soit, doit donc être considérée comme faisant partie intégrante du "procès" au sens de l'article 6 ; la Cour l'a du reste déjà reconnu dans les affaires concernant la durée de la procédure (...) ».

Ces affirmations revêtent encore plus d'importance dans le contexte du contentieux administratif, à l'occasion d'un différend dont l'issue est déterminante pour les droits civils du justiciable. En introduisant un recours en annulation devant la plus haute juridiction administrative de l'État, celui-ci vise à obtenir non seulement la disparition de l'acte litigieux, mais aussi et surtout la levée de ses effets. Or la protection effective du justiciable et le rétablissement de la légalité impliquent l'obligation pour l'administration de se plier à un jugement ou arrêt prononcé par une telle juridiction. La Cour rappelle à cet égard que l'administration constitue un élément de l'État de droit et que son intérêt s'identifie donc avec celui d'une bonne administration de la justice. Si l'administration refuse ou omet de s'exécuter, ou encore tarde à le faire, les garanties de l'article 6 dont a bénéficié le justiciable pendant la phase judiciaire de la procédure perdraient toute raison d'être » (*Aff. Hornsby c/ Grèce*, 19 mars 1997, *JCP* 1997, II, 22949, note F. Sudre ; *D.* 1998, 75, note N. Fricero ; *RTD civ.* 1997, p. 1009, obs. J.-P. Marguénaud ; *JTDE*, 1998, p. 41, obs. P. Lambert).

9.142 > Il résulte de cette décision que l'exécution du jugement garantit le droit au procès équitable pour le justiciable ainsi que l'existence d'une société démocratique lorsque ladite exécution incombe à l'administration du pays concerné (*supra* n° 9-99). Il y aura violation du droit chaque fois que l'on opposera un refus (*Aff. Antonakopoulos et autres c/ Grèce*, 14 déc. 1999, § 26, *JCP* 2000, I, 203, obs. F. Sudre), que l'on constatera une omission (*Aff. Burdov c/ Russie*, 7 mai 2002, *Dr. et procéd.*, sept. 2002, p. 290, obs. N. Fricero) ou encore un retard (*Aff. P. M., Lunari, Tanganelli c/ Italie*, 11 janv. 2001, *Dr. et procéd.*, mai 2001, p. 170, obs. J.-P. Marguénaud) dans la réalisation du droit visé au jugement.

9.143 > La violation du droit à l'exécution du jugement ne sera bien évidemment constatée que si le jugement pouvait légitimement faire l'objet d'une exécution. Il faut donc exclure les décisions qui ne sont pas encore passées en force de chose jugée ou pour lesquelles un texte particulier justifie qu'il soit sursis à l'exécution.

PISTE DE RÉFLEXION

La radiation faute d'exécution et la Convention européenne des droits de l'homme ? Orientations bibliographiques : CA Colmar, 30 avril 2007, *D.* 2008, p. 204, note V. Norguin ; débat précédent : L. Cadiet, *JCP* 4 sept. 2002, Act., 346 ; J.-M. Coulon, *LPA*, n° 125, 24 juin 2002, p. 4 ; S. Guinchard, « Un bon exemple de la France d'en haut contre la France d'en bas : le projet de suppression de l'effet suspensif de l'appel », *LPA*, 5 juin 2002 ; « Pour une exécution provisoire à visage humain et le droit de libre critique des choses de la Justice », *LPA*, n° 215, 28 oct. 2002 ; Ph. HOONAKKER, « L'exécution immédiate ou la protection renforcée du perdant », *LPA*, n° 247, 11 déc. 2002 ; Th. LE BARS, « Vers une suspension de l'effet suspensif de l'appel ? », *D.* 2002, p. 1987 ; J. VILLACÈQUE, *D.* 2002, p. 1989.

9.144 > Progressivement, le droit à l'exécution du jugement semble devenir un droit à l'exécution tout court. Tel est le sens à donner à l'*affaire Estima Jorge c/ Portugal* où a été appliqué l'article 6 § 1 de la Convention européenne des droits de l'homme à un acte notarié reconnaissant une créance (*Aff. Estima Jorge c/ Portugal*, 21 avril 1998, *D.* 1998, somm., 369, obs. N. Fricero ; *JCP* 1999, I, 105, n° 21, obs. F. Sudre). La Cour de Strasbourg tend à reconnaître un droit à l'exécution pour tout titre exécutoire que celui-ci soit judiciaire ou non. Le droit à l'exécution a été cependant consacré trop récemment pour que l'affirmation soit péremptoire. Seules les décisions à venir de la Cour permettront de dire si cette tendance prend corps dans une véritable jurisprudence.

2 - *Le soutien de l'article 1er du Protocole additionnel n° 1 : inexécution et respect des biens*

9.145 > L'article 1er du Protocole n° 1 dispose que : « Toute personne physique ou morale a droit au respect de ses biens. Nul ne peut être privé de sa propriété que pour cause d'utilité publique et dans les conditions prévues par la loi et les principes généraux du droit international (al. 1). Les dispositions précédentes ne portent pas atteinte au droit que possèdent les États de mettre en vigueur les lois qu'ils jugent nécessaires pour réglementer l'usage des biens conformément à l'intérêt général ou pour assurer le paiement des impôts ou d'autres contributions ou des amendes (al. 2) ».

L'un des spécialistes de la CEDH a synthétisé l'interprétation de ce texte par la Cour depuis une vingtaine d'années : « Au sens de la jurisprudence européenne, l'article comprend l'affirmation d'un principe général par la première phrase de l'alinéa premier (droit au respect des biens incluant les créances de réparation : *Aff. Maurice c/ France* et *Draon c/ France* précitées) et trois droits particuliers du propriétaire : le droit à une protection contre la privation de la propriété (2e phrase de l'al. 1), le droit à une protection contre la réglementation de l'usage des biens (al. 2) et le droit à une protection, sur le fondement de la première phrase de l'alinéa 1er envisagée sous un autre angle, de toutes les atteintes au droit de propriété qui n'ont pas pu être préalablement qualifiées de privation de propriété ou de réglementation de l'usage des biens » (J.-P. MARGUÉNAUD, obs. ss. *Aff. P. M, Lunari, Tanganelle c/ Italie* précité, n° 6).

9.146 > À première vue, ce texte intéresse davantage le droit de propriété que le droit à un procès équitable. Il n'est pas indifférent de constater que dans de nombreuses affaires ayant un rapport avec la violation alléguée du droit à l'exécution, le requérant s'appuie également sur la violation de l'article 1 du Protocole n° 1 (*supra* n° 9-81).

Le plus souvent, l'inexécution de la décision de justice par l'administration conduit à une violation du droit au respect des biens du requérant. Ainsi, dans l'*affaire Antonetto c/ Italie* du 20 juillet 2000 (déf. 20 oct. 2000, Req. n° 15918/89, § 31 s.), la requérante faisait valoir que l'inexécution par l'administration italienne de l'arrêt du Conseil d'État rendu en sa faveur avait eu pour effet de violer le respect de ses biens. La Cour admet que l'inexécution a eu pour conséquence « le maintien en l'état de l'immeuble construit irrégulièrement, alors que cet immeuble privait partiellement de vue et de lumière la maison de la requérante en en réduisant ainsi la valeur. Dans ces circonstances, les autorités italiennes sont responsables de l'ingérence dans le droit de propriété de la requérante ; l'ingérence en question ne constitue ni une expropriation, ni une réglementation de l'usage des biens, mais relève de la première phrase du premier alinéa de l'article 1 » (§ 34).

9.147 > L'effectivité du droit à l'exécution des décisions de justice trouve un soutien non négligeable dans cet article 1 qui permet une estimation plus exacte du dommage matériel provenant de l'inexécution et donc de la satisfaction équitable allouée au titre de l'article 41 de la Convention (v. aussi *Aff. Iatridis c/ Grèce*, 25 mars 1999, Req. n° 31107/96, § 51 s.).

La CEDH prend d'ailleurs le soin dans ces affaires de spécifier que « la prééminence du droit, l'un des principes fondamentaux d'une société démocratique, est inhérente à l'ensemble des articles de la Convention (...) et implique le devoir de l'État ou d'une autorité publique de se plier à un jugement ou un arrêt rendus à leur encontre. Il s'ensuit que la nécessité de rechercher si un juste équilibre a été maintenu entre les exigences de l'intérêt général de la communauté et les impératifs de la sauvegarde des droits fondamentaux de l'individu (...) ne peut se faire sentir que lorsqu'il s'est avéré que l'ingérence litigieuse a respecté le principe de la légalité et n'était pas arbitraire ».

Chaque fois que l'ingérence dans le respect ou l'usage des biens sera fondée sur la violation du droit à l'exécution du jugement, la responsabilité de l'État devrait donc être engagée pour violation cumulée de l'article 1 du Protocole additionnel n° 1 et de l'article 6, § 1 de la Convention (*Aff. Karahalios c/ Grèce*, 11 déc. 2003, Req. 62503/00). De façon régulière, la Cour retient que « le fait pour le requérant de ne pas recevoir les dédommagements, malgré le droit qui lui a été reconnu par une décision administrative définitive et de ne pas avoir une certitude quant à la date à laquelle cette décision serait exécutée, a fait subir à celui-ci une charge disproportionnée et excessive incompatible avec le droit au respect de ses biens garanti par l'article 1 du Protocole n° 1 à la Convention » (*Aff. Emilian Stefanescu c/ Roumanie*, Req. 35018/03, 12 janv. 2010). Mais il faut bien sûr que l'État soit partie au litige. Le seul fait de ne pas octroyer au requérant l'assistance de la force publique au stade de l'exécution suffit d'ailleurs à une mise en cause de l'État (Parmi les très nombreux arrêts rendus contre l'Italie : *Aff. Bertuccelli c/ Italie*, 4 déc. 2003, Req. 37110/97 ; *Aff. Pocci c/ Italie*, 4 déc. 2003, Req. 57635/00 ; *Aff. Alfano c/ Italie*, 11 déc. 2003, Req. 30878/96 ; *Aff. Di Matteo c/ Italie*, 11 déc. 2003, Req. 37511/97).

B - LE PROCÈS ÉQUITABLE APPLIQUÉ AUX VOIES D'EXÉCUTION

9.148 > Le procès équitable intègre le droit à l'exécution du jugement, mais à l'inverse il faut comprendre que les procédures d'exécution doivent respecter les prescriptions de l'article 6, § 1 de la Convention européenne des droits de l'homme (sur cette question : N. Fricero, « Le droit européen à l'exécution des jugements », *Dr. et procéd.*, janv. 2001, p. 9, n° 13 s.). L'anoblissement de la technique procédurale par la place privilégiée prise par les droits fondamentaux de la procédure s'étend à son proche parent, les voies d'exécution.

9.149 > Les exigences du procès équitable appliquées aux mesures d'exécution n'ont pas pour l'heure donné lieu à de nombreux arrêts, à l'exception des affaires relatives à la durée de la procédure (*supra* n° 9-141).

L'*affaire Tsironis c/ Grèce* est, à notre connaissance, une des rares illustrations ayant pour objet principal une mesure d'exécution (6 déc. 2001, Req. 44584/98, déf. 6 mars 2002, *Dr. et procéd.*, mars 2002, p. 92, obs. N. Fricero). Les faits étaient les suivants. Suite à des échéances impayées, une banque signifie à son client la saisie de l'immeuble donné en garantie. Un accord est passé entre la banque et l'emprunteur dans lequel il s'engage à payer le restant de sa dette. En dépit de l'accord intervenu, la banque ordonne à son notaire de procéder à la vente aux enchères du bien. L'acte annonçant la vente aux enchères ne parvient pas à l'emprunteur qui, entre-temps, a changé d'adresse, l'huissier de justice procédant à la remise de l'acte au procureur au motif que l'adresse était inconnue. L'emprunteur saisit les juridictions nationales pour faire annuler, pour manque de diligence de l'huissier de justice, l'acte de signification et par voie de conséquence la vente forcée. Sa demande est rejetée en raison de l'expiration du délai pour agir prévu par la loi grecque. Il dépose alors une requête devant la CEDH et se plaint de ce qu'il n'a pas bénéficié du droit d'accès à un tribunal, ni d'un recours effectif devant une instance nationale pour contester efficacement la vente aux enchères de sa propriété. Les juges européens ont, sur le fondement des articles 6 § 1 de la Convention européenne des droits de l'homme et 1 du Protocole n° 1, condamné l'État grec en raison de l'impossibilité avérée du requérant de contester la vente forcée.

9.150 > Le fait que la protection juridictionnelle couvre les voies d'exécution n'est pas, ainsi qu'il vient d'être montré, source de nouveauté. En ce sens, les droits garantis au titre de l'article 6 § 1 de la Convention européenne des droits de l'homme, parmi lesquels l'impartialité, l'indépendance, la célérité, la publicité et autres, ont vocation à s'appliquer comme ils le seraient au stade du déroulement de la procédure. Aucun particularisme donc dans les modalités d'application de ces droits n'est à signaler.

9.151 > Le droit à l'exécution du jugement est en pleine expansion, parmi les questions ouvertes figure celle relative à une éventuelle responsabilité de l'État en cas d'inexécution du jugement par un particulier qui aurait perdu le procès. De prime abord, la réflexion paraît curieuse. L'État n'a pas à garantir le gagnant contre l'insolvabilité du perdant. Mais ce n'est évidemment pas sous cet angle que la question doit être abordée. Il a été montré que l'État peut être responsable de la faute d'un avocat ou d'un huissier de justice lorsque celle-ci a pour effet de priver le justiciable de son accès à la justice (*supra* nos 9-16 et 9-27). Un particulier pourrait-il engager la responsabilité de l'État au motif que les procédures nationales d'exécution forcée ne sont pas efficaces ? Rien ne semble s'opposer à cette solution. Le droit à l'exécution du jugement doit être garanti au même titre que le droit d'accès à la justice, et il n'est pas inconcevable d'engager sur ce terrain la responsabilité des autorités nationales. Ce n'est pas l'inexécution par un particulier qui serait alors sanctionnée, mais l'absence de protection judiciaire efficace en raison de voies d'exécution déficientes.

PISTE DE RÉFLEXION

Une protection judiciaire efficace : l'examen des voies d'exécution à l'aune de l'article 6 § 1 de la Convention européenne des droits de l'homme.

»Exercice de préparation au grand oral

Exercice n° 1

› Sujet

Le droit de l'enfant d'être entendu en justice

› Éléments de corrigé

L'année 2009 a été l'occasion de fêter le vingtième anniversaire de la Convention internationale des droits de l'enfant (CIDE). Le processus ascensionnel des droits de l'enfant dans la procédure est connu et largement suivi par la doctrine (A. Gouttenoire, « L'enfant et les procédures judiciaires : les nouveaux textes », Lexbase hebdo, n° 353 – Édition privée générale, 2009). Chronologiquement, l'applicabilité directe de la CIDE reconnue dans l'arrêt de la Première chambre civile de la Cour de cassation du 18 mai 2005 a été l'une des étapes clés dans ce rôle souhaité de l'enfant dans les procédures le concernant (not. D. 2005, 1909, note V. Egea ; *RJPF* 2005-9, 31, note F. Eudier). On se souvient que la Cour, au visa des articles 3-1 et 12-2 de la CIDE, ensemble 388-1 CC et 383-1 et 388-2 du Code de procédure civile, avait retenu que « dans toutes les décisions qui concernent les enfants, l'intérêt supérieur de l'enfant doit être une considération primordiale ; que lorsque le mineur capable de discernement demande à être entendu, il peut présenter sa demande au juge en tout état de la procédure et même, pour la première fois, en cause d'appel ; que son audition ne peut être écartée que par une décision spécialement motivée ».

Déjà la loi n° 93-22 du 8 janvier 1993, dans l'orbite de la ratification de cette convention en 1990, donnait place à l'enfant dans la procédure aux articles 388-1 et suivants du Code civil, mais le caractère perfectible des textes n'avait échappé à personne. L'importante réforme du 5 mars 2007 a modifié radicalement le mécanisme, l'article 388-1 énonçant que : « Dans toute procédure le concernant, le mineur capable de discernement peut, sans préjudice des dispositions prévoyant son intervention ou son consentement, être entendu par le juge ou, lorsque son intérêt le commande, par la personne désignée par le juge à cet effet. Cette audition est de droit lorsque le mineur en fait la demande. Lorsque le mineur refuse d'être entendu, le juge apprécie le bien-fondé de ce refus. Il peut être entendu seul, avec un avocat ou une personne de son choix. Si ce choix n'apparaît pas conforme à l'intérêt du mineur, le juge peut procéder à la désignation d'une autre personne. L'audition du mineur ne lui confère pas la qualité de partie à la procédure. Le juge s'assure que le mineur a été informé de son droit à être entendu et à être assisté par un avocat ».

Il restait, en procédure, à fixer les modalités pratiques de ce droit de l'enfant à être entendu et ce fut chose faite avec le décret n° 2009-572 du 20 mai 2009 relatif à l'audition de l'enfant en justice instituant un véritable droit de l'enfant à être entendu en justice.

I. La reconnaissance du droit reconnu à l'enfant

a) L'existence du droit

– Un droit : à la différence des parties à la procédure qui peuvent demander l'audition mais où le juge reste maître de l'opportunité d'y procéder, la demande du mineur est un droit, toutefois :

– Le droit n'est reconnu qu'à l'enfant « capable de discernement » : standard juridique laissant toute latitude au juge pour ne pas le reconnaître – en pratique, comment savoir si l'enfant est capable de discernement ? Nécessité pour le juge de le rencontrer ?

– Le droit n'existe que pour les procédures « concernant l'enfant ou l'impliquant » : autorité parentale, choix éducatif (école, religion, clinique-hospitalisation &) & *quid* du droit patrimonial ?

b) L'absence de recours de l'enfant

– L'enfant n'est pas partie à la procédure : absence de recours contre le refus d'audition (à la différence des parties à la procédure où l'on applique les règles classiques d'administration judiciaire de la preuve : art. 155 s. CPC) : atteinte au droit au procès équitable, ici au droit au juge ?

– Le droit de l'enfant est-il d'être entendu une seule fois ou à chaque stade de l'instance ? importance de la pratique qui déterminera l'étendue du droit de l'enfant et donc l'effectivité de ce droit.

II. L'exercice du droit attribué à l'enfant

a) L'audition proprement dite de l'enfant

– La réalisation de l'audition : par le juge (338-8 CPC), si intérêt de l'enfant et de façon dérogatoire par une personne désignée par le juge (338-9 CPC).

– L'assistance de l'enfant lors de l'audition (si l'enfant le souhaite : 388-1, al. 2 CPC) ; par un avocat (au besoin désignation d'office par bâtonnier – 338-7 CPC) ; par une personne désignée par l'enfant (si par conforme à l'intérêt de l'enfant le juge peut désigner quelqu'un d'autre – 388-1, al. 2 CPC).

b) Le nécessaire respect du contradictoire

– L'information des plaideurs de la décision d'audition par le greffe et des modalités de cette audition ;

– La rédaction d'un « compte rendu » de l'audition de l'enfant : qualification procédurale bâtarde par rapport à un procès-verbal d'audition ; 338-12 CPC : nécessité respect du contradictoire ; problème de confidentialité de la parole de l'enfant. Elle pourrait être défendue dans le fait que le compte rendu doit être rédigé en respectant également « l'intérêt de l'enfant ».

Exercice n° 2

Sujet

Le contrôle a posteriori de constitutionnalité et du contrôle de conventionnalité de la loi sont-ils en concurrence ?

Éléments de corrigé

La loi constitutionnelle du 23 juillet 2008 ouvre la voie du contrôle constitutionnel *a posteriori* des dispositions législatives dans un cas particulier celui de la non-conformité aux droits et libertés constitutionnels. L'article 61-1 de la Constitution dispose que « Lorsque, à l'occasion d'une instance en cours devant une juridiction, il est soutenu qu'une disposition législative porte atteinte aux droits et libertés que la Constitution garantit, le Conseil constitutionnel peut être saisi de cette question sur renvoi du Conseil d'État ou de la Cour de cassation qui se prononce dans un délai déterminé ». Un peu plus d'un an après, moult discussions ayant eu lieu, une loi organique du 10 décembre 2009 vient préciser les modalités d'exercice de ce qui désormais figure dans le chapitre 2 *bis* de l'ordonnance du 7 novembre 1958 portant loi organique sur le Conseil constitutionnel au titre de « question prioritaire de constitutionnalité ». Deux points de rencontres sont communs à la constitutionnalité et à la conventionnalité.

I. L'atteinte constatée

a) Une atteinte à des droits ou des libertés par une disposition législative

b) Le caractère constitutionnel ou conventionnel des droits ou libertés protégés

II. L'atteinte sanctionnée

a) Un contrôle de conformité effectué selon des modalités distinctes
b) Un contrôle d'une portée distincte selon l'autorité qui l'effectue

Exercice n° 3

Sujet

Les actions collectives constituent-elles une atteinte au droit d'agir de chaque justiciable ?

Éléments de corrigé

La question de l'intégration des actions collectives ou *class action* en droit français pourrait relancer le débat en raison du mécanisme retenu d'intégration des justiciables à l'instance collective en cours. Plusieurs propositions et projet ont été soumis à la réflexion des juristes, et en tout dernier lieu la proposition n° 1897 du 2 septembre 2009 (Proposition de loi sur le recours collectif n° 322 du 25 avril 2006, présentée par le Sénat dont N. Bricq et R. Yung (texte caduc) : extension préconisée de l'action en représentation conjointe ; Proposition de loi visant à instaurer les recours collectifs de consommateurs, n° 3055 du 26 avril 2006, présentée par L. Chatel, ancien député ; Projet de loi n° 3430 du 8 novembre 2006 présenté par T. Breton (ancien ministre de l'Économie, des finances et de l'industrie) ; Proposition de loi n° 1897 relative à la suppression du crédit revolving, à l'encadrement des crédits à la consommation et à la protection des consommateurs par l'action de groupe, 2 septembre 2009, présentée par J.-M. Ayrault, député, rejetée en première lecture par l'Assemblée nationale le 20 octobre 2009 (sans discussion au fond sur cet aspect de la proposition car ne souhaitent pas préempter le débat devant avoir lieu au sein de l'Union européenne), ainsi que plusieurs rapports et études (Rapport sur l'action de groupe, 16 décembre 2005, G. Cerutti et M. Guillaume ; Rapport du Conseil de la concurrence 2005, Avis 21 septembre 2006 relatif à l'introduction de l'action de groupe en matière de pratiques anticoncurrentielles ; Rapport sur la dépénalisation de la vie des affaires, janvier 2008, J.-M. Coulon : favorable pour le seul droit de la consommation), outre les livres vert et blanc dans le cadre de l'Union européenne (Le livre vert sur les recours collectifs pour les consommateurs (27 novembre 2008) ; Le livre blanc sur les actions en dommages et intérêts pour infraction aux règles communautaires sur les ententes et les abus de position dominante ; La Résolution du Parlement européen du 26 mars 2009 sur le livre blanc sur les actions en dommages et intérêts pour infraction aux règles communautaires sur les ententes et les abus de position dominante (2008/2154 (INI)). L'exercice de l'action par un représentant pose la question de l'habilitation à agir qui lui est reconnue. Deux systèmes sont envisageables, l'*opt-in* et l'*opt-out* : « Dans le système de l'*opt in*, ne deviennent membres du groupe que les personnes qui en ont expressément exprimé le souhait en écrivant au greffe du tribunal ou au représentant avant une date fixée dans le jugement de recevabilité. C'est la solution la plus protectrice de la volonté individuelle. Au contraire, dans le système de l'*opt out*, toutes les personnes objectivement membres du groupe défini par le tribunal en feront partie si elles n'ont pas exprimé leur volonté de s'en exclure avant une date fixée dans le jugement de recevabilité » (L. Boré, « L'action en représentation conjointe : française ou action mort-née ? », *D.* 1995, p. 267).

I. Le système de l'*opt-in*

La solution la plus conforme au droit français serait donc le système de l'*opt-in* puisqu'il consiste à chaque victime de se greffer à une instance déjà ouverte et donc à s'associer en quelque sorte à cette instance. Il s'agit d'un système de représentation à l'action par ceux qui ont déclaré expressément vouloir être partie au procès. Il faudra juste, ainsi qu'il est pertinemment relevé par le professeur Guinchard, que soit modifiée la règle selon laquelle « le mandant doit figurer en nom dans toutes les pièces de la procédure, sans que sa personnalité soit occultée par celle du mandataire » (S. Guinchard, « Une class action à la française ? », *D.* 2005, p. 2180 s), tout en garantissant les règles de transparence du procès. La nouveauté ici résiderait dans la phase déclaratoire de responsabilité et la publicité à assurer à celle-ci pour que les victimes puissent s'associer à l'instance.

II. Le système de l'*opt-out*

L'*opt-out* a contre lui de donner compétence à un représentant sans que les victimes directes ne lui aient donné mandat d'agir en leur nom. Le droit d'agir pouvant être confié à d'autres que ceux qui y ont intérêt par le législateur conférant habilitation légale d'agir, la réforme n'est pas impossible en soi. L'obstacle majeur tiendrait à l'inconstitutionnalité parfois avancée du mécanisme et plus particulièrement à la solution défendue par le Conseil constitutionnel dans sa décision du 25 juillet 1989 (n° 89-257) selon laquelle « le législateur peut permettre à un syndicat représentatif d'introduire une action en justice à l'effet non seulement d'intervenir spontanément dans la défense d'un salarié, mais aussi de promouvoir à travers un cas individuel une action collective », « à la condition que l'intéressé ait été mis à même de donner son assentiment en pleine connaissance de cause [système du *opt in*] et qu'il puisse conserver la liberté de conduire personnellement la défense de ses intérêts et de mettre un terme à cette action », le professeur Guinchard concluant à l'exclusion implicite dans ce considérant du système de l'*opt-out*. L'analyse de la décision n'est pas unanime, c'est ainsi que du côté de certains constitutionnalistes, il n'y aurait pas de difficulté et « aucun obstacle majeur ne se dresse donc sur le chemin de l'introduction en France d'une action de groupe avec option d'exclusion (*opt-out*) à la seule condition que chacune des victimes intégrées à l'action garde la possibilité de s'en exclure afin de respecter la liberté personnelle d'agir » (M. Verpeaux, « L'action de groupe est-elle soluble dans la Constitution ? », *D.* 2007, p. 258). Il suffit que la victime puisse s'exclure du champ de l'action de groupe non seulement en cours de procédure mais aussi après que le jugement ait été rendu (nos observations : « Où en est-on de l'action de groupe ? », *Dr. et Procédures* 2010/02).

Pour cette raison, le droit d'agir collectivement reconnu n'est pas contraire à l'article 6 § 1 CEDH.

Exercice n° 4

Sujet

La qualité et la célérité de la justice : le new public management

Éléments de corrigé

L'examen des réformes récentes et des rapports ou études commandés par le gouvernement ou le parlement rend compte d'une évolution similaire des justices judiciaire et administrative. À l'occasion de la célébration des vingt ans du Tribunal de première instance des Communautés européennes au Luxembourg, le 25 septembre dernier, Monsieur le Vice-Président du Conseil d'État Jean-Marc Sauvé, s'appuyant sur les résultats de l'étude du professeur B. Frydman, relevait : « le discours sur la qualité des décisions de justice a progressivement glissé, dans la théorie et la pratique contemporaines, d'une conception substantielle vers une conception procédurale et, à présent, managériale » (B. Frydman, « L'évolution des critères et des modes de contrôle de la qualité des décisions de justice », in *La qualité des décisions de justice*, Actes du colloque de Poitiers, Commission européenne pour l'efficacité de la justice, Éditions du Conseil de l'Europe, p. 18 s.). Ce débat s'inscrit dans le contexte des droits de l'homme puisque la modélisation du procès réalisée par l'article 6 § 1 CEDH, en particulier des droits substantiels de la procédure mais aussi de l'organisation judiciaire (cf. avocat général/commissaire du gouvernement devenu rapporteur public – décret 7 janvier 2009) évolue à présent vers une recherche d'efficacité procédurale (nos observations : « Rapport préliminaire : la juridiction judiciaire peut-elle servir de modèle », Colloque Modernisation de la juridiction administrative et qualité de la justice administrative, 23 novembre 2009, Toulon, CERC, à paraître).

La procédure dite de l'arrêt pilote devant la Cour européenne des droits de l'homme participe de cette évolution : « Voici comment cette procédure fonctionne : lorsque la Cour est saisie d'un nombre important de requêtes découlant de la même cause, elle peut décider d'en choisir une ou plusieurs afin de les traiter par priorité. Lorsqu'elle traite l'affaire ou les affaires sélectionnées, la Cour s'efforce de parvenir à une solution qui aille au-delà de ce ou ces cas particuliers et qui s'applique à toutes les affaires similaires soulevant la même question. L'arrêt qui est alors rendu est un arrêt pilote.

3. Dans cet arrêt, la Cour vise à :

- déterminer s'il y a eu violation de la Convention dans le cas particulier à l'étude ;

- identifier le dysfonctionnement de la législation interne qui est à l'origine de la violation ;

- donner des indications claires au Gouvernement quant à la manière d'éliminer ce dysfonctionnement ;

- susciter la création d'un recours interne apte à s'appliquer aux affaires similaires (y compris celles qui sont déjà pendantes devant la Cour dans l'attente du prononcé de l'arrêt pilote), ou au moins conduire au règlement de toutes les affaires de ce type pendantes devant la Cour » (« La procédure de l'arrêt pilote », Note d'information du greffier, CEDH).

I. La recherche de célérité et de qualité de la justice

a) Une évolution commune aux procès civil, pénal et administratif

La célérité est un principe commun de l'organisation judiciaire tel que résultant de l'ordonnance n° 2006-673 du 8 juin 2006. Désormais, l'article L. 111-3 du Code de l'organisation judiciaire énonce clairement que « Les décisions doivent être rendues dans un délai raisonnable ». La loi n° 2007-291 du 5 mars 2007 tendant à renforcer l'équilibre de la procédure pénale avait déjà un chapitre V consacré à la célérité de la justice.

- En matière pénale : pratique des parquets du TTR – Traitement en temps réel – n'a d'autres fins que d'éviter l'amoncellement des dossiers sur le bureau de procureur de la République, c'est l'ère du « tout téléphoné » ; adaptation procédurale par la réduction des délais que ce soit au stade de l'enquête pour la matière pénale – 6 mois en principe –, au stade de l'action publique avec les délais applicables à la plainte avec constitution de partie civile (L. 5 mars 2007 précitée, art. 21) ou encore au stade de l'instruction ; Rapport « Léger » insiste, en sa proposition n° 12, sur la nécessité d'harmoniser les délais de procédure ;

- En matière civile, réduction des délais par le décret n° 2009-1524 du 9 décembre 2009 relatif à la procédure d'appel avec représentation obligatoire en matière civile ; rapports dits Magendie I (2004) et Magendie II (2008) ; simplification des techniques procédurales par le décret n° 2004-836 du 20 août 2004 et le décret du 28 décembre 2005 ;

- En matière administrative : instauration des cours administratives d'appel même si déjà ancien ; décret n° 2004-789 relatif au contentieux des arrêtés de reconduite à la frontière ayant notamment ajouté au Code de justice administrative un article R. 776-2-1 étendant les pouvoirs du président du tribunal administratif ou son délégué.

L'efficacité par *la mutualisation des moyens* : juridictions interrégionales spécialisées qui se voient confier les plus importants dossiers en matière de délinquance et de criminalité organisée de droit commun ou économique et financière, ou en matière civile avec le déplacement des affaires relatives à l'adoption internationale vers des tribunaux de grande instance spécialisés par le décret n° 2009-1221 du 12 octobre 2009, création d'un pôle juridictionnel de la famille.

L'efficacité par *la gestion équilibrée des flux des dossiers*. La loi n° 2002-1138 du 9 septembre 2002 d'orientation pour la justice rappelle au moins deux fins communes à nos juridictions, la réduction des stocks et l'exécution des décisions de justice. Ce faisant, le juge se fait sinon *manager*, du moins la justice devient management. Le Vice-Président Sauvé, à l'occasion d'un colloque organisé par le centre de recherche de droit administratif de Paris II, le 18 mai 2009, relevait que « La gestion par objectifs qui a été instaurée à partir de 2003 dans les cours administratives d'appel à la suite de la loi d'orientation et de programmation pour la justice du 9 septembre 2002 a permis de responsabiliser les juridictions dans la définition des objectifs et des moyens à mettre en œuvre pour les atteindre et ce dans le cadre d'une démarche contractuelle avec le Conseil d'État ».

b) Une évolution parallèle avec la modernisation des moyens technologiques au service de la justice

– Devant la juridiction administrative se traduit notamment à titre expérimental en matière fiscale depuis le 1er janvier 2009 par l'usage de téléprocédures pour les juridictions d'Ile-de-France.

– Devant la juridiction civile, l'e-barreau est désormais possible grâce au développement auprès de nombreux ordres d'avocat du système dit RPVA (Réseau Privé Virtuel des Avocats), lequel devrait permettre une postulation entièrement électronique devant les cours d'appel à compter du 1er janvier 2011. Les cours d'appel de Versailles et de Douai servent pour l'instant de juridictions pilotes du projet. Le décret n° 2005-1278 du 28 décembre 2005 avait préparé l'évolution en insérant un Titre XXI sur la communication par voie électronique aux articles 748-1 et suivants du Code de procédure civile appelés à entrer en vigueur au 1er janvier 2009.

– Devant la juridiction pénale : le décret n° 2008-150 du 19 février 2008 a permis pour les enquêtes dans le cadre des crimes et des délits flagrants la mise à disposition de données par voie électronique (CPP, art. R. 15-33-67 s.). La matière pénale a davantage développé l'introduction massive des procédés d'enregistrement audiovisuel, notamment avec la loi précitée n° 2007-291 du 5 mars 2007, qui participe de façon distincte à la modernité de nos procédures. La dernière évolution si elle devait être retenue qui est proposée dans le rapport « Léger » consisterait à enregistrer les procès d'assises (proposition n° 11, p. 40).

La modernisation de la justice et son adaptation aux évolutions technologiques ne doivent cependant pas occulter les dangers inhérents à celles-ci : par exemple, décret n° 2009-528 du 11 mai 2009 autorisant la mise en œuvre d'un traitement automatisé dénommé « Cassiopée » (article R. 15-33-66-1 CPP).

II. Une conception managériale de la justice

L'évolution constatée de nos juridictions civiles, pénales et administratives n'est toutefois pas aussi surprenante qu'il pourrait le sembler de prime abord. Éliane Mak, Maître de conférences à l'Université Erasmus de Rotterdam, relevait à partir d'une étude commune de l'organisation juridictionnelle des Pays-Bas, de la France et de l'Allemagne que « *Dans des États de droit modernes, des réformes des organisations juridictionnelles soulèvent plusieurs questions relatives aux principes qui régissent l'organisation de la justice. Les principes de l'"État de droit classique", qui exigent la garantie d'une justice indépendante et impartiale, sont confrontés aux principes du "new public management", qui mettent l'accent sur la "transparence" et l'"efficacité" de l'exercice de la fonction judiciaire* » (« L'équilibre de l'organisation juridictionnelle. Une recherche sur le rôle des principes de l'État de droit classique et du new public management dans le cadre de l'organisation juridictionnelle aux Pays-Bas, en France et en Allemagne » : http://www.droitconstitutionnel.org/congresParis/comC5/MakTXT.pdf). Le justiciable a dans ce contexte une « attitude client » à l'égard de la justice et pour cette raison il est nécessaire que celle-ci se modernise en vue d'une meilleure efficacité.

Le concept qui se développe au-delà de nos frontières de « *new public management* » ne concerne pas seulement la justice, mais toute l'administration publique. Son application à la justice n'en est qu'une spécification. Or, « l'aspect principal du concept du « *new public management* » concerne la « qualité », c'est-à-dire « *achieving the full potential that one is capable of with the resources one has* » [réaliser le plein potentiel dont on est capable avec les ressources que l'on a]. L'objectif est de réaliser une organisation qui fonctionne de manière « optimale », en ce sens qu'il s'agit d'une organisation qui remplit des « exigences maximum » relative à la « qualité » du service fourni. Les éléments primordiaux du concept concernent l'« efficacité » et l'« attitude client » : « *(N)ot only should an organisation be able to fulfil its tasks in an efficient and effective manner, but it should also be customer or client-oriented* [Non seulement l'organisation devrait être capable d'accomplir ses missions de la façon la plus efficace et effective qui soit, mais en outre elle devrait être orientée vers le client] » (idem, p. 6).

Pour une analyse comparative des procédures révélatrice du concept : C. Castaing, « Les procédures civile et administrative confrontées aux mêmes exigences du management de la justice », *AJDA* 2009, p. 913.

Exercice n° 5

Sujet

Existe-t-il un principe de loyauté procédurale ?

Éléments de corrigé

La loyauté serait un principe inexistant pour certains, redondants pour d'autres notamment par rapport au principe du contradictoire ou du principe de cohérence, parfois même un principe jugé subversif. Ainsi, le professeur Roger Perrot concède que « si principe il doit y avoir, ce ne peut être tout au plus qu'un principe d'interprétation pour aider le juge à surmonter les défaillances réglementaires, et non un principe directeur ouvert à tout vent par la puissance de son universalisme, au besoin *contra legem*. Autrement, on risque de faire de la loyauté procédurale un bélier destructeur de textes dont on mesure mal les conséquences » (*RTD civ.* 2006, p. 151).

Toute une thèse a cependant été soutenue et publiée en 2003 sur *Le principe de loyauté en droit processuel* (E. Boursier, éd. Dalloz, nlle bibl. thèses ; voir également un an après : Héléna Houbron, Loyauté et vérité. Étude de droit processuel, thèse Reims 2004). Les partisans de la loyauté ne cachent pas l'utilité d'un tel principe. Le recteur Serge Guinchard illustre encore tout récemment le propos en considérant que l'arrêt d'assemblée plénière du 7 juillet 2006 « pose clairement le principe de concentration des moyens comme application du principe de loyauté » (« L'autorité de la chose qui n'a pas été jugée à l'épreuve des nouveaux principes directeurs du procès civil et de la simple faculté pour le juge de "changer le fondement juridique des demandes" », Mél. G. Wiederkehr, éd. Dalloz 2009, p. 383 ; déjà « Vers une démocratie procédurale », *Justices* 1999, 91).

I. La loyauté procédurale est une notion connue de la jurisprudence

a) La loyauté au service du droit de la preuve et de l'échange des pièces du dossier

De façon traditionnelle, la loyauté est un principe naturellement invoqué dans le contexte de l'administration judiciaire de la preuve. Elle reste cependant proche de l'idée selon laquelle les parties doivent respecter dans la communication des éléments du dossier le contradictoire. Pour cette raison, la loyauté procédurale est parfois confondue avec la contradiction. Mais la loyauté en matière probatoire pourrait porter une exigence plus fine effleurée par la doctrine (A. Leborgne, « L'impact de la loyauté sur la manifestation de la vérité ou le double visage d'un grand principe », *RTD civ.* 1996, p. 535). Elle supposerait de la part des plaideurs une communication spontanée des pièces qui serait tout à la fois loyale. La loyauté se heurte alors au jeu procédural auquel les représentants des parties sont habitués ou pour reprendre les mots du professeur Leborgne : « On peut toutefois s'interroger sur l'efficacité de ces dispositions (art. 132 à 145 CPC) qui ne visent pas expressément la loyauté : une communication spontanée est une communication qui s'effectue sans attendre : le demandeur lance son assignation et communique ses pièces en même temps. Mais sera-t-il loyal en s'en tenant à cette stricte diligence ? S'il ne communique que quelques pièces et conserve les autres en attendant de connaître la défense de son adversaire pour affiner ses arguments est-il déloyal ? ». Le pas est franchi, la loyauté n'est pas la seule légalité contrairement à ce qui est parfois affirmé, elle recouvre une autre réalité supposant un comportement actif des plaideurs au cours de l'instance (nos observations : « La loyauté procédurale en matière civile », *Gaz. Pal.*, 15-17 nov. 2009, doct., p. 3).

La loyauté acquiert par ailleurs une autonomie avec le principe du contradictoire lorsqu'elle est invoquée indépendamment de ce dernier. L'arrêt de la première chambre civile du 7 juin 2005 illustre la différence de situation avec le simple non-respect de la contradiction (*Bull. civ.*, I, n° 241 ; *RTD civ.* 2006, p. 151, obs. R. Perrot ; *D.* 2005, p. 2570, note E. Boursier ; *D.* 2006, p. 545, obs. P. Julien et N. Fricero).

b) L'interdiction de se contredire au détriment d'autrui, une forme de loyauté

Dernière forme d'expression devant les juridictions, la loyauté couvre les hypothèses où il est interdit de se contredire au détriment d'autrui, autrement appelé principe de l'estoppel. À plusieurs reprises, la Cour de cassation a eu l'occasion de statuer sur l'insertion en droit français de la règle de l'estoppel (pour une rétrospective, note P. Callé, sous Ass. Plén., 27 fév. 2009, *JCP* 2009, II, 10073). Après l'arrêt remarqué de la première chambre civile de la Cour de cassation le 6 juillet 2005 (*Bull. civ.*, I, n° 302 ; *D.* 2006, p. 1424, note E. Agostini ; *Rev. Crit. DIP* 2006, p. 602, note H. Muir Watt ; *RTD com.* 2006, p. 309, obs. E. Loquin), celle-ci réitère son interprétation (Civ. 1re, 6 mai 2009 de la première chambre civile de la Cour de cassation (n° 08-10281) : « que, dès lors que les domaines d'application respectifs de la règle de l'estoppel et du principe de la renonciation peuvent, dans certains cas, être identiques et qu'il appartient au juge de l'annulation de faire respecter la loyauté procédurale des parties à l'arbitrage, c'est sans violer le principe de la contradiction que la cour d'appel a qualifié d'estoppel l'attitude procédurale du liquidateur ».

II. La loyauté procédurale régit le comportement procédural des parties

a) Une exigence comportementale des parties

Le principe de loyauté est un principe actif qui peut conduire le législateur ou le juge à exiger des parties au procès un comportement positif et les contraindre à réformer leur comportement.

La loyauté procédurale consiste à exiger du plaideur le respect d'un ensemble de règles de procédure destinées à garantir un procès pleinement équitable. Elle est norme de référence du comportement attendu. Elle serait la fine fleur de l'équité. La lecture du rapport dit « Magendie I » (2004), mais également « Magendie II » (2008) pour l'appel donne les éléments de la norme de référence à l'aune de laquelle le comportement du plaideur pourrait être apprécié.

Le plaideur n'a plus le choix du temps de communication des pièces qu'il détient et donc du choix de sa stratégie procédurale, il n'est qu'une attitude procédurale correcte, le « tout communiquer », au risque de voir ses pièces en cours de procédure refusées par le juge.

b) L'efficacité procédurale recherchée à partir du principe de loyauté

L'Assemblée plénière de la Cour de cassation, le 7 juillet 2006, sous couvert d'autorité de la chose jugée, retient « qu'il incombe au demandeur de présenter dès l'instance relative à la première demande l'ensemble des moyens qu'il estime de nature à fonder celle-ci » (*JCP* 2007, II, 10070, note G. Wierderkehr ; *D.* 2006, 2135, L. Weiller ; *Dr. et proc.* 2006, 348, N. Fricero ; H. Croze, « Da mihi factum jusque », *Procédures* 2006 ; *Procédures* 2006, n° 201, obs. R. Perrot). Le principe de concentration des moyens s'inscrit dans la logique dite de « loyauté procédurale ».

La loyauté procédurale est un principe qui permet au juge d'exiger des parties, c'est-à-dire essentiellement de leur conseil une attitude procédurale positive qui participe de l'économie des procédures recherchée.

INDEX ALPHABÉTIQUE DU CHAPITRE I

LES SOURCES INTERNATIONALES DES LIBERTÉS ET DROITS FONDAMENTAUX

INDEX ALPHABÉTIQUE DU CHAPITRE II

LES SOURCES CONSTITUTIONNELLES DES LIBERTÉS ET DROITS FONDAMENTAUX

INDEX ALPHABÉTIQUE DU CHAPITRE III

LES LIBERTÉS ÉCONOMIQUES ET SOCIALES

INDEX ALPHABÉTIQUE DU CHAPITRE IV

LES LIBERTÉS DE L'ESPRIT

INDEX ALPHABÉTIQUE DU CHAPITRE V

LES DROITS POLITIQUES

INDEX ALPHABÉTIQUE DU CHAPITRE VI

LES LIBERTÉS COLLECTIVES

INDEX ALPHABÉTIQUE DU CHAPITRE VII

LES LIBERTÉS ET DROITS CORPORELS

INDEX ALPHABÉTIQUE DU CHAPITRE VIII

LES LIBERTÉS INDIVIDUELLES ET LA DIGNITÉ DE LA PERSONNE HUMAINE

INDEX ALPHABÉTIQUE DU CHAPITRE IX

LE PROCÈS ÉQUITABLE

Traitement informatique, impression, façonnage par

CPI
FRANCE-QUERCY
ZA Les Grands Camps — 46090 Mercuès
Dépôt légal : mai 2010
Numéro d'impression : 00420 L
Gazette du Palais — Lextenso éditions